温州大学温州学研究院 编

温州学二十年 著作提要

浙江大学出版社 · 杭州

ZHEJIANG UNIVERSITY PRESS

《温州学二十年》

指导单位：中共温州市委宣传部

温州市社会科学界联合会

编辑指导委员会

顾　　问：施艾珠　谢树华

主　　任：徐和昆

委　　员：孙良好　胡　瑜　陈　勇

洪振宁　孙邦金　林亦修

编委会

统　　筹：方韶毅

编　　辑：陈文辉　潘德宝　郑乐静

宫凌海　金丹霞　陈瑞赞

前言

洪振宁

温州，是个具有独特品格且富有魅力的地方，研究这个地方的人，研究这个地方的历史文化与当代发展，所形成的一门学科，称作"温州学"。温州学自2002年提出，至今已达20年。20年创建新学科、推进新建设的历程花开一路，虽然还在路上，但所取得的收获与成果值得向大家推介。同时，有必要回望来时路，探讨古代至近代温州学术的地方色彩，提出一些对地方学的新认识，提出建设温州学的多项新的建议，以供决策者与学界参考。

一、提出之后

2002年6月，根据外地专家和本地学者的建议，时任中共温州市委书记李强提出要创立温州学的构想。作为温州推进文化建设的一项任务，创建温州学的提出，得到时任中共浙江省委书记习近平的赞同。习近平书记认为温州是个敢于创新、善于创新的地方，温州改革开放的历史，是一部丰富多彩的创新史。他不仅赞成开展温州学研究，更希望温州把创新史继续写下去，探索新的规律，创造新的业绩，总结新的经验，为全省带好头，也为全国作示范。

（一）提出温州学之时

有必要概述一下提出温州学那年的一些情况。

2002年那一年，《温州日报》开辟《创建温州学》专栏，先后刊发了35篇文章，讨论温州学创立和温州研究如何深化。北京大学教授钱志熙、浙江师范大学教授周望森、温州大学外聘教授奚从清、南京大学教授俞为民等，与温州本地的学者徐顺平、洪振宁、金辉、沈不沉、峃永福、徐宏图等相继发表文章，参加讨论。7月22日，《光明日报》刊登《温州启动温州学研究》的报道。《温州社会科学》第7期卷首刊登编辑部文章，建议温州社科界共同努力，致力于温州学研究，创立新学科，推进学术创新。

同时，2002年6月，社科界与《温州日报》合作，《温州日报》开辟《文化经

《儒藏·精华编》收入温州学人著作 12 部

济笔谈》栏目,就温州文化与经济互动发展进行讨论,先后刊登洪振宁《文化的力量》
等 14 篇短论。温州社科界对跨学科、全方位推进和深化温州研究,有了新的认识。
同年 10 月,温州市委、市政府批准筹建温州社会科学院。10 月 26 日,深化温州
研究第一批课题在《温州日报》上公布,选题包括温州人与社会、温州文化和温州
经济三个部分。《温州师范学院学报》和《温州社会科学》相继设立《温州学》栏
目,刊发学术论文。11 月,《温州日报》"瓯越风土"专刊开辟《创立温州学》栏目,
连续刊登温州研究论文,11 月 2 日、30 日刊登洪振宁《宋元温州对世界文明的贡献》
(上下篇)。温州学的提出,把温州研究的深化提到一个新的高度。温州地方文献整
理等深化温州研究的基础性工作得以扎实推进。

温州学者胡珠生先生于 2001 年提出抢救整理地方文献、编辑出版《温州文献
丛书》,得到温州市政府主要领导人的同意和支持。《温州文献丛书》整理出版委员
会成立,并设立编辑部,由胡珠生担任主编、陈增杰担任副主编,编辑部本拟设在
市社科联后改由市文化局分管,设在市图书馆,并抽调专职人员负责日常编务。

近代温州,曾先后进行过多次较大规模的地方文献整理工作。中华人民共和国
成立以后,温州人著作相继得到整理出版。自 1991 年至 2001 年,这一阶段相继出
版的温州研究的相关著作如项飙著《跨越边界的社区》、王春光著《巴黎的温州人》、

胡珠生著《温州近代史》、章志诚主编《温州华侨史》、张义德著《叶适传》、陈福康著《郑振铎传》、周梦江著《叶适年谱》、刘时觉编著《永嘉医派研究》、陈增杰校注《林景熙诗集校注》、胡珠生整理《宋恕集》等100多部，为深化温州研究和更为系统地进行温州研究奠定了较为坚实的基础。

《温州文献丛书》整理出版工作，得到多方支持，市政府划拨专款并商得企业资助，温州学人连续五年艰苦奋斗，至2006年12月，共编辑出版地方文献40种48册。为继续深化温州研究打下了扎实的基础，此项工作在浙江省内领先一步（参阅卢礼阳《〈温州文献丛书〉整理出版始末》，对本次整理工作进行总结，载国家图书馆古籍馆编《第二届地方文献国际学术研讨会论文集》，2009年12月版）。

（二）温州学的提出

2002年11月1日，李强《关于创立温州学的思考》一文在《光明日报》发表。文章分为三部分：一、温州的历史和现实——呼唤温州学，探讨为什么需要深化温州研究、建立温州学。文章指出，创立温州学，要发挥文化在联络和沟通人们情感方面的桥梁纽带作用，以温州文化去凝聚海内外温州人，增强他们的文化认同感和家乡归属感，把温州人经济转化为温州经济；创立温州学，就是要整合现有的各种研究资源和学术成果，变分散的为整体的，变零碎的为系统的，使其发挥更大的作用。二、温州文化和温州人——温州学的精髓，讨论温州学研究的主要对象是什么。文章认为，温州学应该是一门主要研究温州文化，研究温州人和温州人精神，研究温州文化与经济互动发展，揭示温州经济和社会发展内在规律的综合性地方学科。三、区域性和世界性——温州学研究的钥匙，商讨怎样进行温州学研究，研究方法是什么。文章提出，温州学的研究，要继承传统，又要超越传统；要立足温州，又要放眼世界；要着重研究文化，又不能局限于文化。要着眼于发展这个角度，遵循开放性原则，坚持历史与现实、区域性与世界性、文化与经济的统一。文章声明：我们研究温州学，无意在今天这个全球化、数字化、现代化的时代，去强化乡土意识、地方观念，恰恰相反，希望通过它的研究，尤其是对温州人"筑码头、闯天下"、开拓海内外市场的研究，对温州人开放意识、开放观念的研究，进一步增强温州人的全球意识和世界眼光，变"区域人"为"世界人"。

2003年1月，光明日报社和中共温州市委、温州市政府联合主办"温州学学术研讨会"。来自中国社科院、北京大学、南京大学、浙江大学以及在温州各高校、

2003 年 1 月 19 日,《温州日报》刊发"温州学学术研讨会"举办的报道

科研机构的 110 多位专家学者聚集温州,对温州学创立的必要性和可行性进行深入论证,并就温州历史文化、产业集群与温州模式的创新、温州人等专题,多方面进行交流研讨。温州研究可为中国的发展提供有价值的思想资源,这是与会者达成的共识。会上,大家都认同这样的观点;一种研究可称为"学",是需要经过长期的学术积累,并且形成鲜明的学术特点。学者们为开展和深化温州学研究提出了许多建设性的意见。《光明日报》《社会科学报》《浙江日报》和《温州日报》相继报道相关动态。2 月 25 日,《光明日报》刊登温州市社科联整理《深化温州研究需要创立温州学》的会议综述。

2003 年 2 月,温州市社科联在深入调查研究、广泛讨论征求意见和参照其他地方学建设经验的基础上,撰写了《搞好温州学研究》专题调研报告,上报中共温州市委宣传部。报告论述探讨了研究的重要意义、运作思路和主要措施。

(三)温州学创建的初始阶段

2003 年至 2006 年,温州学研究得以初步推进。

举办温州学系列讲座。2004 年 3 月,市社科联举办温州学系列讲座,南京大学俞为民教授、温州大学蔡克骄教授、陈安金教授作第一、二、三讲。5月，讲座继续，丽水师专吕立汉教授、市社科联洪振宁主讲第四、五讲。

学术研讨活动相继开展，如2005年举办明代温州文化研讨会和南戏研究学术座谈会。又如刘基研究。2006年7月、11月、12月分别在青田、文成和温州举行研讨活动。12月8日至10日，中国温州国际刘基文化学术研讨会在温州举行，浙江省社科联、温州市委宣传部联合主办，浙江工贸职业技术学院、温州市社科联和文成县人民政府承办，海内外100多位专家学者到会交流最新研究成果，对刘基文化的开发和利用、刘基文化与经济、刘基文化与旅游等专题进行探讨。论文结集由人民出版社出版。

2003年12月30日与2004年1月6日的《光明日报》，各以半个版刊登《温州学研究的新进展》研究综述上下篇，上篇为历史文化部分，下篇是经济发展部分。引起社会各界的反响与重视。鄂尔多斯市社科联和鄂尔多斯学研究中心特地派人从内蒙古专程来温州，交流创建地方学的体会。《温州日报》也开辟《创立温州学》讨论栏目，先后刊登了30多篇叙述温州研究的新发现与讨论如何开展和深化温州学研究的文章。

在此基础上，继2004年3月17日"瓯文化与温州人研讨会"之后，2004年6月，"温州文化研讨会"隆重召开。100多位专家学者参加研讨会，会上交流了43篇论文。市委书记李强在会上作了《发挥文化力对发展的支撑作用》的讲话。

2004年温州研究的新进展，分历史文化部分和经济发展部分，刊登于2005年1月30日和2月6日的《温州日报》。2005年温州研究的新进展，分历史文化篇和当代发展篇，刊载于2006年1月10日和17日《温州日报》。2006年温州研究的新进展，分经济篇和文化篇，刊载于2007年2月6日和13日的《温州日报》。温州日报记者金丹霞和南航采写的《春华秋实硕三载耕耘勤——温州文化研究三年回眸》刊登于2005年10月20日《温州日报》。

这一阶段相继出版的研究著作如周永亮和董希华合著《温州资本》，郁建兴等著《民间商会与地方政府》，张一力著《人力资本与区域经济增长——温州与苏州比较实证研究》，戴海东著《温州私营企业主阶层研究》，章方松著《琦君的文学世界》，李世众著《晚清士绅与地方政治：以温州为中心的考察》，俞为民著《宋元南戏考论续编》，胡雪冈著《温州南戏论稿》，阮仪三主编《楠溪江宗族村落》，刘杰、沈为平著《泰顺廊桥》，徐宏图、康豹著《平阳县苍南县传统民俗文化研究》，沈克成、沈迦著《温州话》，以及《苍南文献丛书》的整理出版等。

这一阶段，由于温州本地的部分同志对温州学有不同看法，也由于经费问题和相关配套难以落实，相关工作的推进较为缓慢。

（四）以实施文化研究工程来继续

温州学建设推进的过程中，有一段时间转为提实施温州文化研究工程，以此来继续深化温州学研究。大致情况是这样的：

2005年，中共浙江省委提出实施浙江文化研究工程，打造当代"浙学"文化品牌，第一期工程实施的时间为10年。浙江省成立了以省委书记习近平为主任的文化研究工程指导委员会，各市市委书记为其成员。于是，中共温州市委将温州文化研究工程的组织和实施提上了议事日程。

温州文化研究工程是对温州学研究的继续和承接。温州提出，实施温州文化研究工程，继续打响温州学文化品牌。

参照浙江省实施的文化研究工程，2005年10月，中共温州市委发文，成立温州市文化研究提炼工程指导委员会。市委书记王建满兼任委员会主任。指导委员会办公室设在市社科联。市委宣传部常务副部长、市社科联主席周品英任办公室主任，社科联副主席洪振宁任办公室副主任。

2005年10月14日，市委宣传部、市社科联召开实施温州文化研究工程座谈会。会上展览了近三年来推进温州研究的最新著作类成果120种，表彰了在推动温州文化研究、创立温州学和社科普及周活动中成绩突出的17个单位和个人。市委副书记包哲东到会讲话。10月25日《温州日报》有长篇报道。

同一年12月24日，中共温州市委九届七次全会通过《中共温州市委关于加快建设文化大市的决定》。决定提出实施六大工程，其中包括实施温州文化研究工程，重点是"温州历史文化研究"和"温州当代发展研究"。

2006年2月，《温州文化研究工程实施意见》经过反复征求意见和多次讨论得以制定。意见收入中共温州市委办公室4月发文的温委办〔2006〕16号文件，文件长达86页。

《温州文化研究工程实施意见》分为三部分：一、温州文化研究工程的基本内涵、背景与意义；二、实施温州文化研究工程的指导思想和主要目标；三、实施温州文化研究工程的运作思路。温州文化研究工程实施的主要目标是从人文社会科学角度，对当代温州发展、温州历史文化和温州人群体进行有计划、有步骤、全面系统的研究，全力做好浙江省文化研究工程温州部分的工作，围绕温州当代发展问题研究、温州历史文化研究、温州人研究、温州历史文献整理四大板块开展系统研究，特别是深化温州学研究，形成一批具有学术价值的温州研究专著、文献整理成果和人文科普读物。意见后附有《温州文化研究参考选题》。

2006年3月17日，市委书记王建满主持召开温州市文化研究提炼工程指导委员会第一次全体会议。听取研究工程实施情况的汇报，讨论《温州文化研究工程实施意见》，对进一步做好温州文化研究工作提出意见：一要明确任务，二要理清思路，三要抓好落实。会议同意由市财政每年安排研究工程实施的专项经费。

2007年初，借温州市第十届社科优秀成果的评定和表彰，在1月14日《温州日报》公布获奖成果著作类和论文类的一、二等奖名单，记者傅闻以"温州学者关注当代温州"为题配发彩色图片，报道温州研究的深度推进。

2007年6月19日，中共温州市委、市政府调整了市文化研究提炼工程指导委员会组成人员，主任仍旧，赵一德等任指导委员会副主任。

2007年7月10日，中共温州市委召开温州文化研究工作会议。全市社科界专家学者200多人参加会议。市委常委、宣传部部长曹国旗在讲话中肯定研究工作的成绩，总结经验，分析存在的问题，明确指出下一阶段研究工作四个方面的任务：一是集中力量致力于科学发展观在温州实践的研究；二是大力开展温州文化创新的研究；三是继续深入抓好温州历史文化和温州文化名人研究；四是继续做好文献整理、研究资料出版和科普等工作。市委副书记赵一德在会上就努力提高温州文化研究工作的水平提出新的要求。

2007年至2012年，温州文化研究工程实施6年，立项426项，每年资助和组织出版学术专著和市内外学者研究温州的图书达70余部，取得研究温州学术成果著作达400部，其中包括外地学人研究温州的专著。年年都有新的进展。每年进展的概述发表于《温州日报》和市委党校编辑的年度《温州蓝皮书》。2008年11月25日《浙江日报》对温州文化研究工程的实施也曾有综述报道。2009年3月，中共温州市委、市政府印发《温州市推动文化大发展大繁荣纲要》，强调继续实施温州文化研究工程，打造温州学文化品牌。温州文化研究工程的实施进展情况，可参阅《温州实施文化研究工程的过程、成果、价值及建议》（洪振宁执笔，载《温州职业技术学院学报》2017年第3期）。

2007年9月，在温州举行的地方学建设研讨会

研究工程实施进展顺利。社科界树立大社科理念，协作创新，支持外地学者研究温州，力求外地专家与温州本地力量相结合，坚持学术研究与人文科普相结合，注重联合各方力量，整合研究资源，联手互动，推进工程的实施。研究课题每年分批立项，并以课题研究带动和促进社科研究水平的提升，以课题研究加强和促进研究基地的建设。特别是注重组织开展重点专题研究，相继举办大中小型的学术研讨会和座谈会、学术沙龙等，鼓励优质社科成果精品，组织与资助研究成果的出版。

（五）温州学研究的新推进

2012年以后的10年，温州学研究得以不断深化。

2018年1月12日，中共温州市委全会提出要求，重视温州学研究，深入挖掘、大力弘扬温州文化。此后，市委全会报告多次强调深化温州学研究。市委主要领导多次对温州学做出批示，要求"温州学研究要出精品"。2020年，温州市政协组织政协委员、专家学者，就温州学研究工作开展调研，并举行专题协商，以促进研究的深入。2021年7月，市委十二届十二次全会再次要求全面推进温州学研究。

2018年与2019年，市社科联成立温州学研究课题组，就温州学学科体系建设及工作机制开展研究，相继完成了《温州学学科体系及工作机制》《深化温州学研

2008 年举办的"温州模式与民营经济创新发展北京论坛"

究的规划思路》的研究报告,得到肯定。2018 年,温州学研究论坛在温州大学举行。2019 年,温州学文献中心建立,温州大学也成立了温州学研究所。社科联组织 30 多位学者撰写"我与温州学研究"学术自传,并于 2020 年 11 月出版。

温州市社科联先后组织并资助出版的《温州学术文库》《温州文化丛书》与《温州学研究丛书》,已出版专著 40 多部,如《政府与市场之间——基于浙南地方案例的公共事务治道研究》(2013)、《温州模式再研究》(2018)、《义与利的自觉:温商伦理研究》(2014)、《宋代温州科举研究》(2017)、《近代温州农会研究(1897—1949)》(2017)、《海外温州研究评析》(2017)。科普读物《温州历代名人故事》连环画 8 套相继出版,得到读者欢迎。2012 年启动编纂的《温州方言文献集成》,5 辑全部出齐。温州大学浙江省世界温州人研究中心组织学者研究海外温州人,相继出版《生活在高墙外:普拉托华人研究》(2013)、《温州模式与温州区域法治文明研究》(2013)等。各县(市、区)文献丛书有新的整理研究成果。2020 年启动的《浙江文史记忆丛书》温州各卷,编写工作相继得以推进。继世界温州人博物馆、温州道德馆建成开馆后,坐落在鹿城区的永嘉学派馆于 2021 年 12 月建成。

永嘉学派研究系列与《温州大典》相继列入浙江省文化研究工程,项目实施得以不断进展。《温州蓝皮书》自 2008 年出版发行后,已坚持 14 年。温州市社科联

2019 年 10 月，温州大学温州学研究所成立

组织编写的《续写创新史——温州改革开放 40 年研究》于 2018 年 10 月出版。当代温州研究的成果如温州大学浙江省温州人经济研究中心课题组著《温州人经济研究》，温州大学承担的《八八战略研究·温州卷》等。《温州文物》《温州人》《温州论坛》定期编辑印行。

温州市二轮修志工作顺利完成。胡珠生著《温州古代史》于 2019 年 11 月由中国文史出版社出版，6 卷本《温州通史》也于 2021 年 8 月起陆续面世。温州大学南戏研究团队在俞为民教授的带领下，南戏研究获得新的推进，取得一批新的成果，获得教育部人文社科优秀成果一等奖。《温州话辞典》编纂完成，并开发有声版。音像史料得到高度重视，中央台相继拍摄并播放温州各县方志。旅温英国籍学人拍摄的温州电影片段得以发现，大量的老照片从国外或从民间被发现后，收入相关著作。《图述温州——温州古城今昔》三卷本以图叙事，另有《平阳历史图鉴》。近代温州档案逐步得到开发利用，温州市档案馆编有《温州司法档案选编》5 卷本。利用内外档案，抗战史研究也有新的推进。近现代温州文化名家如朱镜宙、郑曼青、夏承焘、马孟容、马公愚、方介堪、徐堇侯、郑野夫、朱维明、鲁藻、苏昧朔、徐启雄的书画作品及相关史料，经搜集整理，出版了 10 多种。

《儒藏·精华编》整理收入温州著作 12 部，卫湜《礼记集说》征引保存宋代 6 家永嘉学者的解义，夏微著《周礼订义研究》列入"儒藏论丛"。《明清稀见兵书四种》（2018）收入赵士桢著作《神器谱》的影印、整理本。许嘉璐主编的《孙诒让全集》（整理本）全套出齐，中华书局"中国近代人物文集丛书"2015 年、2018 年增入《陈虬集》《黄绍箕集》《黄体芳集》，影印版《温州市图书馆藏日记稿钞本丛刊》（全 60 册）、《孙诒让稿本汇编》（全 25 册）、《孙诒让集》（全 27 册）与《永嘉学派丛书》（全 23 册）相继与读者见面。王更生著《籀庼学记》（4 卷本），在中国台湾出版。列入国家"十三五"重点图书出版规划项目的《陈田鹤音乐作品全集》，已经出版。

"中华再造善本"系列高仿影印温州古籍 19 部，《清代诗文集汇编》影印收入温州著作 14 家 20 种。域外汉籍影印回归数量可观，《海外中医珍善本古籍丛刊》影印收入《察病指南》等温州学人著作 4 种，《日本五山版汉籍善本集刊》影印收入温州古籍 3 部以及相关著作多种。《琵琶记》高仿影印本有多种，《日本所藏稀见中国戏曲文献丛刊》（第一辑）有 3 个版本。

二、新的收获

20 年来，温州学研究逐渐得以深化，新的收获不断，犹如源头活水。

学术研讨活动的效应是温州区域文化对外交流与影响力的扩大，其过程也是一种收获。当然，研究成果一般体现为具有学术创新性的研究专著，而乡邦文献的新发现与新的整理研究，在于文化资源的开发利用，也可视为推进温州学研究过程中的收获。

（一）相继举办大中型学术研讨活动

相继举办的大中型学术研讨活动主要有以下几场：

首届瓯文化学术研讨会。2007 年 11 月 19 日至 22 日，该研讨会在温州市举行。由中国百越民族史研究会、浙江省社会科学院、中共温州市委宣传部主办，浙江省历史学会、浙江省越国文化研究会、温州大学协办，温州市社科联承办。来自日本、韩国等国，北京、上海、香港、云南、广西等地的专家 85 人与会。入选论文 52 篇。会议对"瓯越之源流及地望，东瓯国都与王陵，东瓯与于越、闽越的关系，东瓯与

2020 年举办的"建设'重要窗口'与新时代温州人精神研讨会"

2021 年开馆的永嘉学派馆，位于温州城区风景优美的海坛山上

西瓯及其影响"等学术悬案展开研讨。多数专家认为东瓯国都地望应在温州市区，大溪古城最大可能应是东瓯国北疆的重要军事城堡。该研讨会引发较大社会反响，这从地方媒体的报道中也可以看出来。会议论文选编为《瓯文化论集》，林华东主编，由浙江人民出版社于2009年4月出版。会前的2007年5月13日、6月5日的《温州日报》相继发表有关报道，介绍瓯文化，2007年11月17日《温州日报》刊登高启新《探寻瓯文化千古之谜》，介绍瓯人遗迹以及后人对东瓯国王城的探讨，11月21日《温州都市报》也对"瓯居海中"专题进行介绍。2011年8月26日至28日，东瓯文化学术研讨会再次举办，80多位专家撰写58篇论文到温州参加会议讨论，对东瓯历史文化研究继续进行深化，其中的41篇论文汇编成集，由浙江古籍出版社于2013年4月出版。

中国东南地域文化国际学术研讨会（温州会议）。2009年11月6日至8日，该会议在温州市区和泰顺举行。由浙江省社科联、复旦大学长三角研究院、美国哈佛大学东亚系、中共温州市委宣传部和泰顺县人民政府联合主办，温州市社科联和泰顺县委宣传部承办。哈佛大学东亚系教授包弼德、中国建筑史学会理事长杨鸿勋、台湾东吴大学讲座教授王秋桂等70多位专家学者到会，入选论文和调研报告51篇。会议设立宗族与地方社会、民间信仰与地方社会、经济与地方社会、建筑与地方社会等4个议题组，对包括温州在内的中国东南沿海地域文化展开讨论。与会代表实地考察了地域文化底蕴深厚、特色明显的温州和泰顺，观看非遗项目和民俗表演。论文选编为《走入历史的深处——中国东南地域文化国际学术研讨会论文集》，计62万字，由上海人民出版社2011年10月版。研讨情况的记载见于2009年11月10日和11月25日的《温州日报》。

浙江社会发展60年学术研讨会。2009年11月13日至15日，浙江社会发展60年学术研讨会在温州市举行，浙江省社会学学会主办，温州市社科联承办。全省高等院校、社科院、党校系统专家和入选论文作者共70余人参加会议。入选论文56篇，其中专题研究温州社会现实问题的论文占三分之一。

首届温州·龙湾明代文化研讨会。2010年11月22日至24日，该会议在龙湾举行，由温州市委宣传部和龙湾区委、区政府主办。商传、毛佩琦、张立文、朱鸿林等70位专家学者到会，收到论文80多篇，大会主旨发言后，会议分为人物、宗族、事件、思想、文献、文化等6个小题进行讨论。会议观点综述刊登于2011年1月印行的《浙江学刊》第1期，论文集汇编为《明人明事——浙南明代区域文化研究》，共 62 万字，由人民出版社于 2012 年 2 月出版。田澍的《张璁：明代六十年改革的开启者》被《新华文摘》2011 年第 6 期转刊。会上的领导讲话、主持人发言等其他资料编为《江南》增刊《人文龙湾》。

纪念叶适诞辰 860 周年暨学术研讨会。2010 年 11 月 5 日至 8 日，该会议在瑞安市举行。由浙江省儒学学会、中共温州市委宣传部、中共瑞安市委主办，温州市社科联、中共瑞安市委宣传部承办，浙江工贸职业技术学院、瑞安叶适纪念馆协办。来自北京、上海、天津、山西以及台湾地区的 38 家高校单位、社科机构的 65 位专家学者参加会议。入选论文 49 篇。会议研讨围绕叶适学术地位与思想性质的评价、永嘉学派发展历程的探究和叶适学术思想现代价值的阐释等 5 个问题。论文选编为《叶适与永嘉学派》一书，吴光、洪振宁主编，由浙江人民出版社于 2012 年 12 月出版。

纪念刘基诞辰 700 周年活动和学术研讨会。2011 年 7 月 14 日，温州市举办刘基诞辰 700 周年纪念活动和学术研讨会。在温州市人民大会堂举行的纪念大会上，国务院参事室陈进玉对刘基的人生智慧作了新的概述，讲话文稿刊登于 2011 年 8 月 11 日《光明日报》，被《新华文摘》2011 年第 22 期转载。全国 200 多位明史专家聚集文成县参加明史与刘基学术研讨会，研讨会论文汇编为《明史研究》第 12 辑《纪念刘基诞辰 700 周年专辑》。会上首发浙工贸学院编辑的"刘基文化研究丛书"一套，新的点校本《诚意伯刘先生文集》和张宏敏著《刘基思想研究》、周文锋编《刘伯温民间传说集成》。第二天的《温州日报》（2011 年 7 月 15 日），头版头条报道会议盛况，第 9 版则刊登商传、毛佩琦、周群三位专家讲演内容摘要和会场照片。

纪念辛亥革命 100 周年温州研讨会。2011 年 10 月 20 日，温州市委宣传部、市社科联联合举办"纪念辛亥革命 100 周年（温州）研讨会"。10 月 27 日，《温州日报·人文周刊》以"辛亥百年之温州记忆"专版发表研讨会上 8 位学人的发言摘要，刊登洪振宁的文章，论述辛亥革命以后温州新型知识群体的基本特征：具有世界眼光、善于合作经营、努力追求卓越、能开风气之先。

王十朋诞辰 900 周年学术研讨会。宋代温州乐清王十朋是著名的诗文作家，他考中状元后对温州文化发展起到引领作用，王十朋之后，温州文脉延续数百年。王十朋辑注《东坡诗》，历代刊刻版本众多，学界有争议，书中注家 96 家，其中温州人有 22 位。2012 年 10 月 21 日至 22 日，纪念王十朋诞辰 900 周年全国学术研讨会在乐清举行。会议综述刊登于 2012 年 11 月 20 日《光明日报》。论文集由项宏志主编，收入论文 41 篇，由北京线装书局于 2012 年 11 月出版。

在温州陆续举办的相关学术研讨会还有：2006年4月28日，温州市社科联和瑞安市政协联合举行纪念戴家祥先生诞辰100周年座谈会；2007年10月29日至31日，举办的纪念高则诚诞辰700周年暨《琵琶记》学术研讨会，12月8日至9日，举行的纪念陈傅良诞辰870周年暨永嘉学派学术研讨会；2008年12月26日，在龙湾举行的张振夔诞辰210周年纪念系列活动；2010年，举办了宋恕逝世百年纪念座谈会、弘一大师遗墨与浙南书学研讨会，还举行了中韩历史民俗与区域文化国际学术研讨会；2011年5月，举办音乐家陈田鹤100周年诞辰纪念活动，9月，举办纪念著名版画家林夫、张明曹诞辰100周年研讨会和中国南方女神与温州民间信仰学术研讨会；2012年2月11日，举行了侯一元诞辰500周年纪念研讨会暨《侯一元集》首发式，9月，在瑞安举行纪念黄体芳诞辰180周年学术研讨会。

2015年初，举办朱镜宙诞辰学术研讨会并编辑出版论文集；2015年、2017年，相继举办孙衣言、孙锵鸣诞辰200周年学术研讨活动，举办纪念永嘉学派巨擘陈傅良诞辰880周年学术研讨会；2018年，在温州举办勇当探路者、续写创新史主题论坛；2020年，举办"建设重要窗口与新时代温州人精神研讨会"，举行叶适诞辰870周年纪念座谈会。

（二）陆续出版的温州研究专著简介

20年来，已编著出版各种温州与温州人研究的专著700多部。暂按人、文、古、今四大板块分类来统计。

1.研究温州人的著作，约有100部

如，刘基传有多种，以周群著、吕立汉著、周松芳著三种更显扎实。方坚铭著《明王瓒、俶、健父子年谱》（2015），拉开探讨人文永嘉场知识群体的帷幕。周文宣著《陈虬与利济医学堂》（2011）、尹燕著《陈黻宸学术思想研究》（2011）为东瓯三先生研究拓展的新成果。沈迦著《寻找·苏慧廉》成为热度颇高的畅销书。

王继先著《坚守与徘徊：新闻人马星野研究》（2018），作者叙述马星野的人生道路与新闻人生涯、马星野的新闻教育实践、新闻业务和管理业务，探讨马星野的新闻思想以及新闻个性风格，后附马星野年谱简编。本书在作者博士论文的基础上修改而成，该项研究得到国家社会科学基金重点项目"中华民国新闻史研究"资助。

陈福康教授的郑振铎研究，出版一个系列，有《郑振铎年谱》（1988年版，2008年版，2017年修订本）、《郑振铎传》（1996）、《郑振铎论》（1991年版，2010

《续写创新史——温州改革开放 40 年研究》首发式

年修订版），郑振铎传、志，另有多种。苏步青、谷超豪、赵超构的传记，也有多种，《谷超豪传》与《林树中传》列入"大家丛书"，入选新闻出版总署"向全国青少年推荐的百种优秀图书"。富晓春著《报人赵超构》（2017）尤为翔实。姜金城著《黄宗英画传》（2005）、《白云秋山霜叶血·黄宗英》（2012）。其他还有：陆键东著《历史的忧伤：董每戡的最后二十年》（2017），国华著《缪天瑞音乐贡献评述》（2007），马雨农著《张冲传》（2012），唐明生著《林曦明画传》（2013），林坚强等著《郭心崧传》（2014）等。

《考古学家夏鼐影像辑》《百岁学人缪天瑞》等，图文并茂。温州名人的自述，值得重视，如张立文著《学术生命与生命学术》（2016），高宗武著《日本真相》（2008，夏侯叙五整理本），孙崇涛著《戏缘》（2015），高铭暄著《我与刑法七十年》（2018），叶永烈《华丽转身》（2017）等。

2. 整理与研究乡邦文献的著作，约有 300 部（方志较多，未及计入）

如，《全宋文》收入温州文人有 171 家，在温州任职或旅居温州的有 39 家，《全宋诗》收入温州诗人诗作 255 家（后有辑补，另叙），《儒藏·精华编》收入最具代表性的儒家典籍 458 种，均经校点整理，其中温州籍作者所撰的有 12 部。

2007 年举办的纪念陈傅良诞辰 870 周年暨永嘉学派研讨会

　　继《温州文献丛书》出版 4 辑之后,《温州文献丛刊》与《近现代温州学人书系》相继整理出版王叔果、侯一元、周衣德、王德馨、蒋叔南、林损、伍叔傥、董每戡、莫洛等名家的诗文集 14 种,另又编辑出版《宋恕墨迹选编》《宋恕师友手札》《黄绍箕往来函札》彩色影印本 4 册。《温州历史文献集刊》编辑出版 6 辑。《乐清文献丛书》出版 3 辑,《平阳文献丛书》出版 2 辑。温州市档案局(馆)出版"老温州系列" 7 种 10 册,整理编译英文文献中的温州资料。张肇麟遗稿《姓氏与宗社考证》《夏商周起源考证》得以整理,分别于 2015 年、2018 年出版。外地学人整理的旅温名家诗文集多种。陈飞鹏整理《弘一法师书信全集》(2017),大量增补弘一法师的温州史料。

　　"中国文库"收入郑振铎著《中国俗文学史》,高觉敷著《中国心理学史》,陈来著《有无之境》,夏鼐著《中国文明的起源》,皮锡瑞著、周予同注释《经学历史》,高铭暄主编《刑法学原理》,林斤澜著《林斤澜小说选》。《夏鼐文集》出版 5 卷本(2017),《夏鼐日记》10 册(2011)出版后,又有《夏鼐日记·温州篇》。"中国社会科学院学者文选"温州籍学人著作有郑振铎、王明、夏鼐、张国辉四家。"中山大学杰出人文学者文库"有《刘节集》《董每戡文集》《王季思文集》。《苏渊雷文集》

原为 4 卷本，2008 年增为 5 卷本。

陈增杰先生在原来的基础上补注《林景熙集补注》（2012），选编《李孝光选集》（2014），彭世奖整理《橘录校注》（2010），史丽君译注《历代兵制》（2017），收入"中华兵书经典"系列，党怀兴点校《六书故》，王象礼主编《陈无择医学全书》，许全胜校注《黑鞑事略校注》（2014）收入欧亚历史文化文库。吴承志晚年定居平阳，有《横阳札记》，罗凌校注本收入"清人经史遗珠丛编"（2012），林竞著《西北丛编》则有多种新的整理本，梅仲协著《民法要义》整理本收入"二十世纪中华法学文丛"，高觉敷著《心理学史论丛》收入"中华现代学术名著丛书"（2019），"二十世纪中国教育名著丛编"整理收入《中国现代教育史》《心理与教育测量》《现代西洋教育史》《教育心理》。郑剑西编著《二黄寻声谱》《二黄寻声谱续集》，影印本收入"中国戏曲艺术大系史论卷"（2015）。"历代古琴曲谱汇考"汇集影印郭沔《潇湘水云》曲谱 62 种。

温州市第三次全国文物普查成果专题丛书有《温州近现代建筑》等。相继出版《中国陶瓷瓯窑》（2012）《瓯窑风度》（2016）、《温州馆藏书画选》（2009）《白象·慧光》（2010）《永嘉壁画》（2015）《漆艺骈罗名扬天下》（2013）《温州石雕》（2012）、《永嘉金石志》（2011）、《温州访碑录》（2019）、《姜立纲书法集》（2014）、《任道逊书法集》（2018）等，以及近现代书画家作品集多种。

"中国工艺美术大师全集"系列有高公博卷，"中国工艺美术大师系列"，简介王笃纯、林邦栋等温州籍大师，收入"浙江省非物质文化遗产代表作丛书"的有《永嘉昆曲》《温州瓯绣》《温州鼓词》《瓯塑》等 20 多种。

限于篇幅，不再举列，可参阅拙文《近二十年温州乡邦文献整理出版概况》（载《温州文物》第 17 辑，2020 年），文章也记载了《宋集珍本丛刊》等影印温州乡邦文献的情况。

3. 专题与专题史研究的著作，约有 200 部

其中研究永嘉学派的约 20 部，如《永嘉学派与温州区域文化》《叶适事功思想研究》《叶适的习学之道》《宋代永嘉学派的建构》《宋代浙东文派研究》《宋代浙东学派经学思想研究》《叶适文学研究》《立国思想家与治体代兴》《两宋功利思想研究》《永嘉学派研究》等。中国台湾学者最早为叶适撰写年谱，后有传记多种。可参阅拙著《永嘉学派文献概说》。

南戏研究则有《南戏通论》（2008）《宋元南戏史》（2009）《宋元南戏考论续编》

（2004）、《宋元南戏文本考论》（2014）《南戏遗存考论》（2009）《高则诚南戏考论集》（2008）、《琵琶记版本流变研究》（2003）、《琵琶记的场上演变研究》（2009）等。

专题与专题史研究著作还有：林亦修《温州族群与区域文化研究》（2009），钱志熙《温州文史论丛》（2013），陈彩云《元代温州研究》（2011），宫凌海《明清浙江海防体制变迁与地方互动——以温州卫所为中心》（2019），陈丽霞《历史视野下的温州人地关系研究（960—1840）》（2011），徐佳贵《乡国之际：晚清温州府士人与地方知识转型》（2018），孙邦金《晚清温州儒家文化与地方社会》（2017），洪振宁《宋元明清温州文化编年纪事》（2009），胡建南《温州近代美术史略》（2021），王长明、周保罗《温州莲花心抗战史研究》（2018），刘时觉《温州医学史》（2016），《温州近代交通史研究》（2017），《温州百年风云》（2013），《浙南石棚墓调查发掘报告》（2014），《温州与海上丝绸之路》（2019）等。

移民、华侨与商会研究，有王春光《移民空间的建构：巴黎温州人跟踪研究》（2017），徐华炳《离散与凝聚：温州海外移民群体研究》（2022），《温州海外移民与侨乡慈善公益》（2016），章志诚、曹一宁《温州商会与海内外温商》（2016）等。

南麂列岛以生物多样性著称，1998年加入联合国教科文组织世界生物圈保护区网络，引来大批学者，研究著作有《南麂列岛国家级海洋自然保护区简志》（2021）、

2020年举办的纪念叶适诞辰870周年学术研讨会

《南麂列岛海洋自然保护区浅海生态环境与渔业资源》（2018）、《基于海岛管理的南麂列岛生物多样性保护实践与经验》（2011）等。

4. 当代温州发展研究的著作，约有 100 部

主要的，如史晋川等著《制度变迁与经济发展：温州模式研究》（2004）、陈剩勇等著《组织化、自主治理与民主——浙江温州民间商会研究》（2004）、童潇著《机会空间与个人能量：经济精英地位获得研究——浙江温州 L 镇私营企业成长案例》（2012）、蔡克骄、钭晓东等著《温州：敢为人先民本和谐》（2007）、谢健著《东部发达城市的欠发达地区发展研究：以温州为例》（2010）、任晓著《都市圈空间优化与产业转型比较研究》（2015）、任映红著《城郊结合部和谐社区建设研究——基于温州、杭州、湖州的实证分析》（2012）、任柏强等著《移民与区域发展——温州移民社会研究》（2008 年）、林俐著《民营企业国际化经营研究》（2007）、郑学益等著《中国民营企业启示录：正泰经营思想研究》（2005）、沈潜主编《温州创业文化》（2009）、张苗荧著《文化、企业制度与交易成本：温州模式的新视角》（2008）、余向前著《家族企业治理、传承及持续成长——基于温州的实证研究》（2010）、张震宇著《温州模式下的金融发展研究》（2004）、诸葛隽著《民间金融：基于温州的探索》（2007）、周湖勇等著《温州民间借贷纠纷解决机制研究》（2016）、钭晓东等著《民本视域下环境法调整机制变革——温州模式内在动力的新解读》（2010）、任晓著《自治与增长——温州模式的经验》（2011）、吴素雄等著《农村社会治理的结构转型：温州模式》（2014）、王永昌著《潮起温州思考录：纪念改革开放 40 周年》（2018），以及《温州民营经济发展 30 年》5 卷本（2008）、《温州民营经济的兴起与发展》（2008）、《温州改革开放 30 年》（2008）、《十四个沿海城市开放纪实：温州卷》（2014）、陈福生主编《温州改革发展研究丛书》四册（2009）、金可生主编《榜样温州》《接力温州》（2010）、陈明衡编《温州金融改革三十年》（2008）、《温州金融志》（2020）等。

三、地方色彩

试着回望来时之路，探讨地域学派所具有的地方色彩，或者说是讨论学术中的温州品性。

温州学作为一门地方学，也与其他地方学一样，具有普遍性。随着现代化的不断推进，地方在文化上的边界会越来越模糊，地方的内涵将呈现出更大的包容性，文化与生俱来的流动性必然带来地方的开放性发展，各个地方需要吸纳外来文化，不断提升与丰富自身。因此，地方学必然具有现代的各种特征。

而所谓的地方学，需要研究各个地方所固有的和特有的性质，这个原本就存在于本土历史和传统之中的、只有本土才具有的个性。这是地方性的基本属性。温州学学科与学风在建构的过程中，又必然受到区域优秀传统文化的内聚力和认同感的影响，区域文化本身具有强烈的地域传承和连贯性，其不断生成与建构的地方性知识与地域学风，具有地方性品格，从而使得地方学也具有差异性特征并呈现出与别的地方不同的区域色彩。因此，温州学的创立与建设，推进温州学的研究，也必然带有地方性色彩，需要探讨这个地方富有个性的区域文化。

在这里，有必要回顾温州地域性学派与学风构建与发展的历程，并从中窥探其主要特点。

古代中国地域性学派的兴盛，是从宋代开始的。晚清著名学人宋恕称宋代以来的温州学术与地域学风为"瓯学"。宋恕说："宋室南渡，瓯学始盛。"他认为，到了清代，由于瑞安孙氏的努力，出现了"瓯学复振"的局面（《书陈蛰庐〈治平通议〉后》）。

古代温州的地域性学派被称为"永嘉之学"。"永嘉"原为一郡之名，晋太宁元年（323）在此地设立永嘉郡，至唐高宗上元二年（675），始改郡名为温州。其主干是永嘉学派，即所谓的经制之学、"制度新学"。"永嘉学派"一词，晚清温州学人孙衣言最早使用，在清同治七年（1868）三月晦日，他所写的跋记中，在武英殿聚珍版《浮沚集》的卷末，书现藏在浙江大学图书馆。后来，他在《瓯海轶闻》第一卷《永嘉学术·学术总略》中使用了"永嘉学派"一词，而该书甲集刊刻面世，已在光绪二十三年至三十四年（1897—1908）之间。晚清报刊出现"永嘉学派"一词，则在1905年，邓实撰《永嘉学派述》，由上海《国粹学报》第11、12期"社说"连载。

永嘉学派的主要思想，以经世致用为基本特色，学人的治学则以治经尤其以《三礼》《春秋》为重点，地域学风重在求实开新，而以布衣著述、"连袂成帷"为主要运作方式。以下略为展开叙述。

经世致用，是温州地域性学派的基本特色。经世致用，本是儒家极为重要的学术品性。经世致用，就是说探究儒家经典要用于治理社会。经世思想，顾名思义就是经国济世。经世致用的意思，它本来就含有改善、维新的倾向。经世，是一种入世精神，蕴含着一种积极进取的人生态度。经世致用是中国传统文化中一以贯之

纪念高则诚诞辰 700 周年暨《琵琶记》学术研讨会

2015 年 1 月在乐清举办的朱镜宙诞辰 125 周年学术研讨会

的思想。

儒家基本典籍是十三经，是中国古代社会的灵魂，与二十四史一起，为中国古代文化的两大支柱。十三经中，《礼》为治世之大经。四库馆臣所谓"古圣王经世之道，莫切于礼"（《钦定四库全书总目》卷一九《礼说》条，中华书局 1997 年版，整理本，第 246 页）。《周礼》《仪礼》皆言礼制，《礼记》则兼言礼意。《周礼》是儒家的经典，古代读书人必读之书，是封建士大夫治国平天下的理想蓝图。北宋王安石撰《周官新义》，以此为变法的思想资料库，推行改革。朝鲜时代，朝鲜太祖仿照《周礼》，编撰并颁行《朝鲜经国典》，后修改为《经国大典》，以此而推行新政。

宋儒论证自己的思想观点时，总是在经典中寻找思想资源，他们往往通过诠释《三礼》来议政论政，描绘心中的理想社会图景。宋代温州学者徐自明解说《礼记·王制》时，就认为书中记载的政治制度，是圣王经世之大经，当为万世效法，他在解义中指出：《王制》一书，叙次三王四代之制度，盖圣王所以经纶天下之大经，而为万世法程者也。"（卫湜《礼记集说》卷二四，中华再造善本影印宋刻本，第四册，第六叶）

永嘉学派的学者往往通过对经典的诠释而提出治世的方略。儒家传统中所谓的"礼"，含义极为广泛，从有关人际关系的道德规范，到多种典礼仪式，乃至国家的制度典章，都在它的指涉范围之内。礼的作用是治理，落实到个人为修身，延展到家族为齐家，推之于国则为平天下。晚清以来所谓的"礼"是一种狭义的礼，主要是指国家的各种祭典、个人的婚丧仪式，以及有关家族与学校的制度典章。永嘉学派"以经制言事功"（《宋元学案》卷五六《龙川学案》，中华书局 1986 年版，第1830 页），出入经史，讲求事功，注重探索历代社会经济与典章制度的沿革，考察其源流与得失，宋代温州学人探究典章制度，必然以礼为治，他们大多从《周礼》《礼记》等制度性资源中抉发"治"的精髓，为当时的政治提供借鉴，以达经世致用之目的。如郑伯谦撰《太平经国之书》，借《周礼》阐发经世致用的思想，特别强调财政管理的问题，也探讨有关国计民生的盐、酒之利。王与之特别重视宋代学人对《周礼》的诠释，他编纂《周礼订义》，集宋代《周礼》学之大成，注重阐发义理、疑经并喜创新说。又如周行己，认为"夫礼者，所以定亲疏，决嫌疑，别同异，明是非也"，天下有礼则治，无礼则乱（周行己《经解》，载《浮沚集》卷二，《儒藏·精华编》第 220 册，第 558 页）。

温州学者的治学，以治经尤其是以《三礼》《春秋》为重点。宋代温州学人的治学以经学为重点，对《三礼》《春秋》《尚书》，都有探索著作传世。

治《三礼》学，存世的著作，有郑伯谦《太平经国之书》11卷，王与之《周礼订义》80卷，张淳《仪礼识误》3卷，以及卫湜《礼记集说》摘录收入的周行己、薛季宣、戴溪、徐自明、钱文子、叶适6家温州学人的礼记解义。王与之《周礼订义》，采引南宋学者的解义有32家，其中温州学者就有13家。著作未能传世的，有如薛季宣《周礼释疑》，陈傅良与徐元德合著的《周官制度精华》20卷，陈傅良《周礼说》3卷，胡一桂《古周礼补正》100卷；周行己《礼记讲义》，戴溪《曲礼口义》《学记口义》，徐自明《礼记说》，钱文子《中庸集传》，另，陈埴撰有《王制章句》。《四库全书》收宋以前及宋代学者的礼学著作共10部240卷，其中，温州人的有2部91卷。根据王锷编著《三礼研究论著提要》(甘肃教育出版社2001年12月版)所载，宋人研究周礼的著作有102部，其中温州学人（包括温州籍学人以及陈傅良、叶适门人）所撰有20部，约占五分之一。

据《温州经籍志》记载，宋代温州学者研讨《春秋》的著作有18部，存世的有《春秋后传》12卷、戴溪《春秋讲义》4卷、黄仲炎《春秋通说》13卷。《春秋》历来被儒家奉为治世平天下的经典，为治经者所看重，学人借阐释《春秋》的微言大义，考证、梳理史事，并加以发挥，以"明义"，以解决现实问题。楼钥也说陈傅良"其学尤深于《春秋》"。《春秋》学不是史学，但它包含有史学的内容。而治《尚书》学的，存世著作有郑伯熊《敷文书说》1卷，薛季宣的《书古文训》16卷。陈良中教授认为"薛氏解《书》重人事，重事功，重经世致用精神的发掘"，"薛氏为学重事功，解经以求益于世治，往往于解经中寄予治世理想"（陈良中《薛季宣书古文训研究》，载《历史文献研究》总第35辑，华东师范大学出版社2015年版，第39、49页）。

明代温州知识人张璁，少年时即开始研学《三礼》，撰《礼记章句》，考中举人20多年后，才考中进士，当时已经47岁了。他有满腔的布衣情怀，依靠在布衣时积累的真知灼见，在乡人王瓒的支持下，第一个站出来，议大礼。他是嘉靖革新的主将，例如延续至今的孔子祭祀，就是他在嘉靖年间加以修改而定下来的。

清代的温州学人继承了宋代永嘉学派的治学传统与实证学风，将经学与史学的方法结合起来，将义理诠释和文献考据结合起来，继古而开新，还是以研探《礼》学为重点。"十三经清人注疏"系列丛书，收入温州学人2部著作，一是孙希旦的《礼记集解》61卷，一是孙诒让的《周礼正义》86卷。2部著作的整理本，均又收入《儒藏·精华编》。《周礼正义》，为经世致用的学者提供稽古论治的资源库，也荟萃了

2007 年上海学者来温州考察

孙诒让平生对经学的深刻领会，体现了他实事求是的治学精神。而孙希旦，致力于《三礼》的研究尤为用功。《礼记集解》一书深受晚近学者的推重，被认为是以义理为基础的《礼记》诠释的代表作，以经史证经，考制度而明礼义。孙希旦对《礼记集解》的诠释，总是和修身、治国联系在一起，强调通过礼的推行教化天下，以达到经世的目的。因此，孙衣言将孙希旦的品行与治学，与宋代永嘉学派相联系，说孙希旦"行方景望（郑伯熊），学媲艮斋（薛季宣）"。后来还有戴礼的《礼记通释》80 卷、林尹的《周礼今注今译》11 卷。晚清温州学人孙衣言、孙诒让等人奋力重振永嘉学派，将传统的通经致用，力图变成为当时变革维新的思想资源。因此，孙衣言校刊永嘉丛书，编辑《瓯海轶闻》，创办诒善祠塾，培养经世人才。而孙诒让在《周礼正义》的基础上，写作《变法条议》，力助晚清新政，后来改名为"周礼政要"，多地多次刊印。孙诒让在礼学研究方面，还有《周礼三家佚注》《九旗古义述》《大戴礼记斠补》等多部著作，均被影印收入《续修四库全书》。

　　传统学术文化从"旧学"走向"新学"，其内在动因即是经世致用。今天的我们，如沿文脉而溯寻，可在宋代找到温州学人治《周礼》学与《礼记》学的基础与渊源。从宋代到清代，文化血脉，一脉相承。

后来，外来的西学与中国原有的经世之学相结合，产生了推动社会转型的中国近代学术文化的新形态。"新学"在近代中国的出现，是一个历史性的转折。差不多同时期，一大批陆续走出家乡、走出国门的留学生，能以务实的精神，开眼看世界，深入思考"求富图强"的实践问题，并把探索社会问题答案的方向转到向外国寻求知识上。这时，经世学与科学相结合，先进的知识人把"经世致用"落实到变革与建设的实践中。近代，温州知识人与时俱进，把经世学与科学相结合，更多地投身于研探近代科学、传播科技知识，走上了改善民生、致富图强的探索之路。回顾历史，我们也可以看到，中国传统本身有其维新的动力，动力的主导思想即经世致用。近代温州知识人因为从小受经世致用思潮影响，比较容易转向近代科学，近代后期致力于科学研究与从事科普的人较多，这方面的著作也就比较多，共有近 200 部。

　　宋代温州学人在学术探讨中所形成的地域学风具有求实开新的品格。薛季宣是永嘉学派创立者，他心目中的学问，是"务为深醇盛大，以求经学之正"，"无为空言"（《答象先侄书》，《浪语集》卷二五，《儒藏·精华编》第 225 册，第 417 页）。叶适也强调"务实而不务虚"（《叶适集》，中华书局 1961 年版，第 617 页）。永嘉学派诸位学者反对空言性理，提倡实事实功。黄宗羲评永嘉之学时认为"永嘉之学，教人就事上理会，步步著实，言之必使可行，足以开物成务"（《宋元学案》卷五二《艮

2010 年举办的温州历史文化名人评选座谈会

斋学案》，点校本，中华书局 1986 年版，第 1696 页）。较为准确地揭示永嘉之学的务实特点，并加以点赞。

宋代温州学人在学术上力求创新。如，北宋时期货币思想的集大成者周行己，最早提出纸币发行的准备金理论；陈傅良撰《历代兵制》，为中国第一部系统研究军事制度的专著，他还开创了乾淳太学体，又称"永嘉文体"；戴侗是第一个将《说文解字》按六书的系统进行整理的人，他历时 30 年写成《六书故》33 卷，另有《六书通释》1 卷，书中提出"因声以求义"，到清代发展为训诂学的一大法宝（参阅何九盈《中国古代语言学史》，广东教育出版社 2000 年第 2 版，第 259 页）。受儒学的影响，南宋温州医学也取得新的成就：一是在温州城区行医的陈言，撰写《三因极一病证方论》，创立了病因学说；二是施发的诊断学专著《察病指南》，全面阐述脉诊的基本方法和原理，并首次创造性地将 26 种常见脉象和 7 种怪脉的脉象绘制成图，是中国现存最早的脉象图。王执中《针灸资生经》对宋以前的针灸学成就进行了全面系统的总结，作者不囿旧说，具有择善而从的治学精神，书中记载了21 个民间常用有效而前人未曾记载的别穴，《针灸资生经》对后世针灸学有重要影响。宋代，温州学人在道教内丹学说上也有新的创建，如夏元鼎撰《黄帝阴符经讲义》，独树一帜，以丹法释解经文，以宋代儒家《易》学思想阐述修丹之道。

到了近代，温州人致力于学术开新有了更多的成果，如，中国最早的院校科技学报《利济学堂报》，第一份纯学术期刊《新世界学报》，第一份数学普及期刊《算学报》，温州学者撰写了第一部中国教育史专著和我国学人撰写的第一本外国教育史专著，第一部研究中国俗文学的系统性专著，中国推行白话文后的第一本律学研究专著，有关基督教与文学的第一部著作，学术开新带动与影响了区域文化的创新之风尚的形成，近现代温州人开始崇尚创新，注重新的开拓，如在温州创办了近代中国最早的化学专科学堂，温州学者最早翻译出版了《红与黑》中文译本，苏步青等温籍数学家创建了微分几何的中国学派，又如中国林业科学的开拓，中国柑橘学科的奠基，鱼类的研究等，温州学人力求有新的推进或力创新的高度。

我们注意到，宋代温州学术的主力往往是未考中进士留在地方上的布衣。布衣的本义，原指人的穿着，也用以指人的身份，即身处下层的平民。布衣，后来成为未仕之士的代名词，即未能考中进士未到外地当官的读书人。南宋温州，考中进士的，在浙江全省中占到五分之一。研究者指出，宋代发解试解额分配存在着极大的不平衡性，发解比例最小的是温州，8000 名考生，终场者中只有 17 名解额，470

2009 年，包弼德教授在温州举办的中国东南地域文化国际学术研讨会上发言

2007 年，林华东研究员在瓯文化学术研讨会发言

人才能考中 1 人（参阅裴淑姬《论宋代科举解额的实施与地区分配》，载《浙江学刊》2000 年第 3 期）。还有 469 人，为未仕之士，都是留在地方的读书人，大部分继续留在地方的书院、学塾任教。这些未仕之士，他们上书朝廷，就国计民生的多方面建言献策，他们著书立说，坚持进行学术研究，以此而济世，在自身生活与地方社会事务的经营中，体现了一种乐道安贫、为改善民生积极作为、以天下为己任的布衣精神。他们固穷守道，自强不息，具有社会责任感与历史使命感，努力要求自身为解国家之危，济人民之困，行天下之义。南宋温州布衣的著作存世的有：《仪礼识误》《三易备遗》《春秋通说》《周礼订义》《三国六朝纪年总辨》《黑鞑事略》《孔子集语》等，其中有多部被收入清皇帝阅览的摛藻堂四库全书系列。

宋末以后，永嘉学派渐渐式微，而温州区域文化中的布衣现象依然延续下来，平民知识人身上所显现的布衣精神依然延续下来。如元代有周达观，他撰写《真腊风土记》，为现存的关于柬埔寨中古时代文物风俗生活的唯一记载；有史伯璇，他撰写《四书管窥》《管窥外编》，对一些天文学理论问题做有趣的讨论，所做出的地体暗虚大于日三四倍的推论是很有见地的，是中国古代科学月食论的精彩论说之一（参阅陈美东著《中国科学技术史·天文学卷》，科学出版社 2003 年版，第 551—552 页）；有普通教师卢以纬，他编撰的《语助》，是中国第一部研究古代汉语虚词的专著，在中国语言学史上具有重要的历史地位和学术价值；如还是布衣时的郑禧，他撰单篇传奇小说《春梦录》，是早期市民文学中难得的上乘之作；又如明代的布衣王毓、季应祁、虞原璩、袁迁、周文美、康从理、洪孝先、林应龙、方日升、侯一麐、赵士桢、王光美、何白、柯荣、包幼白、姜准、陈一球、王至彪，如清代的季碧山等"市井七子"，如叶嘉棆、项维仁、陈遇春、洪守一、苏璠、潘鼎、董府、黄汉、林鹗，如陈虬等一班平民知识人结成求志社，被称为"布衣党"，又如近代的洪炳文、王毓英、池志澂、项湘藻、陈葆善、蔡英、黄庆澄、陈承绂，晚清温州布衣最著名的是孙诒让与陈虬、宋恕。宋代以来的温州，有一贯穿古代、近代温州历史进程的文化血脉，那就是布衣现象与布衣精神。

我们还注意到，温州学者往往以合指为拳、"连袂成帷"的方式来运作。概述宋代温州学者"连袂成帷"现象的，是清代的《宋元学案》。长年以来，合指为拳、集群运作是温州人做事的方式方法。南戏，即是"群"的艺术，从温州走向全国，南戏不同于元杂剧，南戏的创作与演出，是书会才人一班人一起写脚本，一起来演出。可见证的，还有：王十朋纂集《东坡诗集注》，有多种刊本传世，注家 96 人中温州学人有 22 家；宋代温州地方众人集资刊刻的《周礼订义》，是唯一的一部完整流传至今的集解体《周礼》学专著，征引南宋 32 位学人的解义，其中就有温州学人 13 家。600 多年后，也是刊刻一部著作，一班温州知识人仍是以集资的办法刊刻清代孙希旦的《礼记集解》，集合了 50 多人，靠大家的力量。1804 年，陈遇春等人创立"文成会"或"宾兴局"，众人捐钱，集资生息，以作为文士乡试、会试之旅费，后温州地区有永嘉场梯云会、南乡文成会、上乡云程会和武成会（作为武生旅费以参加武举科考），平阳江南（今属苍南）则有小文成会。帮助温州科举考试的"文成会"，在温州延续百年，后来的集资，则资助学生到国外留学。合指为拳，集群运作是温州人做事的方式方法。知识人的集群运作与乡间民众的"抱团"运作方式，是一样的。如温州城西郊的清乾隆年间的四连碓的"七脚"的合股运作，又如在温州民间社会一直延续的互助式的"合会"，民国时期的调查报告记载的海边渔民的合股运作等。温州人似乎与生俱来，注重协作互助，结成命运共同体。古代温州人特能"抱团"，近代温州人注重"合群"。改革开放的20世纪80年代，费孝通说温州人"经济结义"，特别能合群运作。当代，进入注重融合的新时代，产业模块化，共生共荣，需要有新型的合作共赢、互惠共生。

综上所述，温州地域学派的地方特色主要表现可概括为四方面：经世致用，勇于开新，布衣著述，合群运作。这些温州学人们在学术活动中逐渐形成的基本特点，久而久之，不断得以传承和延续，有力地带动与影响了温州区域文化的发展。

为避免误解，需要说明，地域性学派是温州学研究的专题之一，地域传统由于其具有传承性可能影响到温州学的当代建构，而地域学派绝不是古代的温州学。

四、未来已来

进入新的时代，坚持创新驱动，以数字化为重要特征的新型现代化建设不断推进。探路人如何续写创新史，是需要进一步加强研究的，只有不断推进温州研究，才有可能建立温州学。温州学研究，对地方发展来说，是推进温州文化建设的一项重要工程，对学术研究来说，是一个新学科的建设。温州学建设，面临新的未来。

（一）对地方学建设的一些新认识

这个世界有"汉学"大约有400年的历史。世界上有许多著名的汉学家、"中国通"。国内，本土称"国学"。近20年来，国内提出"中国学"研究，或"中华学"。外国人考察中国，汉学研究，开辟了一条让世界了解中国的通道。中国学拓展研究新领域，学术研究也关注当代中国的发展，随着研究的不断深化，将更新中国与中国人的国际形象。

近年来，地方学研究越来越受到各地的重视。各地专家学者致力于地方学的建设，做了不少的工作。建设中的地方学有敦煌学、藏学、湘学、徽学、楚学、浙学、闽学、潮学、晋学、鲁学、蒙古学、西夏学、上海学、北京学、泉州学、扬州学、西安学、闽南学、巴蜀学、成都学、重庆学、武汉学、三峡学、关东学、鄂尔多斯学、吐鲁番学、西口学、温州学、广州学等。

1986年，上海大学成立上海学研究所，并举行首届上海学研讨会。陈旭麓对上海学研究作理论阐释："顾名思义，上海学当然是以研究上海为对象，但它不同于上海史、上海志，史是记述它的过去，志是分载它的自然和社会诸现象，学高于史、志，是它们的理论升华。上海学要研究上海沿革、政治、经济、文化、社会和自然状态。这些都是早已分别研究的内容，也是正在深入研究的内容，但它们的排列不等于上海学，即使在这基础上的综合也只是上海大观或上海概述，称不上上海学。上海学应该是从对于上海的分门别类及其历史和现状的研究中找出它们的联系和内核，由此构成为研究和发展上海这样一种都市型的学理，富有上海的特殊性，又含有都市学的共性。"（陈旭麓《上海学刍议》，载《史林》1999 年第 2 期）上海学的提出，曾经经过一番波折。1999 年，原来主张"深研究，广积料，缓称学"的熊月之，发表文章《是建立上海学的时候了》，2004 年，熊月之在《史林》第 5 期再次发表《上海学平议》，认为"上海学的建立，不但有充分的理由，而且事实已经存在"。

2007 年 9 月，全国地方学协作会议在温州举行。温州方代表认为：新的时代正在到来。资源有限而创意无限，区域有界而创新无界。文化与经济紧密结合，文化往往在前头拉着经济社会往前跑。全球化进程中，智能革命背景下的地方学研究，如何通过自身的创新与发展，适应和推进新的实践，成为地方学自身需要研究的课题。审视与检讨自身，应当寻求地方学研究的转换、创新和嬗变，努力推进地方学从传统向现代的转化。现代地方学一要显现个性，二要推动创新，三要促进发展。显现个性，传统走向现代的阵痛还在继续，区域融入全球的步伐不断加快，城市或地方越来越成为世界中的一个区域。地方学要进一步加强对地方、城市自身文化、个性特征、发展特点的探讨，在研究凸现、彰显城市文化个性特征的同时，进一步研究对世界现代文明的采集与借鉴，如何"把我们的好东西变成世界性的好东西"（费孝通，2001）。凸现个性、显示差异，能够丰富世界文化的多样性，而地方学另一重要的目的是推动创新，促进发展。推动创新，文化决定创新，创意引领未来。现代地方学研究要努力推动区域文化的创新与发展，阐明本区域文化发展演变轨迹与基本特点，推动新文明因素的生成与发展。创新是动力。地方学研究要为制订区域创新计划提供理论依据，努力成为区域创新体系中的一个组成部分。促进发展，更多的人认识到，在全球化背景下，世界中的城市或地方在其城市形态、制度规范、市民行为等方面日趋雷同，只有文化上的区别显得尤为重要、更有价值，文化是世界城市保持其独特性和合作竞争优势的核心资源，每个城市或地方的文化特征和文化品质为世界中的城市在合作竞争中创新发展、脱颖而出提供了土壤和资源。因此，

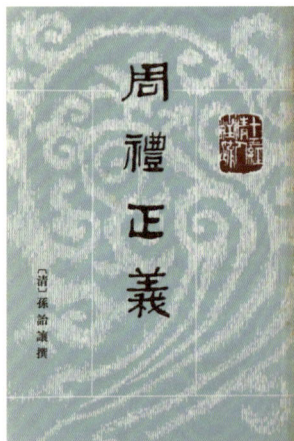

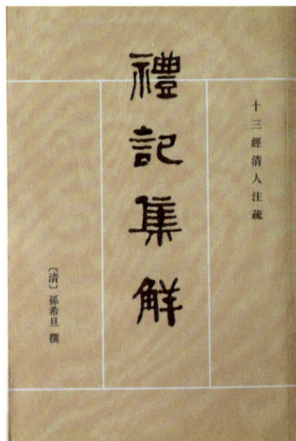

"十三经清人注疏"其中有 2 部温州人的著作

需要探讨文化导向的城市创新与发展，研究地方文化资源如何有助于城市或地方的整体发展，在创新与发展中需要始终贯穿文化思维。温州方代表呼吁重视文化互惠。全国各地方学研究机构要力促实行文化资源共享的最惠待遇，加强信息相通、优势互补、资源共享。

（二）对温州学建设的一些新建议

温州学研究的任务，是系统研究温州与温州人。盘点温州文献，聚焦温州人群，研探温州文史，沟通温州内外，显现温州个性，推动温州创新，谋划温州发展，重构温州形象。

温州学研究，有两个"跨"，跨地区与跨学科。这似乎是地方学推进中的难点，又是它的特征与魅力所在。过去的社科研究立项或社科成果评奖，都必须有温州户口或至少是在温州的单位工作。温州学的提出，首先是打破了这一条条框框，激励全国各地的学人跨地区参与温州与温州人的研究。身处全球化的时代，互联网为我们共享各地藏存的文化资源提供了便利的条件，原来保存在外地的大量的乡邦文献有了回归家乡的基础。温州学是一门综合性学科，注重多学科聚焦，强调综合研究，系统推进温州与温州人的研究，有其自身的魅力。现代学科分科越来越细化，跨学科综合起来研究，会遇到不少的困难，但其效益，能变"相加"为"相乘"，取得更为喜人的研究成果。

深化温州学研究，建议继续与浙江省实施文化研究工程相接轨，建议进一步做好规划，加强统筹，引导学界，整合力量，理顺机制，系统运作，择优立项，逐步实施，推进学术创新，激励多出精品。在《温州学概论》尚未编写成书之前，可以以"人（温州人综合研究）、文（乡邦文献整理与研究）、古（专题与专题史研究）、今（当代温州发展研究）"四个方面为主要抓手，动员和调动市外学者与市内学者一起共同参与温州学研究，进一步加强温州学文献中心的建设，加强温州研究的数据库建设，注重温州学研究与社会科学知识普及相结合，尤其需要结合信息化时代互联网的运用，注重高校、社科研究机构、各县（市、区）研究力量的互动与配合，注重线下向线上的互动转化，建议与《温州大典》修编工作相结合、相互动，继续影印与整理温州文献，筹划建设"温州人研究网"与"温州研究数据库"，每年编印《温州学研究年鉴》，分专题盘点综合温州学研究的整体推进情况。研究推进中，建议主张面与点、内与外、图与文、线下与线上的结合互动，在长期的艰苦奋斗中，不断推进温州学建设，做出更大的业绩，取得更多的精品，继续打响温州学文化品牌。

以下分"人、文、古、今"四方面对继续深化温州学研究提出一些立项建议：

1. 继续深化温州人综合研究的立项建议

温州历史文化名人研究，建议以年谱与专志编撰为重点，在鼓励研究温州历史文化名人，编撰名人年谱的同时，建议在温州市层面上组织编纂名人专志，如叶水心志、刘基志、张璁志、孙衣言志、孙诒让志、东瓯三先生志、夏鼐志、苏步青志、谷超豪志等。

建议重视历代温州布衣的整体研究，从合群的视角探讨温州人群体，如需要深化近代温州知识群体的研究，深化温州望族研究，加强生物多样性与文化多样性对温州人影响的研究。建议继续重视近代温州留学生的研究，加强对温籍早期维新思想家的研究，加强对利济医学人群体的研究，加强对瑞安治善祠塾师生的研究，加强对近代温州实业家的研究，加强温州工艺美术大师的群体研究，加强对近现代温州侨领的研究，在外温州名人的研究需要格外重视，如后来旅居台湾报人马星野和土地经济学家萧铮、黄通等，近代在上海的徐寄庼等。

从面上看，建议加强对温州乡贤的研究、温州民性的研究、温州移民的研究，当特别重视对近代温州籍科学家和科普作家、翻译家、史学家、教育家、法学家的研究，同时要有新的拓展，对刘廷芳、朱镜宙、朱维之等人的研究建议进一步加强。明代温州研究一直处于较弱的状态，对嘉靖革新的开启者张璁、对科技巨匠赵士桢

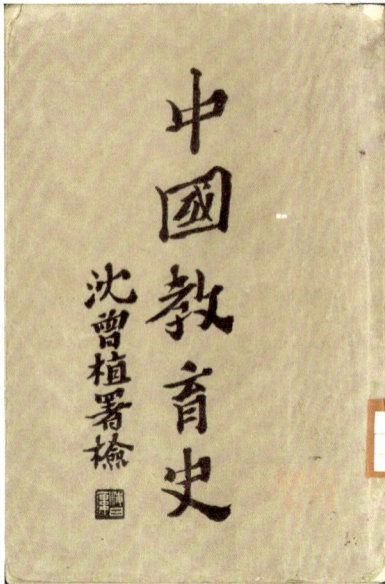

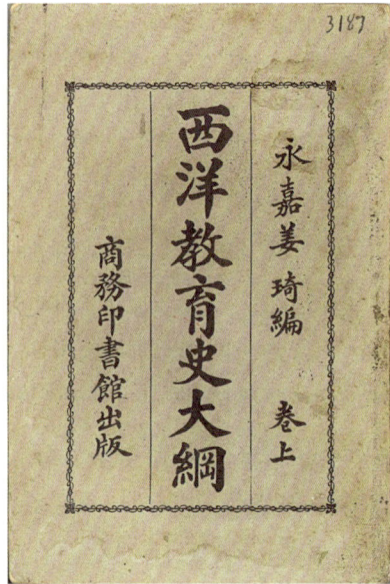

第一部中国教育史专著和我国第一本外国教育史专著，均由温州学者撰写

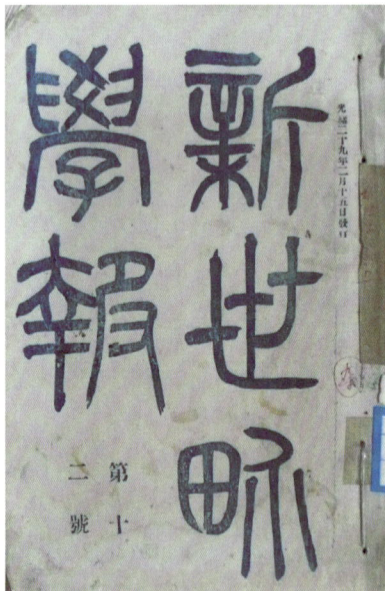

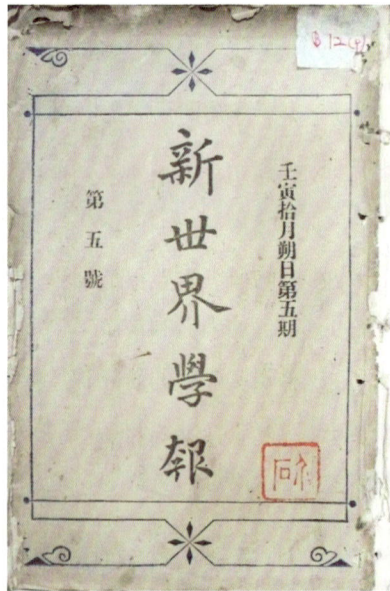

中国第一份纯学术期刊《世界新学报》，陈黻宸自钤"介石"印

的研究建议进一步加强。

近代温州人研究要抓住推进早期现代化这一主线，以此展开。注重名人研究与名人纪念馆的建设相结合，软、硬、网三者互动。名人文集的整理有利于开展和深化研究工作，建议进一步推动温州名人文集的编纂工作。

2. 对继续做好乡邦文献整理研究的建议

温州市图书馆是温州乡邦文献收藏最丰富的藏书单位，尤其得益于1951年玉海楼等藏书中的地方文献捐藏于籀园图书馆。温州博物馆藏有大量的碑刻、温州人书信墨迹和书画作品，藏品绝大部分是独有的，尤其值得重视。但从发现与研究的情况看，外地藏存的温州地方文献数量较大，需要想方设法让"市宝"回归家乡，推进温州研究的深化。乡邦文献的影印回归，仍然是温州学文献工作的重点。

亟待进一步探寻非温州市图书馆馆藏的温州文献，其数量、状况和具体收藏地点，以及是否已经有电子版或上了网络。随着信息化时代的到来，展现了乡邦文献的收集的更大空间和潜力，也提供了资料分享的更多便利，要在原有基础上，重新梳理和整体盘点地球上尚存的温州地方文献，做出简目，影印全部文献，并编写出温州文献总目提要，建设温州研究数据库，其中，尤其需要注重温州与温州人历史图片的收集；进而编写出版古代温州、近现代温州著述史志。编写《温州文献总目提要》，是乡邦文献整理与研究的重中之重。

乡邦文献的整理与研究，要以抢救、影印历史资料和选择专题汇编地方文献为工作重点。可以参照上海、江苏等地的办法，分类编辑影印多卷本的古代、近代温州文献汇编以及各专题文献汇编，从文献到档案、从影印到点校、从整理到研究，数字化同步规划，网上展示与纸质图书出版一起推进，系统开发温州文献典籍，深度挖掘地域文化内涵。

3. 深化专题与专题史研究的立项建议

建议继续组织相关专题和专题史的研究探索。建议加强千年商港温州、作为海上丝路节点城市发展史以及对外文化交流的研究，将温州朔门古港遗址的考古、现存文物、文献史料等结合起来，推进研究的逐步深化。每次文化发展并形成高峰，都与内外文化交流有关，加强对旅温文化名人的研究，加强对温州文化走出去的研究。

建议努力将优秀传统文化和与时俱进的温州精神有机融合起来，进一步系统探析温州古代文明对中华文明的贡献，探讨温州近现代特色文化的形成与发展，从温

"中华再造善本"系列高仿本收有温州古籍19部，此为明抄本《习学记言序目》

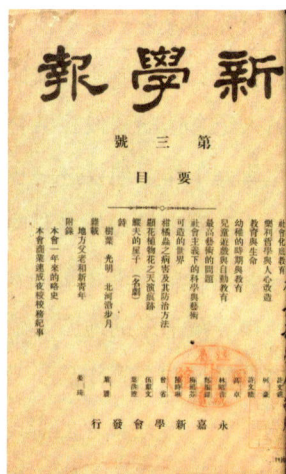

永嘉新学会创办的《新学报》

州视角梳理传统走向现代、区域融入全球、线下转到线上的历史脉络，从多视野挖掘其深刻内涵与当代意义。

建议开展百工名城温州的整体研究，加强传统工艺走进现代生活的研究，开展宋型文化在温州的综合研究，进一步深化永嘉学派研究，继续推进南戏研究，加强人文雁荡、人文永嘉场的研究，加强瓯文化研究，进一步推进专题史的研究，加强温州近代化进程的研究，加强温州城市史、温州开放史、温州华侨史、温州商会史的研究，可编写温州移民史、温州教育史、城市发展史、温州美术史、温州家风家训史、永嘉学派发展史等，可考虑组织并启动平阳史、瑞安史、乐清史的撰写工作。

历史研究要注重和提倡音像史学，要与社科普及相结合。建议着手编辑图文本《温州文化遗产丛书》，尽快争取编写《温州文化通史》与《温州文化通志》。

4. 深化温州当代发展研究的立项建议

当代温州发展研究，是推进温州研究进一步深化的重点工作。改革开放以来，温州人民高举中国特色社会主义伟大旗帜，解放思想，实事求是，不断推进创业创新，走在前列，有着丰富的当代发展实践，亟待社科工作者进一步做出总结，深化研究。建议围绕"续写创新史，走好共富路"开展多方面的探讨，如温州高质量发展研究，温州模式创立与发展历史研究，中国特色社会主义在温州的实践研究，温州建设百工名城研究，温州与长三角城市互动发展研究，温州城乡联动发展研究，温州人精神研究，"善行天下"的当代温州人综合研究，新时代人才队伍、智库团队在温州的建设研究，数字化时代的新温州建设研究，推进温州文化创造性转化与创新性发展研究，温州发展创意产业与设计业的研究，温州培育与建设世界文化名城可行性研究，温州申报加入创意城市网络可行性研究……

同时，深化温州学研究，也是温州新文化建设的组成部分。建议进一步开展温州学与当代中国、温州学与中华文明、温州学与文化软实力、海外对温州的研究等课题的研究。温州，本来就是较具创造力的文化名城之一。以历史为底，以现实为帆，传承东瓯文化，发展温州文明，需要到世界各地讲好温州故事，增强温州城市的包容性。

未来已来。我们相信，在续写创新史的进程中，温州学建设将不断推动学术创新，促进文化繁荣，力求收获更多的精品力作，为当代中国与中华文明做出更多的贡献。

特选介部分研究著作与少量研究论文，汇编成册，以纪念温州学创建20周年。

2022年8月

辑二

辑三

辑四

辑
一

温州文献丛书

　　《温州文献丛书》共四辑，40部48册，收录历代及近今乡贤著作73种，总字数计2000万字。于2001年5月启动，至2007年3月全部出齐，历时近六年。

　　《温州文献丛书》规模大、范围广，时间跨度从宋代直至近现代，内容涉及政治、经济、军事、历史、哲学、文学、语言以及社会、民俗、文物、医学、科技等领域。丛书的选材原则，以抢救挖掘稿本、抄本、孤本为重点，突出学术价值高、富有原创性、影响较大的历代乡贤著作。这里有多部重头书：关于永嘉学术的，如《周行己集》、《二刘集》（刘安节、刘安上）、《二郑集》（郑伯熊、郑伯谦）、《薛季宣集》、《许景衡集》；文学如《李孝光集》《何白集》；明清名家如《张璁集》《项乔集》《孙锵鸣集》《黄体芳集》；近现代如《洪炳文集》《黄群集》；总集如《东瓯诗存》《东瓯词征》；专著如《六书故》《弘治温州府志》《岐海琐谈》《瓯海轶闻》《温州经籍志》《孙氏父子年谱》等。另如汇编之著多部，也都很有价值。

　　《温州文献丛书》要求用现代的科学的方法加以系统整理，对原著进行适当的编校订补，并作探索研究。具体方法有：编集、增补、校勘、标点、考辨、注释、前言、附录、索引等。

　　《温州文献丛书》的整理出版有三方面的价值。一是文献价值：该丛书经

温州文献丛书
温州文献丛书整理出版委员会
上海社会科学院出版社
2002—2007 年

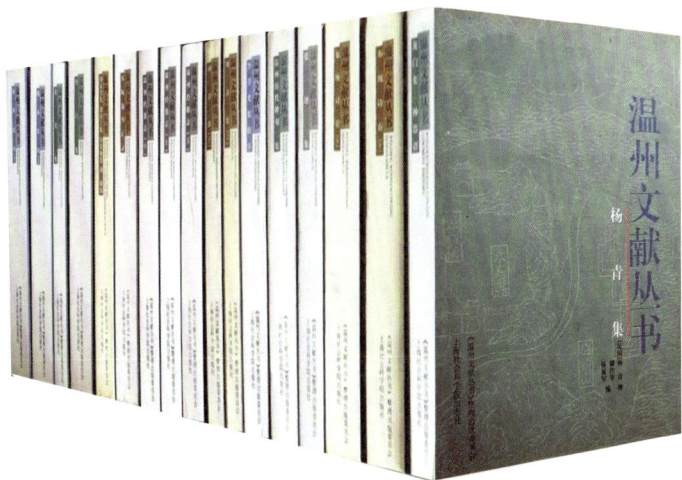

过全面细致的编校订补，给读者提供了翔实可靠较为完备的原始文本（许多著作都是第一次面世，此前罕为人知），并且带来了阅读和使用的极大方便。二是资料价值：该丛书丰富的附录资料为专业工作者提供深入研究的史料线索。三是学术价值：丛书整理者有关校订考证笺注的文字和在题解、前言中所表达的意见，或探寻原委，或评判故实，或分析疑难，或总结心得，都能给读者以有益的启迪，广开思路，可以引发和推动相应课题的进一步探索研究。

《温州文献丛书》的纂修，是在承继前贤事业，并充分利用前人成果的基础上进行的。它的出版，在温州文化史上具有典型意义。可以说，该丛书无论在规模或编校质量上都超过以往的几次整理刊刻。出版后发行国内外，受到学术界文化界的广泛关注和好评。上海社会科学院出版社 2007 年 3 月 23 日在致编辑部的贺函中说："《温州文献丛书》问世以来，国内出版界和海内外学术界好评连连，并引发了各地古籍文献图书的整理出版热潮，为推动华夏文化的流播发扬，功莫大焉。"可以预见，《温州文献丛书》的影响和作用，将随着时间的推移而越来越大。

《温州文献丛书》之后，温州市有关方面还组织过《温州文献丛刊》，收录《蒋叔南集》《王叔果集》《周衣德集》《伍叔傥集》等 10 种 14 册，从 2009 年到 2012 年由黄山书社陆续出版。

苍南文献丛书

　　本套丛书共包含八册：《苍南诗征》，萧耘春选辑；《苍南文征》，陈镇波编注；《不系舟渔集》，陈高撰，郑立于点校；《永嘉集》，张著撰，杨奔点校；《逢原斋诗文钞》，华文漪撰，陈盛奖点校；《愈愚斋诗文集》，谢清扬撰，张禹点校；《苍南女诗人诗集》周秀娟等撰，萧耘春点校；《东游日记　湖上答问　东瀛观学记　方国珍寇温始末》，黄庆澄等撰，陈庆念点校。本书宗旨是搜集和整理苍南历代文献资料，成书出版，提供给有兴趣的读者研究参考。

　　收录范围以苍南籍人士著作为主，兼及有关的外地作者的作品。内容偏重于文学、历史、哲学等人文学科。时间上起宋代，下迄近今。体裁有诗、词、散文、序跋、书信、墓志铭、传记、日记等等。这些作品的作者在当时是本地的社会精英，其作品也代表了当时当地主流社会的思想、知识和审美水平，真切反映本地山川、人物、民情、习俗，折射出苍南社会的总体面貌。

　　苍南县1981年从原平阳县析出，但有文献可考的历史始于宋代。南宋一朝，苍南地域人文蔚起，科名鼎盛，乃我国史上少见的进士大县、状元之乡。明清之际的战乱和清初的迁界，使该地经济和文化遭受重创。清中叶以后，苍南文风渐见恢复，涌现出一批文化世家，其著述具有较多地方特色，足资研究乡邦

苍南文献丛书
陈庆念 主编
上海古籍出版社
2005 年 8 月

历史。明代方继学曾编《平阳江南文献录》十一卷,清道光年间,杨诗纂成《瓯海遗珠》百二十卷,清末,平阳训导吴承志辑《文征》。可惜这些著作现已散佚,没有流传下来。民国初年,刘绍宽在前人成果的基础上,广搜资料,辑成《文征》三十六卷附于《平阳县志》后,成为整理苍南文献的重要参考。其余文献,除专集外,则散见于方志、族谱、抄本等等。经本丛书编委发掘、搜集、整理,得以形成一部丛书,比较完整地呈现了苍南县的人文地理、历史民俗等。如章嚞《风潮赋》记录了 1297 年特大台风灾害;《方国珍寇温始末》展现元末明初政治腐败,民不聊生,农民起义风起云涌的历史;顾冈《上侍郎萧振书》体现了即使身为下级官吏,却敢于"辄议朝廷事体",向卖国贼秦桧发起尖锐批判的爱国热忱;刘绍宽《东瀛观学记》记述先贤开眼看世界,学习先进文化、制度,同时痛惜"国势衰弱,外侮迭乘"的情怀。

平阳地方文献丛书

　　《平阳地方文献丛书》第一辑八册：清何子祥、余丽元《龙湖书院志》和民国黄光《仙坛山志稿》合为一册；民国周喟《南雁荡山志》一册；《元到民国时期平阳史料汇编》一册；清张綦毋等《潜斋集》(外三种)一册，包括张綦毋《张潜斋先生诗稿》、《潜斋诗稿》、《张潜斋先生诗》（总名《潜斋集》）、张綦毋《船屯渔唱》（周喟笺释本）、张南英《渠西先生遗稿》、张元品《庚申集》、张元启《兰畦诗稿》；元史伯璿《青华集》和清叶嘉棆《还珠亭日课》《尚志堂诗文集》合为一册；清苏椿《马鞍山人诗草》一册；《元代平阳诗文辑集》一册；清叶蘅《新编音画字考》一册（原书收入《温州方言文献集成》）。

　　其中志书共两册三种，是此辑特色。尤其《龙湖书院志》，以龙湖书院历史为主，还有平阳其他书院史料，对研究平阳书院很有文献价值。在八册中，《元到民国时期平阳史料汇编》最厚，分八卷，有清代叶嘉棆《方国珍寇温始末》（刘绍宽增订）、清代平阳三大案（黄梅案、林钟英案、鲍天兆案）、倭寇侵犯平阳史料、金钱会史料、大刀会史料等。尤其大刀会史料内容丰富，自始至终，大部分据平阳县档案馆所藏的原始档案（一般都有注明文档号）整理而成，一小部分摘自《平阳六年》。

平阳地方文献丛书
林顺道 主编
中州古籍出版社
2010—2013 年

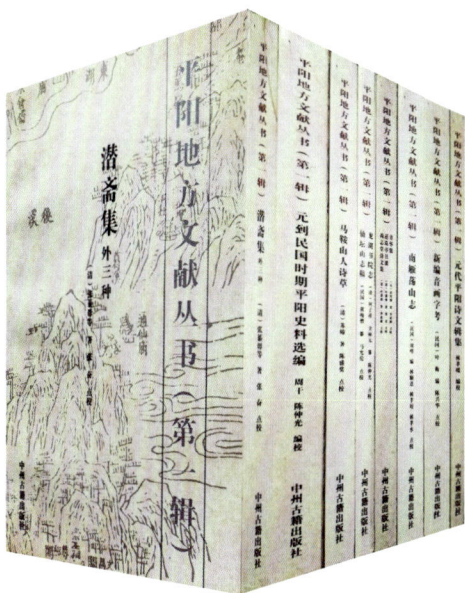

　　第二辑六册：清何子祥《蓉林笔钞》一册；清汤肇熙《出山草谱》一册；清鲍台《一粟轩诗文集》一册；清黄青霄等《吟香舫吟稿》（外四种）一册，外四种为清陈乙《凤研斋诗稿》、叶蘅《曳残吟稿》、钱蕙娘《女书痴存稿》、叶楚材《养根斋小稿》；民国王理孚、刘绍宽等《戊社汇刊》一册；民国王式一《惺园诗文钞》一册。其中以《蓉林笔钞》《出山草谱》两书最有文献价值，作者都是平阳历史上一代名宦，政声很好。何子祥，乾隆三十年（1765）任平阳知县，《蓉林笔钞》主要收录他任浦江、平阳两县知县时施政方面的文章。汤肇熙，光绪七年（1881）任平阳知县，当时瑞安学子都过江来向他请益，《出山草谱》主要收录他任开化、平阳两县知县时施政方面的文章，卷七、八附诗中有洪炳文、孙衣言等人的赠诗。

　　其余四册是诗文集。如《一粟轩诗文集》作者鲍台，是诗文大家，此书有瑞安孙锵鸣、福鼎林滋秀等名家序。《戊社汇刊》，民国时期王理孚、刘绍宽等人在戊社历年活动中所做的诗钟（联）、诗词，大部分汇集在此书里，很多民国平阳诗人作品都可以在此书中找到，借此保存下来，非常难得，是研究民国平阳诗社戊社资料最集中的一本书。

乐清文献丛书

　　《乐清文献丛书》是继《温州文献丛书》《苍南文献丛书》之后，又一部地方性大型丛书。乐清市委、市政府指定由市社科联负责整理出版。2008 年 1 月，乐清市社科联召集文化界专家学者，开列丛书选题，由专家学者分头承担具体书目的编纂。是乐清迄今为止一项最大的文化出版工程。

　　丛书立项时，每辑 10 种，分为诗文集、地方史志、汇编、普及本四大类，每书力求以年代早、内容完整、校刻精良的版本为底本，结合其他各类版本与文献进行通校参校。主要选收乐清本土学者、作家的著作，丛书包括个人专集或多人合集、诗文总集、地方史志、史料汇编等。

　　2009 年 12 月，《乐清文献丛书》第一辑（10 部 11 册）由线装书局出版，包括《翁卷集笺注》《章纶集》《赵廷松集》《徐炳文集 徐德元集 徐乃康集》《黄式苏集》《洪邦泰集》《朱鹏集》《道光乐清县志》《雁荡山志》《乐清谱牒文献汇编》，其中《道光乐清县志》分上下册。

　　2013 年 12 月，《乐清文献丛书》第二辑（10 部 11 册）由线装书局出齐，包括《乐清钱氏文献丛编》《冯葛集 冯豹集》《章玄应集》《耕心堂集》《盗天庐集》《林启亨集》《高谊集》《鹿迹山房诗文集》《白石山志　白龙山志　蒲岐所志》，

乐清文献丛书
许宗斌 主编
线装书局 浙江古籍出版社
2009—2020 年

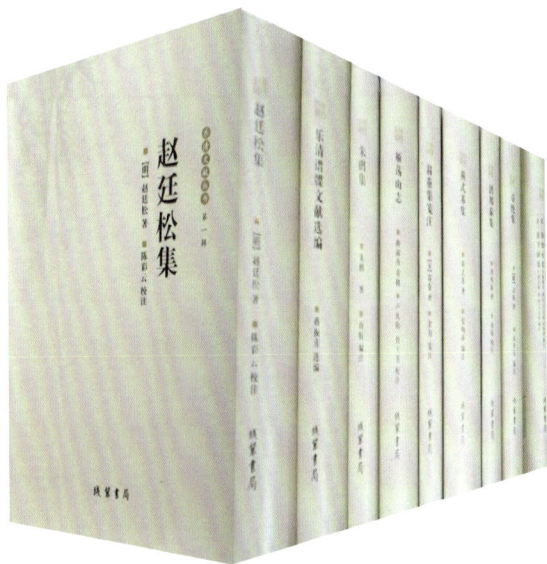

其中《吴鹭山集》分上下册。

2020 年，《乐清文献丛书》第三辑前 9 部由线装书局、浙江古籍出版社印行，包括《江夏传砚集》《蓉江吟草 看剑楼剩稿 息耒园吟草》《石农存稿 百甓斋日记》《乐清谱牒文献二编》《郑云衢集 郑郁集》《海滋方言》《蝴蝶梦传奇》《林大椿集》《乐成诗录》。2021 年 8 月第 10 部《沁芳遗草》由浙江古籍出版社完成出版。

目前，《乐清文献丛书》累计出版三辑共 30 种。丛书的出版为乐清的地域文化和历史文化研究打下良好的基础，为学术界提供了大量一手文献资料，受到学术界一致好评，又为一般读者提供精神食粮，为促进乐清的精神文明建设和文化积累做出巨大贡献。

乐清学人文丛

　　《乐清学人文丛》是乐清市社科联聚智聚力开展五大系列丛书编纂工程之一，目前，已出版《王骏声文集》《竺摩集》《洪禹平文集》3种。

　　《王骏声文集》（全2册）是《乐清学人文丛》系列的第一部书。选自作者1922年至1937年发表的教育专著及论文。全书分八部分：晚近教育学说概论、幼稚园教育、教育中心——中国新农村之建设、小学各科教学法、浙江九中最近三年来办学的纪要、中等学校学生实际训练法、论文、纪念文章。作者的教育理念具有一定的"前瞻性"，对近代中国教育的研究涉猎极广，且均触及了学科前沿，几乎涵盖了当时世界上最先进的教育理论和实践。这部文集，对于研究中国近代教育，研究中国近代文化，研究民国早期经济，具有重要的借鉴作用和史料价值，弥足珍贵。

　　《竺摩集》（全2册）为国内大陆首次正式出版的竺摩诗文精选集。竺摩法师是著名的乐清籍现代高僧，著述宏富，编者卢友中主要撷取了这位大乘行者秉承和弘扬人生佛教的有关著述，辑为"菩提漫论""正觉的启示""由认识到信仰""佛教与人生""佛学的意趣""佛教教育与文化""佛教与文学艺术""行脚梵音"和"篆香室诗词"共九编，是我国宗教文化一笔不可多得的宝贵财富，

王骏声文集

王骏声 著　廖意军 编

线装书局

2013 年 12 月

竺摩集

竺摩法师 著　卢友中 编

宗教文化出版社

2014 年 8 月

洪禹平文集

洪禹平 著　许宗斌 编

线装书局

2017 年 1 月

也是研究当地宗教文化的珍贵史料。

　　洪禹平先生是乐清和温州新时期第一代文坛领军人物，其学识和人品对许宗斌等后辈作家有着深远影响。《洪禹平文集》（全 3 册）辑录洪禹平先生生前已发表、出版的绝大部分作品与部分已整理手稿。上卷为中篇小说和散文，中卷为学术论著（主要是中国历代书法精品集成赏析）。下卷为学术论著（主要是对书法、诗文经典的评论）和诗词、联、书信。具有很高的文学艺术价值。

南戏大典

南戏是中国戏曲史上第一种成熟的戏曲形式，在中国戏曲史上具有重要的地位。《南戏大典》由俞为民教授主编，目前已出版资料编、剧本编前5册。全面搜集整理有关南戏的剧作、研究论著及有关资料。对南戏研究乃至对整个中国古代戏曲史的研究来说，具有填补空白的作用。

《南戏大典·资料编·明代卷》收录南戏研究资料的年代自明代始，迄于20世纪20年代末30年代初。以专著为主，并包括评点、序跋、尺牍、笔记、诗词曲等多种理论形态。杂著、文集中有关南戏的论述则单独辑出，评点本则择其中独立成段、评述精当者辑出。另南曲九宫正始虽是一部曲谱，但编者在所收录的范曲后多有评注，故本编对其中所收录的南戏曲文及相关评注也予以辑录。

《南戏大典·资料编·清代卷》（一、二）全面收录近代有关南戏的资料，共辑录十多位戏曲评论家有关南戏的评论，包括论著及序跋、诗词、笔记野史中的单篇评论等。主要内容包括：《寒山堂曲话》《谱选古今传奇散曲集总目》《焚香记序》《赤松游题辞》《啸台偶着词例数则》《九宫谱定总论》《南音三籁序》《一笠庵批评玉簪记序》等。

南戏大典

俞为民　洪振宁　主编

黄山书社

2012 年 2 月

　　《南戏大典·剧本编·荆钗记》（一、二）收录《荆钗记》明嘉靖姑苏叶氏刻本、明室春堂本、明继志斋本、李评本、居评本、汲古阁本等各种版本，并进行标点。收录明清曲谱所收《荆钗记》佚曲，明清戏曲选本中的《荆钗记》选出，并附部分《荆钗记》珍稀版本影印件。《荆钗记》是宋元四大南戏之一，在戏曲史上与文学史上都具有重要的地位。自宋元时期产生后，就一直为各地的书坊刊刻，不仅全本刊刻，而且各种戏曲选本、曲谱中也皆予以选收。《荆钗记》出于民间艺人之手，且各家书坊在刊刻时，所依据的底本不同，故明清时期所刊刻的《荆钗记》版本无论在内容上，还是在形式上，都有很大的差异。因此，对《荆钗记》的版本加以研究，历来是南戏研究中的一个重要课题。将《荆钗记》的各种版本及各种选本、曲谱中的《荆钗记》佚出、佚曲汇集在一起，校点并影印出版，可为研究者提供完整的资料，尤其是将流失在海外的一些版本收入其中，具有重要的文献价值。

温州方言文献集成

　　《温州方言文献集成》共五辑，是由温州籍语言学家郑张尚芳、沈克成先生主编，温州市社科联策划，温州图书馆统筹并执行编辑的一部温州方言文献汇编。第一至三辑由浙江人民出版社 2013 年 3 月出版，第四辑由浙江人民出版社 2016 年 8 月出版，第五辑由南京大学出版社 2020 年 10 月出版。本集成收录的温州方言文献主要集中于清代至民国时期，第一至三辑与第五辑为影印本，第四辑为点校排印本。

　　温州僻处东南，其方言与共通语在长期发展过程中产生较大区别，被誉为"最难懂方言"。也是温州历史、民俗的重要载体，是地方文化不可或缺的部分。自宋代以来，温州地方文化随着经济水平而逐渐发展，记录方言的资料也变得丰富起来。1949 年后，温州更是涌现一大批海内外闻名的语言学家，温州方言在汉语方言研究中也有着举足轻重的地位。

　　本集成共收入温州方言相关的著作四十二种，分为三十七卷。第一卷到第七卷为方言韵书、方言拼音方案等温州方言语音相关著作；第八卷至第十三卷为方言词汇书；第十四卷至第二十三卷为方言杂字；第二十四卷至第二十六卷为现代温州方言词汇表；第二十七卷至三十三卷为方言童谣、俗语、谚语、相声、唱词等；第三十四至三十七卷为外国人研究温州方言的著作，或以外文记录的

温州方言文献集成

郑张尚芳　沈克成　主编

浙江人民出版社　南京大学出版社

2013—2020 年

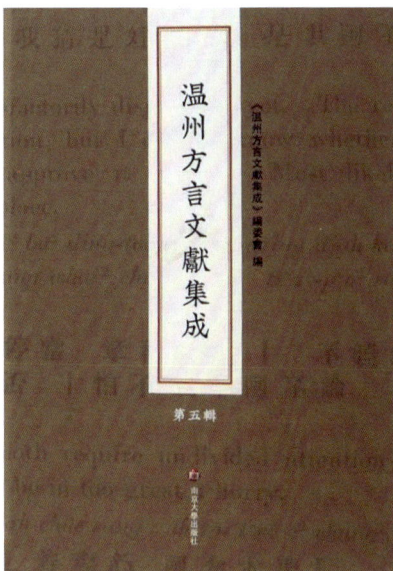

温州方言材料。

　　本集成开全国地级市方言文献汇编之先河，为温州方言研究者提供了丰富的一手资料。其中大部分此前很少为世人所知。如清乾隆年间瑞安余国光所编《俗字编》，这是已知第一本专门记述温州方言的著作；最早的本土温州方言拼音方案，瑞安陈虬所编《新字瓯文七音铎》；最早系统记录温州方言语音的文章，温州海关税务司，英国人庄延龄所写的《温州方言》（The Wenchow Dialect）等等，时间横跨约三百年。而空间上，不仅有记录市区方言的资料，也有记录乐清方言的林大椿《海澨方言》，记录永嘉方言的谢思泽《因音求字》，记录瑞安方言的《俗字编》，记录平阳方言的《新编音画字考》，记录文成方言的《簿记适用》等等。这些著作汇总在一起，对于温州地区内各种方言的语音、词汇、语法面貌进行了全面详尽的描写。

　　本集成主编郑张尚芳先生自少年时期开始收集温州方言书籍，不仅对各个藏书机构中温州方言著作的收藏信息了如指掌，其本人藏书中也有大量温州方言珍贵资料。本次编辑受到温州市图书馆、瑞安玉海楼、中国社科院等单位及一些个人收藏者的大力支持，郑张先生自己也贡献了不少藏书作为底本。

温州市图书馆藏日记稿钞本丛刊

　　日记作为中国历史变迁的微观书写方式,近年来越来越受到研究者的关注,大量的日记被挖掘整理出版,极大推进了文学研究、历史研究特别是中国近现代史研究的深度与广度。温州市图书馆馆藏丰富,线装古籍约有16万册,其中地方文献特色鲜明,尤其稿本、钞本日记数量可观。《温州市图书馆藏日记稿钞本丛刊》共60册,影印收录该馆藏《厚庄日记》《杜隐园日记》《疚庼日记》等29家日记,底本310册,约850万字。这是继《温州文献丛书》《温州文献丛刊》《温州方言文献集成》之后,温州历史文献整理的又一重大成果。

　　《温州市图书馆藏日记稿钞本丛刊》收录的日记时间跨度从清道光年间到新中国成立之初,内容涉及政治、经济、军事、社会、教育、文化各方面。复旦大学历史系教授张仲民告认为,这批"日记作者虽然多数为温州地方的士绅,但他们的活动足迹及见闻却远远超出温州乃至浙江的范围,日记中有诸多关于个人和家庭生活、亲友交谊的私密记载,还有许多关于浙江地方社会、上海和北京等地风土人情、政治、经济、文化及读书、消费、科考等情况的详细描述,内中又不乏关于'国之大事'和政情内幕的细节深描与记录者本人的深度思考,且其中多种日记作者有师友或亲朋关系,相互间的记载可参照比对,洵足为丰

温州市图书馆藏日记稿钞本丛刊
温州市图书馆 编
中华书局
2017 年

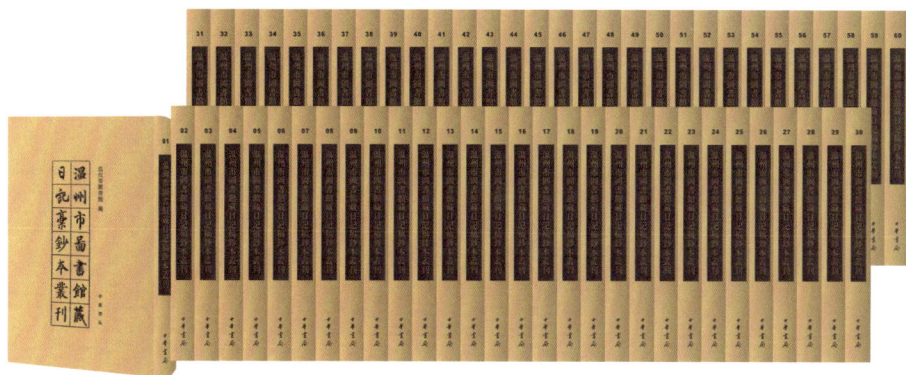

富生动的私人生活史资料，这一切均使得整套日记丛书的学术价值更大，目之为珍贵的中国近代史实录并不为过"。

难能可贵的是，温州市图书馆还组织专家学者对其中若干家较为完整的手稿进行整理点校，由中华书局纳入著名的"中国近代人物日记丛书"系列一体刊行，目前已出版《刘绍宽日记》《符璋日记》《林骏日记》《赵钧日记》《张棡日记》等。这些整理本日记的史料价值主要体现在三个方面：一是对以温州为代表的近代沿海城市的农业生产、天灾及相关的社会运转有具体而微的记述，包括灾情、谷价、赈粜以及灾害导致的社会动荡如游民、抢粮等；二是对近代温州地区社会矛盾的真实详尽的记述，主要体现在官与民绅之矛盾，贫、富户之矛盾，以及上层士绅与中下层绅士富户的矛盾，特别是对士绅阶层在近代社会、经济运行和法律运行中的作用，提供了第一手资料；三可以更好从地方视野看近代中国先后发生的"大事件"如鸦片战争、金钱会、太平天国运动、辛亥革命、北伐战争及抗日战争造成的社会波动，即其具体影响何在，所谓"地方的近代史"与国家层面的"近代史"有多大差异和一致性。

浙南革命历史文献汇编

　　浙南革命历史悠久，是我党在南方革命的一个战略支点。浙南人民在中国共产党的领导下，进行了长期艰苦卓绝的斗争，留下了大量反映革命斗争足迹的史料。为了真实呈现新民主主义革命时期的浙南革命斗争历史，妥善保存浙南革命斗争的历史记录，按照中央党史研究室关于党史工作的部署要求，中共温州市委党史研究室于2003年开始组织编纂《浙南革命历史文献汇编》。经过7年不懈努力，于2009年完成编辑出版整套丛书。

　　《浙南革命历史文献汇编》共分3卷7册，收集文献986篇，计400万字，以"第一次、第二次国内革命战争时期""抗战时期""全国解放战争时期"为时间轴线，收录了自1919年五四运动至1949年新中国成立初期的浙南党史文献资料，涉及各类历史人物上千名，全方位再现了革命战争年代共产党人为人民解放事业前赴后继、英勇献身的大无畏精神品质。书中附录部分还收录了一些进步团体和组织的重要文章，以及近300名新民主主义革命时期党内各级领导人的原名、化名、籍贯、职务。

　　《浙南革命历史文献汇编》的收录范围：（一）上级党、政、军组织有关浙南的文献资料；（二）浙南本级党、政、军组织的指示、报告、请示、批复、

浙南革命历史文献汇编
中共温州市委党史研究室 编纂
中共党史出版社
2007—2009 年

决议、通告、命令、宣言、通知、章程和信函等文献资料;(三)下级党、政、
军组织的重要文献资料;(四)有关浙南主要领导人的部分日记、笔记、回忆录、
讲话稿等;(五)浙南革命团体和进步组织的部分重要资料;(六)有关浙南部
分革命报刊资料及其他资料。这些文献资料来源于中央和省、市档案馆以及本
室收存的档案。凡入编的文献,均保持原貌,不作改动,只作必要的校勘。

　　《浙南革命历史文献汇编》的编纂出版,丰富了新民主主义革命时期浙南
党史资料库,堪称浙南党史文献收集、整理之大成,是了解学习浙南党史鲜活、
生动的本土教材。

温州市图书馆古籍普查登记目录

　　温州市图书馆自 2012 年启动古籍普查工作，经过 9 名专职普查人员的四年努力，终于在 2015 年 12 月全面完成了普查任务。共编目古籍 23 149 种、151 353 册，数量居全省第四。收入本目录者计 13 783 种、102 867 册，其余民国文献 9155 种 46720 册作为《温州市图书馆民国时期传统装帧书籍普查登记目录》单独成书。本书著录款目包括古籍普查登记编号、索书号、题名卷数、著者、版本、册数、存缺卷等项，正文不分部类，按普查登记编号流水式排列，书尾附《书名笔画字头索引》。

　　收入本目录的古籍，从刊刻年代上看，有元刻本 2 种、明刻本 552 种、明抄本 4 种，清代版本 13 225 种。从古籍形制上看，有稿钞本 745 种、活字本 200 种、朱印本 40 种、套印本 106 种。从内容分类看，有经部 1280 种 11 421 册、史部 2882 种 32 489 册、子部 3311 种 13 988 册、集部 4063 种 21 680 册、类丛部 1952 种 22 072 册、新学 295 种 1217 册。

　　温州市图书馆是浙南地区最大的公共图书馆，1913 年温州学界人士为纪念朴学大师孙诒让（籀庼）而筹建藏书室，命名"籀园"，1919 年 5 月 9 日正式对外开放，定名"旧温属公立图书馆"，1955 年改今名。经过历任馆长王毓

温州市图书馆古籍普查登记目录

温州市图书馆 编

国家图书馆出版社

2017 年 9 月

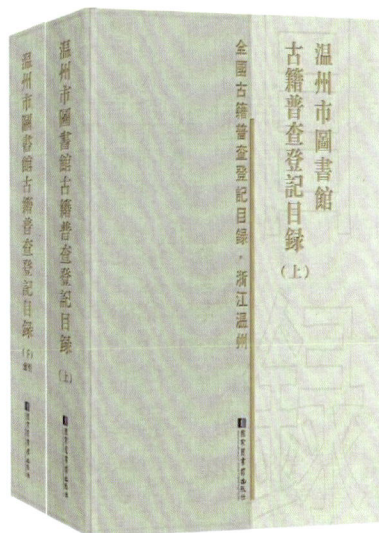

英、刘绍宽、孙延钊、梅冷生等的努力，将温州地区的名家藏书汇集一处，如瑞安陈黻宸烛见知斋、张棡杜隐园，平阳吴承志培英图书馆，平阳刘绍宽，瑞安项慎初、戴炳骢、林损，永嘉王学羲、戴家祥等诸家藏书，瑞安孙氏玉海楼部分藏书，以及项氏染学斋、温州弘一图书馆、东山图书馆赠书等。所藏清代别集、地方史志、乡邦文献、类书丛书规模宏富，蔚为大观。其中入选《国家珍贵古籍名录》第一至五批共 36 种，入选《浙江省珍贵古籍名录》第一至三批共 61 种，入选《中国古籍善本书目》者 223 种 2105 册。《温州市图书馆古籍普查登记目录》全面揭示了馆藏古籍的基本情况，为读者的研究利用提供了极大的便利。

瑞安市博物馆（玉海楼）古籍普查登记目录

本书是瑞安市博物馆（玉海楼）古籍普查的成果汇总，收入古籍 2524 种 22 522 册，三级以上者 366 种 4422 册。包括明代刻本、抄本等 86 种，清顺治刻本 3 种，清康熙至乾隆刻本、抄本 246 种等。从版本类型而言，以刻本、石印本、铅印本为主，同时还包括一部分珍贵稿抄本、批校本等，另外还有部分木活字本、钤印本、套印本、影印本等。著录款目包括古籍普查登记编号、索书号、题名卷数、著者、版本、册数、存缺卷等项，正文不分部类，按普查登记编号流水式排列，书尾附《书名笔画字头索引》。

玉海楼为浙江四大藏书楼之一。晚清以来大批温瑞学子受其滋养哺育，陆续走上全国性的文化、政治、经济舞台，成为培育人才的摇篮。民国以后至 1974 年，玉海楼先后向瑞安县公立图书馆、浙江大学文学院、温州市图书馆、北京图书馆（今国家图书馆）等捐献数批藏本，今均有据可查，可谓楚弓楚得，流而不失。其余古籍仍藏玉海楼。1962 年，玉海楼被列为省级文物保护单位，1975 年，拨款修缮整饬，又大力搜罗收购玉海楼流散书籍，重新征集数万册（件）古籍图书、字画等充实楼中藏品。1996 年，玉海楼列入全国重点文物保护单位，2009 年入选第二批全国重点古籍保护单位。2013 年，随着瑞安市

瑞安市博物馆（玉海楼）古籍普查登记目录

瑞安市博物馆 编

国家图书馆出版社

2018 年 9 月

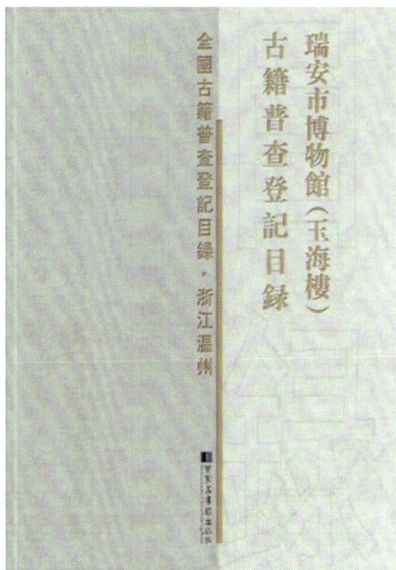

博物馆新馆落成，玉海楼所藏全部古籍移至馆内专门库房妥善保管。2014 年
9 月至 2015 年底，完成了对馆藏古籍的普查工作，计普查古籍和民国线装书
4119 种 31 801 册（含域外汉籍 21 种 60 册）。

　　玉海楼藏书以乡邦文献和名家批校本为特色，其中稿本《墨子间诂》（清
孙诒让）、明万历刻本《淮南鸿烈解》、明抄本《说郛》等 17 部古籍入选《国
家珍贵古籍名录》。在名家稿本、批校本中，主要以瑞安孙氏（孙衣言、孙锵鸣、
孙诒让）为主，此外还有周星诒、鲍廷博、林损、宋慈襃等名家或乡贤的批校
题跋本，端木国瑚、黄体芳等的手稿本。乡邦文献中，有永嘉学派代表人物陈
傅良、叶适等的著作，明代卓敬的《卓忠毅公遗稿》，清林增志的《法幢自订
年谱》，以及瑞安学人"三孙五黄"、"东瓯三先生"、孙希旦、方成珪、曹应枢
等乡贤的著述，这些乡邦文献是研究瑞安历史文化发展的宝贵资料，也为了解
温州乃至浙南史学、文化学研究提供了参考。

龙湾文献书目提要

　　瓯地瓯风，瓯人瓯事，龙湾历史文化丰富多彩，尤其在明代时成为温州文化的一个高地，先贤们留下了珍贵的文化遗产。在此之前，温州龙湾区还没有一册对本土文献资源进行全面和深入总结的书籍，此书是第一部对现存温州龙湾地方文献进行全面系统梳理的专著。

　　本书将所收录文献分成 15 类，分别为线装古籍、民国文献、地情地理、年鉴志书、画册影集、论文著述、区域经济、社会生活、党史党建、龙湾人物、教育教学、乡土风物、文学作品、书法艺术、期刊文献。共收录现存的龙湾文献 1671 种，其中线装古籍 380 种、民国文献 149 种，当代书目 1142 种。

　　龙湾文献数量庞大、收藏分散，从深层内容来分析，往往你中有我，我中有你，学科交叉，驳杂繁复，门多类众。如果截然分类，必会顾此失彼。故此作者遵循"有书设类，无书不设类"，在分类标准上则"宜粗不宜细，粗分则俱全，细分则俱损"的原则。

　　凡涉及温州市龙湾行政区域（包括今已划入鹿城区的蒲州部分村居和洞头区灵昆街道）内编印的人、事、景、物、风俗民情的图书，尽最大努力给予收录；温州经济技术开发区编印的图书也酌情收录。现存的龙湾人著、撰、编、辑、

龙湾文献书目提要
朱继亮 编著
线装书局
2021 年 6 月

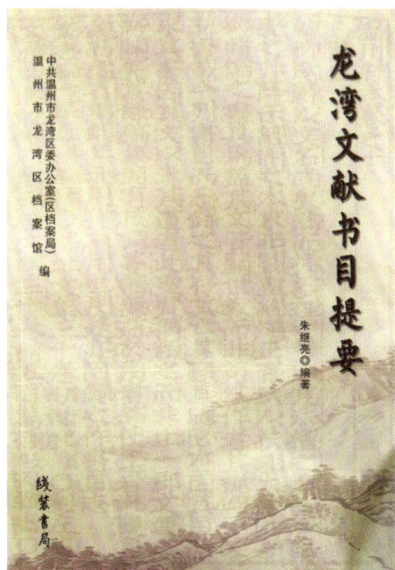

纂线装古籍和民国文献尽全力收录，以公共图书馆、博物馆收藏为主。凡是当代龙湾人撰写的与龙湾有关文艺作品，也酌情收录；内容不直接涉及龙湾地域特征暂不予收录。

　　本书突出并揭示龙湾区域文化特色，为龙湾地域文化研究提供丰富、翔实、珍贵的文献，可以让广大读者全面了解，并深入研究，广泛传承弘扬龙湾地域文化，为推动文化龙湾建设做出积极探索和尝试。史料丰富，闻见博洽，填补了龙湾文献整理的空白，从保护龙湾地方历史真实性和风貌完整性的角度而言，意义重大。

温州历史文献集刊

　　《温州历史文献集刊》是温州市图书馆主持编辑的系列文献资料，其主旨在于收集、整理和介绍温州地方历史文献，迎合当前学术研究（尤其是历史学）不断细化（区域化、微观化）的趋势，为从事地方史和区域文化研究的学者以及其他领域的学者提供相关的文献支持，并促进文献资源的开发与利用。

　　本集刊于 2010 年底创刊，截至 2022 年 1 月，已出版 6 辑。内容包括专题、书札、年谱、考述、文集拾遗等，题材涉猎广泛，立足于温州地方相关的历史文献搜集和整理，系统介绍温州历史文献，发表地方学者的学术研究成果，并广泛吸收和整合从民间、海外以及其他收藏单位发现的各种新文献材料。内容翔实，具有较高的文献价值和学术价值。

　　如第四辑为《清代民国温州地区契约文书辑选》，收录温州市图书馆于2012—2013 年进行的温州地区民间历史文献调查中搜集到的契约文书。这些契约文书是理解社会日常生活的活化石，是史学研究的好材料。

　　如最新出版的第六辑延续前几辑，尤其是第五辑的风格，侧重于披露档

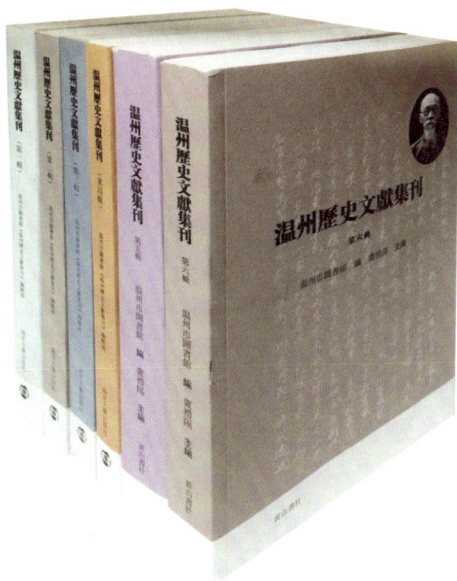

温州历史文献集刊
温州市图书馆《温州历史文献集刊》编辑部 编
南京大学出版社　黄山书社
2010—2022 年

案、日记、信札等第一手史料，以及年谱的刊布、佚作的钩沉。2022 年是温州启动大规模历史文献整理出版工作 20 周年，本辑还特地组织"笔谈"，刊发陈增杰、张元卿、沈迦等人文章一组，就永嘉之学代表人物叶适著作的重新整理、微观史学视野下民间生活史文献的深度挖掘与展示、域外温州相关文献的整理开发等各抒己见，令人耳目一新。后并附有卢礼阳撰《温州历史文献工作纪事》，切实总结经验，反映编者希望能促进乡邦文献事业良性发展之殷切希望。

老温州系列丛书

　　《老温州系列丛书》共七种十册，由温州日报报业集团图书出版策划中心策划统筹，温州市档案局（馆）出品编著。

　　该丛书深具温州特色，内容丰富，有较高的史料价值和收藏价值，是研究温州民国史的重要材料。其中《温州老新闻》《温州老副刊》《温州老广告》均辑自温州市档案馆所存《浙瓯日报》《温州日报》《地方新闻》《阵中日报》《乐清新报》《中国民报》《大风报》《平报》等十多种温州民国期间出版的报纸上刊登的新闻、诗文、广告。《温州老新闻》上中下三册，约106万字，包括时政新闻、社会新闻、文化新闻、经济新闻、医疗新闻等8大类。《温州老副刊》上下册，共30万字左右，分散文、小说、诗歌等，不仅有孙诒让、夏承焘、方介堪等名人的作品，还有林夫、马骅、胡今虚等一批当年青年才俊的作品。《温州老广告》图片为摄录，保持了原汁原味，分为文化类、日用品类、食品类、婚嫁类、烟草类等，是中国近代广告的组成部分，可以了解当地广告发展足迹和当年温州市民的生活方式。

　　另外，《温州老歌谣》作品主要源自20世纪80年代全国性民间文学大普

老温州系列丛书
孙焊生　胡春生　施菲菲　陈寿楠　洪振宁　潘一纲 等编
黄山书社
2012—2015 年

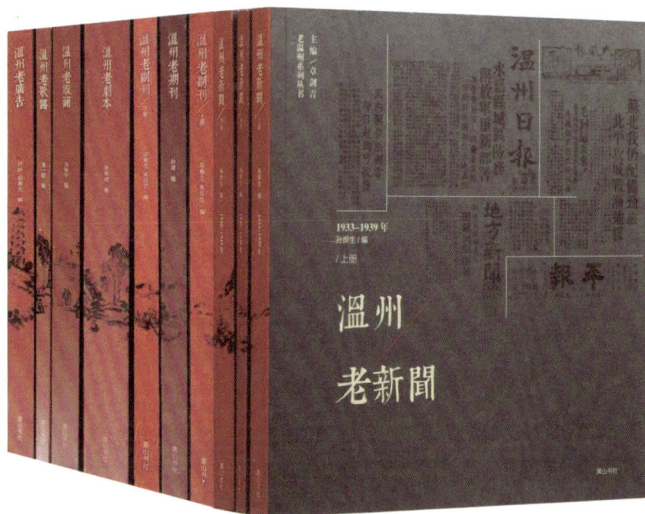

查中温州搜集到的民间歌谣，内容丰富、情趣盎然。《温州老期刊》介绍了晚清至 1949 年间，温籍学人在温州创办的、在外温籍学人主持主编的以及外地学人在温创办发行的期刊。《温州老版画》初步介绍了中国近代文化史尤其是中国新兴版画发展史上，温州版画家的人生经历、作品及其贡献。《温州老剧本》介绍了温州当地创作或曾活动于温州剧坛的外地名家在当地创作、发表并演出的 42 种话剧。

该丛书列入浙江省百项档案编研精品项目，曾获 2013—2014 年度全省优秀档案编研成果二等奖。

英文文献中的"温州"资料汇编
（1876—1949 年）

　　该丛书一共五册，第一、二、三辑于 2018 年 11 月刊印成书。第四、五辑将于今明两年出版。第一辑《近代温州医疗疾病概况——瓯海关〈医报〉译编》、第二辑《〈北华捷报〉温州史料编译（1876—1895 年）》、第三辑《〈北华捷报〉与温州史料编译（1896—1915 年）》。

　　该丛书旨在系统整理与编译有关近代温州（1876—1949）的英文文献资料，其中包括档案、书籍和报刊等资料。

　　第一辑《近代温州医疗疾病概况——瓯海关〈医报〉译编》。《海关医报》（Medical Reports）是清朝末年中国海关关册《海关公报》（Customs Gazette）的一部分，原则上每半年（从每年的 4 月 1 日到 9 月 30 日，再从 10 月 1 日到下一年的 3 月 31 日）出版一次，目的在于记录中国各通商口岸的疾病情况，包括疾病的种类和数量等，并将它们置于当地气候、地理和民间生活习俗上加以分析。从事记录工作的人员都是驻当地的医员，他们不仅负责海关职员及其家属的疾病治疗工作，还要对当地的医疗事宜进行调查，资料汇总后汇报给海关稽查统计处 (The Statistical Office of the Inspectorate General

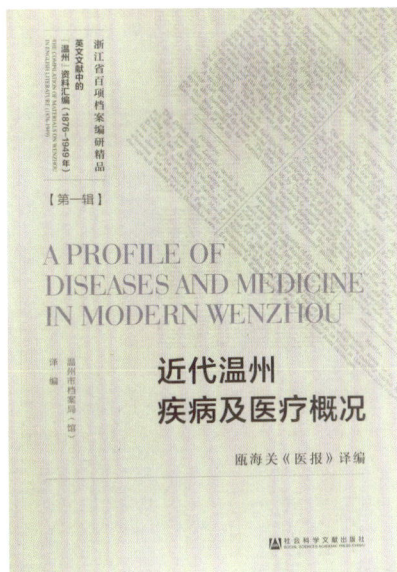

of Customs) 出版。《海关医报》从 1871 年出版第 1 期到 1910 年 9 月为止，本应出版 80 期，但自 1904 年 3 月第 67 期刊行之后便中断，直到 1910 年 9 月出版第 68 期又续刊，此后便完全停刊。但需要注意的是，《海关医报》虽然在 1910 年停刊，但各商埠海关医官仍在撰写海关医报，并在《博医会报》(The China Medical Journal) 上继续发表，一直持续到 1932 年《博医会报》停刊。

作为《海关医报》的一部分，瓯海关《医报》从 1878 年 3 月发行第一期起，到 1919 年止，共有 29 期。负责记录的医官和记录年份分别为：梅威令（W. W. Myers）医生（1877 年 9 月至 1879 年 9 月）、玛高温（D. J. Macgowan）医生（1881 年 3 月至 1884 年 4 月）、劳里 (J. H. Lowry) 医生（1891 年 3 月至 1895 年 3 月）、霍厚福（Alfred Hogg）医生（1895 年 3 月至 1899 年 9 月）、鲍理茂（W. E. Plummer，包莅茂）医生（1901 年 9 月至 1903 年 9 月）、斯默登（E. W. Smerdon）医生（1910 年 3 月至 1910 年 9 月）、安格司（W. B. G. Angus) 医生（1913 年 9 月至 1914 年 4 月）与施德福 (E. T. A. Stedeford) 医生（1914 年 6 月至 1919 年）。

第二辑《〈北华捷报〉温州史料编译（1876—1895 年）》和第三辑《〈北华捷报〉温州史料编译（1896—1915 年)》则分别选取《北华捷报》(North-China Herald) 1876—1895 年与 1896—1915 年间该报纸有关"温州"的主要新闻报道和评论，并按照编年顺序加以编辑和翻译。《北华捷报》于 1850 年 8 月 3 日由英国商人亨利·奚安门（Henry Shearman)在上海英租界创办；1856 年后，随着商业广告增多,《北华捷报》开始增出英文广告日刊《每日航运新闻》(Daily Shipping News)。1862 年后更名为《每日航运与商业新闻》(Daily Shipping News and Commercial News，又译为"航务商业日报")。自 1859 年起,《北华捷报》被英国驻沪领事馆指定为公署文告发布机关，得到上海工部局的资助和优先刊载工部局文告和付费广告的特权，因而一定程度上也反映英国政府的观点，被视为"英国官报"(Official British Organ)。1864 年 7 月 1 日《北华捷报》将《每日航运与商业新闻》改为综合性日报独立出版。这时，该报馆改组为字林洋行，因而当时的中国人将这份"North China Daily News"英文日报译作"字林西报"。《字林西报》创刊后,《北华捷报》成为《字林西报》的

星期附刊继续出版，其地位与影响力日益下降，1867 年 4 月 8 日后增加商情并易名为《北华捷报与市场报道》（*North China Herald and Market Report*）继续出版。1870 年 1 月 4 日，《北华捷报与市场报道》增出期刊《最高法庭与领事公报》（*The Supreme Court and Consular*），不久后两报合并，更名为《北华捷报及最高法庭与领事馆杂志》（*North China Herald and Supreme Court and Consular Gazette*）继续出版，并一直出版到 1941 年 12 月。

温州司法档案选编（1936—1948）

　　该丛书共五卷，围绕温州市档案馆馆藏民国诉讼档案既具普遍历史意义又极富温州地方特色的五个主题（盐务、工商、借贷、航运、赋谷），遴选相关案例。温州市档案馆馆藏旧 206 号全宗永嘉民国诉讼档案，共 14 000 余卷，主体内容为 1936 年至 1949 年民国永嘉浙江高等法院第一分院（1949 年改为永嘉分院）审判核查的有关刑事、民事案件的诉讼档案。除大量浙江高等法院第一分院（永嘉分院）办理的案卷外，还存留有下属永嘉地方法院、平阳地方法院、瑞安地方法院、乐清地方法院、龙泉地方法院、玉环县司法处、庆元县司法处等地方司法机构审理相关案件的第一审案卷，以及浙江高等法院、最高法院下发存卷的司法文书。此外，还有较多相关司法机构与其他政府部门、社会组织间往来的公文。

　　该丛书共收录案例 27 个，涉及卷宗 48 个，遴选档案 1269 件。该档案的开发于 2019 年被列为国家重点档案抢救与保护项目，历时三年多，经案卷整理、数字化加工、案例遴选、审定体例、编辑撰写、校对审核，最终定稿出版。

　　该丛书以案卷所反映的社会历史内涵为主题展开，每个主题选取典型案例，以案件为单位，汇集同一案件散落于不同卷宗的所有文书，从中遴选信息相对丰富、对理解案情和诉讼过程更为关键的部分重要档案，以时间为序重新编排。每个案例都包含内容提要、档案索引、图版三大部分。通过深度整理，将原散乱无章的文书，以案件为轴、以时间为序串缀明晰，使最终的成果能遵循档案原貌，再现彼时情境，从档案中获得历史复原式的信息资源和阅读体验。

　　盐务卷包含 5 个案例：民国二十五年黄竺卿自诉王永山等侵占上诉案、民国三十一年陈光姆等与陈永赞等因确认沙田所有权上诉等案、民国三十三年黄大奶等违反盐专卖暂行条例案、民国三十四年金志超等汉奸案、民国三十七年北监场公署与叶蔚等因赔偿损失涉讼案，共涉及 11 个卷宗，遴选 257 件档案。

　　工商卷包含 6 个案例：民国二十七年方朝麟等侵占上诉等案、民国二十九

温州司法档案选编（1936—1948）
温州市档案馆 编
三辰影库音像电子出版社
2021 年 12 月

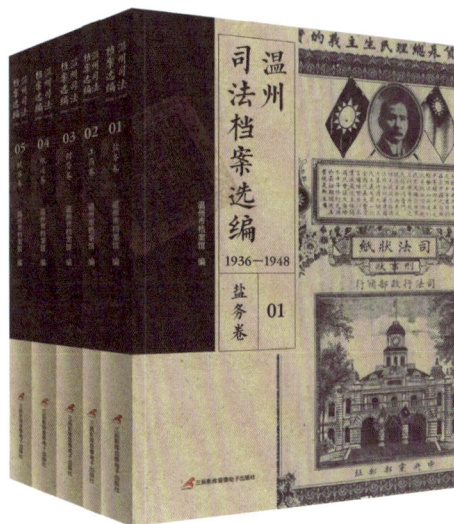

年蒋鹤卿运销敌货案、民国三十年徐德胜窃盗案、民国三十年谢永涛等侵占赃物案、民国三十年洪湛玉等诈欺案、民国三十二年周渭川囤积居奇上诉案，共涉及 11 个卷宗，遴选 223 件档案。

借贷卷包含 5 个案例：民国二十八年戴绶先等侵占上诉案、民国二十九年方芝庭与蔡阿龙等因债款上诉案、民国二十九年林南庠与源源钱庄等因求偿票款上诉案、民国三十六年朱刚贪污案、民国三十七年叶正度等侵占案，共涉及 8 个卷宗，遴选 251 件档案。

航运卷包含 6 个案例：民国三十年程仙岩姆等侵占等上诉案、民国三十一年立德号等与戴寿田等因求偿水脚及装卸费上诉案、民国三十五年陈永福等侵占案、民国三十七年陈德森自诉陈文杰侵占案、民国三十七年叶炳坤自诉麻希尧伪造文书及侵占案、民国三十七年董子泉盗卖侵占案，共涉及 10 个卷宗，遴选 268 件档案。

赋谷卷包含 5 个案例：民国三十三年周让等窃盗上诉案、民国三十四年邱仲瀛等贪污案、民国三十五年章中文贪污案、民国三十七年毛少屏等贪污案、民国三十七年胡志敏等贪污案，共涉及 8 个卷宗，遴选 270 件档案。

该丛书的影印出版较好地呈现了一个世纪前的司法文化和社会历史面貌，内涵丰富多元，主题突出有序，阅读便捷高效，对于研究民国时期的司法制度和地方社会具有独特的学术价值和社会价值。

温州旅沪同乡会史料

《温州旅沪同乡会史料》一书，为《温州文史资料》第二十二辑，由卢礼阳、潘一钢、陈凡男、杨志华等组成编委会编写。通过对温州旅外团体资料的系统搜集与研究，旨在为浙南地方史资料填补空白，也为当今各地温州商会创造性地开展活动提供参考。

《温州旅沪同乡会史料》按文献的性质和来源分为上下两编。

上编：档案，包括规章、会议记录、函牍、救济永嘉米荒、会员通讯录五组，而将平阳旅沪同乡会一组附于其后。凡未注明档案出处者，均系上海市档案馆藏品。不轻易打散原档案的卷宗，将救济永嘉米荒档案与平阳旅沪同乡会发起前后形成的档案作为两个专题（组），其他四部分则依照文件的逻辑关系予以归并，以时间先后适当调整次序，以便读者查考。

民国时期在上海创业和生活的温州同乡，为数不少，即以会员而言，抗日战争全面爆发之前一度发展到 4568 人，战后经过恢复整顿，扩大征求会员，入会人数激增，1947 年突破 2 万名，至 1949 年 4 月 11 日即上海解放前一个半月，填报的数字为 32 116 名。列入会员通讯录的同胞，相当数量是 1946 年至 1948 年前后登记入会的，他们的籍贯、年龄、职业、住址、通讯处、入会

温州旅沪同乡会史料

卢礼阳 等编

温州市政协文史资料委员会

2007 年 3 月

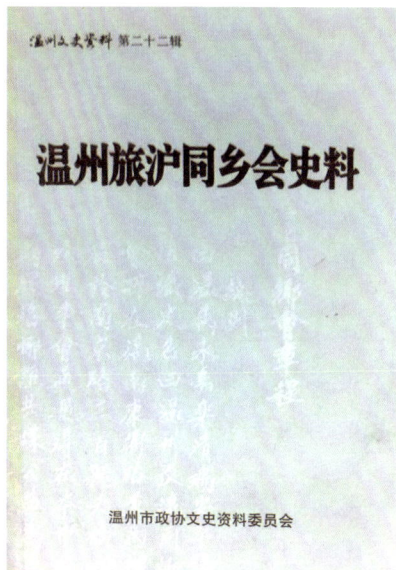

时间、介绍人等属于难得的资讯。上海今日的繁荣离不开这批移民当年默默的奉献，他们的生存状态与活动轨迹值得后人关注。为此该书编者不厌其烦地收录，乃至该部分内容占本书近三分之一的篇幅。

下编：报道。关于温州旅沪同乡会的各种消息、通讯和广告，尽管有各种限制，仍力求网罗完备。在温州大学蒋家桥校区图书馆的大力协助下，逐日查检民国时期《申报》的缩影本，分批复印辑录。限于时间和精力，顾不上地毯式翻阅其他报章，而是仅仅将《民国日报》《浙瓯日报》《瑞安新报》等少数几篇相关文章插入其中，作为补充。

值得一提的是，民国七年（1918）《申报》关于普济轮劫难与 12 年东京震灾的连续报道，客观上反映出上海同乡会主事者的智慧、韧性和责任感，同时也表明早期上海同乡会选择两位国会议员出身的社会名流担负会长重任，耐人寻味。

温州老照片

《温州老照片》系列目前已出版三册，共收入照片 1200 多幅。时间跨度从《烟台条约》签订后温州对外开放，至 1978 年党的十一届三中全会召开，中国开始改革开放的一百年间。收录最早的为 1877 年由英国外交官、英国驻温州领事馆首任领事阿查理所拍摄有关温州的照片。

三册内容分为时代、人物、民生、风情等四大篇章，介绍温州的人和事。其中人物篇收录孙衣言、孙锵鸣、马兰笙、徐定超、冒广生、苏慧廉等 200 多位温州籍或客籍温州的、有影响力的个人和群体的照片和文字介绍。

照片大部分来自社会家庭、家族和私人收藏者提供，一部分来自公共资源和古玩市场或从网络上购买，再一小部分来自国外图书馆。

《温州老照片》系列的出版填补了温州老照片专集出版的空白，对温州的近现代的历史提供了真实的依据。

书中照片资料被温州各部门广泛使用，并促进和深化了老照片集更多的专题出版。如温州市体育局组织编辑了《天行健——温州体育老照片》一书，主编张志宏，执行主编黄瑞庚、夏新天，收录了 1902 年至 1978 年照片约 500 幅；由叶荣标主编、黄瑞庚特约编审的《暖日晴风——温州市商业历史影像》于 2020 年发行，收录了 1919 年至 1987 年照片 280 多幅；再如由黄瑞庚主编的《温州江心屿》，中国民族文化出版社出版，书内也收录了大量的温州老照片。

温州老照片
李震　黄瑞庚 等主编
中国对外翻译出版
2011—2017 年

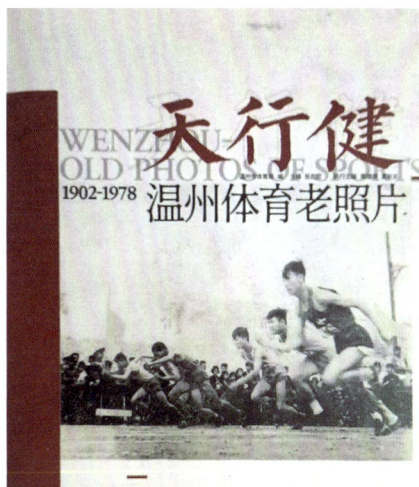

温州活路

本书是一本开放性的纪实摄影作品集。以图片的形式，再现了改革开放30年来温州的城市人文变化、发展及温州人的生活。是"中国人的生活系列"丛书中的一种。

这是一本图文并茂，以黑白、彩色两种照片相串联的摄影集。书前有作者萧云集的自序《平民视角里的温州变革》，每一辑照片前面附有导读，文字朴实无华，读来倍感亲切。

开本及封面就显得很有匠心：仅以各式各样与性别的脚（鞋），以向前走的姿态的艺术性组合并层层推进，使读者联想到"敢问路在何方？路在脚下"这句脍炙人口的歌词，开门见山地突出了这本摄影集题目"温州活路"的主题。作者"动用了摄影最基本的照相本性拍摄了数以万计的照片并完好地保存了下来，在今天看来，历史赋予了它们当中的某些特殊价值"。

温州著名作家叶坪先生在他 2011 年发表于中国作家协会《文艺报》的书评中写道："作者所记录的正是改革开放三十年温州在'这个时代的伟大变革'。作者将自己的思想闪光交融于这个时代的伟大变革的巨大闪光之中，这正是一个真正热爱生活，热爱自己脚下这一片热土的人民艺术家的难能可贵之处。这

温州活路
萧云集 摄
上海文艺出版集团　上海锦绣文章出版社
2009 年 6 月

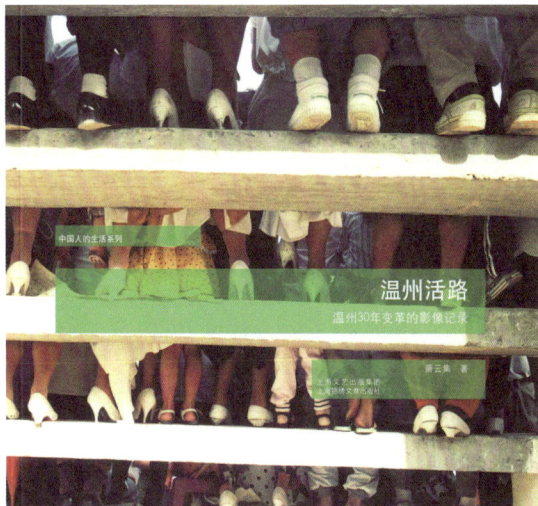

本摄影集从根本意义上来说，是为温州历史留下了珍贵的步步向前的一串串脚印，记录下一条改革开放的新长征之路。"

　　浙江省摄影家协会原副主席、温州市摄影家协会原主席朱宝钢先生认为作者萧云集"在温州摄影界可谓独树一帜，在《温州活路》以及他的其他摄影论著里都可发现他的颇具个性、颇有思想的创作特色"，其"不拘一格的萧氏视角，天马行空式的摄影手法，别具特色的艺术形式"从一个侧面截取和留住了温州 30 年变化发展的轨迹，这是一本很特别的带着历史沧桑感的纪实图片集和影像纪录片，勾起了人们对往事的回忆，对理想的审视，对现实的认定。

　　此前，作者曾在岭南美术出版社 2002 年 10 月出版《时代映像——萧云集卷》，这是中国第一套摄影"小黑书"，该书主要内容也是反映温州这块土地上改革开放的巨大变化。

陈无择医学全书

本书为"唐宋金元名医全书大成"之一种。

陈言，字无择，号鹤溪道人，宋代处州青田（今浙江青田县）人，据考订，其人大约生于北宋宣和三年（1121），卒于宋南绍熙元年（1190），享年69岁。陈言是一位儒、医兼通，又精于临证的医学家，在当时极有影响。他的主要著作《三因极一病证方论》继承、发展了《黄帝内经》《伤寒杂病论》等的病因学理论，创立了病因分类的"三因学说"。并以病因为纲，脉、病、证、治为目建立了中医病因辩证论治方法体系。实践了其由博返约，执简驭繁的方剂学治学思想与学术理念，确立了他在中医学中的地位。

《陈无择医学全书》收录陈氏及其弟子的著作3部。对陈无择的《三因极一病症方论》进行了校勘和注释，还附刊了相对流传较少的陈氏《三因司天方》和其弟子王硕的《易简方》。

《三因极一病证方论》全书共18卷，类分180门，收方1050余首。此书强调"三因"落脚于"方论"的总体精神，内容虽以医方比重为大，但整体结构处处显出研究病因对于指导治疗和合理统率诸方的重要性。本书的"三因"和"方论"是一个有机的整体，此亦本书命名之本意。

陈无择医学全书
王象礼 主编
中国中医药出版社
2005 年 4 月

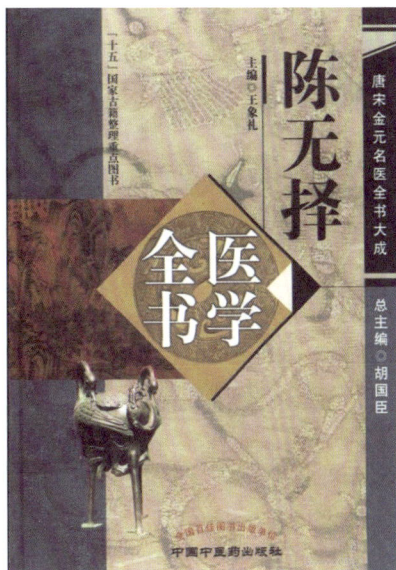

　　《三因司天方》系清嘉庆年间缪问（字芳远）将所谓姜体乾氏所藏之"宋板陈元译《三因司天方》"加以一一书论而成。这本小册子中所谓"司天方原叙"及"六气论原叙"实即《三因极一病证方论》卷五之"五运论"及"六气叙论"，因此揭示一种可能，即宋时就有《三因极一病证方论》中的运气内容的抽印标点、校注一并刊行。

　　《易简方》系陈言的弟子王硕所著，书不分卷，仅依次论述"㕮咀生药料三十品性治"，"增损饮子治法三十首"及"市肆圆药治法"10 种，其中三分之二以上的条目可在《三因极一病证方论》中找到，由此可直观地体会到二者之间的传承关系。此书虽十分简要但在当时却流传广泛，影响深远。

　　编者还编写了"陈无择医学学术思想研究"，汇集"陈无择医学学术思想研究论文题录"，附于书末以供参考。

黑鞑事略校注

　　《黑鞑事略》是南宋外交官彭大雅和徐霆出使蒙古后合撰的报告书。彭、徐两人分别在 1232 年和 1235—1236 年随奉使到蒙古。彭大雅是书状官，先写下了书稿，徐霆随使归来将自己的见闻记录与彭大雅书稿互相参照，以彭稿为定本，把自己的不同记载作为疏（注释）写在各有关事项之下，合成该书。宋人称蒙古为黑鞑靼，以别于漠南的白鞑靼（即汪古部），故名。

　　《黑鞑事略》叙述了蒙古立国、地理、物产、语言、风俗、赋敛、贾贩、官制、法令、骑射等事，详备简要，是研究蒙古开创历史的珍贵资料，历来受到蒙古史家的重视。中国方面虽先后有李文田的笺注，沈曾植的校注，以及王国维的笺证，但一直没有一部参考中外研究成果而编定的标点校注本行世。

　　本书是许全胜以李文田、沈曾植、罗振玉、王国维等史学名家对《黑鞑事略》一书的多种注释为比对，以现代最新史料为依据，对《黑鞑事略》一书进行的全面而深入的全新校注。是该书首个现代标点校注本，填补了这一空白。

　　书末附录还收录明姚咨跋二篇、清李文田跋、清沈曾植跋、清熙元跋、日本内藤湖南跋、清胡思敬跋、民国王国维跋、民国章钰题记、民国赵万里

黑鞑事略校注
许全胜 校注
兰州大学出版社
2014 年 3 月

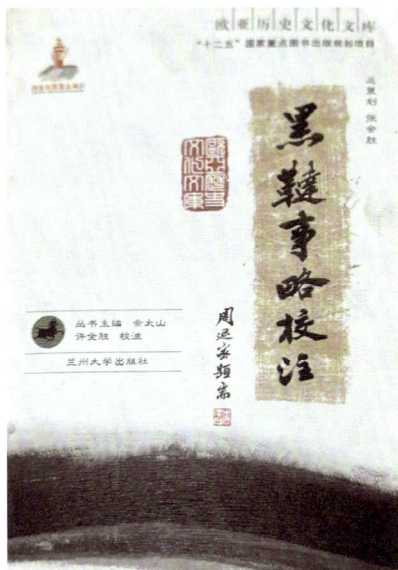

题王国维《黑鞑事略笺证》，以及张政烺宋四川安抚制置副使知重庆府彭大雅事辑。

本书是"欧亚历史文化文库"一种。主要收入的是 1978 年以来我国欧亚诸方向研究的代表性成果，同时选择了部分国际欧亚学的经典名著，涉及区内众多民族、多种文化类别的语言、文字、风俗、宗教、生产和生活方式等内容及其相互影响，在研究方法和资料构建上独显欧亚视野的优势和特色。

林景熙集补注

《林景熙集补注》上下册，52万字。列入浙江文化研究工程成果文库"浙江文献集成"和"浙江文丛"，浙江出版联合集团、浙江古籍出版社2012年3月第1版；2017年5月新1版，2019年6月第2次印刷。

林景熙（1242—1310），字德阳，号霁山，宋温州平阳人。是宋元之际最富成就的著名诗人，遗民诗派的代表作家，也是温州历史上创作成绩最高的诗人。传存《霁山集》五卷，其中诗三卷、文二卷。元元统二年（1334），同里章祖程为诗集作注。

本书具有以下特点：（一）编录完备。广辑遗佚，共收诗314首、文44篇，为目前最完备之本。（二）校订精善。以清鲍刻知不足斋本为底本，取校明代中期以后流传的各种版本，并参校元明以来各类总集、选集及诸方志（计26种），多方参采，去讹存真，俾为精良之本。（三）注释到位。诗歌部分，完整保留章注，并匡其疏失，补其欠缺，补注主要就写作时地、交游人物、本事、典实及难句作笺。散文部分，原无注，亦加诠释。踵事增华，期为读者提供一个有助理解并能拓展思路的文本。（四）设有辑评。辑集历代诗话家及近贤评论，附以校注者自己的评语，具真知灼见。（五）编辑附录《林景熙研究资料汇编》。

林景熙集补注

林景熙 著　章祖程 注　陈增杰 补注

浙江古籍出版社

2012 年 3 月

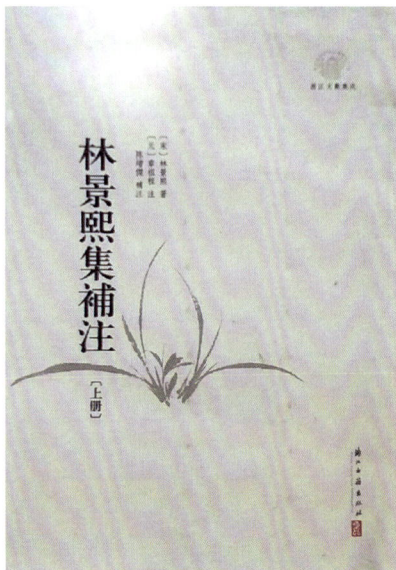

广泛搜录有关林景熙生平事迹、文集流传和作品评论的资料，汇为 6 个专题，翔实丰富，足资参证。（六）考论精要。《前言》全面论述林景熙生平、文艺观和创作成就，有独到见解。对于若干争议问题，如事迹辩证、传记订正、作品（互见诗、佚诗）辨疑等，亦各撰为专论，澄清疑误。

　　校注者于 1993 年得到国家古籍整理出版规划小组资助，完成《林景熙集校注》，浙江古籍出版社 1995 年出版，颇获学术界好评。宋史专家、中国宋史研究会副会长徐规先生许以"精审"。莫砺锋等《回顾、评价与展望——关于本世纪宋诗研究的谈话》中说："别集的整理工作也很有成绩，朱东润先生的梅集校注、钱仲联先生的剑南诗稿注、白敦仁先生的陈与义诗注、陈增杰先生的林景熙集注、傅平骧与胡问陶先生的苏舜钦集注都值得肯定。"（《文学遗产》1998 年第 5 期）。本书是在《校注》的基础上进行的修订、加工和补充，20 年的不倦探索，沉潜解读，篇幅大为增扩，内容益见充实，可说是"更上一层楼"。

高则诚集

　　高明（1305—？），字则诚，一字晦叔，号菜根道人，又号柔克，温州瑞安人。瑞安古属永嘉郡，故常自署"永嘉高明"，又称"东嘉先生"。辑校者胡雪冈，原温州师范学院中文系副教授，中国戏曲学会、中国红楼梦学会、浙江作家协会会员，是温州南戏研究的权威之一。张宪文，原温州市图书馆副研究馆员，著有《温州历代书藏》《仰云楼文录》等。

　　《高则诚集》全书辑录文 13 篇，体裁包括传、记、跋、墓志、赋等；诗 45 首，多题画、赠答、写景纪游之作；词一首，散曲小令二首，套数一首，传奇一出（即《琵琶记》），并在附录中收入散曲存疑、志传事迹、酬赠题咏、诸家评论、版本辑录等内容，举凡有关高明生平与作品的重要资料均汇于一编，实乃研究高明及《琵琶记》的必备之书。

　　《琵琶记》篇幅独占全书之半。《琵琶记》是高则诚最重要的作品，取材于宋代以来民间流传的戏文《赵贞女蔡二郎》，徐渭《南词叙录》谓其"里俗妄作也，实为戏文之首"。高氏以文人的学养趣味对其进行加工，"用清丽之词，一洗作者之陋，于是村坊小伎，进与古法部相参，卓乎不可及已"。极大地提高了南戏的艺术水平。《琵琶记》上继宋元南戏，下开明清传奇，被尊为"曲

高则诚集

高明 著　胡雪冈　张宪文 辑校

浙江古籍出版社

2013 年 9 月

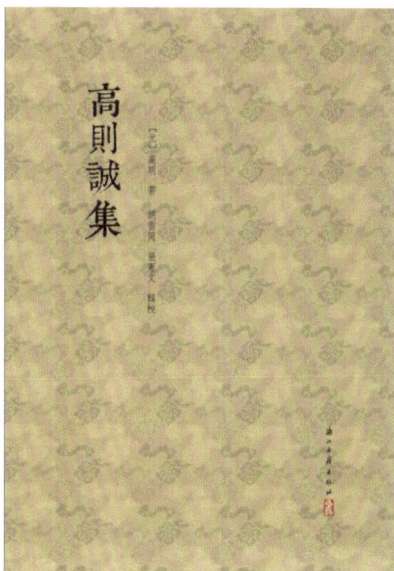

祖""南曲之宗"，代表了南戏艺术的最高成就，对后世的戏剧创作产生了深远的影响。作品问世后，蜚声剧坛，达到"演习梨园，几半天下"的盛况。明代以降六百多年，代有刻本，流传不衰，还被译为法文、日文，传播国外。

本书体裁严谨，资料翔实，于各诗文之末详列出处，如《元诗选》《清颍一源集》《瑞安文征》《东瓯诗集》以及历代府县志等，来历分明，有据可依。后附笺、校，笺释典故，考证史实，罗列异文，为功匪浅。

刘伯温集

刘基（1311—1375），字伯温，浙江青田（今温州文成）人。元末明初政治家、文学家，明朝开国元勋。洪武三年（1370），封诚意伯，故又称刘诚意。明武宗时赠太师，谥号"文成"。刘基被明武宗誉为"渡江策士无双，开国文臣第一"，不仅在政治上功勋卓著，在文学上也有极高的成就，与宋濂、高启并称"明初诗文三大家"。

刘伯温著作于明初即已梓行。其子刘仲璟、孙刘薦等分别编为《郁离子》五卷、《覆瓿集》并《拾遗》二十卷、《写情集》四卷、《春秋明经》四卷、《犁眉公集》五卷。其中《覆瓿集》和《犁眉公集》为诗文合集，前者作于元末，后者作于明初。至明成化六年（1470）戴用、张僖等始将以上诸书交刘基之孙刘薦所辑《翊运录》合编为《诚意伯刘先生文集》二十卷。《翊运录》所收为关于刘基的诏、旨、制敕等，基于当时的尊君观念，被编为第一卷。嘉靖三十五年（1556）樊献科等重编《太师诚意伯刘文成公集》，将《覆瓿集》《犁眉公集》中的诗文按体裁重编，将全书合为十八卷。隆庆六年（1572），何镗等以樊献科本为底本，编为《太师诚意伯文成公集》，保存了诗文按体裁编次的特点，卷数恢复为二十卷。其中卷一出自《翊运录》，卷二至四出自《郁离

刘伯温集

刘基 著 林家骊 点校

浙江古籍出版社

2016 年 7 月

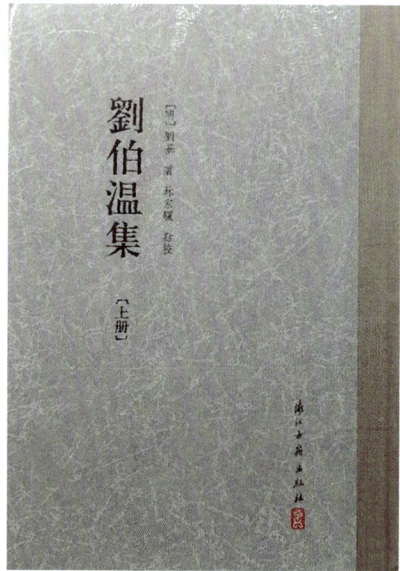

子》，卷五至十七为《覆瓿集》《犁眉公集》的诗文，卷十八为《写情集》中的词，卷十九至二十为《春秋明经》。另有卷首，收入各本序跋、刘基像赞、行状及神道碑铭等。

此次整理以《四部丛刊》初编本中影印乌程许氏所藏明隆庆本《太师诚意伯文成公集》为底本，并据明初本《覆瓿集》《犁眉公集》、成化本《诚意伯刘先生文集》、钱谦益《列朝诗集》等校补，底本未收的作品，按体裁辑入各体之后。全书按文体分类，共计二十六卷，卷一为《郁离子》，卷二至十六为文，分别收入记、跋、说、问答语、解、文、铭、颂、箴、碑铭、墓志铭、连珠、赋、骚等文体各一卷，卷十七至二十五为诗词，古乐府、歌行、四言古诗、五言古诗、七言古诗、五言律诗、七言律诗、绝句、诗余各一卷，卷二十六为《春秋明经》。附录六种，收录行状、神道碑铭、《明史·刘基传》、年表等研究参考资料。

孙衣言集

　　孙衣言（1814—1894），清代官吏、学者、藏书家。字邵闻，号琴西，又勤西，晚号遁坡，斋名逊学，瑞安潘岱砚下村人，道光十七年（1837）拔贡，道光二十四年（1844）举乡试，道光三十年（1850）中进士，入翰林，进编修升侍讲。咸丰八年（1858）英法联军犯津，上书请早定战而犯忌，被调安庆知府，次年辞职回乡。同治元年（1862）曾国藩任两江总督，召他赴沪任庐凤颖道。同治三年（1863）因母丁忧回乡，同治七年（1867）署理江宁布政使。同治十一年（1872）擢安徽按察使。光绪元年（1875）升湖北布政使，光绪三年（1877）调江宁布政使。五年内召为太仆寺卿，称病未赴任。次年回乡创诒善祠塾，培养人才颇众。归里后矢志搜集乡帮轶事，编《瓯海轶闻》56 卷，集乡贤诗文成《永嘉内外集》74 卷，刊印《永嘉丛书》13 种，著有《逊学斋诗钞》15 卷，《文钞》17 卷。光绪十四年，与次子孙诒让建玉海藏书楼。

　　孙衣言的著作，在世时刊刻的主要是《逊学斋诗钞》和《逊学斋文钞》，共收文 270 余篇，诗 900 余首，身后陆续刊刻的有《瓯海轶闻》等。同时代的学人评论孙衣言，如张文虎认为孙衣言"推溯永嘉之学，究极其义理文章，将上追古人，下启来哲，而自成一家"。后来的章太炎则站在中国文化发展的

孙衣言集
孙衣言 撰著　刘雪平 点校
浙江古籍出版社
2017 年 11 月

视角来看，说他是"晚清特立之儒"。如果从温州文化发展史上来审视孙衣言，那他的成就和贡献更不一般，"在复活永嘉学术、培育有用人才和留存文化遗产等诸多方面，孙先生对近代温州文化建设具有涌泉之恩"。

　　本集收入"浙江文丛"，是孙衣言的著作结集，侧重于其文学著作，主要包括《逊学斋文钞》及《续钞》《逊学斋诗钞》及《续钞》,《娱老词》,稿本《芸根吟》《孙衣言日记》《丙子瞻天日记》《出都日记》《道光庚戌科会试朱卷》《道光甲辰恩科顺天乡试朱卷》《道光己亥科顺天乡试朱卷》《道光丁酉科浙江选拔贡卷》等，另外辑补若干集外诗文、尺牍和传记资料。

孙诒让全集

孙诒让（1848—1908），字仲容，号籀庼，温州瑞安人，清末著名学者，与德清俞樾、余杭章太炎并为清末国学之殿，章太炎赞其"三百年绝等双"。孙诒让少承庭训，长游京师，晚岁居乡著述、兴办实业，为温州近代知识分子之典型。他精于考据之学，一生著述甚丰，尤以经学、诸子、金石文字为最。除《周礼正义》等数种通行于世外，散见及未刊者尚多。2000 年，中国训诂学会在温州瑞安举办"孙诒让国际学术研讨会"，与会者有感于孙诒让著述尚待集成刊行者众，遂有董理刊印全集之议，由中华书局承印，是为此书的面世因由。点校所据底本多来自浙大所藏孙诒让珍贵稿抄本，由浙江大学、北京师范大学、复旦大学、上海社会科学院、温州市图书馆、浙江省委党校等单位专家学者整理点校。

孙诒让全集
孙诒让 著　雪克 等点校　许嘉璐 主编
中华书局
2009—2016 年

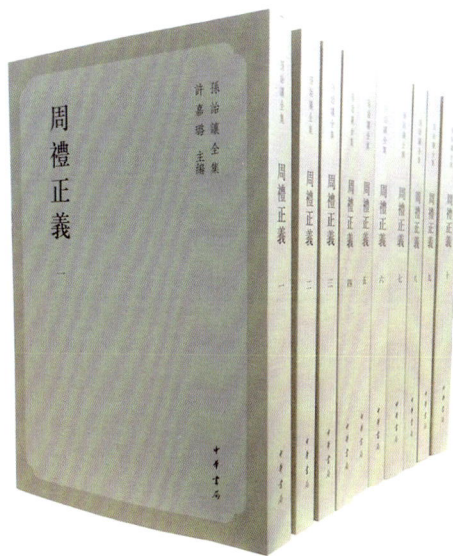

　　《孙诒让全集》共收孙诒让著作 20 种，编为 18 册，其中《周礼正义》《墨子间诂》为孙诒让在《周礼》学、墨学研究领域的集大成之作，奠定了其"朴学殿军"的学术地位。《温州经籍志》被推为近代汇志一郡地方文献书目之祖，体现了孙诒让治目录学及地方史志的功力。《契文举例》开甲骨文考释之先路，《名原》揭示文字省变之轨迹。《十三经注疏校记》《札迻》《商子校本》为校勘学专著，《温州古甓记》《汉石记目录》《东瓯金石志》为金石学著作，《籀庼述林》《籀庼遗著辑存》为学术杂记汇编。《孙诒让全集》基本上将孙诒让存世重要著作网罗殆尽，是"温州学"及后永嘉学派研究的必备资料，今人可借此编感受籀庼治学之广博菁纯，进而一窥传统学术之门径。

徐定超集

徐定超（1845—1917），字班侯，永嘉枫林人，人称永嘉先生。清光绪癸未进士，官为监察御史、国史馆协修。为官清廉，刚直不阿，尊重科学，力主改革，爱国爱乡，献身于民。1917 年 1 月 4 日，为调征书籍因公返里，舟出吴淞口至铜沙洋和新丰轮相撞沉没，定超夫妇一行 5 人同时罹难。

徐氏不仅是我国近代史中著名的政治家、教育家、书法家和诗人，而且还是一位卓有成就的中医学家。徐氏于 1899 年任京师医学教习，1902 年任京师医局司诊，对中医学有着精湛研究，所编中医讲义多种，现存有《内经注》《灵枢·素问讲义》《伤寒论讲义》等。

本文集以陈继达主编的《监察御史徐定超》为蓝本，搜索佚文增订而成。搜集到的佚文内容包括奏折、珍藏的各种宗谱、图书、文件、实物中新发现的

徐定超集

徐定超 撰　陈光熙 主编

浙江古籍出版社

2018 年 3 月

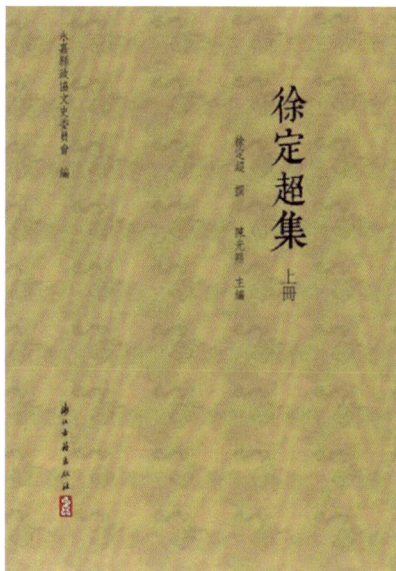

材料、《申报》《东方杂志》等旧报刊中涉及徐定超的资料等等。

全书共 2 册，分诗文及附录两大部分，其中诗文编次为 5 卷，包括奏折、公文、砵卷、杂文、书信、诗歌、联语、专著 8 部分，各体文章大体按写作时间先后排列；附录分为 6 编，包括传记资料、时人诗文、后裔纪念文章、普济轮事件档案等。

其中专著《伤寒论讲义》选用 2005 年上海社会科学院出版社出版的刘时觉主编《温州近代医书集成》，是足本。附录部分，传记资料中《徐定超年谱》是卢礼阳先生整理，还有徐逸龙提供的福寿堂日商行凶肇事几句和徐定超亲属诰封 11 篇圣旨。

中国近代人物文集 5 种

中华书局出版的《中国近代人物文集》收录有 5 种温州著作，系列为《宋恕集》《陈黻宸集》《陈虬集》《黄体芳集》《黄绍箕集》，影响较大。

宋恕 (1862—1910)，即宋衡，近代启蒙思想家，与陈黻宸、陈虬并称"浙东三杰"。原名存礼，字燕生，号谨斋；改名恕，字平子，号六斋；后又改名衡。师从晚清经学大师孙诒让，其思想自成体系，独具特色。面对晚清时局，提出"论治不可不知三始"，主张应从"废时文""改官制""开议院"，着手改良国家政治，1892 年赴天津晋见李鸿章时，更完整地提出了以"三始一始"说为基础的维新变法纲领。《六斋卑议》是阐述其思想的代表作，在著作中，宋恕亮出了"著书专为世界苦人立言"的想法。他抨击程朱理学，主张变法维新、设立议院、开设报馆、兴办学校、振兴工商等，确立了托古改制的思想体系，成为早期维新派的代表人物，在江浙一带享有盛誉。在晚清民初的维新思潮中，宋恕具有不可替代的历史地位。谭嗣同誉其为"后王师"。其遗著于新中国成立后列入国务院古籍整理出版规划，遗稿大部分保存在温州文物馆，部分由其女宋昭编为《六斋有韵文集》，黻宸编为《六斋无韵文集》。

1993 年，胡珠生编成较完整的《宋恕集》，由中华书局作为"中国近代人物文集丛书"之一出版，部分被选入《中国启蒙文库 砭旧危言》（张岱年主编，辽宁人民出版社 1994 年出版）。宋恕诗称雄海上，梁启超将其列入"广诗八贤"。孙宝瑄赞云："每成一章，哀感顽艳，国朝诸家中，罕有其匹。"

《宋恕集》包括了宋恕的专著、杂著、函牍、家信、诗词、日记等，并附有传记。其中，下册共录诗词 260 篇，内词 12 阙，包括五古、七古、长短句古体、五绝、五律、七绝、七律。这些诗篇，涉及面相当广泛，有些内容相当

宋恕集宋恕 著，胡珠生 编
《陈黻宸集》陈黻宸 著　陈德溥 编
《陈虬集》陈虬 著　胡珠生 整理
《黄体芳集》黄体芳 著　俞天舒 点校　潘德宝 增补
《黄绍箕集》黄绍箕 著　谢作拳 点校
中华书局
1993—2018 年

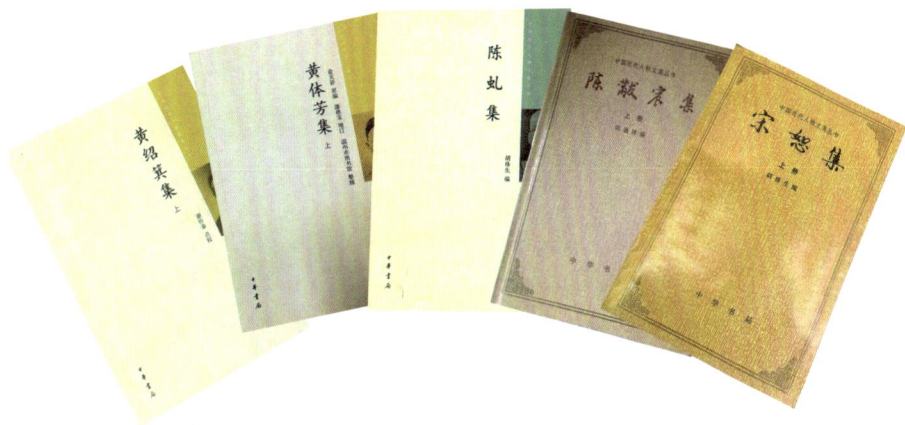

重要，无论在近代文学史上，抑或在政治思想史上，都有一定的参考价值。

陈黻宸 (1859—1917)，字介石，晚年改名芾，浙江瑞安人。师从孙锵鸣，四十五 (1903) 岁中进士。近代著名教育家、史学家、哲学家，清末民初被誉为"浙江大儒""史学巨子"。与陈虬、宋恕交好，时人尊称之为"东瓯三先生"。斋名饮水斋、烛见知斋。

1917 年夏，南归奔弟丧，因伤心过度，自己亦于 7 月 31 日溘然而逝，终年 59 岁。著作有《独史序目》《史地原理》《中国通史》《诸子通义》《老子发微》《庄子发微》《列子发微》《中国哲学史》《经学大同说》《地史原理》《史学总论》等 15 部。1995 年，由中华书局结集出版《陈黻宸集》（上下册），内容包括：上述诸作及书信等。

陈虬（1851—1904），原名国珍，字庆宋，号子珊，后改字志三，号蛰庐，浙江乐清市黄华北山村人，后去瑞安创业。光绪己丑（1889）举人。出身贫苦，祖父以更夫为业，父业漆匠，自幼勤奋好学，自学成才。戊戌变法前和汤寿潜

（字蛰仙）合称"浙东二蛰"，和陈黻宸、宋恕合称"东瓯三杰"。是我国近代著名的改良派思想家，是造诣很深的中医师，是我国最早的新式中医学校创办人。他的生平以维新变法思想和中医实践两方面的光辉成就载入史册。

本集包括陈虬重要的变法思想专著"治平通议"六卷（《治平三议》一卷、《经世博议》四卷、《救时要议》一卷），以及其他专著、杂著、诗文、书札。同时，整理者经过多年研究搜集，又辑得新发现的陈氏著作《教经答问》，该书系统阐述了陈氏的维新思想，许多言论已得资产阶级改良主义之先声，对于研究晚清维新派知识分子向资产阶级改良派的演变轨迹，具有重要意义。

黄体芳（1832—1899），字漱兰，号循引、莼隐，别署瘦楠、东瓯憨山老人，浙江瑞安人，人称瑞安先生。咸丰元年（1851）举人，同治二年（1863）进士，选庶吉士，后授翰林院编修，历任詹事府司经局洗马、左春坊左庶子、少詹事、詹事，曾任福建、山东、江苏学政，累官至内阁学士，兵部左侍郎。

黄体芳著作已刊行者有《江南征书札》（光绪十一年刻本）、《江南征书文牍》（附《司铎箴言》，民国黄群《敬乡楼丛书》排印本）、《漱兰诗葺》（曾刊于《瓯风杂志》，后有民国林志甄《惜砚楼丛刊》）、《醉乡琐志》（民国杨寿枬铅印本）、《钱虏爰书》（1958年聂崇岐收入《金钱会资料》），另有稿钞本五种，温州市图书馆藏有《黄漱兰先生奏稿》《黄漱兰先生赋钞》《黄漱兰先生寿文祭文钞》三种钞本，原瑞安玉海楼藏有《黄体芳文牍稿本》《漱兰诗葺补》两种抄本。

2004年，瑞安俞天舒先生搜集整理出版了标点本《黄体芳集》（上海社会科学院出版社），为"温州文献丛书"之一种，收录了上述除《钱虏爰书》外的成稿，还从民国时期《瑞安县志·诗文征》、孙延钊《瑞安五黄先生系年合谱》、杨绍廉《瓯海集内编》等文献中辑出若干诗文，计奏疏九件、诗二首、联语十八对、律赋三篇、序跋十七篇、书简八通。

2018年，潘德宝在俞天舒原编的基础上作了增订版。增订包括以下七个方面：一是辑佚，计辑得奏疏八件、文牍一篇、序跋四篇、记文一篇、传记一篇、寿文一篇、祭文两篇、墓志一篇、墨卷一篇、书简三十七通、诗三题、联语四对；二是增补俞编《黄体芳集》因体例限制而未收的《钱虏爰书》；三是增辑附录，如黄体芳的传记和关于黄体芳著述的题跋等；四是修订年谱，俞先生整理本附录的年谱已经较为完备，但有一些零星的材料，有助于对黄体芳生平及相关事件的理解，理应增补和修改；五是核对底本、校订俞先生整理本的文字及标点；六是增加注释，除说明文献来源外，部分还提示异文；七是重新对部分文章作了编排，如恢复了律赋的编排次序，以呈现《黄漱兰先生赋钞》的原貌。

黄绍箕（1854—1908），幼名睦钤、字仲弢、又字穆琴，晚号鲜庵。浙江瑞安人。黄体芳子。光绪五年举人，六年进士，改庶吉士，后授翰林院编修。历任翰林院侍讲、左春坊左庶子、湖北乡试主考官、翰林院侍讲学士、日讲起居注官、咸安宫总裁、翰林院侍读学士、编书局监督、译学馆监督、湖北提学使等职。为晚清清流健将，与维新派首领康有为交往甚密，参与上海强学会的发起筹备工作。

黄绍箕的一生，最大的贡献应该是在教育上，他视教育为"身心性命大事"，提倡兴办新学，谓"不通西学，不足以存中学"。积极投身教育事业，为我国教育事业做出重大贡献：任京师大学堂总办、两湖书院监督、编书局监督、译学馆监督、旅京浙学堂总理、湖北提学使，创办湖北师范学堂、湖北实业专门学校和武昌初等小学，筹办曲阜学堂，兼任湖北存古学堂提调。关注家乡的教育事业：创办瑞安学计馆，任瑞安普通学堂总理，在温处学务分处设立过程中起关键作用，帮助孙诒让处理办学过程中的种种难题。著有《中国教育史》。

黄绍箕诗文有《蓼绥阁文集》《潞舸词》等存世。1914 年，冒广生合编黄绍箕、黄绍第遗稿，取名"二黄先生集"，辑入《永嘉诗人祠堂丛刻》。杨绍廉编《瓯海集》，收录其遗稿。1921 年，杨嘉收集其遗稿，合编《鲜庵文辑》。1931 年，黄群续编《二黄先生集补遗》，辑入《敬乡楼丛书》。今人俞天舒辑有《黄绍箕集》（瑞安文史资料第十七辑，1998 年），对黄绍箕著作第一次进行系统整理，整合了以上诗文内容。

由谢作拳点校的《黄绍箕集》，分两大部分：一为黄绍箕的集子，有奏疏10 件、论著 15 篇、书信 90 余通、诗词 150 余首、序跋、《中国教育史》等内容；二为附录，收录了友朋的诗词（包括挽诗等）130 首，挽联 110 对，来信 200 余通等内容，最后附黄绍箕年谱。是书较以前的集子增加《邵懿辰标注四库简明目录》批注、《校邠庐抗议》签议、乡试和会试科考文等内容，书信内容也有较多的增加，使集子的内容更加丰富。

夏鼐文集

夏鼐（1910—1985），考古学家、社会活动家，新中国考古工作的主要指导者和组织者，中国现代考古学的奠基人之一，中国科学院院士。清华大学历史系毕业。新中国成立后，夏鼐先后任中国科学院考古研究所（后中国社会科学院考古研究所）副所长、所长、名誉所长。夏鼐也是中国科学院哲学社会科学部委员，国务院学位委员会委员，国家文物委员会主任委员。获英国学术院、德意志考古研究所、美国全国科学院等七个外国最高学术机构颁发的荣誉称号，人称"七国院士"。曾主持并参加河南辉县商代遗址、北京明定陵、长沙马王堆汉墓的挖掘工作。

本文集全五册，是在中国社会科学院考古所原所长王仲殊为主任委员的编辑委员会领导下，由执行主编、夏鼐秘书王世民编辑而成。2000 年 8 月，为纪念夏鼐诞辰 90 周年和中国社会科学院考古研究所成立 50 周年，该社曾出版三册本《夏鼐文集》。后发现该版本内容不全、错讹甚多，决定废弃该本，重新进行编辑。

重新编辑的此五册本，收录学术论文和其他文字，共计 213 篇、229 万字，篇数和字数都比三册本增多 50% 左右。

重编五册本分为七编：第一编，考古学通论；第二编，中国史前时期考古研究；第三编，中国历史时期考古研究；第四编，中国科技史的考古研究；第五编，中外关系史的考古研究和外国考古研究；第六编，考古漫记与述评、短论等；第七编，历史学研究和其他方面的文章。卷前冠以王仲殊：《夏鼐先生传略》，

夏鼐文集

夏鼐 著

社会科学文献出版社

2017 年 5 月

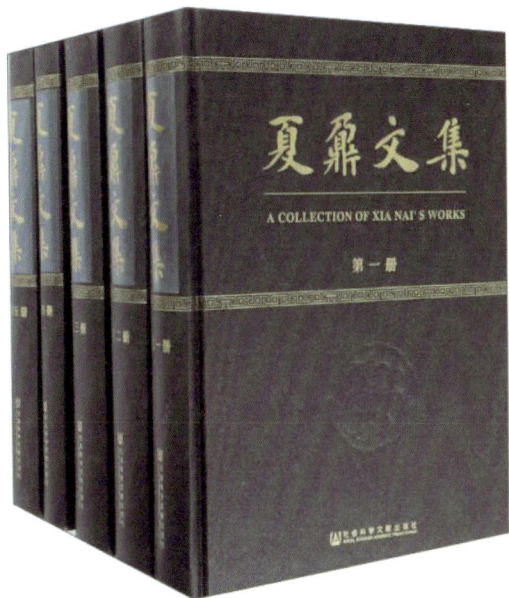

王仲殊、王世民:《夏鼐先生的治学之路》。卷末附有《夏鼐先生学术活动年表》。

这是除古籍整理和日记外，收录夏鼐论著最齐全的文集。内容包括正式发表的考古论文、课堂讲授和会议讲话的记录稿，未曾发表的手稿，以及早年发表的史学论文，其中部分文章是首次面世。本集是全面反映夏鼐先生毕生学术研究成果的一套集子，对于考古学、历史学研究人员及考古爱好者来说，是一部学术价值高、文字精练、图文并茂的必读书。

另外，社会科学文献出版社将于 2022 年 8 月出版王世民、汤超编《夏鼐书信集》，选收 1935—1985 年夏鼐致友朋书信 322 通。全书分为三编：上编为 1935—1949 年信函，包括留学英国、西北考察和代理史语所所务期间的信函，其中主要有致傅斯年、李济、梅贻琦、胡适、常书、李小缘等；中编为 1950—1985 年任职中国科学院考古研究所副所长、所长，至任中国社会科学院副院长兼考古所名誉所长时期致考古方面人士信函，主要有致郭沫若、郑振铎、梁思永、曾昭燏、商承祚、刘节、徐森玉、陈梦家、傅振伦、黄文弼、苏秉琦、安志敏、石兴邦、张光直等；下编为 1950—1985 年致其他方面人士信函，主要有致谭其骧、韩儒林、柯俊、胡道静、夏承焘、方介堪、梅冷生、戴家祥、王栻、叶永烈、罗荣渠、王尧等。对信函中提及的人物，均注有简介。

刘节日记

刘节（1901—1977），字子植，温州宿儒刘景晨长子。历任南开大学、河南大学、燕京大学、大夏大学、浙江大学、金陵大学、中央大学、中山大学等校教职，曾兼任中山大学历史系主任。治学范畴包括中国古代思想史、先秦古史、金石学、考古学、古器物学、古音韵学、古文字学、中国史学史等多方面。主要著作有《楚器图释》《中国古代宗族移殖史论》《历史论》《古史考存》《中国史学史稿》等。

《刘节日记（1939—1977）》共上下两册。《刘节日记》阙佚年份，有1940、1942—1944、1945—1951、1955、1959—1965 等。有年份者，月份也时有不全。整理者刘显曾，乃作者长子。中华书局即将重版发行的《刘节日记》，将增加 1937、1938、1962、1963 等四个年份。

《刘节日记》记录了师友交往、历史事件、个人经历、读书札记、治学思考等内容。作者毕业于清华国学研究院，师承于梁启超、王国维、陈寅恪、赵

刘节日记

刘显曾 整理

大象出版社

2009 年 6 月

元任、李济、梁漱溟、林志钧等大家，与吴其昌、谢国桢、王庸、徐中舒、姚名达、刘盼遂、王力、戴家祥、朱广福、侯埅、姜亮夫、陆侃如、卫聚贤、蒋天枢、罗根泽等同学。工作和事业中与徐森玉、顾颉刚、杨树达、容庚、商承祚、缪钺、滕固、常任侠、谭其骧等学者交谊深厚。作为温州人，又与姜琦、马公愚、夏承焘、苏步青、郑振铎、夏鼐、伍叔傥等乡哲来往密切。可谓"谈笑皆鸿儒，往来无白丁"。他们的名字，一一在《刘节日记》中出现，串起了近现代史学界的学术史。日记中刘节的读书札记和研究思考，对当今学人，尤其是历史研究者，亦当有所裨益。

董每戡集

董每戡（1907—1980），温州市瓯海区横屿头村人，戏剧史研究专家、戏剧理论家。一生坎坷，著述丰富，是开曲学宗派的人物（见廖奔《温州戏曲口述史·序》）。其生平简历可见于《辞海》《中国戏剧家辞典》等20余部工具书的"董每戡"条目；详尽的人物传记则有陆健东所著《历史的忧伤——董每戡的最后二十四年》及马必胜所著《南戏乡亲董每戡传》。

《董每戡集》由陈寿楠、朱树人、董苗编，全书近300万字，包括十部学术专著及剧本、歌曲、遗文辑存（未含译作）、诗词辑存、书信辑存等，是目前为止收录最为齐全的文集。书中除有关外文文字由岳麓书社聘请专家审核之外，编目和文字重新订正均由朱树人、董苗完成，历时三年。

全集共分五卷，第一卷收录了三部史著：《中国戏剧简史》《说剧》《〈笠翁曲话〉拔萃论释》，由董苗整理，2004年5月由广东高等教育出版社出版。此书对清代戏剧家李渔的戏剧理论作了深入的阐述，使他的理论得到深入浅出

董每戡集

陈寿楠　朱树人　董苗 编

岳麓书社

2011 年 5 月

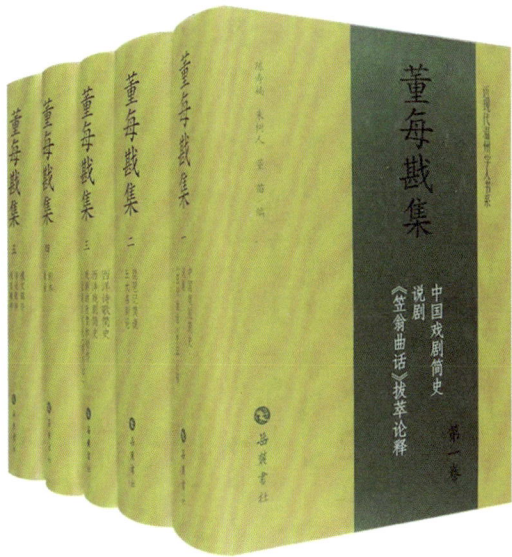

的论释而变得通俗易懂，并由此拓展开来，使之成为一部比较浅近的作剧法入门书。

　　第二卷收录了关于剧论的两部书：《琵琶记简说》《五大名剧论》。

　　第三卷收录了五部专著：《西洋诗歌简史》《西洋戏剧简史》《戏剧的欣赏和创作》《〈三国演义〉试论（增改本）》《海沫集》，第四卷收录了十一个独幕剧和六个多幕剧，以及六首歌曲，均为抗战时期写就。第五卷收录了董每戡各个时期的文章 142 篇、诗词 176 首，以及致亲友的书信 146 封。

　　附录有：《我的父亲董每戡》；《董每戡著作系年》；《董每戡研究资料篇目》等。

莫洛集

　　莫洛（1916—2011），原名马骅，字瑞蓁，温州人。在温州中学读书时，莫洛与同学组织"野火读书会"，主编学生刊物《明天》，领导学生爱国救亡运动。1937 年抗日战争爆发后，与友人发起成立"永嘉战时青年服务团"，组织"海燕诗歌社"，编辑出版"海燕诗歌丛书"，主编《暴风雨诗刊》和《战时商人》月刊，发表长诗《叛乱的法西斯》。1940 年赴皖南参加新四军，后辗转至苏北根据地盐城，任盐城中学训导主任兼国文教员。其间，莫洛创作了长诗《渡运河》，抒情诗《晨》《枪与蔷薇》《我们渡过长江》《风雨三月》《晨晚二唱》等一系列诗歌作品。1943 年受严北溟之邀赴《浙江日报》（丽水）任职，莫洛编辑的文艺副刊《江风》和《文艺新村》是战时东南文艺的重要阵地。莫洛创作的诗歌和散文以各种笔名发表在《诗创作》《现代文艺》《中国新诗》《文艺复兴》《笔垒》等刊物上。1948 年，诗歌集《渡运河》收入"森林丛书"由上海群星出版公司出版，散文诗集《生命树》收入"光与热丛刊"由上海海天出版社出版。次年，文艺传记集《陨落的星辰》由上海人间书屋出版。1949 年担任《浙南日报》副刊《新民主》主编，1951 年担任温州中学副校长，并被选为温州市首届文联主席。1954 年调杭州大学（浙江师范学院）中文系任写作教研室主任。

莫洛集
莫洛 撰
岳麓书社
2012 年 12 月

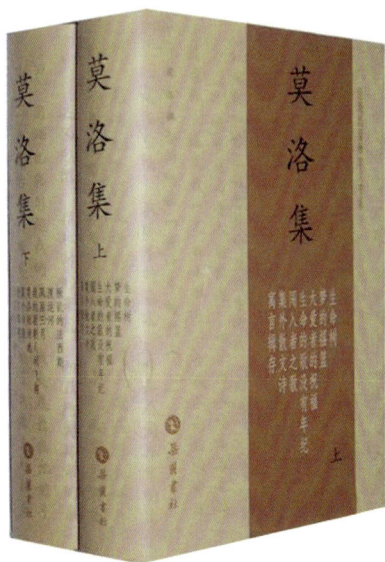

1976 年从杭州大学离休后，在温州教师进修学院任教，并任浙江省写作学会会长、中国民主促进会温州市委员会主任委员、温州市政协常委。传略辑入《民国人物大辞典》《中国现代文学辞典》《中国当代诗人传略》《中国诗歌大辞典》《中国文学通典·诗歌通典》等数十种。1999 年获浙江省作协授予的"浙江当代作家 50 杰"称号，2002 年获浙江省文联授予的"浙江省有突出贡献的老文艺家"称号。

《莫洛集》收入"近现代温州学人书系"，辑录莫洛的主要作品，除已经出版的诗集《叛乱的法西斯》《渡运河》《风雨三月》《我的歌朝人间飞翔》《莫洛短诗选》，散文诗集《生命树》《梦的摇篮》《大爱者的祝福》《生命的歌没有年纪》《闯入者之歌》，文艺传记集《陨落的星辰》之外，收集整理了散逸的诗歌、散文，以及文艺史料，诸如《伟大历史的记程碑——抗战一年来中国文艺动态记略》《艰苦地学习，惨淡地经营——关于一年来温州国防戏剧的发展》等，都具有重要的史料价值。并附录孙良好、吴洪涛编撰、洪振宁补校的《莫洛年表》。

翁同文文集

翁同文 1914 年生于泰顺县翁山外垟，26 岁毕业于西南联合大学后曾于西南联大师范学院、云南大学任教，之后又辗转于欧美等地学习、研究，并在法国、德国、美国、新加坡的高校任职。年逾花甲，因赴台奔丧的机缘留在台湾东吴大学任教，之后便一直在台湾生活。因而翁同文虽出生于泰顺，却长期生活在海外，其学术研究成果也并未得到国内的充分重视。《翁同文文集》分上下两册，收录了翁同文的学术论文、杂文、诗联及生前好友撰写的纪念文章等内容。本书的编辑不但有利于整合翁同文的著作文章，也便于其人及其学术成果为更多人了解。

本书据文章主题进行专题分类，分为九个部分：第一部分是《红楼梦》研究，收录 11 篇学术论文，其中两篇只有纲目，尚未完成；第二部分是天地会研究，收录相关论文 10 篇；第三部分是科技文化史研究，收录论文 21 篇，内容繁杂，包括印刷史、火药史等方面，探究科技发明之间的因果关系；第四部分是艺术史研究，收录 21 篇论著，大多是关于画家生平、画作年代的考证；第五部分是《四库提要》拾补，收录针对《四库全书》的考证文章 88 篇；第六部分畸石斋杂文，收录杂文 24 篇；第七部分是畸石斋诗联；第八部分为英文论著；第

翁同文文集

《翁同文文集》编辑委员会 编

浙江人民出版社

2019 年 12 月

九部分为附录，包括翁同文先生年谱、著作目录及好友撰写的纪念性文章。

　　本书从文章收集到整理、编辑，历时五年而出版，包含了一些翁同文生前未刊文章以及早年台湾中兴大学宋德熹教授编写的《翁同文先生著作目录》中未著录的遗著。在中文文章的收集方面，已然相对全面。但因条件有限，大量外文论著内容未能辑于此书中，可谓遗憾。翁同文发表的著作跨越相当长的时间段，本书在整理时对于因年代、发表地区不同产生的版式、用字等方面的差异进行统一的规定和整理，并统一注释和排版的格式，力求符合多数读者的阅读习惯且便于阅读。并且收集论著的不同版本乃至作者手稿，谨慎校勘，加注按语。总而言之，《翁同文文集》对翁同文的学术成果等内容进行了相对完善地整理，是对翁同文及其论著的有力而有效的介绍，且具有保存史料的价值，未来也值得在此基础上进一步补充以求进一步整合与翁同文相关的资料。

薛祀光集

薛祀光（1900—1987），字声远，瑞安莘塍薛里人。1912 年，薛祀光以优异成绩考入浙江省立第十中学（温州中学前身），后公费考入日本九州帝国大学，并于 1928 年获得法律博士学位。回国后受聘为中山大学法律系教授。1931 年 9 月中山大学法科改称"法学院"，薛祀光任首任院长。抗战胜利后，薛祀光被聘为国际法庭顾问，在审判日本战犯中做出了重要贡献。1947 年，中山大学学生参与"反饥饿，反内战"运动，当局逮捕了 28 名地下共产党员和师生。薛祀光运用其法律界的声望和中山大学教授会会长的名义，迫使当局释放进步人士，为此被列入黑名单。他毅然离开中山大学，后被上海暨南大学聘为法律系教授，1948 年出任同济大学法学院院长。新中国成立后，薛祀光历任厦门大学法律系教授、厦大副教务长、教学委员会主任，武汉大学、湖北大学法律系教授等职。因他在民法债权方面研究深入，颇有造诣，曾被同仁尊称为"薛老债"。薛祀光毕生致力于法律研究和实践，著有《民法债编各论》《债

薛祀光集

薛祀光 著　陈颐 编

商务印书馆

2021 年 9 月

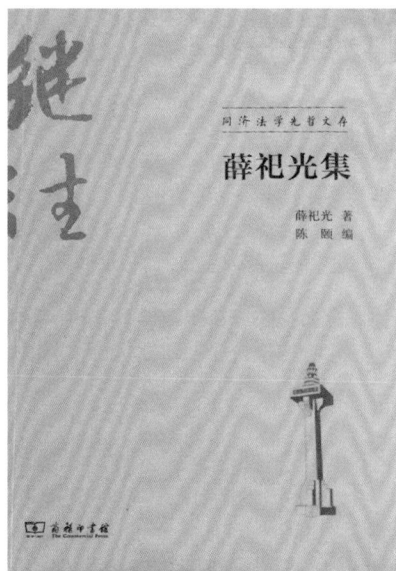

编各论》《法律丛书》《管子六法》《民法概论》等。

　　《薛祀光集》是"同济法学先哲文存"之一种，选编薛祀光先生的专著和论文合集，共汇集薛祀光的专著《民法债编各论》和《法的本质》《法的拘束力》等 22 篇论文，内容涵盖面广，从"法"的一般概念到民法中的债权，从案例分析到抽象的法理，作者融部门法研究、法理思考和法的思想史分析于一体，详细介绍了其对近代中国法学的思考和认识，尤其是《民法债编各论》，全方位地呈现了债法的各个环节，是一部系统性很强的法学研究著作。

民法要义

梅仲协（1900—1971），字祖芳，浙江永嘉（今温州）人。法国巴黎大学法学硕士，1933 年后在国立中央大学和中央政治学校担任民法讲席，曾任中央政治学校法律学系主任，期间任重庆东吴大学教授。后到台湾，历任台湾大学法学院民法教授（并主持该校法律研究所）、司法行政有关部门司法官训练所民法讲师、台湾省立中兴大学法商学院商事法教授，兼任政工干部学校、军法学校和私立东吴大学法学院等院校民法教授，教育有关部门学术审议委员会委员。著名民法学家，与江平、谢怀栻共同被誉为"中国民法三杰"。

本书原为中央大学讲义，梅仲协的经典教科书。书中以德、瑞民法学说为主，系统研究 1929 年的中华民国民法，对理论继受上的"日本化"倾向，作自觉的反省，取精用宏，卓然成一家之言。

本书资料丰富立法、学说与判例兼重。作者所引用的立法和法律不仅有中国的，还有德国、法国、瑞士、日本等国家的民商法；不仅有现当代的，还有

民法要义

梅仲协 著 张谷 校

中国政法大学出版社

2004 年 1 月

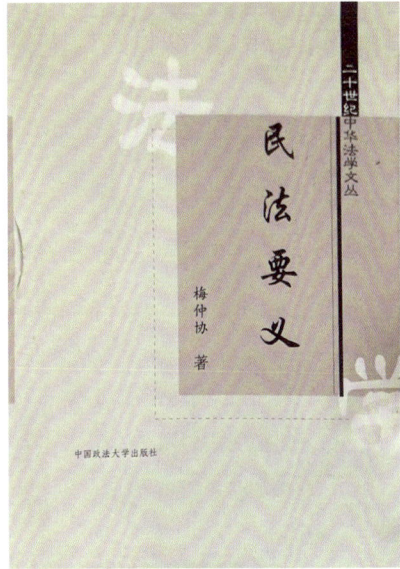

中国古代的；不仅有理论分析，还有判例和解释例，尤其是德国民事判例的引用为其一大特色。

本书体例严明，不拘泥于法律编章节条项款之次序，苟利于学理上整合之要求，不妨调整或增列之。是初学者能够了解法律中没有规定的一些理论。同时，作者注重通过举例来解释理论，通过精确合适的举例，将抽象的问题具体化，使具体的问题简单化，便于读者更加准确的理解抽象的原则和适用范围。

总之，《民法要义》是梅仲协治学严谨求实、富有批判性和创造力的代表作品，但是它的时代局限性也是存在的，所以在阅读的时候，应当有所取舍。

瑞安孙家往来信札集

　　瑞安孙氏家族是一个享有盛誉的官宦世家，孙衣言兄弟、父子在近代中国的文化、教育领域都算得上是叱咤风云的人物，主要以其在文化学术、教育等方面的活动、成就而卓然自立、名家辈出、享誉后世，并从各方面影响着近代温州文化、教育的发展，并能将自身的文脉延续到下一代，培养出了孙延钊、孙宣、孙越等人，可以称得上"文化名门世家"。孙家三代的社会交往保留下来大量的信札，时间上，从道光二十九年（1849）至新中国建立，跨度长达100余年，人物涉及二百多位。他们之间彼此相互影响，所涉文化范围又较广，时间跨度也较长。信札中保留下来的资料，为人们全面了解、研究他们的生平、学术、教育提供非常珍贵的资料。部分信札中涉及的问题因其重要性而具有特别的价值。其中一些还是初次披露，更显难能可贵。

　　中国历史由清朝而民国而中华人民共和国，经历了亘古未有之巨变，因此这一时期，孙家的演化，家风门风的形成、传递，乃至每个成员文化学术道路的选择等，便自然而然打上了时代的烙印，凝聚着不同于以往的更加丰富的文化意蕴和历史内涵。孙家往来信札的结集，为研究民国时期的传统文化、社会生活均有参考价值。人们从中可以领略到文化名人与学术巨子的人生风采、文

瑞安孙家往来信札集
谢作拳　陈伟欢 编注
浙江大学出版社
2017 年 12 月

化品格、学术追求和治学方法，可以总结学术研究和文化建设的历史经验，乃至获取关于家庭教育的有益启示。

《瑞安孙家往来信札集》按孙衣言、孙锵鸣、孙诒让、孙诒泽、孙延钊、孙宣的顺序，以人为单位，将他们的往来信札进行编排，同一人的来往书信，按时间先后排列。各人的先后，则按笔画顺序排列。

此集共收录孙衣言与 55 位师、友、生的往来信札，共有 132 通。孙锵鸣与 18 位友朋、晚辈往来信札 40 通，写给夫人、儿子、女婿的家书 47 通。孙诒让的往来信札，涉及人物最多，共有近七十位 229 通。孙诒泽与五位友朋的往来信札 35 通。孙延钊的往来信札，收录与 5 位友人的 8 通信札。孙宣与 42 位师友的 242 通信。大多为温州博物馆收藏。

朱铎民师友书札

朱镜宙（1889—1985），字铎民，晚号雁荡白衣，又号雁荡老人。浙江乐清人。章太炎三女婿。南洋华侨史专家，晚年定居台湾，潜心学佛。他的一生经历丰富，从事过报业、金融银行业，参加过北伐，当过财政厅厅长、税务局局长；交游广泛，与章门弟子、辛亥志士、南社成员、少年中国会等先贤后进的关系密切；游历过众多地方，在杭州、北京、广州、上海、厦门、兰州、西安、四川等地学习工作过，有人称其为"名声并不显赫但广种善根的人"。他在南洋任职期间，考察华侨的问题，撰写成《英属马来半岛》，成为早期研究华侨的力作。任甘肃省政府委员兼财政厅厅长期间，废除拨款制度，使各机关始有预算决算，款有定数，不再任意取之于民；整理苛杂，豁免茶商税，深得民心。任财政部川康区税务局长期间，两度深入川康腹地，巡视榷务，为抗战筹集资金做出了很大的贡献。尤其关心乡里，捐款，设义仓，兴修水利等，体现他的家国情怀。

此书共选录朱镜宙 91 位友人的来信 210 通，另有朱镜宙去信 65 通。这批书札涉及民国名人的数量之多、层次之高，极为罕见，故文献价值很高。有谭延闿、吴敬恒、许世英、于右任、邵力子、谭人凤、章士钊、沈钧儒、戴传

朱铎民师友书札

谢作拳 编

浙江古籍出版社

2020 年 4 月

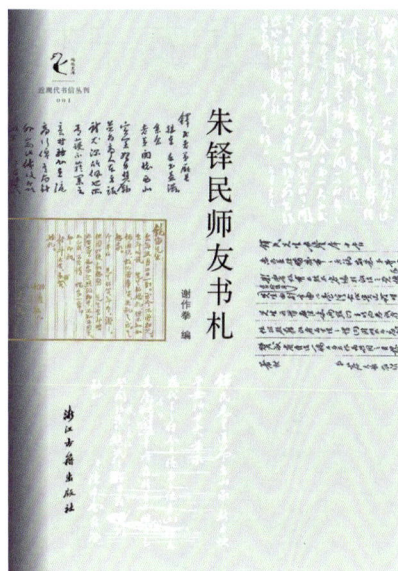

贤、黄炎培、黄郛等政界要员，也有章炳麟、蔡元培、张元济、胡适、李植、黄侃、朱希祖、余绍宋、赵熙、马衡、马一浮、马寅初、马叙伦、陈衍等教育文化界名流，也有温州乡贤吕渭英、黄群、林大同、马孟容、孙延钊、梅冷生、孙宣等人。

2019 年朱镜宙先生诞辰 130 周年之际，温州博物馆举办了"长天一雁——朱镜宙师友墨迹展"，展出书法、绘画、信札等文物，并配套出版《长天一雁——朱镜宙师友墨迹选》图录（浙江人民美术出版社，2021 年版），共收录了馆藏朱镜宙师友书法 45 件，绘画 25 件，信札 111 通。此图录与《朱铎民师友书札》相互参照，不仅对朱镜宙的研究有学术价值，而且在弘扬中华文化传统，促进海峡两岸的文化交流，加强对温州民国人物的研究，都具有非常重要的现实意义。

梅冷生师友书札

梅冷生（1895—1976）是温州著名学者，20 世纪 20 年代，他发起组织了地方性的文学团体慎社、瓯社，同学少年，意气风发，名动一时，所以夏承焘称其"才能又足领袖一乡"。1935 年浙江省第三特区（永嘉区）征辑乡先哲遗著委员会成立，梅冷生担任委员、总务兼印行股主任，深得前辈刘绍宽、刘景晨等人的信任。1941 年起任籀园图书馆馆长，1949 年后又续任温州市图书馆馆长，改弦易调之际，梅冷生一直深得各界推重。作为温州学界的中心人物，梅冷生师友的往来书札，自能反映梅氏一生的为人处事，足以概见温州的人事代谢和时代风云，亦可提供民国温州学术史的生动细节。本书收入 1920—1966 年梅冷生师友手札 208 通，百分之八十属于初次刊布。

因为事过境迁，手札所涉人事、书籍、事件已杳如黄鹤，本书编者卢礼阳酌情予以考释，以便读者理解。编注者的笺注考释，首先是考定书信写作的时间和相关人物的生平。编注者利用夏承焘、夏鼐、张棡、符璋、刘绍宽、刘祝群等人的日记，前后排比联络，大多能考定书信的写作时间，偶有不能确定者，也不强作解人。其次是交代书信中所涉及事件的前因后果。最后通过评注，结合不同时代的来信去札，编注者似有拼出一部梅冷生别传的意味。第一是彰显

梅冷生师友书札
卢礼阳 编注
浙江古籍出版社
2019 年 12 月

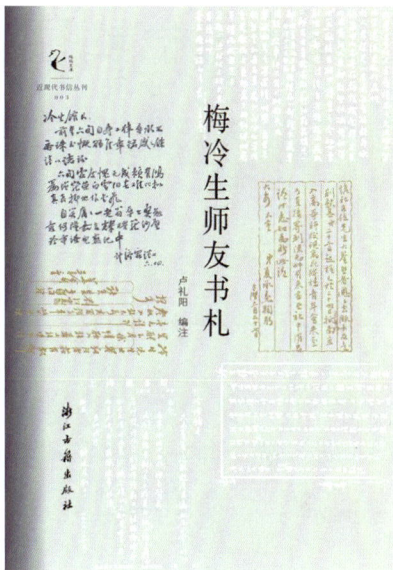

了梅冷生对于图书事业的热爱和贡献，尤其是梅冷生任温州图书馆馆长以来，与各地藏书机构交换复本，梅冷生的往来书札常有书单明细，注释的重心则转到记录这些书籍后来的收藏、整理以及出版情况；第二是突出了梅冷生的才干，尤其是对温州市图书馆的管理能力；第三是表现梅冷生对读者的关爱；第四是赞叹梅冷生的人品。

　　总之，本书的笺注评释，勾勒书札的背景知识，详考其所涉及的人物生平履历，梳理事势前后因果，读来有置身局中晤对其人之感。这些洞幽烛微的评注还彰显了梅冷生的真实生命，抉发了梅冷生在图书馆事业上的惨淡经营，也流露出评注者自家的真性情。

董每戡书信辑存

　　《董每戡书信辑存》共收录董每戡从 1944 年到 1980 年写给亲友的书信共 148 通（含以妻子名义写的一通），书信影印件按正文顺序附在书后，供读者参考。

　　由于历史的原因，著者早年与学界人士的书信多已散失，或已付诸丙丁，故存世极少。同时由于特殊时期环境恶劣，为避免瓜蔓牵连，作者与至亲好友的通信均署名为"湛"或"海湛"，并再三叮嘱对方阅后即焚，直到名誉恢复后才复用本名。

　　本书收录的信件中，编者在与著者来往最密切的成都大学原中文系系主任谢宇衡教授处获得 19 通，从《沈阳日报》原总编辑刘黑枷处获得含 20 世纪 40 年代的 6 通，从辽宁师范大学中文系李世刚教授处获得 9 通，此三位均为董每戡的学生，信函中可见师生情深。致平辈至交的书信则包含给林亦龙先生的 26 通、戏剧家胡忌的 12 通、朱正先生的 5 通、赵铭彝先生的 4 通、陈

董每戡书信辑存
董苗 编
浙江古籍出版社
2020 年 5 月

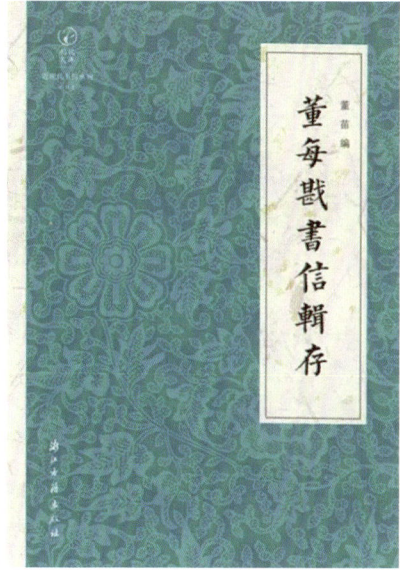

中凡教授的 1 通，冼玉清教授的 1 通、王果先生的 2 通。以及致子侄任世评、董素心、董苗、莫杨的 35 通及后辈朱树人的 8 通。

　　这些书信反映了著者在特殊历史时期的心路历程——他的思考与探索，忧虑和痛苦，无奈和期盼，自信和坚韧；也能从中得窥那个时代的风貌和情势。最可贵的是著者有诸多诗词作品在这些书信中得以保存，留下一笔珍贵的遗产。

夏鼐日记

《夏鼐日记》全十册，上海华东师范大学出版社 2011 年 8 月出版。

本书是在中国社科院考古所王世民的主持下，会同夏鼐四位子女（夏素琴、夏正暄、夏正楷、夏正炎），并有十余人参与其事，历时十年进行整理的。内容开始于 1930 年 8 月进入燕京大学一年级时，止于 1985 年 6 月去世前二日，时间跨度 55 年，除"文革"期间三年半无日记外，实有 51 年有余。

日记详细记录了夏鼐青年时代刻苦努力、谨严治学的勤奋经历。从就读燕京大学社会学系、清华大学历史系，打下坚实社会科学和历史学基础，治中国古代史和中国近代史，在史学领域崭露头角。到留学英国以后，攻读号称世界考古学尖端的埃及考古，对埃及古珠进行前所未有的系统研究，获得中国第一个埃及学的博士学位。其间，认真阅读了大量考古学、人类学名著，详细考察过古埃及、古罗马和西亚等地的重要遗址，以及为撰写学位论文的艰辛经历，都有详细的记载。这些对于后辈学者，特别是青年学子，有莫大的启迪和教益。

夏鼐作为中国现代奠基人之一和新中国考古工作的主要指导者，既是中国考古人才的主要培育者，又是考古学严谨学风的主要缔造者。日记真实地记录了他致力于中国考古学全面发展的卓越贡献。其中包括：众望所归地长期主持

夏鼐日记

夏鼐 著

上海华东师范大学出版社

2011 年 8 月

考古研究中心机构，制定考古研究长远规划；亲自主持和现场指导北京明定陵、长沙马王堆汉墓等重点考古发掘，认真审阅大量的考古书稿和文稿，切实从学术上严格把关；及时引进碳十四断代等现代自然科学方法，放眼世界文明发展领域；为保护祖国宝贵的民族文化遗产，与各种破坏文物的错误言行进行坚决斗争……这是中国考古学发展上一份难得的实录，学术价值自不待言。

由于夏鼐生前的社会活动很多，交往涉及社会科学和自然科学各方面人士，出席过国内外的多种学术会议，因而他的日记对于整个中国学术史研究，也有重要的史料价值。

夏鼐的足迹遍及国内大部分省区，出访过十多个国家，日记记载了各地的名胜古迹、风土人情、社会新闻，乃至市场物价。这也很有价值。

该书出版后，立即得到读者的广泛欢迎，曾荣获 2011 年度上海优秀图书评选一等奖，出版半年就第二次印刷。历年发表的书评和有关论述甚多。

历年出版相关联的书还有以下四种：《夏鼐日记·温州篇》，《夏鼐西北考察日记》全二册，《燕园清华园日记》，《夏鼐日记·考古篇》全四册。

夏承焘日记全编

夏承焘日记是中国现代学人日记的代表作。20 世纪 80 年代，浙江古籍出版社曾出版夏承焘日记选集《天风阁学词日记》，被著名学者施蛰存誉为"二十世纪最重要的词学文献"，是"日记文学的上乘之作"，在学界有重要影响。但《天风阁学词日记》是删节本，记事删略很多，夏承焘早年及晚年日记更是付之阙如。

《夏承焘日记全编》的编校工作历时 12 年，经多方搜求，三代学人共同努力，其存世日记知其下落者皆收入其中。与《天风阁学词日记》相比，《夏承焘日记全编》由原来的 140 万字增加到近 500 万字，体量扩充近三分之二，补充了 1916 年至 1928 年日记、1966 年至 1985 年日记、中间原遗失的 1933 年等数十年日记，补足了《学词日记》所删削的内容。

《夏承焘日记全编》可谓"齐""全"，保留夏承焘日记原貌，反映了当时社会、个人生活、读书撰述、朋交游览以及教书育人等方方面面，是考察 20 世纪知识分子文化心路历程、考察学术升沉进退、提供后人多重思维角度的绝佳文本，内容也不再局限于"学词"，文化含量大增，极具史料价值。浙江古籍出版社总编辑钱之江认为，"日记有详略之别，其价值也有高低之分，夏承

夏承焘日记全编

吴蓓 主编

浙江古籍出版社

2021 年 11 月

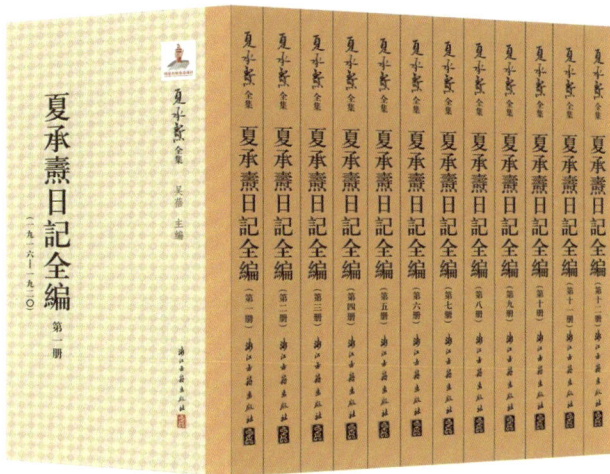

焘日记事无巨细、文辞优美，其中记录其心路历程以及人事交游的日记更属上乘。夏承焘从十六七岁时开始记日记，一直持续到 20 世纪 80 年代，虽然偶有佚失，但大体可称完好，完整保存下来的日记将近 60 年，跨越民国、共和国，百年风云，多能在其日记中得到反映，这在名人日记中并不多见"。

夏承焘作为 20 世纪词学由旧到新的变革之际的杰出典范，其代表作《唐宋词人年谱》《白石歌曲旁谱辨》《姜白石词编年笺注》等，均为开创性的词学经典。其日记中多载有学术计划、想写的书目等。《夏承焘日记全编》主编吴蓓认为，夏承焘的词学体系是由他的学术经典与他的词学思想、词学规划及词学活动等共同组成，从这一角度看，《夏承焘日记全编》所收录的新材料，将极大地丰富人们对夏承焘词学的认知。

该书责任编辑路伟说，"不同于流水账式的日记，这部学者日记在记录时政新闻、社会新闻、学术研究及个人见闻时，往往加以点评或记录个人见解、感想，读来饶有趣味"。夏承焘一生交游广泛，与其交往人士包括有大师硕儒、名人雅士、画家优伶、政界要员、地方乡绅等等，夏承焘日记中这些人事记录、书信往还，是研究民国人物、浙江人物、温州人物等等的绝佳线索。

高宗武回忆录

高宗武（1906—1994），浙江乐清人。早年留学日本，抗战前期进入外交领域，29 岁担任外交部亚洲司司长，专门从事对日外交工作，是当时国民党政府里最年轻的高级外交官员。抗战全面爆发后，高宗武接受特殊任务，在香港负责对日情报工作，但他一度背离蒋介石，为汪精卫"和平运动"秘密奔走，并随汪去上海，参与"汪日密约"的谈判。后来又与陶希圣一起逃离上海，在香港揭露汪日密约，制造了轰动一时的"高陶事件"。1940 年 4 月，高宗武化名"高其昌"，持重庆国民政府国防最高委员会秘书厅参事官员护照，偕夫人沈惟瑜经欧洲到美国。他初在驻美大使胡适身边协助工作，后以经商为生，1994 年病逝于美国。

2005 年，一本尘封了 61 年之久的"高宗武文稿"在美国斯坦福大学胡佛研究所被发现，题为《深入虎穴》(Into the Tiger's Den)。"高陶事件"发生后，外界一直希望从高宗武口中，了解到汪精卫"和平运动"的真相，虽只言片语，亦必弥足珍贵。但是他始终守口如瓶，对当时的经历避而不谈。这是高宗武于 1944 年 8 月在美国完成的一本回忆录，但手稿完成后，他很快放弃了出版意愿，以致许多与他有过密切接触的人，都不知道有这部书稿存在。

高宗武回忆录

高宗武 著　陶恒生 译

中国大百科全书出版社

2009 年 1 月

手稿由"高陶事件"另一当事人陶希圣之子陶恒生译成中文，并对相关史实做了详细的考订和注释。国内最早由广西师范大学出版社引进发行，于 2006 年 5 月出版《深入虎穴——高宗武涉日回忆录》，收入"温故书坊"丛书。后修订为《高宗武回忆录》，2009 年 1 月中国大百科全书出版社出版，2016 年 1 月再版。

在这部手稿中，详细记述了高武宗从事对日外交的经历，并分析了当时的日本政局，有助于澄清"高陶事件"的真相。内容分三个时期：一、1931 年自东京回国，1933 进国民政府外交部，至 1938 年 2 月奉派赴香港工作；二、1938 年 12 月汪精卫出走河内，随汪参与对日和平运动，至 1940 年 1 月脱离汪组织；三、1940 年 1 月离开香港经菲律宾、欧洲赴美国定居，至 1944 年 8 月回忆录完稿。这一部分主要为对日本政局的观察与预测和深度分析。

姜立纲书法集

姜立纲（1444—1499），原瑞安梅头镇东溪村人，为明朝太仆寺少卿。他擅长楷书，其字体度浑厚，清劲方正，世称"台阁体"或"诰敕体"。姜立纲的书法在当时影响很大，凡宫殿碑额、内廷制诰，大多出于他的手笔。

《姜立纲书法集》为姜立纲现存书法作品之汇集，编排顺序按作品书写立碑年代和墨迹、刻本、碑刻、匾额为序排列，部分不能确定年代的列在后面。由序言、姜立纲生平及其书法艺术、凡例、图版、后记组成，图版部分列有释文、附记。所依据底本主要为明、清、民国及现代拓本和最新出土发现的姜立纲所撰书碑刻。释文主要依据今存拓本，释文文字使用标准为繁体字，笔画小异，字形异常者参考前贤着述考订，拓本中残字或不易辨认之字，以"口"代之，拓片字迹模糊择其能辨者释之，而不能通读的，不作断句，释文亦不补全。字

姜立纲书法集
陈佐 编著
西泠印社出版社
2014 年 8 月

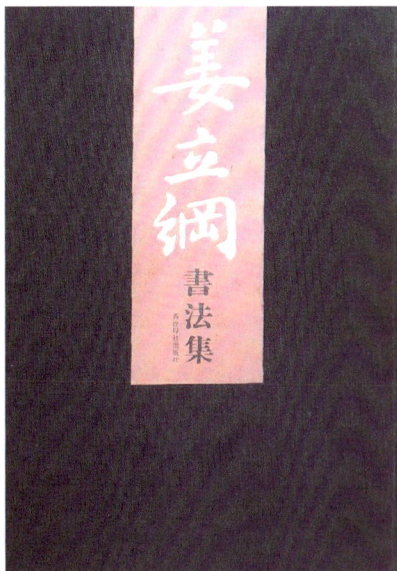

数不详处以"……"代之。对撰文者、篆额者、镌刻者作简要注释。图版部分所录拓本，均先展示全拓，再展示局部，除部分字形较大或较小的之外，均为原尺寸，仅存剪裱孤拓者例外。附记部分，因残损、迁置等原因，根据编者的实地调查予以说明，就出土碑刻以考古报告为基础，结合收藏单位的研究予以着录。附记文字包括碑刻的异名、简称、出土地点、书写时间、收藏着禄、行字书体尺寸，以及文献价值等方面的内容简要说明。

王荣年墨迹

王荣年（1889—1951），著名书法家。字世瑛，号紫珍，又号梅庵，人称梅庵先生，别号天徒子、三瓯斋主等。温州永强区天河镇（今属经开区）人。早年就读于国立北京法政专门学校、明治大学。20世纪30年代曾任职青岛特别市市政府等。抗战时期居乡办学。通诗律，初学唐宋，中年后属意汉魏六朝；擅书法，早年以褚体书闻名，中年以章草独绝一时，称20世纪章草大家。20世纪20年代与溥心畬、沈尹默、余绍宋、叶恭绰等名家同列，载誉京华，出版有《王梅庵临褚遂良圣教序》，时誉"东南一枝笔"。2009年，温州举办王荣年纪念活动，同时《中国书法》（2009年第12期）出版纪念专题，收录图版若干。方长山整理有《梅庵诗集》（见《龙湾诗文七人集》，中国文史出版社，2010年）

2008年温州博物馆编《王荣年墨迹》，分《集联》《书信》2册，原件来自家属捐赠，主要系1920—1940年代集联手稿及家书，另有读史笔记未版。

《集联》盖为自辑书家必备之类，分"梅庵漫集七言陆锦"上下两卷，上卷集陆诗合730对，下卷718对。《唐七襄》三卷，卷一集唐诗290对，卷二389对，卷三466对。《宋七襄》四卷，卷一464对，卷二459对，卷三331对，

王荣年墨迹
温州博物馆 编
上海书画出版社
2008 年 11 月

卷四 264 对。《八言林》分为福禄寿喜四部，福部 118 对，禄部 87 对，寿部 247 对，喜部 94 对。诸联为朱栏行草墨书于便签，字径半厘米左右。现影印出版者为《唐七襄》《宋七襄》，可见作者早年于唐宋诗致力尤深。

《书信》刊 171 札，书于朱栏、无栏便签、浙江塘工委员会信签等，行草为主，略参章草体式，致幼子者以行楷为主，钤印"王仲子""梅庵"，主要为抗战中期至 1949 年之家书，推测为作者在杭以及居乡所书。分寄女益诚、婿自强，女益强、儿佑、诒，涉及日寇侵略温州、水灾、鼠疫、余绍宋介绍修志、子女读书求职等事项，其中亦有提到"学诗以白乐天、苏东坡、陆游入手易于了解，学书以兰亭、褚圣教入手于女性相宜"等等，略窥作者学艺门径。惜个别函件残缺。

郑曼青书画集

郑曼青（1902—1975），浙江永嘉（今温州市区）人，号曼髯、莲父、玉井山人、浮邱居士、夕长楼主、学不厌老儿等。擅诗、书、画、拳、医五长，被誉为"一代奇才""五绝老人"。少从汪如渊学画，后游杭京沪渝等地。20多岁就担任上海美专国画系主任，又与黄宾虹等创办中国文艺学院，任副院长。后攻经学，习太极拳，创郑子太极三十七式。1949年赴台，与于右任、陈含光等结诗社，又与马寿华、陶芸楼、陈方、张谷年、刘延涛等成立七友书画会。1965年赴美，积极致力于中国传统文化推广，创办太极拳学社，广授生徒。著有《玉井草堂诗》《曼髯三论》《郑子太极拳十三篇》《女科心法》等。

2017年为郑曼青诞辰115周年，温州市文广新局、市文联、市海外联谊、温州书画院等部门和单位联合举办了"曼髯流韵·郑曼青诞辰115周年纪念展"。这是1949年后国内举办的首个郑曼青书画展，也是郑曼青作品在故乡的第一个专题展。

郑曼青书画独树一帜，是民国时期温州画家的代表人物之一，在中国现代绘画史上占有一席之地。画家张大千曾点评："予向闻曼青之画，挺秀似陈道复，浑穆似孙雪居，松秀似华新罗，吾师农髯先生则称其诗才澹隽如陶谢也。……

郑曼青书画集
温州书画院 编 方韶毅 主编
浙江人民美术出版社
2017 年 11 月

或问余曰：子向睥睨晚明初清，于乾嘉以下不屑道，何于曼青独爱之重之如此？予曰曼青今人也，然其画寝馈于古人者深，予固视其画如古画已。世有知曼青者，当不河汉予言。"诗人朱孝臧则赞曰："郑君曼青博学有才气，丹青尤妙造自然。初览之，似涉疏略。然疏而意足，略而神远，虽信笔涂抹，而天趣盎然，王谢家子弟铺啜风味，迥非寒乞不逊者所能领略，黄休复所谓以逸为先，而神妙次之者，庶几近之，论画数则，超以象外，不知胸中丘壑几许。"

　　《郑曼青书画集》是该展览配套出版的图录，收录郑曼青早中晚各时期书画作品 80 多件，均为温州藏家林晓克先生藏品。该书画集还收录了郑曼青有关论述书画艺术的文章，时人评论其艺术创作的诗文，以及影像、著作书影等，是难得一本的郑曼青作品及研究资料。

夏承焘墨迹选

　　夏承焘不仅是著名的词人、学者，而且擅长书法，其书法作品有独特的名目、鲜明的个性，是中国近现代学者型书家的代表人物之一。

　　据吴思雷《一代词宗夏承焘轶闻》介绍，夏承焘的学书经历先从篆及行草入手，再学大字《文殊经》，另外像《千字文》、唐孙过庭《书谱》和怀仁集王字《圣教序》等曾认真临写过。嗣后，对于黄道周、沈曾植、马一浮的书法颇感兴趣，先求形似再进为神似。书法名家余绍宋曾赞赏夏公所临石斋手札。从夏承焘日记可知，他一生热衷临书，从二十来岁时到五十多岁，在日记中都有学习书法的记载。

　　《夏承焘墨迹选》是夏承焘墨迹的首本整理本。分书画、信札、题签三大版块，附录印鉴、年表、照片。收录书画108件，信札10通，题签48种，其中既有夏承焘后人直接提供，也有官方博物馆馆藏，还有全国各地藏家藏品及与夏承焘有直接来往者的珍藏，来源可靠，多为第一次披露，全面展现夏承焘早、中、晚各时期书法风格。不仅重艺术性，而且在收录编排上极重文献性，同时学习欣赏与收藏兼顾。作品标明尺寸，均注释文与说明。图片高清程度几近真迹，适合日常学习临摹。

夏承焘墨迹选
方韶毅 编
浙江人民美术出版社
2019 年 4 月

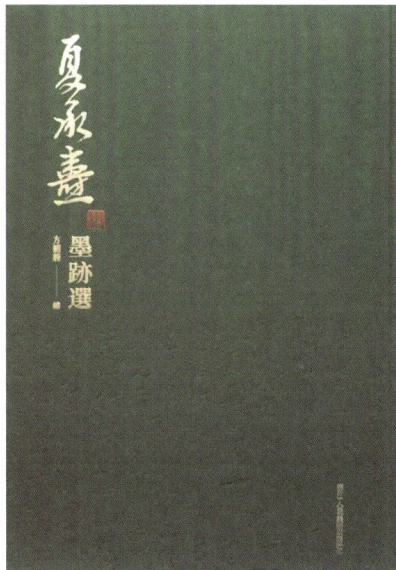

海上知名报人郑重为《夏承焘墨迹选》作序，认为夏承焘作书"真如老僧坐禅，外禅而内法即外表平静，而内藏法度。再看髯翁五十岁后的书法，不以老来变法取悦世人，而是表里皆禅，落花深处，池塘春草，生姿自然，给人留下的只是满纸的清气了"。

该书出版后，颇受好评。华东师范大学书法系主任张索教授撰文《从夏承焘墨迹看中国书法的书卷气》，认为"书卷气来源于日常书写，可以说是中国传统文人对书法的一种追求，并在此过程中不断形成自己特有的一种艺术语言，是中国文人书家最重要的坚守。在夏承焘书法作品中，书卷气得到了非常完美的体现"。

铁马野风：野夫的木刻艺术

中国新兴版画在 20 世纪 30 年代，作为左翼文艺的一个组成部分，是在鲁迅先生的亲自提倡、扶持下，由当时的革命版画家们开拓出来的。郑野夫就是其中一员。

郑野夫（1909—1973），乐清万岙乡寺岭村人，原名郑育英（毓英），又名绍虔，字诚之，20 世纪 30 年代初以 EF（野夫）为笔名，后遂以野夫行世。小学毕业即在家自学绘画，后考入上海艺术大学，毕业于上海美专，在上海先后参加一八艺社、春地画会、野风画会、铁马版画会、上海绘画研究会、上海木刻工作者协会、中国左翼美术家联盟等组织，并结识鲁迅。"在那场深刻影响现代中国命运乃至中国现代美术发展走向的时代大潮中，野夫不仅是一位秉持现实批判精神的先锋艺术家，同时他还是这场文艺运动中与一位出类拔萃的组织者。"

野夫的木刻创作从一开始就有着明确的政治倾向和道德关怀，与此互为表里的是其艺术表达的自由和本真。他的作品初期仿效麦绥莱勒等欧洲创作版画家的风格样式，内容多反映劳工运动和社会底层生活，以简洁强烈的黑白对比描绘社会抗争的激烈情态。抗战期间，野夫的创作表现出更为恣肆奔放的表现

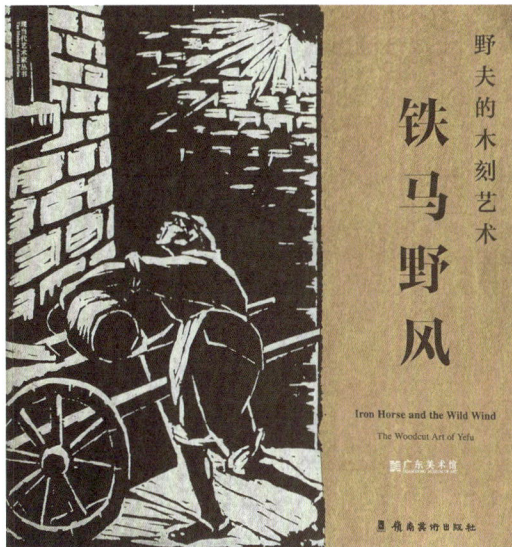

铁马野风：野夫的木刻艺术
广东美术馆 编　罗一平 主编
岭南美术出版社
2010 年 9 月

主义特征，画面以压迫性的黑色调为主，利用阴刻线条刻画出人物和场景，这些大多取材于故土浙江的战时作品，直接表达了生灵涂炭的残酷现实以及激越愤懑的内心情感，成为缅怀这段悲壮历史的不朽经典。抗战胜利后，野夫的艺术创作呈现出更为多样化的成熟面貌，他既注重吸收边区木刻的民族化样式，同时又强化了画面的表现张力，作品题材仍以沉重的现实苦难为着眼点，达到了其创作生涯的顶峰。

　　2010 年 6 月，广东美术馆策划主办了"铁马野风——野夫的木刻艺术"展览，此书即为其展览图录，全面介绍了木刻家野夫的生平艺术经历，展现其木刻艺术所具有的强烈的个人及时代风格，并收集了其木刻创作一百多幅，使今天的读者得以穿过诸多复杂历史因素的遮蔽，重新认识这位活跃于战乱年代的左翼文化先锋，并欣赏其作为艺术家的奔放才华。

陈田鹤音乐作品全集

　　陈田鹤（1911—1955），温州永嘉人。中国近代著名作曲家、音乐教育家。是与贺绿汀、刘雪庵、江文也齐名的黄自"四大弟子"之一，是我国第一批培养、运用西方音乐技法进行创作的作曲家。1928 年进入温州私立艺术学院读书，1930 年于上海国立音乐专科学校学习作曲。在抗日战争期间，创作了 44首抗战歌曲，是与聂耳、冼星海等有着同等重要地位的音乐界抗战群体核心人物。新中国成立后，曾在北京人民艺术剧院、中央实验歌剧院从事作曲工作。由于长期过度疲劳，积劳成疾，1955 年 10 月，陈田鹤在不惑之年即匆忙地离开了人世。

　　陈田鹤一生创作了众多体裁的音乐作品，包括艺术歌曲、抗日歌曲、清唱剧、歌剧、民歌改编、儿童歌曲、管弦乐、大合唱等各种形式作品 200 多首（部）。由于陈田鹤在各音乐期刊中发表的作品较为零散，一直没有一套书目完整收录陈田鹤的作品，可以一览其作品全貌。在其逝世 60 余年后，作曲家的珍贵手稿能得以保存下来，并以《陈田鹤音乐作品全集》的方式出版，有着不同寻常的意义，也填补了这一学界空白。

　　本全集分为歌曲卷、歌剧卷及器乐卷。《陈田鹤音乐作品全集·歌剧卷》是对陈田鹤创作歌剧作品的全面收集整理，如《皇帝的新衣》《荆轲》《河梁化

陈田鹤音乐作品全集
蒲方 主编
苏州大学出版社
2020 年 10 月

别》《换天录》《桃花源》等。涵盖了其一生发表于各个时期的歌剧作品。

《陈田鹤音乐作品全集·歌曲卷》主要包含一般集体咏唱的齐唱歌曲、带钢琴伴奏的艺术歌曲、配写钢琴伴奏的民歌、电影歌曲、单乐章性合唱作品等。部分歌曲在当年发表或使用时未加钢琴伴奏，在后期的音乐实践中曾聘请较有经验的作曲家配写钢琴伴奏，此次出版即选用这些带有伴奏的版本呈现。

《陈田鹤音乐作品全集·器乐卷》包括室内乐（钢琴及重奏作品）、管弦乐和民族管弦乐三部分，其中有较多 1949 年以后创作及编配的管弦乐（含民族管弦乐）作品。这部分内容非常丰富，如管弦乐曲《芦笙舞曲》、根据福建民歌编配的《采茶扑蝶》、民族管弦乐曲《花鼓灯》、根据古琴曲《广陵散》片段编配的民族管弦乐作品等。为广大读者展现了陈田鹤先生在器乐创作方面的独特才能。

陈田鹤先生一生致力于用西方音乐的形式和技巧来创作具有本民族风格特点的音乐作品，这种探索对当代中国的音乐创作、音乐教育事业之发展，仍然起着引领作用，随着时间的流逝其重要贡献也随着相关研究的深入不断彰显。其作品渗透着中国近现代人文意识和民族精神，对近代中国音乐的发展做出了多方面的贡献，对他的作品进行搜集、整理、出版，具有深远的意义。

缪天瑞音乐文存

缪天瑞（1908—2009），浙江瑞安人。音乐教育家、音乐学家。曾任中央音乐学院副院长、天津音乐学院院长。缪天瑞先生是改革开放后，国务院批准的第一批硕士、博士研究生导师。他登坛施教，翻译教材，编写曲例，编纂辞书，精通英、日、德三种语言，一生笔耕不辍，发表了大量学术专著、译著和文章，不仅是中国音乐教育事业的开拓者之一，也是中国律学基础理论的奠基人。在古稀之年主持编纂《中国音乐词典》（正编、续编）等大型音乐辞书，为中国音乐事业的发展做出了突出贡献。

《缪天瑞音乐文存》辑录了缪天瑞先生在音乐学研究领域的主要成果，共计 130 万字，分三卷。

第一卷为《音乐随笔》，辑录了缪老不同时期的多篇音乐论文，系首次出版。分为"音乐随想篇""回忆篇""良师益友篇"三部分，最后还附有《缪天瑞撰写、翻译、编辑书籍文稿存目》和《缪天瑞简明年谱》。这些资料，不仅使我们深入地了解到缪老的奋斗历程、学术心得，也为中国近现代音乐史的研究提供了宝贵资料。

缪天瑞音乐文存
中国艺术研究院音乐研究所　天津音乐学院 编
人民音乐出版社
2007 年 6 月

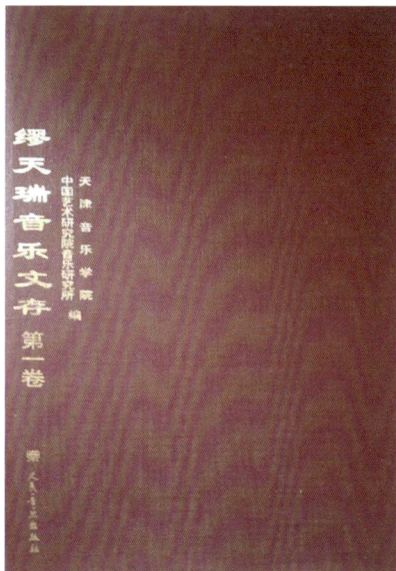

第二卷是缪天瑞先生的专著，包括《基本乐理》(第二次修订版)、《律学》(第三次修订版)、《小学音乐教材及教学法》《儿童节奏乐队》(修订版) 四部著作。反映出缪老理论与实践相结合的音乐教学理念，为我国基本乐理的教材建设做出了重要的贡献。

第三卷是缪天瑞先生译著的结集，分上、下两册，收录缪老翻译的德国近代音乐学家 H. 里曼的代表作《音乐美学要义》、美籍俄国钢琴家、教育家列文《钢琴弹奏的基本法则》以及美国著名音乐学家柏西·该丘斯的专著《曲调作法》(修订版)、《和声学》(修订版)、《曲式学》(修订版)、《基本对位法》(修订版)、《音乐的构成》(修订版) 等著作。

《文存》所录内容弘富、焯烁珠玑，将缪老坚忍不拔、持之以恒的治学精神淋漓尽致地表现出来。自筹备编撰到正式出版，不到一年左右的时间，也创造了我国大型音乐出版物出版周期最短的纪录，充分展示出缪老的学术成就对后人的积极影响以及他在音乐界的崇高威望。

学术生命与生命学术

——张立文学术自述

张立文，1935 年出生，温州市龙湾区永中街道普门村人。著名哲学家、哲学史家。中国人民大学哲学院一级教授、博士生导师，中国人民大学和合文化研究所所长，中国人民大学孔子研究院院长。

"人生就在于奋进，生命就在于创造，只要认定了目标，就要不断地追求，以达真、善、美的境界。"这是张立文教授学术生命的深切体验，也是其生命学术的矢志追求，学术生命与生命学术的紧张和融突构成了其一生学术生涯的风风雨雨。他把自己的生命大体分为两个阶段："文革"以前为学术的生命，之后为生命的学术。有生命的存在与开拓，才有学术的追求与发展。生命是学术的体能和智能的支撑，学术是生命的意义和价值。学术生命是以生命投入学术，以求生和求学为宗旨，在求生存中求学术。如果说学术生命是把生命投入学术，生命在学术的交流、涵泳中流逝，那么生命学术的主旨则是以生命转生学术，转生智慧，生命在学术的交流、涵泳中获得深刻的体验，换言之，即转生命为智慧。生命是我们活着的实存主体与生俱来的。在体验、反思、探索、总结学术生命中，在学术生命走近生活、走近社会、走近现实中，在化解人类所共同面临的人与自然、人与社会、人与人、人的心灵、不同文明间的冲突中，

学术生命与生命学术——张立文学术自述
张立文 著
中国人民大学出版社
2016 年 11 月

以及由此五大冲突所造成的生态危机、社会危机、道德危机、精神危机、价值危机中，以全球的视野、人类的意识来观照学术生命，以实现转生命为智慧，以建构独具个性化的、生命智慧的、智能创新的理论思维体系。

本书系统阐释了张立文教授的学术人生，共分三十三章，分别论述了他的生命的磨炼、生命的考验、生命再煎熬、生命的觉醒、生命学术的起始、曲折与探索等内容，充分展现了张立文的学术成长和发展的历程。全书刊录其学术生涯的风风雨雨，细述其学术历程的演化转生，既有对学术生命的深切体验，又有其生命学术的绽放与淡泊，乃是一代学人致思之路的忠实写照。书中读者可重温老一辈学人的学术历程，感受老一辈学人的治学风范，光大老一辈学人的治学精神。

2009 年 5 月，韩国出版《张立文文集》，此著作列入第三十六辑。

项楚学术文集

项楚，1940 年 7 月出生，温州市龙湾区沙城街道七二村人。中国著名的敦煌学家、文献学家、语言学家和文学史家。四川大学杰出教授，国家级重点学科"中国古典文献学"学科带头人。《项楚学术文集》为丛书，全八种 11 册，主要收录学术研究文章，煌煌五百万言，是项楚在中国语言学、文献学、文学史和敦煌学、佛学等主要方面学术成果的集中呈现。

《敦煌文学丛考》，选收作者写作的论文二十四篇，有敦煌俗文学作品的文字校勘、俗语训释和资料考证，解决了敦煌卷子释读中，有关文字校勘的一批疑难问题，善于利用佛典考释俗语词，有关王梵志诗的校勘创获尤多，基本恢复了原诗面貌。

《王梵志诗校注》（修订本全两册），在通观敦煌文献以及各种笔记小说中现存的王梵志诗的基础上，考定王诗绝非一人一时之作，在缜密详博的词义注释之后，又在按语以及前言、附录中对各个王诗可能产生时代段的诗作进行了细致的厘定，分析出了一些王诗背后存在的可能的隐身作者。

《敦煌变文选注》（增订本全两册），上编选入敦煌变文二十七篇，包括了变文中思想和艺术比较杰出的名篇，也兼顾了不同体裁和不同的各类作品；下编从上编未收入的变文中再精选十七篇，详加注释。

项楚学术文集

项楚 著

中华书局

2019 年 7 月

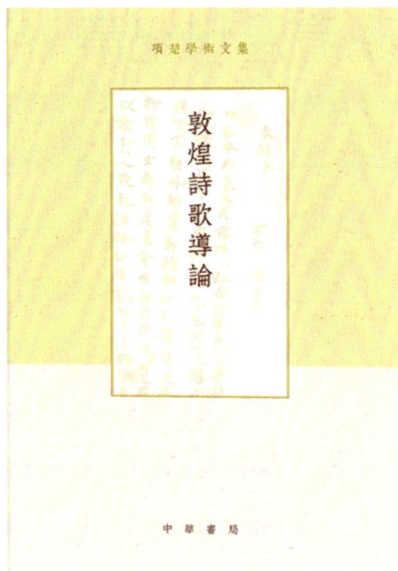

《寒山诗注（附拾得诗注）》（全两册），通过对生词僻典和佛家语的推源溯流式的考释，揭示寒山诗思想内容、艺术风格、文化意蕴的承传流变，具有文学史、思想史、文化史、社会史和宗教史的意义。

《敦煌诗歌导论》，以敦煌诗歌的文献校录、文字考订为基础，全面系统地评述了敦煌诗歌的全貌，将敦煌遗书中保存的唐五代诗歌，分文人诗歌、释道诗歌、民间诗歌、乡土诗歌、王梵志诗，按诗歌性质、撰写时间、作者或研究情况等方面加以介绍。《敦煌歌辞总编匡补》，为《敦煌歌辞总编》之补正，《敦煌歌辞总编》收辞多达一千三百多首，但在文字校订和内容阐释上仍有不足之处，本书提出匡补意见。

《柱马屋存稿》，收录论文十八篇，探讨有关寒山诗、苏轼诗、《五灯会元》等问题。《柱马屋存稿二编》，收录作者自 2003 年以来的若干篇论文，为新编定的论文集，其他七种此前均已出版过。在编排体例上，尽量保持原书面貌而不作大的变动。

《项楚学术文集》不仅因为其学术价值而成为中国人文学术的标杆，还因为其编校精良堪称学者文集编辑出版的标杆。

晚清温州纪事

苏慧廉（William Edward Soothill,1861—1935），英国著名的传教士、教育家、翻译家、汉学家，1882 年至 1907 年任温州循道公会（时称偕我公会）传教士。1907 年至 1911 年任山西大学堂西学专斋总教习，1920 年至 1935 年任英国牛津大学汉学教授。

苏慧廉所著《晚清温州纪事》一书，是一份珍贵的温州地方文献，也是晚清西方人看中国的一个缩影。苏慧廉所在的偕我公会在温州创办的医院、学校，不单医治大量的病人、使越来越多的温州人学习新知，促进了基督教在温州地区的发展和传布，客观上也为温州本地培养了一大批人才，加快了晚清温州社会变革的进程。苏慧廉这本书即为他在温州工作与生活的记录，本书涉及面很广，宗教、医疗、教育、经济、语言文化、民情风俗、地理环境，乃至妇女、鸦片、宗族、治安等社会问题均有反映，其中所附的数十张照片，反映了一百多年前温州真实的面貌，更是弥足珍贵。

《晚清温州纪事》共有二十章。第一章介绍了在中国传教的困难以及来华传教士应具备的素质；第二章追溯了内地会传教士、偕我公会传教士在温州开教的历史以及苏慧廉初来温州时的工作开展情况。第三章至第九章详述了苏慧

晚清温州纪事

[英] 苏慧廉 著　张永苏　李新德 译注

宁波出版社

2011 年 5 月

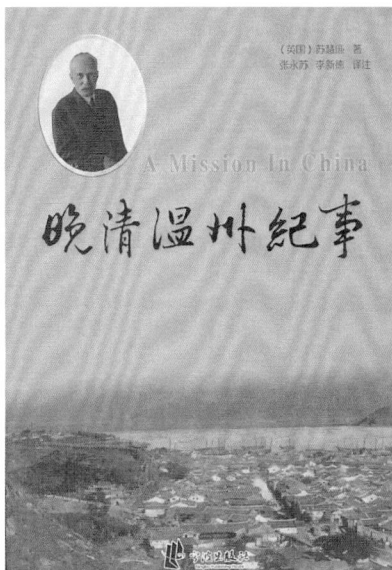

廉及其传教差会在温州的传教实践以及本土化传教的尝试。第十章至第十三章
介绍了偕我公会传教士在温州的妇女宣教工作、所开展的移风易俗活动（如倡
妇女放足、禁吸食鸦片等），以及他们为宣教而开展的医疗救治、办艺文学堂
等举措，并详述了他们所取得的成效和对未来发展的展望。第十四章讲述了苏
慧廉如何为温州话编制罗马注音体系，以及把《圣经》译成温州话的必要性和
所历经的艰难。第十五至十九章则对中国民间宗教以及儒道释三教进行了介绍
和评论，是苏慧廉早期中国宗教文化观的最集中体现，其汉学研究意义重大。
最后一章作者回顾了基督宗教在华传播的历史，总结了基督教新教在中国传布
一百年来的经验与教训。

　　鉴于该书是有关温州的一种重要地方文史资料，翻译本书，译者秉持忠实
原著为第一原则，不回避、不美化、不删改，力求从形式到内容与原著保持一
致。苏慧廉这本书是写给一百多年前的西方人看的，其中许多人和事物对当代
人来说已相当陌生，为了使读者更好了解相关背景知识，注解必不可缺。译者
注解累计 300 余条，近 4 万字，每个注释都经过详尽考证，同时吸纳当代学
者的研究成果。

辑二

温州通史

    《温州通史》是温州有史以来第一部官修通史，上起史前，下迄中华人民共和国建立，时间跨度超 5000 年。编纂工作自 2011 年启动，由中国地理学会历史地理专业委员会主任、复旦大学中国历史地理研究所教授吴松弟担任主编，林华东、鲁西奇、刘光临、李世众、冯筱才等史学专家担任分卷主编，并邀请 60 余位专家学者参与，历时 10 年完成。是高水平推进文化温州建设的重要成果。

    体例上，《温州通史》突破了仅按时代顺序编纂的传统框架，在断代史的基础上叠加专题史序列，成为区域通史编纂的创新之作。主编吴松弟认为："现有的区域史写法基本雷同，没有很好地反映出所写区域的特色。各个区域各有特色，如果不能够把区域的特色写出来，就不能说是成功的。"为了展现区别于其他地方的温州地域特色，编纂团队独创性地提出了断代史与专题史并重的编撰。

    断代史是本套书的主体部分，包括总论、东瓯卷、汉唐卷、宋元卷、明卷、清卷、民国卷共六卷。编纂方针上，一方面坚持城市通史的叙事统一性，要求每卷都涵盖地理环境、人口变动、地区开发与经济发展、区域文化、教育与科

温州通史

吴松弟 主编

人民出版社

2021 年

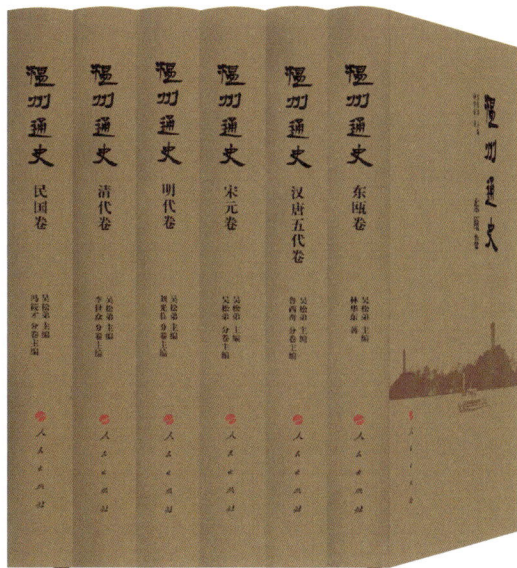

举、社会结构、国内外对本地区的影响等基本板块；另一方面强调温州地区的相对独特性，"突出温州特点"。目前已出版前三卷。

专题史部分运用考古发现、稀见文献、日记、文书、档案以及大规模的地域考察和地方文献的搜集与整理，希全面客观地反映温州建置沿革、社会变迁、经济发展、文化教育、风土人情等方面的历史演变。计划出版 16 种，目前已出版 12 种，分别为：《温州古旧地图集》《温州海上交通史研究》《温州医学史》《温州畲族史》《温州家族史研究》《晚清温州儒家文化与地方社会》《温州政区沿革史》《温州近代交通史研究》《温州盐业经济史》《温州沿海平原的变迁与水利建设》《温州古代戏曲史》《温州道教史》。

《温州通史》的出版，系统地厘清了温州发展的历史脉络，全面展现了温州丰厚的历史文化积淀，不仅从浩瀚资料中梳理出温州古城的沧海桑田，更深刻揭示了温州历史发展的基本轨迹和演变规律，对于彰显城市历史、延续城市文脉、提升城市文化品位具有重要意义。

温州古代史

本书按照朝代划分 9 个章节。每一章大体从环境演变说起,次者政治建制、军事活动、经济社会、文化教育、思想信仰等。计 910 千字。绪论回顾地方史志概况,温州地理环境变迁,地方史撰述研究情况,特别以东瓯王、郭璞、王羲之为例审查前人于史料运用的得失,对今人所撰之温州史加以概述和评说。

择要而言。第一章"先秦时期的温州"参考考古资料介绍史前温州人类活动遗址、夏商周温州文化遗址。第二章"建郡以前的温州"主要写东海王国的兴衰。第三章"东晋南朝时期的温州"主要写永嘉建郡。第四章"隋唐五代时期的温州"主要写州郡建置的变动以及后期的动乱。宋代温州是本书重点,篇幅尤详,第五章"北宋时期的温州"重点介绍北宋温州社会经济繁荣状况,如宗族大量迁入,兴修水利,陶瓷、漆器、造船、金银器、造纸、冶铸、茶酒等发达。其中第五节专题介绍雁荡山的开发。第六节、第七节写温州科教之盛、永嘉之学的兴起。第八节介绍温州的佛道宗教繁盛。第六章"南宋时期的温州"第一、二节写高宗驻跸温州、温州人士抗金,第三节列表南宋温州官守,介绍施政情况,第四节详述社会经济状况,第五、六节写南宋温州科举达到鼎盛,英贤辈出。第七、八节为学术文化、宗教。第七章"元朝时期的温州"第二、

温州古代史

胡珠生 著

中国文史出版社

2019 年 10 月

三节主要介绍元代温州的统治、官守，第四节介绍经济，第五、六、七、八节为科教、动乱、学术文化、宗教。此章多所创发。第八章"明朝时期的温州"前部分介绍地方管理，第四、五节重点内容为抗倭史。第九章"清朝时期的温州"，截至清代中前期。该章为草稿，笔力较前薄弱。

正如陈学文先生评价，本书汇集文献资料很丰富周全，书末附有《基本参考书目》，足见知识面广阔；作者多以事实为依据，对历史重大事件有独到见解。不足之处作者囿于行动不便和不谙电脑，并无吸收最新地方研究成果，参考书目缺乏系统性。也因为该书为遗著，整理工程需要限时完成，故全书并无列出《大事记》以及必要的地图。《结束语》系摘抄自作者早年旧稿，故而过于单薄。个别史料引用失于考溯，论证有烦琐之感。不过《温州古代史》系新中国成立以来温州个人著述大篇幅的地方通史的首例，又是记录温州古代文献的结集，是一部优秀的乡土教材，与胡著《温州近代史》（辽宁人民出版社，2000 年出版）将温州历史从新石器时代到 1949 年连贯成线，构建了一个完整的地方历史文化记忆，于温州历史文化脉络的梳理、地方文化记忆的构建，具有不可替代的学术参考价值、现实意义与社会效应。

宋元明清温州文化编年纪事

本书记载自宋朝建立至清宣统三年 950 年间在温州发生的文化事件和温州人的文化创造及作品传播。附插图约 360 幅，卷后附有部分人名索引、插图目录、四库系列中的温州书目。每个朝代前，编著者有简短的概述，朝代末则附录有关温州文化的文献索引。编著者就温州文脉进行梳理后，在前言中对温州区域文化的基本特点进行初步的探讨。

本书翔实且较为系统地记录了温州文化史上所发生的事件，经过综合梳理后，有不少新的发现，尤其是元代与明代的温州人与事。本书接收新的研究成果，注重从域外寻找温州著作，盘点存世的古代温州文献，如梳理《全宋诗》所收温州诗人诗作 255 家 7088 首 19 句，并加增补，又从清代所辑的《全唐诗》中梳理温州文献；如一则关于姜立纲的摘引，《瓯海轶闻》记为引自《名山藏》，核实未见后，从《佩文斋书画谱》中找到。

该书出版后，受到温州学人的欢迎与重视。2009 年 12 月 26 日《温州日报》组织专版刊登读后评论。浙江省社科院历史所原所长陈学文在《浙江历史文化研究》第 3 卷上发表读后感《十年磨一剑》，指出本书有五个特色。

在此书的基础上，洪振宁一是将在浙江图书馆"文澜讲坛"的演讲稿投稿

宋元明清温州文化编年纪事
洪振宁 编著
浙江人民出版社
2009 年 10 月

《光明日报》，以"温州文化的个性"为题发表在 2011 年 2 月 28 日第 5 版《光明讲坛》，被 16 个国字号网站转载，《温州日报》全文转载，此文获得 2011 年温州市"五个一工程奖"；二是编写插图通俗本《温州文化史图说》，列入"温州乡土文化书系"，由浙江摄影出版社 2012 年 6 月出版发行。全书分为史话 53 则，约 10 万字，图 160 多张（组图），叙述温州文化发展脉络，揭示温州人精神的由来。

此书出版多年后，编著者根据新发现的史料，对本书进行了增补。

温州文史论丛

本书是以温州文史为主题的论文集。前言部分，阐述地域文化研究作为一种方法的重要性，强调地域文化与整体文明的关系，概括温州地域文化的特点，及其广阔的研究空间。

全书正文主要由以下几部分构成：

一、关于温州的整体性研究。其中《有关"温州研究"或"温州学"的一些看法》一文认为温州学是在学术界地域文化研究兴起的背景中产生的。阐述"温州学"的可行性与必要性，认为要根据温州历史文化发展的特点，采取一种综合研究的分课题研究的方法，初步提出相关课题。《论历史上温州地域文化的形成和发展》是对从先秦到唐宋温州地域内外人群移动、行政区域的变化及文化与文学发展的历史的概述，试图寻找温州地域文化发展的基本脉络。《古代东瓯国杂考五题》是专题考证，对"瓯"、"驺摇"、东瓯国与古徐国、东瓯与西瓯等进行新考索。

二、关于温州文学史的专题研究。有《南戏与宋代温州地域文化关系新探》《诗的国度、诗的家园》《古代小说中的温州人形象》三篇。其中一些观点，如从温州山海分层的地域特点来分析南戏流行原因，对两宋温州诗坛逐渐预流进而领先域内的历史，以及南宋以来温州在小说中的地位等问题的研究，都有一

温州文史论丛
钱志熙 著
上海三联书店
2013 年 8 月

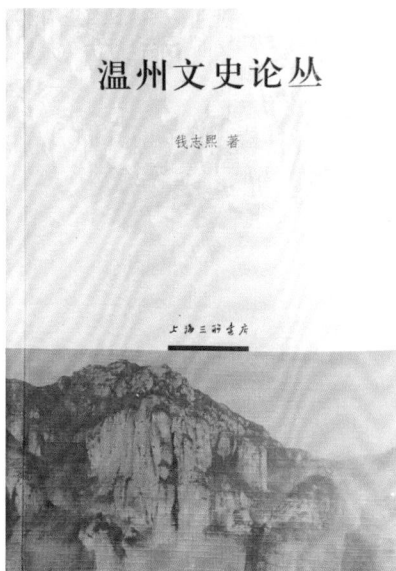

定的新意，并且提供开放性、后续研究思路。

三、有关永嘉学派和永嘉诗派的研究。《论浙东学派的谱系及其在学术思想史的位置》，从章学诚"浙江学术"概念入手，追溯南宋时期浙东学派的学理构成，强调永嘉学术在浙东学派中先行性的地位。《永嘉学派〈诗经〉学思想述论》研究以陈傅良、叶适、钱文子等为代表与永嘉学派《诗经》研究及与朱熹《诗经》的同异，认为其具有尊《毛诗》、重情性的特点。《试论四灵诗风与宋代温州地域文化的关系》，强调四灵诗风形成的地域资源。

四、温州古代文学人物的个案研究。关于谢灵运:《谢灵运辨宗论与山水诗》《谢客风容映古今》两篇。关于王十朋:《论南宋名臣王十朋的学术思想与生平业绩》《王十朋与荆钗记本事之谜》《王十朋和他的会稽三赋》。关于夏承焘:《夏承焘先生早年学术道路试探》《论夏承焘先生的诗学宗尚与各体诗的创作成就》《试论夏承焘的词学观与词体创作历程》。

五、乐清钱氏家族研究，以永嘉学派代表性人物之一的钱文子为核心。作者另有《乐清钱氏文献丛编》（线装书局，2010 年出版）

六、相关温州诗文集序跋。

叶适与永嘉学派

　　叶适，南宋时期的思想家、政治家、文人，世称"水心先生"，是"永嘉学派"的集大成者。他所代表的永嘉事功学派，与同时期朱熹的理学、陆九渊的心学并列为"南宋三大学派"，对后世影响深远，是温州创业精神的思想发源。

　　本书的编辑缘于 2010 年 11 月举办的"纪念叶适诞辰 860 周年暨学术研讨会"的开展。与会人员遍及北京、上海、天津、四川、江苏、台湾等地 38 家高校单位、社科机构，共 65 位专家学者。书中所收集内容来自此研讨会上收集的论文以及相关讲话、致辞，围绕"叶适"和"永嘉学派"两个关键词进行文章的收集和筛选，因而收入的论文主题集中且内容精炼。书中选入的文稿分为五组：第一组为贺信、领导致辞、讲话。第二组为五位资深学者的大会主题报告，主要围绕叶适思想与永嘉学派的相关内容进行讨论，进行提纲挈领地分析探讨与总结，并附有主持人的点评。第三组为叶适思想专题研究论文，主要涉及叶适的哲学、政治、经济、文学等各个方面，收入 26 篇学术论文。叶适思想的相关问题历来是学术界热门议题，许多内容常论常新。一些论文围绕叶适某一方面的思想，如易学、经世致用思想、功利思想等，切入点集中、论据充分、议论丰沛；或从叶适的著作切入，从文本出发讨论其思想特点；或是

叶适与永嘉学派
吴光　洪振宁 主编
浙江人民出版社
2012 年 12 月

以南宋理学为背景讨论叶适与理学之关系、对理学的观点及看法。第四组为永嘉学派研究专论，收入 8 篇相关文章，梳理温州文脉，探讨永嘉学派在时代中的作用与其他学派之间的联系。第五组为地方学者对叶适生平、祖居地、祠堂等进行考论的文章，共 7 篇。书末附有本次学术研讨会综述一种，以便读者详细了解本次大会的盛况与研讨主旨。

　　本书在收集论文时根据主题对文章进行分类整理，便于读者寻检和资料保存。集中整合叶适相关研究的同时，也对研讨会中的讨论与发言进行记录，以反映研讨会的情况并呈现学者的思维碰撞。因而本书不仅仅是对相关学术论文集合，也展现出叶适研究的动态发展及时人的关注、评论。以"纪念叶适诞辰 860 周年暨学术研讨会"为载体和契机，强调叶适直至今日仍旧不可磨灭的影响。

宋代永嘉学派的建构

全书共分七章，第一章"王开祖：濂洛未起前的道学思想"、第二章"元丰九先生：从边缘到中心（上）"、第三章"元丰九先生：从边缘到中心（下）"、第四章"郑伯熊：道学衰歇与接续'统纪'"、第五章"薛季宣：思想重建中的永嘉之学"、第六章"陈傅良：举子业与永嘉思想的流播"、第七章"叶适：永嘉学派的构与建"。

本书的作者在绪论中指出，以往学界关于永嘉学派的研究主要把关注的焦点放在了两个方面：一是讨论与梳理永嘉学派的集大成者叶适的生平与思想；二是对永嘉学派的学术特点进行总结与分析。叶适作为永嘉学派最重要的代表人物一直被反复诠释，但这种将研究视域高度集中于一人的现象，却同时遮蔽了学派中的其他人物，使他们基本成了陪衬与配角，无意中造成了对学派之所以成为学派这一问题的无视。由于围绕叶适而展开的研究成果众多且系统全面，研究者在论析永嘉学派的其他人物时，往往会根据叶适的学术思想预先构设出一种研究期待，这就导致了先入为主的错误，如有意无意地放大学派中每位学者身上的事功思想，把事功视为研究他们思想内容的主题。

作者以"建构"为名，就是要将思想者们的思想过程置于同时代的文化、

宋代永嘉学派的建构

陆敏珍 著

浙江大学出版社

2013 年 8 月

The Formation of Yongjia School in Song Dynasty

宋代永嘉学派的建构

陆敏珍 著

学术、社会、政治等情境中去重新了解，试图廓清由预设性思维所带来的论断。因此，在全书的前六章，作者主要按照时间上的先后顺序，逐一对叶适之前永嘉学派的学者进行了深入的探析。第一、二、三章主要讨论了永嘉学术的两大源头，即宋学初兴时期的王开祖以及受业于二程的元丰九先生。之后，作者沿着叶适所提出的永嘉学派学脉传承谱系，又依次对郑伯熊、薛季宣和陈傅良进行了论述，并研究了叶适构建这一谱系的思考逻辑。

总之，本书是一部以永嘉学派为研究对象的思想史论著。作者通过试图回到历史语境的方式，梳理了宋代永嘉学派的形成脉络，并探讨了这一学派谱系背后隐藏的一些问题。此外，作者在研究的过程中，特别强调了贯通内在理路与外缘因素的交互分析方法，兼顾了行动主体与客观环境，这对于今后的思想史研究和学派研究来说，很有参考价值。

永嘉学派研究

全书共八章，第一章"二程理学与永嘉学派的萌芽"，第二章"永嘉学派的奠基者：薛季宣"，第三章"陈傅良与永嘉学派思想的定型"，第四章"叶适对永嘉学派哲学思想的总结和升华"，第五章"永嘉学派的传播与异化"，第六章"政治思想"，第七章"经济思想"，第八章"六经皆史与道统异议"，结论"未能完成的'前近代'转型"。

作者在绪论中梳理了程朱学派、黄震、《宋元学案》、四库馆臣、晚清孙诒让父子，以及陈黻宸和林损等人传统学术范式下的永嘉学派认知史，提出今后对永嘉学派的研究，理应去标签化。本书第一章至第五章，是一个连续发展的思想逻辑轨迹，以薛季宣、陈傅良、叶适等为中心，揭示永嘉学派从北宋新儒学、二程理学，逐渐脱胎而成为以制度新学为重点的全新思想流派，并梳理出准备期（1049—1155）、定型期（1155—1173）、鼎盛期（1173—1195）、总结期（1195—1223）、衰落期（1223—1276）这一历史脉络。

本书不展开讨论永嘉学人的政治实践，主要侧重于他们的思想观点与学术实践的一体贯通，试图揭示永嘉学派在哲学思想领域的创新是贯穿于政治学、经济学、经学研究。这些内容主要体现在第六章至第八章。其中经济思想是直

永嘉学派研究

王宇 著

商务印书馆

2021 年 11 月

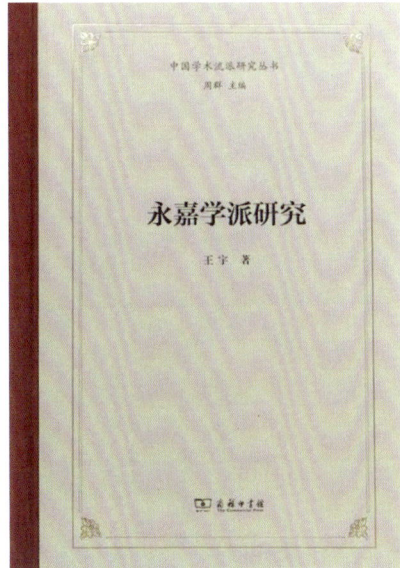

接关联到永嘉学派的义利关系论、富民思想，是理解永嘉学派"功利"特征的重中之重。

作者在全书的结论《未能完成的"前近代"转型》中，对永嘉学派的思想史意义作了全面的评述。认为永嘉学派的思想既不同于讨论"道德性命"的"儒家形而上学"，显然也不是研究具体科学知识的偏于工具性的"形而下学"，如果将"形而上者谓之道"视为"形质"的思维属性，"形而下者谓之器"视为"形质"的经验属性，那么永嘉学派是以"形质"为本体的一元论哲学，而"形质"在本质上属于"器"。至于思想史上的地位，永嘉学派在社会政治观和哲学思想上都有所的突破，但是真正有价值的思想被他们的文学成就所掩盖，或者被整理者刻意删去、改写了，故称之为未能完成的"前近代"转型。

永嘉学派与温州区域文化崛起研究

　　本书是围绕永嘉学派进行研究的一部学术著作，作者通过将永嘉学派置于整个温州区域文化发展变迁的背景中，使用法国社会学大师布里厄的"文化资本"理论进行研究，以期跳出过去传统研究的视角，对永嘉学派建立新的认识。

　　本书共九章。第一章"唐五代及北宋前期温州区域经济与文化发展"阐释了北宋中期以前温州在政治、经济、文化等方面的情况与变化。作者分析并指出正是这一时期社会发展孕育的种种因素，为北宋中期以后永嘉学派的应运而生提供了基础。第二章"北宋中后期：制度转型诱发的知识流动"阐释永嘉学派之所以能够形成的文化资本。作者认为，得益于这一时期太学法改革等制度的变革，加之温州经济的迅速发展、宋室南迁，温州士子在地理、身份、知识方面的枷锁逐渐被打破，从而获得在南宋科举场立足的资本。此章还重点介绍了这一时期温州文化繁荣的标识："元丰九先生"，章末另附"周行己生平杂考"。第三章"社会资本的再生产：高宗朝温州士大夫群体研究"，以与秦桧的关系为线索，对这一士大夫群体中的人物钩玄提要，以勾勒温州士大夫群体的轮廓。作者发现，虽然在政治上立场不一，但这一群体有较为统一的学术倾向，并且不因政治立场的互斥而对立、疏远，反而互通声气，在朝中形成官僚关系网。但这一士大夫群体主要利用社会资源获得在科举上的成功，尚不能实现社会资本与文化资本的良好互动。第四章"薛季宣和制度新学的开创"，重点介绍温州程学一脉的终结者、永嘉学派的奠基人薛季宣，阐述其生平履历、人际关系和学术思想。作者指出，正是薛季宣对程学的总结和学术思想上表现出的矛盾，

永嘉学派与温州区域文化崛起研究

陈安金　王宇　著

人民出版社

2008 年 3 月

为后继永嘉学派的叶适等人开创了道路。章末附"郑伯熊生平杂考",介绍与薛季宣同时、代表温州程学一派的郑伯熊。第五章"陈傅良与永嘉学派科举之维的张扬",阐述接替薛季宣扛起继承永嘉学统大旗的陈傅良,包括其生平履历、学术特点等情况,并研究其对南宋科举场的重要影响和与朱熹一派的交涉情况。作者指出,陈傅良所建立的声望吸引众人了解永嘉学派并向永嘉学派靠拢,但多聚焦在陈傅良在科举上的影响和成就。第六章"叶适:其说不能自白",总结其学术思想及其特点,并研究水心后学的情况,指出叶适的辞章之学大众化的同时也产生异化。第七章"南宋后期科场中的永嘉学和朱子学",探究永嘉学派与朱子学派在科举经术上的角力,研究永嘉学派衰落的原因。第八章"融会中西,通经致用",阐述晚清汉宋之争的背景下,温州知识分子复兴永嘉学派文化资源的努力。作者以孙诒让等人为中心,研究永嘉学派在近代的命运和传承,进一步思考儒学如何存续的问题。第九章"当代温州区域经济的崛起与永嘉学派文化新使命",从当代温州经济崛起、温州模式发展的现实考量永嘉学派的当代价值,以期永嘉学派为今日之发展提供思想资源。

义旨之争：南宋科举规范之折冲

本书分为四篇，共七章，第一篇"绪论"，第一章"思想传统与教师"，第二章"士人文化中的策论"；第二篇"科举场域中的'永嘉'教师"，第三章"'永嘉'教师的考试成功标准（约1150—约1200）"，第四章"举业（约1150—约1200）：'永嘉'课程"；第三篇"考试场域中的朝廷"，第五章"朝政与科举标准（1127—1274）"；第四篇"考试场雨中的道学运动"，第六章"举业（约1150—1274）：设立道学课程"，第七章"考试标准的道学转型（约1200—1274）"。

本书着重研究科举规范在南宋的变迁，运用文化场域的理论，探讨朝廷、教师、考生、书商等不同群体之间围绕着科举话语权展开的竞争。作者认为，以朱熹为代表的理学学派最终代替了永嘉学派成为科举考试标准的制定者，科举也因此成为宋元理学兴起的历史原因之一。如何设立考试标准是本书研究的中心问题。作者在书中探讨了课程和考试标准的演变，不同群体是如何为举业设立课程标准和为时文建立评判原则，以及考试标准对相关群体的政治及思想主张的影响。

在绪论部分，作者首先描述了永嘉学派和道学运动的区别。因为永嘉传统和道学传统这两种思想传统的历史相互纠缠，而本书又要探讨永嘉学和道学教

义旨之争：南宋科举规范之折冲

[比] 魏希德 著　胡永光 译

浙江大学出版社

2015 年 12 月

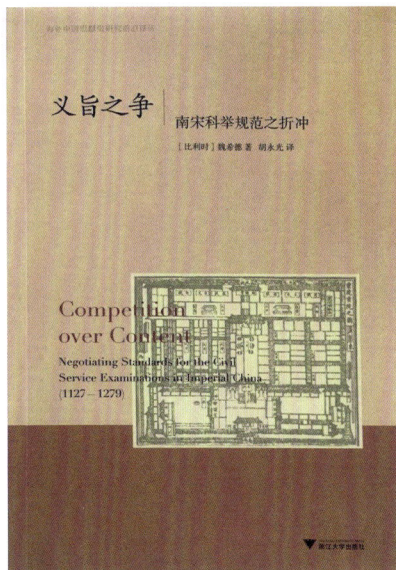

师们，如何在考试场域推广他们明显不同的诠释分析和政策讨论方法，所以必须厘清二者间的差异，避免混淆。然后，作者强调了时文写作与士人文化之间的相关性。策和论是本书重点讨论的两种应试文体，参与考试场域的教师和思想学派都着重这两方面的训练。第二篇主要论述了永嘉教师在 12 世纪后半叶的考试场域中的中心地位，表明了他们对当时科举考试标准的影响力，以及展示了永嘉学派教师成功背后的课程设置。第五章讨论了 12 世纪 30 年代和 13 世纪 70 年代之间朝廷与中央政府在制定考试标准中的角色。在第四篇的两章内容中，作者将目光转向了 12 世纪后半叶兴起的另一种时文写作的标准，即道学的写作规范。道学的举业课程于 13 世纪中叶取代了永嘉学的课程，道学文本也正式被官方指定为举业的权威材料。本书的第六章分析了道学在课业上的进攻态势，第七章通过分析 12 世纪后半叶到 13 世纪后半叶之间的时文来讨论道学标准占据优势地位的过程。

本书对南宋科举的考察与分析，解决的是国家行动主义到精英行动主义转型中的政治意涵问题。科举考试不但是国家行动主义转型的场所，也是实现和促进这种转型的催化剂。

宋代温州科举研究

　　全书共分八章，第一章"绪论"、第二章"宋代温州科举概况"、第三章"宋代温州进士的分布特征"、第四章"宋代温州社会与科举"、第五章"科举与永嘉学派的形成及互动关系"、第六章"宋代温州科举的横向考察"、第七章"宋代温州科举在全国和两浙东路的地位"、第八章"宋代温州科举在温州科举史上的地位和意义"。

　　本书在第二章中，首先对宋代温州进士总数和籍贯进行了考订，从历史和地域上对宋代温州的科举成就作了总体评估。史料的整理，有一定的价值。然后，第三章中作者又根据宋代温州进士在地理和时段上的具体分布情况，总结出宋代温州科举的几个特征，并分析形成这些特征的原因。第四章则着力分析了宋代温州社会经济、人口变化、文化教育等因素对科举的影响，并从社会资本积累的角度探讨了温州士大夫群体的形成与科举之间的关系。在本书的第五章，作者以个案分析的方式，阐述了永嘉学派的代表人物陈博良和叶适对南宋科场的巨大影响，探讨了科举与永嘉学派的形成及互动关系。

　　此外，作者的研究视角也不局限于宋代温州这一时一地。在书的第六章，作者将宋代的温州科举和抚州、明州、莆田等地的科举作了横向对比。第七章、

宋代温州科举研究

陈永霖　武小平　著

浙江大学出版社

2017 年 6 月

第八章则更进一步放大研究的视野，围绕着宋代温州科举分别进行了共时性和历时性研究，即在横向维度上讨论了宋代温州科举在全国及两浙东路的地位，在纵向维度上讨论了宋代温州科举在温州科举史上的地位和意义。

　　总之，本书以宋代温州科举作为切入点，在对当时科举状况作了总体性评估的基础上，总结了宋代温州科举的特点和发展趋势，并分析了其兴盛的原因，进而探讨了宋代温州区域文化的发展和永嘉学派的形成与科举之间的关系。且研究视野开阔，选择不同的参照物进行多次比较，还将宋代温州科举放置在不同的维度中反复论述。

文本与书写：宋代的社会史
——以温州、杭州等地方为例

　　本书共分为十章，第一章"报应、鬼怪与命定：《夷坚志》温州故事的地域关系与伦理观念"，第二章"《夷坚志》杭州故事的地域特色"，第三章"僧侣与文士：宋代寺院碑铭书写的社会史分析"，第四章"宋代墓志书写与地方士人社会的构建"，第五章"墓志书写中富户业儒的临界状态"，第六章"明代方志书写与宋元地方祠庙体系的复原"，第七章"杭州空间与边地想象：地方书写二题"，第八章"明清族谱的宋元史料"，第九章"宋元明时期苍坡李氏家族变迁"，第十章"10—15世纪苍坡李氏的人口统计"。

　　本书选择以文本与书写的视角来研究宋代社会史，顺应了近年来中国史研究领域的新潮流。本书主要通过在不同类型的文本与书写脉络中发现宋元地方社会史的线索，以期重建宋元社会的局部图景。作者以温州、杭州等地为例，涉及了碑铭、墓志、方志、笔记、话本、族谱等不同类型的文献，目的是从不同类型的文献中挖掘出不同的社会史线索。

　　这部论著的主体论述部分可概括为四个方面。一是社会关系网络中书写的构成，讨论对象分别为《夷坚志》和宋代温州寺院碑铭。作者首先考察了《夷坚志》故事多层次的地域维度，然后考察了《夷坚志》温州故事与地域关系的对应关系，由此发现了宋代不同地域关系中通过志怪故事形成不同社会意识的

文本与书写：宋代的社会史——以温州、杭州等地方为例

吴铮强 著

社会科学文献出版社

2019 年 8 月

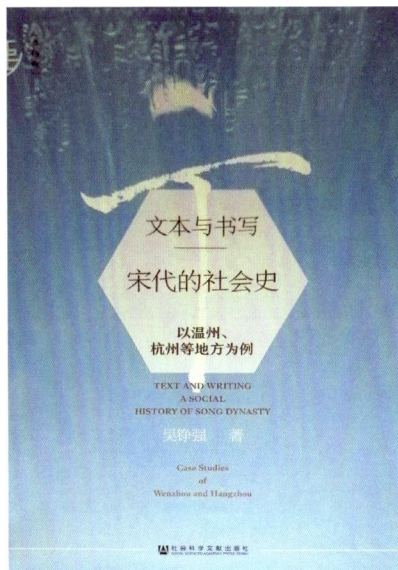

规律。此外，作者还考察了两宋温州地区寺院碑铭书写者的社会关系。南宋时温州的士大夫取代了北宋时的僧人与施主成为寺院碑铭书写的主流主体，碑铭书写成为士大夫寺院活动的呈现。二是墓志书写的社会史研究。从第四章起，作者开始讨论宋代温州地方社会的墓志书写与当地儒家文化的普及和士人社会的构建之间的联系。并且，进一步将墓志看作是平民富户与儒家文化构建特定关系的一种仪式。三是方志文本的地方书写问题。作者以明弘治《温州府志》为切入点，尝试复原宋元时期温州的祠庙体系，同时也指出明代方志的记述存在失真的可能。四是明清族谱的宋元书写问题。作者从近百种温州明清族谱中精选出五个案例，讨论了族谱宋元书写的类型。第九章着重以保留了大量可靠史料的永嘉苍坡李氏族谱为依据，探讨该家族的变迁史。最后，作者对李氏族谱人口数据进行了统计分析，归纳出家族发展本身的限度与规律。

作为一部地方史研究论著，本书在各部分专题研究中保留了其各自独立的社会分析脉络，又在最后的结语部分将各部分结论综合为理解宋元社会史的整体图景。作者尝试着去揭示可能被既有研究范式遮蔽的社会史脉络，以此检验以书写与文本为线索的社会史研究的实际功效。

《琵琶记》版本流变研究

本书系统梳理了《琵琶记》的各类版本，旨在通过版本流变的讨论重新构建《琵琶记》的接受过程。高则诚的《琵琶记》被称为"南戏之祖"，是南戏研究中非常重要的作品。而如今所能见到的《琵琶记》实际上已非高则诚创作的"原本"。随着戏曲艺术的发展等诸多因素的影响，《琵琶记》的版本纷繁复杂，难以廓清。作者将《琵琶记》的版本分为古本系统、通行本系统和选本系统，希望通过这一分类将不同情况的《琵琶记》版本按照不同的重点加以分析，阐明围绕《琵琶记》版本产生的不同问题。

全书一共分为四章。第一章"导论"，介绍本书的研究目的、意义及构想，并交代前人已有的研究成果。第二章"《琵琶记》古本系统"，澄清前人所用的版本概念，从文本内容、文本形式和版本特征的角度考察较为重要的古本，主要考察版本系统内部的继承关系与流变过程，旨在分析出最为接近"原本"的版本并考察产生改动的原因。第三章"《琵琶记》通行本系统"，主要讨论通行本即相对于古本改动较多、差距较大的版本。据作者的分析和定义，通行本是受到明传奇的影响、为满足文人案头阅读的需要而产生的传奇化的《琵琶记》。因此，通行本的产生必然是一个渐进发展的过程，作者选了在通行本生成过程中有代表性的三个版本加以讨论。第四章"《琵琶记》选本系统"，作者将从通

琵琶记版本流变研究

[韩] 金英淑 著

中华书局

2003 年 6 月

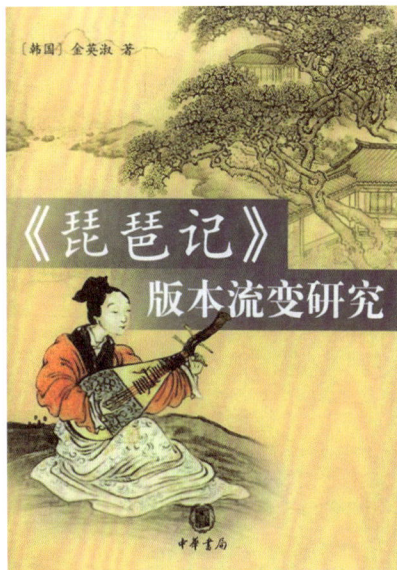

行本中演化产生的选本再分为选曲本和选出本两类：选出本的产生与折子戏形式的生成、戏曲艺术的逐步成熟以及市民阶层对戏曲关注程度急剧上升相关，是为满足随意点选的需要，因而作者从出目情况与不同声腔选本两个方面加以分析；选曲本摘选曲目而成，满足文人案头阅读的需要或作为清唱节目表演，作者通过选曲本的分析考察文人的审美心理和当时表演的实际需求。

《琵琶记》作为戏曲，在接受过程中产生的流变而形成的版本系统成为考察《琵琶记》接受情况的一个整体。因而作者认为对于《琵琶记》版本的研究不能是孤立的，而应当将不同的版本关联起来，从版本流变的角度考察。对于《琵琶记》繁杂的版本，作者首先理清了从明代以来对《琵琶记》不同版本的名称内涵，使名正而言顺。作者将《琵琶记》版本分为古本系统、通行本系统、选本系统，采用不同的论述方式，便于讨论与版本相关的不同问题。同时，因为这三种版本系统在时间上也有一定的承接关系，借此分类也可讨论影响版本流变的因素。再者，作者注意运用比勘的方式，对板式特征、文本内容、文本形式的出入进行比较，从中分析出影响版本差异的文人审美、消费倾向、市场发展等诸多因素。整本书勾勒出了《琵琶记》版本流变的面貌，立论坚实，深中肯綮。

高则诚南戏考论集

侯百朋（1928—2022），温州苍南人。从事教育工作四十余年，曾任温州师院中文系副主任。离休后，一直参加编写《温州市志》等地方文化建设工作。是温州南戏研究专家。

本书系侯百朋先生所作与温州南戏相关的文章选集。由侯先生从旧作中亲自披阅择选，汇集而成。书中所选文章曾先后发表在《文学遗产》《文献》《文史》《中华文化论丛》等期刊中。

全书分为上下两编。上编所录文章均与高则诚研究相关，如其人物生平、思想倾向、文献记载辨疑，后附《高则诚诗文汇辑》。或是从方志、家谱等文献记载考证，或是据其作品分析思想动向。比起对高则诚创作作品的研究，关于高则诚本人的研究相对较为缺乏。客观上，与高则诚相关记载的文献资料的缺乏、散乱有一定的关联。即便是对高则诚本人的研究，基本上也集中在关于其生卒年的考订上。而本书所录的文章除了高则诚生卒年研究方面，还包括其亲属关系考证、高则诚旅居宁波的事实考证等。下编所包含的文章与温州南戏研究相关，包括温州方言、瓯歌在温州南戏中的体现、剧目相关问题考证等。下编所录文章也多为考证一类，如依据出土文献所作校补，以方言角度考证《荆

高则诚南戏考论集

侯百朋 著

陕西人民出版社

2008 年 1 月

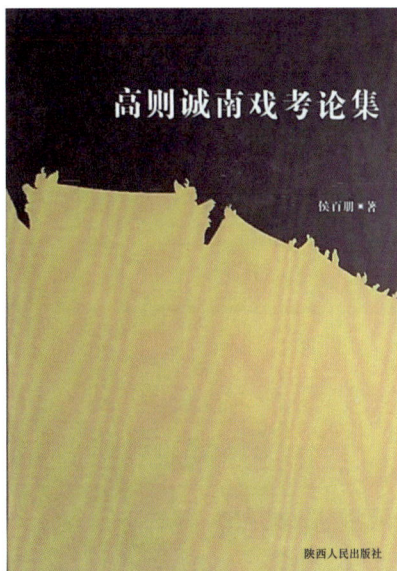

钗记》作者等。考证的角度多样，所用材料丰富，足见作者于南戏研究方面所作的苦工。

　　作者侯百朋先生受到儿时观看民间戏曲演出的经历影响，一生都致力于高则诚及其作品的研究，特别是《琵琶记》的相关研究，侯先生另有《〈琵琶记〉资料汇编》一书。而本书的文章选录偏重于高则诚本人的研究和其他与温州南戏相关的考证。许多文章篇幅不长，但短小精悍，汇集众多文献考证的材料。譬如《高明亲属考》一文中，侯先生除了利用学界常用于考证高则诚家族的《瑞安阁巷陈氏清颖一源集》之外，还梳理了方志的记载。并且侯先生曾实地访问了高则诚的居住地，得知当地高家与陈家来往频繁，从陈家所藏的文献资料中寻得与高则诚相关的珍贵第一手资料。尽管《琵琶记》、高则诚的相关研究在学术界向来是热点话题，但侯先生在此方面所付出的心血和获得的成果仍然是珍贵且卓著的。而通过本书所编选的文章，可以对高则诚本人的相关情况、温州南戏有更深入的了解，也可体察到侯百朋先生的竭尽心力，感染更多人致力于对温州南戏的研究和挖掘。

温州南戏论稿

本书属于"国家戏曲研究丛书"，为胡雪冈先生另一著作《温州南戏考述》的姐妹篇。主要以"论"为主，收录十七篇与南戏相关的论著。这十七篇文章意在探究温州南戏的血脉与流变，并围绕具体剧目与声腔、表演艺术等问题，利用考证手段力图阐明温州是南戏的发源地，理清相关聚讼。

针对温州早期南戏《张协状元》进行讨论的文章共五篇：《〈张协状元〉三题》《早期南戏〈张协状元〉创作于福建吗？》《温州南戏〈张协状元〉的创作年代》《〈永乐大典戏文三种〉补注》《从早期南戏〈张协状元〉看南曲组合规律》，从文本出发，对《张协状元》的相关问题进行考据论证。其余考证温州南戏剧目相关问题的文章有：《〈高则诚集〉前言》《〈琵琶记〉作者考辨》《温州南戏杂考四题》《成化本〈白兔记〉与元明南戏》。直接探究温州南戏的渊源及影响的文章有：《潮剧与温州南戏析论》《有关南戏与北杂剧形成几个问题的商讨》《试谈元代南戏之流传及其对元杂剧的影响》。另有讨论南戏声腔、曲调或借这一问题为温州为"南戏之乡"正名的文章：《早期南戏温州腔及其与四大声腔的关系》《谈诸宫调对南戏、元杂剧的影响》《南戏曲调与宋词及说唱音乐的关系》《从早期南戏〈张协状元〉看南曲组合规律》。另有讨论舞台表演的《试论

温州南戏论稿

胡雪冈 著

国家出版社

2006 年

早期南戏的舞台表演艺术》一文与以辑佚剧目为目的的《宋元明初南戏剧目辑佚》一文。

　　胡雪冈先生自 1963 年首次发表南戏研究论文之后便一直关注南戏问题。他指出"一部戏曲的发展史，可以说是部声腔衍变史"，本书收录的文章也体现出他对于声腔曲调的演化、各声腔之间的关系探究的重视。在考证南戏起源问题方面，胡先生不但确证温州为南戏发源地，还进一步追溯南戏起源的文化内因。南戏的起源问题在早年众说纷纭、莫衷一是，甚至在 1996 年的第三届"国际南戏学术讨论会"上产生了激烈的争论，在此后的一段时间内各方意见仍旧僵持不下。而如今学界对"南戏起源于温州"这一结论得以基本达成共识，胡雪冈先生功不可没。

　　本书收录的文章汇集胡雪冈先生数十年的苦心研究的成果，从文本出发，采用比较研究的视角，运用严谨的考证说明手段，阐明南戏起源于温州"一点"这一观点。而本书为南戏起源问题提供了诸多可靠而具体的论证，角度多样，是胡雪冈先生为理清南戏血脉、充实南戏研究做出的诸多努力的体现。

宋元南戏传播考论

　　该专著对南戏传播作了全面系统的研究，全书分为上、中、下三篇。上篇
"南戏文本传播研究"：首先对南戏文本的传播形态作了论述，梳理了南戏在流
传过程中所产生的不同类型的版本形式，并总结各种类型的版本形态的特征；
其次，对宋元四大南戏和《琵琶记》等一些南戏经典剧目的传播作了个案研究。
通过宏观与个案相结合的研究，探讨南戏文本因改编者、刊刻者的不同，对南
戏文本的传播所产生的影响，总结南戏文本在传播过程中在剧本形式、曲调格
律等方面所产生的变化和变异，总结出南戏文本在传播过程中发生变异的原因
与规律。

　　中篇"南戏舞台传播研究"：分别对南戏艺人的生态及其演出场所、南戏
舞台演出本的传播形态、南戏舞台传播的语言特征及其流变、南戏四大唱腔的
流传和变异、南戏的脚色体制、南戏的舞台排场、南戏的舞台道具与时空处理、
南戏的曲调及其应用等作了专题研究。

　　下篇"南戏在近代地方戏的传播研究"：对京剧、川剧、湘剧、越剧等主
要地方戏中的《荆钗记》《白兔记》《拜月亭》《杀狗记》《金印记》《琵琶记》
等剧目作了系统的研究，分别从故事情节、人物形象、场次安排、音乐结构等

宋元南戏传播考论

俞为民 著

中华书局

2020 年 12 月

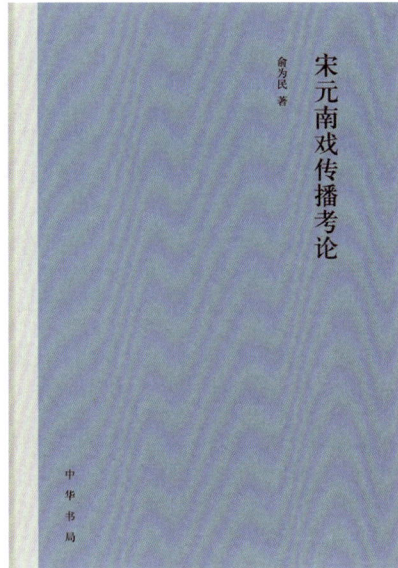

方面，将各地方戏中的改编后的南戏剧目与南戏原作加以比较，通过比较研究，考察了南戏在地方戏传播过程中所发生的变异的轨迹，总结各地方戏对南戏原作加以改编的具体方法。

　　该专著为浙江省优势学科重大项目成果，并获浙江省第二十一届哲学社会科学优秀成果奖一等奖。

元代温州研究

　　全书共分八章，在作者博士论文《元代温州路研究》的基础上修改而成，第一章"宋元易代之际的温州"、第二章"元代温州的经济"、第三章"元代温州的政务"、第四章"温州路的教育"、第五章"元代朱子学在温州士人中的传播与永嘉学派的沉浮"、第六章"元代温州地区的士大夫群体"、第七章"元代温州的宗教"、第八章"元明之际的温州社会"。

　　本书是关于元代温州路的综合性研究，涵盖了政治、经济、学术传衍、社会生活、文化教育等多个方面。温州之所以适合作为区域史研究的对象，是因为自唐代以来此地已形成了一个有必然联系、有系统的整体，拥有经长期历史积淀形成的整体性和共同性的地域历史文化特色。在绪论中，作者分别从行政区划、地理环境、物产资源、人文特性等方面，对温州地区的总体情况进行了概述。其次，作者也提及了已经取得的有关温州历史文化的研究成果，并指出相对于南宋和晚清两个时段，关于元代时期温州的研究是有所不足的。

　　本书第一章以宋元易代为出发点，重点说明温州在抗元斗争中的地位，叙述温州进入元帝国版图的过程，同时分析温州宋遗民的具体活动及生存状态。第二章着眼于元代温州的经济，分别从人口、赋税徭役、盐政、粮食海运、交

元代温州研究
陈彩云 著
浙江人民出版社
2011 年 12 月

通商贸、农业、水利等角度，分析元代温州对宋时经济基础的承继以及继续发展。第三章分析了元代治理温州的执政水平，具体为荒政问题、军事管理和司法审判。第四章重点探讨的是元代温州教育政策、教育制度和教育体系等方面的问题。第五章以元代温州士人群体对朱子学尊崇和反思为切入点，深入分析了永嘉学派在南宋以后的衰落。第六章重点论述了元代温州士大夫之间的互动与联系，以及士人与当地官员之间的互利关系。第七章研究元代温州的宗教信仰情况，以其中占据主流的佛教与道教为主要对象。第八章在元明群雄并起的历史背景下，以元末温州社会作为研究元代何以速亡的标本，并讨论了乱世中温州士人在各大势力之间的奔走。

　　总体来说，本书关于元代温州地区各个方面的研究是比较全面详尽的，涉及了政治、经济、文教、宗教等不同领域，为系统了解元代温州的基本情况提供了便捷有效的门径。但具体到其中涉及的某些复杂问题的讨论，尚有待进一步深入。其他诸如元代蒙古人、色目人在温州的活动，民众与士大夫的关系等问题，也是以后可以进一步去研究的方向。

历史视野下的
温州人地关系研究（960—1840）

本书据作者博士论文《温州人地关系研究（960—1840）》修改而来。全书共分六章，第一章"导论"、第二章"人口增长与人口压力"、第三章"生存冲突与移民"、第四章"土地垦殖和产业发展"、第五章"市镇经济"、第六章"基于地理特征的区域文化"。

在本书的开头，作者便指出人地关系是贯穿整个农业社会人类发展的主导线索。因此，关于区域历史变迁问题的研究离不开对人地关系的审视。但从国内的研究现状来看，以历史变迁的角度考察特定区域内的人地关系在历史分析的框架中相对阙如。本书主要围绕区域人地关系变迁的线索在时间维度上的展开，来详细审视宋以降温州这一地区的区域发展逻辑。人地关系讨论的重点是人地矛盾，故而作者首先要探讨的是温州地区的人口增长及其可能导致的人口压力问题。其次，人地关系变革的逻辑本质上是人类在一定约束条件下获取资源最大化问题。在这里，作者要集中讨论温州人地关系演变过程中的移民问题，因为资源获取的困境往往伴随着特定土地上人口承载与流动的问题。经济冲突的缓解除了移民这条途径外，还可以通过区域经济的深化发展来实现。因此，作者又进一步讨论了人地关系的深化问题，即区域深度开发和产业结构变革的

历史视野下的温州人地关系研究（960—1840）

陈丽霞 著

浙江大学出版社

2011 年 1 月

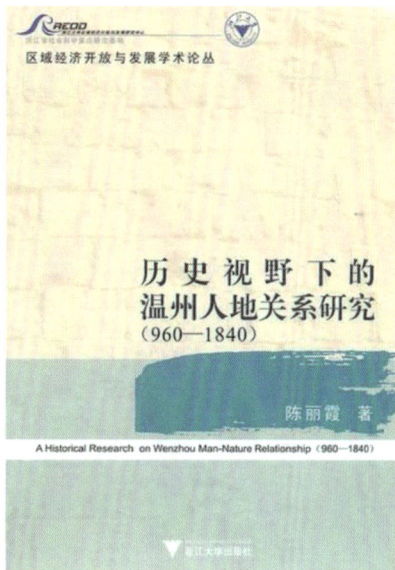

问题，并认为这种变革构成了区域经济长期发展的一个源泉。

此外，城镇发展问题也值得关注。城镇的兴起实际上是区域人地关系深化的空间表现。城镇起到了提高土地开发效率和资源配置效率的作用，因而在很大程度上改变了人地关系。最后，作者提到作为一种物质关系的人地关系，在人类社会的意识形态中亦能得到体现。区域文化的兴起往往会烙上特定人地关系的特征，这一点在温州地区表现得尤为明显，具体表现在永嘉学派、重商思潮、耕读文化、宗教信仰等方面。综观温州整个前近代时期的人地关系，可以发现其始终围绕着人口压力和资源瓶颈的生成和缓解的主线而展现。

本书对于前近代时期温州人地关系演变逻辑的诠释与梳理不可谓不详细，并能以此演变轨迹作为研究温州区域历史发展的平行参考线。这不仅为研究温州地区的人地关系打开了思路、树立了模板，也为区域史研究提供了新的视角。

明人明事
——浙南明代区域文化研究

　　明代温州龙湾，人文荟萃，拥有丰富的历史文化资源，曾经涌现出明代首辅张璁、侍讲王瓒，抗倭英雄王沛、王德，以及理学家王叔杲、项乔等等一大批历史文化名人，都为当时的社会做出了丰功伟绩。或为社会改革而竭尽心力，或为抗击倭寇而英勇牺牲，或为民族事业而鞠躬尽瘁，或为革除弊端而不怕险阻。我们缅怀前贤，应传承他们优秀的传统。

　　《明人明事——浙南明代区域文化研究》是一本研讨龙湾明代文化的学术论文专集。该书以温州龙湾地域文化为主题，共汇聚国内外40多位明代文化研究专家学者撰写的43篇学术论文，如《张璁：明代60年改革的开启者》《彼文忠，此文忠：张璁兴革与张居正改革——对明代中后期政治改革再考察》《温州龙湾地区明代的著姓望族及其对社会经济文化之作用与影响述略》《嘉靖永嘉英桥王氏宗族制度的建立及其影响》《王叔杲与永昌堡——明代民间自建抗倭城堡的历史意义》《大历史背景下永嘉场筑堡自守的必然性》《明代中期永嘉之学述略》《张璁的礼学思想及其现代价值》《明代温州文化简述——兼论永嘉场在明代温州文化中的地位》《明代龙湾科举兴盛与文化发展》《万历〈温州府志〉的特点及价值——兼论王光蕴史学思想》等等，围绕着明代温州龙湾地区

明人明事——浙南明代区域文化研究

曹凌云 主编

人民出版社

2012 年 2 月

的文化发展历程、主流学派、氏族家学、人物思想考证、年谱编订、社会政治生活等议题展开，从历史资源、文献梳理、丛书编撰、理论建构、价值阐释以及地位确定等方面深入挖掘和探讨了明代温州龙湾地区的思想渊源和文化特征。同时进一步印证了明代龙湾的地域文化是温州（永嘉）文化的中心，是明代温州文化的代表，更是区域文化研究的重要样本。本论文集实为迄今为止明代温州龙湾区域文化研究方面最完整的研究成果。

"永嘉场"地域文化研究

——以明代永嘉场为考察中心

本书是海内外首部以明代永嘉场为考察中心系统地研究永嘉场地域文化的专著。

首先，本书将永嘉场文化研究放到温州历史文化发展的长河中去考察，在"明代永嘉场文化代表温州地区文化之高峰"的认识上展开撰述。聚焦于明代永嘉场地域文化，梳理其历史文化发展脉络，使其历史文化价值凸显出来。作者还设"永嘉学统和阳明心学对明代永嘉场人士之影响"专章论之。认为永嘉场人物在接受理学、心学等思想资源的时候，会自然而然地运用本土思想资源来抉择、筛选、整合之，从而使他们的思想在不少方面呈现新貌。王瓒、张璁都是深受永嘉之学的熏习，这也是他们在"大礼"议时形成大体一致看法的根本原因所在。永嘉场人物还与阳明心学说在不同程度、不同层面上发生了关涉。

其次，本书不但全面阐述了永嘉场地域文化的特色，而且初步总结和探讨了明代永嘉场地域文化崛起的原因。作者以明代为重点，具体考察了永嘉场的山水文化、建筑文化、精神传统、风俗民情、民间信仰、仕宦名士、家族文化，以及由此积淀的物质文化遗产和非物质文化遗产，分析了推动永嘉场地域文化崛起的各种内外因素。并围绕明代四大家族，即李浦王氏、普门张氏、英桥王

"永嘉场"地域文化研究——以明代永嘉场为考察中心

方坚铭 著

浙江大学出版社

2012 年 3 月

氏、七甲项氏家族的代表人物，考察其生平历履、宦绩学业、文学成就，以及对明代政治、文化的影响。

最后，本书认为，永嘉场文化研究是温州学的重要分支。永嘉场文化自成体系，具备"异量之美"，而明代永嘉场文化人物的大批出现，构成其异量之美的核心。永嘉场文化研究，既具有温州学的共通性，又具有其独异性，"即以作为盐场文化区域而形成的、具有异量之美的、独具特色的永嘉场地域文化为主要研究对象"。

本书作者另有《明王瓒伣健父子年谱》（中国社会科学出版社，2015 年 12 月出版）一书。该书在本集的基础上，广泛收集史传、笔记、文集，尤其是地志、家谱等第一手材料，对明代王瓒及其儿子王伣、王健的行实做了翔实的描述和认真的考证，填补了王瓒、王健年谱研究方面的空白，为王瓒及其家族的后续研究奠定了基础。该书具备宏观的文化视野，多侧面地研究王瓒、王健参与正德、嘉靖朝政治事件的程度及其历史影响。尤其是大量诗文的系年，为王瓒、王健文学成就的研究奠定了基础。

明清浙江海防体制变迁与地方互动
——以温州卫所为中心

本书从区域社会史的角度，初步厘清了明清温州地区卫所体制的变迁过程，揭示卫所制度在东南沿海地区的实际运作情形，以及对于地方社会的意义。

宋元以来，随着沿海贸易的兴起，在东南沿海逐渐形成了一批靠海而生的世家豪民群体。明王朝通过推行卫所制度，瓦解了原有的地方势力，确立自己对地方社会的控制，同时，强制割离了沿海居民与海洋的联系，迫使他们改变了原本的生计模式，对沿海社会的发展进程产生了深远的影响。

明中叶以后，沿海卫所军户群体的"民化"趋势越来越明显，主要表现在：军户家族组织的初步形成、地方社会网络的构建以及军户与民户群体生活习性的相近。地方官员在司法、赋役、地方公共事务、屯田等方面介入到卫所事务当中，通过行政权力全面调整卫所在地方的存在形态，引导卫所的地方转化。另外，伴随着卫所军政的腐败与山海之乱的双重夹击，温州地区的卫所体制已显得不堪所用，促使地方防卫体系的重建。

明亡清兴，新王朝开始着手改革卫所体制和处理遗留下的问题，比如地方防卫制度的重建，军户人口的户籍转变、屯田的归并与税赋征收、漕运卫所的重建与存废之争等。卫所体制的变革改变了地方社会的权力结构，促使卫所人群的生计方式、组织形式、权力关系出现了新的变化。

明清浙江海防体制变迁与地方互动——以温州卫所为中心

宫凌海 著

黑龙江教育出版社

2019 年 9 月

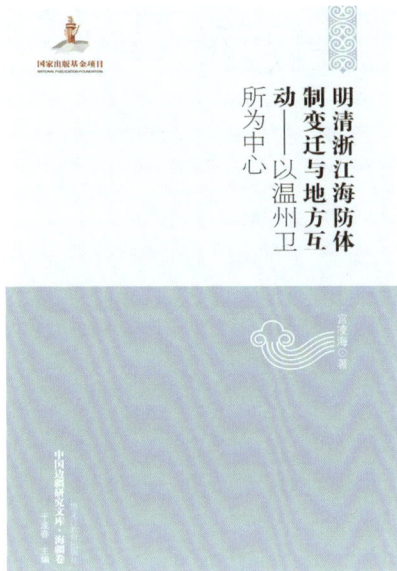

卫所制度虽然废除，但是军户后裔基于对本社区的认同，着力重塑地方文化。他们主要从三个方面进行：第一，通过兴办教育，建构起多层次的地方文化网络；第二，通过修撰方志，在文本中重构与展现本地文化；第三，通过建造祠庙与相关仪式活动的演示，增强社区成员的文化认同。这三种方式促使卫所人群融入地方社会与独特地域文化的形成。

概以言之，卫所制度对于滨海地域社会的意义主要体现在三个层面：有明一代，卫所制度在地方社会中充当着一种"制度资源"的角色；进入清代，卫所体制作为"制度遗产"依然在潜移默化中影响着地方社会的历史演进；伴随着历史车轮的行进，"卫所"逐渐积淀成卫城人群的"共同记忆"。

卫所体制在东南沿海的推行，不仅确立王朝国家在滨海地域的统治秩序，同时带给了区域开放新的发展动力，改变了中国东南沿海地区社会经济的发展节奏。明清以来东南沿海的开发，有着多种人群的共同参与。卫所人群，是国家采取强制的手段植入地方社会之中的。然他们并不是被动的接受者，而是巧妙地利用制度融入地方之中，并且成为区域开发中的重要力量，同时在地方社会的演进中深深打上了属于自己的烙印。

明清时期温州宗族社会与地域文化研究

　　全书分上下两篇，共十三章。上篇为"明清时期的温州宗族社会"，共分六章，第一章"温州的地域人文环境与宗族社会的形成"、第二章"明清时期温州的宗族组织"、第三章"明清时期温州宗族的族内自治"、第四章"明清时期温州宗族与乡里社会"、第五章"明清时期温州宗族与地方官府"、第六章"明清时期温州宗族自卫与堡寨"；下篇为"明清时期温州宗族社会的地域文化"，共分七章，第七章"婚姻文化：重视女性教化"、第八章"读仕文化：力学笃行，读仕之间的务实选择"、第九章"隐逸文化：温州多隐逸之士"、第十章"居住文化：对宗族聚居之地的精心选择"、第十一章"民俗文化：温州龙舟——爱恨交织、禁而不止"、第十二章"信仰文化：好巫敬鬼与宗族利益至上"、第十三章"明清时期温州宗族社会值得关注的其他文化现象"。

　　本书以明清时期的温州宗族社会及在其中出现的文化事象作为研究对象。上篇主要论述了与明清时期温州宗族社会自身直接相关的内容，著者从明清温州宗族社会形成的两大因素入手，通过祠堂、族谱、族产、规训、族学等五个侧面，分析了温州的宗族组织。著者又进一步探讨了明清时温州宗族进行族内自治的必要性，梳理了他们为了自治而确立的选取族长的标准，以及在宗族自

明清时期温州宗族社会与地域文化研究

王春红 著

中国社会科学出版社

2016 年 11 月

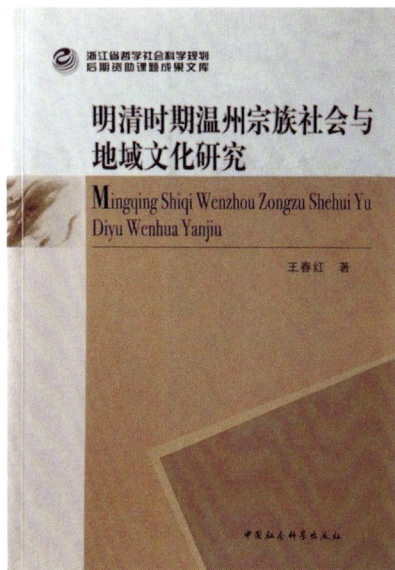

治上较有典型性的几个方面。在本书的第四和第五章，著者分别就温州乡里社会内部不同宗族之间的关系和乡里社会之外宗族与地方官府之间的关系展开了论述。第六章则专门讨论了明清时期温州宗族为了抵抗倭寇匪患而采取的自卫方式。

　　本书的下篇主要研究明清时期温州宗族社会出现的一些典型的文化事象，以期展现出温州宗族社会的独特之处和当地的地域文化。作者将主要的文化事象分为婚姻文化、读仕文化、隐逸文化、居住文化、民俗文化、信仰文化等六类，逐一进行讨论。在最后的第十三章中，作者又对以上六类文化事象之外的其他存在于温州宗族社会中的文化现象进行了集中探讨。

　　作者在对温州地方文献资料不断收集、整理和研读以及多次开展实地田野调查的基础上，撰成此书，故而其论述相当全面具体。本书从多角度多侧面入手，将明清时期温州的宗族社会和地域文化作为一个整体较为清晰地展示出来，对进一步推进温州宗族史研究来说，具有重要的启发意义和引领作用。

晚清温州儒家文化与地方社会

本书为《温州通史》专题史丛书中的一部。

温州文化，作为中国地方社会和区域文化研究一个绝佳的微观样本，近年来一直颇受到学界的青睐。尤其是自 1876 年开埠通商之后，温州由于地处"中西交会之要冲"，中西、新旧思想激荡，区域社会与文化传统的转型开始加速。这一时期的温州文化，堪称中国近代西学东渐与儒家传统自我转化的一个缩影。本书是鸟瞰晚清温州区域思想文化全貌及其近代转化历程的一次尝试，希望通过多方面深描近代温州地方性知识图景，来微观解码地方社会现代转型过程。

该书分为上中下三编，凡十三章，近 35 万字。首先综贯近世温州儒学传统变迁的三大阶段，接着细述晚清温州儒学在礼学研究、政治维新思想、现代人道主义观念以及应对外来基督教文化等方面的多元发展，最后运用社会文化史的方法，论述了晚清温州儒家士大夫阶层的新旧派分与竞合关系，并以此具体而微地分析了儒学传统与地方社会转型之间的隐秘关联。

上编将清代温州文化演进的历史脉络分成清代早期、中期和晚清三个阶段，历史地梳理了近世温州区域儒学的沉潜与复振的进程。明清之际的温州思想文化日益内敛，向理学正统复归，呈现出"家国情执，守先待后"的特点。清代

晚清温州儒家文化与地方社会

孙邦金 著

人民出版社

2017 年 9 月

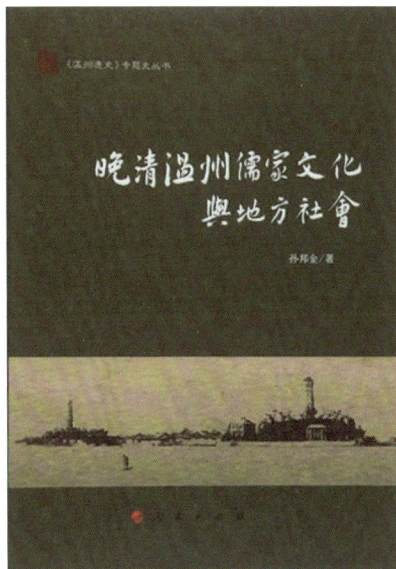

中前期则是一个沉潜、积累的阶段，呈现出"披荆斩棘，一阳来复"的特点。晚清时期的温州文化则在古今、中西相互激荡之下厚积薄发，再次振兴，表现出"内外交困，绍述永嘉"这一阶段性特点。

中编主要从哲学层面展现永嘉经制之学与晚清温州文化的多元发展图景。该书围绕孙诒让这个晚清温州文化界的核心人物，进一步推扩至以宋恕为代表的"温州三杰"和在温传教近 25 年的苏慧廉等人，多层次、多维度地展现温州区域儒学与地方社会互动的整体面貌。

下编深入分析了晚清温州儒家文化与地方社会之间的微观联系。通过深描这一时期新旧知识分子的派分竞合与集群运作，该书将研究视角进一步向下延伸至风俗器物层面，对清代温州的放生观念与护生实践、城乡夜间照明技术与夜间生产生活的演变这两个小问题做了专门研究，算是"眼光向下"的大众或日常文化史写作的一个尝试，希望借此展示出儒学大传统与地方社会习俗、惯例之间互动影响的一些微观肌理。

乡国之际：晚清温州府士人与地方知识转型

　　近代中国知识转型研究，目前多集中于相关文本的知识思想"内容"，或默认发生在个别中心城市的转型"代表"了全国的情况。本书以晚清浙江省温州府为个案，将"地方"置于"知识转型"之前，且突出某一当事人群体——地方"士人"的视角，是为反其道而行之，以某一相对"边缘"之地为焦点，检视晚清知识转型的"地方化"机制及其可能的限度。

　　晚清温州的学术文教之变，首先是 19 世纪中叶以降，个别士人与所在家族在科场的成功所提供的在外发展社会网络的机会，促成更多地方士人越出科举制所框定的知识学理范围，接引外界"经世"风潮以及相关的经史学术趋向。稍后温州开放为通商口岸，近代海运与邮政等新式交通系统兴起，又促使时务西学的在地传播，与之前已现端倪的地方多元化学风形成叠加效应。《马关条约》签订后，基于这一内外合力构筑的传播图式的影响，温州府县得以分享导源于通都大邑的"国耻"意识与"士"气空前高涨的氛围；士人开始在地筹建新学机构，积极订阅近代报刊甚至自行办报，以汲引西学新潮。

　　"新政"中后期科举停废，与新"学"配套的新"制"（癸卯学制）推及地方，士人兴学趋于规模化与规范化。然而，此举又容易滑向对于官方在地职权扩张

乡国之际：晚清温州府士人与地方知识转型
徐佳贵 著
复旦大学出版社
2018 年 5 月

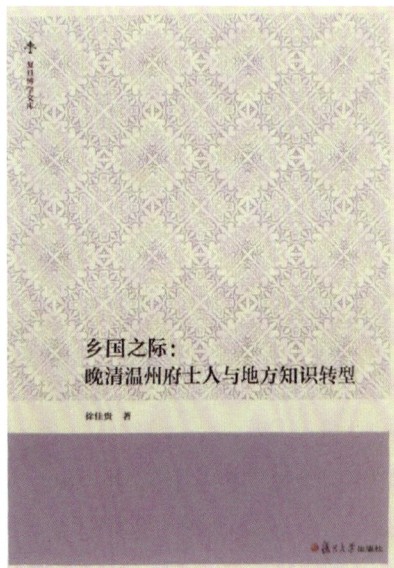

的主动迎合，朝野的变革节奏渐趋同步，而地方知识转型可达致的程度，亦开始明确受限于地方在行政系统中所处的位置。同时，士人与在地西人强化知识上的交流，并推动扩及普通民众的"国民"教育，然而这些实践的成效，又往往难合预期。而地方知识精英自身的嬗代，也难以再依托士人阶层内部传承文化的既有模式；于是在新"制"确立后，地方士人对于某些"旧"的眷念反而不断滋长，以至对于近代知识转型的意义越发感到疑虑。

要之，如温州一般的相对边缘之地对于思想学术潮流的既有参与途径，辅以西力东渐造成的人员与知识信息流通形式的变化，乃是"转型"得以在地发生的前提。可吊诡的是，至辛亥鼎革之际地方士人又开始由革新的重要推手变为革新的目标，之后再难有起而"预流"的希冀与能力。通过动态呈现地方自身的历史脉络，这份吊诡的形成机制或可得到某种初步的说明。

晚清士绅与地方政治：以温州为中心的考察

本书运用社会学的一般理论和概念，以发生在晚清温州的若干事件为叙述分析对象，集中对晚清温州地方官与士绅的关系和士绅内部不同集团之间的关系进行深入的考察，揭示地方社会权力关系格局的动态演化过程，对这个过程中的几个关键环节予以一种历史性的连释。

19 世纪中期是一个地方军事化不断加强的时代。温州金钱会和"瞿党"反叛事件的过程，反映了 19 世纪中叶地方政治生态的变化。在这个时期，上层士绅和下层士绅的处境和利益所在完全不同。在为保护和争夺利益而展开的地方权力角逐中，上层士绅与官府多有冲突，与民众关系极度紧张；下层士绅却为遏制上层士绅上联地方官下结民众的有组织力量（会党）。斗争的结果只有上层士绅权力的扩张，而下层士绅被急剧边缘化。上层士绅虽然在镇压金钱会反叛的过程中坐大，并在一定程度上撼动了原有的权力等级秩序，但并没有从根本上改变这个权力格局。

西方宗教对中国社会来说是一个异物，它之楔入中国犹如现代医学中人体器官的异体移植，不可避免地产生了激烈的排斥反应。自甲申教案以后，士绅通过与教会的和解和镇压民众的反抗力量，成功地奠定了地方政治中的主导地位。

以经学大师孙诒让兴办新学为中心，展示地方政治势力激烈的权力角逐。兴办新学运动展开后，地方官试图以更有效的方式把国家权力渗入地方社尹会。上层士绅集团以自治为合法旗号参与地方学务的管理，凭借自身的财产、资历和威望的优势，以学务机构为依托，进行了大规模的力量聚合和权力扩张。地

晚清士绅与地方政治：以温州为中心的考察
李世众 著
上海人民出版社
2006 年 8 月

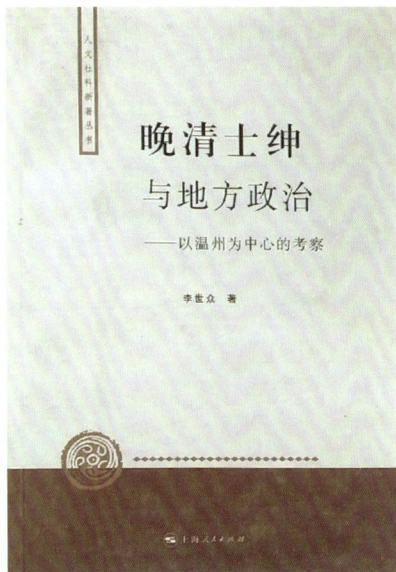

方官联合处于生计被夺的困厄中的下层士绅进行了猛烈的反击。但限于当时的大势，以及上层士绅集团在筹款和学务管理上的诸多优势，地方官并没能抑制他们强劲的扩张态势。

19 世纪 70 年代以后，士绅间的矛盾以"布衣士绅"和世家大族对垒的形式体现出来。两者之间存在着显著的支配和被支配的关系。19 世纪 70 年代末以来，随着永嘉之学的复兴，"布衣士绅"获得了异乎寻常的积极性格和进取精神，他们通过结社以扩展自身的社会关系网络，进而凭借西方文化资源确立斗争优势。"布衣士绅"逐渐崛起并在 20 世纪初获得了相当的权力优势。

纵观晚清地方权力关系格局的演化过程，人们可以看到：上层士绅的权力扩张是主基调，下层士绅长期处于边缘地位。地方权力格局呈现的是地方官——上层士绅——下层士绅之间的平面互动关系，三者之间存在着种种复杂的权力平衡与相互依赖关系的转换。宗族是一个巨大的社会存在，由于其本身固有的集体理性，具有不可忽视的地方政治意义。意识形态是社会空间内权力游戏的道具，在真理借口的背后是现实社会中统治者的操纵、压迫、支配，以及被支配者的种种反制行为。

因地制宜：晚清温州士绅社会研究

晚清以降，地方社会的区域化发展和变动时代的多种资源，滋养了以地方为取向的温州士绅社会。他们"因地制宜"经营地方的社会实践，在延续传统的同时获得了新的时代内容，很大程度上推动了地方社会的近代变迁，同时也为观察彼时国家——社会关系的衍变提供了可资借鉴的区域样本。

本书以具有本土化色彩的"士绅社会"概念为分析工具，着眼于温州士绅在"地方"社会的关系和脉络中，如何"因地制宜"，如何发挥"在地"能动性以及能动性的限度的讨论，通过"传统延续下的温州社会""晚清温州士绅与儒学的地方性实践""制度变迁与清末温州士绅权力空间的扩展及其限度""官府、士绅与地方风俗治理"等专题与个案研究相结合的区域社会史考察，见微知著，提出了若干具有中观或宏观意义的认识。

晚清温州士绅有意识地表彰南宋永嘉之学这一地域化儒学的努力，实乃一种从传统中发掘地方重建资源的地域文化意识自觉使然。而永嘉之学"经制事功"要义和"坐言起行"精神的重获提倡，催生了一种带有浓厚地方色彩的经世意识，最终落实为由"家"而"乡"，由宗族而地方文教的儒学实践逻辑。温州士绅以地方为取向的儒学实践，进一步验证了如下观察，即作为意识形态的儒学在变局时代面临严重的价值危机，而作为文化实践的儒学却在地方社会中表现出相当的践履能力。

清末的制度变革为温州士绅提供了介入地方社会乃至国家权力的契机和空间，他们在学务、商务、地方自治以及财税、警务、司法等诸多领域的表现，

因地制宜：晚清温州士绅社会研究

尤育号 著

上海三联书店

2019 年 7 月

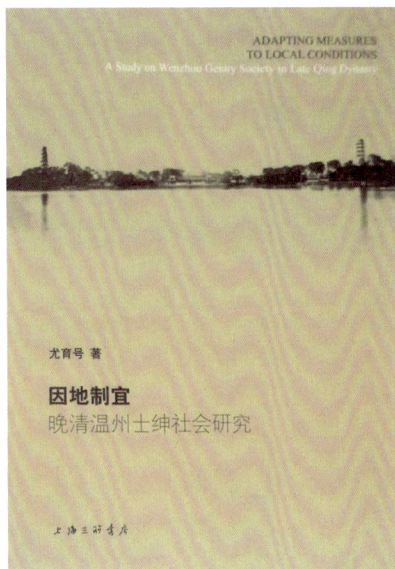

颇为引人注目。士绅在地方上的活动与权力空间，并不完全取决于官方的规制，而是取决于其自身力量与地方政权之间的平衡制约关系。地方士绅权力空间的有限度扩展与国家权力的地方渗透，可被视为同一历史进程中并存的不同面相。

作为社会文化形态的一个方面，社会风俗以其独特的方式反映社会存在并作用于社会存在。晚清温州地方社会的习俗治理，是地方士绅、宗族组织与地方官府面对社会秩序失范的一种相互联动和整合。由于种种因素的制约，这种传统治理模式在现实社会生活中所取得的实际成效不彰。不良习俗在社会变迁过程中表现为一种无意识的顽固力量，需要寻找更为有效的综合治理方式。

本书还以上层士绅黄体芳、下层士绅张棡为个案，考察其日常生活世界和参与政治、社会事务的态度与行为，丰富了对温州士绅群体内部的复杂性和差异性的认识。

附录讨论了旅外温州绅商依托同乡会组织，基于乡谊且颇具权势内涵的社会网络，广泛而深入地介入家乡公共事务，从而强化了旅居地与家乡社会之间的联结与互动。

晚清民国时期
温州对外贸易研究（1876—1937）

全书共分六章，分别是晚清民国时期温州对外贸易兴起的自然及社会历史条件、晚清温州开埠起源、晚清瓯海关进出口贸易分析、晚清瓯海关贸易分析、民国时期温州对外贸易情况分析、晚清民国时期温州对外贸易腹地范围及贸易格局以及晚清民国时期温州对外贸易影响。

本书最引人注目的是瓯海关海关贸易史料的运用。海关贸易的原始史料的研究，正是学界的热点之一。国内外的学者们已经关注了上海、广东等地的海关史料，而浙江海关贸易史料的研究相对滞后，其中就温州瓯海关的研究而言，这部《晚清民国时期温州对外贸易研究（1876－1937）》可谓捷足先登，很具有学术史的意义。书中对比了温州开埠前后的变化以及同时期省内其他港口的数据，比较直观地反映出了温州瓯海关进出口贸易的史实。作者根据海关报告中的记录，梳理了晚清民国时期温州进口贸易、出口贸易的商品结构、来源以及流向，指出由于近代海关的特殊性，温州瓯海关几乎没有直接的国外贸易，部分外国货物的进出口都是通过上海、宁波等中介港口进行贸易，呈现了温州瓯海关的独特面貌。

根据温州对外贸易的数据，作者得出了晚清民国时期温州对外贸易平稳缓

晚清民国时期温州对外贸易研究（1876 — 1937）
马丁 著
中国广播影视出版社
2018 年 11 月

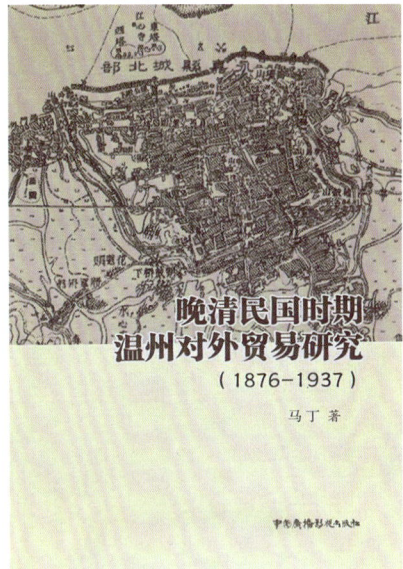

慢上升趋势的结论，并描述了这一趋势的背景及其影响。一是温州开埠促进了温州的对外贸易，带动了温州地区的经济发展，国外商品冲击了本地的旧有商业、经济的格局，而海关是一个重要驱动枢纽；二是通过对外贸易，加强了温州与上海之间的贸易往来，比如温州商人组织了"旅沪同乡会"等，逐步形成温州商人群体，这些贸易活动，甚至还有文化史上的积极意义，甚至使温州通过上海中介而进入全球朝代，影响深远。

本书的选题还具有现实意义，温州瓯海关的对外贸易研究，为当代温州开拓对外贸易、巩固温州经济发展提供借鉴。同时，瓯海关的海关贸易史料的运用，使得本书的立论较为扎实可信，分析有据，而且作者限于海关史料，所论述止于 1937 年，可见其审慎的态度。

中共温州党史

本套书是由中共温州市委党史研究室编写的党史专著，共两卷，第一卷为《中共温州党史》、第二卷为《中国共产党温州历史》，（以下分别简称《党史》第一卷和第二卷），由中共党史出版社出版。第一卷记录时间为 1924—1949 年，第二卷为 1949—1978 年。分别记述新民主主义革命时期与社会主义建设时期中国共产党领导浙南人民进行革命斗争与社会主义革命和建设的历程。两部书以"编、章、节、目"，另有注释、附录、插图、图表、后记等。

本《党史》第一卷从 2000 年 4 月开始编写初稿，2004 年 8 月出版。编审白一舟，主编万邦联，编写组成员有万邦联、施甘成、章海英、张林、胡志林等。共分 4 编，分别是第一编党的创立与大革命时期，第二编土地革命战争时期，第三编抗日战争时期和第四编全国解放战争时期。下分 15 章 60 节。编写范围是以温州为中心的浙南地区。即除了温州地区外，也包括丽水、台州、闽东等毗邻地区的部分县。

本《党史》第二卷于 2008 年初正式启动编写。2011 年基本完成初稿，2016 年 7 月正式出版。主审赵降英，主编赵万磊，副主编张林、张林洁。编写组成员为张林、毛少甫、周婷婷、张林洁。共分 4 编。分别是第一编"人民

中共温州党史
中共温州市委党史研究室 编写
中共党史出版社
2004 年 8 月

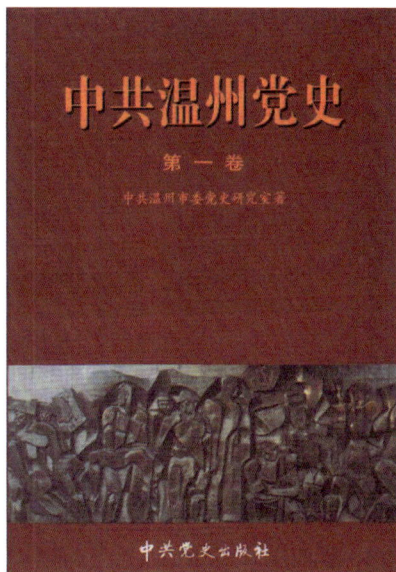

民主政权的巩固和社会主义基本制度的建立"，第二编"社会主义建设的全面展开和艰难探索"，第三编"'文革'的内乱和反对'左'倾错误的斗争"，第四编"拨乱反正中实现伟大的历史转折"。下分 20 章 59 节。

　　"欲知大道，必先为史"。我党历来重视党的历史，党的历史和经验是宝贵的精神财富，党史研究在治国理政和党的建设中发挥重要的作用。这两本《党史》以马列主义唯物史观为指导思想，遵循中共中央《关于建国以来党的若干历史问题的决议》精神，全面、系统、忠实地记录新民主主义革命时期，从 1924 年首次建立中共温州地方组织，到中国工农红军十三军，浙南游击根据地，抗日救亡运动，到武装解放浙南，党领导浙南人民的伟大历程；以及新中国成立之后百废待兴时，党领导人民克服艰难险阻，进行社会主义革命和建设的历史进程。本书采用各级党史部门过去多年积累的翔实的史料，包括文献、档案、统计数据、老同志的回忆等等，既实事求是、秉笔直书，又注意听取各方意见，对敏感历史问题采取严谨审慎，宜粗不宜细的原则。是一部可读、可信、可取的地方党史著作。

近代温州农会研究（1897—1949）

　　自清末第一个农会建立至 20 世纪 80 年代农会在大陆渐渐隐退，农会在我国有着近 80 年的发展史。农会的建立对于我国农业和农村社会的近代化、对近代中国社会的转型均起着不可忽视的作用。温州农会的发展演变历程可以看作是中国近代农会组织发展演变的缩影。1896 年，浙江人罗振玉、徐树兰，江苏人蒋黼、朱祖容等在上海成立上海农学会，亦称"务农会"，是为我国近代最早的具有民间性质的农业学术团体。当时在上海的很多瑞安人如黄绍箕、黄绍第、周拱藻和杨世环等均为务农会成员。1897 年，黄绍箕、黄绍第兄弟二人与同邑好友孙诒让发起组织瑞安农学会。1897 年冬，瑞安农学会经过会员议决改名为"瑞安务农支会"，定位为上海农学会的一个分支机构，并制定了《瑞安务农支会试办章程》。1898 年 2 月，瑞安务农支会在县城卓公祠正式成立。其后乐清、永嘉、平阳等地先后成立各自的农会组织。此外，温州沿海地区的盐民协会也被视为农会之一种。

　　本书力图通过梳理温州近代农会组织发展演变的脉络，以填补学界对近代温州地区农会研究的空白，并通过对近代温州农会的个案研究，让人们更好地认识近代中国农会及其作用。全书正文分为六章，以年代为序，分别介绍了清

近代温州农会研究（1897—1949）

刘建国　陈传银 著
厦门大学出版社
2017 年 8 月

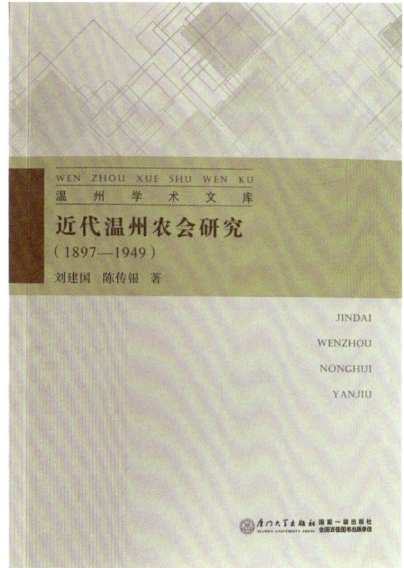

末民初、国民革命时期、南京国民政府时期、抗日战争时期、解放战争时期等各个不同的历史阶段在温州地区影响较大的农会，包括其创立的原因、性质特点、作用，并总结近代以来温州农会组织的演变情况，阐述近代温州农会发展演变规律。附录三种:《近代温州农会人物小传》，约等于近现代温州革命人物集体画像;《近代温州农会大事年表》，约等于近代温州革命史之缩影;《近代温州农会相关文献》，收录了档案、方志、报刊、著述中关于近代温州农会的原始资料。

温州莲花心抗战史研究

　　莲花心位于温州城西今景山森林公园内，抗战时期为中日两军攻防温州城必争之锁钥。莲花心抗日战斗在温州抗战史上至关重要，但因通行说法多依据回忆、口述及传说，缺乏充足的文献支撑与有效的系统研究，从而引起了不少争议与质疑。本书作者秉持求实、理性、公正、全面的精神，以不溢美，不隐恶，不拔高、不贬低的态度，前后历时约四年，在广泛搜集中、日双方的大量档案文献，访谈上百位抗战老兵与其他见证人，并反复实地踏勘战场遗址的基础上，综合运用文献研究、田野调查的方法，厘清了历次莲花心抗日战斗的背景、时间、经过、结局、特点等基本问题，让温州抗战史上最大最惨烈的战事的史实得以全面还原与精准落地。

　　一切地方史都是国家史，更是世界史，以大世界的视野去做地方史，在小地方中发现大中国、大世界。本书在研究方法上注重微观体察、中观贯通与宏观把握相结合，将莲花心抗日战史置于二战时期远东战场、中国战场、浙江战

温州莲花心抗战史研究

王长明　周保罗　著

社会科学文献出版社

2018 年 12 月

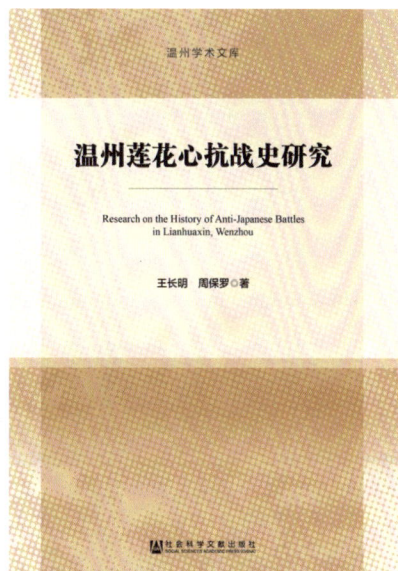

场的大视野下来考查辨析，由此分析此战在温州、浙闽抗战的地位。基于国力与军力孱弱的特定历史大背景下，本书重点检讨 1944 年莲花心战斗失利的原因，既反映温州抗战的概貌，又呈现被忽略的抗战末期浙闽沿海作战的史实。并以此为切入点，着重反映抗战时期的国民政府军英勇与愚拙并存，且贪腐、派系等乱象纷呈的真实图景，从而公允地评述抗战时期国民政府军的战力，揭示中国抗日正面作战艰苦卓绝的深层次原因。

英士大学钩沉

　　英士大学于 1938 年暑期在丽水筹办，初名"浙江省立战时大学"，1939年 5 月，为纪念先烈陈英士先生改名为"浙江省立英士大学"，同年 10 月招生正式开办，设多个校区。英士大学先后在丽水、云和、泰顺、温州鹿城、金华婺城等地办学，前后十年，于 1949 年 8 月解散。

　　本书以翔实的图文史料，从历史背景发展历程、院科介绍、社团组织、教师与学生、校友会等方面钩沉英士大学办学十年的流金岁月，唤起人们对抗战时期特殊年代的关注。

　　本书分"时代背景""英士大学历程""英士大学院科介绍""组织机构与校园社团""教师与学生""英士大学校友会"五章，全面介绍英士大学从初创省立至升格国立直至最后解散的艰难历程，突出抗战时期英士大学办学成果，肯定其在中国教育史的地位及意义。英士大学的成功是抗战期间国统区高等教育发展的一个重要实例，她的办学实践，不仅丰富了中国近代高等教育史，还

英士大学钩沉

陈圣格 著

中国民族摄影艺术出版社

2015 年 9 月

为中国近代高等教育的发展提供了极有价值的经验。

在本课题研究过程中，作者采用文献查阅、实地考察和校友访谈等方法，其中主要材料取自浙江档案馆及浙江大学档案馆馆藏档案。本书总字数 46 万字，其中历史图片几百帧。2017 年，在旧址上建设的国立英士大学纪念馆投入使用，图文资料取自本书。

辑三

温州诗歌史：先秦至两宋时期

　　《温州诗歌史：先秦至两宋时期》以先秦至两宋与温州有关的诗人及其诗歌作为考察和阐释的对象，大体依照时间线展开，间杂重要诗人及其诗歌进行专题分析，并附争议问题考证，对温州诗歌的发展进行了系统的梳理和研究。

　　本书一共分为五章。第一章"东瓯国颂诗"追溯温州地区文明发端，阐述"东瓯国"建立的来龙去脉，推测温州诗歌的文化渊源。第二章"江佐宦游寓永嘉诗"主要讨论魏晋南北朝时期寓居温州的文人墨客留下的诗作，诸如郭璞、王羲之、楼钥等。第三章"山水诗人谢灵运"是对"山水诗派鼻祖"谢灵运的专题讨论，交代谢灵运人生经历，将其诗歌创作的动机与灵感与其具体经历、思想动态以及温州风土人情的影响结合分析，并总结谢灵运所创作的温州山水诗歌中的思想倾向。第四章"温州唐韵之歌"根据唐代温州诗歌的实际情况分为"旅居诗人"和"土著诗人"两个板块进行讨论，指出唐代温州诗坛仍旧以寓居文人的创作为主，土著诗人开始出现但影响较小的客观事实。第五章"宋代温州诗歌"篇幅最为长，占全书三分之二以上。这一章的前两节首先聚焦"僧诗"，总结温州地区的宋僧诗的创作，之后以时间线为主，结合温州地方变迁及宏观时代背景与文学发展阐述两宋时期的温州诗歌，并对重要诗人诸如林季

温州诗歌史：先秦至两宋时期

张一平　张胜南　著

浙江人民出版社

2013 年 9 月

仲、陈傅良、叶适、永嘉四灵等进行专题分析，通过点线结合的方式勾勒宋代温州诗歌的面貌与流变。

　　本书内容充实、结构严谨，通过对地方诗歌文化的梳理帮助现代人更好地了解诗歌发展，同时也借助诗歌这一窗口窥见地域文化变迁。本书对温州土著诗人和旅居诗人创作的诗作都加以收集分析，爬梳地志、史书等大量文献，将温州诗歌史、历史与文学史相结合。对一些创作背景不明晰的诗作也详加考证，证实其与温州的关系，甚至落实到具体的创作地点，解释了温州部分地名与诗歌的关系。在具体诗作分析上，注意"知人论世"，详细交代人物生平背景和诗人群体活动，注意诗歌创作技巧的赏析与义理阐述的结合。结构上依照时间顺序展开，层次分明。同时对重要诗人或诗人群体进行重点讲解，运用点线结合的方式搭建全书的结构系统，避免了章节之间不均衡的问题，也客观上对有必要展开的内容进行详略得当地安排。总之，本书为温州文化的探察提供了优良资料，丰富了地方诗歌史的研究，能够促进当代人对地方文化的了解。而本书也为地方诗歌史的整理提供范例，延续这一思路还可继续补足两宋之后的温州地方诗歌史脉络。

《六书故》研究

全书共分八章，第一章《作者戴侗》、第二章"《六书故》的写作目的与成书"、第三章"《六书故》的版本"、第四章"《六书故》的体例"、第五章"《六书故》的收字与字体"、第六章"《六书故》形义关系论"、第七章"《六书故》音义关系论"、第八章"《六书故》释义论"。

《六书故》为宋末元初戴侗所著。戴侗，字仲达，永嘉人。《六书故》是一部训释文字的专著，全书按义类分部目，以六书明字义，推寻汉字生成和衍化的轨迹，归为九部四百七十八目，于许氏《说文解字》的部首分类法外，别开生面。自元明清以来，学界对于《六书故》存在着毁誉不一的现象。近代以来，虽然越来越多的古文字家开始重新认识和评价《六书故》，但相关的研究还不够深入全面。

本书作者针对此种研究现状，旨在于前人研究的基础上，对《六书故》作一个较为全面的分析评价，在中国文字学史上给它一个应有的地位。本书的前三章，首先梳理了戴侗的生平信息、《六书故》的写作目的、成书过程以及版本流传，概述了戴侗其人和《六书故》其书。在第四章中，作者结合《六书故目》《六书故叙》和《六书通释》三篇以及《六书故》的具体情况，对戴侗的编纂

《六书故》研究

党怀兴 著

陕西师范大学出版社

2000 年 7 月

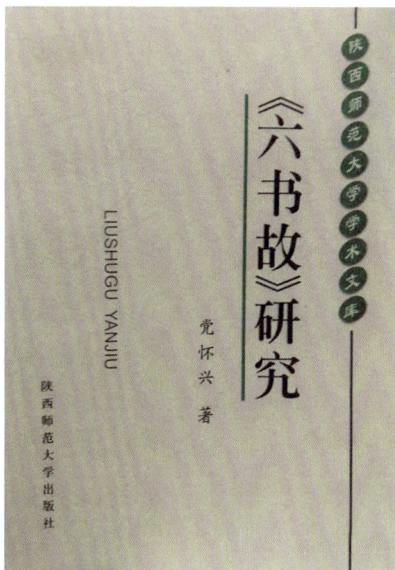

原则和《六书故》的体例进行了综括。第五章则具体论述了《六书故》的收字标准和其中使用过的字体。戴侗《六书故》对汉字的认识在形、音、义三方面都有突破，所以本书不仅研究了《六书故》依靠形体对字义进行的考释，还分析了戴侗的"因声求义"理论，揭示了戴侗关于汉字音、形、义三者间关系的深刻见解。最后，作者仔细排比、归纳了《六书故》关于词义系统及词义训释的一些材料，从中发现了《六书故》在词义研究上的一些有价值的观点。

本书以重新认识和评价《六书故》在中国文字学史上的地位为目的，对《六书故》及其作者进行了全面考论。作者辨析了以往学术界关于《六书故》的评价，总结了《六书故》的成就、影响和不足，深化了对此书在学术史上的认识，有助于解决今后在学术研究中如何看待并使用这一著作的问题。

《周礼订义》研究

本书据作者博士论文修改而成。全书共分七章，第一章"《周礼订义》作者生平事迹考"、第二章"《周礼订义》撰著流传考"、第三章"《周礼订义》引用汉唐诸家考"、第四章"《周礼订义》引用宋代诸家考（上）"、第五章"《周礼订义》引用宋代诸家考（下）"、第六章"《周礼订义》中王与之的《周礼》学说"、第七章"《周礼订义》的学术价值及其在《周礼》学史上的地位"。

《周礼订义》作者王与之，字次点，号东岩，温州乐清人，据本书考证，王与之大致出生于宋南孝宗时期，逝于南宋末年。《周礼订义》是宋代完整流传至今的唯一一部集解体《周礼》学著作，网罗了由汉迄宋的数十家说，其中对宋人《周礼》著述或学说的搜采尤为详博。

本书对《周礼订义》一书进行了系统性的研究。在第一章中，作者首先详细地考述了王与之的生平、著书和交游。接着，作者对《周礼订义》的撰著背景、撰著过程、撰著体例以及版本流传等问题进行了梳理和探讨，弥补了此前学界在这一方面研究的不足。本书的第三、四、五章，主要考论了《周礼订义》对汉唐诸家和宋代各家著述或学说的征引。通过对个案的细致分析研究，一方面厘清了《周礼订义》所引诸家《周礼》著述或学说的存佚流传情况及规模大小；

《周礼订义》研究

夏微 著

吉林人民出版社

2010 年 12 月

另一方面分析了诸家对待《周礼》本经的态度、对《周礼》作者的认识、诠释《周礼》本经的特点等。第六章主要论述了王与之对《周礼》相关问题的见解，指出了《周礼》的特点等。最后一章围绕着《周礼订义》的学术价值展开论述，重点归纳并分析了《周礼订义》一书的文学价值和经学价值，以及其在《周礼》学史上的地位。

　　总的来说，《〈周礼订义〉研究》一书对《周礼订义》作者的生平事迹、此书的撰著流传、此书引用诸家《周礼》著述或学说的流传情况、见引规模、诠释《周礼》特点等问题进行了考论，展现了《周礼订义》所独具的文献学价值和经学价值，凸显了此书之于宋代《周礼》学研究的重要意义。

永嘉四灵诗派研究

　　全书共分十三章，第一章"永嘉诗脉传承"、第二章"四灵诗学渊源"、第三章"佛道文化渗透"、第四章"四灵诗格"、第五章"四灵诗律"、第六章"词与四灵"、第七章"四灵诗派与理学诗派"、第八章"四灵诗派与江西诗派"、第九章"四灵诗派与江湖诗派"、第十章"四灵诗派与永嘉炒作文化"、第十一章"四灵杂考"、第十二章"师友唱和考"、第十三章"温州诗迹考"。

　　本书将主要内容分为四个部分。首先在前两章中，作者分别对永嘉诗脉的传承和四灵诗学的渊源进行了考述。从历史的维度梳理了永嘉这一地域上既往的诗歌创作活动，总结了它们的特点及影响。此外，又着眼于四灵本身的诗学思想源头，讨论了自晚唐以来姚合、贾岛、"九僧"、潘柽、叶适等人各自对四灵的影响。在第三章，作者则考查了佛道文化与四灵诗学精神、诗旨之间的关系。第四、五、六章是本书的第二部分，作者从诗的气格、诗律及学词与诗歌创作的联系三个方面，重点论述了四灵的诗歌艺术，概括出四灵诗歌虽景象单窘、物小事碎，但能于细中见深，意蕴隽永的特点。本书的第三部分别探讨了永嘉四灵与理学诗派、江西诗派、江湖诗派之间的论争，并分析了四灵诗派的显名以及他们能搅动时局、一变诗风的原因。作者认为四灵的崛起与叶适的热

永嘉四灵诗派研究

赵平 著

浙江大学出版社

2006 年 12 月

捧及四灵的互炒密切相关，而且他们的炒作又是以永嘉本土文化为基础的。最后一部分是文献考证的部分，作者对永嘉四灵的生平、师友之间的唱和活动以及四灵诗歌中的相关古迹均作了详细的考证。通过这些丰富翔实的考证，可以进一步深化对永嘉四灵诗歌创作的认识。

总的来说，本书关于永嘉四灵的研究十分深入全面。首先在源流辨析上，作者就本土文化传承与诗派的深层关系进行了详细考论，弥补了前人研究之不足。其次在诗艺探讨上，作者对该派的具体作品展开了深入细密的诗律探讨与技法挖掘。再次，本书从永嘉四灵与其他诗派的论争中阐述了四灵的主张，并探讨了他们影响诗坛的原因。最后，在文献考证方面，本书不只停留在对个别作家的考论，还以诗派的面目进行了网络性、地域性的搜求与稽考，体现了该诗派文学行为的完整性与真实性。

宋代浙东文派研究

全书分上下两编，共十三章和附录。

上编"浙东文派与中国散文史"，共六章，主要论述浙东学派向浙东文派的嬗变，其中第一章"浙东文派的萌芽：学胜于文"论述北宋中叶至南宋前期王开祖、周行己、许景衡、郑伯熊等人所构成的文脉，认为浙东文派萌芽期的特点是"学胜于文"。第二章"浙东文派的形成：学文兼擅（上）"、第三章"浙东文派的形成：学文兼擅（下）"论述南宋中叶浙东文派的盛况，论及薛季宣、陈傅良、吕祖谦、陈亮、楼钥、叶适等人的"学文兼擅"。第四章"浙东文派的嬗变：文胜于学"论述南宋后期陈耆卿、吴子良、车若水等人的嬗变，形成了"文胜于学"的特点。第五章"浙东文派的流衍：但以文著"论及宋元之际舒岳祥、戴表元等人对于浙东文派传承，并概括为"但以文著"。第六章"浙东文派的散文史价值"从南宋、宋代、中国三个散文史的维度对浙东文派作了总结。

下编"浙东文派与中国文章学"，侧重于浙东文派的文献和文论研究。共分七章，第七章"浙东文派文话著述考论（上）"、第八章"浙东文派文话著述考论（下）"、第九章"浙东文派文章选本考论（上）"、第十章"浙东文派文章选本考论（下）"、第十一章"浙东文派文章批评话语与范畴体系（上）"、第

宋代浙东文派研究

李建军 著

中华书局

2013 年 5 月

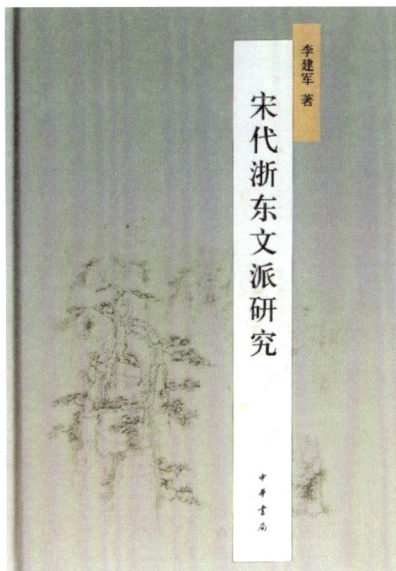

十二章"浙东文派文章批评话语与范畴体系（下）"、第十三章"浙东文派的文章学贡献"。作者由对浙东文派发展的历史探讨转向了对浙东文派文章学体系的论述。作为一个文学流派，浙东文派提出了系统的文论主张，并形成了具有文学流派特征的文章学体系。因此，作者从他们的文话著述、文章选本入手，将浙东文派的文话著述和文章选本进行了考辨分析，并结合他们在作品中体现的文论主张，从中抽绎出文章批评话语与范畴体系。

附录一《宋代浙东作家现存集部著述叙录》、附录二《宋代浙东文派主要作家一览表》。

束景南在本书的序言中将此书高度评价为是一部第一次全面深入探讨宋代浙东学派及其文章学的著作，对宋代文学史研究的新开拓具有积极意义。本书创见性地在"浙东学派"的基础上提出了"浙东文派"的新概念，即从文学研究的视角重新审视浙东学派。作者准确地抓住了浙东学派有着思想学派和文学学派相统一的特点，着力从"文统"上深入探讨该派生成发展演变的历程。张金梅在对本书的评述中认为，"该书以北宋、南宋贯通的视角和纵横比较的方法，细致考索浙东文派从萌芽到形成、嬗变、流衍的整个演进历程"，对宋文和古代文派研究作了新的开拓。

孙诒让文字学之研究

　　本书据作者博士论文修改而来。全书共分六章,第一章"绪论"、第二章"孙诒让考释文字的方法（上）——据形考释"、第三章"孙诒让考释文字的方法（中）——据音考释"、第四章"孙诒让考释文字的方法（下）——据义考释"、第五章"孙诒让的文字学理论"、第六章"字论"。

　　本书的绪论部分,首先分析了学界关于孙诒让文字学的研究现状,提出了四点不足,并在此基础上确定了本书的研究内容和研究方法。同时,特别提到要结合孙氏文字学研究的主客观背景。第二章到第五章是本书的总体部分,讨论孙诒让文字学研究的方法和理论。其中第二、三、四章,主要是从"形""音""义"三个不同的角度,深入地探讨了孙诒让考释文字的方法,这也是书中占篇幅最大的一部分。第五章则围绕着孙诒让的文字学理论展开论述,这一章的内容以《名原》及散见于其他著作中的观点为材料,结合孙诒让的训诂学思想,甲骨、金文的研究成就,总结出孙氏在文字学理论研究上的贡献。最后第六章是《字论》,分总论和分论两部分,总论部分分别概述了孙诒让在金文研究和甲骨文研究上的成就,分论部分则运用孙诒让的考释方法讨论了一些相关的甲骨文、金文,将总体评价和具体分析有机结合起来。在结语部分,

孙诒让文字学之研究

程邦雄 著

中华书局

2018 年 1 月

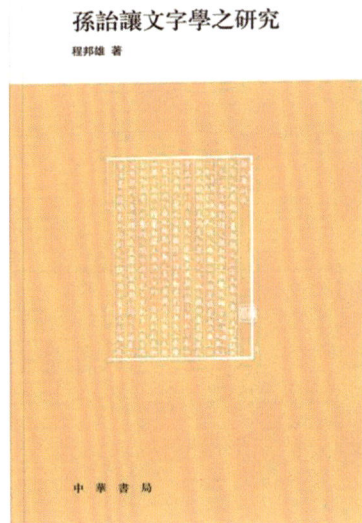

总结了孙诒让在考释方法、文字学理论和释字三个方面的主要贡献，明确了孙氏在清代朴学中的地位以及对后来学术研究的影响。

　　总体而言，本书依据学界在研究孙诒让文字学方面的薄弱与欠缺，有针对性、目的性地确定了主体内容与框架，全面系统地介绍了孙诒让在文字学领域的研究成果，足以补前人之不足，为后人之先导。李圃在本书的序中，称此书是第一部全面系统地研究孙诒让文字学著述的专著，并明确指出本书是站在中国文字学史和中国学术史的高度来考察孙诒让的古文字学研究成果，基于孙氏注释学与思辨学相得益彰的治学特点，多层次多角度地展开论述，做到了臧否得当，评价中肯。

温州方言志

　　本书是描写温州地区方言的著作，涉及语音、语法、词汇等多方面，内容全面、新颖。讨论的对象主要是温州城区方言。

　　全书共九章。第一章"绪论"，介绍温州及温州方言的概况，包括温州方言的历史发端与源流、温州方言的归属情况等。第二章"温州方言内部差异及近百年变化"，作者指出目前的温州话已经出现新老分层的现象，因此需要予以讨论并分析新派温州话形成的环境与过程。讨论的范围主要是针对温州城区方音的语音情况，调查城郊区别（鹿城话和永强话的差异）、新老差别（不同年龄段发音人的发音差别）予以比较。并从文献记录考察百年前的更早记录及音系变化历程，并从声、韵、调和虚词音变四个方面总结较为普遍的规律。第三章"温州话的语音系统"，以老城区话为讨论对象，是共时角度的语音记叙。总结出属于温州方言的声母表、韵母表和声调表，并归纳连调变化、轻声变化中的规律，以及文白异读及借音、常见语音流变的情况。第四章"温州话的音韵特点"，包括分析语音体系、区分古音类、并混古音类方面的特色。第五章"儿尾词及其变化"，首先讨论温州方言儿尾词中儿尾的作用，其次讨论儿尾词的构造，再次讨论儿尾词的连调变化。第六章"同音字汇"，总结温州方言中

温州方言志
郑张尚芳 著
中华书局
2008 年 8 月

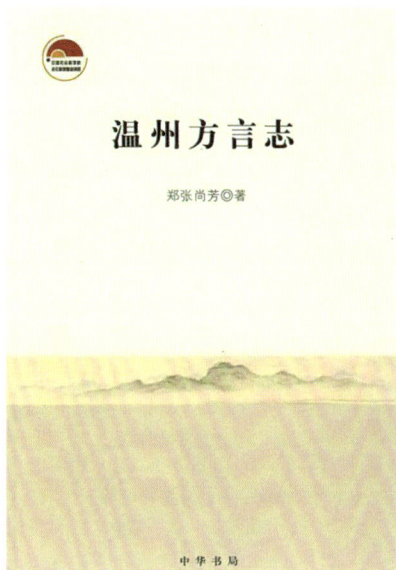

的同音字，先依韵母列部，同韵字依声母排序，同声韵字再依声调排列，包含口语白读音。第七章"词汇特点"，作者追溯到不同历史时期以讨论目前方言词汇的来源，又根据温州方言词汇总结出表情修辞变式和修辞成分后置这两种特色构词模式。第八章"方言的语法变化"，词语部分涉及具有特殊性的代词、助词，句子方面涉及特殊介词结构在句中的语法与语义作用，肯否句和疑问句的句子构成特征。第九章"温州方言词汇表"，根据词义分 25 类并附上对话例句一类，标注音标。若所列温州话说法不同于普通话，还标注普通话的说法和意义。第二章到第四章主要围绕语音展开，第五章至第八章还涉及词汇、语法，但也不忽视语音的影响。

　　本书对温州方言的讨论较为全面，结构清晰，体例严谨，是研究温州方言众多著作中较为完善且重要的一部。作者在研究温州方言时不但考虑到当下温州方言的情况，还考据了历史文献资料分析方言的演变，兼顾共时和历时层面的诸多问题。但本书帮助读者对温州方言的各个角度都有所了解，对温州方言进行较为全面的调查分析。温州方言现在仍处于动态变化之中，而本书的整理保存了珍贵的资料，对于温州方言的传承与研究有重大意义。

瓯越语语汇研究

　　本书是盛爱萍主持的浙江省社科规划课题"瓯越语语汇的语言文化研究"的最终研究成果，是第一本研究方言语汇的专著。收入"越文化研究丛书"。

　　该书首先论证了建立方言语汇学的必要性和可能性，提出应建立有中国特色的汉语方言语汇学的观点。指出："在印欧语言里，没有与汉语方言中'语'相应的语言单位……因此西方语言学理论和方法不适应汉语方言语汇研究，必须构建有中国特色的方言语汇学。"接着，以瓯语语汇为例，分析了汉语方言、汉语语汇研究的现状，从理论和实践两个方面，阐述了构建方言语汇学的可能性。并从语汇本身的特点、语汇研究的方法等方面，指出方言语汇学的研究要有中国特色。接着提出了语汇是由表层结构和深层结构构成的新观点。作者认为，从语言学的角度来考察，语汇的物质材料是语言文字及其结构形式，是语汇的"表层结构"。研究语汇在语言学上的特点有很大的理论价值，可以揭示"语"和"词"、"语汇"和"词汇"的联系和区别以及语汇的性质特征等。从文化学的角度来审视，语汇所反映的民族文化是语汇的"深层结构"。语汇是文化的镜像，是文化的载体。通过语汇可以反映某一民族、某一地区的物质文化和精神文化。

瓯越语语汇研究

盛爱萍 著

人民出版社

2011 年 10 月

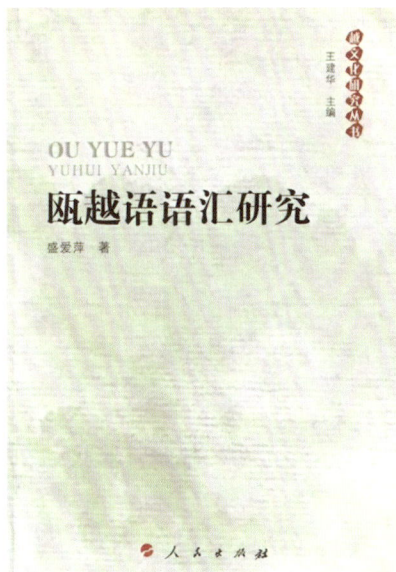

根据这一观点，全书分上、下编两部分。上编是瓯越语语汇与瓯越方言，是语汇表层结构的研究，也是瓯越语语汇的本体研究。从语言学的角度出发，以瓯语为例，研究瓯越语语汇在语音、词汇、语法、语用上的主要特点。重点不在面上，而在点上，不作面面俱到的论述，每一章节重点深入地探讨一两个问题。如语音方面，仅探讨了瓯语语汇中的音变构词；词汇方面，探讨了瓯语语汇的词源——古汉语词、古越语底层词和古吴楚方言词；语法方面，围绕瓯语语汇的每一语类各谈一个问题。如成语的语法结构，惯用语的语法界定，歇后语的语法特征，谚语中的比较句等；语用方面，重点探讨了语境与语类转换，瓯越语语汇中的辞格两个问题。下编是瓯越语语汇与瓯越文化，是语汇深层结构的研究，也是瓯越语语汇的文化研究。以温州为例，有所选择地探讨了瓯语语汇中反映的一些重要的文化现象。较为全面地探讨浙南的耕读文化、农耕文化、商业文化、宗族文化、民俗文化和佛教文化等地域文化的形成、建构及特点等。

瓯语音系

本书属于"浙江省文史研究馆文史丛书"，作者沈克成先生耗费五年时间选取温州地区 13 个调查点对温州方言进行深入分析（因篇幅所限，书中具体讨论时只保留了十个方言点的材料）。

全书分为十章。第一章"温州话能否归属瓯语系"开宗明义，作者认为温州方言可独立于吴语和闽语，作为一种独立方言——瓯语，进行讨论分析。以下九章均在此前提下进行讨论，以说明瓯语与吴语的差异性以证明其独立地位并兼顾共时和历时的角度讨论瓯语内部语音规律。第二章"瓯语区域分布和内部差异"，对温州方言进行细分为 12 种、26 类，对瓯语内部差异进行讨论。第三章"温州话的语音系统"分析温州话声母、韵母、声调、声韵搭配的问题。第四章"瓯语特点和韵母的演变"进一步说明瓯语独立于吴语的地位，比较瓯语与吴语的异同以证明瓯语并不能完全归于吴语中，同时分析温州话韵母的演变并总结演变规律。第五章至第十章以表格的形式归纳，便于直观体现作者总结的规律与方言内部的比较情况。第五章"中古摄韵与瓯语对应关系"，参考《广韵》，列表体现瓯语与中古韵的对应关系并标注温州话发音的国际音标，所用字例均以括号附注的形式说明词义。第六章"瓯语语音的通押"以阴声韵、阳声韵、入声韵为分类标准，讨论阴声韵、阳声韵、入声韵内部的通押以及相互

瓯语音系

沈克成 著

宁波出版社

2015 年 12 月

之间的通押。第七章"瓯语系各地方言声韵拼合表"按照十个方言点的情况列举格，还总结了温州话声韵拼合规律。第八章"瓯语系各地方音同音字汇"以表格形式列举各方言点的同音字情况，并附依四呼分类的单独韵母表。第九章"瓯语系各地方音与温州话比较"，以温州话为参照比较内部语音差异，主要讨论韵母。第十章"瓯语系各地方音对照表"分为阴声韵、阳声韵、入声韵三节并以韵摄为细分标准列举十个方言点语音差异及对照。

作者认为，温州话依据语言的区别性特征足以拥有独立于吴语或是闽语的地位，不应惧于权威结论或是因温州话使用人数的不足而否定其独立地位。作者详细收集语料并谨慎分析，并参考《广韵》等文献，总结其中规律。温州话因为地域、文化的变迁表现出"破规律性"的演变方式，因而总结其中的规律和"破规律"的规律难度很大。而作者对于语料的梳理下极大功夫，在本书中搭建出瓯语音系的系统，并对方言内部的异同进行总结，保存了珍贵的资料，实属难能可贵。本书限于篇幅限制删去三个方言点的调查情况，未来对于瓯语内部的比较分析可以做进一步的扩充，以丰富瓯语音系系统与演变规律。

温州话风雅篇

　　本书是一部趣说温州话的随笔集，全书由 136 篇短文构成，用轻松幽默的笔调探讨了温州话的特征词如"达达涌""济力""眼灵珠""共""暴""爽""唐""喃喃儿""田蟋儿""镶灶佛"等，温州话俗语如"未学小旦先学修""大街打巴掌冷巷相嘘""辣蓼还有辣蓼虫""赖歪肉吃不壮"等词句的来源、意义和用法，揭示了温州话和古汉语、其他方言乃至外语的关系，并进而上升至对温州人精神以及当代诸多社会现象的思考。行文旁征博引，上至《诗经》《楚辞》，下至《西厢记》《红楼梦》，既有对音韵训诂的探赜索隐，也有对村言俚语的信手拈来。作者兴之所至，每每自创打油诗一首，或古体，或新诗，不拘一格，天马行空。如代言体五言诗《代温州织藤盘姑娘答袁枚》《代晴雯以瓯语作诗》，温州话仄声韵白话诗《泉眼与字眼》，入声韵五言诗《弟兄抬石头》，民歌体《纱帽河竹枝词》，叙事体《乡风的安琪儿》《鹿城阿娄歌》《雄黄胎与勿孵卵》《皮郎荡与枇杷核》《杏莲姐与钟馗姨》，民谣体杂言诗《球菜

温州话风雅篇

张乘健 著

浙江古籍出版社

2015 年 11 月

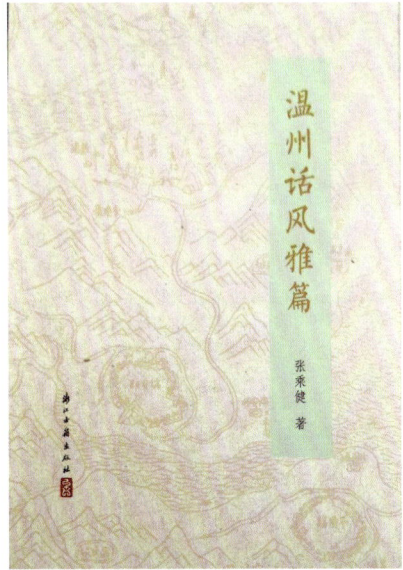

不球芥菜球》，议论体哲理诗《以书论输诗》《隔远与隔近》《争论与争乱》，对话体五言诗《姤与厚》，以及温州话翻译《诗经·卫风·氓》、瓯语版《越人歌》等，或雅或俗，妙趣横生。如《贤能姆儿与快活厮儿》："有个小后生儿，是个贤能姆儿。关门攻书儿，开窗怕风儿，面色像李儿，人像纸娃儿。不讲笑话儿，不擂铜钱儿，不走泅湖儿，不吃镶溜儿，不采花草儿，不见媛子儿。……"颇有冯梦龙《桂枝儿》《山歌》的遗韵。可以说，这是一位正经的文史学者写的"放飞自我"的游戏之作，熟谙温州话之人读之，自能会心一笑。

温州话辞典

《温州话辞典》是温州第一部由官方主持编纂的方言辞典。主编是浙江文史馆馆员，温州方言专家沈克成先生。颜逸明、温端政、游汝杰、潘悟云、陈增杰、吴安其等温籍语言学专家担任顾问。

本书以温州市鹿城区方言为准，共收字 9000 余个，词条近 3000 个。可以查询温州话字音、词汇、语法及解释。本辞典收字按照国务院 2013 年公布的《通用规范汉字表》，加上一些温州方言特征字，温州话读音按照国际音标注音，标注温州话同（近）音字，并附上中古音韵地位，解决了几乎所有常见汉字"温州话如何读"的问题。所有释义和词条都附有地道的温州话例句，较完整地展现了当代温州市区方言的面貌，让读者全面深入地了解温州的历史、文化民俗、风情等。

为了增强辞典的可读性和生动性，方便读者使用，本辞典编辑团队将全文录制成语音版，并设计开发了《温州话辞典》（有声版）微信小程序。只要扫描辞典上的二维码，即可以方便地下载到手机上，从小程序中查找到辞典中所

温州话辞典

中共温州市委宣传部组 编　沈克成 主编

商务印书馆

2021 年 10 月

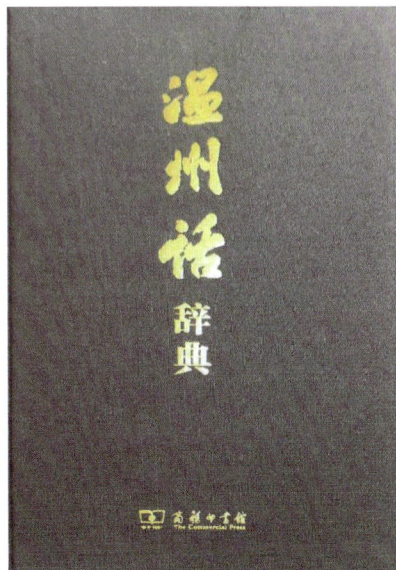

有字头、词条和例句的发音。此前编委会举办全市范围内比赛，遴选温州话准确地道，对温州文化有较深研究的朗读者来录制该有声版，这是全国地方方言辞典中的首创。

　　温州话是温州地域文化中的重要特色，被学术界誉为"古汉语的活化石"。本书作为一部有关温州话的权威性学术著作和通用工具书首发面世，为全世界学习温州话、了解温州、走进温州提供了一个重要工具和有效载体。

温州童谣研究

全书共分五章，第一章"温州童谣内容与艺术形式"、第二章"温州童谣的语音修辞"、第三章"温州童谣中的民俗事象"、第四章"温州童谣中的温州历史文化"、第五章"温州童谣的教育传承"。

本书的绪论部分，首先明确了童谣的概念是指传唱在儿童之间的没有乐谱的歌谣，并谈到这种短小歌谣对于研究社会生活和方言土语的重要价值与意义。作者将童谣研究具体到温州的地方文化背景下，从艺术起源、艺术本质和美学特征等方面对温州童谣进行了理论阐释，概括出温州童谣所具有的"游戏性"和"童心美"两大特征。

本书的第一章是对温州童谣内容和形式的一个总体概述，作者首先依据所对应的儿童成长阶段，将温州童谣分为三类。然后，又着眼于温州童谣的艺术形式，划分出摇篮曲、游戏谣、连锁调、颠倒歌、谜语歌等九种歌谣。最后，从温州童谣的艺术特点角度，具体分析了童谣中常见的几种表现手法和塑造出来的几种生动形象。第二章从语音和修辞的角度，重点论述了温州童谣这种口头传唱形式的民间文学所体现的音乐美感。第三章着眼于温州童谣中反映出来的广泛的民俗事象，并从中择选了尤其突出的四个方面加以论谈，包括岁时节

温州童谣研究
郑薏苡 著
浙江大学出版社
2011 年 6 月

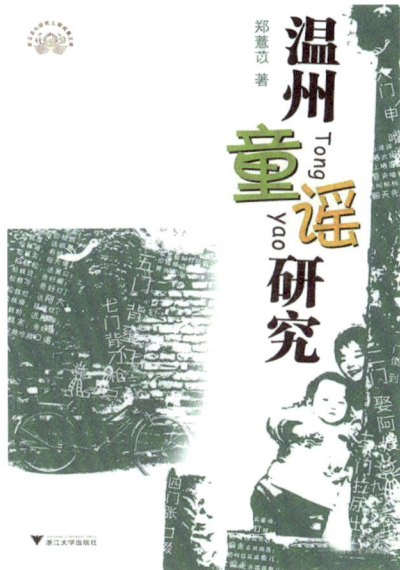

令、饮食文化、人生礼仪和民间信仰等。第四章则以童谣为媒介，深入挖掘了其中蕴含的当地历史文化元素，既包括具体有形的街道巷陌、名胜古迹，又涵盖了许多耳熟能详的历史人物与事件，以及历久弥新的温州人精神风貌。最后，第五章立足于温州童谣在当下的传承现状，分析了在电子时代和信息浪潮来临的今天，温州童谣所面临的流传危机，特别提到了作为重要传唱主体的儿童正与童谣逐渐疏远。为此，作者在本书的末尾，从搜集整理、创作创编、传授传播等多个角度对如何保护与传承温州童谣提出了几点建设性意见，具有突出的现实意义与实用价值。

总体上，本书系统地整理并研究了温州当地的童谣，形成了对这一地方民间文学较为深入的认识，从而能进一步提高当地对温州童谣的重视程度和保护意识，对全面推进温州地方文化的传承与保护具有积极的意义。此外，本书也为其他地区在当地文化建设过程中的整理与保护工作提供了样板，因而具有显著的典范性意义。

温州族群与区域文化研究

本书 2009 年由上海三联书店第 1 次出版，2014 年再版，分别获温州市、浙江省教育厅学术成果奖。

全书共计七章，全面梳理温州社会文化的发展历史。从古代瓯人到汉代东瓯国，考述了温州早期的族群迁徙与融合过程，以及瓯越文化对温州人生存观念形成的影响。两晋时期汉人的迁入，出现了北方士族和地方土著等各社会阶层，疍民和峒寮聚散不定，至今在民间依然有深厚的文化遗存。温州人的宗族定居史，主要从唐末五代开始，两宋时期形成高峰，族源的百分之七十以上经由福建迁入。南宋朝廷驻跸杭州，温州空前繁荣，成为南北移民的汇聚点、政治的大后方、经济的繁华地、文化教育的新地标，由此产生了永嘉学派。明清时期，卫所移民、闽南移民进一步融入温州，宗族和村落社会进入新的变革时期，直至 20 世纪 80 年代改革开放的"温州模式"时期，生存与发展的问题成为社会的主要问题。

本书注重"温州人"的认知。温州人由瓯人、瓯越人、两晋北方士族、五代两宋福建家族移民、南宋南渡移民、明代卫所移民、明清闽南青壮劳动力移民为主要移民潮组成，由于各个历史时期移民繁衍遗存、移民素质、移民规模、

温州族群与区域文化研究

林亦修 著

上海三联书店

2009 年 5 月

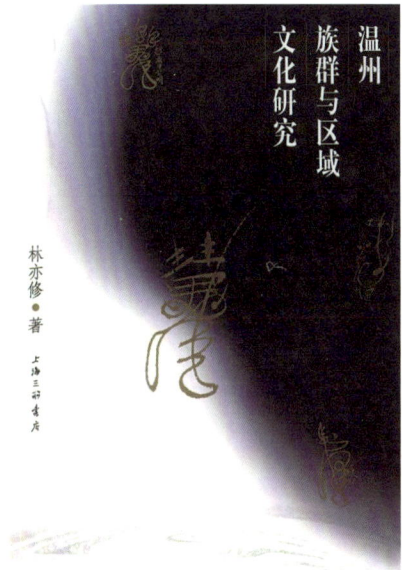

移民地位、定居点分布、融合程度的不同，乡族文化也存在较大差异，表现出比较明显的闽文化特点；又由于地理环境的影响和面对的共同自然和社会问题，还是形成了"温州族群"，即人类学意义上的"温州人"，表现出明显区别于其他区域的温州文化特质。

作者从民俗学的视角出发，注重温州民间社会、民间文化的发掘。作者发现，温州的本土俗神杨府爷、陈府爷、三港大帝、平水侯王等主要源自六朝和两宋时期，以"地主爷"的身份汇集了温州地理人文的历史记忆；外传俗神陈靖姑、妈祖、白马王等主要来自福建等地，以"厅头佛"的身份逐步落地，带来乡族历史的文化信息。民间信仰在区域文化象征物确立、区域社会组织形成、区域共同体建设中发挥了重要的作用，颂唱福建女神陈靖姑的《灵经大传》，堪称"温州人的圣经"，展演仪式表达了温州民间文化的宇宙观、社会观、人生观。在目前的温州，宗族文化建设以唐宋移民的成就为显著，节庆文化建设以明初的卫所文化为显著，民间信仰以山海文化为显著。

海、垟、山构成温州的地理环境，人地关系紧张。海洋文化、农商文化、山居文化共同营造了温州人"敢为人先"的生存特性。

瓯文化论集

　　本书的编辑源于 2007 年 11 月于温州举办的"首届瓯文化学术研讨会"。大会收到论文 52 篇，本书选取了其中 30 篇刊行。全书按照所讨论的内容分为四个主题：瓯越源流与地望，东瓯国都与王陵，东瓯与于越、闽越关系，东瓯与西瓯及其影响。书前附有《首届瓯文化学术研讨会综述》，总论研讨内容。

　　第一部分"瓯越源流与地望"共计 10 篇文章，所录的文章主要研究瓯地的史前及至商周之时文化时空及其内涵特征。其中有辨析"瓯"及相关名称之内涵的论文，如《瓯、东瓯、瓯越考辨》一文根据古文献的记载梳理其特定的内涵，梳理温州古称为"瓯"的历史渊源；《"瓯"之笺注》剖析学术界对"瓯"之得名与缘由的观点……有数篇文章根据考古发现揭示瓯地史前文化，如《温州好川文化遗址的内涵特征和地理环境》《浙南早期古文化时空结构的初步分析》《先秦瓯族考古学文化初探》等。另有通过文献考据等方式对瓯地历史渊源相关问题进行论证的数篇文章。

　　第二部分"东瓯国都与王陵"共录入 6 篇文章，所录的文章围绕东瓯国都与王陵地点进行推测、考证。由于 2006 年于台州温岭市发现了西汉时期的东瓯国大墓，东瓯国国都的地点推断也因此有了新材料，也使得温州地区内是否是东瓯王都所在地这一问题有了更多的讨论余地。学者根据考古发现和文献记载对这一问题进行了诸多探讨，所录论文观点不一，但均值得阅读参考。

　　第三部分"东瓯与于越和闽越关系"中共计 7 篇文章。所录文章讨论了同作为越王勾践之后的东瓯、于越、闽越的关系，而东瓯又有何地域特色。如《吴越文化的共性及其贡献》阐述吴越两国文化在交流过程中形成的共性特征，

瓯文化论集
林华东 主编
浙江人民出版社
2009 年 4 月

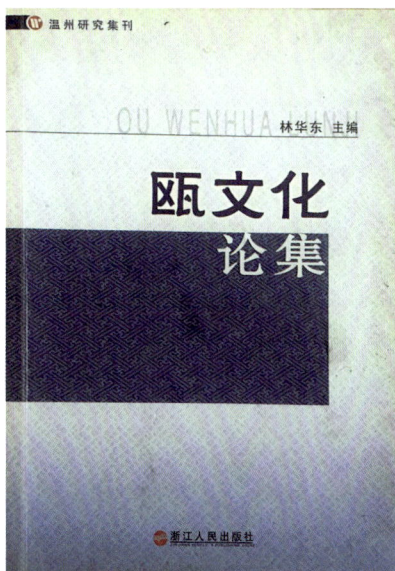

进而列举其要逐一剖析;《闽越、东瓯政治关系考》将闽越与东瓯的由来追溯至先秦时期的土著族体，认为南下的越国贵族后裔与土著相融合形成秦汉时期的闽越和东瓯，并梳理了汉代政治形势的影响、两国间政治关系演变及最终历史结果。

第四部分"东瓯与西瓯及其影响"中共计 7 篇文章，所录文章旨在讨论东瓯与西瓯的关系、源流、特色等内容。其中包括通过比较西瓯与东瓯的经济、文化、起源以探讨两者关系的文章，如《东瓯与西瓯比较论断》《略论东瓯与西瓯之文化关系》等文章；以某一文化特色为切入口，以探讨两地文化源流关系与影响，如《东南地区的铜鼓》《中韩石柱式支石墓（石棚墓）的比较研究》等等。

由于古代文献关于瓯越的记载十分稀少且有分歧，相关的考古发现也十分有限，因而对于瓯越历史文化的探索也相对缺失且艰难。2006 年，于温岭出土的西汉墓葬掀起了瓯越文化热潮，但相关悬案和聚讼仍无法有统一结论。本书作为"首届瓯文化学术研讨会"的成果呈现，反映了学界对于瓯越历史文化探索的努力，体现学者的思维碰撞。

温州文物论集

　　1950 年 10 月，温州筹组市文物管理委员会，1958 年成立博物馆，2004 年从江心屿迁建新馆于世纪广场，此间藏品达 3 万余件，品种有石器、陶瓷、青铜器、金银器、书画、彩塑、漆器、砖雕、木雕、碑刻、钱币、文史资料、革命文物等数十个门类。其中一级文物 292 件，二、三级文物 3000 多件。上起新石器时代，下迄近现代，是温州数千年历史文化的缩影和实物见证。文物藏品主要来自考古发掘、接收捐赠、征集收购。为了纪念温州博物馆建馆 50 周年，选 58 篇文章编成此《温州文物论集》，以为 50 年来温州文物考古历史的见证。

　　其中，考古发掘与调查类涉及飞云江上游古文化遗址、青铜文化遗址、石棚墓、西周土墩墓、瑞安梁天监九年墓、北宋慧光塔文物、白象塔、千佛塔、泰顺玉塔古窑址、永嘉宋代窖藏银器、泰顺元代窖藏瓷器、近代建筑等；史料考证类涉及活字印刷、王十朋《宠示帖》、曹豳墓志、陈宜中生平、李孝光《发建业帖》、《选真寺记》、"瓯居海中"等考证；陶瓷研究是温州博物馆重点关注的项目，涉及瓯窑、六朝瓷器、瓯窑褐彩青瓷、烧成工艺、叶适瓷质墓志、温州古陶瓷精神内涵；馆藏文物研究涉及王守仁《致谢源帖》、李经敍《自书歌

温州文物论集

温州博物馆 编

浙江人民出版社

2009 年 6 月

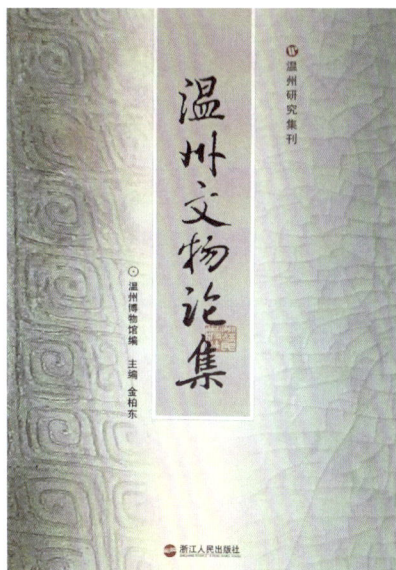

诗手卷》、刘文成《授经图》、曾衍东生平及书画以及馆藏名家对联、海派名家书画、于右任书法等鉴定、赏析，《刘基家谱》史料价值、《周礼正义》稿本以及李鸿章、张謇、黄绍箕、宋恕、张元济等与温州名人通信交往资料，朱曼妻买地券、《蚕母》套色版画、白象塔彩塑及砖雕、永嘉青铜器、宋代温州金银器、明清诰命、朱子常黄杨木雕、苍南夹缬图案等介绍及赏析；博物馆学研究涉及公共服务、馆藏藏品管理、文物电脑绘图、信息化服务等。

　　以上研究建基于建国之后温州地区文物考古发掘、馆藏文物的研究，部分文章颇具学术价值，亦可见前辈学者实事求是、言不虚发的治学态度。书后罗列 1954 年至 2008 年"温州文物和考古论著简目"，便于读者检索原刊出处。

温州文物论集：2008—2018

本书是 2009 年出版的《温州文物论集》的续编，系纪念温州博物馆建馆 60 周年而汇编 2008—2018 年温州文物博物研究的论文集，计 33 篇，26.6 万字，主要系近十年来温州地区考古整理，文物、历史、非遗研究以及博物馆学研究等方面题材的文章，以常规论文格式编排。

其中《温州市下陡门遗址的发掘及相关问题研究》系 2010 年 6 月—8 月温州市文物保护考古所对杨府山东侧开挖贯通河道时发现的下陡门"开平闸"遗址抢救性发掘的简要报告。《浙南砖石多宝塔的调查研究》对多宝塔的起源、演变、分布状况进行考证，并对浙南地区的多宝塔形制和特征进行分析和对比。《永嘉县古窑址初步调查》通过考古实证永嘉是瓯窑的发源地，同时也是瓯窑的中心产区。《温州市瓯海区丽塘东晋纪年墓发掘简报》对瓯海区丽塘村的东晋纪年墓瓯窑瓷器予以分类断代。《温州博物馆藏龙泉东大寺双塔及金沙塔文物整理报告》对温州博物馆所藏的三塔文物做了整理。《〈鹤泉集〉所见明中叶温籍士人的思想与文学》原系《鹤泉集》（厦门大学出版社，2014 年版）校注本前言，梳理了王健生平及思想、诗文观念，认为王健发挥了阳明学同时秉持了实学精神，文学方面与唐宋派有密切关系。《明清时期永嘉场的龙舟活动与族群关系——基于民间文献的考察》从永嘉场的龙舟习俗入手，探索明清时期

温州文物论集：2008—2018
温州博物馆 编
中国民族文化出版社
2020 年 6 月

当地族群关系的变化，并对变化的原因及其"滞后性"作初步的分析。《温州碑刻著录研究的回顾与反思》回顾、批判了近代以来温州金石（碑刻）著录史，提出金石著录的新规范。《论温州在"海上丝绸之路"史上的重要地位》通过文献及文物资料论证认为温州"海上丝绸之路"具有丰富的文化内涵和鲜明的区域特色。《温州历史建筑的病害分析》分析温州地域环境内的历史建筑本身存在的病害状况原因，探索较合适的维护方法。《泰顺土楼的建造背景与建筑特点》指出泰顺土楼建筑上具有建筑材料经济实用、与自然环境融为一体、建造技术独特等特点。《洞头贝雕工艺的传承与创新》系课题报告，认为洞头贝雕恢复了清末以来业已失传的贝壳软化螺钿技术。《苍南民间族谱编修习俗的主要特征》调查指出苍南民间编修族谱之风长盛不衰，编修族谱仪式繁多、形式多样、神秘而富有宗教色彩，独具特色。其余尚有黄绍箕与康有为，蔡元培、陈衍致朱镜宙的函札。

本集于研究温州地区的文物、历史等有一定的学术参考价值，较前学术规范方面日益完善，研究视野有拓展，但是对馆藏文物研究反而缩减了，研究质量也有待提高。

白象慧光：温州白象塔、慧光塔典藏大全

白象塔于北宋崇宁三年（1104）开始筹建，政和五年（1115）全部建成，历经千年之后，因为倾斜开裂，无法再次加固维修，1965 年落架拆除。

2010 年，温州博物馆根据馆藏文物选编出版图录《白象慧光》。据该书前言介绍，全塔发现文物以北宋泥塑彩绘菩萨、天王、力士、伎会和供养星像为最多，其次有北宋漆器、砖雕、木雕、青瓷、铜器、印经、写经、绘画及唐宋钱币等，白象塔出土如此集中、数量庞大、形式多样、制作精美的文物，令人叹为观止。塔内 42 尊北宋彩塑佛教造像是最有价值的艺术珍品，彩塑造像均是中小型圆雕彩塑，移动方便，与北方石窟寺庙中形体高大的彩塑造像相比，白象塔彩塑造像自有一种纤巧灵秀之美。造像题材丰富，形态毕肖，敷彩描金，精彩绝伦，极具绚烂之美，是现存宋代彩塑的典范之作。造像风格呈现世俗朴实自然的风貌，具有极高的艺术价值和审美价值，制作工艺体现了"瓯塑"的地方特色，体现南方造像的细腻精致。

该书编撰体例按照材质划分单元，计彩塑造像 33 件、木雕造像 16 件、陶瓷砖雕造像 36 件、金属造像 8 件、供器 30 件、佛经佛画 46 件、碑铭题记 19 件，文物年代从北宋到民国。为了突出细节，便于研究，部分图片做了局

白象慧光：温州白象塔、慧光塔典藏大全
温州博物馆 编
文物出版社
2010 年 6 月

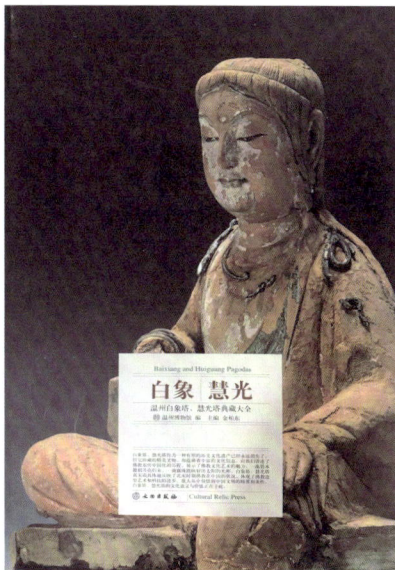

部放大。文物释文精准扼要。该书摄影、印刷精良，但是仅作图录标准出版，偏胜于图版制作的艺术性，并无列入历年相关研究成果。自 20 世纪 70 年代至 21 世纪 00 年代，有关白象塔考古通讯介绍、研究文章计有十余篇，其中《温州市北宋白象塔清理报告》（温州市文物处、温州博物馆，《文物》1987 年第 5 期）、《温州博物馆藏北宋白象塔彩塑制作材料、工艺及病害分析研究》（马赞峰，《敦煌研究》2002 年第 4 期）、《温州博物馆藏北宋白象塔彩塑的修复》（马赞峰、汪万福、李云鹤、李波、蔡钢铁、侯波良，《敦煌研究》2005 年第 5 期）、《温州博物馆藏北宋白象塔彩塑制作材料及工艺研究》（马赞峰、汪万福、李云鹤、李波、蔡钢铁、侯波良，出处不详）、《早期活字印刷术的实物见证——温州市白象塔出土北宋佛经残叶介绍》（金柏东，《文物》1987 年第 5 期）、《温州白象塔出土的北宋"佛经"残叶为活字捺印》（孙启康，《出版科学》1996 年第 4 期）可作后续研究参考。

温州市第三次全国文物普查成果专题丛书

2007年，温州市启动第三次不可移动文物普查，由温州市第三次全国文物普查领导小组主持，温州市文化广电新闻出版局、温州市文物局负责。约持续3年，共普查5898个行政村（社区），正式登录不可移动文物9362处，新发现8000处。涉及古遗址、古墓葬、古建筑、近现代重要史迹及代表性建筑、历史街区。普查成果以书面形式呈现，统一体例为图文结合，内文有概述及按照年代或者功能等分章。由浙江古籍出版社于2013—2017年陆续出版。各册分列如下：

《温州近现代建筑》（黄培量主编，2013年出版）共著录11种135处近代建筑，近代温州建筑受西式风格影响较多，融合地方传统样式，分布地域由城区向近郊扩散，中华人民共和国成立之后受苏联影响较大，建筑突出实用，总体上滞后于浙江省其他地区。

《温州古戏台》（崔卫胜主编，2013年出版）著录古戏台133个。分为陆上戏台、水上戏台两种，以永嘉为最，始于宋代，建筑风格深受移民文化影响，功能以播演南戏为主。

《温州古井》（郑梯燕主编，2013年出版）著录古井82口。多存于山区，有池塘、井、岩石泉三种类型，多以溪石垒砌。同时也指出古井颇受环境污染之虞。

《温州古桥梁》（薛一泉主编，2013年出版）著录古桥梁（含矴步桥、石梁桥、石拱桥、廊桥等）从637座古桥梁中选录177座。最早为宋桥，多数见存于泰顺。

《温州古牌坊》（董姝主编，2013年出版）收录了古牌坊70余座，主要分布在乐清、苍南、平阳、泰顺，以明清牌坊居多，材质主要为花岗岩、青石。

《温州古民居》（黄培量主编，2014年出版）从4061处古民居中选录119处。数量多，分布广，年代跨度集中在明晚期至近代，造型多样，艺术手法丰富。

《温州古祠堂》（金豪杰主编，2014年出版）从1244处古祠堂中选录170处，

温州市第三次全国文物普查成果专题丛书
温州市第三次全国文物普查领导小组办公室
温州市文化广电新闻出版局　温州市文物局编
浙江古籍出版社
2013—2017 年

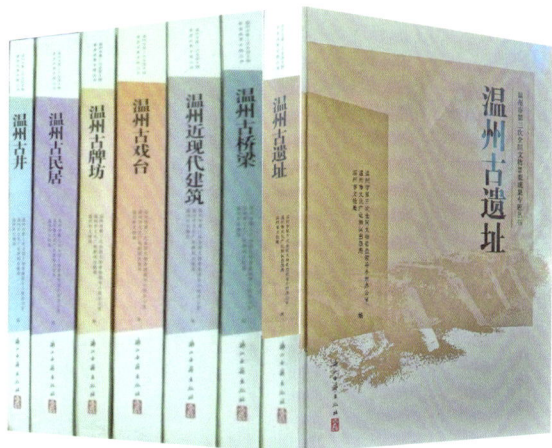

多数为居住区外建祠，多合院式，园林意味浓厚。

《温州古塔》（陈伟欢主编，2014 年出版）最早纪年为西晋罗浮山浮屠，现存为五代之后居多，建塔材料金石砖木并用，风格演变明显，类型多样。

《温州古亭》（金豪杰主编，2014 年出版）著录古亭（含路桥津渡、风景园林、宗教祭祀、其他类）635 座。最早为宋亭遗存，多数为明清古亭，山亭多于平原亭，瓯北多于瓯南，质料多样，就地取材，以娟秀为特征。

《温州古墓葬》（梁岩华主编，2015 年出版）从 550 处古墓葬中选录 158 处，从石棚墓、土墩墓、悬棺墓到椅子坟可见温州古墓葬地域文化特征明显。

《温州古村落》（董姝主编，2017 年出版）著录古村落 68 处，其选址以山水结合为特征，永嘉保存最多。

《温州古遗址》（蔡钢铁主编，2017 年出版）分 15 类，其中著录聚落址 55 处，大多傍水而居、孤丘住居、远处有山；窑址 68 处，以永嘉最富，余者次之。军事遗址 79 处，以宋明以来为主。古道、码头、水下遗址等 34 处，始于唐代。矿冶、寺庙、洞穴、衙署遗址 17 处，矿冶集中于平阳、泰顺，以银矿为主。寺庙存唐代遗址。其他遗址有张璁书院、天富盐场等。

温州市第三次全国文物普查是一次重大的基础文化工程，普查成果丛书编撰者多行内专业人士，全面梳理了温州不可移动文物的信息，并归纳了相应的类型、特征，具有很大的参考、检索、研究价值。

温州访碑录

清代中期以来，温州的金石著录研究传统传承有序，著录体例日益完善。苏璠、戴咸弼、孙诒让、黄绍箕、杨绍廉、沈凤锵、刘绍宽、戴家祥、夏鼐、孙孟晋、方介堪、马辅等人都参与了金石搜集或研究。1960—2022 年，温州出版了至少 20 种金石（碑刻）集，水平各有参差，但是可见温州金石著录风气之盛。自 20 世纪 80 年代后期以来，本书编者花费 20 多年的时间对温州市郊，以及整个浙南地区展开全面的碑刻调查共发现碑碣、墓志等 600 多件，《温州访碑录》共收入碑碣（墓砖）306 件，永嘉县（鹿城、瓯海、龙湾）139 件；乐清县（洞头、玉环）27 件；瑞安县（文成）79 件；平阳（苍南、泰顺）61件。据编著者介绍：《温州访碑录》收录时间，上限不拘，下限在 1949 年前。采取图文结合，篇末加"附注"，拓（照）片连同文本相互参照，包括碑碣来源、

温州访碑录

吴明哲 编著

文物出版社

2019 年 8 月

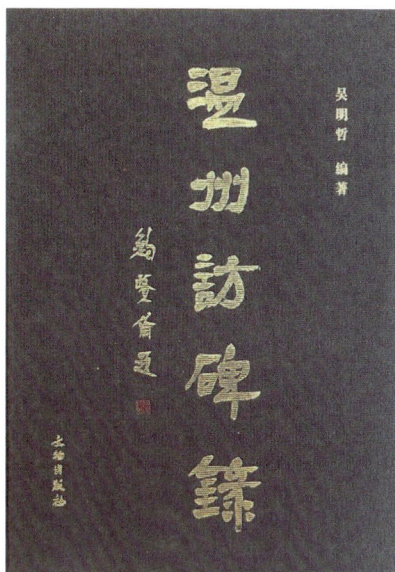

发现时间、尺寸、相关情况及必要的文字诠释。图片保持田野访碑的自然状态。个别碑刻已经残损乃至失踪，仅录文字备忘。为了阐明访碑时间的先后，特设"访碑序录"，即为编者访碑时间表和线路图。

与过往金石著录比较，《温州访碑录》的著录方式有较大革新，注重实景照片结合释文，可以提供进一步文字核对的参考依据。记述个人访碑时间线路，可以从中看出近数十年内碑刻的存灭变迁状况，以及作者访碑的具体工作背景，勾连了历史和当下的时空互动关系。这也是本书的特色。

温州地理

本书是围绕温州地理进行全方面介绍与研究的地理专著，共 14 章，分三册：《自然地理分册》《人文地理分册》（上、下）。

《自然地理分册》包含温州地质、地形、气候、水文、土壤地理、植物地理、动物地理七章。每一章节都根据所述主题进一步分类讨论，大多数章节都有概述部分，以便观览总体情况。如第四章"温州水文"，首先从水文的基本空间分布阐述了海洋水文、河流水文、地下水文，其次阐述了水资源、水能资源的分布，再次介绍了现代水利工程；第六章"温州植物地理"除了介绍植物区系特点、植被类型与分类等情况之外，也谈及目前温州对于森林资源、草场资源的利用和保护。因而对自然地理的介绍不仅限于客观情况的调查，也发散性地讨论了自然地理的保护、环境的开发与利用。

《人文地理分册》（上、下）包含政区地理、历史地理、经济地理、人口地理、城市地理、文化地理、旅游地理七章，以地理为切口，涉及温州历史文化的各方面。所讨论的情况、援引的资料与数据，限于客观原因，主要集中在新中国成立之后。如第四章"温州人口地理"，从人口增长、人口分布、人口构成与人口迁移四个方面介绍，重点参考人口普查数据以分析人口方面的动态变化情况。但也充分调查史料，追溯历史情况。如第六章"温州文化地理"包括

温州地理
姜竺卿 著
上海三联书店
2015 年 2 月

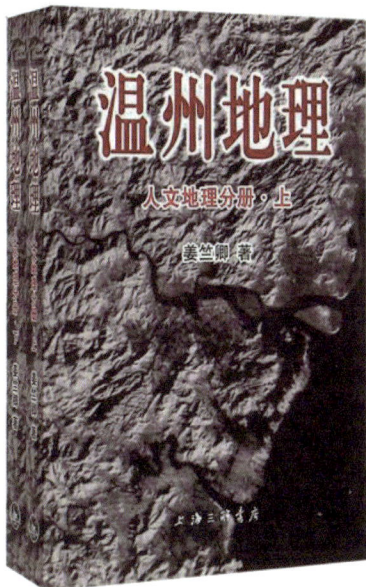

宗教地理和语言地理两个方面，宗教地理方面介绍了古往今来温州各宗教的发展情况；语言地理方面也介绍了语音的演变，说明古音与今音的对应关系。

　　作者从现代地理学专业角度阐述温州的自然地理和人文地理，并从全省、全国乃至世界的角度来审视温州的自然、经济和社会。作者耗费数十年的时间完成《温州地理》，运用大量的古今资料和与其他地区的对比资料，以证明温州地理环境的独特性，说明温州地理优越条件的同时也不讳言其缺憾。同时兼顾专著与科普性读物的不同特点，进行地理学科专业分析研究的同时也注意对基础知识的介绍科普，如介绍植物地理时设置"植物分类基础知识"一节，以便普通读者阅读下文关于温州植物研究的专业性介绍。本书汇集大量资料，所涉及的内容已然超出地理学科的讨论范畴。如"温州语言地理"讨论古今温州方言变化，涉及不少语言学的知识，足见本书所涵盖的内容之广，作者用功之深。因而如浙江大学陈桥驿教授所评，本书是"一部区域地理和城市地理的皇皇巨构和佼佼杰作"，有助于读者总览温州地理乃至整个城市文化的方方面面。

乡土温州

　　《乡土温州》是作者张琴在《温州人》杂志社任职期间的作品集,以调查记者的视觉,深度挖掘温州地域文化。书中收录的 10 个小专题,一半以上被《中国国家地理》《华夏人文地理》《南方周末》地理专栏等转载过;其中《追寻夹缬的最后踪迹》一文中的《雁荡山中制靛人》章节,先后被央视的"发现""科技""农业"等三个频道用为素材,三次专程来温拍摄。

　　到今天,最早亮相于《乡土温州》的瑞安东源木活字印刷、瓯海泽雅土法造纸、覆盖温州全境的蓝夹缬棉布印花等,俱已成为国家级保护项目。

　　对于温州地域文化来说,《乡土温州》是开田野调查先河之作。温州在历史上并不缺乏记录民间文化的作品,如叶大兵先生辑录的历代《温州竹枝词》,记录的就是各个历史阶段的温州民间生活及习俗。这些历史作品以及现当代温州民俗界前辈们的作品,相当数量水平很高,是研究地方文化的重要史料。但是从现代学术的范畴去评判,这些作品是站在文化人的角度,对观察或听闻到的民间文化现象进行一种静态的、白描式的记录。在这种记录中,处在头排位置发声的是观察者,而民间文化现象的各主体(制作者与使用者等)呈扁平化隐在后排。《乡土温州》的不同之处在于——作者走到了民间文化现象之中(田

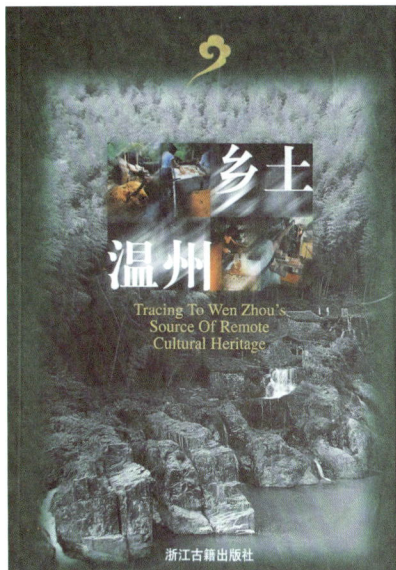

乡土温州
张琴 策划撰文　萧云集 等摄影
浙江古籍出版社
2003 年 4 月

野之中），处在前排位置的是民间文化现象的各主体（制作者与使用者等），作者在这个叙述中与各主体互动，引导各主体"还原"某一个片段，并归纳、梳理那一个片段在地方历史坐标中的具体文化位置，使特定时空内的"吾民""吾物"，最终成为"吾土""吾乡"的地域文化标示物。从大的时代背景来说，《乡土温州》顺应了 20 世纪末西方人类学在我国学术界的兴起。

对于作者本人来说，《乡土温州》是她从事研究工作的起步。特殊的调查记者的经历，使她对"田野"、口述史等学术手法触类旁通，得心应手，其后的研究很自然地跨越了工艺学、人类学，从而形成鲜明的个人风格。

除了本书以外，作者已出版的系列温州地域文化著作还有：《中国蓝夹缬》，学苑出版社 2006 年出版（本书获 2007 年第八届中国民间文艺山花奖学术著作一等奖）；《蓝花布上的昆曲》，三联书店出版社 2008 年出版；《蓝夹缬图案集》，学苑出版社 2010 年出版；《寻找夹缬》，大象出版社 2011 年出版；《各美与共生——中日夹缬比较研究》，中华书局 2016 年出版。

鹿城人文景观

本书属于"鹿城社科文化丛书"之一，主要介绍鹿城区历史遗存和文化景观。主要由浙江省文史研究馆馆员沈克成和温州城建档案编研副研究馆员汤章虹，根据《万历温州府志》《弘治温州府志》《光绪永嘉县志》等文献资料编著而成。全书共七十五篇，涉及七十多个景点。在景观方面，侧重于介绍其人文积淀而不是自然风貌；在景点方面，侧重于旧有的而不是新建的。

全书七十五篇中，一半以上以特定景观、地点为主题，结合文献资料，展开阐述其古今沿革。所介绍的景物部分如今已然消逝，如《永嘉县学今安在》一篇介绍永嘉县学建立始末，佐以地图、学记，追溯其历史印记；部分古已有之而如今仍旧留存，如《郭公南望卜斗城》详述郭公山及郭璞，并介绍与郭公山相关的诗文、现代温州城市建设中郭公山的变迁和现在的景观情况；部分建于近现代但具有重要意义的也予以介绍，如《中山公园观胜迹》介绍中山公园，包括建立情况、园内景观、翻修历程等。其余篇目或关乎温州的历史文化，如《东瓯王功美域远》《来龙去脉话鹿城》，介绍温州历史的起点与鹿城区的历史脉络；或涉及地理概况、城市规划，如《城市主轴生命线》介绍了温州的城市中轴线及中轴线上的重要景观，从而表现温州的人文底蕴；或介绍与温州相关的重要

鹿城人文景观

沈克成　汤章虹 著　中共温州市鹿城区委宣传部
温州市鹿城区社会科学界联合会编
中国民族摄影艺术出版社
2014 年 9 月

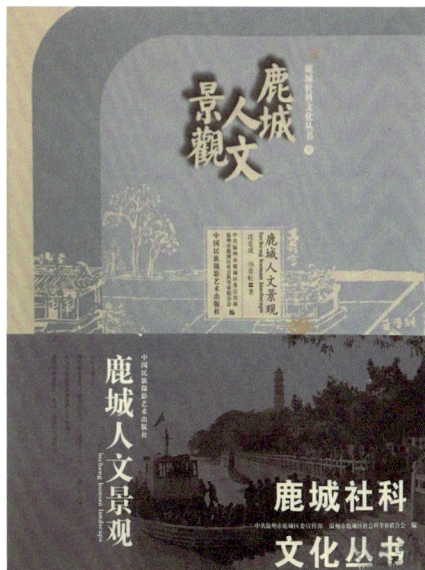

历史人物，如《纪念东瓯王驺摇》一篇介绍东瓯王驺摇，从文献资料的梳理中
考证其人与东瓯王庙的建立。

　　《鹿城人文景观》约三十万字，二百七十余张图片。内容翔实、图文并茂，
兼顾可读性的同时也注意到学术的严谨性，体现对城市文化的考据与追溯，力
图挖掘城市文化。所选图片既有摄影照片、新闻图片等，也有重要文献资料的
图片，诸如温州古代地图、古籍书影等。七十五篇图文皆精心设计标题，多为
七字格，充分体现文学性，激发阅读兴趣。

　　本书为加快深入研究鹿城社科文化、传承和推介鹿城特色起到推进作用。
通过史料的整合，还原温州的历史人文，让已经消失或即将消失的文明得以保
存。也使得现代读者通过此书了解所生活的这片土地有怎样的生命历程。

楠溪江中游

本书是针对楠溪江中游村落的研究，属于"中华遗产·乡土建筑"丛书。楠溪江在浙江省东南部的永嘉县，是瓯江最大的支流。由于它的流域夹在山脉之间，因而形成了独立的地理区，拥有独特的建筑特色和统一的规划。随着经济发展，大量乡土建筑不可避免地面临要被拆除的境地。因而对楠溪江中游古村落乡土建筑的研究，也是对这些文化遗产的抢救性研究。

本书一共分为四篇，分别是人文篇、规划篇、建筑篇和匠作篇。首篇"人文篇"探讨楠溪江乡土建筑特色之所以生成的文化基础，希望解答"是什么孕育了乡土建筑特色"的问题。本篇以时间顺序概述地理环境变迁与人文背景，并介绍当地独具特色的耕读生活和山水情怀。另外由于楠溪江的乡土建设以聚落为单位的特点，内容还包括村落规划和建设的工作机制。第二篇"规划篇"，分三个部分："选址和水系"部分说明了选址考虑的因素以及具体的例证及兴修的水系情况；"古村落的布局结构"部分包括边界、街巷网、功能分区的介绍，附上大量的实地风光摄影和测绘图片以说明；"村落规划两例"，以塘湾村和岩头村为例，介绍村落历史、地理位置与环境、村落规划特色，附上村落的整体平面示意图。第三篇"建筑篇"，将建筑分为五类进行阐述："居住建筑"一节追溯了村落中老宅的历史渊源，通过建筑的材料、特点和文献记载推断建筑年

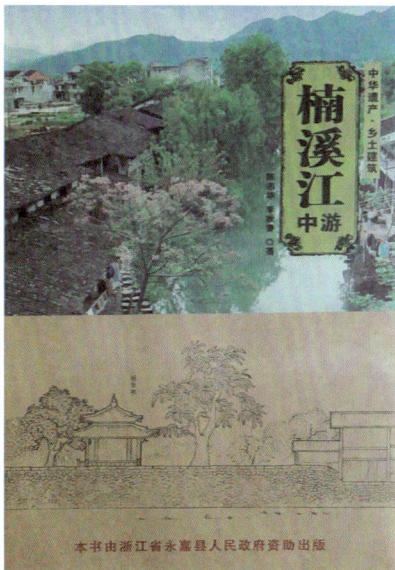

楠溪江中游

陈志华　李秋香　著
清华大学出版社
2010 年 1 月

代，并介绍居住建筑现状；"礼制建筑"以宗祠为主，概述宗祠的地位和作用、建造、选址、形制和用途，兼顾基础文化知识的介绍和楠溪江村落情况的研究例证，另外介绍了戏台、异形祠堂等相关建筑；"崇祀建筑"一节提出楠溪江村落里极少真正的佛寺和道观，以淫祠为主，因而本节首先介绍蕴含其中的社会民俗文化，进而介绍庙宇选址、形制和异形庙宇举例；"文教建筑"部分阐述了书院和读书楼、文昌阁和文峰塔、小品建筑、戏台的情况和特点；"其他建筑类型"介绍了防御工程、路亭等建筑。第四篇"匠作篇"包括大木作、小木装修、砖石作三部分内容，介绍楠溪江古村落建筑中传统营造技艺。

　　本书以乡土建筑研究来代替一向流行的民居研究，将乡土建筑视作乡土文化的重要部分，将建筑放在聚落结构中进行研究。因而本书以"生活圈"为单位对乡土建筑进行研究，而不是孤立研究独栋的房屋，并用大量篇幅讲述楠溪江的历史文化和建筑特色，描述乡土风情。在具体研究方法中，充分采用比较的方式，通过与其他地区乡土建筑的比较以说明楠溪江中游地区乡土建筑的特点。全书图文并茂，除了大量实地风土摄影照片之外，还有大量珍贵的建筑测绘图和村落布局图。因而不论是对于一般读者还是建筑研究人士，此书都有鉴赏和收藏的价值。

楠溪江宗族村落

  本书属于"中国文化遗产名录丛书",是以"宗族制度"为话题的一本画册。通过聚族而居、宗族体制、祖先崇拜三个部分来介绍楠溪江流域的宗族村落,并尽可能对相应的文化背景予以说明。第一部分"聚族而居"介绍了中国文化中聚族而居的文化传统和宗族制度生成的来龙去脉,并对楠溪江流域村落与家族的实际情况予以介绍。总结了楠溪江流域宗族"小姓附大姓"的特点,也从村落建设的物理形态分析了村落的邻域观念、重风水规划等特征,附上大量图片佐证、介绍。第二部分"宗族体制"介绍了族谱、祠堂等维系宗族体制的文化,介绍楠溪江宗族村落中维系宗族体制的表现,并总结宗族在现代的作用。第三部分"祖先崇拜"首先介绍祖先崇拜的历史渊源和其中蕴含的文化心理,而后概述楠溪江村落中体现祖先崇拜的社戏、祭祀等活动的开展情况,考察楠溪江宗族村落中祖先崇拜的特点,如受到外来宗教影响较小等。

  楠溪江及其古村落在现代文化与经济发展的侵蚀下相对于国内许多古村落而言得到相对较好的保护,也不乏相关研究,但对其人文性的关注有所不足。本书着眼于人文方面,把古村落和宗族制度、社会结构、风俗民情、地方文化等内容联系在一起。以图文结合的方式,收集大量资料,帮助读者了解蕴藏在

楠溪江宗族村落
阮仪三 主编　潘嘉来 撰文　潘嘉来　林鞍钢等 摄影
福建美术出版社
2003 年 1 月

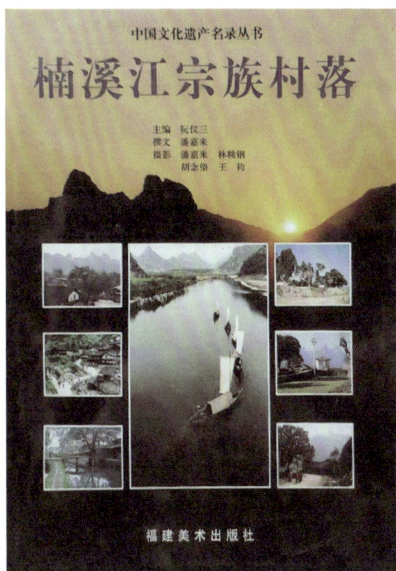

楠溪江的深层文化内涵。楠溪江流域的宗族主要以苍坡村李氏家族和芙蓉村陈氏家族为当地较大的两大家族，书中许多关于宗族村落的情况分析都围绕这两大宗族村落。而这两大宗族村落也能够大体代表楠溪江的宗族村落情况。

　　书中收录的摄影图片均附有脚注说明图片内容，部分还脚注中还附有介绍文化背景的大段文字介绍。编者有感于现代社会中古老文明受到的破坏而对楠溪江古村落的顺利保存感到欣喜与珍惜，希望从留存在楠溪江村落中的长街、老屋、小庙和形形色色的人事物中挖掘农业社会乡里文明的信息。而画册所围绕的"宗族制度"这一话题，受到的关注较少却对中国的文化有着深刻影响。本书对楠溪江宗族村落的研究，有助于读者体会深埋在地缘、血缘中那种古老而朴素的情感，也有助于加强历史文化遗产和自然环境的保护与合理发展。

枫林古镇研究

本书 2008 年列入浙江文化研究工程古村镇系列重点研究项目。卷首有徐顺教题词，有包伟民、徐顺平、胡珠生三人所作序言。

枫林古镇是闽浙驿道经行处，五代北宋时期，设立楠溪巡检司和监当镇，书院林立，学者辈出，成为温州府和永嘉县北部的文化教育中心。明洪武二年（1369），设立枫林汛。清代设立永嘉县丞署、温州府同知守备衙门。科举时期，各姓望族进士如工部尚书刘嗣明、国子监丞丁志夫、国子监祭酒徐文铨、礼部尚书木待问、太常博士徐自明、清代监察御史徐定超等有 20 余名。民国时期，为浙南三地七县军事指挥中心，也是中国工农红军第十三军成立的地方。1949 年，为永嘉县人民政府驻地。

本书分上下两编，主要研究徐氏迁徙路径，枫林驿道码头及市镇形成沿革、军政设施变迁。上编以自唐至清枫林众多宗族兴衰交替为主线，从学者、粮长、生员、乡饮宾等人物群体的学术成就及对公益事业的贡献，归纳徐氏宗族文化特色和人物的时代精神。下编以国共两党斗争活动及抗日救亡运动为主线，从政治、经济、教育、文化等方面展示浙南重镇的时代特征，兼及 1949 年以后枫林传统经济社会形态延续情况。对于当今史学界疏忽的重大事件和代表人物

枫林古镇研究

徐逸龙 著

线装书局

2019 年 11 月

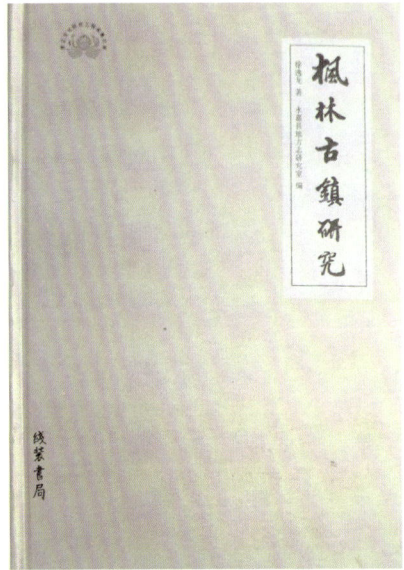

事迹，进行深入系统的调查研究，随文订正疏误之处。

　　本书作者徐逸龙另著有《枫林古镇景物志》，中华书局 2011 年 12 月出版。2011 年 1 月列入浙江省地方志系统人才梯队建设课题。卷首有章志诚、丁俊清所作序言。枫林明清古建筑承袭唐宋建筑工艺，近代建筑与中国历史进程息息相关，是楠溪流域传播西方文化的桥头堡。主体部分以章节条目体介绍枫林古镇文物古建筑历史沿革、建筑工艺、山水古道，附录人物表、历代文选。以研究小区域空间的规划建筑史和历代房东的人文活动为基础，勾勒古镇规划建筑史、古建筑匠作风格演变史和徐氏宗族房屋产权发展史。

雁荡山笔记

　　《雁荡山笔记》是一部关于雁荡山历史文化的散文随笔体著作。

　　雁荡山是一座名山，拥有数量十分可观的历史文献。本书异于以往的文献之处，在于打破固有的话语模式，尝试以一种新的方式来写雁荡山。作者给自己定了几条：一是有节制地引散文笔法入文史文章，考证、叙述史实的同时不妨抒情、议论，让人读起来不很枯燥。二是运用综合归纳之法，连类而及，纵横排比勾通。"纵"是指打破年代界限，不是一个年代的事不妨拉到一起叙述；"横"是指打破空间界限，叙雁山之事而不局限于雁山。特别是后一点，作者认为是克服地域叙事固有缺陷的一个办法。地域性的题材，如果作者不过分据守地界，是可以写出超越地域的意思来。三是力求写他人未曾写过的；如他人已经写过的，要么是有新发现的材料，要么是有新的角度新的意思，否则不写，以避免简单重复。

　　《雁荡山笔记》分五辑。另有附录三篇，共六十来篇文章，说山史，说风景，说看风景的人，说飞禽走兽草木鳞介，说发生在这座山里的种种事情，都不离"说文化"三个字。作者从大量的历史资料中纵横耙梳，同时结合自己的实地考察，反复考证，去伪存真，因而有许多新的发现，道人所未道。第一辑"这边风景"共十一篇文章，着重叙说雁荡山的开发历史和美学特点。第二辑"传说种种"共六篇文章，说雁荡山的有关传说。作者力图从思想和学术的角度去

雁荡山笔记

许宗斌 著

线装书局

2009 年 2 月

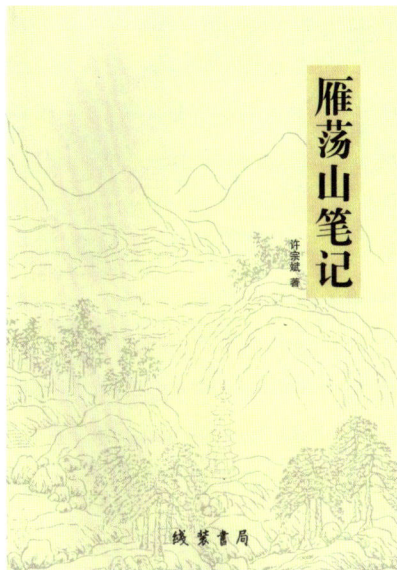

考察雁荡山的有关传说，从中发现一些富有意味的东西。第三辑"看山的人们"，第四辑"和尚·女人·皇帝"，写与雁荡山有关的历史人物，共三十二篇文章，分量占全书一半，所写人物虽多为人们所知，但材料和角度都较新，也有一些人物，如无学祖元、圆魁、高逊志、吴嵩梁，与雁荡山有很深因缘，却几乎很少有人注意他们。第五辑"品类之繁"，写雁荡山的物产，共十篇，多趣味性，也有严格的考证。此外，还穿插了"古版画里的雁荡山""画家与大龙湫""国画里的雁荡山""邮票里的雁荡山"等四个图志专辑，搜罗了目前能见到的绝大多数雁荡山题材的画作，并加以简介。

北京大学钱志熙教授在为此书所作的序中说：《雁荡山笔记》"既非纯文学性的游记，也非纯史学性的山经地志，而是取古人笔记之目，用现代散文的文体与文情，来讲述名山的风景名胜，风俗物产，人文掌故。今观其泚笔为文，则洋洋洒洒；考述史实，则绵密曲致；而且时见高论，诸凡山水审美的道理、人情世故的真相、史实舆情之症结，每加揭橥与剖析。从性质来看，是带有学术笔记与山水游记两者结合的特点。可以说是在游记与山志之外，增加了一种新的谈山水的著作体例。这对后来叙谈名山掌故者，或许有所启发"。"我相信这一部书，是会与李孝光的《雁山十记》、曾唯的《广雁荡山志》等著作一样，能够流传下去，成为雁荡山的重要的文献。"

库村

本书介绍了泰顺古村落库村，是"中国古村落"系列丛书之一，也是作者刘杰另一著作《泰顺》（刘杰撰文、李玉祥摄影，生活·读书·新知三联书店，2001 年 3 月出版）的姐妹篇。

泰顺是浙江南部的一个山区县，隶属于温州市。它东北接文成，西北界景宁，南与福建省为邻居。泰顺因地形复杂、交通不便等原因，经济发展相对滞后。然而又得益于此，一批优秀的乡土建筑得以保存，并且许多因地制宜而营造的乡土建筑更具地方韵味。作者刘杰长期以来对泰顺有所关注与研究，《泰顺》便是其硕士论文《浙江泰顺乡土建筑研究》改写而成，以建筑介绍与研究为主，介绍了泰顺的村落、桥、乡土建筑、建筑结构特色等内容。书中有大量的实地摄影图片和建筑测绘图。由于篇幅限制，作者出版《泰顺》时删除了部分章节，有憾于此，于是《库村》应运而生。相较于《泰顺》，《库村》的内容不仅仅限于库村的建筑文化，涉及更多民俗文化的内容。

库村位于浙江省温州市泰顺县筱村镇新浦社区北部，始建于晚唐，是泰顺最早的移民定居点，目前已被国家列入第四批中国传统村落。泰顺是一个融合了吴越和闽北文化的包容之地，而库村代表着吴越文化的主流，因而对于库村的研究是十分必要且重要的。《库村》分为八个部分。第一部分《探访古村落》，介绍了古代库村在今天分化出的最重要的两个村落——吴宅村和包宅村，包括

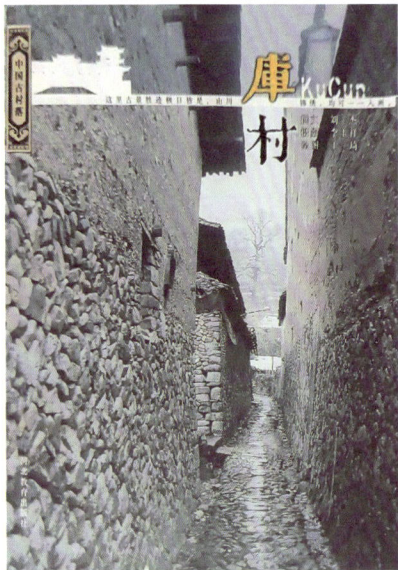

库村
刘杰 撰文 李玉祥 摄影
河北教育出版社
2003 年 1 月

村落的地理环境、景观建筑、居住人员情况；第二部分《肇基伊始》叙述了库村的起源；第三部分《三让世家》和第四部分《不践清土》分别追溯了古库村中最重要的两支家族——吴氏和包氏，包括家族历史、迁徙情况、宗祠建筑等；第五部分《乡村建设》，从宗族组织，文士乡绅，堪舆和建造，村落选址、构成与布局介绍库村的乡村建设情况，包含历史文献记录的考察、实地调研记录和相关文化基础知识的介绍；第六部分《乡土建筑》，包括居住建筑、礼制建筑、崇祀建筑、书院和地方学校、蛮石意匠的研究与介绍；第七部分《村落和自然》主要介绍库村的自然环境，佐以古人于库村所作相关诗文，说明其风光秀美；第八部分《乡村木偶戏》介绍泰顺地区的木偶戏表演。

　　本书图文并茂，所搭配的图片除了实地摄影图片之外，还有专为本书绘制的大量乡土建筑速写图片。本书文献考据严谨，田野调查成果深入，具有学术深度。同时，文字通达流畅，注意背景知识、历史渊源的介绍，兼具科普读物的性质。从一般性的古村落研究落实到库村的具体情况，并注意到古村落背后宗族文化，从家族的角度对库村的历史渊源予以阐明。

　　中国的古村落正快速消逝，《库村》的研究作为一种抢救性的保护与记录有其重要的价值。库村亦是我国古村落的代表，本书记录了古村落中的古景胜迹、醇香文化，值得读者阅读咀嚼，借此窥见我国古村落的无限魅力。

近现代绘画视野中的永嘉山水

苏轼诗云："自言官长如灵运，能使江山似永嘉。"温州山水清嘉，历来称甲东南。远在魏晋，"庄老告退，山水方滋"，山水审美滥觞，山水诗、画肇兴，"永嘉山水"便留下过重要痕迹。谢灵运的山水诗篇与由之开启的山水诗传统，历来为引人瞩目的文化焦点，而展现"永嘉山水"的水墨丹青，却乏人问津，更缺乏系统的梳理与评述，这成为本书撰作的初衷。

此书主体内容限定在十九世纪中叶以后，近现代山水画家与画迹的讨论，在前两个章节，也用了不少笔墨阐释其历史源流。开篇综述人文地理意义上的"永嘉"与"永嘉山水"，从文献角度考述了早期山水画、南朝宗炳的《永嘉屋邑图》，梳理元、明时期活跃于宫廷的永嘉书画家群体与他们的山水画。续之展开了对清代梅庚、项维仁、曾衍东在温踪迹与相关山水画作的探究。

主体部分主要围绕两个中心展开。首先以山水画为视角，考查清、民鼎革之交的近代温州，在文化上所呈现的同样突出的保守与激进。《赵之谦的永嘉时日与江岸送别图》《瓯隐园中汪如渊》《朱晓崖与其永嘉胜景图》等章节，探讨新旧交替之际的山水画风嬗变，也借之观察江山变易与人生遭遇之中，世道与人心的激荡与变幻。其中，对民初汪如渊杰出的美术教育活动作了梳理，初

近现代绘画视野中的永嘉山水

丁海涵 著

浙江人民出版社

2013 年 9 月

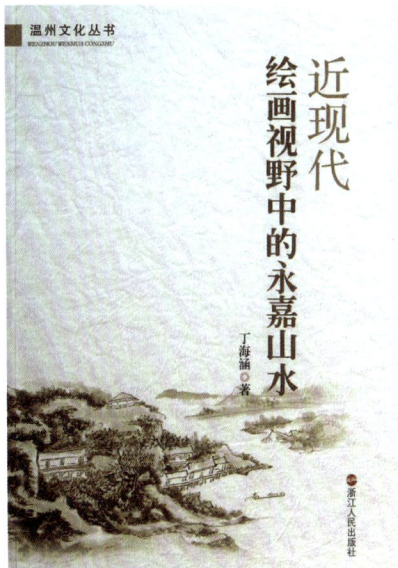

步讨论了以汪门弟子为主导的，海上卓具影响的"永嘉画派"。对此，作者近年的系列论文写作中展开了更进一步的深入考查。

其次，研究的视点聚焦于 20 世纪初的雁荡山。旅行家蒋叔南重新构筑了山水胜地，雁荡成为文人交游的重要场域，同时在画界"实景写生"风气影响之下，成为近世山水画家最重要的写生外景地之一，获得前所未有的关注与"出镜率"。译文鬻画为业的前清遗老林纾、革命失败后流寓海上的黄宾虹，皆按图索骥，姗姗而来，雁荡之行深刻塑造了其晚期"浑厚华滋"之画风。之后，方介堪与海上同道张大千等做客雁山，直接催生了张大千的雁山图与泼墨山水。而在 20 世纪五六十年代之后，潘天寿、李可染、陆俨少等接踵而至，其成熟期作品，半为雁荡山水。这一部分，重在探讨近世画家汇聚雁山，重新领受自然山水的启悟，开创了近现代山水画的新格局。

概言之，此书之撰述，一方面通过考查围绕"永嘉山水"的绘画创造，以小见大，重新审视与补充山水画史的宏观历史叙述；另一方面，也是通过山水画史的研究，理解与走进温州悠久的历史与文化传统的努力。

文学的温州
——温籍现当代作家作品研究（增订本）

    本书在研究架构上采用通史与个案的结合，在对单个作家进行专项讨论之外融贯了现当代文学史的宏观脉络，这样既不失整体性视野，又突出了温州作家的个人特质。在研究方法上，本书以作品精读与作家专访为主轴，既充分彰显了文本内容的力度，又避免了主观臆断的危险，在研究者与研究对象之间构建起了一个充满弹性的互动空间。在章节安排上，本书强调了时代与文体的区别：上编的唐湜、莫洛、林斤澜可谓温州的"文坛三老"，他们的写作见证了中国文学从现代到当代的转型；"三老"分别于 2005 年、2011 年、2009 年离我们远去，因此上编既是对其文学地位的强烈肯定，同时也糅合了后来者对前辈们的怀念与尊敬。中编选入的三位作家，在文体上都有着极其鲜明的个性：夏承焘先生是"一代词宗"，但世人多关注其词学研究而对其词作缺乏系统研究；琦君女士系夏承焘先生的高足，其作品充满了浓郁的乡愁；叶永烈先生以科普作家身份步入文坛，其后又以宏富的传记文学名满天下，就在增订本出版的一个多月前走完了他充实忙碌的一生。下编则集中展现了新时期以来温州作家诸如张思聪、高崎、张翎、陈河、王手、马叙、程绍国、钟求是、吴玄、池凌云、哲贵、东君、慕白、郑亚洪、马小予等的创作风貌，他们的作品在近

文学的温州——温籍现当代作家作品研究（增订本）

孙良好　吴红涛　等著

浙江大学出版社

2020 年 6 月

20 年的《收获》《人民文学》《十月》《当代》《诗刊》等重要文学期刊上频频亮相，中国作协举办"文学的'温州现象'"研讨会、复旦大学和温州大学举办"永嘉文脉与当代小说"研讨会为之喝彩。

　　本书初版本于 2012 年面世，增订版正文部分增加了关于小说家陈河、吴玄和诗人慕白的章节，让当下温籍作家的创作风貌更加完整。同时增加了三个附录，分别收录了关于文学的"温州现象"的简论 2 篇、"永嘉文脉与当代小说"复旦研讨会和温大研讨会综合报道 6 篇以及初版本出版后《中国现代文学研究丛刊》刊发的书评。

　　88 岁高龄的北京大学教授谢冕先生在疫情之下不辞辛劳为本书作序，饱含深情地写下自己对"精彩温州""诗性温州""文学温州"的个性化理解，文采飞扬的背后依然可见其饱满的精气神儿。他称道"《文学的温州》是一本关于温州文学的史传之书。主撰者汇集，研讨、检索，历数年课堂讲授、专题研习之功定编。全书精心选取温州文界前辈以及后学、并诚邀青年才俊入传。全书资料丰沛，结构疏密有致，涵盖赅备，论述中肯，足显学术涵养之深"。

器局方概：乐清工艺美术口述史

乐清是浙江乃至全国重要的工艺美术生产基地，素有"中国民间文化艺术之乡""中国民间工艺美术之都""中国木雕艺术之乡"的美誉。乐清工艺美术以品种繁多、工艺精湛而著称，黄杨木雕、细纹刻纸、龙档、蓝夹缬、首饰龙等列入国家非物质文化遗产名录，声名远播。乐清还是全国少有的工艺美术人才高地，拥有9位中国工艺美术大师，39位浙江省工艺美术大师，49位温州市工艺美术大师。计划经济时代乐清工艺美术产业辉煌一时，全县数十万人直接间接参与其间，花边、草编等产品大量出口创汇，增加副业收入。

本书著者张志杰用5年时间，以口述史的方式对乐清工艺美术代表性的从业者进行深度访谈，记录了彩泥塑、草编、十字花、万缕丝、蛋壳雕、烙画、珐琅珀金画、黄杨木雕、剪纸、金漆圆木、龙档、麻底工艺鞋、米塑、石雕、首饰龙、微雕、细纹刻纸、象牙雕、竹编、竹壳雕、竹丝绣帘等工艺美术品种的技艺传承和产业发展历程，保留了颇具地方特色的工艺美术发展史上最直接和最原始的资料。同时，作者对这20多个工艺美术品种的起源、材料、工具、工序、传承、发展、生产、营销等方面深度挖掘，重现当年社会生活细节，力求直观地反映时代变迁和行业现状，本书可视作以工艺美术为切入点的乐清社

器局方概：乐清工艺美术口述史
张志杰 等著
生活·读书·新知三联书店
2020 年 8 月

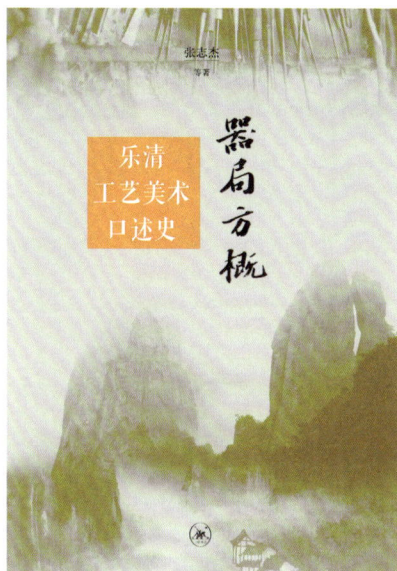

会生活史，口碑史料、田野调查、档案资料三者并重，从中可看出工艺美术对推进乡村振兴、共同富裕、和谐社会建设的积极意义。

此外，本书还初步展现了温州模式的史前状态及发展的内在动力。温州模式的启动，与工艺美术外销带来的市场刺激、产业组合有着密切的内在联系。早在 20 世纪五六十年代，身怀绝技的"手艺人"利用生产合作社、集体企业等机构摸索市场经验和组织管理经验，后在改革开放大潮中脱颖而出。本书以 25 位工艺美术从业者有血有肉的个体生命体验，抢救保存了不少鲜活的历史记忆和有趣的社会生活细节，展现了温州模式的内在活力及温州人的工匠精神、事功精神和敢为天下先的精神。

温州乡土文化书系

本丛书内容以介绍与科普乡土文化为目的,阐述了温州乡土文化的各方面。十四册书中以介绍民俗艺术为主题的书最多,如《温州苍南夹缬》《温州瓦当·花檐》《温州刺绣》《温州瓯窑褐彩青瓷》《温州剪纸》《温州漆艺》《温州花板·铜皮》《温州发绣》。部分以地点为主题介绍相关文化,譬如《温州楠溪行》《温州泰顺乡土建筑》《温州老街》。或侧重于温州文脉的介绍,如《温州文化史图说》《温州望族》。这套丛书的大部分著者不是学术研究出身,但均对所介绍的内容有所深耕。且多数作者是温州本地人,对相关文化从小耳濡目染,因而有更多机会做实地考察、田野调查或是访谈,字里行间也透露出对温州文化的深厚情感。同时这套丛书图文并茂,重视历史渊源的叙述和科普目的,因而不会使读者感到佶屈聱牙、晦涩难懂。

每一本书根据主题的不同,在叙述方式和内容结构安排上也有所不同。如《温州泰顺乡土建筑》共分为五部分内容,分别介绍了泰顺的自然环境、人文环境、建筑类型、典型建筑实例,以及建筑在工艺技术、装饰、习俗等方面的地方特色,主要通过实地考察和文献调查,介绍与建筑相关的内容。作者提到,泰顺因地理交通不便、经济发展相对滞后,其乡土建筑的建造保留了许多宋代

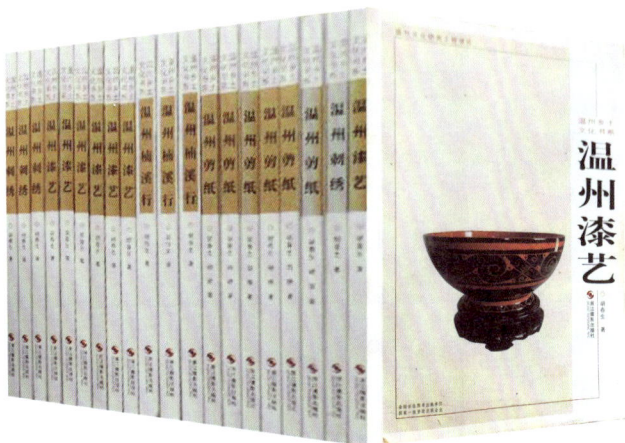

温州乡土文化书系
浙江摄影出版社
2008—2012 年

工艺,因而书中有许多专业测绘图以便反映这些古老的技艺。又如《温州剪纸》一书,在概述温州不同地区的剪纸后还记录了与当代不同流派剪纸艺术家的访谈。温州剪纸作为一种手工艺术正在面临后继无人的困境,文字的介绍并不能完全保存下剪纸技艺。而访谈的内容缺记录下当代剪纸艺术家为文化传承所作的努力,进一步激发读者了解乃至传承文化艺术。《温州发绣》的作者魏敬先教授本人便精于发绣这一技艺,因而书中对于发绣的介绍不仅限于历史文化方面的介绍,更多是发绣实操的技术要点介绍,并对一些发绣作品进行赏析、介绍"发绣外交"故事,兼顾专业性和普及性。

《温州乡土文化书系》作为一套介绍文化的丛书,是对本地人"在乡知俗"的引导,也是对外地人"入乡问俗"的提示。一方水土造就一方文化。本套丛书蕴含着对土地的眷恋,帮助读者欣赏乡土文化中孕育出的果实,也借此增强对地方文化和身份的认同。

瓯风

　　《瓯风》是一本以挖掘温州人文历史、弘扬区域文化精神为目标的文史集刊。一年两集，自 2010 年始，目前已出版二十二集。

　　1934 年，温州曾有过一份名为《瓯风杂志》的地方刊物，主要撰稿人均为温州学界名宿，以"阐扬先贤遗著，昌明故有永嘉学术"为宗旨，《浙江省图书馆馆刊》曾刊文赞赏："快读一过，辄觉内容美富，诚不负东南文物旧邦"，"是志发凡起例，颇称完善，内容亦甚精纯，印刷装帧，尤为古雅可爱"。《瓯风》与《瓯风杂志》一脉相承，远绍先贤但并不一味循旧，根据地方文化变革发展与继承的时代需要，设立《专题》《记忆》《人物》《风土》《档案》等十多个栏目，精心组织文章，以地方视角来解读现实和历史，兼顾史料性、学术性与文学性，提倡"有料、有趣"。

　　《瓯风》所刊文章均与温州人、温州事有关，抢救性地保留了许多与温州相关的资料。如《记忆》栏目中收录、整理许多旧事旧闻，一些文章为耄耋老者亲笔撰写，其史料价值难能可贵的。《瓯风》在文章的编排上体现出有序性与集中性，每一集大约设置六至八个栏目，不同栏目有不同的主题，以突显特定主题的文化价值。如 2014 年第八集《瓯风》设置以纪念胡珠生先生为主题

瓯风
方韶毅 主编
文汇出版社
2010 年 -2022 年

的特辑，2016 年第十一集的专题栏目以"家风"为主题收录三篇文章，2017 年第十三集"特刊"收录考据刘节相关史实的两篇文章等等。在目前出版的二十二集《瓯风》中，"记忆"与"人物"两个栏目设置的频率最高，且每一集收录的文章主题最杂，但保留了诸多不同视角下的温州文化记忆。

《瓯风》装帧形式别出心裁、简约复古，编排上图文并茂，疏朗流畅。文章内容上也尽量避免收录过于长大的文章，更注重质量，保证内容言之有物。一些文章虽短小，但内容精悍，切实考证与补足，避免空谈无垠。一些回忆性及史料考证文章充满温情，亦体现文学性。同时，部分地方文献整理成果也借助《瓯风》这一平台发表，例如第七集推出有关温州外文文献译文特辑，第二十二集为纪念刘节先生一百周年诞辰整理编发《刘节未刊稿四篇》等等。

《瓯风》拾掇了关于温州文人旧事的诸多片段，延续文脉，于旧有中寻觅新生，兼具温度与深度、可靠性与可读性。作为一本纯文史性质的书刊，彰显地方文化之风华，实属难得。

辑四

叶适文学研究

全书共五章，第一章"叶适生平、交流与文学活动"、第二章"叶适的'文统'论"、第三章"叶适的诗学批评"、第四章"叶适的散文研究"、第五章"叶适的诗歌研究"。

本书前言中回顾了叶适文学的研究现状，指出南宋温州学者叶适，其文借鉴苏轼文风文法，形成独特的"永嘉体"，有《水心文集》30 卷、《水心别集》16 卷等传世。现有中华书局版《水心集》，共收文 556 篇，诗 380 首。叶适之文曾受朱熹责难，但其《进卷》《外稿》以及墓志铭为时人所重，叶适也成为吕祖谦之后的文坛宗主。自南宋中后期开始，叶适之文名即盛传天下。宋末元初，水心文派又与道学文派相抗礼，别张一帜。清代以来，叶适的文学成就得到极高的评价。本书作者认为，学界更关注于叶适的思想研究，叶适文学成就的研究相对薄弱，而且已有的研究中往往不重视文本细读，多为理论先行，同时文学研究中重散文、轻诗歌。

本书全五章，正是针对这三点研究现状而发。首先，本书集中于叶适的文学研究，全面讨论叶适的诗文创作与理论，避开了学界较为丰富的叶适事功思想方面的论述。其次是本书散文和诗歌并重，书中第二、第四两章为散文论，

叶适文学研究

陈光锐 著

安徽大学出版社

2018 年 12 月

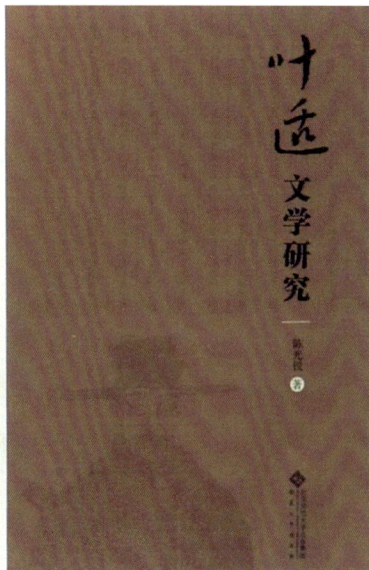

第三、第五两章为诗歌论，论述相对匀称，诗文并无轩轾之感。再次是较重视叶适的文学理论，其中，第二、第三两章分别为叶适的文论和诗学，第二章梳理叶适的学术思想和文学观，着重论述叶适经、史、文并重的思想，以及其"洛学起而文字坏"一说的文学史意义，论述了永嘉文派关于"文统"的独特观点。第三章关于叶适的诗学批评，主要梳理了叶适的《诗经》批评和叶适与永嘉四灵的关系。第四章中也涉及叶适对历代散文的批评。最后对叶适诗歌的研究较为深入，分析了叶适诗歌的题材有四大类，一是赠别，二是挽诗，三是题记，四是民风民俗诗，论述中还兼顾历代对叶适诗的评价。

总体上看，本书自限畛域，集中于讨论叶适的文学观，着重分析叶适的文学批评、文学观和文学创作之间的关系，推进了叶适文学的研究。当然，缺少从体格体势角度讨论"永嘉体"，是其缺憾。

刘基思想研究

本书共分五章,第一章"刘基儒学思想研究"、第二章"刘基道学思想研究"、第三章"刘基与佛教关系研究"、第四章"刘基哲学思想研究"、第五章"刘基政治思想研究"。

吴光先生所作的序言中称《刘基思想研究》一书是基于对刘基"古典的儒家与经世致用的儒家""兼容佛老的儒者"的学术定位,全面梳理了刘基的学术思想。本书的创见性既体现在把关于刘基学术思想的研究推向了新高度,又体现在对以往学界成果的质疑上,如不同意刘基与永嘉学派的关系,否定了刘基民本思想的民主性质等。

本书的五章内容,分别从儒学、道学、佛教、哲学、政治五个侧面对刘基的思想进行了全面深刻的透析。在儒学方面,作者重点论述了儒学教育思想、春秋学思想以及经学思想。在道学方面,作者则从道家与道教典籍对刘基思想的影响和刘基与高道的交游两方面,展开了详细的论述,如提及了《庄子》对刘基所著的《郁离子》的启示。在关于刘基与佛教关系上,主要考证了刘基与当时两浙各地高僧的交游史,同时明确指出在儒佛之辨上刘基的儒家道统本位思想。本书的第四章着重研究了刘基的哲学思想,涉及的内容较为丰富,主要

刘基思想研究
张宏敏 著
浙江人民出版社
2011 年 9 月

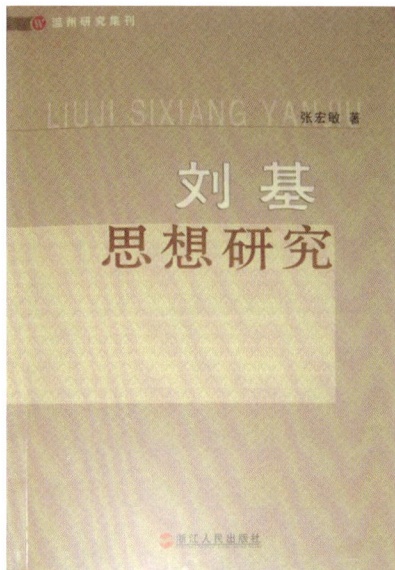

探讨了刘基与理学的关系、刘基的实学思想以及历史哲学，同时又对刘基的两篇作品《天说》和《拟连珠》进行了专门的论析。最后是刘基的政治思想研究，刘基是明朝的开国元勋，明初极为重要的一位政治家，所以作者单列一章来具体研究他有关政治方面的思想。作者从民本思想、人才思想及廉政思想三个方面，依次进行了讨论。

总之，本书的作者针对刘基思想体系的复杂性，条分缕析地进行了考查与阐述。以儒道释三教为始点，进一步上升到对其哲学思想的系统论述，最后以刘基的政治理念作收束，分别深入，结构清晰。此外，值得肯定的是，面对学界已有之成果，作者不囿于旧说和旧方法，在合理质疑的基础上，提出了许多有益的理论创见。当然，本书也存在缺憾，袁新国在本书的书评中指出"尽管书稿之中相关章节有对刘基《郁离子》语言风格、文学经世思想的论述，但是缺少刘基文学思想的研究专章实为一大遗憾"。

自负一代文宗——刘基研究

　　全书共分五章，第一章"季世时代与盛世理想——刘基在元季的浮沉"、第二章"忠臣与贰臣——佐明心事有谁知"、第三章"遗逸之际——刘基遗民心态探微"、第四章"允为明代之冠——刘基诗歌创作的特征及其影响"、第五章"自负一代文宗——刘基的散文创作"。

　　本书的作者在编订刘基年谱、系年作品、考订其交游等工作上用力颇深。在此基础上，作者结合元末明初的时代特征，对刘基的生平、思想和文学进行了综合性的分析研究。作者以至正二十年佐朱作为节点，将刘基的生平一分为二，并在前两章中分别展开论述。本书的第一章交代了刘基出生和成长的家庭和社会环境，阐述了他在元朝末年的浮沉经历，以及讨论了他的伟大抱负与时代环境的冲突。第二章则揭示了刘基辅佐朱元璋后，对新政权新王朝的复杂心态。鉴于刘基由元入明的经历，作者又对他身上或可存在的遗民心态作了专题研究。最后的两章，重点论析了刘基作为明初一位重要的文学家，他的诗文创作的主要特征、成就及影响。关于刘基的诗歌创作，作者选择将之放置在元明诗风的流变中加以考察，并抓住其主要特征来展开论述。在论述其诗歌创作的影响的同时，对悬而未决的越诗派等问题进行了探讨。最后一章讨论了刘基的

自负一代文宗——刘基研究

周松芳 著

广东人民出版社

2006 年 10 月

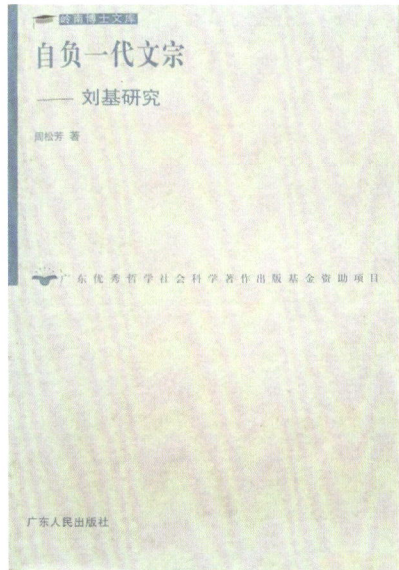

散文创作，主要论述了刘基的《郁离子》。《郁离子》是刘基前半生总结性的作品，既针对元末的社会现实，又针对自己的半生遭际，写得深广而奇诡，透过这部作品足以见刘基散文创作之成就。

　　作者以还原传主形象为核心，结构全篇，在探讨其人其事其诗其文诸方面取得了突破。此外，本书除五个章节的主体论析部分外，还收录了作者编写的《刘基年谱》《刘基交游考论》《刘基至正六年干谒事迹考论》等内容。尤其是《刘基年谱》的编订，作者进行了大量辨误、正讹、补充的工作，因而其中系年作品的数量和准确性都远超前人。这些繁难的基础性文献工作，不仅深化了本书对刘基的论析，也为后来的研究者提供宝贵的参考资料。

陈黻宸学术思想研究

本书据作者博士论文修改而成。全书共分六章，第一章"清末民初学术变迁背景下的陈黻宸"、第二章"对经学的新阐释"、第三章"执中鉴西的史学思想"、第四章"'诸子学复兴'下的诸子研究"、第五章"从'理学'到哲学"、第六章"陈黻宸学术思想特征之探析"。

陈黻宸是清末民初时期一位在学术界颇有建树的温州瑞安人。作为传统文人，他旧学造诣很深，同时因生活在中西思想剧烈碰撞的近代，他对于新学又有所领略。所以陈黻宸在构建自己的学术体系时，呈现出了"去旧不能、欲新不达、中西交错"的复杂情景。本书从他对传统学术的解析和对新学的构建两方面入手，以转化和会通为主线，共分六部分对其学术思想进行研究。

陈黻宸的学术思想主要体现在经学、子学、史学和哲学四个方面。在经学方面，他在对经、经学、经术进行辨析的同时，对经学发展史进行了梳理，并强调了经学致用的实学思想，希望为在近代日益衰微的传统经学争得一席之地。史学是他学术思想的重镇，他的史学思想既有对传统史学精华的吸收和继承，又有对西方先进史学观念的学习和吸纳，是中西史学糅合的结果。在子学上，陈黻宸的研究虽然新旧交织，以旧为主，但对诸子的重新定位，以及研究过程

陈黻宸学术思想研究

尹燕 著

浙江人民出版社

2011 年 9 月

中贯穿的以史通子、以儒家学说为参照、重义理轻考据的研究思路却值得人们重视。哲学方面，陈黻宸的开拓之功并非很大，但作为教授中国哲学史的第一人，他对哲学概念的分析和对中国哲学的内容以及哲学史的做法的论述都有自己独到的见解，而其哲学著述中的观点也为后人进一步研究提供了借鉴，对中国哲学史的贡献也不容忽视。至于陈黻宸学术思想的主要特征，作者将其归纳为追求学术"大同"和在"变"与"不变"之间徘徊两个特征。这两个主要特征既表现了他对近代学术转型的应对，又体现了他对中西文化的态度。

　　本书在考察陈黻宸的学术思想时，敏锐地抓住了学术转型期对学人的深刻影响，注重将清末民初的社会背景、学术背景和陈黻宸的个人经历结合起来。在此基础上，从经学、史学、子学、哲学四个与其学术活动紧密相关的领域，深入探析了陈黻宸学术思想的具体表现以及重要的贡献。最后，精炼地概括出陈黻宸学术思想的两大特征，并将其作为考察近代中西学术碰撞与中国近代学术转型的重要窗口。

清末变法与日本

——以宋恕政治思想为中心

全书共分八章，第一章"晚清变法思想中的汉学与佛学"、第二章"宋恕变法理论与清末政治思想"、第三章"清末变法与日本因素"、第四章"作为思想典范的日本观"、第五章"宋恕反理学思想的内在理路"、第六章"宋恕经世思想的清学背景"、第七章"宋恕、梁启超与章太炎"、第八章"知识与权力在近代中国的典范转换"。

宋恕是温州平阳人，在清末主张变法，负有盛名。关于宋恕的研究专著，有苏渊雷《宋平子评传》（1941）和陈镇波《宋恕评传》（2010）等，本书则在全球化的视野中考论宋恕，通过对宋恕政治思想的研究，试图呈现宋恕变法思想的渊源和特征。

本书在第一章中探讨了晚清居士佛学的源流与变法思潮的关系，作者认为要理解近代中国革命的内在契机，必须从清代朴学的学术史、回归佛性的精神史及地方社会力量抬头的政治史这三元互动的视角入手。接着，作者又对宋恕的日本观、反理学思想及经世思想逐一进行了讨论。作者不仅将宋恕的思想同中华故国的前贤与时人相对照，还同日本前贤与时人进行比较，溯源探本，梳理异同。本章前四章中，日本或者说东亚思想世界的观照，为宋恕的变法思想

清末变法与日本——以宋恕政治思想为中心
杨际开 著
上海古籍出版社
2010 年 6 月

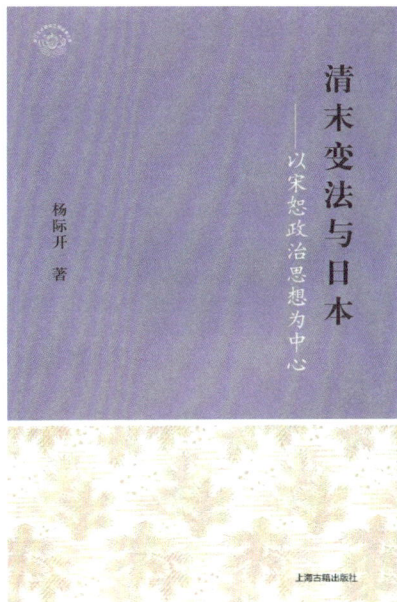

打开了新的局面。

　　本书第五章至第八章，则是从清学的脉络来考察宋恕，考论了宋恕与梁启超、蔡元培等的交游，比较了他们的著述，展示了清末变法本身已经包含了"立宪"与"革命"两种倾向。作者试图借宋恕这一个案，来展现晚清时期知识精英的思想交流，以及对变法运动的具体影响。

　　总体上看，作者以近世东亚文明与晚清变革大局为经，以人际交往与师友行谊为纬，来讨论宋恕，在方法和视角上都值得称道。郭世佑在为本书所作的序言中指出，杨际开这本《清末变法与日本——以宋恕政治思想为中心》不落常见的生平叙述与文本罗列之俗套，抓住了宋恕等近代国人受惠于日本社会发展与学术思潮的基本特点。

宋恕评传

宋恕（1862—1910），平阳人。年十六为县诸生，受知于侍读学士孙锵鸣，及长，招为婿。又与乐清陈虬、瑞安陈介石号为浙东三杰。晚清大变局中，试图探索变革之途，所著《六斋卑议》富强之策，极受学界重视。其论著收入近人胡珠生整理本《宋恕集》。关于宋恕的评传，早在 1941 年即有苏渊雷所著的《宋平子评传》，苏著重在评述宋恕的学术思想。陈镇波所著《宋恕评传》则侧重呈现宋恕的交游、生平经历，尤其试图呈现宋恕在晚清的政治、社会活动，与苏著可互参。

全书共有五章，第一章"'千古变局'"描述宋恕所处的时代背景，真可谓是千古未有之大变局。第二章"'当时意气浩无涯'"，描述宋恕的家庭和青少年求学时期，此时瑞安侍读学士孙锵鸣很赏识宋恕的才华，并将四女许配给宋恕，一时传为佳话。第三章"'燕生，奇才也'"，写宋恕走出温州，游学天下，干禄时代，结识康有为、俞樾等著名学者，又上书张之洞，上书李鸿章，深受李鸿章赏识，称为"此等奇才，生平希见"。在学问上，宋恕接触西学，融会贯通，撰写《六斋卑议》，共四篇计六十四章，"择古今之善，持中西之平"，成为宋恕的代表作，对于此书的评述为本章浓墨重彩之处。可惜宋恕仕途多舛，未能

宋恕评传
陈镇波 著
浙江人民出版社
2010 年 2 月

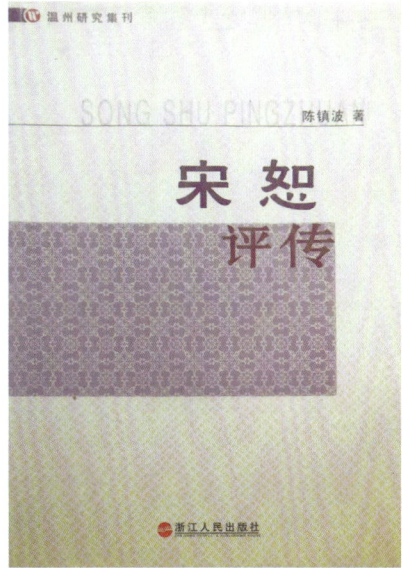

一展生平所学。第四章"'赤县衰如此','何道援溺沦?'",描写维新变法前后的宋恕活动,交游中侧重康有为、梁启超、章太炎等,写宋恕与康梁等人思想的离合,忧心国事,在报刊上发表了自己对时事的见解,宣扬变法思想,作者称宋恕为"维新运动中的散兵"。第五章"'晚退时代'",写宋恕自杭州求是书院,至家居病卒的"晚退时代",宋恕"昔年豪气都销尽",再也不谈变法改革,愁病交攻,精神益弱,闭门独对百氏,聊遣幽怨。

另外,本书末有附录《刘绍宽〈厚庄日记〉戊戌年有关宋恕材料》,对于宋恕在温州时期的情况提供了史料,值得重视。

寻找·苏慧廉

苏慧廉（William Edward Soothill，1861－1935），英国人，传教士、教育家、欧洲一流的汉学家。他一生最好的时光都在中国度过，他的故事却少有人知。在 19 世纪晚期至 20 世纪初的中国，这三个字与许多历史大事、历史名人关联密切。

二十岁出头的他，只身漂洋过海，从英国来到温州。他的孩子出生在这里，并由此开始了一生与中国的缘分。他在温州定居二十余载，设立禁烟所，建教堂，修医院、办学堂，是温州近代化的开拓者。他学习温州方言，编撰便于外国人学习中文的《四千常用汉字学生袖珍字典》，向西方介绍中文典籍。由于他在教育方面的杰出才能，被聘为山西大学堂的总教习。随后受聘牛津，成为牛津大学汉学教授。而苏慧廉之后的继任者，正是陈寅恪。他是中英庚款顾问委员会的英方代表，是让英国庚子赔款最终退还中国的有力推手。苏慧廉的女儿谢福芸（Dorothea Hosie, 1885—1959），长大之后回到中国，创办培华女校，这是林徽因的母校。她后来成为知名的作家，留下《名门》《中国淑女》《潜龙潭》等多部关于中国的畅销书。

苏慧廉经历中国最动荡的时期，而他的历程也是那个时代的缩影。理雅各、

寻找·苏慧廉

沈迦 著

新星出版社

2013 年 2 月

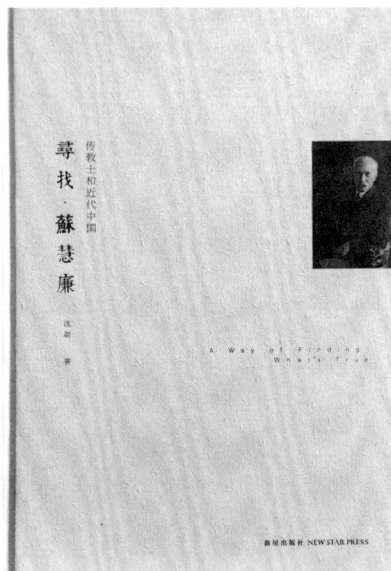

李提摩太、赫德、严复、王国维、蔡元培、吴佩孚、胡适、顾颉刚、费正清……
这些我们耳熟能详的名字，都与苏慧廉有着或近或远的联系。

　　作者沈迦，由家乡温州出发，跨越亚、欧、美三大洲，沿着传主百年前走
过的道路，寻找历史深处的蛛丝马迹。通过爬梳史料，结合数十位后人的口述
访谈，并数度前往英伦阅读教会档案，历时六年，以知识考古学的方式还原了
一生都与中国关联的这位"中国通"的生平。该书不仅还原了苏慧廉百年前的
人生轨迹，也描绘出大时代的波澜诡谲。日光之下，众生如蚁。对历史的追溯，
不光是为了这些不能忘却的纪念，还有对那些逝去的岁月，保持一份尊重。

　　这部传记既遵循学术规范，又以一啸百吟的笔触，写出了中国近代史的一
咏三叹。出版当年，即被深圳读书月及《经济观察报》《南方都市报》评选为
"年度十大好书"，国家外文局亦评其为 2013 年度外宣好书，凤凰卫视还两度
拍摄同名纪录片。

　　本书修订版于 2020 年 12 月由生活·读书·新知三联书店出版社出版。

融通中西 守望记忆：
英国传教士、汉学家苏慧廉研究

　　本书以英国循道会传教士、汉学家苏慧廉为研究个案，在收集和整理伦敦大学图书馆、牛津大学图书馆、耶鲁大学图书馆，以及国内各大图书馆等所提供的苏慧廉第一手档案材料和中英文原始材料的基础上，同时结合苏慧廉后人的口述材料等，立足于充分的文献分析实证研究，融合历史学、社会学、跨文化交际学、文化传播学等学科的跨学科综合研究方法，以及这些学科理论所提供的视角和解释框架，重构苏慧廉在中国活动的历史图景，多角度、全方位地阐述和分析苏慧廉及其团队在晚清温州传教、医疗和教育等文化活动，探讨了他们在晚清温州的近代化进程中和中西文化交流历史中所起的作用和意义。本书同时还对苏慧廉的东学西传的活动和作品进行系统而详尽的介绍，并通过对苏慧廉汉学代表作的分析来阐述苏慧廉的学术思想，在此基础上整理评价他在欧洲汉学研究做出的贡献，并深入讨论了中学西传问题，为当今"中国文化走出去"的战略实施提供了有益借鉴。

　　本书第一章"初遇东方：苏慧廉的中国传教生涯"通过叙述苏慧廉初入温州的文化体验以及在传教过程中为适应中国文化和温州当地文化做出的处境化努力，呈现西方传教士初遇异质文化的普遍现象和特殊现象。第二章"西学东

融通中西 守望记忆：英国传教士、汉学家苏慧廉研究
端木敏静 著
浙江大学出版社
2020 年 12 月

传：苏慧廉与晚清温州的西学东渐"通过第一手史料的梳理，重构苏慧廉及其团队在晚清温州开创西学东渐事业，兴办新式医院和学校的历史图景。第三章"中国观察：苏慧廉与晚清温州叙事"通过对苏慧廉遗留的各种文献资料的整理归纳，记录苏慧廉对晚清时期温州城市风貌、社会现象、民风民俗，以及中国传统文化的观察、思考和评论。苏慧廉和他的妻子在晚清温州生活二十五年，深入温州各层人群、各个地方，接触到温州民众生活的方方面面，现场观察、亲身体验中国文化，亲眼见证中国传统社会进入世界近代化潮流体系中的变迁，这些现场材料有幸被苏慧廉夫妇用文字得以保存下来，成为今日了解特殊时期里西方视野下中国形象的特殊文本。第四章"中学西传：苏慧廉汉学作品研究"重点阐述苏慧廉从传教士到教育家、汉学家的身份转变，立足于苏慧廉汉学著作的文本分析，详细阐述了苏慧廉在中国文化、中国宗教、中国历史三方面的研究和贡献。

郑振铎研究书系

　　郑振铎（1898—1958），字西谛，出生于浙江温州，原籍福建长乐。中国现代杰出的爱国主义者和社会活动家、作家、诗人、文学评论家、文学史家、翻译家、艺术史家，也是著名的收藏家、训诂学家。1958 年因公殉职，被国家尊为革命烈士。他的爱国的一生体现了进步文化的正能量。他的等身著作是近代代表中华民族精神的最有价值的宝贵遗产。

　　陈福康，上海外国语大学教授，四十年来一直孜孜不倦地从事有关郑振铎研究，成果极丰，被国内外学界公认为郑振铎研究第一人。

　　本书系是陈福康教授对历年来多次出版过的《郑振铎年谱》《郑振铎论》《郑振铎传》三部书的精心修订、重大增补，集中组合而成的丛书。

　　《郑振铎年谱》，是第一部，也是迄今唯一一部详细记述郑振铎生平行事的年谱。著名学者、郑振铎老友郭绍虞题签，著名学者、郑振铎老友李一氓题词。曾获 2008 年度全国优秀古籍图书二等奖。1988 年书目文献出版社初版，2008 年三晋出版社出版修订本上、下二册，本次修订版为上、中、下三册。

　　《郑振铎论》，是第一部论述郑振铎生平、著述以及他在文学史上重大建树的研究专著，曾获 2017 年上海市作家协会年度奖。1991 年商务印书馆初版，

郑振铎研究书系

陈福康 著

三晋出版社 上海外语教育出版社 商务印书馆

2008 年 -2010 年

2010 年商务印书馆出版修订本。本书由著名文学家、郑振铎老友叶圣陶题签。

《郑振铎传》，是第一部有关郑振铎的长篇文学传记。曾获 1995 年首届中国优秀传记文学著作奖、1998 年第二届中国高校人文社会科学研究优秀成果著作奖。著名文学家、郑振铎老友叶圣陶题签。1994 年北京十月文艺出版社初版，2009 年上海外语教育出版社出版修订本。

本套书系是陈福康教授近年得到国家社会科学基金立项后，对此前版本进行了大规模的修订补充，是对于四十年来在郑振铎研究方面的一个总结。2018 年该丛书获上海市第十四届哲学社会科学优秀成果著作二等奖。

夏承焘学案

本书共分五编,第一编"夏承焘的词学贡献",第二编"夏承焘的学术谱系",第三编"夏承焘与近代学人",第四编"夏承焘与浙江大学",第五编"夏门论词绝句"。

本书以谱牒学为学术方法,综录了近代温州籍著名词学家夏承焘先生的学术、生平、交往等各个方面的内容。

第一编共分八章,首先从夏承焘的早年学术道路开始追溯,进而论述了他早年学术活动与现代词学体系创立之间的关系。第二章以20世纪30年代夏承焘的词学奠基为切入点,分别从与词人交游、词学研究和填词创作三个方面展开论述。第一编的余下部分先后讨论了夏承焘的词学观与词体创作、词史观与词史建构、词学思想与词学渊源、词学考据与词学批评、词人年谱学等不同的方面,并总结了夏承焘的治词生涯、词体创作以及词学贡献和建树。

第二编主要梳理了夏承焘的学术谱系。第一章介绍了夏承焘的诗学宗尚以及他古近体诗的创作概况。第二章总结了夏承焘诗史研究的成果,主要是对杜甫、陶潜、李商隐三位诗人作品的研究。第三章重点讨论了夏承焘的诗论研究,归纳了其诗学思想的五个特点:主性情、宗风雅、求平淡、主创变、重写实。

夏承焘学案

胡可先 主编

浙江大学出版社

2018 年 6 月

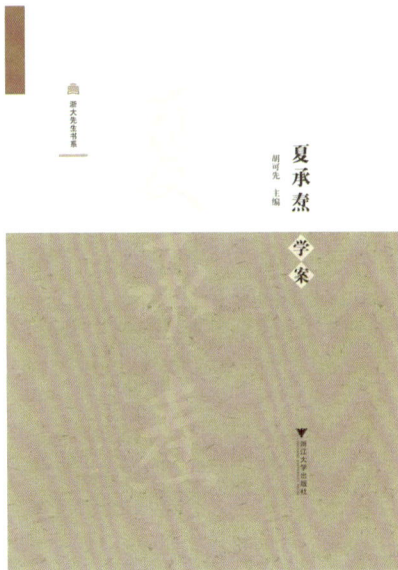

第四章特别评述了夏承焘在鉴于"梦窗热"的流弊时主张的"四声说"。

第三编整合介绍了夏承焘与数位近代学人之间的学术交游活动,如朱祖谋、况周颐、龙榆生、胡适等。

第四编讲述了夏承焘与浙江大学之间的联系,主要体现在浙江大学的词学研究传统,浙江大学现有的学术活动周这几个方面。最后一编汇集了夏承焘和他的弟子、再传弟子各自创作的论词绝句,显示出夏门传人词论的传承与延续。

本书体量庞大,精审翔实,汇集了有关夏承焘学术活动的多方面内容,揭示和理清了其词学研究思想渊源与发展脉络,并总结了他在中国近现代词学体系的构建中所取得的成就。此外,从夏承焘与浙江大学的关系,以及夏门弟子在词学领域的传承,体现出他在学术上做出的贡献具有长远而又深刻的意义。

卿云糺缦
——苏步青画传

本书是温州籍著名数学家苏步青的个人传记，采取了照片加叙事文字结合的方式，记录了苏先生平凡而又辉煌的一生。

本书共分五章，第一章"卧牛山下农家子"，第二章"博士有名无有钱"，第三章"时乱勉扶诗教鞭"，第四章"树人犹是百年心"，第五章"丹心未泯创新愿"。

作者首先叙说了苏步青在温州的成长历程，依次介绍了他的家族背景、童年时光和求学温中的经历，追溯了苏步青今后深耕于数学领域并成为一位著名数学家的源头。第二章主要讲述了苏步青因关东大地震而放弃了在东京的工程师梦想，转而前往仙台的东北帝国大学学习数学。在东北帝国大学，苏步青不仅获得了理学博士学位，还收获了珍贵的友谊和恒久的爱情。第三章叙说了苏步青学成以后毅然回国，执教于刚刚起步，条件尚十分简陋的浙江大学。任教浙大期间，苏步青不但在教学工作上一丝不苟，还在学术研究上取得了极高的成就，被誉为"东方的第一位几何学家"。抗战全面爆发后，苏步青随浙江大学南迁，在流亡中继续教学。第四章讲述了新中国成立以后，为响应国家对高校院系的大调整政策，苏步青离开了浙大，前往上海复旦大学任教。苏步青在

卿云糺缦——苏步青画传
李祥年 著
上海书店出版社　复旦大学出版社
2005 年 5 月

数学领域的研究成果为新中国特色社会主义事业的蓬勃发展做出了重要贡献。最后一章，主要叙说了苏步青担任复旦大学校长以及退休以后的生活。

在一张张老照片和一段段简短的文字中，苏步青先生的灿烂一生徐徐展开。作为一名数学家，一名教育家，苏步青在数学研究领域和培养数学人才方面均取得了杰出的成就，为世界所瞩目。从青少年时与数学结缘，到留学日本时正式踏入数学研究的殿堂，再到执教浙大、复旦。一直到耄耋之年，苏步青还潜心于学术研究。可以说，本书中所展现的苏步青的一生就是中国近现代数学学科发展历程的缩影。

历史的忧伤
——董每戡的最后二十四年 (1956—1980)

　　董每戡（1907—1980），浙江温州人，20 世纪成就显著的戏剧学者。早年，董每戡投身革命，20 世纪 30 年代成为上海"左联"崭露头角的青年戏剧家。四五十年代先后任东北大学、湖南大学、中山大学教授。1957 年，董每戡在"反右"运动中被划为右派分子，1978 年"摘帽"，1980 年去世。

　　本书以 20 世纪 50 年代至 70 年代为基本框架，展现了从 1956 年至 1980 年董每戡最后二十四年的浮沉。通过其从一个受人尊敬的高级知识分子，到一夕间被打入十八层地狱的际遇，全面反映了 1957 年后"诚而见弃，忠而被逐"的一代士人，他们对民族的忠诚，至死不移的人格，以及以生命为代价而做出的文化贡献。

　　董每戡沦为右派后即遭放逐，"自谋生活"，沉沦底层长达二十年。二十年中董每戡坚贞不屈，百折不挠，长年埋头著述，创造了丰富的学术成果，成为那个年代十分罕见的一个特例。

　　尤为难得的是，在现代政治和学术史上，董每戡后半生的经历，与二十年间中国的命运紧紧相连，其个人遭遇竟能折射出国家的命运。本书不仅是董每戡的传记，还以他的个人经历与学术研究，带出了与其息息相关的一个知识分

历史的忧伤——董每戡的最后二十四年 (1956—1980)
陆键东 著
香港中和出版有限公司
2017 年 2 月

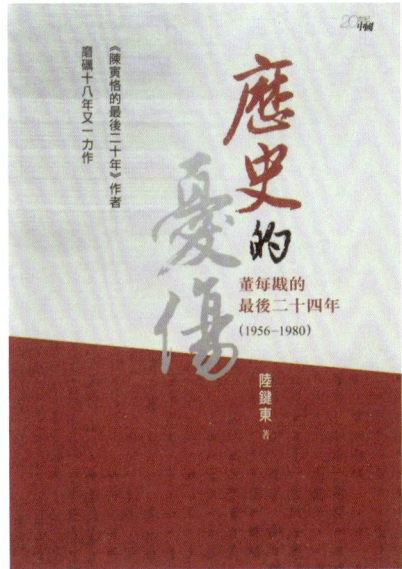

子群体，乃至一代人的命运，以及二十余年间中国的演变及其内在的肌理脉络。这是本书另一层用力之处，已臻"能发历史未发之覆"之妙。

继《陈寅恪的最后二十年》一书之后，作者陆键东从 1998 年构思本著开始，查阅了大量稀见档案文献资料，采访众多历史亲历者。长年积累，蕴藉深厚。多年出版曲折，历经坎坷，终以十八年磨砺，在 2017 年由香港中和出版有限公司刊行了《历史的忧伤——董每戡的最后二十四年（1956—1980）》。书甫一面世，即获香港出版界好评，走势红火。2017 年 5 月 7 日，香港著名刊物《亚洲周刊》发表整版书评，盛赞该书为"又一部反映二十世纪中国知识分子命运的扛鼎之作"。此后，本书先后参加过多次海外国际图书展，均获称誉。尤以在 2017 年 5 月，作为学术类参选图书被香港出版业界推举为唯一代表香港参选 2017 年"第六届坡洲图书奖"为荣，并进入决选。

坚守与徘徊：新闻人马星野研究

本书据作者博士论文修改而成。全书共分五章，第一章"马星野人生道路与新闻人生涯"、第二章"马星野新闻教育实践研究"、第三章"马星野新闻业务和管理实践研究"、第四章"马星野新闻思想研究"、第五章"马星野新闻人个性风格研究"。

马星野是 20 世纪中国著名的温州籍报人、新闻学家、新闻教育家及新闻管理者。本书对马星野这一重要的新闻史人物进行了全面综合的研究，体现了微观视角与宏观考量的充分结合。本书首先回溯了马星野的人生轨迹与新闻人生涯，按照时间顺序展现了其少年、青年和新闻人三个不同时期的人生经历。作者认为马星野选择成为"国民党体制内新闻人"，具有历史、社会和个人的必然性。关于马星野新闻教育实践方面的研究，本书把他十四年的教育经历划分为三个阶段分别进行叙述。在本书的第三章中，作者系统地梳理了马星野在国民党不同的新闻机构和组织内长达 44 年的管理实践经验，并指出在时代和社会大环境背景下，国民党体制内新闻人的西方新闻专业主义理想和中国传统儒家人文情怀最终必然受制于国民党统治需求这一现实的归宿。第四章重点论述了马星野的新闻思想，提出了"三民主义"与西方专业主义两个思想来源，

坚守与徘徊：新闻人马星野研究
王继先 著
南京师范大学出版社
2018 年 10 月

并以之为贯穿其新闻思想的主线，厘清了其新闻思想"产生"、发展、"延拓"的"三阶段"脉络。最后，是对马星野作为新闻人的个性风格研究，概括出马星野所具有的"以'三民主义'为政治导向，以西方新闻专业主义为方法，以中国传统儒家精神追求为核心"的"马氏风格"内涵及承载这种风格的方式的成因、表现和得失。

总之，本书对马星野这位在 20 世纪中国新闻史上占据重要地位的新闻人展开了全面而又详尽的论述，既梳理了他漫长的从业生涯，总结了其在新闻业务、新闻教育以及新闻管理等方面的具体实践上所取得的成果，又对其新闻思想和个性风格进行了高度准确的归纳和提炼。马星野作为 20 世纪国民党体制内新闻人的代表，围绕着他展开的深入研究，也将推动新闻史学界对这一新闻人群体了解的不断深入。

夏鼐传稿

本书是著名考古学家夏鼐的第一本传记。出版时正值夏鼐先生诞辰 110 周年，作者王世民先生也已 85 岁高龄。

王世民先生根据自己 20 年来整理编辑《夏鼐文集》（五册）、《夏鼐日记》（十册）等工作的体会，以及曾在夏鼐身边学习、工作 30 多年的感受，对夏鼐的成长历程及其对新中国考古学发展的卓越贡献，进行了全面而系统的讲述。内容丰富、可靠，文笔朴实、生动，并且穿插许多鲜为人知的生动故事，既具有重要的史料价值，同时又有很强的可读性。

夏鼐去世时，中国社会科学院名誉院长胡乔木发表悼念文章："夏鼐和他的合作者们，开创了我国考古学发展的新时代。""他是当代中国考古学人才的主要培育者，考古工作的主要指导者和考古学严谨学风的主要缔造者。"本书作者的写作也正遵循这一肯定性评价。

这部传记展现了夏鼐是怎样通过自身努力，成长为学贯中西、享誉全球的一代大师。从在温州、上海的著名中学打下坚实的文理根底，到就读清华大学师从名师，在史学界崭露头角；再到留学现代考古学摇篮英国，成为中国第一位埃及考古学博士。甫回国时进行西北考察，取得令人刮目相看的成绩，确立

夏鼐传稿

王世民 著

社会科学文献出版社

2020 年 11 月

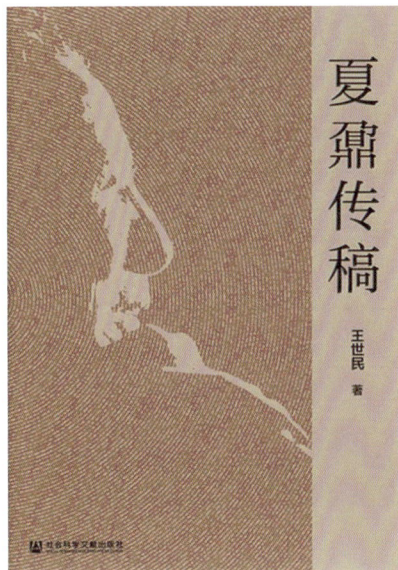

在中国学术界的地位。新中国成立后，夏鼐众望所归地成为中国考古工作的主要领导者，考古人才的主要培育者和严谨学风的主要缔造者。坚持马克思主义的实事求是原则，引航掌舵，拨乱反正，为推进新中国考古工作健康发展，逐步建立中国考古学的学科体系，做出了卓越的贡献。在这个过程中，他始终保持着刻苦学习、知难而进、勇攀高峰、一生勤勉，最终在中国考古学领域取得杰出的成果，成为荣膺中外七个院士称号的一代大师。阅读《夏鼐传稿》，对于后辈考古工作者进一步明确考古研究的方向，更好地学习和贯彻习近平总书记的重要讲话，努力建设习近平新时代中国特色的考古学，将会有重要的启迪作用。

山东大学历史文化学院教授姜波评价本书的写作：王世民先生的《夏鼐传稿》，是考古学界期盼已久的一部学术史著作。这本传记，按照夏鼐先生的生平经历，用平实的语言，描述了这位杰出考古学家传奇的一生。作者的记述，或追迹《夏鼐日记》，或访求故友良师，或实录亲身经历，所言、所记、所忆，如晤故人、如数家珍……读来让人感到既真实又亲切。当年裴骃在评价太史公《史记》时曾说："其文直，其事核，不虚美，不隐恶，信以传信，疑以传疑！"《夏鼐传稿》，文直事核，正是这种佳作。

报人赵超构

本书是一本真实再现赵超构（1910—1992）生平事迹的人物传记。已故著名老报人张林岚作序，著名漫画家郑辛遥作封面漫画，已故新闻家范敬宜为书名题签。这是继张林岚所著《赵超构传》之后，又一本赵超构研究领域不可多得的重要成果。

作者富晓春凭借多年来对赵超构生平资料的大量占有和缜密研究，用一种质朴无华、饱蘸深情的笔触，从一个侧面展现了一代报人赵超构的个性与才情，以及起伏跌宕的个人命运与心路历程。全书由"望乡之情""报人生涯""杂文杂事""嘤嘤求友""且寻风雅"五个部分组成。共 80 个篇目，既彼此联系又相对独立，随手翻开都能独自成篇。每辑前都有一组图片，共计 205 张。毛泽东为什么在 1957 年"反右"中全力保护他？他与巴金、夏衍、郭沫若、叶圣陶等文化名人有过哪些交往？透过他不苟言笑的背后，他又有哪些随心而为最真实的一面？这些问题，都可以在人物传记《报人赵超构》这本书中找到答案。

另外，作者于 2020 年 3 月出版的《赵超构书信往事》，可以看作是《报人赵超构》的"姊妹篇"，为赵超构人物传记的一种补充或延伸。该书讲述寻

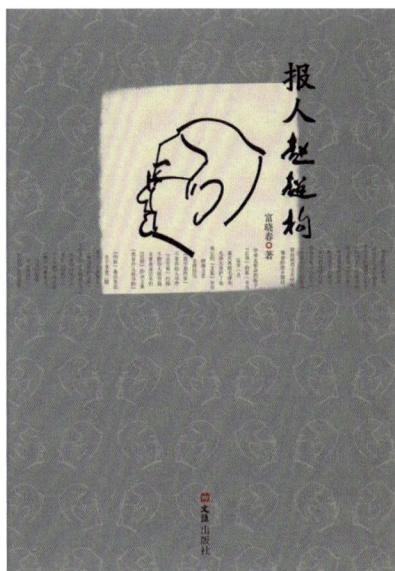

报人赵超构

富晓春 著

文汇出版社

2017 年 8 月

找书信的过程，演绎隐藏书信背后的如烟往事，以及它所承载的个人情感和时代风云。

这两本书出版后，全国 60 多家报刊予以报道。文汇出版社于 2018 年上海书展主会场举办《报人赵超构》推介会；《赵超构书信往事》被推选为文汇出版社 2020 年度十大好书。取材于这两部书的广播剧《追随赵超构》于 2021 年播出。曹正文、肖伊绯、白雉山、雷雨、殷陆君等十多位作家，先后在《文汇读书报》《新闻采编》《北京晚报》《南方都市报》等报刊撰文推介。北京大学新闻与传播学院院长陆绍阳认为"作者开辟了一个新的领地，非常有价值"；新闻评论家丁法章称前本书《报人赵超构》为"打开赵超构人生的达·芬奇密码"，后本书《赵超构书信往事》为"走近赵超构的另一扇窗""为当前出版名人书信乃至撰写人物传记，提供了一种可借鉴的范本"；报告文学研究专家、华中师范大学文学院教授尹均生称其"为新中国晚报史补写了浓墨重彩的一笔"，"具有史传性、文学性和时代性，是新中国晚报史上的重要学术成果"。

一生爱好是天然
——琦君百年纪念文集

　　2017 年，是琦君百年诞辰，中国文联出版社出版了由周吉敏主编的《一生爱好是天然——琦君百年纪念文集》，比较全面呈现琦君生平、著作及研究成果。

　　本书编辑的体例，一共分为七辑。第一辑为"生平及作品"，包括"琦君年表""琦君作品叙录""教科书里的琦君""琦君人生行旅图"四部分内容，展现琦君生命和文学的轨迹，以及文学成就；第二辑为"笔下的故乡"，包括"泽雅""瞿溪""杭州"，以今人寻访的方式，呈现琦君笔下的故乡，也是现实中的故乡，尝试探寻琦君文学背后作家的生命源流；第三辑为"故乡的回音"，包括了"琦君文学馆""琦君文化节""中学生琦君文学奖""琦君纪念馆""瓯剧《橘子红了》""琦君散文奖"六部分内容，展现琦君故乡多年来对"琦君文化"的培育历程和取得的成效；第四辑为"名家论琦君"，以夏志清、林海音、白先勇、王鼎钧、杨牧为代表，展现琦君文学的价值和地位；第五辑为"琦君在学界"，包括"重要评论文章选刊"和"研究评论资料目录"，展现琦君在学界的现状；第六辑为"'我'与琦君的情缘"，以沙里、林翘翘、章方松等与琦君有交集的人的日记、口述、回忆文章为组成内容，展现琦君在大陆的一些情况；第七辑

一生爱好是天然——琦君百年纪念文集

周吉敏 主编

中国文联出版社

2017 年 12 月

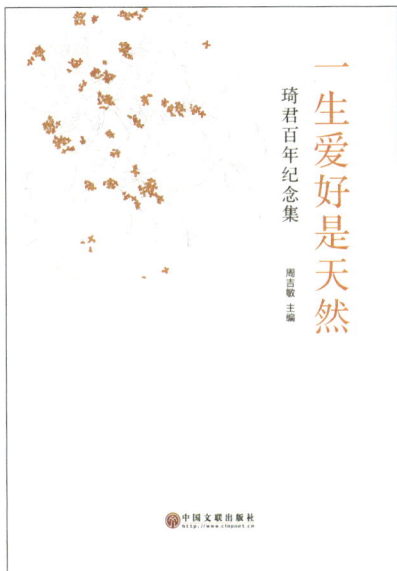

一生爱好是天然

琦君百年纪念集

周吉敏 主编

中国文联出版社

为"图片集",包括"影像""书信""手稿",作为文字资料的补充和佐证。

书中"笔下的故乡"这一章节尤显重要。琦君虽住在台湾,但写的几乎都是家乡事。因为历来研究琦君的学者大部分在院校,大都只从文本着手,鲜有人去实证琦君笔下故乡的真实面貌,和琦君文学地理和精神上的源流。这一章节是完成了一种溯源——对琦君生命的溯源、琦君文字的溯源,琦君文学精神的溯源,为一棵开花的树找到了根。

琦君的作品大部分在台湾发表和出版,文学活动也都在台湾。2006 年,琦君在台北去世后,家人把琦君的大部分遗物,包括手稿、书信、影像资料等捐给了台湾文学馆。在此次编辑过程中得到了台湾的陈丽娜女士(琦君的儿媳妇)的支持,提供了台湾文学馆出版的书籍《台湾现当代作家研究资料集编——琦君》以及相关书信的图片等资料。

民国文化隐者录

这是一本研究民国温州学人的著作。

晚清民国是温州历史上一个有特点的时期，出现了一批人才，其中不乏夏鼐、夏承焘、郑振铎、苏步青等各领域领军人物，但更多的人物却不为人知，或因为淹没在历史中，或因为只知其名不知其事，或因为知其而不知乃温州人。

该书旨在打捞一些今天看来不为人重视的民国学人，而在他们的人生旅途中有曾有过光辉的一面，所谓"隐者"是被历史遮蔽，而非自隐。

全书共二十三篇文章，介绍了北大"温州学派"的沉浮，时人日记里的林损、异人郑曼青、周作人与永嘉松台山人、刘节在清华国学研究院、伍叔傥的倜傥人生，历史推手黄群、朱维之的文艺探险之途，《小小十年》之后的叶永蓁，泥土社往事等，考证扎实，又具有可读性，对"五绝老人"郑曼青、受鲁迅提携的叶永蓁的生平介绍，尤见功夫，将从温州走出来的小人物纳之于风云变幻、时代转型的社会大背景下来进行观察，通过讲述他们的传奇故事，于小处见民国知识分子心路历程，展现了一幅幅文化人生活的图景。同时，通过这些人的故事，让读者了解温州的另一面——商名之外的温州。

该书出版后，有多篇书评推荐。其中王淼文章说："梁启超先生尝言：'不

民国文化隐者录

方韶毅 著

金城出版社

2010 年 11 月

能拿事情的大小来比较价值的高低，只要在自己所做的事业中做一个第一流的人物，便算了不得。'而以之对照民国年间温州籍的文化隐者，一个显见的事实是，他们不仅在各自的学术领域内独胜擅场，从他们个人的传奇故事中，也能够感受到民国文化的丰富细节，解读出一代知识分子的心路历程说他们是那个时代的第一流人物，应该是实至名归、名副其实的。"本书作者"立足于扎实的阅读和考证，他对民国温州籍文化隐者的钩沉与打捞，既可以看作是对乡贤的缅怀，同时也不妨看作是以个人的方式，对温州历史文化的一种传承与弘扬"。

林斤澜说

    本书是一部人物传记，传主为当代文学家林斤澜。林斤澜是浙江温州人，一生曲折，创作颇丰，发表了大量短篇小说和散文。作者程绍国记录下林斤澜之所说，并以散文化的语言娓娓道来，生动细致地讲述了林斤澜波澜壮阔的一生。

    《林斤澜说》由 11 个篇章组成。第一篇为《上下求索》，从总体上概述了林斤澜的文学生涯，包括他与文学结缘、他的文学创作、他的文学思想等方面的内容。之后，《雁山云影》《天堂水寒》《文坛双璧》《鸿雁存影》《南国"就食"》《潮兮鱼兮》这六篇主要叙说了林斤澜与多位文学家之间的交往，其中既有前辈文学家，如老舍、沈从文、茅盾等，也有同辈文学家，如高晓声、汪曾祺等。作者不以林斤澜生平的时间先后为序，而是选择以人物为纲，通过他与文学界不同名家之间的交流往来，拼接出林斤澜鲜活的文学生命。《百里喜事》一篇讲述了林斤澜年少时美好的乡土记忆，并结合其具体作品，还原他笔下的少年故里。《行歌如梦》主要介绍了林斤澜与他的抗日战友之间的情谊和往来。《天可怜见》一篇则讲述了在 20 世纪 50 年代"反右派斗争"运动中，与林斤澜关系密切的一众知识分子被打为右派，但所幸林斤澜逃过一劫。最后一篇《圣

林斤澜说

程绍国 著

人民文学出版社

2006 年 12 月

杯盈盈》,是作者程绍国从自己的视角出发,来记述关于林斤澜言行的一些印象,不乏真情流露之处。

作者在书中介绍了许多鲜为人知的历史资料、历史镜头和人事细节,以及种种的因人而异、因个性而异、因立场而异、因遭遇而异、因地位而异的情感波动,姿态变化等等。由于这部传记有不少地方是照本于林斤澜本人的回忆,所以它对研究林斤澜其人其文,以及当代其他一些与之相关的作家的学者来说,无疑是有相当高的参考价值。

长天长镜头：我和照相机的七十年

本书为张侯权先生的口述史。张侯权，1928 年出生，浙江乐清人，著名风光摄影艺术家。1951 年开始摄影，与照相机结缘 70 年，完整经历中国大众对摄影的了解从"新、奇、特"到人手一机的过程。从事风光摄影艺术创作的数十年中，通过多样的文化产品为大众提供了 5000 余幅独具个人特色的风光摄影作品。

作为面向大众的摄影艺术家，张侯权先生的口述史，记录了他早年投身革命工作的热情，而后努力自善其身，以一己之长服务社会、贡献社会的独特经历；也从一个亲历者的角度，记录了"照相机"从鲜为人知到普及再到渐为手机功能替代的完整过程；记录和体现了在这个过程中发生的趣事和摄影艺术的社会价值；记录了一个摄影艺术家独特的与世界对话的方式。

本书的目次、插图、排版也很为人称道。全书除权当前言的"题外话"和相当于简要年谱的"流年记影"及后记"整理者的话"外，大体以时间为经分四部分。每一部分根据故事的内容和性质，分"照相机故事""标准镜""变焦镜"三类为纬编排。故事穿插，经中有纬，纬中见经，变化中又显和谐。书末还有索引，又依三类将故事归整，后附页码，可一索而得。

长天长镜头：我和照相机的七十年

张侯权 口述 张志杰 单泠 整理

浙江大学出版社

2021 年 11 月

本书插图以张先生自己拍摄的风光景物照片（包括翻拍的印刷品）为主，根据内容又附上一些家藏物件的照片，如乐清细纹刻纸、剪纸、首饰龙、黄杨木雕，甚至地图、老照片、单眉月老师的大写意花鸟作品等。插图丰富有趣，又与口述内容互相生发，一边听生动有趣的故事，一边欣赏艺术作品，让读者的阅读体验倍感愉悦。本书排版文字疏朗，分段间距开阔，必要时在留边处用小字给正文作解，又给难读易错字注音，处处为读者着想，小细节处现大心思。

温州试验
——两个人的改革开放史

　　《温州试验：两个人的改革开放史》是吴逢旭、陈文苞两位新闻工作者历时三年完成的一部报告文学，它是 20 世纪 80 年代温州改革开放期间的一段历史纪实。作者选择陈定模和屠挽生为代表的温州一大批基层干部作为采访对象，从他们的亲身经历中展开，并发掘与他们有关的各种人和事，展示了被世人称为"温州模式"的奥妙，给读者提供一幅原汁原味的温州"自费改革"的悲喜录。

　　全书共三篇，上篇"陈定模传奇——龙港走向城市化"，讲述了基层干部陈定模拎着乌纱搞改革的故事，他在钱库实行承包制，鼓励农民"洗脚上岸"，从事工商业，使农民走上致富的道路，为日后开放龙港积累了主力军。1984年 3 月，42 岁的陈定模毛遂自荐，向县委书记立下军令状，来到仍是一片荒滩的龙港，担任镇委书记。他率先实行土地有偿使用、自立户口和发展民营经济的三大改革，在一片滩涂上建设中国第一座农民城，其开发和建设龙港的故事可歌可泣。

　　中篇"屠挽生记忆——柳市迈向工业化"，通过当年的柳市区区长屠挽生回顾乐清农民是如何建立起一个庞大的电器王国，从而走上乡村工业化之路的

温州试验——两个人的改革开放史

吴逢旭　陈文苞 著

浙江人民出版社

2008 年 9 月

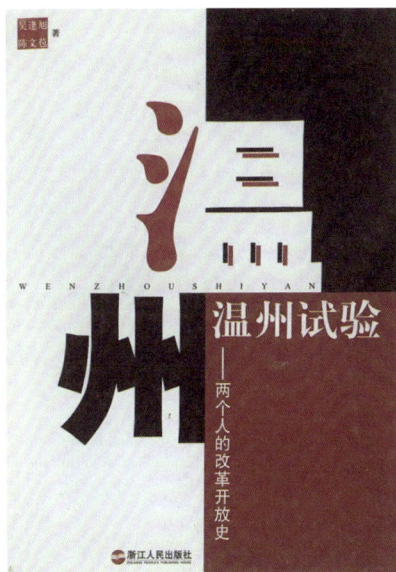

故事。揭示了柳市崛起的法宝是什么，以及柳市走上工业化之路对于中国农村建设有怎样的指导作用等精彩内容。

下篇"温州试验区——中国试验田里长出参天大树"，记录了改革开放初期，党中央、国务院，以及省部级领导先后到温州参观考察，他们在温州发表的讲话，有力地驱除了笼罩在温州上空对"温州模式"到底姓"社"还是姓"资"的议论阴霾，在舆论上助推温州的改革发展。

本书作为一部口述历史，真实感人，文笔流畅。在三年中，作者访问了近 200 位各界人士，在各级档案馆翻阅了上千份中央、省、市文件，通过梳理使读者看到了 30 年来中国改革开放的脉络，展现了温州的各类试验、温州人民在各级干部的带领下敢闯、敢拼的精神风骨。

此书出版后，社会影响颇佳，获浙江省第十届精神文明建设"五个一工程"奖。

辑五

制度变迁与经济发展：温州模式研究

改革开放以来，由于各地区历史文化传统的不同和经济发展水平的差异，在中国的工业化和市场化进程中出现了"一制多式"的局面，即在社会基本制度相同的前提下，各个区域的经济体制改革方式与经济发展模式呈现出一种多样化的格局。其中影响较大的有"珠江模式""苏南模式"和"温州模式"等。而"温州模式"又因其独有的高度自发性特征，成了中国在社会主义初级阶段中建设有中国特色社会主义的一种最富有生命力和最有前途的区域经济体制改革和经济发展模式。

本书力图从企业、市场、政府、文化四个不同的方面来揭示"温州模式"的形成和发展的内在机理。本书共分为五篇、十九章。其中，第一篇"总论"回顾了"温州模式"的理论和总体发展趋势，从经济体制改革和经济发展及工业化进程两个角度研究温州模式。第二篇"企业"，研究了在制度转型背景下，温州民营企业成长的路径与产业群落的发生，重点探讨了在"温州模式"的形成和发展过程中古典企业向现代企业转型的轨迹和条件。第三篇"市场"，研究了温州商品市场、要素市场和中介组织等市场化组织的演化和创新。第四篇"政府"，研究了温州市场化进程中的政府职能转变和政府与市场边界的重新界

制度变迁与经济发展：温州模式研究

史晋川 等著

浙江大学出版社

2002 年 7 月

定。第五篇"文化"，从文化即非正式制度角度，解释"温州模式"的发生以及文化在"温州模式"演化中的影响和作用，同时也探讨了"温州模式"发生过程中的文化教育问题。除此以外，为了使读者更好地了解"温州模式"的形成和发展过程，本书特地列出了"温州改革大事记"。

本书的研究思路是将"温州模式"不仅仅视为一种区域经济发展的模式，更将其视为一个区域经济制度变迁的模式，"温州模式"的示范效应主要表现在其制度变迁方面。在研究方法上，本书不仅从理论层面展开，同时也重视采用案例研究方法探索"温州模式"形成与发展的实际过程，从多个层面来把握"温州模式"的丰富内涵。

该书出版后，颇有影响，浙江大学出版社 2020 年推出了第 3 版，并推出了徐沁译英译本。

自治与增长
——"温州模式"的经验

温州的农村工业化经历内涵丰富，研究价值颇高。在制度变迁、财产权利、社会转型等方面出现了一些重要现象，一些关键的问题都需要解释。早期的观察看到的只是一张静态照片，讨论的主题较为单一，集中于"温州模式"现象到特点的单维线性归纳。20 世纪 90 年代以来的研究已经跳出最初对"温州模式"不堪确切的描述性分析，开始运用比较系统的理论关照观察过往三十年多来的发展过程，从一种过渡性的制度安排的立场来检视农村工业化的温州模式。不过，虽然多数文献都强调了温州发展资源禀赋高度紧张的初始背景，却只是简单地将约束条件处理为"倒逼"激励因素。

本书从温州农村经济系统、民间金融、地方产业集群、专业市场等方面深入研究"温州模式"的促成因素、经验和新挑战。

本书的看法是，温州颠覆了计划经济长期以来为了积累国有工业资本而建立的农民管制体制，以及这种体制在原始积累完成后对农民"抽取"的惯性。通过民营化改革罕见地在农村切割出一块"自留地"，把工农业产品不等价政策产生的剩余集中在自己手里，实现"自我抽取"，完成以家庭为单位的原始资本积累，并且利用上述压制体制在官营企业左右边缘地带"填补空白"加速

自治与增长——"温州模式"的经验

任晓 著

浙江人民出版社

2011 年 11 月

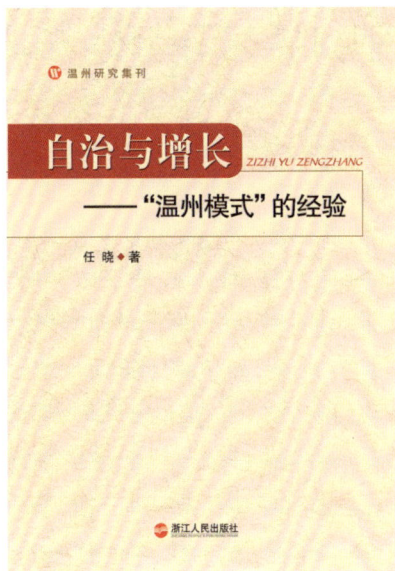

拓展，带动农村存量资源向工业的移转。

"温州模式"作为改革早期的"少数中国"标志不在于其行动而在于其价值，市场制度在维系经济社会日常活动中得到普遍确立、认可和坚持。简化的温州工商业史提示，自上而下的行政治理与民间底层的地方自治传统从来不是对抗关系。一个"集市地域"民间工商业的兴起，个人私产的积累，民间经济繁荣与社会有序治理，同步于上层权力对基层经济社会生活的干预渗透的停止。

本书试图探索另外一种范式，从地方史溯源中所获得的文化和传统线索，提供温州改革的解释面向，了解族群构成、价值系统、精神信仰、商业习俗以及群体默会知识等非正式制度中带有地方属性的差异化和特殊性元素。温州人在商言利，远儒事功，赋予生意、生活以开放价值。基于经济计算上的利益互惠，源自生存发展的激励地方传统完全不同于因为共同信仰（宗教）、宗族等联结而成的组织。经济上的效率总是在关键的时候超越共同体的约束和狭隘，成为商业创新与权利自由的源流。

温州模式再研究

本书共分上中下三篇，上篇"历史轨迹再钩寻"，共分四章，第一章"'温州模式'的问世考查"，第二章"温州模式的历史轨迹"，第三章"'温州模式'的呐喊之声"，第四章"温州模式的农民城之险"；中篇"重大事件再梳理"，共分七章，第五章"温州模式的个体户发证"，第六章"温州模式的'八大王'案件"，第七章"温州模式的空前大整顿"，第八章"温州模式的三次大调查"，第九章"温州模式的股份合作"，第十章"温州模式的民间金融"，第十一章"温州模式的百万温商"；下篇"理论问题再探讨"，分为六章，第十二章"温州模式的是是非非"，第十三章"温州模式的研究误区"，第十四章"温州模式的有为无为"，第十五章"温州模式的理论支柱"，第十六章"温州模式的前途之考"，第十七章"温州的最新态势"。

本书的作者根据自己多年来的亲身经历，在汇集了大量翔实资料的基础上撰成此书。书中进行了充分的梳理和研究，并对一些存在争论问题提出了自己的看法和见解。温州模式是指改革开放以来温州人在探索振兴经济的方法时，摸索出来的一条富有区域特色的发展道路。温州模式具有强大的生命力，在实践中不断创新和发展，而这又是由温州模式的核心内涵和本质所决定的。温州模式的本质是民本经济，精髓是市场经济，基石是实体经济，政府的管理体现

温州模式再研究

胡方松　林坚强　著

社会科学文献出版社

2018 年 9 月

为有限、有为、有效。

　　作者为了全面探讨"温州模式",首先从对温州模式孕育、问世和发展过程中的若干节点性轨迹的钩寻和研究入手,因为这些节点性轨迹,是考查温州模式发展历程的一个重要方面。由于前人不够详尽全面,加之相关资料的欠缺,作者主要依靠亲身搜寻的资料和自身的研究成果来讨论温州模式的整一个发展过程。然后,本书在中篇着重探讨了温州模式在 40 年的形成和发展过程中出现的一些重大事件。最后,作者根据中国特色社会主义初级阶段理论,对温州模式发展过程中出现的一些带有理论性的问题,按照温州模式发展的客观规律,运用温州模式发展的新材料、新成就,分别加以总结、探讨。

　　总之,本书对温州模式的研究相当全面充实。本书也不只停留在从温州的经济发展看温州模式的生命力,而是从中国特色社会主义发展的历史长河来看温州模式的生命力。温州模式作为一种欠发达地区依靠自己力量的区域性经济发展方式,作为一种贫困落后地区群众自我脱贫的经济发展方式,可以作为中国特色社会主义初级阶段广大农村工业化选择的一条道路,也可作为中国农村走向现代化、城镇化的一个样板。

跨越边界的社区
——北京"浙江村"的生活史

全书共分十章，第一章"引论：从日常行为的角度"、第二章"走进'浙江村'"、第三章"周家一日"、第四章"1984：来到北京"、第五章"1986—1988：站稳脚跟"、第六章"1988—1992：扩张"、第七章"1992—1995：乱里挣钱"、第八章"1995：波折和回溯"、第九章"讨论：关系丛"、第十章"未来：新社会空间"。

北京"浙江村"指的是一个以温州人为主的浙江人进京经商后自发形成的聚居区，位于北京的城乡接合部，以其物美价廉的服装而闻名全国。本书的核心议题是讲述北京"浙江村"是怎么形成的。作者在前两章中，说明了研究的基本取向和方法——本书是基于对人的具体行为的直接观察，从日常生活中去考察"浙江村"这一社区的形成。

在本书主体论述部分的安排上，作者选择了"年谱"式的写法，以"浙江村"的生活史为叙述主线。第三章《周家一日》通过对"浙江村"里一个普通家庭前后两年的日常生活的描写，试图直观地展示出他们生活的基本样式及其变化。从第四章开始，作者依循时间的流程，来展现"浙江村"的形成及变迁。本书的第四和第五章，先讲述了"浙江村"的人们是怎么来到北京的，并说明了"浙江村"的形成不是简单的政策加传统的产物。然后，又讲述了"浙江村"的人

跨越边界的社区——北京"浙江村"的生活史

项飙 著

生活·读书·新知三联书店

2000 年 8 月

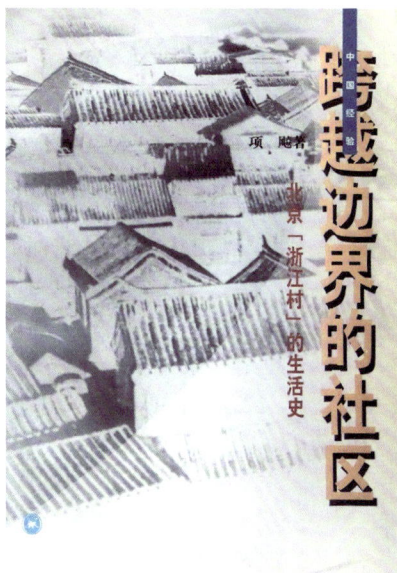

是如何进入城市的正规商业系统，在异乡站稳脚跟的。第六章中，作者提出了温州人"全国流动经营网络"的概念，并将这一网络的形成视为"浙江村"社区正式诞生的标志。第七章主要围绕着当时"浙江村"的两大特点而展开，描述了帮派的形成、组织特征和行为方式，还有不同政府部门的介入与"浙江村"发展的联系。第八章通过两个事件，把"浙江村"内部组织方式和它与体制的互动关系，以戏剧化的方式表达了出来。最后的两个章节，作者首先总结了"浙江村"的发展过程，集中讨论了"系"的概念和"关系丛"的观点，然后从体制变革的角度讨论了"浙江村"的历史和未来。

本书的撰写建立在作者对北京"浙江村"长期实地观察的基础上，这种研究方法能让研究者对事物细微机理的了解变得更加可靠，摆脱在关于传统与现代、总体与具体上的认识的断裂。此外，对"浙江村"形成的研究也具有显著的现实意义。正如作者在书中所说，"浙江村"是一个超越了一系列社会边界，居于体制之外的"新社会空间"，向我们展示了另一种社会组织方式和生活方式的可能。这样的"新空间"也能反过来促进体制的改革，促进原来社会边界的更改。

生活·读书·新知三联书店于 2018 年 3 月出版该书修订版。

移民空间的建构：巴黎温州人跟踪研究

全书共分七章，第一章"法国移民问题"、第二章"'做'市场和附着型增长"、第三章"跨国与族群竞合"、第四章"社会性和社会空间"、第五章"文化空间：寻根与信仰"、第六章"政策空间：'边界'建构"、第七章"弹性空间与社会融合"。

本书是在对巴黎温州人这一身处异域他乡的中国移民群体，持续进行十多年社会学跟踪调研的基础上撰写而成的。作者经过长期的调查和研究，发现巴黎温州人不论在产业形态、居住位置，还是在组织形态交往方式以及代际关系等方面，与过去相比都有了显著的变化，且集中体现在他们的行动空间与过去有了显著的差异。作者采取空间重构的视角，从空间与空间因素入手，回顾了研究对象的过去发展。宋钧瑭在书评中认为该书的启发意义在于：一是关注了移民群体内部的生存和发展问题；二是移民群体与主流社会的关系展开了分析。关于前者，作者从不同方面论述了巴黎温州人一体化群体性的表象下，存在着内部竞争与合作问题。关于后者，作者发现巴黎温州人在与主流社会的交互过程中，普遍面临着认同困境。

本书在主体框架的搭建上，主要参照了法国哲学家列斐伏尔的"社会空间

移民空间的建构：巴黎温州人跟踪研究

王春光 著

社会科学文献出版社

2017 年 12 月

理论"。作者将"空间"划分为经济空间、社会空间、文化空间以及政策空间等四种空间表现，正对应了本书的第二到第六章，并在此基础上提出了"弹性空间"的概念用以总结。在第七章中，作者建构了中法两国空间之间及巴黎温州人内部空间之间的三重空间。理想中的第三空间应起到文化沟通的作用，但事实上巴黎温州人与主流社会的互动多停留在利益交换上，不足以形成社会交往和增进社会资本。关于文化沟通是否难于经济互动，将值得研究者们在社会融合问题上去进一步讨论。

　　总的来看，本书深入刻画了巴黎温州人在中法之间、在群体内部的社会地位空间格局，同时揭示了这种空间格局对他们的社会融合具有的意义和价值。但正如宋钧瑭所评，本书在进行移民研究时，过于局限在移民群体的圈子内，缺少多视角的论析，对东道国的社会与文化讨论不足。

生活在高墙外：普拉托华人研究

    全书共分三个部分，十五章。第一部分为"华人群体与普拉托地方经济的变化"，共五章，第一章"普拉托华人群体"、第二章"意大利工业区与来自华人的双重挑战：工业区竞争优势与外部全球压力"、第三章"在全球服务业衰落时代从事服装生产的中国移民：意大利普拉托时装新景象"、第四章"普拉托纺织品区与华人族裔企业"、第五章"普拉托华人劳动力市场与就业流动性"；第二部分为"普拉托社会融入面临的挑战"，共分七章，第六章"普拉托的多样化与隔离"、第七章"作为过渡带的马柯老道零区：文化多样性与公共场所"、第八章"群体联系：意大利普拉托的中国人群体及其对技术的使用"、第九章"普拉托的中国龙：欧洲小镇上意大利人与华人群体的关系"、第十章"迷失在异国他乡：普拉托中国劳工的认同危机"、第十一章"发生在米兰的较量：两个华人社区对 2007 年 4 月骚乱的社会表征"、第十二章"澳大利亚墨尔本华人定居概述：对普拉托华人定居的启示意义"；第三部分为"普拉托与温州的社会经济联系"，共分三章，第十三章"国际移民与温州发展"、第十四章"海外华人捐款对温州发展的贡献"、第十五章"通过工业区透视温州发展模式"。

    本书在第一部分中重点探讨了华人群体在普拉托发展日新月异的地方经济

生活在高墙外：普拉托华人研究

[意] 格雷姆·约翰森 等主编

温州市世界温州人研究中心
温州大学浙江省温州人经济研究中心 译

中国社会科学出版社

2013 年 4 月

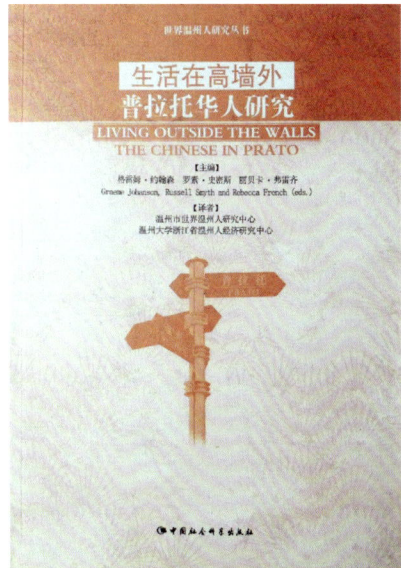

中的作用。第二章到第五章，分别从不同的角度探讨了普拉托华人群体给工业区带来的挑战和机遇。本书的第二部分，即第六章至第十二章，则将研究目光放在了普拉托华人群体与意大利群体之间社会融合的不同层面，如考查了华人互联网点在社区建设中的作用，或是分析了意大利媒体所刻画的普拉托华人群体形象，或是描述了制衣车间华人劳工的日常生活等等。第三部分也就是本书的最后三章，考查了普拉托与温州的经济联系及广义上的国际移民在温州经济发展中的作用。这三章内容共同说明了华人族裔经济与中国温州经济发展模式具有很大的相似性，能够与普拉托工业区共存，具有补充作用。

本书记述了自 20 世纪 90 年代以来温州移民来到普拉托的历史，研究了他们对意大利纺织业的贡献，分析了他们在融入当地社会时面对工作环境和生活网络的"迷失"与"陌生"，赞扬了他们吃苦耐劳的精神，以及他们在中意两国经贸合作发展中的作用。本书还研究了普拉托温州人对家乡发展的回报。总之，该书对认识海外华人创业史及其在发展中外贸关系中的作用具有重要价值。

日本温州籍华侨华人社会变迁研究

　　温州地处浙江省东南沿海，是中国著名的侨乡之一。日本因地理位置相近而颇受温州人青睐，温州地区出现的第一次出国热就是涌向日本。改革开放以后，随着旅欧温州人的规模和影响力日益增强，温州移民现象引起了国内外众多学者的高度关注，学界掀起了一股旅欧温州人研究热，而对日本的温州籍华侨华人关注则较少。该著聚焦于日本的温州籍华侨华人，从历史学、社会学和人类学等多学科的视角，对老华侨华人和新华侨华人两大社群进行历时性和共时性考察。

　　关于温州籍旅日老华侨华人的研究，主要通过对日本的官方档案等史料的解读，在纵向梳理其历史发展进程的基础上，将其划分为萌芽期（19世纪以前）、繁荣期（20世纪初至1923年）、低迷期（1924—1977年）和新时期（1978年至今）这四个时期进行详细描述。大批温州人在一战前后作为劳工和小商贩东渡日本谋生，在东京、名古屋和大阪等大城市形成了有一定规模的温州人社群。但是，在1923年日本大地震后的混乱之中，近700余名华工惨遭杀害，其中绝大部分为温州人。灾后，幸存者大多被遣送回国，仅有为数不多的温州小商贩继续散居在日本各地经商。之后在很长一段时期里受中日关系的影响，仅有少数温

日本温州籍华侨华人社会变迁研究

郑乐静 著

科学出版社

2015 年 2 月

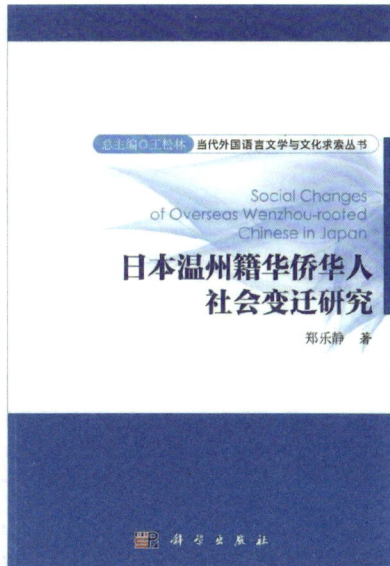

州人途经香港移居日本。直到改革开放以后,温州地区才再度掀起赴日出国热。

对于温州籍旅日新华侨华人的研究则运用社会学的定量化调查和定性化调查方法进行调研,对其移民动机和路径、在移居国的生活和就业状况、将来的规划等方面进行详细考察,横向剖析了其移民行为模式。现今,在日本的温州人大多聚居在东京和横滨等大城市,主要从事餐饮和外贸等行业。

该著是第一部系统描述侨居日本的温州籍华侨华人社会变迁之研究专著,通过大量一手资料,翔实展现了温州人在日本的奋斗历程,为研究日本华侨华人史和海外温州移民的学者及相关侨务部门提供了学术参考。该著作全文用日文撰写,有助于唤起日本学界及旅日侨界人士深入了解该社群的现状及面临的问题。

温州海外移民与侨乡慈善公益

　　本书分为三编,共十三章。第一编"温州海外移民史",共三章,第一章"温州移民传统与移民海外"、第二章"近代开埠与温州海外移民"、第三章"温州海外移民形态及其演变";第二编"温州海外移民群体特征",共三章,第四章"温州新移民的出国与择业特征"、第五章"温州海外留学移民的特点与贡献"、第六章"温州海外移民家族的分布与影响";第三编"温州海外移民的侨乡善举",共三章,第七章"浙江省爱乡楷模的特点分析"、第八章"温州华侨慈善捐赠的文本解读"、第九章"温州侨胞捐助教育事业的考察"、第十章"温州侨胞捐赠侨乡社会的实证研究"。

　　本书的第一编主要论述了温州的海外移民史。作者根据大量的文献资料,从先秦两汉时期开始梳理,一直到当代为止,证明了温州自古以来就是一个典型的移民社会,温州人素有流动的传统,迁徙活动频繁。第二编的三个章节则论析了温州海外移民群体的特征,着重探讨了海外择业、海外留学以及移民家族三种现象。最后一编围绕着温州海外移民的侨乡善举进行阐述。第七章重点分析了爱乡楷模的人口学特征、创业活动特点和报效家乡的方式及特点。第八章是对侨刊乡讯中有关温州华侨慈善捐赠的报道进行解读。第九章考察了温州

温州海外移民与侨乡慈善公益

徐华炳 著

中国社会科学出版社

2016 年 10 月

侨胞对教育事业捐助，体现了侨胞们对温州当地鼓励办学、兴教助学的优良传统的继承。在最后一章，作者调查和分析了温州各县侨胞的捐赠特点，并重点介绍何朝育这一个案的慈善经历，用以诠释侨胞们所具有的"温州情结"。

本书以温州具有鲜明特色的区域慈善文化为研究对象，文字与图表互相参证，论据扎实，视角多元。作者首先回溯总结了温州当地历史悠久、长期存在的移民传统，然后对当下的移民现象作了分别探讨。最后，作者基于实证研究的结果，对温州侨胞的慈善事业和慈善文化进行了全面具体的论析。

海外温州研究评析

本书的主要内容是按照海外中国学的研究体系和框架，对海外学者有关温州的研究成果进行梳理和归纳；以国内温州研究为出发点和立足点，对海外学者的温州研究的主要观点进行梳理、归纳和分析；从方法论的角度，重点分析海外学者有关温州研究的新颖研究手段的具体运用；最后辑录海外温州研究的文献目录、主要学者简介及其对于温州发展的主要对策建议的附录，作为今后研究的资料参考和提交相关决策部门参阅。

具体而言，本书第一部分系统回顾了 19 世纪以来的海外温州研究概况，将之划分为新中国成立以前、20 世纪 80 年代、20 世纪 90 年代、21 世纪以来等四个研究阶段。新中国成立以前海外学者的温州研究：一是苏慧廉等在华传教士撰写的回忆录；二是爱德华·哈泼·帕克等语言学家针对温州方言开展的语言学研究；三是由当时掌控中国海关的外籍海关官员编写的温州海关报告；四是《中国评论》(*The China Review*)、《北华捷报》(*North China Herald*)等外国人在华创办的报刊登载的系列报道。

第二部分主要是对海外温州研究的具体研究方法进行了方法论的归纳。海外学者在温州研究中运用了大量较为新颖的研究方法，其中比较常见的研究方

海外温州研究评析
李春来 著
厦门大学出版社
2017 年 6 月

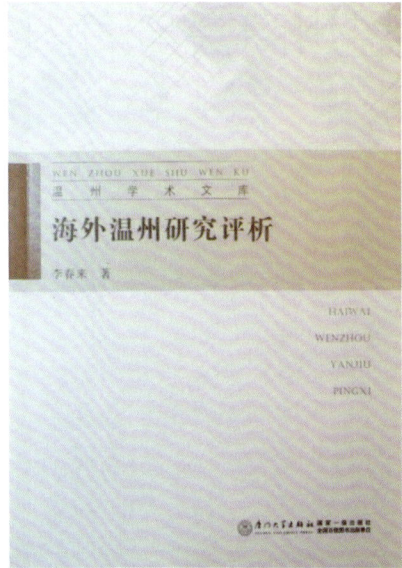

法包括定量分析法、模型研究法、田野调查法和比较研究法四种。佐藤浩、蔡欣怡分别运用定量分析法来研究温州的民企管理层和民间借贷；蔡欣怡在研究"红帽子"伪装的挂户企业时，建立了"红帽子"模型。福斯特通过田野调查法来温州企业和市场状况进行了对近距离观察；蔡欣怡通过比较研究法，比较了温州模式与克拉拉模式的异同；伦巴第运用比较研究法，将意大利工业区模式与温州模式进行了对比。

第三部分是对海外温州研究的若干争议性观点的理论回应。在肯定其研究成果的基础上，选取最需要商榷的观点来加以评析。充分阐述国内学界的观点，表达我们的研究成果，指出我们认为海外学者研究中不足或不正确的地方，以求得在交流与商榷的过程中的共同提高。

温州商会与海内外温商

《温州商会与海内外温商》系 2016 年浙江省哲学社会科学规划课题成果，是一部研究温商的著作。除绪论和大事记外，全书共分 9 章、31 节。第一章至第四章从温州古代商业历史概述入手，阐述温州商会的前身——温州府商务分会到永嘉县商会的发展历程。短短的几十年，永嘉县商会作为行业协会，在发展地方经济、调节行业纠纷、调节劳资关系以及官商中介等方面发挥了重要的作用，但商人追逐利润的本质不会改变。作为一距离国家统治中枢较为遥远的县级商会，永嘉县商会在国民党统治时期政府对商会控制不断强化的情况下，仍保持了相当程度的独立性和自主性。

第五章至第九章围绕新中国成立后的温州商会发展脉络、海内外异地商会样态进行描述。1951 年，温州市工商业联合会成立后协助党和政府开展对资本主义工商业者的社会主义改造，直至"文革"，起着与民主党派类似的作用，民间社团的意义基本不存在。随着改革开放中国社会巨变的脚步，民间社团获得了恢复和发展的良好时期。温州行业商会经过快速发展、提升，具备了民间性、契约性、服务性和专业化、专职化等主要特征，同时也面临挑战与机遇。1995 年，云南省昆明温州总商会率先成立，随后全国各地温州商会纷纷成立。全国异地

温州商会与海内外温商

章志诚　曹一宁 著

中华书局

2016 年 1 月

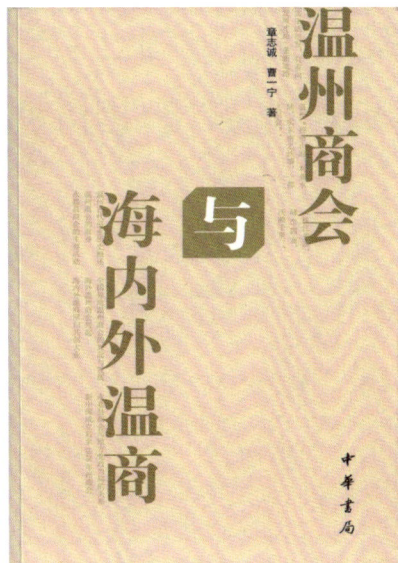

温州商会是温州商会在国内各地的延伸和辐射，契合"温州人经济"之需要，繁荣了当地社会经济，反哺了温州本地经济。与国内异地商会比较，海外温州商会除了经济上的功能以外，更加注重促进海外华商融入主流社会。正因如此，海外温州商会与海外温州同乡会在职能上有着异曲同工之妙。华人融入当地主流社会是一难题，前行在难题的解决之路上，海外温州商会依然是"路漫漫其修远兮"。2013 年，温商响应温州市委、市政府号召，纷纷回乡创业，温州招商引资的"一号工程"，取得了巨大成就。但在温商回归的大潮中，海外温商比之国内温商的回归，无论是速度还是力度均显滞后，温州经济赶超发展之路，依然任重而道远。

组织化、自主治理与民主：
浙江温州民间商会研究

    本书共分上中下三篇，共十章。上篇"温州民间商会：一种利益组织化的机制"，第一章"利益组织化：市场化进程与民间商会的兴起"，第二章"温州民间商会的角色设计与组织化的资源依赖"，第三章"温州民间商会的组织模式与组织运行机制"；中篇"自主治理、制度安排与政府作用"，第四章"民间商会组织：自主治理的组织机制"，第五章"温州民间商会：宏观制度背景与自治性评价"，第六章"政府与民间商会：规范与自主的张力"，第七章"温州民间商会：自主治理的制度基础与政府作用"；下篇"另一领域的民主"，第八章"民间商会与地方民主的发展"，第九章"民间商会与民营企业家阶层的政治参与"，第十章"政治参与与制度创新：绩效、困境与展望"。

    本书基于对温州民间商会长期进行的广泛的社会调查，把研究对象置于当代中国社会转型和国家与社会关系演进的背景中，尝试从理论分析和实证研究相结合的视角，解读温州民间商会和行业协会兴起的政治学和社会学意涵。民间商会出现于计划经济向市场经济转型的过程中，是传统体制所没有的一种新变量，目前面临着一系列问题。针对这些问题，本书不仅引入了西方的各种理论，还在广泛社会调查的基础上，对域外的理论模型加以本土化检验，进而思考和建构出符合温州民间商会和行业协会发展实际的新的解释范式。

组织化、自主治理与民主：浙江温州民间商会研究
陈剩勇　汪锦军　马斌　著
中国社会科学出版社
2004 年 12 月

在上篇，作者首先论析了民间商会这一私营企业主阶层利益组织化机制的产生背景、生发机制，并进一步审视了这一机制对重塑温州社会秩序的积极意义。接着，作者着重分析了温州民间商会和行业协会的角色设计以及组织化的资源依赖。温州民间商会在自主治理的实践中体现出组织性、代表性、服务性、自治性和非营利性等五种角色特征。第三章则主要剖析了温州民间商会的组织模式、组织机构和治理机制。中篇通过对温州民间商会这一自主治理的组织机制的制度分析，深入阐释了自主治理、制度安排和政府作用的互动关系。下篇从社会团体或非政府公共组织与民主之关系的经典理论，探讨我国现阶段的民间自治性组织与民主的关系，考察了民营企业家阶层通过民间商会这种新的利益表达机制进行的政治参与行为及其所表现出来的制度绩效、意义及其缺陷。

本书研究的一大亮点无疑是强调社会调查和经验分析，尝试将理论分析和实证研究、实践描述和理论阐释、个案研究和总体分析紧密结合起来，力图全方位、多视角地考察和剖析温州民间商会的自主治理实践，并解释这一实践的理论价值和意义。通过本书的全面论析，有助于提升对温州民间商会和行业协会的认识，总结其发展和运行的经验。

民间商会与地方政府
——基于浙江省温州市的研究

20 世纪 70 年代以来，日益加剧的全球经济竞争、第三次民主化浪潮、突飞猛进的信息技术革命和政府绩效赤字，民间非营利、非政府组织以惊人的速度蓬勃兴起，促成了市民社会与市场、政府的"三足鼎立"关系。在我国，社会组织正越来越成为经济社会发展的一支重要力量，在社会公共事务管理中发挥着越来越重要的作用。

浙江省是我国市场经济发展较为成熟的地区，也是地方政府创新比较活跃的地区，还是社会组织发育比较充分的地区，特别是民间商会的发展令人注目。这三者之间存在着一种重要的关联性。研究它们之间的关系，既有助于解释浙江经济社会发展模式，也可能对其他地区的经济社会发展提供一定的示范意义。

本书以地方治理为分析框架，试图通过考察浙江省温州市的重要治理主体——民间商会与地方政府的现实发展，特别是通过探讨民间商会与地方政府之间的互动机制，来研究市场经济、发展、地方政府创新与社会组织发育之间的关系。本书共分为七章。第一章对已有的民间商会研究进行梳理和总结，发现明确将民间商会作为地方治理的一支力量，并着重对民间商会与地方政府的互动进行分析的研究较少。第二章总结国外发达的市场经济国家的经验，发现

民间商会与地方政府——基于浙江省温州市的研究

郁建兴 等著

经济科学出版社

2006 年 2 月

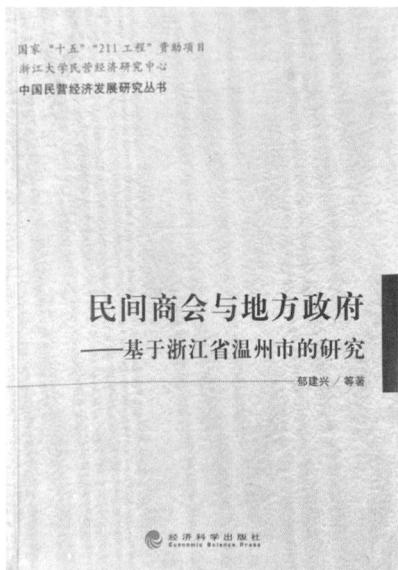

无论在哪种类型的国家，商会都是相对独立于政府的一种中介组织。第三章对商会性质进行认定。本书认为，商会是以市场和企业为基础的，是一种"经济组织的再组织"，也就是各种经济组织以某种形式组织起来执行某些转移出来的职能，以达到某些共同利益。第四章对温州商会的代表性进行阐述，同时分析温州商会发展的历史轨迹及其角色定位。第五章对温州的地方商会与地方政府的互动进行深入考察，提出政府需要加快自身改革和职能定位，才能实现两者的良性互动。第六章揭示了地方治理转型的可能途径和条件，目前温州商会在治理中的作用尚且有限。第七章分析了民间商会与地方政府之间的博弈，阐述了地方治理的实现及民间商会与地方政府互动机制的形成，考察了温州商会与地方政府之间的互动现实及其局限。

家族企业治理、传承及持续成长
——基于温州的实证研究

　　本书共分为六章，第一章为绪论部分，第二章"从家族经营到家族所有"，第三章"家族企业治理结构创新"，第四章"家族企业代际传承"，第五章"子女接班意愿与代际传承"，第六章"家族企业持续成长与代际传承"。本书基于对温州家族企业的实证调研和访谈的形式，针对家族企业的企业治理结构、代际传承与持续成长等问题进行深入分析，揭示解决问题的途径与方法，最终提出家族企业持续成长的政策性建议。

　　在第二章中，作者对家族企业的定义进行实证界定，通过家族企业发展变迁与温州经济崛起之间的历史演变揭示了中国家族企业治理结构模式成长的过程。第三章通过真实的调查数据，分析温州家族企业治理结构的现状，并提出治理结构创新的具体尝试。第四章把研究对象集中在了第一代企业家，作者以温州企业家作为调查对象，通过问卷与访谈对温州家族企业的代际传承及持续成长存在的问题进行调查，然后对于获得的调查数据进行系统的统计分析。第五章主要研究家族企业的接班问题，这一问题是家族企业持续成长中的薄弱环节。作者从接班人的角度出发，以企业家子女为调查对象，运用因子分析得出影响企业主子女接班意愿的六大因素，并在此基础上通过多元线性回归模型分

家族企业治理、传承及持续成长——基于温州的实证研究

余向前 著

浙江大学出版社

2010 年 7 月

析，最终确定唯有企业主子女的企业内部职业志趣对接班意愿产生显著性正相关影响。第六章运用案例分析法，融会贯通中外成功进行代际传承的事例，提出借助代际传承在家族企业中变守业为创业，进行二次创业优化企业内部的治理结构。

　　总的来说，本书的内容主要为三部分，作者先后论述了家族企业的企业治理变迁、现阶段的代际传承以及将来持续成长的对策建言。本书选择将温州这一中国民营企业最具代表性的地区作为研究对象，以小见大，展示了中国家族企业在代际传承研究方面的最新成果，其成果对于政府决策、学者研究、企业家实际传承极具参考价值。

权力结构、政治激励和经济增长

本书共七章，第一章为引论，第六、七章为结论，第二章"浙江的共产主义革命与 1949 年后的权力格局"，第三章"为什么黑夜中狗不叫？农业集体化中的基层反应和策略"，第四章"失意者们，团结起来：'文革'中的'资本主义'复辟"，第五章"具有浙江特色的经济发展：改革时代政治不确定性下的民营经济和基层创新"，第六章"结论和讨论 I：浙江模式 VS. 江苏模式——兼论中国地方经济发展模式的形成和差异"，第七章"结论和讨论 II：权力结构、政商关系和民营经济的未来"。

温州经济曾经全国瞩目，关于温州模式的阐释已经很多了，有人提出地理因素说，认为温州地少人多，农耕不足自给，唯经商方有活路。也有人说温州人有海外关系，侨民反哺乡梓。也有人说温州有永嘉学派的义利观，滋养当时温州人的经商头脑。《权力结构、政治激励和经济增长》一书，在上述种种阐释之外，为阐释温州模式提供了一个全新的框架。简言之，是从浙江的权力结构来论述浙江经济，其中很大篇幅涉及温州模式问题。

本书第一章绪论和第二章"浙江的共产主义革命与 1949 年后的权力格局"开始建立论述框架，认为浙江民营经济发展的重要因素是政治环境，即特殊的

权力结构、政治激励和经济增长

章奇　刘明兴　著

格致出版社　上海三联书店　上海人民出版社
2016 年 3 月

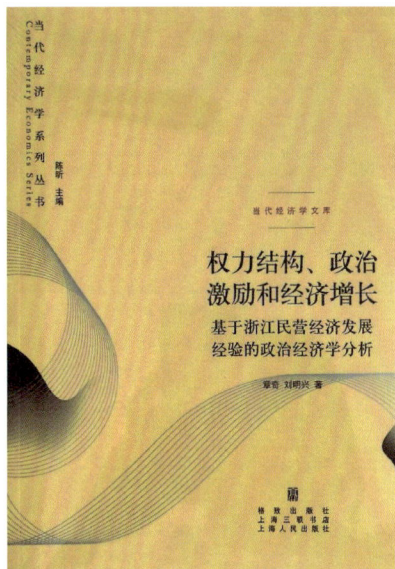

权力结构影响了激励模式，进而影响了经济发展轨迹。第二章第一节"浙江省的共产革命和本地政治精英的形成：1922—1949 年"、第二节"浙江 1949 年后的政治布局和权力结构"、第三节"20 世纪 50 年代的权力零和博弈"从浙江权力结构的历史形成说起，认为 1949 年后浙江的权力格局，以南下干部为主导，浙江本地的游击队处于边缘，因为属于不同的派系，而这些游击队向上得不到南下干部的有力关照，只能向下寻求群众的支持，换取支持的方法则是保持、鼓励民间经济，甚至在"文革"中使浙江的地下经济达到了相当可观的程度，为改革开放提供了足够坚实的基础。

　　这一阐释框架正是基于浙江尤其是浙南的特殊历史而提出的，因此对于浙南经济发展的阐释非常有力。

机会空间与个人能量：经济精英地位获得研究

本书共分六章，第一章"导论：用社会学的想象力透视经济精英的生成"，第二章"文献回顾：有关经济精英与私营企业主的研究提问法"，第三章"温州Y市L镇及其经济精英的基本情况"，第四章"机会空间：私营企业主生成的外部背景"，第五章"个人能量：私营企业主生成的个人准备"，第六章"结论与讨论：地位获得中机会空间与个人能量的互构"。

本书以温州L镇私营企业主成长为案例材料，透视中国改革开放三十余年经济精英的成长及其地位获得问题。研究内容主要涉及四个方面。一是经济精英地位的实现过程及其结果。作者首先探讨了经济精英的地位是如何获得的。二是经济精英的行动及其理解。作者认为要讲清楚经济精英的形成历程和机制，必须对经济精英的行为展开解析，理解其在不同时期所开展的不同活动。三是经济精英的形成机制。在转型期背景下的经济精英的形成充满着各种偶然性，作者希望从偶然性背后发现深刻的必然性，从大量的个案背后抽绎出具有普遍性的内在规律。四是中国社会转型的内在逻辑。在经济精英的形成背后是中国社会转型这样一个宏观背景，所以通过对经济精英形成的分析可以透视转型的整体历程。

本书的主体框架和内容可以分为三部分。第一部分是本书的第一、二章，

机会空间与个人能量：经济精英地位获得研究

童潇 著

法律出版社

2012 年 6 月

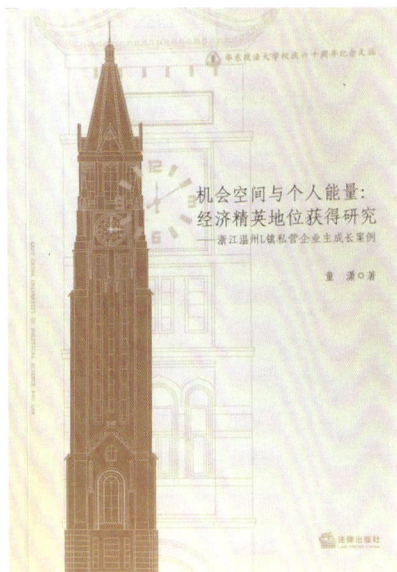

主要是做梗概性的描述准备。作者提出了研究的问题，点明了研究的意义和价值，并对书中涉及的有关概念进行界定。然后，对之前已有的相关研究做学术史回顾，综述了有关经济精英研究的三种研究范式，并在此基础上指出它们各自的局限性，提出"机会空间——个人能量"的研究范式。第二部分是书的第三、四、五章，作者介绍了本书研究的地点 Y 市、L 镇的基本情况，进一步分析了机会空间对经济精英成长的影响，同时总结了机会空间的形成来源、时间结构和内在特点。此外，作者还剖析了经济精英成长所必要的个人能量的具体内涵。第三部分，即本书的最后一章，主要对私营企业的生成机制作相关总结。作者总结了机会空间和个人能量在经济精英生成过程中的重要作用，并推论机会空间和个人能量之间的互构关系。

作者在本书中创设性地提出了机会空间和个人能量这两个核心概念，并构建了新的分析框架，凝练而又准确地解释当代中国经济精英的生成。机会空间源于中国改革开放形成的制度变迁，个人能量源于私营企业主本人惯习和资本积累。这两者在中国当代时空场域内相遇互构，从而构筑了精英经济形成及其地位获得的逻辑。

临港产业发展研究
——基于乐清市的实证分析

　　临港产业是根据沿海经济发展需要，依托海港功能，通过科学布局和协调发展而逐渐形成的一种产业，在临港区域经济中占有举足轻重的地位。进入 21 世纪，开发利用临港资源、加快临港产业发展，已经成为解决人类所面临的资源短缺与生态环境恶化等重大问题的关键。临港资源丰富的发达国家均已先后提出适合本国的临港产业发展战略。我国非常重视临港产业发展，党的十六大及十七大报告接连提出"实施海洋开发"及"发展海洋产业"的战略部署，党的十八大及十九大报告更明确了"海洋强国"战略。

　　乐清市浙江东南沿海开放城市，是"温州模式"的发祥地，也是我国民营经济的首创地。乐清市临港资源丰富，具有国际级意义的滨海旅游资源、国家级意义的港口岸线资源、省级意义的近海渔业和海涂养殖资源。经过多年发展，乐清已经进入"全国农村综合实力百强县（市）"行列，临港产业已经成为乐清再造地区新优势的战略支撑点。在此背景下，进一步认识乐清和温州，加快步伐发展现代临港产业，具有十分现实的指导意义，也对国内其他临港地区的产业发展具有较高的理论参考意义和实践引导价值。

　　本书首先以开阔的视野、开放的思维、翔实的数据和缜密的逻辑，对临港

临港产业发展研究——基于乐清市的实证分析
朱小敏 著
经济日报出版社
2007 年 8 月

产业进行了理论综述。其次，以日本、韩国、荷兰等国和国内宁波、珠海、日照等城市为例，从宏观和微观上展示了临港产业发展的大趋势和对经济发展的重大意义。再次，围绕乐清这个主要研究区域，从分析乐清临港产业发展现状、面临背景、发展条件入手，分析乐清临港产业发展的优势、劣势、机会、威胁，提出乐清临港产业的四种发展战略组合。然后，通过对乐清临港产业发展的内在动因的剖析，分析乐清临港产业发展的演进轨迹和时代举措。在分析乐清临港产业发展历史的基础上，结合改革攻坚阶段的背景，提出加快乐清临港产业发展的目标定位、发展布局和遵循原则。然后，根据已有的分析，提出加快乐清产业发展的战略选择应该是发展临港工业、船舶修造业、滨海旅游业等五大产业。最后，指出乐清扶持临港产业发展的政策取向应包括产业、财税、金融、土地、人才等七项政策。

人力资本与区域经济增长
——温州与苏州比较实证研究

  本书共七章，第一章"以人力资本为主线的经济增长理论综述"，第二章"人力资本"，第三章"人力资本对区域经济增长的作用"，第四章"人力资本存量结构模式"，第五章"温州与苏州的比较实证研究"，第六章"温州与苏州人力资本结构模式形成的制度分析"，第七章"中国区域经济增长的人力资本对策"。

  本书共分为三个部分。第一部分为理论部分。作者综述了经济增长理论和人力资本理论的发展历史，并分别从个体和区域两个层面给出了人力资本的定义。此外，作者还把人力资本划分为三类：一般人力资本、专业人力资本和企业家人力资本。同时，由于人力资本在区域经济中存量高低的不同组合，可以生成四种不同的人力资本结构模式。第二部分为实证部分，作者应用定量分析的方法，通过对企业家人力资本富裕型的温州和专业人才富裕型的苏州经济增长的实证分析，指出了苏州和温州经济增长的差异，并进一步说明了两种不同模式的经济增长机制，还分析了模式形成的制度原因。第三部分为区域人力资本的政策推广。本书对中国 24 个典型城市进行了人力资本结构模式的分类，给出了各种人力资本结构模式优化的途径和各种模式的区域经济增长的人力资

人力资本与区域经济增长——温州与苏州比较实证研究

张一力 著

浙江大学出版社

2005 年 7 月

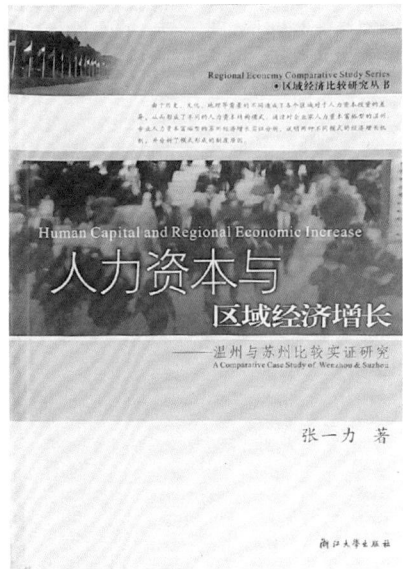

本对策。

　　本书创造性地把区域人力资本细分为三种类型，并在此基础上探讨不同类型的人力资本在经济增长中所发挥的不同作用，提出了区域经济增长人力资本结构模式的四象限模型，然后将这四种模型应用到判断不同区域的人力资本的投资方向中去，有助于寻找区域间经济增长的差异，进而正确引导人力资本的投资方向，促进人力资本结构的合理化，最大限度地提高人力资本的投资效率。总之，本书不仅具有重要的理论价值，而且具有突出的现实意义。

温州模式下的金融发展研究

全书共分十篇，第一篇"民间信用管理研究"、第二篇"区域性金融风险管理"、第三篇"中小企业融资服务体系构建"、第四篇"产业集群企业的融资研究"、第五篇"银行信贷资产质量管理"、第六篇"银行业经营绩效剖析"、第七篇"银行信用环境建设探索"、第八篇"农村信用社发展研究"、第九篇"货币现金流通管理"、第十篇"预防与打击系统内经济犯罪研究"。

本书的著者作为一名身处一线的金融行业从业者，他对温州经济现实进行了深入的实证调查研究，并能在掌握大量一手材料的基础上，运用现代经济学的相关理论及研究方法，对实际的金融问题展开论析。在第一篇中，作者讨论了温州民间信用在经济转轨加快阶段所经历的结构性变化，分析了温州民间信用的现状、风险特点及成因，并提出了相关的对策性建议。第二篇从对温州市现实与潜在的金融风险实证分析入手，总结归纳出已经采取的一系列化解风险的措施和特点，同时提出在新的形势下防范和化解金融风险的若干建议。本书的第三篇和第四篇，分别对中小企业和产业集群的融资服务体系进行了研究，探讨了温州金融业对中小企业繁荣所作的贡献和目前金融支持所面临的困难，以及产业集群在融资方面的相对优势和发展中金融深化不足的问题。

温州模式下的金融发展研究

张震宇 著

中国金融出版社

2004 年 4 月

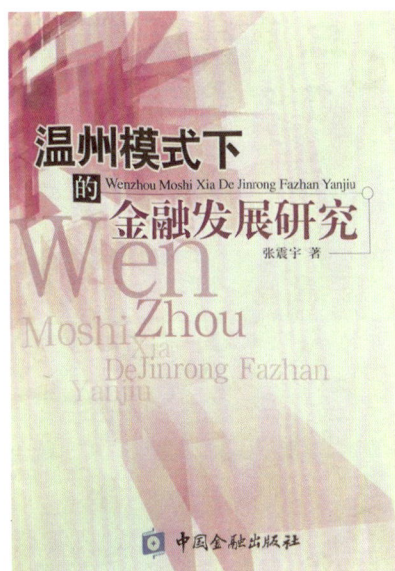

接着，作者又逐一剖析了银行业的信贷资产质量管理、经营绩效以及信用环境建设。第八篇则结合温州市基层农村信用社的实际情况，分析了其发展所面临的种种困境，提出了信用社深化改革的三种探索性方案。本书的第九篇主要以温州 20 年货币流通发展变化情况为依据，分析了经济发展与货币流通之间的相互作用关系，揭示了其中的规律性。在最后一篇中，作者讨论了当前的一个重要课题，即如何打击与防范金融系统内的经济犯罪活动。

本书的显著特色是对现阶段温州金融发展中的热点问题和发展过程中遇到的困难进行了系统的阐述和分析，涉及了民间信用管理、区域金融风险、中小企业和产业集群的融资服务、银行信贷管理、信用环境建设、农村信用社改革、现金管理和金融系统内的犯罪等诸多领域。作者对温州金融表象背后的成因予以了深刻剖析，触及了中国金融改革的许多根本性、深层次的问题，并能对当下这些问题提出许多具有参考价值的建议，深化了人们对金融改革重要意义的认识。

来自底层的变革
——龙港城市化个案研究

　　城市化是一个世界性的趋势。集中化的城市社会拥有分散化的农村社会所无可比拟的经济、社会、文化优势，城市化是社会经济发展的大趋势。在中国现代化进程中，随着工业化水平不断提升，农村人口向城镇转移是必然的趋势和艰巨的任务。提高城市化水平，使之与工业化协调发展，对于中国现代化具有至关重要的意义。改革开放后，经过十几年的发展，各地经济结构和发展模式都有差别，城市化也有不同的发展道路。一是依靠国家财政力量投资建设城市和城镇；二是在经济力量较强的地区依靠当地政府推动建设小城镇；三是在非公有制发达的地方，依靠民间力量、市场机制和地方政府引导推进城镇化。龙港作为第三种形式的典型代表，对中国的现代化有着普遍而持久的意义。

　　龙港城市化作为一种自下而上的城市化形式，是温州模式的城市化的典型代表，同时也是市场经济条件下城市化建设的一种可行方式。龙港的兴起是改革开放后的农村工业化过程中先富起来的温州农民集资兴建的城市，同时也是我国"严格控制大城市，合理发展中等城市，积极发展小城镇"战略的产物。龙港的城市化，丰富了研究中国城市化问题的典型素材，为经济发达重镇建立现代城市架构和转型发展路径，为其他地区的城市化提供参考与借鉴。

来自底层的变革——龙港城市化个案研究

朱康对 著

浙江人民出版社

2003 年 10 月

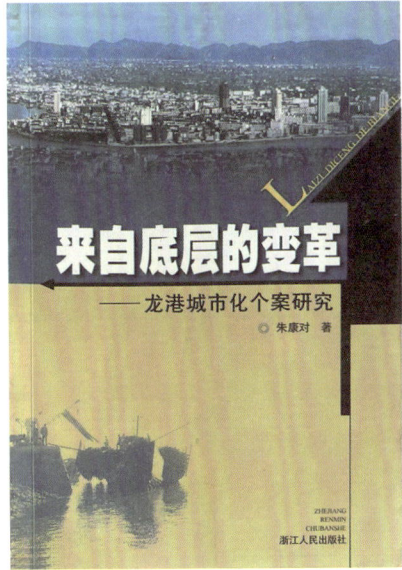

本书共分七章：第一章分析龙港农民城兴建的历史背景；第二章对龙港农民城的发展阶段进行了简单回顾；第三章从城市化与经济发展的互动关系中考察龙港城市化进程中经济结构的变迁，反映城市的集聚效应和城市化后产业特点的变化；第四章利用社会学中的分化和整合的分析框架，研究城市化进程中龙港的社会结构是如何从一个农村社会转变为一个城市社会的；第五章立足于阐述龙港在城市化进程中是如何从乡村文化向城市文化转型的；第六章采用市民社会的分析框架，分析龙港现象在政治学层面上的意义；第七章分析总结龙港城市化建设对于我国城市管理制度改革的意义。

结构性问题与社会和谐
—— 温州社会结构变迁研究

20 世纪初，社会构成的实际变化引起了社会广泛的关注度。民营经济占社会经济总额的分量越发突出，温州为 90% 以上，浙江是 70% 以上，全国也有 50% 以上。地方与全国的情况均以铁的事实表明：我国的经济结构发生了巨大变化，民营经济的主体地位已经显现。本书试图以温州民营经济为例，基于温州发达的民营经济现状，即温州民营经济在 20 世纪 90 年代以来就占据了温州经济的主体地位这一事实，通过实证性考察，探讨民营经济的发展给温州社会发展带来了什么变化，同时，社会结构的变化产生了哪些问题，温州人民应该如何面对社会结构的变化谋求进一步发展？

研究首先从问题导入，阐述了民营经济主体地位显现引发的问题思考。原生问题：民营经济（或非公有制经济）发展引起社会经济结构巨大改变，这一改变对社会结构的变迁产生什么影响？衍生问题：一方面，已经发生了的社会结构变化对经济社会的进一步发展已经或将产生什么影响？另一方面，由于发生了结构的整体性变化，社会将来会是一种什么走向？这种走向是否符合我们预期？

为了更好地回答上述问题，研究接下来通过实践价值、理论价值和学术关

结构性问题与社会和谐——温州社会结构变迁研究

王尚银 著

浙江人民出版社

2010 年 6 月

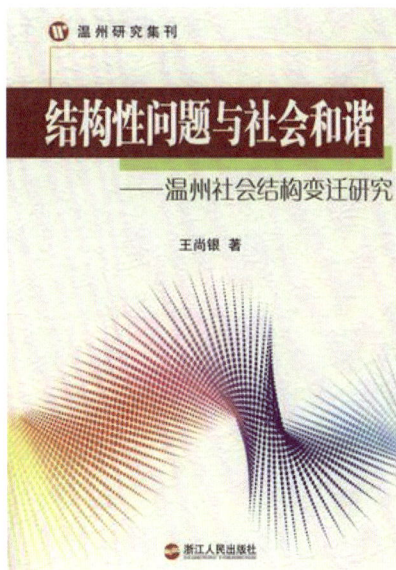

注等方面深入剖析了上述问题研究的价值所在，并基于社会系统论的原理和方法构建了本书的分析框架：温州是一个社会系统，温州的政治、经济、文化等是这个系统的构成要素（子系统），推动温州社会系统整体发展的是各要素功能的充分发挥以及整体系统功能的最大化。依据这一框架，确定了本书的研究内容：（1）温州社会系统的构成考察，即社会结构的变迁；（2）温州社会整合的实践与深层次问题的提出；（3）温州结构性问题的表现与影响；（4）解决结构性问题的理论认识；（5）关于解决结构性问题途径的选择；（6）解决结构性问题、构建温州和谐社会的策略对策。基于以上内容的分析，本书提出了经济结构改变会带来社会结构改变、和谐社会的结构层次观以及结构性问题的出现与解决等理论观点。这些观点是我们分析研究温州社会发展的主要理论支撑。

东部发达城市的欠发达地区发展研究
——以温州为例

发展经济学作为一门独立的经济学分支学科，起源于第二次世界大战结束之前数年，兴起于大战结束之后。发展中国家也被称作"开放中国家""欠发达国家"，指经济、社会方面发展程度较低的国家，与已发展国家相对。关于发展中国家的欠发达问题是发展经济学研究的一个重点。20世纪初，关于欠发达问题的研究，基本上以大区域为主，以县域为单位研究省域或市域欠发达问题，是一个被学者们忽视的研究范畴。本书将研究的对象界定为东部发达城市欠发达地区，具有双重研究价值。一是将对东部发达城市的研究视角转向发达城市的欠发达地区；二是将欠发达地区细分到县域单位，具有现实的意义，研究范畴相对新颖。

本书以发展经济学、区域经济学、产业经济学、地理经济学、城市经济学动能相关理论为基础，综合运用管理学、统计学等专门知识，根据东部发达城市的区域经济发展现状和欠发达地区经济发展的特征，通过重点调查、典型调查的方式，采用实证和分析相结合的分析方法，对欠发达地区的发展进行剖析。

本书共分为八章。第一章先阐述"欠发达相关概念"，后在理论综述的基础上辨析当前关于"欠发达"地区发展的三种观点；第二章建立县域经济发展

东部发达城市的欠发达地区发展研究——以温州为例

谢健 著

上海三联书店

2010 年 12 月

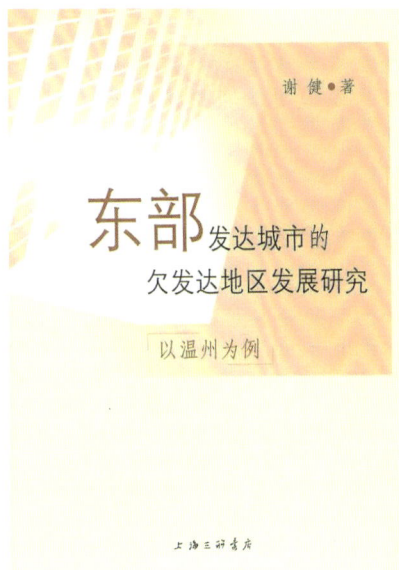

指标，通过统计方法对温州县域经济发展水平进行测度及特征分析；第三章从温州地理特征出发分析欠发达地区形成机理并分析可持续发展问题；第四章是关于东部发达城市欠发达地区的农村居民纯收入影响因素分析；第五章是城镇建设与农村人口发展战略分析；第六章是农业发展问题研究；第七章是非农产业发展问题研究；第八章是政府制度创新研究。

　　本书的主要研究观点有如下几方面。第一，东部发达城市的发展不平衡现象已经相当显著，且呈扩大趋势；第二，东部发达城市的欠发达地区发展问题是一个复杂的系统工程，可持续发展是主要的目标；第三，东部发达城市欠发达地区的发展关键是解决好城镇化、农业和非农业三大问题；第四，政府制度创新是东部发达城市欠发达地区发展的重要保证。

活力社区
——温州城市社区建设研究

  如果说家庭是社会的基本细胞，那么社区就相当于社会的胚胎，后者就是从前者中孕育而成。由于社区与家庭对社会和个人来说有着十分重要的意义，所以从社会学诞生不久，社区研究就是重点研究范围。德国社会学家滕尼斯最早提出"社区"这一概念，这个概念延续至今，不仅成为社会学一个重要概念，而且为普通大众所知。

  本书把温州社区作为重点研究对象。改革开放以来，温州人具有独特的商业意识，温州发展走在全国前列，温州模式已经闻名全国，但是我们对温州的社会，特别是温州的社会建设，知之甚少。本书除了看到温州社区建设并没有脱离全国的轨迹以外，还可以看到一些对其他地区很有参考价值的考验，其中最重要的一条就是社区自主能力。社区之所以重要，主要是因为人们在那里可以找到自己所需的、并能发挥自己能力的东西，因此就有了社会归属感。但是，社区建设过程中，也可以在一些地方看到，通过行政强力推行的做法来推进社区建设，并没有很好地挖掘社区原有的自主资源，更没有激发人们自主参与的动力。此外，社区建设中，也离不开政府的作用，关键在于如何把政府的作用与社会的自主能力有效结合起来，真正把社区构建成人们的社会皈依之所。从

活力社区——温州城市社区建设研究
张纯洁 著
浙江大学出版社
2005 年 1 月

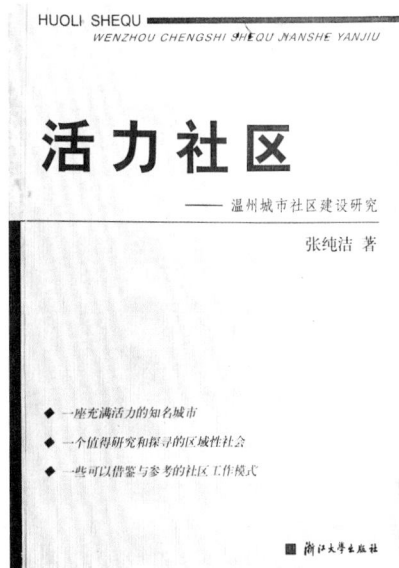

更高意义上看，社区建设好了，和谐社会也就自然而成了。因此构建和谐社会，社区建设是一个很好的切入点。而在社区建设中充分动员社会自主力量，就能使社会更和谐。

　　社区与社会息息相关，社区是社会的缩影，社会是社区的扩大，社区发展如何会直接影响到一个社会的发展。社区与社会的关系正如胚胎与机体的关系，前者发育不好，势必意味着社会这个机体不会健康发展。当然，在快速的社会转型时代，如何推进社区建设以满足人们的需要、更好地促进社会和谐发展，不是一项简单的工作，需要进行大量的调查和研究，从理论和实践两个方面进行深入的探讨，并据此来指导当前我国的社区建设。

政府与市场之间
——基于浙南地方案例的公共事务治道研究

      自古以来，温州都是一个人杰地灵之地，历史传统和地理环境使得温州成为一个充满创造和活力的地方。温州人市场商业意识和权利意识较强，敢想敢说敢做，不仅蕴藏着巨大的企业家创新精神，而且敢于向传统和权威挑战。建政以来，温州的创新和突破此起彼伏，例如温州是包产到户的发源地、以商品经济热潮和私人企业为主体的温州模式等等，这些都为经济理论研究提供了坚实的基础和丰富的材料。本书的作者长期在温州工作，对当地的情况非常熟悉，且富有感情，是一系列重大事件的直接目击者和亲临现场的观察者，甚至直接参与了一些社会活动和变迁。因此在一些问题的调查研究中，由于熟悉而易于深入进去，能够得到一手信息资源，对于问题的阐述和观点的佐证具有重要作用，这也是本书最具特色的优势之一。

      本书中心主题明确，内容广泛，见著于微，兼具地方特色和问题共性两个特点。本书共有 10 章，除第一章"导论"和第十章"共有资源开发的公共政策"外，主体部分的八章分别是温州共有资源开发的 8 个案例，尽管案例不同，但却围绕一个共同的主题，即共有资源的产权缔约和制度变迁。8 个案例不仅包括了不同类型的共有资源和不同的开发活动，如土地、河流、湖泊、水库、

政府与市场之间——基于浙南地方案例的公共事务治道研究

朱康对 著

中国社会科学出版社

2013 年 7 月

海岛、滩涂以及地下泉水；既有水产养殖捕捞，又有工业建设，还有旅游开发；而且还包括了共有资源开发产权缔约和制度变迁的各个方面，因而形成了本书一个独特的分析框架。

　　本书的研究类型和范式独具特色。既有地域特征，又有专题特征。从各个章节的叙述和分析来看，不仅都有一个完整的故事线，包括一些具体事件的来龙去脉、曲折变化、关键环节等等都讲述得清清楚楚，使人读后确有身临其境之感，而且关于故事的叙述还有大量的原始数据和原始文献支撑，历史沿革和现状描述都十分具体，同时在论述中还有很多国外研究的借鉴，即使是没有接触过这一问题的人也会有一个完整的概念。

现代化进程中的村落文化
——当代温州村落文化研究

　　本书选取村落这一世代繁衍生息着中国绝大多数人口的农村社区为研究对象，从农民的日常观念活动，包括风俗习惯、经验常识、宗教信仰等自在的日常思维和客观的社会事实入手，以英国人类学家泰勒的文化概念作为基点，以温州地区的村落作为实证研究对象，分析了现代化进程中村落文化的变革轨迹及对当前农村和谐社会构建的影响。

　　本书的作者不是把村落看成一成不变的社会组织，而是把村落置于整个社会系统里，从历史发展、社会变迁、现代化进程等动态变化的角度，从农民的生产生活方式、思维方式和经营模式的变化，来分析了解农民内心深处的真实的文化诉求。由此揭示了村落文化在传统与现代、先进与落后的交织之间糅合了对村民的价值判断、行为模式以及对村落的经济、政治和社会发展等各方面的影响。在此基础上，针对村落文化中有许多优秀的成分，以及保守落后的甚至是腐朽的一面，提出了创设村落文化新范式的途径和方法。一是要注重农民教育，提高农民文化素质；二要加强文化阵地建设，营造良好的文化环境；三要积极传播先进文化、努力改造落后文化、坚决抵制腐朽文化。创新村落文化的新形式，加强农村文化建设，是解决"三农"问题的一个重要着力点，也是满足广大农民群众多层次多方面精神文化需求的有效途径。

现代化进程中的村落文化——当代温州村落文化研究

任映红 著

黑龙江人民出版社

2005 年 4 月

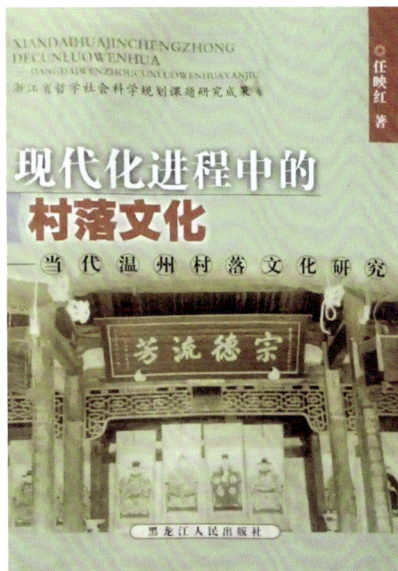

本书对正在扎实推进的社会主义新农村建设具有现实参考价值。深入田间地头，进行实地感受考察研究的结果。作者通过对村民的具体日常生活的直接观察、入户访谈、访问对话、查阅座谈等方法，对温州农村的家族文化、政治文化、人情礼俗文化、传统伦理文化、耕读文化、宗教文化等村落文化的存在形式和现代表现进行了全面的描绘，对现代化进程中村落文化的变革轨迹，不同文化形式是如何影响村民的思想和行为，以及村落文化在乡村经济、政治等方面产生的作用等等问题做出了回答。作者通过大量的实证和口述资料来说明温州农村存在着经济发达与文化滞后的矛盾，这些观点均有作者自己的见解，令人耳目一新。

村落文化是农村文化的一个缩影，本书有助于理解温州模式背后的传统精神和文化因子的内涵。作者引用了大量可信的实证材料，深入挖掘隐藏在温州经济发展背后的文化精神，内蕴深刻而不事张扬，具有强烈的时代感和现实感，充分展示了村落里农民的生存状态、传统文化和现代形式，从中可以看到作者感知的丰富、思想的敏锐、治学的严谨，也体会到作者对社会现象本质认识的不懈追求和对现实问题关注的社会责任感。

温州改革开放 30 年

本书为"浙江改革开放 30 年研究系列·地方篇"之一种，列入浙江文化研究工程，卷首有习近平"浙江文化研究工程成果文库"总序与赵洪祝序。此书为一册长篇研究报告。有导论"创业创新的 30 年"与综述"温州改革开放 30 年历程回顾"，主体分为 14 章，叙述温州家庭工业与专业市场、温州模式的创立与发展、股份合作制企业的创建与企业向现代公司转变、金融改革、产业集群、名牌兴业、温州人精神、地方政府与民间商会、社会事业全面发展、温州人在全国各地与企业的国际化经营、发展模式的不断创新，卷末章为经验与启示。本研究报告以温州人的创业创新为主线，以温州民营经济发展为重点，综述温州改革开放 30 年的主要历程。写作中力求利用已有的史料，以史料来叙述发展历程。

编著者在后记中说到在"写作中屡屡被温州人的创业创新精神所感动"。书中概述温州人能赢其中的一个秘密：合指为拳、集群运作，联手建造"新木桶"的运作特点，也即后来学界论述的"模块化"。编著者认为"文化决定创新。一个城市，显示勃勃生机和无限活力，其中间和后面，是强劲的新知识文化、新精神理念和新实践行动的支撑和推进。敢为人先是温州人最为可贵的精神品质，合作共赢是温州人最有特色的经营理念。创新之本在于人"。

本书受到广大读者的欢迎，第二年重印。主编洪振宁撰写《温州改革开放 30 年的经验和启示》长篇论文，发表于 2008 年 10 月 13 日《温州日报》。并应邀参加浙江大学和瑞典隆德大学等主办"2009 年浙江发展经验与中国模式

温州改革开放 30 年
洪振宁 主编
浙江人民出版社
2008 年 11 月

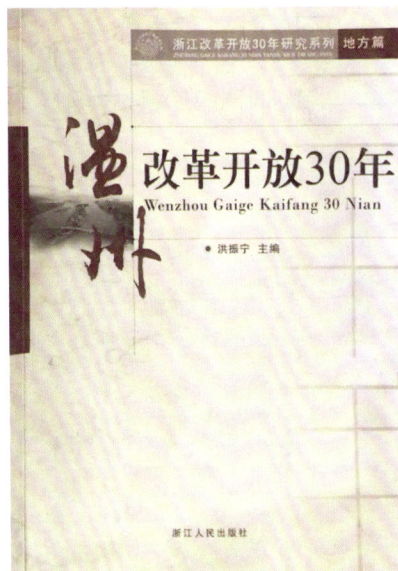

国际研讨会",温州改革发展 30 年综述《改革先行者的历程、理念和精神》,
2 万字长篇,全文收入论文集。

　　本书编著者还同时编写、稍后出版了《温州民营经济发展 30 年》(浙江
人民出版社,2008 年 12 月出版),一套 5 卷 6 册,300 万字。分为发展综述卷、
文献资料卷、新闻报道卷、理论探索卷(上、下册)、回忆纪实卷。著名学者
杜润生先生为该书作序。其中的发展综述卷,按照"史的要求来写",回顾温
州改革开放历程,着重探讨改革开放以来温州的经济体制改革和发展模式的创
新,探讨和揭示温州如何成为中国创新创业的先行区,被人们视为中国发展市
场经济的创新之源。书中总结指出:温州人以"敢为人先"的精神、"抱团运作"
的方式和"智行天下"的胸怀,创造了一个又一个的中国第一,温州模式的创
立和发展,在创造了巨大物质财富的同时,体现了温州人的创新思维、务实品
格、进取精神和商业智慧,显示了一种新的文明正在逐渐生成。

　　又有《温州民营经济的兴起与发展》《温州金融改革 30 年》《温州:撬动
中国的变革》《敢为天下先》《温州试验》等,以及《温州改革发展研究丛书》
四卷本,先后出版。

续写创新史

——温州改革开放 40 年研究

本书纳入浙江文化研究工程，是浙江改革开放 40 年研究系列的地方篇之一。

全书共九章。第一章，温州模式的创新发展与历史贡献。遵循温州模式形成与发展的历史逻辑、实践逻辑和理论逻辑，聚焦温州模式的发展回顾、理论创新、率先突围、历史贡献四个方面进行研究分析。第二章，新时期温州的改革探索。选取金融综合改革、农村产权制度改革、"三位一体"新型农村合作体系探索、民办教育综合改革、民政综合改革、社会资本办医改革、社会力量办体育试点、龙港国家新型城镇化综合试点八个方面的改革探索，进行研究总结。第三章，温州民营经济的创新发展。从温州民营经济的发展演进、培育民营经济发展新动能、拓展民营经济发展新空间、民营企业制度创新、民间金融创新与发展、民营企业的产业集群六个方面进行研究总结。第四章，温州人经济发展及其贡献。聚焦温州人经济的形成发展、温州商会在温州人经济发展中的作用、温州人经济与"一带一路"建设、温州人经济发展的价值与贡献四个方面进行研究总结。第五章，温州人文精神与思想文化建设。聚焦温州人文精神、温州城市形象美化与提升、温州文化事业和文化产业发展、宣传思想工作创新

续写创新史——温州改革开放 40 年研究

胡剑谨 主编

浙江人民出版社

2018 年 10 月

等进行研究总结。第六章,温州民生共建共享与社会共治。聚焦基本公共服务、城乡社区建设、社会组织建设、"平安温州"建设等四个方面展开。第七章,"两山"重要理念与"美丽温州"建设。聚焦"两山"重要理念的温州实践、环境友好型城市建设、"美丽浙南水乡"建设和"美丽温州"建设等方面进行研究总结。第八章,温州民主法治建设与全面从严治党。聚焦政府改革创新、基层民主建设、"法治温州"建设、全面从严治党和统战工作创新等方面进行专题研究。第九章,新时代温州发展再出发。结合中国特色社会主义进入新时代,分析温州面临的新形势新任务,研究温州发展新蓝图新战略;立足扛起改革开放"探路者"的使命担当,提出培育新动能、实现新发展的对策建议。

本书的特色之处,以浙江省委"八八战略"为总纲,以温州人的创业创新为主线,系统体现"五大发展理念""五位一体"总体布局和"四个全面"战略布局思想,力求全面反映改革开放 40 年来温州的实践和经验,突出习近平同志在浙江工作以来 15 年的实践和经验,并针对新形势新任务,展望温州的改革发展前景。

本册撰稿（按姓氏笔画排名）

丁海涵　马大正　王长明　王玉芳　王世民　王　昉　王　诚　王　娟

尤育号　方长山　方坚铭　方韶毅　白云贵　白佳琦　朱继亮　任　晓

许晓锋　孙邦金　孙良好　李世众　李新德　沈　迦　沈嘉伟　张文律

张志杰　张林洁　张　琴　陆键东　陈文苞　陈圣格　陈　佐　陈胜武

陈盛奖　陈福康　陈瑾渊　陈增杰　林亦修　林志坚　周吉敏　郑乐静

赵育琇　俞为民　姜　涛　姜群英　洪光华　洪振宁　宫凌海　钱志熙

徐佳贵　徐逸龙　黄　凰　黄瑞庚　萧云集　曹一宁　曹凌云　盛爱萍

董　苗　蔡耀中　富晓春　谢作拳　端木敏静　潘德宝

本册特约编辑：姚晓昕
支持单位：温州市图书馆

温州大学温州学研究院 编

温州学二十年 论文选编

浙江大学出版社
ZHEJIANG UNIVERSITY PRESS
· 杭州

图书在版编目 (CIP) 数据

温州学二十年 / 温州大学温州学研究院编 . -- 杭州：
浙江大学出版社，2022.10
ISBN 978-7-308-23131-2

Ⅰ . ①温… Ⅱ . ①温… Ⅲ . ①社会科学－文集 Ⅳ .
① C53

中国版本图书馆 CIP 数据核字 (2022) 第 185739 号

温州学二十年

温州大学温州学研究院　编

责任编辑	韦丽娟
责任校对	周烨楠
出版发行	浙江大学出版社
	（杭州市天目山路 148 号　邮政编码 310007)
	（网址：http://www.zjupress.com）
排版设计	何天健　胡文胜
印　　刷	杭州宏雅印刷有限公司
开　　本	787mm×1092mm　1/16
印　　张	61
字　　数	1059 千
版 印 次	2022 年 10 月第 1 版　2022 年 10 月第 1 次印刷
书　　号	ISBN 978-7-308-23131-2
定　　价	280.00 元（全二册）

目录

辑
一

有关"温州研究"或"温州学"的一些看法

钱志熙

一

地域及地域文化研究的兴起，是近年来学术研究的一个重要动态，温州学的提出，也与这种学术气候有关。我国现在的地域文化研究，我认为基本的定位，是指以华夏文明的大系统内的子系统为研究对象的一个综合性研究课题或学科。那么，一个地域的文化要具备什么样的因素，才能被视为华夏文明中一个具有独特性的子系统呢？这正是我们在讨论温州学这样的学科课题时首先要研究的问题。具体到论证温州学时，还要研究温州的地域文化是否具备了这种华夏文明中的子系统的资格。

考察现在的地域与地域文化研究，在学术上已经形成了一定规模的，有这样几个层次：一是对中华文化中几个大的构成部分的关注与研究，如湖湘文化、齐鲁文化、吴越文化等；二是以省级为范围的省级文化史、文学史，但这部分作为相对独立学科的特点不太明显；三是更为确定、地域范围更小一点的，如徽州学，以及现在提出的温州学。在这三个层次中，第一层次的研究无疑是对象，范围很大，并且从文化的源头来说，这几个系统也确实都有它们的特色。但是正因为范围大，所以很难界定它的边缘，与整体的文化研究叠合的部分也很多，所以反而不太能够构成一个相对独立的学科，只能作为一种学术观念与视野存在。至于各省的文化史、文学史等研究与著作，近年来确实风行，但基本上只有单纯的范围的意义，独立性不够强，所以只可作为传统的学科研究方法的一种补充。倒是第三个层次，像温州、徽州这样的地域文化特色鲜明的地方，其历史文化及现实的经济、文化等方面的研究，有可能成为一种地域文化研究的新学科。

像温州、徽州这样，其地域及文化都能成为一种有特色的研究对象，对它的专门研究甚至可以称为某"学"，我想主要条件有两方面：一是该地域的民情风俗、历史文化具有独特性，并且它还直接影响着现在该地域的一切；二是该地域在现实发展中取得了重大的成就，并且其中有些内容具有学术研究的价值。这种学科的构成，需要有一些契机：或一批重要材料的新发现，如徽州学的兴起，是由于大量的徽州文书的发现：或一个重要的经济或文化现象的产生，如温州学之所以被提出，与改革开放以来温州经济的发展、温州人闯天下的现象有关系。但是如果只是单纯新发现一些新材料，而这些新材料没有给已有学术方法和观念带来新的启迪与挑战，那也不太可能形成新课题。同样，与地域的历史文化没有什么联系的现实性的经济或文化的现象，也不太可能成为新的课题。比如，温州的经济腾飞与温州人闯天下，如果只是改革开放大潮中的一种表现，与其他地区的经济腾飞及其他地方人的闯天下在表现上没有太大的不同，那么完全可以放在改革开放以来我国社会及经济发展的大课题中来研究，没有必要特别提出"温州学"这样的概念。除契机之外，我想是否还可以提出这样一个思路，即构成一种地域性的综合性学科，需要一些重要的点，与一个能将这些点统一起来的面。这些点都是有联系的，在研究上也必须联系起来，而原来传统的学科分类不能体现其胜义。比如"徽州学"有新安理学、新安派的绘画、徽商文化、徽州文书等几个点，它们都是有联系的。像新安理学与新安派绘画，本身就是学术史、艺术史研究中的重要课题，但是在徽州学这样的新研究视野中，不仅突破了传统研究的局限性，还能够形成新的格局，取得新的突破。同样，温州研究中的几个重要的点，如永嘉学派、南戏、温州经济模式等，本来就是思想史、文学史、经济学里重要的研究课题，现在在温州地域文化这个大的面上将它们联系起来，并且通过它们带动对整个面的研究，就会发现以往的思想史、文学史，经济学研究不能发现的学术问题，得到以往研究不能得到的结论。但一种研究可称为"学"，需要经过长期的学术积累，并且形成鲜明的学术特点，在整个人文学科学与社会科学界获得一定声誉，在众多的学科与门类中占有一席之地。所以，如果从学术概念使用的规范性来说，应该分两个阶段：第一个阶段是提出"温州研究"阶段：第二个阶段是温州研究取得丰硕的成果，成为引人注目的一门地域文化研究的学问，即"温州学"。

二

我想先谈谈研究温州的必要性。温州在地市一级的地域中，是一个相对独特的地域。我认为它的特点是在相当长时期内保持着相对的独立性，但又较早地与华夏的文化与政治的主流发生关系。这种独特性可能首先是地理方面的原因造成的。从历史的方面说，温州被华夏文明的主体发现的时间是比较早的，但又被视为偏远且相对来说比较隔离的地域，《山海经·海内东经》即云："瓯居海中。"郭璞注"今临海（郡）永宁县，即东瓯，在歧海中"，就是今天的温州。所谓"居海中"，《温州词典》中做了这样的解释："楠溪江古称瓯水，原独流入海。下游为古瓯人生息场所，《山海经》载'瓯居海中'，即在楠溪江河口一带。"这样说似乎也可以，但不一定是《山海经》作者的原意。他们说"瓯居海中"是笼统的说法，不一定知道很具体的地理位置，并且带有一定的想象、传闻的色彩。我们看书中有的说是"在海中"的地方，如"闽在海中""都州在海中""蓬莱在海中""韩雁在海中，郁州南"（《海内东经》），大概都是一样的意思。这也说明在上古时代，瓯确实极边缘、与内地离隔，并且在华夏文化中心地区的人看来，是带有一定异域色彩的地区。这种异域色彩随着历史的发展，随着温州与内陆的交流的增多，当然是越来越淡化了。但是在很长的历史时期内，并没有完全消失。后来，记载温州风土、风俗的一些书籍，如最早的晋宋之际郑缉之的《永嘉郡记》，记载的风物都带奇异色彩。一直到明清时，一些游宦士子记载温州，也都对其风土人情的特殊性特别感兴趣，比如闹婚、巫风之盛等。这当然与地志、游记、竹枝词这类书搜奇猎异的宗旨有关，但也与外地人对温州有一种独特的、异域性的观感有关。一些诗词中也可以看到这种现象，如谢灵运出任永嘉太守，就觉得自己是去了一个与中原隔绝的地方，"将穷山海迹，永绝赏心悟"[①]。一直到唐代，一些写温州的诗句，还是将其想象成蓬山海国之类的地方。如孟浩然的诗句就说"廨宇邻蛟室，人烟接岛夷"[②]，可见呈现在这位诗人面前的，完全是一派异域风光。其他如沈佺期《乐成白鹤寺》张子容《贬乐成尉日作》等诗作，也都表现了与孟诗相近的边地异域的印象。

温州无论是区域观念还是文化，都是很早就已融入华夏文明主流中，从《山海经》将瓯列入海内经，说明至迟在春秋战国时期，东瓯已经在华夏国家的地理与文化的一统之内，并且后来驺摇率众助刘反秦，也说明东瓯一带在那时已经完全进入中华民族的历史大舞台。其后驺摇的受封，以及为避闽越势力两度内迁江淮一带，

---

① 谢灵运：《永初三年七月十六日之郡初发都诗》，逯钦立：《先秦汉魏晋南北朝诗·宋诗卷二》，中华书局，1983年，第1159页。

② 孟浩然：《永嘉上浦馆逢张八子容》，《全唐诗》卷一六〇，中华书局，1960年，第1654页。

都增加了这个偏远地区与核心地区的联系，对古代东瓯的发展影响重大。东瓯地区较早与中原政治文化发生关系，并融入华夏历史的主流中，似乎又与它虽地处山海一角，但与核心地带的实际距离并不太远的地理位置是分不开的。从历史上说，从东瓯国建立之后，定都建康的东晋与定都杭州的南宋，是对东瓯地区的历史发展影响最大的两个阶段。东瓯地区的历史文化完全融入华夏文明的主流，成为不可或缺的一分子，与这两次迁都关系极为重大。单从人口的构成来看，古代瓯人的民族性质现在还不太清楚，但主体是属于土著的百越民族的一支，称为"山越"。东晋及南朝时期，北方人第一次大量移入东瓯。经过这次迁移后，大概东瓯地区人口的主体已经变为北方的汉族，也奠定了今天温州的文化基础，但文化的程度并不高，当时也未见有著名的世家大族迁入这一带。当时重要的世家大族，都集中在长江中下游与钱塘江中下游一带。温州显然因为山海之隔，被视为偏远地区。这对温州历史上的文化与文学的发展影响重大，客观上推后了它的发展。从文学的发展来看，一直到唐代，温州还没有出现什么有影响力的土著文学家。学术界和思想界出现名家反而早些，如唐朝出了一个著名佛学家玄觉和尚，这可能跟温州一带佛教发展较早有关。我们今天还能读到的谢灵运《辨宗论》，就是他在温州任太守时与法勖、僧维、慧磷、法纲等当地名僧论辩的产物，说明当时温州地区在佛学上是走在学术界前列的，所以唐代出现玄觉大师这样的人物并不奇怪。我想温州地区之所以地处偏远却在佛教等领域很早就预流，与它的海上交通发达有关。佛教的主要路线当然是陆路，佛家常说葱岭之事，也可为佐证。但海路也是一条重要的传播道路，达摩祖师就是在广州登陆的，法显回国走的也是海路。温州的佛教发达之早，是否跟这有关系，我想是值得研究的。后来天主教、基督教在温州地区的广泛流行，也是这个原因。这都是需要专门研究的问题。

我们还是回到前面的话题，总而言之，温州在学术文化上的发展整体来说是较迟的。孙诒让《温州经籍志》著录始自唐时，并在该书的《叙录》中说："温州自唐以来，魁儒玮学，纂述斐然。"唐末战乱，温州因为地处山海之区，相对来说比较安定，为避乱而从文化程度较高的闽中（福建一带儒学与文学发展比温州早，如唐末五代之闽中已经形成诗人团体）迁入温州的人口很多，现在温州许多姓氏的祖先，都是从福建迁入的。五代时期吴越国的建立，对温州的经济、文化的发展起了一定的促进作用。

从总体上看，温州在学术与文学上预流，是从宋代开始的。北宋是一个开始预流的时代，南宋则是迅速发展的时期。北宋中后期，出现了以王开祖为首的"皇祐三先生"，由周行己、许景衡等温籍学者组成的"元丰太学九先生"；并且出现一些书院，形成地方私家讲学的风气，如王开祖的东山书院，周行己的浮沚书院。这些都说明温州本土的学术在兴起。但真正的繁荣则是在宋室南迁之后大量人口的迁入，并且这些迁入人口在政治、文化、经济方面的发展程度相对来说都比较高。这以后的宋元明时期，是温州地区文化发展史上的高峰。其标志即是在文学、思想、学术、艺术等各个领域，都出现了历史上有代表性的人物。文学史上的永嘉四灵、温州杂剧、李孝光、高则诚，思想方面的陈傅良、叶适，科学方面的赵士桢，艺术方面的黄公望，还有许多地位虽不如上述诸家显赫，但在当时影响力不小的人物，比如以科名与吏治著名的王十朋、张孚敬等人。宋明两代，温州在科举考试上的成绩，在当时是一流的，如南宋咸淳元年，乐清一县就考中进士 36 人，这在当时全国的县级单位中，成绩之突出可能是无与伦比的[①]。可以说，南宋、元、明时期，温州是高文化的区域。孙诒让《温州经籍志》三十六卷，列名千三百余家，其中南宋的著述占了大部分，冠于历代。相比之下，清代的前中期，温州的学术与其他高文化区相比，有所落后。光绪《乐清县志》的修纂者就有这样的感叹，认为温州的学风人物，清不如元明。近代以来，才又开始回升，但总的来看相对的发展水平，还是没有达到宋明的学术在当时全国的领先地位。

上述地理的、历史的条件，使得温州在精神文化与物质文化两方面，都既能融入华夏文化的主流，又能形成浓厚的地域色彩。并且这种于长期的历史发展中形成的文化特色，在今天的温州仍然鲜明地存在着，直接影响着温州的发展。我们现在都在讨论传统与现实的关系，也在寻求如何使传统文化的精华对现实的发展起积极作用的途径。对温州的历史与其现实的关系的研究，不仅对温州文化与经济的发展有直接的作用，还可以解决学术上的难题，如上述重要课题。我认为这为温州研究的必要性提供了最充分的理由。

三

接下再谈关于如何开展温州研究的一些看法。

首先，我们要对温州研究作为一个学术工程或大型的学术课题的性质有总体的

---

① 乐清市地方志编纂委员会：《乐清县志》卷三十八，中华书局，2000 年。

规范。从纵向来看，温州研究的对象是历史研究与当代研究的结合，温州的历史文化与现实的经济、文化、生活等各方面的现象与问题，都要纳入其中。但这两部分的研究并非各不相干，而是要有一定的相互关注。而且可以设立一些直接容纳历史文化与现实的课题，比如"永嘉学派"温州人传统的价值观与当代温州经济发展的关系等。叶适概括"永嘉之学"的为学特点，一为周行己作于前、郑伯熊承于后的"必兢省以御物欲"，一为薛季宣经其始、陈傅良纬其终的"必弥纶以通世变"[①]。这与温州的民风士气是相通的。今天温州人的创业、开拓精神，从精神的价值层面来讲，正是这种"必兢省以御物欲"与"必弥纶以通世变"的现实体现。永嘉学派事功思想的形成，从历史上看，是与温州人的务实精神有关系的。这种务实精神，可能是很早就形成了的，恐怕跟温州原本为移民社会有一定的关系。温州虽然靠海依山，但其经济主体为农耕经济，而地少人稠，所以垦殖必尽地力，几乎没有荒弃之地。而农业的方式又是精耕细作，所以民风勤俭刻苦，精明善划。叶适说陈傅良的经制事功之学，"尤号精密，民病某政，国厌某法，铢称镒数，各到根穴"（《温州新修郡学记》），这是很能体现温州人性格的。但温州学风中也不乏内省、思辨、宏观的一面，所以永嘉学派在哲学上也有很多的建树，但又并非空谈心性的一种，而是带有宏观的历史哲学性格的。从叶适一直到晚近的"东瓯三杰"——宋恕、陈黻宸、陈虬，都体现出这种学风。甚至像孙衣言、孙诒让等在传统上被视为乾嘉学派正宗的，他们的文章之学与考据之学，其实也还是体现永嘉学派的某些特点的。孙衣言甚至说自己"曩在京师，与方闻之士论当时门户之弊，常以为欲综汉宋之长而通其区略者，莫如永嘉之学"薛季宣《浪语集·后叙》，其对永嘉学派的评价之高可以想见。可以说，永嘉之学是从宋代一直贯穿到近现代之际的。这与其说是一个学派的传承，还不如说是一种地域性的学术风格的自然传承。所以，永嘉学派与温州民风士俗、温州人传统的价值观念的关系，是很值得研究的。而这样的课题，也只有放在温州研究这样的学术视野中才能得到重视并被充分的挖掘。所以，温州研究应该包括历史与现实两部分，而且要寻找两部分的接合点。温州的现实之所以有独特的研究价值，还是因为改革开放以来，温州的经济发展，温州的创业走天下，已经成为十分引人注目的现象，体现了改革开放时期国情:民情的一些典型性的东西。所以研究它，

[①] 叶适:《温州新修学记》,《水心先生文集》卷十,四部丛刊影印本。

有很高的现实意义与学术价值。

从横向来看，温州研究是一种综合多种学科的学术大工程。在这个大工程的内部，有一个如何分工与协同的问题。就学科的构成来讲，它差不多是包含了人文与社会科学的所有学科，哲学（经学、子学等）、文学、历史、社会学、政治、经济、艺术、工艺、民俗、曲艺、考古、方志学、谱牒学等，处于这个大工程中的各门学科，基本上都要严格地按照通常的学术规范来进行，但是它们又是在温州研究或温州学这样一个宗旨的支配下进行的，彼此又有一种一般的学科研究所没有的协同影响的关系，这正是温州研究这样的地域性研究学科的长处。这里我觉得除现代学科体制的分工方式外，还可以根据温州研究的对象特点，兼采传统的学科分类方式，尤其是有关温州的历史的学术文化这一部分，可以分成经学、史学、目录学，乃至诗学，戏剧学等门类，也可为温州历史文化中的几个亮点如永嘉学派、温州杂剧等单独设立课题。

在具体的研究中，一定要按照学术研究的规范进行。我们要立定这样一个学术宗旨，即开展温州研究的最根本宗旨，仍在于发展温州的学术文化，使温州在经济高度发达之后，再度成为高文化区。所以温州研究的成果最终是要推向整个学术界的。是地域研究，同时又是高精尖的学术，这看起来似乎很难，但是可以做到的。孙诒让的《温州经籍志》，就是这样的成果。所以，温州研究的性质，基本上是一个多学科学者分工协同的学术研究体制。

最后，我想谈谈关于温州研究方面的文献建设问题。一种学术研究的展开，文献资料的搜集与整理是第一步工作。温州研究作为一个大型的学术工程能否展开，文献学工作做得好不好是很关键的一步。所以我觉得，现阶段的工作重点应该放在文献方面。温州学者自古以来就有珍惜乡邦文献的传统，注重整理、褒扬乡土先贤与乡邦的文化传统，这虽然是许多地域都有的，是我们华夏文明的一个传统，但在温州表现得很突出，这也说明温州人精神中有一种凝聚力。早在明代就有王朝佐《东嘉先哲录》、陈挺《东瓯乡贤赞》、姜准《东嘉人物志》等书。有关温州乡邦诗文的总集、丛书更多，如晚清时孙衣言编《永嘉丛书》共收书刊 13 种，民国时冒广生等人编《永嘉诗人祠堂丛刻》收 14 种，黄群编《敬乡楼丛书》收 38 种，都是在文献整理上有很大影响力的丛书。民国时期还设立过永嘉区征集乡哲遗著会，搜集了一批乡哲遗著。这些丛书都应该重新整理出版，另外还可以孙诒让《温州经籍志》为主要线索，开展温州古代文献的整理、辑佚、出版的工作，组织大型的《温州丛书》。必要的话要成立温州文献整理研究室这样的机构。另外,有关民俗、民间曲艺、民间工艺、民间文学等方面,也应该作相应的文献搜集、整理的工作,比如温州的民间手艺,就有许多很有特色的东西,应该组织老一辈手艺人进行整理,尤其是那些眼看就要被淘汰了的手艺工种,如圆木、油漆等。曲艺方面如温州鼓词也应该整理,可以考虑编辑温州鼓词的唱本丛书。另外,温州的宗教也值得研究,可编撰大型的"温州宗教志"。只有这些文献方面的工作做扎实,温州研究才会有坚实的基础。在这同时,当然各学科的学术上的综合研究也可以同时展开。

总之,温州研究是一个特大型的学术工程,应该投入大量的财力与人力,必要的话政府要成立相应的学术管理机构,并组成学术委员会。这些工作,以温州今天的经济发展水平,都是可以做到的。

原载《温州文史论丛》,上海三联书店 2013 年版

创立温州学　研究温州学（外一篇）

奚从清

　　建立一门新兴的学科，首先必须弄清它的特定研究对象，因为它是建立这门学科的主要依据。关于温州学的研究对象问题，现在人们说法不一。例如，有的说，温州学是一门关于温州文化和温州人精神的学科；也有的说，温州学是一门研究温州人文的综合性学科；还有的认为，温州学是一门系统地研究温州的文化与经济、历史与现实，探索温州发展规律，展望温州未来的学科。这些不同的看法应看作是学术活跃的可喜现象，同时，也表明温州学的研究对象是一个不可回避的基本问题。

　　要弄清温州学的研究对象，依笔者之见，首先要把准温州学特定的学科视角，因为温州学涉及经济学、管理学、伦理学、文化学、社会学、人才学等多门学科。它指涉的研究范围非常广泛。如果不从一定的学科视角加以研究，必然失之宽泛；如果从某门的学科视角加以研究，必然失之狭窄，即使是以多学科交叉的学科视角来研究温州学，也应是有限的和明确的。

　　笔者主张把温州学的学科视角拟定在经济学与文化学交叉的学科上，概括地说，温州学是一门主要研究温州经济与文化互动关系的机制及其发展的规律的学科。

　　笔者之所以做出这样的界定，主要理由有三：

　　第一，这种界定能揭示温州经济与文化之间的内在联系。自改革开放以来，实践反复证明，温州的经济与文化之间是相互联系、相互渗透、相互作用的关系，即互动关系：一方面温州经济的快速发展，促进了温州文化的迅速发展，不仅表现在温州文化教育和科学技术的发展，还在温州人的思想文化观念中产生了深刻的变化，形成了独具特色的温州人精神；另一方面，温州文化的迅速发展，又能动地反作用于温州经济，推动了温州经济快速发展。在温州经济与文化相互作用的过程中，形成了温州经济与文化互动关系的机制及其发展规律。

　　第二，这种界定能使温州学研究达到逻辑与历史的统一。任何一门学科都有一个逻辑的起点，而一门真正科学的学科，它的逻辑起点与历史起点又必然是相一致的。温州市场经济起步早，非公有制经济发展速度快，当时温州人不顾什么"温州是资本主义复辟的典型"的高压和偏见，创造出独具特色的"温州模式"，就是凭着自己思想观念的解放和创新，以及温州人精神的支撑。特别在邓小平同志南方谈话发表后，温州人以全新的思想文化观念来理解其精神实质，更加有力地推动了温州经济社会的发展。不可否认，少数温州人信用意识淡薄，生产的产品质量低劣，给温州社会经济发展带来了很大的负面影响。温州市委、市政府提出"质量立市"，较好地解决了存在的问题。之后，出现了一些在全国颇有影响力的品牌，从而促进了温州经济的进一步发展。现在，温州经济由质量温州、品牌温州走向信用温州。为了加强信用温州建设，温州市委、市政府正在市民中广泛开展信用教育，建立信用管理制度及信用导向机制。这样，以温州人精神和价值观为核心内容的温州文化品质又得到了新的提升。由此可知，温州经济与文化的发展是具体的和历史的统一，是逻辑的起点和历史的起点的统一。这恰恰正是温州学发展的内在要求。倘若单以温州经济或单以温州文化为研究对象或出发点，就难以使温州学达到逻辑与历史的统一，也难以反映温州发展的全貌。

第三，这种界定能为"温州模式"与温州学找到最佳的结合点。20 世纪 80 年代以来，温州经济发展受到了海内外各界人士的关注。"温州模式"不仅具有重大的经济意义，还具有重大的文化意义，因为它渗透了温州人的精神、理念和价值观。它的形成和发展，为温州学的建立和研究，提供了许多有价值的研究资料和学术成果。而温州学的建立和研究，必将为"温州模式"的发展和研究提供理论依据，并给以理论基点的说明。当然，应用某些相关学科也可以给"温州模式"以理论说明。但相比之下，以温州学的基本观点给"温州模式"以理论的说明和支撑，似乎更加贴近、更加合理、更加科学。

关于创立温州学的几个理论问题

温州模式是温州 30 多年改革开放和经济发展的产物，温州模式的形成和发展，为温州学的建立和研究提供了许多有价值的研究资料和学术成果；而温州学的建立和研究，必将为"温州模式"的发展和研究提供理论依据。温州经济社会发展的实践，呼唤着温州学的创立；创立温州学需要认真总结经验，使之条理化、系统化，上升为理论，以学科化的方式深入研究温州经济社会发展过程的现象及其内在规律。温州学是一门主要研究经济与文化互动关系的机制及其发展规律的综合性地方学科。

一、温州学创立的客观必然性

（一）温州学的提出

略。

（二）温州学的创立

社会存在决定社会意识。创立温州学,这绝不是哪一个人一时心血来潮的产物,而是有其不以人们意志为转移的客观必然性。

1. 创立温州学,是推进温州经济社会发展的必然要求

20 多年来,温州经济快速地增长,形成独特的发展路子,成为中国改革开放的一枝独秀,深深地吸引着全国党政界、学术界、科研界、商贸界、实业界、新闻界的许多人士,涌动着"温州经济探秘"考察活动。迄今为止,已出现了四次"温州热"第一次是在 1987 年前后,那时关于温州经济性质的讨论很热烈,全国很多人主要是各级领导和学界人士纷纷到温州实地考察,有不少人发表了很有见地的观点。第二次是在 1992 年邓小平南方谈话中提出"社会主义市场经济"后,"温州模式"很快得到了认可,给温州市场经济的发展带来了巨大的推动作用。第三次是在 1997 年党的十五大确认个体、私营等各种形式的非公有制经济是"我国社会主义市场经济的重要组成部分"后,温州经济迎来了新的发展机遇,这时到温州实地考察的人士络绎不绝。第四次是在 2002 年党的十六大提出"毫不动摇地鼓励、支持和引导非公有制经济发展"后,"温州模式"得到了进一步的确认和完善,与时俱进的温州市委、市政府及时提出"全国看温州,温州学全国"的口号。

综观温州这段发展的历程,对温州经济社会发展的经验及其客观规律需要做出相对深入、全面、系统、正确的总结,使之条理化,并上升为理论,从而给以理论说明和指导。诚然,人们对此做出了许多有益的探讨和研究,但就温州学学科的理论研究才刚刚起步,况且温州经济社会的发展又发生了新变化,提供了新经验,这就更加迫切需要创立温州学,为温州经济社会发展实践提供强而有力的理论说明和理论支撑。因此,温州经济社会发展的实践,呼唤着温州学的创立。

2. 创立温州学，是建设"三个温州"的必然要求

当前，温州的发展正处在新一轮区域竞争的关键时期、经济结构调整的关键时期，以及提升整体形象的关键时期。胡锦涛同志对浙江明确提出了"走在前列"的要求。时任浙江省委书记习近平在温州调研时也明确指出，温州要力争在新一轮区域竞争中继续保持领先地位。浙江"走在前列"，温州"奋勇争先"。根据温州的现实基础、优势特色和发展潜力，2005 年 7 月 25 日，温州市委九届六次全体（扩大）会议及时提出，要努力发展"活力温州"、提升"实力温州"、构建"和谐温州"。三者与建设"一港三城""四个坚持"要求、"破解三大难题、打好三场硬战"，是一个相互联系、相辅相成又缺一不可的有机整体，是一个系统的发展战略体系。

活力是温州的最鲜明的特征，也是温州最重要的优势。发展"活力温州"，就是要抓住民营经济这个活力之基，强化改革创新这个活力之本，激发温州人这个活力之源，通过"外向带动、创新推动、激情驱动"，实现民营经济再领先、新跨越，开放型经济再提高、新发展，机制体制创新再突破、新拓展，群众创业激情再涌动、新迸发，使温州成为一个充满市场力量，领跑民营经济发展的城市，成为一个充满发展激情，敢为人先、特别能创业的城市，成为一个充满竞争意识，鼓励创新、崇尚成功的城市。要通过深入实施"开放带动"战略，加大招商引资力度，大力推进"民民合作、民外合璧"，使温州更好地"走出去"，更多地"引进来"，让内外对流更加活起来；要站在新的起跑线上，加足马力，蓄能再发，大力推进民营企业制度创新、政策创新、管理创新，让民营企业更加活起来；要充分发挥温州独特的优势和特色，大力推进金融体制和投融资体制改革，让资本运作更加活起来；要最大限度地激发人的发展欲望，激发民众的创业热情，激发干部的干事激情，让一切创新的活力充分迸发，让一切创造社会财富的源泉充分涌动，让人的创造力更加活起来。

实力是一个地方综合竞争力的集中体现。温州要奋勇争先、走在前列，必须不断增强综合实力，既增强硬实力又增强软实力。提升"实力温州"，就是要坚持以经济实力为基础，以可持续发展实力为支撑，以民本实力为根本，发挥现有优势，挖掘发展潜力，提升自身竞争力，使温州成为一个产业结构优、经济规模大、城市功能强、社会进步快、可持续发展后劲足的现代化城市。要以结构调整为主线、以做强做大为目标、以科技创新为动力、以项目建设为抓手，做强"金色产业"、做大"蓝色产业"、做深"绿色产业"，努力提升产业竞争力。要按照"拉框架、提档次、做环境、强功能"的总体要求，不断增强温州城市的承载力、凝聚力和辐射力，努力提升城市集散力。要以建设"文化大市"为目标，努力提升文化支撑力，使温州成为文化软实力走在前列的文化大市。

和谐是一个社会发展的最高境界，是一个地方综合竞争力的最佳体现。构建"和谐温州"，就是要从温州独特的经济格局和人文背景出发，以"平安温州"建设为核心内容，积极构建具有时代特征和温州特色的和谐社会，使温州成为一个充满活力、诚信友爱、公平正义、民主法治、安定有序、人与自然和谐相处的现代化城市。要加快建立顺畅的民意沟通机制、便民利民的服务机制和完善的监督机制，扎实开展"满意和不满意单位"评选、下派农村工作指导员、为民办实事等活动，始终与人民群众风雨同舟、和衷共济，促进党群干群和谐。要抓住社会安定、公平正义、民主政治三个着力点，从建立良好的运行机制入手，切实加强社会建设，促进人与社会和谐。要以深化文明城市创建活动和"和馨行动"为载体，倡导新型人际关系，促进人与人和谐。要以生态市建设为载体，全力推进"青山，碧水、蓝天、绿地"工程，努力建设一个"山水共融、生态共享、和谐共生"的新温州，促进人与自然和谐发展。

建设"三个温州"是温州市今后发展的战略任务，是对温州市今后一个时期经济社会任务的总体概括，是对温州发展战略的丰富和完善，是发展思路与时俱进的体现。毫无疑问，这正是温州学主要研究的课题。建设"三个温州"涉及经济与文化、经济与社会、经济与政治、经济与环境之间的各种互动关系。因此，创立温州学，不仅能满足总结温州历史经验的需求，还能满足指导温州现实发展的需求。温州学的活力应当与温州活力一样同步发展，与时俱进。

3. 创立温州学，是提升温州地域文化品质的必然要求

温州学的创立，与温州地域文化背景密不可分。主要表现在如下几个方面：

（1）重商务实的传统文化。南宋时期以叶适为代表的永嘉学派是中国思想史上极具光彩的学派，也是构成温州传统文化与传统精神特质的重要组成部分。叶适认为"无功利则道义不存"，主张"以利和义，不以义抑利"，注重"经世致用"，抨击重农轻商的儒学传统观念，从而孕育了温州一代又一代商业人才。"重商"成为温州的社会风尚，"善贾"成为温州人的传统。温州历史上以手工业著称于世。雨伞、丝绸、刺绣、漆器、剪纸、皮革等早在南宋就享有盛名。

（2）开放敢闯的沿海文化。温州地处东海之滨，与海外联系较早。战国时期，温州港就是我国九大港口之一。鸦片战争时期，西方列强以其坚船利炮打开中国大门，温州当时被辟为通商港埠。党的十一届三中全会后，温州又成为全国首批14个沿海开放城市之一，沿海文化孕育着温州人广联系、深交际、敢闯关、勇逐浪，不怕大风大浪，不怕远涉重洋，不怕东西文化交融的观念。开放的城市形成了开放的观念和文化，开放的观念和文化培育了开放的温州人。他们走南闯北，四海为家，海纳百川，表现出一种强烈的开放意识和开放精神。

（3）吃苦耐劳的山地文化。温州人多地少，七山二水一分田（750万人口，人均耕地仅有0.41亩），一面临海，三面靠山。在改革开放前，温州地理环境闭塞，交通不便，信息不灵。温州人所依之山，一方面可谓"穷山恶水"，足以培植其坚韧、刻苦、耐劳的本性；另一方面却亦为"奇山丽水"，养成其机巧、灵慧、通变的个性。总之，温州的山地文化，造就了温州人吃苦耐劳、机灵善变的精神。1999年3月，江泽民接见奥地利华侨华人代表时说："世界的人都知道温州人会做生意，沿海靠山赋予他们这种开放的精神，冒险的精神，最主要的是温州人能吃苦。"[①]

（4）敢为人先的移民文化。温州有220多万人在海内外投资和经商。为了达到求生存、谋发展的预期目标，温州人敢为人先，走南闯北，声东击西，想了千方百计，走了千山万水，说了千言万语，进了千家万户，既单枪匹马、独闯市场，又协同作战、联合创业，依靠敢为人先的精神闯天下，依靠抱团赢天下。所以，温州的移民文化造就了温州人敢为人先、抱团创业的心理，延伸到现在就是温州在各地的温州商会、温州村、温州街、温州城。"哪里有温州人，哪里就有市场；哪里有市场，哪里就有温州人。"市场成为温州人的代名词，移民成为温州人的时髦语。

（5）自主创业的温州人精神和价值观。富有勤劳勇敢智慧的温州人在改革开放和市场经济的大潮中，形成了自己独特的精神——"敢为人先，特别能创业"。深受"永嘉学派"事功观、功利观影响和熏陶的温州人一直唯实、不唯书、不唯上，敢说敢冒，敢为人先，敢吃第一口，敢走第一步，终于在事业上获得了成功。如果你深入研究，就不难发现，温州人精神是一种主导的价值观，即以爱国、爱乡、理想、创业、富裕、文明、服务为基础的群体意识。毫无疑问，温州人精神是经过人的概括、提炼、升华的优秀的精神文化。温州人精神不仅是温州地域文化的灵魂，还是温州学的灵魂。

---

① 钱兴中：《温州探秘 创业精英卷》序，人民日报出版社，2002年，第2页。

4. 创立温州学，是实施文化研究提炼工程的必然要求

根据浙江省委建设文化大省的决策和要求，2006 年温州市委做出了《关于加快建设文化大市的决定》，并提出实施文化建设"六大工程"，即文明素质提高工程、文化作品提升工程、文化研究提炼工程、文化产业提速工程、文化阵地提质工程、文化人才提携工程。温州市委书记王建满说："历史是根，文化是魂。"实施文化研究提炼工程，是传承温州优秀历史文化的需要，是弘扬浙江精神和温州精神的需要，也是提升温州文化软实力的需要。实施这一工程，一方面要加强对温州历史文化的研究，挖掘温州历史文化资源，探索温州文化渊源；另一方面要加强对温州当代发展的研究，围绕温州改革开放以来的发展实践，总结温州经验，弘扬温州精神，为温州今后的发展提供有力指导。这正是温州学所承担的一项重要任务。

王建满同志指出，实施文化研究提炼工程，要在梳理历史文脉上下功夫，对温州文化渊源折射出来的文化精神，认真加以提炼，使温州的文化脉络世代延续，不断发扬光大；要在弘扬温州精神上下功夫，总结提炼在新的发展实践中展示出来的时代精神，使温州精神更具有时代特征和丰富内涵；要在理论指导实践上下功夫，积极探索温州发展进程中具有普遍意义的规律性的东西，形成理论支撑，以理论成果指导温州的新发展；要在文化经济融合上下功夫，使温州文化与经济更好地融合，不断为经济发展注入更多的文化内涵。这"四个"下功夫的表述，不仅涉及温州学的研究内容，还涉及温州学的研究对象。这再一次证明，创立温州学是实施文化研究提炼工程的必然要求。

5. 创立温州学，是加快温州现代化进程的必然要求

温州现代化的基本目的是温州人民的共同富裕，全面建设小康社会。同时，应当看到温州现代化事业的创造者是温州人。温州现代化的根本动力来自温州人的奋斗，来自温州人的创造，来自温州人的精神。温州人只有真正具备现代素质技能、现代意识观念，温州的现代化建设事业才有前提和基础。因此，温州人的现代化、温州人的全面发展，是温州现代化建设事业中最关键的因素，又是温州实现现代化导向战略中最艰巨的工程。道理很简单，因为只有提高温州人的整体素质，才能更加自觉地运用经济和文化相互作用的规律，推动温州有计划的社会变迁。这正是创立温州学的价值所在。

二、温州学的研究对象

温州发展中的经济与文化、经济与政治、经济与社会、经济与环境等各个组成部分之间的关系，是相互联系、相互作用的，构成了一个有机互动的系统。在这个有机互动的系统中，温州经济与文化的互动关系是温州诸种关系中最主要的一种关系，它的存在和发展必定影响着其他互动关系的存在和发展。因此，我们主张把温州学的学科视角拟定在经济学与文化学交叉的学科上，以温州经济与文化互动关系的机制及其发展的规律作为温州学特定的研究对象。由此，我们不妨说，温州学是一门主要研究温州经济与文化互动关系的机制及其发展规律的综合性地方学科。

温州经济与文化之间存在着共生互动关系（不管其形式如何），这种互动关系究竟是怎样的呢？这种互动关系是相互联系、相互渗透、相互促进、相互作用的。沿着温州经济与文化互动的轨迹，探寻其成功的奥秘和发展的规律，我们可得到不少很有意义的启示。我们从以下两个方面进行论述。

（一）从温州经济发展离不开文化，文化对经济的作用来说

1. 牢牢把握先进文化的前进方向，是促进温州经济发展的强大动力

江泽民同志说："当今世界，文化与经济和政治相互交融，在综合国力竞争中的地位和作用越来越突出。文化的力量，深深熔铸在民族的生命力、创造力和凝聚力之中。"[①] 有经济学家认为，21世纪经济的最大特性是"文化经济"，也就是说，生命力最强的经济是有丰富文化内涵的经济，最成功的经济活动莫过于闪耀着文化光芒的经济活动。温州人就是成功地抓住了这点。改革开放以来，温州人在市委、市政府的领导下，大力发展社会主义文化，加强社会主义精神文明建设，使温州民营经济发展获得明确的方向和目标，努力推进非公有制经济实现新的飞跃。

2. 传承独特的地域文化优良传统，是促进温州经济发展不可或缺的重要动力

20世纪80年代，温州民营经济蓬勃兴起，这与温州历史上重商传统、人才辈出、文化底蕴厚重有着必然的联系。尤其是，长期以来，温州人被温州独特的地域文化

---

① 《江泽民文选》第3卷，人民出版社，2006年，第558页。

所熏陶和积淀。山地文化让温州人特别能吃苦；海洋文化让温州人敢冒险；移民文化让温州人善团结；重商文化让温州人好经商。正是这种独特的地域文化给了温州经济发展以很大的生机和活力。

3. 加快文化教育事业的发展，是促进温州经济发展必不可少的重要手段

温州经济的发展要由具有较高的文化水平、文化素质的劳动者、经营者来推动，而人的文化水平、文化素质的提高就要靠文化教育来实现。这正是温州人一向来重视文化教育的原因所在。

4. 树立温州人价值观和温州人精神，是推动温州经济社会发展的内源动力

温州市作为民营经济发达地区，温州人、温州人价值观和温州人精神作为温州独特的资源和优势，日益发挥着对温州经济社会发展的推动作用。在新的一轮发展中，需要这个更强的内源动力推动温州前进。这就是说，对于温州发展的内源动力，只能强化，不能削弱。实际上，温州的发展，既需要实践，又需要理论。相对来讲，在理论的概括、提炼、提升方面就显得要薄弱一些。在温州发展到了一个新的跨越期的关键时刻，从理论这个层面，更好地研究温州发展的内源动力，不仅非常有必要，还非常有意义。改革开放以来，温州发展取得了非常大的成绩。温州明天的发展，还有什么资源，靠什么去发展，该怎样去发展，都是值得深思的问题。毫无疑问，温州鲜明地提出内源发展动力这个命题，就是从温州实际出发，从保护、激发人的积极性和创造性这个角度，发挥社会各方面的力量，为温州下一步健康、可持续发展献策出力。

5. 建设富有特色的企业文化，是推动温州经济发展的有力因素

温州人清醒地看到，企业的外部环境具有日益开放的性质，尤其是中国加入WTO之后，企业经营的国际化趋势日益增强，国内外市场竞争和企业兼并日益激烈，使得各个企业在激烈的市场竞争中为了谋求生存和发展空间，不得不重视建设有自己特色的企业文化，反映现代企业管理的文化特质。例如，温州民营企业红蜻蜓集团是一家以鞋业为主、跨行业发展的全国无区域性集团。自1995年3月成立以来，红蜻蜓秉着"从距离中寻求接近"的企业核心理念，大力实施"品牌开路，文化兴业"的发展战略，将中国优秀传统文化融入企业经营各个环节，追求商品与文化的交融、企业与社会的默契、人与自然的和谐，形成了有鲜明特色的企业文化，广为社会各界所称道。我们研究发现，富有特色的企业文化是企业兴旺发达的一个关键因素，也是提升企业核心竞争力的一个重要方面。

6. 重视科学技术的进步和创新，是推动温州经济发展的决定性因素

科学技术是第一生产力，而且是先进生产力的集中体现和主要标志。改革开放以来，温州科学技术的进步和创新，给温州经济社会的发展带来了极大的推动作用。2005 年，全社会科技活动经费投入 24.84 亿元，比上年增长 27.5%，"十五"时期年均增长 20.7%；全年列入国家级火炬计划 45 项，星火计划 18 项，重点新产品计划 20 项；列入省级星火计划 15 项，新产品试制计划 315 项。全年获国家级科技进步奖 2 项，省科技进步奖 34 项，市科技进步奖 95 项。积极培育高新技术企业，全年新认定省级以上高新技术企业 33 家，市级 56 家，至 2005 年末分别拥有 168 家和 265 家。全年专利授权 3116 项，至 2005 年末累计 21541 项。一批科技项目获得国家和省贴息贷款或创新基金资助。

2005 年末，温州市人事部门直接管理的各类专业技术人员 12.24 万人，其中中级职称以上人员 4.25 万人。每万人口中人才资源从上年的 663 人增加到 786 人。年末全市拥有县及县以上独立的研究机构 17 家，并拥有 106 家产品质量检验机构。

（二）从温州文化发展离不开经济，经济对文化的作用来说

1. 温州经济发展对文化的需要，是促进文化发展的不竭动力

恩格斯说："社会一旦有技术上的需要，这种需要就会比十所大学更能把科学推向前进。"为了加快温州经济社会发展，温州市委、市政府提出实施"一港三城"发展战略，到 2010 年提前基本实现现代化，这些都亟须强有力的智力支持和人才保障。虽然近几年来温州市小学、中学、高等教育，以及各类成人教育的发展都有了长足的进步，但高等教育资源及人力资源总是短缺，结构不合理的状况依然存在。2003 年前，温州市高校中，温州医学院为医学类本科院校，温州师范学院为多科性本科院校，温州大学和 3 所职业技术学院均为专科层次高校，没有一所综合性"大学"层次的高校，直接影响到浙江高等教育的发展全局和整体水平，与温州城市的区域定位和整体形象极不相称。同时，应当看到，温州市的人才总量更是不足，人才结构性矛盾更加突出。2002 年，温州市人才资源密度仅为 3.25%，与国际公认的经济腾飞所需要的 7% 的标准相去甚远；各类专业技术人员中本科以上学历人数和高级职称人数仅占 11.6% 和 2.3%，远远低于浙江省平均水平。要填补巨大的人才缺口，一是依靠本地培养，二是通过外部引进。随着市场经济和科学技术的发展，人才市场竞争日趋激烈，人才引进难度大、成本高，且数量有限，远远不能满足温州地区现实和长远发展的需要。为了推进温州地区经济社会的可持续发展，合并温州师范学院和温州大学，组建一所上规模、上档次的综合性大学，加大高层次人才培养力度，加强科学研究与技术开发服务，势在必行。2004年5月，新温州大学应运而生。2006年2月20日，教育部向浙江省政府发出"关于同意正式设立温州大学的通知"。通过一年多的努力，正式设立新的温州大学的"大学"指标建设已经取得明显成效，其综合实力明显增强。目前，学校占地2545亩，拥有校舍80.6万平方米，纸质图书142.2万册，教学仪器设备总值1.8亿元；专任教师1180人（其中教授146人，副教授429人），全日制在校生17049人，其中硕士研究生156人，本科生12482人，专科生4411人。现有硕士点20个，已经具备相当规模的本科教育和硕士学位授予权。设有39个本科专业，涵盖了社会科学、人文科学、理科、工科、商科等五大学科门类。新建成省级重点学科4个、省级重点实验室1个，新增国家级科研项目12个，获得省部级及以上科研成果奖励9项。以上主要指标基本达到"大学"的要求。这不仅对浙江经济社会发展具有重要的战略意义，还是推进温州经济社会可持续发展的根本途径。

2. 温州经济发展是文化教育事业发展的物质基础

温州经济快速发展，民营经济发达，民间资本雄厚，人民群众对文化教育投入能力和热情日益增强。

2005年末，各类全日制在校学生123万人，占全市总人口16.4%。全市拥有普通高校5所，年内招生16866人。全国各类普通高校在温录取新生33124人。高等教育入学率达32.6%。初中毕业生升入高中阶段的比例为88.1%。省市级重点中学55所，国家和省级重点职业学校20所，省市级教育强镇91个，教育强县（市）6个。2005年，全市新建校舍48.4万平方米，排除中小学危房5.4万平方米，改造破旧房6.4万平方米。2005年末各类学校校舍总面积1227.88万平方米，其中普通高校172.25万平方米。

随着温州九年义务教育的普及，高中段教育突飞猛进，要求接受高等教育尤其是本科层次教育的高中毕业生人数越来越多。2002年，温州市普通高中在校生已达124906人，连续四年高考上线人数位居浙江省第一，2003年达38417人，其中本科约14000人。但是，由于温州高等教育发展滞后，如果没有一所综合性大学，根本无法满足人民群众日益增长的强烈要求接受高等教育的需求。现在，在温州师范学院与温州大学合并的基础上，正式设立的新的温州大学，主动适应高等教育快速发展的要求，根据温州市委、市政府统一部署，在温州高教园区建设新校区，办学条件得到了很大改善。

此外，温州市文化、卫生和体育事业也迅速发展。全市有艺术表演团体 12 个，文化馆 12 个，文化站 292 个，公共图书馆 12 个，博物馆 2 个。公共图书馆藏书 222.3 万册（件），年总流通量 158 万人次。全市广播综合人口覆盖率 97.4%，电视综合人口覆盖率 97.6%，有线电视用户 115.28 万户。全市有卫生机构 769 家，其中医院 69 家，卫生院 435 家，个体开业诊所 662 家。2005 年末各类卫生技术人员 27351 人，其中医生 12297 人。全市医疗机构拥有病床 16839 张，平均每万人有病床 22.4 张、医生 16.4 人。全市农村建有村卫生室 2460 个，社区卫生服务站 108 个。全市有公共体育场馆 50 个，业余体校 10 所，已建公共健身点 1000 多个。不言而喻，没有温州经济的发展，也就没有温州文化教育事业的蓬勃发展。

3. 温州经济发展实践是温州学术思想活跃的基本来源

马克思主义认识论告诉我们，认识产生于实践的需要。人生活在纷繁复杂的大千世界之中，并非其中的所有事物都同时成为认识的对象。哪些事物在哪些方面和层次上进入认识领域，成为认识客体，是由实践的需要来确定的。依据这个道理，温州经济发展的实践，不断提出了新的研究课题，以解决温州经济发展进程中亟待解决的理论问题和实际问题。只要翻开大量有关温州的论文和论著，我们就不难发现，凡是有关温州的科学研究总是围绕着温州经济发展实践的需要而形成，并依据实践需要的演变而发展的。起初，是对基于温州人经济活动的经验总结；接着使这种经验条理化，上升为理论；最后这种理论思考就转化为学术思想。在温州这片热土上，它所诞生或即将诞生的《老百姓经济学》《温州文化学》《温州学》，以及其他各种学术专著和论文，就成了十分自然的事情。由此可见，温州学术思想的活跃源于温州经济发展的实践。

4. 温州经济发展为举办富有文化内涵的各种活动创造了有利条件

温州几乎每年举办各种大型的展销会、招商会及人才招聘会，并且有丰富的文化内涵。真可谓"政府搭台，文化牵线，企业唱戏，招商引资"，把文化与经济活动有机地融合起来，使文化与经济互动，交相辉映。这不仅提升了温州的良好形象，还为各方投资者、各种人才提供了良好的发展平台，从而促进了温州经济全面健康持续发展。同时，温州市还成功地举办了第七届中国艺术节，这与温州经济发展有着很大的关系。

三、温州学的特点

为了深刻地理解与把握温州学的研究对象及其学科性质，有必要探讨一下温州学的特点。我们认为，温州学的主要特点是：

（一）地域性

温州学的地域性特点，首先就其内容而言，它相对客观地、全面地、系统地反映了温州经济社会的全貌，揭示了温州经济、政治、社会、文化、环境发展的客观规律。就其主体而言，它反映了温州人精神、温州人价值观、温州企业家精神，以及各种群体、组织和单位在温州发展中的推动作用。就其研究范围，它主要限于温州地区，并且在一定程度上受本地区人文环境、地理环境及生动环境条件的制约。正是因为如此，温州学便带有明显的地域性特色。换句话说，温州学是扎根在温州，生成在温州，创立在温州。若是离开温州，就失去其研究的基础，就失去其应有的价值。

（二）开放性

诚然温州学具有鲜明的地域性，但它同时又具有显著的开放性。在经济全球化步伐不断加快、世界性文化交流日益扩大的今天，任何一个地方的经济和文化都不可能是单一的、孤立的、封闭的，而是整体的、联系的、开放的。事实上，在全国各地投资和经商的温州人有170多万人，在海外的温州人有50多万人。真可谓"温州人是恋家不守土，远走四方，而把根留住"。活生生的社会现实，使温州人深感改革开放给他们生活所带来的实惠。开放性作为对温州经济和文化等诸方面互动关系的反映的理论成果——温州学的一大特点，是题中应有之意。同时，应当看到，一切真正的科学理论都是它那个时代的产儿，作为一门地方性学科的温州学也是这样。在今天这个全球化、网络化、现代化的时代，温州学迫切需要最新的、现代的、多种的学科知识来总结、提升、概括温州经济社会发展的经验。从温州学创立的背景以及它的内容和价值取向来看，都离不开创立它的今天这个时代。因此，开放性是温州学最显著的特点之一。

（三）综合性

温州作为地域性的社会实体，是人口、环境、生产、生活、文化、思想意识和管理机构等要素的综合体，也是温州人的经济生活、政治生活、社会生活和文化生活的统一体。对此，温州学在研究方法上具有综合性的特点，比如它在研究温州的任何一种经济现象、社会现象、文化现象及其发展过程或问题时，总是要涉及温州经济和社会发展的各个方面，要联系经济与文化、经济与政治、经济与社会、经济与环境多种相关的因素加以综合分析，运用经济学、管理学、社会学、文化学、伦理学、政治学和环境学等多学科的理论知识进行综合研究，从中揭示温州经济与文化互动关系的机制及其发展的规律。温州学凭着这种独到的优势和功能，就可驰骋科学大地，探求复杂而生动的温州现象的奥秘，为实现温州的现代化目标做出应有的贡献。

（四）发展性

温州学作为一门综合性的地方学科，不是一个不变性的集合体，而是一个过程性的集合体。这是由其研究对象所决定的。恩格斯说："我们所接触到的整个自然界构成一个体系，即各种物体相联系的总体。""这些物体处于某种联系之中，这就包含了这样的意思：它们是互相作用的，而这种相互作用就是运动。"由此我们不难理解，温州学所面对着的主要研究对象是经济与文化的互动关系及其发展的规律，而温州学这个主要研究对象正是其不断推动自身向前发展的内在动力。随着温州经济、政治、社会、文化和环境的变化发展，温州学将会不断地吸取新的营养成分来充实、丰富和完善自己的体系。所以，温州学绝不是一成不变的体系，而是一个与时俱进的体系。

四、温州学的研究原则

我们认为，构建具有地方特色的温州学的框架体系，必须坚持以马克思主义为指导，这是一个总的指导原则。在这个总的指导原则下，还要具体地应用以下几个原则：

（一）基本国情与具体社情相结合的原则

构建温州学的框架体系，既要符合中国的基本国情，又要符合温州的具体社情。[①] 首先，必须从中国的基本国情出发，这就要求我们认清中国社会及其特点。中国是一个发展中的社会主义大国，人口多，底子薄，地区发展不平衡，生产力不发达的状况没有发生根本改变。中国国情的基本特点就是正处在社会主义的初级阶段。这种基本国情决定了我国社会主义现代化建设的道路绝不能照搬、照抄别国模式。同样地，这种基本国情和温州的特殊社情决定了温州社会主义现代化建设的道路也绝不能照搬、照抄别地模式，只能从温州具体社情出发，创造出符合于自己的具体社情的温州模式。李振杰在《草根调查——中国基层发展问题的社会学分析》一书中说："改革开放以来，由于各地区历史文化传统的不同和经济发展水平的差异，在我国工业化和市场化进程中出现了'一制多式'的格局，即在社会基本制度相同的前提下，各个区域的经济体制改革方式和经济发展模式出现一种多样化的格局。温州模式在我国经济体制改革和经济发展过程中一直发挥着具有广泛的、强烈的示范作用，尽管在党的十五大以前，各级政府从未以正式文件的形式公开宣传推广过温州发展的经验，但通过民间的非正式渠道，温州经验一直影响着其他地区的改革和发展。曾有人评论说计划经济是官员经济，市场经济是百姓经济。从这一意义上引申来讲，以市场化改革起步和以市场化改革为自身特征的温州模式，正是老百姓自己创造的模式。"[②] 这番话说得多么客观、多么中肯、多么全面，就是因为它既符合中国的基本国情，又符合温州的具体社情。因此，坚持基本国情与具体社情相结合的原则，是创立温州学，研究温州学的首要原则。

（二）立足温州与放眼世界相结合的原则

研究温州学，首先要立足于温州，若是离开温州去研究，那么温州学就成了无源之水，无本之木。同时，又要放眼世界，这就是说，研究温州学，还应当把它放到全国、放到世界中加以分析和比较，大胆地借鉴和吸收人类一切文明成果，从而

[①] 李振杰：《草根调查——中国基层发展问题的社会学分析》，经济管理出版社，2004年。

[②] 李强：《关于创立温州学的思考》，《光明日报》2002年11月1日

使温州人进一步增强自己的全球意识和开放观念，以应对经济全球化的挑战。李强同志说："我们研究温州学，无意在今天这个全球化、数字化、现代化的时代，去强化乡土意识、地方观念，恰恰相反，希望通过它的研究，尤其是对温州人'筑码头、闯天下'开拓海内外市场的研究，对温州人开放意识、开放观念的研究，进一步增强温州人的全球意识和世界眼光，变'区域人'为'世界人'。"①

（三）文化借取与文化融合相结合的原则

研究温州学，应当注意引进、借用外地区、外民族和其他国家的文化，因为借取的文化是人们继承前人文化中的优秀部分，也是创立温州学不可或缺的部分。文化借助的过程，同时也是文化涵化、融合的过程，即接受新的文化特质并把它融入自己的文化特质中的过程，从而把新创造的文化特质和吸取来的文化特质融合成一种具自身特色的文化，即以全面发展的价值观为核心的温州人精神。温州学就是在文化借取和文化融合的过程中体现出这种文化品格。而这种文化品格恰恰是推动温州发展的文化动因。因此，在研究温州学中，一方面必须高度重视温州自身的文化遗产，不断发掘和弘扬优秀传统文化、地域文化中的优秀资源；另一方面必须重视外地区，外民族和其他国家的文化成果，大胆地借取和融合外地区、外民族和其他国家文化中的优秀资源。费孝通先生说："世界正在进入一个地球村，形成一个全球多元文化的时代。这是人文社会科学应当能够开创一代新风气的好时机。""作为中华民族的成员，我们有责任先从认识自己的文化开始，在认真了解、理解、研究传统文化的基础上参加现代中华文化的创造，为新世纪人类全球的文化建设积极准备条件。"②我们深信，温州人必将以崭新的温州学，为新世纪人类全球的文化建设的海洋增添新的一滴水。

（四）理论诠释与实证研究相结合的原则

如前所述，温州学研究领域十分广泛，触角伸向温州社会的每一个领域、每一个层次和每一个方面，采用科学的方法和手段，收集温州经济与文化、经济与政

---

① 李强：《关于创立温州学的思考》，《光明日报》2002 年 11 月 1 日。

② 费孝通：《师承·补课·治学》，生活·读书·新知三联书店，2002 年，第 365—368 页。

治、经济与社会、经济与环境诸方面互动关系的现实或历史的资料，进行实证研究。"实证"这个概念，是由法国实证主义哲学家、社会学创始人奥古斯特·孔德（A. Comte，1798—1857）首先提出来的，其本义是"确实的"，指知识来源于具体的经验研究。温州学的知识就是在温州人长期的实践基础上，对温州诸种现象或"社会事实"进行的具体的、历史的经验研究所获得的。同时，根据获得的大量的"第一手"资料进行分析，找出其因果联系，从中检验理论假设，概括出理论知识，并且进行理论诠释。理论诠释得越符合温州客观实际，越贴近温州群众生活，越符合温州的发展趋势，温州学就越能为温州群众所掌握，化为温州群众的自觉行动，成为改造自然和社会的巨大力量。

原载《温州的发展与发展的温州——我在温州八年的见证与探索》，浙江大学出版社 2013 年版

说说温州学

洪振宁

由于原来工作的因缘，我这 20 年来一直在关注温州研究与温州学的建设，也曾经写了差不多 10 年的温州研究综述，多篇发表在《温州日报》与温州蓝皮书。退休以后，对温州研究与温州学建设这个问题，也有些新想法，提出来，与大家谈谈。

温州学提出之后

提出创建温州学，是在 2002 年。那年的夏天，温州内外的学者对温州学的创建，进行了热烈的讨论。《温州日报》连续发表了 10 篇文章，《光明日报》也刊发了报道。时任中共温州市委书记的李强也参加讨论，并在 2002 年 11 月 1 日《光明日报》发表文章，即《关于创立温州学的思考》，引起了全国的关注。

2003 年 1 月，温州举行了温州学学术研讨会，光明日报社、温州市委和温州市政府联合主办。光明日报副总编与理论部等四个部的主任到温州。讨论重点议题是：温州历史文化、产业群与温州模式的创新、温州人与公民社会等。温州学研究中心举行受聘仪式。公布选题指向，并在《温州日报》上发表。2003 年 2 月《光明日报》刊登温州学学术研讨会综述，《中国城市经济》杂志转载，题目是"深化温州研究需要创立'温州学'"。那一年的研究动态，综述为《温州学研究的新进展》，有历史文化篇与经济发展篇，分别刊登于《光明日报》。三年后，为接轨浙江省实施的文化研究工程，温州提出：通过实施温州文化研究工程，继续打响温州学文化品牌，推进温州研究的不断深化。

创建温州学的提出，既是深化温州研究的需要，也是对国内地方学建设的一种跟进。自敦煌学创建以来，国内各地纷纷创建地方学，有藏学、蒙古学、西夏学、潮汕学、湘学、徽学、晋学、北京学、上海学、扬州学、泉州学、闽南学、巴蜀学、吐鲁番学、鄂尔多斯学等 30 多个。世界上的"汉学"，约有 400 年历史，近 20 年来，国内学界又提出"中国学"研究。

其实，加大温州研究的工作力度，也会遇到是否要创建"温州学"的问题。原来的温州学界，社科研究立项与评奖都必须有温州户口或至少是在温州工作，局限性很大。温州学的提出，首先是打破了这一条条框框，激励全国各地的学者跨区域参与温州与温州人的研究。

温州学提出的 20 年来，温州研究得以不断推进，已经出版了研究温州与温州人的著作约 700 部，分别是研究温州人的专著如《报人赵超构》等 100 部，整理与研究乡邦文献的如《董每戡集》《黄绍箕集》《林景熙集补注》等 300 部，专题与专题史研究方面的如《陈黻宸学术思想研究》《温州古代史》等 200 部，研究当代温州发展的如《温州民营经济发展 30 年》《续写创新史》等 100 部，以及相当数量的新编地方志、蓝皮书与部分普及读本。

温州学研究什么

所谓温州学，是以温州人与温州为研究对象的一门综合性学科，以地名学，也可视为温州新文化建设中的一项重大工程，是要系统推进温州人的研究，并深化研究温州的历史文化、社会变迁与当代发展。

温州学学科体系尚在建立之中，理论总结一般是在多年的实践之后或者之中的。以往是参照浙江省实施的文化研究工程，将温州学研究分为"人、文、古、今"四大板块，即温州人研究、乡邦文献整理与研究、专题与专题史研究、当代温州发展研究。我对这四方面也有些新的想法。

温州人研究，分为温州人群体的研究与温州历史文化名人的研究，是跨学科的。一方水土养一方人，温州人研究需要探讨温州民性，宋代以来未当官的读书人即所谓的布衣，很值得深化研究；那些推进早期现代化实践的近代温州人，很值得深入研究；清末温州留学生由于文献的新发现人数增加为 280 人，亟待深化研究；温州籍院士与著名学者的个案与群体研究，也需要深化；东瓯三先生在早期维新思想史上的业绩与地位，需要探讨；近现代温州知识群体需要展开的课题如版画家群体、地政学家也即土地经济学家、民国时期在上海的书画家群体、晚清的诒善祠塾师生群体与利济学堂师生群体，乃至中华人民共和国成立以后的连环画家群体、语言学家群体，都需要有新的研究。

乡邦文献的整理与研究，这是推进与深化温州研究的工作前提，整个温州学的建设是建立在这个基础之上的。20 年来业绩可观，但差距还很大，可以从近代温州史料的全面整理与系统汇编入手，以早期现代化的推进为主线，将各档案馆、图书馆、博物馆所藏的近代温州的调查报告、工商发展、城市建设、抗战史料、华侨存档等分卷编辑出版，并将名家专集分册影印。历史文献的影印，各地都已经着手进行了。例如，在《全宋词》《全宋诗》《全宋文》整理出版之后，人们为什么还需要《宋集珍本丛刊》108册的整理出版？因为影印原版，更能反映宋代文化的原始面貌，读者需要历史物证。我们的困难，是温州著作中百分之七八十的古籍珍本藏在外地，所幸我们所处的时代可以借助于互联网。

专题与专题史研究。专题研究，比如永嘉学派的研究，南戏的研究，宋型文化在温州的综合研究，明代永嘉场人文研究，晚清温州知识群体的研究，抗战中的温州人研究，瓯文化研究，人文雁荡研究，近代温州建筑研究，生物多样性与文化多样性对温州人的影响研究等等。专题史需要继续深化研究的更多，宋元时期温州对外文化交流研究，传统工艺走进现代生活的研究，温州移民史研究，温州教育史研究，温州城市发展史研究，温州人口史研究，温州商会史研究，温州华侨史研究，温州近代史研究需要展开与深化的方面特别多。

当代温州发展研究，这是推进温州研究进一步深化的重点工作。围绕"续写创新史"可以展开多方面的探讨。如温州高质量发展研究，温州模式创立与发展历史研究，温州模式的创新研究，推进温州文化创造性转化与创新性发展研究，温州发展创意产业与设计业的研究，温州培育与推进世界文化名城建设的研究，数字化时代的新温州建设研究，"善行天下"的当代温州人研究，温州人精神研究，中国特色社会主义在温州的实践研究等。亟须研究温州申报加入工艺与民间艺术之都的可行性。

各项研究，要更多地与社科知识普及相结合，更多地借助互联网、微信网，更多地使用图像、展馆的表达，力求更多地将研究成果译成外文。

温州学研究的建议

900万人口的温州，历史上文化上尚未解开的谜团，实在太多。温州商人是如何崛起的，是不是靠生产与推销油纸伞起家的？引种番薯与温州人口增长的关系如何？大批温州人走出温州，是不是从清代中期到浙北、苏南、安徽东部种植番薯开始的？世界上还有多少有关温州的文献？温州人是如何在流动中求生存与发展的？温州人对中华文明到底有哪些贡献？海外对温州的研究成果已经有了哪些？

三年前说到温州学建设时，我曾经感叹：我们甚至既缺《永嘉学派概论》，也未曾编写出《温州模式发展史》。我们需要编纂《玉海楼志》《永嘉场志》，需要编纂《温州文化通志》，编写《温州文化发展通史》，尤其需要编辑《永嘉学派全书》《人文永嘉场文库》《晚清温州文献集成》《温州模式文献汇编》等。

温州学研究，是跨学科的综合研究；温州学研究，又具有跨区域的特点。我们身处全球化的开放时代，是地球村中的居民。前些年，学者从西欧"回归"了大量晚清的温州老照片，这对我们是有启迪的。互联网为我们共享各地的文化资源提供了便利的条件，文献保存方陆续披露了他们珍藏各种文献的情况，温州大量珍藏于外地甚至国外的乡邦文献，有了回归家乡的基础，我们需要努力让这些宝藏回归。近年来，学界特别注重与提倡音像史学，温州学的建设中，老照片与有关温州人和事的各种图片、碑刻、音像等，格外需要重视搜集与复制。

具体建设工作，有关部门、研究机构已经做了不少，我再添加几个建议：首先，需要每年编印温州学研究年鉴，分专题盘点研究的整体情况；其次，建立温州研究数据库，这是整个建设的重中之重，当及早进行；再次，每年要接轨浙江省文化研究工程，通过规划指导下的择优立项继续推进课题研究与项目实施，还需要组织各县（市、区）分头落实重点研究项目。

原载《温州日报》2021 年 11 月

略谈温州学
——从历史研究的角度

徐佳贵

笔者对"温州学"一名不太熟悉，收到邀请谈谈温州学的函，才知道这一名称已提出近 20 年，作为曾经的乡史研究者，不禁感到惭愧。网上检索，这一"学"名的提出，似与改革开放以来温州的经济成就有最直接的联系。多年来，笔者在外求学、工作，遇到的同学、餐馆老板、房屋中介、路人甲，知道笔者来自温州的第一反应，几乎都是温州人"有钱""精明"之类的判语。还有人明确告知，他当时脚下穿的和以前穿的多双鞋子都产自温州，他能感觉到，这些年来温州制鞋的质量确实在改善中。对此，身为"非典型"温州人的笔者只能报以尽量礼貌的微笑。说起这些经历，只是想说明，工商业上的表现对于当前外间人如何看温州，似乎仍有决定性的影响。相比之下，温州的历史文化，外间人了解的程度和欲望依然会低一个档次。甚至两三年前还有人在聊天时惊讶地向笔者表示："你们温州原来还挺有文化……""原来"一词可谓意味深长，足见某些刻板印象入人之深。人们可以从擅长经商的角度，称温州人为"中国的犹太人"，然而往往会忘记犹太人也是有其丰厚的"历史"与"文化"的。

而今一种常见的、对于温州"悠久"历史的关注，便是以古证今，借"历史"来说明改革开放之后经济意义上的"温州模式"其来有自，源远流长。有不少文章将温州当前的崛起溯至宋代（或曰"南宋"）"永嘉之学"，其基本逻辑，便是宋代"永嘉之学"相对追求"内圣"的程朱之学等，更强调"外王""经世""致用"；而在今天重视（现代意义上的）"经济"，地方民众商业头脑发达，自然也是重"实用"的表现，由此可以在宋代与当代之间，画一条横越千年的线。这样的论证至少存在两个问题。第一，是将"相似"直接等同于"相承"，宋代温州读书人的言说和表现，与当下某些温州人的表现"相似"，便可省略对这千年之间地方思想与风俗演变的细致考察，认定二者间必有"相承"关系。这样易于忽视"永嘉之学"在宋之后即趋式微，与元、明及清前中期温州的学术文化繁盛不再的事实，或将这一长达数百年（至少比宋代的温州文化繁盛期长得多）的衰落事实无来由地判定为"暂时"

的、"必定"只是如风而过的。晚清温州倡言"永嘉之学"之声转趋高涨,也会被这种逻辑认作宋代永嘉学术"延续不绝"的例证;但鉴于横跨数个朝代的证据链缺损,这更应被视作晚清温州读书人以"接续"之名"重构"地方学术传统,将晚清的本地学风与宋代的地方学术标签"建立"关联的"行为"。第二,谈起"永嘉之学",一般默认指向宋代的"士大夫"群体;但今天温州在国内的声名,主要拜温籍"商人"群体所赐。认为今天"商人"的表现必然源自历史上以"士大夫"言行为主轴的传统,多少反映了一种"士"天然地高于"商"的传统思维,即按照"士农工商"序列,以"士"为首而"商"为末,在地士大夫与其他民众,必定是前者以思想"教化""影响"后者的关系。此种源自旧日等级制理想的思维定式,同样未见充足的历史实据支撑。究竟是有赖地方的精英分子引领地方风气,还是地方本有某种普遍的风习,只是在特定历史条件下有赖某些人通过学术表达与构建"学派"的方式得以凸显;之后,此类风气是一直延续,还是其间发生了许多曲折变化,这些问题都需要依托史料,进行足够细密的论证。

进言之,温州历史上自然有外出经商的传统,但这不等于说存在经商传统,就会在改开以后促成"温州模式"。如《大清一统志》中称,温州地区"其货纤靡,其人多贾",[①]然而晚清的温州本地士人却说温州人向有"温不出"之谓,[②]同是描述地方"传统",说法却大相径庭。而笔者所见今人各种著述中"中国历史上的N大商帮"的榜单,几乎没有一处曾提及"温州帮";及至晚清,温商也未形成如徽商、晋商及宁波商人之类在全国的声势,甚至温州本地市面,也长期是福建与宁波商人等"客商"占优势。[③]由是观之,改开之后所谓"温州帮"的兴起,主要关涉的很可能是某些为时更短的"新传统"。如不少学者指出,1949年以后温州的计划经济相对不甚强大,民间经济本较活跃,这在改开以后结合地缘特征与新的国家政策,便促成了本地民营经济的蓬勃发展。有学者更进一步,聚焦于1949年后浙江省的

---

① 穆彰阿、潘锡恩等纂修:《大清一统志》卷三〇四温州府,《续修四库全书》史部地理类第619册,上海古籍出版社,2002年,第313页。

② 洪炳文:《东嘉新竹枝词》,沈不沉编:《洪炳文集》,上海社会科学院出版社,2004年,第442页。

③ 有学者明言,在浙江省内,历史上的温商也无法与宁波商人、龙游商人相提并论,见张靖龙、林亦修:《明清的闽南移民与"温州模式"》,王春瑜主编:《明史论丛》第2辑,兰州大学出版社,2003年,第105页。

政治权力结构与经济发展间的关系，提出浙南游击区出身的地方干部不同于江苏及浙北某些地区干部的政治激励与行动策略，显著影响了地方的经济增长模式。^①这些观点或非定谳，但相比前述径直勾连古代与当代的思路，这些研究能够展示较完整的证据链，意在揭出具体的因果机制。简言之，在探讨"现今的温州何以如此"的问题时，实可不必拘泥于"酒是越陈越香"的论证逻辑。

当然，以简洁的方式勾连古今，有助于唤起乡人对于乡土的文化认同，其意义不宜一笔抹杀。只是，足够严谨的历史研究，首在尊重实事求是的原则，这种原则也有助于缓解常与"唤起"行为伴生的、传播内容含糊空泛的问题。下文再结合笔者个人的经验，从历史研究的角度谈几点关于温州学的粗浅想法。

首先，是在历史研究中如何"定位"温州这个"地方"的问题。这不是要归结出温州古今一贯的"基本特征"（笔者以为，这种永恒不变的"特征"并不存在，温州以外的其他地区也一样），而是结合温州历史上与其他地域的联系互动，认识温州在较大的区域或全国（甚至东亚）范围内所处的位置。这一位置自然是可变的，只是具有在一定历史时期内的、相对的稳定性。这里略论行省制度出现后，尤其是明清两代及之后的情况。现今关乎温州的区域划分，最为常见两种分法。一种是按一省或数省的行政区域来分，在此温州显然是被视为浙江省的一部分。而在浙江内部，还有大致按府，县行政边界的各种划分，如温州可以作为"浙东"八府（上八府）之一，与"浙西"三府（下三府）相对。另一种则是突出自然与经济地理的依据，因此不按，或不完全按政区划分，较著名者如美国人类学者施坚雅（William Skinner）基于"市场体系"理论划分的"大区"（macro-region）。^②其中，浙江省中北部基本上是被划归"长江下游"大区，而包括温州在内的浙南瓯江流域，则被与福建等省归为一处，划入"东南沿海"大区，成为该区的北部边缘。可见，依照不同的问题意识，温州会有不同的定位，相应凸显与不同对象的不同互动方式与过程。不过，这两种常见的分法亦可提示，明清以来温州的历史地位具有某种"相对"的"边缘性"。

---

① 章奇、刘明兴：《权力结构、政治激励和经济增长：基于浙江民营经济发展经验的政治经济学分析》，格致出版社，2016年。

② 参见 [美] 施坚雅：《十九世纪中国的地区城市化》，[美] 施坚雅主编，叶光庭等译：《中华帝国晚期的城市》，中华书局，2000年，第242—297页。

笔者在此前的研究中，已使用了"相对"的"边缘"这一提法。因研究主题偏向晚清的思想文教领域，这一领域与政治演变及行政系统关系较著，而与自然及经济地理问题的相关性较弱，因此笔者主要采用前述依据政区的划分。具体来说，一是在行政意义上，温州系府城距省城最远的府级地区，可以说位于"浙省边缘"；二是在文教意义上，明清两代的大部分时期，温州也属于主要由江浙两省构成的华东区域的"边缘"。今有学者论及"近世"浙江省内的"文化地理"（主要讨论明清两代），与笔者的这两重"边缘性"的意思相似，其中指出在许多方面，省内偏北的杭州、嘉兴、湖州、宁波、绍兴五府可以归为一类，温州则与总体偏南的金华、衢州、严州、台州、处州归为一类，前者的科举指标显较后者为高，学风、文风等也更著于后者。① 不过在另一面，温州的这种边缘性也只是"相对"的，华东地区毕竟属于国家的文教核心区域，温州虽不是"核心之核心"，却也属于"核心之边缘"。

　　晚清以降，另一个地理要素得以凸显，即温州"濒海"的特征，在地方内外开始受到空前的重视。因近代海防及西力东渐等缘由，"浙东"地区内濒海的部分在经济、社会、文化上的转变，似较省内西部地区（不是传统意义上的"浙西"）更为剧烈，温州原初的两个"边缘"的属性也渐发生变化。然而变化可以达致什么程度，尚须审慎评估，比如在晚清，温州虽在《烟台条约》签订后即已开埠，但几乎一直是一个"小口岸"，商贸水平与北部宁波港尚有明显差距，与上海这样的东南巨埠更是不在一个档次。要之，政治、经济、文教乃至中外关系等各类因素都是变动的，研究者基于各自主题对温州做出定位，理应充分注意在特定时期内，这些可变因素本身的消长与互动。

　　第二，由"地"及"人"，关于考察、理解地方上的"人"的思路。现今的一些历史与当代社会研究，会将地方的区划层级偏"下"与人群的社会地位（以及在历史中自主发声的能力）偏"低"相绑定，从而近乎习惯性地将较为边缘的"地方"与较为边缘（此意义上的"边缘"也可能是"多数"）的"人群"联系起来。最常见的，便是默认在地方研究中，唯有难以发声的"底层"或"普通"民众才值得关注，夹在"大城市"精英分子与"小地方"普通民众之间的"小地方"精

---

① 朱海滨：《近世浙江文化地理研究》，复旦大学出版社，2011 年。

英分子，便容易遭到忽视。现已有人类学学者指出，一向以"眼光向下"为特点的人类学，如今需要"向上研究"，因为地方的权力结构并不是透明的，不能认为外部的探照灯可以直射局部时空内的"底层"或"一般"人群、而不发生任何过滤或扭曲。倘要理解"系统是如何运转、如何影响失败者和弱势群体"，就必须对那些"成功者和有权者"的言动有足够的了解。[1]温州地方的史料遗存状况，也有利于上述角度的反思。近年来，温州地方史料的整理出版成绩斐然，笔者也受惠良多；而整体上看，这些史料并不以某一种或数得清的数种极富系统性的、集中反映"普通民众"社会生活的大宗史料（通常为经济或司法档案）为主干，而是多见政治或文教意义上的精英分子遗留的文献。如果依旧默认"小"地方只有"小"人物值得研究，则未免预先窄化了对地方史资料价值的理解，容易导致"浪费"史料的情况出现。

进一步讲，今天许多地方史研究也论及地方精英与地方的权力结构，但是依然会将"地方史"的核心或主要研究思路，默认作"社会经济史 / 社会史"；至于"思想史"之类，则往往被认为与"中心城市精英"绑定，而与"地方史"无甚关系。以笔者的研究体会为例。笔者的研究主题曾聚焦于地方的"士人"，主要指温州地方上的科举功名持有者，也可以泛指地方读书人。对于这类群体，思想史研究多以"士"相称，凸显这些人制造的、往往寄寓了高远理想的知识思想文本本身；而在默认以"社会经济史"或"社会史"为主干的地方史书写中，这些人则常被称作"士绅"，或被认作塑成某种地方社会"结构"的砖瓦，整日忙于现实主义的算计与权力斗争，而绝少理想色彩。在后一研究路数中，历史中人对于自己行为的理解阐释，或被直接忽略，或被视为某种掩饰性的修辞策略，而被研究者自身关于"权"与"利"的结构性分析偏好所覆盖。其实，在给定的时空范围内，上述的"士"与"士绅"常常是同一拨人，这两种大相径庭的形象，相当程度上是后世的学者基于后来某些研究次领域的惯习而人为造成的。而笔者研究的晚清温州知识转型，正需要聚焦于"思想"与"社会"的结合部，牵涉的"地方史"，相当程度上是思想观念"地方化"的历史与"知识社会史"。在此，高高在上、充满理想主义的"士"的形象，需要脚踏实"地"；而"士绅"除权力利益攸关的言行，当然还可以有"思想"、谈

---

[1]　[美] 约翰·奥莫亨德罗:《人类学入门·像人类学家一样思考》，张经纬等译，北京大学出版社，2017 年，第 262—263 页。

"理想"。结合前述的温州史料状况，温州学相关的历史研究，似可不必突出单一的研究次领域，社会、政治、经济、思想、文化各方面的历史均可付诸研究实践，各"专门"之间且应尽量有叠合交叉，或者形成对话。毕竟从根本上讲，作为给定时空中的认识对象的"人"本身乃是丰富立体的，而不会在整体上附属于某个特定的次领域。

与"地方"历史地位的可变性多少相应，地方上的"人"所涉的社会结构、身份认同等，也都是可变的。循此逻辑，这就涉及第三个问题，即"地方的近代史"可以如何操作、地方的"近代"转型如何书写。

笔者研究晚清温州知识人与地方知识转型，正涉及近代的西力东渐如何波及地方、所谓"近代性"如何在地方发生与演化的问题。"地方"并非必然倾向于"传统"，或作为后人寄寓"怀旧"情绪的场所，它同样需要面对"数千年未有之变局"，以及这一变局延及今日的后果。在此，技术层面的变革，如海运、陆路等交通方面的重要变化，近代报刊、邮政、电报等媒介形式在地方的兴起，均与知识思想的"在地化"传播息息相关，故而知识思想的"内史"与"外史"，在研究中应充分结合起来。今人着力于研究涉及地方的阅读史，很大程度上是基于类似的考量。不过，地方士人并非只是通过书报接引新知，此种接引也影响了他们在地方的改革实践（尤其是文教改革实践）。与此相应，除却思想与技术，政学制度、社会结构、地方经济诸方面的传统与变化也不可忽视，考察这些要素及要素间的动态关系，同时也意味着揭示转型中地方的"能动性"及其限度。

根据上述思路，笔者得出的初步结论是，近代之前既有的、相对边缘之地方对于知识学术潮流的参与途径或分享方式，辅以西力东渐造成的人员与知识信息流通形式的变化，是温州近代的知识转型赖以发生的前提。然而，对于新知新潮，温州长期只有"接引"与在地方文教实践中"化用"的能力，而较缺乏为北京、上海等中心城市所感知或认可的"生产"能力，这便会促成地方面向外界的整个自主"发声"能力的进一步弱化。近代这一可以颇具地方能动性的转型过程，实际却参与促成了原初的边缘之地在区域或全国范围内，陷于更深程度的"失语"状态，这是近代文教变迁中一种深具吊诡意味的现象。在此举这个例子是试图表明，书写卷入近代新潮的"地方"，也应重视地方自身的视角、尊重地方自身的变迁逻辑，而不宜满足于套路化地呈现某种宏大叙事的地方缩微复制版。而在联结历史与现实的意义上，怎样把地方的古今故事结合地方自身的脉络与细节，说得不落陈套，并使之在本地以外亦能收获听众，还需要我们付出更多的努力与思考。

总之，温州学是一个宽广而厚重的课题，笔者基于历史研究的一点心得，略献刍荛，供方家参考。

原载《温州市文史研究馆馆刊》第三集，文汇出版社 2022 年 10 月版

温州学研究任务及方法的思考

胡晓慧

[摘　要] 改革开放以来，创造了举世瞩目"温州模式"的温州和温州人有过自豪，但这几年温州落后了，经济综合实力从浙江省的第一梯队掉到了第二梯队，发展势头掉到了第三梯队。在温州发展的关键节点上，作为立足温州、研究温州、服务温州的地方学——温州学必须有所担当。当前首要任务就是运用唯物辩证法关于普遍联系的、历史的、发展的、辩证的观点和方法，着眼于发展这个角度，拔高站位，放大空间，跳出温州研究温州。围绕如何推进本届政府为重振温州雄风提出"赶超发展，再创辉煌"的战略目标和中心工作，从宏观环境、发展阶段、资源禀赋等层面将温州 30 多年来的发展轨迹和动力机制进行梳理和分析，帮助大家走出认知的迷雾，真正读懂当下，读懂温州，凝聚共识，为温州的发展提供智力支持。

[关键词] 温州学　振兴实体经济　温商回归　普遍联系

创造了举世瞩目"温州模式"的温州和温州人，有过骄傲，因为温州是一座光荣与梦想的城市，温州人是一群善于追梦的人。回望中国改革开放 30 余载，温州以其独有的敢为人先的精神，在砥砺前行中成为中国民营经济的重要发祥地。成就了具有标志性符号意义的实践基地。然而，过去的这种自豪感，于当下正在经历"成长的烦恼"、承受"凤凰涅槃"阵痛的温州而言，已渐渐淡化。如今温州正面临扩大经济总量与提升发展内涵的双重任务，经受增长速度换挡与结构调整阵痛的双重考验。温州必得振奋精神，在金融危机的风雨洗礼中越坎爬坡、克难攻坚；在"百舸争流、你追我赶"的区域竞争中负重加压、奋起直追，体验进与退的博弈。

一、温州面临的新情况、新问题和新挑战

在当今这个全球一体、快速变化、高度竞合、不进即退的时代，在空间上，全世界被压缩成一个地球村；在时间上，我国要用几十年的时间完成西方发达国家要

几代人甚至十几代人才完成的文明转型。巨大的时空压缩，给政治、经济、社会带来了颠覆性的冲击，区域竞争、城市竞争空前激烈。在这样的时空背景下，温州的发展遇到了许多前所未有的新情况、新问题和新挑战，处在了"不进则退，小进也是退""标兵渐远，追兵渐超"的严峻态势中。

历来，杭州、宁波和温州雄踞浙江省的前三名。纵向比，30年来温州发展成就巨大，横向比，近年来温州的发展速度明显放慢落后了，正在不断地被其他城市超越。据中国社科院城市竞争力蓝皮书调查，温州城市竞争力的全国排名，从2004年的第10位一路下滑至2011年的第48位、2012年的第61位。目前温州经济发展主要指标与浙江省第一方阵的杭州、宁波差距不断拉大，而与浙江省第二方阵的绍兴、嘉兴相比领先优势相当微弱，总量指标呈"标兵越来越远，追兵越来越近"甚至有"渐超"的态势。人均指标水平仍然处在全省相对落后位置。2012年和2014年上半年，大多数经济增长指标排名全省垫底，主要总量指标在全省排名明显退后，绝对值占全省比重进一步下降。不少总量指标被兄弟市超越。可以说，温州经济综合实力已掉到第二梯队，发展势头掉到了第三梯队。资金外流、企业外迁、人才外走，产业链和资金链面临不少问题，产业空心化和企业"低小散"问题突出。纵观30多年温州的发展轨迹，明显地呈现出了一个从落后到领先再到落后的趋势。今天的温州又一次站在了越坎爬坡的关键节点上，那么，作为立足温州、研究温州、服务温州的地方学——温州学必须有所担当。

二、超越温州的温州学研究

温州学担当最好的体现，就是运用唯物辩证法关于普遍联系的、历史的、发展的、辩证的观点和方法，着眼于发展这个角度，拔高站位，放大空间，跳出温州研究温州。围绕如何推进本届政府为重振温州雄风提出"赶超发展，再创辉煌"的战略目标和中心工作，从宏观环境、发展阶段、资源禀赋等层面将温州30多年来的发展轨迹和动力机制进行梳理和分析，帮助大家走出认知的迷雾，读懂当下，读懂温州，明晰前进的方向，凝聚共识，为温州的发展提供智力支持。

（一）确立普遍联系的、历史的观点看温州

世界是一个有机的整体，世界上的一切事物都处于相互影响、相互作用、相互

制约之中。而联系具有普遍性，它既包括横向的与周围事物的联系，也包括纵向的与历史未来的联系。萧放教授说："我们研究的地方是经历了系列历史变迁的地方，它是历史时间过程的一个组成部分，不仅是地方自身的历史时间，还应关注到大的时代历史给特定地方带来的历史印痕与记忆，它通过战争、灾难、移民、交通、事件、地方行政区划变迁等深刻影响地方社会构成与人们的思想意识，以至成为地方文化传统的组成部分。"[①] 研究时，应将温州30多年的兴衰变化置于宏观历史视野之下，这样对温州发展脉络的认识可能会更清晰。从宏观环境看，国内外历史上的"三大事件"决定了温州发展的轨迹，也是温州30年来三个阶段发展的分水岭。

一是1978年党的十一届三中全会。"温州模式"是中国改革开放政策的产物。温州的发展起步于改革开放政府放松管制后四处流动的小商、小贩，创业人员主要是农村隐性失业人员组成的百万"盲流"大军。其模式是以跨区域贸易促进本地工业化发展，以商品流通换取生活资源，以人员流动拓展生存空间，终至建立起庞大的商业网络和专业市场，形成块状经济，发展了小城镇。这是一种草根经济模式，其形成的动力机制完全有别于现代亚洲其他国家和我国国内其他城市的工业化。

早期的温州，小工、小商、小贩、小本资金只能进入门槛最低、负外部性强的二、三产业，没有能力去投资资本技术知识密集型产业。技术问题主要靠"星期天工程师"和仿冒解决。通过村村点火、户户冒烟，前店后厂楼上住人，整个城乡成了一个巨大的工业区。这样的产业模式快速启动了温州的工业化，并创造了巨大的财富，其特点是充满活力。从1987年到20世纪90年代中期，温州模式从形成、发展至鼎盛，影响力很大，国内的许多城市纷纷组团来温州探秘取经，一度出现了"万城来仪"的盛况。但这种草根模式同时也存在着诸如安全生产、环境污染等许多"先天性"的问题和不足，是现今温州企业"低小散乱"的根源。

二是2001年中国加入世界贸易组织。2001年11月，中国正式加入世界贸易组织，温州本土企业的代加工和对外贸易获得快速发展。但随着2007年"中国威胁论"兴起和世界其他国家对中国产品进行反倾销，强化各种贸易壁垒后，以出口为主、外贸依存度达42%的温州民营企业受到很大冲击。温州的国际贸易纠纷不断、国外坏账增加、出口订单减少，再加上国内劳动力成本上升、原材料价格上涨，使

[①]　萧放：《地方文化研究的三个维度》，《民族艺术》2012年第2期。

温州经济低成本优势不断弱化、实体利润更加微薄。这个时期，温州大批企业集体迁往中西部地区，同时大量的民间资本从实体经济中抽离出来，投向股市、楼市和矿产资源开发，坚守主业的企业越来越少。许多企业把原先的制造业仅仅作为融资平台，温州产业空心化现象不断凸显。

三是2008年的世界金融危机。在2008年国际金融危机来临初期，温州虽然不少企业在股市折戟沉沙，但在楼市和矿产资源上却收获颇丰。当国家出台4万亿投资巨额经济刺激计划、采取宽松货币政策、实施十大产业振兴政策等一系列措施的时候，温州民间资本大量地投入房地产、矿山资源开发和新能源等行业。2007—2011年，温州企业老板的资产增速极快。

但随着国际金融危机对中国经济影响的加深，为了压住投资刺激政策带来的通货膨胀，2011年国家信贷政策全面收紧，随之，同年4月温州涉及新能源和房地产的不少企业就开始出现资金链紧张的情况，不得不转向民间借贷融资，促使当年温州民间借贷综合利率上升，企业财务成本升高。同年9月，这一情况进一步恶化，一些企业开始出现资金链断裂，全市上百家企业主出逃，200多家企业倒闭，多位涉及民间借贷的人员上吊或跳楼自杀，一大批与其有贷款担保和上下游产业链关系的企业连带受损。温州成了当年我国局部金融风波的重灾区。至此，温州经济发展中长期积累的深层次矛盾和问题暴露无遗，温州相当一部分企业元气大伤，温州人的资产大幅缩水，许多人几十年积累的财富一夜之间化为空气。

（二）确立发展的观点看温州

所谓发展，是指事物由简单到复杂、由低级到高级的变化趋势。其实质是新事物的产生和旧事物的消亡。随着发展阶段由工业化引领向城市化引领转变，资源驱动向投入、创新、财富驱动阶段转变，中国的经济发展对环境的要求越来越高。温州学研究只有确立发展的观点，才能解读好本届政府为实现温州赶超发展制定、实施的"以经济建设为中心，以振兴实体经济为首要任务"的"十大举措"。

关于振兴实体经济和温商回归。用发展阶段看，"十大举措"中的"振兴实体经济和温商回归"这一举措，就很切中当前温州"产业空心化""企业外迁""人才外走""资金外流"的要害，符合发展的实际。当温州的企业还是一条小鱼时，养在鱼缸里就可以。经过十几年的发展，企业的规模扩大了，产业链延长了，长成大鲨鱼了，就需要到大海里去，需要有更大的平台供其畅游。但回望进入21世纪后的十年，温州城市几乎成了全国产业的孵化器。温州被改革开放之初"万城来仪"的光环所蒙蔽，没有与时俱进，及时修正政策，而是在满足的酣睡，结果错失了打造大平台、争取大政策的十年发展良机。而在这十年间，中国几乎每十天就诞生一个国家级经济技术开发区、高新区和海关特殊监管区域。

今天温州老百姓和领导都深刻地认识到，对于温州来说，民营经济是本，实体经济是基，中小企业是源，"温商"是第一资源。温州要赶超发展，必须固本强基，要以"实体经济回归"和"温商回归"为着力点，进一步扩大有效投资，把推动"温商回归"作为振兴实体经济的最大要素来抓，着力把"温州人经济"转化为温州经济。

关于招商引资。温州对"招商引资"认识态度的鲜明变化，就是一个必须遵循发展的观点研判问题、制定政策的好例子。在过去的十年时间里，曾经"万城来仪"的历史使温州干部在对向外要资源、向上要政策问题上很不用心。"不求人"的大爷意识作怪，致使温州在招商引资的"全国性战役"中，一直扮演着资金输出方的角色。多年来，只见温州的凤凰飞出去，不见外地的凤凰飞进来。温州干部这种故步自封的观念长期阻碍了温州经济的开放化和国际化进程，以致温州的社会投资和工业经济一直处在很低的水平。

面对这种情况，新一届政府审时度势，决心挑战长期以来经济体"失血过多"的问题，在招商引资的问题上对现状进行较大面积的政策修正，主动发挥政府这只"有为之手"对招商引资的作用，坚持把招商引资作为"一号工程"来抓，把补上平台课作为工作的重中之重来抓。所以出台了开辟海涂围垦和低效用地再开发等政策，破解发展用地制约，创造新一轮发展空间新优势；全力打造省级产业集聚区和小微企业园两大平台，把建好省级产业集聚区作为引进大项目、发展大企业、培育大产业、推动传统产业群向现代产业集群转型的基础，彻底改变"低小散"的格局，努力构建现代产业体系等"十大举措"，以期推动外部更多力量加入温州城市建设与经济发展的大潮中，尽快促进温州经济转型升级。

（三）确立以辩证的观点看温州

唯物辩证法认为：一切存在的事物都由既相互对立、又相互统一的一对矛盾组合而成。矛盾着的双方既对立又统一，从而推动着事物的发展。如温州在对待破解"投资的土地要素制约"这个问题时，如果运用辩证的观点和方法来分析就会明晰很多。

关于"七山二水一分田"。区域发展环境优劣不是一成不变的。在区域内外部因素共同作用下，是可以发生转化的。其判定标准也因时空更替而不断演变。温州的地貌概括起来就是"七山二水一分田"，人均耕地面积仅 0.41 亩。但就是在土地空间如此紧张的地方，却有着排名全省第一的 912 万常住人口。在工业化、城市化持续推进的今天，温州土地资源与建设用地需求之间的矛盾越发突出了。很多投资项目，尤其是对成片土地需求较高的大项目，往往就是在土地这堵墙上"一头撞死"。对温州外迁企业调查显示，将企业外迁归因于"用地紧张、土地资源不足"的比例竟高达 66.5%。但随着 30 多年的发展，经济实力增强、交通等基础设施条件改善和国家区域战略变化，温州一些潜在优势将得到发挥，一些过去的劣势就有可能转化为了今后发展的优势。如随着国家和浙江省海洋经济发展战略的启动实施，温州"二分水"的地貌特征得到有效利用。温州海域面积广阔，沿海岛屿 436 个，全市理论基准面以上滩涂资源 95.39 万亩，其中可围涂造地的约 80 万亩，可以再造一个"海上温州"。有望在"瓯飞工程"等一批重大项目建设推动下，这些潜在的优势得到进一步发挥，形成以大港口、大平台建设为龙头的开发热潮，形成温州独特的海洋经济优势。温州 70% 的面积是山地，这"七分山"的地貌特征是温州土地挖潜的另一个方向。近期可开发利用的山地面积约 51 平方千米，可以再造一个"山上温州"。如果在部分有条件的低丘缓坡上垦造耕地，可解决部分重大工程项目建设用地的占补平衡问题。

随着生态文明时代的到来，传统的经济社会发展理念被颠覆。温州"七山二水"的地貌特征是温州过去受穷的根源，却是今后生态文明发展巨大的生态资源宝库。用辩证法的观点看，温州的生态优势将成为未来发展最宝贵的资本，"七山二水"可化腐朽为神奇，是发展旅游业、休闲业和健康养生的好去处。

三、关于温州学研究的些许想法

关于温州文化与温州经济的互动关系及其内在规律揭示课题。"温州模式"和温州的辉煌来之不易，是温州人民的伟大创造，是温州历届班子和各界人士共同努力的结果。在全球经济深度调整，世界性文化交流合作日益扩大的今天，我想，地方学研究，除要研究温州文化的生成兴衰、个性特征、地位作用和创新发展外，改革开放 30 年来温州文化与温州经济的互动关系及其内在规律揭示应当成为温州学研究的一个大课题，这个课题对于温州乃至全国其他一些地方今后的发展都有着启示和借鉴意义。

温州不只是浙江的温州更是全国的温州。在温州的发展遇到了许多前所未有的新情况、新问题和新挑战的今天，温州人民重温温州改革开放的不平凡历程，应铭记历史，尊重历史，倍加珍惜温州的历史地位，精心呵护温州的荣誉。研究过去是为了开创未来，如何适应形势的发展，不断推进文化创新，提升区域文化品位，发挥文化力在社会经济发展中的支撑引领作用，增强赶超发展的紧迫感和责任感，建好自己的家园，怎样继续解放思想、与时俱进，创造性地做好温州工作，继续大胆地走在改革的潮头，以更大的胆略和气魄，坚定不移地把温州这面旗帜举下去，更应当成为当前温州学研究的另一个大课题。因为，正如时任浙江省委书记夏宝龙所说："温州的改革发展是实践中国特色社会主义理论和改革开放基本路线的成功典范，温州改革发展好不好具有风向标意义，温州不仅是浙江的温州，更是全国的温州。"①

原载《论地方学建设与发展——中国地方学建设与发展研讨会文集》，鄂尔多斯市鄂尔多斯学研究会 2014 年 12 月印本

---

① 《市委十一届四次全会今天召开 奏响赶超发展最强音》，《温州日报》2013 年 8 月 26 日。

科学构建温州学学科体系
助力文化温州繁荣发展

潘忠强

[摘 要] 如何构建温州学学科体系，是当前推进温州学研究必须深入思考和解决的重要问题。本文站在温州塑造第三次历史文化高峰的高度，来认识推进温州学研究的重要意义，聚焦研究对象和科学研究方法、逻辑主线和核心命题、学科理论体系、学术话语体系、学术共同体等五大要素，提出构建温州学学科体系的思考和建议。

一、为什么要推进温州学研究

2002 年 7 月，在温州市委八届十一次全体（扩大）会议上，时任温州市委书记李强正式提出"抓紧建立温州学""深入开展温州学研究"的要求。

为什么要建立温州学？ 2002 年 11 月 1 日，李强书记发表于《光明日报》的《关于创立温州学的思考》一文做出了解答。他认为，创立温州学，对其进行系统的研究，无论从温州的历史或现实角度看，还是从温州人群体看，都很有意义。他指出，温州深厚的历史文化底蕴，为创立温州学积淀了丰富的养料；温州现实中层出不穷的新生事物，为创立温州学提供了鲜活的材料；温州人对温州文化的认同感，为创立温州学提出了现实需要；对温州已有的研究，为创立温州学初步奠定了基础。李强书记从古、今、人、文四个维度，阐明了创立温州学的重要意义。

时隔 16 年，在 2017 年温州市委党校秋季主体班次开班式上，温州市委主要领导提出，要深入开展温州学研究，并在 2018 年初召开的温州市委十二届三次全会上强调，要深化温州学研究；在 2019 年 7 月召开的温州市委十二届八次全会上，时任温州市委书记陈伟俊把深化温州学和永嘉学派研究作为重点工作进行部署；之后的市委历次全会报告，都有"深化温州学和永嘉学派研究"的内容。

那么，当前为什么要推进温州学研究？这需要从推进温州学研究历史意义和现实意义来认识和理解。

从历史意义看，推进温州学研究，事关能否迎来温州历史的第三次文化高峰。温州历史上曾经历两次文化高峰：第一次是南宋时期，以郑伯熊、薛季宣、陈傅良、叶适为代表的永嘉学派"经世致用之学"，其思想精髓"民本、务实、重商、创新"和"义利并举"价值观，积淀成为温州人的文化基因；第二次是晚清时期，以孙衣言、孙锵鸣、孙诒让、陈虬、宋恕、陈黻宸等为代表的温州知识群体的新学或称"利国济世之学"，其"实业兴国、教育强国"的主张，发展了永嘉学派"经世致用"思想，在中国近代思想史上留下了浓墨重彩。改革开放以来，温州以敢为人先的精神开拓发展之路，创造了独具特色的温州模式，温州人在全国播散市场经济的种子，成为我国市场经济的推动力量，如果能创建温州学学科体系，将迎来温州历史上的第三次文化高峰。

从现实意义看，推进温州学研究，是繁荣发展温州哲学社会科学、塑造"文化温州"的城市形象、提升温州文化软实力的客观需要，也是在以往温州学研究成果的基础上构建学科体系的必然要求。作为地方学，温州学在中国改革开放时代应运而生，诞生于党的十六大召开前夕，是中国特色社会主义在温州的生动实践上升为理论创新的必然结果，推进温州学研究，可以为新时代续写温州创新史提供重要的理论支撑。

纵观温州区域文化的历史脉络，从宋代永嘉学派形成发展，到近现代永嘉学派复兴，再到当代建立温州学，温州学是永嘉学派的当代发展，永嘉学派则属于温州历史文化范畴，是当前温州学研究的主要任务。

二、为什么温州学的学界认同度不高

温州学研究 20 年来，《温州文献丛书》《温州文献丛刊》《温州方言文献集成》《温州学术文库》《温州文化丛书》《温州学研究丛书》《温州通史专题史》《改革开放三十周年丛书》《改革开放 40 年研究》等系列专著的出版，表明温州学研究取得了系列进展。初步统计，20 年来温州研究方面的专著已出版 700 余部，各类期刊发表的温州研究论文数以万计。

但是，作为一门地方学，由于没有构建起学科体系，目前温州学的学界认同度并不高。从笔者主持起草《温州学研究规划（2021—2025）》过程中召开的几次座谈会情况来看，部分本土学者对于构建温州学学科体系的目标信心不足，个别知名学者甚至建议，将"温州学研究"提法改为"温州研究"。究其原因，主要是温州学尚不具备"常规学科"的要件。

作为一门地方学，要获得学界认同，必须聚焦五大要素，才能通向"常规学科"之路：一是有明确的研究对象和科学的研究方法；二是有逻辑主线和核心命题；三是有学科理论体系；四是有学术话语体系；五是有学术共同体。目前，温州学研究虽然加强了顶层设计，制订了研究规划，但仍面临着核心研究团队缺位、研究力量分散、碎片化研究突出、专项经费严重不足等突出问题，上述五大要素尚不具备，离"常规学科"还有较大差距。

三、如何构建温州学学科体系

作为温州市委市政府部署的一项重点工作，温州学研究是一项系统工程，必须突出重点、综合施策。深化温州学研究的关键是，加强顶层设计，以构建温州学学科体系为目标，着力做好"五大要素"的建设文章。

（一）明确温州学的研究对象和研究方法

所谓地方学，是研究特定地区经济、社会、文化、政治、生态等各种现象和发展规律的跨学科、综合性、系统性的学科知识体系。作为一门新兴的多学科交叉学科，地方学是一个跨自然科学和人文社会科学的综合性学科。

笔者认为，温州学是以温州文化、温州人和温州发展为主要研究对象的一门综合性地方学科。具体研究对象理论上包括温州地区的历史、地理、文化、经济、社会、政治、生态，以及温州人与温州人文精神等，将其作为一个有机综合体进行研究，探究其发生发展的内在规律。在研究方法方面，以马克思主义为指导，是当代中国哲学社会科学区别于其他哲学社会科学的根本标志，为中国哲学社会科学的发展提供了根本遵循，也为地方学研究提供了根本指针。在温州学研究中，首先要坚持以马克思主义为指导，坚持以人民为中心的研究导向，坚持运用马克思主义的立场、观点、方法去研究解决各种理论和实践问题。其次，要坚持理论创新和实践探索相结合，秉承"经世致用"思想，聚焦人民群众的实践创造，推动实践基础上的理论创新。再次，要坚持历史性、现实性和未来性相统一，以温州历史文化的演进为主线，以当代温州发展为研究起点，以创新发展为主题，深入挖掘新材料、发现新问题、提出新观点、构建新理论。最后，要坚持地方性、全国性和世界性相统一，温州学不能局限于温州，而是立足温州、放眼全国、放眼世界，以开放的视野，跳出温州看温州，跳出温州研究温州。

在温州学研究的具体研究方法上，要根据地方学具有的跨学科、综合性、系统性特点，认真选择和科学安排研究方法的最佳组合。

（二）确立温州学研究的逻辑主线和核心命题

温州学研究的逻辑主线是什么？简言之，就是在温州学研究中整体把握"今、古、人、文、学"的链条。这一逻辑主线，需要用若干核心命题来链接。

近年来，笔者致力于推动温州学研究，在学习与研究中，围绕上述逻辑主线，本文初步提出温州学研究的五大核心命题。其一，改革开放以来，温州以敢为人先精神开拓发展之路，创造了独具特色的温州模式，诞生了温州学。如何研究温州改革发展的实践探索和理论创新，分析当代温州对于共和国的突出贡献？这一命题是温州学能在当代立得起来的重要基础。

其二，温州模式的成因是多方面的，其中积淀深厚的历史文化传统是温州模式形成与发展的原动力。如何梳理温州区域文化的历史脉络，深化永嘉学派研究？这一命题是创立温州学的深厚历史文化底蕴。

其三，从古至今，温州涌现了一代代历史文化名人，这些风流人物是各个时代温州人民的杰出代表。如何研究和评价温州历史文化名人的生平事迹和突出贡献，分析研究温州人文精神？这一命题是温州学研究的生动题材。

其四，温州乡邦文献承载着温州的历史文化和当代发展，是历史留给今人的文化财富。如何做好温州古代、近现代和当代乡邦文献的整理与研究，讲好"温州故事"？这一命题是创建温州学的研究基础。

其五，温州学作为一门综合性的地方学科，以温州文化、温州人和温州发展为主要研究对象。如何在"今、古、人、文"研究的基础上构建起温州学学科体系？这一命题是温州学研究要实现的核心目标。

（三）创建温州学学科理论体系

所谓创建温州学学科理论体系，就是立足原创性，研究提出温州学特有的概念、原理、命题、规律等所构成的具有严密逻辑性的知识系统。创建学科理论体系，是温州学能立得起来的核心要素，必须在温州学的研究任务中明确其要求。要坚持以马克思主义为指导，坚持理论创新与实践探索相结合，围绕"今、古、人、文、学"，着力推进温州当代发展和温州模式研究，着力推进温州历史与文化研究，着力推进温州人与温州人文精神研究，着力推进温州乡邦文献整理与研究，着力推进温州学学科体系研究，强化温州改革发展的理论支持和文化支撑。为明确温州学的研究任务，具体提出以下建议。

当代温州发展与温州模式研究方面。"十四五"时期重点立项：温州模式演化历程和创新发展研究、温州模式的理论探索和时代贡献研究、习近平新时代中国特色社会主义思想在温州的实践研究、"八八战略"在温州的实践研究、改革开放以来温州发展战略选择及演进路径研究、新时代温州发展战略问题研究、新时代温州民营经济"两个健康"研究，温州人经济研究，温州区域治理创新研究，温州社会组织结构演化研究、"一带一路"与温商国际价值链新布局研究等课题。组织编写出版《温州模式的理论探索》《"八八战略"在温州的实践》《温州改革发展的探索与实践》等著作。

温州历史与文化研究方面。"十四五"时期重点立项：温州教育史、温州工艺史、温州学术史、温州城市发展史、温州华侨史、温州宗教文化史、温州民营经济发展史，以及温州近代化进程研究等专题史研究；温州区域文化的历史脉络研究、瓯文化研究、温州现代市场文化建设研究、温州民间公共外交实践与探索、海外研究温州文献研究等课题研究。加强"第一代创业者口述史"和"改革开放亲历者口述史"等访谈研究。完成《温州通史》编辑出版工作。组织编著《温州文化通史》和《温州文化通志》，编辑出版《温州文化遗产丛书》。

永嘉学派研究方面。"十四五"时期重点立项：宋代永嘉学派的形成与发展，南宋时期永嘉学派的哲学思想、经济思想、军事思想、经学思想、史学思想研究，晚清时期永嘉学派复兴研究，永嘉学派的传承发展及其对温州文化发展的影响，永嘉学派的当代价值等。开展永嘉学派代表人物传记研究，主要是："皇祐永嘉三先生"、"元丰永嘉九先生"、郑伯熊郑伯英兄弟、薛季宣、陈傅良、叶适等永嘉学派先驱人物和代表人物的生平事迹及其杰出贡献，孙衣言、孙锵鸣、孙诒让、陈虬、宋恕、陈黻宸等近代温州知识精英的生平事迹及其杰出贡献。组织力量编撰《永嘉学派思想大全》。

温州人与温州人文精神研究方面。"十四五"时期重点立项：温州历史文化名人研究、近现代温州知识群体研究、温州人群体研究、温州企业家群体研究、温州移民研究、海外温州人研究、温州人文精神研究、温州人价值观研究、新温州人研究等。组织编著《温州古代名人传记》《晚清温州知识群体》《抗日战争中的温州人》《影响世界的温州人》。

温州文献整理与研究方面。组织力量策划编纂《温州学研究文库》《温州学研究文献总目提要》《永嘉学派文献集成》《温州古代文献述要》《温州近代文献述要》等。推进"在外温州学文献"回归工程。

温州学学科体系研究方面。"十四五"时期，按照构建学科理论体系的要求，立项"温州学学科体系建设研究"重大课题，编著出版《温州学概论》；开展温州学与当代中国、温州学与浙学的发展等课题研究。

（四）构建温州学学术话语体系

什么是学术话语体系？它是学术体系（知识体系）与话语体系"两位一体"，学术是内涵，话语是表达。构建温州学学术话语体系，"十四五"时期最重要的是做好两项工作：一是构建温州学知识体系，这是前提和基础；二是讲好"温州故事"，这是关键。为此，要注重在原创基础上构建学术话语体系，在比较研究中构建学术话语体系，重点讲好温州改革开放的故事、温州模式的故事、温州人创业创新的故事、永嘉学派"经世致用、义利并举"的故事、温州历史文化名人的故事等。要打造具有全国乃至国际影响力的温州学学术交流平台，创新温州学传播方式，着力提高温州学的品牌影响力。

（五）打造温州学学术共同体

学术共同体，是20世纪英国哲学家布朗依提出的概念，是指具有相同或相近的价值取向、文化生活、内在精神和具有特殊专业技能的人，为了共同的价值理念或兴趣目标，遵循一定的行为规范而构成的一个群体。为打造温州学学术共同体，建议由温州市社科联牵头，温州市社科院、温州市委党校、在温高校和市内外有志于温州学研究的知名专家（社科领军人才），共同发起，成立"温州学研究会"。温州学研究会的性质，定位为学术共同体，主要职能为承担温州学研究项目、温州学学术研讨会和专题研讨会。温州学研究会，通过研究项目凝聚研究人员，通过研究项目和服务项目解决学术活动经费问题。

原载《温州决策科学》2021年11月刊

辑二

永嘉学派略论
——以叶适为中心

杨国荣

[摘　要] 作为儒学的一脉，永嘉学派在漫长的演化过程中形成了其展开的脉络和系统。与宋代主流的理学相对，永嘉学派趋向于以"实"拒"虚"。这里的"实"主要包括两个方面：其一，"以物用而不以己用"，即从外部对象出发，而不仅仅根据人的主观想法和意念去行动；其二，注重事功之学和经世致用。与之相联系，永嘉学派主张"事上理会"，扬弃"无验于事者"。"事"体现了价值层面的追求。从形而上的层面来看，价值层面的追求在中国文化中往往与"道"相联系，但永嘉学派同时把普遍意义上作为价值原则和价值理想的"道"与人的"日用常行"或日常生活紧密地联系起来。永嘉学派对践行、对人所作的"事"、对"道"与日用常行相结合的注重，同时关联着另一个引人瞩目的概念，即"势"。进一步看，永嘉学派的"事功之学"与人格完善的这种要求之间，存在内在的逻辑关联：叶适提出的"内外交相成"这一观念，便十分集中地彰显了永嘉学派既注重于外在的事功，又肯定人自身的完善这一特点。

[关键词] 永嘉学派　事功　成己

一

如所周知，儒学是中国文化的主流，永嘉学派在广义上属于儒学。作为中国文化的主流，儒学并非仅仅单向度的展开，而是派中有派。从先秦开始，儒学便形成了不同的演化方向：它由孔子奠基，之后又出现了以孟子、荀子为代表的不同的发展进路。孟子由注重仁道而走向关注"不忍人之心"以及"恻隐之心"等内在心性，从而比较多地阐发了孔子儒学思想中偏重于内向性的一面。与之有所不同，在荀子那里，儒学更多地侧重于外在的社会领域，包括广义上的天人互动以及经世事功。荀子的重要观念之一是所谓"制天命而用之"，即通过人自身作用于外部对象，以改变自然，这一路向大致构成了尔后儒学向事功方向发展的历史起点。以上事实表明，谈儒学，无法简单地将其仅仅归结为心性之学这一面。

在后来儒学的演化过程中，肇始于先秦的儒学不同发展路向得到了进一步的延续。到了宋代以后，以孟子和荀子为代表的不同路向进一步展开为理学与其他学派之间的分化。理学在总体上注重内在心性，主要由孟子一路儒学发展而来，其侧重之点在于儒学的内圣层面。与理学相对的宋代儒学的另一路向，便是所谓事功之学，包括永嘉学派和永康学派。从源头上来说，事功之学无疑上承了由荀子开其端的儒学发展路向，就此而言，它显然也渊源有自：作为儒学中的重要一脉，永嘉学派并不是突然出现，而是在儒学演化过程中有自身的源头和传统。

就永嘉学派自身而言，在漫长的演化过程中也形成了其展开的脉络和系统，其源可追溯到北宋庆历之际的王开祖、丁昌期、林石等人。南宋之时，永嘉地区的学者依然代有人出，著名的包括郑伯熊、郑伯海、郑伯英、陈傅良、徐谊等人。到了叶适，永嘉之学则趋于集大成：叶适之为永嘉学派的集大成者，犹朱熹之为宋代理学的集大成者。可以说，叶适对永嘉学派基本的理念、观念都作了系统的阐述。

作为一种与当时主流思想不同的学派，永嘉学派也受到其他思想家的关注。以宋代哲学家朱熹而言，他虽然没有具体提到永嘉学派，但曾对所谓"浙学"作了评价，其中的"浙学"便包括永嘉学派。当然，他对"浙学"的理解比较偏狭，认为，"浙学却专是功利"[1]。后来一些论者对于事功学派，包括永嘉学派的理解，往往沿袭这种评论。仅仅以功利取向理解包括永嘉学派的"浙学"，显然是片面的。相对而言，黄宗羲则认为，"永嘉之学，教人就事上理会，步步着实，言之必使可行。足以开物成务，盖亦鉴一种闭眉合目朦胧精神自附道学者，于古今事物之变，不知为何等也"[2]。黄宗羲所谓"事上理会"，即意味着由"事"而知万物和"古今事物之变"。下面将以永嘉学派集大成者叶适为中心，对永嘉学派的相关主张做一些简要地考察。

---

[1] 黎靖德编，王星贤点校：《朱子语类》（第 8 册），中华书局，1988 年，第 2967 页。

[2] 黄宗羲著，缪天绶选注：《宋元学案》，商务印书馆，1928 年，第 321 页。

二

作为永嘉学派的代表人物，叶适所面对的主要是以朱熹为代表的理学。他曾对理学的特点做了如下概括："专以心性为宗主，致虚意多，实力少，测知广，凝聚狭，而尧舜以来内外交相成之道废矣。"[①] 所谓"虚意多，实力少"，是指理学主要偏重于内向的个体心性、德性和人格，而对于外在的社会事功、经世致用，以及变革自然和外部对象却没有给予应有的关注，由此导致虚而不实。叶适批评理学"实力少"，与之相对，他主张注重实际。这里的"实"主要包括两个方面。从哲学层面来说，即要求"以物用而不以己用"[②]。"以物用"，也就是提倡面对自然、从外部对象出发；"不以己用"，则指不仅要根据人的主观想法和意念去行动，还要依照外部实际的对象来展开人的实际践行。"实力"中的"实"，同时又与永嘉学派所注重的事功之学相关，其内容涉及经世致用以及社会各个层面的变革，包括制度层面的建设、民生的改善等。后者（"实力"）都与"虚"相对。以上两个方面，同时构成了叶适所集大成的永嘉学派的重要特点。

与之相联系，永嘉学派比较注重践行。前述所谓"实"，并不仅仅在口头上表示应该关注现实和民生，对"实"的关切需要落于人的具体践行。如果进一步考察永嘉学派对践行的重视，便可以注意到，他们所说的"行"并非泛泛空谈。在中国文化，特别是在儒家一脉中，"行"往往被狭隘地归结为伦理和道德领域中的个体践行。然而，在永嘉学派代表人物叶适的理解中，"行"却更多地与"事"即人之所作相联系。前面已提到，黄宗羲在《宋元学案》的《水心学案》中，特别指出了叶适思想的这一特点，认为他注重"事上理会"。所谓"事上理会"，首先是指通过展开具体的"事"，以把握"事"中之"理"。

"事"不同于"物"：广而言之，"物"主要表现为对象性的存在；"事"主要是指人之所作或人的一切活动，包括观念性的活动与对象性的活动，如变革自然、变革社会等都属"事"，它是中国哲学中一个重要的概念。叶适强调，在认识论上，"无

---

① 叶适：《习学记言序目》（上册），中华书局，1977 年，第 207 页。

② 叶适：《叶适集》，中华书局，1983 年，第 731 页。

验于事者，其言不合"①。与"事""物"之别相应，"验于事"意味着通过人的活动以验证"知"与"言"。在这里，不离于物、以物为本不仅表现为对物的静观，还进一步以注重人的活动或践行过程"事"为其内在指向。后者同时表现为"即其事以达其义"②，即通过"事"以理解对象的内在规定。在永嘉学派中，叶适的关注点首先指向人所展开的多样活动，通过对人的活动来把握其中的义理，进一步切实地变革对象、变革社会。这样理解的"事"较之一般意义上泛泛而谈的"行"，无疑具有更为切实的内容。

从"事"的角度理解人的践行，同时意味着对人的活动及其作用的关注。对叶适而言，万物只有通过人的努力，才能为人所用。以水而言，"盖水不求人，人求水而用之，其勤劳至此。夫岂惟水，天下之物，未有人不极其勤而可以致其用者也"③。"物"之为人所用，离不开人自身之作为，"物"作为现实的存在（实），不只是静观的对象，其意义与人之所作无法相分。通过"事"赋予践行以具体的内容，构成了永嘉学派思想的重要特点。

三

与一般意义上的"物"不同，"事"本身对于人来说总是有一定目的指向，包含某种价值的意味。人之"做事"，旨在实现人的价值理想或解决具体的问题、满足人的多方面需要。就此而言，"事"体现了价值层面的追求。从形而上的层面来看，价值层面的追求在中国文化中往往与"道"相联系。事实上，"道"既被理解为存在的原理，又表现为最高的价值理想，"做事"的过程常常被理解为追求或推行"道"的过程。当然，对于"道"又可以有不同的理解。在永嘉学派叶适那里，注重"道"与具体经验世界和日常生活世界之间的联系，构成了理解"道"的独特进路。在中国文化中，本来就有"日用即道"的传统。永嘉学派延续了这一思想脉络，把普遍意义上作为价值原则、价值理想的"道"与人的"日用常行"或日常生活紧密地联系起来。

---

①　叶适：《叶适集》，第 694 页。

②　叶适：《叶适集》，第 726 页。

③　叶适：《习学记言序目》（上册），第 27—28 页。

从哲学理论上说，相对于在形而上的抽象层面以思辨的方式谈论"道"，永嘉学派的以上进路展现了沟通形而上和形而下之域的取向："道"是形而上的价值原则，日常的经验生活则属形而下的存在；"道"不离日用常行，意味着形而上的原理与形而下的领域之间并非彼此分离。叶适认为："道不可见，而在唐、虞、三代之世者，上之治谓之皇极，下之教谓之大学，行之天下谓之中庸，此道之合而可名者也。其散在事物，而无不合于此，缘其名以考其实，即其事以达其义，岂有一不当哉！"[1] 从平治天下，到道德教化与道德实践，人的活动多方面受"道"的制约。这样一来，"道"不再是一种抽象思辨、超越经验的东西，而是处处落实并体现于人们的日常生活以及解决具体问题的过程中。从现代看，以上观念体现了一般的价值原则和社会层面具体治理过程之间的联系。在现代化的建设过程中，体制或制度层面的建设也包含了政治理论中一般的价值原则，包括近代以来民主、自由等价值观念。这些原则作为价值理想，本身具有某种形而上的性质，它们需要通过多样的体制以及操作层面的具体治理过程来落实。换言之，价值层面的各种理念和原则，应当与政治生活中具体治理的过程联系在一起。从这方面看，永嘉学派将"道"与日用常行结合在一起，对于今天政治领域中注重普遍意义上的政治原则与方方面面的治理过程之间的结合，也提供了传统的依据。

总体上来看，对永嘉学派而言，以道观之不能仅仅停留在抽象的理念之上，而是要根据社会发展和各个领域的具体需要，找出应对具体问题的切实方式。治理方式的变革可以说是无止境的过程，在不同时期和历史时代都需要在这方面加以探索。同时，一般原则总是既定的，但治理中涉及的则是社会领域中特定的情景和特定的方面，这类情景却是千差万别、无限多样的，必须通过具体考察，找出相关的解决之策。永嘉地处温州，今天所说的"温州模式"，在某种意义上也体现了永嘉学派注重价值层面的各种理念和原则与具体治理过程结合的传统，这种发展模式不同于从一般意义上的经济学原理出发作抽象的设计，而是充分注意温州地区经济社会发展的具体特点，由此形成行之有效的独特运行方式。在这一意义上可以说，永嘉学派的精神也延续到了现在，而在以后的进一步发展过程中，则需要继续做这方面的探索。

---

[1]　叶适：《叶适集》，第 726 页。

四

永嘉学派对践行和人所作的"事"的注重、对"道"与日用常行之间的结合的肯定，同时关联着另一个引人瞩目的概念，即"势"。在中国文化中，关注"势"是重要的思想趋向之一，在叶适之前，柳宗元已从历史的层面谈到"势"："彼封建者，更古圣王尧舜禹汤文武而莫能去之，盖非不欲去之也，势不可也。"①在永嘉学派那里，"势"这一概念得到了更为具体的阐发。概括来说，中国文化包括永嘉学派所谈的"势"，具有两个方面的含义：首先指发展的趋向。在历史演变过程中，总是包含内在大势，人们需要把握并顺应这样一种趋向。在谈到这一意义上的"势"时，叶适曾指出："迫于不可止，动于不能已，强有加于弱，小有屈于大，不知其然而然者，是之谓势。"②作为"不可止、不能已"的力量，这里的"势"便表现为事物发展的必然趋向。近代孙中山曾说"天下大势，浩浩荡荡，顺之者昌，逆之者亡"，这里的"势"，便表现为历史的趋向。"势"的第二个含义是实践活动、做事过程借以展开的具体背景。做事、践行并非凭空发生，而是在多样的具体背景中展开的，"势"便表现为各种具体的"事"借以发生的具体背景。在谈到政治领域中的治理活动时，叶适指出："故夫势者，天下之至神也。合则治，离则乱；张则盛，弛则衰；续则存，绝则亡。臣尝考之于载籍，自有天地以来，其合离张弛绝续之变凡几见矣，知其势而以一身为之，此治天下之大原也。"③这里的"势"，便关乎政治领域践行活动的背景。人所作之"事"的成功完成、践行活动的顺利展开并取得预想中的结果，都需要对相关的"事"和践行过程展开的背景做出具体分析。注重这一意义上的"势"，也意味着注重践行过程背景的分析，而解决相关情景中所发生问题的具体之策则由此而确定。

永嘉学派关于"势"的另一个观念，关乎人的作用。谈到"势"，固然需要注重如何顺应"势"，怎样分析"事"借以展开的具体情景，但人在"势"之前并不是消极的，也非仅仅被动地受"势"的制约，而是可以积极有为的。在论及"势"

---

① 柳宗元：《柳河东集》，上海人民出版社，1974年，第43页。

② 叶适：《叶适集》，第702页。

③ 叶适：《叶适集》，第639页。

与人的以上关系时，叶适指出："古之人君，若尧、舜、禹、汤、文武、汉之高祖、光武、唐之太宗，此其人皆能以一身为天下之势，虽其功德有厚薄，治效有浅深，而要以为天下之势在己而不在物。夫在己而不在物，则天下之事惟其所为而莫或制其后，导水土，通山泽，作舟车，剡兵刃，立天地之道，而列仁义、礼乐、刑罚、庆赏以纪纲天下之民。"[1] 这里已注意到人的作用可以改变"势"，所谓"势在己，而不在物"，便强调了这一点，其核心在于"以事成势"，即通过人所做之事、人所从事的活动来改变"势"。在这一意义上，一方面应尊重"势"、顺应事物发展的必然的趋向；另一方面也不能忽视人自身的积极有为和能动作用。

可以看到，一方面，"势"这一概念引导人们掌握、理解事物发展或历史演化的大趋势，以把握大的方向。不管做什么事情，从社会领域的大事，到日常生活中的小事，都需要认真把握事物发展的趋向，并对其加以顺应。另一方面，又需要在做事过程中，对于相关践行过程具体发生的背景有切实的理解，以达到预想的结果。永嘉学派突出"势"，对于日用常行和社会领域的广义践行过程，具有重要的启示和引导作用，而永嘉学派对"势"的理解，也大致体现于以上两个方面。

五

谈到永嘉学派，往往突出其注重事功这一面，前述朱熹对"浙学"的概括，便体现了这一点。依此理解，永嘉学派对于人自身的发展、对自我德性的提升，似乎没有给予必要的关注。然而，如果具体考察永嘉学派的理论，包括叶适的思想，便可以注意到，永嘉学派并不是单向地仅仅注重事功或功利，事实上，对于人自身如何完善，同样构成其关注的重要方面。叶适曾指出："克己，治己也，成己也，立己也。己克而仁至矣。"[2] 这里所说的治己、成己、立己，即以自我的成就为指向：治己关乎自我成就的途径与方式，成己与立己则是最终的目标。说到底，人是整个永嘉学派关注的中心问题，人的存在不仅仅有外在的事功这一面：事功只是使人在物质层面上获得更好的发展背景，人的存在和发展最后需要落实于自身如何

---

[1]　叶适:《叶适集》，第 637 页。

[2]　叶适:《习学记言序目》（上册），第 731 页。

进一步提升和完善。与之相联系，永嘉学派对成就自我、人格培养，也给予了多重关注。

首先是对道德自觉的注重。叶适曾指出："所谓觉者，道德、仁义、天命、人事之理是已。夫是理岂不素具而常存乎？其于人也，岂不均赋而无偏乎？然而无色、无形、无对、无待，其于是人也，必颖然独悟，必渺然特见其耳目之聪明，心志之思虑，必有出于见闻觉知之外者焉。不如是者，不足以得之。"[1] 这里的"觉"，便关乎内在道德意识的自觉，其中的"道德"虽与今天所说的道德（morality）有所不同，但作为"道"与"德"的统一，也内含普遍的价值原则，而"仁义、天命、人事之理"则更直接地与伦理观念相涉，并以道德原则为其内涵。从伦理的角度看，"觉"与自发的状态不同，更多地表现为一种自觉的意识。对永嘉学派而言，在道德领域，需要从比较自发的层面，提升到自觉的状态。这种提升以前面提及的"事上理会"为其前提：它不同于空洞抽象的德性涵养，而是基于做事过程中的反思、体悟、理会过程。

此外，永嘉学派同时注重"常心"。什么是"常心"？叶适对此有比较具体的解释："天有常道，地有常事，人有常心。何谓常心？父母之于子也，无不用其情，言不意索而传，事不逆虑而知，竭力而不为赐，有不以语其人者，必以告其子，此之谓常心。"[2] 在这里，叶适将"人有常心"与"天有常道，地有常事"并提，使之具有普遍的意义。从具体内涵看，所谓"人之常心"与人之常情相近，涉及人作为具体的个体和自我所具有的一般情感。这种常情基于最基本的人伦关系，而家庭之中亲子之间、兄弟之间的关系，便是人与人的最原初、最基本的关系，而亲子之情、兄弟之情，则构成了本源意义上的人之常情。这种情感是最直接、最原初的，它可以进一步引发更广意义上的社会道德情怀。所谓"人同此心，心同此理"，便关乎这种人之常情或人之常心，它存在于人与人交往的现实过程之中，与日常生活、日常过程联系在一起，切实而真实，不同于玄之又玄的心性之境。质言之，人之常情即每个人在生活过程中自然形成的情感，它源于人的基本人伦，又制约着人的日常言行。

从成就人格这一方面来说，作为永嘉学派代表人物的叶适，同时提出了一个重

---

[1]　叶适:《叶适集》，第 141—142 页。

[2]　叶适:《叶适集》，第 697 页。

要的观点,即"内外交相成":"古人未有不内外交相成而至于圣贤。"①这里所谓"圣贤",即理想的人格,对叶适而言,这种理想人格唯有在"内外交相成"的过程中才能实现。"内外交相成"中的"内",主要指精神层面的内在意识,包括人的情感、理性的认识等;"外"则指外部世界。"内外交相成"意味着,不能仅仅停留在人的内在心性世界中而无视外部的世界,而是需走出心性之域,与对象世界相互沟通。

"内外交相成"的另外一方面,涉及传统中国哲学中所说的"本体与工夫"之间的互动。这一意义上的"内",也就是内在本体,其具体内容指人的内在心理结构或精神系统,其中首先是道德意识形态或道德心理结构;"外"则指人的"工夫",包括人的多样行为过程。人的所作所为,包括道德行为,都基于内在的精神本体,这种本体使行为过程超越了自发或无意识的过程而具有自觉的品格。事实上,人的活动的自觉形态,主要便源于人的内在的精神本体,永嘉学派对此十分注重,叶适所说的"内外交相成"便体现了这一点。当然,外在"工夫"的展开过程或人的践行过程,包括与物打交道、与人打交道的活动,同样不能忽略。叶适"内外交相成"的观念,蕴含着对内在本体和外在工夫之间相互作用的肯定。

从永嘉学派的思想脉络看,作为人格培养的重要方面,"内外交相成"之说体现了对外在事功和人格完善这两者的双重关注。在这一意义上,可以注意到,不能简单地将永嘉学派理解为只是注重外在事功或注重功利的追求。事实上,永嘉学派对人自身的完善始终给予了多方面的关注。关于外在事功,永嘉学派有很多具体的理解。在历史的维度上,永嘉学派将其概括为"振民而育德成物"②。"振民"既可以理解为改善百姓生活,让普通的民众都能够安居乐业,又意味着进一步提升民众的人格境界;"成物"则指成就世界,亦即让外部世界变得越来越合乎人的需要。就此而言,"事功"需要具体落实于人的层面之上,并非与人自身的生活以及人格的成就完全相分离,与之相联系,"事功"内在地包含了人自身的提升。不难注意到,永嘉学派的"事功之学"与人格完善的要求之间存在着内在的逻辑关联。"内外交相成"这一观念十分集中地彰显了永嘉学派既注重外在的事功,又肯定人自身的完善这一特点。

原载《管子学刊》2021 年第 1 期

---

① 叶适:《习学记言序目》(上册),第 207 页。
② 叶适:《习学记言序目》(上册),第 10 页。

海外叶适经济思想研究论析
——百年典案：从哥大到京大经济学研究中的叶适

叶 坦

[摘 要] 叶适是宋代著名思想家，他的学术贡献远播世界，其经济思想和学说很早就在海外产生颇大影响。百年前美国出版的中国经济思想史名著中，叶适就占了不少篇幅；近 70 年前日本著名学者已经对叶适的货币思想开展专题研究，可惜这些研究至今尚未得到国人必要的了解和应有的重视。本文提示一个重要的科研理念：就方法论而言，即便是研究中国，如果不包括海外的相关研究，也是不完整、不全面的。在多年来较为系统地研究叶适经济思想以及浙东学派与日本石门心学经济思想比较研究的基础上，笔者首次撷取百年来西洋和东洋两个典案，专题考察从哥伦比亚大学到京都大学的经济学研究中的叶适，提出不能忘记中国经济学中同样有着叶适的显著地位。作为划时代的经济思想家，叶适在经济学上的贡献不仅永载我国的学术史册，还伴随着中国经济学走向世界的百年始步而为西方学界所称道。我们在研究总结叶适经济思想的同时，认真梳理海内外经济学术史无疑十分重要。

[关键词] 叶适 经济思想 商哲 商圣

叶适（1150—1223）是宋代著名思想家、政治家，研究中国哲学史、文化史、政治史等必谈叶适；但叶适作为经济思想家，而且是海外近现代经济学研究的重要对象，不但治宋史、思想史、政治史等专业的学者很少注意，甚至在现今中国经济学界也很少有人知晓。实际上，叶适不只在中国经济思想史上具有划时代的意义，迄今相关的系统研究著述中基本都有他的显著位置，而且其影响深入现实经济中，故有温州"商圣"或"商哲"之称。①

当我们研究和纪念叶适的时候，一定不能忘记中国经济学中同样有着叶适的显著地位——无论将此视为惊世骇俗之说或振聋发聩之论，都不能无视其所具有的坚

---

① 如杨涌泉编著：《温州人生意经》，企业管理出版社，2003 年，有"温州'商圣'——叶适"；胡太玉：《温州商人》，甘肃人民出版社，2002 年，有"温州'商哲'——叶适"。

实基础和史实证据。叶适在经济学上的贡献不仅永载我国的学术史册，还伴随着中国经济学走向世界的百年始步而为西方学界所称道。

一、儒学与经济：西方第一部中国经济思想史巨著

不难看到，现今中国经济思想史的系统研究著作中叶适均占有一定篇幅，专门研究其经济思想的论文也很可观；然而，却极少有人知道早在百年前西洋名校出版的英文版中国经济学巨著中就有关于叶适的不少内容，而且近 70 年前东洋学术重镇已有著名经济学家专题研究叶适的货币思想。要弄清这些问题有必要进行经济学术史的回顾。

如今国内许多学术领域都在强调与国际"接轨"，而作为"皇冠上的明珠"的经济学一般被认为是西方人的专利，是"舶来品"。仿佛赓续数千载、经济文化先于西方而发达的中华文明中并无"经济"！或者割裂儒学与经济的关联，用"讳言财利"一言以蔽之。实际情况不然，中国不仅有着丰富而悠久的经济思想，许多学说还领先于世界并在海内外产生深刻影响。[①]西方有代表性的经济学说中不乏中国因素，如法国重农学派学说的中国渊源问题一直备受重视；有研究表明，中国的常平仓思想曾对美国新政农业立法产生直接影响，针对农业萧条，时任农业部长的华莱士（H. A. Wallace，后任美国副总统）力主将常平仓制纳入 1938 年"农业调整法"，奠定了美国当代农业立法的基本框架。[②]

这些美国人是怎么知道中国常平仓的？这就要进入本文的主题——距今整整百年的 1911 年，从清代进士到美国博士的陈焕章，在哥伦比亚大学出版了博士论文 The Economic Principles of Confucius and His School（其自译作"孔门理财学"，精装两册，凡 756 页）。这是迄今所知国人在美国正式刊行的首部经济学系统研究专著，也可以说是至今影响力最大的书，在经济学术史上具有重要意义，连大名鼎鼎的经济学权威凯恩斯（J. M. Keynes）都很快为之撰写书评！此书出版百年来直到近年在

---

① 参见拙作：《学术创新与中国经济史学的发展——以中国经济思想史为中心》，《河北学刊》2010 年第 4 期。

② 参见李超民：《常平仓：美国制度中的中国思想》，上海远东出版社，2002 年。

西方一直都在连续再版，可惜中文版直到 2009 年才在我国面世。[①]

　　研究儒学的人没有不知道陈焕章的，但他的经济学建树以及影响却未必为人所知晓。

　　陈焕章（1880—1933），字重远，广东高要人。八岁始"谒圣"习国学，后入康有为的"万木草堂"，力主倡明孔学，支持变法维新。1903 年中举人，翌年联捷进士，朝考点内阁中书，入进士馆。他 1905 年奉派留美，1907 年考入哥伦比亚大学学习政治经济学，1911 年获哥大博士学位，其博士论文就是英文版《孔门理财学》。次年，陈焕章归国，在上海创"孔教会"任总干事，与严复、梁启超等请定孔教为国教，并创孔教会。后出任过袁世凯总统府顾问和国会参议员等，撰《孔教经世法》，译成外文广为流传。他还在京发起建"孔教总会"会堂，后创立"孔教大学"自任校长；1930 年在香港设"孔教学院"任院长，1933 年在香港病逝。

　　作为康有为门生的陈焕章，其人以弘扬儒学为己任，其学新旧交汇中西贯通，其著《孔教论》影响力很大，《孔门理财学》则旨在"昌明孔教，以发挥中国文明之意思"。全书分为五个部分，共九篇三十六章——"通论"部分：第一篇孔子及其门派、第二篇经济学与各科学之关系，第三篇一般经济原理；"消费"部分：第四篇消费；"生产"部分：第五篇生产要素，第六篇生产部门，第七篇分配，第八篇社会性政策；"公共财政"部分：第九篇公共财政；最后是"结论"部分。此书按照西方经济学原理分别讨论孔子及其学派的一般经济学说及其在消费、生产、分配、公共财政等方面的思想，并结合社会经济发展史实与其他学派的经济思想进行研究，梳理出中国古代经济学说的大致脉络和研究中国经济思想史的基本方法。

　　哥大破格资助留学生的著作出版是很特别的。该校政治经济学教授施格（Henry R. Seager）的序言高度评价作者的研究，指出作者熟知英文经济学文献，故能比较东西方文明；认为读过此书的人将确信，儒学既是伟大的经济学体系也是伟大的道德和宗教体系，其中包括即使不是全部也是大部分解决今日中国严重问题的必要因素。作者自序阐明其"首次尝试系统地介绍孔子及其学派的经济原理"，比较研究

[①]　Chen Huan-Chang, "The Economic Principles of Confucius and His School," Columbia University, Longmans Green & Co., Agents, London：P. S. King & Son, 1911. 有关此书及相关情况，请参见拙作：《〈孔门理财学〉——中国经济学走向世界的百年始步》，《中国社会科学报》2010 年 8 月 26 日第 8 版。

了管子、老子、墨子、商鞅等的相关思想，提出经济理论研究最好结合经济史，注重理论产生的背景和条件。强调其研究是对"独立于西方而发展的中国思想和制度的考察"，尽量"避免以现代西方经济学家的视点解读中国古代文献"。其在《〈孔门理财学〉之旨趣》中再度详论此书宗旨，称理财学即"以义理财之科学"，说其书实可名为"中国理财学史"又可名作"中国生计史"。

中国经济思想史学会首任会长胡寄窗先生指出，这是"中国学者在西方刊行的第一部中国经济思想名著，也是国人在西方刊行的各种经济学科论著中的最早一部名著"。《美国历史评论》称作者"做出了破天荒的成绩"，据说哥大后来的博士论文答辩也有以此书观点提问的。1912年，威斯康星大学著名社会学家、政治经济学博士罗斯（E. A. Ross）在《美国经济评论》发表书评，认为陈焕章打通中西经济传统，为西方政治经济学接上了孔子以来的中国伦理学和社会学资源而得以相互补充，使得此书在浩如烟海的西方政治经济学文献中占据一个独特的位置。熊彼特（J. A. Schumpeter）在其名著《经济分析史》中提出中国"没有留传下来对严格的经济课题进行推理的著作，没有可以称得上我们所谓'科学'著作的"。但在注释中却以转折口吻请读者参考陈著。马克斯·韦伯（Max Weber）的《儒教与道教》开篇文献中也列有《孔门理财学》，足见其影响力之大。此书出版后许多刊物如《中国维新报》《独立报》《美人历史评论报》《东方评论报》《字林西报》等都有评介。作为名刊《经济学杂志》主编的凯恩斯，1912年即在该刊撰发评论，肯定"在陈焕章博士这本博学而令人愉悦的书中，有大量的内容人们将会引用"。作为货币经济学家的凯恩斯对中国货币思想相当重视，明确提出"中国学者早就懂得格雷欣法则和货币数量理论"，该书评对陈著的其他内容如土地制度、赋税制度、劳动力流动尤其是人口问题等方面也着墨不少。[①] 可以认为，《孔门理财学》尽管存在一些不足，也称得上是"儒学与经济"有机结合的典案。

二、百年典案：《孔门理财学》中的叶适（Yeh Shih）

正是在《孔门理财学》这部主要研究孔子及其学派的著作中、特别是在凯恩斯

[①] J. M. Keynes, "Reviewed Work : The Economic Principles of Confucius and His School by Chen Huan-Chang," *The Economic Journal*, Vol. 22, No. 88 (1912), pp. 584—588. 参见拙作：《凯恩斯为哪位中国人的书写过书评？》，《经济学家茶座》2010年第49辑。

注重的那些方面，叶适竟然成为不可或缺的内容！

陈焕章此书是用西方经济学的基本原理作为分析框架来研究中国经济思想的，因此中国历史上最有代表性的思想素材，成为其学理架构的基本内容，叶适就是其重要的组成部分。以下，就依据书中的顺序来看陈焕章研究叶适经济思想的几个主要方面[①]。

（一）适度人口论

这是《孔门理财学》研究"人口规律"中的"人口与土地"部分，见原书第302—303页。

经济学强调人口的密度要和土地的幅员协调，学者也多赞同人口的多少要与土地的规模相适应的原则。东汉人崔寔在《政论》中谈道："人稠土狭，不足相供。"南宋建都杭州，京城周围的人口过剩。因此，叶适建议将过剩的人口迁移到人口稀少的地区，他说：

> 为国之要，在于得民。民多则田垦而税增，役众而兵强。……有民必使之辟地，辟地则增税，故其居则可以为役，出则可以为兵。而今也不然，使之穷居憔悴，无地以自业。其驽钝不才者，且为浮客、为佣力；其怀利强力者，则为商贾、为窃盗，苟得旦暮之食，而不能为家。丰年乐岁，市无贵粜，而民常患夫斗升之求无所从给。大抵得以税与役自通于官者不能三之一。有田者不自垦而能垦者非其田，此其所以虽蕃炽昌衍，而其上不得而用之也。……田无所垦而税不得增，徒相聚博取攘窃以为衣食，使其俗贪诈淫靡而无信义忠厚之行，则将尽弃而鱼肉之乎！[②]

其结论是他们应当被迁移到人口稀少的地区，以保持适度人口和人地均衡。通过这种办法，更多的土地将被开垦，政府的税收也会增加。这样一来，百姓在外可

[①] 此书在西方直至近年还在连续再版，而在中国直到 2005 年才有岳麓书院影印的英文版问世。本文以原著为主，参考了 2009 年 10 月出版的两种中译本：《孔门理财学——孔子及其学派的经济思想》，翟玉忠译，中央编译出版社；《孔门理财学》，宋明礼译，中国发展出版社。另外，2010 年 8 月中华书局出版韩华译本。

[②] 叶适这段论述出自《水心别集》卷二《民事中》，《文献通考·户口考二》有此内容，但文字略有不同，如前者"贪诈淫靡"后者作"贪淫诈靡"。翟译本认为陈著所引文献在译文中标注出处的做法值得肯定，相似情况以下不再赘述。

以当兵,在家可以承役。因此不用通过特别的努力国家的财富就会增加,叶适认为这是一项十分重要的公共政策。

作者提醒读者注意:崔寔和叶适都更重视农业而不是工业,尽管工商业城市可容纳更多人口,但那里的穷人状况很糟,因为穷人仅仅是依附者,他们二人都用了"自业"一词作为提倡的目标。为了使穷人拥有自己的生计而不必依附于富人,国家唯一能做的就是无偿地分给穷人土地。既然穷人聚集城市的土地不足,除非他们迁移到人口稀少的地方,否则他们不可能得到无偿土地,所以崔寔和叶适的理论是能够让穷人拥有自己的生计。换言之,他们是要使依附性的劳动者成为独立的农民。如果他们看到今天的工厂制度,那他们会更坚决地倡导其方案。

陈焕章还强调上述移民政策是建立在经济原理之上的,他是从叶适主张人口的合理分布和人地均衡配置角度入手谈问题的。从现代理论来看,所谓"适度人口"是指对一国或地区的发展最适宜的人口数量,一般认为"适度人口论"出现于19世纪末20世纪初。据说瑞典学派的创始人维克塞尔(Knut Wicksell,1851—1926)首先使用"适度人口"术语,而英国著名经济学家坎南(Edwin Cannan,1861—1935),则是"适度人口论"(theory of optimum population)的奠基人;然而在古代中国,相似的思想早已出现,叶适就是很好的证明。

(二)收益递减规律

所谓"收益递减规律"(law of diminishing returns)又称"报酬递减规律",指在技术和其他生产要素的投入量固定不变的条件下,连续地把某一生产要素的投入量增加到一定数量之后,总产量的增量即边际产量将会出现递减现象。在经济学说史上,"边际"概念的引入是学术发展的重要进步。

陈焕章书中在谈农业问题的时候,专列了"收益递减规律"小节,见原书第392页。

他指出,对于收益递减规律,尽管中国人并没有给出一个完整的理论,但他们还是指出了有关事实。《韩诗外传》卷五记载:"夫土地之生不益,山泽之出有尽。"可以认为这句话的前半部分是说农业,后半部分指一般的自然资源,这句话表明了对收益递减规律本质的理解。

如果说这还只是对规律的"理解",那么作者举出的进一步证据,就是叶适在《水心别集》卷二《民事中》里面描述南宋都城周边地区人口拥塞之弊的情形。叶适说:

"凿山捍海，摘抉遗利，地之生育有限，而民之锄耰无穷。至于动伤阴阳，侵败五行，使其地力竭而不应，天气亢而不属。"这就是人口过密对自然资源造成的危害。陈焕章明确指出，"事实上，大量的人口居住在狭小的土地上本身就是一种经济性的错误，其原因是土地受制于收益递减规律——叶适明确地指出了这一点"。

（三）四民平等论

叶适"明确指出"的还不仅仅如上所述，在讨论商业重要性的时候（见原书第411—413页），叶适的贡献又被陈焕章点了出来，见原书第412页。

作者考证由于中国人将商人置于"四民"之末，因此产生误解。商人被认为是不生产的阶级，他们只是通过交易别人的产品从中获利，而且囤积居奇以高价牟利故招致怨恨，所以从汉代起施行抑商政策。他认为"孔子从来没有低估商人的作用，在汉代以前，儒家也没有提倡重农抑商政策"。针对"士农工商"的四民顺序，说那并非儒家的主张，在《春秋谷梁传》中，"商"仅列于"士"之后，而不是末尾。国人之所以将"商"置于四民之末，是由于农民生产原料，工匠制作产品，交易原料和产品的商人的顺序不能先于他们。陈焕章强调"这应该是生产过程的顺序而不是社会地位的顺序，也不是道德上的级差"。所以中国人把农业称为"本业"、工商业称为"末业"，这是生产的自然次序，并无贬低工商业的意思。

陈焕章再次明确提出"士农工商四民在社会上是平等的这一原则是由叶适提出来的"，证据就是叶适说的"夫四民交致其用而后治化兴，抑末厚本，非正论也"。（《习学记言序目》卷十九）关于叶适论四民平等的问题许多人都有研究，也包括拙作，最早的研究至今也不过20余年，而陈焕章在距今百年前就提出来了！可惜他的论点至今依然鲜为国人所知。

他还谈到农业和商业的相对重要性是随时代不同而变的，说司马迁在《史记·平准书》中论述了这一规律。"故《书》道唐虞之际，《诗》述殷周之世，安宁则长庠序，先本绌末，以礼义防于利；事变多故而亦反是。是以物盛则衰，时极而转，一质一文，终始之变也。"根据其理论，在一个昌盛的国家和复杂的文明中，商业自然比农业更重要。因此尽管经济利益会削弱道德的影响力，资本主义生产会破坏分配的平等性，但这是必然要到来的自然结果。事实上，当一个统一的帝国没有外部纷争，人们过着自给自足的生活时，从分配的角度来看，人们更重视农业；当出现民族斗争时，从生产的角度来看，人们更重视工商业——这是作者的论断。

（四）格雷欣法则

"货币与银行业"是陈著的重头戏，这也是大名鼎鼎的经济学家凯恩斯最重视的内容，其中专有"格雷欣法则"一节，叶适就是其中的主角，见原书第444—445页。

所谓"格雷欣法则"（Gresham's Law）也称"劣币驱逐良币法则"，简单地说就是只要同时流通不同的货币，良币就会被劣币所驱逐，一般认为此法则最早由英国人格雷欣（Thomas Gresham，1519—1579）提出。其实不然，以下专谈货币问题时再详述。

陈著提出由于宋代出现了纸币，所以产生了与格雷欣法则相似的理论。其根据的就是叶适下面这段话："人不究其本原，但以钱为少，只当用楮。楮行而钱益少，故不惟物不可得而见，而钱亦将不可得而见。"（《文献通考》卷九《钱币考二》）陈焕章认为叶适的论述综合了货币数量论和格雷欣法则。就货币数量论而言，叶适指出国家的财富取决于商品的增长，而不是货币的增长。当商品丰富时价格就便宜，货币的价值就会高；如果商品不足，货币的价值就会降低，这就是他说的"物不可得而见"，是因为他将货币的数量与商品的数量相比。关于格雷欣法则，叶适指出在同一市场上流通不同的货币时，纸币就会驱逐铜币，铜币会被排斥于流通之外，所以"钱亦将不可得而见"，这类似格雷欣法则。陈焕章明确指出"因此，我们可以说是叶适发现了格雷欣法则，因为他看到了纸币驱逐铜币的事实！"

进而，陈焕章论证同是南宋人的袁燮更清楚地论述了格雷欣法则。1223年，袁燮说："今议者急于丰财，欲用铁钱与铜钱并行。……往时楮币多，故铜钱少，而又益之以铁钱，不愈少乎？往时楮币多，故物价贵，今又益以铁钱，不愈贵乎？……臣窃观当今州郡，大抵兼行楮币，所在填委，而钱常不足。间有纯用铜钱不杂他币者，而钱每有余。以是知楮惟能害铜，非能济铜之所不及也。"（《历代名臣奏议》卷二百七十三《便民疏》）陈焕章认为袁燮之说，明确指出了复本位制的弊病显而易见，只要几种货币同时流通，劣币就会驱除良币，这便是格雷欣法则。

陈论是正确的。毫无疑问，宋代中国多种货币包括纸币的运用以及由此产生的各种思想、主张、学说、理论在世界上都是领先的，包括马克思《资本论》中唯一提到的中国人——王茂荫，同样是因其在货币问题上的作为与建树而受到关注。[①]

[①] 参见拙作：《宋代纸币理论考察》，《中国经济史研究》1990年第4期；《徽州经济文化的世界走向——〈资本论〉中的王茂荫》，《学术界》2004年第5期。

（五）土地制度论

井田制也是陈焕章着墨甚多的部分，他认为"井田制"是中国经济思想史和历史上的一个最为重要的部分，尽管许多学者认为它从未施行过。他考察历代的相关情况，并专门从经济思想角度研究"有关井田制度的见解"，这部分除汉代人荀悦外，主要分析的还是宋人的看法——苏洵、朱熹、叶适以及元初的马端临，叶适的相关思想是核心，见原书第526—528页。

陈焕章称"叶适是持这种观点的第一人"，即井田制"非有益于当世，为治之道终不在此"。主要理由是古今时代不同，而且操作层面也不允许：

> 且不得天下之田尽在官，则不可以为井；而臣以为虽得天下之田尽在官，文、武、周公复出而治天下，亦不必为井。何者？其为法琐细烦密，非今天下之所能为。昔者自黄帝至于成周，天子所自治者皆是一国之地，是以尺寸步亩可历见于乡遂之中，而置官师、役民夫、正疆界、治沟洫，终岁辛苦，以井田为事。而诸侯亦各自治其国，百世不移，故井田之法可颁于天下。然江、汉以南，潍、淄以东，其不能为者不强使也。今天下为一国，虽有郡县吏，皆总于上，率二三岁一代，其间大吏有不能一岁半岁而代去者，是将使谁为之乎？就使为之，非少假十数岁不能定也。此十数岁之内，天下将不暇耕乎？井田之制虽先废于商鞅，而后诸侯亡、封建绝，然封建既绝，井田虽在，亦不得独存矣。故井田、封建相待而行者也。

陈焕章很注意叶适提出最重要的一点是井田制与封建制的关系，封邦建国的时代可施行井田制，而后世国家一统，封建制度消亡，井田制不可能独存。

叶适提出了一个新办法，即超越井田制去寻求经济问题的解决方案。"间田而疏之，要以为人力备尽，望之而可观，而得粟之多寡则无异于后世耳。大陂长堰因山为源，钟固流潦视时决之，法简而易周，力少而用博。"陈焕章十分肯定叶适的创造性，"使后世之治无愧于三代，则为田之利，使民自养于中，亦独何异于古！故后世之所以为不如三代者，罪在于不能使天下无贫民耳，不在乎田之必为井、不为井也。"他认为叶适的结论是超前的——"因时施智，观世立法。诚使制度定于上，十年之后，无甚富甚贫之民，兼并不抑而自已，使天下速得生养之利，此天子与其群臣当汲汲为之。"叶适的这些意见主要出自《水心别集》卷二《民事下》，《文献通考》卷一《田赋考一》也有载。从今天的观点来看,真有点制度学派先驱的味道!

陈焕章接下来指出"马端临的理论与叶适相仿,也强调封建制与井田制之间的关系",在"结论"部分,他指出"无疑,井田制已经衰亡,不可能再恢复"。却又说:"井田制之所以好,并非因为土地被分成了不同'井',而是因为它基于平等的原则。……苏洵和叶适讨论井田的形式时,苏洵认为其不可能,叶适更认为它没有必要,他们两人都是对的。不过当我们考察井田制度的时候,考察的不应是它的形式而应是其原则。"我们没有忘记此书是以研究孔门学派经济思想为主的。"按照孔子的理论,井田制是一切的基础,不仅仅局限于土地的分配上。井田制的基本理念在于:每个人都应得到均等的份额和平等的机会,平等地享受经济生活、社会生活、政治生活、精神和道德生活。在许多基本理念上,井田制类似于现代的社会主义,二者的共同目标都是均平整个社会的财富。"陈焕章把儒家思想理想化,难怪他终身以弘扬儒学为己任。

从上述内容中可以看到,叶适的经济思想成为这部影响深远的《孔门理财学》的重要部分,主要章节中几乎都有叶适的身影!其许多论点在百年之后的今天还是研究的重点。

三、京大学脉:穗积文雄及其叶适货币思想研究

如果说以上是发生在西洋名校的事,还可以说那毕竟是中国人写的书,甚至能够讲那并不是专门研究叶适的,那么现在要谈的就不是这样了。我们将到东洋的另一世界著名学府,也是日本研究中国的重镇——京都大学,考察颇具代表性的穗积文雄教授对叶适货币思想的专题研究。进入主题前,同样有必要简单回溯日本的中国经济思想史系统研究开端期的情况,以及京都大学(当时称"帝大")的经济学家研究中国经济思想史的学脉情形。[①]

概括地说,自 20 世纪 20 年代与中国学者几乎同时,日本学者就开始了对中国经济思想史的系统研究。民国时期中国经济思想史研究最具代表性的留美学人唐庆增先生,曾评价海外的相关研究,认为"外人研究中国经济思想史,惟日人尚称努力。……

---

① 参见拙作:《1920—30 年代中国经济思想史研究之分析》,《中国研究》(日本)1995 年12 月号、1996 年 1 月号;《日本的中国经济思想史系统研究开端期分析》,《经济评论》1996 年第 4 期。

至欧美人士研究中国哲学者尚不乏人，若专就经济思想而言，从未有人加以精密之观察也"。[①] 的确，从田崎仁义、田岛锦治、小岛祐马到穗积文雄、出口勇藏再到后来的上野直明、桑田幸三、井泽弥男诸位，用可观的成果勾勒出日本学者研究中国经济思想史明晰可辨的学术谱系。开端期重要成果如田崎仁义的《中国古代经济思想及制度》（1924），出版10天之后就再版，商务印书馆1936年出版王学文中译本，很快也再版。田崎先生是留学西方的经济学博士，后主要在东京研究中国经济史学及思想制度，其成果颇丰，一些有中译本。再如田岛锦治的《东洋经济学史——中国上古的经济思想》（1935），此书系其后学本庄荣治郎（后为日本经济史学大家）等人在他逝世后将其在京都大学的讲义和论文汇编整理而成。田岛先生也曾留学西方，后任京都大学教授。他1894年即发表论文《论中国上古的地租》（《国家学会杂志》第8卷第91号），更值得重视的是，他在京都大学经济学科开课讲授"东洋经济学史"，主讲中国上古经济思想史，这恐怕当时在中国以外是绝无仅有的！尤其是，他开创了经济学科研究中国经济思想的新局面，培养了包括穗积文雄在内的一代研究者。再一位需要提及的是小岛祐马，他是"京都学派"著名的汉学家，是从社会思想角度来研究中国经济思想史的，同时对法国社会经济思想有着颇深造诣。他1917年即发表《儒道二家经济思想的特征》，与当时人多仅研究中国上古不同，他对黄宗羲等人的经济思想也有研究。其代表作《中国思想：社会经济思想》（1936），分为"儒家的社会经济思想"和"儒家以外学派的社会经济思想"两部分。小岛先生20世纪30年代末出任京都大学人文科学研究所所长，可以认为他的社会经济思想研究对20世纪30年代末40年代初兼任人文科学研究所研究员的穗积文雄不无影响。

穗积文雄（Hozumi Fumio，1902—1979）是日本著名经济学家，也是世界上为数不多的中国经济思想史研究者。他明治三十五年（1902）9月2日生于日本爱媛县，大正十二年（1923）3月长崎高等商业学校毕业，4月入京都大学经济学部学习，1926年本科毕业，4月入研究生院，专攻经济学史研究。昭和二年（1927）3月，出任东亚同文书院教授。1932—1934年留学德国研究经济学。1939年3月，任京都大学经济学部讲师，6月升任副教授，同年10月（至1946年10月）兼任京大人文科学研究所研究员。1945年3月起，任京都大学经济学部教授，担任经济学

[①]　唐庆增：《中国经济思想史》上卷，商务印书馆，1936年，第14页。

第四讲座。1946—1948 年担任京都大学评议员，1949 年担任日本经济思想史讲座。1952 年担任京都大学经济学部长。此后，他先后出任京都大学分校审议员、大学评议员、学术奖励审议会专门委员、研究生院审议会审议员等。1957 年 11 月获得经济学博士学位。1958 年 8 月至次年 7 月到美国，回国后担任爱媛大学等校工作。1966 年 3 月在京都大学退休，并被授予京都大学名誉教授。同年 4 月，任名古屋学院大学教授；1977 年 4 月任大阪工业大学教授，1979 年 11 月 26 日去世。

穗积先生作为京都大学的资深教授，其汉学造诣很深，曾任上海的东亚同文书院教授多年。1966 年，他在京都大学荣退之前一个月，当时的经济学部长岸本英太郎教授在专为他退休而出刊的纪念集"献辞"中，高度赞扬其在中国经济思想史上"至深的学术造诣"，担任"东洋经济思想史"课程，并撰著了《中国货币史》和《先秦经济思想史论》①等难得的著作。从 1945 年穗积先生任经济学部教授起，一直担任"社会思想史"讲座，发挥出他在思想史与人文研究方面的学术专长。②研究孙文经济思想的京大教授出口勇藏，也是穗积先生的同行，在纪念穗积先生逝世的论文《社会思想一论》中，充分肯定穗积先生独特的研究与叙述方法，专门谈道："例如，货币是社会学问的对象，法规也是一样。通过货币或法规，以金属或纸等物质来体现的是人的社会性状态和人们的相互关系。"他提出"社会思想"与"社会科学"的概念有区别，但不排除两者之间存在"知的产物"，即经济思想、政治思想等。经济思想的实质是以经济生活为中心，及其周边其他生活中所见的社会思想。③

上述学脉传承与穗积先生的学术经历，向我们展示出其知识结构与治学特征，可以认为这也是京都大学治中国经济思想史的特色。一般说来，中国经济思想史唯独在中国是理论经济学的独立学科，世界各国研究中国经济思想史的学者多属史学领域，而京都大学经济学部有其特殊的学术风格和传承。据我的初步考证，日本的经济学初属法政类，1915 年前后是一个重要的学科转化时点，至少京都大学从这一年起经济学独立出来，成立了经济学部。正是在这里田岛锦治开课讲授中国经济思想史，穗积文雄不仅就学于此，还兼任人文科学研究所研究员，小岛祐马的社会

① 实际是 1944 年京都印书馆出版的《中国货币考》而非货币史，《先秦经济思想史》，有斐阁 1942 年版。

② 载京都大学经济学会《经济论丛》第 97 卷第 1 号，1966 年 1 月《穗积文雄教授纪念号》。

③ 载《经济论丛》第 125 卷第 3 号，1980 年 3 月。

思想研究得到弘扬；而桑田幸三则师从穗积文雄，同样到人文科学研究所接受名家日比野丈夫教授的汉学指导。[①]

穗积文雄的中国经济思想史研究成果卓著，特别是对货币思想的研究尤为突出，从先秦到明清，叶适就是其重要个案。[②]他的《叶适的货币思想研究》属于较为系统的长文，共有14页之多。作者特别说明，在此之前田崎仁义已经撰写了"叶适"词条，收入日本《经济大辞书》，称赞叶适"其论治以安民为策、以富强为计，精透切要。盖系经世之重宝、中国近世经济思想学说之代表性文字"。可见日本学者对叶适经济思想的敬重。

穗积先生在简介叶适的生平和学术之后，参考《宋史·叶适传》中的内容，称其"博学雄才、藻思英发、志意慷慨，雅以经济自负"。进而，他以京都学派特有的风格详细考证叶适文集的版本以及流传情况，并将叶适文献的相关篇章列出，指出叶适的货币思想主要集中在《水心别集》卷二《进卷·财计中》，"这成为研究叶适货币思想最基本的资料"。其研究就此入手，首先考察叶适看到由于钱币不足"至于造楮以权之"，形成"凡今之所谓钱者反听命于楮，楮行而钱益少，此今之同患而不能救也"的局面。这在陈焕章的书中也同样受到重视。叶适认为由于纸币流行而钱币不足，故而有此论，穗积是赞同的。他认为即使在铸钱很盛的宋代，由于铜不足，铸币量也在减少；而且宋政府的支出越来越增加，必至纸币大量增发。据此，做出钱币不足必然增加纸币的正确认识应该不难，如与叶适同时的吕祖谦就说过"今日之所以为楮券，又欲为铁钱，其原在于钱少"，但是从中得出值得称道的精彩判断却并不容易。叶适洞察到如果由于钱币不足而补之以纸币的话，印制纸币可以不受材质的制约，政府为了解决财政问题，不可避免地会增发、滥发。他警告当局："夫率意而戏造，猥以补一时之缺而遂贻后日之忧！"

穗积文雄同样明确提出叶适通过"楮行而钱益少"认识到了"格雷欣法则"！叶适并非不知使用纸币具有便利的特点，即"担囊而趋，胜一夫之力，辄为钱数

① 我在翻译桑田幸三先生《中国经济思想史论》（北京大学出版社，1991年）的"译序"中介绍了他的情况，其求学经历等见其"中文版序言"。

② 穗积文雄对叶适货币思想的研究，在正式发表《叶适の货币思想研究》（《经济论丛》1942年第54卷第6号）之前也有涉及，如《宋代货币考》，《东亚经济论丛》1941年第一卷第4号。

百万"云云，故言："大都市肆，四方所集，不复有金钱之用，尽以楮相贸易。"叶适断言：这样一来，结果就是钱币和财货都会匮乏，"十年之后，四方之钱亦藏而不用矣，将交执空券，皇皇焉而无所从得，此岂非天下之大忧乎"！那么，面对这样的境况将如何匡救呢？叶适提出"夫见其有而因谓之有，见其无而因谓之无者，此常人之识尔。所贵于智者，推其有无之所自来，不反手而可以除其患"。穗积文雄相当看重叶适这种"透过现象看本质"的"智者"见识，认为只有这样才能把握问题的关键，才能真正解决问题。他说自己读着叶适上述简洁的表述，不由得联想起明治初年欧洲经济思想传入日本的黎明时期，19 世纪三四十年代法国最著名的经济学家弗雷德里克·巴师夏（Frédéric Bastiat，1801—1850）关于"看见的和看不见的"（Ce qu'on voit et ce qu'on ne voit pas）的论题，他将叶适的睿智与法国的巴师夏这位经济学说史上的名家相提并论！在经济领域，与一个行为或习惯乃至一个制度或法律相伴随的不只是单一的结果，而可能是一连串的结果。在这些结果中，可以发现某种直接的原因，即"眼见为实的东西"；而有的原因则需要有个经过才能展现，即"眼不能直见的东西"；能够对"眼不能直见的东西"做出预见是为幸事。经济学家是有优劣之分的，差的经济学家满足于眼见的结果；相反，好的经济学家则能通过"眼不能直见的东西"做出必要的预见。究其因，一是只考虑能见到的结果；再一是与此方向相逆，不为表面现象所迷惑，进而把握现象背后存在的因果关系之重要性，才能完全合乎情理。在阐释了叶适作为"好的经济思想家"故而能够透析货币流通的"格雷欣法则"，继而，穗积文雄继续深入论述叶适对"钱荒"这一关键问题的认识。叶适以通货的"有无之因"探求匡救之道，同时他质问道：

　　且今之所谓钱乏者，岂诚乏耶？上无以为用耶？下无以为市耶？是不然也。天下之所以竭诚而献者有二议：有防钱之禁，有美钱之术。夫南出于夷，北出于虏，中又自毁于器用；盗铸者虽殽杂而能增之，为器者日损之而莫知也。此其禁、患于不密也，是诚可密也。若夫美钱之术，则鼓铸而已矣。虽然，尽鼓铸所得，何足以美天下之钱？且天地之产，东南之铜或暂息而未复，虽有咸阳、孔仅之巧，何以致之？噫！不知夫造楮之弊，驱天下之钱，内积于府库，外藏于富室，而欲以禁钱鼓铸益之耶！

　　穗积非常看重叶适透析"钱荒"实质的认识，逐条分析了他的意见，引用叶适所说"且钱之所以主下尊之，其权尽重于百物者，为其能通百物之用也；积而不发，则无异于一物。铜性融溢，月铄岁化，此其朘天下之宝亦已多矣。夫徒知钱之不可以不积，而不知其障固而不流；徒知积之不可以不多，而不知其已聚者之不散，役楮于外以代其劳，而天下有坐镇莫移之钱，此岂智者之所为哉？岂其思虑之有未及哉？故臣以谓推其有无之所自来，不反手而可以除其患者也。"证明叶适充分认识到货币的流通手段职能，而且说明了"钱荒"的真实原因，并非真的通货不足，而是铜币的流失、废毁以及蓄藏等原因造成铜币短缺，因此大量发行纸币的结果，更加剧了"良币"退出流通领域；而且纸币滥发的结果，造成纸币贬值币制混乱。于是叶适提出的解决办法，不仅要解决钱荒问题，而且要稳定币制。

叶适下面这段话穗积先生用他自己的话进行了陈述：

虽然，臣又有疑焉。计今之钱，自上而下者，有兵之料，有吏之俸；自下而上者，州县倚盐酒杂货之入，而民之质易以输送者，大抵皆金钱也。故虽设虚券以阴纳天下之钱，而犹未至于尽藏而不用。方今之事，比于前世，则钱既已多矣，而犹患其少者，何也！古之盛世，钱未尝不贵而物未尝不贱。汉宣帝时，谷至石五钱，所以立常平之法。唐太宗新去隋乱而致富强，米斗十钱以上为率。何者？治安则物蓄，物蓄则民不求而皆足，是故钱无所用。往者东南为稻米之区，石之中价财三四百耳，岁常出以供凉师而资其钱；今其中价既十倍之矣，不幸有水旱，不可预计，惟极南之交、广与素旷之荆、襄，米斗乃或上百钱为率耳。然大要天下百物皆贵而钱贱，瓜（匏）瓠果蓏，鱼鳖牛羸，凡山泽之所产，无不尽取。非其有不足也，而何以至此？且以汉、唐之赋禄较于吾宋，其用钱之增为若干？以承平之赋禄较之于今日，其用钱之增又若干？东南之赋贡较承平之所入者，其钱之增又若干？昔何为而有余？今何为而不足？

穗积重点引述了"今日之患，钱多而物少，钱贱而物贵也，明矣。天下惟中民之家，衣食或不待钱而粗具。何者？其农力之所得者足以取给。而天下之不为中民者十六，是故常割中民以奉之，故钱货纷纷于市，而物不能多出于地。夫持空钱以制物犹不可，而况于持空券以制钱乎！然则天子与大臣，当忧其本而已矣"。穗积先生提出叶适担心"持空券以制钱"，表示其已经从货币金属论的思想中解脱出来，认识到货币的本质就是交易手段，即他说的"为其能通百物之用也"；而叶适的"今日之患，钱多而物少，钱贱而物贵也，明矣"，有所谓货币数量说的思想以及对恶性通货膨胀的认识。

在接下来的部分，穗积先生提出马端临《文献通考》卷九《钱币考二》也是研究叶适货币思想的基本资料，并进行了必要的文献考证。《文献通考》一向以引用宋文著称，有关叶适的记载特别是《别集》的异文较多。穗积先生指出叶适文集是亡佚之后明人所辑，而元代的马端临在他那个时代，能够看到的相关文献要超过现今传本，因此《文献通考》中有关叶适论述的记载值得珍视。他考察叶适对于货币起源的认识，"钱币之所起，起于商贾通行，四方交至，远近之制。物不可以自行，故以金钱行之"。以往用钱少而后来用钱多，原因是"古者因物权之以钱，后世因钱权之以物"，因为：

三代以前，所以钱极少者，当时民有常业，一家之用，自谷米、布帛、蔬菜、鱼肉，皆因其力以自致，计其待钱而具者无几。止是商贾之贸迁，与朝廷所以权天下之物，然后赖钱币之用。如李悝平籴法，计民一岁用钱只一千以上，是时已为多矣，盖三代时尚不及此。土地所宜，人力所食，非谷粟则布帛，与夫民之所自致者，皆无待于金钱，而民安本著业，金钱亦为无用，故用之至少。所用之数，以岁计之，亦是临时立法，制其多少。后世不然，百物皆由钱起，故因钱制物。布帛则有丈尺之数，谷粟有斛斗之数，其他凡世间饮食资生之具，皆从钱起；铢两多少，贵贱轻重，皆由钱而制。上自朝廷之运用，下自民间输贡、州县委藏、商贾贸易，皆主于钱，故后世用钱百倍于前。

众所周知，货币起源论是货币思想的重要部分。穗积先生对叶适陈述的理由相当看重，他不厌其烦地引述《文献通考》所记叶适比较上古和此后的不同情景：三代自给自足小国寡民，"鸡犬之声相闻，民至老死不相往来"故"无所用钱"；而后世天下一统臂指如一，"天下之民安得不交通于四方？则商贾往来，南北互致，又多于前世，金钱安得不多？"进入"货币时代"，有关钱的问题就来了，主要是"用钱既多，制度不一，轻重、大小、厚薄，皆随时变易"。叶适和前人一样肯定唐代的"开元通宝"钱，而且在铸币上，把握了南齐孔觊的"不惜铜、不爱工"的原理——"国初惟要钱好，不计工费；后世惟欲其富，往往减工缩费，所以钱稍恶。"叶适同样反对货币私铸，主张"利权当归于上，岂可与民共之？"

叶适对于货币职能的认识也是穗积研究的要点之一。他论述了叶适认识到货币的职能之一是作为交易的媒介，还有必要深入探讨叶适的货币职能观。叶适认为"然钱货至神之物，无留藏积蓄之道，惟通融流转，方见其功用"。可见他并非将货币的职能仅限于交易媒介，包括货币的储藏手段等职能叶适也都认识到了。穗积谈到货币具有的购买力，提出日本著名经济学家左右田喜一郎博士在《货币论上》中阐释"边际效用学说",认识到"对无限的目的（Zweck）形成的界点（Knotenpunkt）"。他的话锋转向中国，说中国肯定所谓货币万能的是西晋的鲁褒的《钱神论》，推测叶适的"钱货至神之物"由此而来，货币的职能是交易的媒介，"惟通融流转，方见其功用"，所以"无留藏积蓄之道"，"而朝廷亦尽征天下钱入于王府，已入者不使之出"，叶适指明"钱以通行天下为利，钱虽积之甚多，与他物何异？"他认为人们不探究事情的本原，"但以钱为少，只当用楮"，结果不但"钱益少"，而且物与钱都将"不可得而见"，这与他在《财计中》表达的思想没有什么区别。穗积先生看到叶适谈的情况并非一朝一夕之事，而是从过去到现在不断积累的弊端，因此治理起来不能走极端，"事极则变，物变则反，必须更有作新之道"。变革钱法需要别开生面，即使不能确定走怎样的新路，但至少"其决不可易者，废交子，然后可使所藏之钱复出"。最后，叶适概括其主张的基本结论"若夫富强之道在于物多，物多则贱，贱则钱贵。钱贵，然后轻重可权，交易可通。今世钱至贱，钱贱由乎物少"。穗积先生认为通过这些表述，叶适一方面看到货币职能之伟大，于是称其为"至神之物"，同时又限于货币的职能是交易媒介；在以崇敬之念把握货币法则的同时，表现出货币数量说的思想。他特别重视叶适主张的"作新之道"思想，联系到汉代的太史公司马迁《史记·平准书》中的"物盛则衰，时极而转"，提示对事物的生成流转所持的观点值得注意。他认为叶适的货币分析绝非偶然，其总是建立在历史的立足点上展开所立之论——这离历史唯物论大概不远了！

最后，穗积先生对其研究进行了概括：叶适的货币思想体现了从自给自足的经济向交换经济的过渡，货币作为交易媒介随着交换经济的发展作用明显增大。于是，所有的东西都用货币衡量，都为货币所左右，货币被认为具有神通之力。但货币的形质是多种多样的，流通中体现了货币的"适者生存"，保留下来的是最适合流通的货币，例如唐代的开元通宝。不过，人们往往利用质量不好的货币的币材价值与名目价值的差额进行牟利，这样一来，为了防止因此扰乱经济社会，就要将制造货币的权利归于政府之手。造币之权在政治上具有重要意义，所以不许百姓为之。一旦政府掌握了造币之权，当财政困难的时候行使"恶钱"也就不可避免。随着商品经济的发展和交易地域扩大、交易数量增加，出现货币携带不方便的情形，于是产生了纸币。然而，纸币一旦出现，铜币就会被蓄藏起来而纸币横行；再加上铜币外流或者销毁制器，越发加剧了政府财政的膨胀之势。加之用来制作纸币的素材不受限制，因此不断增发的结果，势必带来通货膨胀，物品与通货的比例失衡，形成通货多而物品缺乏。其结果是通货的价值降低，物价腾贵。这样的情景的确是经济界甚至整个社会的忧患！如果流通的是不兑换纸币的话，那情形会更加严重。上述情景正是叶适货币思想的素描，从中可知其货币思想是稳健而稳妥的。叶适作为倡导治国平天下的永嘉学派的栋梁而为人推崇，深感其的确"雅以经济自负"，不过通过上述素描大概也可见他对货币金属说的偏执吧。

穗积先生对叶适的研究是其中国货币思想研究的一个重要部分，但他未使用叶适《淮西论铁钱五事状》等文献，应该说是个缺憾。数十年来中国学者对叶适货币思想的研究也很可观。①

四、结语：影响中外的划时代经济思想家

20 多年来，我通过学习和研究不断加深对叶适及其经济思想的认识，深感永嘉学派的经济思想不但在世界经济学说史中具有重要地位，而且影响中外直至今天。②上述内容能够证实叶适"影响中外"，而他作为"划时代的经济思想家"，或可从以下几方面来理解：

首先，叶适以及整个浙东学派开实学经济思想之先河。一般认为实学是明中叶以后的社会思潮，实际上实学自宋即伴随新儒学而共生演进，浙东学派无论以事功学派、经世之学、浙学、实学等为名，其关键都是讲求实利功效、力倡"经世致用"之实学，开明清事功实学之先河。我认为：若谈事功，经济活动当是基础；所谓实学，经济思想应是其核心内容甚至评判标识之一，就思想史研究而言不包括经济思想也是不完善的。在浙东学术中，金华、永康两派在经济思想方面或有独到之处但不够突出系统，尚难以反映浙东实学经济思想的最高成就；而永嘉学派的经济思想则丰

---

①　如彭信威：《中国货币史》上册，群联出版社，1954 年，第 344—345 页；胡寄窗：《中国经济思想史》下册，上海人民出版社，1981 年，第 185—189 页；俞兆鹏：《叶适货币思想研究》，《中国钱币》1987 年第 2 期；拙作：《论宋代"钱荒"》，《中国史研究》1991 年第 2 期等。

②　我有关叶适经济思想的研究，除本文各注释中标出的以外，早期的相关成果主要还有《商品经济观念的历史转化——立足于宋代的考察》，《历史研究》1989 年 4 期；《富国富民论——立足于宋代的考察》，北京出版社，1991 年；《叶适经济思想研究》，《中国社会经济史研究》1991 年第 3 期等。

富而系统，其集大成者叶适的经济思想颇具典型意义。[1]

其次，叶适经济思想具有鲜明的反传统精神和商品经济发展的时代性，而且较为全面系统，几乎涵括当时社会经济诸方面，能够反映那个时代经济思想的大体风貌。百年前的陈焕章已经研究了叶适经济思想的五个方面，后人的研究更加全面深入，叶适有关义利、本末、富民、理财、货币、人口、生态等方面的经济思想都得到研究。[2]这些正是中国历史上承先启后的宋代，尤其是浙东地区经济现象和经济生活的复杂丰富在杰出的思想家思想中的反映。总的来说，叶适的通达与明智、远见和卓识非一般人可比。他顺应历史发展顺乎自然趋势，让经济沿着自身发展规律演进，反对强权干预，主张富民发展民间经济实力，批评"腐儒"陈见，主张务实、重实利功效，提出一系列反传统性的经济思想观点，代表了浙东实学经济思想的较高成就。

再次，叶适经济思想中许多论点都是中国经济思想史中新的思想观点之集成或肇端。如上面提到的"格雷欣法则""收益递减论""抑末厚本，非正论也"等，此外，还有"既无功利，则道义者乃无用之虚语尔。"（《习学记言序目》卷二十三），再如他主张"商贾往来，道路无禁"（《水心别集》卷一《治势下》），以及"富人者，州县之本，上下之所赖也"（《水心别集》卷二《民事下》）等均是如此。一些新思想不一定是他最早提出，但可能是他阐述得最为明确，如余英时先生就提出新颖的"富民论"到"南宋叶适发挥得更多"[3]；有的主张他的表述不一定完整，却成为此后进一步发展之肇端，像影响力很大的"四业皆本论"，就是叶适的学生陈耆卿在所修《嘉定赤城志》卷三十七《风俗门·重本业》中，采用绍圣三年（1096）当地地方官郑至道所作《谕俗七篇》内容，明确提出士农工商"此四者皆百姓之本业，自生民以来，未有能易之者也"。这似乎还是迄今所见最早明确提出"四业皆本"的史料，较以往认定此论最早由黄宗羲（1610—1695）在《明夷待访录·财计三》中提出早数百年，

---

[1]　参见拙作：《宋代浙东实学经济思想研究——以叶适为中心》，《中国经济史研究》2000年第4期。

[2]　由于相关成果很多无法逐一列出，仅举两部博士论文为例。曹在松：《叶适经世思想研究》，博士学位论文，台湾大学，1988年；吴松：《叶适经济思想研究》，博士学位论文，云南大学，1998年。

[3]　我曾撰《"为富人辩护"思想解析》（《浙江学刊》1992年第1期），并在东京与余英时先生交流过这个问题，还赠送了拙著《富国富民论——立足于宋代的考察》，此后他在论文中说明拙著"有助于此文的修订"。参见《叶坦文集——儒学与经济》，广西人民出版社,2005年，第326页注释1。

何况黄宗羲亦是浙东学人!

另外,叶适经济思想有较高的思辨性和理论性。正如穗积文雄先生指出的那样,叶适的经济思想有着同巴师夏的《看见的和看不见的》相媲美的"眼不能直见的东西"。例如他针对当时几乎众口一词的"钱荒",提出"今之所谓钱乏者,岂诚乏耶?……是不然也"。(《水心别集》卷二《财计中》)如上所述他自有一番分析,结论是"方今之事,比于前世,则钱既已多矣,而犹患其少者"。在理财观方面,别人都在谋划怎么增加国家收入,而叶适却提出当时是"财既多而国愈贫"(《水心文集》卷一《上宁宗皇帝札子三》),"盖财以多而遂至于乏矣。……财以多而乏者,可使少而后裕也"(《水心别集》卷十五《上殿札子》)。"古者财愈少而愈治,今者财愈多而愈不治;古者财愈少而有余,今者财愈多而不足。"他要求罢去苛捐杂税,则"财少则有余,有余则逸,以之求治"(《水心别集》卷十一《财总论二》)。叶适的"财以多为累,则莫若少之"(《水心别集》卷十《实谋》)的确不可多得。思辨性本身就是理论性的特征,而陈焕章以现代经济学诠释叶适经济思想的理论贡献更是明证。

最后,叶适经济思想不仅开启此后代表商品经济发展方向的经济思潮之先河,还具有东亚地区经济思想发展趋势的共性特色,成为不同于西方的东亚社会走向近代化的经济思想与学说的先驱。我们知道,传统社会以产品经济为主,而近代社会商品经济成为主导形态,市场逐步成为资源有效配置的主要方式。因此,从"近世"向"近代"的转化过程中,商品经济是关键因素;而如何认识与对待商品经济及其发展,成为商品经济观的核心。我曾以"历史发展阶段的相似性"而非"实存时间"作为比较研究的基准,选择中日近世商品经济观中最具代表性的两个学派——以叶适为代表的宋代浙东学派和以日本江户时代商人思想家石田梅岩为代表的石门心学进行比较研究,主要基于两者都处于商品经济迅速发展的"近世"阶段,均蕴积着社会经济形态转化的重要因素,突出地表现为两者的商品经济观念变迁。此研究并非驻足于思想观念本身,进而考察两国社会结构、制度基础与思想文化等差异,及其对两国近代化的历史转型与社会发展产生的不同作用。中日两国近世的商品经济观,对后世直至今天都有很大影响。于是,我进一步追踪考察以石门心学和清初实学为中心的商品经济观发展及其现代价值得以印证。总的说来,石田梅岩倡导的"商人之道",对日本商品经济和社会职业伦理的发展具有独特的理论贡献,被视为类似马克斯·韦伯提出的促发资本主义产生的"新教伦理";而中国早自宋代以来以叶适为代表的浙东学派开启了商品经济观念变革的方向,到清初南方的"三大启蒙思想家"和北方的

"颜李学派"都力倡"实学",经济思想上前者提出"工商皆本""大贾富民者,国之司命也",后者讲求"习行经济",主张"本宜重,末亦不可轻"。然而,基于社会结构、制度基础与思想文化差异,中日经济思想对两国近代化的历史转型与社会发展产生不同的影响。开展系统性的比较研究,不但有利于弥补世界经济学说史迄今大抵无东亚等缺憾,而且可以提供观察传统经济观之现代价值的一个新视角。[1]

上述研究受到海内外学界的关注,近年也有中国台湾学者进行叶适与荻生徂徕的比较,不过与经济思想关系不大;可喜的是,近年中国学者开展叶适与涩泽荣一义利观比较研究等,值得重视。[2]总之,当我们纪念叶适诞辰860周年的时候,一定不能忘记中国经济学中同样有着叶适的显著地位。我们在研究总结叶适经济思想的同时,认真梳理海内外经济学术史无疑十分重要。就方法论而言,即便是研究中国,如果不包括海外的相关研究,也是不完整、不全面的。

(本文系作者2010年11月6日在"纪念叶适诞辰860周年暨学术研讨会"上主题报告的修改稿。)

原载《中国经济史研究》2011年第1期

---

[1] 参见拙作:《石门心学と浙东学派の经济思想の比较研究——石田梅岩と叶适の商品经济观として》,载川口浩主编:《日本の经济思想世界》,日本经济评论社,2004年;《中日商品经济思想比较研究——以石门心学和清初实学为中心》上、下,《河北学刊》2005年第2期、第5期;《中日近世商品经济观及其现代价值——以石门心学和浙东学派为中心》,《文史哲》2007年第4期等。

[2] 如曹敏、尹雪萍:《叶适与涩泽荣一义利观比较研究》,《大江周刊》(论坛)2009年第8期。

试论永嘉学派的活动方式
——以陈傅良门人集团为中心

王　宇

[摘　要] 永嘉学派的活动是以导师和门人为主体展开的。本文以陈傅良门人集团为个案，讨论了永嘉学派的活动样式主要包括了出版著述、书院建设、学术论辩、外出游学，其中尤以学术论辩为重要，并比较朱子学派的活动样式，探讨永嘉学派衰落的内在原因。

[关键词] 陈傅良　永嘉学派

众所周知，学派的主要构成就是导师与弟子，学派的所有活动（讲学、营建、出版、游学）都是围绕导师与弟子展开的。永嘉学派作为一个地方性学派，其活动样式亦由永嘉学派的领袖人物薛季宣、陈傅良、叶适及其弟子展开。这其中薛季宣弟子很少，叶适的门人集团已经有了相当深入的研究，本文不拟展开。这里主要分析以陈傅良为核心的门人集团，从而深入探讨永嘉学派的活动样式的特点。

一、陈傅良门人群体的形成

正如有论者指出，永嘉学者中在乡里讲学时间之长，培育人才之多，除叶适外，就是陈傅良了。[①] 现在已经很难统计陈傅良到底收了多少弟子，他本人讲："台、越间从余游者几百余人。"[②] 这还只是陈傅良在新昌、黄岩两地的弟子数量，他在温州本地、在湖南任职时、在常州追随薛季宣时候，都曾收徒。据蔡幼学《行状》说，

---

① 周梦江：《叶适与永嘉学派》，浙江古籍出版社，2005 年，第 101 页。

② 《陈傅良先生文集》（以下简称《文集》）卷五〇，《洪君墓志铭》，第 630 页（浙江大学出版社，1999 年），卷二〇第 279 页，卷二〇第 280 页，卷四九第 615 页，卷四七第 590 页，卷四七第 595 页，卷四七《林安之圹志》第 590 页，卷三五《答贾端老二》第 45 页，卷三七《与刘清之主簿第二书》。

陈傅良在温州城南茶园讲学时，"岁从游者常数百人"。

关于陈傅良在湖南收罗门人的情况，朱熹曾慨叹："君举到湘中一收，收尽南轩门人，胡季随亦从之问学。"[①] 不过，陈傅良在湖南收徒的细节情况，现在已经不易搞清楚。只知道绍熙二年陈傅良任湖南转运判官时，其治所在长沙，故曾在岳麓书院讲学："（吴汉英）升主管湖南运司账司，会故中书舍人陈公傅良将漕，时率诸生与同僚之好学者讲道岳麓，一日扣公所学，以毋自欺对，陈公叹曰：公所谓'非苟知之，亦允蹈之'，吾得友矣。"[②]

全祖望在《岳麓诸儒学案》按语中说："宣公身后，湖湘子弟有从止斋、岷隐（戴溪）游者。"[③] 他在《岳麓诸儒学案》所列的"南轩门人"下面，胡大时、沈有开名列《止斋学案》，但小传列于《岳麓诸儒学案》，是其中最有代表性者。此外则还有宋文仲、吴猎二人都是张栻门人，陈傅良在《湖南提举荐士状》中评价宋文仲："有通务之才，而发于谦和，有及物之志，而安于静退。盖文仲虽生长南土，其家学则中原文献也。"[④] 评价吴猎："学问本于纯实，器识期于远大。所居阖郡宗为师友，凡与之游，类多自爱，而猎于其交，有善称之不容口，有过戒之不遗力，有急难虽不利于身，赴之不恤也。"[⑤]

《宋元学案》卷五十三《止斋学案》所列的门人就有以下 24 人：

蔡幼学（1154—1217），字行之，瑞安人。淳熙五年进士，官至兵部尚书兼太子詹事，谥文懿。

曹叔远（1159—1234），字器远，瑞安人。绍熙元年进士，官至礼部侍郎、徽猷阁待制，谥文肃。《宋史》卷四百一十六有传。现存《止斋集》是他整理编订的。

朱黼，字文昭，生卒年不详，平阳人，未仕。著有《纪年备遗》（现存此书的节录本《三国六朝五代纪年总辨》。《陈傅良先生文集》（以下简称《文集》）卷三五有《答朱文昭》一通。

---

① 《朱子语类》卷一二三、卷五、卷八一，中华书局，1986 年。

② 刘宰：《漫塘集》卷二八，《故兵部吴郎中墓志铭》。

③ 《宋元学案》第五册，浙江古籍出版社，2005 年，第 839 页。

④⑤ 《文集》卷五〇，《洪君墓志铭》，第 630 页（浙江大学出版社，1999 年），卷二〇第 279 页，卷二〇第 280 页，卷四九第 615 页，卷四七第 590 页，卷四七第 595 页，卷四七《林安之圹志》第 590 页，卷三五《答贾端老二》第 45 页，卷三七《与刘清之主簿第二书》。

周勉，字明叔，生卒年不详，平阳人。庆元二年进士，累官奉化县丞、知邕州。周勉曾为陈傅良《春秋后传》作跋。

吕声之、吕充之，新昌人，二人为堂兄弟。声之字大亨，与蔡幼学是太学同学，嘉定间累官昭信节度推官。从弟充之，也是陈傅良的学生。《修职郎吕公墓志铭》说："余尝馆黄度文叔家，得与石、吕二氏游，其子弟多从学于予。"[1] 此墓志铭即为二人之父吕琰而作。

章用中，字端叟，平阳人，师从陈傅良最久。《文集》卷四五有《祭章端叟文》，卷四七有《章端叟墓志铭》。

陈端己，字子益，平阳人。《文集》卷四八有《陈子益母太夫人墓志铭》。

林颐叔，字正仲，瑞安人。

林渊叔，字懿仲，瑞安人，淳熙十一年进士。《文集》卷三六有《与林懿仲》两通，卷四六有《祭林懿仲》，卷四九有《林懿仲墓志铭》。

沈昌，字叔阜，瑞安人。《文集》卷四六有《祭沈叔阜》，卷五〇有《沈叔阜圹志》。

洪霖，天台人。《文集》卷五〇有为其父所作的《洪君墓志铭》。

胡时，字伯正，乐清人。乾道进士，官袁州教授。

高松，字国楹，长溪桐山人。绍熙元年进士，官台州临海县主簿。卷七有《送长溪高国楹从学朱元晦》，卷五〇《高光中墓志铭》即为高松之父所作。叶适《水心集》卷十七有《台州教授高君墓志铭》。高松的生平，《学案》小传说他是福宁人，官台州教授，不知何本。[2]

倪千里，字起万，东阳人。淳熙进士，得陈傅良《春秋》之学。累官监察御史、右正言、起居舍人、侍讲。

徐筠，字孟坚，清江人。进士，知金州。《江西通志》有传。著《周礼微言》以记录陈傅良关于《周礼》的学说。关于《周礼微言》，《玉海》的记载："《续书目》：徐筠学《周官》于陈傅良，记所口授成书十卷，自谓闻于傅良，曰《周礼》纲领有三：养君德、正纪纲、均国势。郑氏注误有三：《王制》，汉儒之书，今以释周礼；司马法，

① 《文集》卷五〇，《洪君墓志铭》，第630页（浙江大学出版社，1999年），卷二〇第279页，卷二〇第280页，卷四九第615页，卷四七第590页，卷四七第595页，卷四七《林安之圹志》第590页，卷三五《答贾端老二》第45页，卷三七《与刘清之主簿第二书》。

② 《文集》第627页，《宋元学案》卷五十三《止斋学案》，《黄宗羲全集》第四册，第93页。

兵制也，今以证田制；汉官制皆袭秦，今引汉官以比周官，其误三也。"①

黄章，字观复，新昌人。曾任干官，叶适《水心集》卷二五有《黄观复墓志铭》。

袁申儒，建阳人，曾序陈傅良《诗传》。

林子燕，字申甫，乐清人，庆元进士，陈傅良女婿，官太社令。

吴汉英，字长卿，江阴人。乾道进士，累官兵部郎官。《漫塘集》卷二八有《故兵部吴郎中墓志铭》。

吴琚，字居父，一字云壑，外戚，官至开府仪同三司、镇安军节度使、判建康府、江南东路安抚使、兼行宫留守。卒谥忠定。

沈体仁，字仲一，瑞安人。沈彬老之孙。《文集》中有与其唱和诗作多首。《水心集》十七《沈仲一墓志铭》

胡大时，字季随，崇安人，胡宏之子，初为张栻弟子，张栻卒后，又追随陈傅良，也曾向朱熹问学，最后师从陆九渊。

沈有开，字应先，常州人。陈傅良追随薛季宣闲住常州期间，他也曾往受学。太学上舍释褐。以直龙图阁致仕。《薛季宣集》卷二十三有《沈应先书》一通。《水心集》卷二十一有其《墓志铭》。

赵希錧，字君锡，宋宗室。庆元二年进士，官至节度使，信安郡公。他既是陈傅良的门人，亦曾师从徐谊，《宋元学案》将其小传归入《徐陈诸儒学案》。《鹤山集》七十三有《安德军节度使赠少保郡王赵公神道碑》。

除以上 24 人外，从陈傅良《文集》中还可以找到以下数人：

林居实，字安之，瑞安人，淳熙二年卒，享年 34。陈傅良为其作《林安之圹志》，说："盖安之从余游最久。"②《文集》卷三五有《与林安之》书信一通。

冯琳、冯瑜兄弟，永嘉人，《冯司理墓志铭》："而琳、瑜又来问学，亦雅驯不烦。"③"冯司理"即二人之父冯施叔，陈傅良从冯瑜之请作墓志铭。

张之望，名不详，黄岩人，《文集》卷三五中有《答天台张之望》一通，卷四一还有《题张之望文卷后》。从中可以看出张某曾师从陈傅良。

---

① 《玉海》卷三十八。《直斋书录解题》《文献通考》都著录了此书，提要大致相同。

②③ 《文集》卷五〇，《洪君墓志铭》，第 630 页（浙江大学出版社，1999 年），卷二〇第 279 页，卷二〇第 280 页，卷四九第 615 页，卷四七第 590 页，卷四七第 595 页，卷四七《林安之圹志》第 590 页，卷三五《答贾端老二》第 45 页，卷三七《与刘清之主簿第二书》。

贾端老，名不详。《文集》卷三五有《答贾端老》五通，提到此人曾到瑞安向陈傅良求学。

张端士，名不详，《文集》卷三八有《答张端士》五通。

至于曾向陈傅良问学的人则数不胜数，这些人最终没有成为陈傅良弟子，是因为他们转益多师而学问最终定型于一人，陈傅良只是中间的一环。如传承陆学的"甬上四先生"之一的袁燮（1114—1124）也曾问学陈傅良："永嘉陈公傅良，明旧章、达世变，公与从容考订，细大靡遗，其志以扶持世道为已责。然自始学于义利取舍之辨甚严。"①真德秀特别点出"然自始学于义利取舍之辨甚严"，就是要说明袁燮学问虽然从陈傅良那里吸收了营养，但其主脑与永嘉之学是大异其趣的。朱熹的弟子滕璘（1154—1123）也曾问学于陈傅良："公既从子朱子，得为学大方，异时至永嘉，又从故中书舍人陈公傅良，问《左氏》要义，陈公告语甚悉，大略谓：'左氏本依经为传，纵横上下，旁行溢出，皆所以解驳经义，非自为书。'且告以六经之义，兢业为本，公佩服焉。"②

庞大的门人群体给陈傅良带来了一定的负面影响。陈傅良在写给某位希望从学者的信中说："某无以愈人，独博交当代贤俊之心，出于天然。虽以之得谤讪，或相背弃，不悔。以此，凡先生长者往往见察，幸肯与之游；而士之好学者抑或过听，以为可师友也而欲与之游。向老台评云云，诚非过当。然初不知其中实无所有，偶然得此，而遂疑其挟此以傲物也。讼咎以来，不敢复从群众妄出己见，论事是非与人短长。"

可见，因为收徒太多，陈傅良曾经"以之得谤讪"，不知道这里指的是指福州通判被弹劾还是庆元党禁中的被弹劾。但是，庞大的门人集团是陈傅良学术活动的重要组成部分。下面就简单介绍一下陈傅良门人的活动情况以及活动形式。

二、陈傅良门人的活动方式

---

① 真德秀：《西山文集》卷四十七，《显谟阁学士致仕赠龙图阁学士开府袁公行状》。"甬上四先生"与永嘉学派的学术交流情况，详见周梦江：《叶适与永嘉学派》，第132—139页。

② 真德秀：《西山文集》卷四十六，《墓志铭朝奉大夫赐紫金鱼袋致仕滕公墓志铭》。

（一）书院建设

早在乾道三年左右，陈傅良为了抛弃科举之学，离开城南茶院前往瑞安仙岩带弟子聚课。薛季宣说："君举已罢茶院之会，见与其徒一二十辈聚课仙岩。尝与之言，似乎成己工夫，全未著力，勉之，甚相领略，此亦乐事，但未知向去如何尔。"①需要指出的是，跟随陈傅良来仙岩读书的人数只有城南茶院时的十分之一。②到了淳熙十一年（1184），陈傅良在家待阙时，正式在仙岩创建书院，具体经营仙岩书院的，是以林渊叔为首的一班弟子："懿仲诸友已决谋迁书院于先人垅下，以为来岁过从之地。入春便下手，春暮当奉约矣。"③陈傅良又说："近诸友为迁仙岩书塾于屋西偏，今未就工。后月足以奉盍簪之欢……冬间肯来，同社幸甚。"④

从这两封信看，书院是陈傅良召集门人的基地，他所要铺开的规模的较大的著述工作都需要书院来容纳一定数量的门人的食宿、写作。

（二）协助著述

陈傅良的很多重要著作都是在门人的协助下完成的，撰写的过程亦是他对门人进行琢磨的过程。陈傅良在很多书信中强调必须"聚课"的极端重要性，他说："非一二面剖，难以笔舌尽也。"⑤"合当合并，共论其旨"⑥；"访我仙岩之下，何啻百纸相暖耶！"⑦

聚会的重要内容是协助陈傅良著述。陈傅良体弱多病，因此很多工作需要帮助："著书最关心，病怀益觉要紧，所恨无朋友共成之，奈何，奈何！"⑧他曾有意研治《史记》，但因自己年老不能如意："千五百年之间，此书湮晦，正赖吾党自开只眼，不惑于纷纷之论，谨勿容易便生疑薄也。老矣，不能自白于后世。常欲落笔，少发所自识破者，为前哲出气，因循未果。"但是只要有弟子帮助，却能很快完成："后月

---

① 《薛季宣集》卷二十四，《与郑景望一》，第 308 页。此信提到郑伯熊刚刚任著作佐郎，故应为乾道三年。

②③④⑤⑥⑦⑧ 《文集》卷五〇，《洪君墓志铭》，第 630 页（浙江大学出版社，1999 年），卷二〇第 279 页，卷二〇第 280 页，卷四九第 615 页，卷四七第 590 页，卷四七第 595 页，卷四七《林安之圹志》第 590 页，卷三五《答贾端老二》第 45 页，卷三七《与刘清之主簿第二书》。

足以奉盏箸之欢，得三两人相助检讨，便可了此一项。冬间肯来，同社幸甚。"①

据楼钥描述，陈傅良最重要的著作《春秋后传》《左氏章句》也是与弟子一起完成的：

（陈傅良）且曰：自余有得于此，而欲著书于诸生中择其能熟诵三传者，首得蔡君幼学，蔡既仕又得二人焉，曰胡宗、曰周勉。游宦必以一人自随，遇有所问，其应如响而此书未易成也。②

可见，蔡幼学、胡宗、周勉三人都对《春秋后传》《左氏章句》的成书作出了重要贡献。

（三）陪同游学

陈傅良一生访友拜师，辗转外地，身边总有弟子随侍。随侍的意义可概括为以下三个方面：首先是学生为了卒业，保持学习的连续性，有必要跟着陈傅良；其次，对学生而言，能够通过游学认识当世"名公"，增广见闻，建立人脉；第三，陈傅良行止不定，当他不在温州时候，正是这些追随他的弟子为中介，保持自己对温州本地的影响。

以林居实为例，陈傅良对他的资质并不欣赏，曾婉言谢绝其从学："余察安之勤甚矣，然趣好杂，因辞却不与偕。"但林氏锲而不舍，对陈傅良如影随形，最终感动了他：

余在城南时，群居累数百，及屏仙岩之阳，至者盖十一，而安之实先。越数年，寓会稽之石氏藏书房，至者盖百一，而安之又先。明年隶太学还，过越，安之犹栖然冻馁逆旅以俟。将行天台，则安之荣书傲仆矣。……比至天台，安之已癯容倪立户外以请，由是不以涉事物毫杪分志而趋于学。余师友虽在数百里外，必往依事。

①② 《文集》卷五〇，《洪君墓志铭》，第630页（浙江大学出版社，1999年），卷二〇第279页，卷二〇第280页，卷四九第615页，卷四七第590页，卷四七第595页，卷四七《林安之圹志》第590页，卷三五《答贾端老二》第45页，卷三七《与刘清之主簿第二书》。

诸公见安之，咸曰佳士，佳士！。[①]

这种从学对弟子本人而言是非常重要的。林居实的墓志铭是吕祖谦所作，这固然是陈傅良恳请的结果，但吕祖谦显然是见过林氏的。引文中说："余师友虽在数百里外，必往依事。诸公见安之，咸曰佳士，佳士！"说明了此点。陈傅良所结交的吕祖谦、张栻、陈亮等人都是当世名家，追随他就能有缘接会这些"名公"，并获得"佳士"的美誉。

另一个长期跟随陈傅良游学的弟子是林渊叔。陈傅良说："懿仲自城南书社从余学，或之他，则亦傲旁舍不去。后20余年，非余宦游时不可相就，必其有故不能相就也。间尝虚所居室东偏江月楼之下，集其畴人以待余卒业。"也就是说，除陈傅良在远方做官不便投奔外，其他客游外地时期，林渊叔始终追随，目的是"待余卒业"，即完成学业。完成学业后的林渊叔继续了陈傅良的讲学事业："吾州俗尊重师友，前一辈尽，学绪几坠。比懿仲二三子修故事，后一辈趋和之，而复知有师。待星子主簿阙，即不专习举子一经，日自为程，以若干晷课某经，又若干晷课某史，而后诵楚辞、晋宋间人诗。"[②]

陈傅良曾担心，温州本地的学脉由于薛季宣、叶适与他本人长期宦游在外，将有中辍之虞。而林渊叔在家乡瑞安待阙时，却能自己制订课程，召集"后一辈"共同学习，文中所谓"而复知有师"的"师"，并非泛泛而言，而是特指已经由薛季宣开创的永嘉学脉。如果说林渊叔组织的学习活动还是十分松散、缺乏组织形态的话，那么陈傅良的另一个弟子章用中则组织了"江南书社"宣讲陈傅良之学。章用中也是陈傅良自称"从余游最久"的门人，也曾跟着他外出游学，见过吕祖谦、薛季宣："又因余之金华依吕公伯恭，之雪川依薛公士龙，而其名达载于人口耳。"章用中回到平阳后，即集结瑞安、平阳两县士子开办了江南书社："性温良，泛无不爱，于久故能分酸苦，于先生长者能受其烦辱之役，于其徒相厉以学，责难劝义，定为期会程序。稽故有诮，惰游有罚，其人严惮之，则所谓江南书社也。"江南书社显然一个制度完备、管理严格的书院。章用中死的时候，陈傅良的另一个学生陈端己

---

①② 《文集》卷五〇，《洪君墓志铭》，第 630 页（浙江大学出版社，1999 年），卷二〇第 279 页，卷二〇第 280 页，卷四九第 615 页，卷四七第 590 页，卷四七第 595 页，卷四七《林安之圹志》第 590 页，卷三五《答贾端老二》第 45 页，卷三七《与刘清之主簿第二书》。

对陈傅良表示了群龙无首的忧虑："端叟不幸旦日卒，凡两邑之诸生走相吊，其自今将谁纠合以卒业？"①

值得注意的是，为什么林渊叔、章用中二人能够代陈傅良传学？他们的威望与号召力来自哪里呢？可以做这样的推论：一方面他们亲炙陈傅良时间较长，因此受益最多，学殖最富；另一方面，他们亲见过吕祖谦这样的具有全国影响力的大学者，这显然是一种无与伦比的阅历。因此，他们才有资格召集温州的士子，代陈傅良讲学。

（四）学术论辩

众所周知，南宋学术界的中心人物曾经通过弟子进行学术论辩。陈傅良与朱熹从来没有面对面地进行争辩，也没有像朱熹、陈亮那样通过连续的书信往来展开争论，他们只是在各自的讲学和著述中对对方提出异议，或者通过弟子来了解对方观点。譬如《朱子语类》中有这一条记载："尝得项平甫书云：见陈君举门人说儒释，只论其是处，不问其同异，遂敬信其说。此是甚说话！元来无所有底人，见人底说话便惑将去，若果有学，如何谩得他？"②朱熹批评自己的这个弟子轻易地为陈傅良弟子的"邪说"所惑，根本原因是自己学力不够，是个"元来无所有底人"，因此立场不稳，易受蛊惑。可见，两派弟子之间也存在着学术的交流。

滕璘是另一个曾受陈傅良影响的朱门弟子。滕氏曾在温州做过考官，并且见到了陈傅良。此后滕氏面见朱熹时，师徒二人就有了这样一番对话：

曰："（陈傅良对）《洪范》如何说？"曰："君举以为读《洪范》，方知孟子之'道性善'。如前言五行、五事，则各言其德性，而未言其失。及过于皇极，则方辨其失。"曰："不然。且各还他题目：一则五行，二则五事，三则八政，四则五纪，五则皇极；至其后庶征、五福、六极，乃权衡圣道而著其验耳。"又问："《春秋》如何说？"滕云："君举云：'世人疑左丘明好恶不与圣人同，谓其所载事多与经异，此则有说。且如晋先蔑奔，人但谓先蔑奔秦耳。此乃先蔑立嗣不定，故书"奔"以示贬。'"曰："是

---

① 《文集》卷五〇，《洪君墓志铭》，第630页（浙江大学出版社，1999年），卷二〇第279页，卷二〇第280页，卷四九第615页，卷四七第590页，卷四七第595页，卷四七《林安之圹志》第590页，卷三五《答贾端老二》第45页，卷三七《与刘清之主簿第二书》。

② 《朱子语类》卷一百二十三、卷五、卷八十一，中华书局，1986年。

何言语！先蔑实是奔秦，如何不书'奔'？且书'奔秦'，谓之'示贬'；不书奔，则此事自不见，何以为褒？昨说与吾友，所谓专于博上求之，不反于约，乃谓此耳。是乃于穿凿上益加穿凿，疑误后学。"①

朱熹非常仔细地盘问了陈傅良关于《春秋》《左传》《洪范》的主要观点，并一一批驳，认为"是乃于穿凿上益加穿凿，疑误后学"，这种批驳无疑具有消毒的意味。

除项平甫、滕璘外，这方面最重要的个案就是曹叔远与朱熹的辩论。大约在绍熙二年（1191）左右，刚刚于上年中进士的曹叔远兴冲冲地来到位于福建建阳的竹林精舍，朱熹当时正在此地讲学，两人随即发生了辩论。当然由于曹氏是朱熹的晚辈，辩论的形式看上去是曹氏向朱熹问学。②

在曹叔远离开后，朱熹给陈傅良写的一封信说：

前书所扣，未蒙开示，然愚悃之未能尽发于言者亦多。每恨无由得遂倾倒，以求镌切。近曹器之来访，乃得为道曲折，计其复趋函丈，必以布露，敢丐高明，少垂采择，其未然者，痛掊击之。庶有以得其真是之归，上不失列圣传授之统，下使天下之为道术者得定于一，非细事也。惟执事图之。③

朱熹在给胡大时的信中则更明白地指出："君举先未相识，近复得书，其徒亦有来此者，折其议论，多所未安，最是不务切己，恶行直道，尤为大害，不知讲论之间颇亦及此否？王氏中说最是渠辈所尊信，依仿以为眼目者，不知所论者云何。"④朱熹首先表示，由于他们二人无法见面讲论，因此他利用这次曹氏的来访，讲明了自己对永嘉之学的立场，而曹氏也定然会把这次会谈的内容转告陈傅良。随即他十分明确地告诉陈傅良，在会谈中他对曹氏加以了严厉的批评："其未然者，痛掊击之。"朱熹知道掊击曹氏，其效果如同掊击陈傅良本人一样，而这样做的目的乃是"庶有

---

① 《朱子语类》卷一百二十三、卷五、卷八十一，中华书局，1986年。

② 曹叔远拜访竹林精舍的时间，据方彦寿《朱熹书院门人考》第158页考证，下引朱熹《答陈君举》信亦在本年。

③ 《晦庵集》卷三十八，《答陈君举》。

④ 《晦庵集》卷四，《答胡季随》。

以得其真是之归，上不失列圣传授之统，下使天下之为道术者得定于一"。因为永嘉学派源出程学的一支，而当下的发展趋势却正在逐渐偏离程学，以致他不得不以程学正统的身份来加以纠正，所谓"定于一"，即可理解为定为朱学。由此可见，曹、朱的这次会谈是十分重要的。

从现在保留在《朱子语类》卷一百二十、一百二十三两卷的几段对话，可以窥见当时曹、朱论辩的焦点有以下几个。

1. 王霸义利之辩的再讨论

首先，朱熹就朱、陈（亮）王霸义利之辩中陈傅良的调停之论提出了进一步的质疑，问曹叔远："君举说汉唐好处与三代暗合，是如何？"曹回答："亦只是事上看，如汉初待群臣不专执其权，略堂陛之严，不惎地操切；如财散于天下之类。"比较陈亮当年与朱熹的论辩，曹氏的这个回答其实已经非常软弱，他把汉唐的暗合严格限制在"只是事上看"，此处的"事"其实可以理解为"表面现象"。但朱熹并不满意，他告诉曹氏"这也自是事势到这里"，绝非与三代暗合。譬如汉代惩秦代君臣隔离之弊，而善待百姓，这与三代君臣关系的理想模式毫无关系："见得秦时君臣之势如此间隔，故汉初待宰相如此。"

汉代如此，唐代更是不堪。朱熹又问曹叔远："看唐事如何？"曹氏表示："闻之陈先生说，唐初好处，也是将三省推出在外。这却从魏晋时自有里面一项，唐初却尽属之外，要成一体。如唐经祸变后，便都有诸王出来克复，如肃宗事。及代宗后来，虽是郭子仪，也有个主出来。"曹氏认为唐代较好地解决了内外平衡的问题，即使遭遇安史之乱这样的奇变，也能够依赖地方的力量辅翼王室，得续国祚。朱熹针锋相对地指出，把"三省推出在外"并非唐代首创，诸王也没有像曹氏所说的那样在代宗朝发生那样大的作用，关键人物只是一个郭子仪而已："三省在外，怕自隋时已如此，只唐时并属之宰相。诸王克复，代宗事，只是郭子仪，怕别无诸王。"并对唐代官制，尤其是《唐六典》进行了批评。①

2. 对《诗经》的讨论

朱熹曾去信陈傅良索要他所著的《诗经》著作，陈傅良不但回信说没有此作，而且说："但以雅颂之音，箫勺群慝，训故章句，付之诸生。"这让朱熹十分不快。

---

① 《朱子语类》卷一百二十三、卷五、卷八十一，中华书局，1986 年。

因此这次碰到陈傅良高足，朱熹与其就有了下面的谈话：

> 问曹兄云："陈丈说《关雎》如何？"曹云："言关雎以美夫人，有谦退不敢自当君子之德。"曰："如此，则淑女又别是一个人也。"曹云："是如此。"先生笑曰："今人说经，多是恁地回互说去。如史丞相说书，多是如此。说'祖伊恐奔告于受'处，亦以纣为好人而不杀祖伊；若他人，则杀之矣。"先生乃云："读书且虚心去看，未要自去取舍。且依古人书恁地读去，久后自然见得义理。"①

对陈傅良关于《关雎》的解释，朱熹嗤之以鼻，批评这种解释是"多是恁地回互说去"，然后要求曹叔远"读书且虚心去看，未要自去取舍"。

3. 关于永嘉"制度新学"

对于永嘉学派津津乐道的"制度新学"，朱熹也提出了质疑，认为永嘉学派错误地理解了制度新学的地位和功能。关于制度新学的极端重要性，陈傅良曾就司马光元祐更化的成败做过这样的剖判："温公元祐变法匆匆，不但以爱日之故意，亦是十七八年心力尽在《通鉴》，不肯更将熙、丰诸事细心点检。到得天人推出，虽以许大规摹，终少弥密，未为恰好，前辈多恨焉耳。"②认为司马光的全部精力耗费在《资治通鉴》上，对制度之学未能深究穷研，因此更化是失败的。朱熹对这一观点早有耳闻，这次与曹叔远面谈时便将自己的立场和盘托出：

> （曹叔远）曰："陈先生要人就事上理会教实之意，盖怕下梢用处不足。如司马公居洛六任，只理会得个通鉴；到元祐出来做事，却有未尽处，所以激后来之祸。如今须先要较量教尽。"

> 曰："便是如今都要恁地说话。如温公所做，只论是与不是，合当做与不合当做，如何说他激得后祸！这是全把利害去说。……某看来，天下事须先论其大处，如分别是非邪正，君子小人，端的是如何了，方好于中间酌量轻重浅深施用。"

朱熹当然不能否认元祐更化有失当之处，因而对北宋最后 50 年的走向产生了

---

① 《朱子语类》卷一百二十三、卷五、卷八十一，中华书局，1986 年。

② 《文集》卷五〇，《洪君墓志铭》，第 630 页（浙江大学出版社，1999 年），卷二〇第 279 页，卷二〇第 280 页，卷四九第 615 页，卷四七第 590 页，卷四七第 595 页，卷四七《林安之圹志》第 590 页，卷三五《答贾端老二》第 45 页，卷三七《与刘清之主簿第二书》。

复杂的影响，但他认为首先要肯定司马光的动机是正确的，故元祐更化的历史地位无可置疑。而陈傅良纠缠于制度细节的疏略，推论元祐更化的整体失败，"多是清谈，终于败事"，则是朱熹不能容忍的，指斥其为"这是全把利害去说"，是一种以效果否定动机的功利主义逻辑。对元祐更化的评价这一点上，可以清楚地看到朱熹、陈亮"王霸义利"之辩的痕迹。

由此可见，除《诗经》问题外，曹叔远与朱熹的对谈还涉及了所有永嘉学派与朱子学派分歧的核心命题。

三、结论

从陈傅良门人集团这一个案出发观察永嘉学派的活动方式，可以看到，永嘉学派与南宋一般思想学派之间存在的共同性以及自身的特性。

首先，学派必须是以若干"核心人物"为标志，树立其特有的思想旗帜。

其次，学派必须有相当规模的门人，来保证学派的存续与活动，门人是学术助手、行政助理、学派间的使者与邮差。各个学派之间通过互相接引弟子，确认对方的真正立场，了解双方的分歧、共识所在，从而实现思想的交流。同时各派之间也在争夺弟子，优秀弟子的流动可以看出各派的思想魅力的消长与等差。

第三，学派的功能是生产与传播思想，但若没有必要的物质形式如书籍、书院，思想失去附丽，将归于消歇。朱子学派自觉地意识到书院不只是单纯讲学的场所，更是"朝圣之地"，建立书院的品牌声誉，使得书院本身拥有一种文化资本，如朱熹亲手营筑的考亭书院（沧州精舍），在朱熹去世后，沧州精舍被称为"宗庠"，[1]说明由于朱熹在此长期讲学、授徒、工作，书院因而承载了某种伟大传统，成为"朝圣之地"。这种资本在第一代"核心人物"下世后，能够帮助下一代继承者确立威信。与之相比，永嘉学派仍然是将书院作为单纯的讲学场所，对经营书院，尤其是树立具有广泛影响力的书院品牌没有表现出很大的兴趣，这在某种程度上可以解释永嘉学派何以在叶适以后归于衰落。

原载《浙江社会科学》2017 年第 4 期

---

[1]　吴泳：《鹤林集》卷三十，《又答严子韶书》："勉斋既下世，宏斋继没，毅斋槁立于婺女之滨，罕与世接，留宗庠者仅叶六十四丈担当考亭门户，呜呼亦微矣！"四库本册 176，第 295 页。

豪杰精神与思想范式重建：
从王开祖看永嘉学派一个被忽略的精神面向

刘梁剑

[摘　要] 本文就王开祖《儒志编》管窥永嘉之学的豪杰面向。四库全书本《儒志编》书前摘要称许王开祖为"豪杰"，而此评价在《总目》摘要中却失落了。永嘉学派将豪杰标举为理想人格。豪杰之士兼有豪气、逸气、英气和卓识。豪气者，对文化使命的传承当仁不让。英气者，不迷信权威，是独立人格在理智上的体现。逸气者，不囿习见，是风流人格在理智上的体现。按照王开祖的卓识，心性涵养（成己）还必须展开在事功（成己成物）的过程之中。正是这一点，鲜明地体现了永嘉学派特有的精神取向，同时也构成了永嘉学派豪杰精神的题中应有之义。在重建思想范式的过程中，永嘉豪杰精神在事功中展开心性的面向不幸失落了，而王开祖所表彰的孟子绝学的要义即贵民轻君、挺立士道尊严则一开始就落在汪循、四库全书馆臣对"豪杰"的理解之外。居今之世，人类整体如欲向死而生，必须在根本处转变思想范式，创造出有别于现代性的新的思想范式。新时代召唤着豪杰之士毅然奋起。

[关键词] 永嘉学派　豪杰　王开祖　《儒志编》　思想范式重建

一、引言：被忽略的永嘉学派，被忽略的精神面向

永嘉（郡）之于中国精神的历史贡献，山水居其一。"山水"二字，对于中国人来说无疑有着特别的意味。山水不等于自然风光，后者可以举足而至，进而反过来悦我目、洗我肺、健我身、欣我心、怡我神。然而，我们对风光只是看，可看的风光有看头，而山水需要观，可观的山水可观。山水滋润心灵，提撕意境（生存意义境界），构成中国精神传统一个独特的向度。孔子曰："知者乐水，仁者乐山。"（《论语·雍也》）至南朝刘宋时代，山水诗滋兴。山水之滋，首推谢灵运（385—433）。谢公谪守永嘉郡，其文心诗兴与山水形胜相与激荡，诗赋歌咏不得不作。这些不朽的诗篇，一方面，令永嘉山水文气钟灵，不断滋养在此休养生息的一方人杰；另一

方面，则令永嘉山水不复仅为永嘉所有，而是超越地域限制，汇入文化的洪流，为中国文化开启新的精神向度，滋养中国人的心灵 1600 余载。

然则，永嘉之于中国精神的历史贡献，除山水之外，断断不可忽者，乃两宋思想史上的永嘉事功学派。精研浙学的董平教授述其发展，勾勒了一条由王开祖、周行己、郑伯熊（1124—1181）、薛季宣（1134—1173）、陈傅良（1137—1203）、叶适（水心，1150—1223）等代表人物前后相续而构成的脉络：

两宋永嘉之学实由王开祖初导其源，而由"元丰九先生"，尤其是周行己与许景衡奠其基础；中经郑伯熊之私淑周氏而重振，又经薛季宣之考核经制而改其学风；陈傅良承薛氏经制之学而致其广大，影响被于遐迩，世人始以功利之名归于薛、陈，而叶适实总其大成。[①]

南宋乾道、淳熙年间（1165—1189），宋孝宗励精图治，在加强中央集权的同时，大胆而自信地推行百家争鸣的思想方针，诸儒彬彬辈出。其荦荦大者，除朱熹、陆九渊为代表的理学和心学两派之外，叶适集永嘉之学之大成，"断断其间，遂称鼎足"（全望祖语）[②]。然则，从后世的流传来看，众人对水心的注目远不及朱、陆。笔者虽生于楠溪江畔，复以治中国哲学为业，但对于永嘉之学也是一直没有上心。近两年来，因种种因缘，有幸聆听浙江大学董平教授教诲，结识有志于永嘉学派当代重建的吴龙灿教授，及种种理论和时势的牵引，得以初览乡贤遗文，抚卷之余，不胜感慨：永嘉之学，理论意涵丰厚，实践意义深远，是一个亟待开发的思想宝库。笔者限于学力，仅就王开祖《儒志编》管窥永嘉之学的豪杰面向。谢灵运为山水诗之祖，王开祖则为永嘉学派之祖。

二、失落的"豪杰"：王开祖《儒志编》两种提要辩证

叶适为永嘉之学的集大成者，推溯其源，则为北宋初年的王开祖（字景山，人

[①] 董平：《宋明儒学与浙东学术：董平学术论集》，孔学堂书局，2015 年，第 130 页。

[②] 黄宗羲著，黄百家纂辑，全祖望修定：《宋元学案》卷五十四，《水心学案》序，载沈善洪主编：《黄宗羲全集》第 5 册，浙江古籍出版社，2005 年，第 106 页。

称儒志先生，生卒年未详）。南宋绍熙二年（1191），学人陈谦即尊王开祖为"永嘉理学开山祖也"①。如上所引，董平教授也主张"两宋永嘉之学实由王开祖初导其源"。王开祖英年早逝，享寿三十有二。著作多湮没不传，仅有讲学语录辑佚本《儒志编》行世。《四库全书总目提要》云：

> 当时濂洛之说犹未大盛，讲学者各尊所闻。孙复号为名儒，而尊扬雄为模范。司马光三朝耆宿，亦疑孟子而重扬雄。开祖独不涉歧趋，相与讲明孔孟之道。（《四库全书总目提要·儒志编提要》）

文渊阁四库全书本《儒志编》书前提要与此稍异：

> 开祖当北宋仁宗时，濂洛之说未兴，讲学者犹家自为说，虽贤如司马光，犹不免有《疑孟》之作，而开祖独毅然奋起，以讲明圣道为事，虽其立说未必有尽归精当，而阐明理道，不惑歧趋，不可谓非豪杰之士也。

两种提要的差异，除繁简有别之外，更引人注目的，莫过于书前提要中的"豪杰"在《总目》提要中失落了。从编纂过程来看，各书前面的提要由四库馆臣所撰，它们在编入《总目》时，"又经过较大的修改补充，最后由总纂官纪昀和陆锡熊综合、平衡，并在文字上加以润饰"②。"豪杰"的评价在加工过程中失落，着实发人深思而

---

① 陈谦：《儒志学业传》，载王开祖：《儒志编》附，文渊阁四库全书本。下引《儒志编》，用文中注，不再注版本信息。

② 中华书局影印组："出版说明"，参见永瑢等撰：《四库全书总目》，中华书局，1965年，第1页。关于总目提要与书前提要的比较研究，可参见陈晓华：《"四库总目学"史研究》（商务印书馆，2008年）、《〈四库全书〉与十八世纪的中国知识分子》（社会科学文献出版社，2009年），江庆柏：《四库提要文献的比较与研究》，《湖南大学学报》社会科学版2016年第6期；王娟：《〈四库全书总目〉与文渊阁〈四库全书〉书前提要比勘研究：以第一历史档案馆编〈纂修四库全书档案〉为基础》（硕士学位论文，山东大学，2011年）等。学界目前的研究以文献学为主，哲学义理的向度尚有待开展。

令人扼腕。①

《儒志编》由明代新安理学家汪循（1452—1519）任永嘉地方官时搜访辑佚而成。②四库本书前提要在文末不忘表彰汪循："循，字进之，休宁人。弘治丙辰进士。所著有《仁峰集》。其笃行好学，亦有足称者云。"实际上，"豪杰"的评价就出自汪循原序：

> 士有起于邹鲁不传之后，濂洛未倡之先，卓有所知而能自立于世者，其豪杰之士矣乎！……苟能真见天人性命之理，入道胜复之功，措之言语文字之间，平正精实，先得周子《易通》之近似，如永嘉先哲王氏景山者，不谓之豪杰之士，可乎？③
> （《儒志编》序）

王开祖的同时代人陈襄（1017—1080）曾致函王开祖，写道："某谓今圣天子在位，不当有豪杰之士尚在山野，心常忧焉。近者窃不自揆，思欲撷拾天下遗逸之士，而书其所谓德行道艺者。……如足下者，固某夙夜所欲致诚尽礼、惟恐求而弗得者。"④陈襄系宋神宗、仁宗朝名臣，他在信函中实际上已经将开祖视为豪杰之士。

"豪杰"二字，对于永嘉之学无疑有着特别的意味。中国传统的儒者无不以成圣为人生第一等事，但对于何为圣人却有不同的理解。以程、朱为代表的正统理学家追求醇儒之境，而永嘉学派似乎不约而同将豪杰标举为理想人格。如薛季宣《与沈应元书》："须拔萃豪杰，超然远见，道揆法守，浑为一途，蒙养本根，源泉时出，

① 关于两种提要差异的发现，得益于和学生吴陈浩的讨论。笔者曾在课上论及此差异，研究生丁宇提出数点意见：除书前提要、总目提要之外，尚有更为原始的四库提要分纂稿；比较分纂稿与总目提要的差异，更能见出四库馆臣之间的思想差异（包括汉宋之争）；从书前提要到总目提要的修改，相当大一部分要考虑编纂体例变化的因素；就《儒志编》而言，总目提要虽无"豪杰"二字而实承认其豪杰精神。

② 书前提要及《总目》提要均作"王循"，误。《总目》提要云："据其原序，乃明王循守永嘉时始为搜访遗佚，编辑成帙。"然原序文末署名则是"新安汪循"。书前提要所述"循"之爵里、著作，亦与汪循合。关于汪循，可参见解光宇、王凡：《论新安理学家汪循》，载姜广辉、吴长庚主编：《朱子学刊》第18辑，2009年，黄山书社，第233—241页。

③ 周子《易通》即周敦颐代表作《通书》。宋潘兴嗣撰《周敦颐墓志铭》云："尤善谈名理，深于《易》学。作《太极图》《易说》《易通》数十篇，《诗》十卷，今藏于家。"（周敦颐撰，陈克明点校：《周敦颐集》，中华书局，2009年，第91页）朱熹则认为："潘公所谓《易通》，疑即《通书》。"（朱熹：《太极通书后序》，可参见周敦颐撰、陈克明点校：《周敦颐集》，第44页）

④ 陈襄：《答王景山启》，《古灵集》卷一六，文渊阁四库全书本。

使人心悦诚服，得之观感而化，乃可为耳。"①王开祖学宗孟子，而薛季宣也用"豪"字为孟子点赞：孟子有功于孔门，"气豪而辞辩"②。又如郑伯熊、郑伯英"惟以统纪不接为惧"，二人"性行虽不同，然并为豪杰之士"③。叶适也用"儒豪"等词评论永嘉人物。如谓郑伯熊、郑伯英在大道隐遁的艰难时世，"能以古人源流，前辈出处，终始执守，慨然力行，为后生率"，真乃"瑰杰特起者"④；而"自二郑公后，儒豪接踵，而永嘉与为多"⑤。

然则，何谓豪杰？

三、豪杰：豪气、逸气、英气与卓识

豪杰之士豪气干云，虽文弱之书生，但对于文化使命的传承与担当却当仁不让。如孔子在匡地遭拘禁，险恶的处境激发孔子道出了斯文在兹的自信与豪气："文王既没，文不在兹乎？天之将丧斯文也，后死者不得与于斯文也；天之未丧斯文也，匡人其如予何！"（《论语·子罕》）孟子深信五百年必有王者兴，而当今之世，如欲平治天下，舍我其谁（参见《孟子·公孙丑下》）。王开祖则说："孟轲死，道不得其传，而当今之世，如欲继往圣之绝学，舍我其谁？我岂不自知固陋，然深畏道之不传，不得已也。""由孟子以来，道学不明。我欲述尧舜之道，论文武之治，杜淫邪之路，辟皇极之门，吾畏诸天者也，吾何敢已哉！"（《儒志编》）

①　参见黄宗羲著，黄百家纂辑，全祖望修定：《艮斋学案》，《宋元学案》卷五二，沈善洪主编：《黄宗羲全集》第 5 册，第 52 页。

②　参见黄宗羲著，黄百家纂辑，全祖望修定：《艮斋学案》，《宋元学案》卷五二，沈善洪主编：《黄宗羲全集》第 5 册，第 54 页。

③　黄宗羲著，黄百家纂辑，全祖望修定：《周许诸儒学案》，《宋元学案》卷三二，沈善洪主编：《黄宗羲全集》第 4 册，第 429—430 页。

④　叶适：《归愚翁文集序》，《水心文集》卷十二，刘公纯、王孝鱼、李哲夫点校：《叶适集》第 3 册，中华书局，2010 年，第 216 页。

⑤　叶适：《归愚翁文集序》，《水心文集》卷十二，刘公纯、王孝鱼、李哲夫点校：《叶适集》第 3 册，第 217 页。

如果说，豪杰对道统的领会是一种知，则此种知必是"动力之知"（knowing-to），[1]必驱使豪杰慨然行之，"惟以统纪不接为惧"。一方面，既以道统不接为惧，如碰到与道相合的见解，自然从善如流，开放包容，不问出处。如周行己虽从程颐游而服膺其理学（洛学），但同时对苏轼的蜀学也极为倾倒，"绝不立洛蜀门户之见"（《四库全书总目提要·浮沚集提要》）。另一方面，如碰到与道相违的见解，哪怕它是绝大多数人所持的见解，哪怕它是权威人士所持的见解，哪怕是最亲近人所持的见解，也是慨然不敢苟同。[2]与王开祖同时而齐名的丁昌期（经行先生）有子三人。"兄弟好古清修，自相师友，各以所得，质于其父，不为苟同。曰：'此理天下所共，不可为家庭有阿私也。'"[3]《四库总目》评薛季宣，言其持论"不必依傍先儒余绪"（《四库全书总目提要·浪语集提要》）。汪循言王开祖"能不以近代儒宗之所习者为师，超然心领神会于千载之上"（《儒志编原序》），我们也可以倒过来说，王开祖超然心领神会于千载之上，故能不囿习见，不迷信权威，不以近代儒宗之所习者为师。不迷信权威，是英气，是独立人格在理智上的体现；不囿习见，是逸气，是风流人格在理智上的体现。逸气和英气令豪杰之士的理智德性呈现出别样的气象。[4]

逸者，溢也。牟宗三释魏晋名士之"逸"，其论甚妙："精神溢出通套，使人忘

---

[1] 关于动力之知（knowing-to）、能力之知（knowing-how）、命题之知（knowing-that）三者的辨析与讨论，参见黄勇：《论王阳明的良知概念：命题性知识、能力之知，抑或动力之知》，《学术月刊》2016 年第 1 期。

[2] 赵钊已在硕士论文（董平教授指导）中指出，永嘉学派敢于批判否定、勇于开拓创新，不拘门户之见、博采众家之长（赵钊：《王开祖〈儒志编〉研究》，硕士学位论文，浙江大学人文学院，2010 年，第 44 页）。

[3] 黄宗羲著、黄百家纂辑、全祖望修定：《士刘诸儒学案》，《宋元学案》卷六，沈善洪主编：《黄宗羲全集》第 3 册，第 317 页。

[4] 20 世纪 50 年代以来，伦理学和知识论不期然都发生了某种"德性转向"（virtueturn）或"德性复归"（virtuereturn），德性伦理学（virtueethics）与德性知识论（virtueepistemology）一时成为伦理学与知识论当代发展的新方向。德性知识论的一个核心概念即为理智德性或智德（intellectualvirtue），与知识相关的德性。德性知识论的两条不同的进路对理智德性的理解有所不同：可靠主义把它理解为认知能力（cognitivepowers，包括准确的感知力等），而责任主义则把它理解为人格特性（charactertraits，包括认知勇气等）。可参见刘梁剑：《德性民主：在德治之外超越民主》，载方朝晖主编，翟奎凤副主编：《大同》，五洲传播出版社，2017 年；[美] 迈克尔·斯洛特：《情感主义德性知识论：超越责任主义与可靠主义》，李妮娜译，《贵阳学院学报》社会科学版 2017 年第 6 期。

其在通套中，则为逸。……逸则不固结于成规成矩，故有风。逸则洒脱活泼，故曰流。故总曰风流。风流者，如风之飘，如水之流，不主故常，而以自在适性为主。"① 我们不难看到豪杰精神中的风流面向。豪杰挥斥逸气，溢出惯性思维框框和行为模式。王开祖明确主张溢出"庸庸之论""规规之见"："胶柱不能求五音之和，方轮不能致千里之远，拘庸庸之论者，无通变之略，持规规之见者无过人之功。《诗》云：'就其深矣，方之舟之。就其浅矣，泳之游之。'"（《儒志编》）

汪循所讲的"近代儒宗"，《四库全书总目提要》举了孙复、司马光："孙复号为名儒，而尊扬雄为模范。司马光三朝耆宿，亦疑孟子而重扬雄。"然则，从经学史上看，司马光疑孟，却参与开创了经学上的变古创新思潮。如皮锡瑞承王应麟说，指出"经学自汉至宋初未尝大变，至庆历始一大变也"。具体言之，"经学自唐以至宋初，已陵夷衰微矣。然笃守古义，无取新奇，各承师传，不凭胸臆，犹汉唐注疏之遗也"；而北宋庆历年间，诸儒群起议经，包括欧阳修排《系辞》，② 欧阳修、苏轼、苏辙毁《周礼》，李觏、司马光疑《孟子》，苏轼讥《尚书》，晁说之黜《诗序》，王安石作《三经新义》。③ 皮锡瑞所讲的"不凭胸臆"，在经学论域内意味着笃守旧说，其思维上的特点，则是不能独立思考，不能为自己思考。相形之下，司马光的疑孟，已表现出独立思考、凭诸胸臆的特点。而王开祖于此时尊孟，不是在经学上复古，固守汉唐旧注，而是进一步力图在思想上逆潮流而动，在思想范式层面开风气之新，表现出极强的独立思考的能力和理论首创精神。

逸气不囿习见，英气不迷信权威，但它们还需要跟独立思考的能力相配合方能产生卓识睿见。若无独立思考的能力，则逸气、英气难免变异为狂气，发乎言则难免不流为疏阔之论。依《宋元学案》，王开祖能以豪杰之姿而"见道早"，在周敦颐、

① 牟宗三：《才性与玄理》，《牟宗三先生全集》第 2 册，台北联经出版事业公司，2003 年，第 78—79 页。

② 《儒志编》亦有一条辨《系辞》是否出于孔子，主张《系辞》为孔子所作，但在流传过程中有后人羼入，读者当善于辨析："或曰：今之所谓《系辞》果非圣人之书乎？曰：其源出于孔子而后相传于《易》师。其来也远，其传也久，其间失坠而增加者，不能无也。故有圣人之言焉，有非圣人之言焉。其曰'《易》之兴也，其于中古乎？作《易》者，其有忧患乎？'当文王与纣之事邪？商之末世，周之盛德邪？若此者，虽欲曰非圣人之言，可乎？其曰：'河出图，洛出书，圣人则之，幽赞神明而生蓍。'若此者，虽欲曰圣人之言，可乎？凡学不通者惑此者也，知此然后知《易》矣。"

③ 皮锡瑞著，周予同注释：《经学历史》，中华书局，2008 年，第 220—221 页。

二程之先阐发天人性命之微。《学案》简择其金句曰：

先生见道早，所著有《儒志编》，言："《复》者性之宅，《无妄》者诚之原。"又言："学者离性而言情，奚情之不恶？"又曰："使孔子用于当时，则《六经》之道，反不如今之著。"又言："由孟子以来，道学不明。今将述尧舜之道，论文武之治，杜淫邪之路，开皇极之门，吾畏天者也，岂得已哉！"①

《学案》表彰开祖以尊奉孔孟、讲明道学为己任，在实质内容上亦着力突显开祖在形上理论层面努力会通《易》《庸》，尝试对后世理学孜孜探讨的天人、性情关系给予精微的说明，得周敦颐《通书》之近似而开理学风气之先。

然《学案》所引过短，实不足以完整准确地反映王开祖的卓识。其性情论，如仅观《学案》所引"学者离性而言情，奚情之不恶"，容易产生重性抑情的印象。实则，开祖的主张是不可贼情、情可动而不可乱："学者之言曰：性善也，情恶也；莫善于性，莫恶于情。此贼夫情者之言，不知圣人之统也。夫情本于性则正，离于性则邪，学者不求其本，离性而言之，奚情之不恶？……贤者之于情，非不动也，能动而不乱耳。"（《儒志编》）开祖的观点，近似于程颐《论颜子所好何学论》"性其情"之说：有性则有情，"情既炽而益荡，其性凿矣。是故觉者约其情使合于中，正其心，养其性，故曰'性其情'"②。又如"《复》者性之宅，《无妄》者诚之原"二句，开祖紧接着说："《大畜》者道之归也，《颐》者德之施也。故君子复足以知性，无妄足以立诚，大畜足以有容，颐足以育物。知其复则能知性，知性则能立诚，立其诚则能畜德，畜其德则能发育万物而与天地配矣。《中庸》之言推乎人性赞天地而育万物，其原于此乎！"只取前两句，不啻断章取义，至多反映了王开祖三分之一的思想。开祖重心性内圣，同时也重事功外王，且心性涵养（成己）还必须展开在事功（成己成物）的过程之中。正是这一点，鲜明地体现了永嘉学派特有的精神取向，同时也构成

---

① 黄宗羲著，黄百家纂辑，全祖望修定：《士刘诸儒学案》，《宋元学案》卷六，沈善洪主编：《黄宗羲全集》第3册，第318页。

② 程颐：《颜子所好何学论》，《文集》卷八，见程颢、程颐著，王孝鱼点校：《二程集》，中华书局，2004年，第577页。

了永嘉学派豪杰精神的题中应有之义。① 再如王开祖论以诚成人："诚者，成也，所以成人也；人而不诚，禽兽奚择焉？……夫诚者也；诚于心，人莫之见也；接于物，亦莫之见也；由人服而物化之，然后见焉。及其至也，充乎天地之大，此其著可知也矣！"（《儒行志》）诚以成人（成就与禽兽有别的本真之人"人"），除涵养心性之外（"诚于心"），还要发用显现为"成人"与"成物"（"人服而物化之"），及其至充乎天地之大，正是"推乎人性赞天地育万物"。

然则，正因为强调心性涵养（成己）必须展开在事功（成己成物）过程之中，王开祖所试图推动的新的思想范式似乎有别于宋明时期后来居于主流的理学思想范式。《学案》推许开祖"见道早"，汪循、四库馆臣推许开祖倡鸣道学，然开祖所见之道、所倡明之道学似有别于《学案》、汪循或四库馆臣所理解的"道"或"道学"。此中消息，耐人寻味。

四、失落的豪杰：孟子绝学，贵民轻君

王开祖毅然以讲明圣道为事，此等豪杰精神本身已是上接孟子浩然正气。然则，王开祖学宗孟子，所宗者何？上引性情说，实发孟子性善论之微。《学案》、汪循及四库馆臣当已见此。然则，统观《儒志编》，其重心所在，却是抉发孟子贵民轻君、挺立士道尊严的思想。相对于儒家对于君臣大义的正统理解，孟子思想的这一面向无异带有浓厚的异端色彩。

开祖谓君子立身，或出或处，皆心系天下万民，并以此作为与君相交的出发点。心系天下万民，这是君臣相交的道义基础。就理想状态而言，"古之所谓君臣者，或相歌颂，或相称德。御下者不敢有其尊，奉上者不获惧其威，道交而心接，朝廷

---

① 董平教授已指出，王开祖"要求个体不以其自身之道德学问的涵养为满足，而必欲将其内在之德性外向展现于经世事业的开辟之中，乃与后来崛起的永嘉学派是有点本质精神之共性的"（董平：《宋明儒学与浙东学术：董平学术论集》，第118—119页）。值得一提的是，叶适述永嘉学统，以周行己、郑伯熊、薛季宣、陈傅良四人为典范："永嘉之学，必克省以御物欲者，周作于前而郑承于后也"；"永嘉之学，必弥纶以通世变者，薛经其始而陈纬其终也"（叶适：《温州新修学记》，刘公纯、王孝鱼、李哲夫点校：《叶适集》，中华书局，2010年，第178页）。叶适通过对四个人物的评价，实际上也指出，永嘉之学存在两个不同的思想面向：其一，治心修身的面向；其二，治世平天下的面向。可以说，叶适的分析既是历史的，又是逻辑的，体现了史与思统一的特点。

之间至和乐也"(《儒志编》)。臣非君私人所有，这是臣应有的自我理解；有此自我理解，自然不会以奴妾之道事君。孔子高弟子路为卫大夫孔悝之邑宰，卫国内乱，子路怀着"食其食者不避其难"的信念，为救孔悝而遇难。(《史记·仲尼弟子列传第七》) 在王开祖看来，子路为孔悝而死，并不算得其正命："或曰：子路在卫结缨而死，正乎？曰：正则吾不知也。卫乱，子路可以无死。死而结缨，惜乎在不正之后也。不正之正，君子不由也。"(《儒志编》)

臣非君私人所有，这也是君应有的理解；有此自我理解，自然不会以奴妾之道待臣。"君不敢有也，故能成其道。"臣应心系天下万民，君也应心系天下万民："或曰：尊为天子，富有四海，不亦乐乎？曰：中有乐乎耳，非乐乎有天下也。乐养天下也。"养天下乃是君的本分："天之立君以养人也，非使之掊天下以养己也。"如君不能爱民，则无君之实，臣民不以君视之可也："有民而不爱，非吾君也。譬如行路之人，为行路之人复仇，是亦必无而已矣。《诗》曰：'无言不仇，无德不报。'夫不施于人而人报之者，未之有也。"无君之实而居君之位，则是小人窃取天位，其内心必然"惴惴焉，惟恐人之一蹙而覆已也"。王开祖甚至说："吾观孟子有旱乾水溢则变置社稷之说，则知神尚有责况于人乎。夫为人而无责，则是无耻也。无耻，斯禽兽夷狄矣。"这里可谓隐含了大逆不道的想法：人如不能尽责，则为无耻之徒；社稷之神如不能尽责，则变置社稷可也；君如不能尽责，造反可也。实际上，王开祖完全认同商汤吊民伐罪、诛杀暴君的必要性和合法性："其君残贼于天下，故不得已而伐之者，汤也。……伐暴吊民得天下，其心若汤可也。"(《儒志编》)

王开祖于臣谏君非、君纳善言之道再三致意焉。他对伯夷的隐居行为做了别致的理解，认为这是为了非武王而救万世之民："伯夷自谋曰：……吾亦何为哉？吾其救万世之民乎？于是非武王而去之。武王犹非，况不至武王乎？其救万世之民也如此。"他讲"孝莫大于格亲之非""罪莫大于逢亲之恶"，我们不难引申出，"忠莫大于格君之非""罪莫大于逢君之恶"。实际上，孟子就说过："长君之恶，其罪小；逢君之恶，其罪大。"(《孟子·告子下》) 王开祖对于"舜为天子，尽得天下之善言"心向往之。他称许东汉申屠蟠识时变，不像范滂那样天真妄议招来杀身之祸，其背后却隐含着一丝悲凉，臣不得谏君非、君无意纳善言，如之奈何。[1]

贵民轻君、挺立士道尊严构成了豪杰更为深层的本质内容。自孟子没，此种思想久不见于中国传统，真绝学也。开祖能超然心领神会于千载之上，令贵民轻君、挺立士道尊严这一湮没已久的豪杰精神重新显露，真豪杰也。然王开祖所表彰的这一孟子绝学似乎一开始就落在汪循、四库全书馆臣对"豪杰"的理解之外。在此意义上，豪杰的失落，早已发生在从《儒志编》书前提要到《总目》提要的转变之前。

五、结语：试问豪杰今安在

唐宋两代，中国社会在经济、政治、军事、社会结构等方面经历了巨大的转变。如黄仁宇写道："孔孟之道战胜了诸子百家的理论，从汉朝开始，就成为统治全国的指导思想。时代愈是往前发展，统治者对它的依赖程度也愈大。到 10 世纪以后，也就是唐宋两代，中国经历了一次巨大的变化：经济的重心，由华北旱田地带移至华中和华南的水田地带。随之产生的显著后果，则是内部的复杂性相继增加。官僚阶层过去为豪门大族所垄断，至此改变而为与绅士阶层相表里。军队中的将领逐渐失去了左右政治的力量，文官政治确立为统治帝国的原则。这种多方的改变，使集权的中央政府不得不创立新的哲学理论，以维系社会上成千上万的优秀分子，即读书的士人。"[2] 与之相应，儒家学者积极建构新的思想范式。在儒学大转变之际，周敦颐、王开祖所开创的理路，似乎代表了重建思想范式的两种不同的努力方向。周敦颐的进路为程、朱、陆、王所光大，成为宋明理学的正统；而王开祖先于周敦颐所开创的进路虽有永嘉后学赞其成，然相对于程、朱、陆、王仍属旁枝歧出。永嘉豪杰精神在事功中展开心性的面向似乎已多多少少失落在历史长河之中。然则，某

---

[1] 《后汉书·周黄徐姜申屠列传》记载申屠蟠对于太学清议不容于朝廷的先见之明："先是京师游士汝南范滂等非讦朝政，自公卿以下皆折节下之。太学生争慕其风，以为文学将兴，处士复用。蟠独叹曰：'昔战国之世，处士横议，列国之王，至为拥先驱，卒有坑儒烧书之祸，今之谓矣。'乃绝迹于梁、砀之间，因树为屋，自同佣人。居二年，滂等果罹党锢，或死或刑者数百人，蟠确然免于疑论。"王开祖对此评论说："知进退，识时变，临物而不惑者，其惟申屠蟠乎！太学之兴也，士之盛也，莫不振衣引足愿居其间，吾独指秦以为病焉。及群党坐于徽棘之中，我独优游于外，人皆以妄死，我独保正命以没，可谓独立君子达吉凶之命者也。"（《儒志编》）

[2] 黄仁宇：《万历十五年》，九州出版社，2015 年，第 217 页。

一思想的意义，只有放在历史延长线上才能获得估定，而随着历史延长线长短之不同，其意义亦将有所不同，有时甚至出现 180 度的大翻转。

居今之世，数百年来高歌凯进的现代文明已经到了某个临界点。展望未来，中国文明在挺立自信之后亟待进一步的觉醒？严中西之辨，忽古今之别，在人类的后经学时代以经学方式"弘扬"儒学，或为今日儒学发展最大之歧趋。人类整体如欲向死而生，必须在根本处转变思想范式，创造出有别于现代性的新的思想范式。时代召唤着豪杰之士毅然奋起，以其豪气、英气、逸气与卓识回应时代的召唤。

尝试论之。现代文明的转变，有待于意欲方向的根本转变，有赖于观物之法的根本转变。就前者而言，当代文明的曙光，有赖于人们从爱牡丹转向爱莲花？周敦颐《爱莲说》将莲花与富贵花牡丹区分开来，在世人通常追求的富贵之上建立另一种"至富至贵"，以道充为贵，以身安为富。得此富贵，则享孔颜之至乐，"常泰无不足"。如此，意欲的方向自然从"轩冕""金玉"那里离开。如此，当下即是永恒，无需不断地进步到未来，不断地将当下牺牲在未来的黑洞之中。意欲方向的根本转变，必然引发观物之法的根本转变。孔子之乐水离不开他的观水之术。周敦颐庭前草不除，以为"万物之生意最可观"。周敦颐之"观"物与孔、老之观水相类，而与现代人习以为常的"看"物大不相类。这里似蕴含着两种分别，不妨以两种不同的"观法"与"看法"之分对应之。其一，狭义上的"观法"，我们将孔、老、周之观物称为"观法"，而将现代人习以为常的"看"物称为"看法"，从而标识二者的根本差异。这样的观法可以联系"可观""壮观""观止"这样一些在现代汉语中仍然沿用的语汇来获得某种理解的线索。观法常常关联着学于物（learn from things），而看法常常关联着研究物（study things），或了解物（learn about things）。其二，广义上的观法。我们把孔、老、周之观物与现代人之看物之间的差异称为观法上的差异；而把孔、老、周因观物而产生的差异，或现代人因看物而产生的差异称为看法上的差异。易言之，在同一观法层面（perspective）可以有不同的看法（opinion），从一种观法到另一种观法（如从"以我观之"到"以物观之"到"以道观之"，如从孔、老、周之观物到现代人之看物），意味着视角的根本转变，及主体心灵结构的根本转化。由此出发，我们或许可以重新发现永嘉学派被忽略的豪杰面向的意义。

原载《现代哲学》2019 年第 1 期

永嘉礼学研究的制度儒学面向及其现代意义

孙邦金

[摘　要] 时至今日，"永嘉之学"作为极具特色的区域性儒学传统，已因太多的历史与现实因素的遮蔽而失其本来面目。准确地讲，永嘉之学既不单纯是一种"功利之学"，更非现代意义上的"功利主义"，而是一种"即经以求其制度器数之等"的"制度新学"和"经制之学"。作为一种重视制度规范与对策研究的儒学，从历史经验中研究总结各种礼法制度的演变逻辑与实践策略是永嘉学者自觉选择的一门绝学，亦为历代士林所认可和推重。他们前赴后继，依据三礼、春秋等经典中参与议礼，阐发儒家宗法与社会政治制度之精义，注重实际问题的研究与解决，在制度儒学和政治儒学道路上做出诸多可贵的探索。其重视制度、不悖人情、务实变通的区域文化性格，是儒学参与当代中国本土政治文明重建的宝贵精神资源。

[关键词] 永嘉之学　礼学　功利之学　制度新学　制度儒学

一、"永嘉之学"的现代诠释与误读

晚清温州儒学名宿孙锵鸣在其《瑞安重建先师庙碑记》一文中指出，南宋永嘉之学"讨论古今经制治法，纲领条目，兼综毕贯，务使坐而言者可以起而行，与朱子、东莱鼎足为三"。[①] 晚清温州学者对于永嘉之学"坐言起行"的用世精神之总结、绍述和发扬，当是近代温州维新变法思想高涨、社会改革实践先行的重要文化支撑。不过，永嘉之学从其创生至今，来自儒学内部的非议就从来没有停止过。朱熹率先

---

① 孙锵鸣：《孙锵鸣集》，上海社会科学院出版社，2006年，第110页。

将永嘉之学界定为"功利之学"，与之极力攻辩，认定其"大不成学问"！① 现代新儒家牟宗三先生虽然认为"凡后来之言事功、言实用、言朴学，而斥宋、明儒之谈性命天道为无用者，皆不出叶水心之规模"，可叶适似乎并不懂得"道德的创造性"，"言实用者终无用，重事功者总无功"。② 在朱熹和牟宗三等道统意识强烈的儒家学者看来，永嘉之学多少是不求诸己、舍本逐末的儒学末流，甚至是逸出了儒家重视天命道德与心性修养的既有轨范而成为一种儒学异端。幸运的是，在近代中国重视商业竞争和经济建设的呼声一浪高过一浪的背景下，永嘉之学被诠释为中国最古典的功利主义与重商主义，才再次得到了肯定。可不幸的是，这种诠释简单片面地将永嘉之学理解为一种重利、爱财与赚钱的学问，与叶适等人所追求的"道不离器"、既"成己"又"成物"的"内外交相成之道"相去几何，恐怕又非能以道里计也！

时至今日，永嘉学派已经因太多的历史与现实因素的遮蔽而失其本来面目。从贴在永嘉之学身上的"功利之学""功利主义""重商主义""事功之学""经制之学"等流行不一的标签上，就可以看出人们对永嘉之学的内部与性质诠释上存在诸多歧异。这其中，有两点习焉不察的误解需要做出澄清：

第一个误解，是片面地认定永嘉之学是一种合本逐末的事功之学。永嘉学者不好作浮泛之论，非常关注社会现实问题，并做有针对性的研究，提出自己的解决方案。叶适确曾批评过宋代性理之学，说："专以心性为宗主，虚意多，实力少，测知广，凝聚狭，而尧舜以来内外交相成之道废矣。"③ 不喜谈论抽象的道德哲学（"心性"），注重解决现实问题，达到实际效果（"事功"），这是永嘉之学的一个重要特点。依此说永嘉之学是一种事功之学还是很有涵盖性的。不过，不能因为永嘉之学讲求经济、富国、强兵、民用、礼法等实际问题，就笼统地认为它就只是一种既无形上学基础又无道德关怀的事功之学而已。叶适很清楚《大学》与《中庸》中"始止于善，终明于德，不待外物而自为正"之存心养性的重要性。他始终强调"于其险也，则果行而育德成己也；于其顺也，则振民而育德成物也"④，认为无论身处顺境还是

① 黎靖德编：《朱子语类》卷一百二十三《陈君举》、卷一百二十二《吕伯恭》，中华书局，1986年。

② 参见牟宗三：《心体与性体》，上海古籍出版社，1999年，第197—209页。

③ 叶适：《习学记言序目》卷十四，中华书局，1977年，第207页。

④ 叶适：《习学记言序目》卷一，第10页。

逆境，"育德"都不可少，而且是"成己""成物"的先决条件。在根本立场上仍旧是道德主义的。只不过叶适的皇极一元论是一种社会历史本体论，试图在社会历史长河中总结出一套历史哲学和政治学说，以民众在历史实践中普遍成就至善为最终目的，表现出了一种与道德理性不尽相同的历史理性或实用理性精神。① 有了育德、成己之学的内在支撑，永嘉之学便不再只是一种事功之学，而是一种有体有用、义理与事功兼备的系统儒学建构。我们今天诠释永嘉之学，如果丢掉叶适当年"古人未有不内外交相成而至于圣贤"② 的体用兼备之学，片面地讲事功，就有如无源之水、无本之木，是不可能有长久生命力的。

第二个误解，是庸俗地将永嘉事功之学理解为一种功利主义理论。在儒家义利之辨传统中，"功利"由于被认为是非道德甚至是反道德的，多少偏贬义。叶适说"后世儒者行仲舒之论，既无功利则道义者乃无用之虚语耳"③，针对儒学极端漠视功利的偏颇针锋相对地提出"以利和义"的思想，强调功利的不可或缺性，这恐怕是永嘉之学被称为功利之学的最初起因。自朱子之后，批评永嘉之学为功利之学遂成为此后历代多数学者的定见，牢不可破。近代西学东渐以来，英国功利主义思潮流行于中土，永嘉之学因与之最为接近，公开欣然地接受了"功利主义"这顶时髦的帽子。自晚清维新变法直至当代改革开放，永嘉学派的义利之辨及其工商皆本的思想观念对于国人发展经济、改善民生曾起到过积极正面的启蒙作用。可是，《四库全书总目提要·〈永嘉先生八面锋〉提要》说得好："永嘉之学，……朱子颇以涉于事功为疑。然事功主于经世，功利主于自私，二者似一而实二，未可尽斥永嘉为霸术。……亦未可尽斥永嘉为俗学也。"④ 意思就是说，认为永嘉之学仅仅是一种事功之学，与进一步认为永嘉事功之学是一种重利轻义的功利主义，这是两回事情。

叶适在《温州新修学记》这一雄文中，清楚地指出"永嘉之学，必兢省以御物欲者，周（行己）作于前而郑（伯熊）承于后也"，复又指出"永嘉之学，必弥纶

---

① 参见景海峰：《叶适的社会历史本体观——以"皇极"概念为中心》，吴光、洪振宁编：《叶适与永嘉学派论集》，光明日报出版社，2000年，第253—262页。

② 叶适：《习学记言序目》卷十四，第207页。

③ 叶适：《习学记言序目》卷二十三，第324页。

④ 永瑢等撰：《四库全书总目提要》卷一百三十五。

以通世变者,薛(季宣)经其始而陈(傅良)纬其终也"①。只有将"兢省以御物欲"与"弥纶以通世变"两者结合起来,只有将义与利结合起来讲,才能够鸟瞰永嘉之学的全貌。②如果说轻义重利是对永嘉之学的误解,那么舍义逐利就是错得离谱的抹黑了。永嘉之学在义利之辩问题上,要以叶适"古人以利和义,不以义抑利"③一语为标语。这是依据《周易》文言传中"利者,义之和也"与"(君子)利物,足以和义"的经典命题而得出的结论。叶适"以利和义"的解释是特别针对"以义抑利"的道德偏执有感而发的救偏之论,与程颐"不独财利之利,凡有利心便不可"(《二程遗书》卷十六)等将义、利严格二分甚至对立起来的认知相比,要更为平实和辩证一些。叶适说"利在仁义则行仁义,利在兵革则用兵革,利在谏诤则听谏诤,惟所利而行之"④,这里所谓的"利"主要是指正当合理的经济与政治利益诉求,蕴含着一定的现代人的"权利"意识。"言利则必曰与民"⑤,不妨可以理解为应赋予并尊重民众追求正当合理利益的权利,初具一种民本甚至民权意识。而对于统治阶层诸种自私自利、急功近利的言行,叶适毫不留情地批评道:"夫偏说鄙论习熟于天下之耳目,而近功浅利足以动人主之心。于是以智笼愚,以巧使拙,其待天下之薄而疑先王之陋,以为譬若狙猿之牧者,数千百年于此矣,哀哉!"⑥如果政治失去了正义或至善的追求,治理民众如同驱使牛马狙猿之类,肆意践踏民众追求正当合理利益的权利,徒以智巧、功利而不以道义治国的长期结果只能是民不聊生,国将不国。只有客观全面地认识了叶适等永嘉学者的义利观,才能够理解全祖望为什么有"永嘉功利之说,至水心始一洗之"⑦的见地之论。

---

① 叶适:《温州新修学记》,《叶适集》卷十,中华书局,2010年,第178页。

② 参见龚鹏程:《永嘉学派的真面目》,吴光、洪振宁编:《叶适与永嘉学派》,浙江人民出版社,第15页。

③ 叶适:《习学记言序目·魏志》。"以利和义"的思想,是永嘉之学的共同基调之一。例如薛季宣《浪语集·大学辨》早有言及:"惟知利者为义之和,而后可与其论生财之道。"

④ 叶适:《进卷·群德一》,《水心别集》卷一,《叶适集》,第633页。

⑤ 叶适:《进卷·士学上》,《水心别集》卷三,《叶适集》,第674—675页。

⑥ 叶适:《进卷·群德一》,《水心别集》卷一,《叶适集》,第633页。

⑦ 黄宗羲原著,全祖望修补:《宋元学案·水心学案》,中华书局,1986年,第1738页。

二、永嘉"制度新学"与礼学研究

如果永嘉之学既不是简单的事功之学，亦不是功利之学，那么它是什么？笔者认为最精准的称谓是"制度新学"或者"经制之学"——一种关心如何治国理政的制度化儒学或政治儒学。"制度新学"的提法源于叶适。他在《陈彦群墓志铭》中指出："时诸儒方为制度新学，抄记《周官》《左氏》，汉唐官民兵财所以沿革不同者，筹算手画，旁采众史，转相考摩。其说膏液润美，以为何但捷取科目，实能附之世用，古人之治可复致也。"① 这一段话揭示出了永嘉学派治学的兴趣所在及其核心内容，堪为南宋永嘉之学的真实写照。所谓"制度新学"，就是主要依据《周官》《春秋》两部儒家经典，结合汉唐以来历史沿革经验，再参考其他史籍遗事，研求有关官、民、兵、财等既可"捷取科目"又可"附之世用"的制度性资源。现代著名政治学者萧公权曾就叶适的政治思想指出，"水心最大贡献，不在重伸民本古义于专制之世，而在对政治机构作精密切实之讨论"。这样处理"虽非孟学正宗，而远较徒断断于天理人欲之辨者为得论政之要领"。② 至于为何薛季宣"其学主礼乐制度以求之见事功"（《宋元学案》卷五十二《艮斋学案》），叶适"论治术之专主礼乐"，都特别重视礼学等社会政治制度研究对于社会政治的重要性，这是由"三礼"之学的性质决定的。叶适在其《总述讲学大旨》中之所以高度肯定周公制礼作乐的政治意义："治教并行，礼刑兼举。百官众有司，虽名物卑琐，而道德义理皆具。"③ 这是因为在传统经学体系之中，礼学不只包括婚丧嫁娶、礼仪节文等日常生活规范，更是一门广泛涉及礼、乐、钱、法、兵、刑等社会基本制度规范的专门之学，奠定了中国古代政治的制度基础。在他看来，"天下之政，其大者为礼、乐、兵、刑，而其小者有期会节目之要，其远而万民而近则群臣侍御仆从之职，其物为子女、玉帛、

---

① 叶适:《叶适集·水心文集》卷十四，中华书局，2010年，第258页。永嘉制度新学或经制之学梗概，可参见孙衣言:《瓯海轶闻》第五卷至第十二卷，上海社会科学院出版社，2005年，第114—386页。

② 萧公权:《中国政治思想史》，辽宁教育出版社，1998年，第438—442页。

③ 叶适:《习学记言序目》卷四十九，中华书局，1977年，第738页。

器用、服食之事"①,礼学关系到治国理政的方方面面,是"君子小人邪正所由之途",不可或缺。

"经制之学"与"制度新学"类似,都聚焦于制度,只是更清楚地指出了永嘉学派的经学底蕴及其经世致用的强烈愿望。"经制"就是"即是经以求其制度器数之等"②,亦即依据三礼、春秋等经典阐发制度,并结合历史经验,总结出解决现实问题的对策和办法。在"言性命者必究于史"的浙东史学大传统之中,永嘉学者特别关注《春秋》一经中所包含的政治经验与历史哲学,但与礼学研究一样也都指向于"制度"或"经制"——社会经济政治制度与国家治理策略这一核心内容。相对而言,永嘉学者更为重视《周礼》中更为根本而直接的政治价值。叶适在《习学记言望序目》中说,"今且当以《周礼》二言为证,庶学者无畔援之患,而不失古人之统。"全祖望认为此乃"永嘉以经制言学之大旨!"③正如有学者指出的那样,永嘉学者依据经学讲求制度的经制之学"是以《周礼》为中心的道法或道艺(术)兼尽之学,以《周易》为宗极的道器或道物合一之学,兼及《尚书》和《春秋》"④。在薛季宣、陈傅良、叶适"内外交相成之道"的思想架构中,礼学研究始终是永嘉学派对"外王"之学——王道政治及其制度建构的一个具体实践。⑤这从孙诒让《温州经籍志》经部礼类、春秋类,以及史部地理类、职官类书目尤多即可见一斑。⑥其实,当时黄震(1213—1280)在阅读《水心文集》的过程中,已经很明显地感受到永嘉之学"尚礼学""以礼为治""以礼为主"的鲜明特点。叶适在《大学讲义》说,"书有刚柔比偶,乐有声器,礼有威仪,物有规矩,事有度数,而性命道德未有超

---

① 叶适:《进卷·君德二》,《叶适集》,第635页。

② 叶适:《水心别集·进卷》,《叶适集》,第693页。

③ 黄宗羲:《宋元学案》,第1758页。全祖望在《宋元学案·龙川学案》还有曰:"永嘉以经制言事功,皆推原以为得统于程氏。"

④ 杨太辛:《永嘉学派的学术宗旨——"以经制言事功"的内涵、性质及现代意义》,载张义德等编:《叶适与永嘉学派论集》,光明日报出版社,2000年,第493—513页。

⑤ 参见陈安金、王宇:《永嘉学派与温州区域文化崛起研究》,人民出版社,2008年,第219页。

⑥ 参见孙诒让:《温州经籍志》,潘猛补校补,上海社会科学院出版社,2002年,第84—167、363—561页。

然遗物而独立者也","人之所以甚患者，以其自为物而远于物"①，强调了性命道德"其聚为仁，其散为礼"，在诚意正心的同时还要"验之以物""验之以事"，不能脱离包括经验认知、客观规律、礼仪制度等事物的外在规定性来空谈。黄震认为其"前后接续，皆讲礼器，公盖欲以礼为治者。……公尚礼学，而尤精究财赋本末，欲起而求之至切也。"②由此可见，礼学研究尤其是周礼研究作为永嘉制度儒学与政治儒学的一个核心内容，不仅为温籍学者自觉选择的一门绝学，还为当世士林所认可和推重。

三、宋代永嘉礼学研究的制度儒学面向

鉴于礼学研究在永嘉经制之学中的制度性贡献和基础性作用，永嘉学者一直延续了"以礼为主""以礼为治"的治学传统。自南宋至晚清，他们前赴后续，不断推陈出新，产生了不少影响广泛甚至重量级的礼学专著。要言之，宋代永嘉礼学与经制研究要以周行己开其端，薛季宣、郑伯谦继其后，继承光大者为陈傅良、王与之、张淳等人，叶适则为集其大成者。③下面撮要列举其中几个重要的永嘉礼学研著述文献与议礼论争。

周行己（1067—1125），作为永嘉学派的开山性人物，其所撰《礼记讲义》一书，成为开创永嘉礼学与经制之学的始作俑者。《浮沚集》卷四中尚存《礼记讲义序》一文，主要是依据"缘情制礼"这一传统确定了永嘉礼学不悖人性、重视人情的价值观。序文提出了"礼治则治，礼乱则乱，礼存则存，礼亡则亡"的礼治思想，当是后来永嘉学者光大经制之学之动机的最佳注脚。最后，序文还指出"盖其说也，其粗在应对进退之间，而精在道德性命之要"④。这里仍视内在道德性命之精神较外在应对进退之节文更为重要，表明此时正处于结胎期的永嘉学术仍旧未脱二程哲学

---

① 叶适:《水心别集·进卷·大学》,《叶适集》, 第 731 页。

② 黄震:《读文集十·叶水心文集》,《黄氏日抄》卷六十八, 文渊阁四库全书本, 七〇八卷, 第 637—638 页。

③ 《宋史·陈傅良传》有曰:"永嘉郑伯熊、薛季宣皆以学行闻, 而伯熊于古人经制治法讨论尤精, 傅良皆师事之。"

④ 周行己:《浮沚集》卷四, 文渊阁四库全书本。

的底色，尚未创造出永嘉学术独具一格的区域性特色。

南宋永嘉郑伯熊、郑伯英和郑伯谦兄弟对于洛学传入永嘉贡献卓著，有"邹鲁振儒风"（叶适《哭郑丈》）的评价。郑伯熊著有《周礼说》，已佚，而其弟郑伯谦则有《太平经国之书》传世。郑伯谦此书首列四张古代官制的图表之后，共分 30 目，其中《内外》《会计》又各分为上下篇，共计 32 篇。《宋元学案·景望学案》评价此书"皆以周官制度类聚贯通，证之后代史事，以明古代治学"，是一本依托《周礼》的政治著作。此书最可注意的是，自序中畅论了先秦政治由公天下向家天下的重大转变，进而在家天下的政治现实之下，重申了儒家推己及人的民本政治理念。在此基础之上，他还特别指出《周礼》中的制度性资源对于实现"君臣相安而祸患不作"，维持皇权政治长期稳定的重要性。郑氏认为："盖自有《周礼》以来，若孔子、文中子、伊洛、横渠诸子，则恨不及用；房玄龄、杜如晦、魏徵，则愧不能用；汉之刘氏、宋朝之王氏，则又悔不善用。自汉唐至今日，天下之治，所以驳杂而难考、弊坏而不可收者，大抵出于是三者之间也。"郑伯谦精炼地概括了对于周礼"恨不及用""愧不能用"和"悔不善用"三种不同态度与运用方式，并指出了各自之得失。正是由于郑氏具有比较强的历史自觉意识和经世精神，其礼学研究方能"求其简练揣摩，坐而言，起而可见之施行者"，[1] 流畅通达，臻于实用。例如，此书在《会计》一节中总结了汉唐以后专门研究财政、经济问题的相关制度设计，进而提出了"出纳移用"与"纠察钩考"分权制约的会计原则。这显然是对《周礼》中简约的财政与会计规定，做了一定变通和引申。

薛季宣（1134—1173），著有《周礼释疑》三卷，已佚。王与之《周礼订议》只保留了一些逸文。《宋元学案》评价其"学主礼乐制度，以求见之事功"，[2] "学主礼乐制度"这一论断可从其后学陈傅良对其学术的评价中得到印证。陈氏在《薛公行状》中认为，"公自六经之外，历代史、天官、地理、兵、刑、农，末至于隐书小说，靡不搜研采获，不以百代故废。尤邃于古封建、井田、分遂、司马之制，务通于今"[3]。虽然文献散佚无法窥见薛季宣礼学之真面，但诸如封建、井田、乡遂及兵制属于广

① 徐谊：《太平经国书序》，载孙诒让：《温州经籍志》，上海社会科学院出版社，2002 年，第 105 页。

② 黄宗羲原著，全祖望补修：《宋元学案》卷五十二，《艮斋学案·叙录》。

③ 陈傅良：《薛公行状》，《止斋文集》卷五一。

义的礼学范畴，这一治学取向后来为陈傅良、叶适等人承继下来，方才有"永嘉经制之学"的出现。因此薛季宣在永嘉经制之学的发展史上是具有开创性的一位人物。薛季宣居乡期间，曾创设稚新学塾，陈傅良、王楠、薛叔似、徐元德先生从其问学，永嘉学脉愈加广阔。

《宋史·陈傅良传》中记载："永嘉郑伯熊、薛季宣皆以学行闻，伯熊于古人经制治法，讨论尤精，傅良皆师事之。"正是在薛季宣、郑伯熊等人的直接影响之下，陈傅良（1137—1203）著有《周礼说》三卷十二篇等论礼文献，可惜此著现亦散佚。不过，除王与之《周礼订义》间有引用之外，现在《止斋先生文集》中尚存《进周礼说序》《夏休〈井田谱〉序》等礼学文献，可从中管窥其礼学思想之梗概。他认为，"谓《周礼》为非圣人之书者，则以说之者之过，尝试之者不得其传也"[①]。陈傅良坚信此经是圣人经天纬地的精心之作，这在当时显然属于少数派，是需要学术勇气的。除坚信《周礼》乃圣人制作之外，陈傅良对于《周礼》的内容及其现实价值更是推崇备至。正所谓"《周礼》一经，尚多三代经理遗迹。世无覃思之学，顾以学者缪，尝试者复大缪，乃欲一切驳尽为慊"[②]。周官既然是圣人制作，大多是三代治国理政之历史经验的全面总结，奠立了中国王道政治制度的基本模型，当为后世师法。当然也需要随时损益，根据政治实际做出权变调整。此即"数十家各致其说，取其通如此者，去其泥不通如彼者，则周制可得而考，则天下亦几于理矣。"[③]正是有鉴于改革现实政治制度的需要，陈傅良遂精研《周礼》，著《格君心》《正朝纲》《均国势》诸篇进诸帝览，以备择用。陈傅良所著《周礼说》"盖尝献之绍熙天子，为科举家宗尚"[④]，一时风靡。对于《周礼说》在当时所产生了的广泛影响，朱熹则不无忧虑，两人曾就《周官》一书性质以及《春秋》"成风以庶乱嫡"公案展开了争论。[⑤]朱熹

———————————

[①] 陈傅良：《夏休〈井田谱〉序》，《陈傅良先生文集》卷四十，浙江大学出版社，1999年，第507页。

[②] 陈傅良：《夏休〈井田谱〉序》，《陈傅良先生文集》卷四十，第509页。

[③] 陈傅良：《夏休〈井田谱〉序》，《陈傅良先生文集》卷四十，第509页。

[④] 叶适：《黄文叔〈周礼〉序》，《水心文集》卷十二。黄度，字文叔，新昌人，与陈傅良相过从，著有《周礼》五卷（收入续修四库全书第78册），以研治《周礼》闻名于当时。叶适有《黄文叔〈周礼〉序》《故礼部尚书龙图阁学士黄公墓志铭》（《水心文集》卷二十）等文称赞其"志在经世，而以学为本"。

[⑤] 参见孙邦金：《晚清温州儒家文化与地方社会》，人民出版社，2017年，第187—191页。

对于陈傅良《周礼说》的部分批评，在张淳的《周礼订义》中得以保存下来。受陈傅良的直接影响，其从弟陈谦著有《续周礼说》，门人曹叔远著《周礼讲义》，徐筠著《周礼微言》，均以礼学闻名于世。

　　叶适（1150—1223）的三礼之学，在其《水心别集·进卷》和《习学记言序目》中有相对集中的论述。具体而言，《周易》为其"道在器中"的道器关系论提供了理论依据，《尚书》《春秋》及历代正史为其提供了历史经验，而礼学则为其奠定了"弥纶以通世变"的制度性规范。对于《周礼》的作者是否为周公的问题，叶适表示了怀疑，不过周礼即便不是周公制作，也并不影响此经所具有的政治价值。叶适认为，《周礼》"虽不必周公所自为，而非如周公者亦不能为也"。[1] 它作为周代政治制度与智慧的结晶，"教法齐备，义利均等，固文武周召之实政在是也，奈何使降为度数事物之学哉！"作为类似于确立基本政治原则与制度的现代宪法一样的根本大法，对于中国历代政治的模范作用是不可替代的，不能与后世普遍的政治著作相提并论。他在《水心别集·进卷·周礼》中进一步指出："盖周礼六卿之书，言周公之为周，其于建国、设官、井田、兵法、兴利、防串、器械、工巧之术咸在。凡成、康之盛，所以能补上世之未备而后世之为不可复者，其先后可见，其本末可言也。"[2] 基于《周礼》对于殷周以及后世历代政治的制度性贡献的认识，叶适认为"周之道莫聚于此书，他经其散者也；周之籍莫切于此书，他经其缓者也"[3]，特别看重此经的政治价值。叶适后来的诸多政治主张与制度性建言，与周礼"按六卿分职，各以数字之微使归统叙"这一整体制度架构是分不开的。到了晚清，面对士人不轻言利、疏于政治实务的现状，曾国藩感叹道："叶水心尝谓，仁人君子不应置理财于不讲，良为通论"[4]，充分表明叶适的制度新学具有跨越时代的价值。

　　关于礼学在个体道德修身方面的价值，叶适针对程门"居敬穷理"的观点也提

---

[1]　叶适:《习学记言序目》卷七，中华书局，1977年，第83—84页。

[2]　《叶适集·水心别集·进卷》，第703页。迟至晚清，孙诒让《〈周礼政要〉序》更进一步地指出："中国开化四千年，而文明之盛莫尚于国，故《周礼》一经，政法之精详与今泰西诸国所以富强者，合若符契。"

[3]　叶适《黄文叔〈周礼〉序》，《水心文集》卷十二，《叶适集》，中华书局，2010年第2版，第219页。

[4]　曾国藩:《曾国藩全集》，岳麓书社，1992年，第4272—4273页。

出了自己"复礼而敬立"的观点。他在《敬亭后记》一文中说，"学必始于复礼，故治其非礼者而后能复。礼复而后能敬，所敬者寡而悦者众矣，则谓之无事焉可也"。如果只讲内在的主观之"敬"不讲外在的规范之"礼"，诚敬之心则无所依凭，要么流于愚昧而不自知，要么流于虚伪而自欺欺人。正所谓"未能复礼而遽责以敬，内则不悦于己，外则不悦于人，诚行之则近愚，明行之则近伪。愚与伪杂，则礼散而事益繁，安得谓无！"①叶适"复礼而敬立"的实践工夫论，也同样体现了"以礼为主"②的治学立场。

至于王与之的"于古今诸儒之说莫不深究"的《周礼订义》和张淳（1121—1181）的《仪礼识误》③多偏重文本较释，皆收入了四库全书。值得指出的是，宋代经义著作宏富，可《宋史·艺文志》记载的《周礼》著作者仅见22家。而王与之广泛征引古今注疏至少有51家之众，其中永嘉学者占十余家，包括薛季宣、陈傅良、郑伯熊、郑伯谦、杨恪、陈汲、曹叔远、陈汪、李嘉会等人，至少五者有其一。④由此可见永嘉礼学研究风气之盛。另据《嘉靖温州府志》卷七记载，宋代永嘉礼学著作尚有叶味道《仪礼解》《祭法宗庙郊社外传》，王奕《周礼答问》，谢琛《读礼集》，张逊志《礼记章句》《大礼要略》《冠服图说》《郊祀考议》等，可惜大都未传诸后世。⑤

四、明清永嘉礼学研究的情感主义取向

明清永嘉礼学研究，要以张璁、孙希旦、孙诒让和黄体芳等人为代表。自宋代

①　叶适：《叶适集·水心文集》，第163—164页。

②　黄震：《读叶水心文集》，《黄氏日抄》卷六十八，文渊阁四库全书本，七〇八卷，第642页。

③　彭林：《张淳〈仪礼识误〉校勘成就略论》，《北京图书馆馆刊》1996年第3期。

④　孙诒让：《温州经籍志》，上海社会科学院出版社，2002年，第112页。据胡珠生先生统计，该书收录永嘉学者薛季宣《周礼释疑》16条、陈傅良《周礼进说》112条、郑伯熊《周礼说》20条、杨谨仲《周礼辩疑》16条、陈及之《周礼辨疑》92条、郑伯谦《太平经国书》25条、叶适《习学记言》8条、曹叔远《周礼纲目》《周礼讲义》43条、林椅《周礼说》24条、李嘉会《周礼说》295条、陈蕴之《周礼说》16条以及王与之按语多条。参见胡珠生校注：《弘治温州府志》，上海社会科学院出版社，2006年，第496页。

⑤　张璁编纂：《温州府志·书目》，天一阁藏地方志选刊，上海古籍书店据明嘉靖本影印，1964年。

宗法复兴运动之后，家礼与宗族规范就日益成为礼学研究的重要内容。明代放宽了民间祭祀之后，更是形成了一股自明至清持续不断的宗族及其礼法建设运动。[①]明代温州郡先有何文渊，后有明弘治年间的文林（文徵明之父），对于诗礼传统的耕读文化多所强调。其中，文林制定《族范》在温属各县推行，宗族礼制得以进一步强化。到了嘉靖年间，温州士人登科巨宦渐多，掀起一投建设官绅家庙和宗族祠堂的热潮，兼及设置社学、社仓、义庄，编纂家训、宗谱、族约等。仅温州永嘉场（今龙湾区）一地，当时就有七甲项氏、英桥王氏、普门张氏等名门望族。项乔、王澈、张璁等望族首领，或在隐居、丁忧之际，或在通籍、致仕之后，无一例外且不遗余力地捐资兴建了本氏宗祠。[②]在此过程中，大都基于文公《家礼》形成了王澈（1473—1551）的《王氏族约》、项乔（1493—1552）的《项氏家训》以及侯一元（1512—1586）的《猴山侯氏谱》等一批论述家礼和宗族礼法制度的重要文献，里面包含有大量的宗族与家庭礼法规范。晚清时期，瑞安《盘谷孙氏族规》等一系列族规民约，基于上都承袭了明制。明清时期官、学两界持续推进的"以礼为学"（礼学）、"以礼为教"（礼教）、"以礼经世"（礼治）三合一的"礼教主义运动"[③]或"以礼代理"运动[④]，既促进了礼学研究不断扩展深化，礼教观念不断深入民间，当然也不可避免地导致了儒家礼治实践过程中的严重伦理异化现象。

明代温州学人的礼学著作，要以张璁（1475—1539）最为多产，也最具影响力。他"自少业举子时，即好读礼经"，"平生精力悉在于是"[⑤]。先后撰有《礼记章句》八卷、《周礼注疏》十二卷、《仪礼注疏》五卷，于三礼之学无所不通。遗憾的是，这三部著作今皆失传未见。张璁经过长期的礼学训练打下了扎实的学术功底，为他

---

① 参见 [日] 井上彻:《中国的宗族与国家礼制》，钱杭译，上海书店出版社，2008 年，第 111—127 页。

② 参见胡珠生:《论张璁的礼学思想》，《温州职业技术学院学报》2010 年第 3 期。蔡克骄:《明代温州祠堂祭祖述论——以温州市龙湾区项氏、王氏、张氏家族为例》，《温州职业技术学院学报》2012 年第 3 期。

③ 参见 [美] 周启荣:《清代儒家礼教主义的兴起——以伦理道德、儒学经典和宗族为切入点的考察》，毛立坤译，天津人民出版社，2017 年。

④ 参见张寿安:《以礼代理——凌廷堪与清中叶儒学思想之转变》，河北教育出版社，2001 年。

⑤ 张璁:《张璁集》，上海社会科学院出版社，2003 年，第 382 页。

日后参与轰动朝野的大礼议之争，撰写系列《正典礼疏》奠定了思想基础，提供了学术支撑。他在《礼记章句》自序中提出了"礼莫大于父子之伦，而明王之治天下必本于孝"（《张文忠集·文稿》一）的孝治理论，隐含了缘情而制礼、礼法不外乎人情等重情理念。这为其日后参与议礼活动，在处理情—理关系时偏主亲情埋下了伏笔。对于宋代"为人后者为之子，不得复顾其私亲之说"的"濮议"，张璁认为应该同情理解皇帝"孝子之心有不能自已者"[1]。在大礼议事件中，张璁则依据"圣人缘人情以制礼"的典训，认为"非人情则非礼矣"，特别强调亲情为上，主张"宜别为兴献王立庙京师"[2]。张璁继而在《正典礼疏》中又提出"孝子之至莫大乎尊亲，尊亲之至莫大乎以天下养"等重视亲情孝道的观点，正中明世宗下怀，被迅速提拔重用，一时风头无两。无独有偶，时隔三百年后，清代又产生了德宗（光绪）继统与继嗣之争，温州人黄体芳（1832—1899）上《遵议已故主事吴可读〈请预立大统之争折〉折》，成为此次议礼事件的参与者之一。[3] 此折虽然明确反对张璁"继统不继嗣"的立场，但与张璁"缘情以制礼"的重情变通观念有暗合之处。温州人在多次朝廷重大礼制争论中，都表现出重视人情、善于变通的共同特点。

相对于一直饱受泛道德主义束缚的宋明儒学，"清代儒者的努力恰好相反，他们在制度论和礼乐论的架构中探讨道德的根据，并以此作为制度批评的出发点"[4]。在从清初到乾嘉儒家礼教思潮的兴起高涨过程中，以礼代理的伦理学、以礼为治的经世论、以礼为学的三礼经学研究，构成了纵贯清代康、雍、乾三朝的儒家思想文化转型的一个重要维度。在清代中期兴起的礼学研究热潮之中，孙希旦所撰《礼记集解》六十一卷，成为清儒重新注疏经典的典范性著作之一。在清代中期温州文化沉寂无闻之际，孙希旦起自孤寒，名震浙东。一方面承继了永嘉经制之学历来重视治礼的传统；另一方面也激励了孙诒让等温籍士子继续研治三礼之学。因此，在永

---

① 参见张寿安:《十八世纪礼学考证的思想活力》，北京大学出版社，2005 年，第 156—158 页。

② 参见顾钟麟、冯坚:《张璁评传》，浙江人民出版社，2010 年，第 28—30 页。

③ 参见孙邦金:《晚清温州儒家文化与地方社会》，第 203—208 页。

④ 汪晖:《现代中国思想的兴起》上卷第一部，生活·读书·新知三联书店，2008 年，第 346—347 页。

嘉礼学史上具有承前启后的重要地位。^①尤其是他对于传统礼制中"叔嫂无服"和"未嫁守贞"问题的讨论^②，情真意切，可谓情理兼尽，出人意表。面对《礼记·檀弓上》"叔嫂之无服也，盖推而远之也"的明文规定，孙希旦特别指出如果"长之嫂遇孩童之叔，劬劳鞠育，情若所生，又有不可以常礼概者。故韩愈少鞠于嫂，为之服期，此亦礼之以义起者也"^③。他援引韩愈视兄嫂如母为其服丧为例，认为嫂叔之间不应拘执常礼，而应该视实际情况变通处理。如果情同母子，不但可以吊服加麻甚至可以为之服期的。从中可以看出孙氏研治礼学固然是"粹然程朱之言"，但是较少宋儒那种教条僵化、违拗人情的学究气。在处理"未嫁守贞"的问题上，孙希旦也同样表现出通情达理的一面。他的女儿不幸遇上未婚夫死亡之后选择居家守贞，结果 16 岁就抑郁去世。其实，孙希旦并不赞成女儿的这一举动，曾苦口婆心地劝说女儿可以在未婚夫"既葬服除"之后改嫁而未果。身为礼学大家的孙希旦的这一主张，虽然与当时严苛的贞节伦理相左，也颇受时人非议，然而他仍旧坚定地认为婿死改嫁"于古礼为当，不为非也"，表现出浓烈的人情味与人道主义关怀。如若从整个时代精神来审视的话，孙希旦依情说礼的经学研究应当是清代"达情遂欲"——情感主义哲学转向的一个具体表现。

在永嘉经制之学重视礼制研究的遗风尤其是孙希旦精研《礼记》的直接影响之下，孙诒让结撰成皇皇巨著《周礼正义》八十六卷，以及《大戴礼记斠补》《周礼三家佚注》《九旗古义述》《周礼政要》等多种礼学著作，成为永嘉礼学复振的代表性人物。在孙诒让 8 岁时，其父孙衣言"方欲以经制之学，融贯汉宋，通其区畛，而以永嘉儒先治《周官经》特为精详，大抵阐明制度，穷极治本，不徒以释名辨物为事，亦非空谈经世者可比。因于四子书外，先授诒让以此经，藉为研究薛、陈诸家学术之基本"^④。在孙诒让之前，清代礼学著作甚多，具有代表性的就有秦蕙田《五礼通考》、江永《礼书纲目》、黄以周《礼书通故》、张尔岐《仪礼郑注句读》、凌廷堪《礼经释例》、邵懿辰《礼经通论》、胡培翚《仪礼正义》等，可谓汗牛充栋，佳

① 　孙延钊:《孙延钊集》，上海社会科学院出版社，2006 年，第 191 页。

② 　参见孙邦金:《晚清温州儒家文化与地方社会》，第 198—203 页。

③ 　孙希旦:《礼记集解》，中华书局，1989 年，第 214 页。

④ 　孙延钊:《孙衣言孙诒让父子年谱》，上海社会科学院出版社，2003 年，第 26 页。

作迭出。可是孙诒让偏偏却知难而进，自 1873 年至 1899 年的 27 年间，数易其稿，历经寒暑，最终著成《周礼正义》八十六卷，逾 200 万言，成为《周礼》自问世以后最高水平的研究成果。梁启超认为，《周礼正义》"可算清代经学家最后的一部书，也是最好的一部书"[1]，为作者在晚清学术界中真正赢得了学术影响力与话语权，决定了其"三百年绝等双"[2]的学术高度。不仅如此，《周礼正义》的学术历练还为孙诒让晚年由学术而政治、凭借礼学参政议政提供了思想资源。在维新变法高涨之日，孙诒让《周礼政要》一书，试图结合中西政治智慧为晚清政治改革提供系统的制度性建议，又一次充分彰显出永嘉礼学传统中渊源有自的制度儒学面向。[3]

五、永嘉礼学研究的制度儒学面向及其现代意义

综上所述，自宋代开始，永嘉礼学研究贯注了对现实问题、礼仪规范和制度建设的特别重视，并且在"大礼议"等历次重大议论事件中不乏永嘉学人的身影。从内容上看，永嘉学派的礼学研究不仅涉及到嫡庶之别、统嗣之争、丧服之制等中国传统宗法制度的讨论，还涉及井田、封建—郡县、学校、经济、财政、军事、官制、司法等重大政治制度的因革，因此无论永嘉之学的称谓是"事功之学""经制之学"还是"制度新学"，其实质皆可谓是一种制度儒学与政治儒学。我们从历史长时段来审视永嘉礼学研究，可以看出其中一以贯之的永嘉之学的精神特质大致有以下三个方面：

首先，以史为鉴，以礼治国，重视制度建设与创新。三礼之学是一门包罗万象的学问，可以视其为中国古代社会经济、政治和文化等制度文化的总汇，在中国文化中所承担着区别社会身份、规范社会关系、维护社会稳定的制度性、规范性作用。如果按照精神／心性儒学（Spiritual Confucianism）、政治儒学（Politicized Confucianism，或称"制度化儒学"，institutional Confucianism）以及民间／大众儒学

---

[1] 梁启超：《清代学者整理旧学之总成绩》，商务印书馆，1999 年，第 16 页。

[2] 章太炎：《孙诒让传》，《太炎文录初编》卷二，载《章太炎全集》第 4 册，上海人民出版社，1985 年，第 213 页。

[3] 参见陈安金、孙邦金：《论孙诒让的礼学研究与中西政治文化观》，《哲学研究》2012 年第 9 期。

（Popular Confucianism）的三分法[1]，永嘉学者前赴后继地精研礼学，将三礼之学当作永嘉之学的主干或理论基础，充分展现了礼学中的制度性资源，无疑代表了中国儒学传统中不同于心性之学的制度儒学或政治儒学之重要面向。他们的特别之处不仅仅在于不讳言功利，更在于他们依托礼学，在历史经验中展开制度性的思考与建构，积极为政治民生建言献策，体现出儒学内部思想谱系的多样性与可能性。

其次，"缘人情而制礼"，不悖人情，讲求情理平衡。张璁、孙希旦、孙诒让等人在阐释礼法制度与原则的同时，都不约而同地特别强调了礼法不能违背人之常情，而且偏爱在情—理（礼）冲突的情况下选择从人情这一端来看问题。虽然人们对于张璁议礼至今都颇有非议，但是他从遵循"礼缘人情"的精神原则，从亲亲之情的立场上来论证世宗尊崇本生父母的行为在一定程度上是合情合理的，具有较强的说服力。孙希旦在解释"嫂叔无服"和"未嫁守贞"的礼制惯例时，皆尽量能够从真诚恻怛之人情角度出发摆脱教条化的解释，做到情理兼尽，使其《礼记集解》与清代诸多不带情感的文字考据区别开来。当然，永嘉之学的礼缘人情说，既可以解释永嘉礼学及其区域文化精神中所具有的浓郁人情味，也可以将其解释为原则性不强、规则或法治意识不够、理性精神不彰的肇因。因此，讲求人情是建立在理性精神、规则意识和已有制度规范基础之上的，否则一味地无原则地强调人情，最终会走向制度主义儒学的反面。如何在重视人情的同时又不违背社会法则，做到情与理的平衡，不滑入无原则的机会主义陷阱和泥潭，这是我们今天重建儒学传统时需要切实注意的。

最后，"礼时为大"，因时损益，强调务实变通。《礼记·礼器》中有曰："礼，时为大，顺次之，体次之，宜次之，称次之。"意思是说，先王在制礼的时候，时代环境是首先要考虑的，然后是要合乎社会伦常，其次是要注意因对象不同而有所区别，再其次要合乎人之常情，最后是要与身份相称。所以礼仪规范或制度在不同时空条件下，要因应环境做出变通和调整。否则，只知一味地僵化教条、顽固不化则可能与圣人制礼作乐的初衷背道而驰。叶适等人批评心性儒学"虚意多，实力少"，改以主张"道在器中""事上理会"，主张通过实践不断改进政治绩效，脱虚向实的取向异常鲜明。张璁在大礼议中能够自成一派，与其能够主张礼学"固当随时为之

---

[1] Shu-Hsien Liu（刘述先），*Essential of Contemporary Neo-Confucian Philosophy*, Westport : Praeger Publishers, 2003, p. 23.

损益,不可胶于一说也"① 有很大关系。孙希旦对于嫂叔"吊服加麻"与女子可以更订婚约再嫁的论证,前者的条件是嫂叔之间情同母子,后者则是未嫁而婿死,也多非一般礼法规则,而是在特定条件下的变通处理。从中我们可以看出,永嘉礼学的又一显著特点,即顺应现实环境的变化而加以灵活变通,始终紧密联系当时社会现实的务实性格。

总之,当年朱熹批判地说"永嘉之学,理会制度",道出了永嘉礼学研究其实质是一种制度儒学传统,一种谈论治国理政的政治儒学传统。在中国政治文明建设充满想象空间和多种可能性的今天,我们应该正视永嘉之学尤其是其礼学研究中所彰显出来的制度儒学与政治儒学面向,以积极参与中国本土政治哲学建构的历史进程。

原载《世界视域与中西思想》2020 年第 1 期

---

① 张璁:《家庙议》,《张璁集》, 第 416—417 页。

融会中西 通经致用
——论永嘉学派的近代命运

陈安金

  清道光之后，学界涌动着一股反思汉学、回归宋学的潮流。其时，方东树《汉学商兑》的出版掀起了对汉学的"最激烈的反动"（胡适语），它实际上代表了道光年间一大批希望改弦易辙的士大夫的共同想法：将文明发展之注意力由汉转向宋的方向。如此完成了清代后期思想史上一个关键性的变化。[①]尽管永嘉学派主要活跃于南宋，因而很容易被近代归为所谓的"宋学"，但对温州知识分子而言，复兴永嘉学主要的并不是向宋学传统的回归，而首先是振兴区域文化的一种努力。这一努力以永嘉学派思想为文化资源，并在晚清学术语境和政治背景之下进行了实践和理论创新。其最终的成果：在汉宋两大营垒之间，独树一帜；于中西文化碰撞之际，兼容并蓄，从而存续了永嘉学派的近代命运。

一、强国敬乡：复兴永嘉学的动力

  近代知识分子对永嘉学派的认知首先来自清初的《宋元学案》。《宋元学案》所描述的永嘉学派，是曾经与朱、陆学鼎足而立的重要学派。不幸的是，这一学派的传承最终在宋元之际断裂了，300年后的《宋元学案》尽管给予永嘉学很多的肯定和赞誉，甚至对其失传流露出些许同情和遗憾，但是在编者（同时也是解释者）看来，永嘉学对当代的适用性是不值一提的，充其量仅能纠正朱学的某些流弊，这从黄宗羲、黄百家、全祖望的许多论述中均可窥见。如明前期的黄潜认为叶适之学"其传之久且不废者，直文而已，学固勿与焉"。黄宗羲对此进行了辨正："其意欲废后儒之浮论，所言不无过高，以言乎疵则有之，若云其概无所闻，则亦堕于浮论。"[②]黄宗羲的这段话实乃对黄潜的一种反驳，其主旨是认为，叶适非但不是一般的文士，

---

① 王汎森：《中国近代思想与学术的系谱》，河北教育出版社，2001年，第5—6页。

② 黄宗羲原著；全祖望修补《宋元学案》卷五十四，中华书局，1986年，第1794页。

而且对纠正"后儒"的流弊是有积极意义的，但黄宗羲也认为，叶适犯了矫枉过正的毛病。因此，黄宗羲尽管没有明言，其实却默认了永嘉学派仍然是程学一脉，这一点在拿陈亮与永嘉学派进行比较时更加明显。黄百家说："永嘉之学，薛、郑俱出自程子，是时陈同父亮又崛起于永康，无所承接。然其为学，俱以读书经济为事，嗤黜空疏，随人牙后谈性命者，以为灰埃，亦遂为世所忌，以为此近于功利，俱目之为浙学。"[①]全祖望也认为："永嘉以经制言事功，皆推原以为得统于程氏，永康则专言事功而无所承。"[②]全祖望评价薛季宣之学："其学主礼乐制度，以求见之事功。然观艮斋以参前倚衡言持敬，则大本未尝不整然。"[③]所谓"大本未尝不整然"，仍然是讲薛季宣之学中事功的成分与程学的内核是相应的，未致决裂，故谓之"整然"。而到了明代中叶，产生了更为"新尖"的王学，因此对清初士人而言，也许通过和会朱、王之学，就可让儒学的内圣获得形式上的圆融，至于外王一路，只不过是内圣的扩充而已。因此，从《宋元学案》编者的立场出发，清初士人对永嘉学的兴趣基本上是历史主义和实证主义意义上的。

清代中叶，温州文化日益陷入颓势："自元明都燕，取士法陋，温复荒僻，至皇朝荒益甚。阮公元督浙学，悯温之荒，殷殷诱焉而不能破。"[④]

从道光年间开始，以孙希旦、孙锵鸣、孙衣言、宋恕、陈虬、陈黻宸等人为代表，温州知识分子开始从学术资源的枯竭来思考区域文化衰落不振的原因，这对温州地区而言可能意味着区域文化的重光。孙希旦认为："盖吾乡儒术之兴，虽肇于东山、浮沚，而能卓然自成为永嘉之学，以鼎立于新安、东阳间，虽百世后不能强为轩轾者，必推之乾、熙诸儒。至叶文修、陈潜室师事朱子以传新安之学，元儒史伯睿实其绪余，以迄于明之黄文简淮、张吉士文选，而项参政乔、王副使叔果，当姚江方火之时，不能无杂于陆学，而永嘉先生之风微矣！"[⑤]所谓"永嘉先生之风微矣"，并不是说永嘉地区从此无学，而是说失去了有地域特色的学术资源，至乾嘉时代，永嘉

[①] 《宋元学案》卷五十六，第 1832 页。

[②] 《宋元学案》卷五十二，第 1830 页。

[③] 《宋元学案》卷五十二，第 1690 页。

[④] 宋恕：《外舅孙止庵师学行略述》，胡珠生编：《宋恕集》，中华书局，1993 年，第 325 页。

[⑤] 孙希旦：《礼记集解》，中华书局，1989 年，第 7 页。

地区的文化传统已经被主流学统所嫁接，其学只是主流学统的支脉。当然，南宋永嘉学派从一开始也是程学南传的一支，但是发展到陈傅良、叶适时代时，永嘉学派已经与温州当地文化小传统相结合。（参见何俊）从提高区域文化地位的目的出发，复兴永嘉地区特有的永嘉学派是本地知识分子义不容辞的责任。清末黄群将他编刊的一部永嘉地方文献丛书命名为"敬乡楼丛书"，正式表明，整理地方文献、复兴区域文化传统，是"敬乡"的具体行动。

孙希旦之后，站出来复兴永嘉学的是孙衣言、孙锵鸣兄弟。孙氏兄弟推行永嘉学之所以有一些成果，其缘由就如宋恕所言"以科第仕宦之重动父兄子弟之听"：由于孙氏兄弟拥有雄厚的社会资本，由他们挑起复兴永嘉学的重担也是顺理成章的。但是在当时，永嘉学派的复兴面临着严峻的局面。宋恕指出："至国朝嘉、道间，而我外舅止庵先生与外伯舅琴西先生起瑞安孙氏学，经史百家师陈、叶，为文胸秀朴茂，语不后宋。识者谓逼陈、叶，然世方惑邪阮李，崇浮徐李，束《左》《马》，外《孟》《庄》，或圣方、姚，哲管、梅，谓陈、叶不入茅《选》，桐城不道永嘉，势应利求，党同伐异，交抑二先生，使名勿赫。"[1] 这段话描述了清中叶知识界为帖括之学、骈体四六、桐城古文、梅曾亮以及茅坤的唐宋八大家知识谱系所垄断，因而对永嘉学派采取了漠视和无知的态度，这也反映了复兴永嘉学派所面临的巨大困难。但是鸦片战争一声炮响，这座精心构建的八宝楼台轰然倒塌；当对旧传统的信仰渐渐消退时，一些历史上曾经消失的传统便浮出水面，永嘉学由此获得了再生的机会。在孙氏兄弟之后，继起的孙诒让、陈黻宸、陈虬、宋恕经过不懈努力，终于存续了永嘉学的近代命运。

二、汉宋之间，独树一帜

众所周知，永嘉学派在南宋学术界的地位被形容为"左袒非朱，右袒非陆"，其近代命运也与此十分相近。当道光之后汉、宋两个营垒展开激烈辩论之时，亦暴露了双方的弱点。杨念群指出，江浙学人非常注意清算为宋明理学所道德化了的穷理通传学脉，在此之外梳理出了一条能用较客观标尺独立地把握的"格物"路径和学统。

---

[1] 宋恕：《外舅夫子瑞安孙止庵先生八十寿诗序》，胡珠生编：《宋恕集》，第 215 页。

他们认为，稽古之道并不是一类能直接付诸事功致用的行为模式，按政治与道德功用的标尺来检视，"通经"未必与"致用"直接沟通。①而宋学，则有强烈的经世倾向，以内圣开出外王，但是往往陷入主观臆说，流于空疏，有致用之志，却无致用之术。

不过笔者认为，杨先生在使用"江浙学人"一词时，并未区别浙东与浙西学术取向的差异；实际上自南宋以来一直存在着一个独立于浙西——在文化地理上浙西与苏南是一体的——的浙东传统，只不过这一传统在清代的大多数时候活跃于宁绍，其代表人物自然是全祖望、章学诚，而在温州的一支则长期沉寂而已。但是到了晚清，孙氏兄弟、父子的崛起打破了这一沉寂。

孙诒让在谈到刊印《永嘉丛书》的必要性时认识到，当时学界汉宋之学这种对立的分裂局面，最终将会损害国学的传承，永嘉学传统资源却可以"综汉宋之长而通其区畛"。永嘉学在近代的新使命即在于此，永嘉学复兴的契机更在于此！

那么，近代永嘉学是如何调和汉宋的呢？笔者认为，最主要的乃是通过"以史学补汉学之短"这一重要途径展开的。

罗志田在分析陈寅恪与乾嘉学的关系时，曾指出史学并非乾嘉学术所长。②而史学本来是浙东学术的长项，但是到了明代，受八股科举和王阳明心学的夹击，出现了衰落的势头："浙学故重史，而永嘉为最。自十八房出而二十一史废，而姚江王氏之学又颇轻史，史学危矣。"入清后，虽然有万斯同、邵晋涵、章学诚、全祖望诸大师维持史学，但继兴的乾嘉之学，又压制了史学的发展："而江、惠后学之弊又早如钱嘉定所讥，但治古经，略涉三史，三史以下茫然不知，其弊之极则且不治古经，不涉三史，专讲六书，孜孜于一字一音，而问以三代制度，犹茫然如江甘泉所讥矣。"另外，公羊学也轻视史学："至庄、刘一派异军特起，渐入湘、蜀、岭表，其后学虽大率能陈非常之义，而末流废史虚矫之弊或几等于洛闽，而所谓史学家者则大率抄胥耳。""于是海内史学几绝，而浙亦尤危于前代。"③

晚清有志于复兴永嘉学派的温籍知识分子，从经世致用的角度给予史学高度的重视。具体而言，孙氏兄弟做了以下工作：在学术史的梳理方面，孙衣言编录的《瓯

① 杨念群：《儒学地域化的近代形态》，生活·读书·新知三联书店，1997年。

② 罗志田：《从历史记忆看陈寅恪与乾嘉考据的关系》，《二十一世纪》2000年第6期。

③ 宋恕：《外舅孙止庵师学行略述》，胡珠生编：《宋恕集》，第326页。

海铁闻》58 卷，其中甲集《永嘉学术》21 卷中，有 17 卷是与宋代永嘉学派有关的。本书对载籍所见关于永嘉文化的记载全部做了摘录，疑缺矛盾之处，则略施按语，断以己意，其搜讨之勤、考订之精、持论之平，至今在地方史研究领域也是极为罕见的。孙锵鸣则撰写了《陈文节公年谱》、《周行己年谱考略》，尤其是后者，对史料奇缺的周行己的生平作了初步的梳理，筚路蓝缕，实为可贵。

同时，孙衣言在孙诒让的协助下点校整理了《永嘉丛书》，本丛书收录了温州历代文献 13 种。刘安上、刘安节、许景衡、薛季宣、林季仲、陈傅良、叶适等人的别集，从时间上，自北宋末期程学南传开始，一直贯穿到南宋中期陈傅良、叶适为代表的永嘉学派全盛期。入选书目本身就是一部永嘉学派发展的学术史，这一工作对永嘉学的复兴所具有的历史意义不言而喻。

孙诒让则编撰了《温州经籍志》36 卷，著录温属 6 县作者 1300 多位，搜罗宏富，体例谨严，考证精详，历时 8 年纂成，1921 年刊行后，即蜚声士林。在历史地理学方面则有《温州建置沿革表》《瑞安建置沿革表》《唐静海军考》，并校辑了《永嘉郡记》，而他对甲骨文的开创性研究，则突破了旧金石学的窠臼，堪称近代中国考古学的先声。[①]

如果说孙氏父子的主要贡献集中在地方史领域的话，后起的陈黻宸、宋恕则对通史有相当的研究。1913 年，陈黻宸在北京大学哲学系主讲中国通史，其讲稿撰成《中国通史》一书，论次自春秋以来至于清代，提纲挈领，间发议论。此书的长处不在于考证，而在于史论以及史学理论。陈黻宸高度重视具体学科对历史研究的重要性，提出"史学者，合一切科学而自为一科者。无史学则一切科学不能成，无一切科学则史学亦不能立"，认为史学除包含政治、法律、舆地、兵政、术数、农工商学外，还包涵了教育学、心理学、伦理学、物理学、社会学，而尤其以政治学、社会学为肯綮，此二者中，又以社会学（或社会史）最重要而为中国学术界所忽视。[②]

陈黻宸结合清末学界的风气，针对性地呼吁重视社会史研究。他认为社会史研究是研究政治的基础，并对清末宋学派纵横捭阖的政论表示了鄙弃："今日有志之士，

---

① 参见雪克：《孙诒让学术要著述略》，《孙诒让纪念论文集》，《温州师范学院学报》1988 年增刊，第 163—178 页。

② 《京师大学堂中国史讲义·读史总论》，陈德溥编：《陈黻宸集》，中华书局，1995 年，第 675—676 页。

惨目世局，气愤懑不能平，往往抽思于高远之域，广阔之观，驰骋议论，欲以处置天下事。然或富于治才而未周于治理，遂至抵牾竞出，适成凿枘，舌敝耳聋，但以供无识者之一噱。"这是因为他们不重视社会史研究，缺乏扎实的国情调查，很多议论根本是隔靴搔痒、无的放矢。因此陈氏大声疾呼："社会学之不明，则我中国学者之深诟大耻也。"[1]这一呼吁，既是对埋头故纸堆的乾嘉朴学的批判，也是对好发空论的宋学的批判。

宋恕的史学著作并不是很多，有《浙学史》《永嘉先辈学案》《朝鲜大事记》等。他在史学理论方面的主张，是重视世界史研究。宋恕认为清代中期以来出现的《海国图志》《瀛寰志略》《四裔年表》等书，"题名皆陋，将以尊内，适使外人笑我学者为井蛙，是反辱国矣"。他自己有过打算，想以心性、经济、文学、武功、辟邪、死义、开化、觅地、制器九门类，作《欧洲名人传》，但是最终没有如愿。原因是他认为自己不懂西洋文字，不能阅读第一手史料，因此"仅据亚洲所译汉字西史论次其人，将来流传欧洲，必贻疏陋之讥"。[2]在转译日文成风的近代学术界，宋恕这样严谨的治学态度确实是值得赞扬的。

总之，以经世致用的目的研究史学，是近代温州知识分子复兴永嘉学的一个重要特色，这一特色使永嘉学派在近代思想史的版图上占据了不容忽视的地位。

三、作新国学，躬行西学

在清末学术裂变中，如何处理国学和西学的关系是晚清知识界长期争论不休的焦点，温籍知识分子对此做出了独特的回答。

1. 作新国学。温籍知识分子大多数接受的是传统国学教育，对中华传统文化的感情很深，因此当欧风美雨来袭、烧经之说甚嚣尘上时，他们都感到了忧虑和痛心。孙诒让忧心忡忡地描述了当时民间和知识界发生的危险情况："窃谓景教流行，燎原莫遏，以耶稣基督之诬诞，《新约》《旧约》之鄙浅，而乡曲僿子，崇信哗然，非有悦服之诚，是藉富强之助。输泉帛而润以脂膏，集兵力以广其保护，而牛马维

---

① 《京师大学堂中国史讲义·社会之原理》，陈德溥编：《陈黻宸集》，第680页。

② 宋恕：《六字课斋津读·史家类第六》，胡珠生编：《宋恕集》，第64页。

娄之计，为蛇豕荐食之图。而中华儒者，犹复绅佩而谈诗书，雍容而讲礼让，非徒淹中缉简，无裨鲁削，窃恐议瓜骊山，重睹于秦坑。"[①]温州开埠以后，基督教挟西欧对华政治军事胜利之威，在温州传播非常迅速，其势骇人。而当此累卵危局，旧国学学者却闭眼谈心性，或埋头故纸堆，实无补国家于万一。清理旧学的矛头所指，就是僵化的程朱理学。在西学冲击下，早在同治年间，孙锵鸣主讲上海龙门书院时，就对原有的官方理学从内涵到外延都提出了怀疑，同时指出在批判、改造理学时，又要吸收西方的科学知识，这才是"真理学"。

晚些时候的宋恕则更为激进，他首先否定理学有独立存在的必要。他说："世称洛闽之学为理学，此名大不正也。百氏之学皆有条理，何独儒家？儒家之学皆有条理，何独闽洛？古今无无理之学，别立理学之名，于理学之解且茫然矣。"[②]他进而根本否定了二程道统："及至伊川，以纯法之学，阳托儒家，因轲死之谬谈，建直接之标榜，舞儒合法，力攻高隐，党盛势强，邪说持世，世主初疑其怪，既而察其说之便己，遂私喜而独尊之。民贼忍人，盘踞道统，丑诋孤识，威抑公理，而山林教种无地自容，一线微言，此次遂绝。"[③]

同时，温籍知识分子否认中华优秀传统文化对西方文明的挑战无能为力。陈黻宸认为："夫以中国四千年圣人之治，不为之鲜扁弥缝，修吾声名文物，而徒震惊乎异域杂霸功利之见，儒术之衰，非吾辈责欤？"[④]在传统文化资源中，完全留有"融会中西，贯穿古今，通经致用"的优良传统，只不过长期以来为官方的理学、乾嘉朴学、宋学所遮蔽而已。为了存续国学一脉，赋予中华优秀传统文化以新生，他们提出了清理旧存、吸收新血的主张。其中，永嘉学派的事功精神引起了他们的高度关注。

在清理旧学时，除批判空洞无物的理学糟粕（从广义的角度看，康梁之学其实也属于理学）外，温籍知识分子还它致力于发掘传统文化中开物成务、富国强兵的有益成分。宋恕认为："宋室南渡，瓯学始盛。陈叶诸子，心期王佐，纯于永康，

---

① 《答温处道宗湘文》，《孙诒让遗文辑存》，见《温州文史资料》第五辑，浙江人民出版社1990年版，第84页。

② 宋恕：《六字课斋津读·九流百氏类第一》，胡珠生编：《宋恕集》，第89页。

③ 宋恕：《致夏穗卿书》，胡珠生编：《宋恕集》，第521页。

④ 《陈蛰庐孝廉〈报国录〉序》，陈德溥编：《陈黻宸集》，第511页。

实于新安。新安师徒，外强中鄙，阳述孔孟，阴祖商、李，媚上专权，抑制殊己。闽党横行，百家畔降，而瓯学亦几绝矣。"① 永嘉学比朱子学"实"，即重视制度、重视外王的开拓；比永康"纯"，即全祖望所说的将功利之说"一洗之"。宋恕之永嘉学派的"纯"与"实"，界定了永嘉学派的主题——"事功"。

陈黻宸也对"事功"作了精辟的分析。他认识到，如果单纯地强调永嘉学派功利的一面，则与西方"域杂霸功利之见"富强之说无异。他在宋恕的研究基础上更加精细地分疏了功利和事功的区别："无事功之心性，无用之学也。无心性之事功，无体之事也。且舍心性而言事功，溺富贵利功名之士，窃其术以贼天下。"与永嘉学派非常亲近的吕祖谦曾说薛季宣"向来喜事功之意颇锐"，陈黻宸认为吕祖谦对永嘉学派的事功有误解："夫事功者，为天下，非一己也，出于不得已之心，而非好事之心也。天下太平，国家久安，民宁其居，乐其业，亦何事功之云……"而叶适为代表的永嘉学派的事功，是出于对天下国家的承当和责任，根本不是好事喜功；他们的事功完全是在儒家的理想和信念指导之下的："叶正则与及门言天下事，每激切哀痛，其声动人，闻者至泣下不自禁，呜呼，是亦发于心性之自然而不能自已者也。盖心性之学，非空言静坐之谈也，以求夫仁义礼智之扩充而施于天下，一夫不获，时予之辜，愁然终日，不敢有佚乐之心，若舍我必无人任焉者。即有任者，我则不敢让。"②

由此，陈黻宸大声疾呼，儒家的真精神虽然在传承中发生了偏差，但是以此认为"吾中国伦常太重，此所以弱也"而发出"烧经哉！烧经哉！祸我中国者，经也"的言论是非常谬误的。他呼吁对六经给予正确的认识；他将六经与西方哲学相比，认为如果六经可烧，则欧洲就可烧孟德斯鸠、卢梭之书，因为与这些思想家一样，六经承载了中国人的精神和理想："夫读孔孟之书，而仍归于无用者，吾未见其读孟德斯鸠、伯伦知理、卢梭之书，而遽可以用也。抑果知孟德斯鸠、伯伦知理、卢梭之书之有用，而即可知孔孟之书之有用矣。"③

2. 躬行西学。在呼吁做新国学的同时，温籍知识分子对西学的吸收也是彻底的。

---

① 宋恕：《书陈蛰庐〈治平通议〉》，胡珠生编：《宋恕集》，第 238 页。

② 《南武书院讲学录·第三期》，陈德溥编：《陈黻宸集》，第 642—644 页。

③ 《经术大同论》，陈德溥编：《陈黻宸集》，第 552 页。

他们不但从书本上吸收西学，而且身体力行，率先在教育、实业等领域引入西方文明。如陈虬的利济医院开创了中国初等医科教育的先河，陈黻宸则被认为精通新式教育，而多省争聘，先是出任浙学堂监督，震动了浙江学界，继而又被两广总督岑春暄奏调两广方言学堂（实即外语学校）监督，充两广优级师范学堂教务长。陈黻宸聘用了日本教师6人，法国教师2人，教授德日英法四国语言，成果斐然："清季两粤学堂如林，而造就人才一方言为独多，益见先生教道之宏。"① 返乡后，接手陈虬的利济医院，创办温州中学医学堂。

至于朴学大师孙诒让，他对浙南初等师范事业的贡献，至今仍为人津津乐道。② 他还在温州积极发展农工商业，以实业救国，曾多次被提名、担任一些近代企业的管理者，如1904年组织富强矿务公司，开采永嘉铅矿，同年创设东瓯通利公司、大新轮船股份公司，租用轮船开辟温州至上海沿海航线，嗣后又发起创办了人力车公司，发展温州市内交通，1905年被提名为江浙渔业公司副总经理。他积极领导实业发展，在瑞安工商界拥有极高的声誉，1905年8月被推举瑞安商会总理，领导温属六县发起抵制美货运动。③ 在近代知识分子中，不乏呼吁振兴实业、以商战立国者，但是真正能像孙诒让那样亲自参加实业开发、深深介入经济活动的，已经是寥寥可数，而在如此驰骋商场的同时，在学术上又能达到"三百年绝等无双"（章太炎语）水平的，更是唯此一人。从这个意义上说，孙诒让的出现本身就是中国知识分子史上的奇迹，而造就这一奇迹的文化资源之一，正是永嘉学派经世致用思想。

从晚清温籍知识分子对中西文化的辩证态度，可以看出很多永嘉学派的内在精神。永嘉学派对程朱理学的反思和怀疑，对事功的推崇和实践，更重要的是永嘉学派对"合内外之道"的不懈追求和可贵探索④ 使得温籍知识分子在文化路线上采取了既有别于国粹派、又有别于西化派的态度，他们对西学的躬亲实践更是超越了当

---

① 《陈黻宸年谱》，陈德溥编：《陈黻宸集》，第1207页。

② 参见童富勇《再论孙诒让教育思想》、朱鹏《孙诒让与浙南师范教育》，载《孙诒让纪念论文集》，《温州师范学院学报》1988年增刊。

③ 参见周立人《孙诒让与浙南地方实业》，《孙诒让纪念论文集》，《温州师范学院学报》1988年增刊。

④ 陈安金、王宇：《贯通内圣外王的努力——评永嘉学派的思想历程》，《哲学研究》2002年第8期。

时知识界的大多数流派。从这个意义上说，永嘉学派在近代实现了生命的延续。

四、结论

研究思想的传承、流变以及在传承中发生的变异，一直是思想史研究的重要课题。对近代思想史研究而言，这一课题又尤其重要，因为近代知识分子复活了多个在历史上一度断绝的传统。这种复活到底是何种意义上的，是否为了适应新语境而根本改变了原传统的核心特征？这些问题直接影响着我们对近代思想史上思想家的评价和认识。

具体到永嘉学派的近代命运，近代温籍知识分子从永嘉学派的文献中汲取了思想精华，在近代情境中进行了创造性的转化，正如陈黻宸说："通商以来，风气稍移，浮浅之徒，侈谈西学，剽窃失据，转或刍狗诗、书，求其融会中西，贯穿古今，通经致用，蔚为一代儒宗者盖鲜。夫以中国四千年圣人之治，不为之鲜扁弥缝，修吾声名文物，而徒震惊乎异域杂霸功利之见，儒术之衰，非吾辈责欤？"[1]可以说，"贯穿古今，通经致用"是南宋永嘉学派的思想灵魂，叶适认为这是向儒家"道之本统"的回归[2]；"融会中西"则是永嘉学近代存续的具体形式，而这三者又统一于温籍知识分子对"儒术"的近代理解，从某种意义上说，也就是近代儒家知识分子对儒家"道之本统"的新见解、新境界。因此可以说，永嘉学派近代命运这一个案，展示了儒学在各种情境下存续的某种规律。

原载《哲学研究》2003年第7期

---

[1] 《陈蛰庐孝廉〈报国录〉序》，陈德溥编：《陈黻宸集》第511页。

[2] 参见何俊：《叶适与道统》，《叶适与永嘉学派论集》。

辑三

符号与记忆：康乐风流千百年，永嘉山水传碧鲜

夏　妍

历代文人墨客往往以"谢客郡"指代温州，即将谢灵运视为温州的符号，这是非常令人惊奇的。若从温州城市史看，相传郭璞以秤土之法，卜定温州城址，建城之日，有白鹿口衔杏花而来，这一祥瑞加上郭璞本身就是神仙般的人物形象，使得温州城开篇就有不凡的身世，所以温州又称"鹿城"。温州至今还有郭公山，郭璞自然有资格成为温州的符号，但是文化史最终没有选择郭璞。若从文化地位看，万历《温州府志》载王羲之同谢灵运一般，也曾出任温州郡守。两者的名声地位该是旗鼓相当，王羲之似乎也有资格成为温州的符号，可最终只有谢灵运成为符号，不禁令人惊奇，谢灵运是什么时候成为温州符号的？这一符号又是什么形态的？

一、谢灵运成为温州的符号

谢灵运成为温州符号，当然跟谢灵运出守温州的经历有关。相比之下，王羲之出守永嘉的记载，是唐宋以后如《方舆胜览》一类著作中才提及，之后方才为温州方志所转引，时代相去太远，其事在可信与可疑之间。而谢灵运出守永嘉，《宋书》本传有载：

> 出为永嘉太守。郡有名山水，灵运素所爱好，出守既不得志，遂肆意游遨，遍历诸县，动逾旬朔，民间听讼，不复关怀。所至辄为诗咏，以致其意焉。在郡一周，称疾去职。

从地方官的职守来看，谢灵运未必称职。谢灵运成为温州符号，应该归功于他的永嘉山水诗。我们完全可以说，正是这些诗篇第一次发现了永嘉，或者说赋予了永嘉山水以真生命。江山之助，成就了谢灵运的诗才；谢灵运的妙笔，同样也成就了永嘉的鲜碧山水。在文学性的社会中，这样的诗文与山水、谢灵运与永嘉之间，

自然就画上了文学的等号。

可以说文学性社会的形成，就是谢灵运成为温州符号的思想基础。龚鹏程《唐代思潮》中说唐代就是一个文学化的社会，而谢灵运正是在唐诗中塑造成为温州符号的，在此之前则几乎无迹可寻。《全上古三代秦汉六朝文》中，钟嵘《诗品》以临川太守而非永嘉郡守称谢灵运。《先秦汉魏晋南北朝诗》只有寥寥几首或追念或效仿谢康乐而作的诗，无符号化的迹象。《隋文纪》和《隋书·地理志》中没有视永嘉郡与谢灵运有特殊关系的文字，只记载谢灵运到过永嘉。因此，我们可以断定，唐代以前，谢灵运还没有成为温州的符号。

是唐代诗人渐渐把谢灵运符号化象征温州。首先，提及永嘉、赴任永嘉时，诗作中往往以谢守、谢客郡等词来比拟，如张子容《永嘉即事寄赣县袁少府瓘》："曾为谢客郡，多有逐臣家。"其次，提及永嘉山水时，往往也用了谢灵运的典故，如齐己《送林上人归永嘉旧居》："秋光浮楚水，帆影背长沙……时寻谢公迹，春草有瑶花。"最后，谢灵运的永嘉，形成了一种象征意义，象征摆脱俗世困扰，畅游自然山水的洒脱，如杜甫《送裴二虬作尉永嘉》："隐吏逢梅福，游山忆谢公。"唐代诗人或佩服谢公个性不羁，或境遇相似而追寻超脱，总之以谢灵运作为永嘉的符号得到大量认可。

而且，纵观唐诗，我们还可以发现谢灵运的符号化是一个渐进的过程。初唐诗中，总体上涉及谢灵运的分量不大，有关永嘉的诗篇并不多，以谢灵运为永嘉符号的诗当然也不多。到了盛唐，以谢灵运象征永嘉的诗篇增加不少，谢灵运十世孙皎然、李白、李嘉祐、钱起、郎士元等诗人都使用了这一符号。大诗人李白从未到过温州，却频频感喟谢灵运的山水诗，对谢公在永嘉的行迹畅想不已，引以为前辈、知己，曾言"谢公终一起，相与济苍生""谢公池塘上，春草飒已生""康乐上官去，永嘉游石门……我来游秋浦，三入桃陂源"。盛唐漫游之风盛行，令诗人们追捧谢公以心交自然为主，使用符号者大多到过永嘉。及至中唐、晚唐使用符号的诗人继续增加，如朱庆馀、陈陶、方干、顾况、庾光先、丘丹、刘禹锡等。因安史之乱唐朝国力渐衰，社会动荡，诗人笔下由清欢清苦转沉痛难挨，对谢公的同情、怜悯得现实印证。使用符号的诗作不但数量增多，情理也变得复杂了。谢公山水诗助失意的诗人们宣泄抑郁情愁，于是不曾到过永嘉的许多人，或是自伤，或赠诗赴任的友人，也使用符号。谢灵运符号逐渐理想化，容纳诸多情感寄托。

唐诗促进谢灵运符号化指代温州，无疑影响后世。《两宋名贤小集》和《宋诗拾遗》就有多篇涉及使用符号的诗，其中包括杨亿、王十朋、蔡元定等著名文人之作。动荡而短暂的元朝亦有大诗人姚燧遥念永嘉谢公梦草堂。明清两代，单论一处谢公古迹西射堂，游永嘉诗人写之，离永嘉写之，聚会于此而写，悟谢诗而写，仿谢诗而写，不胜枚举。可见两代文人用符号而作，不可计数。但唐诗的影响不只关乎文学创作，后世官员、文人、庶民的文化行为、社会行为也围绕着他。温州历史里有关谢灵运的作品、事件，或轻描淡写或浓墨重彩，宏观上勾勒了构建地方认同所需的历史形象。

二、谢灵运符号的景观化

谢灵运成为温州的符号，除在后世诗文中的成型、传播外，还将谢灵运的事迹和诗文景观化。诗具化到现实，符号成了景观。关于谢灵运《登池上楼》名句，钟嵘《诗品》中有这样的记载：

在永嘉西堂思诗，竟日不就。寤寐间忽梦见惠连，即成"池塘生春草"。故尝云："此语有神功，非吾语也。"

后人竟将这一故事转化为景观"梦草堂"，光绪《永嘉县志》卷二十一古迹志一：

梦草堂，在旧郡治后，宋建，即晋之西堂，谢灵运梦惠连之处。元至元中，浙东宣慰使洪模复建，明正统间方伯谢、宏治己未署温卫陈侯两次重建。

显然即便这个故事为真，谢灵运梦惠连处也应在西堂，至于其具体位置恐怕不能确考，宋代《方舆胜览》也只有大概："西堂在州宅"，无法辨别，也无从考证。可见宋时的修建只是一场文学活动，以让"池塘生春草，园柳变鸣禽"这一名句景观化。

除梦草堂外，谢灵运诗《晚出西射堂》《登池上楼》《北亭与吏民别》《登江中孤屿》等所提及的地方，最终也成为文学景观。历代温州人都有不同程度的文学景观化活动，因而重建了相当数量的古迹。当然，谢公景观时有荒废、旧址难寻的情况。于是，后人往往根据史料记载，在旧址重建。如《太平寰宇记》中有池上楼的方位：

"谢公池在州西北三里，其池在积谷山东。"温州府志里记载，明代张见一居积谷山下，命书楼为池上楼。清代张瑞溥在积谷山脚辟园，内建池上楼。在漫长的时光里，大量谢公古迹修而废、废而新，而符号的召唤历久弥坚。

谢灵运符号成为文化活动的中心而推动谢诗景观化，修建好的古迹作为现实内核为符号吸附更多文化价值。时间推移，"谢公""谢客"出现在诗文里的情况渐少，取而代之的是各个景观充当符号作用。如清彭岂丰《留别永嘉》言"西射堂边续旧题，暑风吹彻夕阳低"，孙尔准《永嘉道中》："西射堂何处，垂鞭问去程。"于文人创作而言，谢诗景观化提供了具体可感的媒介，亦是诗写永嘉山水的焦点、心交自然的触点。

景观建筑毕竟与纸上诗文不同，更加亲民，可以遮风避雨，供休闲娱乐，对符号的推广作用另有所长。而一些官员乡长在修筑时，会嘱人为文建碑，这时就为景观附加了教育意义，也为谢灵运符号增益更多价值。如清代郡守李琬整修郡署西偏的堂屋，取名西射堂，于《李琬西射堂记》中将郡守之责与孙武射论结合，再刻于石上，寄望："登斯堂者，诚能以正直之心为本，则事上接下，临民听政，百务纷投，审约而发，将必有操券。"再如清代戚学标为新建的梦草亭记事，翻阅谢公诗文，感动于梦弟得诗的手足情深而作《重新梦草亭记》，于百姓有教化之用。这两篇碑文导引时人从新角度理解谢灵运，还有教化温州之用。

谢灵运符号的景观化，让普通百姓也能直接了解谢灵运，创造了文化价值和社会贡献。符号的影响范围随之扩大，内涵更加丰富。这些景观还是谢灵运符号进入地方记忆的媒介，有助于营造温州人的自豪感，建构地方认同。

三、谢灵运符号的历史化

谢灵运出守永嘉、写下大量诗句，本身史有明文，那么何来历史化之说呢？因为谢灵运作为温州符号，这个文化事件与谢灵运本身虽然密不可分，但却是不同的。而将这一温州符号历史化的具体表现：一是地方志的书写；二是后世文人的文学记忆；三是谢灵运这一温州符号生活化。

前文提到几篇由地方志收录，关于谢灵运古迹修建的文章，截取明列的几段已可见谢灵运在温州历史里始终占一席之地。编写地方志的学者大都注意收录记载谢公古迹来源的文章和有关诗词。但实际上，弘治《府志》中关于王羲之在温的身份、事迹、古迹介绍同样仔细。王羲之官职与谢灵运等同，可要说他与谢灵运在温州历史中的地位相等却不尽然。府志记叙王羲之五马巡街，总结"老幼仰慕"。于谢灵运，则行踪传至今者众多，"皆民所不能忘者"。须知，谢灵运到永嘉不满一年便卸任归去，任上除偶尔慰问百姓、教导几番，毫无政绩可言。但他留下的诗作并产生的种种影响难以量化衡量，于是数百年后府志里为他"澄清"："谢灵运，性颖悟，文擅江左第一。为永嘉守，常以德惠及民。"谢灵运即便历史上为人处世的风评不甚好，在温州经地方志重新书写，也可成为矗立一方的标志文人。

而除地方志书写，漫长时光里无数文人思之感之的诗文也是构建历史的重要成分，更不用提这些文章佳作本身就是温州重要而珍贵的文化资本。

明末，绍兴抗清烈士王季重曾游温州，留下《游华盖纪》。越王卧薪尝胆的千年荣耀教导王季重面对清兵破城时，破釜沉舟地绝食而死。谢灵运放情山水的千年之思引导他攀登赏游时，心交山河，一扫胸中郁滞。王季重写道："乳柑若火齐时，稻蟹膏流琥珀，吾当来住梦草堂。挂九节短筇，日日踏华盖顶门，歌呼笑骂，醉则遗溲而去。"王季重虽然在文中这么说，实际并没有真的居住梦草堂。但古往今来，温州历史上居住谢公古迹的情况时有发生。年代久远，古迹不一定都是真迹，但不妨碍这成为文人们特殊的情结。王季重之前，瑞安人周行己就已入住西射堂。

周行己是宋代著名学者，师从理学大师程颐。著有《浮沚集》，世人称他为浮沚先生。鲜为人知的是，"浮沚"是周行己为古西射堂重起的名字，《浮沚记》有记载。事实上，周行己不仅给西射堂起了新名字，还为堂内的每一处建筑都起了新名字，如沤阁、萍轩、浮室。这很奇怪，他何不干脆自己建新房子？大费周章地找到山边的西射堂，又老又旧。可他硬是要住，完全是依附着谢灵运住下。周行己是因小人谗言，被黜免返乡的。漂泊多年，乡人的追捧和敬仰没能让游子从热闹中感到安定，反而是荒僻废旧的水畔古屋重新连接了游荡的浮萍和温暖的土地。谢灵运古迹托抱住周行己失意的灵魂，宛若摇篮。周行己安居西射堂，透露出谢公古迹在温州文人心中意味着精神故乡。

虽然不能找出周行己行为与王季重想法的关联，甚至可能没有关联，可漫长的时光里有难以计数的文人为谢灵运和古迹写作，文字如同天上星，闪闪相映。像这样亲临现场、著成文章，文章传播开，文人可效仿着创作，百姓会加深当地名胜的印象，这是以个人的品行和才学立即为古迹创造文化价值，附加无形的影响。书写的情况、形式复杂繁多，可每一次书写都是修饰记忆、引发记忆、创造记忆，有关谢灵运的记忆在温州历史里反复出现，积累缀连的文化价值。若没有如周行己一般有关谢灵运的强力记忆时而出现，梦草堂不能无中生有，更不能让王季重惦记。

到此已经讲述了谢灵运历史化中地方志书写和个人书写的层面，接着要讲的是更贴近我们的现代书写。因为古代与近现代相隔的不仅是时间，还有翻天覆地的变化，所以现代书写也与之前的书写大不相同。谢灵运符号生活化是一大表现。夏承焘有别号"谢邻"，就是因为曾居谢池巷，还曾作《临江仙》："梦里谢池家咫尺，记陪二老从容。"以谢为邻，是词学大家进入谢家之巷，还是谢灵运来到夏家？一片轻盈的迷茫之中，历史与当下的生活已然须臾不可或离了。

现代讯息能多渠道、超速度传输，现代书写超出了文本形式，以接触面更广的生活化形式影响广大市民。如当代建设谢灵运纪念馆，通过展馆设置、展品布置和资料提供塑造谢灵运形象，展示温州文化。与一般的名胜景观不同，有全面而精细的书写设置的内涵。前几年的历史话剧《谢灵运》，原创的剧本为谢灵运符号阐释出适用于现代的内涵，通过舞台表演塑造了真实可感的谢灵运形象。类似的丰富书写形式产生的多元效果体现了现代书写的可塑性。这些都让谢灵运符号生活化，融于温州的城市建设、市民活动。谢灵运符号为大众所知，谢灵运文化更加普遍地笼罩温州。而温州凭此在现代文明席卷的浪潮中，能够稳健、自豪地独树一帜。

四、小结

值得注意的是，古代与现代书写的性质不同。唐诗需要解读才能得出谢灵运符号化的结论，发现自此谢灵运符号为构建温州地方意识起到重要作用。古代地方志书写和个人书写也是需要探究其对促进谢灵运深入温州历史的作用。可现代书写除去地方志和个人书写，可以称剩余的部分为城市书写，是主动将谢灵运作为温州历史的书写。新城区以谢诗为数条道路命名，温州成立谢灵运研究会，召开国际研讨会和组织爬山诗会都是城市基于历史，在积极构建地方意识的活动。谢灵运符号历史化，为温州积累了充盈的文化元素，帮助凝聚温州市民的认同感和归属感。

唐诗将谢灵运符号化，引导文人们关注永嘉和谢灵运的联系。以谢灵运符号为基点诞生了卷帙浩繁的佳篇，促使温州官员文士重视相隔数百年的文化名人，不断为符号建设景观。白纸黑字的妙谈转为石砖木瓦的修筑，古时的庶民也能接触高级文学，自豪曾有位大文人在眼前的土地上走过。古人漫长的书写为谢灵运符号在温州历史上打下坚实的桩基。千年来，不断书写、重建，不断为谢灵运符号添加记忆，增强在百姓中的影响力。短短的一年时光被无限延长放大，化为点、线相连的巨网兜罩到现代。正可谓：

江左客儿投海边，永嘉山水遍尝鲜。
春池一梦不复见，江岸千年诗亘绵。

原载《瓯风》第十九集，文汇出版社，2020 年 6 月版

唐宋时期释玄觉《证道歌》的版本与传播
——以敦煌文献、碑刻资料为中心

侯成成

[摘　要]公私书目及其他传世文献对《证道歌》多有记载;敦煌文献保存有6个写卷,全部或部分抄写《证道歌》,完整呈现了其以手写纸本形态传播之状态;广州六榕寺也有宋刻《证道歌碑》,是现存唯一《证道歌》石刻史料,所据底本应是两宋时期在寺院民间传播的另一《证道歌》版本。唐宋时期在文人士子、民间萧寺之间,《证道歌》至少有三个版本系统传播,作者题署、文本内容彼此互有异同,传播范围西达敦煌、南到广州、东至韩国和日本。

[关键词]释玄觉　证道歌　版本　传播

永嘉玄觉(665—713),俗姓戴,字明道,温州永嘉(今浙江温州)人,南宗六祖慧能门下五大宗匠之一。生于唐高宗麟德元年(664),早岁与其兄同出家,住邑龙兴寺。遍习三藏,与左溪玄朗交好,精通天台止观法门。后往曹溪谒六祖慧能,言问之下,顿有所悟,勉留一宿而去,时号一宿觉。玄觉回乡后名声大噪,学者云集,号真觉大师。于先天二年(713)卒于龙兴别院,仅后六祖两月。唐睿宗敕谥"无相大师",塔曰"净光"。北宋淳化(990—994)中,太宗诏于本州重修龛塔。《祖堂集》卷三、《宋高僧传》卷八、《景德传灯录》卷五、《五灯会元》卷二皆有传,唐魏靖《禅宗永嘉集序》、宋杨亿《无相大师行状》亦载其生平行状。

释玄觉不仅有唐魏静辑《禅宗永嘉集》传世,还有其姊所集"歌行偈颂"流传,《证道歌》即其一。《证道歌》以通俗语言宣扬永嘉禅观,"咏播天下",声誉卓于《永嘉集》,在中国禅宗史上具有重要地位[①]。该诗传播广泛,多有注本。由于传世文献记载较详,《证道歌》在元、明、清各代的版本与传播情况已然清楚。然而,《证道歌》在唐宋时期的版本与传播情况,传世文献记载甚为简略,学界尚未有专文探讨。

---

① 善卿撰,佛光大藏经编修委员会编:《佛光大藏经 禅藏 杂集部 祖庭事苑二》,佛光出版社,1994年,第780页。

笔者不揣浅陋，详细考察目前所见《证道歌》出土文献、传世文献及石刻资料，以梳理确定其在唐宋时期的版本及传播。不当之处，祈请方家指正。

一、从传世文献看《证道歌》的版本与传播

雕版印刷技术虽然产生的时间较早，但至唐中叶以后始以其法雕刻诸书，至五代而行，至宋而盛。"唐末宋初，钞录一变而为印摹，卷轴一变而为书册，易成、难毁、节费、便藏，四善具焉。"[①]不仅文人选择雕版刻印作为文集编纂传播方式，朝廷还在国子监设置官职专掌雕印事宜。有论者言："南北两宋三百年间，刻书之多，地域之广，规模之大，版印之精，流通之宽，都堪称前所未有，后世楷模。"[②]苏轼《李氏山房读书记》一文对此有生动描述："余犹及见老儒先生，自言其少时，欲求《史记》《汉书》而不可得，幸而得之，皆手自书，日夜诵读，惟恐不及。近岁市人转相摹刻，诸子百家之书，日传万纸，学者之于书，多且易致如此。"[③]雕版印刷的普遍使用，改变了之前典籍传播多赖借阅或传抄之窘境，也标志着中国古代文献传播体制进入了印刷阶段。

北宋道原《景德传灯录》（以下简称《景德录》）最早引录了《证道歌》全文。玄觉《证道歌》在宋、元、明各代的广泛传播与《景德录》的入藏、刊刻息息相关。道原编成《佛祖同参集》后，杨亿为其撰写序言，然而《佛祖同参集序》未言是书刊刻之事，仅在文末曰："新集既成，咨予为序，聊撮梗概，冠于篇首云耳。"[④]此书大概在初成之时并未刊刻，仅以写本形态抄写传播。景德元年，道原携其书诣阙奉进，宋真宗命杨亿、李维、王曙等人进行修订。大中祥符二年（1009）正月完成时，书名遂改为《景德传灯录》。

《大中祥符法宝录》卷二十"东土圣贤著撰二之三"在简要介绍《景德录》后云："有东吴僧道原，采撮成编，诣阙献上。乃诏翰林学士左司谏知制诰杨亿、兵部员

---

① 胡应麟：《少室山房笔丛》卷四，《经籍会通四》，上海书店出版社，2009 年，第 45 页。

② 李致忠：《古书版本学概论》，北京图书馆出版社，1990 年，第 55—56 页。

③ 苏轼撰，孔凡礼点校：《苏轼文集》，中华书局，1986 年，第 359 页。

④ 杨亿：《武夷新集》，福建人民出版社，2007 年，第 125 页；又见于四川大学古籍整理研究所编：《全宋文》卷二九五，1990 年，第 725 页。

外郎知制诰李维、太常丞王曙同加刊定，勒成三十卷。大中祥符四年诏编入藏。"①
由此可知，《景德录》于大中祥符四年被宋真宗诏编入藏，其刊刻印行之时日当在
此后不久。

由于后世版本不一之故，诸多刻印文本虽然个别文字有异，但也改变了手写纸
本形态传抄时讹误繁多之景象。《证道歌》注本较多，始自北宋。《宋史·艺文志》
道家类附释氏："僧原白注《证道歌》一卷。"《秘书省续编到四库阙目》卷二"释书"
亦载："灵子注《证道歌》一卷。"不见书目者，另有葛密《证道歌注》一卷、法泉《证
道歌颂》一卷、彦琪《证道歌注》一卷、知讷《证道歌注》一卷。传世文献虽然未见《证
道歌》无注之单本，但诸多注本已经能够呈现出《证道歌》在两宋时广泛传播的景象。

《证道歌》不仅在中土僧俗各界广为传播，还被日本入唐求法僧人携至东瀛。
圆仁《入唐新求圣教目录》中即有"《曹溪禅师证道歌》一卷，真觉述"的记载，
这说明《证道歌》在唐代大中年间就已经被海内外僧人普遍传播与接受②。该书目
之所以在"证道歌"前加"曹溪禅师"，将其著录作"曹溪禅师证道歌"，或因玄觉
被视作曹溪嫡传之故。此外，圆仁所撰其他两个入唐求法目录中，还有关于玄觉
《佛性歌》一卷的著录。《日本国承和五年（838）入唐求法目录》著录曰："最上乘
佛性歌一卷，沙门真觉述。"③《慈觉大师在唐送进录》著录曰："佛性歌一卷，沙门
真觉述。"④"最上承佛性歌""佛性歌"二者，名虽有别，实则为一，应是与《证道
歌》同时流行于当时的玄觉所作其他歌行偈颂。又据《入唐新求圣教目录》中"伏
蒙国恩随使到唐，遂于扬州五台及长安等处寻师学法，九年之间，随分访求得者"，
及《日本国承和五年入唐求法目录》"巡历城内诸寺，写取如前""所求法门，虽未
备足，且录卷帙，勘定如前"等数语，圆仁入唐求法目录对于玄觉偈颂的著录，说
明至晚在大中元年（847）之前，已有《证道歌》等玄觉歌偈以写本形态，在扬州、
五台山、长安等地抄写流传。这个时间早于敦煌本《证道歌》可能的传抄时间近

---

① 此录在传世文献中早已佚失，1933年山西赵城广胜寺发现《金版大藏经》时，此录又
重现于世，后被收入《宋藏遗珍》之中。近年由中华大藏经编辑局编纂的《中华大藏经》
第73册亦收录有《大中祥符法宝录》。

② 圆仁原著，白化文校注：《入唐求法巡礼行记校注》，花山文艺出版社，2007年，第551页。

③ 圆仁原著，白化文等校注：《入唐求法巡礼行记校注》，第526页。

④ 圆仁原著，白化文等校注：《入唐求法巡礼行记校注》，第532页。

70 年。即便经历了会昌法难,《证道歌》仍然在晚唐五代时期以写本形态广泛而持续地传播着。

二、敦煌写本《证道歌》:《证道歌》以手写纸本形态传播之实例

莫高窟藏经洞发现《证道歌》文本,完整保留了其手写纸本文献特征,便于考察晚唐五代之际敦煌归义军政权治下《证道歌》传播之状况。同时,笔者在综合考察敦煌本《证道歌》时发现,P.2104v、P.2105、P.3360、S.2165、S.4037、S.6000 等 6 个卷号全部或部分抄写《证道歌》。由于书手抄写目的、文化水平或所据底本不同,6 个写卷抄写内容多寡不同,辗转传抄时有讹误也是难免。

敦煌本《证道歌》虽然抄有"禅门秘要诀"题署,却不是作为随后所抄《证道歌》的题署出现的。笔者综考敦煌文献相关写卷,发现共有四个写卷抄有"禅门秘要诀"题名,它们分别是 P.2104、P.2105、S.4037、S.5692。其中,法藏敦煌文献 P.2104虽然题署为"禅门秘要诀",但该写卷不仅下抄释玄觉《证道歌》文本内容,还抄写了三祖僧璨所作《信心铭》及其他高僧大德所作释氏歌偈;英藏敦煌文献 S.5692虽然题署为"禅门秘诀",但所抄内容是释亡名和尚的《亡名和尚绝学箴》,而《亡名和尚绝学箴》还见于 S.2165 写卷。P.2105、S.4037 虽然亦题"禅门秘要诀",但不仅抄写有《证道歌》开首 16 句,还接抄有《转经后回向文》《禅月大师赞念法华经僧》和《信心铭》等内容。从抄写内容和抄写顺序判断,P.2105、S.4037 两个写卷或应抄自同一个母本。综考敦煌本《证道歌》各写卷题署与文本内容,释玄觉《证道歌》前的"禅门秘要诀"题署,应是作为写卷所抄全部释氏歌偈的总称出现的,完全不能被看作是《证道歌》的题名。

对于敦煌本《证道歌》的抄写时间问题,我们可以从写卷题记中寻找到答案。P.2104v 不仅抄写了《证道歌》文本内容,还接抄有"太平兴国五年(980)岁次庚辰朔"纪年题记[①]。P.22104v 所抄《证道歌》的抄写时间应在"太平兴国五年"之前。鉴于敦煌藏经洞的封闭时间,"太平兴国五年"基本上可以被作为敦煌文献发现《证道歌》写卷的抄写时间下限。S.4037 卷背又抄有"乙亥年正月十日春座局席社司转

---

① 《法国国家图书馆藏敦煌西域文献》第 5 册,上海古籍出版社,2002 年,第 243—245 页。

帖"①。帖中之"主人樊佛奴"还见于住田智儿藏《金刚经赞》，该写卷有如下题记"丁卯年三月十一日三界寺学士郎樊佛奴请金刚赞记"②。考虑到敦煌归义军史实和敦煌文献纪年特征，S.4037"乙亥年正月十日春座局席社司转帖"之"乙亥年"，应为曹议金始任归义军节度使的915年，S.4037存见《证道歌》文本的抄写时间应距此不远。虽然我们还没有更直接的证据判断出敦煌本《证道歌》抄写时间的上限，但敦煌文献存见《证道歌》写本无疑是目前所见最早的《证道歌》文本。

由于抄写目的多为自我阅读或书手文化水平较低，敦煌文献所见释氏歌偈铭丛抄广泛存在俗字或讹字现象。P.2104v栏框顶端横抄有"招觉大师一宿觉"，且抄写字迹与同卷所抄《证道歌》文本内容不同，应是敦煌寺学学士郎在阅读《证道歌》文本补写时，误将"真觉大师"抄成了"招觉大师"。徐俊先生颇疑敦煌本《证道歌》抄自同一母本③。如果此说成立，我们可以进一步大胆地推测，敦煌文献《证道歌》6个写卷所据母本，署名即是"真觉和尚"，只是该母本未被能保存至今。作为莫高窟藏经洞遗留手写纸本文献，敦煌本《证道歌》不能完整呈现不同文本介质下传播之状貌，只有将其与传世文献、石刻史料综合考察，才能了解真实情况。

三、广州六榕寺宋刻《证道歌碑》：现存唯一《证道歌》石刻史料

玄觉及其《证道歌》碑铭史料，传世文献多有记载。《宋高僧传》载，括州刺史李邕曾"列觉行录为碑"④。李元阳《崇圣寺重器可宝者记》云，云南大理崇圣寺有元刻《证道歌》二碑，"为寺僧圆护手书。其用笔与赵孟 同三昧，为世所争"⑤。

---

① 《英藏敦煌文献（汉文佛经以外部分）》第5卷，四川人民出版社，1990年，第233页。

② [日]池田温：《中国古代写本识语集录》，东京大学东洋文化研究所，1990年，第500页。

③ 徐俊：《关于"禅门秘要诀"——敦煌释氏歌偈写本三种合校》，《庆祝吴其昱先生八秩华诞敦煌学特刊》，文津出版社，2000年，第223页；又见于徐俊：《敦煌诗集残卷辑考》，中华书局，2000年，第2页。

④ 《宋高僧传》玄觉传实本自李邕所撰碑铭。陈垣先生对此曾有专论："古人著书，除类书外，多不注出典。此书所本，多是碑文，故每传恒言某为立碑铭或塔铭，此即本传所据，不啻注明出处。"参看陈垣：《中国佛教史籍概论》卷二，《宋高僧传》，中华书局，1997年，第40页。

⑤ 李元阳：《李元阳集·散文卷》，云南大学出版社，2008年，第77页。

惜今均已不传。目前所见存世者，仅有广州六榕寺宋刻《证道歌碑》。

此碑正面篆额题"皇宋广州重开永嘉"，碑阴楷书"证道歌碑"四字，惜未引起学界关注。此碑原已裂为6块碎石，散乱堆放在该寺"补榕亭"侧。清代广东学政翁方纲首先注意到其中额题"皇宋广州重开永嘉"之残碑，并将6块碎石复而为一，泽被后世，嘉惠学林。碑文虽漫漶不清，但从首句至"龙象蹴蹋润无边，三乘五性皆醒悟"句大部仍可识读，且文末跋有"丙子"纪年。六榕寺另有唐王勃《广州宝庄严寺舍利塔碑》和北宋苏轼"六榕"题字石额，且"六榕"题字石额小字楷书"眉山轼题并书"，又有阳刻印文"东坡居士"，翁氏《粤东金石录》在所撰提要中推断《证道歌碑》为苏轼贬谪惠州途经此处时所书，跋语之"丙子"应是绍圣三年（1096）①。虽缺乏可靠依据，但也可备一说。此后，道光《广东通志·金石略》、同治《广州府志》、光绪《广东考古辑要》均承袭《粤东金石略》，对《证道歌碑》进行叙录，惜未录文②。未刊本《广州六榕寺志》亦载有题署"净慧寺证道歌碑"者，但与《证道歌碑》字句有异。"净慧寺"为六榕寺原称，"净慧寺证道歌碑"录文疑经后人补改。今有《广州寺庵碑铭集》《广州碑刻集》二家录文，笔者亲往六榕寺比勘原碑，发现《广州寺庵碑铭集》误校漏校者较多，而《广州碑刻集》校录精审可考，有兴趣的学者可以参看③。

文献典籍在传抄、刻印、整理过程中，不免发生一些脱衍讹误，乃至"书三写，鱼成鲁，虚成虎"④。作为写本时代遗留的敦煌本《证道歌》，辗转传抄时错讹失误较多，且存在着作者误署和诗题异名现象。《景德录》经刊削裁定，奉诏入藏后付诸刊印，后世翻刻时由于版本不一，《证道歌》文字歧异之处尚存。若要理清《证道歌》唐宋之际的文本和传播，就要秉承"归其真正""克复其旧"的校勘观念，改讹文、补脱文、去衍文，恢复《证道歌》之本来面貌，为禅诗传播研究提供定本⑤。正如胡

---

① 翁方纲著，欧广勇补注：《粤东金石略补注》，广东人民出版社，2012年，第33—34页。

② 阮元主修，梁中民点校：《广东通志·金石略》，广东人民出版社，2011年，第242页；周广：《广东考古辑要》，《石刻史料新编》第二辑，台北新文丰出版公司，第11369页。

③ 冼剑民、陈鸿钧：《广州碑刻集》，广东高等教育出版社，2006年，第158—169页；李仲伟、林子雄：《广州寺庵碑铭集》，广东人民出版社，2008年，第76—78页。

④ 王明：《抱朴子内篇校释》，中华书局，1985年，第335页。

⑤ 班固撰，颜师古注：《汉书》卷首，《汉书序例》，中华书局，1962年，第2页。

适先生所言："文件越古，传写的次数越多，错误的机会也越多。校勘学的任务是要改正这些传写的错误，恢复一个文件的本来面目，或使它和原本相差最微。"[①] 广州六榕寺宋刻《证道歌碑》，是目前所见唯一《证道歌》石刻史料，文献校勘价值极高。

由于抄写习惯和知识水平的差异，敦煌文献之书手在抄写过程中不存在"定本"概念，抄写随意、异文丛生。敦煌本《证道歌》自然错抄、俗写较为突出，进而产生不同的写本形态。而广州六榕寺宋刻《证道歌碑》之刊刻，石工需经选石、模勒、镌刻等流程方能完成。虽然有的文字刻石作品没有书丹，由工匠直接镌刻；有的是先由书家书丹上石，用朱砂直接写于碑石之上，然后由人完成镌刻。但《证道歌碑》既为寺院供养之物，且碑体严谨、有篆有楷，自然是经过模勒、上石，最后完成镌刻，碑文镌刻底本应是当时流行于广州寺院丛林的《证道歌》版本。笔者将敦煌本《证道歌》、宋刻《证道歌碑》和《景德录》卷三十《永嘉真觉大师证道歌》进行对校后发现，宋刻《证道歌碑》残存内容与敦煌本《证道歌》有别者多，与《景德录》卷三十《真觉大师证道歌》有异者少，应分属三个不同的版本系统。为更好呈现文本内容之异同如表1[②]所示。

表1　敦煌本《证道歌》、广州六榕寺宋刻《证道歌碑》《景德录》卷三十
《永嘉真觉大师证道歌》对校表

敦煌文献 P.2104v、P.2015、S.4037 等卷	广州六榕寺宋刻《证道歌碑》	《景德传灯录》卷三十《永嘉真觉大师证道歌》	考释
"五荫 浮云空去来"句之"五荫"	五阴	五阴	"五阴"即"五蕴"，新译曰"蕴"，旧译曰"阴"。《毗婆尸佛经》："五蕴幻身，四相迁变。""五蕴"为佛教之魔障，包括色蕴、受蕴、想蕴、行蕴、识蕴。《增一阿含经》27："色如聚沫，受如浮泡，想如野马，行如芭蕉，识如幻法。"此处用"五阴"当确。

① 胡适：《校勘学方法论——序陈垣先生的〈元典章校补释例〉》，《胡适精品集（七）》，光明日报出版社，1998 年，第 151 页。

② 徐俊先生以 P.2104 为底本，校以 P.2105、S.4037 等卷，已对敦煌本《证道歌》进行精审校勘，可作定本。参看《关于"禅门秘要诀"——敦煌释氏歌偈写本三种合校》，《庆祝吴其昱先生八秩华诞敦煌学特刊》，文津出版社，2000 年，第 229—233 页；又见于徐俊：《敦煌诗集残卷辑考》，中华书局，2000 年，第 11—16 页。

敦煌文献 P.2104v、P.2015、S.4037 等卷	广州六榕寺宋刻《证道歌碑》	《景德传灯录》卷三十《永嘉真觉大师证道歌》	考释
"刹那灭却僧祇业"句之"僧祇业"	阿鼻业	阿鼻业	"僧祇"，梵语"大众"之意，僧尼共用之物皆称僧祇物，如"僧祇业""僧祇律"。"阿鼻"，即阿鼻地狱之省称，佛教八热地狱之一。"刹那灭却"当为魔障之业，因而当以"阿鼻业"为是。
"决定说，表真僧"句之"真僧"	真乘	真乘	《佛学大辞典》："真乘：（术语）真实之教法也。"由此可知，敦煌文献中"真僧"乃"真乘"之误，书手直录作"僧"，文义不通。
"水中捉月怎捻得"句之"怎捻得"	争拈得	争拈得	"争"即有"怎"意。敦煌本《证道歌》下有"饥逢玉膳不能食，病遇医王争得差"，书手即录作"争得"。"拈"为本字，"捻"为后起俗字。此句当为"争拈得"。
"三身四知体中圆"句之"四知"	四智	四智	敦煌文献"知""智"通用。"四智"为佛教术语。《佛教大辞典》："四智：（名数）或开佛智为四种，一大圆镜智，二平等性智，三妙观察智，四成所作智。是转凡夫之第八识第七识第六识及余之五识，如其次第与成就佛心相应之智慧也。"
"一相圆通非内外"句之"一相圆通"	一颗圆光	一颗圆明	《大正藏》第80册《铁舟和尚阁浮集》"一颗圆光非内外，灿然耀古亦辉今"。又，寻上文"六般神用空不空，一颗圆光色非色"此处无疑作"一颗圆光"。
"真成认贼僵为子"句之"真成""僵为子"。	深成、将为子	真成、将为子	《诗词曲语辞例释》云："真成，等于说真是、真个。"此处当作"真成"。敦煌文献"僵为子"或为"将为子"之音讹。
"顿入无生慈忍力"句之"慈忍力"。	知见力	智见力	"知见"为神会修行法门，符合其"立南北宗"时期的言论。《是非论》："三十余年所学功夫，唯在见字。"《菏泽神会禅师语录》："众生见性成佛道，又龙女须臾发菩提心，便成正觉。又欲令众生入佛知见，不许顿悟，如来即合遍说五乘。今既不言五乘，唯言入佛知见。"玄觉在《永嘉集》中虽也偶有用到"知"或"见"字，但理念不同。此处当以"慈忍力"为是。

（以上表格仅为涉及《证道歌》文本义理者，讹字、俗字、同音假借、同音异译之类未纳入列表。）

综上所述，唐释玄觉《证道歌》自产生以后，不论在辗转抄写为主要传播方式的写本时期，还是在雕版刻印得到普遍应用的刻本时代，都以其易诵上口的语言形式成功宣扬了永嘉禅观。敦煌本《证道歌》抄写时间跨度较大，几与敦煌曹氏归义军同期，保留了《证道歌》在晚唐五代时期以写本传抄的真实形态，是目前所见最早的《证道歌》文本。北宋道原《景德传灯录》是最早全文引录《证道歌》的传世文献。《证道歌》在两宋时期的刊刻与传播，和北宋道原《景德传灯录》的修编与入藏密不可分。广州六榕寺宋刻《证道歌碑》是现存唯一的《证道歌》石刻，所据底本应是传播于两宋时期民间寺院的另一《证道歌》版本。敦煌本《证道歌》、宋刻《证道歌碑》、传世文献所见《证道歌》及其注本，彼此文本内容互有异同，分别属于唐宋时期三个不同的版本系统。《证道歌》不但风靡于中原地区文人士子、民间萧寺，而且传播范围西达敦煌、南到广州、东至韩国和日本，我们甚至可以从中勾勒出一条文化传播的"丝绸之路"。同时，从版本与传播的视角，详细考察敦煌文献、传世文献、石刻史料所见《证道歌》各版本，既能梳理出玄觉《证道歌》在不同书写介质下的传播过程，又让我们感受到不断流淌着的文化脉络，进而唤醒版本学较为静止的研究状态，使其呈现出更为真实而流动的文化面相。

原载《中国典籍与文化》2018 年总第 104 期

宋代温州科举的兴盛及其背景

朱海滨

[摘　要] 温州科举虽然起步较晚，但北宋末以来崭露头角，至南宋时其地进士数量高居浙江第一、全国第二。现利用统计学的方法揭示了温州科举的兴起、繁荣过程及其内部差异，并与周边地区进行比较，在此基础上结合相关文献及已有研究成果，对其历史背景做出综合分析，可知宋代温州科举繁盛是多种因素叠加效应的结果。

[关键词] 宋代　温州　科举　进士

近 20 年来，对进士人才统计与分析方面的研究成果层出不穷[①]，毫无疑问，这样的研究是了解区域文化发展格局的重要线索，特别是历史上进士人才有过突出表现的地区。南宋温州就是这样的翘楚之地，因而早就引起国内外学者的注意，如日本学者冈元司从人际网络与家族关系等方面出发，试图揭示南宋温州科举成功的原因；王宇、陈安金等试图从宋代科举制度变革来解释温州科举鼎盛现象的由来。受此启发，笔者拟从宋代温州进士人才的时空差异表现入手，并与周边地区做相应比较，进而揭示该地科举兴盛的历史背景。

一、北宋科举的起步

笔者据雍正《浙江通志·选举志》统计，唐代浙江籍进士共有 72 人（其分布情况参见表 1。本文表格数据除另外说明外，均据《浙江通志·选举志》统计），其中温州籍进士共有 2 名（瑞安人吴畦和永嘉人薛正明），居浙江 11 统县政区倒数第二，同期婺州却有 21 人中举。当然唐代科举的公平性不够高，其中豪门贵族占尽了天时地利，尤为明显的是东阳籍的冯宿及舒元舆两家族。但温州仅有两名进士，

[①]　全国性研究较著者如吴宣德《明代进士的地理分布》（香港中文大学出版社，2009 年）、李润强《清代进士群体与学术文化》（中国社会科学出版社，2007 年），至于各省进士分布及其背景研究的成果数量更多。

而且迟在大中十三年（859）和天祐三年（906）一事，暗示着唐代温州地区社会经济水平滞后，其地对科举不够重视。

表1　唐代浙江进士分布统计表

州名	杭州	秀州	湖州	越州	明州	婺州	衢州	严州	台州	温州	处州	合计
人数	5	10	9	11	0	21	2	7	5	2	0	72

北宋初年，科举制逐渐规范并趋向公平，豪门巨族再也无法垄断科举人才。宋仁宗天圣二年（1024），即温州纳入宋朝版图46年后，永嘉县人朱士廉得中进士，这是温州地区第一位通过公平考试的人士，与朱士廉同时及第的台州、处州籍各2人。值得注意的是，朱士廉并非居住在温州城内，而是僻居温州城北70里的仙桂乡，即与处州、台州毗邻的地区。此地之所以名为仙桂，就是为了纪念首中科举的朱士廉及之后相继登科的两位刘姓人。朱士廉中举十年后，其弟朱士衡（北宋第三位温州籍进士）也得中进士。以上说明温州的学术文化是受周围地区辐射而渐次进步的。天圣之前在浙江统县政区中（参见表2），仅温州无人中进士，台州也仅1人（黄岩人），而毗邻的处州却有6人。处州是温州诸江河的上游、发源之地，而地理条件较为优越的台州、温州在文化发展上却远远落后于处州，这只能说明台州、温州地区此时开发尚不成熟，其地没有形成重视教育、科举的风气。

表2　天圣之前浙江进士分布统计表

州名	杭州	秀州	湖州	越州	明州	婺州	衢州	严州	台州	温州	处州	合计
人数	16	4	4	10	10	3	16	10	1	0	6	80

自朱士廉首开温州籍进士后，温州学子得中进士的势头就没有长期中断过。居住在温州城区的鲍轲[①]于天圣五年（1027）得中进士，紧接着朱士衡于景祐元年（1034）中进士，首创温州籍兄弟进士的佳话。除兄弟都是进士外，不久温州还出现了翁婿、叔侄、父子都是进士的现象，如前述鲍轲之子鲍朝孺于治平二年（1065）

---

① 嘉靖《永嘉县志》卷二载"绣衣坊：宋御史鲍轲居此"。

中举；温州籍第四位进士侯正臣于庆历二年（1042）中第，其子侯涣则于元丰八年（1085）及第，而侯正臣之妻正是天圣五年进士鲍轲之女。又如元丰九先生之一的周行己是元祐六年（1091）进士，其父周泳是嘉祐六年（1061）进士，从祖周豫（温州籍第五位进士）是庆历六年（1046）进士。周行己居住在温州谢池坊[①]，可见温州城内形成了热衷于科举的世家。

截至1070年，在宋代出现温州籍进士之后的最初40多年间，温州共有13位进士，全都居住在附郭永嘉县，说明宋代温州科举现象最早从永嘉县起步。瑞安县在宋神宗元丰二年（1079）才开始有人进士及第，比永嘉县晚了55年；接着的平阳县到宋哲宗绍圣四年（1097）出现第一位进士，比永嘉县晚了70年；最为落后的乐清县，迟至宋徽宗重和元年（1118）才出现首位进士，此时距离北宋灭亡已不足十年了。因此终北宋灭亡，温州所辖四县进士及第人数的多寡与此顺序完全一致。永嘉籍进士数量为52人，是居第二位的瑞安的三倍强、平阳县的四倍多（参见表3）。整体而言，温州籍进士在浙江省并不突出（参见表4），此时温州籍进士远未形成遍地开花的局面。

表3 北宋温州进士分布统计表

县名	永嘉	乐清	瑞安	平阳	合计
人数	52	1	17	12	82

表4 北宋浙江进士分布统计表

州名	杭州	秀州	湖州	越州	明州	婺州	衢州	严州	台州	温州	处州	合计
人数	154	84	256	179	142	79	250	91	32	82	205	1554

尽管如此，北宋后半期以来特别是徽宗时期温州籍中进士的势头还是较猛的。徽宗时期的20多年间，总共举行过8次科举，其中永嘉籍进士达25人，占整个北宋时期永嘉进士人数的近一半，并首次出现了兄弟同登一科进士的现象，即吴

[①]　光绪《永嘉县志》卷十三载"周行己，字恭叔，居谢池坊。从祖豫、父泳俱进士第"（第1196页）。近年来温州当地人多认为周行己祖籍在瑞安，但周行己的活动之地主要在永嘉，把他看作永嘉人更为恰当。

鼎臣、吴表臣兄弟同登大观三年（1109）进士。同期瑞安有进士数 12 人，而整个北宋时期瑞安籍进士也不过 17 人。至于平阳，其势头更为明显，北宋平阳籍总共有 12 人进士，其中 11 人都是在徽宗时期中举的。即便乐清，也在徽宗时期实现了进士零的突破。此时温州已经褪去了科举落后地区的色彩，在浙江地区也属中上水平，而徽宗时期两浙路路治所在地杭州的两个附郭县进士合计不过 11 名，仅与平阳县持平。

就北宋时期温州籍进士在区域内的分布格局而论，显然以附郭永嘉县一枝独大，其余三个支县远不能相提并论。如果说永嘉县勉强算得上北宋时期浙江地区科举大县的话，其余三个县在浙江全省来看应属落后地区，其中最为典型的是乐清县，只有一位进士郑邦彦。永乐《乐清县志》载其"学综经籍，政和初入京学，月书连五占魁选，声名籍甚"。郑邦彦之所以能够高中进士，并非乐清本地的教育水平所致，而是因为他曾在首都开封太学接受教育，加上他天资聪颖，才有机会实现乐清科举史上零的突破。

宋徽宗之前，温州籍进士虽然有一些名人，但在宋代党争激烈的背景之下，由于没能找到强大的靠山，加上温州籍官僚人数过少，形不成气候，基本上被边缘化，没能在政治上有所作为。如王开祖一生没能出仕，31 岁就去世。又如被尊为永嘉学派开山之祖的周行己，一生只做过六七品的小官吏，空有才学，报国无门。管见所及，宋徽宗之前温州籍人士获得过最高官品的是侯涣，他曾任广东提刑。[①] 而在宋徽宗时期中举的温州籍士人，其处境就要好得多。其中部分温州籍官员进入南宋后，相继活跃于中央的政治舞台，成为中央政治党争的主要参与者，特别是秦桧集团的核心成员，其中较著者有：大观三年（1109）进士吴表臣、政和二年（1112）进士薛弼、政和五年（1115）进士林待聘、政和八年（1118）进士萧振、宣和六年（1124）进士林叔豹等，其中吴表臣、薛弼、萧振等人在《宋史》中还专门列传。至于此时中举，后来成为反秦桧集团的温州籍著名人士则有政和二年（1112）进士陈桷、娄寅亮，宣和三年（1121）进士林季仲，宣和六年（1124）进士张阐，其中

---

① 王叔果、王应展：《嘉靖永嘉县志》卷六《选举志》，潘猛补点校，中国文史出版社，2010 年，第 96 页。

陈桷、张阐在《宋史》专门列传。① 这些人物在官场的活跃，为南宋温州籍士人的异军突起创造了良好的氛围。

二、南宋科举的鼎盛

宋徽宗时期，温州籍进士共有 49 人，平均每科 6 人以上，可以说温州已经属于全国科举较为成功的地区之一。随着北宋的灭亡、高宗的南逃及最终确立杭州为行在（1138），温州籍人士中举的势头更加猛烈，并一跃成为科举最成功的地区，是典型的"科举暴发户"。建炎二年（1128），温州籍共有 5 人中第，与徽宗时期相比尚无提升。但紧接着的绍兴二年（1132）榜，温州就有 16 人中第，一举刷新了此前同科温州籍士人中第纪录（此前最高纪录为宋徽宗政和二年和八年的 9 人），此后的历届科举中，温州籍中第人数多数年份都超过 16 人。到咸淳十年（1274）为止，雍正《浙江通志》中有温州籍进士中第记录的 47 科考试中 ②，共有 1096 人中第，高居浙江第一（参见表 5）。平均每科超过 23 人，是徽宗时期平均值的近 4 倍。在这 1000 多人的进士群体中，就有 5 名全国状元，分别是：绍兴二十七年（1157）乐清人王十朋、隆兴元年（1163）永嘉人木待问、嘉定四年（1211）永嘉人赵建大、嘉熙二年（1238）平阳人周坦、淳祐元年（1241）平阳人徐俨夫。除这 5 名状元外，另有 5 名温州籍省元（礼部试第一名）：绍兴十二年（1142）永嘉人何溥、绍兴十八年（1148）瑞安人徐履、乾道八年（1172）瑞安人蔡幼学、绍熙元年（1190）乐清人钱易直、嘉定四年（1211）永嘉人周端朝。另外，状元木待问同时也是该科省元，因此南宋温州实际上有 6 位省元。在全国而言，仅有福州中举人数（2249 人）多于温州，虽然温州的状元人数比福州少一人（参见表 6），但省元人数与福州齐平（参见表 7）。南宋福州（含今福州市、宁德市）无论是幅员还是人口都比温州多出两倍以上，就人才的集中度、密集度而言，可以说温州已经超过福州，称其为

---

① 以上人物参照王宇：《永嘉学派与温州区域文化》第二章《高宗朝温州士大夫群体研究》，社会科学文献出版社，2007 年。

② 南宋共举行过 49 科进士试，但雍正《浙江通志》缺载绍定二年（1232）及端平二年（1235）温州籍进士。乾隆《温州府志》载有绍定二年乐清、瑞安、平阳的进士共 12 名，但无永嘉县进士记载。端平二年只载瑞安、平阳进士 7 名。从前后进士中第的情况看，这里的进士名录都很不完整。在做统计时，暂且排除这两届。

古代科举史上的"温州现象"一点也不为过。温州之所以有"邹鲁之邦"的美誉，就是因为有这段科举佳话，要是避而不谈南宋科举史，温州的文化地位将黯然失色。

表5　南宋浙江进士分布统计表

州名	临安府	秀州	湖州	明州	绍兴府	婺州	衢州	严州	台州	温州	处州	不明	合计
人数	467	373	334	777	429	487	311	212	570	1096	585	10	5651

表6　南宋状元分布统计表

州名	福州	温州	明州	兴化军	婺州	衢州	信州	绍兴府	泉州	平江府	其他	合计
人数	6	5	4	4	3	3	2	2	2	2	16	49

资料来源：据冈元司《南宋期科举の試官をめぐる地域性》第253页表格进行再统计。

表7　南宋省元分布统计表

州名	温州	福州	兴化军	临安府	婺州	明州	泉州	饶州	吉州	潭州	其他	合计
人数	6	6	3	2	2	2	2	2	2	2	18	47

资料来源：据冈元司《南宋期科举の試官をめぐる地域性》第253页表格进行再统计。

南宋时期，在这1000多名进士中，几乎囊括了温州籍的所有名人。他们中有被后世学者尊为永嘉学派创立者之一的郑伯熊，他在福建任官期间首次刊刻程氏兄弟遗书，在历史上留下了光辉的一笔。有永嘉学派承前启后的中坚学者，被称为"永嘉时文"高手的陈傅良，他在世期间被全国举子尊为偶像，与永康陈亮并称"二陈"。还有陈傅良的得意门生、永嘉学派的集大成者叶适，以及南宋后期温州学者的核心人物、朱熹最重要的温州籍弟子叶味道等。南宋地理学家周去非（周行己族孙）也是隆兴元年（1163）的进士，他所著的《岭外代答》为我们留下了有关宋代岭南地区社会经济、少数民族风俗等方面的丰富记载。最后的十数年间，还出现了温州历史上首位宰相陈宜中。他曾经依附贾似道（台州天台县人），后又成为反贾似道的先锋人物，最终被推举为宰相，主持南宋最后的残局。随着南宋的彻底覆灭，他也被迫流亡海外，客死异乡。

南宋时期，温州各辖县的进士分布是高度不均衡的。如前所述，北宋时期永嘉县具有无可撼动的地位，其原因与其说永嘉科举文化高度发达，不如说其他各县科举文化的起步较晚所致。与南宋时期相比，北宋温州科举的成就实在微不足道。即便在宋徽宗时期才出现首位进士的乐清县，南宋时期也有进士 119 人，比北宋温州籍进士总人数还要多出 45%。虽然乐清的进士总数在全国而言已可以算成功地区了，但与温州其他县相比，乐清明显属于落后地区。如表 8 所示，南宋前期 70 多年间，永嘉县与乐清县的进士数量之比是 8.71∶1。但是随着时间的往后，永嘉县与其他县的差距日益缩小。如以南宋后期 70 多年计算（见表 9），永嘉县与乐清县的进士之比已经缩小至 2.38∶1，其原因并不是永嘉县的衰弱所至，而主要是由于原本科举比较落后的地区逐渐成长为文化发达之地。其中进步最明显的是平阳县，北宋时期永嘉县进士是平阳县进士的 4.3 倍，但在南宋前期 70 多年间，这一比例已缩小至 2.5 倍，而在南宋后期的 70 多年间，平阳县的进士人数几乎有超过永嘉县之势，这一时期永嘉县有一名状元周建大，而平阳县却出现两位状元即周坦和徐俨夫。南宋前期 25 科进士中，平阳县仅有 3 科进士人数超过永嘉县，而在南宋后期有完整记录的 23 科进士中，平阳县居然有 11 科超过永嘉县，因此南宋后期平阳县与永嘉县的进士人数差距甚小，基本上处于伯仲之间。

表 8　1128—1199 年温州进士分布统计表

县名	永嘉	乐清	瑞安	平阳	合计
人数	244	28	74	96	442

表 9　1202—1274 年温州进士分布统计表

县名	永嘉	乐清	瑞安	平阳	合计
人数	217	91	141	205	652

南宋时期，兄弟、父子同为进士的现象更为普遍了。较显著者如永嘉学派的创立者薛季宣（1134—1173）家族。虽然他本人不是进士出身，年少丧父，以伯父恩荫进入官场，但他的家族进士及第及为官者却极为显赫。他的祖父薛强立登元丰二年（1079）进士，伯父薛弼、薛嘉言分别在政和二年（1112）、政和五年（1115）相继进士及第，其父薛徽言也于南宋建炎二年（1128）考中进士，薛弼之子薛叔渊也在绍兴八年（1138）进士及第。北宋大观三年（1109）进士吴表臣之子吴龟年是绍兴十五年（1145）进士，另一子吴郆年是绍兴十八年（1148）进士。郑伯熊、郑伯海、郑伯英

三兄弟分别在绍兴十五年（1145）、二十一年（1151）及隆兴元年（1163）进士及第。

除去这些父子、兄弟进士的亲族进士阵容外，南宋温州进士群体中最为耀眼的是皇族赵姓进士群体。雍正《浙江通志》中所列的47科温州籍进士中，赵姓就有188名，其中绝大多数都是被安置在温州各地的皇族子孙，其中乐清安置皇族最多，南宋一代乐清县共有赵姓进士62人，占了乐清籍进士总数的一半以上。南宋温州籍赵姓宗室进士中，最引人注目的是咸淳元年（1265）榜，这一年永嘉县所录取的18名进士，全部都是赵姓宗室，乐清县所取的10名进士中，有8名是宗室，瑞安所取8名进士中，6名是赵氏宗姓，仅有平阳县赵氏宗姓不占优势。综合来算，这一科42名温州籍进士中，有33人是赵姓宗族，占比78%。虽然皇族进士有其便利之处，但温州皇族进士数量偏多本身也说明温州科举文化远较其他有皇族分布的地区发达。

《宋史》中列传的30多位温州籍人士，绝大多数都是南宋时期取得进士功名的人士。宋代整个官僚群体的来源，主要是通过进士考试来选拔的。因此南宋时期温州科举的成功，就意味着有更多的温州人士能够走出本地，前往全国各地及中央朝廷从事政治活动及文化教育事业，从而影响全国的政局。随着南宋朝廷的灰飞烟灭及元朝长期废除科举，温州人热衷科举的风气不再。从此，温州再也没能成为浙江的首善之地，而且越来越差，直至近代文明转型，温州才有一个新的开始。

三、宋代温州科举兴盛的背景

僻居东南山陬海隅之地的温州，其科举文化在历史上曾经有过璀璨的一页，而这样的历史再没重演。那么为何出现这样的文化现象呢？为何后来的数百年间都无法复制呢？针对这样的问题，中外学者都格外感兴趣，纷纷从不同的角度对该问题进行各自的阐释。在我看来，这是一个非常复杂的课题，需要研究者跳出温州，从全国科举文化转移大势才能看得明白。南宋时期温州科举的成功，至少应该是如下多重因素的叠加效应。

（一）温州的开发在宋代特别是南宋时期已经处于高度成熟的阶段，其耕地已趋向饱和，产生了较大的人地压力

一般而言，文化的发展滞后于经济的开发。温州盛产科举人才，也有其必然的经济基础。重视读书、热衷科举风气的形成，通常是人地压力达到一定程度才得以产生的，这样的规律在南方地区尤为明显。东南地区的科举，以福建最为典型。福建山多地少，适宜耕作的土地十分有限，而且其土地相对贫瘠，是南方地区人地压力最早产生且最严重的地区。南宋时期科举成就居于前列的福建路、两浙东路、江南西路，都有着这样的特性。在存在着生存压力的地区，富余的人口往往会转而从事手工业、商业，从而推动工商业的发展。与之相伴随，有一定天赋及经济条件的人口，就会通过读书、参加科举来寻找自己的最佳出路，从而改善家族的命运。这一点就像 20 世纪八九十年代浙江高考以东阳、诸暨、义乌三地最为辉煌一样，当地学子为了改变个人、家族命运，只有拼命刻苦读书，才能在激烈的高考竞争中胜出。宋代福建显赫的科举成就，主要也是在生存压力下取得的。两宋之交，温州没有蒙受战乱，加上大量外地人的流入，南宋时该地人地压力十分严重。叶适就曾谈到温州"土以寸辟，稻以参种，水蹙而岸附，垅削而平处，一州之壤日以狭矣"。嘉熙年间（1237—1240）知州吴泳说温州"户口几二十万家，苗头仅四万余石，海物虽繁而地产薄，舶航欲聚而国力贫。考之职方，参之里谚，乃知总一岁所收，不敌浙西一邑之赋，举全州尽熟，不如苏、湖一顿之粥"。南宋时期温州人多地少，因而有越来越多的人口不得不转而从事工商业及教育文化事业，最终把温州的社会经济发展水平推向了极致，为科举鼎盛状况的形成提供了最佳推动力。

（二）扩充太学及其解额、漕试制度的实行等为温州人突破制度的藩篱提供了可能性

宋代科举考试分三级进行，即发解试（府州军监试、漕试）、省试（中央礼部考试）、殿试（皇帝主持）。只有通过殿试的人才成为进士，这一措施为明清所继承。发解试是指选拔前往京城参加省试的资格考试，相当于明清时期的举人考试（宋代举人并不是终身制，而是每科重新选拔）。宋初，读书人少，凡是发解试合格的都可以参加省试。后来，参与科举的人数太多，就限定了各州参加省试的名额。在一些读书风气盛行的南方地区，由于名额的限制，发解试的竞争非常激烈，绝大多数有才华的士子在本州的发解试中过早地遭到淘汰。早在英宗治平三年（1066），参知政事、江西吉州人欧阳修在上疏中就说东南地区各州参加发解试的二三千名士子中，可能获得的资格只有二三十名，其录取比例为 100∶1，而在西北地区 100 人左右的应试者中，却可以有十名左右获得资格，其比例为 10∶1，东南士人与西北士人在发解试中存在明显的不均等。这样的比例以后虽有调整，但东南地区发解试的竞争空前激烈的状况却始终没能改变，反而愈演愈烈。在东南地区人士把持政局的南宋后期，时人就曾提道："顾今天下士子多而解额窄者，莫甚于温、福二州。且如福州，终场万八千人，合解九十名，旧额五十四名，与增三十六名。温州终场八千人，合解四十名。旧额十七名，与增二十三名。"即便温州的解额获得了特别的照顾，但其发解比例仍然在200∶1左右，可见其难度之大。如果单靠本州名额，温州的科举绝对不可能取得如此成功。北宋初年，国子监及开封府的解额是非常充裕的，但国子监只有官员子弟才有资格入学。从宋仁宗庆历五年（1045）开始设立太学，为增强太学的吸引力，不断对太学进行改革，扩充人数，增加解额。熙宁元年（1068），太学有员额300名，元丰二年（1079）增至2400人，发解名额扩充至500名。[①]周行己称："元丰作新太学，四方游士岁常数千百人。温海郡，去京师阻远，居太学不满十人，然而学行修明，颇为学官先生称道，一时士大夫语其子弟，以为矜式，四方学者皆所服从而师友焉。"太学的扩充，为温州籍读书人的涌入提供了可能，他们可以直接接受当时最著名学者的授课，提高自己的学识水平，同时解试也相对容易，大大拓展了他们冲击省试、殿试的空间。著名的温州"元丰九先生"（周行己、许景衡、刘安上、刘安节、戴述、赵霄、沈躬行、蒋元中、张辉）就是这次改革的直接受益者，他们在元丰年间进入太学学习，有机会聆听当时最著名学者程颐等人的教诲，习得了"伊洛之学"并带回了温州。其中前6人相继考中进士，这样的事例为南宋时期温州籍学子群体的崛起指明了方向。前述北宋郑邦彦也是进入太学学习后才实现了乐清科举史上零的突破。南宋定都临安，温州籍学者进入太学学习更加便捷，他们大量结交当时名学者，为进士考试的胜出创造了良好的条件。如陈傅良中进士前，虽然在温州早就很有名气，但在进入太学前相继与吕祖谦、张栻等人认识，后得以入太学，再得以中进士的。陈宜中也是在太学学习后得以高中进士第二名的。虽然没法具体统计，但考虑到已知的情况，可以说相当数量的温州籍进士都有在太学学习的经历。除太学、州解试之外，宋代还有漕试（牒试），即由转运使对官宦之家的子孙后代进行考试，合格即得发解。与府州军解试相比，漕试的竞争率要低得多。南宋初年，曾任宰相的朱胜非谈道："东南诸州解额少，举子多求牒试于转运司。每七人取一名，比之本贯，难易百倍。"[②]南

---

①　参见王宇：《永嘉学派与温州区域文化》第一章第一节《北宋后期的制度转型带来的机遇》，社会科学文献出版社，2007年。

②　转引自李心传撰：《建炎以来系年要录》卷一四四，中华书局，1956年，第2318页。

宋时期，随着温州籍官员群体的扩大，漕试为他们的子孙后代通向省试、殿试提供了一条相对容易的捷径，如《中兴小纪》载："（绍兴十年）是秋，两浙转运司类试，凡解 208 人，而温州自计 42 人，宰执子侄皆预其选，揭榜之日，士论大骇，自置举场以来未尝有也。"此时，温州解额还只有 17 名，单漕试一项，就为温州增加了 42 人。具体情况虽然不详，但南宋时期由于温州籍官宦群体庞大，在漕试中占优势的局面可能维持了很久。总之，太学解试、漕试等为温州突破本州的解额提供了可能性。

（三）福建移民的大量流入带来了重视科举的基因

温州毗邻福州，而福建是南方省区中科举起步最早、最发达的地区。如从文化传播的角度而言，温州实际上有近水楼台的优势。北宋福建有进士 2600 名，是南方进士最多的地区，到了南宋更有 4525 名进士，仍然居于南宋诸路之首，其中的福州、兴化军，皆是科举最成功的地区。温州开发的进程要晚于福建，地狭人稠的状况出现得比福建晚，而温州又是福建人乘船前往北方的必经之途，因此五代以来就不断有福建人移入温州。吴松弟先生据民国《重修浙江通志稿》统计，发现宋代迁入温州的 43 族中，35 族来自福建，即宋代温州外来居民的绝大多数来自福建。日本学者冈元司也注意到，福建移民的到来为温州科举的兴起创造了条件。创立永嘉学派的薛季宣家族，在科举上取得了不错的成就，但其祖先薛令之，是福州长溪县（今霞浦）人，唐代前期为左补阙兼太子侍读，唐代中期时其孙薛怀仁移居温州，其后裔分布在永嘉县及瑞安县。陈傅良的祖上也是由福建迁移来的。又如前面提到南宋时期平阳县进士合格人数大有超过永嘉县之势。日本学者本田治指出，宋元平阳族姓多数都迁自福建，特别是唐末五代时的移民，其出生地集中在福建，他们在平阳县开发沿海涂地，重视子孙教育。南宋时期平阳县出了 300 多名进士，其中林姓有 50 名，陈姓有 46 名，黄姓有 23 名，周姓有 22 名，薛姓有 17 名。经过详细考证，本田治发现这些进士的祖先，多数都是福建移民的后裔。可以说，宋代温州科举的繁荣，在很大程度上也得益于其地多数移民来自重视读书、科举的福建。高素质的移民，给温州读书风气的形成带来了良好的基因。

（四）重视人脉关系的传统，是温州取得及维持科举优势的重要因素

如前所述，北宋时期温州科举在浙江省内的优势并不明显，其显著的进步出现在绍兴年间。南宋初年，高宗皇帝逃亡途中，曾在温州逗留，他的许多大臣随

之停留在温州。温州籍士人这时抓住了机遇，与他们多有交往。宋高宗时期的宰相赵鼎和秦桧，都曾在温州生活、为官。许多温州士人通过依附这两位权势人物获得了发展。虽然秦桧在历史上长期饱受贬议，但对温州而言，他的出现却是千载难逢的机遇，高宗时期的许多温州士人通过依附他而取得了快速的升迁，显著者如萧振、薛弼、吴表臣等。获得重用的温州籍人士又相互援引同乡，前面提到的绍兴十年两浙路漕试共发解 280 人，温州独占 42 人，结果"士论大骇"，其中的背景就是当时秦桧当权，偏袒温州籍人士。① 秦桧之后，鄞县的史氏家族（史浩、史弥远、史嵩之）曾长期掌握政局，温州籍士人也与他们维持着良好的关系。省试能否成功与考官的个人喜恶关系很大。整个南宋时期，浙东籍、福建籍的考官占了最大的比重，如以府州军论，福州 122 人居第一，温州 80 人居第二，处州 69 人居第三，婺州 67 人居第四。如以县论，其中温州永嘉县的试官人数达 45 人，居全国第一；居第二位是明州鄞县与兴化郡莆田县，各为 39 人；居第三位是福州闽县 37 人。无论从地缘还是文化价值观而言，温州都占有天然的优势，并维持至南宋灭亡。温州著名人士如陈傅良，在太学学习期间结识了吕祖谦、张栻、陈亮这三位声名显赫的学者，他们相互赏识。此后，吕祖谦成为考官期间，录取了陈傅良及其徒弟多人。叶适也是在陈傅良的介绍下与吕祖谦、陈亮等认识，也许有这样因素的影响，叶适最终取得了进士第二名的好成绩。南宋末年，宰相陈宜中也是因受到权臣、天台籍人贾似道的赏识，免去了省试，直接参加殿试，并取得第二名佳绩。总而言之，善于构筑良好的人际关系网络也是温州籍士人得以大放异彩的一个有利因素。

（五）耕读传家，重视办学、讲学的传统促成了本地整体教育文化水平的提升

温州科举文化在浙江地区起步虽然较晚，但势头迅猛，其中一个原因是当地人重视读书，学者重视讲学，享有"小邹鲁"的美誉。温州山多地少，南宋时期人口已经饱和，人均耕地偏少，唯有加强人力资源的开发，才能更好地谋生。宋代以来，

---

① 时人朱胜非《秀水闲居录》中谈道："秦桧于永嘉引用州人以为党助，吴表臣、林待聘号党魁，名为是官，实操国柄。凡乡士具耳目口鼻者，皆登要途。更相扳援，其势炎炎，日迁月擢，无复程度。是年有司观望所荐温士四十二名，桧与参政王次翁子伃预选者数人。"转引自《建炎以来系年要录》卷一四四，中华书局，1956 年，第 2318 页。

寒门学子也可通过科举而登天子堂，于是有一定天赋的学子纷纷投向举子事业。南宋时期，参加温州发解试的人数经常超过8000人，就是这种风气的明证。而著名学者热心办学、讲学一事，又大大促进了读书风气的繁盛。北宋中期出现首位进士不久，温州就出现了聚徒讲学的景象。如被后世学者尊称为"儒志先生"的永嘉人王开祖，是第6位中第的温州籍人，他在皇祐五年（1053）中第后，并没有从事仕途，而是"杜门著书，从学常数百人"。位列"元丰九先生"之首的周行己，在仕途遭遇挫折后，回乡在温州城内创立浮沚书院，从事讲学活动，培养了诸如郑伯熊这样的弟子。而郑伯熊接着又辟书斋，聚生徒，陈傅良、叶适、木待问、蔡幼学等温州名人都曾是他的学生。陈傅良9岁父母双亡，由祖母抚养成人，年轻时就当教师谋生，长期在温州城南茶院讲学，从学常数百人。乾道三年（1167）又前往瑞安仙岩聚课教学，他的大量弟子相继中了进士，最著名如蔡幼学得省试第一、叶适殿试第二。除在温州本地外，陈傅良还曾长期在外地讲学授徒，影响全国。叶适也是寒门出身，前后向陈傅良请教、受学达40年之久，年轻时也以教书讲学为生，致仕后长期在温州城南水心村从事讲学，其门徒遍天下。时人刘宰说："叶水心在永嘉，户外之履常满。盖其师友相从，尽有乐地。"著名学者热心于讲学，大大提升了温州本地学子的学识水平。而这样的盛况，元明清以后就不再重演，温州学子知识水平普遍不高，使得其在科举竞争中很少有胜出的机会。

　　除以上诸多原因外，南宋定都临安，温州籍士人赶考方便，以及在温州安置了较多的皇族子弟，也是南宋温州盛产进士的因素之一，但其作用不宜放大，毕竟在浙江而言，温州是赶考最不方便的地区之一，但其地进士人数却遥遥领先于浙江其他府州。北宋时期，福建前往首都赶考比温州更为不便，但其地进士却高居全国第一。与明清相比，南宋温州商品经济的发达，海外贸易的繁荣，人民生活水平的向上，也是温籍士人崛起的一个重要支撑，因为读书、科举也是需要一定的经济基础支持的。但这些都不是温籍士人崛起的主要因素，因为无论在全国还是在浙江，同时期经济繁荣程度、生活水平比温州高的地方比比皆是，但在科举繁盛程度上却远不如温州。综合权衡之后，笔者认为上列五项因素的作用更大一些。

原载《杭州师范大学报》（社会科学版）2015年第5期

从永嘉文体到永嘉文派

杨万里

[摘　要]"永嘉文体"是指在南宋陈傅良、徐谊、蔡幼学、叶适等温州籍进士影响下形成的一种新型文体，它实际上是北宋古文运动在南宋的重续。内容上，永嘉文体以经史结合为基础，偏重于阐明经制之学，喜论历朝成败得失之由。风格上，行文气势壮阔，议论辨洽宏博。文学精神上，积极入世，文章为时而发，由历史、经术而指向时事，经世致用之意很强烈。永嘉文体的实践者们有鲜明的写作指导思想，强调和讲究写作技法。其兴起之因有三：绍兴时的科举改革，客观上为韩柳欧苏等人一脉相承的文统和伊洛学说的结合留下了发展的空间；一个政治上的温州群体已经形成；吕祖谦等人对此文体的高度肯定和扶持。永嘉文派是受永嘉文体影响而形成的散文流派，大致可分为三期：早期（1165—1195，乾道、淳熙、绍熙年间），主要以温州士子为主体，代表性作家是陈傅良；中期（1195—1224，光宗、宁宗朝），代表性作家是叶适，作者群体扩大到两浙地区；理宗朝以后即永嘉文派晚期（1224至宋末）。儒家文化的基本性格、科举应试的异化、永嘉文体最擅长表达的内容已不适应时代等，是永嘉文派最终退出历史舞台的原因。

[关键词] 永嘉文体　永嘉文派　陈傅良　叶适　地域文学

一

"永嘉文体"一词，首见于吕祖谦淳熙五年（1178）闰五月回朱熹信：

> 去冬舍弟转致教赐，一一深中膏肓之疾，朝夕玩省，不敢忘。独所论永嘉文体一节，乃往年为学官时病痛。数年来，深知其缴绕狭细，深害心术，故每与士子语，未尝不以平正朴实为先。[①]

---

① 吕祖谦：《与朱侍讲》第十六信，《东莱集》别集卷八"尺牍二"，《四库全书》本。

吕祖谦提到的"永嘉文体",就是指自南宋隆兴年间起,以陈傅良、徐谊、蔡幼学等为代表的温州籍进士所倡率的一种新型文体。它既可用于科举(尤其是策论),也可用于平常著述。其浮出水面、成为一代文风所向,则与吕祖谦为学官时的提携分不开①。其流行的盛况颇有记载:楼钥为陈傅良所撰《神道碑》云:"公自为举子业,其所论著如《六经论》等文,所在流播,几于家有其书。蜀中文学最盛,读之者无不动色,文体为公一变。至传入外国,视前贤为尤盛。"②蔡幼学为陈傅良所撰《行状》称:"人相与传诵,岁从游者常数百人。"③"止斋年近三十,聚徒于城南茶院。其徒数百人,文名大震。初,赴补试,才抵浙江亭,未脱草屦,方外士及太学诸生迓而求见者如云。"④陈谦"入太学,时尚踵秦桧故禁,文气卑弱。公理胜而笔豪,其体一变"⑤。李心传《道命录》卷七下:"场屋之权,尽归三温人。"⑥"三温人"大概是指陈傅良、蔡幼学、徐谊三人,三人在乾道八年(1172)科举皆中高第。吕祖谦曾赞美叶适《廷对》:"谓自有策以来,其不上印板即不可知,已上印板皆莫如也。"⑦从反对意见也可以略窥这种文体的巨大影响。庆元二年(1196),知贡举叶翥上言:"士狃于伪学,专司《语录》诡诞之说,《中庸》《大学》之书以文其非。有叶适《进卷》、陈傅良《待遇集》,士人传用其文,每用即效。"⑧叶、陈二人之书遂毁板。永嘉文体自隆兴初渐为学子所接受,至叶翥上言时已风行了30余年。文风既成,不可立扑,后《永嘉先生八面锋》《圈点龙川水心二先生文粹》等科举参考书继出不穷。叶适晚年也提到,此时向他请教的青年士子大多针对科举而来:"余久居水心村落,

---

① "芮国器为祭酒,东莱为学官。东莱告芮公曰:'永嘉新俊,不可不收拾'。"(《荆溪林下偶谈》卷四"东莱以誉望取士"条)《陈龙川集》卷二七《与吕伯恭正字》说:"廷试揭榜,正则(叶适字)、居厚(徐元德字)、道甫(王自中字)皆在前列。自闻差考官,固已知其如此。……非公孰能挈诸之。"吕伯恭对永嘉文体的提携,在当时已为人共知。吕氏信中"乃往年为学官时病痛"云云,盖其早年提倡永嘉文体,至此或稍有悔意。

② 参见《止斋集》附录,陈傅良:《止斋集》,《丛书集成续编》本。

③ 参见《止斋集》附录,陈傅良:《止斋集》,《丛书集成续编》本。

④ 吴子良:《荆溪林下偶谈》卷四"陈止斋"条,《四库全书》本。

⑤ 叶适:《朝请大夫提举江州太平兴国宫陈公墓志铭》,《水心集》卷二五。陈谦是温州人。

⑥ 李心传:《道命录》,《丛书集成初编》本。

⑦ 周南:《叶适对策跋》,《山房集》,北京图书馆出版社,2000年,第40页。

⑧ 《宋史·选举志二》。

农蓑圃笠，共谈陇亩间。有士人来，多言场屋利害破题工拙而已。"① 叶适卒于 1223 年，在将近 60 余年的时间里，永嘉文体一直在影响着举子们。

永嘉文体如此风行，它究竟有何特色？ 可依据陈傅良、叶适的现存著述 、南宋与科举有关的散文选本 、当时友朋的评论及学生的转述等材料进行综合分析。

从内容上来讲，该文体以经史结合为基础，偏重于阐明经济制度之学，喜论历朝成败得失之由。陈傅良的学生曹叔远《止斋集原序》对此有介绍："先生禀抱天颖，研尽学力，据六经奥会，执九经百家之辔，俾环向以趋于一，披剔文义，蹢藉众纠，究明帝王经世宏模，而放于秦汉以下治乱兴衰之故，独揭源要，不牵多岐。"② 自六经、历代史以究诸王经世之道，观其成败得失以资时用，形之著述，这就是永嘉文体诸公一般的学术道路。曹叔远曾对朱熹介绍陈傅良的读书之法："其教人读书，但令事事理会，如读《周礼》，便理会三百六十官如何安顿；读《书》，便理会二帝三王所以区处天下之事；读《春秋》，便理会所以待霸者予夺之义。至论身已上工夫，说道：形而上者谓之道，形而下者谓之器。器便有道，不是两样。须是识礼乐法度皆是道理。"③ 此语可与陈傅良自己的话相印证："尝缘《诗》《书》之义以求文武周公成康之心，考其行事，尚多见于《周礼》一书，而传者失之见，谓非古。彼二郑诸儒，崎岖章句，窥测皆薄物细故，而建官分职关于盛衰，二三大指，悉晦弗著。后学承误，转失其真。汉魏而下，号为兴王，颇采《周礼》，亦无过舆服官名，缘饰浅事，而王道缺焉尽废。"④ 叶适也提道："时（温州）诸儒方为制度新学，抄记《周官》《左氏》、汉唐官民兵财所以沿革不同者，筹算手画，旁采众史，转相考摩。"⑤ 温州知识界自北宋中期起，就重视《春秋》的教学与研究，至薛季宣时发展成经制之学，即制度新学。

陈傅良所宣扬的，正是这种地方教育传统⑥。故赵汝序叶适文集说："以词为经，

---

① 叶适：《题周子实所录》，《水心集》卷二九，《四库全书》本。

② 曹叔远：《止斋集·原序》，《止斋集》，《丛书集成续编》本。

③ 《朱子语类》卷一二〇，中华书局，1986 年，第 2896 页。

④ 陈傅良：《进周礼说序》，《止斋集》卷四〇，《丛书集成续编》本。

⑤ 叶适：《陈彦群墓志铭》，《水心集》卷一四，《四库全书》本。

⑥ 蔡幼学为陈氏所撰《行状》："薛公客晋陵，公往从之，薛公与公语合，喜甚，益相与考论三代秦汉以还兴亡否泰之故，与礼乐刑政损益、同异之际。盖于书无所不观，亦无所不讲。"

以藻为纬，文人之文也；以事为经，以法为纬，史氏之文也；以理为经，以言为纬，圣哲之文也；本之圣哲，而参之史，先生之文也，乃所谓大成也。"说明当时人对这样新文体的特色还是看得很清楚的。

永嘉文体在风格上的特征是：行文气势壮阔，议论辨洽宏博，给人耳目一新之感。蔡幼学为陈傅良所撰《行状》云："其为文出人意表，自成一家。"叶适为陈傅良撰《墓志铭》云："时诸老先生传科举旧学，摩荡鼓舞，受教者无异辞。公未三十，心思挺出，陈编宿说披剥溃败，奇意芽甲，新语懋长，士苏醒起立，骇未曾有，皆相号召，雷动从之。虽縻他师，亦藉名陈氏，由是其文擅于当世。"这种文风的形成，既与该文体内容的丰富深刻相关，也与永嘉文体诸公自觉地继承韩、柳、欧、苏的散文传统有关。视作者个人气质不同，其文或雍容广大如柳欧，陈傅良是也；或汪洋恣肆如韩苏，叶适是也。永嘉文体兴起的前后，出现的各种散文选本，如《宋文选》①《古文关键》等，所选大多为韩柳欧苏一派古文。自觉继承北宋以来的古文运动精神，这种文学思潮已成当时有识之士的共识，正如《止斋集》卷三五《答天台张之望》所说："先儒之论，正统者欧、苏、张、陈数公，皆已名世。"就是以上共识的表白。同上书卷三九《温州淹补学田记》："范子始与其徒，抗之以名节，天下靡然从之，人人耻无以自见也。欧阳子出，而议论文章粹然尔雅，轶乎魏晋之上。久而周子出，又落其华，一本于六艺，学者经术遂庶几于三代。何其盛哉！ 则本朝人物之所由众多也 。"论者谓欧阳修等开宋学新境界，以此而论，陈傅良则是较早地从文统上继承宋学的先驱者之一。

韩柳欧苏倡导的古文运动，要求文章要有充沛的思想感情，其成功的手段之一是重释历史，为古文注入新的思想内容。永嘉文体诸公谈做文章时，也强调多读经史。《止斋集》卷三五《答贾端老》五之一谓："《左传》且熟读，见得隐、桓以前，僖、文之际，哀、定终篇，无虑三变纲目，则成书举矣，其它依经为传，文无虚发，优游不迫，而意已独至。盖非二家所能及。"从经史典籍中悟文章做法，是永嘉文体诸公的重要观点。由此可得出初步结论：永嘉文体实际是北宋以来古文运动在南宋的重续。不同的是，永嘉文体诸公在释史的基础上，将释史引向释经，重释儒家经史典籍。

---

① 《四库提要》谓此书出于北宋人之手。考最后一位入选者陈莹中死于1124年，且徽宗朝他备受执政者的迫害，其文在徽宗朝晚期被入选的可能性几乎没有。所以，此书应该是南宋解除元祐、元符党禁后出现的。入选者多是永嘉文体诸公所主张学习的对象。

释经 、释史都涉及视角转换的问题，而视角的选择，则与时代需求有关。

永嘉文体在文学精神上的显著特征是积极入世，文章为时而发。与章句之儒 、理学之士的文章相比，永嘉文体最明显的特征是不务虚言，务求实际切用。明王瓒序《止斋集》说："公淹贯六经，包括百氏，洞彻天人之奥，而于历代经制大法，与夫当世制度沿革失得之故，稽验钩索，委曲该洽，此岂泛然雕饰以骛于虚言者也 。"叶适《水心集》卷一四《陈彦群墓志铭》曾提到，当地诸儒"其说膏液润美，以为何但捷取科目，实能附之世用，古人之治可复致也"。永嘉学人的学术出发点，就是不要忘记恢复中原："吾辈为汉民将十余世，而使吾君忍耻事仇垂六十年，而学校乡党晏然无进志，其大者则率其徒为清谈，次摘章句，小则学为诗文自娱。当此时，吾党与士友不变其说，谓之波荡。此某所为惧，子齐勿以为疏也。"① 从时代大环境来说，如何增强国力、恢复中原，已经是摆在南宋知识阶层面前最紧迫的课题。"何以利吾国"是这一课题的最集中的表达，由此形成了对经典的解读新视角："但将孟子'何以利吾国'说尽一部《春秋》。"② 陈傅良《答贾端老》五之三谓："《春秋》同是圣人经世之用，要其托史见义，以五霸为据案，而左氏合诸国之史发明经所不书，以表见其所书，因五霸之兴衰，究观王道之缺。则战国之事起，周亡而秦汉出矣，此其大略。"③ 这与章句之儒的琐屑 、理学之士的空洞相比，是完全不同的解读视角，从这种视角写出来的文章，必然让人耳目一新，甚至改变了一时文风，《止斋集原序》称："（陈傅良）执经户外，方屦阗集。片言落笔，传诵震响，场屋相师，而绍兴之文丕变。"④

永嘉文体的实践者们有鲜明的写作指导思想，强调和讲究写做法。这是永嘉

---

① 　陈傅良：《答丁子齐》三之三，《止斋集》卷三六。又，《水心集》卷一《上孝宗皇帝札子》："臣窃以今日人臣之义所当为陛下建明者，一大事而已。二陵之仇未报，故疆之半未复，此一大事者，天下之公愤，臣子之深责也。"

② 　朱熹：《朱子语类》卷八三，中华书局，1986 年，第 2174 页。朱熹当然是在反对永嘉学派的学术立场上提出来的。

③ 　吕祖谦也有相近似的看法："大抵《左氏》载版筑、用兵、救焚之事，如世务曲折，条目所裁，纤悉备具，所载甚详，亦足以见当时风声气习近于三代。其人皆是着实做工夫，皆为有用之学，非尚虚文也。今人为学，多尚虚文，不于着实处下工夫，到临事之际，种种不晓。学者须当为有用之学。"载《左氏传说》卷五 "令尹蒍艾猎城沂使封人虑事" 条。

④ 　曹叔远：《止斋集·原序》，《止斋集》，《丛书集成续编》本。

文体在传播上的明显特征。永嘉文体诸公为文主张加强学养，使"学与文相为无穷"[①]；同时，他们也自觉追求散文的技巧，对文章的表现形式也很讲究，吴子良《荆溪林下偶谈》卷二曾归纳永嘉文体的写作"总则"："主之以理，张之以气，束之以法。"这个"法"，源于陈傅良多年在乡间教书时摸索出来的一整套文章学，曾编成《论格》示弟子[②]。陈傅良早年作品被编成《待遇集》板行，"人争诵之"[③]。曹叔远在编陈傅良文集时，尽弃其早年习作，《论格》之类的文章一概删除[④]。幸好在《论学绳尺》一书的《论诀》中，还保留有不少陈傅良论文法的文字；另，该书第八卷中收录陈氏范文一篇，庶几可窥一斑而知全豹。如何写出一篇好的制举文章？陈氏认为应从以下几个方面着手思考：认题、立意、造语、破题、原题、讲题、使证、结尾。认题即今天作文教学法中的"审题"："凡作论之要，莫先于体认题意。故见题目，则必详观其出处、上下文，及细玩其题中有要切字，方可立意。盖看上下文，则识其本原而立意不差；知其要切字，则方可就上面着工夫。此最作论之关键也。"其余各环节皆有论列，不一一引用。今传《止斋论祖》五卷[⑤]，收陈傅良论文 39 篇，可视作"永嘉文体"的最佳样本，特别是该书经方逢辰评点后印行，影响极大。后世文章评点热的兴起，都可上溯到永嘉文体及其实践者身上。

二

自南宋起，温州士人的科举考试无论是在进士录取人数，还是在科场影响力上，

---

① 《水心集·原序》，刘公纯点校，中华书局，1961 年，第 1 页。

② 陈芳：《荀氏有二仁》"陈止斋批语"下引，载魏天应编、林子长注《论学绳尺》卷五，《四库全书》本。

③ 吴子良：《荆溪林下偶谈》卷四"陈止斋"条，《四库全书》本。

④ 《止斋集·原序》："矧韦布眩慕，影响偏传，或混幼作，或杂真赝。诡题丛峡，诞弥遐陬，轮耀掩污，理合厘别。故今衷次，断自梅潭丁亥（乾道三年，1163）之后。"曹叔远后从朱子学，他这样评价其师早年的文章（即永嘉文体），是可以理解。从这一侧面可看出，朱学已渗透到温州并渐成主流思想。

⑤ 四库馆臣谓"疑傅良当日自悔其少作，故其门人编次之时，不以入集。特别录此本，私存为程试之用耳"。

几乎都创造了科举文化的神话①。温州科举录取人数的猛增，让人对温州举人的成功经验产生好奇，于是陈傅良、蔡幼学、叶适等人编选的应举教材，被大部分举子视为应试宝典，又经"名人批点"后由书商传刻翻印，永嘉文体遂风行海内。

一种文化现象的形成，离不开天时、地利、人和等现实基础，同时还要配合恰当的机遇。历史将这一切都赋予了以陈傅良、叶适为代表的温州进士群。

先谈天时。这里将"天时"指向南宋的科举取士政策。建炎二年（1127），恢复诗赋、经义取士，并于绍兴十三年（1143）二月庚辰立太学及科举试法，将兼试经义、诗赋的科举取士法加以确认②。无论是兼试经义、诗赋法，还是诗赋、经义分科法，都要求士子熟悉历史、文学、儒家经典，并掌握良好的写作技法，加之主考者提倡文理优长的一家之言，客观上就为自韩愈以来，经柳宗元、欧阳修、苏轼等人一脉相承的文统，和伊洛学说的结合留下了发展的空间，科举时文的写作技巧和历史、经术相结合的要求隐含其中。杰出之士总能乘时造化，敏锐地理解政策变化所带来的机遇。温州士子秉承太学九先生的经义、文学并重的优良传统，且此地又是程学南传的最早区域，无疑具有地域文化方面的先发优势。

再说地利。我们将"地利"指向温州与临安的特殊政治关系。高宗曾驻跸温州三月之久，并且置太庙于温州十余年③；赵鼎和秦桧先后从温州带走不少人才，这些人后来均在朝廷发挥轻重不同的作用，一个政治上的温州群体已经形成，对扩大和提升温州地域文化的影响是不言而喻的。日本学者冈元司以及国内学者王宇，对此

---

① 自南宋绍兴年间起，每榜温州进士人数较以前大幅增加，如绍兴壬子科 18 人，乙卯科 14 人，戊午科 17 人，壬戌科 24 人，乙丑科 16 人，戊辰科 10 人，辛未科 22 人，甲戌科 13 人，丁丑科 21 人（状元王十朋，温州人），庚辰科 21 人，隆兴癸未科 27 人（状元木待问，温州人），乾道丙戌科 26 人，己丑科 11 人，壬辰科 17 人（陈傅良此科进士）。如将北方附籍算入，则录取人数一科最高有 42 人之多者。这是很令人惊讶的数字。数年间连出两状元，足证温州科举文化之发达。

② 《宋史·高宗本纪》。

③ 《止斋集》卷三九《温州重修南塘记》："自中兴，永嘉为次辅，郡其选守盖多名卿大夫矣，然境内有宜治者三：间岁贡士群试且万人，于浮屠宫中、草舍托处，一宜治……"次辅的地位，数量巨大的贡士，无不显示温州地位的急剧上升。

有充分研究，读者可参看，兹不重复。①

关于人和。这里将"人和"指向陈傅良、叶适等温州士子成功地经营起来的社会关系网②。以陈傅良为例。陈氏出身非士族家庭，但与同乡父辈以上、显宦之家陈梓、陈鹏飞、陈夔等人攀上同宗关系；又娶士族之女为妻，拜温州大儒郑伯熊、薛季宣为师，四女嫁温州潘、林、薛、徐四大望族。在京城，主管国子监的芮烨是其旧识，素所相知，陈傅良入太学，芮氏"亲访公于所隶斋，见其二子，且即以公为学谕，俾为诸生讲说经义"③。京城名流吕祖谦、张栻皆亦师亦友。其他如吴猎、楼钥、陈亮、陈谦、叶适、蔡幼学等，皆朋友、弟子之杰出者。《宋元学案》卷五三《止斋学案》所列的门人达24人之多。

至于机遇，我们将此指向吕祖谦对以陈傅良、蔡幼学、徐谊等为代表的温州士子所擅长的科场文体的高度肯定和扶持（参见注2）。

三

永嘉文体既流行，永嘉文派即自然而形成④。具言之：永嘉文派是指在以陈傅良、叶适为代表的永嘉文体影响下所形成的散文流派。一般而言，流派之立，需有三个标

---

① 参见陈安金、王宇：《永嘉学派与温州区域文化崛起研究》，人民出版社，2008年，第68—108页。冈元司近年来一直致力于宋代温州与永嘉学派的研究，发表了《南宋科举试官的地域性——以浙东士大夫为中心》《南宋温州士大夫的相互关系》等论文，可参见上著导言。

② 王宇：《试论永嘉学派的活动方式——以陈傅良门人集团为中心》（《浙江社会科学》2007年第4期）对此做了很充分的研究。这些成果又见于《永嘉学派与温州区域文化崛起研究》一书中。此处综合引用其相关结论。同时参考陈欣、方如金：《陈傅良交游考略》，《安徽师范大学学报》（人文社会科学版）2008年第3期。

③ 参见蔡幼学所撰陈傅良《行状》，《止斋集》附录，《丛书集成续编》本。

④ 四库馆臣称戴栩的散文："其文章法度则本为叶适之弟子，一一守其师说传，故研炼生新，与水心尤为酷似……敷陈削切，在永嘉末派，可云尚有典型。""永嘉末派"云云，说明清人已注意到自叶适起温州文学已隐然成流派。杨庆存《宋代散文研究》第八章第四节提出了"永嘉派"之说（人民文学出版社，2002年）。朱迎平在《宋文论稿》中提出了"永嘉文派"的概念，认为"在叶适之后，永嘉学派在承传过程中渐渐蜕化成为永嘉文派"（上海财经大学出版社，2003年，第1页）。刘春霞硕士论文《永嘉文派研究》对永嘉文派有较全面论述（华南师范大学2005年），然似可更深入些。本文提出永嘉文派源自永嘉文体，与上述文章立脚点均不同。

准：影响较大的领袖人物、清晰明确的创作理念、广为认可的创作实绩（或昭示理念的选本）。以此三者衡量：陈傅良是永嘉文体的领袖人物（继之者叶适）；他们的作品集《待遇集》《进卷》风行举子之间，成为示范性作品；永嘉文体诸公有明确的创作理念和方法。所以，永嘉文派在孝宗朝是存在的。该文派有较明显的时段特征。

永嘉文派早期（1165—1195，乾道、淳熙、绍熙年间）的代表性作家，是永嘉文派鼎盛时期的"永嘉英俊"，也即所谓温州"乾淳诸老"。其主要成员有：陈傅良、蔡幼学、徐谊、陈谦、薛叔似、鲍潚、戴溪、陈季雅、王柟、薛绍、王自忠、王绰、陈烨等。这是温州文化史上首次群星灿烂之时，也是永嘉文派横空出世的时期，文派旗手是陈傅良、徐谊、蔡幼学诸人。陈傅良前文已述，其他人亦斑斑可称。蔡幼学称："芮国器、吕伯恭连选拔，辄出君举右，皆谓文过其师矣……幼以文显，无浮巧轻艳之作。既长，益务关教化、养性情，花卉之炫丽、风露之凄爽，不道也。词命最温厚，亦不自矜贵，惟于国史研贯专一，朱墨义类，刊润齐整，各就书法。"[1] 文学、史学皆优。徐谊："登乾道八年进士第，教授池州，江浙后进，负担来学。"[2] 陈谦、薛叔似、鲍潚、戴溪、王绰诸人，先后在家乡主持文会，推动乡邦文献向前发展。[3]

南宋光宗、宁宗朝（1195—1224），是永嘉文派发展的中期。文学重镇仍在温州。作家有：叶适[4]、周端朝、戴栩、林拱辰、曹叔远、方来、林略、钱文子、谢梦生、薛师董等。永嘉文派在中期发展的特点：文派的大旗交付到了叶适手中[5]；作者群体

---

[1] 叶适：《兵部尚书蔡公墓志铭》，《水心集》卷二三，《四库全书》本。

[2] 叶适：《宝谟阁待制知隆兴府徐公墓志铭》，《水心集》卷二一，《四库全书》本。

[3] 参见杨万里：《南宋光宁两朝温州诗人群体研究》，《温州大学学报》2010年第6期。

[4] 叶适成名早，本来也属永嘉文派早期重要人物，但考虑到他在光宗、宁宗朝文坛的实际影响力以及长寿因素，将他列入中期，以领袖群彦。

[5] 朱迎平教授为永嘉文派列出的线索：周行己—郑伯熊—薛季宣—陈傅良—叶适—陈耆卿—吴子良—舒岳祥—戴表元—袁桷，并发挥清人全祖望之说而指出：在这个文统中，叶适是一个转折点：之前到叶适为止是"学、文兼擅"，叶适之后陈、吴则"文胜于学"，舒岳祥以下"但以文著"。（《宋文论稿》，上海财经大学出版社，2003年，第116、128—129页）朱文对其中转变的细节及转变之因，没有过多论述，有待进行细致而艰苦的勾勒。陈安金《论心水辞章之学的大众化和异化》（《学术界》总第118期，2006年第3期）一文，对朱说有深化之处，但个别结论亦可商榷。笔者认为，朱教授所指出的永嘉文派统绪稍嫌笼统。从学术派别到文学流派，中间有诸多中介环节需理清，最重要的是，不能忽视了九先生之文与永嘉文体之间较为明显的区别，其中"永嘉文体"是形成永嘉文派的关键。

扩大到两浙地区；文章的经世色彩渐退，文学性增强[1]。

叶适是继陈傅良之后，永嘉文派的标志性作家。吴子良对叶适在当时文学界的地位有如下总结："自元祐后，谈理学者祖程，论文者宗苏，而理与文分为二。吕公病其然，思融会之，故吕公之文早葩而晚实。逮至叶公，穷高极深，精妙卓绝，备天地之奇变，而只字半简无虚设者。"[2]北宋徽宗朝，由于士大夫阵营的分裂，文与道在文学创作中又有分离之势，重文轻道的观念在文学创作中普遍存在，文学技巧娴熟、辞藻华丽精微，文学似乎进入了一种新境界，然而读之缺少深沉之思。至南宋陈傅良时代，文学重回"文道合一"之路。此时文章理充气足、切于时用，但是犹存缺憾，主要表现是文学性稍显不足，感染力不强。叶适在加强文章的文学性方面投入了更多的关注。试以叶适的墓志文为例稍作阐释。《水心集》卷十三至卷二十五皆为墓志文，占全集比例较重，用它来研究叶适的文学创作成就，具有足够的代表性。如《墓林处士志铭》，墓主何溥（商霖）乃一处士，无功名、仕履、交游可述，叶适则通过描写他的住、言、行，刻画了一位令人难忘的贤者形象，实乃一篇记人散文，与一般的墓志铭迥异。其他墓铭，亦大多能勾画墓主生平独特事迹，或置于时代大背景中叙述，或置于文化道义之中评论，皆能拔地而起，令人过目不忘。真德秀跋其所作《著作正字二刘公墓志铭》说："永嘉叶公之文，于近世为最，铭墓之作，于他文又为最。著作正字二刘同为一铭，笔势雄拔如太史公，叹咏悠长如欧阳子。"[3]其行文之摇曳多姿，吴子良曾有精当概括："廊庙者赫奕，州县者艰勤，经行者粹醇，辞华者秀颖，驰骋者奇崛，隐遁者幽深，抑郁者悲怆，随其资质与之形貌，可以见文章之妙。"[4]

永嘉文派的中期，其影响范围进一步扩大。从地域文学的角度而言，永嘉文派进入中期以后的发展过程，就是永嘉文体在两浙区域范围内影响力扩展的过程，也

---

[1] 全祖望在《宋元学案》中谓："乾淳诸老既殁，学术之总汇为朱陆二派，而水心断断其间，遂称鼎足。然水心工文，故弟子多流于辞章。"

[2] 吴子良：《筼窗续集序》，《赤城集》卷一七，《四库全书》本。

[3] 真德秀：《西山文集》卷三五，《四库全书》本。

[4] 吴子良：《荆溪林下偶谈》卷三，《四库全书》本。

是两浙地域文学间相互交流、相互促进发展的过程①。台州、越州、婺州、吴郡等地，是永嘉文体最早的扩散区。《宋元学案》卷五四、五五"水心学案"载叶适弟子33人（吴子良归此），其中来自台州者有陈耆卿、丁希亮、王象祖、王汶、吴子良、夏庭简，来自婺州者有王植、厉仲方（东阳）、张垓，来自吴郡的有周南、滕成、孟猷、孟导、王大受，来自越州者有宋驹（绍兴）、王度（会稽）、孙之宏（余姚），其他地方者有赵汝（临安）、赵汝谈（临安）、叶绍翁（龙泉）、袁聘儒（建安）。叶氏再传弟子4人，耆卿弟子车若水（台州人），吴子良弟子舒岳祥（台州人），舒岳祥弟子戴表元（明州人）、林处恭（台州人）。永嘉文派之影响，可见大概。学术上，他们是叶适的弟子，又是著名一时的文学之士。是他们在延续着北宋古文运动的文脉，真德秀、魏了翁等理学之士虽然文名重于一时，文学成就实乏善可陈。

　　叶适于嘉定十六年（1223）去世，次年理宗即位。以此为界，定永嘉文派进入晚期（1224年至南宋末）。永嘉文派晚期，影响不如以前，其固有的永嘉学术精神内涵进一步稀释，蜕变成纯散文流派。黄震《黄氏日抄》卷六八谓："水心之见称于世者，独其铭志序跋，笔力横肆尔。"代表了此时人们普遍的看法。不过，此时的永嘉文派传人，仍代表着南宋末散文的最高成就。其中比较突出者有吴子良（字明辅）、车若水（字清臣）、舒岳祥（字舜侯）、戴表元（字帅初）。戴氏之后，永嘉文派已完全退出历史舞台。

　　总之，正如吴子良在《筼窗续集序》中所指出的那样，永嘉文派是一个流传有序的文学流派："文有统序，有气脉。统绪植于正，而绵延枝派旁出者无与也。气脉培之厚而盛大，华藻外饰者无与也。六籍尚矣，非直以文称，而言文者辄先焉，不曰统绪之端、气脉之元乎？……唐之文，以韩柳倡，接之者习之，持正其徒也。宋东都之文以欧苏曾倡，接之者无咎、无己、文潜其徒也。宋南渡之文以吕、叶倡，接之者寿老其徒也。"永嘉文派自觉传承了韩、柳、欧、苏、曾以来古文运动的薪火。

---

① 如台州文学的兴起，就是在与永嘉文人的相互影响中展开的。这也可当作地域文学之间相互交流的显例。政、宣时期，台州左经臣诗名甚盛，永嘉周行己、刘安上皆兄事之，而许景衡与之唱和最多。此时是天台影响温州地域文学的兴起。自南宋乾道六年至八年间（1170—1172），陈傅良退居天台国清寺悟道讲学，其间台州弟子颇多盖无可疑。自此时起，进入温州地域文学影响台州地域文学的时代。后来永嘉四灵再起，对台州诗人的影响亦可想而知。

四

关于永嘉文派衰落的原因,有人归结为叶适没有提出明确的"道",谓:"由于缺乏明确的'道'的支撑,'文以载道'往往成为一句空话,或流为以文谋生,或转而认同朱学道统,这就是水心之学在宋元之际遭遇的困厄。"[①] 叶适所集大成的永嘉学派,应该说还是有自己比较集中的思想——道,学界对此多有总结,此不重复。我认为探讨永嘉文派衰落的原因,视野还可放得更宽广一些。

从文化的深层角度看,儒家文化的基本性格决定了叶适之"道"不可能占到中国思想文化的主流,其思想只能在一种特定时代条件下,如社会严重危机时,才有可能被统治者稍稍认可,一旦这种局面消失,它也就失去了存在的社会基础。这就是永嘉文体最终在南宋末沉寂的根本原因。南宋自开禧北伐失败后,思想界、政界掀起清算运动,因永嘉弟子参与北伐者众,故多遭摒斥,他们从此被排除在政治生活之外,叶适本人亦在摒斥之列。与此同时,朱熹的理学已成官方认可的思想,传播既广,地位日隆。学术界已是朱氏一统天下,水心之学已无市场,叶氏学生要么转向理学以顺世,要么承其师傅"流于辞章"以出人头地。车若水在《脚气集》中以自己为例,谈到当时文学界对永嘉文派态度的变化:"予登笕窗先生之门方逾弱冠,荆溪吴明辅先生从笕窗已登科,相与做新样古文,每一篇出,交相诶佞,以为文章有格。归呈先祖,乃不悦。私意谓先祖八十有余,必是老拙,晓不得文字。顾首顾尾,有间有架,且造语俊爽,皆与老拙不合也。继而,先祖与笕窗皆即世,吾始思六经不如此,韩文不如此,欧苏不如此,始知其非。继而见立斋先生,见教尤切,后以所作数篇呈之,忽贻书四五百言,痛说水心之文。是时,立斋已登侍从,其意盖欲痛改旧习,不止如前时之所诲也。"车氏始从陈耆卿学古文,后转理学,反戈一击,以理学家立场来反对永嘉文派。这是当时学术常见的现象。

此外,还可讨论由此而延伸带出的其他原因,如学校教育的异化。太学不论,各州县皆立学校,生员颇众。时间一久,名额皆为有势者得之,加之无考察之法,故此时学校已沦为有势者子弟之聚食场所。在校之庸碌学生,多以学时文参加考试

---

① 　陈安金:《论水心辞章之学的大众化和异化》,《学术界》2006 年第 3 期。

为唯一目的，求学问道非所关心。随着永嘉文体影响范围的扩大，它自然也成了学校学子们模仿的范本，但此时为文宗旨，明显偏离了早年强烈的经世色彩，不再有勃勃生机，永嘉文体整体形象走向负面，乃至被人抛弃。叶适自己首先对此进行了反思①。永嘉文体在士子手里一旦成了一种缺乏灵魂的文体，永嘉文派的历史也就结束了。

当然，永嘉文体与生俱来的先天不足，也是其走向衰落的重要原因。永嘉文体最适合表达文人参政议政的愿望，抒发一种积极入世的崇高情怀，它关注的是社会现实中的种种不足和历史上的成败得失，总想以此来提示当政者。这在社会上升期或者危机期，是容易被接受的。因此，这种文体抒发的是一种"公共情怀"，非个人独特体验，这也是它与欧苏文体的差距之一。开禧北伐失败后，南宋迎来了宁宗、理宗两朝约 60 年太平日子，这个时代讲究安定和秩序，所以理学容易被接受成为社会主导思想，永嘉文体最擅长表达的内容已不适应时代。我们可以看到，此时永嘉文派的传人大多转向了理学。永嘉文体旧路无法走通，又没有及时地转到抒发自我情怀的新路上来，所以被大家冷落了。元代主情文学思潮兴起，找到了文学突围的途径，也可以说是一种必然选择。

原载《江海学刊》2011 年第 1 期

---

① 《水心集》卷三《科举》："今之所以取者，非所以取之。其在高选辄为天下之所鄙笑，而乡曲之贱人、父兄之庸子弟俯首诵习，谓之'黄册子'者，家以此教，国以此选……今也举天下之人，总角而学之，力足以勉强于三日课试之文，则嚣嚣乎青紫之望盈其前。父兄以此督责，朋友以此劝励，然则，尽有此心而廉隅之所砥砺，义命之所服安者，果何在乎？……则聚食而已。而士之负俊气者不愿于学矣。"

试论南戏 "艳段"《张叶诸宫调》

陈瑞赞

[摘　要]《张协状元》是现存最早的南戏剧本。剧本前面的《张叶诸宫调》，是现存唯一的宋杂剧，对于了解宋杂剧的体制结构，具有不容低估的价值。它还被用作南戏《张协状元》的艳段，是早期南戏具有"艳段"体制的具体例证，反映了在杂剧艳段与南戏"家门"之间，还曾经存在一个南戏艳段的阶段。《张协状元》独特的"艳段"体制，说明早期南戏与宋杂剧关联密切。《张协状元》及其艳段《张叶诸宫调》，连接着宋杂剧和南戏，在早期南戏的剧本体制、脚色演化、舞台表演等方面都有重要的认识意义。

[关键词] 南戏　宋杂剧　艳段　《张协状元》《张叶诸宫调》

　　《张协状元》产生的具体年代虽然尚多争论，但以其作为现存最早的南戏剧本，大致上并无问题。基于《张协状元》的早期性和质朴性，它在宋杂剧和南戏两方面都具有重要的认识意义。尤其是剧本最前面一段包括 5 支曲子及说白的诸宫调，不但为分析宋杂剧艳段提供了难得的文本，而且为讨论早期南戏的体制、南戏与宋杂剧的关系等重要问题提供了有效的切入点。由于此段诸宫调演述的是张叶（即张协）的故事，以下仿照《刘知远诸宫调》《西厢记诸宫调》之例，称其为《张叶诸宫调》。

一

　　学界对《张叶诸宫调》的性质及其与《张协状元》戏文的关系，有一个不断深化的认识过程。最常见的是将《张叶诸宫调》视作《张协状元》的开场。几个《张协状元》的整理本（钱南扬《永乐大典戏文三种校注》、王季思主编《全元戏曲》、胡雪冈《张协状元校释》），无一例外，都将《诸宫调张协传》及前面的两首《水调歌头》《满庭芳》词作为全剧的第一出来处理。

　　然而，将《张叶诸宫调》视作《张协状元》的开场并不妥当。首先，以诸宫调开场，除《张协状元》外，在所有现存南戏中，还未发现相同的例子。甚至遍观元明杂剧与明清传奇，也难找到相同的例子（杂剧有以套曲为引首之例，可能与《张协状元》的情况最为接近）。如果说只有《张协状元》采用了这样一种独特的开场形式，那就未免过于奇怪了。

其次，《张叶诸宫调》概括的剧情并不完整。《张叶诸宫调》一共唱了 5 支曲子，但故事仅叙述至张叶五鸡山遇盗匪，相当于全部 52 出正戏的前 8 出。如果说《张叶诸宫调》是《张协状元》的开场，那么它所叙述的剧情就应该与整本戏文相对应。而事实上诸宫调不但不能反映完整的剧情，甚至连主要剧情都没有涉及，在张叶与贫女相逢之前就戛然而止了。

再次，《张叶诸宫调》说唱完毕，末下场，紧接着是扮演张协的生上场，先念诵一首《望江南》，后又唱一首《烛影摇红》，正好也是两首词。而且在这两首词中间，还有生与"后行子弟"相问答，引出所演为《张协状元》戏文的一段话：

（生）暂藉轧色。

（众）有。

（生）罢！学个张状元似像。

（众）谢了！

就其形式而言，生念、唱词调并与后场问答无疑更像南戏开场所普遍采用的"家门"。[1] 这样就产生了一个疑问：如果《张叶诸宫调》是《张协状元》的开场，那么，为什么还要在开场之后再来一个开场？生在正戏开始之前的"家门"表演岂非累赘？

可能正是因为有种种不合常理之处，所以钱南扬虽然在《戏文概论》里将《张叶诸宫调》作为《张协状元》的开场来进行讨论，但也不得不说明这种开场形式的特殊性。《永乐大典戏文三种校注》有一段注文：

严格说来，诸宫调是讲唱体，不是戏剧。但古剧体制较宽，在宋"官本杂剧段数"中，即有《诸宫调霸王》《诸宫调卦册儿》等，见《武林旧事》卷十。所以这一段《诸宫调张协》是一本宋杂剧。……不过这里的宋杂剧不是单独演出，仅作为

---

[1] 关于南戏开场形式的介绍，可参考俞为民、刘水云：《宋元南戏史》，凤凰出版社，2009 年，第 120 页。

戏文的引首。

钱南扬把《张叶诸宫调》视为宋杂剧，并指出它是"戏文的引首"，已经触及问题的本质。这一提法，可以称为"引首"说。

胡忌同意"引首"说并做了更为详细的阐发。他在谈到《院本名目》的"冲撞引首"时，以弘治《新刊大字魁本全相参增奇妙注释西厢记》"崔张引首"为例，认为戏曲"引首"的作用与小说"入话"相似，并说："《张协状元》南戏前有诸宫调演唱介绍张协故事的开首，其作用极和'引首'相似。无论如何，'引首'用在戏剧中，总是引起开场的意思。"指出"引首"在戏中的作用是"引起开场"，而其本身并不是开场，这是正确的。不过，胡忌在《宋金杂剧考》的另外章节又说《张协状元》"开场的形式与众不同"，"剧前有诸宫调的说唱，体制暂不讨论，故以'开场'习惯语概括之"，则和钱南扬一样，在"开场"说和"引首"说之间，表现出一种游移的态度。

最终解决问题的是孙崇涛的《〈张协状元〉与"永嘉杂剧"》一文。该文考察了宋杂剧的结构，认为宋杂剧的艳段是"正戏（正杂剧）之前的引首，即如后世戏曲的开场戏"；而《张叶诸宫调》正如杂剧艳段，《张协状元》开场的说唱诸宫调，亦不妨看作是全剧头本（姑名《赴试遇盗》）的'拴搐艳段'"。这一结论不但比钱南扬的"引首"说前进了一大步，就是与胡忌"冲撞引首"的判断相比，也显得更为准确。

据文献记载，宋杂剧的体制包括艳段、正杂剧和杂扮（散段）三部分。《梦粱录》卷二〇"妓乐"条载：

> 且谓杂剧中末泥为长，每一场四人或五人。先做寻常熟事一段，名曰"艳段"。次做正杂剧，通名两段。……又有杂扮，……即杂剧之后散段也。

可见，艳段在正杂剧之前表演，起"引首"的作用。不过由于宋杂剧没有剧本留存，艳段的体制究竟如何，也难以考证。

文献中关于院本艳段的记载更为详细。院本从宋杂剧发展而来，较之南戏，与宋杂剧的关系更为密切，二者的表演体制基本相同。院本也有艳段，而且名目相当多。在《南村辍耕录》所载的《院本名目》中，属于艳段性质的有"冲撞引首""拴搋艳段""打略拴搋"等。

值得注意的是"拴搋艳段"。据李啸仓先生的解释,"拴搋"二字就是缚系索引的意思。李先生的解释可以从南戏《宦门子弟错立身》第十二出完颜寿马所唱的《天净沙》曲中得到印证:

做院本生点个《水母砌》,拴一个《少年游》。

《少年游》亦见于《院本名目》的"拴搋艳段"。拴一个《少年游》,即以《少年游》为院本正戏的"拴搋艳段"。"拴搋"可以简化为"拴",就是说在正戏之前加演艳段,犹如将一个小物件拴系在一个较大的物体上。

"拴搋艳段"中有"诸宫调"一目。[①] 也就是说,在院本中,有以诸宫调作为"拴搋艳段"的体制。《张叶诸宫调》与《张协状元》正戏的关系,与"拴搋艳段"的名义也完全吻合。

确认《张叶诸宫调》是"拴搋艳段"之后,应该将作为戏文艳段的《张叶诸宫调》与《张协状元》的戏文本身加以区分。首先,作为艳段的《张叶诸宫调》具有相对的独立性,并不是《张协状元》戏文的固有组成部分,更不宜将《张叶诸宫调》视作《张协状元》戏文的第一出或开场。其次,《张叶诸宫调》与《张协状元》性质不同。《张叶诸宫调》"是一本宋杂剧",而《张协状元》则是戏文。也就是说,《张叶诸宫调》是用来充当戏文艳段的杂剧。如此一来,就应该更多地从宋杂剧和戏文艳段的角度审视《张叶诸宫调》,而不能将其与戏文混为一谈。

二

可以肯定,早期南戏的艳段体制就是从宋杂剧沿袭而来。在宋杂剧缺少剧本流传的情况下,《张叶诸宫调》为研究宋杂剧的艳段体制提供了难得的分析文本。从《张叶诸宫调》来看,宋杂剧艳段由题目、开场、杂剧主体、下场等部分组成,虽然篇幅短小,情节简单,但作为一本戏的结构仍相当完整。在《张叶诸宫调》中,题目

[①] 诸宫调并不具备代言性质,如果严格按照今天的概念,尚难被称为戏剧,由此亦可见宋杂剧之"杂"。

是四句七字韵语，开场是《水调歌头》和《满庭芳》两首词，杂剧主体为曲白相间的诸宫调说唱，下场从"那张叶性命如何"开始到"末泥色饶个踏场"。

（一）题目

《张叶诸宫调》前面有四句诗："张秀才应举往长安，王贫女古庙受饥寒。呆小二村沙调风月，莽强人大闹五鸡山。"这四句诗一向被当成《张协状元》戏文的题目。钱南扬曾指出，戏文题目一般是四句韵语，用来总括戏情大纲，并在末句点出戏名。但上引四句显然不大符合戏文题目的格式，"不但末句不是戏名，而且这四句只讲到五鸡山张协被劫为止，也没有包括整个戏情"。胡雪冈则解释说，"早期南戏对'题目'还未形成规范"。

但问题在于，这四句诗真的是"张协状元"的题目吗？既然这四句诗题于《张叶诸宫调》之前，而《张叶诸宫调》又是相对独立的艳段，那么，是否将其看作《张叶诸宫调》的题目更为合适？《张叶诸宫调》的内容是从张叶应举到五鸡山遇盗的一段故事，与题目诗的概括正好吻合。当然，诸宫调里没有出现王贫女和小二的情节，但这可能只是演出的省略。①

把四句诗看作《张叶诸宫调》的题目而非戏文《张协状元》的题目，与前人的看法不无出入。金元杂剧通常都有题目，钱南扬认为，金元杂剧的题目乃仿效戏文而来。但如果从《张协状元》的情况来看，也许事实恰恰相反，不是杂剧的题目源自戏文，而是戏文的题目源自杂剧（宋杂剧）。以《张协状元》为代表的早期南戏可能普遍没有题目，戏文题目是在较后的发展阶段才开始出现的，但也不过是沿袭宋杂剧的旧有体制而已。

（二）开场

同理，一向被视为戏文《张协状元》的开场的《水调歌头》与《满庭芳》词，也应该被看作杂剧《张叶诸宫调》的开场。这两首词的主要内容为夸说创作意图及演员表演水平，似乎用作戏文的开场也无不可。但仔细考察词的内容，却有两点值

---

① 当然也可能是记录的省略，如果考虑到《张协状元》是一个舞台记录本，就更容易理解了。《宋元南戏史》即认为《张协状元》与《错立身》《小孙屠》《金钗记》及成化本《白兔记》都是舞台记录本。见俞为民、刘水云：《宋元南戏史》，凤凰出版社，2009年，第32页。

得注意。

其一，两首词使用了不少与杂剧表演有关的术语，如"插科使砌""搽灰抹土""教坊格范""绯绿同声"等。当然，这些术语用于戏文也并非不可以，因为南戏最早也被称作杂剧（"永嘉杂剧"或"温州杂剧"），南戏的表演形式与杂剧存在诸多相通之处，与杂剧共享一些术语也不足为奇。但无论如何，这两首词还是会给我们一种印象，即它们更像是杂剧而非戏文的开场。

其二，《满庭芳》词的结尾云："诸宫调唱出来因。厮罗响，贤门雅静，仔细说教听。"很明显，这是在提请观众注意接下来的诸宫调表演。既然引导观众欣赏《张叶诸宫调》是两首词的主要目的，那么，把两首词视作《张叶诸宫调》的开场自然更为合适。

（三）诸宫调说唱

《张叶诸宫调》一共唱了《凤时春》《小重山》《浪淘沙》《犯思园》《绕池游》等5支曲子，每支曲子之下都有一段说白。这是诸宫调的典型体制，并无特殊之处。但正如钱南扬所指出，《张叶诸宫调》5支曲用的都是词调，即"无尾声不成套的散词"，而且遵守词韵，严辨入声，这被看作是南宋诸宫调与金诸宫调不同的特征。

《张叶诸宫调》的内容可分为两部分：前二曲及说白描写张叶上京赴试，告别父母；后三曲及说白演述张叶辛苦跋涉，来到五鸡山，遇强人遭劫。重点在第二部分，其中，描写五鸡山的高峻险恶及强人扮虎出场的场景特别详细。场景描写不适于舞台表现，而说唱的语言技巧在这方面却可以充分发挥其长处。

前面说过，诸宫调可能省略了不少内容，题目中提到的王贫女和小二都没有出现。诸宫调是否有意减少头绪，将内容集中在张叶一个人身上？又，诸宫调第二曲《小重山》云：

前时一梦断人肠，教我暗思量：平日不曾为宦旅，忧患怎生当？

提到了"前时一梦"，但究竟梦到什么，却毫无交代。所以，在《小重山》之前，应该也有被省略掉的曲白。

将诸宫调《小重山》曲后的说白与相对应的戏文进行对比，可以发现有一处内容上的差异。在戏文中，张协梦到在两山间遇虎被伤，对上京赴试之事心存犹豫，其父谓"人之梦，不足信"，劝其果断赴试。而在诸宫调中，却是张叶父母苦苦挽留，张叶以"梦幻非实""死生由命"等语慰之，辞别而去。这种情节上的差异，尤其足以证明《张叶诸宫调》相对于《张协状元》具有独立性，并不能视作《张协状元》的开场。

（四）下场

作为南戏艳段的《张叶诸宫调》杂剧，其下场非常有特色：

> 那张叶性命如何？慈鸦共喜鹊同枝，吉凶事全然未保。似恁说唱诸宫调，何如把此话文敷演。后行脚色，力齐鼓儿，饶个撺掇，末泥色饶个踏场。

这是一个说唱与杂剧"混搭"的下场形式。末色在说白完成之后问道："那张叶性命如何？"随即又念两句诗"慈鸦共喜鹊同枝，吉凶事全然未保"来作为回答，如同说书的"欲知后事如何，且听下回分解"，明显是说唱文学的收场形式。但紧接着又引导后行脚色奏乐，末泥色踏场，则又变成了杂剧的下场方式。事实上，一段诸宫调之所以能成为杂剧演出，也就是因为它被框限在杂剧式的开场、下场等结构之中。

作为杂剧艳段，《张叶诸宫调》重要的功能在于引出后面的戏文，这在下场部分表现得最为明显。"那张叶性命如何"的发问，就是为了引起观众观看戏文的兴趣。这也说明，《张叶诸宫调》仅演至五鸡山遇盗匪，完全是刻意的安排。在张叶命悬刀下的紧张时刻戛然而止，目的就在于制造悬念，充分调动观众的好奇心。

《张叶诸宫调》不但在情节上起着引导观众进入戏文的作用，而且在舞台表演上也与戏文相互衔接。正是在后行脚色"撺掇"的乐曲声中，戏文主角——扮演张协的"生"开呵上场。有学者曾经指出，诸宫调的下场与戏文的开场是连接为一体的。元鹏飞认为，"末"白之后"生"出，"生"接续"末"开场后转变为剧中角色，是戏文以至传奇的固定开场模式。《张叶诸宫调》结尾的"末"下与《张协状元》戏文开头的"生"上，正符合这一模式，因而《张协状元》的开场应该包括诸宫调的"末"下和戏文的"生"上两个部分。元氏强调诸宫调与戏文的连续性无疑是正确的，但将诸宫调也视作戏文的开场，似乎仍未认识到它的艳段性质。艳段具有一定的独立性，应与戏文分开讨论，在此前提下再来考察艳段与戏文的联系，则更能看出戏曲体制发展的轨迹。即如元氏所说的戏文与传奇"末""生"转换的开场模式，是否可以看作早期南戏艳段体制的遗存？或者说，戏文与传奇保存了早期南戏表演中艳段与正戏的转换模式，并进行了简化改造？

三

《张叶诸宫调》为早期南戏的艳段体制提供了具体例证。早期南戏的艳段体制虽然继承自宋杂剧，但又有自己的特点。可以说，南戏的艳段体制对宋杂剧既有沿袭的一面，又有变化的一面，充分体现了戏剧史发展的辩证性。

（一）从"寻常熟事"到"戏文引子"

根据《梦粱录》的记载，宋杂剧艳段所演多为"寻常熟事"，这种"寻常熟事"与正杂剧的情节并无关系。但作为艳段的《张叶诸宫调》与正戏《张协状元》的故事则属于同一个题材。在《张协状元》中，艳段和正戏的关系体现为同一题材的不同表演体式——作为艳段的诸宫调是说唱表演，而正戏则为戏曲表演。

《张协状元》不以"寻常熟事"作艳段，反映了从宋杂剧到南戏的变化。在四段结构的宋杂剧中，艳段的戏份相当于正杂剧的二分之一，因而艳段如果与正杂剧同题材，就会显得重复。而在南戏中，与多达数十出的正戏相比，艳段几乎可以忽略不计，使用不同的方式表演同一题材的故事，不但不会让观众产生结构上重复的感觉，还可以充分利用艳段来制造悬念，引出正戏。所以，《张协状元》艳段的变化，是与南戏整体结构相适应的功能性转变，主要作用在于引出正戏。相比之下，以"寻常熟事"为表演内容的宋杂剧艳段，其情节内容游离于正杂剧之外，独立性更强，地位更突出。

不过，艳段与正戏演同题材的故事，却有可能导致一种后果，即促使艳段融入正戏而消失。从戏剧史的事实来看，《张协状元》是一个孤例。不但以诸宫调与戏曲同本演出的现象别无可见，就连艳段也在后期南戏中销声匿迹。当然，在实际的演出中，我们今天仍可看到各种开场戏，如"跳加官""打八仙"之类。这些开场戏的情节内容多为独立于正戏的"寻常熟事"，如果把它们看作类似于宋杂剧的艳段，似乎也没有什么不妥。但这些开场戏通常与一定的演出场合相结合，主要功能在于增加庆贺气氛，或向演戏的主家表达祝颂之意。而纵观《院本名目》中"冲撞引首""拴搐艳段""打略拴搐"三类所列，宋杂剧艳段所演的"寻常熟事"多为对某类人物、某种行业或某种行为的模仿，取材广泛，以表现技艺、逗乐观众为主要目的。与宋杂剧艳段的表演性相比，后世戏曲开场戏的仪式性意味更为浓厚。

在宋杂剧中独立于正剧、注重表演性的艳段，在南戏《张协状元》中变成与正戏内容具有密切关联的"引首"，并在后期南戏中逐渐消融无迹。早期南戏的艳段具有引导正戏的作用，艳段的消失，使得后来的南戏必须寻求另外的结构来承担这种引导正戏的功能。笔者认为，南戏"家门"体制就是在这种情况下发展成熟起来的。或者换一个说法，南戏"家门"体制的逐渐成熟与艳段体制的逐渐销亡乃是互为消长的同一个过程。

（二）"末"与"末泥"

在《张叶诸宫调》中，出现了两个不同的脚色——"末"与"末泥"。"末泥"在诸宫调结束时才以"踏场"的表演方式现身。"末泥"是五杂剧色之一，"末泥"的出现，对于判断《张叶诸宫调》的杂剧性质是一个有力的证据。但更值得注意的是，紧接着艳段"末泥色饶个踏场"之后，是戏文中的"生"上场，并在断送曲《烛影摇红》的乐声中"踏场数调"。在艳段的"末泥色饶个踏场"与戏文开头的"生踏场数调"之间，是否具有某种联系，或者二者就是一回事？这是一个十分有趣的问题。如果此处杂剧色"末泥"与南戏脚色"生"是一回事的话，那么就可以十分清楚地从戏曲脚色的角度看到宋杂剧与南戏的传承关系。[①]

《张叶诸宫调》由末色开场，以下的说唱也由末色表演。然而，"末"却是戏曲脚色而非杂剧色，该如何理解作为戏曲脚色的"末"出现在杂剧艳段中，并成为舞台上最主要的演出脚色呢？对于这个令人困惑的问题，可能要从两方面进行解释：一是"诸宫调"作为杂剧的特殊性，二是杂剧色与戏曲脚色的关系。

诸宫调是说唱表演，脚色体制简单。五杂剧色中，副净、副末、装孤诸色的表演以科诨为主，都不宜于说唱，所以，宜于说唱表演的只有末泥和引戏两色了。但在《张叶诸宫调》中，末泥色最后才出现，其任务是"饶个踏场"，而且很可能在后面的戏文中转变为"生"，成为戏文的主角，所以前面的开场以及诸宫调的说唱

---

① 　元鹏飞即认为《张协状元》之"生"即由《张叶诸宫调》之"末泥色"所扮。见元鹏飞：《古典戏曲脚色新考》，人民出版社，2012年，第170页。

表演，就只有落在引戏色的头上了。

有意思的是,杂剧引戏色恰好被认为是南戏末色的前身。对于南戏末色的渊源，历来存在不同看法,或认为"末"是"抹泥"之省称,或将末色溯源至参军戏之"苍鹘",或认为"末"之名称来自梵剧和外来宗教……但也有学者注意到南戏末色与杂剧引戏色在演出职司方面的类似,从而论证了南戏末色即由杂剧引戏色演变而来。这一看法与《张叶诸宫调》的脚色情况正相吻合。作为杂剧艳段的《张叶诸宫调》，演出脚本应为引戏色,但真正在舞台上出现的却是末色。这一不同寻常的现象,如同前面提到的"末泥"与"生"的关系一样,所反映的都是杂剧色向南戏脚色演变的事实。

可以认为，作为南戏艳段的杂剧《张叶诸宫调》，因受戏文的影响而出现了戏文的脚色特征。当然，南戏末色本由杂剧引戏色演变而来,以末色来演出诸宫调杂剧,仍能顺畅地衔接上杂剧原有的脚色职能。

附带说明一下，由杂剧引戏色演化而来的南戏末色，并非副末。可能是为了附和传奇"副末开场"的惯例,钱、胡注本将《张叶诸宫调》的末色解释为副末,并将之与杂剧中的副末、参军戏中的苍鹘联系起来。但这里的末色不仅用于开场,还用于诸宫调杂剧的表演,钱、胡所注,并不符合事实。

小结

众所周知，宋杂剧和金院本都有艳段。而通过对《张协状元》戏文前面《张叶诸宫调》的分析可以看出,早期南戏也有艳段。这种体制上的类似,说明早期南戏与宋杂剧具有相当大的关联度,《张协状元》从宋杂剧脱胎而出的痕迹尚较明显。如果从宋杂剧到南戏确实存在前后相承的发展脉络,那么,《张协状元》就代表了连接宋杂剧和南戏的重要一环,因而在宋杂剧与南戏两方面都具有重要的认识意义。一方面，《张叶诸宫调》可以说是现存唯一的宋杂剧剧本,虽然只是一个艳段,但对于了解宋杂剧的体制结构,仍具有不容低估的价值;另一方面,《张协状元》及其艳段《张叶诸宫调》也让我们对早期南戏的剧本体制、脚色演化、舞台表演等诸多方面增加了新的认知。

王国维曾在《宋元戏曲史》里推测:"南戏当出于南宋之戏文，与宋杂剧无涉。"王国维所说的南戏,与我们今天的概念有别,是指以《琵琶记》和《荆》《刘》《拜》

《杀》等经典剧目为代表的元明南戏，所以又说"南戏当出于南宋之戏文"。王国维提出了一个饶有兴味的假设，即南戏与北杂剧具有不同的渊源。元杂剧由宋杂剧、金院本演变而来，与之相并行的还有一条由"南宋之戏文"演变为南戏的发展线索。王国维的这一戏剧史观点，可称为"南北二源论"。但随着研究的深入，已经有越来越多的证据表明，南戏与宋杂剧存在密切的渊源关系。《张协状元》及其艳段《张叶诸宫调》无疑是研究南戏与宋杂剧关系的重要文献，其所包含的关于早期南戏发展的丰富信息，尚有待更深入的解读。

原载《温州大学学报》（社会科学版）2011 年第 24 卷第 3 期

20 世纪初的学术转关
与南戏在文学通史中的确立

浦　晗

[摘　要] 回顾南戏学术史，文学通史对于南戏的书写情况学界一直关注甚少，这与南戏学科建立和发展的过程紧密相关。20 世纪初，中国社会的剧变引发了思想与学术的转向，传统学术在对西方思想的调试与顺化过程中引入现代文学史学科；"白话文运动"与"小说界革命"使戏曲等俗文学的地位空前提升，并在文学通史中得以确立；教育体制的改变促使了现代学人的诞生，科学的研究体系开始与传统的文献工作相结合，南戏的意义与价值被学界重新认知，最终促成了南戏在戏曲学与中国文学史上的回归。

[关键词]20 世纪初　学术转关　文学通史　戏曲　南戏

　　过去的一个世纪，戏曲学科完成了近代化转型，学科发展日臻完善，学人辈出，而作为戏曲学科分支的南戏研究也在过去的近百年间取得了空前丰硕的成果，大量文献资料的辑佚与发现，研究视野逐渐深化，研究方法渐趋多样化。在近代戏曲学科建立的同时，文学史学科也在中国产生，文学史体例的完善与写作方式的多样化，多角度地解释了文学的各类现象，揭示了文学的科学发展规律，在一定程度上也是各体文学阶段性研究成果的展现。南戏在文学史中的出现以王国维的《宋元南戏史》为标志，之后逐渐出现于各类戏曲史中，但在早期文学通史中南戏却鲜有学者关注，学界在 20 世纪末对百年南戏研究进行回顾时，这一点也多被忽略①。看似不足称道的事件在南戏学术史中实有重要的意义，相比专门的戏曲史与断代史，文

---

① 　孙崇涛《中国南戏研究之检讨》(1987) 对 1985 年以前的南戏研究进行了大致梳理，分析研究了若干问题；朱恒夫《百年南戏研究回顾》(1999) 将 20 世纪南戏研究大致分成了三个阶段，并据此提出了六点展望；徐朔方、孙秋克《二十世纪南戏与传奇研究回顾》(2003) 将南戏研究分成了六个阶段，概述了每一阶段的特点和主要研究成果。这些著述对南戏的研究多集中于文献的发现、各时期研究的特点与问题，以及分析未来南戏研究的方向，而对于近代文学通史对于南戏的著录确实提及不多。

学通史中的南戏内容更能清晰地反映近代南戏研究的起步、学科的创建以及研究对象确立的过程。

翻看新中国成立后几部主要的中国文学通史著作，如中国社会科学院文学研究所中国文学史编写组编《中国文学史》(1962)、游国恩等主编《中国文学史》(1964)、袁行霈主编《中国文学史》(1999)等，书中都有专章叙述宋元南戏，材料的收集、概念的描述都较为详细。但在文学史学科创建初期，文学通史对于南戏的著录却并非如现今般"理所当然"，从第一部文学通史的出现到南戏在通史体例中的确立，南戏历史的发展经历了一个较为复杂的过程，19世纪末20世纪初的历史情境与学术思想在这一过程中扮演了至关重要的角色。

一、西方学术的"舶来"：传统学术调试与顺化中文学史学科的创建

19世纪末的中国社会经历着剧烈的变革，中西文化的激烈碰撞孕育了新思想与新文化，传统学术也在阵痛中艰难地走向近代化。19世纪下半叶，长期居于中国古代学术统治地位的传统经学显露"疲态"，"皓首穷经"式的经典诠释虽然创造了独特且内涵丰富的中华文化，但其不可避免地造成了墨守成规的学术习惯以及狭隘的学术视野，而这种封闭性和狭隘性使经学在社会和思想的剧烈变革中渐渐被推到了捉襟见肘的尴尬境地，庄存与、龚自珍等人开始高举公羊家经说，以复西汉今文经学之古改造传统经学，启蒙思潮之门径由此大开，治经者开始本经术而论政事，后世盛言变法之学术风气渐成。

从鸦片战争至甲午丧师，中国门户大开，西方文化如潮水般奔涌而至，天朝上国的心理定式被一点点敲碎直至瓦解，在惊慌与哀恸之余，学者也在反思着传统的学术，中西新旧文化的接受与讨论成为这一时期的主要课题。伴随着清王朝一次次屈辱的失败，接纳西学的呼声愈发高涨，经学"内圣外王"的传统逐渐被"中体西用"的范式所取代，越来越多的人放弃了对经典的朝拜，在传统文化中处于至高无上地位的"圣贤经传"和孔、孟先哲被拉下神坛。邹容言辞激烈地痛斥，"汉学者流，寻章摘句，笺注训诂，为六经之奴婢"，"宋学者流，高谈太极无极，性功之理，以求身死名立，于东西庑上一瞰冷猪头"。经传被当成了遥古相望的资料和专制落后的渊薮，儒学的道德伦理则被视为束缚思想的枷锁，西方的文化和学术从被动到主动为中国学者所接纳甚至崇尚，经学也在对西方文化的调试与顺化过程中逐渐走

向终结。

学术的转型为文学史学科的培育提供了环境，平心而论，其实早在古人对诗文"流变"进行阐释时，既已包含了一定的文学史观，勾勒出了一些诗文运动的轨迹，但这种阐释多涵盖于传统的经学之中，其研究的概念、文体的分类以及研究的方法都缺乏专门性和系统性。除此之外，虽然文学史料的长期积累以及明清两代学者对传统诗文的精心考订与集结是文学史建设的重要基础，但这与现代的专业学科仍有相当的距离，就概念形式而言，中国的文学史学科确实是一件引自西方的"舶来品"。

中国文学史的研究在国外早有开展。1880年，俄国人瓦西里耶夫编写的《中国文学史纲要》公开出版，这是已知最早的中国文学史专著。1897年，古城贞吉《支那文学史》出版；1898年，笹川种郎《支那历朝文学史》出版；1901年，翟理斯《中国文学史》于伦敦出版；1902年，顾路柏《中国文学史》于莱比锡出版。这些"中国文学史"也随着汹涌输入的西方文化一起传入中国，笹川之书于1903年由上海中西书局翻译并发行。国人仿其体例开始了国内文学通史的编写。1907年，林传甲将自己在大学授业时的讲义编写为《中国文学史》公开出版，这部著作被誉为国内文学通史的"开山之作"。林传甲在《序言》中直言："传甲斯篇，将仿日本笹川种郎《中国文学史》之意以成书焉。"

经学的终结与西方文学概念的引进，文学开始从经学中独立，现代意义上的"纯文学"观念渐渐取代了"泛文学"的范畴，经典崇拜逐渐瓦解，加之严复、梁启超等人对西方进化论的引介，国人的文学观念从"源流正变"命题中的复古因循渐渐转向了文学进化，文学观念的变化也为近代文学史学科的建立提供了重要支撑，早期的中国文学史大都鲜明地体现了这一点。脱稿于1897年的窦警凡《历朝文学史》分"文字原始""经""史""子""集"五章，在最后篇幅约6400余字的"叙集"部分，窦警凡以有别于前四章的论述方式及纯文学史的内容，梳理了历代文、诗、词、曲的创作情况与发展脉络，有意识地从不同时代的文风入手，从社会历史的角度梳理文学的古今流变，这些都是进步文学观与史学意识的体现。成书于1904年的黄人《中国文学史》，在其"总论""文学之目的"中写道："人生有三大目的：曰真，曰善，曰美，而所以达目的者，学是也。真也者，求宇宙最大之公理，如科学、哲学等。善也者，谋人生最高之幸福，如教育学、政治学、伦理学、宗教学等。而文学则属于美之一部分，然三者皆互有关系。"黄人用真善美来言说文学的功用目的，并且突出了"美"这一"构成文学的最要素"，彻底改变了传统"文道""教化"式的文学阐释方式。

但也应当指出的是，早期的文学通史虽在一定程度上反映了进步的文学观，但明道宗经的传统仍然是文学史的主要观照，体例与思想依旧十分保守。林传甲的《中国文学史》恪守尚雅忌俗的传统，经、史、子、集无所不包，但对于宋元以来的戏曲、小说等通俗文学却表现出了极端轻蔑的态度。"日本笹川氏撰《中国文学史》，以中国曾经禁毁之淫书，悉数录之，不知杂剧、院本、传奇之作，不足比于古之《虞初》。若载于风俗史犹可。笹川种郎载于《中国文学史》，彼亦自乱其例耳。况其胪列小说、戏曲，滥及明之汤若士、近世之金圣叹，可见其识见污下，与中国下等社会无异。而今日无识文人，乃译新小说以诲淫盗，有王者起，必将戮其人而火其书乎！"林氏此书是仿笹川氏书体例而作，但他却严厉批评了笹川在书中对戏曲、小说等通俗文学的记录与推崇，这不得不说是一种落后与倒退。窦警凡《历朝文学史》的章节以"文字原始""经""史""子""集"划分，这实质上只能被称为是部国学概论，全书从始至终，窦氏均以卫道者的姿态，排斥着已经萌发的新思想，他秉持着传统的经义，对各类俗文学依旧不屑一顾，在书中，他彻底忽视了小说，全书对小说只字未提，对于戏曲虽在《叙集》中言其"其品卑益""相传已久"，并大致概述了曲的发展流变，但却总共不过百余字，相比传统诗文，依旧是"小道"。这种偏向保守的编写方式直至 20 世纪 20 年代以后才发生了根本改变。

二、俗文学的"春天"："小说界革命"中戏曲价值的重估

在中国古典文学的苑囿中，以典雅文言所构成的传统诗文一直占据着主体地位，但通俗文学却自华夏文学产生伊始便与其交织在了一起，虽然长期处于与正统诗文相对的边缘地带，但通俗文学却一直是一股充满生机的潜流活跃于文学的地表之下，为古典文学的发展提供着养料。中唐以降，雅俗文学的天平开始倾斜，经济与社会结构的变化潜移默化地改变了文学审美的结构，通俗文学的暗流自地底奔涌而出，不仅通俗的艳词、传奇进入了文坛，话本、院本、散曲、杂剧也接踵而至。明清时期，随着城市商品经济和市民阶层的迅速发展壮大，社会对通俗文艺的消费需求不断增加，从章回体白话小说与文人传奇的争奇斗艳，到清中叶地方花部戏曲的兴勃，俗文学日益发达。唐以后，文艺通俗化的潮流是社会经济和文学本身发展的必然趋势，但整个知识界对于俗文学的偏见却未有本质上的消解，因此这个趋势是一个渐变而

缓慢的过程。19世纪末，中国的社会与文化几乎在霎时经历了前所未有的剧变，"渐变"与"突变"的结合使这一过程陡然加剧，并将这股文艺通俗化的风浪推向高潮。

清末国势的颓败激起了无数有识之士救亡图存的希冀，西方文艺思想的传入极大地开阔了学者们的学术视野，学人从诗文社会实用价值的角度出发越来越多地对传统诗文的内容和创作方式提出质疑，"诗界革命""文界革命"相继而出，诗文创作的传统被逐渐打破，梁启超认为，19世纪末的古典诗歌已是"诗运迨将绝"，必须寻求改变，对于诗歌的发展方向，他明确提出，"今欲易之，不可不求之于欧洲。欧洲之意境、语句，甚繁富而玮异，得之可以陵栋千古，涵盖一切，今尚未有其人也"。这一创作理念被谭嗣同、康有为、夏曾佑等一众诗人所接受，近代化的思想内容和俗化的语言形式进入诗歌的创作，诗歌内容愈发新颖，语言开始趋向白话，呈现出明显的通俗化倾向。

"崇白话、废文言"的呼声愈发高涨，1897年，裘廷梁在《苏报》上发表了《论白话为维新之本》一文，文中他从民族兴亡的角度大谈白话之功用。他说："使古之君天下者，崇白话而废文言，则吾黄人聪明才力无他途以夺之……同斯言之，愚天下之具，莫文言若；智天下之具，莫白话若。"裘廷梁从文学作品对社会现实作用的角度出发，提倡白话，此文一出，立即引起强烈的社会反响，一场规模巨大的白话文运动逐渐形成。在这股历史潮流中，作为俗文学与白话文学代表的小说，也从长期被学界视为"小道"逐渐走到了历史的台前，并且被赋予空前的社会功用价值。

1897年，严复、夏曾佑在《国闻报馆附印说部缘起》一文中指出："闻欧、美、东瀛，其开化之时，往往得小说之助。"明确地将小说与国家、民族的兴盛和进步紧密地联系在一起。1902年11月，梁启超在《新小说》的创刊号上发表了著名的《小说与群治之关系》一文，他在文中系统地阐述了小说的社会功用，并将小说列为"文学之最上乘"，大声呼吁，"欲新一国之民，不可不先新一国之小说。故欲新道德，必新小说；欲新宗教，必新小说；欲新政治，必新小说；欲新风俗，必新小说；欲新学艺，必新小说；乃至欲新人心，欲新人格，必新小说。何以故，小说有不可思议之力支配人道故……故今日欲改良群治，必自小说界革命始；欲新民，必自小说始"。这篇小说理论文章的出现震动了文坛，梁启超在文中明确提出了"小说界革命"，一场声势浩大的小说革新运动风雷而起，小说的社会意义与历史地位被提升到了前所未有之高度。

与此同时还有 20 世纪初的戏曲改良。对于"戏曲改良"这个名词,学界在认知上存在着一些误区,时常会用到"戏曲界革命"这一称谓,将其与"诗界革命""小说界革命"等文体革命并列称之,这种区分其实是不准确的。实际上,"戏曲界革命"是包含于"小说界革命"之中的,包括梁启超、黄世仲、管达如等诸多知名学者,对于小说和戏曲的概念并未做出严格区分,在他们的观念中,戏曲亦是一种文体较为"特殊"的小说,梁启超在《小说丛话》中曾将《桃花扇》作为小说并发表评论;黄世仲更是在《改良剧本与改良小说关系于社会之轻重》一文中明确指出,"剧本者,小说界之一部分也"。直至 1912 年,管达如在《说小说》一文中仍将戏曲视为一种"韵文体"的小说。因此,所谓的"戏曲界革命"和"小说界革命",其概念的内涵与外延具有相当的一致性(详见表 1)。

表 1　20 世纪前 30 年主要中国文学通史体例内容一览表

出版年份	作者	著作名称	体例	戏曲部分
1906	窦警凡	《历朝文学史》	《文字原始》《经》《史》《子》《集》5 章	《叙集》部分百余字
1907	林传甲	《中国文学史》	按文体排列,共 10 篇	未有戏曲相关内容
1907	黄　人	《中国文学史》	分《总论》《略论》等 4 章,按时间顺序编订,主论作家	《分论》第 9 节提到元曲作家,未有戏曲专章
1914	王梦曾	《中国文学史》	按时序分《孕育时代》《词盛时代》等 4 编,11 章,72 节	56 节《曲之兴盛》与 66 节《曲之复兴》
1915	曾　毅	《中国文学史》	从《上古文学》至《近世文学》共 5 编,105 章,每编有总论	《戏曲小说之勃兴》与《清之戏曲小说》2 章
1918	谢无量	《中国大文学史》	按时间顺序分为 10 卷,5 编 23 章,关注到了时代的分期,文体的流变与重要作家作品	《宋之词曲小说》《元代文学戏曲小说之大盛》等 4 章
1918	张之纯	《中国文学史》	按照朝代顺序分 4 编 35 章,每章下按文体分节,节下再按流派分小结	《曲调之区分》《曲家之继起》《曲家之著作》3 章

出版年份	作者	著作名称	体例	戏曲部分
1921	葛遵礼 谢浚	《中国文学史》	以"南北两大思潮"为其写作导向，按时代分为12编	《宋代文学》《辽金元文学》《明代文学》《清代文学》皆有戏曲内容
1924	胡怀琛	《中国文学史略》	按朝代划分为11章，重在分析各朝文学变迁之大势与特点，每章部分都有作家小传	《绪论》《宋》《辽金元》《明》《清》等章节皆有论述
1924	刘毓盘	《中国文学史》	为一部简编，篇幅较短，不分章节，按文体有《文略》《诗略》《词略》《曲略》四部分	《曲略》部分详细论述了戏曲的流变、体制和音律，并简述了重要作家作品
1925	谭正璧	《中国文学史大纲》	加入了比较文学的视野，按时间书写，从太古写至近代，包括《绪论》《结论》共11章	元代部分录重要作家，明代部分述南曲之盛，清代部分论昆京剧之兴，现代部分写戏曲之进步
1926	顾实	《中国文学史大纲》	按朝代时间顺序，从太古至清代共11章，以作家为写作主体	《杂剧》《传奇》《戏曲》《传奇小说》等4小节

1904年，著名南社诗人柳亚子为中国第一份戏曲期刊《二十世纪大舞台》撰写发刊词，他在文中鲜明地阐发了戏曲的社会作用，认为在民族危亡之际，梨园舞台上不应当仅是忠孝节义、才子佳人的演出内容，戏曲改良迫在眉睫，要"建独立之阁，撞自由之钟，以演光复旧物、推到虏朝之壮剧、快剧"。1905年，陈独秀署名"三爱"在《安徽俗话报》第11期发表《论戏曲》一文。他在文中将戏曲称为"普天下人类所最乐睹、最乐闻者也"，将优伶称为"实天下人之教师也"，大谈戏曲的社会教育功能。他还进一步指出："唯戏曲改良，则可感动全社会，虽聋得见，虽盲可闻，诚改良社会之不二法门也。"此后，陈佩忍、梁启超、傅斯年、欧阳予倩等人皆撰文表达了类似的观点与看法，并进一步将戏曲改良付诸实践，改革"旧剧"。

这场由"小说界革命"带来的"戏曲改良"虽由于其参与者和实践者过分关注戏曲的社会作用，在一定程度上忽视了戏曲艺术的实质，最终走向消歇，但是其对戏曲现实意义和社会功用的提倡，在客观上极大地提升了戏曲的地位，让戏曲第一次和诗文等传统文体"等量齐观"，这种文体观念的变化，也根本地改变了文学通史以诗文词为主的体例，戏曲逐渐地成为文学史中无法忽视的重要内容。20世纪前30年的几部主要中国文学史著作编写方式的变化可以清晰地体现这一趋势，具体情况如表1所示。

从表1可以清晰窥见国内文学通史写作体例科学性的提升。1923年，胡适在为徐嘉瑞《中古文学概论文学》作的序中说道："从前的人把词看作'诗余'，已瞧不上眼了，小曲和杂剧更是不足道了。至于'小说'，更受轻视了。近30年中，不知不觉的起了一种反动。"所谓的"反动"，指的即是文学通史从撰写之初对戏曲几乎无一例外地轻视，至20世纪20年代以后的著录，中国文学通史无论是详编还是简编，章节划分无论是按时间还是按文体，戏曲都已是其有机构成部分，内容越来越丰富翔实。

三、曲折的"回归"：科学视野与文献辑佚中南戏的"再发现"

戏曲作为通俗文艺，其学科地位的巨大提升以及文学史编撰体例的近代化，使戏曲普遍地进入文学通史的书写范围，但原本应作为戏曲学重要分支的南戏却在文学通史已彻底认可戏曲的时候依然处于消失的状态。即使偶有提及，也充满了随意性。

曾毅《中国文学史》在"戏曲小说之勃兴"一章，只关注到了元杂剧的作家作品，对南戏全无著录。张之纯《中国文学史》"曲调之区分"一节说道："元末以北曲不便于南，永嘉人高明作《琵琶记》遂为南曲之始，施惠作《幽闺记》以继之，自是南北曲两者，并胜其歌也。"刘毓盘《中国文学史·曲略》也认为："古诗亡，而律诗作，律诗亡，而词作，词亡，而北曲作，北曲亡，而南曲作，故曲曰词余。"编者在编撰文学史时关照到了文体嬗变的规律，却将南曲作为北曲的支流，以"北曲之渐衰"后引出"南曲之初起"，宋元南戏部分只字未提。谭正璧、顾实的《中国文学史大纲》亦是完全按照这种方式书写的。这种随意而谬误的著录看似偶然，实则有着深刻的历史根源，这种情况的出现与古典曲学"重北轻南"的学术传统紧密相关。

南戏是我国最早的戏曲形式之一，标志着我国的戏曲艺术在经历了漫长的孕育期后步入成熟。南戏在民间虽大受欢迎并迅速传播，但这一根源于民间、充斥着市井气息的艺术毫无疑问地受到了士大夫的排斥，而元代北曲特别是其中的北曲杂剧却以其文学性与舞台性被确立为了后世剧坛的"元典"①。嘉靖年间，身为七子领袖的王世贞在其曲论著作《曲藻》开篇"曲之源流"提出："大江以北，渐染胡语，时时采入，而沈约四声遂阙其一。东南之士，未尽顾曲之周郎；逢掖之间，又稀辨挝之王应。稍稍复变新体，号为'南曲'高拭则成，遂掩前后。"

自此以后，"南曲为北曲之末流"的观点在曲坛逐渐确立，"重北轻南"也渐成古典曲论的惯性思维，这也使得南戏成为古代戏曲研究的"盲区"，"士夫罕有留意"。究建炎南渡至清末，上下700余年，仅徐渭《南词叙录》一本专论南戏，有关南戏的论述多散落于文人的笔记、书稿之中，皆为吉光片羽之言，学者对南戏的态度更是充满了鄙夷与贬抑，古代南戏研究步履维艰。

学界长期的偏见更是造成了南戏文献资料的大量散佚。即使学者有心于此，也因资料的匮乏而手足无措。嘉道年间，姚燮在《今乐考证》中附录了徐渭《南词叙录》所收南戏剧目，他在文末感叹，"文长所录南词本，无论宋、元人编什亡其七八，即明人编者亦不存三四"，可见南戏资料散轶的严重。如钱南扬先生所言："到了清朝，简直不大有人知道这个剧种了。"牢固的偏见与资料的极度缺失使南戏在曲学中成为"一个缺失的环节"。20世纪初，文学通史对南戏普遍的忽视与误解也正因于此。

19世纪末，腐朽的末代王朝已是日薄西山，伴随其一同走向末路的还有它的教育体制——科举应试。不可否认，科举在建立之初，确实起到了抑制门阀的作用，众多寒门由此登上仕途，一展抱负。但科举发展至明清，其考试的内容和形式逐渐僵化，弊端尽显，《儒林外史》等小说便生动地刻画了这一事实。清中后期，科举的弊病更是为众多学者所共识。汪康年指出："今日振兴之策，首在育人才，育人才则必能新学术，新学术则必改科举。"严复更是直接提出："痛除八股而大讲西学，则庶乎其有鸠耳。"甚至连统治阶级的高层也认识到了这一点。1903年，张之洞、袁世凯联名上奏："科举之为害，关系尤重，今纵不能骤变，亦当酌量变通，为分科递减之一法。"1905年，清政府颁布《上谕》，"着即自丙午科为始，所有乡会试一律停止，各省岁科考试亦即停止"，宣告实行了一千多年的封建科举退出了历史舞台。

---

① 参见浦晗：《古典曲论中"重北轻南"现象之考述》，《民族艺术研究》2016年第4期。

科举的废除，读书人彻底从死板的八股应试中解放出来，知识分子渐渐走上了职业化道路，现代教育制度开始逐步建立，新学迅速传播。近代戏曲、小说等通俗文学学科地位的提升引发了学者们的关注，而在现代教育体制中成长起来的学人，将其贯通中西的学识带入了戏曲的研究，传统的偏见渐渐破冰。王易言："自清季废科举，士之贤而才者，脱帖括之束缚，去禄利之希冀，而竞从事实学。……即词曲之学，亦不乏方闻博雅之名家。"在这些"博雅之名家"中，王国维首当其冲。正如梁启超所言："曲学将来能成为专门之学，静安当为不祧祖矣。"其开创之功，一语中的。王国维早年曾求学日本，自学日语、英语，并钻研叔本华、尼采和康德的哲学。30岁之后，他转向传统词曲研究，倾力于简牍、金文、泥封、卜辞、石经与敦煌残本，学贯中西的学术经历使他的知识结构、学术视野，以及国学功底都达到了时代的尖端。对于学术，他"无新旧中西有用无用"之分，认为"欲学术之发达，必视学术为目的，而不视为手段，而后可……学术之发达，存于其独立而已"，这种超脱功利的纯学术观念，使得王国维对于戏曲的关注也迥然不同于梁启超、陈独秀等人对社会功用的过分关注，而是以纯学术的角度客观对待。

　　王国维的戏曲研究始于19世纪末，先后完成了《曲录》《戏曲考原》《录鬼簿校注》《优语录》《唐宋大曲考》《录曲余谈》《古剧角色考》等7部著作，并于1912年底集结成《宋元戏曲史》一部总结性著作。王国维将西方的美学思想与传统考据学相结合，"究其渊源，明其变化之迹"，将戏曲的上限延伸到了上古巫觋，清晰地勾勒出戏曲的萌芽期、形成期与成熟期，从语言、结构、角色等各个方面详尽剖析了宋元戏曲，并从文学审美的高度评判了宋元戏曲的价值，这种研究思路彻底摆脱了即兴、零散的评点，如果说梁启超、裘廷梁、胡适等人倡导的"小说界革命""白话文运动"在观念上提升了戏曲在文学中的地位，那么王国维则真正从学理上赋予了戏曲独立的学科品格。书中，王国维列"南戏之渊源及时代""南戏之文章"两章讨论南戏，在文献资料极度匮乏的情况下，他从《草木子》等元、明两代文献有关南戏的只言片语中，发现了南戏产生于宋代的线索，得出"南戏之渊源于宋，殆无可疑。至何时进步至此，则无可考。吾辈所知，但元季既有此种南戏耳。然其渊源所自，或反古于元杂剧。今试就其曲名分析之，则其出于古曲者，更较元北曲为多"的结论。对于南戏的艺术成就，王国维一改古人"重北轻南"之说，不仅认为"元代南北二戏，佳处略同"，还进一步指出，"然元剧大都限于四折，且每折限一宫调，又限一人唱，其律至严，不容逾越。故庄严雄肆，是其所长；而于曲折详尽，犹其所短也。至除此限制，而一剧无一定之折数，一折（南戏中谓之一出）无一定之宫调；且不独以数色合唱一折，并有以数色合唱一曲，而各色皆有白有唱者，此则南戏之一大进步，而不得不大书特书，以表之者也"。认为南戏的体制相较于元杂剧，是一个"不得不大书特书"的巨大进步，这种高度的评价实属难得。王国维在戏曲史中勾勒提炼出宋元南戏这条支线，并从"史"的高度肯定了它的艺术成就，《宋元戏曲史》全书虽依旧主论元杂剧，但这已是南戏研究实质性的进展了。

在近代南戏研究创始之初，除王国维，还有一位学人也做出了重要贡献，他的戏曲研究时常被人所忽视，但对于南戏这门学科而言，却是重要且影响深远的，这位学人就是姚华。

姚华是光绪年间的举人，也曾求学日本，后任北京女子师范大学校长。同王国维一样，姚华的知识体系也具备了中、西两种视野。1913 年，姚华的《菉漪室曲话》在梁启超创办的《庸言》上连载，全书共四卷，标题为《毛刻签目》的二至四卷是《曲话》的主体，姚华在这一部分校订了毛刻《六十种曲》中的九种剧作，其中的几部南戏姚华考订尤为精细。校《荆钗记》，兼参《南九宫谱》和《新定十二律京腔谱》；校《琵琶记》，尽量收集高明生平所有资料，同时参《南九宫谱》《十二律京腔谱》；校《南西厢记》，姚华用校雠法写成"芒父考订本"，以见古曲原来面目。姚华在开篇写道："曲虽小数，然一字得失，至关轻重。"姚华以治经的态度治曲，资料之翔实、考订之缜密前所罕见。其所作校勘工作对于戏曲研究的意义，卢前在《姚茫父先生的曲学》一文中如此评价，"近来曲的辑佚（尤其是南戏）之风，也就是从姚先生校'古曲'中开展出来的"。

《菉漪室曲话》的剧本校雠对于当时文献资料严重散铁和匮乏的南戏而言，无疑是基础而关键的，如果说王国维用学贯中西的研究体系勾勒了南戏在戏曲史中的轮廓，那么姚华则用校雠学的方法开启了近代南戏文献的整理与辑佚。之后，随着一些重要文献的陆续发现，南戏在 20 世纪 30 年代一度成为研究热点。南戏被引入文学史的框架也与当时戏曲学人的辑佚工作紧密相关。

1932 年，郑振铎的《插图本中国文学史》由朴社出版，郑氏有感于 20 世纪二三十年代诸多文学史轻视"唐、五代的许多变文，金、元的几部诸宫调，宋、明的无数短篇平话，明、清的许多重要宝卷、弹词"，以及"元、明文学主干的戏曲与小说"等"这个不可原谅的绝大缺憾"，加入了"三分之一以上他书所未述及"的材料，写就了这部以中国古代各体文学发展过程为研究对象的综合文学通史著作。

《插图本中国文学史》全书为三卷，中卷"中世文学"第十四章"戏文的起来"、第四十七章"戏文的进展"概述了南戏的起源与流变，这是文学通史著作第一次列专章论述南戏，第五十二章"明初的戏曲作家们"则逐一列述了宋代戏文《赵贞女》《王焕》《王魁》《乐昌分镜》及《陈巡检梅岭失妻子》5种，以及《永乐大典戏文三种》与《琵琶记》，并揭示了29种元戏文残曲的情况，从起源、发展、作家、作品、辑佚等各方面整体展现了南戏的面貌，虽然此书的章节体例与部分观点依旧存在一些问题，但不可否认这是国内文学通史对宋元戏文最早且较为完整的叙录。

20世纪30年代陆续出版的中国文学史有二三十种之多，继郑氏《插图本中国文学史》之后，文学通史开始关注南戏，南戏越来越多地以专章的形式出现在中国文学史之中，南戏在古典戏曲中的独特品质为越来越多的学者所关注。

在描述南戏起源时不仅认识到了南戏与杂剧是两种不同的形式，而且进一步指出"戏文的起来，其时代较杂剧为早，其来历也较杂剧的来历为单纯"。容肇祖《中国文学史大纲》"宋元戏曲的产生与发展"一章引征祝允明《猥谈》、徐渭《南词叙录》、叶子奇《草木子》以及王国维《宋元戏曲史》等相关资料，并据《永乐大典戏文三种》等新发掘的文献以及钱南扬的《宋元南戏百一录》等一批新的研究成果，大致梳理了南戏的剧目，然则《赵贞女》《蔡二郎》《王魁》，都是最早的"温州杂剧"，即南戏，即以"宋人词而益以里巷歌谣"所成，是出于宣和之际，著于南宋之间的。这是南戏的来源。张长弓《中国文学史新编》"印度戏与戏文"一节论及"戏文"的起源也提出历来由杂剧蜕变而出的观点"并不怎么正确"，认为"它在宋代，业已产生"。赵景深《中国文学史新编》不仅罗列了其从《九宫大成谱》与《南曲谱》中辑佚的5种宋代戏文与28种元代戏文，还详细地考证了每一种戏文的本事、残曲等情况。

继郑氏的《插图本中国文学史》之后，文学通史对南戏的考察渐趋完整，南戏在古典戏曲形成发展过程中的特殊意义也被层层发掘，最终成为文学通史体例中的固定因素。

从文学史学科的建立到文学史对戏曲的书写，再到南戏进入文学史的体例，20世纪初思想学术的转变在每一个环节都起到了关键甚至根本性的作用，而在文学史书写体例改变的过程中，近代南戏学科也逐渐建立。德国著名接受美学家瑙曼如此描述文学史的意义："'文学史'一词在德语里至少有两种意义。其一，是指文学具有一种在历时性的范围内展开的内在联系；其二，是指我们的对这种联系的认识以及我们论述它的本文。"南戏在文学史的整体考量之中,被赋予更加立体的"史"的意义,其学科内部的肌理与各要素之间的联系逐渐明朗,文献资料愈发丰富与系统,其概念、外延逐渐清晰,学科的研究对象也趋于明确,这不仅促进了南戏文献资料的辑佚与整理,还全面推动了南戏研究。

1934 年,在《插图本中国文学史》出版两年之后,赵景深《宋元戏文本事》由北新书局出版,全书辑佚戏文 46 种,赵景深在书中多次提及郑振铎《插图本中国文学史》;同年,钱南扬《宋元南戏百一录》也付梓出版,该书辑佚戏文 45 种,在卷首"总论",钱南扬从发源、名称、沿革、曲律、文章、名目等 7 项对南戏进行了全面综合论述,为后来《戏文概论》的撰写做了前期准备工作。此后,如杜颖陶《南戏本事掇拾》(1935),陆侃如、冯沅君《南戏拾遗》(1936),傅惜华《宋元南戏佚文之宝藏》(1938)等一批研究成果相继发表,南戏研究一时蔚为大观,南戏学在此时期才算真正建立起来。

原载《内蒙古社会科学》2016 年第 37 卷第 6 期

瓯江山水诗路的文学地理形态与演变

陈　凯

[摘　要] 摆脱依据时间线考察文学史的藩篱，从文学地理学的基本方法深入考察瓯江山水诗路的地理形态可见，历经先宋山水诗的肇起与地域文化的勃兴、两宋文教的灿烂与山水诗的繁荣、元明清及近代的自适和深入，瓯江山水诗文学实绩卓越。近代以来，温州现代诗歌、散文创作的助力，使得瓯江山水诗路自古至今的流域轴线、城市轴心及文人流向更加显著地影响着温州文化发展，其对温州山水人文基本范式的确立和生态文明建设动力的持续供给都起着重要作用。这一作用，也需要在新时代更好地加以利用。

[关键词] 瓯江山水诗路　文学地理　山水文脉　生态文明　温州

　　传统的文学研究，特别是以作家及其作品为主体的地域文学线路的梳理，往往注重或者说习惯基于文学史的线性发展。依照时间线索考察文学现象固然是一种重要的基础方法，但学者甚至每一位读者在研究、欣赏文学作品，体悟作家人格魅力的同时，都不难发现作家作品永远都不会只停留在历史的时间轴上，而是必然会存在一个空间归属问题——很多时候，恰是这一问题才形成和巩固了文学的地域性特征和影响。但令人遗憾的是，空间问题往往被文学研究者忽略甚至漠视。在当前文化建设既突出生态意识又重视中华优秀传统文化的前提下，反思地域文学的构建，以一种时空交融的新思维去考察文学成果，是文化创新性发展的必然选择。2018 年，浙江提出打造"四条诗路"即浙东唐诗之路、大运河诗路、钱塘江诗路和瓯江山水诗路的建设决策，远期展望至 2035 年，并在 2019 年出台《浙江省诗路文化带发展规划》，其中明确"瓯江山水诗路"作为古代浙南山水主游线，自西向东流，贯穿整个浙南地区，流经丽水、温州等地，其承载的诗歌文化底蕴，独具诗的气质与禀赋。瓯江山水诗路的深入研究，有利于为这一发展规划及其永续发展提供人文成果、创新建设方法、夯实建设成效。本文以瓯江山水诗路温州段的文学地理形态与演变为主进行相关探究，以期对此有所助益，更好地服务于温州文化建设。

一、瓯江山水诗路文学地理形态概况

瓯江是浙江第二大江，历史上曾名永宁江、永嘉江、温江、慎江等，发源于丽水龙泉、庆元交界的百山祖西北麓，自西向东贯穿整个浙南山区，主要流经丽水、温州两地，干流全长 388km，流域面积 18028km²，在温州市流入东海温州湾。瓯江流域山水秀美，遍布优质旅游资源，缙云仙都、雁荡山、楠溪江、百丈漈—飞云湖闻名全国。瓯江流域广泛而又得天独厚的自然资源，自古以来就是文人墨客游历所向，遂为孕育山水文学的绝佳之地。瓯江自丽水的龙泉、缙云、松阳、遂昌、景宁，再到温州的永嘉、鹿城、瓯海、乐清、洞头等地，犹如一条大动脉贯通于浙南的中国文学版图之上，同时又与其主要支流楠溪江在文化层面相生相伴，交相辉映，在丽水、温州历史上发挥着养育生命、孕育文化的重要作用，在丽、温两地文学地理自西北向东南的依次移位中发挥自古至今生生不息的主导作用。温州境内的瓯江文学地理形态和演变，是瓯江山水诗路的形成及其重要作用的典型体现。

（一）先宋：山水诗的肇起与地域文化的勃兴

依据 2019 年 10 月正式颁布的《浙江省诗路文化带发展规划》的线路，瓯江山水诗路以瓯江—大溪—龙泉溪为主线，包括楠溪江支线、温瑞塘河支线、松阴溪支线，覆盖温州、丽水 14 个主要行政区域。由这条形成于历史时空、确立于当下社会经济文化发展需求的文化带地理线回溯，不难发现诗路建设实际上就是一条基于人文地理学，指向文化及其相关产业发展的建设之路。那么，从文学地理学角度进一步强化诗路建设，必须弄清楚瓯江山水诗的地理变迁。当然，这种变迁主要是以作家作品为核心的文学地理概念的变迁。参照梅新林先生的文学地理学研究结论，中国古代文学在先秦时期经过了族团性文学创作、集体性文学创作、个体性文学创作三个时期[①]。但古代丽水、温州都地处偏远，因多山而交通不便，因此经济的发展在政治意志无法也无力顾及的大部分时间里，都处于较为落后的状态。总体上看，首先应该引起重视的，是先唐山水诗的地理变迁，重点是东晋谢灵运的重要贡献。

[①] 梅新林:《中国古代文学地理形态与演变》，上海师范大学人文学院，2004 年，第 14 页。

第一阶段，是先秦到两汉时期，瓯江山水文学的地理中心在温州。先秦时期，未被中原文化关注的瓯江山水是一片未开垦的处女地，当下意义上的瓯江山水诗路也不可能存在。瓯越人经过两千多年的经营，在长期作为蛮荒地域依附于北方大国之后，终于在汉初建立东瓯国，这是温州历史上第一次明确见之记载的行政建制[1]。东瓯国的建制最终虽因温州历史上的第一次人口外迁而消亡，也无史料记载其文化，却标志着温州历史上的第一次生产、文化和人口的发展。值得注意的是，东瓯国的颂诗见诸记载，虽然与瓯江山水诗路的形成没有直接的关联，却可以作为这条文学之路的源头。

第二阶段，是东晋在温州建立永嘉郡后。永嘉郡下辖的地区皆为现今瓯江流域的主要区域。这一时期，江左仕宦游寓永嘉之诗的出现，堪称瓯江山水诗路的肇起。以谢灵运为代表的众多域外名人主政永嘉郡，瓯江山水诗路开始得到实质上的确立。谢灵运的文学创作以山水诗名世，其中富丽精工之作，生动细致地描绘了永嘉、会稽、彭蠡湖等地的自然景色，展现了当时当地的人文风貌。谢灵运的诸多山水诗是其任永嘉太守后所作咏瓯江山水者，也是瓯江山水的最佳代言。鉴于谢灵运的身份及其仕宦活动的特点，可以明确瓯江山水诗路从生发伊始，就不是单一和封闭形态的，而是内融和外拓兼有的。而实际上，自谢灵运后，温州诗歌就形成源远流长，数量多、质量高的发展态势。其中的山水诗，是最富成就的部分，也是形成山水文脉的重要基础。但是，从创作主体的角度说，这一阶段是以宦游和寓居温州的域外士人的创作为主。自谢灵运以来，温州山水诗逐渐形成了从外来诗人到本土诗人崛起，再到群体性和平民化发展的历史进路。"据不完全统计，温州瓯江沿线清朝以前的诗词共 6300 多首，分别是唐诗 46 首、宋诗 439 首、元曲 13 首、元明清诗 5800 多首以及唐代以前古诗 25 首。"[2]

第三阶段，是隋唐五代时期温州本土文人开始出现。这一阶段，温州地域文化的影响依旧没有浙江其他地方大，瓯江山水诗的成就特别是地位虽不能与东晋时期相提并论，但其重要价值是本土文人出现之后，山水诗作为文学之路的代表性成就，在内外交流的过程中变得更加璀璨夺目。如温州诗人张谞诗格高古，同时又是书画

① 徐顺平：《温州历史概述》，新新出版公司，2004 年，第 5 页。

② 李艺：《谋划文旅融合 温州点亮瓯江山水诗之路》，《温州日报》2019 年 5 月 30 日，第 2 版。

家，与王维、孟浩然等人颇有交往，其对温州文化的发展，有十分重要的贡献。又如五代时期的辩光禅师多作古调，司空图赞其诗风劲逸近似高适、李白。总体上看，这阶段旅居温州的唐代诗人和温州土著诗人之间的交流更加频繁，而且，寓居温州的诗人的创作成就也明显更高一些，较有代表的如唐宪宗一朝，温州寓居诗人在诗歌创作上取得了辉煌的成就，这为宋代本土诗人的出现起到了很好的示范作用①。显然，这一阶段基于文学交流和风俗文化交融的文学创作，真正使得瓯江山水诗在这一时期取得突出成就，是为唐韵之歌的代表，成为宋代温州文化兴盛的先声。

（二）两宋：文教的灿烂与山水诗的繁荣

宋代大一统局面的确立及重视文化的国策，使瓯江山水诗的创作随着温州社会经济的发展而走向繁荣。温州本土诗人的创作至少在山水诗领域，已经确立了在全国的重要地位。诗人群体代代延续，讴歌诗画瓯江的深度和广度，已有赶超宦游和寓居温州诗人之势。当然，这一时期，最为重要的成就，是温州在北宋诗坛交流更加深入的基础上，逐步形成具有地域独特风格的诗歌创作成就。其中，山水诗的创作是最为典型的题材之一。南宋文化中心南移临安之后，温州文化愈加繁盛，初期温州诗坛已有不少山水诗，如永嘉诗人林季仲及朱熹弟子所写温州诗、温州诗人陈傅良和叶适的诗歌中，有大量瓯江山水诗的佳作。永嘉四灵与南宋后期江湖诗人，以及南宋中后期仕宦温州的诗人，不仅创作了大量的山水诗，也对温州文化教育产生了重要影响。

值得注意的是，这一时期山水诗的成就，还得益于佛道文化的兴盛，其中助益最多的是游历温州的诗僧群体。当然，僧人游历之际，多居山水幽静之寺庙，创作了更多的山水诗佳作，实为自然之事。如宋元易代诗僧释文珦不仅游历过温州，还与瑞安曹豳、温州刘植等交游，释文珦《潜山集》之《送王商公游永嘉兼呈东刚曹侍郎荆山刘学士》云："觅句东嘉去，春风草又薰。一千余里路，四十九盘云。幸有江山助，休为旅泊分。曹刘诸老在，为我致殷勤。"②这一时期，无论是本土诗人群体，还是宦游、寓居文人的创作，乃至诗文僧的作品旨趣，都明确显现了将山水

---

① 张一平、张胜南：《温州诗歌史（先秦至两宋时期）》，浙江人民出版社，2013 年，第 82 页。

② 陆心源：《宋诗纪事补遗》第 3 册，徐旭、李建国点校，山西古籍出版社，1977 年，第 1888 页。

诗作为诗歌创作主要内容的态势。由此可见，宋代瓯江山水，已经成为诗文创作中的典型意象，是一种地方文化建设进路的重要选择和对外文化交流的绝佳工具，据此，可以认定为瓯江山水诗路的形成。

还要注意的是，这个时期的对外交流和学习，使得温州诗人的创作成为一种自觉、深入开展地方文学艺术创作的集体行为。温州诗人从江西诗派借鉴到的最重要诗学观念是诗歌题材回归到日常生活。到四灵辈诗人，温州诗歌渐露自家面目，温州诗坛与江西诗坛之间已经是隐然的竞争关系。而文化中心的临安诗坛带给温州诗界最重要的诗学观念是生活与艺术分离，艺术独立性日益增强 ①。

（三）元明清及近现代：从自然深入内融外拓

在两宋确立了瓯江山水诗路的基本文学地理时间线后，元明清时期瓯江山水诗路的形成就顺理成章地变得自适和深入。如自唐宋雁荡大龙湫被歌咏之后，这一时期又有元代著名文学家、诗人、学者，乐清人李孝光作《大龙湫记》，明代乐清人朱谏作《大龙湫》，清代文学大家袁枚游历雁荡作散文《大龙湫》，并有《大龙湫之瀑》诗。由此可见，在这一时期，瓯江山水景观一方面已成为域外仕宦文人膜拜之地；另一方面也成为文化交流的重要载体，其文学乃至文化因素，在很大程度上显现了内融外拓的趋势。

当然，元代的严酷统治和明清两代的海禁及倭患，对温州以对外贸易为重要支撑的经济造成了极大的打击。但或许正是因为遭受了这样的打击，温州人向域外和海外拓展的决心更强，实际上形成了近代以来，特别是国门被打开后日趋加深的、更强劲的内融与外拓。近代以来，温州对外贸易的发展和温州人对海外谋生依赖程度的加深，使得瓯江山水诗路逐渐成为文化图腾。从近代到现当代的诗歌史，温州诗人及其他文学家的文学创作，虽然并未出现名家大作，但商贸经济的助推，也在很大程度上实现了瓯江山水诗外拓的文化影响，实际上形成了文学地理的超地域形态。

① 杨万里：《地域文学交流与南宋温州诗歌创作》，《文学与文化》2010 年第 2 期。

二、瓯江山水诗路的流域轴线、城市轴心及文人流向

2019 年 5 月，浙江省文化和旅游厅牵头制定的《瓯江山水诗路文化和旅游发展三年行动计划（2019—2021）》提出"把瓯江山水诗路打造成为中国山水诗词研学圣地、具有国际影响力的黄金旅游目的地、国际秀山丽水生态养生福地"。2019 年 10 月，温州市发改委牵头制定的《温州山水诗路文化带发展规划》提出"打响'诗画山水、温润之州'主题品牌"要求，计划将瓯江山水诗路打造成中国山水诗词研学圣地、具有国际影响力的黄金旅游目的地、国际秀山丽水生态养生福地。诗路要展现诗人行迹图、水系交通图、遗产风物图、名城古镇图、瓯越学脉图"五幅地图"，因而，山水诗路既是文化之路，也是产业之路[①]。从更长远产业之路的发展看，有必要对瓯江山水诗路的流域轴线、城市轴心及文人流向进行考察和分析。

（一）流域轴线

瓯江山水诗路，以瓯江为名，故需首先从水系水文的角度考察流域轴线。从瓯江三大干流的走势不难看出，流域的支流汇聚的重要拐点和干流入海口，恰好形成丽水和温州两地的山水名胜。唐代温处两地分治，但瓯江山水诗路无论在形式和实质上都不会也不可能被割断。流域轴线的稳定，是瓯江山水诗路的重要特征。当然，这在很大程度上取决于丽水和温州在历史上密不可分的关系和极高的人文地理上的相似度。同时需要注意的是，温州长期以来受永嘉事功学说的影响而讲求功利，在相对较为发达的商品经济社会生活中讲求物质享受，这都在一定程度上阻碍了瓯江山水诗在民间的传播。

以水文为线的考察可以发现，瓯江山水诗的创作和流播，主要集中在山水名胜和寺庙道观等地，这与浙江其他诗路更为错落的文化形态略有区别。一方面，宋代以前的瓯江山水诗，基本上是域外文人宦游、寓居、游历至此进行的创作，因此不太可能深入以零散状态分布的村落当中；另一方面，宋以后温州文教兴盛主要以书院形式承载而发展，这一趋势在宋以后特别是南宋时期变得更加明显，也正是由于

[①] 陈中权：《温州建设瓯江山水诗路文化带的问题及对策》，《温州职业技术学院学报》2019 年第 4 期。

这个原因，在瓯江山水诗路上可以找到很多作为诗路节点的村落。当然，应该看到，正是这种较贴近民俗和宗教的流域特点，使得文学作为文教工具的功能一旦被接受，就会在民间起到更好地推动文化发展的作用。例如，在宗教文化方面，因为佛、道两教在温州的盛行，温州诗文僧的山水诗创作在民间得到了较好的传播，不失为一种积极的影响。

（二）城市轴心

城市文明是古代文明的重要标志，瓯江山水诗路建设，主要包括温州的鹿城、瓯海、洞头、永嘉、乐清、瑞安；丽水的青田、莲都、云和、龙泉、缙云、松阳、遂昌、景宁。如果以温州为主体，从瓯江山水诗路的城市轴心变化看，有一条明晰的演进线索：丽水—温州（市区）—永嘉—乐清—瑞安。这条线上的每一个明珠般的城市，都在不同时期各有突出地位，但纵观整个诗路的生成和发展，这些城市都闪耀着独特而灿烂的光辉。从各地以城市为中心的山水诗发展看，整个区域特色则十分明显。瓯江山水诗路寄情山水间，城市成为串联其中的多彩明珠，丽水不仅有"秀山丽水，诗画莲都"的莲都主城区，还有"诗意遂昌，钱瓯之源"的遂昌，"剑瓷龙泉，物华天宝"的龙泉，"诗画畲乡，和美景宁"的景宁，"醉美缙云，人间仙都"的缙云，"山水家园，童话云和"的云和等。而温州除"山水之间，温润之州"的温州主城区之外，还有"山水永嘉，诗韵悠悠"的永嘉，"雁山瓯水，乐音清扬"的乐清，"天瑞地安，诗书传家"的瑞安，"海上仙境，诗画洞头"的洞头等。这些城市轴心的主要文化特征，在诗歌史上出现的次数已经难以计数，且多伴随着对山水的讴歌，因此，瓯江山水诗路的山水清音也是城市特产的绝佳文案。

同时，聚力城市轴心视角，有利于在山水诗路文化带建设中实现传统与现代、历史与文化、人文与学术的三个结合，更好地揭示历史人文现象背后文化的渊源与意蕴，以及诗路文化的现实意义。以乐清为例，可见山水诗对地域人文的重要影响。乐清是千年古县，自古人文荟萃，诗风尤为鼎盛，2010 年被中华诗词学会授予"中华诗词之乡"称号，是瓯江山水诗之路上一颗璀璨的明珠。以"诗韵流转，孤屿不孤"江心屿为例，可见山水诗完全可以成就诗路城市的文化坐标。在城市中生活，也就是在文化高地上获益，而这，也正是温州把瓯江山水诗之路打造成为我国"诗与远方"相结合的最佳诗意旅游目的地的最大资本。

（三）文人流向

从谢灵运的到来，到本土诗人的崛起，再到地域文化特色的独树一帜，瓯江山水诗路的生成和"成熟"得益于文人的"流动"。从文人流向的角度看，温州偏处东南，文人活动基本上是一种单向行为：仕宦者任职来去，寓居者慕名而来兴尽而返；本地人或积极入仕后衣锦还乡，或出外（多为海外）经商后落叶归根。从某种意义上说，外地文人、名士对瓯江山水的讴歌，在瓯江山水已经声名鹊起之后，实在是不足为奇之事，更值得关注的是，本土名人对瓯江山水的赞颂，实际上自宋以后变得更加自觉和深入，这一特征除因作家对家乡的情感自然而生之外，更表现了基于本土文化被认同的自豪感，例如明代乐清人章玄梅曾任湖口令，为官清正有为，因得罪权贵获罪，得释归乡后遍游家乡山水，"与弟玄春、同年朱谏结雁山三老社。诗宗少陵，世称千峰先生。"[①] 其所存 15 诗，13 首为歌咏山水之作，其余两首《渔归》与《即事》实际也在叙事中，饱含深情地描写山水风光之美。其对家乡的赞美和喜爱之情，较为典型的展现了山水诗创作在本土文人中既传达生活意趣，又描绘人生理想的日常作用。如其《观大龙湫》："我行访名山，有时成独往。灵源探龙渊，阒境发雁荡。霜林遍行迹，峭壁足欣赏。玉龙擘苍峡，飞下一万丈。尘颜洗之空，神观剧萧爽。缅彼湫上人，旷焉不可仰。后天凋三光，吾其绝尘想。"

因为文献、文物、景观遗存的整理、保护工作相对完善，温州文化在东晋、南宋以及晚清兴盛的时间节点非常明确，其中可见在瓯江山水诗路的历史上（近代以来的海外拓展是应引起更多重视和注意的），不但有多位闪耀的"客星"划过温州的文化天空，本土精英更是代不乏人，王十朋、"永嘉四灵"李孝光等一大批本土文化精英留下了大量脍炙人口的歌咏瓯江山水的上佳诗作。

三、瓯江山水诗路文学地理演变的影响

参照目前的规划，瓯江山水诗路在浙江全域诗路文化带建设中，成为"一文"即诗路文化具象形态的压轴"一笔"。对照其历史形态的变化来看，这一笔实在是

---

① 曾唯辑：《东瓯诗存》下，张如元、吴佐仁校补，上海社会科学院出版社，2006 年，第 777 页。

经过时间的积淀，在线路早早绘就之后，又经一代又一代人不断添墨加彩而成的浓重一笔。

（一）山水人文的基本范式

瓯江山水诗路文学地理演变，最基本的一点就是确立了最能打动人心，也最能对接当前生态文明建设的山水诗的基本范式，成就了山水的文名。实际上，在瓯江山水诗路的文脉中，在生活在这片美丽山水的民众世代繁衍中，可以看到求真务实、经世致用的本质精神，也可以看到义利并重、自立自强的商业品质，还可以看到澄怀观道、人我共生的审美情操。山水有大美，天人自合一。瓯江山水诗是一种创作范式，也是一种精神范式。

比较温州及丽水与其他地方文化的历史时序和地理空间变化，瓯江山水诗路文学地理演变的最重要影响，必然要落脚到其对温州和丽水两地文化生态的长期影响上。相对于丽水，温州的文化发展虽积淀更深，但受到的冲击也更大，商品经济高度发达甚至一度出现商业气息过于浓厚，导致基本人文精神完全听命于商业发展需求的现象，实际上严重阻碍了温州的持续发展。因此，需要从瓯江山水诗路中，对优秀诗作凝聚而成的人文特质加以总结，对优秀文人的人格魅力和精神价值进行挖掘，对民众生活的人文要素加以提炼。

（二）生态文明的建设动力

浙东唐诗之路、钱塘江唐诗之路、瓯江山水诗之路和大运河诗路等"四条诗路"，是浙江省委省政府全面实施"浙江省大花园建设行动计划"和建设"文化浙江"的重要组成部分。"四条诗路"建设范围覆盖全省11地市，体现了浙江的文化之美、活力之美、生态之美、气韵之美，形成全省美美与共的生命体。

瓯江山水诗路中，丽水是"两山"生态文化萌发地，温州是中国山水诗发祥地，自然生态和人文生态的完美结合，注定会使这条诗路成为最能展现新时代生态文明建设动力的诗路。在这条诗路上，有诸多名副其实的古代山水诗路村落，永嘉楠溪江沿线村落、乐清雁荡山风景名村、瑞安文教大族村落以及丽水的缙云、仙都、云和等地的生态村落等，其本身的外在形态就是生态文明和美丽乡村的绝佳诠释。如乐清雁荡山景区及乐成、淡溪等镇街，游者往来不断，文人不绝于旅，在山水奇秀闻名，素有"海上名山、寰中绝胜"之誉的中国"东南第一山"雁荡山山麓，成就了绝美的文化亮色。又如丽水的景宁是全国唯一的畲族自治县，是洞宫山脉深处的秘境，瓯江支流在这里奔流出如诗如画的音曲，传奇的敕木山，成为诗路上特色鲜明的诗、景合一的村落。畲族没有民族文字，只有语言，繁衍、迁徙、风俗、祭祀都依赖于口口相传，但尤其擅长山歌。淳朴的畲族人以歌为乐，以歌代言，并用汉字记歌词。畲民能歌善舞，用畲歌传承文化，日常生产劳动、待客休息、恋爱婚嫁常随兴而歌，抒发感情，《采茶歌》《敬酒歌》《带子歌》等民歌，实际上也构成了瓯江山水诗路不可分割的文学和文化成果。更为难能可贵的是，这些文明形态是鲜活而极富生命力的，这些村落的山水实景和诗歌的历史是活态存在于民间的，也是其今后更长远时期内永续发展取之不尽、用之不竭的财富。

总之，瓯江山水诗路建设内涵的提升，有必要进一步全面考察瓯江山水诗路文学地理形态与演变，以梅新林文学地理学"场景还原""版图复原""二原"说为理论支撑，注重从静到动、从平面到多元的学术理路，围绕决定和影响瓯江山水文学地理形态及其演变最为关键的要素探讨。一是要从社会政治经济发展所带来的文化发轫、发展，特别是其中文化迁移和交流所带动的山水诗发展；二是探究丽"山"温"海"的不同特质，及其如何超越地域自然特质的基本束缚，形成有传承价值的文化精神影响；三是，思考如何充分展现瓯江山水诗的精神和韵味，在美好的诗和远方中守住乡愁，走出一条世代传承的文化自信之路。

原载《温州职业技术学院学报》2020年第20卷第4期

永昌堡英桥王氏的人才、善行与文化遗存

洪振宁

梳理温州历史文献，发现龙湾的英桥王氏是明代兴旺发达的家族之一。在明时期温州望族中，英桥王氏首屈一指，在建造永昌堡的前后，这一家族，贡献的人才最多；他们"见义必为"，所作的公益最多；从事诗文创作与方志编纂，留存至今的文化遗产也最多。

一、富裕而思文

温州城东面靠海的地方，有个永嘉场，不仅是生产食盐，更重要的是在明代中后期此地人文鼎盛，几大家族，如普门张氏，以张璁为代表，体现温州历史文化曾经达到的高度；又有环川王氏、李浦王氏与英桥王氏，李浦王氏以王瓒为代表，在古代温州文化史上，王瓒的出现，标志着温州文化发展开始走向新的兴盛，而英桥王氏这一家族的奋斗史，真正体现温州区域的民性与明代温州人的精神。

温州遭受南宋乾道二年（1166）海溢之后，福建籍的海边居民大量的陆续迁徙至温州，英桥王氏与普门张氏都是迁入者，并定居于永嘉场。永嘉场负山滨海，有鱼盐之利。明建文二年（1400），英家建桥于二都。英桥里已成为温州城东唯一的集市中心。英桥王氏祖辈生活在这里，自四世祖王毓生有 7 个儿子，孙 28 人，曾孙 94 人，玄孙 206 人，六代即有男子 350 人，七代有男子 490 人。英桥王氏繁衍的故事，为当时温州民间广为传播与记载。

大为增加的劳动力，是生产的基础。他们在永嘉场从事农耕、渔业与盐业生产，又在集市从事商业贸易，农、渔、盐、商，多业竞相发展。身为移民，善于在流动中求生存图发展，他们能吃苦耐劳，又能勤俭持家，英桥王氏逐渐兴旺发达。至第三代，家庭资产已增加到"为邑巨室"，王家相继与叶家、陈家、张家联姻，第四、第五、第六、第七代，继续增加积蓄，第八代王澈，先是设馆执教，再弃教经商，发家致富，富甲一方，到了晚年竟然购置了田地山园达 9700 亩，被人称为"九千七老太公"。

南宋以来的福建与温州，都有个共同的风气与特点，那就是重视子女教育。三

世祖王珍（1334—1422），开辟家塾，延师教授子孙。进入家塾读书的不只有独生子王毓，王毓的儿孙王由、王在、王埏等，也能跟随当地名师刘翼学习。以后，王由则设家塾，"延教诸子侄辈，乡人无远迩长幼，皆来相从。"叶适之弟叶过也徙居英桥里，叶蓍尝设义塾，以教授乡之子弟。这一地方，文风鼎盛，自宣德初年至明代末年约220年间，王氏家族族人经考试被录取而进入学堂的读书人（庠生）有387人，至清道光三十年（1850），再增添478人，计865人。永昌堡建堡前后，自嘉靖初至明代末，约120余年，温州地区考中进士（文）共计41人，其中，永昌堡居民竟然有10人（9位是英桥王氏）考中进士（文），约占四分之一，还另有1人（王名世）考中武状元。出现了一家两代三进士（王激、王叔果、王叔杲）。因此，明代乐清侯一元曾认为："英桥王氏者，吾温士族之冠也。"

二、善行与义举

三世祖王珍，自号"乐善处士"。"治家俭而有节"，乐于助人，捐资修建桥、路、堰、闸，以行善为乐，活到89岁。史籍一般记载的是有功名的人，而对象他这样一位平民的事迹，所留存的文字并不多，值得今天的人们用心品读："凡桥、路、堰、闸之类，有坍塌不便于民，与妨农害稼者，必捐己赀，不计其工力多寡，修治完固，以便于后人而后已，亦不自以为德也。"他为人虔诚，勤俭治家，"家日以裕"。"其平生少疾病，虽老而耳目聪明。"尝曰："吾无志功名，惟所慕者善而已矣！"

英桥王氏日渐富裕而能行善积德。他们所订立的家训家规，强调不论是穿草鞋的还是着官服的，都要勤俭治家，崇尚气志，清正廉洁，广交贤能，强调做人要敦亲和邻，戒贪去奢，以德养财，以利与人。有叙述王珍侄儿王全事迹的，就说他"善治生，尚俭约，不规小利，见义必为。"他们或许一生中极少走出温州，但对当地的贡献，往往功不可没。

英桥王氏积极参与兴办地方公益与慈善事业，如遇灾荒年，献出自家的谷米赈灾；地方需要，即捐资建造桥、路、亭。明代，王氏先后修建地方的桥梁，到现在还保存着的就有8座，横塘桥、便农桥、联芳桥、世裔桥、左昌桥、会秀桥、吴淚桥、东昌桥等。

曾多次牵头修筑沙城。永嘉场在海滨，原来筑有沙堤，称沙城。成化十九年

（1483），王鏚（1441—1499）修筑沙城20余里。后来，王钲（1450—1536）也曾指引地方人王瑞上疏，请求建筑海堤。至嘉靖二十七年（1548），再次请求后，动工在旧址建筑石堤。海堤南起自一都长沙，北至于沙村寨，计二千六百一十九丈，今换算为7830米左右，是明代温州最大的水利工程。块石砌筑的海堤，十尺高，五尺厚，用金五千四百多两。用了三年的时间，才建造成。堤，外用以御寇，内以固斥卤而资灌溉，大惠德于永嘉场，居民庆祝之。王澈、项乔出力特多。文献记载："沙城者，故亦两王子所倡筑也。"至清代光绪年间，在旧堤外移五里，另建一条新海塘，围涂制盐、造田。

嘉靖三十七年（1558），为防御倭寇，王叔果、王叔杲兄弟倡议并主要使用自己的经费，建筑城堡。新城建在永嘉场二都英桥里，取名永昌堡。城周围九百三十余丈，约3100米。第二年冬天，城堡建成。城墙高二丈五尺，厚半之。负山向海，四面控带河水，成为一方巨镇。城外环绕护城河，城内凿二渠，引河水入城贯穿南北。南北两端各设二水门，置水闸防卫。河渠上架五座石桥，两岸分列住房，井然可观。又奏请中界山巡检司迁入永昌堡内，以助守御。实际上，为抗倭而筑堡，自四世祖王毓起即有此心愿，当年王毓还代表当地居民赴京都，提出请求。

永昌堡城有多大，可与平阳、瑞安县城比较一下。平阳县城，明洪武七年（1374）增筑，城周六百三十二丈（2106米），高一丈六尺。瑞安县城，元至正年间加扩，大小与永昌堡基本相同；至嘉靖三十一年（1552），瑞安城周才扩大至一千一百四十丈（约3800米）。

建堡前后，英桥王氏陆续在温州城区建设玉介园与阳湖别墅，部分族人陆续搬到城区居住。玉介园，今已作为墨池公园。阳湖别墅在城西阳岙。王氏族人还积极为地方做公益事业，相继捐资重修城区的东瓯王庙，重修纪念王羲之、谢灵运的王谢祠，王叔果、王叔杲兄弟二人又相继捐资修建永嘉县学、温州府学、瑞安县学，修建尊经阁，新建文昌祠，重修江心屿东塔、浩然楼和澄鲜阁，建造镇宁楼，出资重建江心寺山门、两廊及钟鼓楼，王叔杲还在仙岩寺前后栽植松木，坚持了48年，捐资改建仙岩寺门、两廊，又筑华阳精舍、茹芝馆，还协助修建位于仙岩的纪念陈傅良先生的止斋祠。王叔杲逝世后，他的妻子林夫人接着做，嘱托三个儿子王光蕴、王光荐、王光普，出资、出力修缮江心屿西塔。温州历史上，如此做公益、行善事，前无古人，首屈一指。

对英桥王氏为温州地方人文所做出的业绩与善行义举，温州城乡曾加以宣扬表彰，先后有 9 位王氏精英进入先贤祠让人们崇祀，温州城区内外曾立有牌坊"积庆传芳"（原在墨池坊）、"棣萼重芳"等 16 座。

三、留存的文化遗产

四世祖王毓，身为平民布衣，耕作之余，也吟诗作对，多与社中人唱和。有诗《槐阴集》，王由录稿，章纶选编，原书收诗 300 余篇。明隆庆五年王叔果刊刻本已佚，今存抄本多部，存诗 214 首。另附有一集，题名为《蛙鸣鼓吹》，收乐府 26 阕。重刻时，王叔果将二者并为一书。章纶、金原祺为《槐荫集》作序。王毓诗多写温州地方的人与事，为永嘉场存世最早文献之一。章纶评论王毓诗，认为："五言古选则婉顺简淡，七言古风则清丽雄峻，五七言近体则律严韵谐，语工情备，有雍容温雅之风。"

王毓开布衣著述风气之先，此后，英桥王氏从事著述，"作者如林"，人众诗多，"人各有集"。据清道光年间刊刻的《英桥王氏家录续刻》记载，英桥王氏著作有 60 余种，实际还可补《家礼要节》等多种。清康熙十三年（1674）秋，王咏辑编《永嘉王氏家言》，以世次行辈为先后，自王毓至王臣法，选编 47 人诗 192 首，附其子王沄孙《自怡集》录诗 10 首，编者在《凡例》中认为"吾家攻诗者多，而能文者亦不少"，"嗣当别录付梓"。林必登为本书作序，说："王氏自明初徙瓯，未几，科名云起，著作蔚然。故迄今海内屈指衣冠旧族，必举永嘉王氏为称首。"清代陆进《东瓯掌录》，也称赞说："永嘉永昌堡王氏，子孙繁衍，科名辉映，即风雅亦代有闻人。《一家言》中所载四十七人，皆有诗集。"

英桥王氏所遗留的文献中，今存世的明刻本至少有 13 部。其中，所创作的诗文集中，明代刻本主要的有《王鹤山集》《半山藏稿》《玉介园存稿》《王季中集》。《王鹤山集》四卷，王激著，有明隆庆年间刻本，今存吉林大学图书馆。《玉介园存稿》，是王叔杲的诗文集，《续修四库全书总目（稿本）》评论说"叔杲为文得两京遗范，据事敷辞，倍觉亲切。""诗亦清婉动人，有往复不尽之致。"该书点校整理本收入温州文献丛书。《半山藏稿》是王叔杲之兄王叔果的著作，正文收入文十三卷二百余篇、诗六卷六百四十余首、赋一卷二篇。整理本收入温州文献丛刊。新近发现的《王季中集》十卷，是王光美（季中）的诗文集，龙膺等人作序。明万历年间刻本，刻印精美，为明代刊刻本中之佳品，今藏于日本内阁文库。

王氏族人善于和各地文化名人交往，与著名文学家王世贞、陈鹤、吴稼竳、龙膺、李维桢等相互往来，赋诗唱和，作文相送，也留下了大量的文献史料，均为温州留下一笔不薄的文化遗产。王世贞（1526—1590），江苏太仓人，官至南京刑部尚书，为"后七子"首领，独主文坛20年，在当时影响力很大。他著有《弇州山人四部稿》174卷，《弇州续稿》207卷。与王叔杲往来密切，王世贞写给王叔杲的诗文即有20余篇。

除《半山藏稿》《玉介园存稿》这两部专集外，陈伟玲老师整理了王氏诸位存世诗歌，编成《明代英桥王氏诗录》（中国文史出版社2010年版）一册，收入成集者5人以及存零散诗篇者39人，计38万字。后来，她又续编《清代英桥王氏诗录》（中国文史出版社2014年版）一册，收入成集者3人和存零散诗篇者19人，计20万字。因王德馨已有专集列入温州文献丛刊出版，故不录。按已有的整理本，粗略算来，点校本《王德馨集》是38万字，《王叔果集》是35万字，《王叔杲集》是45万字，王氏著述，仅诗文创作即达176万字。

明代，温州修纂地方志，英桥王氏是一支重要的力量，他们相继编纂了嘉靖《永嘉县志》与万历《温州府志》《永嘉县志》《江心志》，共4部，还修编了隆庆《靖江县志》等。孙诒让在《温州经籍志》中认为：万历《温州府志》"此书体裁尚为渊雅"，"诚吾乡之宝笈也"。嘉靖《永嘉县志》，是现存最早的一部永嘉县志，具有开创性。刻本今藏于日本尊经阁文库，影印收入《稀见中国地方志汇刊》第18册，有潘猛补先生点校整理本，收入龙湾文献丛书。《大学衍义通略》三十卷，是王净用了20多年时间编辑的学术著作。还有《东嘉英桥王氏重修宗谱》《东嘉王氏世录》《家礼要节》，也为研究温州家族留下珍贵的史料。

王氏族人留存下来的文献十分珍贵。至2020年12月止，英桥王氏有4种6部著作由国务院发文而列入国家珍贵古籍名录，即《王鹤山集》《大学衍义通略》和万历刊刻的《温州府志》《永嘉县志》。又有由王叔杲刊刻的《尽言集》（十三卷）与《赤城夏先生集》（二十三卷），共2种6部著作，也由国务院发文而列入国家珍贵古籍名录。列入由浙江省人民政府发文的浙江省珍贵古籍名录的，还有稿本《一笑录》与抄本《玉介园附集》两部著作。

另外，龙湾博物馆等地今存英桥王氏碑志数十方。温州博物馆藏有《明东嘉英桥王氏重修宗谱》6册，是温州地区目前所发现最早的一部族谱。《龙湾历代书画集》

选有王澈、王净、王叔果、王叔杲、王德馨、王显耀、王增祥、王兆骧等人的墨迹。《岐海琐谈》曾记载,王净、王叔果、王叔杲"俱谙草书",是以"书法擅长于一时者"。

作为温州的一个家族,竟然能够贡献如此多的文化遗产,让人肃然起敬。

原载《温州人》2021 年第 10 月刊总第 340 期

宋恕与经学：经世学近代学术取向
——兼论《六斋卑议》与清末变法思想及"瑞安新学"

李天纲

[摘 要] 周予同教授曾把"六经之学"分为"经、经学、经学史"三种。这三种学问既是从周秦、两汉到近代的演化过程，也是传统学者在学术更新运动中的自觉努力。近代变法思想家宋恕主张把"经学"讲作"经世学"，再从"经世学"中发展出经学、史学、西学和法律学等现代专业学科。这个"四门"和"六斋"学科分类贯穿于宋恕在龙门、金陵、求志等改良书院中的教学实践，用此方法引导到"新学"——现代学术。本文循着经学—经世学—新学的变法路径，考察宋恕与章太炎、孙宝暄等人交游，并清理戊戌变法前后"沪学""浙学""粤学""湘学"在"经今古文之争"的各条线索，以一种"经学史"的眼光来审视"经学""经世学"如何转型为现代知识体系中的专业和学科。

[关键词] 宋恕 经学 经世学 近代学术

经学家宋恕

1896 年前后的上海，来自浙江温州的宋恕（1862—1910）是一位具有影响力的人物。在变法舆论中心上海，在一群浙江籍寓沪学者中间，宋恕较早熟悉"西学"和"时务"，因而备受关注。在意识到旧学术体系的危机之后，士大夫们对经世学趋之若鹜。有以《春秋》经世，讲"微言大义"；有以"六艺"经世，讲分门别类的应用知识。大家都以为"经世学"是一种从"经学"里派生出来的实践之学，可以谋生，可以治世，可以兴书院，也可以救国。宋恕在"经世学"上引领同俦，他既在杭、苏经学家俞樾的门下，又能通过在瑞安、上海的家族、友朋关系，辗转连接到李鸿章、张之洞两大幕府，因而是一位枢纽人物。虽然宋恕后来没有机会站到"戊戌变法"的第一线，但与他交往的一批重要人物如谭嗣同、康有为、梁启超、章炳麟、汪康年，以及在思想史上不太显著的夏曾佑、孙宝瑄、陈虬、陈黻宸等人皆受他的影响。

甲午战争以后，宋恕的一些观点被圈内人注意。这些观点不只是"公车上书"式的呼吁，他用"经世学""实学"来分析时局，因而深入制度根源。这种带着经学色彩的批判，既传统又新锐，既激烈又中肯，对聚到上海的各地士大夫很有说服力。据宋恕《乙未日记》，宋恕于乙未年（1895）二月二十二日（3月18日）"始识一六"，结识康有为。"一六"，即康有为。闰五月二十三日（7月14日）"始识李提摩太"。1995年春，孙宝瑄（1874—1924）从北京移居上海，就很佩服宋恕："盖（宋恕）先生专以崇实为本，恶汉、宋以来专以书本为学问，即程朱主静，亦无俾于民物政教，皆虚学也。"①1895年5月，夏曾佑致书宋恕，谈及自己和圈内同人的钦佩之情："每闻群公言及执事之学识，时用引领，而劳薪不息。……绅绎再三，涣然冰释，怡然理顺，不刊之论，可悬国门，非鄙人所能望其肩背也。"②1897年1月，章炳麟（1869—1936）从杭州来到上海，思想发生很大变化，部分原因是受了宋恕的影响："炳麟少治经，交平子（宋恕）始知佛藏。"③梁启超（1873—1929）夸赞宋恕："东瓯布衣识绝伦，梨洲以后一天民。"④蔡元培（1868—1940）评价说："与康（有为）、谭（嗣同）同时，有平阳宋恕、钱塘夏曾佑两人，都有哲学家的资格。"⑤

《六斋卑议》已经提出"议院""自治"，比较康有为《上清帝第二书》（"公车上书"，1895）还在"发明孔子之道"，敬呈"公羊之义"，至《请定立宪开国会折》（1898）方才复述"上下议院"的说法，学者们注意到宋恕确是变法思想史上的先导人物。但是目前研究都跳过了"经学""经世学"，直接从哲学史、思想史的角度来讨论。对他的观念、概念做现代学术分析，当然更易于思想诠释，但不方便做处境化理解。蔡元培在50年以后有意把宋恕当作哲学家，宋恕当时却自以为是经学家。宋恕在上海求志书院课馆，该书院分科就设"经学、史学、掌故、算学、舆地、词

① 孙宝瑄：《忘山庐日记》，上海古籍出版社，1983年，第73页。

② 夏曾佑：《致宋燕生书》，胡珠生编：《宋恕集》附录，中华书局，1993年，第529页。

③ 章炳麟：《瑞安孙先生伤辞》，《太炎文录》卷二，章炳麟承认他对佛学的兴趣是因宋恕的劝告，其实他在上海《时务报》时期得到宋恕思想的多重启发，《忘山庐日记》的记载可以证明。

④ 梁启超：《广诗中八贤歌·咏平阳宋恕平子》，《饮冰室文集》第四册，"文集"45，中华书局，1989年，第13页。

⑤ 蔡元培：《五十年来中国之哲学》，《蔡元培全集》，第四卷，中华书局，1984年，第370页。

章"六斋，经学为首要学科。经学是过去的学问，但是我们如果从周予同先生提倡的"经学史"角度阅读《六斋刍议》，研究"戊戌变法"的经学背景，对于宋恕这位瑞安新学人物的理解，或许还能更深入一步。

清末的"经学"与"经世学"是既有联系，又形分别的两种学术。明清之际，徐光启、李之藻、顾炎武、钱大昕等人都将天文、舆地、历法、推步、河工、农作列为"致用之学"，以"天文"称天文学，以"坤舆"代地理学，以"勾股"代几何学，以"格致"代物理学，以"广方言"代外国语言文学……那时候经外无学，在一些力图变革的儒生看来，经学与经世学是统一的，即后者是前者的实践，是应用之学。时至清末，"西学"又一次进入中国，"西学"呈现出一个完整的知识体系。清末学者的进步在于认识到，传统的"经学""实学"知识，已经不能涵盖现代知识体系，未来学术应该"走出经学"。19世纪60年代，上海、天津一批士大夫倡言"经世"，学习"西学"，吸纳外来文化。"走出经学"的经世学，试图包容外交学、公法学、政治学、经济学、历史学、地理学、哲学和神学……1861年建立的京师同文馆，沪、粤等地的方言馆，以及一批改良书院，如江阴南菁书院、上海龙门、求志、格致、中西书院，包括温州瑞安孙、项家族兴办的学计馆、方言馆等，都是在经学体系下发展"经世学"，以适应时代。1826年，湖南贺长龄、魏源编《皇清经世文编》，分"学术、治体、吏政、户政、礼政、兵政、刑政、工政"八纲；1888年，上海葛士濬编《皇清经世文续编》，增设了"洋务"一纲20卷。[①]60年间的"经世学"变化，就是因"洋务"而引进了"西学"，建立起"新学"。这样的"经学—经世学"，是开放之学，又是渐进的改良，温和的革命，也像是一种文化保守主义。直到1901年，南洋公学特班招生，已经将学习科目分为"政治、法律、外交、财政、教育、经济、哲学、

① 从"经世文"看明清"经学"如何从"五经"和"四部"知识体系向现代知识形态的转型，应该是一条比较切实的考察方法，唯迄今的研究并不充分。从陈子龙编《皇明经世文编》，到魏源编《皇清经世文编》(1826)、饶玉成编《皇清经世文续集》(1882)、葛士濬编《皇清经世文续编》(1888)、盛康编《皇清经世文续编》(1897)、陈忠倚编《皇清经世文三编》(1897)、麦仲华编《皇清经世文新编》(1898)，再到邵之棠编《皇清经世文统编》(1901)，各编的纲目逐渐展开，慢慢呈现出现代知识格局。康有为弟子麦仲华(1876—1956)之《新编》，分21门：通论、君德、官制、法律、学校、国用、农政、矿政、工艺、商政、币制、税则、邮运、兵政、交涉、外史、会党、民政、宗教、学术、杂纂，从经学到经世学，再到新学的路径艰难展开。

科学、文学、论理、论理"①,但在士大夫的认识中仍然是"经世学":"南洋公学开特班,招生二十余人,皆为能古文辞者,拟授以经世之学,而拔其尤者保送经济特科。"②

宋恕,字平子,又字燕生,温州平阳人。孙锵鸣招为女婿,嫁之以四女,宋恕按《尔雅·释亲》"妻之父为外舅"的雅称,呼锵鸣为"外舅",即岳父。宋恕治学,一直被认为是经学出身。孙锵鸣(1817—1901),道光辛丑(1841)进士。丁未(1847)会试,孙锵鸣为房师,荐拔李鸿章。锵鸣之外,宋恕也向岳伯父孙衣言(1814—1894)求教,与从妻舅孙诒让(1848—1908)切磋。孙衣言与俞樾为道光庚戌(1850)同科进士,同在曾国藩门下,同入翰林。③因为父辈的师生及交游关系,宋恕在咸同年间的江南经学格局中有重要地位。曾国藩、李鸿章、孙衣言、孙锵鸣都不是书斋里的经学家,宋恕也远不及孙诒让的校勘功夫,但他讲求"文章、义理、考据"的不同章法,了解方言、舆地、时务和洋务,扛"经世学"大旗。俞樾称宋恕"有排山倒海之才,绝后空前之识",④良非虚言。宋恕跟随孙锵鸣在外授学,从事书院馆课制艺。平阳宋恕、瑞安孙诒让已经在家族内形成了大量共识,即经学要为"变法"提供思想资源。1896年到上海加入强学会的章炳麟,在政情和人脉上求教于老到的宋恕,宋恕则在经学文章上称道"江浙无双"的章炳麟。宋恕与章炳麟为曲园师堂下之"同门"⑤,章炳麟却称孙诒让(以及宋恕)是"宾附"俞门,未免还是崖岸太深,恃经学过甚。

岳父孙锵鸣是李鸿章房师,岳伯父孙衣言曾入曾国藩幕府的关系,宋恕与江苏

---

① 高平叔:《蔡元培年谱》,中华书局,1980年,第13页。

② 黄世晖:《蔡子民先生传略》,《蔡元培年谱》,商务印书馆,1944年,第11页。

③ 朱芳圃:《孙诒让年谱》:"(衣言)公同年有武陵杨彝珍(性农)、德清俞樾(荫甫)、江宁寿昌(湘帆)、丹徒丁绍周(濂甫)、祥符周星誉(叔珣),皆宿学名儒。"(台湾商务印书馆,1970年,第4页。)

④ 温州博物馆编:《宋恕师友书札》(上册),浙江摄影出版社,2011年,第10页。

⑤ 见1898年6日15日宋恕《上俞曲园师》,此信驰贺俞樾之孙陛云(阶青)本科进士殿试一甲三名(探花),倍中除称俞樾、孙锵鸣为师,俞陛云为师兄外,另称章太炎为"同门"。此信为章太炎在武昌开罪张之洞、梁鼎芬之事向俞樾申情,可证两人之情谊。宋恕亟请俞樾向湖南巡抚陈宝箴推荐章炳麟,令其摆脱困境。"同门余杭章枚叔(炳麟),恓恻芬芳,正则流亚,才高丛忌,谤满区中。新应楚督之招,未及一月,绝交回里。识者目为季汉之正平,近时之容甫。今湘抚陈公爱士甚,师可为一言乎? 私窃愿之,非所敢请也,非所感不请也。"(胡珠生编:《宋恕集》,中华书局,1993年,第588页)宋恕在俞樾门下久,1890年拜俞樾为师;同年夏,俞樾便将宋恕推荐给张之洞,预备出使欧洲四国之用,后因病滞留上海,未成行。

政、学两界熟识，是浙江士人群体与江苏（上海）学者之间的桥梁。1887 年，四月随岳父孙锵鸣来龙门书院课馆，七月去南京钟山书院任教。宋恕初次来沪，居住时间不长，但定下明确的学术方向，立志借鉴日本明治维新。"丁亥相从到沪滨，便求东史考维新；百年心醉扶桑者，我是支那第一人。"[1]在上海，宋恕结交了龙门书院高才生张焕伦，谊在师友之间。1896 年，钟天纬为首，张焕伦、宋恕、赵颂南、孙宝瑄、胡庸等"为申江雅集之会，每七日一叙，公拟改良教育，倡新法教授议"[2]。宋恕的居间串联，上海和浙江学者为推进教育改良事业走到一起，他们实践的"经世学"在"戊戌变法"前有相当大的影响。同年，广东籍变法人物康有为、梁启超、麦孟华等受命来上海创办《时务报》，必须依靠这一批江、浙籍的老练学者。苏南和上海的学者率先开展"西学"翻译，"新学"研究，从事书院改造，如徐有壬（1800—1860，乌程人）、张文虎（1808—1885，南汇人）、冯桂芬（1809—1874，吴县人）、李善兰（1811—1882，海宁人）、徐寿（1818—1884，无锡人）、王韬（1828—1897，长洲人）、华蘅芳（1833—1902，无锡人）、钟天纬（1840—1900，金山人）、赵元益（1840—1902，昆山人）、马相伯（1840—1939，丹徒人）、马建忠（1845—1900，丹徒人）、经元善（1840—1903，上虞人）、郑观应（1842—1922，香山人）、张焕伦（1843—1902，上海人）、盛宣怀（1844—1916，武进人）、葛士濬（1848—1895，上海人）、张謇（1853—1926，海门人）等，都是较早从事"洋务"文化活动的在沪苏人，他们的"西学"造诣、世界眼光和社会资本远远超过"少年新进"者。单以言论激烈和启蒙强度不及"戊戌"一代，便看轻这一辈"早期改良派"是一种片面认识。

经世学是经学的边缘学科，宋恕在俞樾门下也是边缘人物。"经学"在乾嘉年间形成"吴""皖"两派，后人又加上"扬州学派"。道咸年间，浙西学风转入考据，以俞樾（1821—1907）为代表。俞樾治学沿袭长洲陈奂（1786—1863），陈奂则师事金坛段玉裁（1735—1815）、高邮王念孙（1744—1832），由此上溯到休宁戴震、嘉定钱大昕，江南、浙西的经学传统同源一体。俞樾在同光年间任上海龙门书院讲习，后主讲杭州诂经精舍。诂经精舍由仪征阮元（1764—1849）创办，章炳麟为精舍学生。

① 宋恕:《外舅孙止庵挽诗》，胡珠生编:《宋恕集》，第 862 页。

② 钟天纬:《刖足集》附录，转引自《中国近代教育史资料汇编·教育思想》，上海教育出版社，1997 年，第 447 页。

俞樾在吴越之间讲授经学,杭、嘉、湖地区兴起朴学,是浙学的一次高峰。章炳麟《俞先生传》赞曰:"浙江朴学晚至，则四明、金华之术拂之，昌自先生。宾附者，有黄以周、孙诒让。"[1] 宋恕固然功名不彰,仕途不顺,但他在沪、苏、宁各大书院掌学,学问扎实,眼界开阔。1890 年三月初八日（4 月 26 日）,宋恕初见俞樾,即"呈帖拜门"[2],跻身于"曲园居士"门徒之列。

经历"同光新政"的"变法",上海学界流行的经世学,已经不同于"乾嘉之学"（考据）、"常州学派"（义理）和"桐城之学"（文章）讲经世。诸家讲经世,沪上新学群体是借用经学讲"西学"。上海经世学群体借用顾炎武、钱大昕等人"实事求是"的说法,认为"经学"里有着天文、地理、历算、数学、政治、经济、法律等实用知识,属"朴学",是"实学"。钟天纬、张焕伦等人在广方言馆、龙门书院求学时有"经科",俞樾是上海广方言馆的经学老师,孙锵鸣在龙门书院提倡经世学。1876 年,冯焌光设立求志书院,六斋（经学、史学、算学、舆地、掌故、词章）之首仍为"经斋";1886 年,张焕伦改建梅溪书院,也开设"经史"课程。但是,上海新式书院的经世学,方向是"新学""西学"。以算学、舆地、天文为导向的经世学并不发"微言大义",或作"通经之论"。而且,上海的经世学,并不只是关心科学、技术、工艺、制造,如后来批评的那样不讨论西方政治、法律、宗教。相反,王韬早在墨海书馆就加入基督教,提倡"六合混一"的"普世主义";马相伯、马建忠从徐汇公学毕业,本身就是神学家、法学家;张焕伦有完整的教育学知识,郑观应对借鉴英美政治体制早有全面主张。他们在中西、格致、龙门、求志书院的讲授,在张园、徐园、愚园的演说,培养了一批新式人才。"戊戌变法"前后来上海的各地学者,包括谭嗣同、康有为、梁启超、汪康年、章炳麟、夏曾佑等亟欲参与"变法"者,都在格致、中西、江南制造局翻译馆听演讲、买书,恶补"西学"。当时的现象是,内地士大夫思想激进,学问传统,对西方文化新鲜好奇,却知之不详,故而热烈讨论,畅谈竟日。[3] 宋恕在这群人中如鱼得水,带他们走访,从林乐知、李提摩太见

---

[1]　章炳麟《俞先生传》,《章太炎全集·太炎文录初编》,上海人民出版社, 1985 年, 第 212 页。

[2]　宋恕:《庚寅日记摘要》, 胡珠生编:《宋恕集》, 第 918 页。

[3]　按柯文《在传统与现代性之间:王韬与晚清变法》(江苏人民出版社, 1994 年) 提出的"沿海改革派"(Littoral Reformers) 的概念来分析,康有为等"内地改革家"(Hinterland Reformers) 在思想准备阶段受前者的影响, 而影响力却反而更大。

到钟天纬、张焕伦。1895 年 9 月 3 日，他写信告诉孙诒让："四方志士通人颇多枉访，谈经说史，酬酢接踵。"①

另外，宋恕也是把"新学""西学"灌输到"经学"中去的关键。孙衣言与俞樾有亲密关系，瑞安经世学群体崛起之后，"东瓯三杰"宋恕、陈虬、陈黼宸都进入省府杭城，汇入了浙西经学。俞樾和孙衣言的同年关系，锚定了一张经学网络。俞樾在《春在堂笔记》中自述："余与孙琴西衣言，三为同年。道光十七年丁酉科，君得拔贡，余得副榜；二十四年甲辰科，同举于乡；三十年庚戌，同成进士，相得甚欢。余尝赠以诗曰：'廿载名场同得失，两家诗派异源流。'然君刻《逊学斋诗》十卷，止余一序；余于咸丰九年刻《日损益斋诗》十卷，亦止君一序也。同治四年，两人分主苏、杭紫阳书院，又赠以诗曰：'二十年得失共名场，今日东南两紫阳。'"②在诗艺上，俞樾推崇袁枚，孙衣言欣赏苏轼，风格不同。但是在经史学问中，孙衣言、锵鸣兄弟，孙诒让、宋恕姑舅都尊重俞樾。另外，孙氏周围的瑞安学子黄氏、陈氏也拥趸经学，推崇朴学。

瑞安孙氏的经学、经世学，在同治、光绪年间接续了"清学"主流。孙衣言、孙诒让父子雅重经典，刊刻《温州丛书》，建玉海楼藏书，精研经学。孙诒让作《周礼正义》《周礼政要》《墨子间诂》，"海内达人推为绝学，兼通内典及欧洲政治学说。"③孙锵鸣、宋恕翁婿治学是另一种境界，他们的经世之学在于开风气，寻路径。翁婿两人在上海、南京、苏州主掌多家书院，"四十年间所掌书院，其大者五：曰姑苏之正谊，金陵之钟山、惜阴，沪滨之龙门、求志"④。上海的两家书院龙门和求志，是清末改良书院的典范，讲的就是经世学。上海各新办书院的更新路径，用经世学吸纳算学、天文、舆地、欧洲历史、西方政治等"西学"，注重经学研究与改良事业相结合。孙锵鸣、宋恕在上海龙门书院的教学贡献，就是引进江南制造局译局之"西学"："盖当先生掌龙门时，通国议论蔽固甚。如李公鸿章、侍郎郭公嵩焘，皆以昌言西洋政法之善被大垢，几无所容其身。林野达人，自李壬叔、冯敬亭两先生外，

① 宋恕：《致孙仲容书》，胡珠生编：《宋恕集》，中华书局，1993 年，第 685 页。

② 转引自朱芳圃：《孙诒让年谱》，台湾商务印书馆，1970 年，第 12 页。

③ 宋恕：《外舅孙止庵师学行略述》，胡珠生编：《宋恕集》，第 328 页。

④ 宋恕：《外舅孙止庵师学行略述》，胡珠生编：《宋恕集》，第 323 页。

莫敢昌言。先生则慨然言于苏松太分巡，移取局译西籍，每种各一份存院，俾诸生纵阅。"① 如果说，孙衣言、诒让父子的治学成在经学，那孙锵鸣、宋恕翁婿的贡献则在经世学，即引入更多的"西洋"知识资源，"经世致用"地解决清末严峻的"政法"问题。

各地籍经学群体与"经今古文之争"

戊戌前后，上海报刊媒体成为变法舆论的中心，文人云集。各地人士频繁交往的同时，在沪浙籍学者关系紧密，俨然群体。该群体以宋恕、孙宝瑄（钱塘人，孙诒经子，李瀚章婿）、章炳麟（太炎，俞樾弟子，余杭人）为核心，而尤以宋恕为尊长。② 宋恕是温州平阳人，孙宝瑄是杭州钱塘人，两人的频密交往，拉近了温、杭籍学者的关系。参与这个群体活动的有陈昌绅（杏孙，钱塘人）、姚文倬（稷塍，仁和人）、汪康年（穰卿，钱塘人）、汪大钧（颂虞，钱塘人）、夏曾佑（粹卿，钱塘人）、胡惟志（仲巽，归安人）、陈虬（志三，瑞安人，时住长春栈）、陈黻宸（介石，瑞安人）。租界的文化空间"华洋杂居"，欧、美、日侨民学者也在其中。林乐知（Young John Allen，荣章，美国佐治亚州人）、李提摩太（Timothy Richard，菩岳，英国南威尔士人）等人，还有几位经常与宋恕往来的日本朋友，如在沪日本留学生森井国雄，《亚东时报》主编山根虎臣等都被奉为各圈内的高人。杭、温之间，乡音不同，

---

① 宋恕:《外舅孙止庵师学行略述》，胡珠生编:《宋恕集》，第 324 页。

② 戊戌年（1898）正月十六日，孙宝瑄作《生日自述》，述及 25 年来的家境及在京沪寓居的情况，生日诗以拜宋恕为师做结尾:"邻右宋荣子，平情察物理;学术贯古今，理乱掌中指。朝夕相过从，深谭无厌时;疑难资启牖，愿奉以为师。"（孙宝瑄:《忘山庐日记》，第 169 页）闰三月十四日，孙宝瑄又记:"宋燕生先生风节为当今第一，其经世之学，远在包慎伯之上，无论龚、魏诸人。先生生平于古名臣中，最服膺唐陆宣公，宋司马温公，二人皆洞悉民情，深达治体者也。凡读书、论世，一得力于先生，心中师事已久。顾世之知先生者盖罕焉。先生尤长于诗，每成一章，哀感顽艳。国朝诸家中，罕有其匹。生平律己尤严，于非义一介不取，而论事不屈挠于人，必穷源尽委，不肯稍作违心语。其于古今政治利弊，民情隐微，了然指掌，盖旷世之大儒也。"（孙宝瑄:《忘山庐日记》，第 197 页）其对宋恕学问之佩服可见一斑。孙宝瑄与章太炎为杭州小同乡，也是他离开北京到上海寓居后订交的。戊戌年三月七日，章太炎离沪去武昌加入张之洞幕府，未得暇与孙宝瑄饯别，遂在长江航行中有《九江舟中寄怀》相赠:"灵均哀郢土，而我独西驰。"（孙宝瑄:《忘山庐日记》，第 187 页）可证两人关系之密切。

但因为见解卓越，认识许多老洋务，还有东、西洋人，宋恕在浙人群体中颇受尊重。宋恕向俞樾报告上海的情况，颇有高屋建瓴、臧否后来的口吻，说："杭州新起学人，行谊识解当以孙仲玙（宝瑄）为最，训诂词章当以章枚叔（炳麟）为最，宗教空理则当以穗卿为最。若以刘宋四学月旦三君，则孙儒、章文而俱兼史，夏则玄也。"[①]

　　清末，上海社交圈之活跃，远胜于北京、苏州和杭州。从内地入上海，十里洋场，华洋杂居，光怪陆离。百业兴旺，社会开放，言论自由，伦理约束较宽，人们愿意交往，也必须应酬。宋恕等人频繁造访，相互宴请，在公共集会处因演讲、看戏、送迎等活动碰面。值得注意的是，清末上海的社会交往中，士大夫群体仍然按照地籍关系，形成了一个个亚群体。上海的同乡、同业会馆是各地籍群体的联系纽带，但沪上一般社交活动的空间多在福州路、虹口和沪西张园、徐园、愚园等地点。最多的活动，便是相互召饮，讲演、立会、酬唱等。戊戌年（1898）前后，文人聚餐多在一品香（福州路22号，址今44号）、万家春（河南路、山东路间）等番菜馆。1894年，宋恕来上海求志书院课馆，初赁东来升栈；1895年二月初，因家眷到沪，便租定外白渡桥堍北四川路仁智里12弄第九幢长住。[②]宋恕从虹口过苏州河南行，10分钟内可至外滩、福州路；往西去张园等处，均在半小时步行范围内。变法教育家钟天纬新办学塾，欲聘请宋恕，建议到低廉的沪南高昌庙就近赁屋，他为了交友方便婉拒。[③]当时，孙宝瑄的"忘山庐"在西门内；[④]章炳麟家贫、薄薪、单身，寄

---

① 宋恕：《上俞曲师书》，胡珠生编：《宋恕集》，第567页。

② 宋恕：《上俞曲师书》，胡珠生编：《宋恕集》，第562页。

③ 宋恕《复钟鹤笙书》："至移居一节，敝眷极欲就高昌庙之轻租，惟鄙意尚思多识海内外通人奇士，寓彼不如寓虹口访友之便。"（胡珠生编：《宋恕集》，第555页）

④ 孙宝瑄初到上海的日记缺失，未查到忘山庐的地址，但日记有记他"出城"，可见住在南市老城内。另一次，他记载说住址靠近"法兰西学校"，则判断"忘山庐"应在城内离法租界不远。"……相近处有法兰西学校，荫亭之弟履平入肄业焉。是日，余与荫亭往视，规模宏畅，楼四层，读书之所，寝食之地有常处。外辟大园平旷，纵学童嬉戏。"（孙宝瑄：《望山庐日记》，第171页）按"法兰西学校"为1886年在法租界公馆马路（今金陵东路63号）开设之"法文书馆"（1911年改名"中法学堂"；1913年迁至敏体尼路，即今光明中学址）。金陵东路63号书馆原址仍有保留，沿街骑楼确为四层。另见温州博物馆藏章炳麟《致宋恕》（1899年2月20日）手迹，因不记得孙宝瑄忘山庐的门牌号码，信末有询问住址："仲玙寓处是否在西门内？愿开住址为荷。"（《宋恕师友手札》，浙江摄影出版社，2011年，第27页），则孙宝瑄忘山庐位于西门内可以肯定。

寓在友人胡仲巽（惟志）家里；①梁启超、梁启勋、麦孟华有钱，租在英租界新马路梅福里，与老上海马建忠、马相伯同一弄堂。②上海"五方杂处"，各地人士打成一片的同时，仍保持着科举时代的籍贯认同，苏（上海）、浙、粤籍人士都有自己的交往圈子，有的还扎堆住在同一处。不同地域的学者，在众声喧哗的舆论界发声，有着明显的方言声调。

研究"戊戌变法"和"辛亥革命"赖以发生的"公共空间"，1989年以后成为热门话题。这个空间里的话语是"启蒙""宪政"和"民权"，细查一下，"变法"舆论中还能细分为苏、浙、粤、湘籍小团体。江苏"沪学"一派，依附江南制造局译书馆，格致、中西、求志、龙门、梅溪等书院，徐汇、南洋等公学，他们有地方事业，也有民间资源；康、梁等人携旨南下，《时务报》事业轰轰烈烈，"粤学"一派彰显。浙江籍士人从温州、杭州、绍兴等府郡零散进入上海，呈现了"浙学"的整体实力。他们胜在人数众多，学力不错；有钱的做寓公，没钱的受雇用，围绕着变法事业，展现各自的学问。"戊戌变法"前，各地域学派已经亮出自己的 logo（标志），有《苏报》（1896）、《湘学报》（1897）、《楚学报》（1898）；"百日维新"失败后，留学生和同盟会友树立更多地域大旗，如《浙江潮》（1903，东京）、《湖北学生界》（1903，东京）、《直说》（1903，东京）、《复报》（1904，上海）、《洞庭波》（1906，东京）等。清末舆论空间内有丰富的地域多样性，这是应该更加重视的思想现象。

因为"变法"的共同话题，各地人士开展跨籍贯交往，全国性的舆论正在上海形成。1896年9月25日（八月初九日），谭嗣同来上海后，和粤、浙籍人士频繁交往，就"孔教"和"变法"议题交换意见。他在《仁学》中对康有为的"粤学"大加赞赏，感叹"湘学"落后。谭嗣同《壮飞楼治世篇》论"湘粤"，"其明年（1896）春，道上海，往访，则归广东矣。后得交梁、麦、韩、龙诸君，始备闻一切微言大义，

---

① 章炳麟《致汪康年》："先时常在仲巽家中寄寓。今得彼书，乃知以《訄书》故，颇有谣诅。巽本胆小，嘱弟不可寓彼宅仲。"（《汪康年师友书札》，第1949页）仲巽，即胡惟志，字仲巽，湖州归安人。

② 《时务报》时期梁启超兄弟和麦孟华寓住新马路梅福里（今黄河路125弄）一年多，"丙申七月，《时务报》出版。报馆在英租界四马路、石路，任兄住宅在跑马厅泥城桥西新马路梅福里。马相伯先生与其弟眉叔先生同居，住宅在新马路口，相隔甚近，晨夕过从。麦孺伯（孟华）于十年之冬亦由广东来上海，与任兄及弟三人，每日晚间辄过马先生处习拉丁文。"（佚名：《〈时务报〉时代之梁任公》）

竟与嗣同冥思者十同八九。"① "湘学"为"粤学"奥援，《新学伪经考》（1891）在广州万木草堂刊刻后就已成态势。"徐研甫编修仁铸督湖南学，以之试士，时湘士莫不诵读，或携入场屋。"② 另外，戊戌年杨锐在北京建"蜀学会"，林旭建"闽学会"，呼应康、梁。康有为说是"海内风行"恐怕未必，但在湖南、四川受欢迎则可以肯定。康、梁用公羊经义演绎的"微言大义"，在上海、天津新派学者中反响微弱，不成为"维新"的话题。试举一例：1895 年，康有为已经因"公车上书"而"名满天下"，上海广学会时以"何为当今中国变法当务之急"为题，在《万国公报》有奖征文，康有为应征。奖设五等，共 80 名，主持评奖的王韬给了康有为末等奖。③

宋恕就是这样一个在南、北洋与内地走动，在"经世学"与"经学"摇摆，一个介于"沪学"与"浙学"之间的人物。在钟天纬、张焕伦等龙门书院生中，他讲"变法"的经世学。1895 年以后，由于多地士大夫涌入上海，宋恕成为他们的中介，他的治学又摆向了"经学"，对康有为的"经义"感兴趣。10 月 29 日（九月十二日），宋恕听说章炳麟要来拜访，充满期待，却终未等到他来。1896 年 4 月 6 日（二月二十四日），宋恕在格致书院第一次见到谭嗣同。1897 年 1 月 19 日（丙申年十二月十七日），宋恕与章炳麟在《时务报》馆第一次见面。按章炳麟《交平阳宋恕平子》回忆，宋恕向他推荐谭嗣同，"会平阳宋恕平子来，与语甚相得。平子以浏阳谭嗣同所著《仁学》见示，余怪其杂糅，不甚许也。"④ 从《仁学》某些段落看，诸如"顾（炎武）出于程朱，程朱则荀学之乃礽"⑤ 这类判断，与江南经学家的认识大相径庭，章炳麟看不大上。1897 年 4 月 3 日（三月初二日），谭嗣同再访宋寓，章炳麟也应邀前来。谭嗣同、宋恕、章炳麟，三人谈论了些什么？这是中国变法思想史上有意思的问题。谈起康、梁的"孔教"，谭嗣同很欣赏，章太炎却非常不赞成。"梁卓如等倡言孔教，余甚非之。或言康有为字长素，自谓长于素王。"康有为斥责古文经学，

---

① 谭嗣同：《仁学》，辽宁人民出版社，1994 年，第 151 页。

② 康有为：《重刻〈新学伪经考〉后序》，《新学伪经考》，中西书局，2012 年，第 344 页。

③ 见 Annul Report of C. L. S.，1895，上海三自爱国会图书馆藏。

④ 章炳麟：《交平阳宋恕平子》，胡珠生编：《宋恕集》，第 1031 页。

⑤ 谭嗣同：《仁学》，第 72 页。

以为"古学皆刘歆之窜乱伪撰也。"① 章炳麟对此大不以为然，以此触发了经今古文学之争的衅端。

1898 年春，《孔子改制考》在上海大同译书局刻成，旋因"百日维新"失败，遭官方禁版。政治打压来自北京，但学术非议一开始就出现在学者之间。当初《新学伪经考》在上海影响不大，是因为"新学"家们多见博闻，多做少说，早已不再与旧学纠缠，因而少有卷入"经学"争议的。"伪经"和"孔教"问题，主要在浙、粤、湘籍人士之间讨论。《孔子改制考》出版以后，孙宝瑄从 1898 年五月十日（6 月 28 日）就开始阅读。按他的《忘山庐日记》，阅读延至本月二十四日（7 月 12 日）。孙宝瑄越读越不以为然，他是《孔子改制考》的最早发难者。此后，孙宝瑄、章炳麟和宋恕对于《孔子改制考》和《新学伪经考》的讨论延续很久，酝酿出清末思想界的大事件"经今古文之争"。孙宝瑄说，把什么人，如原壤、晏婴、邹衍等都拉进来，"牵强附会，目为改制、创教，以曲圆其说，则颇沿作时文之陋习矣。考古之学贵精确，其似是而非者，奚必援据以贻笑矣！""长素最信《公羊》，以为真经。若如长素之说，则《公羊》亦伪造耶？""此亦自命考据家也，令我笑死。"② 宋恕以前曾反感"新经"说，但他觉得《孔子改制考》中的"孔教"，和他《六斋卑议》中主张严肃孔庙祭祀，仿"西国七日一礼拜之法"相似，转而支持康有为。当"经今古文之争"爆发后，浙籍经学群体的孙宝瑄、章炳麟认定康有为"曲学阿世"，这让宋恕十分尴尬。

"经世"：宋恕的经学主张

1897 年 7 月，章炳麟、宋恕、陈虬同时应邀担任杭州《经世报》主笔。他们把杭州的维新报纸以"经世"命名，很可能就是宋恕的提议。宋恕《〈经世报〉叙》是该报的发刊词，他对经世学做了详细的定义。他认为：经世学并不是经学之外的单独学问，不能将"经别为学之一宗"。"夫古无所谓经学、史学也，学者学经世而已矣。理者，经世之的；数与文者，经世之器；而经、史、诸子者，经世之师承也。"③

① 宋恕：《丙申日记摘要》，胡珠生编：《宋恕集》，第 938 页。

② 孙宝瑄：《忘山庐日记》，第 215、219、229 页。

③ 宋恕：《〈经世报〉叙》，胡珠生编：《宋恕集》，第 273 页。

他几乎是要说：经世学即经学，经学即经世学。另外两位主笔，章炳麟也在创刊号上撰文，呼应"经世"，称"往者，士大夫不思经世之志，而沾沾于簿书期会……"①。陈虬曾与宋恕合办"求志社"（1882），以经世学讲"变法"，用西学"设科"，敦促早开"议院"，他的主张和宋恕的经世学说接近。

宋恕的经世学，内核是西学和新学，经学是缘饰。说宋恕有一个"从古文经学出发的托古改制思想体系，"②并不确切。目前所见宋恕著述，并没有专门而系统的经学作品。他批判陆王、程朱，直至董仲舒，有类于"清学"反"宋学"。但他的"改制"主张，很少"托古"，更多是反传统。他崇拜欧洲，最想写《欧洲名人传》，还想"用纪事本末著《欧洲善政记》。"他叹息"未识西字"③，难检原著，不能完成。"戊戌变法"时，西学在通商口岸已经普及。但是像宋恕这样，近十年之前就已经在"经世学"的旗号下标明批判和启蒙的主张，在内地士大夫中是少见的。1891年，他在天津见到李鸿章，提出"易服更制，一切从西，策之上也；参用西法，徐俟默移，策之中也；不肯变通，但责今实，策之下也。"④比起"戊戌"时期的康有为仍在"暗窃西学"，宋恕的"西化"早在甲午战前就已经落到实处。章炳麟与宋恕谈得来，与其说在古文经学上志同道合，不如说章炳麟更需要宋恕"西学"经世学来帮忙。换句话说，并不是宋恕"宾附"，而是章炳麟要借助。有证据表明，章炳麟不但在"佛学"上受过宋恕影响，而且他的"西学"也得到宋恕的启发。章炳麟在重订本《訄书·序种姓》（1904）中相信"中国人种西来说"，即"萨尔宫，神农也；……尼科黄特者，黄帝也；其教授文字称苍格者。仓颉也"。宋恕在《六字课斋津谈》（1895）中写道："西人谓世有文字，始于亚洲之非尼西人。又谓巴比伦字最类中国字。《易》之'乾、坤'，乃巴比伦呼'天、地'土音，《尔雅》所载干支别名亦然。疑中国之学传自巴比伦。"⑤"西化"派一直在讲种种"西来说"，以章炳麟之深思好学，他一定向宋恕咨询此说，并且相信了很久才放弃。

---

① 章炳麟：《变法箴言》，汤志钧编：《章太炎政论选集》，北京，中华书局，1977年，第17页。

② 胡珠生：《编者的话》，胡珠生编：《宋恕集》，第2页。

③ 宋恕：《六字课斋津谈·史家类》，胡珠生编：《宋恕集》，第64页。

④ 宋恕：《上李中堂书》，胡珠生编：《宋恕集》，第503页。

⑤ 宋恕：《六字课斋津谈》，胡珠生编：《宋恕集》，第57页。

宋恕敢说"一切从西"，李鸿章并不真的忌讳宋恕进呈的"易服、议院"等建议，暗中还觉得此人可用，就像他隐藏使用耶稣会士马氏兄弟一样。关于李鸿章对宋恕上书的态度，有指他保守，说是斥责了宋恕。其实，1892 年 6 月 8 日在天津接待宋恕的张士珩（字楚宝，合肥人，李鸿章外甥）说："中堂于君甚赏识，……连日接谈，知君西学之深，实罕伦比，将来必能办大事。"[①]李鸿章先欲安排宋恕到"武备学堂"（陆军）教习，而宋恕提出要加入"水师学堂"（海军），后者更加现代。1893 年，宋恕如愿出任天津水师学堂汉文教习，月薪 24 两，与洋文教习严复同事。1894 年，上海求志书院以更高薪水相召，宋恕便由津转沪。1894 年 10 月报到，书院支给本年的教习薪水为 267.7 元。[②]宋恕有能力在南、北洋务新体制中治学、谋生，不同于一般的经学生。

宋恕的经世学，有明晰的新知识、新学科的建构意味，这和章炳麟论战文章中的古文经学气息大异其趣，与陈虬《经世博议》中强烈的"治国平天下"儒家情怀也很不同。宋恕的室名"六斋"，得自上海求志书院当初设斋以六，经学、史学、掌故、算学、舆地、词章，故曰"六字课斋"。宋恕在求志书院代岳父孙锵鸣担任的职务是史学、掌故两斋"阅卷"，相当于历史、社会两科主任，"弟（孙锵鸣）承乏求志书院史、掌两斋阅卷之任已十余年。"[③]长期的分科教学和研究，令宋恕对欧美、日本教育规制有所了解，说："今白种诸国，大小学校，莫不以经世为学，以三学为教。"[④]他把"经世学"等同于现代知识体系，意不在"存古"，而在"改制"——建立新式高等教育和现代知识体系。马叙伦《石屋续沈·宋恕》："二十余岁，著书曰《六斋卑议》。六斋者，先生自署其课读之室也。俞先生读《卑议》，称之曰：'燕生所为《卑议》，实《潜夫》《昌言》之流亚也。'人以为不阿好其弟子。"[⑤]按马叙伦的说法，俞樾的《六字课斋卑议》书后，对宋恕的经学成就评价不高，归为王符《潜夫论》、仲长统《昌言》那样的政论文章。以保守旧学来衡量，宋恕是"宾附"，是"流亚"；

① 宋恕：《壬辰日记摘要》，胡珠生编：《宋恕集》，第 932 页。

② 宋恕：《甲午日记摘要》，胡珠生编：《宋恕集》，第 934 页。

③ 宋恕：《代孙锵鸣致邱赞恩》，胡珠生编：《宋恕集》，第 601 页。

④ 宋恕：《〈经世报〉叙》，胡珠生编：《宋恕集》，第 274 页

⑤ 马叙伦：《石屋续沈》，上海书店出版社，第 8 页。

然而，以开拓新学来衡量，宋恕却是走在时代的前列，这也是俞樾、章炳麟对他的称道之处。

宋恕心目中未来书院体系应该有的科目，可以从他为拟在杭州创办《自强报》（1897）撰写的启事中看到。他开列了需要翻译、介绍和研究的"新学"纲目，"域外史学"之外，还有"一、天文学；二、地文学（雨露之属为地文）；三、地质学（矿学为地质学之一门）；四、动植学；五、人类学；六、养生学（医学为养生学之一门）；七、三业学（农、工、商）；八、三轻学（光、热、电）；九、化学；十、乐学。"我们可以理解为这是中西、格致、龙门、求志等沪上改良书院零星开设，而亟欲在"改科举""新书院"的维新和变法中全面兴办的大学专业，包括了理、工、农、医、商系科，正好就是"经世学"能够接受的内容上限。按这个"纲目"（Curriculum）的系统、精准和更新程度来判断，章炳麟、陈虬未必能列出来。但是，关于文科（哲学），宋恕却妥协地回到了经学立场，说："按白人心性学虽日日新，然终不出黄人古学之上。盖心性学黄人已造其极，译拜仁言以相印证固善，然可从缓，故暂不立此目。"[1]宋恕在《六字课斋卑议》中提出要仿行欧美"议院""内阁""自治""学会"，也对外语（广方言）、外交（公法）、法律（律例）教学持开放态度，但却在哲学（心性）上固守旧章。回到经学的宋恕，掉进了张之洞版本的"中体西用"，立现落伍。当时在天津，已有严复的英、法近代哲学译介；在上海，早有马相伯、马建忠的"文通之学"。上海还有徐汇公学、约翰书院、亚洲文会、广学会等学术团体，采用欧洲语言，传播西方哲学。南、北洋学者和欧美传教士一起，19世纪80年代已经消化了英国政治哲学、欧陆法哲学和基督教神学。宋恕没有尽早接触到这一群体，他的"经世学"局限性正在于此。

"戊戌变法"时期，"孔教"作为指导思想提出来，固然有更新儒教，改革进取的宗旨。1898年的"孔教"是批判传统与民族本位并行，因而能够得到像谭嗣同、宋恕等激进变法者的支持。"方孔之初立教也，黜古学，改今制，废君统，倡民主，变不平等为平等。"[2]然而，儒家经学在历史上被作为政教工具，经学家们"学"与"术"并用，常常为政治利益曲解"经义"，这是近代"孔教"论者难以调和的。谭嗣同热

---

[1] 宋恕：《〈自强报〉启事》，胡珠生编：《宋恕集》，第259页。

[2] 谭嗣同：《仁学》，第70页。

烈地给"孔教"注入"仁学"人道主义,"吾甚祝孔教之有路德也!"[1]但是,潜藏着民族主义和信仰主义两大张力,后来果然发酵,酿出事件。宋恕试图让"孔学"保持"世界主义",但康有为的"孔教"则以"保教、保教"的形式出现,暗窃西学,欲侪路德,却与其他宗教对立起来,因其"国教"身份而干涉信仰自由,酿出宗教冲突。

对于近代"孔教"更新运动面临的困境,作为俞门弟子的宋恕是明白的。宋恕和夏曾佑是浙籍学者中力挺"孔教"的二位大将。宋恕对夏曾佑说:"自叔孙通以老博士曲学媚盗,荣贵震世,而孔教始为世法所乱,然余子之教犹无恙也。及至江都,认法作儒,请禁余子,余子之徒惧于法网,渐多改削师说,而周末诸子之教始尽为世法所乱。"[2]按他的经学史知识,经学自叔孙通、董仲舒以来,一直就是"媚道"之学。宋明以来,程朱、陆王的儒学诠释,宋恕也认定为"皆虚学也"。宋恕的经学观,只认汉以前的"六经",而无所谓"今文""古文","汉学""宋学"。从这一方面来说,宋恕也并不是一个传统的经学家,而是一位经世学者。宋恕赞成康有为《孔子改制考》,是出于支持"维新"的考虑。从变法角度考虑,他佩服康有为"污身救世之行",他说"戊戌春见《孔子改制考》,始服更生之能师圣,始知更生能行污身救世之行,而前疑冰释。(《新学伪经考》仆不甚服)"[3]。宋恕认为康有为的经学虽然不可靠,但变法的目的和作用却不用怀疑,"长素非立言之人,乃立功之人。自中日战后,能转移天下之人心风俗者,赖有长素焉"[4]。宋恕的经学主张是立足于大局观,故他能接受《孔子改制考》把孔子作为一个"变法家"来推行。

余论:走出经学

近代瑞安籍学者,复旦大学周予同教授曾把古代涉及"六经"的学问,分为

---

① 谭嗣同:《仁学》,第72页。

② 宋恕:《致夏穗卿书》,胡珠生编:《宋恕集》,第527页。

③ 宋恕:《致饮冰子书》,胡树生编:《宋恕集》,第602页。

④ 孙宝瑄:《忘山庐日记》,第220页。孙宝瑄、宋恕等人在沪浙人经学团体本来对于《孔子改制考》引起的变法效果还有肯定,但经过仔细研读,也是受章太炎的影响,越来越不能接受康有为的经学观点。1898年7月4日(五月十六日)晚,孙宝瑄携《孔子改制考》夜访宋恕,对康有为的今文经学观点大加批驳。宋恕曲仍然为之辩护,陈述了当初赞成康有为的理由。

"经、经学、经学史"①三种。这三种学问既是从周秦、两汉到近代的演化过程，也是传统学者在学术更新运动中的自觉努力。"经"为元典，自周代确定，由孔子传承；汉武以下"法定"（周予同语）经博士，"经学"成形。先是汉学，后是宋学，以天地、鬼神、性理、学伦……为序列，框定了中古时代教义型的意识形态。"经学史"，则是章炳麟、钱玄同、周予同等以下好几代学者把儒家经典对象化，施以客观研究，因而形成的近代学术。按周先生的意见"经是可以研究的"，②是这个意思。因此，在相当完整的意义上，经学史是从经、经学知识体系发展出来的现代之学，客观之学，是出走之学。

经学出走，以经学史融入现代学术体系，在上海改良书院（龙门、梅溪、求志）和新兴书院（格致、中西、徐汇、约翰）的进化过程中看得很清楚。江苏学者在沪办学，讲数学必题《九章》，讲工程学必序《考工》，讲地理学必涉《禹贡》，讲天文学必引《左传》，讲外国文学必称《方言》，这些都是从经、经学出发，以"经世学"做过渡，走向现代学术的明显轨迹。在《六字课斋卑议·变通篇》中，宋恕主张把"经学"讲作"经世学"。另外，宋恕还把经学家的"小学"（训诂之学）的定义给改了，他所称的"小学"，不再是"汉学"的附庸，而是教授"十六岁以内子弟"③的地方学校。小学（Elementary School）要官立，不得私授，这是现代国民义务教育的意思。至于"大学"，也不再是"正心诚意，格物致知，修身齐家，治国平天下"，而是现代高等教育的意思。大学（University）"改分经、史、西、律四门"④，分别为经学、史学、西学和法律学等专业系科。这"四门"学校分类与宋恕从教的求志书院"六斋"体制相当，虽然并不彻底，但却难能可贵。宋恕是想在内地推广上海的经世学办学实践，用此方法引导到现代学术，这也是当时日本高等学校正在走的道路。在"变通篇"里，宋恕勾画出从"经学"到现代学术的路径，有明确的"新学"取向。宋恕专门提出"西文"教育，"各督抚通饬属府知府，立即择董募捐，于各府城建西文馆一区，内分英文、法文两斋，限二年内办竣。"西文馆应该聘请外籍教师，如

① 周予同：《"经学"》"经学"、经学史》，朱维铮编：《周予同经学史论著选辑》，复旦大学出版社，1996年，第549页。
② 周予同：《僵尸的出祟》，朱维铮编：《周予同经学史论著选辑》，第603页。
③ 宋恕：《六字课斋卑议》，胡珠生编：《宋恕集》，第15页。
④ 宋恕：《六字课斋卑议》，胡珠生编：《宋恕集》，第15页。

若不能承担，或者偏远无人应聘，应该交给学费发给学生，让他们出来"游学"（《宋恕集》，第 16 页）。宋恕的计划，不是空想，瑞安的方言馆（1895）、学计馆（1896）正是这样做起来的，项骧也是这样从温州到上海，加入南洋公学、震旦学院的。我们只有从"出走之学"来理解"经世学"，才能摆脱在"经学"范畴内看思想学术，而以一种"经学史"的眼光来审视近代学术的诞生。

英国中世纪研究学者沃尔特·厄尔曼（Walter Ullmann, 1910—1983）在他的《中世纪政治思想史》中提出：现代政治思想有两个来源，一是"自下而上"的，基于"citizenship"（市民，公民）民权概念的"罗马法"，它在"文艺复兴"以后得到了振兴；另一就是"自上而下"的，基于君权神授、天主信仰的神学体系，它是由阿奎那引入亚里士多德经验论，与《圣经》教义结合而成的经院哲学，这种"托马斯主义"，在法学上属于"王权法"。厄尔曼认为欧洲教会在 13 世纪以后从大阿尔伯特开始，到阿奎那完成了两种学说的结合，他们"在接受亚里士多德的发展过程中，有三个非常不同的阶段：1. 对他的敌视；2. 在基督教的框架内适应他的学说；3. 从基督教的外衣中逐步释放他。"① 欧洲中世纪后期以《圣经》神学接受亚里士多德希腊哲学的过程，与明末清初儒家学者从异域吸纳"西学"的经验类似。一方面，"罗马法"复兴，挑战"王权法"，与宋明以后市民社会在南方兴起，抗衡北方集权主义意识形态相似；另一方面，互为异质思想的天主教义和古希腊人文主义世界观在语言、思维和信仰上力求融合，与明末以来"利徐之学"的"天学""实学"会通学说一致。如果我们把"经—经学—经学史"的发展过程，看作是儒教意识形态通过某种异质的经验主义学说，"自上而下"地演化出一个现代知识体系，那么中国人确实也有一个"走出中世界"② 的复合经历。中国近代除从"市民社会"自下而上地发展现代学术之外，儒家经学也努力能对现代学术有所贡献，而它的中间形态就是"经世学"。

清末的"经学"有两个方向。一个方向是明末清初以来江南学者以"汉学""实学""朴学""考据学"名义发展起来的"实事求是"，采用经验主义方法的"经学"。鸦片战争以后，经学提倡"经世致用"，与"西学"再一次相遇，在上海地区发展

---

① 沃尔特·厄尔曼著，夏洞奇译：《中世纪政治思想史》，译林出版社，2011 年，第 162 页。
② 见朱维铮《走出中世纪》，上海人民出版社，1986 年。

起新型的"经世学"。另一个方向的经学,就是清代中叶以后加剧了的"经今文学"。常州学派的经今文学主张用"微言大义"的方式来"通经致用",是一种先验论式的整体思维。经验论经学注重知识门类的建构,先验论经学则注重意识形态建设。当康有为以今文经学的方式推出《新学伪经考》《孔子改制考》之后,宋恕知道他不是谈学问,而是搞政治。他对孙宝瑄说:"子以考古贬长素,甚善,然长素非立言之人,乃立功之人。自中日战后,能转移天下之人心风俗者,赖有长素焉。"在宋恕看来,只要倡导者意图正确,行动有效,像康有为"伪经考""改制考"这样不甚可靠的知识,也能在启蒙运动中发挥作用。这个折中说法,当时学者少有不赞成的,孙宝瑄当场诺诺:"长素考古虽疏,然有大功于世,未可厚非也,余亦敬服其说。"次日,孙宝瑄再往下读,实在受不了,便又记道:"长素与世虽有功,而考古之武断,不能不驳正之。"① 章炳麟学问较真,力求知行合一,但对康有为的"经—术"割裂,也持部分谅解态度,说:"说经之是非,与其行事,固不必同。"② "立功"与"立言""经世"与"经言"的区分,说到底还是真理与实践、理想与现实、知识与应用的割裂与冲突。近代学者所谓"学与术分""知难行易""道术未裂"③ 等说法,都表明中国人在政治生活中陷入了一个知识论与价值观上的困境。

戊戌前后一代经学家,还有一种倾向,就是随意把各种各样急迫的、具体的知识转型和社会变革问题形而上学化。经学家谈"经世",常常把各地制造局、同文馆翻译的"声光化电"教材知识,直接揽入四书五经和经史子集中,用以建立貌似"西学"的新古典体系。康有为的《实理公法全书》、谭嗣同的《仁学》里面都有这种倾向,而《皇清经世文编》续、三、四编也充斥此类文章,流行的做法就是以《易经》附会科学,搞"科学易"。13 世纪的神学家们利用刚刚获得的古代地中海航海知识,用《旧约·创世纪》诺亚儿子闪、含、耶斐特家族树,画成一张以耶路撒冷为中心的亚洲、欧洲、非洲 OT 地图(中世纪世界地图),代表大公教义那样。从最具体

---

① 孙宝瑄:《忘山庐日记》,第 220 页。

② 章炳麟:《论说》,《五洲时事汇编》第三册,光绪二十五年九月初十日。转引自汤志钧编:《章太炎年谱长编》,中华书局,1979 年,第 89 页。

③ 梁启超《学与术》、孙文《孙文学说》(1918)提出"知难行易";钱锺书在《谈艺录》提出"东海西海,心理攸同;南学北学,道术未裂"的说法,都察觉到这是中国近代思想的一个死结。

的知识，跳跃到最抽象的主义，对文化作一种本质主义和整体主义的理解，这是清末"经今古文之争"中的一大误区。章炳麟后来意识到政学混淆问题的严重性，指出是"为政论者，辄以算术、物理于政事并为一谈"。他看到"惟平子与乐清陈黼宸介石持论稍实"[①]。经学争议的意识形态化，并不是一种有逻辑、有程序的哲学化，而是一种简单化、泛化。厄尔曼说："（中世纪）整个政治体系完全依据一种抽象的观念，一个纲领性的蓝图、一种抽象的原则，所有的伦镇都是以它为教义基础而演绎出来的。……这种观点的作用是反对，甚至抵制经验性的结论和认识的。"[②]"托马斯主义"正是对这种泛意识形态做法的修正。

当"实学"成为"玄学"，知识成为意识形态，政治、法律、经济、社会、文化、宗教的具体问题，被武断地公式化、形而上学化，许多新知识、新制度、新观念反而无法讨论了。对于亟须布置"新政"，落实各项变法措施的"维新"来说，士大夫经学家这种以其昏昏，使人昭昭的状态，并非吉兆。在这方面，在沪江苏学者因为参与新知识体系的构建，从改良书院、创建大学的专业要求来看，他们很少再有这种牵强附会。我们没有看到像钟天纬、赵元益、马相伯、马建忠、经元善、郑观应、张焕伦、李平书等"沪学"群体中人对"经今古文之争"发表过具体意见，他们专注于"西学"的翻译、消化和吸收，用以构建"实学""科学"。宋恕的"实学""经世学"也久经历练，"六斋"之中，他的"算学"（包括声、光、化、电、重学）虽不突出，但他对日本变法的关注，对西方议院的热衷，可以列在"舆地""史学"两斋，实际上属于政治学、法律学和宪法学领域，远比在"经学"斋讨论"经今古文之争"更重要。宋恕处在"沪学"的边缘，他的地位优势是"沪学"与"浙学"群体的中介。章炳麟刚来上海时，"西学"知识并不过硬，他写《菌说》（1899）使用时髦的科学知识去推导新社会原理，构建新意识形态，不无虚悬夸饰。正是在这一时期，宋恕以其"经世学"引领了孙宝暄、章炳麟、汪康年等"浙学"人士，他的思想地位正在于此。

原载《中国文化》2021年第2期

---

① 章炳麟：《章太炎自定年谱》，汤志钧编：《章太炎年谱长编》，中华书局，1979年，第38页。

② 沃尔特·厄尔曼著，夏洞奇译：《中世纪政治思想史》，第228页。

承续永嘉精神：夏鼐早年治学的心路历程及其学术风格

刘春强

[摘　要]1930—1934年，夏鼐治学方向经历了三次转向，从社会学转到中国近代史，进而转向考古学。夏鼐早年治学领域的三次转向，对其学术思想形成具有重要意义。夏鼐治学转向既有时代背景，亦有家族文化、永嘉区域文化的因素，同时这些因素形塑了夏鼐早年治学的学术风格。夏鼐早年治学思想，为其考古学研究奠定了学术基础，是其整体学术思想的重要组成部分。

[关键词]夏鼐　心路历程　治学风格　永嘉精神　历史哲学　唯物史观

　　夏鼐（1910—1985），浙江永嘉人，是新中国考古学事业的奠基人之一。目前学界对夏鼐考古学思想及贡献之研究，已经取得了丰富成果。[①]然而，对于夏鼐早年治学思想的研究稍显不足。[②]夏鼐早年治学历程可分为三个时期：1930—1931年，在燕京大学修读社会学时期，目标是"十字街头"式的中国社会问题研究；1931—1934年，在清华大学修读历史学时期，开始从"十字街头"进入"古塔"，选择了中国近代史专业；1934年后，决心出国留学，继续深造并顺利通过留学考试，开始

---

① 代表论文有：樋口隆康《夏鼐先生与中国考古学》（《社会科学战线》1985年第1期）、梁加农《夏鼐的丝绸史考古研究》（《考古》2000年第4期），王仲殊、王世民《夏鼐先生的治学之路》（《考古》2000年第3期）、姜波《夏鼐先生的学术思想》（《华夏考古》2003第1期）、斯蒂芬·夸克《夏鼐先生与古埃及串珠研究》（《考古》2014年第6期）、王兴《夏鼐〈敦煌石室画像题识〉后记撰写缘起及内容旨趣》（《中国国家博物馆馆刊》2017年第2期）、汤惠生《夏鼐、苏秉琦考古学不同取向辨析》（《中国社会科学》2017年第6期）等。

② 《夏鼐日记》（华东师范大学出版社，2011年）和《夏鼐文集》（中国社会科学文献出版社，2017年）的出版推动了夏鼐早年学术思想的研究，代表性论文有：宋广波《从〈日记〉看夏鼐的学术人生》（《中国文化》2011年第2期）及《胡适与夏鼐》，台北《传记文学》2012年第1期）、尹媛萍的《夏鼐与蒋廷黻的一段学术因缘》[《清华大学学报》（哲学社会科学版）2013年第5期]等。

了自己的考古生涯。①夏鼐早年治学领域经历的这三次转向，对其学术思想形成具有重要意义。本文以《夏鼐日记》《夏鼐文集》等为主要史料，通过梳理夏鼐早年治学的心路历程，揭示其早年治学的学术风格和基本学术趋向，并进而分析其学术风格形成的永嘉文化因素。

一、夏鼐早年治学的三次转向

夏鼐接受启蒙教育之时，正是新文化运动后各种西方新思潮传入并澎湃发展的时期，也是国民革命如火如荼进行之时。在师友、同学的影响下，夏鼐对政治逐渐发生兴趣②，初步树立了读书报国的志向。受永嘉文化影响，夏鼐选择投考燕京大学社会学系，希望通过研习社会学的途径走上"十字街头"，实现学术经世的社会理想。

夏鼐入燕京大学时，社会学系主任为许仕廉。1926年，许仕廉主持社会学系时的指导方针，是要求学生广泛掌握社会学的基本知识，以便在研究社会学及社会事业时具有相当的理论基础，故燕京大学社会学系在课程设置上重视理论学习③。夏鼐修习了社会学、政治学、经济学、人类学等学科的课程，广泛阅读了中外社会科学名著如河上肇《经济学大纲》、波格达纳夫《经济科学大纲》等。社会科学思想的学习和熏陶，在其《秦代官制考》一文中得以体现，他运用经济基础与上层建筑关系分析模式赋予秦代官制以时代价值,他认为运用唯物史观从事制度史的研究，"可以推测到他所反映的那个时代的社会"④。

在当时的思想界，马克思主义社会科学理论成为青年学子共同的思想趋势，其与实验主义方法是当时的两股思潮，甚至高过后者，运用马克思主义的理论方法来批评实验主义的方法论，是当时中国社会史论战的一种独特现象。夏鼐认同《二十世纪》上刊发的《批评胡适》一文的思想方法，称赞该文"批评偏重于建设的方面，有精辟处"，其优点是"能够用经济的背景来解释先秦哲学的产生与发展，又能指

---

①②　夏鼐:《夏鼐日记》第一卷，华东师范大学出版社，2011年，第265页。

③　燕京大学文史资料编辑部:《燕京大学文史资料》第2辑，北京大学出版社，1991年，第141页。

④　作民（夏鼐）:《秦代官制考》，《清华周刊》1932年第12期。

出哲学思想本身之辩证的发展"①。

夏鼐对自己的学术成长具有自觉意识，明了个人性情决定个人的学术兴趣。夏鼐选择燕大社会学系从事理论学习显然与其"性癖近于抽象的思考"之性格特点有关②。然而，夏鼐鉴于社会科学易流于虚浮的弊端，曾萌生改科的想法③。他认为，社会学系虽重视社会科学理论，但因带有"宗教的颜色眼镜"，而且还穿着"资产阶级理论的隐身衣"，有一种"虚浮不切实"的弊病④。尽管夏鼐最终选择转学，但燕京大学社会学专业的学习，为夏鼐后来重思想、重理论的学术风格奠定了基础。同时，燕京时期，钱穆等人扎实的史料考证功夫亦范导了夏鼐治学的实证风格。

20 世纪 30 年代，中国史学界呈现多元融合的趋势。以胡适、傅斯年为代表的实证史学仍是史学界的主流。而中国社会性质论战推动了社会科学思想理论的进一步传播，与实证史学呈现出双峰并峙的局面。夏鼐转学到清华历史系，既反映了他对自身学术取向的慎重和自觉，也是时代潮流发展的个体表现。

1931 年，夏鼐通过考试成功转校清华大学历史系。在夏鼐看来，历史学科以史料为基础，具有社会科学的性质，可以纠正社会学流于空言的弊端，因此转学历史系也不失为明智选择⑤。夏鼐进入清华大学历史系后，选择中国近代史作为研究方向。他之所以做这样的选择，是因为中国近代史与当下中国关系最近，是中国当下社会问题的源头，值得特别关注，用他的话说就是："对于十字街头有些恋恋不舍，所以要攻中国近代史，以便进一步剖析当前的社会。"⑥通过研究中国近代史来解剖和分析中国社会，显然与在燕京大学时受钱穆等人学术致用取向影响有关（详见后文）。当时清华历史系存在两种史学倾向：一是以杨树达为代表的考证学派；二是以蒋廷黻、雷海宗为代表的综合派⑦。夏鼐认为前者是"老派"，虽重视史料但缺乏系统性⑧，故夏鼐更认同于综合派并选择蒋廷黻为导师。

在蒋廷黻的指导下，夏鼐开始从事鸦片战争的研究，系统阅读中国近代史资料和著作。夏鼐先后完成了《鸦片战争中的天津谈判》《百年前的一幕外交冲突》等2 篇有关鸦片战争的论文和《洋书辨伪》《评蒋廷黻〈近代中国外交史资料辑要〉》《陈博文著中日外交史》等6 篇书评。夏鼐对中国近代史研究主题的选择及其历史观念，

---

① ② ③ ④ ⑤ ⑥ ⑧ 《夏鼐日记》第一卷，第 20—21、29、71—73、91—92、95、100、130、265 页。

⑦ 桑兵：《教学需求与学风转变：近代大学史学教育的社会科学化》，《中国社会科学》2001年第 4 期。

基本秉承了蒋廷黻的现代化史观，将鸦片战争视为中国闭关政策与世界市场扩张之间冲突的结果[1]。

夏鼐从事近代外交史研究是在蒋廷黻研究基础上的进一步展开，而夏鼐的毕业论文专注经济问题即"太平天国前后长江各省之田赋问题"，一方面则可能得益于蒋廷黻的学术眼光。蒋廷黻回忆道："我的兴趣越来越广泛，我又对近百年来社会及经济变化发生兴趣。大多数人把这方面的研究工作看成一块没有肉的干骨头，认为食之无味，而我却认为弃之可惜。"[2]蒋廷黻对中国近代史研究学术前沿问题的把握，影响了夏鼐的研究兴趣。另一方面，革命思想的传播也影响了夏鼐的研究选题。夏鼐除正常课程学习之外，还保留燕京时期的阅读习惯，对唯物史观类的图书进行了广泛涉猎与系统阅读，如列宁《国家与革命》《反杜林传》和陈启修翻译的《资本论》等。夏鼐还经常与好友王栻进行唯物唯心问题的辩论，并就马克思提出的重要问题进行推理演绎[3]。蒋廷黻和夏鼐师徒二人的学术兴趣，充分彰显了20世纪30年代中国社会史论战的影响力之大。本科毕业论文的写作，培养了夏鼐对中国经济史浓厚的学术兴趣，他希望毕业后继续从事经济史研究[4]。

大学生活学习时段，是青年思想发展和成熟的时期，是人生事业的关键时期。1934年上半年，夏鼐面临毕业后的人生道路选择问题，他为自己的未来出路做了诸多假设[5]，但出国留学是他的首要选择，希望通过留学继续从事中国近代史研究，尤其是中国经济史研究。

然而，当年清华留学专业中并没有经济类专业，夏鼐最终选择了与历史学相关的考古学专业。虽然高榜提名，但专业选择不能如愿，夏鼐为此感到非常纠结，"自己本来预备弄的是中国近世史，这次突然考上了考古学，这样便要改变我整个一生的计划，对于这样一个重大的改变，我并没有预料到，我有些彷徨无主"[6]。夏鼐思想纠结的根源在于，从事考古违背了自己学术经世之初衷。他说："现在忽而改读考古学，简直是爬到古塔顶上去弄古董。离十字街头更远了，喧扰的市声，渐隐渐微了。在塔顶旧室中，微弱的阳光下，徘徊于蛛丝鼠迹之中。"[7]如果说通过中国经济史研究来关注社会变革，夏鼐找到了在"古塔"内学术研究的门径，形成

---

[1][3][4][5][6][7] 《夏鼐日记》第一卷，第20—21、29、71—73、91—92、95、100、130、265页。
[2] 蒋廷黻:《蒋廷黻回忆录》，岳麓书社，2003年，第135页。

了自己的学术风格;那么,从"古塔"爬到"塔顶",其对治学前景则感觉到迷茫,此时的夏鼐或许认为考古学难以施展经世致用之学术抱负。

二、夏鼐早年治学的突出学术风格

夏鼐在早期求学过程中,逐渐形成了自己治学的鲜明风格,为其后来的考古学研究奠定了学术基础,决定了其后的基本学术趋向。

首先,挑战学界权威,大胆提出自己的学术见解,形成了自己的学术批评风格。

夏鼐因不认同燕京社会学系的风气而转学清华历史系,是其独立思考精神的体现。他刚入清华历史系后,就对当时史学流派发表自己的见解,认为民国史学界存在着老派与新派的分野。是否具有理论基础和系统性,为判断新派与老派的标准。像王国维及其弟子那样的老派学者,史料排列过于松散,"缺乏一种系统化"[1]。所谓新派,就是善于运用社会科学方法研究历史者,以中国社会史家为代表,他们引领了民国史学的新风向。在回应学界关于井田制讨论时,夏鼐展示了其对社会科学的理解和运用。夏鼐在《魏文侯一朝之政治与学术》一文"按语"中,批判了胡适、顾颉刚的治史方法不具有建设性,大胆提出了自己的见解。夏鼐认为井田制是公有制,这里的"制"包含两个层面:所有权和享有权。农夫是"私田"收获的享有者,是私田的使用者而非所有者;同样,封君只是以公务员的名义抽赋税,是村落共有财产的管理者,并非私有者。真正的土地私有是在井田制破坏以后[2]。

书评是展示学者学术批评精神的重要方式。夏鼐认为,书评要为作者提供建设性意见,学者的责任不是"锦上添花",而应该提出改善的意见,故他特别重视书评并通过书评方式展开学术批评,形成了自己的学术批评精神。夏鼐早年发表的16篇文章中,有半数是以批评为主题的。他在批评其导师蒋廷黻编《近代中国外交史料辑要》一书时,从体例和材料补正两方面大胆提出了批评意见[3]。蒋廷黻虽然

---

① 《夏鼐日记》第一卷,第89—91、91—92、135—136、157—158、241、264、265页。

② 作民(夏鼐):《魏文侯一朝之政治与学术》,《清华周刊》第三九卷,1933年第8期。

③ 夏鼐:《评蒋廷黻编〈近代中国外交资料辑要〉》,《图书评论》第一卷,1933年第6期。

对"体例上的商榷"持保留意见，但还是接受了夏鼐的补正意见①。他对武堉干的《鸦片战争史》、萧一山的《清代通史》和陈博文的《中日外交史》等书均提出了批评意见，展现了青年学子强烈的学术批判意识。

夏鼐求学北京时，萧一山已是国内知名的清史教授。他于 1923 年出版的《清代通史》上卷，引起海内外史学家的重视，梁启超称赞萧一山"识力精越"②。夏鼐虽然对该书评价极高，但本着学术研讨的目的，从史料、体例等方面对该书进行了严厉的批评。萧一山撰写《清代通史》时，清代中外关系史研究尚未起步，清代官方外交文献资料尚未公布。直到 1929—1930 年，《三朝筹办夷务始末》方由故宫博物院整理出版，故《清代通史》在清代史料运用方面有明显的缺陷。夏鼐对该书的批评，主要集中于甲篇《评〈中外之交通与会约〉》和乙篇《评〈十九世纪之世界大势与中国〉》史料问题上。他在甲篇中指出，《清代通史》材料分配布置不当，第三章"似无另立专章之必要"，且该章有剽窃嫌疑，认为"本书这一章的取材，即根据稻叶氏的著作"，指责萧著存在着"整理史料功夫之欠缺"。另外，他批评乙篇中列举了萧著 28 处史实错误、10 处译文错误，认为萧著与武堉干的《鸦片战争史》都存在着史料考证不实的共同问题，并认为萧著"无甚发明"③。

夏鼐对《清代通史》存在问题的批评是中肯而直率的。学术批评不是意气之争，重点不在批判而在建设。夏鼐的学术批评，是建立在自己卓越的学识和丰厚的知识积累基础上。敢于挑战学界权威，大胆提出自己的学术见解，重视学术批评精神，是夏鼐早年治史的突出特点。

其次，以史料为基础，以历史哲学贯通历史研究，形成了史论结合的学术风格。

夏鼐早年对《醒世姻缘考证》的考证功夫非常赞佩，并系统总结其考证方法，他还专门找来顾颉刚的《尚书研究讲义》，认真研习顾颉刚的《尧典》考证方法④。在夏鼐早年发表的 16 篇文章中，有 11 篇属于从史料的考证出发形成自己观点的实证性文章。他在燕京大学求学时撰写的《秦代官职考》《魏文侯一朝之政治与学术》

① 《夏鼐日记》第一卷，第 89—91、91—92、135—136、157—158、241、264、265 页。

② 萧一山：《清代通史》，商务印书馆，1932 年，第 5 页。

③ 夏鼐：《评萧一山〈清代通史〉》，《图书评论》第二卷，1934 年第 5 期；《夏鼐日记》第一卷，第 135 页。

④ 《夏鼐日记》第一卷，第 161、210 页。

两文，均通过阅读史料形成自己的观点，然后以札记体的形式呈现。前文以《史记》为基本史料，其着重点是"秦在统一中国的过程中，如何订定了他的官制"[1]。后文则通过阅读史料补充了钱穆史料的不足。他说："除这一条孤证外，我却又找出一条旁证。"[2]

夏鼐在清华时期师从蒋廷黻，逐渐形成了自己的实证研究风格，这种风格体现在这一时期的代表作《鸦片战争中的天津谈判》和《太平天国前后长江各省之田赋问题》两文中。在蒋廷黻治史风格影响下，夏鼐广泛阅读了当时能够获得的相关史料后，撰写了《鸦片战争中的天津谈判》一文。他认为蒋廷黻《琦善与鸦片战争》一文虽用新材料，然而关于天津谈判这一层，"仍嫌简略，未能充分发挥"。因此，"根据夷务始末，同时参考各种中英文书，以图获得比较近实的记述；且以厘正诸家的错误"[3]。他对史料考证的重视，不仅表现在该文的注释和文献索引方面，还体现在该文的五个附录中。他在梳理史料基础上精心编制的《诸家记载天津谈判事迹勘误表》《天津谈判经过月日表》《林则徐之初遭斥责》《英外相致中国宰相书汉字译本考》和《〈道光朝筹办夷务始末〉订误一则》等，集中展现了夏鼐实证研究的扎实功底。

《太平天国前后长江各省之田赋问题》是夏鼐在清华大学的毕业论文。夏鼐试图在史料的运用上有所拓展，不仅要重视各类官书，还要搜集能够反映农民负担的地方史料[4]。研究晚清经济问题，需要自下而上的社会经济史视角，亟须收集、统计各地经济情况和数据。为此，他系统阅读了《浙江减赋全案》《浙江减漕全案》《江苏减赋全案》等地方史料，并在曾国藩、李鸿章、左宗棠等人的人文著中搜集经济史料，甚至前往中央研究院社会学所抄录清朝档案资料[5]。另外，夏鼐重视搜集经济数据，并依据各地经济数据制作了《湖北减漕表》《浙江十府覈减浮收钱粮数目表》《浙江裁减漕额表》《苏松太三属新旧科则表》《浙江减漕结果表》《江苏裁减漕额表》等9个表格，以说明太平天国前后长江各省之田赋问题，同样展现了其实证研究的

---

[1] 作民（夏鼐）：《秦代官制考》，第51页。

[2] 夏鼐：《魏文侯一朝之政治与学术》，《清华周刊》第三九卷，1933年第8期。

[3] 夏鼐：《鸦片战争中的天津谈判》，第43—44页。

[4] 夏鼐：《太平天国前后长江各省之田赋问题》，第416页。

[5] 《夏鼐日记》第一卷，第161、210页。

扎实功底。

夏鼐早期治学在注重史料考据的同时，强调历史研究的系统性和科学性，主张以历史哲学贯通历史研究。在他看来，史料考证固然重要，但"考据并不是史学最终的目的"，"若认为考据为终极目的，那么我们只能说他是浅薄、无聊！"[①]在与王国维的学生吴其昌讨论通史写作时，夏鼐毫不避讳地指出老派学者缺乏一种系统性[②]。其所谓的"系统性"，核心是历史研究一定要以历史哲学为灵魂。关于历史哲学的含义，他言："历史哲学便是关于历史方面的哲学，也有哲学的'综合的'和'最后的'二特征。历史哲学家不肯自安于零碎的历史智识，他要从大处着眼，组立一个毫无矛盾的有系统的历史观，想找出历史进化的途径和通则。"此处所谓"综合的"，是指上文所言的"系统性"；所谓"最后的"，是指历史进化的最后原因，是人类社会变动的原动力[④]。

研究历史应该具备什么样的历史哲学呢？在中国社会史论战的影响下，夏鼐接受了唯物史观并将其作为从事历史研究的重要历史哲学。他在《奥本海末尔的历史哲学》中虽然承认奥本海末尔的历史哲学观点，即国家的起源是暴力的征服和平定，但其思想更偏向于唯物史观。他认为，奥本海末尔的国家起源说是一元，并不足以解释大多数国家，而唯物史观则具有较强的解释力。他说："我们在原始民族中，常看到因为私有制度的发达，在一个民族内发生了阶级的分化，于是产生了国家。建立后的国家，虽带有强制的政治性质；但是其起源不一定由于暴力的侵占，有时是经济发达的自然结果；且又不一定是一种族对他种族的征服，而可以是社会内部分裂的结果。"[⑤]

历史研究的系统性思想，是夏鼐历史研究的重要思想，并建构其通史观。夏鼐认为，一部通史著作，仅有史料的排比，若没有哲学基础，最终流于琐碎，甚至一篇文章如果理论思想不够深刻，也不是一篇好文章[⑥]。正是基于这种认识，他批评萧一山的《清代通史》："名曰通史，实则未能将史实之各方面打成一片。盖作者自己尚缺少一种历史哲学，以贯通史实也。"[⑦]在他看来，民国学界"敢于"写作通

---

① 夏鼐：《编后》，《清华周刊》第三九卷，1933年第3期。

②③⑥⑦ 《夏鼐日记》第一卷，第91—92、159、183、205页。

④⑤ 作民（夏鼐）：《奥本海末尔的历史哲学》，《清华周刊》第四〇卷，1933年第5期。

248

史者只有两派，"一派为守旧的右派，如柳诒徵及缪凤林……一为新起的左派"。其历史哲学前者为中国传统固有，后者为新输入的唯物史观①。不同历史哲学，会写出不同的通史著作，但没有历史哲学就没有通史写作的可能。

史学著作的系统性还体现在线索要清晰、史学结构和体例要合理等方面。夏鼐认为：通史写作一定要重视历史发展的线索②。线索不清晰，详略就不得当。他认为："一部通史，除应注意材料的分配布置外，更应注意史实的线索，以便探求因果。"③另外，通史写作要注意分期问题，他认为通史分期的标准为："历史分期，应随史事流变为转移：遇变则分；不变则不分。凡是妥当的分期，最低限度应使每一时期的史迹，看来确是自成一个体系，前后虽相衔接，而终各有特色。这样划分的时期，不仅可以年限为标题，且可以特色为标题。"④

通史写作重视体例，史料编纂同样需要体例，体例彰显史法。夏鼐的《评蒋廷黻〈近代中国外交史资料辑要〉（卷上）》第一部分就是"体例上的商榷"，他说："做史料辑要一类的书，最重要的是'取材之博与抉择之精'，但选择史料之后，还应该用最科学最明白的形式，以显示于读者之前。这便有关体例问题。"他认为，蒋廷黻材料选择的标准值得商榷。蒋廷黻认为选择材料要"信，要，新"；而夏鼐同意"信，要"两点，但并不赞同"择其新"适于史料辑要。夏鼐认为，史料辑要最重要的是办到"要"字，"至于新不新则似可不必十分注意。即使没有新知识的贡献，而在一部用了新眼光来编辑的书中，旧材料也会发生一新的意义"⑤。所谓"新眼光"，就是要通过新的视野呈现不一样的事件发展过程。

总之，历史研究需要史料和理论并重。没有史料，会流于空泛；没有理论，犹如没有灵魂。夏鼐不但重视史料考证，而且注重历史理论，主张以历史哲学贯通历史研究，逐渐形成了自己史论结合的学术风格。

---

① 《夏鼐日记》第一卷，第91—92、159、183、205页。

② 夏鼐：《陈博文著中日外交史》，《图书评论》第二卷，1934年第12期。

③ 夏鼐：《评萧一山〈清代通史〉》，第26页。

④ 夏鼐：《陈博文著中日外交史》，《图书评论》第二卷，1934年第12期。

⑤ 夏鼐：《评蒋廷黻编〈近代中国外交史资料辑要〉》，《图书评论》第一卷，1933年第6期。

三、承续永嘉精神

近代以来，中国面临千年未有之变局，学术报国为众多知识分子的共同思想取向。夏鼐早年治学转向的心路历程充分彰显其时代担当和社会责任意识，并逐渐形成了独立的批判精神和新史学观。夏鼐早年的思想世界，亦饱含丰富的地域文化尤其永嘉文化因素，并以践行永嘉精神为一生之学术志向。

（一）研究叶适思想，发掘永嘉文化资源

夏鼐的家乡温州瑞安人才辈出，叶适、孙衣言、陈黻宸等学人为浙东学术的代表人物。夏鼐富有乡谊情怀，搜集整理、研究瑞安名人尤其叶适思想成为其一生未能忘怀的事业。

南宋著名思想家叶适，是永嘉学派思想集大成者。早在 1930 年，夏鼐尚在光华附中读书时，即注重搜集叶适资料，并写成了《论永嘉学派》一文，表彰永嘉精神的时代价值。考入燕京大学后，夏鼐开始搜集整理《叶水心年谱》，一直到新中国成立时，《叶水心年谱》材料搜集和写作才基本完成，进入通稿阶段。此时，夏鼐得知张一纯正在撰写《叶水心年谱》，两人遂约定共同完成[①]。叶适研究，伴随夏鼐一生治学，融入其生命历程和体悟。

因搜集、研究叶适资料，夏鼐对永嘉学派的学术源流尤为关注，并自觉弘扬永嘉精神。20 世纪 30 年代，夏鼐先后撰写了《永嘉学派之哲学》和《二程的人生哲学》，探索永嘉学派的学术渊源和思想价值。闲时，夏鼐经常以"闲话"的形式写作有关乾嘉学派的随笔或考证，比如《永嘉四灵的诗》《元南戏与永嘉的关系》《〈琵琶记〉的作者高则诚》[②]，并对家乡期刊《瓯风杂志》以褒奖，对永嘉文化表示强烈认同："身卧斗室羁幽燕，魂绕乡关到温州。"[③]

夏鼐对永嘉精神的传承，既体现在研究叶适思想、发扬永嘉文化方面，更内化

[①] 《夏鼐日记》第四卷，第 226、231 页。

[②] 《夏鼐日记》第一卷，第 54、184 页。

[③] 《夏鼐日记》第六卷，第 326 页。

为其学术活动的指南。他说："一个社会中具有善心的人已经稀少了；若这班人又只以洁身自好为止，不思轰轰烈烈地替社会干一番事业，这种社会便难进步了。我以为就社会的实际利益而言，永嘉学派的学说含有不刊的真理。"[①] 同时，夏鼐对永嘉精神的传承，亦是 20 世纪 30 年代青年学人的文化使命，即以科学的精神复兴中华优秀传统文化，以发展的眼光看待永嘉文化，他说，"我不知道这些（儒家）礼仪只是前一时代的生活的残余，在前一时代中是合于生活的需要的，因之也是合于当时的人情。到了后一时代，已经完全失去社会的意义，在社会生活上找不到根据，只好推之于不可捉摸的天理"。因此，夏鼐继承传统，却"不要那些曾产生过'吃人的礼教'的儒家伦理"[②]。

（二）传承经世致用之传统

理学在南宋时期迅速发展，影响广泛而深刻。理学家逐渐暴露出空谈性理、轻务实之学的弊病，给当时的社会带来严重的危害。面对南宋王朝的危机，浙东学者尤其是永嘉学者以批判的精神针砭时弊、力排理学空疏的学风，提倡经世致用之学。

作为一种传统儒家政治思想，永嘉学派的经世价值，得到近代学人的重视。夏鼐认为："宋儒中永嘉学派，是另有一种动人的地方……径直以为除开'实用'外别无所谓'道'，这是何等精辟的言论。"[③] 永嘉学派经世值的一个重要特点即为批判精神，并受到后学的继承[④]。夏鼐在批评学人学术和学术书评中形成的独立批判精神，继承了这一传统。

夏鼐对于永嘉学派经世价值的认识，影响着他治学方向甚至修习课程的选择。夏鼐修习了钱穆、张尔田、陈寅恪等学人的诸多课程，并在与学人的交流中探寻自己的治学领域如制度史、经济史等。在与近代学人的交流中，夏鼐对钱穆印象最为深刻。1930 年秋，钱穆在顾颉刚的介绍下进入燕京大学授课，其治学精神为发掘中华优秀传统文化资源，实现致用之价值。夏鼐修习了钱穆的"国文""战国秦汉

[①] 夏鼐：《论永嘉学派》，《夏鼐文集》第 5 册，第 3、5 页。

[②] 作民（夏鼐）：《二程的人生哲学》，《清华周刊》第四〇卷，1933 年第 1 期。

[③] 夏鼐：《论永嘉学派》，《夏鼐文集》第 5 册，第 3、5 页。

[④] 张家成：《叶适暨永嘉学派与儒家传统的重建》，《哲学研究》2001 年第 1 期。

史""中国近三百年学术史"等课程,《夏鼐日记》详细记录了钱穆讲授学术传承尤其是颜李学派、浙东学术、今文经学等考试科目①。受钱穆学术思想启发,夏鼐在"战国秦汉史"课程笔记基础上,撰写了《秦代官制考》和《魏文侯一朝之政治与学术》两文。这两篇文章彰显了夏鼐与钱穆学术思想的相通之处,夏鼐将历史当殷鉴看待,前文表露了夏鼐对制度革新的兴趣,他说:"人类社会的一切制度,都是人类利用以适应环境的工具,政治制度便是此中的一种,时代变了,需要变了,上层建筑的政治制度,也不得不随之而改变。"②后文则显示他对社会经济问题的重视,并批判了孟子的井田说、钱穆代表的"修正派的井田制"、郭沫若的井田说,以及胡适的"井田沿革说"等观点,提出了建设性观点③。该文得到钱穆的肯定,认为"按语"观点"大体尚佳"。④

夏鼐此时的读书、治学兴趣影响了他的专业、职业选择,他最终选择清华历史系,并以经济史作为自己的治学方向。他以"十字街头"表达自己的经世初心,早年以从事中国近代史作为经世之门径,以学术研究洞察社会,为变革现实提供历史的借鉴。虽然夏鼐最终以考古学为自己最后学术方向,但仍未忘怀史学经世的情怀。譬如西北考古时期,友人嘱其为文《汉代用兵西北之供养问题》,供国民政府加强西北边防之借鉴⑤。闲居家乡时,则应友人之邀撰写《抗战时期温州经济情况》,备浙江经济部门之参考⑥。

(三) 研习新史学

浙东学术的价值在于经世致用,而重心则在史学,近代永嘉学人宋恕言:"浙学故重史,而永嘉为最。"⑦浙东史学向重史观,具有朴素唯物论特色。叶适曾言:物之所在,道则在焉。章学诚《文史通义·原道》中反复论证"道不离器,犹影不

---

① 《夏鼐日记》第一卷, 第 54、184 页。

② 作民 (夏鼐):《秦代官制考》,《清华周刊》第三八卷, 1932 年第 12 期。

③④ 作民 (夏鼐):《魏文侯一朝之政治与学术》,《清华周刊》第三九卷, 1933 年第 8 期。

⑤ 《夏鼐日记》第三卷, 第 286—288 页。

⑥ 夏鼐:《抗战时期温州经济情况》,《夏鼐文集》第 5 册, 第 425 页。

⑦ 宋恕:《外舅孙止庵学行述略》, 胡珠生编:《宋恕集》, 中华书局, 1993 年, 第 325 页。

离形""道因器而显，不因人而名""道寓于器""即器而言道"。近代以来，"道"经历了"道出于一"到"道出于二"的转型①，西学的传入是重要推动因素。浙东史学在近代形成了第二和第三次高峰，其中第三次为清末民初中西文化碰撞之际，永嘉学人兼容并蓄，代表人物为温州宋恕、陈黻宸、孙诒让等②。这一代温州籍知识分子在文化路线上超越国粹派和西化派，融会中西，以科学的方法延续永嘉精神。表彰乡哲，复兴永嘉文化，乃夏鼐学术生命之夙愿③。

20世纪30年代，中国进入革命时代，各类"主义"盛行，社会科学理论广泛传播，为永嘉文化的发展提供了重要思想资源。夏鼐言："（中国思想运动）目下虽觉稍有停滞，好像波澜不兴，水面静谧；但我以为并不是已'海不扬波'了；却是在准备着更雄壮的排山倒海而来的怒潮惊涛，为着这未来的运动之准备。"④以科学方法复兴永嘉史学，清末民初，夏鼐之乡谊陈黻宸等已有尝试⑤，而唯物史观等社会科学方法广泛传播则提供了永嘉史学转型的新机遇。

夏鼐治史重理论，强调历史哲学的贯通，融合了传统经学义理因素和现代科学尤其社会科学的方法。浙东学术重视辩证道与器、义与利的关系，具有了朴素唯物论特点。夏鼐解释说："虚悬的道义，可以离开功利，而真正的道义，决不能离开功利。而永嘉学派的特点便在此处。"⑥夏鼐对永嘉学派"道义"精神的把握，从其个人性癖重哲学，到早年从学重"义理"的倾向中可见一斑。燕京时期，夏鼐选修了张尔田的"史学概论"课程，认同张尔田所撰《史微》着重义理的思想，并以《史微》立言完成了自己的期末论文，论证了驳胡适诸子不出王官论、六经皆史论、古史辩平议、今古学抉征、中国史统表等史学观点⑦。夏鼐对"重义理"治学路径的认同，

① 罗志田：《近代中国"道"的转化》，《近代史研究》2014年第6期。

② 蔡克骄：《"浙东史学"再认识》，《史学理论研究》2002年第3期。

③ 夏鼐：《〈叶适年谱〉叙言》，《夏鼐文集》第5册，第351页。

④ 夏鼐：《五四运动发生的原因之探究》，《夏鼐文集》第5册，第10页。

⑤ 陈安金：《融会中西，通经致用——论永嘉学派的近代命运》，《哲学研究》2003年第7期。

⑥ 夏鼐：《论永嘉学派》，《夏鼐文集》第5册，第4页。

⑦ 《夏鼐日记》第一卷，第38、61页。

还表现在他对以康有为为代表的今文经学派批判精神的赞赏①，认同康有为挑战权威、改革政治，实现传统经学经世的思想。为了弄清今文经学的发展，夏鼐系统研读了皮锡瑞的《今文经学》②。今文经学所强调的以义理为治学基础、以经学经世为价值取向，深深吸引夏鼐并影响了其早年治学思想。

北平求学时期，夏鼐切身感受了为考据而考据的学术氛围，对张尔田"讲义法""遭藐视"的处境表示同情。在夏鼐看来，传统治学之"义理""义法"所蕴含的儒家"道统"观必须经历一次科学的洗礼，才能真正经世致用。首先，史学研究一定要有历史哲学的理论基础，才具有现代意义。进入20世纪30年代，运用社会科学方法研究历史是不可阻挡的趋势。求学时期，夏鼐大量阅读社会科学著作，并逐渐形成了自己的历史观。在他看来，考据仅是工具而已，如果将其作为目的，只能视为"浅薄""无聊"，甚至发起整理国故运动的胡适也已然落伍了，胡适本人也成为新史学批判的对象。夏鼐之治学努力，反映了其运用社会科学工具开出史学新境界的理论自觉，体现了永嘉精神传承的时代特色。其次，以历史哲学贯通历史，不仅是一种治学方法，还是一种思想立场。夏鼐尤为重视唯物史观方法的运用，反映了他的思想立场。他认为，唯物史观强调自下而上的社会史视角，赋予了研究者以民众的视角看待社会改革乃至革命的标准，拓展了分析解决中国问题的新视野。夏鼐本科毕业论文以经济问题"太平天国前后长江各省之田赋问题"为选题，反映了其治学风格和民众立场③。夏鼐论文选题的目的重在为国民政府提供历史借鉴，国民政府的改革能否达到晚清咸同间改革的目的，夏鼐对国民政府的民众立场和制度保障没有信心④。夏鼐甚至认为国民政府的官僚具有封建色彩，已经是"社会前进障碍物"⑤。

一方水土养育一方人，永嘉文化孕育了不同时代的社会和学人。夏鼐自觉以科学方法研究中国近代经济史，以社会史的视角关注国家与社会的现代发展，是对传统永嘉文化的时代性传承。

---

① 《夏鼐日记》第一卷，第38、61页。

② 《夏鼐日记》第一卷，第69、120页。

③④ 夏鼐:《太平天国前后长江各省之田赋问题》，第416、473页。

⑤ 《夏鼐日记》第一卷，第69、120页。

四、余论

　　每位学人的思想皆经历成长、发展、成熟等不同阶段，前后的继承性为常态。夏鼐早年学术思想的形成既有地域文化因素亦有时代背景，永嘉地域文化涵育了夏鼐经世致用之思想，革命时代背景推动了夏鼐积极参与中国社会史论战，形成了夏鼐治学的批判精神，形塑了史论结合的治史方法。夏鼐早年治学的转向和学术风格，奠定了其学术发展的基础。

　　1934年，夏鼐走上考古之路后面临的首要问题即考古何以经世。英国留学时期，在梁思永的建议下[①]，夏鼐曾尝试师从以唯物史观治考古学的柴尔德（Childe, Vere Gordon）[②]。因各种因素，夏鼐未能如愿，但对柴尔德的评价极高，他说："此君学识，可谓博而深，此书虽题材非其本行（史前考古学），而仍能表现其组织材料之能力，不可多得。"[③]受柴尔德的影响，夏鼐认为考古学发展一定要有世界眼光，要注重社会科学理论的引进和批判[④]。回国后，夏鼐对考古的理性认识，引导了他的考古发掘和研究。夏鼐通过科学研究否定了安特生线性进化的史前文化"六期说"，确认了齐家文化晚于甘肃仰韶文化，并提出晚于马家窑文化的寺洼文化和辛店文化是同一时代的两种文化，属于不同的文化系统[⑤]。在考古何以经世的思想下，夏鼐的考古学研究，通过科学研究否定了安特生的文化西来说，确定了考古学文化的中国立场，彰显了其学术经世的一贯立场。1949年新中国成立后，夏鼐自觉运用历史唯物主义指导考古发掘和研究，并于1959年提出建立马克思主义的考古学体系，推动了新中国考古事业的发展。因此，夏鼐在考古学上的贡献，得益于他早年形成的批判精神，以及史论结合的广阔学术视野。

　　学人的学术形象，多因成熟时期思想而定型，与其早年学术思想的丰富性、复杂性有所不同，因而也误导了后人对其学术思想的认识。在考古学界，区别于"理论派"，夏鼐被视为"实证派"代表人物，[⑥]在治学风格上颇有以考据见长的乾嘉学

---

① ② ③ ④　《夏鼐日记》第二卷，第30、38、52—53、301页。

⑤　参见夏鼐的《齐家期墓葬的新发现及其年代的考订》和《临洮寺洼山发掘记》，《夏鼐文集》第2册，第3—93页。

⑥　夏鼐：《〈考古学论文集〉编后记》，《夏鼐文集》第1册，第492页。

风①。对夏鼐治学实证风格的研究，确实反映了夏鼐学术思想的重要面相。事实上，夏鼐治学虽重实证，然而是以实证的方式呈现丰富的学术和思想世界。新材料引出新问题。自 2013 年，先后出版了《夏鼐日记》《夏鼐文集》，为学者深入夏鼐的思想世界提供了新材料。这些新材料，一方面证实了夏鼐治学的实证风格；另一方面呈现出其治学注重理论、系统的学术风格。因此，夏鼐学术思想的复杂性，还需继续深入、系统的研究。

原载《史学月刊》2020 年第 2 期

---

① 汤惠生：《夏鼐、苏秉琦考古学不同取向辨析》，《中国社会科学》2017 年第 6 期。

一位词学家的史学梦

钱 云

1981 年应施蛰存之嘱，一代词宗夏承焘选抄自己 1928—1937 年的日记，以"天风阁学词日记"为题刊于《词学》杂志。有人说夏氏日记名为"学词"，实际上却可说是"词学日记"，因为夏氏重要的一系列词学研究，不少就在这一时期完成，这些日记正记录了夏氏思考、研究、撰写的过程，是重要的"词学文献"。不仅如此，1927 年 10 月 4 日日记里留下的"自惟事功非所望，他种学问亦无能为役，惟小学及词，稍可自勉"一句，及此时开始编纂的《唐宋词人年谱》，也被视为夏氏词学事业的开端。

不过，人生不同于历史，夏承焘晋身一代词宗的旅程并不平顺，他内心反复的不安和不断传来的外界之声，令他十分矛盾苦闷，仿佛逡巡于一条看不清目标的道路上，一步一徘徊地不断试探新径的可能。这段经历如他在诗中写的，"平生无甚难言事，且向灯前直笔书"，也一一记录在日记之中。

敏锐的读者或已发现，夏承焘逡巡徘徊的时光，正是中国近代史上抗日战争的重要时期。从 1928 年"皇姑屯事件"到 1937 年"七七事变"，局势愈演愈烈，与当时所有的读书人一样，此时的夏承焘非常关注时局的变化，国民政府与地方派系的关系，以及国军与日军的作战情况。他越是关心时局，益发感到沉重失落的情绪——自问文人何以救国。

悲观情绪笼罩了当时读书人的世界。"九一八事变"后，李济就曾写道："我们常常自问：我们这种工作，在我们现在所处的环境中，是否一种浪费？"（《安阳最近发掘报告及六次工作之总估计》）1933 年，欧阳竟无派蒙文通专门去请教章太炎，日本步步进逼有无良谋？章氏只能束手感叹。像章太炎、欧阳竟无等人都感到毫无办法，一般读书人的悲观与失望可想而知。夏承焘在日记中就常常痛斥自己，在所有人都思考救国救民大计之时，自己竟然还在从事"为古人考履历"的无用工作（1928 年 8 月 10 日）。持久的战争和不断出现的新事件，一次又一次地挑起他对自己的埋怨，读报时所见时人文章、战事信息，都让他不断质疑自己汲汲于细碎考据的意义。

词学是夏承焘的兴趣所在。以当时流行的年谱学考订词人生平、撰写词学研究文章，虽然于时局无益，但对其个人来说到底是身心安顿之所。这样一来，夏氏不得不面对自己一面质疑厌弃，一面又无所适从，终究还是选择埋头从事"无益之物"（1931 年 2 月 1 日）。这既是读书人的逃避，也是读书人的无奈。

如何在宏阔变动的世界中能不默默于乡野，也是夏承焘苦闷矛盾的原因。自身的兴趣，是否能成为安身立命的事业？夏氏同乡好友李呆曾劝说他，"诗词已足自立，胜作考据文字"（1929 年 3 月 19 日），此言不仅是宽慰，也是好友间关于前途的讨论。可这话不仅夏氏自己"不能自信"，李呆恐怕多少也有些担忧，过了几个月又劝夏承焘学习书法作为谋生手段。

1929 年 8 月，夏承焘写下了《浪淘沙·过七里泷》。这首词以桐庐名胜七里泷为题，苏轼名篇《行香子·过七里濑》写的也是此地。苏轼词中描写了绵延七里的水路风光，"重重似画，曲曲如屏"，美景的真实对比的是功名的虚妄，"君臣一梦，今古空名"。夏承焘肯定知道苏轼的这首词，可在他笔下却是月夜行船，两岸风景皆无可观，横亘于夏氏心中的惆怅，在明月之下显得格外突出，"可惜层楼无铁笛，负我诗成"。两相比较，一退一进足见心境不同。

大概是为了寻找些自信，抑或是教授中学所需，夏承焘阅读了《现代名人传》。读过之后，前哲功绩似乎带给夏承焘相当的鼓舞，他一度重拾信心："我即不能为爱迪生（原作爱迭孙）、爱因斯坦、麦苏士，独不能为泰戈尔（原作太戈尔）、甘地耶。"（1928 年 11 月 1 日）这本书应由唐卢峰编、世界书局出版，是当时《中学世界百科全书》之一本，出版本意就是为了鼓舞青年人的志气，提供学习仿效的榜样。书中共收纳 40 位人物，分为科学界、哲学界、文学界、教育界、政治界、军事界、实业界 7 部分。夏氏所提的爱迪生、爱因斯坦、麦苏士属于科学界，"印度诗圣泰戈尔"归于文学界，"不合作主义运动的领袖甘地"则为政治界。在他看来，改弦易辙投身科学已无可能，但以诗文、品德而成就事业，犹如古人所谓的立言、立德，或尚有可为。

然而这仅是一时兴起的悸动，很快他又开始纠结自己是否当舍弃诗词之道。希望与失望、兴奋与颓废在夏承焘笔下反复交替。比如 1929 年 9 月 18 日，他突然想通了，认为即便所研究的学问不那么时髦也没有关系，"细思真人生，在能各发挥其一己之才性"，既然自己对词学有相当兴趣，而且文学史领域正是风起云涌的草创之时，正好可以投身开垦文学研究的行列。到了 1930 年 11 月 24 日，夏承焘读过顾颉刚寄来的《古史辨》，不禁又写下"自嫌学问太狭窄，精力太弱，又不能旁鹜，分为庸人以没世耳"的感言，想到词学到底不够广博，再次考虑放弃词学。或许如叔本华"要么庸俗，要么孤独"之语，夏承焘关于自己学问、前途、志业的困惑，贯穿于抗战前后，立身、立言、立德三者带来的复杂情绪交织，是他青年时期苦闷的底色。

1932 年 12 月，夏承焘在浙江大学师范学院做了一场题为"转"的讲演。转，取佛家"转烦恼为菩提"等语中转变、转换之义，他借此谈论如何将忧患、气质、过失引导向上，变为智慧、学问、事业。夏承焘的演讲以"转"立论，隐隐与宋儒的"灭人欲"形成对比。

宋代的张载将人性分为天地之性与气质之性，所以为学就在于"变化气质"，必须要对自己加以约束、克制。"转"则是要发掘现有的窘境、劣势、过失中可为己用之处，比如社会忧患，人人身处其中无可逃避，但可以将其中的混乱、黑暗、错误作为此后事业学问的基础。又好比有人性格暴躁，如果只是为了改变性格，那么不免要费番功夫，不如引导其行动力强的特点而充分发挥个人特质，这样对比下来，"转"便似滑轮引重更为省力，有四两拨千斤的效用。所以夏承焘强调不必从理学所谓"偏处"着手以变化气质，他说"怠惰不振，由其对事物未能感其兴趣，只是其气质未能发露，并非气质之偏"，相较于强迫执行，不如转化办法、转换思路，寻得心性之所，自然能够事半功倍。

这场讲演面向学生，恐亦是夫子自道，如何将自己的忧患烦恼引导向上，转为学问与事业，也是夏承焘所须面对的问题，"转"或许便是他自己思考的答案。就像他在演讲时所说，要"转烦恼为菩提"，那如何从自己的长处转化现有的境遇？既然辞章考据都是细微琐碎的，那么是否有可能转向广大精深的学术道路呢？

1933 年末，夏承焘在写给张尔田的信中说，想要"读乙部之书，以数年心力，钩稽宋史，并世子玄"，放弃熟悉的宋词声律之学，专心阅读史部著作，并且发愿专治宋史，以期比肩唐代史家刘知几。这封信以《报张孟劬先生书》为名，刊登在 1934 年 1 月发印的温州乡邦杂志《瓯风杂志》第二期，是夏承焘以公开的方式表露自己心中所思。

在这封信里面，夏承焘谈论的另一个话题是南宋乡贤叶适。他极力推崇叶适，称赞叶适"目光之高、气象之大，在宋儒中实一彗星"，又担忧叹息连本乡人士都不再诵读叶适的著作，实在太可惜。夏承焘推崇叶适，恐怕与其学说密不可分。叶适是南宋儒学中崇尚功利的代表人物，在晚清变法以来一度得到推崇。如谭嗣同就曾说，当今之世不变法就会如同南宋一般，面临内忧而外患，如此"极言空谈道德性命无补于事"(《致唐佛尘》)，反而是叶适等人倡导的功利说更有益于时。熟谙旧学的夏承焘推崇叶适，显然与他对现实的思考有关，因此将这封信刊于本乡刊物，自然也有引发乡邦学术热情、思索救国之路的考量。

写信给张尔田，大概一方面是为了刊刻朱祖谋(1857—1931)遗稿，所以夏承焘正与张尔田、龙榆生等人进行着密切的书信往来；另一方面则是张尔田早年以诗词名声大噪，后转向史学研究，所以对夏承焘来说，相似的治学转向，或许在张尔田处能获取些经验。

收到信的张尔田先是花费了一番工夫，劝说夏承焘从词学中跳脱。张尔田认为词学到朱祖谋可谓集大成，后人不可能有更大的功绩，如此不如将大量精力转移，从事有用之学，即"古人未竟之学"，他甚至讽刺当时很多的学问不过是叠床架屋地重复前人旧说，好比街头时尚，一时有一时的花样。而夏承焘在信中提到的专研宋史，"此正邵二云(邵晋涵)有志而未逮者"，是古人未竟之学，因此投身其中才可能以大精力成真学问，"闻之喜而不寐也"！

可以想象，接到回信的夏承焘恐怕是又喜又忧，喜的是心中所思得到了前辈学者的肯定，忧的是专研宋史兹事体大，并不容易着手。果然在《报张孟劬先生第二书》中，夏承焘说自己不敢称承邵晋涵遗绪，只是谦虚地回复，因为平日研读词学、考订词人年谱，所以多读宋代史书、文集，因此有意治宋史。不过，从词学到宋史，可谓是夏承焘思考出的学问转机，对于五代、宋词人年谱的考据工作，使得他熟悉宋代史部、集部之文，便是他"转"的基础。

张尔田说的"有志而未逮者"，指的是邵晋涵致力于改修《宋史》一事：邵氏在钱大昕的鼓励下，认为《宋史》前详后略，南宋部分有很多缺略，所以要仿效《东都事略》编纂《南都事略》，再进一步考订《宋史》，以成完整的良史。

实际上，从明代开始就普遍有视元修《宋史》《辽史》《金史》为"秽史"的看法，并且形成了改修《宋史》以成良史的风潮。明清两代欲改修《宋史》的文人学者众多，包括归有光、汤显祖、顾炎武、朱彝尊等。但是，修史成果却并不理想，以至于晚清的李慈铭在日记中就曾对明清两代学者改修《宋史》发出过"岂天必欲使良史之绝于世，而留此遗憾欤？"的感叹(《越缦堂日记》咸丰庚申八月十二日)。

元修三史中以改修《宋史》的参与者最多、持续时间最长，是有其特殊原因的。梁启超在《近三百年学术史》中说："宋为华族文化嫡裔，而无良史，实士大夫之耻也。……识者早认为有改造之必要。"到了清末,重修《宋史》再次进入学者视野,又与道咸以后推崇宋代的基本风气、民族主义的兴起密切相关。最具代表性的,是严复对宋代与现实的论说,"……赵宋一代之史,最宜究心。中国所以成为今日现象者,为善为恶,姑不具论,而为宋人之所造就,十八九可断言也"(《与熊纯如书》)。

从这样的角度来看,研治《宋史》相比研究词人年谱等来说,当然是从大处着手的研究领域。但夏承焘对于如何进入"专治宋史"的行当,显然还有很多困惑,所以他和许多师友谈论自己治宋史的志向,也得到了不少建议。

1934 年 11 月 27 日在南京,夏承焘当面向柳诒徵请教治宋史的门径。曾欲重修《宋》《明》二史的柳诒徵说:"明人书记书法,治宋史当搜宋以来关于宋代史事。"虽夏氏说"正予之夙志",可治宋史要搜集宋以来所有关于宋代的史事,不免令今人讶异,因为研究宋史就应当通过对宋代史料的甄别、考订还原史实。宋代以后的史料显然并不具有考订《宋史》的价值,至多不过是研究史的意义。

这种治史观点或与柳氏的宋史观有相当关系。在 1929 年论明人王洙《宋史质》时,柳诒徵说这本被四库馆臣斥为"病狂丧心"的改修之作,乃是"直接《春秋》,与徒述事迹漫无宗旨之史不同也"(《述〈宋史质〉》)。在柳诒徵看来,像乾嘉史学只关心史实,不注重议论、褒贬,不过只是叙述事迹,而没有史学的宗旨,这也是明、清两代宋史学的差异所在。所以柳诒徵想谈论的搜宋以来关于宋代史事,实际上不仅仅是谈论《宋史》与宋史,更是考察宋代及后世的政俗人心。这对本身就厌倦考据的夏承焘来说,自然是扣中心弦的。

1935 年 8 月 5 日,夏承焘又收到好友黄云眉连熬三夜写成的长信"论各家重修宋史",甚为感动,此信修改后以《与夏瞿禅论改修〈宋史〉诸家书》,被夏氏推荐发表于《文澜学报》。信里黄云眉虽然详细梳理了前代重修《宋史》的过程,最后却劝说夏承焘跳出"重修"的束缚,因为虽然前代重修者很多,一直也未成良史,可今人不必要为《宋史》做润色的工作,《宋史》不过是回望宋代的"史料",所以即便以传统史学的方式加以研究著述,也不必"附庸《宋史》"。

黄云眉的看法实际上透露出学术转型对于史学的影响。20 世纪 20 年代末四川学者刘咸炘在蒙文通的鼓励下也欲"以重修宋史为任",但刘咸炘在《重修宋史述意》中却说,自己的计划是在已有的《宋史学论》《北宋政变考》《南宋学风考》等篇基础上,积累数十篇以成《宋史略》或《宋史别裁》,而不是以《宋史》为本的全面改修。应当说,时过境迁,按照明清学者设想来改修《宋史》在 20 世纪 30 年代恐难以实现了。

因此，黄云眉建议夏承焘，不妨从志书入手，人口、族群、土地、交通、贸易、农业、语言、风俗都可以归类命题，这样能区别于《宋史》诸志。黄云眉的建议甚为夏承焘所赞赏，因为夏氏从词学"转"史学，所以他很注重使之前辛勤搜集的词人事迹不致浪费。

于是，夏承焘一方面设想从文学、理学入手，文学先作《词人系年表》，理学则先作《永嘉学系年考》，这样则可利用此前凑集的材料，从狭窄的考据转为远大的著述（1934年12月19日）；另一方面，他受到章学诚《史学别录例议》影响，章氏主张以事件为纲，将纪传、表、列传中的相关内容注为别录，所以他想仿效此法，还是以自己阅读的宋人文集、笔记为基础，与《宋史》相应的可以编为《宋史别录》，与《宋史》相抵牾的则编为《宋史考异》（1935年2月15日）。

此外，他也看到当时学术的一些风向，比如读瞿宣颖《汉代风俗制度史》后，就认为可以仿效作《宋代文化志》，这许多的资料搜集也可以利用他之前文集和笔记的阅读（1935年2月12日）。这样一来，夏承焘既能发挥自己熟读宋人文集笔记的特点，又能围绕《宋史》命题作文，起到补充《宋史》的效果，与黄云眉所言可谓一拍即合。

不过，完全抛弃词学的研究，全身投入宋史，也一样让夏承焘感到犹豫。他时而觉得自己若能在词学上有所著述，也不见得非要好高骛远地去治宋史；时而觉得宋史于后世政俗人心影响甚大，反而让自己逡巡而不敢着手。直到1940年2月19日，不惑之年的夏承焘慢慢放下治史的心愿，正如《诗经》中有言"无将大车，维尘冥冥"，他认识到治宋史"这个巨大工程绝非个人力量所能完成"（《自述：我的治学道路》）。

或许对于夏承焘个人来说，史学与词学不过是前途的抉择。但从时代来看，重修《宋史》早已超出史学研究本身，其所承负的经世致用、民族主义，使得宋代与当下联通，成为关心世变的学者所关注的问题。这大概也是词学家史学梦的背景。

原载《读书》2021年第4期

东瓯的族群迁徙与融合过程述论

林亦修

[摘　要] 浙南东瓯族群迁徙与融合经历瓯人、徐人、瓯越、东瓯、东越、山越等过程。瓯人是浙南的原始族群，徐人融合的力量相对薄弱，瓯越是於越人与瓯人大融合的标志，东瓯国进一步证明瓯人文化的相对独立性，东越标示着闽、瓯的进一步融合，山越的消亡说明了瓯（越）人退出了历史舞台。

[关键词] 瓯　瓯越　东瓯　东越　山越

包括现在的温州、台州和丽水地区在内的浙江南部，是一个濒海山区，属东瓯故地，为一个相对独立的地理概念与文化概念。它处于浙江省的最南端，与金衢盆地、宁绍平原、杭嘉湖平原构成浙江省的四大地理区域，与福建的闽东地区有更多的关联。境内分布有瓯江流域、灵江流域、飞云江流域、敖江流域等。

浙南地区在十万年前已有人类生存。从考古发现看，台州灵江北岸凤凰山麓发现的"灵江人"化石，据铀系法测定，其年代为十万年前左右。这是迄今发现的浙南最早人类化石。瓯江、飞云江、敖江沿岸及其支流附近依山傍水的地方普遍发现了新石器、青铜时代的古文化遗址，证明浙南地区在石器时代普遍存在人类共同体的活动。中国社会科学院曹峻先生把这些共同体大致分为两类，分别代表前、后两个阶段的文化。早期阶段的有乐清市杨柳滩、瑞安城郊北龙大坪、泰顺县百丈下湖墩和文成珊溪鲤鱼山等遗址，分布地点几乎贯穿了现在温州市陆地南北全境，年代大概在新石器时代晚期，中原的夏代以前。晚期阶段相当于夏商时期，文化遗存相比前期大大增多，主要遗址有：仙居下汤，瑞安山前山，泰顺下湖墩、锦边山、牛角舌、山头土羊、龙珠山、柴林岗、宫头土羊、狮子岗，平阳龙尾山、凤山、北山脚、雅土、龙山尾、北山庙，苍南县仙堂山、北舌山、嘛宫山、圆山仔、渡龙山、后山、岭隔、福旗贡尾山。此外，在灵江上游永安溪、始丰溪沿岸，灵江中游凤凰山，灵江下游沿岸，温州洞头岛、瑞安隆山、苍南埔平乡等地也都有青铜时代器物发现。

据考古资料统计，仅飞云江流域的原始族群聚落就有 50 多处，这说明在上古时代，浙南地区的瓯人与宁绍、杭嘉湖平原的於越人、福建地区的闽人是同时存在的原始族群。"瓯""越""闽"就族群意义来说，在上古时期具有不可替代的相对独立性。

但是，我们现在还无法断定这些原始族群就是土生土长、不断进化的本地土著。在这些聚落的墓葬遗址中出现的石棚墓文化，与辽宁的沿海地带的原始葬俗相同，让我们看到了原始族群的迁徙身影。人类迁徙是与人类的历史同时开始的。何光岳先生认为，黄帝部族中以豸区为图腾的氏族裔支区（瓯）人，约在尧舜时逐渐迁到了今浙江金华，再迁到温州及台州。区人善于制造陶器，遂称瓯人。"外越人是百越中最早南迁至浙闽东部地区的一支原始越人，后来被由中原南迁的区人、闽人、防风氏、汪芒氏及夏人、于人驱向沿海地带，有的则进入沿海各岛屿和台湾岛。"他的地名钩沉和考释研究法虽然有许多欠缺，但不失为我们提供了一种新的研究信息。而石棚墓文化相对于闽、越人的独特性，进一步说明了"瓯人"原生文化的相对独立性。

早在夏朝，浙南地域就被称为"瓯"。孙诒让在他的《温州建置沿革表引》中认为：（温州）"夏为瓯、殷为沤、周为欧，实一字也"。相传为晋代汲郡出土、经考证著于先秦的《逸周书》最早出现"瓯""沤""欧"字。《逸周书·王会解》记伊尹为四方令，命各族群为商汤进贡特产。正东族称有"符娄、仇州、伊虑、沤深、九夷、十蛮、越沤"；周成王二十五年大会诸侯，四方贡物中包括"东越海蛤，欧人蝉蛇"，"於越纳，姑妹珍，且瓯文蜃"等。这里的"沤深""越沤""瓯邓""欧人""且瓯"所指的地望与族称，一直是百越史专家们探讨的话题。

宋代罗泌《路史·国名记》认为："四方令，越沤或云即瓯人，沤、瓯、区并通"，这条史料是孙诒让观点的重要佐证。罗泌用"瓯人"来解释"越沤"，说明"瓯"出现的时间比"沤"早。既然商汤时称"沤"，那么往上推移"瓯"的时间就是夏了。"越沤"的地望又在商的东面，地理位置基本相符。我们据此基本可以认定浙南地域为"瓯"。晋时孔晁在《逸周书·王会解》"欧人蝉蛇"下注曰："东越，瓯人也。"又在"越沤剪发文身"下注曰："东越，欧人也。"把"东越海蛤，欧人蝉蛇"中的"东越"和"欧人"理解为一指地望、一指族称的统一体，开始把"东越"与"越沤"联系在一起，认为西周时期的"东越"与商汤时期的"越沤"为同一地望，而这一时期在该地域生活的族群称为"欧人"。也就是说，孙诒让根据罗泌和孔晁对《逸周书》的理解，认定浙南地域的"瓯"出现于夏时；商汤时期被称为"越沤"，简称为"沤"；西周时其地也称为"东越"，这里的族群被称为"欧人"。补充一点，西周时期的东越与西汉时期的东越是两个不同的概念。孔晁注说，西周"东越际海"，而西汉的东越是越国贵族余善建立，以闽北（后来的福建武夷山市）山区为中心、势力波及浙南的王国。历史上在使用"东越"这个名词时有点随意性，有时指闽越，有时指东瓯。如《四库全书总目提要·百越先贤传序》就把闽越无诸说成"东越无诸"；有的史书把东瓯王摇从吴王濞反写作东越从吴反。

"东越海蛤"反证了《山海经·海内南经》的"瓯在海中"。晋郭璞云："今临海永宁县，即东瓯。"珂案："瓯即东瓯，即今浙江省旧温州府地。"但早在商周时期，"瓯"就不是浙南地域族群的专称。

《逸周书》就有关于"正南瓯邓"、北方戎名"区阳"的记载。"瓯邓"明显不是浙南地域，因为它在商的"正南"。孔晁注曰："瓯邓"，"南蛮之别名"。《路史》也认为瓯邓在楚国境。上文的"沤深"，就不知其所在。王应麟补注说："沤深即瓯也，沤亦瓯也。"似不可信。在同一时间、同一文章的同一段落里，同时并列的两个族称居然所指相同，而且所指者竟为当时影响力极小的部落，确实令人难以置信。"且瓯"，孔氏注曰："且瓯在越"，也不知具体位置。《逸周书》曰："东南曰扬州，其山镇曰会稽，其泽薮曰具瓯……"《汉书·地理志》肯定太伯城在今苏州西北，具区泽在太伯城以西："吴，故国，周太伯故邑，具区泽在西。"可见在南蛮、北戎、吴越交会之地，都有关于"瓯（区、沤）"的地名或族名。

徐人是最早迁入浙南地域的北来移民，其时间应为春秋中晚期或更早一些。徐人属于《逸周书》记载的"九夷"中的一支，又称"东夷"。《后汉书·东夷传》等历史文献记载，在商周时期临淮及淮水以北地区为东夷的活动领域。其中势力强大的有淮夷和徐夷。约在西周宣王时徐夷由山东曲阜附近南迁到淮水沿岸，成为东夷集团中兴时期对抗西周王室的盟主。根据蒙文通先生的考证，徐国所在的汉代临淮郡，即古干越地，"处汉东，地方五百里"，北临泗水，南依淮水，东达翁洲（今舟山群岛）。在春秋末期，吴、越未兴之前，东南以徐国为最著。《礼记·檀弓》载：徐之先王强大者有驹王曾"西讨，济于河"，然此无可深考。徐国存在至少在三百年以上，其最著名的徐偃王就有两位，一位在周穆王时，一位在楚文王时，按年表推算，穆王元年去楚文王元年，计318年。

前512年，吴王阖闾灭掉徐国。《汉书·地理志》载："徐，故国，盈姓，至春秋时徐子章禹为吴所灭"。徐国灭亡后，一部分徐人向南迁入越与瓯。《舆地纪胜》卷十二载：台州有"古城，在黄岩县南三十五里，……故老云，即徐偃王城，城东偏有偃王庙。"徐国的南疆未逾长江，台州古城不可能为徐国强盛时的偃王所筑，而应为春秋中晚期灭国后迁往江南的部分贵族残余势力所为，假托偃王之名，或以偃王为祀。这是温州历史上有文字记载以来曾经辉煌的外族贵族集团移民。但徐人进入瓯地的数量不多，没有根本改变瓯人文化的实力，随着时间的推移，逐渐为瓯人所同化。

於越人是与瓯人有着血缘和地缘关系的庞大族群，长期生活于瓯西北地区的杭嘉湖平原和宁绍平原。商周时瓯被称为"越沤""东越"，可见瓯、越关系非同一般，很可能瓯人是越族里的一个支系。越人与华夏的来往始于周初（前11世纪），《竹书纪年》载周成王二十四年："於越来宾"。前6世纪，越国国力开始强大，《春秋》定五（前537），越第一次成为楚的盟友参与对吴的战争。公元前五世纪之初（前496），勾践即位，当年与吴爆发的战争中使吴王阖闾受伤而死。次年夫差即位伐越，越败入绍兴一带的山区，勾践称臣，为吴人质三年。前473年，越灭吴，称霸中原。周定王元年（前468）越迁都琅琊，在琅琊延续100来年时间（《越绝书·记吴地传》为240年，有误）。周安王二十三年（前379）越王翳在位时，越在北方难以立足，《竹书纪年》云："於越迁于吴"。到周显王三十五（前334），越王无疆为楚所败，越以此散。《史记·越世家》："楚威王兴兵而伐之，大败越，杀王无疆……而越以此散，诸族子争立，或为王，或为君，滨于江南海上，朝服于楚。"

於越族原先习惯于平原生活，只是洪水与战争使他们学会了山居，这在《吴越春秋》和《越绝书》上多有记载。瓯人生活于濒海山区的河谷地带。在越强盛以前，瓯、越之间由于山阻水隔，人烟稀少，有一定的瓯脱之地。越国旧境，《国语》卷二十《越语》上载："南至于勾无（今诸暨南与义乌交界处），北至于御儿（今桐乡西南），东至于鄞（今奉化东白杜），西至于姑蔑（今龙游）。"说明当时的瓯并没有在越国的直接统治之下。由越国旧境推断，东瓯地望当东濒大海，东北以鄞为界，西北邻於越，西与衢州的姑妹国为界，南与闽越相依。在越国最强盛时期，它的注意力集中在北方，迁都琅琊便是明证。这个时期的越国开辟了许多交通道路，但并没有通往温州的陆路，对南方关注较少。但从被吴王夫差逼入绍兴山区和此后在绍兴建立大越城的历史事实看，越人不会不考虑把瓯作为后方或最后的退路，于是分封东瓯是完全可能的。《太平寰宇记》卷九十引《绝越书》载："东瓯，越王所立也，即周元王四年（前473），越相范蠡所筑。"《路史·国名记》所载略同。现在的永嘉县，有个名叫陶朱坑的地方，相传是越王勾践的大夫范蠡，即陶朱公居住的地方。蒙文通先生认为，周元王四年为勾践灭吴之年，范蠡于是年筑城，是勾践于灭吴前已立东瓯也。既立东瓯，宜当亦立闽越。东瓯王城建于前473年，是为勾践行分封之确证。勾践灭吴后就曾把吴地分封给他的支庶。唐杜佑《通典》释云："东瓯"，"春秋战国时并属越"。越于瓯筑城，带来的是政治统治、文化影响、生产技术的交流，可能不存在大规模的族群迁徙和融合。

"瓯越"是指从战国至秦汉散处于东南方无所统属的"百越"的一支。它是越人败于楚后，退入浙东南山区，在瓯人活动地带的基础上形成的势力。其活动面积远远大于瓯人，前期西北可能远达绍兴西北部，东南达闽东、闽北地区。何建章在《战国策注释》中引程思泽《国策地名考》卷十六："大约在广东、广西者为南越……在福建、浙江者为东越，亦名瓯越。"《四库全书总目提要·百越先贤传序》指出越败后，诸子中以东越、东瓯为著的事实："南方之国越为大，自勾践六世孙无疆为楚所败，诸子散处海上。其著者东越无诸，都东冶至漳泉，故闽越也；东海王摇都永嘉，故瓯越也。"楚杀无疆而越未灭。《史记》写道：楚国"尽取故吴地，至浙江"。旧都大越城和浙南闽东地区自然成为越族的活动中心。瓯越是瓯人与越人大迁徙、大融合的结果。瓯与越的全面结合，使越族拥有颇大的势力。《战国策·楚策三》载楚怀王十一年（前318）杜赫警告楚国如与魏国断交，楚国将面临"东有越累，北无晋交，西未定于秦"的孤立形势。古本《竹书纪年》叙，魏襄王七年（前312）："四月，越王使公师隅来献乘舟，始罔及舟三百，箭五百万，犀角、象齿焉。"这些史料都说明楚杀无疆20来年后，越族还有强劲的军事和外交实力。

越人除在瓯地保存实力外，进一步南下，使赣江之南的福建、广东之地成为其势力范围。瓯人中可能存在着一些不愿与越人合作的族群，或者是越人势力扩张的先锋，一直迁徙到僚人的生活地区——广西的郁林和海南岛的珠崖、儋耳。郭璞注《山海经》称："郁林郡为西瓯。"《舆地志》称："交趾，周时为骆越，秦时为西瓯。"颜师古注《汉书》说："西瓯即骆越也，言西者，以别于东也。"西瓯开始于战国中晚期，活跃于秦，于始皇三十三年（前214）被灭。根据广西贵县出土的罗泊湾铜鼓及其双身船纹等的考证，专家们普遍认为西瓯是越族的一支，当从浙闽经海路溯西江迁去。司马迁在《史记·赵世家》《索隐》中引刘氏云："今珠崖、儋耳谓之瓯人，是有瓯越。"他们是瓯越移民最远的两支，与主要分布于云贵高原和川南山区的僚人融合，形成骆越混合文化，珠崖的瓯人融合为后来的黎族。

"瓯越"之称最早出现于战国时期。《战国策》曰："被发文身，错臂左衽，瓯越之民也。"《史记·赵世家》亦有同样的记载。而孙诒让《温州建置沿革表引》认为：

“温州在《禹贡》并扬州荒服之地，历夏、殷、周，皆为瓯越。”把《逸周书》的“越沤”与后来的“瓯越”等同起来。笔者认为，瓯越是特定历史时期的一个相对宽泛的概念，有它的时间标志和族群融合标志意义，没有必要模糊化。明人欧大任《百越先贤志·自序》云：“东海王摇，都于永嘉，故瓯越也。”《辞源》：“瓯越，部族名。秦汉时分布在今浙江省南部，因地濒瓯江，故名。也叫东越，为百越之一。”都指明瓯越的地望所在，这方面胡雪冈先生已有专文论述，可供参考。

《秦会要订补》卷六说：“始皇尝曰：东南有天子气，于是东游以厌之。”说明当时越族的势力还不可低估。据《越绝书》卷八所载，秦始皇于其在位的第37年（前210）东游会稽，“以正月甲戌到大越，……乃更名大越曰山阴”，“徙大越民，置余杭，伊攻口，攻鄣，因徙天下有罪谪吏民，置海南故大越处”。秦始皇对绍兴平原地区越族人口的迁徙和更名政策，使更多的越人逃离故土，集中山区。但秦始皇对东瓯却没有实施同样的政策，按照《史记》引田虫分的话说，东瓯是“自秦时弃弗属”。

《史记·东越列传》记载：“闽越王无诸及东海王摇者，其先皆越王勾践之后也。姓驺氏。秦王并天下，皆废为君长，以其地为闽中郡。”说明秦王朝对东瓯一直没有实行军事占领和实质性的统治，只是做了废除王号和更换地名的纸上文章。秦闽中郡是瓯越、闽越的活动区域。郡治东冶县（今福建福州），辖境相当于今浙江仙霞岭、天台山以南即今台州、温州、丽水三地区和福建全省。秦始皇对大越和东瓯的不同政策，反映出他对东欧地理环境的恐惧心理。这第一次表现出温州地理的避难和偏安意义。

秦末，农民起义后，闽君摇派出越将华无害带领一支越军渡江北上，参加刘邦反秦队伍（《史记·高祖功臣侯者年表》）；摇和无诸带越兵参加了鄱阳令吴芮率领的队伍（《史记·东越列传》）。

到了西汉前期，“百越”之名逐渐消失，江西与湖南已完全融合于楚，被称为“南楚”；浙江南部越人被称为“东瓯”，“瓯越”之名也随之消失。也就是说，经过战国时期楚国向越地的扩张和民族融合，到西汉初年还没有被融合的越人，仅保留在东南沿海一带的东瓯（浙南一带）、闽越（福建一带）、南越（广东一带）、西瓯（广西和越南北部）。《汉书·地理志》师古注引臣王赞亦言：“自交趾至会稽七八百里，百越杂处，各有种姓。”大致就是说的西汉初期越人的分布状况。

汉王朝的建立，给越人在东瓯提高地位保留了50多年的时间。这是东瓯国正式接受汉王朝封号，名正言顺成为地方王国的关键时期。《史记·东越列传》："孝惠三年（前 1992），举高帝时越功，曰：'闽君摇功多，其民便附。'乃立摇为东海王，都东瓯，世俗号为东瓯王。"但好景不长。"吴王濞反，……独东瓯从吴。及吴破，东瓯受汉购，杀吴王丹徒。"吴王子子驹唆使闽越王出兵报复，虽有汉武帝遣严助发兵浮海救东瓯，东瓯还是惧怕闽越的骚扰。西汉建元三年（前 138）"东瓯请举国徙中国，乃悉举众来，处江淮之间"。

在这里我们有必要对迁国前东瓯的人口做一个估计，这涉及族群迁徙频度和融合程度的问题。据司马迁《史记》记载："东瓯王广武侯望率其众四万余人来降，处庐江郡。"此为汉代越人之首次大量迁徙，明确提出迁徙的人口数为四万人。专家们对迁徙后留下的东瓯人口有过不同猜测。俞文光先生认为，根据沈约《宋书·州郡一》永嘉郡的户口数推断，此时虽然也有一些土著逃逸山林，但人数很少。理由是南朝宋大明八年（464），永嘉郡"领县五（永宁、安固、松阳、乐成、横阳，辖境相当于今温州、丽水两市），户六千二百五十，口三万六千六百八十"。其人口不及 600 多年前东瓯（辖境相当于今温、丽、台三市）迁国时人数，更何况这 600 年间还有大批移民迁温，可见，其时东瓯先民已基本迁走。杨成鉴先生认为，东瓯有兵数万人，吴王刘濞兵败时，驻守丹阳的"东越兵可万余人"，由此推断，东瓯国的总人口应当在二十万以上，迁走的仅是东瓯国的贵族和王城周围的人口。笔者认为，东瓯的人口高峰期当在前 334 年楚败越之后，这个时间的东瓯移民有如东晋时期的南京和南宋时期的杭州。试想从琅琊渔网式拉回的越人集中在东南山区，其人口密度的非正常性。其后 200 多年间瓯地动荡而没有大的战争和自然灾害，越人继续北进而南出，迁徙不断，而人口密度有可能渐趋正常化，但人口数不会过低，四万多的数量明显太少。同时俞文光先生根据南朝宋大明八年的人口数来推断 600 年前的人口数不尽合理。因为，一个地方人口的数量不是仅由自然增长所决定，其间有战争和自然灾害等多种因素。

东瓯徙国后，东瓯地与闽越地并为东越，由余善统治。闽与瓯有共同的地域认同，有学者把天台的天姥山、闽东的太姥山等与"姥"有关的山名联系起来，作为同一区域母系社会的表征。在新石器时期，浙南的几何印纹陶与福建的有更多的相似性，与宁绍地区反而表现出一定的距离。从调查采集的器物来看，浙南遗址陶器有夹砂陶、泥质陶、几何印纹陶，器物中多见折肩、折腹或圜凹底器，少见平底、圈足器；器物纹饰有绳纹、篮纹、方格纹，普遍出现红、黑、赭彩绘陶，与同时期的福建闽江流域昙石山上层和东张中层特征相似。武夷山的悬棺葬习俗，在浙南地区同样存在。这些都体现了上古时期瓯、闽族群的共同特征及其迁徙、融合。此后的东瓯国与闽越国的密切关系从史前、上古文化中就已经奠定了基础。东瓯徙国后，东瓯地虚，闽人逐渐北来，融入瓯人。

其实汉王朝与秦王朝对东南越族实行的是同样的移民虚地政策。秦并六国，多徙民之事：或出其故民，或迁其富豪，或徙民实之。秦既灭越，亦复如斯。《越绝书·记吴地传》载："乌程、余杭、黝、歙、无湖、石城县以南，皆大越徙民也。秦始皇刻石徙之。"汉元封元年（前110年），闽越诸将杀王余善降汉。汉封越臣之有功者：鲦王居股为东成侯，在九江郡；建成侯敖为开陵侯，在临淮郡；越衍侯吴阳为北石侯，在济南郡；东越将多军为无锡侯，在会稽郡。越人再次大迁徙江淮之间后，"东越地遂空"。西汉中期，由于武帝时的移民政策，闽越和东瓯不再算是越地。所以《汉书·地理志》划分的粤（越）地，仅有苍梧、郁林、合浦、交趾、九真、南海、日南等地。

三国时期，文献对越的记载仅有"山越"之名。当时的山越主要分布在江东地会稽（今浙江东部、南部）、吴郡（今江苏东南部和浙江北部）、丹阳（今江苏西南部和安徽南部）、鄱阳（今江西的东北部）、豫章（今江西的中西部）、庐陵（今江西南部）等6郡的山区，大致在古扬州的范围内。《通鉴》汉纪四十八在抄录《灵帝纪》时，胡三省注云："山越本亦越人，依阻山险，不纳王税，故曰山越。"三国《吴书》全琮、贺齐诸传多有记载。

东吴对山越的认识与秦汉对越人的认识有很大的不同。东吴既看到山越的人力资源，也看到山越的地理资源。《三国志·吴书·周瑜传》注引《江表传》载黄盖书曰："用江东六郡山越之人，以当中国百万之众。"《三国志·吴书·吴主传》载："权为讨虏将军领会稽太守……分布诸将镇抚山越。"东吴对山越人采取了派兵征服、驻军守防、招丁编伍、改变社会各层组织等手段，进行了军事化铲除和利用，根本改变山越人的生存方式，使山越人融入汉人。三国之后，除《新唐书·裴休传》记载贞元时还有山越在浙东活动外，其它正史不再见越的记载，"越"作为一定历史时期的概念，完成了它的历史使命。

小结

温州自古就有原始族群生活，"瓯人"是夏、商、周时期浙南地域族群的称谓。

"瓯越"的族群称谓开始于战国，结束于西汉，约 110 年时间，是"越以此散"后瓯人与越人大融合的标志。

"东瓯"为瓯人国名，分为前、后两个时期。第一个时期开始于前 473 年，为越王勾践所封。前 334 年越为楚败，东瓯成为越族御北的主要据点，分封地位淡化。秦统一后王废为君，更名闽中郡。短算 140 年，长算 250 多年。第二个时期开始于前 1992 年，汉惠帝复立，前 138 年迁国，存在 50 多年。东瓯国的存在标志着东瓯族群共同体和政治、经济、军事、文化共同体的存在。

"东越"是商周时期瓯人地望的别称，西汉东瓯迁国后成为瓯、闽地域的国名。秦闽中郡和西汉东越国的建立，标志着瓯人与闽人亲密的地缘关系和族群的进一步融合。

山越是三国时期对残留在东南山区越人的称谓，包括那里的瓯人。

原载《贵州民族研究》2005 年第 2 期

明清东南沿海卫所信仰空间的形成与演化
——以浙东乐清地区为例

宫凌海

[摘　要] 沿海卫所的信仰空间，主要是由三种因素所构成：神明、信众与宫庙。通过对乐清地区卫所的研究，我们可以看出沿海卫所的神明体系大致可分成三种类型："标准性""籍源性"与"地方性"。自沿海卫所建立之后，卫城的神明体系一直处于持续变动的状态之中，呈现多元化的趋势。明代，由于体制限制和城池区隔，这些神明的信众基本都是军户群体。进入清代，卫城附近的民户也参与到卫城祠庙的祭拜与仪式之中，信众群体不断扩大，其中很多祠庙甚至成为地区信仰的中心，同时宫庙系统的日常运作亦发生变化，宗族在其中扮演着重要角色。

[关键词] 明清　东南沿海　卫所　信仰　乐清

在中国传统社会,民间的信仰和祭祀习俗是普通百姓日常生活的主要组成部分。通过对传统社会民众信仰世界的研究，一方面有助于我们深刻理解潜伏于仪式行为背后的普通百姓的"世界观"；另一方面则可以帮助我们理解传统社会的内在秩序和运行法则。民间信仰根植于普通民众在日常生活中一代一代的"言传身教"，具有复杂多样的表现形式和文化内涵，同时，亦可视为百姓的一种表达手段，相当稳定的保存着在其演变过程中所积淀的社会文化内容，可以深刻的反映乡村社会的内在秩序。因此，从民间信仰的角度，揭示其背后所蕴含和积淀的社会文化内涵，可以深化我们对普通百姓生活、乡村权力结构、区域社会的历史演进、王朝国家的整合过程等方面的理解。

卫所制度是明代军事制度的核心，有着一套完整的管理体系。卫所的设立对地方社会而言不只是建立起军事防卫体制，同时许多沿海卫所都有独立的卫城，迁入了新的军事移民，实行着有异民户的独立的管理体制，因此卫所制度实际上是为地方社会嵌入了新的地理单位。进入清代，卫所虽经裁撤，人口并入地方系统，但其部分制度依然保留并发挥长期作用，成为地方社会历史进程中不可少的组成部分。因此，卫所制度是明清史研究中的重要命题。目前学界关于卫所制度的研究，主要集中在军屯、军户、军役、军制诸方面,从民间信仰的角度展开研究的成果不多。①

卫所移民与其他移民群体类似,与地域社会经历一个由分到合的过程,一个由保持原乡情结到认同新家乡的心理变迁,这是一个潜移默化的心态过程,由此而形成了新的文化认同。明代沿海卫所均独城而居,拥有独立物理空间,具有区隔性和独立性。以官方祭祀的规制或个人信仰的需要,卫所军城内建造了各种祠庙,而后依照信仰变迁而增建或改建各种宫殿。不同时期的信仰系统呈现不同的面向,长期存在于地域社会之中,成为社区成员认可地方社会程度的缩影。通过对卫所军城民间信仰与仪式的探讨,不但可以探究卫所民众的世界观与宇宙观,而且可以探讨军户群体地方认同形成的演变历程。

本文通过对地处乐清地区的磐石卫和蒲岐所的志书、碑刻、族谱材料中关于信仰部分的解读,展现明清时期两地的神明构成、信众分布和宫庙日常运行,以此折射出军户群体在信仰层面如何与地方社会发生互动,如何融入地方社会之中。

一、明代沿海卫所信仰的多元化

朱元璋鼎定天下,曾倾注大量的精力进行国家祭祀和礼仪制度建设,与礼官商议和推行了各种礼乐改革,同时也指出,"夫礼所以明神人,正名分,不可以僭差……天下神祠无功于民不应祀典者,即淫祠也。有司无得致祭。于戏,明则有礼乐,幽则有鬼神。其礼既同,其分当正,故兹诏示,咸使闻知"。意在规范整个国家的坛庙制度,统合朝廷祭祀和地方祭祀,由上至下扩展到社会各个层面,"国之大事,所以为民祈福。各府州县,每岁春祈秋报,二次祭祀,有社稷、山川、风云、雷雨、城隍诸祠,及境内旧有功德于民,应在祀典之神,郡厉、邑厉等坛。到任之初,必首先报知祭祀诸神日期、坛场几所、坐落地方、周围坛垣、祭器什物,见在有无完缺。如遇损坏,随即修理。务在常川洁净,依时致祭,以尽事神之诚"。按照此例,地方各级官员的职责之一便是按照祀典范围,按时到各个官方宗教场所主持祭祀,按时致祭,而国家则会对规定的祭祀活动按照一定数额支出祭祀活动的开支经费,卫

---

① 比如有邓庆平:《从"官军之庙"到"商人之庙"——从蔚县玉皇阁之例看华北社会变迁》,赵世瑜主编:《大河上下:10 世纪以来的北方城乡与民众生活》,山西人民出版社,2010 年;郭红:《明代的旗纛之祭:中国古代军事性祭祀的高峰》,《民俗研究》2013 年第 5 期。

所作为特殊性质的行政机构，卫城中按照官方祭祀礼仪设有相应场地和庙宇。军礼为卫所最正统的官方礼仪，洪武元年闰七月，朝廷确定军礼，"亲征为首，遣将次之，方出师，有祃祭之礼。及还，有受降、奏凯献俘、论功行赏之礼，平居有阅武、大射之礼。而救日伐鼓之制，亦以类附焉"。其中祃祭作为军礼的重要组成部分，祭祀细节都有了规定。祃祭按祭祀地点分为两处：一是设在祃祭旗纛的专门场所——旗纛庙；另一种则设在校场或承天门外，每月朔望祭火雷之神，岁末祭旗纛。其中，旗纛庙作为专祭旗纛诸神的庙宇推行全国。洪武时期，制定了各处军队负责官员于驻防地祭军旗之神的制度，规定凡各处守御官，俱于公廨后筑台，立旗纛庙，设军牙、六纛神位。春祭用惊蛰日，秋祭用霜降日，祭物用羊一、豕一、帛一（白色）、祝一、香烛酒果。先期各官斋戒一日，至日，守御长官武服，行三献礼。若出师，则取旗纛以祭，班师则仍置于庙，仪注与祭祀社稷相同。卫所中的旗纛庙一般在卫署或所署后，与主祭官为卫所正官有关。

温州卫所建制中，旗纛庙相当重要。弘治十二年，温州卫指挥同知陈璠重建温州卫治时，"卫之中为正厅为川堂，厅之左右为幕厅、为架阁库，厅之前为仪门、为碑亭、为吏舍、为旗纛庙"。弘治《温州府志》则记金乡卫，"旗纛庙，在卫治东"。磐石卫亦建旗纛庙。所城也普遍建有旗纛庙，如磐石卫后所，（道光）《乐清县志》记为"又有守御司、旗纛庙、城隍庙，俱在城"，蒲岐所在该志中则记为，"又有旗纛庙、城隍庙，俱在城"。后修的《蒲岐所志》也记载了旗纛庙，但已置于"晏公庙"条下，"旗纛庙，今名。凡四处：一在西街。明永乐二十年冬建。国朝康熙间寇毁。乾隆庚午重建。道光十一年冬重建；一在东街。明正德二年建。国朝道光二十一年重建；一在水门头，明万历三年建"[1]。由此可见，旗纛作为国家礼制的内容，在明代初期比较普遍被推行，后来随着卫所制度的衰败，仪式也走向没落，旗纛庙因此消失或被改造。

上文所引诸条方志史料均显示，与旗纛庙一起成为卫所官方祀典庙的还有城隍庙。城隍是阴间的行政官员，在固定的辖区，保境安民，明朝以前，其他地方的人不会到该城隍庙来奉祀，遵守"祭不过望"的界地原则。明初由于战争过于惨烈，国家祭祀特别注重城隍的地位。洪武二年，朱元璋诏封天下城隍神，应天府城隍为

---

[1] 倪启辰：《蒲岐所志》，线装书局，2013年，第433页。

"承天鉴国司民升福明灵王"，开封、临濠、太平、和州、滁州诸城隍亦封为王，其他各府、州、县城隍分别封为公、侯、伯。洪武三年六月，又要求由京师到地方普建城隍庙，"诏天下府州县立城隍庙，其制高广各视官署厅堂，其几案皆同，置神主座，旧庙可用者修改为之"[①]。朱元璋封城隍后，阴间的城隍与阳间的地方官尊秩同一，按照一官一神的等级制度，与省城、府城和州邑等不同行政层级的官方组织对应，建立了相应的城隍庙。城隍的功能在于沟通幽与明的两个世界，以获得神明保佑，即如黄六鸿所谓的，"神以人灵，祀以诚格，幽以明显，故州邑之长，必克敬于神，而神则应之，必克虔于祝，而祀则歆之，必克致于明，而幽则通之。盖应则灵，灵以人也，歆则格，格以诚也，通则显，显以明也"[②]。城隍为沟通幽冥与阳间之神，而卫所作为军人聚集之所，参与战争所带来的心理困境常常需要通过神明信仰排解，因此明代卫所乃与府县同级，每个具有独立卫城的卫所基本都建有城隍庙，城隍庙成为卫城最重要的官方祭祀场所。蒲岐所的城隍庙建于宣德九年，"后遭火，崇祯三年重建，国朝康熙间寇毁，乾隆壬午仍建"[③]。

在温州沿海卫所中，还存在诸多的不同类型的神明信仰。温州卫所的晏公崇拜相当盛行。晏公为江西地方水神，明代成为水军的保护神，并被朱元璋封为了"平水侯王"，也有封为"平浪王"。明初浙江沿海卫所的军官都曾随朱元璋征战，大多来自南直隶或者江西地区。晏公信仰极有可能由这些人带入卫所并供奉。以蒲岐所为例，洪武三十年兑调此地担任千户的何昭，原籍就是江西临江府新喻县。"崔兴，定远人，洪武二十六年承袭观海卫龙山所副千户。二十七年兑调蒲岐所"。"芮成，字东屏，直隶滁州长城乡人"，也是洪武二十七年兑调蒲岐所。[④]金乡卫城中建有五座供奉晏公的平浪王庙，分属左、右、中、前、后五所，则体现了晏公与金乡卫各所的密切关系，以至于形成规制性的信仰空间。

国家祭祀只是显示了王朝礼仪的正统观念及符号，无法涵盖卫所官兵信仰生活的方方面面。在温州沿海卫所中，还存在诸多的不同类型的神明信仰。谨以《蒲岐

①　姚广孝：《明太祖实录》，"中研院"历史语言研究所，1962年，第1050页。

②　黄六鸿：《福惠全书》，《四库未收书辑刊》第3辑第19册，北京出版社，2000年，第278页。

③　倪启辰：《蒲岐所志》，线装书局，2013年，第432页。

④　倪启辰：《蒲岐所志》，线装书局，2013年，第344页。

所志》整理如表1所示。

表1　蒲岐城祠庙一览表

祠庙	初建	移建	重建或增建	毁
旌忠庙	宋景定五年		正德十五年	
崇真道院	元至正	天启五年	乾隆二十六年	
关圣庙	建文四年	乾隆戊辰	嘉庆七年	
晏公庙（西街）	永乐二十年冬		乾隆庚午、道光十一年	康熙间
晏公庙（东街）	正德二年		道光二十一年	
晏公庙（水门头）	万历三年			
积庆堂	永乐		乾隆十六年	康熙十五年
积善堂	明初		乾隆、嘉庆、道光	
天后宫	景泰		雍正	崇祯
普照寺	正德		康熙、道光	
博明堂	嘉靖己丑		乾隆	康熙
杨府庙（西城）	嘉靖		乾隆、道光	康熙
杨府庙（东城）	康熙		道光、同治	
常清道院	嘉靖十九年			
晏公庙	万历三年建			
五显庙	万历间		康熙	
街头殿	顺治辛卯		道光	
上沙殿	康熙		道光	
总管殿				
迎恩堂	永乐		康熙	
明山殿				

资料来源：倪启辰辑：《蒲岐镇志》，线装书局，2013年，第432—434页。

通过表1可以看出，卫所信仰并非静止不变，蒲岐所的信仰极为多元，尤其明中叶以后，随着卫所军户军余的增加，信仰世界也与军城外的社区产生了多元互动。

天妃祭祀由来已久，明代沿海卫专为海防而设，所抽之军来源于船户的为数甚多，而且分汛海道，需要海神保佑。温州沿海卫所基本上一所建有一座天妃宫，天妃宫的修缮工作由卫所军人完成。磐石卫天妃宫修缮见于梅魁的《重修天妃宫建德星亭记》：

万历三年冬，敕前镇守江南副总戎宝江王公，开府于浙东之磐石。越明年春，群政修举，将视师海上，城南有天妃祠，公瞻拜焉。乃酹酒誓于神曰：帝之命神甚隆也，帝之命我亦甚重也，厥职虽殊，均为民也。我而弗修，乃愧厥心，神而弗效，乃忝厥灵，愿一乃心以共帝者之命。时天风海涛，声振祠宇，公喟然曰：我勖神以庇民，而神止弗安，我弗忍也，盍自我茸之。夏六月振旅，秋七月九日，遂鸠工抡材，命千户娄世恩者董其事，于是金磐总戎戴君纲、中军总庞君淏咸乐助焉。圜辕门而观听者趋事赴工，举欣欣也。至冬十月既望而落成之。奥有堂寝，环有廊庑，游有亭馆，奉以僧之明显者，瞻以田之负郭者，盖焕然一新，综理周密矣。诸将士、耆黎喜跃相告曰：自公之下车修政而凤神，及庙成迄于今，腥夷喙息，薄海乐太平之休，伊谁之赐哉！公之感神以福我民，民何幸而遇公，仰之诚东南之德星也，遂创亭以彰公之德并请志修祠之岁月于予。①

我们可以通过碑刻的题名，分析卫所官兵信仰的转变，《重修天妃宫建德星亭记》的题名如下：

奉敕分守浙江宁绍地方参将宁国霞山梅魁撰文。温州府儒学生员高若虚书丹。金磐把总备倭以都指挥武林戴纲；中军指挥洪光勋、庞淏、吴博；掌印指挥李光佐、刘茂功、周陛；军政指挥张翼、鲁璋、卢继忠；领兵水陆把总胡太经、阮谦、徐廷芳、柳守宠、王经、杨吉、黄甲、刘丹，刘鳌、陈仲绅、帖堂、张时庸、刘一龙、张仲策、经历梁万德；四所千户袁克明、石铭、许问、翟诏、张裕、郭巍、史略；哨官杨佳芳、石麟、麻国振同立石。②

从碑刻的题名可以发现，当时捐资修建祠庙的人基本来自营兵系统。营兵系统的军官大多出自卫所系统，然士兵除卫所军兵之外，还有许多出身于民户、灶户或渔户。由此可见，在明代中后期，营兵制的兴起，使得其他人群进入军事防卫系统之中，在潜移默化中改变了卫所的信仰体系，一些具有地方特色的神明进入卫所信

① 吴明哲编：《温州历代碑刻二集》，上海社会科学院出版社，2006年，第410—411页。
② 吴明哲编：《温州历代碑刻二集》，第411—412页。

仰系统之中，使得卫所的信仰体系更趋多元。

二、明亡清兴与祠庙系统的共享

清军进入温州后，稳定社会是清廷官员所需面对的当务之急，借助地方神明管理地方是他们采用的手段之一。顺治初年，范绍祖的《重建磐石天妃宫碑记》记载了磐石卫天妃宫的重修过程：

> 东瓯之磐石，号险要城池，孤峰矗然，四面俯大江，裁一径诣其巅，有宫焉，颛祀天圣母，远近奠祷者踵相接。丙戌秋，余董师下瓯中，过其地而谒圣母，且周览海东形势，私念任悉丈人，间外得专之，庶几以尺寸自效哉！乃偕行间诸君，默以精诚祝，再拜次辄悚然，若或豫为启告，遂部勒而前，果不血刃而瓯郡以举。自渡江入鹿城，市未尝易肆，农未尝释耒，其偏远者逾宿犹未知吾师之人也。则分兵徇属邑，城悉下如振落然，顾何能而克臻此，盖赖诸君禀庙谟，一乃心力，以有兹勋尔。时圣母实式临焉，迪余奏功于转瞬之间，士皆用命，民皆安处，其冥佑也良多。瓯既底宁，余用是恪如前者所祝，鸠工庀材，式崇圣母之宫，闳丽之制视昔过之，灵征神应，凤为众所奔走，以故工不严督，役不更时，而告竣，厥在丁亥夏仲，仅阅月也。[1]

选择深入人心的地方神明，重建他们的祠庙，是清初地方官员稳定地方社会中比较有效的行政手段之一。借助这样的方式，地方官员可以推行自己在地方社会中的权威、安抚地方民众心中的不安。天后信仰在东南沿海影响力很大，通过重建卫所城中的天后宫，一方面可以安抚原来卫所中的军民；另一方面亦可扩大在府县民户中的影响范围。经过这次重建，磐石卫天后宫已经不仅仅是专供所城军户祭祀的祠庙，在官方的推广与授权之下，成为卫所军户与府县民户都可祭祀的祠庙。

卫城中的祠庙规模宏大，并且保留得相对完好。进入清代以后，有些祠庙供奉的神明在城外民户中依然具有很大的影响力。刘久安的《重修蒲岐城隍庙碑记》点明了城隍庙对于当地居民生活的重要性：

---

[1]　吴明哲编：《温州历代碑刻二集》，第434页。

旧制，直省、州、县及卫所凡设有官司者，并设城隍庙，其神与官司并尊。每逢朔望，官司具衣冠行礼致敬，人民为负屈不得直于官司者，默诉城隍神，往往有应，故俗谓官司理阳，城隍神摄阴，抑亦先王神道设教之意欤。今蒲岐所之千户、巡检等官久废。而城隍庙岿然独存，始信有形之物无不坏，而无形之神道永久勿敝也。蒲岐城隍庙向在城之东隅，基址宽敞，规模壮阔，岁久墁瓦陨毁，榱栋朽腐，无以妥神明而崇瞻仰，诸父老相顾蠹然，佥曰：吾乡农田渔业之勿振，风俗之偷陋，神无所凭，不降之福，纵无守土之官，而吾侪之居斯土者，宁可漠然视乎？[1]

蒲岐城附近的文昌阁，在清中期只是剩下基址。嘉庆年间，在生员童炳蔚的倡议下，乐清县的许多文人共同出资，重建了蒲岐文昌阁。时任乐清知县的王大任亲作记文，详细记述了这一善举：

己未冬，予宰乐成邑，诸生童炳蔚等谒予而言曰：乐之东为蒲岐城，蒲岐之东有文昌阁，北枕笔峰，南临琴岭，东环凤翼，西峙龙台，不可谓非形胜也。顾斯阁传自国初以来，今仅存基址，尔生等乐复旧观，各捐资鸠工重建，又捐田佐膏火，延师讲学，扶植寒俊，愿无贻山灵之羞，人文之憾焉，厥事将蒇，请为记之。予欣然曰：今天下道一风同，海隅苍生罔不沐浴圣泽，予于诸生益信然矣。阁之东壁为图书秘府，蒲岐当此邑之东，而斯阁又适当蒲岐之东，复建于兹，其为文明之重焕也宜。[2]

明代，卫所建立之后，军户承担了卫城之内公共设施的修筑与管理，比如桥梁、城墙、祠庙等。虽然到了明代中后期，卫城内外修建了一些供奉地方神明祠庙，但是这些祠庙依然是隶属于卫所的公共设施，城外民户依旧不能染指。明亡清兴，卫所军户归并附近州县，完成民化的转变，卫所与州县的关系发生根本性的改变，卫所城内、城外的界线被打破，卫城内及周边的祠庙系统成为地方居民可以共享的公共资源。

---

[1]　吴明哲编：《温州历代碑刻二集》，第507—508页。
[2]　吴明哲编：《温州历代碑刻二集》，第548页。

三、权势转移与宫庙运作的宗族化

宗族与寺庙有着相对复杂的关系。对于那些历史悠久、香火旺盛的寺观来说，信徒众多，资金的来源相对广泛，其运作机制具有组织性与独立性。规模较小的地方寺观，其影响力有限，信徒群体相对局限，对地方社会更加依赖，需要借助宗族捐助才能维持正常的运作，部分寺观很多就演化成宗族的"家庙"，寺观作为供奉祖先神位、祭祀祖先的场所，寺观财产的所有权归属宗族，日常管理则专门聘有僧人或者道士。这种"家庙"性质的寺观的大量出现，体现了地方社会信仰运作宗族化的趋势。

卫所军兵定居下来后，需要建立祠庙，岁时焚香祭祀，一开始可能以一户或者数户之力建起小规模的庙堂，如蒲岐所积庆堂，"明永乐间建，相传胡官军、王军兵捐资倡立"；积善堂，"旧名钟庵，明初建"。[①] 根据永乐《乐清县志》记载，乐清存有大量佛教庙宇，以此推论，这些宗教场所亦可能作为佛教庵堂。迎恩堂是蒲岐城建造时间最早的祠庙，陈显道《迎恩堂记》对此有说明：

> 迎恩堂者，余为臧生公厚题其所建禅刹之堂也。曷言乎迎恩，盖生有昆季四人，均能仰体尊人居大翁。而居大翁至本朝职授承信郎，以年迈不能任事，故命生辈需次捧檄随征，于乐清之蒲岐服劳奉养。生辈又不忍离之于亲，深念罔极之恩以笃于同气，故锡斯嘉名耳。窃尝谓迎恩之说，迎者，接也，恩者，爱也。接爱，本于性生，戕之则其源立涸，浚之则其用不穷。今生辈接由亲在，爱由亲生，则彝伦攸叙，融泄一堂。而堂建方外，虔奉香火，祝圣祝亲，即家政亦在其中矣。况生辈品重行列，名登仕籍，方出膴民社，为教化先。知必日事，讲让型仁，嘘洽太和，接思爱思。使一方尽登风俗之美，为国朝献。他日重膺紫诰，累受荣封，诚未巳巳也。[②]

---

① 倪启辰：《蒲岐所志》，线装书局，2013 年，第 432—433 页。
② 《蒲岐臧氏宗谱》《迎恩堂记》，1992 年铅活字本。

蒲岐臧氏隶属卫所军籍，族谱载"自公厚、公益两府君由鄞县迁居于此"[①]。以蒲岐所诸多军户始居时间推算，他们大略为洪武二十七年宁波卫所与温州卫所互调的官兵。通过佛堂记文可知，迎恩堂为臧公厚在当地寺庙中所建佛堂，佛堂所谓"虔奉香火，祝圣祝亲，即家政亦在其中矣"。因此，迎恩堂具有臧氏家庙的性质，一方面祈祷神明保佑赐福；另一方面祭拜祖先而兼具家族祠堂的功用。

由陈显道表述可知，迎恩堂是"禅刹之堂"，并非寺庙全部。因此作为公共宗教空间，其他人群也可参与其中，但是具体情形并不清楚。顺治十八年的迁界之令颁布，蒲岐属于界外之区，迎恩堂所属寺庙无人管理，很快破败倒塌。复界之后，臧氏回到所城，最先出面重建迎恩堂，认为"迎恩堂虎手库房、斋堂、基地并田数亩，是我臧氏祖业"[②]，《迎恩堂记》这是作为军户的臧氏在转换身份之际的生存之道。康熙年，臧嘉所写《迎恩堂代僧大远募缘疏》虽只是泛泛而论，其实还是在表达家族与迎恩堂的权力关系：

夫人之离俗剃发批缁，遂喷喷言空，试问其衣能空乎？食能空乎？居室能空乎？则必曰不能。如是，则不可概视为空乎？迎恩堂是吾上祖所建之小刹也，在蒲城之西，培塿之麓。使尽执空之说，值此流离播迁之后，亦任其址盈瓦砾沉沦草莽而已。堂之裔僧大远欲募而复兴之，其意云何，盖以本堂逼临道旁，地居冲要，凡有事前着其行李之往来，无不过此而休息焉。即里中之农人，春而耕，夏而耘，秋而获，载筐及筥以来饁者，亦莫不思依于斯焉，媚于斯焉。则斯堂是一人之堂，乃千万人之堂也，明矣。堂为一人之堂，而欲千万人成之，固不必。堂为千万人之堂，而欲一人成之，则有所不能。不得不于空之中而作不空之惠也。予窃谓施财于今日，固为不近情之事，然能于不近情之内而存近情之仁，则事易于有济，而人不以为迂苦。护法檀那肯发大愿钱，固可为无量功。不然，则一粒一丝之无罣碍其功，亦如恒河沙数。故某于空中切实，令僧叩诸护法檀那，能自有是仁共襄是事否。[③]

① 《蒲岐臧氏宗谱》《蒲城臧氏祠堂记》，1992 年铅活字本。

② 《蒲岐臧氏宗谱》《迎恩堂记》，1992 年铅活字本。

③ 《蒲岐臧氏宗谱》《迎恩堂代僧大远募缘疏》，1992 年铅活字本。

清中期，迎恩堂出现了庙产纠纷。事端由虹川倪氏族人挑起，据倪陈和、倪乾珠、倪世照、倪天俊、倪庆笃称，庵僧应真私下盗卖庙产，"将贡生等祖舍环龙字田四亩盗卖李成聚，环翔字田十亩盗卖黄成海，得洋银七十元，又将附周字田二号，共八亩零，盗卖吴继新"[①]。关于倪氏来历，族谱所记相当久远，现存族谱里保留有王十朋撰《虹川倪氏宗谱序》（1144）、李期《倪氏宗谱序》（1326）、叶孔昭《倪氏宗谱序》（1434），以及朱谏《倪氏宗谱序》（1535），有意思的是，这些谱系差不多百年一新，值得推敲。王十朋、李期两位在宋代撰写的宗谱应当不可信，而叶孔昭和朱谏的谱序成为后来家族的标准版本可做比较（见表2）。

表2　叶孔昭和朱谏撰写的《倪氏宗谱序》比较

叶序	朱序
乐邑多世家大族，而倪氏居一焉。揆厥由来，左司郎中涛公徙居玉环，而倪岙之名因显于世。越四世，孙才卿公谋伯仲曰："玉环居海岛之滨，东夷入寇，艘舰来泊，岁不无惊窜二三，盍相内地，以宁我家室焉？"于是，岐阳公迁蒲岐下堡，利卿公迁长林，才卿公迁黄泥岙。至皇明洪武二十年，诏徙沿海居民于腹里，复有岐阳公之裔转迁虹川新市。其间支派分衍，循循雅饰者居多。……今汇修蒲岐、长林、黄泥岙、新市诸派，而综为总图，序昭穆，溯源流。后之贤者以文英之心为心，则奉先以孝，睦族以义，孝义修而人道立，伦理明矣。	倪氏出于东海郯郡，前世有历显宦。汉昭帝末年，左司公宦游至闽，闻霍光废立事，遂退居阙下。数传至宋朝列大夫勋公，偕其昆季养晦林泉，隐于东瓯之南塘。八传而左司郎中公，思南塘非世守之业，携家君上舍生戡，直抵玉环倪山之麓而居焉。至岐阳公又以玉环居海岛之滨，东夷入寇，时有惊窜之忧，于宋季遂徙蒲岐霞堡。本朝洪武初，诏徙海岛居民于内地，而眷恋桑梓者罪，脱非公之先鉴，其能免此荼毒乎？越七世，西峰公乃蹙然曰："人生贵卓立不群，岂区区局于方隅，遂足以限人耶？吾祖岐阳公，虽早见预图，免于颠沛，但蒲江亦斥卤之地，非所以聚吾族也。"于是，经营择里，卜居于龙川之新市，时在永乐丁酉岁也。

资料来源：蒋振喜编：《乐清谱牒文献选编》，线装书局，2009年，第390—391页。

谱序叙述了由东汉至明永乐的倪氏迁移过程，朱谏所叙述内容比叶孔昭的更多，基本上可视为祖先建构的故事。朱谏作为嘉靖年间的温州士大夫，在嘉靖皇帝的大礼仪和推恩令的引导下，深知其中收族之重要。而从南塘、玉环、倪岙、霞（下）堡、巨渡、黄坭岙、长林等地名可以猜测，他们早期是一群活动在滨海地带的"无

[①]　《虹川倪氏宗谱》卷一《迎恩堂》，1998 年铅活字本。

籍"之徒，与宋元以来海上豪民有一定关系，并活动于乐清湾一带。明初，西峰公从霞（下）堡而迁到虹川新市，是倪氏家族比较真实的历史开端。因此族谱特别记载了西峰公发家情形：

公性行卓荦，规为宏远。世居海滨者凡七传，皆侣于□渔，至公乃蹙然不乐曰："夫人贵卓然树立，奚必局于一方哉。吾先世以玉环为海岛之地，致处烽警，辄携家迁徙。而蒲江亦斥卤之陬，虽属内地，亦非所以聚国族也。"用是智谋择里，几费经营。明永乐丁酉，遂卜居新市，水绕山环，土深地广，比霞堡其霄坏矣。公之择于斯也，安居而静处，遂为里社之长，接踵赋役，代贩两都盐，蠲债不取，乡人德之。孝于亲，友于兄弟朋友姻戚，内外无间言，诒谋垂范，岂偶然哉。公九子，迄今八传，富庶甲一乡，吾邑称倪氏为巨族者，谓非厥祖规为宏远之所致乎？①

由上述记载可知，倪西峰利用玉环内迁安插的机会，来到新市，获得户籍良田，从水上化外群体转为陆地的化内之民。同时以充当粮长以便掌握赋役征收，承包盐税，由此发家致富。族谱记载，西峰公在迎恩堂附近建庵屋二进，"中奉三宝，延僧住持，置田八十六亩零，地三亩五分零，山二分零，给僧奉佛守管，历代子孙省墓祭毕，会集庵中设席，其桌凳住持办理"②。但以此看来，迎恩堂所在佛寺成为身为民户的虹川倪氏与身为军户的蒲岐臧氏共同使用的宗教场所，各自拥有供奉和祭祀祖先的空间。不过在诉讼官司中，应真则称庙产并非倪氏祖业，是上代住持遗留下来：

僧人遵师父之命主持迎恩堂，即茶亭庵奉佛，传灯交家，书有田八十余亩、山二分零。僧人住持以来，贡生倪陈和、倪乾珠、倪世照、倪天俊、倪庆笃等祭扫坟墓，路由僧寺前经过，俱在寺内吃馂，桌凳俱师父留落的。上年倪陈和、倪乾珠、倪庆笃等到寺吃祭，恰僧人不在，寺内徒弟们皆不晓得这桌凳的缘故，不给桌凳吃

① 《虹川倪氏宗谱》卷四《倪氏历代传赞》，嘉庆十八年活字本。
② 《虹川倪氏宗谱》卷一《寺祠基产引》，1998年铅活字本。

祭，原有倪陈和、倪世照、倪乾珠等挟忿控告僧人盗卖寺产。①

针对此说，倪氏族人拿出了谱牒、地契等驳斥应真说辞。在清初展复过程中，倪氏以已家族的名义对相关田产进行了登记。比如位于霞堡山倪氏之祖存静公墓，其产权在雍正年间登记，"按雍正山册，山属玉姜字第十三号，业主倪允士，上至二十一号陈山，下至山脚，西至十二号郑山，东至十四号潘山，土名大井头上安着"②。此时提供给县衙的田产细号坐处相当完整，均属于家族的公共财产。

乐清知县据此判定应真败诉，"断着该僧仍照常备办桌凳，以待倪姓烹馐，所有盗卖寺产已据章祖训、吴英纯验明卖契，诘问该僧，供称赎回归户。又该僧认系主唆僧美善控林中鹏一案，自认俱结，殊属可恶，本应一并究逐，姑宽掌责以儆。日后如再盗卖寺田，抗备桌凳，定提究逐，另招住持"③。

从迎恩堂庙产诉讼处理过程看，迎恩堂日常费用是从倪氏所捐田地的收益中支取的，他们专门立有户头。倪氏家族拥有庙宇及其庙产所有权，负责完纳田地赋役。而庙宇住持的职责是看管庵堂、管理田产，并为倪氏提供祖先祭祀场所、扫墓后饮食等方面的服务。在诉讼过程中，另一个在清初即宣告迎恩堂为其祖产的臧氏并没有表达意见，原因可能是田产纠纷并未涉及他们的利益。

联系到裁撤卫所、滨海迁界等历史情形看，这应是军民权势的转移而导致庙宇控制权的变更。臧氏乃是军籍，曾在地方社会中占据着一定的优势。然进入清代后，经历动乱与迁界，臧氏族人颠沛流离，最后只是部分回到了蒲岐城，其家族发展经历了很大的挫折。相比较而言，虹川倪氏则居住内地，并未受迁界禁海的影响，得到进一步发展，族中人才辈出，不少人获得了功名，成为地方士绅（见表3）。

① 《虹川倪氏宗谱》卷一《迎恩堂》，1998 年铅活字本。

② 《虹川倪氏宗谱》卷一《遗迹》，1998 年铅活字本。

③ 《虹川倪氏宗谱》卷一《迎恩堂》，1998 年铅活字本。

表3　清代虹川倪氏获取功名情况一览表

年号	获得功名情形
乾隆之前	邑庠生3人
乾隆	贡生2人，郡庠生2人，邑庠生5人
嘉庆	邑庠生6人
道光	郡庠生2人，邑庠生7人
咸丰	邑庠生1人
同治	邑庠生4人
光绪	邑庠生5人

资料来源：《虹川倪氏宗谱》卷一《士绅录》，1998年铅活字本。

倪氏子弟只是邑庠生、郡庠生等低级功名，然已属难得。通过经济实力和人才条件，虹川倪氏并且在地方社会中很有影响力，不但有足够能力维持迎恩堂的日常运转，而且还让《蒲岐所志》将迎恩堂记为"在西城外，明永乐间倪西峰鼎建"[①]，以志书的方式凸显了倪氏与迎恩堂的关系，改写了卫所信仰传统的历史。迎恩堂的例子说明，明清易代，家族权势起伏与控制宫庙能力有着直接的联系。以宗族为依托的乡绅群体和社会精英是地方领导核心，他们运用宗教权力，扩大在乡村事务中的话语权，增强了本家族的地方影响力。

四、结语

沿海卫所出于军事布防的考虑而按照统一的规制建有独立的城池，具有很强的功能性和区隔性。然卫城不只是作为军事堡垒，同时亦是卫所军户的生活社区。军户移民进驻卫城之后，必然会重塑自己的生活空间，出于精神生活的需求，自然会在自己所处的社区努力营造自己的信仰空间。

总结起来，沿海卫所的信仰空间，主要是由三种因素所构成：神明、信众与宫庙。通过上文对乐清地区卫所的研究，我们可以看出沿海卫所的神明体系大致可分成三种类型："标准性""籍源性"与"地方性"。"标准性"的神明指的是卫城中按照明廷官方祭祀礼仪设立的庙宇中所祭拜的神明，比如旗纛神、城隍等。这些神明是国家依照行政手段强制推行开来的，是国家权力的象征，亦是卫所作为特殊政区

[①]　倪启辰：《蒲岐所志》，线装书局，2013年，第434页。

的重要标识。"籍源性"的神明则是跟随军户移民而来，属于外来型。卫所官兵基本来自异乡，原本的信仰习俗已经根深蒂固，在移居卫所之后，在行为习惯的驱使下，自然会将原来的地域信仰带到卫所之中，建造祠庙并供奉，岁时拜祭，比较典型的就是蒲岐所中的晏公信仰。"地方性"的神明，顾名思义，就是卫城所处地区的神明。随着卫所军户与地方民户的不断交往，他们的信仰世界发生交集，一些具有地方特色的神明进入卫城的神明体系之中。由此可见，自沿海卫所建立之后，卫城的神明体系一直处于持续变动的状态之中，呈现多元化的趋势。有明一代，由于体制限制和城池区隔，这些神明的信众基本都是军户群体，他们掌握着祠庙的修缮、仪式的举办，其他人群很难染指。进入清代，一方面因为沿海卫所悉数裁撤，体制樊篱被打破；另一方面则可能是由于卫城之中的祠庙建筑保存得相当完好，气势恢宏，卫城附近的很多州县民户都会参与到卫城祠庙的祭拜与仪式之中，信众群体不断扩大，其中很多祠庙甚至成为地区信仰的中心。宫庙系统的日常运作亦发生变化，宗族在其中扮演着重要角色，甚至家族权势的消长会直接改变宫庙的控制权。

沿海卫所信仰空间的演变过程，体现了军户群体融入地方社会的过程。同时，卫所的信仰空间也是十分重要的文化标识，它既可看作是卫所如何由一个独立的政区单位逐步成为地方社会的组成部分的缩影，也可展现出卫所区域独特的文化属性。

原载《浙江师范大学学报》（社会科学版）2016 年第 5 期

地方神明如何平定叛乱：杨府君与温州地方政治（1830—1860）

罗士杰　赵肖为（译）

[摘　要] 以发生在1855年温州府乐清县的瞿振汉起义为例来说明地方神明杨府君（杨府爷）与温州地方政治之间的关系。首先阐述瞿振汉起事的缘由，然后分析杨府君对事平之后乐清地方政治的影响。杨府君实际上是清廷和当地民众共同承认的决定性的政治话语形式。清帝国地方官员将杨府君用作抑制因瞿案引发的朝廷与地方社会之间种种对立的工具，而地方民众则将地方神明用作平息地方社会先前存在之对立关系的工具。

[关键词] 温州　瞿振汉　杨府君（杨府爷）　晚清地方政治　神明册封政策

在1867年刻立于温州的《杨府庙碑记》①中，落款人温州知府戴槃仍对杨府君②12年前戡乱显灵的事迹津津乐道。如同在碑文中可见的，戴槃宣称杨府君激励了乐清县城居民和西乡③村民一齐将以瞿振汉为首的叛乱分子赶出乐清县城。碑文开篇写道：

> 异哉，乐清县城之复也！咸丰甲寅十二月，土匪瞿逆倡乱，麇集县城，势张甚。大兵未集，士民俯首帖耳，莫敢撄其峰。忽一日哄然而起，齐心杀贼，渠魁授首，群匪千七百余人歼焉。城遂以复。金曰：此杨府君之助也。

---

① 此碑迄今仍矗立在温州市海坛山的杨府庙旁，此碑其实脱胎自戴槃题为《杨府真君戡乱显灵记》一文，此文可见于：戴槃：《东瓯记略》，戴槃：《戴槃四种记略》重印本，华文书局，1969年，第85—87页。

② 杨府君（温州方言也称为"杨府爷"）信俗依然盛行，尤其在浙南地区。关于温州地区杨府君信俗的研究，参见姜彬：《吴越民间信仰习俗——吴越地区民间信仰与民间文艺关系的考察和研究》（节选），姜彬：《姜彬文集》第3卷，上海社会科学院出版社，2007年，第189—365页；林亦修：《温州族群与区域文化研究》，生活·读书·新知三联书店，2009年。

③ 乐清城往温州方向的县域称"西乡"，往台州方向的县域称"东乡"。

从碑文的说明来看，杨府君的显灵事迹激发了乐清民众向以瞿振汉为首的叛乱分子进行战斗的勇气。事后的报告也指出，他们在短短的 4 个小时里杀死了 1400—1500 名 [1] 显然来自瞿振汉家乡的匪徒。然而，实际上的经过究竟如何？这个短时间所造成的骇人的死亡记录，对于乐清地方政治又隐含着怎样的根本意义呢？

瞿振汉起义爆发于 1855 年初 [2]。根据清朝官员的报告，温州府乐清县虹桥人瞿振汉聚众组建了所谓的红巾军，并于 1855 年初在虹桥瞿氏宗祠集结后，聚众进攻乐清县城。这一场所谓的叛乱实际上并非由清政府武力镇压，而是被乐清县城居民以及来自西乡的村民联手击灭。戴槃的碑文基本上沿用前任上司庆廉于瞿案事后所撰报告的观点。且不论当时善后的庆廉抑或数年后到任的戴槃，对于杨府君显灵戡乱的事迹显然都没有任何疑问。

清朝政府在重新取得乐清城的控制权之后，庆廉召集当地的地方士绅商议如何论功行赏。通常的情况是，就嘉奖名单达成共识后，官员会向军机处呈递善后处理报告。这一类报告的内容通常会胪列有功人员姓名与具体事迹以请求军机处授权地方官员给这些有功人员授予荣誉或赏金。令人意外的是，与会的地方士绅拒绝了庆廉的封赏提议，反而要求庆廉撰写报告向皇帝要求敕封他们的地方守护神杨府君，以表彰他对这次平乱的贡献。至于军机处已拨下的赏金，这些地方士绅建议用于修缮位于西乡的杨府庙。庆廉已经在温州为官 10 年，深知地方民情，因此同意了这群地方士绅的请求。经过了将近 12 年的等待，1867 年，军机处的批复终于传到乐清，同治皇帝册封杨府君为"福佑真君"。

不管是清朝官员的报告还是戴槃的碑记，其实都清楚地表明，他们对地方神明在地方政治中所发挥的角色与一般民众所谓的"有求必应"的内涵并无二致。从更大的层面来说，对于这些发生在地方社会中的神明显灵故事，学者必须探讨，在这

---

[1] 关于死伤数字，根据时人林大椿的日记，约有 1456 人受害. 之所以会有这一个统计，是因为在事后，有一位名为赵士铨的地方士绅捐资办理收尸事宜，而受雇收尸的人必须割下个别尸体的发辫以换取工钱。参见庆廉：《浙江盐运使庆廉奉委查办乐清县匪徒占踞城池始末详文稿》，马允伦编：《太平天国时期温州史料汇编》，上海社会科学院出版社，2002 年，第 37 页；林大椿：《红寇记》，马允伦：《太平天国时期温州史料汇编》，上海社会科学院出版社，2002 年，第 24 页。

[2] 关于瞿振汉起义的故事，参阅温州市图书馆珍本部收藏的《瞿振汉档案》。

些显然充满不解与惊讶的论述背后到底隐藏了哪些存在于地方政治中的待解意义。简单地说，通过对瞿振汉案的讨论，笔者认为，与其强调杨府君的灵验故事，还不如质问一个更关键的问题：为什么清朝地方官员会需要与杨府君这样的地方神明合作？为何在事平之后，清代官员还把杨府君纳入官方祀典中，同时给予封号，以确保这样的合作关系？这样的做法用意何在？探讨上述问题，笔者认为将有助于我们勾勒出在19世纪60年代后期西方列强及其重要的附加物——天主教与基督教进入中国之前，民间信仰与地方政治之间的互动关系。简单地说，温州杨府君的例子揭示了清朝试图通过将深得人心的地方神明纳入官方祀典以加强其在地方社会中的权威性的手段。

一、杨府君：西乡的守护神

最初的杨府君是唐朝的一位神仙，在温州和台州沿海地区的渔民中深得人心：

> 神姓杨名精义，唐太宗时人，生十子，俱入山修道。一夕拔宅飞升，同登仙籍。由此着灵，海祷辄应。[1]

目前已知最早的杨府庙坐落在杭州，建于南宋年间。据此，杨府君信俗至少可以上溯到12世纪。光绪年间所编的《永嘉县志》曾经提及两则关于杨府君信俗历史的碑文，一则是记载杨府君第一次获得封号的南宋碑文，另一则由一位明朝袁姓按察使撰写，可惜两者都失佚了。不过，我们仍可据此推测，杨府君信俗至少从12世纪起已经存在于乐清地区。

那么，杨府君信俗又是如何与乐清西乡联系在一起？又如何进一步成为西乡乡民心中的守护神？根据1777年竖立的一块碑文，乐清西乡西皋社村民自明朝以来每年农历二月廿五都会庆祝杨府君诞辰。当时的杨府庙并没有什么财产，庙务的维持只能靠村民的年度奉献去支应年度祭仪的费用。一直到了康熙年间，一位名叫郑文玉的人捐了一批价值不菲的财物。尽管某些乡民图谋侵吞，杨府庙最后总算保有了自己的财产，并经过许多年的努力，在当地社会中逐渐增强了影响力。不过，这

---

[1] 李登云、钱宝镕:《光绪乐清县志》影印本，成文出版社，1983年，第641—643页。

一场庙产争夺战仍显示了18世纪清朝地方官员对杨府君神力的认知程度。如同《杨府庙重置祀田记》记载：

> 郑文玉者，邑西三塘人，因迈无子，于康熙时挈田入庙，为主持。玉卒，其妻再适盐盆王某，后子王书升思冒其田，雍正十三年，升丈入之，遂吞焉。然玉在日，恐身死田去，预置版眉，列而藏之，复镌诸所营墓志旁，以故得悉，取以题诸梁。①

即便如此，情况还是对侵吞庙产的王家有利，情势直到1777年乐清知县张福敏到杨府庙参拜才发生具体的变化：

> 公自言前岁八月渡江，至中流，飓风突作，舟败，公入水，恍惚见有人掖而出之，得无恙。是夜梦神人告曰："余，杨府神，比掖君者，即余也。"言已不见。②

于是，张知县于到任后便安排时间前往杨府庙参拜。他一跨进庙，庙中杨府君的形象竟然同他梦境中出现的神明一模一样！为了表达对杨府君的谢意，他决定捐钱整修当时已见颓败的庙宇。环顾四周，张不意发现庙梁上刻有"故心邑民郑文玉舍田十三亩"等字，立刻怀疑庙产可能被侵吞。张知县马上询问村民何以一座拥有财产的庙宇竟然颓败至此。聚集的人群向他呈报了杨府庙与王家之间的争执过程。张知县立即召来社首张煌和周乐朔（周乐朔很可能就是郑文玉的继任者）说明案情。几经调查，张知县责令张煌具状到县衙请愿让地方政府介入此案。张煌的请愿书不但要求王家归还庙产，而且乘机要求官府准许在西溇坑开垦2亩地以增加庙产规模。张知县当然允其所请，并传唤王书升的3个儿子到公堂，勒令他们归还他父亲所侵吞的庙产，否则将重罚。最后，王家归还了先前侵吞的土地。

如前所述，即便缺乏足够的庙产，杨府君信俗自明朝以来已经在西皋社普遍流行。不过，如上文所见，就算是地方社会中的神明其实也无法捍卫自己的庙产，简单地说，杨府君并不是万能的。寺庙还是必须仰仗地方官员的介入去索回自己的庙

---

① 赵翼照：《杨府庙重置祀田记》，吴明哲编：《温州历代碑刻二集》上，上海社会科学院出版社，2006年，第455—456页。

② 赵翼照：《杨府庙重置祀田记》，吴明哲编：《温州历代碑刻二集》上，第455—456页。

产。这也就是说，上述故事中的地方神明其实是非常懂得利用适当的时机跟地方官员互动从而实现信众的目的。不过，过去的研究者往往将注意力集中在地方神明如何将分散的地方社会统合到一种地方信俗之中，从而忽视了这种"相互拯救"[①]的故事所反映的地方神明与地方政治的相互联系性。随后，我们将会看到，正是这种政治上的相互联系性在镇压瞿振汉起义中再次发挥作用。

二、瞿振汉起事的背景

关于瞿振汉起义，除官方报告外，民间还存有许多记录，这些记录的史料价值在于它们有助于我们全方位地了解事件的起因。例如，乐清文人林大椿针对瞿案所撰写的《红寇记》一文，即提供了除官方报告之外与本案相关的重要背景资料。根据林的记载，瞿振汉的家庭背景如下：

> 红寇之魁瞿振汉，又名振海，世居乐清东乡虹桥街。祖兆岗，以拳勇雄乡里。父嘉秀，贫，诸生，早卒。汉善居积，业重罗，资渐充，旋卖酱于市。素不知书，而粗通文义，狡谲性成，关机捭阖，猾胥不能困。[②]

另一则值得长篇引用的关于瞿振汉的故事是 20 世纪初温州一位中学教师周起渭收集的：

[①] 事实上，此类地方神明与地方官员之间这种"相互拯救"的故事在庙产纠纷，以及个别与地方利益相关的案例中是很常见的。然而，在帝制中国晚期宗教史的研究中，学者仍高度依赖人类学家桑格瑞（Sangren）根据 20 世纪 70 年代末在台湾北部桃园县大溪镇的田野调查做成的关于"灵力"功能的讨论。根据桑格瑞的见解，地方神明的灵力可将不同背景的人群整合于同一神明的信仰与相关的组织中。参见 Sangren S. *History and Magical Power in a Chinese Community*, Stanford：Stanford University Press, 1987. 关于地方神明如何统合地方社会的开创性研究，参见 Wang S. C., Religious Organization in the History of a Chinese Town, Wolf A., *Religion and Ritual in Chinese Society*, Stanford：Stanford University Press, 1987：71—92.（中译本：王世庆：《民间信仰在不同祖籍移民的乡村之历史》，《清代台湾的社会经济》，台北联经出版事业公司，1994 年，第 295—372 页。

[②] 林大椿：《红寇记》，马允伦编：《太平天国时期温州史料汇编》，上海社会科学院出版社，2002 年，第 10 页。

清咸丰元年（1851），年岁歉收，七八月间瘟疫流行。瞿振汉店内的腐乳存货很多，一时销售不了。虹桥东街口，蒲歧地方人挑来渔鲜担货，每天销售数十担。振汉心中羡慕，因写十多张不署名的黄纸通告，于夜间遍贴通衢。通告上面大略说，明日某菩萨圣诞，大家都要茹素，不得吃荤，可保家口平安等语。果然，第二天他店内的腐乳销路很旺，而东街口蒲歧人的渔鲜则无人过问。①

上述两则故事提供了更多关于瞿振汉家庭背景和所处环境的线索。他的祖父很可能是当地的土豪，并希望儿子瞿嘉秀能接受教育晋身文人②。但是，体弱的瞿嘉秀没能实现父亲的愿望。更糟的是，他年纪轻轻就抛下年幼的儿子死去。瞿嘉秀的早亡无疑对瞿家产生很大的冲击，窘迫的境况迫使瞿振汉从商糊口。再从上述的记载中亦显然可见，瞿振汉在虹桥商圈里即便算不上十分正直，但绝对称得上精明③。

经过一段时间的积聚，瞿家的经济状况获得明显的改善。因此，瞿振汉决定采取手段来提升家族在地方社会中的地位。为此，他一方面将弟弟瞿振山送入县学；另一方面则捐资替自己换来一个监生头衔。除教育投资以实现祖父对父亲的期望外，瞿振汉也热衷于地方慈善事业来提升家族在虹桥乡亲间的声望。根据林大椿的记载，1853 年瞿振汉发起赈济饥贫，并从而得到当地民众的赞誉。不过，此时瞿振汉已年过四十，此时他家的经济状况亦如同当时的清帝国一般快速地走下坡。到了他 1855 年初起事前夕，瞿振汉早已负债累累。但跟之前不同，这一次，瞿振汉

---

① 周起渭：《瞿振汉起义事略》，《近代史资料》1963 年第 1 期。

② 虹桥瞿家的故事其实非常接近台湾雾峰林家的例子。根据 Meskill 的研究，为了捍卫家族在地方社会中的利益，雾峰林家首先是以地方土豪的形象去跟其他家族竞逐地方利益。发迹之后，林家也冀望家族成员能接受教育，通过科举考试成为官员来保卫家族的利益。在这方面，雾峰林家无疑是非常成功的。至迟从 1850 年前后到 1960 年间，虽然历经了不同的统治者，但雾峰林家一直是台湾最有声望的家族之一。参见 Meskill J., *A Chinese Pioneer Family : The Lins of Wu-feng, Taiwan 1729—1895.* New Jersey : Princeton University Press, 1979.

③ 与瞿振汉类似的背景形象亦可见于韩书瑞（Susan Naquin）对发生于 1774 年的山东王伦事件与康豹（Paul Katz）对 1915 年台湾的余清芳事件的研究。参见 Naquin S., *Shantung Rebellion : The Wang Lun Uprising of 1774.* New Haven : Yale University Press, 1981 ; Katz P., *When Valleys Turned Blood Red : the Ta-pa-ni incident in Colonial Taiwan.* Honolulu : University of Hawaii Press, 2005.

并不认为他当时所面临的窘境是因为运气太差，反而认为当时清朝官员众多引起争议的政策是造成他失败的主要原因。

19 世纪中叶以降，清帝国遭遇了两场全国性的危机。一场是鸦片战争，另一场则是当时方兴未艾的太平天国。这两次危机对于温州民众的直接冲击就是不断加重的税负。清帝国为了承担因鸦片战争向英国的巨额赔偿，军机处因此下令让与此战争有关的江苏、浙江与安徽三省负责筹措赔款。浙江省因相对而言较少直接受到太平天国战火的破坏，因此军机处要求浙江省必须比其他省份承担更大的对英摊款的责任。为了应付上级所交派的任务，浙江省地方官员唯有提高以田赋、劳役与盐专卖所得为主的地方税赋。

这样的贸然加税对地方社会的冲击，当然是非常巨大的。不过，更可议的是地方官员的执行手段。对此，我们可以从赵钧日记《过来语》的记载中一窥新加的税赋对当时温州地方社会的影响。1843 年 1 月 12 日，南京条约签订刚过了半年，赵钧抱怨他的土地被瑞安梁知县派人霸占，说是为了从地方社会征税。他非常愤怒，但却无力阻止。1844 年，赵钧在日记中悲愤地指控现任知县的残忍：

> 邑令有父母之名，应有父母之情，乃藉势肆毒，民不聊生，旨膏日竭，控告无门。以愚观之，当今天下大势，误国家者，县令也。时赵令景铭无政不酷，视民如仇，事事令人俱哭。[①]

随着太平天国运动的逐步升级，清朝的财政状况更加恶化，日常的税赋水平已不再能够满足政府日渐急迫的军事支出需求。为此，清廷决定扩大捐输的范围以求增加整体财政收入。1854 年农历三月十一，赵钧又在日记中谴责了新税制在温州造成的负面影响：

> 现在十室九空，朝廷又下捐输诏。县官承上官意旨，只图取媚，不顾大体，时谓之勒捐，闻者骇异。[②]

[①] 周梦江：《赵钧过来语辑录》，《近代史资料》1980 年第 4 期。

[②] 周梦江：《赵钧过来语辑录》，《近代史资料》1980 年第 4 期。

在这样的状况下，不光是地方政府滥用勒捐制度，地方士绅为了保护自己的利益，亦不得不采取非常的办法。如同赵钧在日记中所指控的，当时的瑞安地方士绅孙锵鸣为了减轻捐输制度对其亲族故旧所造成的冲击，因此以在籍京官的身份在地方设局办理捐输事宜。作为孙锵鸣的启蒙业师，赵钧无疑对孙锵鸣利用在籍京官的特权，擅自将负担转嫁到他人身上的手法痛心不已，但却无可奈何。这样因地方士绅操弄特权所造成不公的状况，使一般百姓对清廷和地方士绅都已然失去信心。

身处乐清的瞿振汉当然无法自免于勒捐制度所造成的冲击。更别说孙锵鸣主导的捐输体制在乐清县的最主要受益者正是孙锵鸣的连襟、瞿振汉好友倪廷模的死敌徐牧谦。事实上，当徐牧谦获知瞿振汉与倪廷模等人从虹桥出发准备进入乐清城时，马上连夜逃到瑞安孙家寻求孙的保护①。除向地方社会要钱外，从 19 世纪 50 年代开始，清帝国官员还鼓励地方社会组建团练以节省军费开支。团练制度引入温州，一方面使得地方利益集团之间不断加剧的竞争进入一个新阶段；另一方面也提供了与瞿振汉具有相似社会经济条件的地方士绅在地方政治领域崛起的绝佳机会②。

早在 1853 年 3 月下旬，瞿振汉便向乐清知县孙涤源递交组建团练的申请，请求孙涤源准许其在虹桥组建团练抵御"外侮"。尽管所谓的"外侮"含义含糊，但

---

① 当徐牧谦得知瞿振汉与倪廷模已控制乐清城时，徐牧谦与他的两个儿子马上动身逃往乐清西乡寻求保护，计划之后再找机会逃到瑞安孙锵鸣处。但徐在西乡的佃户无视徐牧谦与他当时患病的两个子的请求而拒绝提供保护。更令徐感到尴尬的是，西乡的佃户反而取出棍棒强迫徐牧谦等人立即离开。不多久，徐牧谦的儿子还被一名叫张永敖的西乡人抓住，并旋即解送到乐清城内瞿振汉处。若不是旁人劝阻，瞿振汉本想立即处决徐牧谦的儿子。徐牧谦在乐清北部的山区躲了一夜后，还是被村民抓住，并准备送给瞿振汉处置。但非常戏剧性的是，在被押往乐清城的路上，徐牧谦被其故旧所救。随后，徐牧谦才被护送到瑞安孙宅。从上述的故事，我们可以清楚地发现，徐氏父子的遭遇并不能怪罪于他们的坏运气。更准确地说，徐氏父子的遭遇反映了徐家在乐清一般百姓中的形象。参见林大椿：《红寇记》，马允伦：《太平天国时期温州史料汇编》，上海社会科学院出版社，2006 年，第 18 页。

② 关于团练与地方军事化的讨论，参见 Wakeman Jr F., *Stranger at the Gate : Social Disorder in South China, 1839—1861*, Berkeley : University of California Press, 1966（中译本：魏斐德：《大门口的陌生人：1839—1861 年间华南的社会动乱》，王小荷，译，中国社会科学院出版社，2002 年）；Kuhn P., *Rebellion and Its Enemies in Late Imperial China : Militarization and social structure, 1796—1864*, Cambridge : Harvard University Press, 1970（中译本：孔菲力：《中华帝国晚期的叛乱及其敌人：1796—1864 年的军事化与社会结构》，谢亮生译，中国社会科学出版社，2002 年）。

孙知县还是允其所请。同年6月下旬，节制温州地区防卫的温处道台庆廉为了抵御19世纪40年代以来持续骚扰温州沿海地区的广东海盗，便下令进一步放宽地方团练的武装限制，但仍不准许地方团练配备枪支和弹药。此令一出，瞿振汉就在虹桥开设工厂打造包括刀剑等在内的武器。

1853年7月，广东海盗多次掠劫温州城，但温州守将池建功怯战不前。赵钧的日记也指出，当广东海盗掠劫温州和瑞安时，驻地清军基本上没有进行实质性的抵抗，因此造成温州地区居民严重的损失。这当然让温州居民（譬如瞿振汉）更加坚信当地的清朝官员和军队是不可依靠的。

除上述因素外，还有一些更直接的原因促使瞿振汉在这个时刻决定铤而走险。1854年夏天，乐清遭受严重的洪涝。这年的2—7月，饥馑和瘟疫肆虐虹桥地区。为了度过这场危机，瞿振汉再次发动赈灾。而且，如火如荼的太平天国进一步影响了瞿振汉，当时他的好友金佩铨刚从太平天国都城天京回来，并向他讲述了令人振奋的亲身经历。远方的太平天国，眼前自然灾害显露的天启，都在一定程度上激励着瞿振汉向地方政府发起挑战，以结束沉重税负与特权所造成的苦难和社会不公。就动机而论，瞿振汉起义非常接近于美国学者培宜理（Elizabeth J. Perry）研究晚清抗税起义所概括的"保护性反叛"。尽管总体目标仍不明确，且受制于他的经济状况，在瞿振汉决定下一步行动之前他还是需要考虑下列问题：首先，要采取怎样的措施才能够终结因地方官员的不当施政所造成的伤害？其次，在他的周遭到底有多少潜在资源可资动员？有多少人会支持他的行动？最后也可能是最重要的，如何在不过度引起中央政府关注的情况下去挑战地方官员？

情势如此，瞿振汉和他的朋友倪廷模稍后决定在一座庙里召集会议讨论这些问题。瞿振汉以庆祝团练正式建立为由，并通过官方管道邀请地方士绅与会：

汉乃与廷模定议八月廿二日在土神祠①置酒，遣县役孔桂等持束会诸绅士。赴

---

① 按照庆廉事后的报告，所谓的土神祠就是在娘娘宫（即为陈靖姑的庙宇）。参见庆廉：《浙江盐运使庆廉奉委查办乐清县匪徒占踞城池始末详文稿》，马允伦编：《太平天国时期温州史料汇编》，上海社会科学院出版社，2002年，第34页。关于陈靖姑信仰的研究，详见Baptandier B., The Lady of Linshui : How a woman became a Goddess, Shahar M, Weller R., *Unruly Gods : Divinity and Society in China.* Honolulu : University of Hawaii press, 1996 : 105—149. 最新的研究又可见: Baptandier B., *The Lady of Linshui : A Chinese Female Cult,* Stanford : Stanford University Press, 2008.

会诸人闻其情词闪烁，像率引避。留者独七人，为盟书，托词团兵防堵，而阴谋誓于神，糁香灰入酒均饮之。[①]

从上文中可见，原本一个庆祝团练正式成立的会议，最后变成一个兄弟组织（brotherhood association）的誓师大会。这次会议实际上并未发挥预期效果争取更多人员与财政支持来扩张他们现有的团练，不过，稍后当地富裕的监生连清纯的加入却适时地解除了瞿振汉所面临的窘境。事实上，连清纯之所以会加入瞿振汉的组织，主要也是因为连清纯的一个皇帝梦。连在皇帝梦醒后，便很兴奋地去找瞿讨论这个梦境。听完连清纯的皇帝梦后，瞿振汉便怂恿连道："子托团练名招募士兵，吾当助子举大事。"连清纯很高兴瞿振汉愿意支持他，于是决定约个时间与瞿振汉的其他几位朋友碰面，随后便加入了瞿振汉的团练组织。可以说，连清纯与瞿振汉的结盟取得两项重要的成果：首先，瞿振汉得到连坚实的财政支持，可以用之扩充弱小的团练、从而增强团练在乐清的影响力；其次，瞿振汉和连清纯等 7 人结为兄弟组织，从而更加巩固了连对团练的忠诚。

至此，我们必须要问的问题是，何以两位监生会在 19 世纪 50 年代初选择挑战清朝政府？监生的头衔使他们不但具有参加科举考试的资格，而且也说明他们曾经信赖过清朝及其体制。毕竟，捐个监生所费不赀。他们愿意做这样的投资，主要是因为监生的身份有助于确保他们家族的地方利益与声望。可以说地方士绅懂得灵活地采取不同的手段（譬如捐官、共享特权、联姻等不同的策略）与当地实权人物合作来保持他们在地方社会中地位。但很显然的是，监生的身份与所伴随的有限特权已不再能解决连清纯与瞿振汉当时在地方社会中所面临的问题。

因此，无论连清纯的皇帝梦在多大的程度上启发了他们挑战清朝政府的决心，但实际情况就是两位监生决定跳出来对抗清政权。他们的行动不光反映出对清朝地方政府施政日渐高涨的不满，其实也代表了他们对清帝国统治能力（governmentality）彻底失去耐心和信心。总之，前面所讨论过的种种因素已经对清朝政府与地方社会某些成员之间先前存在的权力结构造成剧烈的变化。虽说瞿振汉和他的红巾军只占领乐清城 7 天，旋遭县城居民和来自西乡的村民联手镇压。但这

---

① 　林大椿：《红寇记》，马允伦编：《太平天国时期温州史料汇编》，第 12 页。

样的状态其实也清楚地表明地方社会任何一方的成员都难以自免于这一场剧烈变化。现在的问题是，在瞿振汉事件扰动地方社会之后，清政府又将采取怎样的策略去缓解东乡与西乡、地方官员与乐清地方社会之间长期存在的紧张关系，并重新取得乐清民众的信任。如同下文所将讨论的，地方神明杨府君将在此间扮演一个活跃的角色。

三、乐清城一日屠

土神祠会议后，瞿振汉的计划大致是这样的：先打劫一家邻居，诱使官弁从县城出来逮捕他们，而他们可以凭借对当地地形的了解伏击官弁。如果成功了，就长驱直入进攻县城。讨论的时候，有人担心钱财人力不足，而瞿振汉回答道："无虑也。孙令、姚协各富私蓄，先破县城，两人官橐十万金，皆我辈有也。"除县城的官员外，他们的首要目标是倪廷模的世仇、同时也是乐清地方士绅徐牧谦。风闻瞿振汉等人的计划后，徐牧谦也在准备建立团练以保护自己的利益。当时盛传徐牧谦已积聚一大笔钱藏在乐清城中的家中。总之，瞿振汉进入县城就马上集中力量劫掠官府（包括县衙和军械库）夺取钱财和弹药以确保对县城的占领，之后便调集主力劫掠徐宅。

1855 年 2 月 3 日，当瞿振汉率领不到 500 人的红巾军进入乐清城时，出乎他们预料的是，沿途他们并没有遇到实质性的抵抗。到了 5 日早上，瞿振汉基本上已经控制了乐清城。在之后几场零星的战斗中，清军的姚姓护协被杀，刚上任不到两个月的知县康正基则逃往丽水。据称，当时幸免于难的官员多半躲到邻近的西乡去寻求保护，徐牧谦则逃到瑞安孙锵鸣处。与此同时，瞿振汉的同党金阿满准备同日在温州城起事响应，但却很快就被温州官员逮捕。瞿振汉占领乐清城后，先后发布两次安民告示。姑且不论其告示内容的真伪问题，瞿振汉所发布的第一次告示描述了整个温州地区每况愈下的社会经济状况，重申他的起事将有益于保护乐清乡亲的利益。而目前可见的第二次告示则是宣扬反满情绪，并声称他的起事由太平天国东王杨秀清亲自指挥。就瞿振汉的意图而言，并不是所有的人都完全同意他的论调，林大椿便评论道："檄称汉为义主，诟斥官吏，颇中时弊。然其中讪谤朝廷，语意狂悖。"

尽管如此，除接管官府和劫掠徐宅之外，瞿振汉的红巾军并没有对乐清县城居民的生活造成过多的损害，甚至说根本很难称得上是一场叛乱。如林大椿对瞿振汉

起事的评论道:

> 而瞿党非其类也,所纠者市人,所持者钝兵,所相与筹度者狂书生耳。[1]

不过,仅以瞿振汉这支非正规部队就可以轻而易举地夺取乐清县城,亦可借此一窥晚清地方官僚体系的脆弱实况。首先,脆弱的乐清地方守备部队与乐清地方官僚系统,根本无力与瞿振汉的红巾军接战。否则瞿振汉不可能如此顺利地进入乐清城。其次,只要瞿振汉与其红巾军不对乐清县城居民采取过激行为,乐清县城居民似乎愿意让瞿振汉去取代那些更令人讨厌的清朝官员。在瞿振汉进城后包括乐清县城居民以及西乡村民,都在仔细地注意后续事态的变化,并警觉瞿的起事是否会对他们造成威胁。然而,瞿振汉进城之后只打劫官府和徐宅,而不骚扰他人,并努力在全县民众面前证明自己的起事乃是正义之举,加上两度发布的书面告示,似乎已经让乐清民众对瞿振汉暂时降低戒心。此间必须明确指出的是,这种双方彼此克制下的互不侵犯仅仅是瞿振汉与乐清居民之间所达成的权宜之计而已,并无助于缓解之前双方早已存在的紧张关系。如后文所将揭示的,双方很容易因为发生小冲突而破坏这一脆弱的默契,并导致可怕的灾难。

几天后,到了 10 日早上约 8 点的时候,同时也是瞿振汉占领乐清的第 7 天。5 名红巾军士兵在城门口争吵到底谁偷了 500 文钱。一位名叫余邦荣的县城居民边上经过时,其中一名争吵者无端指责余邦荣偷了钱。余邦荣愤怒地否认这种无端的指责,双方相持不下因而导致了激烈的肢体冲突。尽管知县已经逃跑了,但为了厘清是非,双方仍然同意上县衙去找瞿振汉评理。到了县衙后,双方仍相持不下,最后反而演变成双方——严格地说,乐清县城居民与东乡村民两个集团——之间的高声对骂。站在瞿振汉身后的一名部属想尽快结束这场争执,便对着余邦荣以及旁观的县城居民吼道:"尔民敢抗吾,教汝满城皆死!"这句不经心的口头恫吓激怒了在场的所有乐清县城居民,他们现在认定瞿振汉以及东乡村民是他们的共同敌人,他们要与之战斗。

无视于瞿振汉与其红巾军的存在,狂怒的余邦荣以及旁观者动手将瞿振汉的部

---

[1] 林大椿:《红寇记》,马允伦编:《太平天国时期温州史料汇编》,第 10 页。

属拖出县衙外，当众赤手空拳地打死了他。之前当过清兵的当地人周廷华碰巧经过现场，随后就敲着锣跑遍全城，通告大家县衙前发生了大事。转瞬之间，存在于县城居民与瞿振汉之间的互不侵犯默契顿时烟消云散。事发之后，据称全城居民不分男女老少挥舞着随手可得的锄头、菜刀、棍棒与瞿振汉的红巾军接战。本想跳墙逃跑的瞿振汉被一位名叫屠承高的清兵刺死，重要智囊金佩铨不久后也被杀。听到瞿振汉的死讯，原本就缺乏组织的红巾军顿时陷入一团混乱。不久，西乡村民也趁势涌入乐清城里，至此红巾军与乐清市民之间的冲突演变为西乡村民与东乡村民之间的械斗：

> 城外农夫及县后山居民闻声，皆荷锄截隘，遇红巾者辄击毙之。黠贼弃巾走，则执而诘之，但闻东乡口音，立歼于路。[①]

前任温处道台庆廉的善后报告指出，在这一场短短 4 个小时的械斗事件中，据报有 1400—1500 名"匪徒"被杀。这里要特别指出的是，这个骇人的伤亡统计其实也佐证东、西乡村民之间长期存在的紧张关系，不然也不会在这样短的时间内就造成如此巨大的伤亡数字。复次，县衙所在地乐清城很可能在东、西乡间扮演着缓冲区的角色。所以，瞿振汉以及东乡村民进入县城的行动等于是打破了这个"势力平衡"。此外，西乡村民也担心，瞿振汉以及东乡村民会利用这次起事，以县城为跳板，在不久的将来将其势力范围永久地扩伸到西乡。这种不断加深的疑虑驱使西乡村民密切地观察县城里的情况。因此，一听到瞿的死讯，西乡村民立即奔往县城，将东乡村民驱出县城缓冲地带，以消除潜在的威胁。因此，可以说乐清东、西乡之间的世仇与地方势力的争夺战导致了当日骇人的伤亡数字。

屠杀之后，直到逃跑的清朝官员返回之前，乐清县城居民为了填补瞿所遗下的权力真空与防范来自东乡（尤其虹桥）村民的报复，在城内城隍庙（而非县衙）成立防堵局以接管城防事宜。到了第二天（11 日），防堵局还决定正式邀请西乡村民协助护城。乐清县城与西乡为了保护自己而结成临时的地方政治联盟其实也说明，瞿振汉的死讯及其红巾军的溃败并不等于起事的结束。相反地，对于大难后幸存的

---

① 林大椿：《红寇记》，马允伦编：《太平天国时期温州史料汇编》，第 22 页。

乐清地方民众和清朝官员来说，瞿起事对地方政治的冲击才刚刚进入另外一个新的阶段。譬如，西乡村民开始担心红巾军残余是否会向其报复；东乡村民也会担心西乡村民与乐清县城居民之间的新联盟是否会导致西乡将影响力扩伸到东乡；还有，先前弃职逃跑的县府官员也开始担心中央政府的责任追究，并同时也要考虑如何去重新赢得当地民众的信任。在此间，我特别感兴趣的是，清朝官员又如何把宗教作为一种治理方略来重新树立官员在地方社会中的地位。因为他们深知，深得人心的地方神明是清朝政府与地方社会（包括东、西乡村民）之间最强有力的沟通桥梁。为了确保国家与地方休戚与共，清朝政府积极地运用地方社会中最强有力的话语形式——宗教来维持自己在地方乃至国家政治中至高无上的地位。

四、杨府君如何平定瞿振汉起事

1855 年 2 月 14 日，所谓的清朝援兵终于从不到 1 天步程的瑞安赶到乐清城。但是，新的护协尚未任命、知县康正基拖到 4 月 24 日才正式返回乐清任所。这等于说，在康返回任所之前，乐清城仍然由地方士绅所组织的防堵局所掌控。瑞安过来的援兵大概也因为不愿卷入这种地方世仇争斗，所以只消极地在乐清城里防守，却不敢主动前往红巾军根据地虹桥查办。事实上，就跟西乡村民一样，这些来自瑞安的清军其实也害怕东乡村民对其进行报复。

至此，按照当地民间的普遍认知，清帝国的官员与此次起义的镇压其实毫不相干。与之同时，满城当时风传着两则地方神明显灵的故事。一则故事说，一位看似关公的将军穿着盔甲，骑着赤马，号召县城居民起而反抗瞿振汉。另一则由东乡幸存者讲述的故事说，有一群看似庙中阴间鬼卒模样的追兵在追杀他们，吓得他们根本不敢抵抗。特别值得注意的是，官方后来所宣称杨府君显灵平乱的说法在此时根本尚未浮出台面！

事件平定之后，清朝各层官员也忙于准备报告向所属上司澄清自己对镇压叛乱所起的作用，其实主要的目的就是开脱任何可能的政治罪责。于是，除上述民间普遍认定的版本之外，另一个关于这一事件的重要解释的官方版本这时才开始逐渐成形。这一个官方版本的解释最后是由当时的闽浙总督王懿德所核定，他根据所属浙江巡抚何桂清在 1855 年 2 月 25 日的呈报，于 3 月 8 日向军机处上了奏折报告此事。

根据王懿德对军机处的报告，他一得知瞿振汉叛乱，就立即派遣 500 名福建标兵前往乐清增援何桂清的浙江部队。依照王的报告，这支虚拟的闽浙联合部队应该从温州渡过瓯江并于2月9日抵达乐清，从而与乐清士绅一起消灭了"土匪"。王也提及，何在清朝官员重新控制乐清城后已经于稍早的2月25日向军机大臣报告情况。显然因为军机大臣并未在王与何的奏折中发现矛盾不合之处；又与当时方兴未艾的太平天国相比，对军机大臣来说瞿振汉的起事根本无关紧要，因此军机处并未下令要求王与何做进一步的解释。这其实也代表咸丰皇帝接受了两位浙江省最高官员对瞿振汉起事的解释，同时也未表现出进一步调查此案的意图^①。因此，对这些浙江地方官员来说，完成了责任的厘清后，下一步就是准备另一份报告，要求朝廷嘉奖戡乱有功人员，给瞿振汉事件正式画上句号。为此，何桂清命令时任温处道台的俞树风前往乐清县与当地相关人员商议嘉奖名单。抵达乐清之后，俞首先张贴了署有他的头衔、盖着官印、代表官方说法的布告宣布瞿振汉起事的善后处理措施。布告说，省里派来的援兵与乐清地方官员所率领的地方部队联合镇压了叛乱。

这个布告的官方说法激怒了乐清地方人士。尤其让乐清县城居民无法接受的是：不仅根本没有参与战斗，而且事实上瞿振汉一进城就弃职逃跑的康正基知县居然位居嘉奖名单之首；更让他们无法接受的是：与瞿振汉案发生直接有关的徐牧谦反倒是成了协助清朝援兵反攻的第一"义民"。在许多乐清市民看来，徐牧谦对引起瞿振汉起事以及接踵而来的混乱其实负有直接责任。更进一步说，当地人也都知道，瞿振汉之所以能轻易占领乐清城就是因为大家都明白他的目标只是失去民心的地方官员和徐宅。除了徐牧谦，地方人士认为弃职逃跑的知县康正基也必须受到谴责。因为，在官方报告中所未见的是，弃职逃跑的康正基在事平后从丽水回到乐清任所，就忙着到处乞求乐清地方士绅帮助他逃避弃离职守的政治罪责。某些地方士绅因为同情他的境遇就帮了他一把，并给康的上司写信，伪证康平叛有功。他们在信中宣称：康县令战斗很勇敢，并且还因此受了伤。瞿振汉占领乐清城后，康正基本来要投水自杀，但是却被西乡村民所救了。嗣后，康正基与地方士绅一起谋划对瞿振汉发起反攻，并最后取得成功。由于这封信，康正基得以和徐牧谦一样列在嘉奖名单之首。这意味着，他们两人可以逃避一切可能的究责。更令乐清居民无法接受的是，原本有罪的康正基、徐二人还可能会以这个编造的

---

① 参见《大清文宗显皇帝实录：第157卷》，新文丰出版公司，1978年，第712、716页。

官方版本的结论去报复他们在当地的对手。

因此，乐清县城居民拒绝接受这样的官方版本。事实上，愤怒的县城居民开始聚集到县衙前抗议官方版本对瞿振汉事件的描述。因为无力处理逐渐紧张的官民对立，俞树风不得不于 1855 年 3 月 17 日从乐清返回温州。为了防止再次滋生事端，浙江巡抚何桂清指派先前担任温处道台将近 10 年的庆廉接替俞树风处理瞿振汉案的善后事宜。

4 月 16 日，庆廉只带着少数随从人员抵达乐清县境。随后就前往虹桥会见瞿姓、倪姓和金姓等家族的族长，并要求他们一起合作去当众拆毁瞿振汉和倪廷模家族的祠堂和祖坟，并没收他们所属的财产。在虹桥逗留期间，庆廉还召来徐牧谦，询问其所称的平叛贡献是否真实。局势的改变让徐的说法变得南辕北辙，至此徐牧谦推说因为自己与清朝援军及乐清市民之间沟通问题，所以才会造成这个严重的误会，从而使整个事情复杂化。最后，徐牧谦承认了自己在事态平息后才回到乐清。就算如此，徐牧谦及其同伙其实仍立于不败之地。因此，乐清地方人士对官员们所编造的结论感到失望，并对官员是否有能力化解瞿案之后东、西乡村民之间日益加深的矛盾进一步丧失了信心。面对这样的统治危机，庆廉也终于意识到，他必须在维持上司的结论和赢回当地民众的信任之间寻求平衡，他需要找出一个让双方都可以接受的解释。

庆廉进入乐清城后所采取的行动预告了他之后的策略。庆廉于 4 月 16 日离开虹桥前往县城，一进县城便参拜了城中所有的重要庙宇。然后他贴出新的布告，向公众宣称，镇压瞿振汉叛乱应归功于乐清民众的集体贡献，而非清朝官员的调度行动。庆廉及其幕僚同时也明白，发布新布告的用意只是将其用来安抚当地民怨，并非要对官方说法进行更正。张贴了新布告后，庆廉随即召集防堵局成员开会。他不仅需要从地方士绅手中正式收回城防控制权，同时还需要同他们商议赏金的分配方案。会中，庆廉提议，平叛有功人员人人有赏。如前文所示，在场的所有人都拒领赏金。

乐清地方士绅拒绝庆廉提议的理由至少有二。首先，很难确认到底谁是有功人员。其次，可能还是更重要的原因是，没有人敢以个人身份接受赏金。因为，与会人士都明白瞿振汉的同党可能会把官方嘉奖名单作为参加镇压的证据，并在将来对名单上的人员实施报复。因此，庆廉与乐清地方士绅不得不商议出另一套方案，毕竟清廷已经批下了赏金。

经过差不多 8 天的反复讨论，双方所达成的共识是名不见经传的地方神明杨府君。庆廉对杭州知府王有龄所提出的报告重新为瞿振汉事件定了调子：

> 又因士民佥谓起义时实赖本地杨府庙神灵佑，信而有征。本司在温年久，深知神灵素著，而复城之举，再四访察，众口一词，确然可信。[①]

最后，庆廉与乐清民众达成了下列两项共识。部分赏金用于修缮包括西乡杨府庙的地方神庙，以表达对这位地方守护神的恭敬。剩余的赏金用于建造纪念乐清民众"义行"的牌坊。复次，乐清市民要求庆廉向所属上司呈报，要求皇帝册封杨府君。

经过这些磋商，结果是庆廉主要靠表现对杨府君的敬重成功地完成了上级交办的任务，并重新取得地方民众对清朝政府的信心。几经操作，最后建造牌坊的主意改为规模较小的立碑。这一个由庆廉撰写的碑文，旋被树立在县衙前。这一块碑文声明，瞿振汉事件的平定是由当地民众因杨府君显灵的启发而集体平定的。当然，庆廉确有可能因为赏金不足而选择立碑而非建造牌坊，但真正的原因是因为他不愿意把事情进一步复杂化。毕竟建造牌坊需要军机处批准，并可能给各级官员带来更多的麻烦。不过，至少庆廉还是遵守了诺言向上司呈报请愿书，要求皇帝授封地方神明杨府君。但是，因为军机处已经核定了地方官员镇压瞿振汉叛乱的事实，因此无法理解地方神明杨府君在此间所扮演的角色，从而搁置了地方官员请求封号的奏折。几经周折，迟至1867年庆廉的扈从戴槃担任温州知府时，朝廷给杨府君的封号终于抵达了温州。

五、结语：无所不在的杨府君与晚清中国

清帝国政策的改变其实也反映了自19世纪下半叶以来，地方官员逐渐意识到调和地方宗教与地方政治去维系政权的必要性。如前所述，纵观整个清朝历史，皇帝其实主要是依靠各级官员所呈的奏折去统治帝国辽阔的疆域。然而，由于所处的时空环境与历史条件的变化，已有学者指出，自18世纪后期以来，朝廷政治与地

[①] 庆廉：《浙江盐运使庆廉奉委查办乐清县匪徒占踞城池始末详文稿》，马允伦编：《太平天国时期温州史料汇编》，上海社会科学院出版社，2002年，第40页。

方政治之间的差距其实已经越来越大①。一般认为，有能力的地方官员应该具备足够的能力来利用这样的差距，一方面取悦上司，另一方面则能加强与地方社会的关系并且与之深化合作。至少从发生在 19 世纪中叶的瞿振汉事件的讨论中，我们可以看到，地方官员变得非常愿意与地方社会合作以完成自己的职责或至少避免麻烦。重要的是，通过庆廉与乐清地方士绅的谈判过程的讨论亦表明，深得人心的地方神明杨府君实际上是温州地方政治中最有效的话语形式之一。通过这样的话语形式，官员可以借以保障自己在地方社会中的权威、化解地方政治中的争端。与之相随，乐清的地方士绅其实也借助神明的影响力再次巩固自己在地方社会中的政治地位。更为重要的是，温州杨府君的故事并非只是一个孤立的历史事件。事实上，在 1850 年后的清代，很多地方都同时发生着相似的故事。这其实也反映了 19 世纪中叶以来，清代全国和地方政治的主要发展动向。

1867 年，杨府君迟来的封号，正好就是所谓同治中兴时期（1862—1874）的高峰。著名的美国史家芮玛丽（Mary Clabaugh Wright）认为同治中兴是"中国保守主义的最后抵抗"，从而去强调儒家思想对各种中兴努力所发挥的指导作用②。不过，当我们将注意力转向地方政治如何运作这个问题时，温州杨府君的故事其实丰富了我们对晚清这段关键时期的理解。通过瞿案的讨论，我们可以清楚地发现，不管该神明先前的地位如何，面临地方政治中的难解问题时，向受百姓欢迎的地方神明寻求帮助成为地方官员维持正当性的重要选项。也就是说，儒家的保守主义可能有助于支撑中央政府的统治的正当性。但是，回到地方政治的领域，其他手段则是必需的。的确，通过与地方神明合作以管理地方政治，就算不称职的地方官员也能够在当地的权力博弈中确保支配地位，同时又可巧妙躲闪过官僚体系的层层节制。最后，授予杨府君这样的地方神明封号，并将其纳入官方祀典成为晚清地方官员确保地方

---

① 参见 Kuhn P., *Soulstealer : The Chinese Sorcery Scare of 1768*. Cambridge: Harvard University Press, 1990（中译本：孔菲力：《叫魂：1768 年中国妖术大恐慌》，生活·读书·新知三联书店，1999 年）；Bartlett B.（白彬菊），*Monarchs and Ministers : The Grand Council in Ming-Ch'ing China, 1723—1820*. Berkeley : University of California, 1991.

② 参见 Wright M C., *The Last Stand of Chinese Conservatism : The T'ing - Chih Restoration, 1862—1874*. Stanford : Stanford University Press, 1957（中译本：芮玛丽：《同治中兴：中国保守主义的最后抵抗（1862—1874）》，中国社会科学出版社，2002 年）。

社会合作意愿最有效的方法。

从清朝授封地方神明的记录中看出，利用地方神明达成政治目的这项政策，不仅对地方政治而且对整个清帝国都产生明显的影响。如表1所示，在咸丰皇帝之后，清朝皇帝授封地方神明的数量相对于前朝有剧烈增长的趋势，这也正与19世纪50中叶以来清帝国所面临的内外危机不断加剧在时间上相吻合。

表1　清朝皇帝授封地方神明的数量及比例

皇帝	在位时间/年	授封数量	比例/%
顺治（1644—1661）	18	1	0.7
康熙（1662—1722）	61	2	1.4
雍正（1723—1735）	13	10	7.3
乾隆（1736—1795）	60	4	2.9
嘉庆（1795—1820）	25	18	13.2
道光（1820—1850）	30	23	16.9
咸丰（1850—1861）	10	26	19.1
同治（1862—1874）	14	33	24.2
光绪（1874—1908）	33	19	13.9
宣统（1909—1912）	3	0	0.0

如表1所示，清帝国在所谓的"康雍乾盛世（1662—1795）"对神明的授封较少。事实上，87.3%的封号是在此之后授封的。其中，74.1%的封号是在道光至光绪年间授封的，而且多数获封的神明都是地方神。这也正好对应于清帝国统治能力在中国和亚洲日渐式微的重要时期。因此，若将杨府君受封的过程放在整个清王朝授封政策历史沿革的大背景下，在19世纪中叶之后，清廷与所属的地方官员刻意利用地方宗教作为治国手段来处理地方政治。从这个角度看，19世纪50年代乐清杨府君的故事例证了当清帝国面对日益深重的内外危机时，官员为何与如何与地方神明合作以保证其在地方政治中的存在的过程。就这一点而言，杨府君的故事典型地反映了这一时期中国国家—社会关系重构的历史过程。

原载《浙江大学学报》（社会科学版）2010年第23卷第2期

近现代温州的疫灾与民间信仰

潘阳力

[摘　要] 温州地区的民间信仰文化内涵丰富，且其信仰形态会因社会环境的影响发生变化。在疫灾爆发时期，温州民间信仰的形态也会发生相应的变化。以近现代温州的疫灾与民间信仰的文献资料和民间疫灾信仰仪式的当代遗存作为对象，阐释民间神祇的塑造、驱疫功能的形成和重构，以及民间信仰中消灾除疫的仪式，可明确民间信仰在疫灾中的定位，探寻疫灾影响下民间信仰的发展变化规律。

[关键词] 疫灾　民间信仰　神祇　仪式

受特殊的地理和气候原因影响，温州自古就是一片饱受疫灾折磨的土地。历代温州地方志均有霍乱、天花等传染病肆虐的记录。为应对这些传染病造成的疫灾，除使用医疗卫生手段科学防治，信仰也被人们视为抗御疫灾的一种力量。作为民间信仰资源较为丰富的地区，凡有疫情出现，温州的民间信仰往往表现得比其他地方更为突出。在应对疫情时，温州的民间信仰不仅有司职祛除对应疫病种类的神祇系列可供信众选择，还有完整的仪式和相应的解释，来为信众群体或个人提供心理干预。近现代温州，一方面由于历史，民间信仰依然被大众视为医疗卫生科技外应对疫情的主要手段；另一方面由于科技发展和社会变革，以新视角看待民间信仰在疫情中的作用也成为可能。因此，这一时期的温州不仅保持了自身丰富的民间信仰资源，还保留下许多客观记载疫灾与民间信仰关系的历史文献。梳理这些文献，考察疫情中的民间信仰仪式当代遗存，对正确认识民间信仰在疫灾中扮演的角色，探寻疫灾影响下民间信仰的变化、发展规律，甚至在当代抗疫语境下引导民间信仰发挥积极的影响，都有重要的现实意义。

一、疫灾袭扰下的温州与民间信仰

温州位于浙江东南部，东部濒海，其余三面多山，属地多丘陵、水道。四季分明，降水丰沛，为较典型的亚热带季风气候。尽管温州地区气候温和，环境宜人，但大规模自然灾害频仍。尤其在近现代，文献有记载的天灾人祸几乎每隔一两年就会发生，城市地区如此，农村区域更甚。此外，频繁发生的大规模灾害，让中央政府不得不以外来移民补籍的方式来稳定人口。不稳定的生活环境和多文化背景的移民群体，使得温州人无论身处城乡，都拥有强烈的信仰需求，并以此来求得心理上的宽慰。

早在南宋时期，温州因宋室南迁得到了较大的发展，科学技术与医疗卫生条件与中原发达城市相比并无太大差距。到清中后期，温州城区的整体卫生状况优良，建有高效完善的下水系统，城区空间开阔，环境整洁，绿化率高，被时任瓯海关的外籍医生玛高温（Dr. D. J. Mac Gowan）称为"帝国最干净的城市"。尽管如此，近代以来，有文献记载的带有传染性的瘟疫灾害仍然在温州地区多次爆发。根据当时瓯海关《医报》的记载，温州的疫灾大多是在因季风气候变化导致的过量降雨和干旱，以及频繁的自然灾害诸如台风、泥石流或是饥荒之后，以次生灾害形式出现的。温州近代以来出现次数较多且影响较大的有霍乱、天花、鼠疫、疟疾等烈性传染病，此外，伤寒、痢疾、脑炎、登革热等传染病也曾见诸史料之记录。在清末记录温州口岸医疗卫生情况的瓯海关《医报》中，经常能看见外籍医疗人员对温州爆发的霍乱、天花等传染病的记载。甚至在英国驻沪领事馆办《北华捷报及最高法庭与领事馆杂志》中，更有不少有关温州的报道直接以"霍乱"作为标题。传染病导致的疫灾对温州的影响之大由此可见一斑。

正是由于疫灾横行，本已"好事鬼，多淫祀"的温州民众，更有理由选择以其长期仰赖的民间信仰来为饱受疫灾苦难折磨的现实生活带来精神安慰。由于温州独特的自然环境和文化特性，民间信仰已成为当地民众生产生活中重要的部分。在科学观念和科技手段尚不发达的时代，发生重大的灾害，如瘟疫横行时，民间信仰会成为民众极度仰赖的对象。比如，自近代以来，温州历史上曾多次发生俗称"大殇年"的霍乱疫灾，民间认为是瘟神作祟，因此每次疫灾之后，都要举行"搜耗""送耗"等民间信仰仪式，将瘟神送走；除送瘟神的仪式外，民众还要向司职驱瘟除疫的民间神祇祈祷、献祭，期望以其法力祛除病邪疫灾，护佑人畜健康平安。尽管这些朴素甚至显得"迷信"的信仰行为在时代的前进和科技的发展面前已经被证实似乎缺乏应有的驱疫禳灾效果，但这一传统已经在民众心中烙下了记忆，成了他们生活的一部分，所以每到疫病流行时期，民间神祇在当地社会文化中常常会重新被提及。同时，疫灾也成了塑造温州地区民间信仰文化特性的重要因素，许多民间信仰的仪式、传说、戏曲，神祇司职的功能，甚至庙宇宫观中的用品、象征性实物，也都因为疫灾进行了重构。

二、与疫灾相关的温州地方神信仰

（一）温琼信仰

1902 年，全国霍乱大流行，温州府及周边地区为重灾区。在《北华捷报及最高法庭与领事馆杂志》1902 年 9 月 24 日有关温州的报道中，"仅仅这一个城市，估计在过去两个月中已经出售了 5000—6000 口棺材，这个数字还不包括那些因为霍乱去世的儿童……有两万多人在这场可怕的瘟疫中丧命""这个灾害（霍乱）的破坏性甚至比佩雷火山或者维苏威火山爆发更加严重"。[①] 尽管现在认为当年的霍乱大流行是因为晚清时期人口剧增、交通发展、气候异常与战争匪乱等多重原因导致的，但是在公共卫生观念落后和卫生防疫体系缺失的大背景下，民众只能求助于民间信仰来获得精神慰藉。因此，在如此惨烈的疫情期间，除清理水渠和处理污水坑等传统的常规卫生防疫举措外，温州的东岳庙中还汇聚了所有有影响力的神灵，"人们在这个城市里的每条街道游行了很多天，很多人在祈祷和吟诵"[②]。

发生了如此严重的疫灾，当时的温州民众在求医无门的恐惧中聚集于东岳庙，祈求庙中诸神灵驱疫禳灾。而在这些神灵中，最受民众崇拜的便是温琼。温琼又称温元帅、温太保、忠靖王等，是温州地区历史上最早的专司驱疫禳灾的神祇之一，历朝历代都获敕封，为官方承认的驱疫神，其在祛除疫灾方面的影响力也较其他神祇更大。温琼的神像造型多为一青色皮肤的武将形象，青色皮肤因其吞瘟丸中毒导致，武将形象则是由于其为道教中的元帅。温琼的原型说法较多。宋时称温琼为平阳人，曾为唐名将郭子仪麾下猛将，为人公正中直，后化为东岳太保，因北帝欲命其降疫人间，温琼不忍，仰天尽吞瘟药舍身救民，顷刻浑身中毒肤色变青，玄帝念其心善，赦免其渎职之罪。至元代，温琼原型由武将转为书生。至正十五年（1355）宋濂在为温州华盖山下新建的忠靖王庙所作碑记中，称温琼"七岁习禹步为罡，

[①] 温州市档案局（馆）编：《近代温州疾病及医疗概况：瓯海关〈医报〉译编》，社会科学文献出版社，2018 年，第 112 页。

[②] 温州市档案局（馆）编：《〈北华捷报〉温州史料编译（1896—1915 年）》，社会科学文献出版社，2018 年，第 112 页。

十四通五经，百氏及老、释家言。二十六举进士不第，乃拊几叹曰：'吾生不能致君泽民，死当为泰山神以除天下恶厉耳！'复制三十六神符授人曰：'持此能主地上神鬼。'言已，忽幻药异象，屹立而亡"，为一个际遇不顺而立志为天下人除危解恶的书生，但并无吞瘟丸救民的戏剧性义举。至明清，民间流传的关于温琼的传说，大多结合了宋元两个版本，虽有出入，但差别不大。多是平阳书生因夜读听得室外有恶鬼私语，欲投瘟丸于井中散播瘟疫，书生大惊，起身警告邻人却被嘲笑，便投身井中，亲身试毒以证清明，众人将其打捞上来时，书生已全身中毒青肿，暴毙而亡，众人感其大义，便将其祀为神明，专司驱疫禳灾，称"瘟元帅"，后又因温琼来自温州，有谐音"温元帅"，又以其在道家任东岳太保之首，因此又被称为"温太保""东岳爷"。因其舍身救民的大义，历朝历代敕封温琼无数；又因其专司驱除瘟疫，在卫生条件落后的时代广受民众崇拜，不只在温州地区深受敬崇，其影响力更"直达闽广、巴蜀而遥"。在温州地区，只要有疫灾流行，民众都会自发前往拜祭温琼，以求其驱灾退疫。因此，在1902年遭受重大霍乱疫灾期间，温州民众蜂拥至东岳庙祈求平安健康，尽管现在看来有聚集感染的危险，但其心理在当时实属正常。

（二）陈靖姑等女神信仰

自清代晚期开始至中华民国的一段时间内，温州地区因台风海难、干旱洪水、兵匪祸乱等天灾人祸多发，加之人口暴增，交通发展导致人员交流繁杂，过度开发周边自然资源等原因，传染病大流行的概率不断增大。此时，民众虽对现代医学的接受程度逐步增长，许多代表了"封建迷信"的道教、佛教等主流宗教的宫观庙宇在"德""赛"二先生的冲击下逐步走向衰落，但作为面对疫灾时的重要心理依赖对象，民间信仰仍然有很大的影响力，尤其在"庙产兴学"事件层出不穷背景下，民众的强烈信仰需求向着更加草根的层面倾斜。在这段动荡不安的时代，面对时有发生的疫灾，具有驱邪除疫功能的女神也受到了民众狂热的追崇。

温州民间信仰中的女神众多，扮演的多是护产送子，或是贞烈孝女等角色。其中，来自福建的女神陈靖姑，因其善于驱邪收妖、为民除害而被福建移民迁籍温州时一同带来。陈靖姑，又称陈十四夫人、临水夫人、顺天圣母、顺懿夫人等，其原型相传为唐代福建女子陈靖姑（或进姑、静姑）。陈靖姑学法斩蛇的收恶驱邪、斩妖除魔的传说，在进入温州地区后大受欢迎，并形成了地方上广为流传的独特曲艺形式——鼓词中的"娘娘词"（又称"大词"，即《南游传》）。作为移民的守护神，有着斩妖除魔传说的陈靖姑信仰不仅为移民在新家园开荒拓土提供了精神支持，同时随着他们在实际生产生活需求以及温州本土信仰需求的变化，还产生了功能上的变化。首先，移民开荒需要人力，人丁兴旺就成了新移民的首要需求，因而信众就开始将陈靖姑斩妖驱魔的女武神功能抛到一边，为其增添了求子保嗣这一重要功能。其次，围绕这一功能，信众又为其塑造了端庄美丽的女性形象，重构了陈靖姑在温州的信仰形象。然而，温州地区天灾人祸频繁，其后次生的疫灾更是让民众受苦不堪，在民众们朴素的传统观念中，无论是灾害还是祸患，都是邪魔作祟妖孽作恶的结果，疫灾也不例外。因此，信众们在面对灾祸时，又会将原有的陈靖姑斩妖驱邪的功能强化，重新赋予其除疫驱邪的能力，并以其女性特有的慈悲济世的温柔形象，为信众带来心理慰藉，从而以表象化的象征意义强化其驱邪驱疫的能力。直到今天，每有疫灾发生，温州各地都会依据本地实际情况，请出陈靖姑来举办"唱大词"的仪式，举行"搜耗""送耗"等仪式，以此来驱疫禳灾。

同样以慈悲济世的驱疫女神形象在温州出现的，还有观音。观音是佛教中的神，其名最早出自鸠摩罗什梵语译名观世音，女身形象则可以追溯至11世纪的河南观音信仰。至16、17世纪，在"口语文学的发展和通俗读物的出版"双重作用下，妙善传说留下了"流传最广及最久的形态"，成为具有慈悲济世形象的女身菩萨，因其大慈大悲救民于困厄，加上传说戏曲的传播，使观音成为疫灾来临时灾民众最可依赖的信仰对象。由于民间信仰具有随意的特性，许多在民间有施药行医善举的佛道弟子往往会被视为其所信奉的具体某个神祇的化身，进而间接为某一神祇增添了除疫的信仰功能。如广泛流传于民间的，被认为是源于宋代的观音种痘传说，就体现了这一现象：一位来自江苏的影响力巨大的年轻尼姑漫游到峨眉山，令"那个地区所有的女性都成为其信徒，随她斋戒、诵读经文和做善事"[①]，同时，她告诉追随者，自己受到要去传授天花接种的指示，并为附近的民众做了接种，从而避免了天花在此地的传播。在其名声传扬至京城后，宰相也邀请其为自己的儿子成功接种，事后宰相欲答谢她，却被其拒绝，并请求宰相为民造福。在返回圣山多年之后，这位尼姑告诉追随者自己其实是慈悲观世音菩萨的化身，其使命就是通过种痘来拯救性命，随即坐化而去。从这个传说中，我们可以看到观音慈悲的信仰形象在这一传

---

① 温州市档案局（馆）编：《近代温州疾病及医疗概况：瓯海关〈医报〉译编》，第85页。

说中得到了进一步的升华，并拥有了治病除疫的能力。这个观音化身为尼姑种痘除天花的故事被玛高温医生载入1883—1884年度的瓯海关《医报》。虽然传说的起源不在温州，但仍可以看出其在温州地区也有所流传。事实上，温州民众对观音的崇拜自古以来一直非常兴盛，温州多地有观音寺、观音阁、观音洞，而各种民间信仰宫庙中，也大都有从祀观音。因此，在面对疫灾时，温州民众自然更有崇拜观音的理由和条件。

除陈靖姑、观音外，在疫灾来临时，妈祖也是为温州民众所崇拜的女神之一。同陈靖姑相同，妈祖也是来自福建的女神，有天后、天妃等称。妈祖信仰在温州更多是为洞头、平阳、苍南等沿海地区福建移民族裔所崇拜。妈祖起初是一位海神，保佑出海平安，然而在疫灾来临时，受其困扰的民众也会向护佑平安的妈祖祭拜以求渡过难关。赵钧《谭后录》就有记载："甲申岁，温郡痘症大发。邑有吴士俊者，家仅一子，痘出如蛇皮，医者束手。其妻披发泣救于天后娘娘，一步一拜，至庙哀求。分香火，亦一步一拜，归供于家。"

在温州，民间信仰的随意性体现得较为突出，各位女神虽然基本司职不尽相同，但在疫灾来临后，都会为信众提供除疫禳灾的庇佑。如永嘉卢氏孝女信仰，其历史原型为唐代孝女卢氏，因代母投虎口而死，被宋理宗敕封"孝佑"。乡民初以其孝悌称道而立祠祭祀卢氏女。因永嘉地区深入山地，男性劳动力需求量较大，且山区缺医少药，医疗卫生条件恶劣，产妇难产、儿童夭折或死于天花、麻疹等疾病的情况十分常见。因此，来孝佑宫求子保育和驱疫保健成了信众对卢氏孝女的主要信仰需求。

同样司职孩童驱疫、保健的女神还有花粉娘娘，民间传说这位花粉娘娘姓柳，又称柳氏圣母。柳氏幼时父母双亡，为徐姓人家收养。后为避元明兵乱迁至福建，以采药行医为生。朱元璋兵下赣闽时，麾下士兵染上瘴疫，被柳氏所救。朱元璋称帝后深念柳氏解困之恩，欲加以赏赐，却获悉柳氏因攀岩采药坠崖身亡的消息。柳氏所采花粉救治幼童无数，遂封柳氏为花粉娘娘，专司保育护童、医药"收宝"（种痘、麻疹等）。每到儿童多发麻疹、天花时，信众都会前来祭拜。

（三）其他驱疫神祇信仰

除上文提到的观音、卢氏、柳氏等女神外，在温州地区还有一位被称为张三令公的专司放花种痘的男性痘神。张三令公信仰在温州地区极为普遍，几乎大小宫庙都有从祀，民间有染天花者，均会前来祭拜张三令公。温州民间普遍认为张三令公是出使西域的张骞，据传是他带入西域的天花病毒，但因其为人正派，民间依旧尊其为神，求其驱瘟避疫保平安。然而张骞卒于前114年，中国最早关于天花的记载为晋人葛洪《肘后备急方》中的东汉建武年间（25—56）病例，因此张骞一说当是民间附会的结果。在乐清，张三令公的起源有另一说，其原型为陈十四麾下张三。民间流行的《陈十四传奇》中，有两则关于张三和天花的故事：一为扬州马容得罪张三染天花暴毙；一为洪江渡林九与张三发生冲突染天花而死。可见张三令公原为散播天花者张三，被陈十四收复后，专司种痘，治愈天花患者。

温州各地几乎都设有祭拜关帝之处。关帝即关公，三国蜀将关羽，因其忠义无双，朝廷、民间都有崇祀。因关帝又被称为"武圣"，英武忠勇，故在温州乡村，一般会将关帝庙或祭祀关帝的位置设在水口处，以其英勇之姿抵御疫病与邪秽于村外。在疫灾来临时，乡民则会祈求关帝驱邪除疫。

明万历年，闽籍进士林应翔任永嘉知县，亲历"瓯数十年来苦疫，每春夏之间盛行，气能传染"[1]，立志根除疫病造福一方，遂以施药请医，巫祝傩逐双管齐下，仍收效甚微，于是认为应祭祀瘟鬼，便募捐集资，在海坛山一侧天宁寺旁建五灵庙。所谓五灵，即对应《三教源流搜神大全》中的"五瘟使者"，又名"五瘟神"，分别代表了五种瘟疫。林应翔称"瘟有五，是五行之沴气也"，这是根据五方五土和五行思想产生的鬼灵概念，民间常与五通、五猖混用。严格意义上讲，五瘟、五通一类位格低下，不属于神祇级别，但"当瘟疫发生时，无论官府还是民间，五瘟神都受到普遍信仰"[2]，因而建庙祀之，祈求其不要散布疫灾，从而在另一个角度起到消灾除疫的效果。

三、应对疫灾的民间信仰仪式

（一）搜耗与送耗

温州地区因自然环境及季候影响，易成疫病流行之地。在疫灾频仍的背景下，

---

[1]　林应翔：《建五灵庙碑记》，金柏东编：《温州历代碑刻集》，上海社会科学院出版社，2002年，第226—227页。

[2]　温州市档案局（馆）编：《近代温州疾病及医疗概况：瓯海关〈医报〉译编》，第37页。

温州的民间信仰仪式也处处体现着消灾除疫的内涵。这其中，针对疫灾的最典型信仰仪式，就是搜耗与送耗。所谓搜耗，即请司职驱疫的神祇出位，由信众抬着四处巡游，借以"神力"将祸害一方的瘟疫邪魔尽数收服；送耗，则是通过仪式将神搜来的瘟疫邪魔送走。1902 年霍乱大流行期间，深受疫灾之苦的温州民众涌入东岳庙祈求温元帅护佑，并筹集资金举行驱瘟禳灾的仪式。《北华捷报及最高法庭与领事馆杂志》1902 年 9 月 24 日的报道中，就对此次仪式中的搜耗和送耗进行了详尽的描述："人们希望这些神灵（温元帅及其配祀神）能够在夜里护送来访的瘟神去河里。……一起护送陪伴的人群高达 5000—10000 人，每个人都提着一个挂在长长竹竿的尽头的灯笼，或者是一个燃烧的火把。游行者都是男人……每个人都在声嘶力竭地大喊。"① 到达河岸后，船被快速送出，一个船夫猛地一拉，同时其他人已经做好准备将这只纸船送到水里，这些瘟神很快就会被送到烈火笼罩的地方。这个纸糊的大船被送入水中后，在所有的灯笼熄灭之前，所有人都快速溜走，从另一个城门回到市里，那些邪灵就不会随着他们回家。

这种搜耗和送耗仪式，体现了温州民众对疫灾的认识。他们认为疫灾的发生是因为邪灵恶鬼在作祟，或是象征瘟疫的瘟神在散布疫病，所以只能通过请司职驱疫等神祇如温琼以神力收服邪鬼瘟神。然而收服来邪鬼瘟神，又怕其报复民众或是留恋当地不肯离去，便又以神戏娱之，置备纸扎的大船，装满纸制的金银财宝和经卷，待神戏结束将邪鬼瘟神们接上纸船送进水中，让其离开当地前往更富庶的纸醉金迷之地别再回来。有意思的是，在温州举行送耗仪式时，信众相信载着瘟疫邪祟的船将驶往扬州，因为扬州是一个更为富裕、更华丽的好地方；而在温州旁边的处州（今丽水）一带，同样存在的送耗仪式则是将载着瘟疫邪祟的大船送往下游更加富裕美好的温州。

当代温州仍然延续着这种传统的送耗仪式，且与一百多年前相比，基本上没有太大的变化。只是更多时候，民众们会请词师演唱陈靖姑收妖附魔、驱瘟除疫的"大词"，歌颂其功绩的同时，将搜来的邪鬼瘟神送上纸扎小船，寻一处僻静之地以火化之。

（二）赎罪

面对疫灾，集体层面以送耗仪式来消疾避祸，个人层面则可以选择"赎罪"来

---

①　温州市档案局（馆）编:《〈北华捷报〉温州史料编译（1896—1915 年）》，第 113 页。

消除恶疾。温州民间的"赎罪"之俗，又称"扮犯人""扮罪人"，多见于春节、三月三、七月半等日的地方神巡游队伍中。"犯人"或"罪人"们，或戴枷锁，或坐囚车，往往处在队伍中间醒目的位置，由狱卒"押解"着绕境一周。犯人或罪人的扮演者，多是饱受疾病之苦（或是家中有亲属患病已久）的信众。温州民间认为如有人染疫病久而不愈，多是身有罪孽冤结所致，必须在神前游街赎罪，方能痊愈。这类罪人、犯人，通过扮演犯人套枷锁坐囚车，或是以模拟刑罚等仪式，以求赎清前世罪过，来治愈现世感染的疫病。同时，赎罪也是通过模拟的形式宣传信仰中的"诸恶莫作，诸善奉行""善恶有报"等思想的特殊手段。直至今日，依然能在龙湾宁村七月十五汤和巡游、瓯海茶山元宵巡游等活动中看到赎罪这一仪式。

除扮演犯人、罪人赎罪外，还有一种看起来近乎自虐式的赎罪活动，其历史也非常悠久。1881年瓯海关《医报》中就记载了这一被称为"挂肉灯"的赎罪仪式："在温州城，当地百姓为了除疫，甘愿忍受巨大痛苦，以证明他们的赤诚。他们会手持高温的花瓶，……用钩子挂在自己手臂的肉上。"[①]与前文中扮演犯人和罪人的信众相似，以挂肉灯赎罪的信众认为只要忍受此种疼痛，就能达到驱除病疫的效果。为了更彻底地忏悔、赎清罪过，挂肉灯的"罪人"，甚至还会在灯下挂上石盘等重物，以增加重量。直到现在，这种挂肉灯赎罪驱疫的仪式在温州地区依然存在。

四、结语

面对温州地区史上频发的疫灾，温州的民间信仰表现出了强大的生命力和不可思议的丰富内涵。受疫灾之苦的民众通过民间信仰能在精神上得到慰藉，部分掌握治疗疫病技术的医僧、医道、医巫通过民间信仰增强治疗效果，组织抗击疫情的政府能通过民间信仰安抚、疏导和积极干预受灾群体心理，体现其在民俗活动中的"国家在场"等，这些都体现了民间信仰在抗御疫灾时展现出的积极作用。直至今日，仍然能在现代医疗卫生技术作为抗疫主力的战线上看到民间信仰的身影。在2020年新型冠状病毒肺炎的重疫区武汉市，为抗击肺炎建设了"火神山"医院，或许是巧合，"火神山"正应对了传统民间信仰中五行对应五脏，以火神山之"火"克肺

[①]　温州市档案局（馆）编：《近代温州疾病及医疗概况：瓯海关〈医报〉译编》，第38页。

炎之"金"的五行理念。而在这之后，将抗疫专家钟南山和李兰娟两位院士画成抗御疫灾于门外的门神艺术形象也于网络上迅速传播开，这是否并非仅仅是善意且带着敬意的网络"游戏"，也可以被认为是与史上因疫情影响敕封神祇相似的"造神运动"？无论是火神山医院的命名，还是两位院士的门神形象，都可理解为疫灾影响下民间信仰文化的现代遗存，也说明民间信仰在社会发展变化的过程中不断演变、延续和传承，继续对抗疫、除疫发挥积极的影响。

当然，在面对疫灾时，民间信仰产生消极影响也不容忽视：参与者众多的民间信仰活动，往往会产生人员聚集的行为，这在传染病流行期间会产生极为严重的后果。此外，因民间信仰中存在迷信落后的一面而引起的骚乱、恐慌、诈骗、劫掠和谣言等，都可能会使疫灾影响下的社会雪上加霜，带来恶劣的消极影响。这些消极影响即使在今天，也同样须在抗击疫情中引起重视。

原载《温州职业技术学院学报》2020 年第 20 卷第 1 期

辑四

南宋建炎嘉定年间温州商业研究

董孝良　陈明昊　王素英

[**摘　要**] 南宋建炎嘉定时期，温州商业呈现蓬勃发展趋势。宋高宗驻跸、市舶务设立等标志性事件使温州商业得到南宋政府重视，因而步入商业高速发展时期。温州商业发展离不开特定的时代背景、优越的区位优势、独特的商业主体。本文将从官营商业和民间商业两个角度出发，论证温州商业蓬勃发展的原因，进而思考南宋建炎嘉定年间温州商业发展的时代意义。

[**关键词**] 南宋　温州　商业发展

一、南宋建炎嘉定年间的温州

建炎年号启用是南宋王朝开端的标志，南宋王朝的成立对东南地区的商业产生了巨大影响。选取建炎、嘉定这个时间段，两者相差近百年时间，这段时间是南宋王朝初步发展的时间，也是东南地区逐步兴盛发展繁荣的时间。因此笔者将以温州为例，从人口迁移、温州城市功能体系、经济政策、人文底蕴四个方面分析南宋建炎嘉定年间的温州商业。

（一）人口迁移

人口南移是当时南宋社会人口迁移的大趋势，人口南移流入的绝大多数地区是东南沿海地区，从当时南宋都城临安府的设立即可窥探到当时南宋王朝的社会重心是东南沿海地区，而温州作为东南沿海的重要都市，势必成为人口流入的重点地区。人口南移这一社会现象的产生离不开当时特定的社会背景，同样，温州人口迁徙也离不开大的社会背景。除人口南移的社会背景外，温州地区同时经历着由南向北的人口迁徙，这一独特现象对温州社会产生着重要影响。

一是受战乱影响。建炎是宋高宗的第一个年号，而南宋的建立可看作靖康之乱的直接影响。金兵南侵，逼迫汉族人民开始民族史上的一次大规模人口迁徙。北宋靖康年间，金兵大举入侵北宋王朝，靖康二年（1127）破开封，俘二帝。康王赵构于当年五月初一即位于南京应天府，是为宋高宗。此后，金兵部队继续以南侵的姿态，入淮河，高宗只得渡长江。正史记载："高宗南渡，民之从者如归市。"[①]此次北方人口大迁徙则为历史上大规模第三次人口大迁徙。温州地理位置独特，加之得天独厚的自然环境，成为此次人口迁徙的重要流入地区。《水心别集》卷二这样记载迁徙人口流入温州的状况："四方流徙尽集于千里之内，而衣冠贵人不知其几族。"仅仅凭这一句史料记载，就可得出两个重要结论：流入人口数量众多，流入人口的阶层涉及广泛。原为东南一隅的温州地区，短短数年间涌入如此多的北方人，为日后温州经济的繁荣奠定了基础，推动了当地城市的发展。最直观的人口户数记载："北宋时期崇宁元年（1102）温州户口数为119640户，人口数则为262710人；至南宋时期淳熙年间（1174—1189），温州户口数陡然增长到170035户，人口数与此增长为910657。"[②]仅仅七八十年，淳熙年间人口数与崇宁年间人口数的比值已是三倍有余。仅以人口比值观之，就可看出南宋人口迁入温州的数量之多，对于温州人口数变化的直接影响之深。

二是气候寒冷。依据竺可桢先生对古代中国气候的相关研究可得，12世纪是为中国古代史上的寒冷期，而建炎嘉定年间近百年的时间绝大多数都处于12世纪这一时期，大规模的人口迁移除了战争原因的逼迫，气候变迁也是不可忽略的原因，由张全明教授所撰写的《南宋两浙地区的气候变迁及其总体评估》可知这段时期的气候变化情况。

当时中国正处于气候寒冷期，而游牧民族逐水草而居，因此，金人生产活动受到环境挑战，从而推动北方金人的南侵。虽然中原地区人民经济类型为小农经济，但是气候寒冷使种植区域北界南移，导致他们向南寻找新的种植区。正是气候寒冷而导致中华民族人口呈现出向南流动的大趋势。宋史载："乾道元年（1165）正月、二月、三月分别记载期间大雪、暴寒、损苗稼。农历三月当地气候依然对庄稼生长有危害。"[③]以此可看出当时气候寒冷对于农业的恶劣影响，从小农经济这一角度来看，南方尤其是浙东就理所应当地成为人口迁入的重要地区。

---

① 脱脱：《宋史》第4册，中华书局，1999年，第2909页。

② 陈丽霞：《温州人地关系研究：960—1840》，浙江大学博士学位论文，2005年，第19—20页。

③ 脱脱：《宋史》第2册，中华书局，1999年，第908页。

三是自然灾害频发。温州地处东南沿海，受东南季风影响，夏秋季节常有台风现象产生。《永嘉县志·祥异》载："乾道二年（1166）八月十七日，大风雨海溢，漂民房盐场（今永强）龙翔寺（今江心寺）覆舟，溺死二万余人，江滨骸骨尚有七千余。"可见当时的大海啸对温州地区人民的冲击。除《永嘉县志》外，隆庆年间的《乐清县志》及嘉靖年间的《瑞安县志》对此次均有记载，详细记载了此次大海啸的破坏程度及对当地百姓性命和财产建筑损害情况。此外，《宋会要辑稿》载："温州四县并皆海边，今来人户田亩尽被海水冲荡。"① 因而温州当地政府采取了强制性措施，要求闽人北迁，补充温州此次受灾害而损失的人口。具体人口数量难以考证，但是乾道二年（1166）后数年间为福建闽人迁入的高峰期。余绍宋编撰的《重修浙江通志稿》第 12 册《民族志》中考证了近代温州地区的氏族主要来源，根据该书的相关资料统计考证，得知宋代时期迁入温州地区的氏族共有 43 族，而来自福建的氏族竟有 35 族，占比超过 80%，可见温州宋代时期迁入的福建闽人氏族之多，占温州氏族之重。在自然灾害的诱因下，加之政府利用强制手段直接干预，导致温州地区人口迁徙呈现出特异性现象。

（二）温州城市功能体系初见规模

1. 城市地位提升——次辅郡

次，意为驻扎。辅郡，则意为畿辅（京畿）。宋高宗赵构曾经于南逃期间驻跸于温州，从此温州的政治地位大幅提高，成为次辅郡。太庙的设立、达官贵族的大量涌入，对温州地区的各个方面都造成了巨大冲击，李正民的《知温州到任谢表》生动形象地记叙了宋高宗驻跸于温州的影响："惟东嘉之胜壤，乃越绝之奥区。当海表之襟喉，为行都之屏翰。暂安九庙，有香火之具严；尝驻六龙，觉山川之增壮。"庙宇的建立推动城市基础设施不断改进，诸如道路的修缮、城市功能区的完善等。南宋绍兴年间（1131—1162），温州城市快速发展，城市民生问题逐渐显现，如"下岸街许民告佃，自是稍架浮屋，岁久，河道侵塞"② 等问题，因而温州政府在当地设立广化厢等四厢，厢的设立仅仅是温州城区规划的缩影，城区规划意图的背后在于

---

① 　徐松辑：《宋会要辑稿》第 12 册，刘琳、刁忠民、舒大刚等校点，上海古籍出版社，2014 年，第 7404 页。

② 　王光蕴纂修：万历《温州府志》，温州市图书馆藏明刻本。

完善温州市区的管理。以上这些信息都标志着温州地区在次郡辅这一时期吃到了许多红利，积极促进着温州地区的发展。

2. 经济体系的创置：市舶务的设立

两宋时期，市舶务的机构大体类似于当今的海关机构，当时宋朝的商船出海必须向市舶务提出申请，并且经历具保（签署文书，负责担保），办理好以上手续，获得了当地市舶务的许可，方可出海。外国商船欲入我国港口，必须由市舶务组织相关人员查验违禁品。此外，市舶务还对中外商船具有一项重要权力——抽解，就是对中外商船上所运载的货物进行价值估算，然后征收货物价值十分之一左右的税收。温州有着天然的地理优势，《读史方舆纪要》这样描述道："府东界巨海，西际重山，利兼水陆，推为沃壤。且与闽为邻郊，扬帆振鼗，分道南下，是扼八闽之吭，而拊其背也。"[①] 温州地区具有海陆兼备的地理优越性，更因为其自身处于福建地区相邻的关键位置，所以温州地理优势引起上层统治者重视。宋高宗南逃驻跸于温州期间，曾留下如此感叹："市舶之利最厚，若措置得宜，所得动以百万计。"温州设立市舶务原因除自身的地理优势外，更与上层统治者的大力支持密切相关。绍兴三年（1133）以前，温州市舶务设立。温州市舶务具体设立时间暂有争论，目前可推断是建炎二年（1128）至建炎四年（1130），上述时间印证了温州市舶务的设立与宋高宗的驻跸有密切关系，恰恰因为市舶务的设立，为温州商业提供了一个发展的契机，大力推动了温州本土商业的发展。

（三）经济发展的区位优势

1. 有天然盐场

盐业自古以来就是国家经济发展的重要支柱，在西汉时期，著名政治家桑弘羊于《盐铁论（本议第一）》中说"边用度不足，故兴盐铁，设酒榷，置均输，蓄货长财，以佐助边费"，可见盐业对边疆军事调度所起到的支撑作用。而发展到南宋，制盐技术成熟，盐场产量上升，盐业地位比之过往有过之而无不及。关于温州的盐场，《宋史》中载："县四：永嘉，（紧。有永嘉盐场。）平阳，望。（有天富盐场。）瑞安，（紧。有双穗盐场。）乐清。（上。唐乐成县，梁钱镠改。）"温州四县之地竟有三个

---

① 顾祖禹：《读史方舆纪要》第9册，中华书局，2005年，第4339页。

盐场，盐场数量之多，占比之大，可想而知，伴随着制盐的天然优势，温州商业得到发展，而这一切都归因于温州的天然地理环境。温州地处东海之滨，加之优良港口海湾众多，季风气候影响显著，以上种种，无不成为发展优质盐场的区位优势。

2. 博买方式的转变

上文关于市舶务的权限已有简单介绍，博买方式本应列入市舶务内容，却将其另划分列入区位优势，一切都因博买方式的转变。出超与入超始终是外贸的重要关注点，南宋政府为了防止白银外流，转变博买方式，将一开始的货币购买方式改为用特色货品交换的博买方式。史料载："嘉定十二年（1219），臣僚言以金银博买，泄之远夷为可惜。乃命有司止以绢帛、锦绮、瓷漆之属博易。"[①] 上述所特色物品，丝帛及瓷器、漆器均是温州当地特色产业，尤以温州龙泉青瓷闻名于世，瓷器文化借海上丝绸之路而传播。对于温州地区而言，对外博买方式的转变不单是转变了商品交换的方式，更有助于推动温州地区特色商品对外销售，进而将官府博买转化为当地经济发展的推动力，成为地区经济发展的一大区位优势。

（四）人文底蕴深厚

1. 永嘉学派的创新文化

任何地区的社会发展都离不开当地的社会文化环境，以温州为例，南宋时期温州商业的蓬勃发展离不开当地永嘉学派的支撑。永嘉学派的集大成者叶适，在薛季宣、陈傅良的学说的基础上进一步发展，最终成功建立了以"事功"为主旨的儒学体系。在古代重农抑商的大背景下，南宋温州商业兴盛，当地人民大都趋向于经商，这是难以想象的。而欲改变一人之行为，必先从其思想上改变。永嘉学派的思想体系中主张的事功与心性的关系如下："心性，体也，事功，用也，无事功之心性，则为无用之学，无心性之事功，则为无体之事。"[②] 提倡事功之学加之南宋期间，温州科举独占鳌头。根据日本宋史著名学者冈元司《南宋期科举の試官をめぐる地域性》（《南宋时期科举试官的地域性》）一文，南宋期间浙江进士人数总共 5651 名，而温州竟拔得头筹，独占 1096 名，考虑温州只下辖四县之地，可见温州士子之强劲。

---

① 脱脱：《宋史》第 4 册，中华书局，1999 年，第 3041 页。

② 林损：《林损集》（上），陈肖粟、陈镇波点校，黄山书社，2010 年，第 340 页。

文化哺育政治，政治促进经济，因为永嘉学派的文化底蕴以事功之学为铺垫，政治上中举人数大大增多，而传统士人本身的乡土情怀，温州地区在政治方面得到重视，已是必然趋势。又因永嘉学派提倡的是功利主义之学，对古代传统重农抑商观念造成巨大冲击，同时更是温州地区发展商业强大的推动力。

2. 海洋意识的冒险精神

南宋时期，海上贸易是温州地区经济的支柱部分，而温州能在重农抑商大环境下突出重围，创立属于温州特色的海洋贸易，这一切离不开其独特的富有冒险精神的海洋意识。温州本身地理环境恶劣，土壤贫瘠，不能满足农业发展的需要，温州人民只能转向海洋，这也是温州人民海洋意识产生的内在动力，冒险精神产生的外因则与福建移民有着密切联系。由上文人口迁移可知，温州当今氏族中，福建移民占据极大比重，而宋代盛行的圣妃信仰（即后世的天妃信仰和妈祖信仰）则源于福建移民。精神上的信仰开始成为温州地区人民出海的精神寄托，就温州地区而言，祭祀的庙宇不断增多，祭祀的仪式愈发隆重。随着福建移民的北迁，闽人善于出海冒险的精神渗透进温州社会文化。温州当地不适宜农业发展，且温州人深知穷则变、变则通的道理，因此积极吸收福建移民所带来的海洋冒险精神。正因如此，温州地区的劳动人民开始创造温州人的海洋文化，因而在南宋海洋贸易的篇章中留下了深刻的印迹。

上述四部分讲述了温州商业在南宋建炎嘉定年间发展的时代背景，论述了温州为何能在近百年间得到蓬勃发展，接下来将论述为何称温州这百年间的商业发展可用"繁荣"二字称之。

二、商业在温州的发展

（一）官办性质的行业发展

1. 海外贸易

金兵南侵导致宋政府南迁，此后定都临安府，史称南宋。加之传统丝绸之路受阻，南宋政府只能从海外贸易寻找突破点。绍兴三年（1133）以前温州设立市舶务，此举大大推动了温州的海外贸易发展，尤其是官方层面。南宋时期，温州当地诗人徐照《移家雁池》一诗中说道："夜来游岳梦，重见日东人。"此诗可看作温州发达的对外贸易的缩影，外国人贸易在温州地区已经成为普遍现象。

从商品出口种类看，在温州官办性质行业中，占比最大的是瓷器。因此，官方对外贸易的商品以瓷器为主，而瓷器质量中又以龙泉青瓷为最。曾经有人这样描述过温州龙泉青瓷："胎薄如纸，光润如玉。"瓷器销售范围之广，甚至达到非洲地区。加之上文所提到的博买方式的转变，为本地产品的外销提供了契机，进一步促进南宋时期温州龙泉青瓷的销售。

除销售商品外，还可以船只数量观之。若一地海外贸易发达，则可看一地船只数量。温州自南宋初年成立市舶务，就成为两浙地区的重要港口。南宋时期温州地区设有官营造船厂，现在仍然保留南宋时期关于温州地区官营造船技艺水平的相关史料。史书载，嘉定十四年（1221），"温州言，制置司降下船样二本，仰差买官买木，于本州有管官钱内，各做海船二十五只，赴淮阴县交管"[①]。可见，温州造船水平已非同一般，除造船水平外，官府对温州造船数量也有所规定。早在北宋徽宗时期就有要求："温州每年合打六百只。"[②] 即使是在南宋末年，温州地区也依然是造船业的龙头。因此，在南宋海外贸易发展中，温州地区造船业依旧发挥着重要作用。

2. 内陆贸易

温州商业绝不仅仅是单纯的海外贸易，上文以造船业和瓷器为引论述了南宋时期温州海外贸易的兴盛，下文将以内陆贸易为突破口，论述温州官办行业贸易的兴盛。

商税可作为当地经济的一面镜子。明州和温州同为两浙路的重要商业城市，但早在北宋年间，温州的商税就已经超越明州。以熙宁十年（1078）这一年的商税作为比较，温州城区内部全年的商税总额高达二万五千三百九十贯六文，超过同期设立市舶务的明州所征商税。

南宋时期，官营商业对酒水、茶叶、盐之类的物质实行严格的专卖制度，而官营商业又有自身的政治特权和资金优势，获利丰厚。从官营盐业的角度出发，史料载，温州四县之地共有五处盐场，在南宋绍兴年间已初具规模。两浙路共有40余处盐场，而温州就占八分之一，以经济地位观之，温州的官营盐业占据两浙路盐业的重要份额。从数字统计出发，两浙路产盐高峰期，温州占比十分之一，盐场数量、产盐重

---

① 徐松辑：《宋会要辑稿》第 12 册，刘琳、刁忠民、舒大刚等校点，第 7139 页。

① 徐松辑：《宋会要辑稿》第 12 册，刘琳、刁忠民、舒大刚等校点，第 7139 页。
② 徐松辑：《宋会要辑稿》第 12 册，刘琳、刁忠民、舒大刚等校点，第 7124 页。

量均占极其重要的地位。当生产的产品足够供应，同时具有稳定的市场需求时，那么盐业的繁荣势必成为大趋势。由于盐业是由官府一手操控，加之南宋初期，尤其是建炎绍兴年间朝廷南迁不久，人口大规模迁入，食盐的需求量激增，外加淮河地区盐业运输受阻，两者供需不平衡，导致供不应求的局面出现。史料曾记载过上述现象："建炎四年二月十九日尚书省言：近缘淮盐道路不通，诸邑人自京师带到钞引前来两浙请盐致应副不起内温、台州积压……温、台州盐仓不曾支盐，令出给公据，揭取钞引，连粘付客人前来行在榷货务换……从之。"①

（二）民间私营贸易发展

1. 海外贸易

官方海外贸易蓬勃发展，这一现象反映出温州地区强大的商业基础。同时，市舶务的设立，为民间开展海外贸易开辟了合法渠道。加上温州人本身特有的海洋冒险精神，推动了民间海外贸易发展。从海外贸易原因构成要素分析，海洋冒险意识是内因，而外在的刺激（市舶务官员鼓励民间海外贸易）也是重要构成要素，两者相互配合，为民间海外贸易发展奠定基础。市舶务官员的仕途升迁是与市舶务的交易量挂钩的。史料载："闽、广舶务监官抽买乳香每及一百万两，转一官。"此处史料反映出南宋时期市舶务官员升迁与市场交易量的利弊关系，因此，温州市舶务官员必然大力推动对外贸易发展。在海外贸易繁荣的大背景下，必然涌现出豪商巨贾。宋代著名小说《夷坚志》卷三《海山异竹》有过这样的记载："温州巨商张愿，世为海贾……经五六日，得一山……愿始嗟叹而付之。"除巨商张愿外，《夷坚志》还曾记载温州东山人王居，诸多富商的涌现体现的便是温州民间商业高度的繁荣。由上文论述可知，海外贸易已经成为温州商人积累财富的重要途径。

2. 内陆贸易

海外贸易是温州商业的重要特色，但内陆贸易也是温州商业的重要组成部分，因此，下文将从内陆贸易角度论述民间私营贸易发展。

一是产品销售范围广。论一地商业繁荣兴盛，以其著名的代表性商业产品观之，不失为可取之策。宋代时期的温州漆器被誉为全国第一，无论是在北宋时期的都城

---

① 徐松辑：《宋会要辑稿》第 11 册，刘琳、刁忠民、舒大刚等校点，上海古籍出版社，2014 年，第 6553—6554 页。

所在地开封，还是在南宋的行都临安府，都城均设立专卖温州漆器的铺子。仅以此漆器观之，可见温州商业产品在全国范围的影响力。其至温州漆器也成为皇家贡品："镇江府军资库杭州、温州寄留上供物，有螺钿椅桌并脚踏子三十六件。"[1]温州漆器商铺在各地广泛设立，同时期温州精美漆器开始成为皇家贡品。在宋代活跃的商品经济大背景下，"皇家贡品"的称号为温州漆器打了一波最有力的广告，不但增加了温州漆器在全国范围内的影响力，而且有助于推动温州漆器的商业发展。

二是走私贸易盛行。温州地区人民趋利，加之本身丰富的商品资源和境外广阔的市场，内外结合，就形成畸形繁荣的走私贸易。有关史料记载，温州四县之地，产茶量高达五万多斤（约合2.5万千克），在临安府、台州、婺州、衢州、温州、处州六地中总量排第三。而走私的茶叶有极高的利润，受利益驱使，商人就会铤而走险进行走私交易。史料载："茶，自宋人岁供之外，皆贸易于宋界之榷场。世宗大定十六年，以多私贩，乃更定香茶罪赏格。"[2]上述描写的时间正是淳熙年间，此时南宋温州地区正值商业繁荣时期，边境茶叶贸易走私已引起金王朝重视，在如此高额的利润驱动之下，温州商人未必直接参与边境贸易，但以此推断他们会是茶叶走私的重要环节。

由官办行业和民间商业可知，南宋建炎嘉定年间温州商业发展程度，正因为如此，官办行业和民间商业的高度繁荣印证着温州地区商业高度发展。温州地区商业的高度繁荣，反映出温州当地经济的高度发达，更是南宋东南地区商业高度发展的有力佐证，下文将论述南宋建炎嘉定年间温州商业的发展意义。

三、南宋建炎嘉定年间温州商业的发展意义及思考

（一）意义

第一，经济重心南移的有力佐证。古代中国经济重心南移历经三个阶段，最终南宋迁都临安府，标志着古代中国经济重心南移的正式完成。温州商业的繁荣发展，正是时代背景下的缩影，也是证明经济重心南移的有力佐证。《史记》记载"江淮

---

[1] 徐松辑：《宋会要辑稿》第14册，刘琳、刁忠民、舒大刚等校点，上海古籍出版社，2014年，第8336页。

[2] 脱脱：《金史》第4册，中华书局，1975年，第588页。

以南,无冻饿之人,亦无千金之家"①,至宋时《北山集》描述温州风貌已经大为改观:"永嘉闽粤之交,其俗剽悍以啬,其货纤靡,其人多贾,其士风任气而矜节。"宋朝时期,温州地区人民多以商人为业,这也是经济重心转移的结果。

第二,重农抑商的不可实现性导致商业的多元化发展。早自商鞅变法时期起,重农抑商就已经开始成为秦国的基本国策,待秦王朝正式建立统一的中原王朝,此后重农抑商这一基本国策贯穿历代王朝始终。温州地区本身的地理环境不适合粮食作物的生长,但是特色的丘陵环境适合广泛种植茶叶、柑橘等经济性作物,推动了温州农业向商品性农业的转变。以商品化为基础的农业,推动了温州地区商业化进程,为其他行业的发展奠定了基础。

第三,商业的发展吸引人口迁移,人口迁移进而刺激商业集群化发展。由本文前两部分可知,温州地区商业经济水平在两浙东路市镇中位居前列。同时,温州商业的发展与人口迁移的影响是双向的,商业高度发展吸引外来人口迁徙,而人口不断增加为当地商业发展创造机会。同时期温州商业发展变化相关记载如下:"在城市中出现了许多酒楼、茶坊、饭铺、浴堂、妓院、瓦舍、勾栏等消费、服务性行业。著名的官营酒楼有'八仙楼'(今地名仍为八仙楼)、挟海楼(在康乐坊口),瓦舍、勾栏集中在竹马坊(今瓦市殿巷一带)。"②服务行业的大量设立体现了人口迁移对温州商业集群化发展的导向作用,可见人口迁移与商业发展是双向互动的,辩证地看待温州南宋建炎嘉定年间人口迁移的社会现象,有助于进一步理解温州商业的蓬勃发展。

(二)思考

"天时不如地利,地利不如人和。"建炎嘉定年间温州商业的发展不是单一的因素主导,而是多因素共同作用下而形成的。笔者将其概括为三个因素:时代背景、区位优势和商业主体的创新冒险精神。

一是时代背景。中国经济重心向南方迁移,终至南宋完成经济重心的迁移。经济重心的迁移为后世温州乃至东南地区的繁荣及经济发展作铺垫,经济重心的迁移

---

① 司马迁:《史记》第 10 册,中华书局,1959 年,第 3270 页。

② 蔡克骄:《瓯越文化史》,作家出版社,1998 年,第 51 页。

表现是多方面的,人口迁移又是重中之重。人口迁移为南方地区带来丰富的劳动力、先进的生产技术等,温州就是典型地区。因此,经济重心南移是温州商业发展的天时。

二是区位优势。温州本身海陆兼备,这一优势的地理条件为商业发展奠定了基础。温州气候适宜种植经济作物,如柑橘。同时,温州海岸线漫长,具备开展远洋贸易的天然港口,适宜发展海外贸易。以上种种优势都归因于温州自身独特的区位优势,这正是温州的地利。

三是商业主体。天时、地利已经为温州地区商业发展打下良好基础,人和则是三者的关键。温州地区人民勇于创新及敢于冒险的时代精神,温州士人在时代精神的基础上发展出主张事功学说的永嘉学派,而永嘉学派为地区商业发展奠定了理论基础,成为温州人民商业行动方针的指南,上述这一切都是古代温州商业发展的人和。

原载《文化学刊》2021 年第 3 期

论张璁的"大礼议"与改革思想

张立文

[摘　要] 张璁继承永嘉功利学派的思想,对当时社会存在的严重弊端,进行了改革,并在清理勋戚庄田、撤除镇守太监、清理吏治、倡廉反腐及改称孔子为至圣先师而不称王的改革实践中取得了成功。后人认为他事功似胜张居正一筹。

[关键词] 大礼议　三礼　功利学派　至圣先师

张璁是一位嘉靖初年清廉、刚正、智勇的,功在国家人民的政治家;是一位敢于撤除镇守太监、清理勋戚庄田、澄清吏治的改革家;是一位严革贪风、倡廉反腐,足为后世楷模的纯臣贤相。

一

"大礼议"之争,是 500 年来的公案。时至现代,仍然褒贬殊异,需予澄清。"大礼议"两方,一以杨廷和等为代表,一以张璁等为代表。张璁发扬改革派王安石"天变不足畏,祖宗不足法,人言不足恤"的"三不足"精神,无惧政治风云的险恶,对大礼议首发"异议",词严气壮,不悚不慑。支大伦说:"大礼之议,肇于永嘉(张璁),而席(书)、桂(萼)诸君子和之,伦序昭然,名义甚正,自无可疑。杨廷和上畏昭圣,下畏人言,力主《濮议》。诸卿佐复畏廷和之排击,附和雷同,莫敢抵牾。"[①]时杨廷和为首辅,不仅有迎立世宗之功,还在武宗已死,世宗继未继间,总揽朝政,后为世宗所倚重。当礼官议兴献王主祀称号时,"廷和检汉定陶王、宋濮王事授尚书毛澄曰:'是足为据,宜尊孝宗曰皇考,称献王为皇叔考兴国大王,母妃为皇叔母兴国太妃,自称侄皇帝名……有异议者即奸邪,当斩'"[②]。杨廷和为此所定的调子,非常专断,排斥一切异议,并把异议者定性为"奸邪",定罪为"当斩"。这个定性

---

① 支大伦:《编年信史》,张宪文:《张璁年谱》,上海古籍出版社,1999 年,第 190 页。

② 张廷玉:《杨廷和传》,《明史》第一九〇,中华书局,1974 年,第 5036—5037 页。

一直延续到明清乃至近现代，一些人跟着杨廷和调子唱了500来年，可谓影响深远。

礼部尚书毛澄根据杨的旨意，于正德十六年（1521年）五月初七会文武群臣上议，以汉定陶王嗣成帝、宋濮安懿王之子嗣仁宗为据，尊孝宗为皇考，称兴献王为皇叔兴国大王。再议，群臣执如初，几成定议。在这种情势下，谁敢冒"奸邪"之恶名，"当斩"之罪名。它关系着"异议者"一生的功名利禄，以及身家性命。这对于一个刚中进士才两个月，无权无实职的观政礼部的张璁来说，提出"异议"，岂不是鸡蛋碰石头！不仅要碰得头破血流，还要把"奸邪""当斩"的恶名、罪名统统往自己的头上戴，哪有这样不审时度势，"希意干进""志在逢迎"的人！

张璁"自少业举子时，即好读礼经"①，对《三礼》造诣颇深。在中进士前，于瑶溪山中罗峰书院讲学授徒，已撰就《礼记章句》八卷，《周礼注疏》十二卷，《仪礼注疏》五卷。当"大礼议"起，即与同里礼部左侍郎王瓒私下言论毛澄所上议礼之非，王瓒深是其"继统不继嗣"之说，并于廷臣中加以揄扬，杨廷和有所风闻，并恐其挠议，在言官连章弹劾王瓒"议礼多谬"后，授意吏部调瓒为南京吏部侍郎。传播张璁观点的礼部左侍郎尚且是如此下场，观政礼部的芝麻官，其下场况不止于此了！而"奸邪""当斩"之剑随时可加在他的头上。上不上《议大礼疏》不能不引起他的斟酌。他以赔上自己身家性命的胆气和"上不负天子，下不负所学"②的良知，于此年七月毅然上疏，对杨廷和、毛澄的论点、论据进行剖析毫厘、擘肌分理。

第一，"《记》曰：'礼非从天降也，非从地出也，人情而已失。'故圣人缘人情以制礼，所以定亲疏，决嫌疑，别异同，明是非也"③。这是张璁"大礼议"的经典理论根据，亦是其衡量是非的标准和出发点。既然圣人是缘人情而制礼，那么礼就要体现人情，以人情为尺度来规矩亲疏、嫌疑、异同和是非，这是《礼记》中《礼问》和《曲礼》等篇的精神，亦是《三礼》的实质。《问丧》篇曰："孝子之志也，人情之实也，礼义之经也。非从天降也，非从地出也，人情而已矣。"④《曲礼》篇曰："夫礼者所以定亲疏，决嫌疑，别同异，明是非也，礼不妄说人。"⑤体现了礼对人的关

① 《张璁礼记章句序》，《张文忠公集·文稿》卷一，永嘉张氏居易堂刊本，道光二十一年。

②③ 张璁：《正典礼第二疏》，《张文忠公集·奏疏》卷一，永嘉张氏居易堂刊本，道光二十一年。

④ 孔颖达：《礼记正义》卷五十六，中华书局，1980年，第1657页。

⑤ 孔颖达：《礼记正义》卷五十六，第1231页。

怀,即"仁者爱人"的内涵和意蕴。既然是"大礼议",无疑要依据"礼"的经典文本的精神和规定,这样才能使自己的议论立于不败之地。不久张璁复上疏进《大礼或问》。据载:"此疏未上时吏部主事彭泽录之以遗内阁及礼部,并讽孚敬改变其说;孚敬不听,遂怀疏至左顺门呈进。杨廷和命修撰杨继聪沮之不果。世宗见疏留中。廷和遂授意礼部尚书毛澄加尊兴献王、妃为帝、后。越数日,世宗下孚敬疏交礼部会议。时重臣杨一清致仕居乡。阅邸报见此疏,即致书其门人吏部尚书乔宇,言:'张生此论,圣人不易,恐终当从之。'宇不听。十二月,廷和授意吏部调孚敬为南京刑部主事。尚书石珤谓孚敬曰:'慎之,大礼说终当行也'。"①《大礼或问》对统与嗣的问题,据礼书而做了有理有据的分析,对客问难做了合情合理的回答,而具有强大的理论威力,因此引起了杨廷和等人的恐慌,亦获得杨一清、石珤等的赞同,以为是"圣人不易"之论。杨廷和一方面派人劝说、阻挠其上疏;另一方面授意毛澄加尊兴献王、妃为帝、后,改变其原坚持的兴献王妃为皇叔父、母的主张;再方面"廷和复倩人传语孚敬:子不应南官,但静处之,勿复为大礼说难我可耳"②。言外之意张璁可为京官,然张璁并不为"不应南官"为京官而"卖论取官"。这种"下不负所学"的坚持真理而不怕围攻、丢官、扑杀的精神以及其高尚的人格情操,是值得敬佩的,亦是值得今人学习的。

第二,《正典礼疏》曰:"夫汉之哀帝,宋之英宗,乃定陶王、濮王之子,当时成帝、仁宗无子,皆预立为皇嗣,而养之于宫中,是尝为人后者也。故师丹、司马光之论,施于彼一时犹可。今武宗皇帝已嗣孝宗十有七年,比于崩殂,而廷臣遵祖训,奉遗诏,迎取皇上入继大统,岂非以天下者祖宗之天下,天下之天下也。"③。司马光曾于英宗治平二年(1065)上札子:"设使仁宗尚御天下,濮王亦万福,当是之时,命陛下为皇子,则不知谓濮王为父为伯!若先帝在则称伯,没则称父,臣计陛下必不为此行也。以此言之,濮王当称皇伯,又何疑矣。"④英宗作为濮王之子已过继给孝宗,作为孝宗之子,并立为皇嗣。孝宗在世时称濮王为伯,死后又称濮王为父,显然不合理。礼者,理也,亦不合礼。杨廷和、毛澄引程颐《代彭思永上英宗皇帝

①② 谷应泰:《大礼议》,《明史纪事本末》卷五十,江西书局刊本,同治。

③ 张璁:《正典礼疏》,《张文忠公集·奏疏》卷一,永嘉张氏居易堂刊本,道光二十一年。

④ 司马光:《言濮王典礼劄子》,《司马文正公传家集》卷三十六,商务印书馆,1937年,第478页。

论濮王典礼疏》作为称兴献王、妃为皇叔父、母的理论根据。其实，程颐此疏与司马光的札子并无不同。相反，程颐特别指出："先王制礼，本缘人情，既明大义以正统绪，复存至情以尽人心。"①并不否定人情。不过程颐说："窃以濮王之生陛下，而仁宗皇帝以陛下为嗣，承祖宗大统，则仁庙陛下之皇考；陛下仁庙之适子，濮王陛下所生之父，于属为伯，陛下濮王出继之子，于属为侄。此天地大义，生人大伦，如乾坤定位，不可得而变易者也。"②杨廷和、毛澄以汉定陶王、宋濮王"是足为据"，事实上却不足为据，因为他们歪曲了司马光、程颐《札子》和《疏》的原意和"出继"之后的礼。在中国古代民间某人之子过继给某人后，应称过继后之父为父，即"为人后者为之子"。世宗既不存在"出继"给孝宗为子的问题，亦不存在孝宗无子而需要世宗过继为子的问题。孝宗有子武宗，并在位17年，这与司马光、程颐所上《札子》和《疏》的情况完全不同。无疑不能以此为据，也不能对此有异议者为"奸邪""当斩"。

第三，张璁《正曲礼疏》曰："臣伏读祖训曰：'凡朝廷无皇子，必兄终弟及。'夫孝宗，兴献王兄也，兴献王，孝宗亲弟也，皇上，兴献王长子也。今武宗无嗣，以次属及，则皇上之有天下，真犹高皇帝相授受者也。故遗诏直曰：'兴献王子伦序当立'，初未尝明著为孝宗后，比之预立为嗣，养之宫中者，其公私实较然不同矣。"③廷臣遵武宗无子，兄终弟及的祖训，奉遗诏，以世宗入继大统，而非继嗣，即没有预立为孝宗后，嗣养于宫中。所以遗诏直曰："兴献王子伦序当立。"这是继统武宗，而不是继嗣孝宗。"故在皇上直谓继统武宗而得尊崇其亲则可，谓嗣孝宗以自绝其亲则不可。或以大统不可绝为说者，则将继孝宗乎？继武宗乎？夫统与嗣不同，而非必父死子立也。汉文帝承惠帝之后则以弟继；宣帝承昭帝之后，则以兄孙继。"④不必强夺其父子之亲，缘人情以制礼，"非人情则非礼"。若以世宗为继嗣，则不但"不稽古礼之大经"，而且"不守祖宗之明训"。

第四，《正典礼疏》曰："夫兴献王往矣，称之以皇叔父，鬼神固不能无疑也。今圣母之迎也，称皇叔母，则当以君臣礼见，恐子无臣母之义。《礼》：'长子不得

---

① 程颢、程颐：《河南程氏文集》卷五，《二程集》，中华书局，1981年，第516页。

② 程颢、程颐：《河南程氏文集》卷五，《二程集》，第516页。

③④ 张璁：《正典礼疏》，《张文忠公集·奏疏》卷一，永嘉张氏居易堂刊本，道光二十一年。

为人后。'况兴献王惟生皇上一人,利天下而为人后,恐子无自绝父母之义。"① 若是以世宗的亲生母兴献王妃为皇叔母兴国太妃,就不能以母子之礼相见,而以君臣之礼相见。这样就"恐子无臣母之义"了。据中国古代嫡长子继承制之礼,长子不得"出继"为人后,否则自己就无继嗣。再者,兴献王只生世宗一子,便无"出断"之理,只能是兄终弟及的继统,即继朱家祖宗之天下。若继嗣孝宗,就使世宗自绝其亲了,于礼不当。"夫人必各本于父母而无二,议礼者亦惟体之于心而已。"②

张璁《正典礼疏》遵祖训,据古礼,词严气壮,卒破千古之谬。然而群臣内倚昭圣慈寿皇太后(孝宗皇后),"外党成议,群击排公(指张璁)"。张璁对此亦有清醒的认识,他在《正典礼第二疏》中谓:"廷臣乃固执汉定陶王、宋濮王故事,台谏不能开陈,交章击臣,目为诡谀,诋为希进,有识之士,皆钳口畏祸,无复敢献,遂使万世公议,阻于上闻。夫礼以非礼为非,而非礼亦以礼为非。"③ 张璁也终于在正德十六年(1521)被排斥出京。

张璁任南京刑部主事期间与桂萼、胡铎相互考证经史,辨析大礼议,取得共识。嘉靖三年(1524)张璁和桂萼再奉召赴京集议大礼。到京后张璁等30余人连章弹劾张、桂两人,并汇送刑部,尚书赵鉴即列张、桂等罪请,"且私相语曰:'倘上亦云是,即扑杀之'"④。张璁等并未动摇,上疏列举礼官欺妄十三事:"一曰三代以前无立后之礼;二曰祖训亦无立后;三曰孔子射于矍圃,斥为人后者;四曰武宗遗诏不言继嗣;五曰礼轻本生父母;六曰祖训侄称天子为伯叔父;七曰汉宣帝、光武俱为其父立皇考庙;八曰朱熹尝论定陶事为坏礼;九曰古者迁国载主;十曰祖训皇后治内,外事无得干预;十一曰皇上失行寿安皇太后三年丧;十二曰新颁诏令决宜重改;十三台谏连名上疏,势有所迫,皆条列礼官欺妄之罪。"⑤ 此年九月,诏礼部尚书席书及张璁、桂萼、方献夫与群臣辩议,正名定分,称号遂定。当月,张璁以大礼告成,上疏请放归田里。"臣与桂萼等生不同方,官不同署,窃见一时轻议,有乖万世纲常,是以见同论同,遂不嫌于犯众;理直气直,乃不觉于成仇。幸获圣明,难

① ② 张璁:《正典礼疏》,《张文忠公集·奏疏》卷一,永嘉张氏居易堂刊本,道光二十一年。

③ 张璁:《正典礼第二疏》,《张文忠公集·奏疏》卷一,永嘉张氏居易堂刊本,道光二十一年。

④ 张廷玉:《张种传》,《明史》卷一九二,中华书局,1974年,第5088页。

⑤ 谷应泰:《大礼议》,《明史纪事本末》卷五十,江西书局刊本,同治。

胜众口。伏蒙特旨，升臣以学士之官，责臣以备讲之任，彼时不辞，无以明微臣之志，终辞无以答圣明之心。今明诏重颁，大礼攸定，实皆出自圣明裁断，非臣愚昧所能与也……此臣等所以义在当去而不苟容者也。况学士之官，居切近之地，臣学不足以当经筵讲读，才不足以效史馆编纂，原非窃禄之官，深怀素餐之耻。伏乞将臣放归田里，免玷班行。"① 表明其"下不负所学"，明"万世纲常"而非"窃禄之官"的堂堂正正的心志；其放归田里的心愿，从其后任首辅期间四起四落来看②，凡辞职、罢职，决不观望停留，即起身回归田里，其心愿是真诚的。

张璁在"大礼议"中援经据礼，旁引曲证，根情极理，无懈可击。至于左顺门事件后五品以下官员被杖或被杖死，咎在世宗。在君主专制制度下，人们不敢将此归咎于皇帝，而把所有怨恨发泄到张璁、桂萼等人身上，这是没有道理的。再者，挑起"大礼议"论辩的并非张璁，而是杨廷和、毛澄等人，他们不据古礼，曲解汉定陶王、宋濮王故事，并预先宣示"有异议者即奸邪，当斩"，无疑要引起熟谙古礼而又正直之士的异议和据理力争，其咎不在张璁、王瓒、霍韬、席书、方献夫、桂萼、黄绾、黄宗明等人。若咎在他们，真可谓非礼（理）者以礼（理）为非了。

二

张璁生于明代中叶。明代自"土木之变"后，社会危机逐渐加剧。认为"大礼议"中张璁及方献夫、黄宗明、黄绾等人③"所论良是"的王守仁，对当时天下大势，犹如沉疴积痿有深切体认。他说："今天下波颓风靡，为日已久，何异于病革临绝之时。"社会的冲突和危机已到了病危将死的时候，不改革便难以为继了。

张璁生活在永嘉功利学派的文化氛围之中，受功利思想的熏陶，对社会所存在

---

① 夏原吉等：《明实录》，《世宗实录》卷四十三，南京国学图书馆抄本影印。

② 张璁在入阁辅政七年间，"四归四召，行李惟一二衣箱，如寒儒卑官"（霍韬：《十善书略》），在明代首辅中无有如此者。

③ 张璁与王守仁早有交往：正德十一年（1516）张氏拟应吏部选经过南京，谒鸿胪寺卿守仁，相见甚欢，得其书于画面的《敬一诗》，张氏作《咏万诗》以酬，唐长孺先生在 20 世纪 50 年代得之于北京琉璃厂肆，作《跋明张璁书扇》以记其事（《学林漫录》第 11 集，1985 年）。赞同张氏大礼议的方献夫、黄宗明、黄绾为守仁学生，张氏外甥王激亦守仁门人，席书、霍韬等曾就"大礼议"致书向守仁请教。张璁任首辅，荐守仁。

的弊端，按功利学派思想，提出了改革主张。当时社会最突出的冲突是贫富不均的加剧，土地兼并的严重，大批丧失土地的农民背井离乡，而为流民，武宗时全国流民已达60余万人，占总人口的十分之一。于是农民暴动接踵而起，社会失序，岌岌可危。基于此，张璁社会改革的首要任务是抑制土地兼并的进一步恶化，把农民稳定在土地上。在当时土地兼并最为激烈、数量最大的是皇宫、王府、勋戚等所占有的庄田。明仁宗建立皇庄，到武宗时已增至200多处，正德九年（1514）仅畿内皇庄就占地37594顷。藩王、勋戚、宦官等向皇帝乞请和强占民田，到弘治二年（1489）庄田有332处，占地33000余顷。"为民厉者，莫如皇庄及诸王、勋戚、中官庄田为甚"[1]，其严重程度已到了天下额田减半："自洪武迄弘治百四十年，天下额田已减强半，而湖广、河南、广东失额尤多。非拨给于王府，则欺隐于猾民。"[2]这就是说，赋田约减少了427万顷。世宗即位后，为革此弊政，稳定社会秩序，曾两次清理京畿庄田，而宦戚辈中挠，世宗犹豫，收效甚微。张璁入阁后，坚决清理庄田，并由畿辅扩大到各省，由庄田兼及僧寺产生。至嘉靖九年（1530），查勘京畿勋戚庄田528处，计57400余顷，其中26000余顷分别还给业主等。撤回管庄军校，严定禁革事例，不许再侵占或投献民田，违者问罪充军，勋戚大臣亦参究定罪。这样相对地缓和了土地兼并的冲突和百年积弊，于社会安定有所裨益[3]。此其一。

明代弊政之患，患在宦官专权乱政。它不仅造成政府和官吏的腐败，还带来统治集团内部激烈冲突和政局动乱，引发社会各个层面的危机爆发。朱元璋为根绝中国历史上宦官之祸，严禁其"干预政事，预者斩"[4]。自朱棣始，宦官便拥有"出使、专征、监军、分镇、刺臣民隐事诸大权"[5]，并置特务机构"东厂"。英宗时宦官王振擅权，国几倾覆；武宗间，宦官刘瑾专权，势焰天下。皇帝深居内宫，国家政事由内阁票拟提出处理意见，后送司礼监太监（司礼监在宫内设大小衙门24个），由司礼监上奏皇帝"朱批"。皇帝往往不管而由司礼监代"朱批"，作为"圣旨"执行。

---

[1] 张廷玉：《食货志》一，《明史》卷七十七，中华书局，1974年，第1886页。

[2] 张廷玉：《食货志》一，《明史》卷七十七，第1882页。

[3] 参见张宪文：《张璁年谱导言》，，上海古籍出版社，1999年，第34—35页。

[4] 张廷玉：《宦官列传》，《明史》卷三〇四，中华书局，1974年，第7765页。

[5] 张廷玉：《宦官列传》，《明史》卷三〇四，第7766页。

这样就在皇帝和臣民之间设置了一道关卡，并在全国各省和重要城镇派出镇守太监，掌握军政大权，形成了宦官全国统治网络。他们依仗皇帝，结党营私；顺我者昌，逆我者亡；陷害大臣，鱼肉人民；大肆搜刮，举国不宁。镇守太监不仅职掌军事、行政、监察、司法等大权，还以报效朝廷为名，巧立"进奉""孝顺"等名目，残酷盘剥人民。武宗时各地都有定额"进奉"的银数①。世宗虽知其弊，但惜其"进奉"而不决。张璁痛恨宦官专权，祸国殃民。他入阁后一再向世宗上疏，请求坚决撤除镇守太监。要求世宗"断然"为之，"使百年流毒，一旦顿除，四海生民，以此乐业"。终于世宗下诏"尽撤天下镇守内臣及典京营仓场者，终四十余年不复设，故内臣之势，惟嘉靖朝少杀云"②。减少了宦官弄权、凌辱官吏，蹂躏人民的痛苦和祸害，张璁之功不可没。黄光升《昭代典则》载："张公孚敬奏革各省镇守内臣及清勘皇亲庄田，土官得行其志，黎庶得安其寝，天下鼓舞若更生，其功万世不可浪也。"这非溢美之词，而是当时的事实。此其二。

官吏的贪赃枉法，是政治腐败，社会动乱的原因之一，亦是君卡专制社会的大患。张璁对贪官污吏，刻剥人民，疾恶如仇。《世宗实录》载："（张璁对世宗说）今之监司，苟且公行，称为常例，箧篚不饬，恬然成风，是监司又为部院之府库矣。……上下重征，捎克在位，皇上虽有忧民之心而泽不下究，故清明之治卒不可成。臣见每年进表，三年朝觐，[地方]官率以馈送京官，向民科敛，小民怨声载道，上干天和，叠见灾异，皆赃夫之冒所致，宜严加禁约，犯者勿赦。'上曰：'前后所奏，皆欲革贪风以隆治道，迩来贪墨成风，外官剥下奉上，民穷财尽，实由于此。都察院其严禁察访，犯者并以赃论。'"③地方官为贿赂京官，搜刮民财，以致笔批诛求，民穷无法生活，哪有不为盗的。张璁认为，治国之道，以爱民为先，愿治之君，必严于赃禁。贪墨成风，其根源在于内阁。内阁是政本所在，即最高统治机构的核心。内阁贪赃，则部院和地方就肆尤忌惮，无所不贪了。

---

① 武宗时定进奉银数为：南京年 15 万两，西广年 13 万两，湖广年 11 万两，四川年 9 万两，河南年 8 万两，陕西年 7 万两，山东、山西、福建、浙江、江西各有等差。宦官往往以多出"进奉"银数的五倍至十倍，进行剥夺，而民不堪命。

② 张廷玉：《宦官列传》，《明史》卷三〇四，第 7795 页。"罢四川镇守中官（太监）。帝既罢云南中官，至是，四川继之，寻，浙江、湖广、福建、两广及独石、万全、永宁皆罢。凡内臣之为镇守者，先后撤除殆尽。"（《明鉴纲目》卷六，嘉靖十年三月）

③ 夏原吉等：《明实录》，《世宗实录》卷八十一，国学图书馆抄本影印。

张璁入阁后，认为严革贪风，必须从内阁做起。于是他约会桂萼、方献夫、霍韬、黄绾、熊浃等人，告诫他们：我们居此要职，若不各修本职以收治平之功，是负吾君，获罪于天。要他们自律。张璁更严以自律，待身特廉。为杜绝贪风，澄清吏治，他上疏请严内阁禁约：一是"兹凡各衙门事务在臣当与闻者，止应议于公朝，不得谋于私室"①。公事公办，议于公朝，有透明度。不谋于私室，不搞暗箱操作，以免以公谋私、假公济私；二是"如有贤士当接及以善言相告以忠益者，自宜礼见公署"②。以免借"善言相告"之名，而行请托私事之实，亦避结党营私之嫌；三是"其有侯门投送私书兼行馈谒者，乞敕缉事衙门访捕拿问"。凡投私书和馈送财物（今之"送礼"）的，一律由缉事衙门逮捕拿问；四是"臣尝有戒子侄诗刊示，仍恐间有未能体臣之心、遵臣之训者，有司当绳以法，勿得容情。候命下之日，转行原籍禁谕，庶得杜绝蔽风，保全名节"③。此四项，光明正大，光照日月。

张璁作为首辅（宰相），他"刚明峻洁，一心奉公"，身体力行，政本清端。嘉靖十年（1531），吏部侍郎徐缙徇私纳贿，经举发受都察院勘问，徐缙求解脱，投书行贿于张璁，张璁发其私。由"法司同证成缙贿孚敬事，黜为民"④，朝士悚懔。从是，京官和地方官贪赃枉法较为收敛。"在阁十年，不进一内臣，不容一私谒，不滥荫一子侄，吏兵文武二选，所指为内阁质库者，未尝有缕芥之私。"⑤一身正气，光明磊落。"皇上试召吏部官问之曰：张孚敬自入阁以来，曾专中行取某官为私人开侥幸门，坏祖宗选法者乎？召户部官问之曰：张孚敬自入阁以来，曾专主盐引卖窝、买窝为奸商作盗贼主，坏祖宗边储之法者乎？召兵部官问之曰：张孚敬自入阁以来，曾专主某钻求将官任其镇、某钻求将官任某营，坏祖宗择将之法者乎？有一于此，臣罪当诛也。"⑥这种无私尤畏，刚正不阿的态度，为时之楷模。

张璁大礼议，罢撤天下镇守太监、清理勋戚庄田、严革贪风等改革，确实"得罪"了很多人，损害皇亲国戚、太监官吏的既得利益，不能不引起他们的仇恨，弹章不绝。但他一切秉公，两袖清风，亦奈何他不得。张璁几次致仕离京，"衣囊一箧，

---

①②③　张璁：《严重禁约》，《张文忠公集·奏疏》卷三，永嘉张氏居易堂刊本，道光二十一年。

④　夏原吉等：《明实录》，《世宗实录》卷一二七，国学图书馆抄本影印。

⑤　李贽：《太师张文忠公》，《续藏书》卷十二，中华书局，1959年，第243页。

⑥　张璁：《诸宣谕内阁疏》，《张文忠公集·奏疏》卷四，永嘉张氏居易堂刊本，道光二十一年。

已渡潞河,既有温旨,旋踵复入,以行李鲜,而内顾轻也"①。犹如一介寒儒。李贽《续藏书》曾引《永史》(明支大伦:《永昭二陵编年信史》),把张璁与嘉靖朝名相徐阶做了比较:"嘉靖末年,华亭(徐阶)当国,世亦共以为贤,然庄田美屋跨州郡,出京之日,大车几百辆,弥月不辍,方舟而下,连数百艘,于文忠何如也!霍文敏素伉直,不轻予人,而独重文忠以此。"②嘉靖十年(1531)张璁任首辅致仕还乡,家中只有祖遗薄田 30 亩,"祖庐三五间,莫避风雨",只得在瑶溪山中贞义书院旁筑舍几间,为长子张逊志完婚。之后,张璁于嘉靖十一年(1532)、十四年(1535)致仕归里,也都住在此搭盖的边屋里,这与徐阶"庄田美屋跨州郡",有天壤之别。《明史·本传》谓:"持身特廉,痛恶赃吏,一时苞苴路绝。"③而收杜绝行贿,标本兼治之功。此其三。

张璁在入阁前,便致力于改革。他目睹明代积弊,社会危机,而排除万难,清政本,杜请谒,重诰制,平潞贼,定服制等。清政本必须申明宪纲,严肃法纪,分清法司与厂、卫职权。张璁在《申明宪纲疏》中指出:"近来官非其人,法多废弛。"因此,他先后两次罢黜、更换不称职的御史和巡按御史 25 人④。此疏申明宪纲:"一、都察院按察司堂上官及首领官、各道监察御史、吏典,但有不公不法等事,许互相纠举。二、监察御史巡历去处,不许出郭迎接。三、近来巡按差出者半年未见莅任,交代者旬月不出省城,今后御史点差,各照水程赴任,违限怠事定行参究。四、监察御史巡历去处,如有陈告官吏不法等事,须要亲行追问。近有不待陈告专事访察者,亦有不亲受理转委下司者,今后不许访察滥及无辜。五、近来荐举滥加于庸流,弹劾下及于丞尉,今后历任年深政绩卓著者方许保举,五品以上赃迹显著者指实参奏。六、风宪之官当存心忠厚,立法贵严,用刑贵宽,凡一切酷刑之具,皆宜屏去不用;巡按不许多带人马随行,凡设彩铺毡无名供馈之属,一切不用,其有分外奉承者,定治以罪,庶免小民供亿之繁。"⑤这些规定,纠时弊,严法纪,定规范,明职责,切实可行,具有现实的价值和意义,于现代亦有启迪和借鉴作用。此其四。

① 李贽:《太师张文忠公》,《续藏书》卷十二,中华书局,1959 年,第 243 页。

② 李贽:《太师张文忠公》,《续藏书》卷十二,中华书局,1959 年,第 243—244 页。

③ 张廷玉:《张璁传》,《明史》卷一九六,中华书局,1974 年,第 5180 页。

④ 《明通鉴》卷五十三,嘉靖六年九月戊寅条载:"张璁以署教察院,复考察各道不职御史王璜等十二人。先是,璁以京察及言官互纠,已黜御史十三人。"

⑤ 张璁:《申明宪纲疏》,《张文忠公集·奏疏》卷三,永嘉张氏居易堂刊本,道光二十一年。

当时东厂、锦衣卫横行霸道，越权审捕，厂、卫与法司职权不分，造成种种弊端。张璁上疏严分厂、卫与法司职权，凡贪官冤狱，由刑部、都察院、大理事法司机构提问审明，如有隐情曲法，听厂、卫觉察上闻；凡盗贼奸宄，由厂、卫缉访捕获，在审问明白后仍送法司拟罪，不得擅权坏法。世宗"深以为然，诏议行"，便限制了厂、卫的胡作非为。此其五。

科举制度是培养、选拔官吏的重要途径。张璁认为，为了罗致才贤，恢张治化，必须改革科举积弊。由于"各省乡试教职考官"皆出于私荐，外帘之官得以预结生徒，"密通关节，干预去取，获隽之士，多系权贵知识子弟，不公之弊，莫甚于斯"[1]。并提出改革措施："一曰正文体"，"二曰明实录"，"三曰慎考官"。对改革科举制度有积极作用。并以身作则，后与詹事霍韬同主考己丑会试，张璁以荐贤为公，不欲桃李自私，戒诸士不许修弟子礼，诸士遂无复执雉门下者。王士祯说："唐人、五代最重座主门生之礼，明代尤甚。万历中，门户既成，一为师生，终身以之，惟嘉靖八年（1529），张璁，霍韬为主考，戒诸生不得修弟子礼。"[2]张璁、霍韬作为主考官，"谆谕诸士，不可以门生座主结私恩而忘大义。超俗之见，时所仅闻。"[3]张璁一生刚正无私，不因主考会试，结私恩，收门生，一革唐以来的陋习歪风，增强了会试的公正性。此其六。

张璁任内阁首辅以后，嘉靖九年（1530）上《议孔子祀典疏》："臣窃维无师孔子，有功德于天下万世，其祀典尚有未安者，不可不正。臣谨采今昔儒臣所议，上请圣明垂览，仍行礼部通行集议，一洗前代相习之陋，永为百世可遵之典。"[4]孔子是儒家的创始人，汉武帝采董仲舒建议，"罢黜百家，独尊儒术"，儒学便成为中国宗法社会正统的意识形态。历代皇帝给孔子谥以各种封号，汉平帝封为"褒成宣尼公"，北魏封为"文圣尼父"，唐封为"文宣王"，元成宗封"大成至圣文宣王"，谥封不过"公""王"，与世俗公、王无别。张璁认为："孔子祀典自唐、宋以来，溷乱至今，未有能正之者。今宜称先圣先师而不称王，祀宇宜称庙而不称殿。"[5]遭诸多反对，

① 张璁：《慎科目》，《张文忠公集·奏疏》卷三，永嘉张氏居易堂刊本，道光二十一年。

② 王士祯：《谈故·禁师生》，《池北偶谈》卷一，中华书局，1982年，第18页。

③ 焦竑：《玉堂丛语》卷五，中华书局，1981年，第173页。

④ 张璁：《议孔子祀典疏》，《张文忠公集·奏疏》卷七，永嘉张氏居易堂刊本，道光二十一年。

⑤ 夏原吉等：《明实录》，《世宗实录》卷一一九，国学图书馆抄本影印。

于是张璁又著《孔子典祀或问》奏上，"[世宗]嘉其论议详正，下礼部令速集议以闻"①。便改称孔子为至圣先师而不称王，祀宇宜称庙而不称殿。葛守礼说："国家孔子之庙号犹袭称封谥，公（张璁）言非古也，且非实能追尊孔子者，请易大成文宣王之谥，特称至圣先师孔子，易殿以庙，易像以主。一时毁圣之议，蜂然四起，至有投劾去以为高者。公持正论益坚，不为撼。又为定其配祀笾豆、爵尊、乐舞品式。建启圣词，定配，颁行国学暨天下郡县。天子为之皮弁服谒拜行释奠礼。于是于古陋风，一旦赫然丕变，而吾夫子之名益尊，道益重，圣朝隆师之礼益卓绝无以尚。"②于是，孔子"名益尊"，"道益重"，隆师之礼亦更受重视。由此，确定了孔子在中国历史上"至圣先师"的价值和地位，张璁之功大矣。此其七。

清理勋戚庄田，罢撤镇守太监，严革贪赃枉法，严肃监察制度，严分厂、卫与法司职权，改革科举之弊，改正孔子称号和典祀，以及整顿军队团营等，均是其改革措施的荦荦之大者。这些改革利国利民，但不免触犯一些人的利益。利害相关，未免引起一些人的反对和攻击。在这里，几乎每一项改革都遭到人身攻击，但因其"一心忠千朝廷，绝纤芥私也"③，所以知难而进，勇往直前。项乔评说："（张璁）有赤心报国之忠，有知进知退之哲，有百折不回之刚，有一介不取之节，有龙咆虎啸之威，有风过霆驰之捷。君子恃之以无恐，小人惮之而魄夺。"④这是对张璁崇高人格和严肃政风的描述。

后人曾将张璁和张居正做了比较⑤。李维桢说："继公（张璁）而兴，阁臣有江陵（张居正）与公姓同、谥同，元辅相少主同，锐意任事同。公得君诚专，为众所侧目，阻杌不安。身后七十余年，名乃愈彰。其以危身奉上称忠，与江陵又同。江陵没而遭祸，近渐有讼言其功者……要之，两张文忠易地则皆然也。"⑥张居正亦推

① 夏原吉等：《明实录》，《世宗实录》卷一一九，国学图书馆抄本影印。

② 葛守礼：《太师张文忠公神道碑》，《张璁年谱》，上海古籍出版社，1999年，第180页。

③ 霍韬：《十善书略》《渭崖文集》明刊本，《张璁年谱》，上海古籍出版社，1999年，第184页。

④ 项乔：《祭罗山张文忠公文》，《瓯东私录》，湖州嘉业堂藏本抄。

⑤ "前明有两张文忠，时论皆以权相目之。其实皆济时之贤相，未可厚非。窃以心迹论之，则永加又似胜江陵一等。永嘉之议大礼，出所贞见，非以阿世，其遭际之盛，亦非所逆料。而其刚明峻洁，始终不渝，则非江陵所能及。"（梁章钜：《张文忠公》，《浪迹续谈》卷五）

⑥ 谈迁：《国榷》卷五十七，古籍出版社，1958年，第3568页。

许张璁："江陵于《世宗实录》，极推许永嘉（张璁），盖其才术相似，故心仪而讬之赞叹。"[1] 张璁与张居正有四同：同姓张，同谥文忠，同辅相少主，同事上忠，又可加同是"赫然名臣"[2]。

人无完人。张璁作为一个世俗的人，有其过失：其作为一个历史上改革家，有其历史的局限[3]。然而，瑕不掩瑜，对于在历史上做出过重大贡献的政治家、改革家、纯臣贤相，是应该纪念的；其改革精神和"持身特廉"，是值得今人学习的；其"勇于任事，不避嫌怨"的作风，亦为现代之楷模。

原载《浙江大学学报》（人文社会科学版）2002 年 7 月第 32 卷第 4 期

---

[1] 沈德符：《两文忠》，《野获编》卷七，中华书局，1959 年，第 206 页。

[2] 谈迁：《国榷》卷五十七，北京古籍出版社，1958 年，第 3568 页。

[3] 参见张宪文、张卫中：《张璁年谱·前言》，上海古籍出版社，1999 年，第 39—43 页。按此文对张璁的过失和局限有详论。

明中叶温州山人结社的地域社会机制与文化形态

张 侃

一、前言

　　温州地处东南海隅和闽浙交界，明中后期的山人文化成为时尚。吴振汉教授曾以温州籍著名山人何白（1562—1642）为个案进行分析。[①] 一般认为，万历十七年（1589）龙膺任温州府学教授时组织白鹿诗社，是何白为代表的山人文化在温州普及的重要契机："永嘉故称山水郡，俗尚文翰，有王谢流风。至辄与刘忠父、王季中、何无咎结白鹿社。广文先生无所事事，日以登临为期会，以倡和为簿书，以拍浮为法令，依然一楚狂也"。[②] 不过，白鹿诗社的主要成员刘忠父、王季中等人与何白的布衣身份有所区别，刘忠父为温州卫所军官，王季中来自永嘉盐场世家。可见，具有浓厚山人文化色彩的白鹿社之所以成立，离不开地方社会脉络的支撑。王汎森教授曾论及思想观念与社会脉络的关系，"思想史应该广泛地与许多领域相结合。我的想象是思想之于社会，就像血液通过血管运行周身，因此，它必定与地方社群、政治、官方意识形态、宗教、士人生活……等复杂的层面相关涉，故应该关注思想观念在实际生活世界中的动态构成，并追寻时代思潮、心灵的复杂情状"。[③] 因此，温州的缙绅网络如何与山人群体及其文化进行结合？山人群体如何影响区域文化的构建？均是值得继续阐述的命题。

[①]　吴振汉：《明末山人之社交网络和游历活动——以何白为个案之研究》，《汉学研究》2009 年第 27 卷，第 159—190 页。

[②]　龙膺：《龙膺集》，《胜果园记》，岳麓书社，2011 年，第 181 页。

[③]　王汎森：《晚明清初思想十论》序，复旦大学出版社，2004 年，第 1 页。

二、滨海地域转型与"显仕巨室"的通家之谊

明代中后期为温州地域社会演进的重要转折阶段，滨海社群凭借鱼盐之利和滩涂开发获得快速经济积累，获利甚丰。如永嘉盐场，"地方五十余里，南阻梅山，北距茅岭，东则负海，鱼盐万井，衣冠萃焉"。[①]嘉靖年间，项乔（1493—1552）描述此地"衣冠"之盛，"本朝以来，山海之秀，钟于人文，陈启、胡奥、李观之后，为宰相者一人，为大司成者二人，为郎署、为藩、为臬、为府州县二十余人，为乡贡、岁贡、例贡三四十余人，为校官弟子员者二百余人"。[②]不过值得注意的是，这些官绅群体高度集中在三都普门张氏、二都英桥王氏、二都七甲项氏、二都李浦王氏等大族，王世贞描述英桥王氏的家族繁衍与权势扩张的关系：

> 自樵云公之先世居永嘉之华盖乡英桥里，俱有隐德，以寿考终，而俱单传，至公乃遂有七子。七子之子二十八，曰埏、坦、墅、壮、在、堇、墇、境、封、佳、墂、坡、塔、厔、基、坛、壏、均、粲、堪、陆、埙、堦、填、土升、垣、塾、垠。二十八之子九十四，而始有以诗书之业起者，然犹用子孙显，曰：封右通政钲，南雄教授、赠大理少卿炼，训导锡，其人也。九十四之子二百六，而益显，曰：太仆寺丞清，左参议澈，国子祭酒激，鸿胪序班汉，赠太仆寺丞沛，教授洌，赠大名推官泡，右佥都御史谇，其人也。二百六子之子三百五十，而显者曰推官良弼，鸿胪序班良庆，鸿胪署丞叔懋，按察司副使叔果、叔杲，佥事、赠太仆少卿德，光禄寺署丞叔本，其人也。三百五十子之子四百九十，而为乡进士焘、如珪、光蕴，锦衣千户如璧，其颖出且未艾也。[③]

永嘉场世家以婚姻和师友关系建立了高度交集的社会网络。上文所叙英桥王氏的樵云公名王毓（1360—1426），其妻张氏为嘉靖年间首辅张璁（1475—1539）的

---

① 侯一元:《永嘉场新建永昌堡城碑》，王叔杲:《王叔杲集》，上海社会科学院出版社，2005年，第415页。

② 《青山娄氏族谱后序》，项乔:《项乔集》，上海社会科学院出版社，2006年，第78页。

③ 王世贞:《樵云翁传》，《万历英桥王氏族谱》（稿本），文纪，世传，藏于温州博物馆，无页码。

同父异母姐。① 由此，张璁与王澈（1471—1551）、王激（1479—1537）为甥舅至亲关系，年纪相近而共同读书应试，王澈墓志铭谓，"公早岁颖异好学，与舅氏少师公及仲氏祭酒公自相师友。游庠校，灿然有声"。② 英桥王氏与普门张氏婚姻关系密切，其他子弟也与张璁一起读书，张璁撰《王竹房墓表》谓："先生配璁从姊，有子四人：世民、世澄、世渊、世泓。璁幼时，与其年纪各相差先后。先生聚书以教诸子，璁尝得分而读之，加惠已甚，由是既亲且爱也。"③ 正德十五年（1520）春，王激、王澈与张璁一起赴试。张璁经过八次应试而最终获隽。二王落第，归里之际，张璁撰诗以别："三月都门送汝行，悠悠争似渭阳情。须思汝母为兄弟，莫负人言此舅甥。释褐书生长北望，戎衣天子尚南征。隆中好定匡时策，白首相期答圣。"④ 项乔与张璁、王激、王澈等人相交甚深，年纪稍轻，以门生自称。项乔与张璁堂侄张纯（1496—1566）同窗，后来项乔三子项文言娶张纯次女为妻。项氏与王氏也有联姻关系，项乔之妹嫁给英桥王氏的王沆，王沆的父亲为王铁，与王钲（1450—1536）、王镔等人为兄弟。项乔曾致信给王镔之子王涵（名崇虚，号谦山）谓及姻亲提携互助之情：

古今言相厚者，不过曰"通家"而已；若贤伯仲之于不肖，可谓通心腹肠者，感切，感切！令兄指点教令，诸匠正在仰承之间，若一舍去，即水母无虾，能知起到耶？而子辈亦攀辕卧辄，拟廿三日方可送至岭上。幸转告舍妹知之，勿再勤来使，是望。⑤

信中的"贤伯仲"指的是王澈、王激，而"水母无虾，能知起到耶？"则来源温州谚语——"鲊鱼也着虾儿做眼"。"鲊鱼"即水母、海蜇，谚语原意是海蜇无眼，

① 张时彻：《明故朝列大夫福建布政使司左参议东厓王公墓志铭》，温州市图书馆编辑部编：《温州历史文献集刊》第 2 辑，南京大学出版社，2010 年，第 130 页；罗洪先：《中宪大夫国子监祭酒鹤山王公墓志铭》，孙建胜编著：《永嘉场墓志集录》，黄山书社，2011 年，第 270 页。

② 张时彻：《明故朝列大夫福建布政使司左参议东厓王公墓志铭》，温州市图书馆编辑部编：《温州历史文献集刊》，第 2 辑，第 130 页。

③ 张璁：《张璁集》，《王竹房墓表》，上海社会科学出版社，2003 年，第 463 页。

④ 张璁：《张璁集》，《寄王氏二甥子明子扬》，第 293 页。

⑤ 项乔：《项乔集》，《与王谦山亲家》，第 403 页。

因此以虾为目，指引移动方向。引申比拟为人事关系，则指晚辈需要明白事理的前辈指点教导。

项乔与李浦王氏的来往也极为密切，王瓒（1462—1524）次子王健（1502—1550）年少项乔十岁，项乔比王健早九年中进士。王健同科好友侯一元（1480—1529）随项乔学习，项、王两人互有书信往来，援为知己。王健在嘉靖十七年（1538）北上中进士并任职京官后，项乔写信给王健推荐阳明弟子的核心人物：

> 近得袁芳洲书，知从者初意驻淮，而忽进馆阁，殊不惬然。非鹤泉无此见也，然用舍何与？于我则行藏安于所遇，何容心焉？且职守清闲，尤得专志于学。学非记诵词章之谓，将以求志圣人之道也。京师贤杰渊薮，知圣学者必多，如某所知，林东城、邹东廓、罗达夫、唐应德，其选也，朝夕相与切劘否？某曩时，不知痛痒切身，匆匆蹉过日月，今虽复欲与诸公聚首，而未可得也。执事珠玉在侧，非惟日不足之时耶？[1]

可以这么说，永嘉场世家因王瓒、张璁、王激、王澈、项乔、王健等人的科举成功而为子弟交往提供了多元的提携通道。项乔曾交代京中好友关照其子项文焕（1522—1568）、项文蔚，"谨具俸金数两，聊引别意。他日小儿文焕、文蔚，或出身来京，我弟必能推爱及之"。[2]张璁之孙张鸣鸾科举失败后，项乔专门写了《慰张仲仪表侄》的书信，转引阳明的言论进行指点：

> 初闻霜蹄暂蹶，殊不惬意，既而又大以为喜欢。以吾表侄高才，岂不能一日千里？然以鄙见论之，似当濯去旧见，从事于身心之学，每日将圣贤言语，实体会于身心之间，二有得焉，庶几笔下不为迂谈，而所记诵亦有得力处耳。博所以说约，吾道一以贯之，以定论也。青年博学一科，岂足以为屈？天其或者假此动心忍性，增益其所以不能也耶？阳明公尝因诸子弟早出应科，谓使即此得捷，岂不误却一生！仆

---

① 项乔:《项乔集》,《与王鹤泉主事》, 第 323—324 页。

② 项乔:《项乔集》,《与王大启儒士》, 第 354 页。

于吾儿及贤表侄俱有远望，捷不捷，未足以轩轾也。①

项乔在信中所谓的"吾儿"即项文焕、项文蔚等，项乔对他们寄予厚望。确实，世家子弟中藏龙卧虎。项文焕的豪迈之气得到温州的诸多士人子弟的推崇，侯一元的弟弟侯一麟（517—1599）在《项伯子小传》中描述："余少时，辄尝谒吾乡先贤瓯东先生，而得交先生之三子焉。伯曰文焕，仲曰文蔚，季曰文言。三子者，皆隽才也。而伯子尤雄情爽气，卓诡超群。自负磊落，才充其志也。举万物于炉锤，兴云雾于漱噏可也。"侯氏与项氏成为世交，项文焕有子光祖、守祖、敬祖，侯一麟将女儿许配给了项文焕长子继祖。②家风相承，项文焕的三子项敬祖（季舆）也有豪迈之气，"季舆，名家子，少从祖父，习知海内鸿流哲匠、贤豪长者，而又善诗赋、投壶、六博、四方士闻季舆至，争就季舆，户外趾相错……里中大老二谷、四谷侯公，旸谷王公，皆季舆父执，时引季舆为忘年交"，③侯二谷即侯一元，侯四谷即侯一麟，王旸谷为王叔杲。王叔杲是王澈次子，他与其兄王叔果有进士功名，成为永嘉场世家的代际更替的第二代核心人物。与项乔相似，王叔杲、王叔果以科举仕宦活动在外建立了广阔的人脉关系，积极运作温州世家子弟的社交网络。王叔杲致信侯一元说："家姊夫严某幸厕末属，辱翁曲赐庇覆，此皆自贱兄弟推及，而瓯人每谈乡情友谊之笃，必以翁为首称，乃于兹益信。贱兄弟感激当尤倍恒情也。"④

永嘉场官宦世家子弟在外流动之后，婚姻圈呈现超地域特征。王叔杲与安吉名士吴维岳（1514—1569）结成连襟，王叔杲继配陈氏之姐为吴维岳继室，生子吴稼磴。张居正为吴维岳撰墓志铭记，"继娶永嘉陈氏，封恭人。生子稼翊，聘秀水项吏部女；稼磴，聘乌程闵茂才女。"⑤根据王光美（季中）墓志铭，王叔杲和吴维岳的岳父为"都

---

① 项乔：《项乔集》，《慰张仲仪表侄》，第 345 页。

② 侯一麟：《龙门集》，《项伯子小传》，上海社会科学院出版社，2006 年，第 321 页。

③ 何白：《何白集》，《项季舆传》，上海社会科学院出版社，2006 年，第 445 页。

④ 王叔杲：《王叔杲集》，《与侯二谷方伯》，第 255 页。

⑤ 张居正：《中宪大夫都察院右金都御史霁环吴公墓志铭》，汪荣纂：《（同治）安吉县志》卷 15，艺文上，第 32a 页。

督师古陈公"。①吴维岳与王一夔有所交集，曾为王母撰写《寿永嘉胡太孺人》祝寿。王一夔是张璁大女婿，万历《温州府志》记，"王一夔，字乐仲，少颖悟工文，张少师公见而奇之，以子妻焉。"②吴维岳去世后，其子吴稼镫在万历二十四年（1597）来到温州为王叔杲祝八十大寿。王叔杲撰诗题为《吴翁晋，余内子女兄子也，千里来访，与余儿交甚欢。翁晋以词赋擅名，今睹其制义精诣。喜而赋赠，致期属之意云》："季子东来访大家，翩翩词藻绚赪霞。交情喜共庭花合，声价惭同宅相夸。渥水神驹须伯乐，丰城龙剑待张华。青云连捷君家事，早寄泥金到永嘉。"③"余儿"即其子王季中。王季中由王叔杲侧室梅氏所出，"幼时多赢疾，赖陈恭人抚视如己出，得成立。"④王叔杲对吴稼镫和"余儿"寄托厚望，吴稼镫告别之际，王叔杲再次强调两家的密切关系，"三世通家七十年，而翁况复缔姻连。云山怅隔余千里，不断交情在后贤良"⑤。

　　明中叶之后，永嘉场的士人不断通过婚姻和师友关系构建多层次的社会网络，以维系他们在温州地域内的权力与地位，"温之显仕巨室，多产兹土"⑥。普门张氏形成张璁——张逊业——张汝纪、张汝纲、张鸣鸾的代际传承关系；英桥王氏形成王激、王澈——王叔杲、王叔果——王光美、王光蕴的代际传承关系；七甲项氏形成项乔——项文焕、项文蔚、项文言——项季鸾的代际传承关系；李浦王氏形成王瓒——王俭、王健的代际传承关系。他们在地方权势、文化话语、婚姻嫁娶、师友传承、公共事务等方面交错联盟，结为互为支撑的世家体系，成为引导地域发展的主干，也是山人文化输入温州并形成会社的组织基础。

---

①　王钦瑞:《先大父光禄寺大官署丞玉苍公圹志》，孙建胜编著:《永嘉场墓志集录》，黄山书社，2011年，第457页。

②　汤日昭纂:万历《温州府志》卷11，人物上，第85a页。

③　王叔杲:《王叔杲集》，第154页。

④　陈圣俞:《先大父光禄寺大官署丞玉苍公圹志》，孙建胜编著:《永嘉场墓志集录》，第461页。

⑤　王叔杲:《王叔杲集》，《别吴翁晋四首》，第156页。

⑥　王叔杲:《王叔杲集》，《永昌堡地图说》，第386页。

三、参与江南文人结社与山人文化的输入

王激是永嘉场士人中最早接触山人群体的世家子弟。他在南京参与了当地的文人结社,因其文采出众,"太宰乔白岩、山人孙太初引为文字交"[①]。孙太初即孙一元,号太白山人,为明中叶著名的布衣诗人。徐渭的《孙山人考》谓"孙一元,字太初,别字太白山人,其家世士流也。父早亡而贫,山人以抄书役某府中。"[②]孙一元与刘麟、龙霓、陆昆、吴珫等人结盟为社,称为"苕溪五隐",他们的文人行径被描述为,"绍兴守刘麟去官,卜筑吴兴之南坦;建业龙霓,以按察挂冠,隐西溪;郡人御史陆昆,亦在罢;而长兴吴珫,隐居蒙山,穷经著书,诸公皆主焉。珫乃以书招太初,太初至,相与盟于社,称苕溪五隐,而珫为之长"[③]。

嘉靖二十一年(1542),张璁次子张逊业(1524—1559)在赴京途中结识王世贞。后来,王世贞应张逊业之子张汝纪之请为张逊业撰写墓志铭,回忆他们的相识过程,"盖余十七而以诸生识有功济上,甫加余一岁也。……君固饶才,其于诗歌擅宏丽,又能纵笔为行草,一时声称籍甚。而雅好客,客稍以诗酒闻,则致之为长夜饮。"[④]张逊业在京城担任尚宝丞之职,与沈炼等人交往甚深,"沈公由清丰令入为锦衣卫经历,数从故尚宝丞张逊业饮。沈公少饮辄醉,醉则击缶,呜呜诵《出师》二表、《赤壁赋》已,慷慨曼声长啸,泣数行下"[⑤]。沈炼是"越中十子"的核心成员,是山人文化的推动者之一。

杭嘉湖地区是山人群体结社活动的核心区,对处于边缘区的温州形成文化辐射。较早参与吴中诗社活动的温州山人为康从理,他自号"二雁山人"。康从理在杭州、

---

① 罗洪先:《中宪大夫国子监祭酒鹤山王公墓志铭》,孙建胜编著:《永嘉场墓志集录》,第270页。

② 徐渭:《孙山人考》,刘祯选注:《徐文长小品》,文化艺术出版社,1996年,第155页。

③ 钱谦益:《列朝诗集小传》丙集,"太白山人孙一元",上海古籍出版社,1983年,第328页。

④ 王世贞:《弇州四部稿》(明万历刻本),卷88,《承德郎太仆寺丞瓯江张君墓志铭》,第3b页。

⑤ 王世贞:《沈青霞墓志铭》,黄宗羲编:《明文海》(清涵芬楼钞本),卷462,墓文34,第10b页。

南京与北京等三处全国山人文化中心活动，与陈文烛（五岳山人）、胡应麟（少室山人）、黎民表（瑶石山人）、梁辰鱼等诸多文人有所交集。隆庆年间，他参加梁辰鱼在金陵组织的鹭峰诗社，成员有莫是龙、梁伯龙、殷无关、赵王孙、张仲立、尹教甫、顾茂俭、王世周（伯稠）、罗居士、沈嘉则（明臣）、黄淳父、朱邦宪、周若年、王百穀（稺登）、张幼于、俞孟武、董子岗、古缪自、陆无从、戚元佐等。王叔果、王叔杲、侯一元、侯一麟等温州世家子弟极为赏识康从理。王世贞为王叔杲的《玉介园存稿》所撰序言说："文章诗歌，昔人以为不朽之业，虽微指好之，而间若为不能尽者。然其所善，于乡则康从理"①。王叔杲专门撰有《康山人传》描述他们以"学诗"为纽带而形成的乡居社群交往关系："康山人者，浙之永嘉人也，名从理，字裕卿，自号晓山山人。余童时见里中称巨室，必首康氏。至嘉靖间，中微、裕卿始业儒，屡试弗售，乃弃而学诗。时瓯中谈诗者，惟王拱甫（应辰）、侯舜昭（一麟）、项氏兄弟与余三四辈，亦遂闻有康生矣"②。王叔杲不仅欣赏康从理的文采，而且赞扬他的修养和义节，"论者每以富贵贫贱验交情，乃生死之际则益难矣。裕卿邀游搢绅间，当无事时，燕游歌咏相征逐，固与池山人等耳。至临患难际生死，毅然以身当之，即古侠士不是过。余前征之刘将军，今征之朱司马，益信裕卿为义士哉"。③

在康从理等人带动下，温州世家子弟与外籍山人也有较多往来。如侯一麟的《程山人传》所记程山人名字为程诰，"程氏，歙人也。世家临河之上，名诰，字自邑。……山人家故饶，游既久，则尽糜其囊金，赀落而婆也。意度自若、与所善郑玄抚十五人，结社于天都，咏甚豪。"④。程诰是黄山地区较为活跃的"山人"，清代《黄山志》"王寅传"也记载了程诰参与王寅（十岳山人）倡导的天都前社，"嘉靖壬寅（1542）重九，倡社天都峰下。践约者为程自邑诰、汝南应轸、陈达甫有守、江廷莹瓘、民璞珍、佘元复震启、汪玉卿瑗、王子容尚德、方际明大治、方子瞻霓、定之弘静、郑思祈玄抚、子金铣、文仲懋坊、思道默，合仲房为十六子，乃效灵运邺中七子、颜延年

① 王世贞：《玉介园存稿》序，王叔杲：《王叔杲集》，第 406 页。
② 王叔杲：《王叔杲集》，《康山人传》，第 245 页。
③ 王叔杲：《王叔杲集》，《康山人传》，第 245 页。
④ 侯一麟：《龙门集》，第 307 页。

五君咏，作十六子诗。"①

　　一般认为，山人的大量出现与明中后叶的商品经济发展有关，但也与社会政治因素有关，温州山人文化可视为是江南吴中地区山人文化的向外辐射的结果，值得追问的是，温州为什么会在嘉靖中叶后产生如此密集的"山人"之文化标签，有无区域政治文化的因素？应该说，温州世家子弟纷纷以"山人"自称，如侯一元自号"二谷山人"、侯一麟自号"四谷山人"，项文焕自号"孤屿山人"这与"大礼议"引出的复杂政治局面有一定关联。张璁在"大礼议"中的得势，温州世家子弟尤其是永嘉场世家获得一定的政治上升空间。但是，"大礼议"是一场朝廷内激烈的政治斗争，张璁作为议礼新贵，未能形成绝对的政治优势，反而因政治斗争而留下后患，导致永嘉场世家子弟的仕途不畅。如王激在嘉靖八年（1528）被科道官列入党附张璁、桂萼而被弹劾。张璁致仕后，议礼新贵内部的权力斗争极为激烈。1559年，张璁之子张逊业英年早逝，恰值严嵩父子掌权。侯一元等人有感而发，"既而知君以营护谏者，前沈经历，后吴谏议，为执政父子所怨毒滋甚，君不死且又有奇祸，则喟然曰：'嗟乎！君得正而毙，亦可矣。'"②温州士人对现实政治逐渐失望而采取了躲避政治的姿态，也许是他们以"山人"自称的原因之一。

四、士人城居生活的展开与阳湖别墅的山人雅集

　　随着明中期城市商品经济的发展，城镇出现了空前繁荣的局面。士大夫的生活面貌也由此产生了巨大转变，逐步采取了城居的生活模式，将日常生活的中心从乡村转移到城郊或坊市之内，温州世家也不例外。嘉靖二十五（1546）年，项乔在温州府城外西郊建造阳岙山庄，作为子弟读书处③。而后，其子项文焕买屋温州巽山九曲池，筑曲池草堂。王一夔解官归乡，在郡城西南筑浦东别墅。王澈则在城内墨池坊东建造传忠堂。嘉靖三十八年（1559），王叔杲在府城内住宅周边置地十余亩，建造了玉介园。王叔杲经营玉介园多年，借鉴吴中园林的建造工艺，如《玉介园记

---

①　闵麟嗣纂：《黄山志定本》（康熙十八年刻本），卷2，人物志（上），第59b页。

②　侯一元：《侯一元集》，《太仆瓯江张先生墓表》，黄山书社，2011年，第1177页。

③　项乔：《项乔集》，《阳岙土地祠记》，第63页。

略》自述：

昔谢安石居有东山，所至筑丘象之。予居邻华盖山，《志》称"东山"。山人自家食至入仕，寤寐于兹园之培植布置，率预于数十年之前，乃今亭台池馆，次第幸成，而华盖上下，诸景亦烂然易观，其徼惠于兹山者，岂一旦夕一手足力哉！园密迩居室，望华盖山如家山，朝昏风雨。予尝憩其中，偕昆弟朋友宴笑卒岁，是娱晚景而乐天伦，咸属于兹园也[①]。

王叔杲沿用华盖山原有古迹来构筑玉介园，形成了山行式的亭台池馆布局，意在于体现"山林气息"。而后，王叔杲又在城西建造阳湖别墅，其意在于仿照江南景观，是另一番园林意趣。王世贞在《阳湖别墅前记》曰："公为备兵使者，……经略之暇，时时过予山园，辄停昕久之。一日，慨谓予曰：'以吾墅之壮，不能望子园，然吾墅无待而子园有待者也。虽然，昔子有园而无主，吾时时能代若主。今子园有主矣，而吾墅未有主也，吾将归矣，其主吾墅矣。'予笑曰：'公欲归，天子其即归公耶？以予之为时厌也，与公之不能厌时也，皆理也。'"[②]阳湖别墅建成后，王叔杲专门请王世贞撰写《阳湖别墅图记》《阳湖别墅后记》，请茅坤撰有《阳湖别墅记》，成为著名的"阳湖三记"。其中，《阳湖别墅图记》描述了阳湖别墅的景观布局：

瓯之山自西来，沿江而下，其一枝入于江，断而复起若珠连者，曰九门山，郡城据之。其一枝自朱浦分，亦西行可数里，为二小枝，折而南，凡东西岙二，总名曰阳岙。岙之水自西南来者雄溪、瞿溪、郭溪，为里四十而遥。南山折之汇而平，为湖，曰阳湖。当阳湖之前，突起两峰，其高逼汉，峰顶有台，曰吹台。或云其先子晋吹笙地也，亦名吹笙台。阳岙之东麓，则吾大参王公阳德别墅在焉。其三垂皆山，吹台前耸，俯临湖，湖之中宛然而洲者曰"浮碧"。墅之后清泉悬压匡下，

入溪，环堂而流，坐其中若斋舫焉，曰"湛然堂"。堂之后，迂径而东，有轩焉，

---

①　王叔杲：《王叔杲集》，《玉介园记略》，第369—370页。

②　王世贞：《阳湖别墅图记》，《弇州续稿》（收入《文渊阁四库全书》），卷61，第1a-2b页。

丛瓯之异卉木于庭，曰"众芳轩"。又东有楼焉，当四面山色环之如带，曰"纤青楼"。轩之后修竹将万挺，循竹而西，北有径四，曰"四时"，其卉木如其时。①

阳湖别墅在一定程度上显示了明中叶温州士大夫文化的情趣转向，江南化的趋势越来越凸显，阳湖别墅成为城居园林的典范之一。如王思任谓，"予游赏园林半天下，弇州名甚，云间费甚，布置纵佳，我心不快。独快者，永嘉之'阳湖'，锡山之'愚谷'，次甯濑水之'彭园'耳"②。

阳湖别墅和玉介园建成后，王叔杲有了集结温州士人与山人的新场所，"公既归，而故所治别墅阳湖、玉介者，悉幽宵郁纡，擅丘壑之美，手所种树，大者蔽牛，其次巢鹤，小者亦鸣蝉矣。益斥治池馆台榭，朱廊碧槛，与清流嘉木相映带，若仙都洞府然，平泉、金谷无论也。时江陵相雅知公，欲加援引，即家补官福建参政。公坚卧不起，日与棋酒客出游山墅，拍浮竟日，公府请谒，绝不与闻。"③康从理与王叔杲相交甚深，即与王叔杲比邻而居。王叔杲给王世贞之弟王世懋（1536—1588）的信中说，"康裕卿近卜居阳湖之西，相去仅隔一牛鸣"④。康从理的生活境遇并不理想，"渠苦家累，又为病魔所困"，居住在阳湖别墅之西的用意，即求得王叔杲等人关照，这与康从理以往做法一脉相承，王叔杲曾说："裕卿不善生殖，人有急告，辄推而与之，前所积赀尽散，萧然四壁矣。而所游则益广，裕卿莫能支，乃偕项氏兄弟人燕京。"⑤文人会聚，切磋诗文为常态，"公（王叔杲）素志山水，日惟徜徉华麓、阳湖园墅间，与二三知契揽胜赋诗"⑥，"每宴席集，必首倡为诗歌，越日缮写，以诒同好"。⑦此时，继康从理之后的何白开始崭露头角，逐渐成为温州山人的重要代表人物。何白，乐清县金溪人，生于嘉靖四十一年（1562），7岁随父移居郡城。

① 王世贞：《阳湖别墅图记》，《弇州续稿》，卷61，第1a-2b页。

② 王思任：《古今图书集成·经济汇编·考工典》，卷120，园林部：《记修苍浦园序》，第33页。

③ 王稚登：《福建参政旸谷王公墓表》，王叔杲：《王叔杲集》，第520页。

④ 王叔杲：《王叔杲集》，《与王麟洲少参》，第290页。

⑤ 王叔杲：《王叔杲集》，《康山人传》，第246页。

⑥ 王光美：《录〈玉介园存稿〉书后》，王叔杲：《王叔杲集》，第405页。

⑦ 王光美：《先参政公行政》，永昌堡文化研究会编：《王季中集》，香港出版社，2015年，第417页。

17 岁左右开始写诗，他在《柯茂倩〈歌宜室集〉序》曰："余少孤露，年十六七，辄能操笔为诗歌，刻烛累千余言，淋漓自喜。"[1]万历八年（1580），何白被张璁之孙张鸣鸾（仲仪）聘请至家教导子弟，与永嘉场世家子弟开始密切往来。王叔杲有所睹，爱惜其才华，视之如康从理，"永嘉诗人自康裕卿而后，指不可胜缕，近乃有何无咎才行甚高，皆布衣穷巷之夫，公礼为上客，待以忘年，而后悉成名士"[2]。王叔杲之子王季中与何白交往最深，他生活在阳湖别墅中，一部分诗结集为《湖上草》，何白为其撰序时，展现了浓厚的"山人"意象：

先大参公治别业于阳湖，湖当三溪之汇，天空水阔，松古云寒。季中眼则刺艇花蒲丛中，沿逗于烟波沙屿之渚，左摩彝鼎，右披图书，焚香煮茗，翛然人外。望者儗之赵孟坚、米海岳书画舫，日吸其灵爽清寒之趣，发为舣翰，合音赴节，若绎储、孟诸人逸思隽响也。其取境传情，清晖映发，又如揽华子冈，辄水涟漪，与月上下，濯濯把人，清澈毛胆。[3]

王季中、何白等人在阳湖别墅等地结社雅集，地近郡城，也吸引城内官宦官员参与，"永嘉陈尹其志，福之莆田人也，平日洒落不羁，好与诸山人狎昵，兴济不拘"[4]。他参与了 1584 年的一次诗文雅集活动，王光美撰写了《九日陈公衡令君携朱在明、张邦粹、洪从周、周文美、张英父、刘忠父、何无咎移酌阳湖分得"灯"字》、何白撰写了《同陈公衡明府，招集同社泛舟阳湖，得"云"字》等。1588 年，龙膺到温州担任府学教授，与王季中、项季舆、何白等组成白鹿诗社。何白的《汲古堂续集》中《寄龙君御》的序谓："君御昔以司理左迁永嘉广文，与余及二三子结白鹿社"，诗曰："使君昔作南迎客，龙性由来宜大泽。一笑相逢东海头，坐使风骚动江国。当年握手刘（忠父）与王（季中），间有门人参讲席。"[5]龙膺对温州的文人与山人并不陌生，其舅父陈文烛号为五岳山人。陈文烛和康从理有很深的交清，并为

① 何白:《何白集》,《柯茂倩〈歌宜室集〉序》, 第 386 页。

② 王穉登:《福建参政赐谷王公墓表》, 王叔杲:《王叔杲集》, 第 520 页。

③ 何白:《何白集》,《湖上草序》, 第 386 页。

④ 姜准:《岐海琐谈》, 上海社会科学院出版社, 2002 年, 第 251 页。

⑤ 何白:《何白集》,《寄龙君御》, 第 523 页。

康从理文集作序。除此之外，陈文烛也与洪孝先、项乔及项文焕、项文言等人有交谊。后来，龙膺离开温州后，奔赴金陵与陈文烛见面①。白鹿诗社的诗友除了王光美和何白之外，还有项守祖、项敬祖、姚虚焕、柯荣、邵建章、刘康社、周文美、杨汝迁、吴宗孔、徐伯用等人，涵盖了温州山人群体的主体。

　　龙膺担任温州府学教授，日常起居和处理行政的住宿应在书院之中，潘猛补先生由此考证出白鹿社成立在中山书院。②需要指出的是，白鹿社人雅集是流动的，"广文先生无所事事，日以登临为期会，以倡和为簿书，以拍浮为法令，依然一楚狂也。探仙岩，寻休粮庵秀和尚逢席。已，泛阳湖。已，穷雁宕最幽胜处。"③因此，阳湖别墅特有的园林空间也成为白鹿社举行雅集的主要地点，王叔杲、王光美为之主事。吴稼澄第一次来温州阳湖别墅拜见王叔杲，恰逢白鹿社雅集之举，即撰诗《奉谒参知永嘉王公宴集赋呈》曰："杨花吹雪满山城，拂袖东来海气清。喜见王乔骖白鹿，不愁谢傅起苍生。檐间旧识营巢燕，曲里新闻出谷莺。座客相看多皓首，翟门何处见交情"④。吴稼澄陪同王叔杲泛舟阳湖，又撰诗《奉陪王参知公泛舟之阳湖》⑤，随后撰写《阳湖杂咏二十首》描述阳湖别墅中的二十个亭榭景观：青晖堂、纤青阁、知乐轩、聚秀园、红雨蹊、涟漪亭、潜光室、暑香亭、金粟岭、穿云峡、超览亭、筠阿馆、绿沉坳、淳玉沼、卧虹涧、香雪坞、清凉界、锦浪堤、宝界庵、浮碧台等。⑥

　　龙膺离开温州之后，王光美等坚持社集活动。王光美专门撰《白鹿社草》为名的诗集，诗篇有《白鹿社成诸君子集梦草池赋酬龙君善先生得"扬"字》等。他们还招引其他人加入诗社，如王光美写有《招柯茂倩入白鹿社》。在王、何诗文中出现频率较高的刘忠父是白鹿社主要成员，他属于军官身份，担任温州卫指挥使之职⑦，军事才干较为突出。时人在万历十二年（1584）记载，"原任川沙把总、温州

①　龙膺：《龙膺集》，《胜果园记》，第 181 页。

②　潘猛补：《明代温州白鹿社考》，《温州职业技术学院学报》，2014 年第 3 期。

③　龙膺：《龙膺集》，《胜果园记》，第 181 页。

④　吴稼澄：《玄盖副草》（万历家刻本），卷 16，《奉谒参知永嘉王公宴集赋呈》，第 8a 页。

⑤　吴稼澄：《玄盖副草》，卷 16，《奉陪王参知公泛舟之阳湖》，第 9a 页。

⑥　吴稼澄：《玄盖副草》，卷 4，《阳湖杂咏二十首为王参知乡赋》，第 5a-8a 页。

⑦　汤日昭纂：《（万历）温州府志》，卷 3，建置志，卫所乡置，第 18b 页。

卫指挥同知刘懋功，谈吐风生、精神骁勇。哨远洋，虽蹈危地不避；习海务，即气岸何妨。此一臣者，堪备守提之选者"①。王穉登称赞其文武双全的能力："温州卫指挥刘懋功，经笥与武库齐探，儒术将《阴符》并贮。"②明中叶后，武将与文人的共同结社，以提高自身声名，这种现象称为武官的"文教化"或"文人化"③，《岐海琐谈》记载了一则趣闻：

> 温州卫军余蒋禄，家饶于赀，疏于文墨，以纳粟职授千户。傍松台山麓创建别墅，即今"宝纶楼"前垣内空地，皆故址也。好以翰札自饰，闻有《汉书》可资博览，购之全帙，置诸园馆几上。凡见人来游园者，辄揭书作点头咕哗之状，以欺时俗。别号松泉，绘成图障，为苍松流瀑之景。乃讶其绘史曰："松既有矣，船则安在？"盖不知流瀑为泉，而以"泉"为"船"也，闻者为一粲。④

这则笔记意在讽刺卫所军余的"文人化"假象，但反映出温州也盛行同样社会风尚，一定程度上揭示了刘忠父参与白鹿社的文化动机。如白鹿社友邵少文所言，"刘挥使懋功，字忠父，耻列武弁，寄情艺苑，才颇老苍。古体歌行，矫劲有力。"⑤

王叔杲等永嘉场世家逐渐城居，追求"山林气息"是其文化动因之一。但如果与嘉靖中叶的沿海倭乱联系起来，其中也有滨海地域的社会动因。永嘉场地处滨海，经常遭到战事侵扰，王叔杲、王叔果等在城内或城西构建别业也有保证家人与家业

---

① 温纯：《温恭毅集》（收入《文渊阁四库全书》，第 1288 册，台湾商务印书馆，1983 年，据台北故宫博物院藏本影印），卷 4，《灾异频仍悬乞圣明敦政体饬武备以除隐患以图消弭疏》，第 24a 页。

② 贺复征辑：《文章辨体汇选》（收入《文渊阁四库全书》，第 1402—1410 册），卷 243，《与顾益卿书》，第 22b 页。

③ 王鸿泰：《文武交际：明后期武人与文士的文化交流》，台湾《"中研院"明清研究国际学术研讨论会论文集》，2013 年；秦博：《明代前中期武官"文教化"现象初探》，《中国社会历史评论》，2015 年，16 下（天津，2015），第 48—71 页。

④ 姜准：《岐海琐谈》，第 233 页，温州方言，"泉"与"船"同音。

⑤ 周天锡辑：《慎江诗类》（永嘉黄氏敬乡楼抄本，温州市图书馆藏），卷 3，转见孙衣言：《瓯海轶闻》下册，上海社会科学院出版社，2005 年，第 1015 页。

安全的目的。不过，他们的"寄生"色彩并不像江南士人那么浓厚[①]，他们在城内宅邸开设当铺，也拥有乡下田产以及"各乡佃仆妻孥辈"[②]。"乡居"和"城居"两种生活状态并不截然分离，没有出现类似"江南无宗族"的迹象[③]。尤其重要的是，永嘉盐场世家依靠土地经济和盐业经济获得资金投资园林，逐渐使城居生活呈现为观赏性的面貌[④]。在此局面之下，阳湖别墅被构建为权势和品味的空间，成为联络郡城各类人物的中心区。以山人为核心的雅集活动，既有在任官员，也有致仕大老，还有卫所军官，诸多身份群体跻身于此。与其说是一个纵情山水的清闲之所，还不如说是一个展现新文化意趣的社交平台，形态上与江南的山人雅集有相当大的差别。

五、声色流风与小史度曲的文艺生活

江南山人中的曲艺高手比比皆是，康从理、项文蔚在金陵参与鹭峰诗社活动，鹭峰诗社以宴饮唱酬、征歌度曲而闻名。何白游历在外，曾参加太仓季氏园雅集，曲艺也为必备之举："团扇新翻周史曲，中洲时和越人歌。酒醒蘋末凉风人，客散平台奈晚何。"[⑤] 随着温州山人雅集的展开，精于词曲之江南山人也纷纷来此。嘉靖三十二年（1553），精于音律的梁辰鱼（1519—1591）南游永嘉等地，温州世家子弟与山人热情接待，宴席之际即有曲艺活动。另外，绍兴山人陈鹤善于各类曲艺演技，"酒酣言洽，山人为起舞也，而复坐，歌啸谐谑，一座尽倾。……其所自娱博戏，虽琐至吴傲越曲，绿章释梵，巫史祝咒，榷歌菱唱，伐木挽石，薤辞傩逐，侏儒伶倡，万舞偶剧，投壶博戏，酒政阄筹，稗官小说，与一切四方之语言，乐师蒙瞍，口诵

① ［日］滨岛敦俊：《明代中后期江南士大夫的乡居和城居：从"民望"到"乡绅"》，《明代研究》2008 年第 11 期。

② 姜准：《岐海琐谈》，第 253 页。

③ ［日］滨岛敦俊等：《江南无"宗族"》，邹振环、黄敬斌主编：《明清以来江南城市发展与文化交流》，复旦大学出版社，2011 年，第 281—292 页。

④ 巫仁恕：《从生产性到观赏性？——明清苏州园林型态的再思考》，复旦大学历史系编：《江南与中外交流》，复旦大学出版社，2009 年，第 263—287 页。

⑤ 何白：《何白集》，《郁文学携尊饮季氏园，时有小史度曲》，第 296 页。

而手奏者，一遇兴至，身亲为之，靡不穷态极调。"[1]他与张逊业等人交往颇深，旅居永嘉场，与王德、王应辰、王一夔、王叔杲、项季舆、侯一麟等人交往颇深。"嘉靖末年，海内宴安，士大夫富厚者，以治园亭，教歌舞之隙，间及古玩"[2]，流风所向，温州士人也尝试填词作曲以自娱。嘉靖三十年（1551），王叔杲丁忧在家，写了一首诗，题为《张瓯江表叔新制拍板成，索诸友题赠刻之，戏占一绝，时张以尚宝谪官淮运》："句板频催怅别宴，新声低按紫箫篇。春风吹人昭阳去，应念当年李谪仙"[3]，诗中的"拍板"又称檀香板、绰板，用于戏曲、曲艺和器乐合奏，张逊业以音乐消遣被贬闲暇生活的状况。王叔杲也参与编写剧本，王叔杲就写了一首诗为记，"旧业城西绿荫繁，新开桔圃属仙源。鹤林负郭俱佳胜，遮莫人称独乐园。世事无端剧戏伦，词林幻出一番新。看君是处堪行乐，何处牢笼却羡人"[4]。

万历年间，士大夫们买童子设家乐成为时尚，陈龙正说："每见士大夫居家无事，搜买儿童，鼓习讴歌，称为'家乐'"，王叔杲等人予以仿效，"从父鸿胪后桥公讳叔本亦谢簿政归，从公同妙解音律，集小史数辈，岁时伏腊及花晨月夕，邀长公与俱，集宾友为高会，命小史曼声奏舞"[5]。"小史"即王叔杲私人置办的戏曲人员。家乐演戏也是社交手段。王氏父子在阳湖别墅中设家乐，主要目的是在知交好友来访之际或重要节日宴请之际，以器乐、清唱、跳舞助兴。阳湖别墅等地是王叔杲、王季中父子开锣演戏的主要场所。比如一年四季赏花之际，均有演剧。何白描述秋季赏菊："越罗吴绡裁舞农，翠幄银灯燃丸徽。绛河一道列珠斗，似与素月争光辉，又如霓裳炯明灭，环佩自绕行云飞。"[6]何白的《王季中光禄玉介园红白梅花盛开，是夕悬灯数百枝花林中，并在花下布席，陈歌舞为高会纪胜八绝》描述玉介园梅花盛开与观赏歌舞情形[7]。王季中自己亦描云："西园多胜赏，上客共酣春。乐府歌儿旧，池

---

① 徐渭：《徐渭集》，《陈山人墓表》，中华书局，2012年，第641页。

② 沈德符：《万历野获编》卷26，中华书局，1997年，第654页。

③ 王叔杲：《王叔杲集》，黄山书社，2009年，第62页。

④ 王叔杲：《王叔杲集》，《答见鹤伯兄，时改诸剧本》，第153页。

⑤ 王光美：《先参政公行状》，永昌堡文化研究会编：《王季中集》，第413页。

⑥ 何白：《何白集》，《集王季中餐英馆灯下菊观剧》，第381页。

⑦ 何白：《何白集》，第370页。

塘花事新。缘知行乐者，应念向隅人。赖有庭柯发。芳枝聊自观。"①

男旦为戏曲舞台的主流，家乐优童为男性演员。王季中的《傩童》描述阳湖别墅中的优童演出情形，"小史能歌舞，香风逐袖生。效妆垂手便，学态折腰轻。媛女空疑妒，游人总目成。假真那可辨，曼脸故含情"②。另外，《赠小史》描写同样情形："少小歌儿自不群，征声度曲驻流云。盈盈惯作依人态，赢得新诗满练裙"。③吴稼登二次来到温州观赏了王氏家乐，他在《王季中席上呈诸君》描述"小史"曰："东游拟卧赤城天，留滞无端胜事偏。树底落花春未扫，林端明月夜初悬。醉来舞荐容救枕，歌罢优童为拍肩。不是寻常疏礼法，客狂聊见主人贤。"④，诗歌描述优童唱曲陪酒之状。另外一首《暑香亭观荷花分韵诗，时以优童佐觞》云，"越女娇应妒，吴姬色较空。欲裁新乐府，无过采莲童"⑤。除了阳湖别墅夜夜笙歌之外，白鹿社友邵少文（建章）也热衷此举，他邀请吴稼登共同看戏听曲，吴稼登撰诗为记："自从来作永嘉客，处处登临费双屐。欲挟江城少妙伎，谢公笑我无颜色。邵生自命高阳徒，置酒名园夜见呼。芙蓉零落龋池上，月中香气秋模糊。优童数辈忽见迫，唇若涂朱皓齿白。纤手清歌捧玉壶，歌罢壶倾酒添碧。尽道佳人百不如，也知未钓非前鱼。豪达为欢亦偶尔，镜花水月皆成虚。高兴无过为君饮，斗转参横未能寝。何处城乌不住啼，露坠高天井梧冷"⑥。以"尽道佳人百不如，也知未钓非前鱼"推断，"优童数辈"可能均为男童。

项季舆、王季中、何白等人的雅集余兴，不仅仅只有男童小史，女伎行酒也是常事，歌姬与优童同时出现在结社活动中。何白描述："南湖园墅足风湍，夏木千章午亦寒。周史花开歌纂纂，越姬竹下骊珊珊。卅年神契千秋业，四海心倾一夕欢。头白可禁容易别，始知良晤古来难。"⑦何白的另外一首描述了山人雅集江心屿的声

① 王季中：《翁晋饮西园观剧忆之》，永昌堡文化研究会编：《王季中集》，第60—61页。

② 王季中：《傩童》，永昌堡文化研究会编：《王季中集》，第243页。

③ 王季中：《赠小史》，永昌堡文化研究会编：《王季中集》，第312页。

④ 吴稼登：《玄盖副草》，卷8，《王季中席上呈诸君》，第1a页。

⑤ 吴稼登：《玄盖副草》，卷11，《暑香亭观荷花分韵诗，时以优童佐觞》，第17b页。

⑥ 吴稼登：《玄盖副草》，卷7，《邵少文携酒东园见招戏成短歌》，第9b页。

⑦ 何白：《何白集》，《同灏水徐伯阳、祝长康、陈君益、邵少文集王开先阳湖别墅宴别，伯阳长康余三十年神交文字友，口时有歌姬小史行酒分韵得"珊"字》，第579页。

色生活，"直须呼酒邀明月，不用临风恨游波。白发青衫肠欲断，龟年檀板秦娘歌。"①
王季中曾组织的赏花雅集，因未有歌姬参与，何白撰诗云："林香酒气沁凉云，烛
下絪缊望不分。新谱已看邀彩笔，素心未许沈红裙。"诗下特别注明："座客云：恨
尤红裙行酒，戏为解嘲。"②

六、禅僧入社与山人的个体宗教体验

明代的文人结社与宗教有着千丝万缕的关系。万历时期的禅宗"复兴"来自士
大夫与禅僧的内外呼应、互相标榜。白鹿社结社也有这种迹象。龙膺在《〈秀上人
诗集〉序》中说：

> 己丑（万历十七年，1589），余谪居瓯骆，与王季仲、何无咎诸子结白鹿社于中山，
> 适海虞秀上人自天堂至，入社称诗，抒思匠心，亭亭物表。已，家孝廉兄至自明州，
> 偕余操青雀舫访上人于仙岩之休粮庵，历龙须潭，登绝顶，望沧海如杯。道逢奔虎，
> 偕行者靡不色变，而上人往复自如，无所恐怖。予窃心异之，岂其业空缘废，理胜
> 惑亡，如李通玄之住神福，善觉之住华林耶？③

《秀上人诗集》也称《秀道人集》，秀上人法名慧秀，俗姓蒋，字孤松，号秀道人、
孤松上人，常熟人。出家后云游四方，历峨眉山、天台山、雁荡山，后栖仙岩休粮
庵④。龙膺回忆慧秀和尚从"天堂"至，"天堂"指普陀山。后来何白送别慧秀的诗
题为《送秀上人还吴二首，上人曩从补洛伽航海至永嘉，结庐仙岩山中凡二载，兹
将取道白岳入吴，赋此赠别》可为印证，"补洛伽"即普陀山。慧秀游方至温州之

---

① 何白：《何白集》，《秋日刘长孙同诸君子集江心寺，座有吴姬及歌儿，行酒分得"歌"字》，
　第569页。

② 何白：《何白集》，《夜集王季中光禄宅赏夜合花，花环列四座数百本，烛下香气蓬勃，
　殊快人意，醉后和季中五首》，第381页。

③ 龙膺：《龙膺集》，《秀上人诗集》序，第93页。

④ 《（康熙）常熟县志》，《中国地方志集成》，第21册江苏府县志辑，上海书店，1991年，
　卷22，仙释，第560页。

际，与王光美、何白等人成为白鹿社社友后，移居到仙岩休粮庵。龙膺在温州期间，与慧秀交往密切，其兄龙襄（君超）从宁波到温州探望，沿着温瑞塘河舟行到仙岩休粮庵拜访慧秀和尚，游览仙岩的山海景观。这次拜访也是白鹿社的雅集活动，"偕行者"有何白、朱在明、张邦粹、王季中等人。何白撰有《仙岩纪游》诗四首[①]，另有《同朱在明、张邦粹、王季中宿仙岩清晖楼，晓起寻梅雨潭、雷门、龙须瀑，憩休粮、伏虎二庵，登绝顶望海上诸山作》为记[②]。慧秀和尚安顿于休粮庵，可能与王叔杲、王季中等人的引荐有关。

　　王叔果、王叔杲、王季中等与温台地区佛教高僧往来极为密切，在外为宦或游学也频频造访寺院。隆庆年间，王叔杲与康裕卿就一起到积善寺拜访高僧，"策马访幽寺，到门繁夏阴。地偏无过骑，院静有鸣禽。偶对高僧话，真同隐者心。惟应共裴迪，乘暇数招寻。"[③]王叔果与石室和尚往来密切，受其禅学思想和修行方式影响很深。王叔果撰诗曰，"远师早出人世间，一住空门积岁年。海上大颠长入定，湖中操琴竟逃禅。"[④]王叔果在《甲寅秋日游仙岩访石室上人，方举废，喜而赋之二首》诗中有"曹溪结净因"之句，可见石室和尚为曹溪宗传人[⑤]。王叔果向石室和尚请教打坐入定方式，"问道叩禅关"，感悟后认为，"定久应生慧，观空岂是顽。相看醒大梦，劳扰愧尘颜"[⑥]。石室和尚闭关之际，专门与王叔果话别，"即拟超三界，还应谢四流"[⑦]。王叔果还与王海坛、王九岳等人共同到瑞安与永嘉之间的仙岩寺观摩众僧入定，"扁舟晚赴白云期，闭户焚香入定时。大地喜成千佛会，禅林应报长新枝。钟麓乘风出上方，长明灯焰隐连房。六尘到此浑如洗，坐对瞿昙一柱香"[⑧]。王叔果也在仙岩寺内修炼入定参禅之法，后以诗曰："初地芳春敞法筵，喜看飞锡集诸天。千幡不董慈

① 何白：《何白集》，《仙岩纪游》，第83—84页。

② 何白：《何白集》，第133—134页。

③ 王叔杲：《王叔杲集》，《同康山人过积善寺》，第102页。

④ 王叔果：《王叔果集》，《龙翔寺赠石室上人》，第11页。

⑤ 王叔果：《王叔果集》，《甲寅秋日游仙岩访石室上人，方举废，喜而赋之二首》，第62页。

⑥ 王叔果：《王叔果集》，《龙翔寺访石室上人》，第44页。

⑦ 王叔果：《王叔果集》，《石室上人将入定，过予山中言别，赋赠》，第38页。

⑧ 王叔果：《王叔果集》，《丁卯春日同王海坛、王九岳过仙岩观诸僧入定》，第106页。

云护，双树高标慧月悬。面壁达摩真出世，长斋苏晋欲逃禅。尘劳扰扰殊堪厌，何似名山结净缘"①。参禅之余，王叔果还创作佛乐，仿梵音佛曲定《西方乐四首》②。

王叔果等人向禅僧学习入定修行之法，目的在于远离尘事烦扰，寻求精神的安慰与解脱。侯一麟的表达比王叔果直白，他明确"谈禅"或"参禅"目的在于超越世俗生活，这与他们接受山人文化的意愿是一致的。他的《严中川枉顾之明日，贻书谓得予谈而悟玄机，因用禅语答寄》表达这一认知③。严中川为王叔果和王叔杲的姐夫，生平颇为劳顿，王叔杲在《寄严中丈》言，"中川婿，余女兄，母夫人所钟情焉。余自髫年追随，今忽忽俱成皓首。中川少负奇气，乃竟厄时命，困踬风云，仅以丞贰投老，晚年生计沦落，郁郁不如意。"④由此可见侯一麟、严中川、王叔果等人常常聚会谈禅而悟玄机，意在摆脱心态困境。

在明后期的温州士人群体中，何白的佛学修养最为深厚，文集中留有大量与禅僧往来的诗文以及佛理论说。龙膺与何白的联系最为密切，深知其佛学造诣，因此为何白取号"无垢"之际，他按照佛家原理对"无垢"予以解释："太虚次寥，无翳无障。清净妙明，是如来藏。净亦强名，垢岂实相？名相虚立，本体如如。天赋明德，蒙养厥初。文以礼乐，辅以诗书。大人之心，不失赤子。如鉴之空，如水之止。命曰无垢，以介繁祉"⑤。何白的佛教实践与王叔果、王季中等人存在较大差异，他不是以简单的入定参禅、聚会谈禅进行个体精神修炼，是通过读经、解经、抄经、请经、刻经的方式展开宗教活动。有门法师（1554—1628）是与何白交往的重要禅僧，僧名为"传灯"。传灯在万历年间跟随百松大师学习《童蒙止观》，万历八年（1580）随百松到天台定慧镇身塔院学习《法华经》和《楞严经》，万历十四年（1584）决心重振高明寺，经历32年才完成。在此期间，他开辟幽溪讲堂，授徒说法，弘扬天台宗旨，会通儒、释，统一天台与华严等佛教义理，在天台宗中兴上具有重要作用，被尊为天台宗第三十祖，称为"幽溪传灯大师"。何白因地缘之便，皈依天台

---

① 王叔果：《王叔果集》，《仙岩寺参禅赠肃岩、隐峰二上人》，第106页。

② 王叔果：《王叔果集》，《仙岩寺参禅偶闻佛曲作六言西方乐四首》，第119—120页。

③ 侯一麟：《龙门集》，《严中川枉顾之明日，贻书谓得予谈而悟玄机，因用禅语答寄》，第36页。

④ 王叔杲：《王叔杲集》，《寄严中丈》，第127页。

⑤ 龙膺：《龙膺集》，《无垢字赞》，第233页。

宗，追随有门法师学习佛法，在《天台访有门法师，幽溪夜坐即事》即确认，"境涉去来宁有住，际空前后已忘言。心香暗向师前爇，瓢笠余生定弗谖。"①天台宗经典——《法华经》是有门法师主要宣讲的经典之一，何白的《人日同杨木父、项叔慎过集云寺，访有门法师。时法师集四众谈〈法华玄义〉，午后下座，携客列坐溪上，流憩久之，晚归修净业，作四首》记载了学习体会②。《法华玄义》的标准书名是《法华玄义辑要》（一卷），是阐释天台智者大师思想的重要著作。从四首诗内容看，何白跟随高僧学法，佛学修为已深入宗教内核，已非王叔果等人奉行的外在形式，这与一般山人的"狂禅"也有很大区别。何白专门写了《有门法师讲〈法华玄义〉疏》阐述有门法师宣讲内容："法师有门，辨才无碍。……冥心止观，绍嗣台宗。铜杖蒲团，夙悟于圭峰丈室；芦浮杯渡，爱止于无相道场。始谈《楞严》，于翠微一敷高座；继说大乘，于梅屿载转法轮。"③疏文指出有门法师最精到研究是《楞严经》。确实如此，有门法师在讲经之余，撰写27部著作，其中以《楞严经玄义》《楞严经圆通疏》等最为著名，《有门大师塔铭》概括为，"《楞严》为宗，天台教观为之几变"。④何白对有门法师有很深的宗教情感，他曾写《忆无尽法师》以抒怀，"幽溪慧业契南能，台岳宗风此代兴。再向讲庭开宝刹，更于觉路施金绳。香林法藏探无尽，人世津梁信有凭。欲口阿师真面目，一规满月正中庭"⑤。何白与有门法师的门人古予上人、幻由上人等也交往很深。何白初至高明寺时，写了一首诗，题为《宿高明寺，晓起礼佛，饭毕，同有门师暨上足幻由、午亭数人散步幽溪大石上，煮茗赋诗。已，登圆通洞，予书"圆通洞"三大字于石，并纪姓氏岁月，颇极世外之致》，幻由即幻由正路，午亭即午亭正时，为有门大师嫡传的第二代弟子，同行的也有古予上人。何白后来也回忆，"幽溪有门法师，以智者绝学倡东南，则古予我公，其上首也。……

---

① 何白：《何白集》，《天台访有门法师，幽溪夜坐即事》，第 292 页。

② 何白：《何白集》，《人日同杨木父、项叔慎过集云寺，访有门法师。时法师集四众谈〈法华玄义〉，午后下座，携客列坐溪上，流憩久之，晚归修净业，作四首》，第 77—78 页。

③ 何白：《何白集》，《有门法师讲〈法华玄义〉疏》，第 480 页。

④ 蒋鸣玉：《幽溪别志》（收入《四库全书存目丛书》，史部第 233 册，庄严文化事业有限公司，1996 年，卷 12，《有门大师塔铭》，第 277 页。

⑤ 何白：《何白集》，《忆无尽法师》，第 583 页。

予尝夜宿高明，朝登佛陇，则古予偕焉。"①

何白与有门和尚师徒的关系密切，成为天台宗向温州民间社会扩展的通道。幻由上人悉心研讨《法华玄义》《法华文句》《摩诃止观》，后赴温州后屿讲院传经，何白曾作《寿幻由法师序》为记，"天台法纽寝微，不绝如线。乃一振于百松，再振于幽溪，法席盛于南戒，入门弟子则幻由其上足也。"幻由法师在后屿精舍讲经，也常常邀请何白参与。幻由法师五十寿诞之际，地方士人为其祝寿，请求何白撰写"寿序"。何白在序文描述幻由法师借用寿诞在地传法的状况，"吾知其不为世俗之老，而徒受敬于妇孺闾閈也亦明矣。诞日始旦，法侣骈集，膝行下风，吹大法螺，击大法鼓，始以瓣香上供三世诸佛，再以瓣香起为师祝，师乃破颜作而言曰：愿以未艾日月，与诸佛子勉相进修，期抵于彼岸"②。民众受到天台宗佛法感召皈依佛门，其中也流传了不少灵异故事，何白对此也一一记载，以为传播。如黄姓人士长年失明，于是携子在鸣山寺剃度为僧，念诵《楞严》，"咒心二年"而"目有所见"。何白赠以短言以彰佛法修行之效，"君岂阿律陀，无目亦自见。花尽翳根灭，众色谁能眩。我本具双瞳，烂如岩下电。但作世间观，不见如来面。有儿相与话无生，眷属同居舍筏城。日夕香台疏磬发，一根摄尽六根清。"③何白与明末的温州著名佛家居士马一腾（1580—1637）因同为有门法师的俗家弟子，有密切往来，为其撰写墓志铭中详细地描述了温州佛教与天台宗的互动关系，认为马一腾源自天台，同时有所发挥，以居士身份承继和开拓了永嘉真觉大师的法脉④。

对比何白与王叔果等人的佛教信仰及其实践，虽然都在明中叶的禅宗复兴的大背景下展开，但内在理路出现巨大差异。即使他们同为白鹿社友，在文学诗作和日常生活上存在共识，然而因生命境遇、心性追求的不同，个体的宗教选择和修为方式呈现出了根本不同。王叔果、王季中等人借助禅僧指导以入定参禅方式驯服身体来逃避烦扰，不关注宗教实践的佛理及法脉。何白则基本上不关注禅修的表面形式，而是直奔佛理以及源流，在他的佛学认知中，身体性牵绊并不多见，如戏说半数庵

---

① 何白：《何白集》，《送古予上人入吴请经序并诗》，第 398 页。

② 何白：《何白集》，《寿幻由法师序》，第 612 页。

③ 何白：《何白集》，《黄生目瞙十余年，乃携一子从鸣山寺剃落，持〈楞严〉咒心二年所，目忽有见，因赠短言》，第 168 页。

④ 何白：《何白集》，《马居士墓铭》，第 720—721 页。

达摩祖师木像被盗，"山号偶仙门，庵偶名半树。寄语庵中人，佛在无佛处。"[1] 到了晚年，金用卿、颜虞仲与他讨论生死因果、人伦礼节之际，他仰天而嘻曰："爱自道裂，分途异辙。各执其是，各操其说。说无则眼见空华，说有则手捞水月。泥犁天堂，皆从心设，余又乌能弊弊焉为若辈分其是非，定其优劣耶？"[2]

七、结语

明代中叶，温州永嘉场地方社群借用滨海地域社会转型的历史机遇，以科举起家为基础建立广泛的师友、婚姻网络，形成了以普门张氏、李浦王氏、英桥王氏、七甲项氏等为主的世家大族，成为地域社会的权势核心。与此同时，世家大族利用族中仕宦在外任官之机，家族子弟得以游历各方，获得了向外联结的社会机缘，以项乔之子项季舆的交际为例：

交知遍宇内，类皆有重名当世者。在栝苍，则李铁城旭山、何宾岩、郑昆岩诸公善。在永康，则王卫尉、左史伯仲善，每琴酒相过从，递为南明、万象、鼎湖、华溪之游，乘兴或连朝，淹期则累月。在兰阴，则胡元瑞父子善，元瑞赡撰结、慎许可，雅爱季舆，其尊公公泉公亦昵季舆，相得甚欢。在武林，则施虎泉、李峄嵝善，日置酒湖山，更致他客饮狎无间。在携李，则同宗项少溪墨、林玄池善，敦修宗盟之谊甚殷也，在金阊，则周幼海、王百谷、俞安期及三张诸人善，尝一再过弇园访琅琊兄弟凤洲、麟洲二先生，二先生雅与季舆尊公为文字友，深喜季舆能以词翰世其家，每与轰饮，辄曰酒德过其父，呼为小友。在金陵，则陈横岩、姚秋涧、张白门、邢雉山善。时莆中方切庵为水部郎，雅诗豪酒，乃拉季舆及周雁山诸君结白门社，日以奇语险韵相角为快也[3]。

如果将项季舆的人际网络视为王汎森教授指出的社会文化的"毛细血管"，可

---

[1] 何白：《何白集》，《仙门山中半树庵，木根达摩祖师高四尺，梵相奇古。一夕为人窃去，庵主吴晖之居士深为惋惜，戏作一偈以解之》，第756页。

[2] 何白：《何白集》，《广生因死果篇》，第743页。

[3] 何白：《何白集》，《项季舆传》，第445页。

见它赋予的身体营养和体液循环已与以往完全不同，并已经慢慢长生出新的肌理，必然导致原有人群或具有新知的人群编织新的网络，塑造和展开新的"结构化过程"，这是已有分析微观地域社会演进少有涉及的。本文的论述出发点之一是希望将这个过程予以超越地域的视野进行分析。需要指出的是，永嘉场世家的崛起与首倡"大礼议"引发的政治后遗症使温州世家子弟的仕途遭受挫折，他们遭到其他政治力量的压制。在此态势下，士人对现实政治逐渐失望而采取了躲避政治的姿态。16世纪初以来，江南经济的繁庶促成了自由解放的生活方式，文人士大夫讲求品位，抒发个性，摆脱政治，山人文化逐渐流行。山人群体以"游"为生命特征，得到永嘉场官宦世家子弟支持和回应。在此格局下，江南山人文化风尚通过上述士人的"毛细血管"而输入到温州，山人的艺能才华以及清雅悠闲的生活追求，形塑了文人阶层的精神与心态，改造了温州宋明以来的"事功"风气。世家子弟纷纷将自我的文化认同转向山人文化，张、王、项等家族开始仿照江南士大夫投资园林，以土地和盐业的经济获利建造园林，实现从"乡居"到"城居"的跨越，其中以王叔杲等人构筑的阳湖别墅和玉介园最具有典范意义。毫无疑问，明中叶的温州士人对城居空间的追求具有"江南化"的趋势，"权势"与"品位"成为园林建造的主要特征。在山人文化的带动下，声色犬马、园林生活、个性自由、戏剧活动的文化形态似乎代表了温州地域文化发展新动向。直到清初，"山人"结社的文化形态仍在延续，出现了城南七子、永嘉五子等社会群体，乾隆年间，卖菜的季碧山、营卒黄巢松、茶馆役使祝圣源、鱼贩梅方通、修容的计化龙、锻铁的周士华、银匠张丙光七人组成诗歌社，称为"市井七才子"，达到了雅集"至俗"的高峰。

应该指出，温州地处江南核心区的边缘地带，虽然地方结社的文化形态呈现了"山人化"和"江南化"的若干特征，但没有产生像江南地区那样的庞大士人群体，在区域文化的流动性不足的状态下，结社活动往往成为维系着旧有的社交圈层、社会地位、经济利益和政治权威的重要关系平台。阳湖别墅等新式社会空间的出现，其功能固然具有山人结社雅集的一面，同时也是联络各类社会群体的社交平台，雅集、宴席、观剧的背后是各种地方关系的重新整合。组织者和参与者以文化资本博取政治资本和社会控制话语权，目的在于最终维持世家大族和地方权势，力图在社会资源的重新分配中获得先机。

原载《结社的艺术：16—18世纪东亚世界的文人社集》，张艺曦主编，广西师范大学出版社2022年版

列女书写、妇德规训与地域秩序
——以明清乐清县志为中心的考察

李世众

[摘　要] 不同版本的明清县志《列女传》，在传记内容和叙事策略上存在着隐晦的差异。这些差异往往呈现出士绅"妇德"塑造的脉络，以及不同时期士绅妇德内涵的演化轨迹。结合时代环境的变换分析士绅的妇德规训意图，可以得出三点结论：第一，清中叶以后妇德内涵建构呈现了多样化的趋势。由明代较为单一的"贞烈"导向，增加了以欧阳修母亲式的、以"荻训"为特征的贤母规范，到清末士绅又表达了列女书写包含"才女"的意向。因此，有必要重新检讨学界的这个一般性认识：明以后妇德内涵朝着"贞烈"的单一导向而趋于"窄化"。第二，士绅的妇德建构因应特定的时代问题，清中叶以来妇德建构的两方面内容，倡导贤母和批判佛道信仰、私育异姓，均非作者书斋臆想的产物。第三，士绅妇德规训牵涉到极为实在的物质层面问题。列女书写具有维护地域的社会秩序、政治秩序和文化秩序三个方面的意涵。近百年来节烈观念批判者的攻击火力主要集中在道德规范层面，而没有探究妇德规训背后坚硬广阔的底座。因此他们无法解释古人普遍肯定妇女节烈实践的事实。研究妇德观念的建构过程有助于深化对新文化运动的反思。

[关键词] 列女书写　妇德建构　地域秩序　温州乐清

> 他想塑造人——却把人扭曲得不是人。
>
> ——木心

一、前言

男女两性关系问题是人类社会的一个永恒母题。明清妇女的节烈实践是人类男女关系史上的重大历史现象，值得我们对此进行深入的探索。据学者研究，寡妇守节为宋代理学家高调提倡的理想，但成为寡妇们普遍实践的准则要到明清以后。[1]作为宋儒理想的守节，至明清演化为寡妇们的道德戒律，节烈风气的蔓延达六个世纪之久。节烈妇女的悲惨人生引起了启蒙健将对节烈观念的鞭挞，鲁迅的《我之节烈观》激起了五四一代青年男女的广泛共鸣，业已成为一个新文化运动的经典。[2]

大概受汗牛充栋般启蒙读物的影响，人们往往会产生误解，以为明清妇女节烈实践的主要动力就是宋儒的节烈观念，声称"饿死事小，失节事大"的理学家是残害妇女的唯一祸首。20世纪80年代以来，随着妇女/性别研究的兴起，对"贞节烈女"现象的研究呈现了异常繁荣的局面，研究的主题和角度丰富而多样。学者们认识到节烈现象的出现并不是单纯的"节烈"理论指导的结果，而与婚姻制度的变更、商品经济的发展，以及人文环境的嬗递有着深刻而复杂的关系。寡妇守节不仅是国家和社会对妇女的道德期许，还是寡妇自身的利益最大化，于是寡妇守节似乎有其所谓的"合理性"。这就可以理解，在近代启蒙运动兴起之前，"惨无人道"的节烈观念为什么很少被质疑。[3]

以往学者们的节烈研究途径多为上层文化精英视角和国家视角，使用材料多采自刘向以来的经典作品和历代正史中之列女传等。[4]本文拟下沉到县一级的地方层

---

[1] 对节烈实践的普遍性说明可参见张彬村之《明清时期寡妇守节的风气——理性选择的问题》(《新史学》1999年第10卷第2期)。另林丽月《孝道与妇道：明代孝妇的文化史考察》(《近代中国妇女史研究》1998年第6期)一文用"罄竹书写"来说明明清两代贞节烈妇记载之多。

[2] 鲁迅：《我之节烈观》，《鲁迅全集》第一卷，人民文学出版社，1981年，第116—125页。

[3] 归有光、汪中和俞正燮等对礼教的批判为人所乐道，但没有人注意到他们只是对室女守贞殉节有非议，而不是对传统节烈观的整体性否定。可参见以下文献：归有光：《贞女论》，《震川先生集》，周本淳点校，上海古籍出版社，1981年，第58—59页；汪中：《女子许嫁而婿死从死及守志议》，《汪中集》，王清信、叶纯芳点校，"中研院"中国文哲研究所筹备处，2000年，第38—41页；俞正燮：《贞女说》，《癸巳类稿》卷十三，清道光十三年求日益斋刻本。

[4] 可参见以下作品：T'ien, Ju-k'ang, Male Anxiety and Female Chastity : A comparative Study of Chinese Ethical Values in Ming-Ch'ing Times, Leiden, Brill, 1988. 安碧莲：《明代妇女贞节观的强化与实践》，博士学位论文，"中国文化大学"史学研究所，1995年。周窈窕：《清代桐城学者与妇女的极端行为》，鲍家麟编：《中国妇女史论四集》，稻香出版社，1995年。林丽月：《孝道与妇道：明代孝妇的文化史考察》，《近代中国妇女史研究》1998年第6期。杜芳琴：《尚烈与倡节：明清贞节特点及其成因》，《中国社会性别的历史文化寻踪》，天津社会科学院出版社，1998年。费丝言：《由典范到规范——从明代贞节烈女的辨识与流传看贞节观念的严格化》，台湾大学出版委员会，1998年。张彬村：《明清时期寡妇守节的风气——理性选择的问题》，《新史学》1999年第10卷第2期。衣若兰：《史学与性别——〈明史·列女传〉与明代女性史之建构》，山西教育出版社，2011年。

面，以县志中之列女传为探讨的基本材料。① 县志的编纂往往由帝国基层官僚县令牵头，由县域中之寂寂无名的士绅合作完成，因此县志既体现了国家意识形态的正统性，也反映了地方士绅的一般观念。较之于上层精英的典范文本，县志列女传对于寡妇节烈实践的关联度也是无与伦比的。

本文拟以明清温州府乐清县志中之列女传为核心材料，比较时间跨度数百年的各个版本县志的列女书写，分析列女传记如何取舍材料，审视传记试图凸显什么，又隐藏了什么，进而从中透视地方士绅妇德观念有着怎样的内涵，它是如何被建构起来的，背后有着怎样的意图。

本文的目标不是用史料来复原明清节妇生活的"实像"，而是试图描述明清节妇书写的历程；也即本文不属于节妇实际状况的研究，而是士绅的节妇叙事研究。记载不等于实录，我们从各个时代列女传中看到的女性生活的不同面相，其所体现的不一定是妇女生活的变化，更可能是反映了传记作者妇德观念的变化，甚或他们妇德观念也不过是建构的产物，并不是他们真实信仰的东西。

二、从"贞节孝慈"到"画荻懿范"

与正史列女传一样，县志中之列女书写也以表彰妇德为主要宗旨，其目的是用妇德来讽喻世人，教化天下。以下我们首先观察县志列女传如何反映士绅的妇德观念。

乐清县现存五部明清县志。它们分别成书于永乐、隆庆、康熙、道光和光绪五朝。修于永乐十六年（1418）的县志记载了 3 名节妇，其中元代 2 名，明代只有 1 名。② 就研究明清士绅节烈思想的流变而言，这部方志几乎没有价值。过了一百多年后，

---

① "列女"不同于"烈女"。"列"有罗列的意思，类别不同的女性被统称为"列女"。"列女"包括遭遇强暴、抗节不辱的"烈女"。

② 《永乐乐清县志》，陈明猷点校，香港天马图书有限公司，2000 年，第 171—172 页。朱元璋早在开国元年（1368）就诏令："民间寡妇，三十以前夫亡守志，五十以后不改节者，旌表门闾，除免本家差役。"其奖励的力度不可谓不大，然而修于 50 年以后的永乐《乐清县志》所载节妇竟如此之少，节烈观念在永乐时可能还没有成为地方士人普遍推崇的价值。

隆庆六年（1572）编成的《乐清县志》，收录的明代节烈妇多达67名。① 修于康熙二十四年（1685）年的县志几乎不走样的移录了这67个传记，此外新增明列女15名，清列女21名。② 修竣于道光六年（1826）的道光志，明代列女数量如前志，但在事迹记叙上颇有出入，另清代节烈妇增至820名。③ 与道光志相较，修竣于光绪二十七年（1901）的县志列女传的显著变化是新增清代节烈妇1407名，共计2227名。④ 因此，研究明清士绅妇德观念变化的最重要的文献是隆庆志和道光志。

浏览明清县志的列女传记往往给人以非常直观的感觉：明代列女传记篇幅长，有故事情节；而清代列女传文字篇幅长的很少，大多简短。清方志列女传的内容大致由三点构成：夫亡时的年龄，守志几年，受何种级别的表彰，如"周希玉妻张氏，年二十五，夫故，守节四十三年。乾隆间具题奉旨建坊旌表"。⑤ 严格地说甚至不能称这些文字为"传"。另外大概是限于篇幅，还有不少条目只开列节妇夫名及姓氏，并无节烈事迹介绍，如"周君质妻石氏"。

文字长短并非只是无关宏旨的形式问题，事关叙事策略的选择。明列女传篇幅长，作者因此得以设置紧张情节，制造冲突和考验，从而彰显列女们的"苦节"和"至孝"。传记常常置寡妇于"逼嫁"的情境中，让主人公承受性骚扰和性侵害的巨大压力，以体现她们如何严防死守其"节"。以下是朱玄斗妻陈氏的传：

夫殁，年二十五，自守不嫁，茅屋二间，不蔽风雨。里有欲强娶者，赂其夫之兄弟，伺大风雨夜以肩舆待于门外，欲篡之。陈觉，逃入丛棘以免。他夕复来，陈急匿邻家豕圈中，事乃得已。织纴度日。御史端、兵备张咸至帛粟。邑侯潘潢匾以"贞节"。林侯有年列其行旌善亭，月廪之。以寿终。⑥

① 　胡用宾修，侯一元纂：隆庆《乐清县志》卷六，温州市图书馆藏抄校本。

② 　徐化民修，林允楫、鲍易等纂：康熙《乐清县志》卷六，温州市图书馆藏刻本。

③ 　鲍作雨、张振夔总修：《乐清县志》卷九。本文用陈纬点校：《道光乐清县志》，线装书局，2009年。

④ 　李登云修，陈珅等纂：光绪《乐清县志》卷九，民国元年补刻本。

⑤ 　《道光乐清县志》，第579页。

⑥ 　《道光乐清县志》，第568页。

传记将主人公陈氏置于一个孤立无援的境地，连丈夫兄弟也与外人狼狈为奸，迫其改嫁。传记写得细致具体：强娶者使用的工具（肩舆），事件发生时的气象状况（风雨夜），陈氏逃入荆棘丛，第二次隐藏在邻居的猪圈里。传记极富戏剧性和现场感。"守节"几乎成了唯一的叙述内容。笔者推测，陈氏应该还有儿女，否则会有"夫亡无子"或"子亡"之类的记录，因为无子守节是当时士绅公论的难中之难。① 如果推测不错，为更加凸显"守节"的主题，连得以体现寡母艰辛抚孤的内容都割舍了。在"逼嫁"的情境下，寡妇们还有一些激烈的应对，或以死相抗（黄谨逸妻周氏），或毁体明志，破面（卢季南妻潘氏），断指（陈瑞妻吴氏），断发（杨永仪妻余氏）。② 作传者对节妇自残毁体的描绘意在凸显她们守节的不可动摇的决心和意志，从而加强了事迹的道德感召力。隆庆《乐清县志》录有学政张莘对卢季南妻周氏"破面流血"的赞扬诗："守孤断发人间有，破面坚心世上稀"。③

除了对守节的描述，明代列女中"至孝"的模范事迹也是通过行为的"卓异"来体现的。朱鸣妻侯氏，婆婆对她"辱骂百端""啮手"都不能动摇她保护婆婆周全的决心。朱恩妻王氏"父病赢多涕，稠黏鼻塞，常为吸而通之，如是者数岁"。陈钜妻方氏，姑病目，医云宜舌舔之，遂舔至三阅月。④

明隆庆志列女传强调妇女最高品德是"节"和"孝"。但"孝"并非专门用来规范妇德的，而是对普天下男女的普遍要求。因此，在明士绅眼里，"节"是妇德的唯一内涵。

道光志继续高调提倡"节孝"，其清代列女传记里也有寡妇以"截发""断指""绝粒""毁容"等激烈方式来明志的内容。⑤ 但是，其列女书写内容出现了极其显著的两大变化：第一，除对寡妇"守节"的歌颂外，还有对"教子"的赞美；第二，除彰显寡妇做了什么（节孝），还要表扬她们没有做什么（尊佛崇道、私育异姓）。

在《道光乐清县志》所载的明代 109 名节烈妇中，提及教子成为生员的只有 3

---

① 　隆庆《乐清县志》卷六，相关议论见卢氏生员李盘妻条下。

② 　《道光乐清县志》，第 568—569 页。

③ 　隆庆《乐清县志》卷六。

④ 　《道光乐清县志》，第 571、574 页。

⑤ 　朱君邦妻张氏"截发自誓"。蔡清魁妻颜氏"断指自誓"。张冕继室赵氏绝粒七日不死，引锥自刺又不死，乃毁容苦守。《道光乐清县志》，第 578、597、601 页。

例，①且教子内容并非出自隆庆志作者的手笔，系为康熙《乐清县志》所增补。这说明编纂隆庆志的明代士绅完全没有表彰节母教育的意识。道光志共载清代节烈妇820名，提到训子成为生员的有66名。

明代官员给节烈妇题的匾额为：贞义、双节、贞节、守节、节义、儒门清节、贞节孝慈、孤芳并烈、贞淑孝慈、芳操自命、柏贞松寿、节孝、节孝幽芳、志贞。表彰的是贞、节、孝，没有任何一个匾额鼓励训子。道光志所载清代官员士绅给节烈妇题的匾额共146个，其中带有鼓励教育意思的匾额29个，比例高达19.86%。

在29个匾中有16个运用了欧阳修母亲郑氏以荻画地教子读书的典故：荻训有成（温州知府刘为蔡凤秀妻林氏题584）、②画荻丸熊（学政邓钟岳为余梦鳌妻曾氏题586）、柏操荻训（学政于敏中为徐景皓妻周氏题586）、冰操荻训（乐清县令陈恺为徐青云妻郑氏题587）、画荻懿范（学政窦光鼐为高天侯妻郭氏题588）、柏贞荻训（学政彭元瑞为徐贤士妻戴氏题588）、慈徽荻训（学政彭元瑞为陈洪范妻金氏题589）、画荻遗风（学政阮元为周景堡妻赵氏题593）、画荻齐贤（有司为周育亮妻卓氏题598）、画荻齐贤（县令为瞿嘉楷妻李氏题599）、荻教初成（学政彭元瑞为叶永球妻何氏题601）、冰操荻教（学政于敏中为董学进妻李氏题602）、冰操荻训（学政彭元瑞为周光镰妻徐氏题604）、荻训流芳（学政王为郑瑞茂妻金氏题605）、画荻遗芳（县令丁偁为邵康朝妻朱氏题613）、松操荻教（县教谕祝懋裳为陈子标妻侯氏题615）。

春秋时的敬姜是以博学多闻、匡子过失、教子法理驰名的贤母典范。③以下四个匾额的内容出自这个典故：贤并共姜（王县令为黄一孝妻王氏题596）、节并共姜（学政为钱桢妻王氏题586）、敬姜遗范（县令宋哲为陆世潮妻林氏题613）、敬姜遗范（县令为郑良猷妻叶氏题616）。

以下是直接出现"教"或"训"字样的6个匾额：教成云翮（学政马豫为陈茂臣妻石氏题584）、节操慈教（温州府教授陆景华为谷维麟妻林氏题599）、节操慈教（县令倪本毅为蒋圣辅妻倪氏题605）、洁操慈教（学政阮元为杨应璧妻张氏题

---

① 即赵应爵妻鲍氏、陈九英妻赵氏和刘传彬妻郑氏。《道光乐清县志》，第576—577页。

② 括号中的数字为陈纬校注的《道光乐清县志》的页码。

③ 敬姜系春秋鲁国大夫公父文伯之母。其事迹散见于《国语》、刘向《列女传》《韩诗外传》和《礼记·檀弓》等文献。

608）、冰闺慈训（学政彭云瑞为陈纶章妻叶氏题 588）、冰操慈训（学政雷鋐为陈泮旗继室何氏题 589）。

还有其他三例：运用孟母断机杼典故的"寒杼霜凝"（王学政为叶方荣妻任氏题 601），运用孟母三迁典故的"教法三迁"（县令丁儞为蔡宗周妻陈氏题 607），典出楚辞的"黄鹄雏成"（学政窦光鼐为杨荣周妻项氏题 616）。①

除突出对家庭教育表彰作用的这些匾额外，还有些传记通过叙述来表扬节妇的教育付出。如"赵门二节"条，巡抚王度昭题的匾额"冰蘖嗣徽"与家庭教育无关，但传记中说赵兴敏妻李氏"子鼎燮方九龄，矢志和熊"。②不少传记对节妇家庭教育事迹的叙述分量也远超对节孝的叙述，例如"徐景皓妻周氏"条：

> 幼从父兄学属文。年二十一，夫故，子佳兴甫六月，矢志不二，孝事舅姑，教子以义，不受非义之财，口授《诗》《书》，佳兴弱冠游庠。督学于旌以"柏操获训"。③

周氏传记基本由家庭教育事迹构成，只有"孝事舅姑"四字是讲孝的，这在明代是不可想象的。可以考出的道光志中的题匾官员有以下 13 个，④按到任时间的先后排列如下：

马豫：浙江学政，康熙五十九年（1720）年到任。

邓钟岳，浙江学政，乾隆元年（1736）到任。

于敏中，浙江学政，乾隆十二年到任（1747）到任。

雷鋐，浙江学政，乾隆十五年（1750）到任。

---

① 黄鹄，比喻高才贤士。《文选·屈原〈卜居〉》："宁与黄鹄比翼乎？将与鸡鹜争食乎？"刘良注："黄鹄，喻逸士也。"

② 《道光乐清县志》，第 583 页。唐柳仲郢幼嗜学，母韩氏用熊胆和制丸子，使郢夜咀咽以提神醒脑。

③ 《道光乐清县志》，第 586 页。

④ 若干题匾官员无法考出，比如清代温州有 3 个知府姓刘，我们就不知道题匾者"温州知府刘"其确切所指。清代有 5 个姓王的学政，无法确定"督学王"是谁。清代乐清又 12 个姓王的县令，不知道"邑令王"指谁。《道光乐清县志》第 586 页，出现"学使帅"，经查清代似无姓帅的学政。另外还有些只有官衔没有名字的指称，如"邑侯""邑令"，还有更笼统的指称"有司"。

373

陈恺，乐清县令，乾隆十七年（1752）到任。

窦光鼐，两度任浙江学政，乾隆二十一年（1756），乾隆四十七年（1782）。

彭元瑞，浙江学政，乾隆四十二年（1777）到任。

丁偁，乐清县令，乾隆五十二年（1787）到任。

阮元，浙江学政，乾隆六十年（1795）到任。

祝懋衮：乐清县学教谕，嘉庆六年（1801）到任。

倪本毅，乐清县令，嘉庆八年（1803）到任。

宋哲，乐清县令，嘉庆十五年（1810）到任。

陆景华，温州府学教授，道光七年（1827）在任内。

由此可见，官员和士绅对节妇的表彰出现了一个新的趋势，即对节妇家庭教育的鼓励，发生这个变化的时间大体从康熙末年开始，到乾隆间进入高潮。因县志列女传记具有特殊的教化目的，传记内容的变化意味着士绅观念中妇德内涵的多元化。

反映"妇德"此种内涵的信息还可见之于其他温州地方文献。如道光三十年（1850）任温州府学教授的金衍宗就说过"余谓妇道所重尤在教子"。[1] 清永嘉名士王德馨（1819—1888）有诗句云："母乃矢厥志，三复柏舟篇。千载效儵氏，教子曾三迁。……何幸孙成器，早岁泮芹摩。"[2] 王德馨教家中女眷读诗写诗，以此为乐，这无疑有以节孝为本的主流价值观。他是这样为自己辩护的：

> 余穷老家居，日无所事，惟教任氏谢氏两媳妇及适吴氏女读诗，并日授以做法，以自娱晚景。或诮之曰："妇人职在中馈，惟酒食是议，笔墨非所宜也。"余初亦不之辩，其人竟哓哓不已，余因为晓之曰："言为心声，妇人果有婉娩顺承之德，即有温柔敦厚之词。故风诗《周南》十一篇，女子居其八。《召南》十四篇，女子居其十一。下至《泉水》之卫女，《柏舟》之共姜，《载驰》之许穆夫人，其诗皆经圣人删定，而列之雅颂，后儒皆无敢置喙，何先生独于余乎是责。"[3]

① 金衍宗：《严孺人八秩寿序》，《瓯隐刍言》卷下，咸丰五年刊，温州市图书馆藏。

② 王德馨：《族母翁太孺人九旬贞寿》，王妍点校：《王德馨集》，黄山书社，2009年，第19页。

③ 王德馨：《雪蕉斋诗话》卷四，《王德馨集》，第412页。

乐清生员刘之屏记载过婆媳两节母教子的事迹。两节母以柔弱之躯养活全家12口①，还要拼命供养一孙读书：

（节母吴）上奉白头，下育黄口，鸡鸣问视靡缺，旨甘熊胆和丸，合灌泪血。……妇姑相对纺织；良焘摊书旁读，机声、读书声达于四壁，熟则令背诵为乐。……及以临（即良焘）补郡学弟生员，胡安人笑谓吴安人曰："吾二人半生辛苦，而今差可无罪于地下矣。"

培养一个读书人以冀获得科考功名，实为两节妇人生意义所系，其教子成果使她们自感可以无愧于亡夫。作者最后有一段专门议论，引经据典，对"母教"推崇备至。②乐清廪生高谊（1868—1959）之《方母殷太宜人家传》和《节母黄孺人家传》，其叙述家教情节、场景以及文章推崇母教的立意，都与刘之屏此文相类。③光绪八年（1882）瑞安孙诒让明确要求县志列女传写作突破"节孝"这一狭窄的妇德标准，他说：

《列女传》之作，于刘子政。区次十目，厥义至广。范蔚宗踵其例为《后汉书·列女传》，其自序亦云："搜次才行高秀，不必专任一操。"则固非如后世列女传之专收节孝也。此次修志议略用刘范二家旧例，广为甄录，略区五类：其妙擅文翰、富有撰述者，谓之才媛；遭遇强暴，抗节不辱者，谓之烈女烈妇；青年守志，白首无玷者，谓之节妇；侍亲奉姑，性行纯至者，谓之孝女孝妇；未嫁守志，从一不字者，谓之贞女。凡此五种，无不备载。④

---

① 子辈2男2女，孙辈4男3女。加上两节母计13口。减去子辈早逝的1男，还有12口。另子辈有1男"不慧"，疑为精神残疾。

② 刘之屏：《庄氏两节母家传》，袁国唐校注：《盗天庐集》，线装书局，2012年，第35—36页。另，两节母事迹也见于光绪《乐清县志》卷九"庄门二节"条。以下内容刘传所无：获浙江学政文题匾"冰雪双清"；巡抚聂缉规具题旌表。

③ 两文见高谊：《高谊集》，高益登编注，线装书局，2013年，第170—171、191—192页。

④ 孙诒让：《瑞安县志局采访人物条例》，张宪文辑：《孙诒让遗文辑存》，浙江人民出版社，1990年，第222页。

继康雍乾时期官员鼓励节妇履行家庭教育职责后，清末士绅又要求将"才媛"写进列女传。妇德除原先要求的"节孝"外，还要求成为专注于教育的"贤母"，并包容"才女"。

为什么在清中叶的妇德塑造会凸显"画荻懿范"？从乐清地方的历史发展脉络中似可提供一种解释。乐清乃至整个温州在清顺治、康熙年间，遭遇了历史上少有的乱世。清人朱鸿瞻曾在其《时变纪略》中将 1644 年以后的温州祸乱概括为五大变：军民之变（1644—1645）、鼎革之变（1646—1647）、山寇之变（1647—1650）、海寇之变（1658—1659）、闽藩之变（1674—1676）。[①] 如果再加上迁海之变（1661—1684），[②] 这是非常惨烈的 40 年。其中迁海之变为祸尤烈，其乱离伤痛非滨海地域的人难以想象。顺治十八年（1661），迁海令下达时，乐清迁弃 94 里（编户单位，非道路里程），仅存 42 里，致使包括县城在内相对富庶的市镇、村落被毁，成为无人区。在这个过程中图书谱牒遭毁，书院停废，文教事业遭受毁灭性浩劫。从社会结构的层面观察，可以说这是一个真正彻底的重新洗牌，根基最厚的明代大族也经不起长达 40 年的猛烈震荡。康熙九年回到故乡的高垟林奕斗看到的景象是"村落为墟，田园荒废"。[③] 乱后重建从零开始，进展十分缓慢。虽然乐清的动乱在 1683 年即已平息，但具有阶段性突破标志的，应该是康熙四十一年（1702）知县陈大年主持的水利兴修。道光志记载："国初，防海迁界，河道陡埭多废。……至陈侯大年始大兴水利，修陡闸二十余所，溪河塘埭四十余处。"[④] 地方经济从此进入复苏和发展时期，也只有到了这个阶段那些较为成功的富裕家族才有条件追求科考功名。陈大年大兴水利为康熙四十一年，学政马豫对陈茂臣妻石氏"母教"的表彰为康熙五十九年（1720），这大体反映了经济发展与文教需求产生这两个前后相继的历史过程。

高垟林家从农耕传家到诗书礼仪传家的过程具有相当的代表性。顺治十八年，

---

① 朱鸿瞻：《时变纪略》，陈光熙编：《明清之际温州史料集》，上海社会科学院出版社，2005 年，第 157—166 页。

② 康熙九年（1670），朝廷曾下过"展界令"。康熙十三（1674）年三藩之乱爆发，台湾郑经配合耿精忠反清，因此康熙十七年（1678）朝廷重申"防海迁界"。直到康熙二十二年（1683）朝廷收复台湾，乐清才得安宁。

③ 林启亨：《〈高垟林氏宗谱〉世系图林世吕条按语》，王志成校注：《林启亨集》，线装书局，2013 年，第 249 页。

④ 《道光乐清县志》，第 196 页。

吕岙林奕斗才一周岁，被置于竹器中，"肩入界内避难"。[①]展界后，经过林世吕、林奕斗、林秀迪三代人的艰苦努力，至第四代的林方乘成为县学生员，第五代林兴运（1740—1817）也是生员，于乾隆五十八年（1793）加捐贡生。再往下林启亨、林大椿均有功名，林家成为乐清望族。[②]除此之外，乐清西乡的吕岙徐氏、荷盛郑氏、万家倪氏、蟾河堡施氏、坭垟赵氏和后所董氏等都有类似的经历：展界后参与水利兴修，经过数代成功的经营后成为书香门第。人们为了重振家声或避免家族的没落，获取科名是一条非常有效的途径，因此"画荻懿范"成了士绅塑造妇德的重要导向。

学界普遍认为，自汉以后的列女传，列女的内涵在类型与社会阶级的涵盖面皆有所窄化。整体而言，历朝列女传记所强调的女性角色，贤能辅助的色彩，渐为贞烈所取代。[③]现在看来，这样的描述似有简单化之嫌，从上述梳理的明清乐清方志列女传撰述看，列女书写呈现了多样性的特征，其最突出的一点就是对妇女家庭教育职责的强调。

二、对佛道信仰和私育异姓的训诫

从温州各县的方志和地方文献中，我们可以发现道光年间是清代历史发展的一个转折点。在这 150 年左右的时间里，温州地区的人口呈现了膨胀式的快速增长，是因为长时期的承平导致人口的快速繁衍，还有在这个阶段，福建人口不间断的大规模迁入。正是在这个阶段，番薯、马铃薯和玉米等美洲作物的种植迅速扩展。这使得温州一方面包括山区在内的土地得到了较为充分的开发；另一方面，也由于人地矛盾的日渐尖锐化，人们的生计不断趋于艰辛。再加上商业的发展，重利风气、奢靡风气凸显，温州社会面临严重的危机。敏感的士人似乎已经看到了传统经济秩序、社会秩序和道德秩序走向崩坏的迹象。在这种情况下，稳定秩序成了县志编撰者的深切期待，这个时候编修的道光志列女传就不仅有对"画荻懿范"的正面强调，还有对佛道信仰和私育异姓的训诫。

[①]　林启亨：《〈高垟林氏宗谱〉世系图林世吕条按语》，王志成校注：《林启亨集》，第 249 页。

[②]　民国《高垟林氏宗谱》，1944 年。

[③]　衣若兰：《史学与性别——〈明史·列女传〉与明代女性史之建构》，第 150 页。

编纂县志的"教化"意义，虽然在各种方志的序言中都会泛泛提及，但在道光志中却表达了强烈的现实针对性和迫切性。道光县志的凡例称："目前人心风俗之害，又莫甚于佛；流毒之深，莫甚于螯育异姓。此皆愚夫愚妇迷罔之极者。"① 在构成"妇道"的诸种元素中，"节"历来被排在首位，现在的方志编纂者已不再认为"节"具有独立的价值。节妇如果存在以下三个方面的"不端"行为，县志"概不录"：忤逆舅姑，私育异姓为嗣，牵率里妇入寺听经。② 在以上所引凡例内容中，礼佛和寡妇私育异姓为嗣这两方面的危害，已经说了两遍。然而，似乎还嫌强调不够，凡例倒数第二条又说："节必兼孝，释子谈空，羽流炼爪，无益治道，徒伤风教。"③

凡例内容虽以节妇选录标准的形式出现，其实也可以说是比较直接地点出了这些"恶俗"存在的普遍性和严重性。对寡妇私育异姓和佛道信仰的遏制意图背后有着丰富的社会经济内容。我以为其主旨乃是试图通过稳固和强化宗族组织的凝聚力，从而维护传统的经济秩序、社会秩序和道德秩序。

维护宗族制度以保全宗族财产为首要。凡例对佛道信仰的批判达3次之多，固然也出于地方士绅保持儒学正统地位的文化立场，但其现实意义却是针对宗教活动对地方宗族财产的侵蚀。笔者目前还没有从乐清的文献中找到相关的直接证据，但同时期温州府的平阳、瑞安等县都有大量寡妇甩卖田产布施僧尼的现象。寡妇守节其实有多种难处，其中最难者当为无子守节。因无子，寡妇们在漫长的守寡生涯中失去了一根重要的精神支柱。对一般的寡妇来说，守节出于财产权、子女拥有权的归属等自身利益的考虑，以及对社会舆论压力的顾忌，并非人生精神归宿所系。杨庆堃曾说儒家思想的衰落是由于该学说缺乏超自然的解说，不能化解不断变化的现实和人类对来世的执着及最终命运的矛盾，因此佛教的一些基本观念，如灵魂轮回和因果报应等，才被大众普遍接受。④ 孀妇对僧尼的布施，在道场上的花费，体现了她们寻求精神解脱的渴望。但妇女入寺听经一则存在瓦解男女大防的危险，二则可能进一步出现对寺庙的施舍。我们道光志列女传中确实看到了编纂者有针对性的

---

① 《道光乐清县志》，第 21 页。

② 《道光乐清县志》，第 20 页。

③ 《道光乐清县志》，第 21 页。

④ 杨庆堃：《中国社会中的宗教——宗教的现代功能与其历史因素之研究》，范丽珠等译，上海人民出版社，2007 年，第 125—126 页。

规训意图。这里试比较隆庆、康熙、道光三个版本县志对节妇朱氏的不同书写。

隆庆《乐清县志》记载：

朱氏，梁宗稔妻，年十八而嫁，甫七月，夫亡，矢志自守，以夫兄之子为嗣，独处一室，日持斋念佛，以终其身。郡守丁瓒表妻门。[1]

康熙《乐清县志》记载：

朱氏，梁宗稔妻，年十八而嫁，甫七月，夫亡，矢志自守，以夫兄之子为嗣，独处一室，持斋念佛，寿终。[2]

《道光乐清县志》记载：

梁宗稔妻朱氏，年十八而嫁，甫七月，夫亡，矢志自守，以夫兄之子为嗣，独处一室。郡守丁瓒表妻门。[3]

如果从文化立场角度看，隆庆志和康熙志的编纂者都不会对佛教信仰持赞同态度，但他们对节妇的礼佛是宽容的，在这两个版本的朱氏传记中都有"持斋念佛"之语。而道光志却硬生生地删去了"持斋念佛"一语，以致文意颇让人感到突兀。前两志说朱氏"独处一室，持斋念佛"，文甚顺。道光志只说朱氏"独处一室"，不说她独处一室干什么。顺便说一下，隆庆志和康熙志称主人公为"朱氏"，保留了节妇的主人公地位。在道光志里，称呼主人公为"梁宗稔妻朱氏"，这反映了士绅的妇女"从夫"观念的深化。

再来看康熙志和道光志对明代节妇周允谐妻郑氏的不同书写。康熙志记载：

郑氏，周允谐妻，年二十四而寡，守节不二，课子道储，好行其德，施棺饭僧，

[1] 隆庆《乐清县志》卷六。

[2] 康熙《乐清县志》卷六。

[3] 《道光乐清县志》，第 569 页。

不计其数。文宗许公豸，旌曰"贞淑孝慈"。[1]

道光志记载：

周允谐妻郑氏　年二十四而寡，坚志守节，训子道储，好行德义。崇祯庚辰，阖库公举，督学许豸旌曰"贞淑孝慈"。[2]

两志除称呼不同外，语句用词也颇多不同处，但最大的差异在于康熙志提到郑氏有"饭僧"之举，并称其有"德行"。道光志只说郑氏"好行德义"，但删去了布施和尚的内容。

三志对明代节妇陈世云妻林氏的书写却是相同的，道光志并没有删去节妇远比一般信仰活动"严重"的行为——祝发为尼：

年二十五，夫亡守志。舅姑欲嫁之，乃携孤依其弟。继而孤亡，弟又被掳，则誓与弟妇共守。无何，弟妇又死，乃祝发为尼以终。[3]

从这简短的传记中可见，人世间最惨烈的灾祸接连不断地倾泻在林氏身上，夫亡、因逼嫁依弟、孤亡、弟死、弟妇死，可说是"靠山山倒，靠水水干"。大概道光志的编者认为只有经受了这样程度的沉重苦难，信仰佛教才是可以被宽恕的。

除了佛教信仰外，道光志编写者认为另一个对社会具有严重危害的社会现象是寡妇"私育异姓为嗣"。按照当时的宗族制度，寡妇如果没有亲生儿子，应该在亡夫兄弟的儿子中选取一个作为继子，以继承自己的财产。这一则可以防范族内财产的流失，二则可以使亡夫的血食不绝。但从笔者所见的材料看，寡妇私育异姓为子也有其不得已处。当时的一种社会现象是，继子甫一确定，财产纠纷就很可能产生。继子的亲生父亲惦记寡妇的财产，谋求土地的经营权，而又不愿让儿子离家与寡妇

---

[1]　康熙《乐清县志》卷六。

[2]　《道光乐清县志》，第576页。

[3]　见隆庆《乐清县志》卷六，康熙《乐清县志》卷六，《道光乐清县志》，第572—573页。

生活在一起。光绪初年的平阳县令汤肇熙就审理过这样的诉讼，他的判决是：寡妇的田产应由她自行经管，理由是"该氏即明知日后产业总归继子，而此时以己之产，竟不能由己作主，则亦何乐？有此产又何乐有此继子耶？"另外，其继子应交该寡妇自行教、读、婚配，如此"方足以安孀寡之心，而洽母子之爱"。① 寡妇私育异姓实为保全亡夫的财产权之举。这种现象至迟在嘉庆时就已经普遍存在，嘉庆十三年（1808）乐清岁贡胡名秀说：

> 迩来，乐邑寡妇往往有利其夫之赀，不肯与侄，遂于夫亡时，诡称有孕，阴鬻异姓之子，假为亲产状，使伯叔不得斥其非，妯娌无由指其实，而其夫之祀遂斩矣。……余因是事得诸见闻者甚伙，恐其风日炽不可救药，且悯其夫之含冤地下，无从诉告。②

从事后的情况看，社会习俗的演变趋势恰如胡氏所担心的那样"其风日炽不可救药"。寡妇们甚至不屑于"阴"育异姓，明目张胆地异姓乱宗，比比皆是。③ 她们或公开抱养儿子，或招夫入赘，以后夫子为子。异姓乱宗容易引起财产继承权纷争而直接危及社会秩序；另外，也由于它损害宗族血统的纯洁性而破坏地方宗族秩序。这使士绅感到十分忧心。因此道光志的编纂者就把"抚侄为嗣"当作寡妇的一种高贵品性在县志中彰显。隆庆志和康熙志的列女传记中尚没有这样的记载，由此推测自明代至清康熙二十四年（1685）间异姓乱宗的事例极为少见。在道光志的清代列女传中出现"抚侄为嗣"的有58例，④ 光绪志记载了道光六年（1826）以后的列女，

---

① 汤肇熙《谕余王氏控案族戚》，《出山草谱》卷五，温州市图书馆藏。

② 《道光乐清县志》，第970页。

③ 主要反映清代社会状况的民国《平阳县志》，也有以异姓为嗣的记载，且说明其易引发社会冲突："贫妇夫死，有子者，多招夫养子；无子转适。或有翁姑在堂，即招后夫为子，其生子即冒前夫之姓，而受其产业。由是前夫本宗出而争绍，涉讼者往往有之。"另也有私育异姓者："富室有年老艰于子嗣，虑日后承继争产者，使妇诈孕，暗抱人子收养之。亦有夫死无子，妇诈遗腹，以抱养人子者。"因这些内容载于风土志，可见这些社会现象的普遍性。符璋、刘绍宽纂：《平阳县志》卷二十，民国十四年（1925）刻本。

④ 《道光乐清县志》，第578—630页。

其中出现"抚侄为嗣"内容 64 次。① 两者相加共 122 例。

综上所述，以佛道信仰和私育异姓的批判作为妇德规训的重点，实为县志作者应对现实社会秩序危机的举措。

三、列女书写与地域秩序

上文已经指出，在道光志列女书写中，士绅对妇女佛道信仰和私育异姓的规训具有稳固宗族以维护社会秩序的强烈意图。后来章太炎等认为宗法血缘团体阻碍全国力量的凝聚以应付国家的危局，主张用国家主义和民族主义的思想资源来镕解宗族社会。② 但在大规模的现代思想资源出现之前，面对社会危机的出现，士绅希望通过稳定宗族来重建地方秩序是非常自然的事。③

另外，列女传的编纂也有异常缜密的政治秩序的考虑。这在康熙志和光绪志中体现特别明显。笔者注意到了康熙志关于节烈妇表彰的一个矛盾表述。其凡例称："孝子节妇湮没穷乡下里者，不可胜计，是志循名考实，必为表章。"又该志烈妇"戴氏"传下有这样的按语："当时海寇全境，闺帷淑秀婴白刃赴清流者比比，然又安能悉为表章哉！"④ 凡例称凡节妇"必为表章"，按语说"安能悉为表章"？同一部方志里面的矛盾表述背后究竟隐藏了什么样的历史秘密呢？

康熙志收录 82 名明代列女，而清代列女只收录 21 名。⑤ 让人感到纳罕的是，从 1644 年清兵占领北京，至康熙县志编纂的 1685 年，这是兵匪横行的 40 年，生逢乱世，妇女的贞操面临严重的威胁，其间出现的足堪示范的英烈事迹还会少吗？号称凡节妇"必为表章"，为什么列女只有 21 名呢？这个表彰规模不符合明代以来

---

① 光绪《乐清县志》卷九。

② 相关讨论可参考以下著作：王元化：《对于"五四"的再认识答客问》，《九十年代反思录》，上海古籍出版社，2000 年。王汎森：《从传统到反传统》，《中国近代思想与学术的系谱》，吉林出版集团有限责任公司，2011 年。秦晖：《新文化运动中的"个性解放"与"社会主义"》，《走出帝制》，群言出版社，2015 年。

③ 冯桂芬：《复宗法议》，《校邠庐抗议》，光绪十年（1884）刻本。陈虬：《治平三议》，胡珠生辑：《陈虬集》，中华书局，2015 年。

④ 康熙《乐清县志》卷六。

⑤ 康熙《乐清县志》卷六，温州市图书馆藏刻本。

表彰节烈风气愈来愈强的趋势。这与当时的政治环境有着密切的关系，县志编纂者可能在小心地回避清军进入温州时大量女性自杀或者抗暴身死的现象。

朱鸿瞻的《时变纪略》记载：

（1675）大清师蹑追至境，北屯太平岭山，西屯净水新桥山。彼时乘势近城，一鼓可下，但只掳掠子女，无取城意，乡村为之一空，贞女触岩、投水死不计其数。师至瑞安丽岙，丽岙子女亦遭掳。

贼在郡，筑巽山白塔一带御师，塘河桥梁皆毁坏绝渡。时人民惊疑，恐大兵恢复，玉石俱焚。幸王师不急攻城，惟溺于女色，屯住偃息。至丙辰（1676）五月，忽传令班师，营垒尽撤。子女为所掳者悉驱北去，乡都涂炭，后有往京、省赎回者。[①]

引文再现了耿精忠军队与清兵相持于温州府瑞安县时出现的情境。其实乐清也是两军对垒的主战场，康熙十三年（1674）七月耿军曾养性部克乐清，其后耿军进攻台州和败退回温州都要经过乐清，乐清人遭遇的惨烈当不在瑞安之下。这个材料透露了两个事实：第一，引文第一段说明，除"贼"以外，"王师"（清兵）也在掳掠子女，导致"贞女触岩、投水死不计其数"；第二，引文第二段说明，国家军队不仅直接"造就"了数量庞大的烈女，还把大量温州的女子掳至杭州和北京。这些人极可能被卖为娼、为奴、为妾，多年后温州人要花钱赎回本属于他们自己的妻女。康熙《乐清县志》的编修距耿精忠之叛仅十年，如果真的要大规模地表彰烈女，那就要去鉴别哪些是国家作孽，哪些是"贼寇"为祸。这样做无异于大张旗鼓地揭露清军的罪行，容易引起百姓的"思想混乱"，从而妨碍地方秩序的安定。因此只好用一句"闺帏淑秀婴白刃赴清流者比比，然又安能悉为表章哉"含糊过去。

光绪志的列女书写的政治色彩也是非常鲜明。光绪《乐清县志》修竣于光绪二十七年（1901），距道光志修订（1826）有75年。其间，乐清历史上经历了瞿振汉反叛（1855）和太平军侵入（1861—1862）的重大事变。这是乐清继清初之后遭遇的又一次惨烈的浩劫。在众多有关战乱的追忆中，尤以林大椿的《红寇记》《垂涕集》《垂涕集补遗》和《粤寇纪事诗》最为详尽。林大椿的作品一方面揭露了政

---

① 陈光熙编：《明清之际温州史料集》，上海社会科学院出版社，2005年，第165页。

府官员临难弃民逃跑、事后邀功请赏的劣迹（见《红寇记》）；另一方面也记载了大量抗节殒命的贞烈妇女，如《吊殉节诸妇女》《吊烈女张荼华》《吊黄氏二节妇》《虏妇女》和《觅雏尼》等。[1] 浩劫过后，政府和士绅面临尴尬的处境：一个不能保护人民、不能使人民免于涂炭的统治者如何维护统治的正当性。战后长时期的对于死难者的调查、表彰和纪念活动就具有重新确认统治合法性的政治意义。[2] 光绪志对节烈妇的大规模的表彰，即为消除社会混乱的思想，进行道德、文化和信仰重整的重要手段。在这里做一个不那么严谨的比较，道光《乐清县志》编竣于 1826，距清立国达 182 年，其所载清代节烈妇为 820 名，光绪《乐清县志》编修与道光《乐清县志》间隔只有 75 年，却新增节烈妇 1407 名。于此可见，光绪志表彰节烈妇的规模是非常惊人的。

值得注意的是，士绅的节烈书写往往通过性别意识的运作来强化传记的教化意义。列女传所塑造的模范妇女，其教化的对象不限于妇女，更是那些读圣贤书，膺教化重任的士绅。晚清乐清廪贡生刘之屏（1856—1923）在一篇记叙烈妇的文章中议论说：

> 士大夫自号读书明大义，一至颠沛流离，患难生死之际，嗒焉自丧所守。读史者往往为之浩叹。妇人女子，生平不知诗书为何物，及一旦临大节，即舍生取义，不俟须臾。是果何道欤？[3]

士绅位列"四民"之首，理应成为社会的道德楷模。但现实中的情况却是如此不堪，教育者反要受以男子为天的女人的教育。光绪志"周烈女"条后有比之上述刘氏更为激烈的评论：

> 女生于农家，素不闻女师德象之训。晚近节义不多得于搢绅簪缨之班，而往往

---

①　赵挽澜编注：《林大椿集》，线装书局，2013 年，第 263、279、282、314、323 页。

②　直到光绪八年（1882），孙诒让在论及向上呈报忠烈姓名时还说，太平天国被镇压之初，"兵燹甫定，喘息未苏，远乡僻壤，族姓衰微，未及呈报者尤复不少"。意为要继续采访被湮没的忠烈事迹。孙诒让：《瑞安县志局采访人物条例》，《孙诒让遗文辑存》，第 221 页。

③　刘之屏：《纪蒋、金两世母投水殉节》，《盗天庐集》，第 41 页。

见之巾帼柏舟励操，所在多有。……君子犹急为嗾赏褒扬之，俾挂名朝籍，临艰危而蒙面苟活者，知所愧赧，而无可容于天壤之间。而以女之可无死而死，则并无所勉强急迫于其中也。其难易又何如哉！彼蒙面苟活者即欲女以奴婢畜之，亦乌可得哉！①

　　意为那些"临艰危而蒙面苟活"士绅、官员给出生于农家的周烈女当奴才都不配。于此可见，表彰节烈用意之一，也在激发男子的羞耻之心，以妇女之节烈臊男子之无节。寓居瑞安的乐清籍举人陈虬在其《瑞安何氏旌节坊记》中也采用了类似的手法。作者在叙述了节妇的事迹后不无突然地做了这样的发挥：

　　瑞安俗诞而好巫，高明之家妇女喜与巫觋、斋尼相往还，而妖妄之婢因挟以自重。每广树徒众，幻张名号，日以其诡秘邪淫之术诱妇女入教，而被其所惑者如入阱之兽，势不复得自拔，败名堕节，丧家亡身，为世道人心之患。……学士大夫有身受其毒而尚不自知者！母以一妇人顾能早见及此，克全其节，然则由母之道，虽以防今日之瑞而有余矣，又岂仅仅凡处嫠者所当法哉！②

　　文末点明节母何氏的典范意义不限于"处嫠者"。这段话更重要的意义是要求人们与民间信仰（巫觋）和佛教等儒学异端划清界线，这就证明了儒家学者的节烈书写中所蕴含的维护正统文化立场的用心。
　　综上所述，列女书写所包含的秩序维系意义大致有三个层次：第一，批判妇女的佛道信仰和私育异姓，避免族产流失，确保宗族血统的纯正，增强宗族的凝聚力，以维系地域的社会秩序；第二，维护政权合法性，以稳定地域的政治秩序；第三，以全体民众为教化对象，保持地域的文化秩序。

---

① 光绪《乐清县志》卷九。
② 胡珠生辑：《陈虬集》，第 253 页。

四、结论

本文以乐清县志之列女传为核心材料，在士绅"妇德塑造"的脉络下，比较了不同版本县志在列女传记内容和叙事策略等方面的差异，以透视不同时期士绅的妇德内涵，继而结合时代环境的变换来分析士绅的妇德规训意图。研究得出以下三点结论：

第一，清中叶以后妇德内涵建构呈现了多样化的趋势。研究发现，在明士绅的列女书写中，"节"是妇德的唯一内涵。清中叶以后士绅对节妇的表彰出现了一个新的动向，"画荻懿范"成了士绅塑造妇德的重要导向，道光志的编者塑造了大量欧阳修母亲式的、以"荻训"为特征的贤母形象。因县志列女传记具有教化性质，传记内容的变化意味着士绅观念中妇德内涵的变化。沿着妇德内涵多样化的趋势，继康雍乾时期官员鼓励节妇履行家庭教育职责后，清末士绅又要求将"才媛"写进列女传。妇德除原先的"节孝"外，还要求成为专注于教育的"贤母"，并包容"才女"。这就需要重新检讨学界的这个一般性认识：明清以来妇德内涵朝着"贞烈"的单一导向而趋于"窄化"。

第二，社会环境规定着士绅的妇德建构。明清方志中的"列女传"貌似千篇一律，实则存在着种种刻意造成的差异。对这种差异分析清晰地呈现了清中叶以后由两个方面构成的妇德内容，即对以家庭教育为主要内涵的"贤母"的倡导，对佛道信仰、私育异姓的批判。这种妇德典范并非士绅书斋构想的产物，而是县志编纂者因应时代特定问题所致。

第三，士绅妇德规训牵涉到极为实在的物质层面问题。新文化运动以来对节烈观念的批判具有不容抹杀的历史意义，但也不是没有值得反思之处。本文的研究显示，士绅的列女书写具有维护地域的社会秩序、政治秩序和文化秩序三个方面的意涵。而百年来节烈观念的批判者，看到了观念对人的强大支配力量，因而其攻击的火力主要集中在道德规范层面，例如控诉节妇非人的黑暗人生，让弱女子承担"亡国"责任之不公，道学家之无心肝，礼教"吃人"的凶残，诸如此类，而没有注意到在"价值不合理"的后面，妇德规训还涉及规范财产继承、宗族人伦关系等极为实在的物质层面问题。由于没有探究妇德规训背后坚硬广阔的底座，他们无法解释古人为什么普遍肯定妇女的节烈实践。要批判一个对象，首先要理解它，理解是为了避免从表面或枝节处立论，理解是为了更深刻的批判。

从本文的梳理中可以看到，宗族制度是联结列女书写、妇德规训和地域秩序此三者的枢纽。地方士绅的列女书写以规训妇德为鹄的，规训妇德能够产生强化宗族组织凝聚力的功效，地域秩序的稳固有赖于宗族制度的完善。宗族制度是近世中国乡村社会的"定海神针"，[①]不平等的男女关系和严苛的贞节观念在这里获得了某种"历史的合理性"。明末清初的三大启蒙思想家在鼎革之际发表了许多惊世骇俗的颠覆性言论，却没有把批判的锋芒指向贞节观念。非但如此，王夫之反而强调"男—女"一伦绝对不可混淆。那么，他们是没有看到节妇们的黑暗人生吗？抑或是由于他们人格的冷血？在此岸本美绪做出了极有洞见的评论：

他们思想的重点与其说在于"哪种秩序比较好的呢？"，不如说在于"如何不陷入'禽兽世界'？"这个问题上。禽兽世界就是失去规范的状态。[②]

岸本氏的意思是顾炎武和王夫之等人具有强烈的秩序危机感，为避免"禽兽世界"（王夫之语）或"亡天下"（顾炎武语）这种最可怕局面的出现，只好维护这个不公平的人伦秩序。

原载《华东师范大学学报》（哲学社会科学版）2016 年第 4 期

---

① 这也是学者们的普遍认知。萧一山说，传统社会中人民的维系"全靠以宗法为背景的乡治"，"平时一般的乡治，以宗祠为基础的最多。"见萧一山：《清史大纲》，上海古籍出版社，2005 年，第 81、83 页。另有学者指出，明代中后期乡绅担负移风易俗维护基层社会秩序的责任，乡约、宗族组织的普及正是这种历史的产物。见冯尔康等：《中国宗族史》，上海人民出版社，2009 年，第 277 页。还有杜正胜、科大卫、郑振满和刘志伟等学者都充分肯定宗族对乡村社会所起的稳定作用。

② 岸本美绪：《风俗与历史观》，《新史学》2002 年第 13 卷第 3 期。

地方士人与晚清地方的下层"启蒙"

——以浙江省温州府为例

徐佳贵

[摘 要] 在晚清以降规模空前的西力东渐与"国族"危机影响下，温州地方士人开始面向本地下层民众的"启蒙"实践。据其自身的理解，此类实践非仅是将新知新潮在地方做普及；外来之学与士人的某些传统观念诉求结合而生的亦新亦旧的知识观念，在其间或起到更关键的作用。此外，士人还借鉴西人（主要是传教士）在民间产生影响力的方式手段，据以抟塑本国"国族"，再反过来与外人形成竞争。但在文字语言改革、演说阅报、反迷信、实业教育等方面的举措，即便在士人自身的观感中，实效似也多半未合预期。士人实际多是在建构自身及其子弟亲族的"国民"地位。以"启蒙"求"合群"的初衷，终却可能固化了地方社会上下阶层之间的隔膜。

[关键词] 温州 晚清 地方士人 四民社会 下层启蒙

在晚清以降空前规模的西力东渐（包括自日本来的东力西渐）与"国族"危机影响下，针对地方下层民众的"开蒙启智"，渐被清季各地有识之官员士人提上议程。此方面的研究，前有李孝悌《清末的下层社会启蒙运动（1901—1911）》珠玉在前，[①]后有张仲民等学者从戏曲小说的改良与接受等角度，对李过于"正面"与"乐观"的描述评价给出较细致的批评意见。[②]但这些研究，多是将上海等近代新潮传播的中心与其他一般的"地方"统在一处讨论，所用材料亦以生成于京津沪等中心城市者为主（尤其是报刊类），故其他边缘之地的声音，颇易隐没不彰。当然，中心地域之发言者，尤其是久居中心之"报人"对于边缘之地的情况确有关注，但所用之口吻、所下之论断是否即可等同于彼地的"实相"或自我表述，尚可商榷。另外，

---

① 李孝悌：《清末的下层社会启蒙运动（1901—1911）》，河北教育出版社，2001 年。

② 张仲民：《清季启蒙人士改造民众阅读习惯的论述》，《"中研院"近代史所集刊》2010年第 68 期。

今有不少以清季各地通俗书刊（尤其是各种"白话报"）或"启蒙"的某一具体方面（如反缠足等）为中心的研究，唯对于某一"地方"自身开展此类实践的较完整的逻辑，尚有深入的余地。本文拟选取华东或"江南"的一个相对边缘之区（因其在清季并无行政或经济上的突出地位）——位于浙江省东南隅的温州府地区，重点梳理在地方事务的一类主要组织者——地方士人自身的理解与实践中，清季的下层启蒙如何成为可能，及此可能性的限度又可能在何处。[①]

另外，本文重点仍在探析地方的"四民之首"——士绅或士人相关的观念与实践，而非下层民众自身的反应。虽然近年进入相关研究视野的史料体量越来越大，类型越发多样，但体现在大多史料中的官员士人的立场与口吻，却正是难以彻底从水中析出的盐分。但这也不是说，关于清季以降"开民智"之实践的研讨，势必无法在"求真"之路上更进一步；关键在于对此盐分不求"析出"，但求研究其在水中的"溶解态"，便能多少归结出此类实践在"地方"发生与推进的具体逻辑。总之，本文希望通过此一个案，进一步揭示晚清地方之"士"与其他民众之间的关系变迁，从而对现有的一些宏观层面的研判提供更为细致的佐证抑或反思。

一、观念基础

关于清季地方士人着手下层"启蒙"的动因，首先涉及的是士人自身对新知新风的感受接引。1877 年 4 月温州开埠，相应近代海运及邮政的兴起，加强了人员与知识信息在温州与上海、宁波等地的流动。而除却时新书刊承载的"西学"，尚有"西教"在地方的传播。天主教与新教在开埠前的 19 世纪 60 年代末均已传入温州，基督教的礼仪及在地方的扩散方式，稍后也引起了温州士人的些许注意。19世纪 90 年代初，长期在沪津杭等地活动的温州府属平阳县人宋恕（增生，1862—1910），在其《六字课斋卑议》初稿中称"儒教应学西教作礼拜，民间多创礼拜堂，

[①]　按本文中的"启蒙"一词，仅限于中文语境，为时人"开蒙启智"之语的简写；至于其与西方"启蒙运动"的同异，本文不予探讨。今人主论五四时期时所强调的近代中国"救亡"与"启蒙"之间的张力，笔者以为至少在晚清地方的中文语境中基本不存在，因为二者大致同义，"开民智"的目的正是为了动员民众参与"救亡"，而非使其充分认识到其异于"国"的个体权益。

如官庙法"。①1895—1898 年维新时期，早年曾与宋恕同游上海的温属泰顺县士人周观（焕枢），与瑞安何炯、胡鑫，乐清钱熊埚（一名振埚，乐清人，世居永嘉，光绪十四年举人）等计划创建"素王教"（后又改称"翼圣教"），欲将宋"学西教作礼拜"的主张付诸实践。②

可见洋教的流布激发了部分温州士人整顿中土固有之"教"的灵感。不过，如周观亦自承其方案并非尽是对洋教的模仿，称他办素王教是为了"豫烛彼教夺民之狡，而广集吾民，联合吾教"；并向宋恕解释，礼拜一节"虽步武西教，其实原本《周易·复·系辞》"。同人钱熊埚等亦持类似看法，他称，之所以"黄裔五百兆知孔教之尊者，殆不能什一"，是"以教门之号，政府所仇，先师不尊，国耻弗系，使彼诅盟腥闻之晨虎暮狮得夺吾民"。此处"晨虎"即谐音"神父"，"暮狮"谐音"牧师"。③可见无论是对西教有保留的认可，还是倾向否定，这些士人对于"彼"与"此""人"与"我"，均有相当的区分意识。相应面对"彼教"在地方的传播、对地方民众的吸引，一些士人也表现出了身为"儒教中人"的些许忧虑。如戊戌年（1898），平阳县士人刘绍宽（1867—1942，光绪二十二年拔贡）著《四书绎》，涉及《论语》"人能弘道"章，绎称："耶苏之教，与中华言语不通，其徒蹈汤赴火，不惮艰险，重绎以行其道。自欧至中，四万余里，赁地安居，视为故土。民教一争，动至粉身碎首，而不以为畏。所往来皆椎鲁之民，而不以为厌，卒能使其说遍行内地，而孔教转不及矣。夫非以其人哉！夫非以其人哉！被服孔教者，宜自思矣。"④至辛丑年（1901），复有瑞安士人洪炳文为本县文庙创置乐器，言及："窃惟二氏（指佛与道——引者注）尊崇其师，远过吾儒，浮屠祠宇，金碧烂然，近景教流行中国，礼拜堂廨益复宏侈，而独我大成至圣之庙，每年丁祭而外，无从而瞻礼之者。无怪蚩蚩愚氓，日趋异域之教，转

① 宋恕：《六字课斋卑议（初稿）》，胡珠生编：《宋恕集》上册，中华书局，1993 年，第 36 页。

② 周焕枢（观）：《大建素王教会议》，《欠泉庵文集》，《清代诗文集汇编》，上海古籍出版社，2010 年，第 787 册，第 228—231 页；宋恕：《书周焕枢〈大建素王教会议〉后》，胡珠生编：《宋恕集》上册，第 283—285 页。

③ 周焕枢（观）：《大建素王教会议》，《欠泉庵文集》，《清代诗文集汇编》，第 787 册，第 229 页；《宋恕亲友函札·周观》第三通，胡珠生编：《东瓯三先生集补编》，上海社会科学院出版社，2005 年，第 258 页。

④ 刘绍宽：《厚庄日记》，光绪戊戌正月初三日，温州市图书馆藏。以下引用不再标明藏所。

相夸耀欤！"[1]即新来之洋教对"儒教"的冲击，且可与既有之佛、道对"儒"的冲击形成叠加，由此"孔教"或"儒教"对于下层缺乏吸引力的问题便越发凸显，进而催生出了某些地方士人明确的危机意识。

据笔者目前掌握材料，难以确定晚清温州与"孔教"直接相关的祭祀纪念活动，或相关的设施（如孔庙），是否曾向士人以外的地方民众开放。但上述内容至少说明，一些地方士人对于自己与下层民众之关系变化趋势的理解本也是新旧杂陈——这里既有新的知识与风气面向地方的传播诉求，也有继续自居"四民之首"、与外方"争夺"地方民众的执着愿景。而在这些士人看来，"师夷长技"可能终究仍是借以将本"国"本"族"的认同向下传输，以一个上下齐心的"国族"应对外方竞争，而不是或不仅是全力促成民众对于外来"新式"文化风气的接受与认同。

此外，传统上"士"与本国"农工商"之间，当然也不是毫无流动性可言。如温属瑞安县廪生林骏（1863—1909）在丁未年（1907）二月的日记中称他安排自己的一个儿子去学裁缝，称"此子性质鲁钝，恐学书不成，故令弃儒习艺，建一事业，为将来地也"。不久后又记，另一个儿子"初入商界"，"弃儒学贾，特欲补余之缺，亦效西人重商之一法也"。[2]平阳士人刘绍宽，也曾因"家计困难"，违背父命，令其弟福晨弃学经商。[3]一些士人在生活实践中，亦对"四民"之界线持较灵活的看法，这一点，也可能与传统上"民吾同胞"之类的观念形成叠加，促其产生对地方其他民众接受启蒙之急迫性的认知。如1909年，瑞安廪生张棡（1860—1942，林骏妹夫）友人家"送到西洋镜一副，系戴君友苏自非洲带来者，照片凡四十八张，大半皆中国佣工在非洲开矿谋生者"。对此张氏评论道："上无教育，致使蚩蚩编氓奔异国而受制外人，观各照片情形，令人为之黯然。"[4]

总之，在相关意识的萌发过程中，西力（也包括从日本来的"东力"）对于地

① 洪炳文：《瑞安文庙创置乐器记》，沈不沉编：《洪炳文集》，上海社会科学院出版社，2004年，第600页。

② 林骏：《颇宜茨室日记》，光绪丁未二月初六、初十日，温州市图书馆藏。以下引用不再标明藏所。

③ 刘绍宽：《厚庄日记》，1922年1月11日（辛酉十二月十四日）。不过刘是因其弟福晨于该年去世而作此条记录，对早年未能实现其读书愿望，此时的刘绍宽颇觉悔恨。

④ 张棡：《杜隐园日记》，宣统己酉闰二月廿五日，温州市图书馆藏。以下引用不再标明藏所。

方士人而言，可能既有示范意义也有竞争性；这种"示范"与"竞争"并存的状况，便主要体现在清季"新政"十年（1901—1911）的地方文字语言改革、街头演说之类的"开民智"实践当中。

二、文字和语言改革

晚清以降基督教在各地传教，曾以罗马字母标注当地方言，乃至刊行方言版《圣经》。自 19 世纪 80 年代始，庄延龄（Edward H. Parker，1849—1926，1883—1884 年署理温州领事）、翟理思（Herbert A. Giles，1845—1935）、孟国美（P. H. S. Montgomery，1889—1891 年任瓯海关代理税务司）等已对温州方言有所研究；[①] 另以英国偕我会苏慧廉（William Soothill）为主导，从 1893 年开始翻译刊行方言罗马字版《圣经》各章节，至 1902 年，始由位于温州府城的内地会印书馆印行全本瓯音《新约圣经》。[②] 对此有西文报道给予了高度评价，称："几乎毫无疑问的是，随着时间的流逝与偏见的消除，罗马字母最终会成为启蒙下层民众的媒介，也许对于上层也是一样。"[③] 但学习此类方言罗马字《圣经》以后民众是否即可摆脱"文盲"境地，亦可商榷，晚清地方信徒之能读《圣经》，似多指能读罗马拼音，是否识得汉字，则大有疑问。[④] 与此同时，教会罗马字的引入，催生了其时某些士人创制"简字"或"切音字"以供下层民众学习使用的热忱，而切音字在其间是作为学习汉字之辅助，还是自成一种文字，在中土士人看来（相比于传教士），通常也更成一费

---

① 参见沈迦：《晚清西人温州方言著述知见录》，《温州通史编纂通讯》2014 年第 2 期。

② "Introduction to the Wenchow Dialect," *The Chinese Recorder and Missionary Journal*, Jan. 1, 1894 ; "The Scriptures in the Ver-nacular," *The North-China Herald and Supreme Court & Consular Gazette*, Sep. 4, 1903 ; William Soothill, A Mission in China, London and Edinburgh : Oliphant, Anderson and Ferrier, 1907, p. 206.

③ "The Utility of the Romanised System ," *The North-China Herald and Supreme Court & Consular Gazette*, Apr. 2, 1902.

④ 如温州学者沈迦曾在英国剑桥大学图书馆，得见一本全本的 1902 年温州方言罗马字版《新约圣经》，以为这很可能是"全球孤本"；而身为温州人的他，也成了多年来唯一能在该馆读懂该书的人。见沈迦：《英伦"寻宝"三记》，《悦读 Mook》第 19 卷，二十一世纪出版社 , 2010 年，第 122—128 页。

思量的问题。①

　　具体到温州，晚清阶段，宋恕、陈虬即曾给出过具体的方言拼音文字方案。其中宋恕早在 1892 年撰作的《六字课斋卑议》初稿中已提及："西国识字人多，中国识字人少，一切病根，大半在此。"②1897 年改订版的《卑议》中，宋提出在地方设男女校，"课程酌集外国之长，读本专用赤县之字"，但又注称："按今日本小学教法：先授和文，后授汉文。若师其意，江淮以南须创造切音文字多种，以便幼学。"③至戊申年末（1909 年初），宋氏仿日本假名，通过添符及造新字做成一套拼音系统，基本照顾到了温属各县瓯音的发音。④只是宋恕由于较低的功名（增生）、谨小慎微的性格，以及长期在外而非在"乡"的经历，对当时的地方文教兴革介入较浅，仅是偶尔充当主事者之"顾问"，故这一套方言拼音系统，也未对温州地方产生某种可以考辨的影响。

　　至于陈虬（1851—1904，光绪十五年举人，乐清籍，但世居瑞安）的"新字瓯文"方案，则确曾付诸地方实践。1903 年，陈在自己创设的温州府城利济医院分院（本院在瑞安县）内开设新字瓯文学堂，教授自己创制的方言切音字。据陈虬称，该切音字"不论妇女、农野，每日熟课一点钟，月余皆自能写信记账，简捷无比"，希望能多开同类学堂，"进化当视寻常学堂，事半功倍"。他已意识到了方言经常"有音无字"的问题，故在被称为"旧字"的汉字基础上加以"新字"，以实现语言文字之合一。至于此类"新字"，尽管并非汉字，却也法汉字之意，"大写全师篆法，小写时兼隶意，联字正便两体，仿佛石经，总以不欲尽弃中法为主"。他并撰作《新字瓯文七音铎》《瓯文音汇》二书，均系"初级之书"，前者为拼音系统，后者为据该系统编撰的方言字典。当然，这一套学习方法，不只适用于温州方言，理论上各

---

①　参见王东杰：《"声入心通"：清末切音字运动和"国语统一"思潮的纠结》，《近代史研究》2010 年第 5 期。

②　宋恕：《六字课斋卑议（初稿）》，胡珠生编：《宋恕集》上册，第 16 页。

③　宋恕：《六字课斋卑议（印本）》，胡珠生编：《宋恕集》上册，第 136 页。

④　宋恕：《宋平子新字》，胡珠生编：《宋恕集》上册，第 437—445 页。按，"基本照顾到温属各县瓯音的发音"一说，本是其间夹注的中国社会科学院语言研究所郑张尚芳研究员的论断（第 438 页）。

府、州、县均可仿而行之，作为正音习字之阶。①

可以看出，陈虬创此切音字的用心，已非限于文字层面，而是想将提升地方识字率、语文合一、方言官音之统合等，也即"国民""国语""国文"之塑造，毕其功于一役。在新字瓯文学堂的开学演说中，陈虬便撷取其熟稔的联结"医"与"国"的传统话语，明标"上医医国"之旨，称"新字"之造，是要"当那富强药方的本草"。汉字字数太多、太难读写，致使中土识字率低，为西人视作"半教的国"乃至"野蛮"。且许多方言有音无字，而"吾们造出来的新字是纯主中法，略参西文，将来中外通行起来，也好替中国挣点文明的面子"。该书据称原名"福利音"，后又改称"都利音"，似有借用西教"福音"之名的意思。然而陈虬更为重视本土书写传统之承续，借自创之切音字培育"国民"（而非"教民"）的意向，则应是无疑问的。②

唯略显吊诡的是，据后人追叙，新字瓯文学堂的实际教学状况颇为小圈子化，"学生多是子女、亲戚和医学学徒，人数仅有 20 余，且学习时间很短。因此影响不大，不久学堂就停办了"。据称民国初年，还有温籍军官潘国纲（字鉴宗，1882—1938，清时为生员，后入福建武备学堂、北洋陆军学堂）拟在军中推广新字瓯文，效果也不甚佳。③

相比宋、陈二人，对传统文字训诂之学有精深研究、在地方也更有话语权的瑞安士绅孙诒让（1848—1908，同治六年举人），对拼音文字之创制却不甚热心。在此方面他的立论则是径从实践角度出发，称："近人厌楷书繁难，议依日本片假名之例，别制简字，只可用以教下等农民，若学校学生，则既习新字，又须学旧文，两费脑力，实为徒劳。"这里实已点出当时不少"简字"系统，在下层民众为日常用字，而在较"上等"的读书人那里则仅是"进阶"之用字，上下社会阶层的界线

① 陈虬：《〈新字瓯文七音铎〉例言》《〈瓯文音汇〉例言》，胡珠生编：《温州文史资料第 8 辑·陈虬集》，浙江人民出版社，1992 年，第 321—323、328 页。按，因陈虬久居瑞安县，拼音实以瑞安方言（同属瓯音）为主，参见王昉：《陈虬"新字瓯文"拼音方案概述》，《温州历史文献集刊》第 3 辑，南京大学出版社，2013 年，第 282—292 页。

② 陈虬：《新字瓯文学堂开学演说》，胡珠生编：《陈虬集》，第 324—327 页。

③ 宋炎（遗作）：《宋恕、陈虬、林文潜、孙诒让对汉字改革的探索》，《温州文史资料》第 9 辑，浙江人民出版社，1994 年，第 42 页。

反因此而进一步固化。① 只是孙氏并未视此为培养"国民"的障碍，因他在 1905 年成为浙南温州处州学务分处总理，长期主持地方学务，关切的本即是偏"上等"的学堂教育；在该文中他只是提议教授"草书"，供高等小学以上使用，"以代简字，而应急就，不尤古雅邪？"②

在另一面，孙氏对地方人士学习官话，即语言改革，却投入了更多的精力。温州方言与"官话"差异巨大，这一点对包括士人在内的地方人士外出交流当会造成一定妨碍。③ 而孙诒让在此方面则有优势，这一点或与其早年长期跟随在外为官的父亲孙衣言在各处游历有关。如温州府中学堂英文教员陈守庸曾回忆，孙"与人谈话操温州口音，辄口吃，期期艾艾，不能出诸口；若操北方音，则又甚爽利"。④ 1904 年，据称孙与同人在瑞安城东门外的飞云阁发起官话讲习，孙氏"自任教导"，教授对象为一县学堂教职员及地方各界人士。⑤ 唯讲习活动成效几何，已难详考。

不过，参照后来其他一些资料，此类努力的实际受益者，或仍偏向士人及学堂生阶层，这应与士人自身认知此一问题的途径与相关逻辑有关。如乐清县士人郑良治（生员，曾为瑞安学者陈黻宸门生）1905 年初曾在日记中称："言语者，交通之媒介、办事之引线也。吾乡不但不能为外国语，而并不能为国语，此事吃亏不少。"而其发论的由头，则是他有感于自己与新来的乐清知县何士循（河南人）发生交流障碍。⑥ 再如 1910 年底，曾捐福建知县的永嘉人林玉麒在温州府中学堂演说，提及

---

① 关于切音字变成"下等"民众用字，及其与汉字的关系的讨论，参见王东杰：《一国两文：清季切音字运动中"国民"与"国粹"的紧张（上）》，《学术月刊》2010 年第 8 期；《一国两文：清季切音字运动中"国民"与"国粹"的紧张（下）》，《学术月刊》2010 年第 9 期。

② 孙诒让：《学务枝议》，张宪文辑：《温州文史资料第 5 辑·孙诒让遗文辑存》，浙江人民出版社，1990 年，第 44—45 页。

③ 如 1896 年宋恕曾作信给寓居上海的浙江钱塘人孙宝瑄，引荐隶籍瑞安的友人陈黻宸，文中特地声明陈"不能说官话"，是为一"短处"。见宋恕：《致孙仲玙书》，胡珠生编：《宋恕集》上册，第 559 页。但陈黻宸后来长期在外从事教学活动（尤其是在语言与瓯音差别甚大的京、粤地区），主要通过编讲义、写板书来缓解语音难懂的问题，这一以"书同文"为基础的交流方式，便使得方言问题也未构成根本性的妨碍。

④ 陈守庸：《我所认识的孙诒让先生》，《温州文史资料》1985 年创刊号。

⑤ 孙延钊撰：《孙衣言孙诒让父子年谱》，徐和雍、周立人整理，上海社会科学院出版社，2003 年，第 321 页。

⑥ 郑良治：《百甓斋日记》，光绪乙巳二月十四日，温州市图书馆藏。

"于学堂宜注重官音，而温州土腔尤与官音隔阂，不实行练习，必至学生毕业入高等、京师大学言语不通，种种窒碍，即作教员于客地，而口音不对，无以唤起学生之兴味，亦难久任教席"。接着乐清人曹文昇（1863—1912，光绪二十六年岁贡，时为府中学堂国文教员）登台演说，径称"言语不通即不能合群，不合群何以兴国，说到亡国之惨，声泪俱下，听者亦交相击掌"。[①] 即官员士人言语不通，有碍其为官、与官方打交道或升学，乃至经由一番逻辑推演，势将导致"亡国"；而至于其他地方民众不习官话的后果，是否在这些倡言者的思虑范围内，则仍时有疑问。

总的来看，此期温州地方士人响应外界风潮、自行摸索的文字语言改革，有过一些动作，然实效似不能高估。而至宣统年间，温州地区已开始响应官方号召，推动兴办简易识字学塾。其中永嘉县进展颇速，至 1910 年底已开办 78 所，得到官府表扬；[②] 乐清、平阳亦多有开办；[③] 玉环厅发展迟滞，曾遭官府记过处分。[④] 据今人研究，简易识字学塾兴起后，晚清官绅自行发起的切音字运动即告一段落。[⑤] 而在语言改革一面，其时除官话外，如设于瑞安县城西南蒙学堂内的"商务学社"，据称曾有闽语、甬语之学习，以利地方商贾经商，[⑥] 但这种学习似是纯功利性的，并非意

①　张棡：《杜隐园日记》，宣统庚戌十一月初十日；刘绍宽：《厚庄日记》，宣统庚戌十一月初十日。

②　《本署司袁通行各属永嘉劝学所总董禀筹办简易识字学塾办法最善即一律依照推行文》，《浙江教育官报》第 21 册，1910 年 6 月 16 日（宣统庚戌五月初十日）；《本署司郭批永嘉劝学所申送推广简易学塾一览表由》，《浙江教育官报》第 49 册，1910 年 12 月 21 日（庚戌十一月二十日）。

③　《本署司郭批乐清劝学所详报推广乡镇简易学塾所数由》，《浙江教育官报》第 42 册，1910 年 11 月 16 日（宣统庚戌十月十五日）；《本署司郭批平阳劝学所禀报下学期增设简易学塾列表呈核由》，《浙江教育官报》第 52 册，1911 年 1 月 5 日（庚戌十二月初五日）；《本署司袁批平阳劝学所禀报本年旧设新增学堂学塾所数由》，《浙江教育官报》第 83 册，1911 年 8 月 4 日（辛亥闰六月初十日）。

④　《本署司袁批玉环劝学所申送已设简易学塾清折由》，《浙江教育官报》第 32 册，1910 年 9 月 28 日（宣统庚戌八月廿五日）；《本署司袁批玉环劝学所详请将办理简易识字学塾不力记过核销由》，《浙江教育官报》第 65 册，1911 年 4 月 8 日（宣统辛亥三月初十日）；《本署司袁批玉环郭雨青禀自出私财附设简易识字学塾由》，《浙江教育官报》第 73 册，1911 年 5 月 18 日（辛亥四月二十日）。

⑤　见王东杰：《清末官绅推行切音字的努力与成效》，《四川大学学报》（哲学社会科学版）2011 年第 4 期。

⑥　延钊撰：《孙衣言孙诒让父子年谱》，第 310 页。

味着对"方言"之价值的提倡与尊重。大略而言，在建构近代"国族"的迫切要求下，传统的限于读书人阶层的"书同文"的诉求，已向理论上覆盖人群范围更广的"语文合一"的诉求转化；故而此期未见温州士人中有明确肯定"方言"相对"官音"或"官话"之独特价值者，也便无足深怪了。①

三、开民智、易民俗

除却地方民众接引知识与风气的媒介——文字语言层面的改革，尚有知识、风气直接面向民众的灌输。在此"开民智"与"易民俗"，便实现了紧密结合；基于材料本身的状况，以下分为"演说会、阅报所"与"反'迷信'活动"两部分略做探讨。

（一）演说会、阅报所

清季温州地方演说会之设，或在地方学堂以内，以学堂学生为主要受众；或在学堂之外的街头，受众包括其他民众，而后者同样与洋教的"示范"存在一定关联。如维新时期周观议建"翼圣教会"（原称"素王教会"），便"欲将《论语》《孝经》演作白话土语，使农民、妇女皆喻，效彼所传《新约圣书》，而曰《新圣书》，而素王降世前一年经书为《旧圣书》。先出《新圣书》，选人七日礼拜讲说，并不许教会中人与西教结怨寻仇，借可弥民教争讼之衅，胜地方官保护多矣"。②不过，此方面士人可撷取的资源，亦非全自"西"来，如中土本有逢朔、望日宣讲《圣谕广训》，

---

① 按这一点与程美宝《地域文化与国家认同：晚清以来"广东文化观"的形成》（生活·读书·新知三联书店，2006 年）中揭示的情况有所不同，程著指出，清季民初广东士人多有为粤语争"正统"者。此一区别的原因之一或在于广东为"区域"，温州仅为府县"地方"，故可议的主要不是争国语之"正统"的问题，而是是否在国语之外强调方言的独特价值的问题。

② 周焕枢（观）：《大建素王教会议》，《欠泉庵文集》，《清代诗文集汇编》第 787 册，第 229—230 页；《宋恕亲友函札·周观》第三通，胡珠生编：《东瓯三先生集补编》，第 258 页。按维新时期湖南南学会等曾行七日礼拜宣讲之法，参见王尔敏：《中国人与礼拜日制》，《近代文化生态及其变迁》，百花洲文艺出版社，2002 年，第 446—447 页。

及相应的民间"宣讲拾遗"的传统,这一点原也曾为传教士所利用。[1]具体而言,"新政"阶段温州士人的演说之举,有的定于每月朔、望日(即初一、十五日),也有的曾取西式的"七日礼拜讲说"之法。

1902年左右,温属乐清县趋新士人吴熙周(1866—1921,光绪二十二年拔贡)等组织的"乐清西乡师范学社",即曾围绕"普及于其众"的旨趣,有过具体的规划。中称当由一乡推于一国,使举国"无不读书无不识字";且"以广开乡民智识为第一义,于每月朔望齐集远近蒙塾师暨各蒙塾学生,大开演说会,申明教育法程,并由本学社公请社外通人协演,无论农商人等均准入听"。[2]据称,该演说会"每月开会二次,听者近千人,又派人往各村镇演说"。[3]至庚戌年(1910)六七月间,由胡天仆、冯豹、曹文昇等人牵头,经同县学务议绅黄式苏、县劝学所总董朱鹏"详可",乐清复成立"雁荡讲学会"(初名"复性讲学会"),于七月初三、初十、十七日"各星期"演讲,主讲为冯豹,"召集不识字之农民,与之讲道论德,以存古风"。[4]后一演说或有较多理学气味,偏重"存古风",或与传统的士人在乡宣教无甚差别;且此类演说对民众产生的实际影响,现今已难确考。

在温属瑞安县,壬寅年(1902)十一月,该县部分趋新士人创设"瑞安演说会",亦曾定期在学堂以外举行演说。其中,作为地方科举望族的瑞安孙家表现尤为积极。该月十八日,族中著绅孙诒让为演说会作广告;十九日,瑞籍留日学生林文潜邀孙诒棫(孙诒让堂弟,生员)、延曙(孙诒棫胞兄孙诒泽子)叔侄等议借县明伦堂为集说场所,定廿一日开讲。[5]孙诒让被推为会长,项湘藻(监生,进士项崧之兄)为副会长,会员四五十人,章程由宋恕草拟、诒让重行修订。演说会每月逢朔、望日(初一、十五日)开常会,主讲者多为县内各学堂的教师学生,听众则包括学堂师生及农工商各界人士。项目分"议论之部"与"述告之部",前者包括德义、

[1]　参见王尔敏:《清廷〈圣谕广训〉之颁行及民间之宣讲拾遗》,《近代文化生态及其变迁》,第3—30页。

[2]　吴熙周:《乐清西乡师范学社缘始》,《新世界学报》壬寅第8期,1902年12月14日(光绪壬寅十一月十五日)。

[3]　《温州乐清县教育部》,《浙江潮》1903年第5期。

[4]　《温州·雁荡讲学会成立》,《四明日报》,宣统庚戌八月廿五日(1910年9月28日)。

[5]　林骏:《颇宜茨室日记》,光绪壬寅十一月十八、十九日。

科学知识、县政兴革、农工商实业等内容,后者则包括中外历史、时事、地方新闻、通俗小说等类目。① 这一分类与宋恕早先草拟的章程颇有不同,宋恕甚畏因论时事而得祸,故偏向强调"论学"与社会"现象",② 但可能是由于规定过细、过于专门,地方上根本无法执行,故在实际操作中又从简。

十一月廿一日,瑞安县城内西北蒙学堂教员林骏往明伦堂听首次演说,称该日听众"除四隅蒙学诸生外,约计千余人,洵盛举也"。③ 之后林骏多次往听演说,据其记录,演说内容确曾包括时政要闻,如癸卯年(1903)说及俄占东北、"士商不服"等事。④ 而举办时间在每月初一或十五,这一点也不绝对,如曾有"特别演说",办在月中之二十日。⑤

不过演说活动中仍有一些不和谐音存在。如曾有人在演说中道及地方学堂改良,直接触及在场其他办学士人的声誉与利益,导致"开民智"的场所成为士人互争之所。涉事的林骏对此评论称:"噫,创演说之会以合群为主义,开通民智,激发人心",该演说者居然"蹈攻击之愆",真系"会中之败类"。⑥ 另据林氏记录,多次演说会主要的听众系地方学堂"诸生";至于其他一些听众,据后人忆称反馈似有欠积极。在一次演说时,主持者洪锦骧"因到会之人妄为讪笑",忍不住"登堂向众拍案呵责";身为听众的林骏对此亦觉不满,嫌其"言语太涉激烈,独不思言说一举原为广开民智,任人讥弹,苟以人之笑骂而遽为呵斥,岂立演说会之宗旨乎"?⑦ 认为民智虽不易开,然而开民智者更应懂得"忍辱负重"。而长年在外的宋恕在癸卯年九月的

① 《温州瑞安县城内教育区所表》,《浙江潮》1903 年第 4 期;孙延钊撰:《孙衣言孙诒让父子年谱》,第 306 页。

② 宋恕的草案分演说会为 2 部:学术部、时事部。学术部又分总、别 2 科,总科分哲学、社会学 2 目;别科分论理学、几何理学、修词学等 30 目。时事部亦分总、别二科,总科分宗教现象、风俗现象、宦途现象、四民现象、非四民现象 5 目;别科分某区宗教现象、某区风俗现象、某区宦途现象、某区士业、农业、工业、商业现象、某区非四民现象等 8 目。见宋恕:《代拟瑞安演说会章程》,胡珠生编:《宋恕集》上册,第 350—351 页。

③ 林骏:《颇宜茨室日记》,光绪壬寅十一月廿一日。

④ 林骏:《颇宜茨室日记》,光绪癸卯五月初一日。

⑤ 林骏:《颇宜茨室日记》,光绪癸卯闰五月二十日。

⑥ 林骏:《颇宜茨室日记》,光绪癸卯六月初一日。

⑦ 林骏:《颇宜茨室日记》,光绪癸卯闰五月十五日。

家书中曾警告称：孙延曙"速行停演，或禁演时务，专演卫生、农、工诸学亦尚可行"。[①]后又数次作信叮嘱速停演说，或建议请西教士出为保护。[②]然据林骏日记记录，演说会此后照常举行，地方人士应未采纳宋恕的"忠告"。总之，该会在某些受众的消极反应与官府的威压下，还是坚持到了丙午年（1906）方才停办，之后会址县学明伦堂变为新设瑞安县中学堂的一部分。[③]

就演说可能发生效果的领域而言，妇女解缠一项，或许尤为值得一提。至1902年冬，瑞安先成立劝解妇女缠足会；1903年，孙诒让在回复浙江处州青田友人刘祝群的一封信中提及，解缠"为保种第一要义，舍间妇女，均已解放"。[④]此外，地方士人还尝试在家族以外倡言解缠，这一意向则须诉诸文告、演说等手段。如瑞安演说合成立前，孙诒棫曾于办在上海的《新世界学报》上登载《劝女子不缠足启》（署名孙任）；[⑤]壬寅年六月初，居乡的孙诒棫还曾为瑞邑两位唱词人解说缠禁，旋又为两乞妇说缠禁；九月十九日，又与孙延曙、叶芰汀等人往各寺庙说解缠。[⑥]后《新世界学报》主笔瑞安人陈黻宸（当时为举人，光绪二十九年进士）称："瑞安三里之城，居民不过二千家，解缠殆得强半，篇（即《劝女子不缠足启》——引者注）中列名者皆首先奉行。"[⑦]同年11月，孙诒棫复请其姐夫宋恕代撰《劝谕解放妇女脚缠白话》；[⑧]癸卯年正月，他至士人张棡所在的瑞安汀川里拜年，即"欲于本里赛会热闹时演说《妇女解缠足白话》一篇"。张棡为之出主意，谓"今日人多口杂，且意在看会便无心听书，不如暂留一宵，先贴一广告，通知地方约于明日十一点钟在戏

---

① 宋恕：《致孙季穆书》，胡珠生编：《宋恕集》下册，第725—726页。

② 宋恕：《致孙季穆书》（两封），胡珠生编：《宋恕集》下册，第736—737页。

③ 孙延钊撰：《孙衣言孙诒让父子年谱》，第307页。

④ 孙诒让：《复刘祝群书二通》，张宪文辑：《孙诒让遗文辑存》，第118页。另如洪炳文于民国初年的《东嘉新竹枝词》中亦提及"侬家姐妹多天足，七寸花鞋去踏青"，见沈不沉编：《洪炳文集》，第440—441页。

⑤ 孙任：《劝女子不缠足启》，《新世界学报》壬寅第3期，1902年10月2日（光绪壬寅九月初一日）。

⑥ 宋恕：《壬寅日记》，胡珠生编：《宋恕集》下册，第960页。

⑦ 陈黻宸：《答〈新民丛报〉社员书》，《新世界学报》壬寅第8期；收入陈德溥编《陈黻宸集》下册，中华书局，1995年，第1020页。

⑧ 宋恕：《遵旨婉切劝谕解放妇女脚缠白话》，胡珠生编：《宋恕集》上册，第331—349页。

台演说，庶几两全其美"。次日贴出演说告白，"并知会戏班早打头通"。演完八仙戏后，"游人渐集，"孙诒械"遂在台上演说一番"，然"旋以俗人无知，口语嘈杂，即停演回家"。① 据张棡内兄林骏的记录，当时演说效果欠佳，系因"愚民无知，误为西人传教，颇作不入耳之谈，遂略说数课而止"。② 略可说明在地方民众眼中，士人的演说之举与西人传教确也存在一定的相似性；而同样可见的是，某些乡村地区妇女解缠遇到的阻力，似也要大于城区部分。

除演说活动外，地方尚有阅报所的设置。1902 年，温属乐清县西乡师范学社同人曾"拟建藏书、阅报二所，藏书所广置中外有用要书，详定章程，任人借阅"。③至于瑞安县，在 1896 年设立的学计馆（主授算学）中即有阅报处，唯规定其中"公置算书图器，旁及各种西学书籍，以供生徒研览，不准出借，外人不得来院抽看"。④ 1901 年，该馆的阅书章程发表于上海报纸，似表明为改变社会传播成效不彰的状况，该馆馆藏已在原则上向全邑读者开放。⑤ 瑞邑士人张棡与林骏，都在日记中提及了这一措施。中称，学计馆主事者在馆中议设一个面向全邑读者的"阅报公所"，购买十余种报，来人只要先付报资五角，便可任意取阅。同时又有款项拨出，"拟建藏书楼一座，广购经史子集及近时西学诸书，有志者均可赴阅"。如要把书带回家"静看"，则"须估此书值价几何，付洋若干存楼，阅毕书送还，洋亦完璧"。这一计划至少前半部得到了实施，当年晚些时候张棡、林骏同往馆中买报，两位廪生对于馆藏报刊称许有加。然而此类阅读体验，似未扩及多数地方读书人，遑论其他民众，据称"城中出资来阅者竟尔寥寥"，令张棡不禁感叹："甚矣，民智之不易开也！"⑥

1902—1904 年，瑞安普通学堂亦设置了书报经理处；1903 年于瑞城东北蒙学

① 张棡：《杜隐园日记》，光绪癸卯正月初八、初九日。

② 林骏：《颇宜茨室日记》，光绪癸卯正月初九日。

③ 吴熙周：《乐清西乡师范学社缘始》，《新世界学报》壬寅第 8 期。

④ 《温州瑞安学计馆程规》，《知新报》第 26 册，光绪丁酉七月初一日（1897 年 7 月 29 日），《知新报（一）》，澳门基金会、上海社会科学院出版社，1996 年，第 253—254 页。

⑤ 《瑞安学计馆阅书章程》，《同文沪报》，1901 年 4 月 25 日，第 3 版，上海图书馆藏缩微胶卷。

⑥ 张棡：《杜隐园日记》，光绪辛丑二月廿七日、九月十七日；林骏：《颇宜茨室日记》，光绪辛丑九月十七日。

堂内设"实用学塾",据称更多地面向"士"以外的社会人士,专设"阅报"一门课目,隔日一次。①整体上讲,"阅报"较于"演说",对受众的识字状况要求本来较高,能否产生预期效果,或较演说活动存在更大的疑问。

(二)反"迷信"活动

其时温州地方士人尚有一些可归为"反迷信"的言说活动。在此方面,在地传教士(而非书本中的西人)固然对中土之佛、道及其他民间信仰素有攻讦,但这些攻讦是否径为地方士人所采信,笔者则未见确据。换个角度讲,新时期的反迷信,亦可被认为是儒者既有的对"怪力乱神"的批评、对"淫祀"的排摈的某种自然延伸,外来的科学主义只是为这一旧有倾向输送了新的弹药。

另一面,不少士人尽管开始接受"科学",一些可归类为"怪力乱神"的内容却仍在其精神世界中扮演重要角色。如陈虬,便习于将传统象数堪舆之学与西学密切结合起来,这一点在其于维新时期创办的温州《利济学堂报》、主笔的杭州《经世报》中都有明确体现。②平阳举人黄庆澄,维新时期创办《算学报》,浙省宿儒俞樾为之作序,亦称:"与君谈则于天地阴阳之原与凡医卜星命诸术家说无不通晓,盖亦当代一振奇人也。"③至于在地方更有影响力的瑞安望族子弟孙诒让,在此方面也未能例外。这就令当时"反迷信"的实践逻辑与今人的通常理解存在某些差异。

以在地方有较大权势的孙诒让为例。孙系地方儒学宗师,同时却也是虔诚的佛教徒。据与其有姻亲关系的宋恕(孙诒让二叔孙锵鸣的四女婿)称,孙衣言、锵鸣兄弟"皆颇信佛",衣言子诒让则"深嗜内典";孙锵鸣家供奉观音,每日清晨锵鸣妻等人"焚香诵经,声彻客座"。④1899年复有报道称,该年观音诞辰,温州有寺僧请得诒让作施主,地方"侫佛者流"遂得以"趋之若鹜"。⑤而至于如何调和"佛学"与"科学",孙诒让则应是在得阅同样精研佛学的湖南人谭嗣同刊于《湘报》之《以

---

① 孙延钊撰:《孙衣言孙诒让父子年谱》,第 309 页。

② 参见徐佳贵:《维新、经世与士人办报——以杭州〈经世报〉为个案再论维新报刊史》,《新史学》2016 年第 27 卷第 2 期。

③ 俞樾:《〈算学报〉序》,《算学报》第 3 册,光绪丁酉八月(1897)。

④ 宋恕:《孙诒燕行述》,胡珠生编:《宋恕集》上册,第 464 页。

⑤ 《瓯江桃浪》,《申报》,1899 年 4 月 23 日,第 2 版。

太说》,①或其所著《仁学》的基础上,取谭氏发扬的"以太"说以申论之。②1905或1906年,孙氏尝作《光不灭说》《续〈墨子·明鬼篇下〉》等文,发挥"以太"说,一面抨击术数之学,一面又糅合耶佛中西之说,认为鬼神存在,以为"或信之太过,而崇阐巫风,或疑之太过,而昌言神灭,众论舛驰,殆皆未窥其本矣"。③在1907年所作的60寿辰辞寿启中,诒让复称"不佞中年以后,略涉梵典,颇信质点不灭,则性识永存"。④同年的《学务枝议》一文中,诒让列出专节倡言"除迷信以兴科学",可主要针对的是游移于道教内外的民间信仰(如文昌帝君等),而与佛教无涉。⑤

这一立场态度,也反映在一些地方"反迷信"的实践当中。如1902年,部分瑞安普通学堂学生对"下元俗忌,展假一日"不以为然,诒让对此深表嘉许,并引"以太"说,以为西人痛诋术数之学、批评华人酷信"选择、堪舆、星命、卜筮与天官家灾异之说"为"民智未开之一端","其持论甚精"。只是在策略上,孙仍持保留意见,他一面赞许学生,称"此实知识开通之萌芽,余非徒不怪,且深望其文明思想从此大进";另一面又说:"中国则民智初开,此等见解,必须渐化,不能一旦决撤藩篱,

① 谭嗣同:《以太说》,《湘报》第53号,光绪戊戌闰三月十六日(1898年5月6日),《中国近代期刊汇刊第2辑·湘报》上册,中华书局,2006年,第445页;收入蔡尚思、方行编:《谭嗣同全集》下册,中华书局1981年版,第432—434页。

② 另章炳麟曾与宋恕通书讨论谭氏《仁学》,不知对宋氏姻兄孙诒让是否有影响,见《章炳麟致宋恕·四》,温州博物馆编:《宋恕师友手札》下册,浙江摄影出版社,2011年,第309页。

③ 孙诒让:《光不灭说》,张宪文辑:《孙诒让遗文辑存》,第17—19页;孙诒让:《续明鬼篇下》,许嘉璐主编,雪克点校:《孙诒让全集·籀庼述林》,中华书局,2010年,第335—341页。

④ 孙延钊撰:《孙衣言孙诒让父子年谱》,第349页。按该文系孙氏将寿辰筵资寄《中外日报》馆充作义赈的声明,见《淮徐海水灾赈款·六月十六日收孙君诒让壹佰元》,《中外日报》,1907年7月27日,第1张第1版,上海图书馆藏缩微胶卷。

⑤ 孙诒让:《学务枝议》,张宪文辑:《孙诒让遗文辑存》,第45页。按1899年平阳人刘绍宽日记中也曾提及,其友平阳士人姜会明"于孙仲容先生处见谭嗣同《仁学》,以孔、墨、佛、耶杂糅为一,其言仁从二,即元字之意,亦即西人之所谓'以脱'"。见刘绍宽:《厚庄日记》,光绪己亥五月十六日。而刘自己应也由此了解了"以太"说,从而持"科学"的"有灵论",称:"盖人鬼之灵皆是'以太','以太'无形而有物,鬼虽极多,不能挤破宇宙也。"见刘绍宽:《厚庄日记》,光绪己亥六月初八日。

毫无挂碍。"总之当取一种循序渐进、潜移默化的实践方式。[1] 不过，在某些时候孙亦可以表现得和青少年学堂生一样激烈，如 1906 年，孙诒让同本县学堂生请知县带衙役将一新建无常殿拆毁，"塑像投之烈炬，扁额尽皆拆卸，凡平日好言淫祀者，无不逃避三舍"，闻知此事的乡人张楙对此深表赞许，在日记中大呼"快矣哉！"[2]

唯此等激烈的举动，针对的仍是士人向来痛恶的"淫祠淫祀"，不一定包括佛寺。今人经常提及晚清"新政"阶段，地方时有"占庙产兴学"的情形发生；今已有量化研究，认为庙产被用以兴学的情形在温州府境颇为普遍，其中尤以瑞安、平阳两县为突出，1896—1908 年两县学堂择址于寺观、庵堂、祠庙的比例，且要高于以宗祠或旧书院学塾等为址者。[3] 但在某些时候，利益考量也会与士人自身的观念信仰缠在一起，如永嘉县的妙智寺，系地方大寺，"有田千余亩，僧数百人"，"四方来受戒者以千数"，据称"当郡城初设学堂时，郡人颇有利其寺产，谋夺为学田者"，是孙诒让"力持不可"，出面阻止。[4] 这里或有侵占大寺更可能引发地方动乱的顾虑，可孙氏作为虔诚的佛教徒，其中应也有信仰提供的助力在内。总之，对于"反迷信"活动，一些地方士人在投身之余似亦有所控制，缘由之一即在士人自身对于关涉宗教信仰的民间文化亦有参与分享的一面，在认可"开民智"之紧迫性的同时，其仍试图在此类本土文化与强势的外来"科学"话语之间实现某种折中平衡。[5]

除上述几类举措外，此期还有一些面向或关涉下层民众的文教组织与活动。如1903 年初，瑞安留日学生林文潜等在乡里望族孙家的支持下，发起词曲改良研究会，研究范围涵盖弹词、盲词及其他向在本地流行的歌曲、小调等，设在瑞安县城小东

---

[1]　林骏：《颜宜茨室日记》，光绪壬寅九月初六日；孙延钊撰：《孙衣言孙诒让父子年谱》，第 307—308 页。两处文字略有不同。

[2]　张楙：《杜隐园日记》，光绪丙午五月廿九日。

[3]　参见祁刚：《清季温州地区的庙产办学》，康豹（Paul R. Katz）、高万桑（Vincent Goossaert）主编《改变中国宗教的五十年，1898—1948》，"中研院"近代史所，2015 年，第 39—74 页。

[4]　孙宣：《朱庐笔记》卷三，温州市图书馆藏。

[5]　另已有人提及，瑞安士人张楙对于地方民间的龙舟竞渡活动，观感也颇为复杂，时而是官府打压措施的支持者，时而又是龙舟赛兴致盎然的观众，见董光春：《锯不断的龙舟——晚清民初温州地域社会中的权力关系》，硕士学位论文，华东师范大学历史系，2013 年，第 35—44 页。

门外飞云阁下，因林氏于该年即去世，该会旋告停辍。[①] 另1907年，上海组织通俗教育社，据称孙诒让复与学务处同人组织温州通俗教育社，社址即设学务分处内，推诒让为名誉社长。[②] 而瑞安县士人洪炳文于清季所作的戏曲，亦颇有以旧的创作形式传布新知新风之意，如《芙蓉孽》（1904）倡言禁烟，《警黄钟》（1904）《后南柯》（1905）分别以蜜蜂、蚂蚁拟人，敷衍强国之道等，但其是否曾面向地方民众演出，则未见确据，可能仅仅是作为文字形态的"案头剧"流传于世。[③]

四、学堂化的"启蒙"？

以上所论，多为地方士人自发的作为，而下层"启蒙"尚有制度化的层面。其时士人主持的新式育才机构——学堂，至少在原则上与传统科举类似，是向一切社会阶层与群体开放的。就传统因素而言，塾馆本是科举时代地方育才的一类重要机构，而塾馆学子能成为"士人"（即至少成为生员）者亦属少数，大量只能成为"童生"群体的一员，或直接融入农工商等其他身份或职业群体中去。清季十年，私塾尚无法被学堂彻底取代，官绅也有意通过"改良"之法，不废塾馆，仅使塾馆渐向学堂"看齐"。具体到温州，如1905年，上海成立私塾改良会、杭州成立分会，温属瑞安、平阳等县亦曾有支会之设。[④] 而相对私塾，学堂则有"才学"与"财力"的双重门槛，对此地方也曾出台了一些应对措施。[⑤] 这些设想规划究竟曾否落实，笔者未见足资考辨的材料。仅附设教育机构一节，因直接关系到地方的实业教育，可在此做一专门讨论。[⑥]

晚清所谓"实业"教育，当关乎农工商之类的知识内容，理论上讲，也应是将

---

① 孙延钊撰：《孙衣言孙诒让父子年谱》，第310页。

② 孙延钊撰：《孙衣言孙诒让父子年谱》，第359页。

③ 沈不沉编：《洪炳文集》，第138—286页。

④ 孙延钊撰：《孙衣言孙诒让父子年谱》，第324页。

⑤ 孙延钊撰：《孙衣言孙诒让父子年谱》，第344—345页；孙诒让：《学务枝议》，张宪文辑：《孙诒让遗文辑存》，第41—42页。

⑥ 另外，清季"女学"之兴也可能有平民参与，但因牵涉面相甚广（如"性别史"视野之类），为免枝蔓，本文不予展开。

新知新风推及"士"以外的社会阶层的一种制度化的尝试。[1] 然在具体的实践过程中，实业教育却始终存在至少两个不同的层级。其中较低的层级，乃是向"士"以外的民众阶层与职业群体普及教育。如"新政"初年创设的乐清西乡师范学社，即曾规定"每二十户设农工商蒙塾一所，课本亦由学社编定"。[2] 在瑞安，据称1903年在瑞城东北、东南、西南蒙学堂内，曾分设实用学塾、工商学社与商务学社各一所，以襄助社会各界人士接受职业补习教育。[3] 据称工商各界补习教育之学堂，自瑞安先行设立数所后，其他县份旋又跟进。[4] 而后在官方颁布的《奏定学堂章程》中，有"实业补习普通学堂"及"艺徒学堂"之设，前者"令已经从事各种实业及欲从事各种实业之儿童入焉"，后者学习要求更低，"令未入初等小学而粗知书算之十二岁以上幼童入焉"。[5] 该章程推及地方后的1906年，温处学务分处曾议定《艺徒学堂暂行办法》十二条。[6] 之后，温属各县继续推进此类学堂的设立，但进展显较普通学堂来得缓慢，如至1911年，乐清劝学所尚在筹办本县艺徒学堂，官方还嫌其课程过于简单，"宜随时酌量增加"。[7] 第二个也是更高的层级，才是真正以"实业教育"为名的实业学堂之设。对此官方的制度设计，同样以"实业教育"与"实业补习教育"为不同层级，其中普通高小与初级师范本有农业、商业之类的"随意科"，[8] 实业学堂与普通及师范学堂的主要区别，便是于修身、国文、算术、体操等

[1] 当然，时人亦有不太一样的表述，即将"士"散入农工商等其他社会阶层，或在农工商阶层中养成"士"，如"农士""商士"等，参见王先明：《近代绅士——一个封建阶层的历史命运》，天津人民出版社，1997年，第204—205页。

[2] 《温州乐清县教育部》，《浙江潮》1903年第5期。

[3] 孙延钊撰：《孙衣言孙诒让父子年谱》，第302、309—310页。

[4] 孙延钊撰：《孙衣言孙诒让父子年谱》，第317页。

[5] 《奏定实业补习普通学堂章程》《奏定艺徒学堂章程》，璩鑫圭、唐良炎编：《中国近代史教育资料汇编·学制演变》，上海教育出版社，1991年，第447、450页。

[6] 孙延钊撰：《孙衣言孙诒让父子年谱》，第335页。

[7] 《本署司袁批乐清劝学所禀报筹办艺徒学堂并拨用存款由》，《浙江教育官报》第84册，1911年8月9日（宣统辛亥闰六月十五日）。

[8] 《奏定高等小学堂章程》《奏定初级师范学堂章程》，璩鑫圭、唐良炎编：《中国近代史教育资料汇编·学制演变》，第308、400页。

普通科外再加一系列"实习科"。[①] 关于入学门槛，在"才"的一面，唯有"初小毕业生"才可入初等农业、商业、商船学堂；[②] 而在"财"的一面，如后来官方规定，相对高小，初等实业各堂学费"酌减"，"中学堂征收学费每学生每月自银元一元至二元，中等实业各学堂准此"。[③] 即与师范、半日、艺徒学堂可免学费不同，收费标准实业学堂只是在较低等级比同级普通学堂略低。在具体的地方实践中，而这些学堂因多一"实习"环节，反而会遭遇到较之普通学堂更大的办学困难。

在农业方面，温州地方曾办有蚕桑学堂。该堂办于1902年，时任温处道童兆蓉筹建蚕桑学堂，以平阳士人黄庆澄为堂长，童自捐俸数千元。[④] 1904年黄庆澄去世，该堂由平阳士人诸葛钧（字和卿）接手。据刘绍宽日记称，至1906年初开学时，堂中仅有学生20余人。[⑤] 而蚕桑学堂"缺桑叶"，还曾委托孙诒让向务农会（或指上海农学会——引者注）代订。[⑥] 1908年省里调查称，该堂归温处学务分处管理后，"尽心规划，颇有成就，惟该堂每岁仅办实习一学期，而科目未备，难资深造"。后据《奏定学堂章程》，该堂也只改称"初等"农桑实业学堂。[⑦] 另据后人追叙，1911年春后，该堂设有众多普通学科，育蚕另设"技术科"，"但很少亲授农业实际生产知识"，有学生反映"学了一年，没有获得显著农业生产知识"，郑振铎（原籍福建

① 《奏定初等农工商实业学堂章程》，璩鑫圭、唐良炎编：《中国近代史教育资料汇编·学制演变》，第444—447页。按《温处学务分处暂定学堂管理法》对奏定章程中的相关规定做了归并简化，农工商实业学堂的普通科一律为修身、国文、算术、体操，格致、地理、历史等均为"酌设"，再加以实习科。

② 《奏定初等农工商实业学堂章程》，璩鑫圭、唐良炎编：《中国近代史教育资料汇编·学制演变》，第445页。中等实业学堂录用高小毕业生。

③ 《学部厘定京外各学堂征收学费章程》，《浙江教育官报》第1册，1908年8月6日（光绪戊申七月初十日）。

④ 童兆蓉：《谕温属兴办蚕桑》（光绪壬寅八月廿八日），《童温处公遗书》，卷六，温州市图书馆藏；《本司支准温处道移知温州初等农桑实业学堂业已招生开学详抚宪文》，《浙江教育官报》第15册，1909年11月22日（宣统己酉十月初十日）。

⑤ 刘绍宽：《厚庄日记》，光绪丙午二月廿二日。

⑥ 孙又转委瑞安士人杨世环托人办理，见孙诒让：《与杨筱村便条》第二纸，许嘉璐主编，徐和雍、周立人辑校：《孙诒让全集·籀庼遗文》下册，中华书局，2013年，第635页。

⑦ 《本司支准温处道移知温州初等农桑实业学堂业已招生开学详抚宪文》，《浙江教育官报》第15册。按刘绍宽日记亦曾称："郡蚕桑学堂现改为实业学堂，本日开校。"见刘绍宽：《厚庄日记》，宣统庚戌八月初八日。

长乐,生于温州永嘉)等部分学生遂自动转学。[1]这可能与该校生源多商家子弟有关,故习农本质上"非其所用"。[2]亦可推知该堂的办学绩效,也长期难如人意,个中成因,也应包括普通学堂所没有的"实习科"在地难以开设,或成效不彰。

在工业方面,温州府城有所谓"织锦学堂"之设。[3]该堂与蚕桑学堂共用一所道后关帝庙,织锦学堂在庙前部,蚕桑学堂在后部。[4]该堂据官方称办在1908年,创办人为永嘉籍监察御史徐定超的侄子徐象严(生员)等。但该堂开初未报官府立案,且"未能确符定章";[5]至1911年,官方尚以为织锦学堂应改称初等工业学堂,并按章程调整科目。[6]据1911年1月的一则官方调查称,当时温属各邑并无实业学堂,"除郡城中等豫科之农业学堂及织锦学堂、贫民习艺所外,各邑城乡市镇并无别科或选科之中等实业学堂,亦无初等实业学堂"。这主要是因为"其款均较办同等之普通学堂为巨,现在地方财力困难,无力筹此巨款,实业教员稀罕,不易聘请,实业知识浅薄,乏人提倡"。[7]明确点出了该实业学堂不独入学门槛不低,且在地方的开设反较普通学堂更为不易。而直面地方既有的其他民众阶层(主要指"农工",

① 参见冯举千:《我所知道的温州蚕桑学堂》,《鹿城文史资料》第2辑, 第94—95页。该文称在1911年时, 该堂已改名温州府官立中等农业学堂, 对此笔者尚未见确据。

② 黄庆澜:《呈省长齐拟将永嘉县立蚕桑学校改设单简讲习所令行教育厅核议办法文》, 黄庆澜:《瓯海观政录》,《近代中国史料丛刊续编》第31辑, 台北文海出版社, 1976年,第451—452页。

③ 1902—1911年的瓯海关报告也曾提及温州实业教育的状况, 称:"1903年, 两所职业学堂开办, 一所教导养蚕, 另一所传授用本地特产织布;除此之外, 还设置通常的课程。由于缺乏资金支持, 只招收120名学生, 有15位教导。"应即指温州蚕桑学堂与织锦学堂, 但创办时间与前文所述有些许出入。见"Decennial Reports, 1902—1911, WENCHOW",《中国旧海关史料(1859—1948)》第155册, 京华出版社, 2001年,第532页。

④ 参见冯举千:《我所知道的温州蚕桑学堂》,《鹿城文史资料》1987年第2辑。

⑤ 《本署司郭批永嘉织锦学校徐象严等禀请钤记由》,《浙江教育官报》第44册, 1910年11月26日(宣统庚戌十月廿五日)。

⑥ 《本署司袁批永嘉县禀织锦学堂请颁钤记由》,《浙江教育官报》第70册, 1911年5月3日(宣统辛亥四月初五日)。

⑦ 《省视学刘彬调查温处两府属学堂情形节略》,《浙江教育官报》第52册, 1911年1月5日(宣统庚戌十二月初五日)。

因"商"相对资财雄厚,尚可克服经济门槛)的,[1]只是实业"补习"或"艺徒""半日"学堂,就此而论,"新政"阶段地方官绅自行发起、后又得以体制化的实业教育,其实却意味着新老地方精英与其他民众的区隔被进一步固化,双方在知识与相应权力上的差距,乃至可能反呈拉大之势。

另据中央学部《第三次教育统计图表》显示,1909 年平阳县尚有一商业初等学堂,学生仅 13 人;[2]1911 年瑞安拟于县城东南初小之广福寺内设立初等农业学堂,因多项指标不符定章,而被驳回要求重新报送。[3]当然,这些实业学堂,毕竟直接涉及农工商业知识,故也应存在为地方"兴利"、使其他社会阶层受惠的意图。唯据瑞安士人洪炳文在民国初年(1917 年左右)的说法,实业教育的整体成效依然欠佳:至于工艺,乃是"习艺工师艺未精,也难实惠到穷氓,频年耗却公家费,三载屠龙技不成";至于农桑,则是"选种栽桑未甚谙,缫车空费手掺掺,瓯绸仍取湖丝织,浪说温州八辈蚕"。[4]

据此或可推测,此类地方实业学堂一方面较同级的普通学堂创办门槛更高;[5]一方面则与实业补习机构相类,未曾较顺遂地运用堂中关涉农工商业的教学内容,为地方社会带来可见的"实利"。

---

[1] 另如 1908 年的《温州府官立中学堂暂定章程》(温州市图书馆藏)中称,学生入学之保证人"不拘商学两界",多少暗示了"农工"往往不在保证人(乃至中学生)之列。

[2] 《浙江省实业学堂学生统计表》,学部总务司编:《第三次教育统计图表(二)》,王燕来、谷韶军辑:《民国教育统计资料续编》第 4 册,国家图书馆出版社,2012 年,第 44 页。

[3] 《本署司袁批瑞安县详项仲芳等禀设初等农业学堂由》,《浙江教育官报》第 90 册,1911 年 9 月 7 日(宣统辛亥七月十五日);又见《浙江官报》第 45 期,1911 年 9 月 21 日(宣统辛亥七月廿九日),浙江省图书馆藏。

[4] 洪炳文:《东嘉新竹枝词》,沈不沉编:《洪炳文集》,第 441 页。

[5] 按至民初仍有教育部文件明言:"实业学校之科学,较难于普通,入学生非英算汉文稍有门径者,对于实业科学多不能领会。"见《教育部咨各省都督兼民政长、民政长请饬所属实行本部所定入学转学办法》,璩鑫圭、童富勇、张守智编:《中国近代教育史资料汇编·实业教育师范教育》,上海教育出版社,1994 年,第 171 页;原载《中华教育界》1913 年第 2 卷第 8 号。

五、余论

上文从多角度梳理了清季温州地方士人主持或参与的"开民智"实践，重点是在地方士人自身的理解表述中，这一过程是如何发生和展开的。整体上讲，此期温州士人参照沪、杭等通都大邑的经验，为将新知新潮向"士"以外的地方民众推广，确采取了不少措施，其积极性在全国一般的府县地区中可能也位于前列。但即便位于前列，这些措施亦关涉外来之"学"，且关乎此类"学"与士人的某些传统观念诉求结合而生的、亦新亦旧的知识观念。不仅如此，士人还借鉴了西人（主要是洋教士）借以在民间发生影响力的方式手段，力图将下层民众拉入"国民"队伍，以求"合群"，再反过来与外人形成竞争。概言之，这一过程从内容到形式均属华洋杂陈，最终关怀则仍在抟塑本国"国族"，而非以往某些论者一意强调的，这些均属受近代外力影响的"趋新"或"西化"的表现。

只是，具体到这些举措的执行效果，即便在士人自身的观感中，似也多半未合预期。"合群"的初衷，实却可能固化甚或加深了地方社会上下层之间的隔膜。如当时记录的一些"地民毁学"事件，[①] 可为民众态度之一证。当然，某些时候毁坏学堂者亦非下层民众，如有与其他士绅发生纠纷而被毁的，[②] 也有本有"借学渔利"情事，遭人控告而引发冲突的。[③] 而在一些主事的地方士绅看来，民众毁学也并非格外醒目的问题，如主持学务的孙诒让在给浙江巡抚的上书中，列举地方"学务困难"六项，乡民毁学并不在内。[④] 这大致符合一些研究者就浙省作出的结论；[⑤] 然而地方毁学的不甚严重，也并不意味着"士"以外的民众业已充分领会到乡里此类兴革的

[①]　参见刘绍宽:《厚庄日记》，光绪丙午二月廿三日；张棡:《杜隐园日记》，光绪丁未八月十二日。

[②]　参见《温州毁学之风潮》，《申报》1909 年 5 月 31 日，第 11 版；刘绍宽:《厚庄日记》，宣统庚戌十二月初一日。

[③]　参见《永嘉商学界大冲突》，《申报》1907 年 10 月 14 日，第 5 版。

[④]　孙诒让:《上浙抚论学务困难事》，张宪文辑:《孙诒让遗文辑存》，第 25—26 页。

[⑤]　参见 Mary B.Rankin, *Elite Activism and Political Transformation in China : Zhejiang Province, 1865—1911*, Stanford : Stanford University Press, 1986, pp. 226—227.

重要性。如 1904 年，温州知府曾向地方种植瓯柑者征税，用于学务，结果遭到普遍抵制，最终税种取消；[1]1909 年，瑞安乡民集体祭出康熙年间所定之案所立之碑，称该处渔业向来不准抽捐，旋与兴学士人发生严重龃龉。[2] 这些既有暴力也有和平合法手段的"抵制"（而不尽是"毁学"），正反映出下层民众与士人的革新诉求之间存在着不容漠视的隔阂。[3]

实际上，一些主持学务的士绅基于在地办学经验，对"普及于众"的成效，本也不抱太高的期望。如在 1907 年的《学务本议》中，孙诒让便不无愤激地提道："综计今日已开之学校，受教育之学生，全国度必不逾百万人，是即此极少之数，欲其教育普及，已非二十年不能充其望，若欲通国四万万人无不受教育，以与列强驰骤于环球，其亦俟河之清矣。"教育普及的长周期与"救亡"的迫在眉睫形成巨大张力，主事者也只能讲求"举事有序"，"凡数繁赜不易理董者，必择其重要者亟图之。窃谓欲求全国无不受教育之士民，必先求无不受教育之官吏"。此外，如务农与经商者，"以彼起家畎亩之间，竞利锥刀之末，此皆昔之屏诸教育之外者，安能解学务之重要"。可在另一面，孙诒让又说："夫教育之道，本为国民开其智识，则其经费，宜通国士民各有担荷之责。"[4] 即若论当务之急，文教改革往往只能覆盖地方上的少数人；但改革的成本，却因其终极目的为"为国民开其智识"，而应人人有责。在具体的执行中，地方士人某些时候亦持这种"乡愚"纵不解学务之意义、但也务必"担责"的逻辑，如丙午年（1906）底，瑞安张棡所办乡村初等小学缺少经费，遂写信给孙诒让，欲让河乡地区佃农每亩另加租钱数百文，作小学常年之费，"于愚民所损无多，于学堂裨益实大。纵无知顽民不遵约束，然怵以官刑，未必不洗心

---

① 童兆蓉:《缕陈温州府办理柑捐失宜禀》（光绪甲辰七月廿二日），《童温处公遗书》，卷三；"Wenchow", *The North-China Heraldand Supreme Court&Consular Gazette*, Sep.23, 1904.

② 张棡:《杜隐园日记》，宣统己酉二月初五、初七日。

③ 另一些直接损及相关民众利益的变革措施，且可能引发更为激烈的反应，如禁种鸦片，引致禁烟士绅遭毁家；民国元年（1912），时任乐清大荆区官的该县士人曹文昇下乡禁烟时被杀。

④ 孙诒让:《学务本议》，张宪文辑:《孙诒让遗文辑存》，第 35、38—39 页。

而革面"。① 下层民众对改革理应有所贡献，却往往非"愚"即"顽"，不解地方"新政"之意义，好在终有"官刑"可对其造成震慑。这种近于习惯性的士人"居高临下"观察评判其他地方民众的视角，②虽有助于在启迪民智之时维系其传统上"四民之首"的地位，却也可能多少影响乃至消解了上述将知识观念的转变向下"推己及人"的努力。

换言之，地方士人在"启蒙"实践中坚持向下审视其他民众的传统视角，也往往意味着坚持一种地方"强国"实践的优先级：地方一般的学堂教育之推行尚颇费周章，全面"启蒙"势必耗时更久，而在时人观念中"亡国"之险已近在眼前，在短期内要应对如此严重的国族危机，便只能集中精力以讲求举事次第为权宜之计。尤其在时新资源本即更为匮乏的、相对"边缘"的府县，这一问题可能更为突出，这就导致了相应的地方实践，纵不能说在下层"启蒙"一面无所进展，但实践的后果，却也往往是既有的地方知识精英及其子弟、亲族拓展了知识领域及彰显权力的领域，而非其他民众，在知识与权力上得以缩小与这些社会上层分子间的差距。

不仅如此，一些地方士人也确曾意识到某些改革措施，理应可为地方"兴利"，普惠其他社会阶层；唯"士"向为"四民之首"，即便在为乡兴利一面，仍会不时流露某种代"民"立言的传统习惯。③如孙诒让在致处州青田友人刘保申（字祝群，后更名耀东）的信中曾说："殷户子弟筹资出洋学工艺，归立艺场以兴制造，保权利，山中有矿，自行开掘，则权犹在我，可保祖宗丘墓。否则外人必来开采，一切任其所为，蛮力万无可拒，地方种族必受害无穷。"④ "地方种族"之得保护，关键仍在"殷户子弟"出洋学艺，归而施于地方。怎奈这些士人牵头的"兴利"措施的效果，在

①　张棡：《杜隐园日记》，光绪丙午十二月廿六日；张棡：《寄瑞安中学总理孙籀廎先生》，张钧孙等编《杜隐园诗文辑存》，香港出版社，2005年，第474页。

②　另如宋恕《遵旨婉切劝谕解放妇女脚缠白话》中，以将来缠足要被官府查办来"吓唬"地方缠足百姓（杨兴梅语，见杨兴梅：《以王法易风俗：近代知识分子对国家干预缠足的持续呼吁》，《近代史研究》2010年第1期），也是出于近似的思路，宋文相关段落见胡珠生编：《宋恕集》上册，第347页。

③　关于晚清士人惯于代"民"立言的情形，参见罗志田：《革命的形成：清季十年的转折（中)》，《近代史研究》2012年第6期。这一段原本说的是清季士人的"立宪"诉求。而早先已有论者指出，晚清时人往往多视"绅权"为"民权"之"代表"或具体化，见王先明：《论"民权即绅权"——中国政治近代化历程的一个侧影》，《社会科学研究》1995年第6期。

④　孙诒让：《复刘祝群书二通》，张宪文辑：《孙诒让遗文辑存》，第118页。

地方士人自己看来也颇有限，如张棡即曾谓："予思瑞安今日可谓风气极开矣，然徒开风气而无精神，遂至事事皆半途而废，贻笑大方。如孙中容（仲容，即孙诒让——引者注）之招股开西溪矿山，费数千金；项调甫（湘藻）之集股办瑞安江轮舡，亦[只]费数千金；郭漱霞（凤鸣）之纠资开人力车公司，不数月停闭；黄仲弢（绍箕）之创议设农学会，又四五载无效。"①总之，新知新潮急速涌入，却难以同样迅速地给地方本身带来益处，相比士人，"士"以外的民众也就更难生发对乡里各种"新政"的好感乃至热情了。

综合以上分析，且更多地从实践与实效，而非理想规划的角度看，清季十年某些地域的国家—社会关系，颇像一支弹簧，当将地方士人／士绅整合进"强国"大业的诉求空前凸显，弹簧受一向上的力，士人在此弹簧上的位置也便相应升高；可这同时却又可能加大了弹簧各部分间的紧张感，以及士人与位置更下的其他民众之间的距离感。缘由或如论者所指出的，传统上士人固有在地"化民成俗"之责，但本质上他们都是要以"天下士"自居的；值此"数千年未有之大变局"，他们实际多是在建构自身及其子弟亲族的"国民"地位。②至于其他地方民众的"启蒙"，虽设想规划可以所在多有，在千头万绪、又讲究举事次第的变革实践中，则仍不时有"来不及"或"顾不上"之慨。至1919年五四运动后，在地倡言"新文化"的温州青年学生筹设地方通俗教育馆，仍在感叹"教育没普及"，大多数民众"依然深睡若梦"，③对照上述晚清地方下层"启蒙"可能的操作逻辑，此类观感或亦不尽是一种张大其词。

原载《史林》2018 年第 2 期

---

① 张棡：《杜隐园日记》，光绪丙午六月二十日。

② 参见程美宝：《地域文化与国家认同：晚清以来"广东文化观"的形成》，第 317 页；罗志田：《地方的近世史："郡县空虚"时代的礼下庶人与乡里社会》，《近代史研究》2015 年第 5 期。

③ 周邦楚：《创办永嘉通俗教育馆的商榷》，《新学报》1920 年第 2 号，温州市图书馆藏。

合作与分歧：
"五四新文化运动"与地方的互动
——以永嘉新学会及《新学报》为中心（1919—1920）

赵诗情

[摘　要] 永嘉当地崇奉新式教育的人士和接受了高等教育的永嘉"新青年"，是永嘉新学会及《新学报》（1919—1920）的两个最核心的群体，本文尝试在所谓"五四新文化运动"向"地方"传播的背景下，依托地方学校，讨论姜琦等新式教育人士与郑振铎等"新青年"之间的合作与分歧，辨析"永嘉学派"和"社会改造"两种思路间的张力及其中"地方"所处的位置。

[关键词] 永嘉　新学会　《新学报》　新文化运动　地方

引言

　　1919 年 7 月底、8 月初，温州地区的永嘉[①]新学会成立，并通过了《永嘉新学会的宣言》（下文简称"《宣言》"）。《宣言》以"培养德性，交换学识，促进思想之革新"为宗旨[②]。新学会下辖图书部、讲演部、编辑部三部门。编辑部负责的会刊《新学报》于 1920 年出版，一年两号（1 月和 6 月），现已知仅发行了 3 号，结束时间

---

① 此处"温州"指原清代温州府，温州府和处州府上隶温处道，下辖各县。1912 年废府。1914 年在温处道基础上改置瓯海道，1927 年瓯海道废。此时，温州所指地域范围大致稳定，包括永嘉县、瑞安县、乐清县、平阳县、泰顺县和玉环县 6 县。"永嘉"即"永嘉县"，清代为温州府附郭县，治所即今浙江温州市城区。1914—1927 年为瓯海道驻地。见周振鹤主编，傅林祥、郑宝恒：《中国行政区划通史》，复旦大学出版社，2007 年，第 172、645—646 页。

② 《永嘉新学会的宣言》，《新学报》1920 年第 1 号。

不会早于 1920 年 11 月 1 日 [①]。

新学会成立时间，距离北京学生的"五四运动"仅过去 2 个月。五四运动后，新式报刊和团体急速增长。《新学报》的短命与其号召"思想之革新"的宗旨正是新式报刊、团体的特点之一，并非外在于"五四运动"后的集体兴奋。

有意味的是，新学会及《新学报》被视作北京"新文化"传播至"地方"的成果之一而为时人所知。1920 年 1 月 15 日，《申报》的《地方通信》栏目刊有《温州·永嘉新思潮之萌芽》："自五四运动以后，永嘉旅外专门学校以上学生、同专门学校已毕业学生，在永嘉组织—永嘉新学会，以促进思想之革新为宗旨，自始迄今，对于新文化运动及改造社会等事业，日日进行，成效可观。现又发刊一种杂志……"[②] 根据 1912 年实施的壬子癸丑学制，永嘉县只有初等和中等教育，学生继续求学于"专门学校"自然要"旅外"（旅居外地），"专门学校"在此处指高等教育中的大学、专门学校和高等师范学校[③]。

事实上，在外接受了高等及以上教育的"地方""乡镇"青年，反哺"地方""乡镇"，这种现象在"五四运动"后很常见。1920 年，《北京大学日刊》在罗列本校或与本校有关的"出版物"时，特别提到本校学生创办的"地方"刊物：

> 因鉴于文化运动之事业，仅及于通都大邑，殊未尽善，乃各就其乡土之情形，从事研究调查，以谋补救。即就其调查研究之所得，在北京办各种定期出版品，编辑印刷完竣后，再行寄回各处。如四川学生所办之《新四川》，浙江兰溪学生所办之《新兰溪》，永嘉学生所办之《新学》，陕西学生所办之《秦钟》，安徽学生所办之《安徽旬刊》，直隶武清教员及学生所办之《武清周刊》等，福建学生所办之《闽潮半月刊》等等，不下十余种。[④]

需要稍微提及的是，"中心"不只一个，《北京大学日刊》所提到的刊物、活动

---

① 第 3 号出版时间不明，其中刊有姜琦《地方父老和新青年》一文，末署"九，十一，十二在杭州"，据此，《新学报》第 3 号出版时间不会早于 1920 年 11 月 12 日。

② 《申报》，1920 年 1 月 15 日，第 16851 号。

③ 余起声主编：《浙江省教育志》，浙江大学出版社，2004 年，第 105—106 页。

④ 《出版品》，《北京大学日刊》1920 年第 771 号。

虽多由在京学生开办发起，但类似的行为在旅沪青年中也并不少见①。这段引文不仅叙述了"新文化运动"在时间和空间上从"中心"向"地方"传播的事实，还点明了青年学生自身携带的乡土经验和传播"新文化"的主动姿态，尽管"研究调查"并不完全适用于以上所列举的刊物。

"永嘉学生"办"新学"是谋求以"新文化""补救乡土"，这种认识同样属于郑振铎。1920年，郑振铎回忆道："去年夏天，北京的学生回他们的家时……把新文化带了归去，传播到他们的乡里去"，最显著的例子是"广州的《民风》"和"温州的永嘉新学会"，借此例，郑振铎号召读者将"社会改造运动""新文化运动"扩散到"各省各乡镇等地方"②。这回忆其实颇有"夫子自道"的意味，因为郑振铎提及的"永嘉新学会"，其实就有他自己的亲身参与。1916年，郑振铎毕业于永嘉的浙江省立第十中学。"五四运动"发生时，他正于北京铁路管理学校求学。尽管并非五月四日的亲历者或知情者③，郑振铎还是迅速地被学潮激昂的情绪所感染，并成为活跃的参与者之一。其后，学校提前放暑假，郑振铎返乡，又很快加入了永嘉当地的"五四运动"及"新文化运动"，并分别参与出版了《救国讲演周刊》和《新学报》。郑振铎的返乡实践与"五四运动"的承袭关系④已有研究者做过一些讨论。

然而事实上，像郑振铎这样的返乡学生在所谓"地方新文化实践"中并非核心或骨干。如果就其实践成果，即新学会及《新学报》自身的脉络来看，浙江省立第十中学、浙江省立第十师范学校作为永嘉当地的某种文化教育中心，在此聚集的提倡新式教育的地方人士，实际上在组织机构、人事、总纲上起了更重要的作用。指出这一点，是为了补充而非否定主流叙事中返乡学生主导"地方新文化实践"的叙

---

① 例如在上海商务印书馆工作的沈雁冰，与桐乡地方上接受了高等教育的青年，共同组成了"桐乡青年社"，出版《新乡人》（1919—1924），宗旨是"提供新思想、新文化，反对旧文化、旧道德和地方恶势力"。此外，旅沪的胡愈之、胡仲持、吴觉农等人共同创办了《上虞声》等。见陈矩弘：《浙江近现代出版业研究（1894—1949）》，上海交通大学出版社，2015年，第34、36页。

② 郑振铎：《再论我们今后的社会改造运动》，《新社会》1920年第9期。

③ 郑振铎：《前事不忘》，中国社会科学院近代史研究所编：《五四运动回忆录》（上），中国社会科学出版社，1979年，第296页。

④ 研究者马娇娇认为，"郑振铎已经在实践中切实完成了自身对'五四'经验的'习得'——这不仅仅包括对社会运动行动准则的分享，自然也意味着对新文化理想的承接"。见《走向"运动"的"新文化人"——1919年前后的郑振铎》，《文艺争鸣》2017年第7期。

事模式。

在"五四运动"后大量出现的新式团体和报刊中，新学会及《新学报》无疑是不起眼的，以往的研究多限于基本信息的介绍[①]。近来，于"地方史"脉络中讨论"五四新文化运动"，借此反拨以往"中心"向"边缘"扩散的单一视角，成为"五四新文化运动"研究的热点。其中，研究者徐佳贵以民初温州地方知识人及刊物为对象，将"新文化"与"五四""地方化"视作不同的脉络，并将新学会及《新学报》视作"新文化"在地方着陆的标志[②]。本文认为，如果以新学会及《新学报》为独立的考察对象，展现学会中的两个核心群体，即提倡新式教育的地方人士与高校返乡青年二者之间的合作、分歧及背后理路，或许能进一步呈现"新文化运动"向"地方"传播过程中的丰富性和复杂性。换句话说，本文并非在"五四新文化运动"如何地方化，或"地方史"中的"五四新文化运动"的视角下讨论地方新式团体及期刊，本文也并不试图严格区分"五四"与"新文化"。而是以地方新式团体及期刊为中心，以期呈现"五四新文化运动"与地方之间的互动关系。

一、新学会的成立与宗旨

新学会于1919年7月25日在浙江省立第十中学的礼堂成立。至8月会员录付印，共载会员64人，其中永嘉籍57人，非永嘉籍的7人当时也居于永嘉城内，之后会员人数增至73人[③]。学会基金由南北两京暨沪杭等同乡处募集[④]。从成立地点、籍贯、学会基金的细节上，可以看出新学会很大程度依托同乡的教育传统与资金资源。而浙江省立第十中学、浙江省立第十师范学校又最为关键（下文简称"十中""十师"）。

---

① 胡珠生《永嘉新学会和〈新学报〉》一文最翔实可靠，《胡珠生集》，黄山书社，2008年，第796页。

② 徐佳贵:《"五四"与"新文化"如何地方化——以民初温州地方知识人及刊物为视角》，《近代史研究》2018年第6期。

③ 永嘉新学会会员录现已知有两个版本，一是胡珠生《永嘉新学会和〈新学报〉》提供的《附永嘉新学会会员录（民国八年八月）》，其中会员信息包括姓名、学历、职业、籍贯和住址。一是《新学报》1920年第1号刊载的《永嘉新学会会员录》，会员录人数增至73人，会员信息只有姓名。

④ 《本会一年来的略史》，《新学报》第3号，出版时间不明。

受晚清学制改革和地方教育人士劝学、兴学风气影响，温州府学堂和温州师范学堂于 1902 年、1908 年相继成立，因学制变动几次改名，壬子癸丑学制中确定为"十中"（1912—1933）、"十师"（1913—1923）。1923 年，依照壬戌学制，"十师"并入"十中"。二者都位于永嘉县城区。①

据新学会会员录，会员中最重要的两群人分别是地方教育人士和暑期返乡的高校青年学生，他们与"十中""十师"关系密切，前者多是"十中""十师"的校长和教员。比如新学会的核心人物姜琦，虽是 1915—1918 年任"十师"校长，但 1919—1920 年，对"十中""十师"仍有很大的影响力。新学会成立时，当时的"十中"校长孙如怡就名列会员录；之后，1920 年继任校长的朱隐青（名章宝）在新学会中亦十分活跃。而新学会中担任两校教员的会员共有 11 人，履历更为相似：在 1906 年、1909 年或 1910 年于"十中"毕业（杨其苏例外，可能毕业于"十师"②），出县城求学后，又回到"十中""十师"担任教员。在外地求学时，多数人就读于浙江高等学校，亦有个别就读于中国公学（如任宏中）、北京大学（如杨其苏）、北京高等师范学校（如李通）。③

暑期返乡的高校青年约占新学会会员总人数的一半，1915—1918 年毕业于"十中"的学生令人瞩目，各级都有加入新学会的学生，如 1915 年毕业的梅祖芬（北京大学法科）、1916 年毕业的郑振铎（北京铁路管理学校）、1917 年毕业的曾亮（北京法政专门学校）、1918 年毕业的叶峤（北京大学理科预科）④。返乡的青年学生除去停留时间短，于地方事务、人事上的经验不多外，在新学会组织层的比重小，位

---

① 《温中百年简史》，温州中学校庆筹委会编：《温中百年——温州中学建校 100 周年纪念（1902—2002）》（文字部分），2002 年。

② 据盛则纯《文学士杨其苏》，杨其苏是"十师"1910 年的毕业生，永嘉县政协文史编纂委员会编：《永嘉历史人物》，第 83 页。但《温州中学师生名录》中无此记录，温州中学校庆筹委会编：《温中百年——温州中学建校 100 周年纪念（1902—2002）》（文字部分），第 294 页。

③ 会员学历参考：《附永嘉新学会会员录（民国八年八月）》；《温州中学师生名录》，温州中学校庆筹委会编：《温中百年——温州中学建校 100 周年纪念（1902—2002）》（文字部分），第 280—281、290—292 页。

④ 会员学历参考同上。有意思的是，张强、陈绶章、陈慕亮、梅祖芬在筹备基金和编辑《新学报》中起到重要作用，他们都是北京大学法科的学生，见《本会一年来的略史》，《新学报》第 3 号，出版时间不明。

置也应当较为边缘。尽管青年学生总人数较多，但在新学会的发起、成立和组织上并不占主导，像是地方教育人士将他们延揽到了新学会中。这并非说返乡青年消极被动，相反的是，他们充满热情地参与创立新学会，甚至成为《新学报》编辑、投稿中最活跃的一群人。

从整体上看，两个群体既是师生，又是校友；具体到个人，还有同事、亲戚的关系①。1919 年 8 月 1 日，"十中"英文教员马范草拟的《永嘉新学会的宣言》，略有修改便经全体通过，可以代表新学会共同的宗旨："消极的打算改革我们自己的旧思想，积极的打算创造我们自己的新思想"，即"培养德性，交换学识，促进思想之革新"。新旧思想的革新并不针对外部，而是指向自身，也即《宣言》中引用张东荪的话所言，"前之革新运动为出于先觉的动机，今之革新运动为出于自决的动机"。革新是通过"学识"展开，所以有建立"学会"——"互相研究、交换学识的机关"——的必要，从而实现重新阐释后的"先觉觉后觉"，也即"你的先觉能够觉我的后觉，我的先觉也能觉你的后觉"，"在个人方面各自研究，在社会方面相互补充"，从而创造一种"新生活""新社会"。②

而加入近乎乌托邦的学会互助共同体的前提是，每个会员各自的"精神解放"——"人人心中没有党派的见、地方的见、阶级的见、好恶的见；人人平等，人人自由"。悖论的是，基于同乡、同校，基于地缘、血缘而建立的学会，要求个体抛却成见，以"空空洞洞"的澄明的主体实现"精神结合"③，本身就有着内在的紧张，这将在本文第三、四节中进一步论述。

就现实语境而言，《宣言》面对的压力分别来自"旧学"与舆论对"学潮"的批评。《宣言》开篇就特意强调，新旧思想的交战仅指向自身，恐"治旧学的人"误会为"组织一个党会，拿来攻击他们，带着几分什么革命党破党的性质"④。这里特意标明新学会并无"革命党破党"性质，应意有所指。留日期间，姜琦除同盟会外，还加入了光复会。辛亥革命后，留日的姜琦迅速返回温州，发展同盟会组织。1912 年孙中山二次革命失败后，姜琦亦随之返回日本继续求学，之后获得明治大学政学学士学位，并于 1915 年毕业于东京高等师范大学。学成归来，姜琦于 1915

---

① 如陈寿宸曾任"十中"国文教习，子陈闳恕（叔平）、陈闳慧（仲陶）分别是"十中"1906、1909 年的毕业生。1919 年，陈闳恕为"十中"的数学教员，与陈闳慧一同加入新学会。

②③④ 《永嘉新学会的宣言》，《新学报》1920 年第 1 号。

年 7 月—1918 年 1 月任"十师"校长①。1918 年，温州响应护法运动宣告自主，不久即失败，姜琦因此事被省长所疑而遭遇免职②。1920 年，"浙一师"风潮后，姜琦经蒋梦麟推荐，接手经亨颐的职位、继任"浙一师"校长时，仍有议员借温州自主之事和党派问题反对③。而 1919 年新学会成立之际，姜琦的身份为南京高等师范学校教员及暨南学校教务主任，在温州教育界亦有声望。

另外，新学会也极力避免煽动"学潮"的嫌疑，《宣言》自辩"并非煽动学生去和教员为难，请做教员的人勿要害怕"④。这是因为新学会重新定义了"学"，"学"不再依赖传统与经典，"大圣人"孔子"尚且"还有许多"未觉着的地方"，也不依赖"年龄""境遇"。这种提法受到杜威的"平民主义"教育理念的影响。此外，具体实践中如何避免以"西学"取代"中学"，从而取消了"学"的主体性，也是新学会留待解决的问题。然而，这并不妨碍《宣言》有着指向切身经验与现实问题的出发点，即"全国人的需要、痛苦"已经无法依靠"旧"学"一齐弄得明明白白"⑤，由此迫切需要"新"学来疗救。而在未知的"新"学面前，所有人都平等。故"五四运动"召唤出的"新青年"，因其携带的历史能量、新的想象和可能性，就被寄予了更多的希望。

二、"前史"：从"五四运动"到"学生自治"

新学会同人有感于欧战结束后"学术"和"思想"变迁之快，成立一个机构以便交换学识的想法实际上早已有之。"那'风驰电掣'似的'新潮流'早已经飞渡

① 陈钧贤：《温州同盟会重要组织者》，《温州日报》，2011 年 9 月 24 日；贾逸君编：《中华民国名人传（下）》，北平文化学社，1933 年，第 7 页。徐佳贵指出，姜氏在加入浙省同盟会前，曾加入瑞安陈黻宸所设之"民国新政社"，该社旋因陈与浙省革命党的矛盾，被省政府下令解散，后又并入民主党。不知引据何处，见《"五四"与"新文化"如何地方化——以民初温州地方知识人及刊物为视角》，《近代史研究》2018 年第 6 期。

② 张棡：《杜隐园日记》1918 年 1 月 2 日，《温州市图书馆藏日记稿钞本丛刊(13—32)》20 卷，中华书局，2017 年，第 10342 页。

③ 《杭州快信》，《时报》1920 年 6 月 3 日。

④⑤ 《永嘉新学会的宣言》，《新学报》1920 年第 1 号。

太平洋到陈旧的中国了"，1919 年 7 月，"吾们一班同志又提起这件事"①。"新潮流"中最重要的，恐怕是因杜威访华带来的"教育哲学"。而于 7 月又提起，则与"五四运动"引起的集体的情绪激昂，及激昂之后团体和思想的分化不无关系。

1919 年，北京"五四运动"爆发后，地方也纷纷响应。温州的学生运动始于 5 月 22 日，不同于北京学生运动走向与政府当局的对峙，温州学生运动更强调经济层面上的"提倡国货""抵制日货"②，"学潮"也是在晚清以来"救亡图存""爱国运动"的脉络中被地方人士接受。温州瑞安人张棡作为典型的地方士绅，从熟人处获知北京大学大闹学潮后，又通过报纸关注后续发展，颇为热心③。对永嘉县学生抵制日货，"将大街东洋堂俱一律捣毁"，亦称"藐视我中国已甚"，故风潮乃"日人自取之"④。

"十中""十师"的学生在永嘉"五四运动"中扮演了重要角色，他们与温州艺文中等学校、瓯海甲种商科职业学校等学生共同成立了"东瓯中等学校学生联合救国会"。"十师"学生陈化熙还担任会长，并到上海参加全国学联会⑤。学校提前放假，学生分班巡查日货，惩处偷卖日货的商人，并组织讲演团和"十人团"，中小学部分教员支持并参与其中。高等教育学历的青年学生也参与到地方的"五四运动"中。陈闳慧（仲陶）就读浙江高等学校后返乡就业⑥，他在 1919 年 6 月 15 日发起救

---

① 《永嘉新学会的"沿革"和"组织"》，《新学报》1920 年第 1 号。

② 王中权：《回忆温州学生的五四运动》，中国社会科学院近代史研究所编：《五四运动回忆录（上）》，第 777—782 页。

③ 张棡：《杜隐园日记》1919 年 5 月 13 日，《温州市图书馆藏日记稿钞本丛刊（13—32）》21 卷，第 10817—10818 页。

④ 张棡：《杜隐园日记》1919 年 5 月 13 日，《温州市图书馆藏日记稿钞本丛刊(13—32)》21 卷，第 10827 页。

⑤ 《温中百年史事记要》，温州中学校庆筹委会编：《温中百年——温州中学建校 100 周年纪念（1902—2002）》（文字部分）；胡珠生：《温州近代史》，辽宁人民出版社，2000 年，第 281 页。

⑥ 《附永嘉新学会会员录（民国八年八月）》仅载"浙高校肄业"。据吴景文《陈师仲陶先生事略》，陈闳慧于 1908 年从"十中"毕业，后考取浙江高等学堂（1911 年后改名为浙江高等学校，1914 年停办），毕业后回乡，协助瓯海关监督冒广生处理文案，其间代理吉士小学校长之职，见吴景文编：《陈仲陶遗编》，开元文化企划，2012 年，第 133—135 页。目下无更详细的文献可以说明陈闳慧是"肄业"还是"毕业"。

国演讲社，7月出版《救国讲演周刊》。除去本地青年和地方读书人外，郑振铎等部分暑期返乡的高校学生也相继加入。《救国讲演周刊》的宗旨便是"唤起一般国民之爱国之心，抵制日货，待持久而有效，借以争还青岛、挽回权利"[①]。换句话说，"爱国之心"不仅沟通了"老师"和"学生"、晚清和"五四"话语，还成功召唤和动员了商人、士绅等其他社会阶层。正是"爱国之心"将"学生"凝集在一起，救国演讲社中的社员中，有很多是"十中"的校友[②]。此外，自称因"反对校长专断"，在1918年"十中"学潮中被开除的游侠等人，也在其列[③]。

不过，《救国讲演周刊》发行不久即被查封后，内在的区分已逐渐显现出来。陈闳慧、郑振铎等人一同加入新学会[④]。郑振铎尤为积极，除去提议出版刊物、负责北京的代售处，还积极发表文章。相比起来，陈闳慧虽然名列《新学报》的编辑人员之一，却并无文章发表。相反，1920年，他加入了以尊孔读经、地方文教为底色的传统诗社"慎社"。据研究者指出，事实上，《救国讲演周刊》更多挪用了进化论、梁启超之"新民体"等晚清知识资源[⑤]。

这或许掩盖了郑振铎等返乡学生所携带的异质的思想与能量。据游侠回忆，郑振铎返乡，听说他在办《救国讲演周刊》后，希望"在刊物上注意介绍新思潮"，使得游侠自己"开始接触到社会主义思想"[⑥]。此时，"新思潮""社会主义"未必有

①　转引自胡珠生：《温州近代史》，2000年，第288页。

②　据王希逸《五四运动中温州的〈救国讲演周刊〉》，王希逸和郑振铎、周邦清（季材）、高卓是"十中"同班同学或上下级同学，都参与了救国演讲社及《救国讲演周刊》，见中国人民政治协商会议浙江省温州市鹿城区委文史组编：《鹿城文史资料》第1辑，1986年，第50页。郑、周、高之后都加入了永嘉新学会。据《温州中学师生名录》，高卓、郑振铎分别是"十中"1915年、1916年的毕业生，但王希逸和周邦清并无记录，温州中学校庆筹委会编：《温中百年——温州中学建校100周年纪念（1902—2002）》（文字部分）。

③　游侠：《我是怎样和佛教发生关系的》，鹿城区党史办存件。转引自胡珠生：《温州近代史》，第288页。

④　《新学会》在组织上分正副干事、文牍、书记、会计、庶务、交际，下属出版部、讲演部和图书部。救国演讲社与之相同，只是少了图书部，编辑部即新学会的出版部。两个团体在人员、组织、理念上的相关性，可能比一般了解得更深切。

⑤　徐佳贵：《"五四"与"新文化"如何地方化——以民初温州地方知识人及刊物为视角》，《近代史研究》2018年第6期。

⑥　游侠：《我是怎样和佛教发生关系的》，鹿城区党史办存件。

多少深刻的学理意义，但对学潮及其中团体、刊物的认识，却显示出不同于"爱国""反日"的新的可能。1946年，郑振铎回溯"五四运动"的意义，对"五四运动"与"新文化"之间的逻辑论述得更为清晰，即中国革命继器物、制度革命后，进入思想、文艺革命的新阶段。"五四运动"的意义在于提供了思想、文艺革命的爆破口，青年作为主体参与者也因此诞生。此后，青年能"自由观察，自由思想，自由写作""学术文艺"也蓬勃发展，皆得益于"五四运动"[1]。将"五四运动"视作思想、文艺革命爆发的表征，尽管是事后的历史建构，但或许一定程度解释了在郑振铎等部分青年学生看来，加入"五四运动"与新学会并不冲突的原因。

而在地方教育人士看来，学生罢课、游行的确影响了教学秩序。温州的"反日"运动并没有因曹、陆、张被罢免而结束。1920年5月，"十中"等永嘉中等学校响应北京学生，统一行动，罢课并致电北京政府，要求驳回日本通牒。就在"十中"学生罢课游行的前几日，校长朱隐青还为山东罢课事登台演说，"声情激越，酣畅淋漓，诸生拍掌之声如震春雷"[2]。而"五四运动"周年日学生罢课游行时，朱隐青却与教员、行政官员、地方士绅一起劝阻，理由是"罢课问题非校内事，听各生自由不须干涉，惟多数之生被少数强迫，殊犯校规，本校长不得不从严取缔之"[3]。将"国事"（"罢课"）与"校事"（"上课"）二分的做法，似乎采纳了刚聘请的国文教员张楒的意见。[4]

当"学潮"不指向"反日"等国族话语，而是指向学校或地方事务时，学生争取自身权益的活动，往往与人事纠葛、外部势力交织在一起。"浙一师风潮"后就职校长的姜琦，就极力将政治与教育、学潮与学生自治区别开来。"学潮"被视作学生对军阀的模仿："学生闹风潮，岂不是模仿地方革命吗？学生罢课，岂不是模仿军人跋扈吗？"相反，"学生自治"本身是学校教育陶冶的一部分，学生自我管理，

① 郑振铎：《五四运动的意义》，《民主》1946年第29期。

② 张楒撰，俞雄选编：《张楒日记》1920年4月25日，上海社会科学院出版社，2003年，第275—276页。《杜隐园日记》缺1920年4月14日—5月6日，《温州市图书馆藏日记稿钞本丛刊（13—32）》22卷。

③ 张楒撰，俞雄选编：《张楒日记》1920年4月25日，上海社会科学院出版社，2003年，第276—277页。

④ 张楒：《杜隐园日记》1920年5月5日，《温州市图书馆藏日记稿钞本丛刊(13—32)》22卷，第11063页。

是为进入社会"独立自营""协助共作"做预备①。由此学生运动便被限定为校内的教育、自治活动。这是地方新式教育人士的观点，并落实为实践。

早在北京发生"五四运动"之前，"十中""十师"已屡屡发生反对学监、校长的学潮。1918年、1919年学潮高发引起的学校人事变动和改组，客观上为倾向新式教育的校长和教员作为整体力量的出现提供了契机。之后，"学生自治"的新式教育法，得到朱隐青等校长、教员的大力支持与推行。"十中"学生张国权提到，"校中组织校友会，设有研究部、演说部、评议部、俱乐部……等使学生言论自由，著作自由，及养成自己研究学问，自己管理自己的习惯"。学生就学校的设备、教员教授之优劣，均可发表意见②，这在以往是被禁止的，"学生岂可抛其学问，荒废其光阴，而干涉及于教育行政之事乎"③。

校长、教员为学生自治创造空间，同时也加以指导和管理。校长、教员与学生在人格和价值上平等、自由，出于各自的自觉，协同合作，增进学识。这些恰好是新学会的组织原则。有意思的是，"十中校友会"的会刊《浙江十中周刊》的宗旨之一便是"输入世界新智识，以促进吾国之文化运动"④，某种程度也呼应了新学会宗旨中的"交换学识，促进思想之革新"。

三、《新学报》与姜琦的"新永嘉学派"

青年学生与地方教育人士以不同的方式汇合到新学会，在新学会中亦分工不同。新学会下辖图书部、讲演部、编辑部三部门。其中除去编辑部主要由青年学生主导，图书部、讲演部都由地方教育人士负责，面向地方，普及宣传"新文化"。

最切近新学会宗旨的，应属编辑部负责的会刊《新学报》，其宗旨为"研究学

---

① 姜琦：《学生自治的性质及其促进的条件》，《新教育》1920年第3卷第2期。

② 张国权：《我对于自治的感想》，《浙江十中期刊》1921年第1期。

③ 黄庆澜：《第十中学学生罢课告诫词》(1918年10月26日)，《瓯海观政录》第2卷，"近代中国史料丛刊续编"第三十一辑第304册，文海出版社，1976年，第479页。

④ 宗旨还包括，"应用学校教科之智识，以图适合于吾人之实际生活"和"揭发吾人'生活改造'诸问题，期国人共起研究"。《发刊词》，《浙江十中期刊》1921年第1期。

术，灌输新知;报告本会消息"①。《新学报》一年两号，于1月和6月出版。现存3期，总发行所稍有变动，但都在永嘉县城内，印刷地点分别是北京财政部印刷局、北京公记印书局和上海商务印书馆。《新学报》的传播和推广除去依靠"同乡"名义、在外师生负责各高校的代售外，与新式报刊结盟是另一途径，后者也部分表明了《新学报》的位置和态度②。

《新学报》文辞以浅近文言或白话为准。新学会会员负有撰稿义务，此外，《新学报》亦欢迎"外界明哲"投稿③。不料因投稿过多，从第2号起，《投稿简章》便改为"凡关于研究学术、传播文化之稿件"一律欢迎④。虽说是非会员投稿，但也主要为永嘉籍。《新学报》的编辑人员有过变动，1919年8月—1920年8月，"十师"教育教员杨其苏任总编辑，姜琦、"十中"教员马范以及梅祖芬等高校青年共6人为编辑。1920年8月编辑部重新改选后，姜琦任主任，"十中""十师"教员卸任编辑，吴江冷、郑振铎等6名高校青年继任⑤。《新学报》第2号正值刊物上升期，且欲改半年刊为季刊⑥。相比前两期，第3号的出版似乎有些仓促，不但出版时间（6月）有误，篇目数量递减，而且质量也不如前两期。这或许是因为在1920年5月左右，姜琦被任命为"浙一师"校长，编辑部无形解散，《新学报》在第3号后没有继续出版，新学会也再无消息了。

相比新学会，《新学报》实为外地求学的永嘉籍青年们的天下，但也有"十中""十师"教员以及永嘉本地各行业人士的文章。就内容而言，该刊集中于思想革新、中学教育、金融银行等话题，形式以论文、翻译为主，附录中报道永嘉学会事宜，小说、诗歌、"随感录"式的议论只占据非常小的篇幅。论题的选择多与作者的教育或职业背景相关⑦，显得过于专门化，反而是溢出职业、专业的社会议题，

① 《本报编辑略例》，《新学报》1920年第1号。

② 除去开篇所引《申报》刊登的消息，《北京大学日刊》1920年5月24日、6月7—9日皆刊有广告《〈新学报〉第二号已出版了》及期刊目录。《新学报》第2号《介绍新刊》，也提供了《新青年》《新潮》等刊物的简略目录，共2页。所登广告也为介绍新式刊物。

③ 《投稿须知》，《新学报》1920年第1号。

④ 《投稿简章》，《新学报》1920年第2号。

⑤⑥ 《本会一年来的略史》，《新学报》第3号，出版时间不明。

⑦ 南京高等师范学校、北京高等师范学校、浙江高等师范学校求学或已毕业的学生多专中学、论国文，商科毕业的学生便论银行改造（如周邦新），医校毕业的就普及卫生（如杨畴）。

即新旧思想之争、女性解放、社会主义、反对读经等，更清晰地表露出内在于"新文化"运动的气质与理路。这使得《新学报》粗略看去，近于汇编的"专业"期刊或综合性期刊，"新"仅仅是"破旧"的共同态度，而用力分散，加之学理化、专门化乃至应用化（如防治病虫话题），就使它在"新文化"的批判意义上锋芒锐减。但《新学报》同人所寻求的"新"，至少在表层上，并不意味着新与旧、"新文化"与地方文化，或地方新、老代际之间的断裂。而在其间架起桥梁的，就是以姜琦为代表的地方教育人士。

姜琦所撰《发刊词——一名永嘉学术史略》，为《新学报》第 1 号首篇，可视作《新学报》的总纲。《发刊词》相比新学会的《宣言》，在永嘉学术、永嘉学派的脉络中，更进一步定义了"新学"和刊物的性质。今人所称永嘉学派，一般指南宋永嘉以陈傅良、叶适为代表的学派，永嘉为温州古称，永嘉之学也被视作地方乡学。清末起温州出现复兴永嘉学术的热潮，以孙诒让等人为代表的地方人士，通过追溯南宋永嘉学派，重建南宋至今永嘉学派的历史脉络和人物谱系，辑佚刊印地方乡贤的著作，倡导地方乡学。这股热潮至少持续到 1933 年刘绍宽（1917—1918 年任"十中"校长）、林损、陈闳慧等人创建瓯风社①。乡学视角下的永嘉学派及其人物谱系部分为姜琦所继承，即北宋的王景山（开祖）提倡理学为"中国理学之导源"，后接"元丰九先生"，至郑伯雄、薛季宣、陈傅良和叶适，始建"永嘉学派"。不过，姜琦以为，"永嘉学派"的特色在"通经学古，施于实用"，不但在伊洛之学外别立一宗，而且与伊洛之学"空谈性理"不同，乃是"有用之学"。在这个意义上，姜琦认为，"姚江学派"源出于永嘉学派，由此发扬光大，为日本所采，转而成就了中国近代的维新变法。而清末的孙诒让只在乡邦文献的保存辑佚上被认可。

由此，姜琦以"即体即用"（"有用""实用"）的学派特色，重建了永嘉学术的脉络。但在姜琦看来，"即体即用"的弊病是，仍拘于"通经学古"（"采用古昔之礼乐制度而见之事功"）。而杜威的"实用主义"与"即体即用"相通，且强调"教育"和现代社会的"新经验"的部分，恰又对症下药。通过调和"永嘉学派"与"实用主义"，姜琦认为必能够创造"适用于今日实际生活"的新学说，即"新永嘉学派"，

---

① 可参考凌一鸣：《瓯风社的构建与温州乡学传统的再发掘——以南宋永嘉之学与晚清孙氏家族为中心的考察》，《温州职业技术学院学报》2015 年 12 月。

由此为《新学报》张目。①

　　1919 年，杜威主义在中国引发热潮，尤其在教育界引起极大震动。《新教育》是杜威弟子的大本营，姜琦身处的南京高等师范学校、暨南学校也是《新教育》倡办机构之一，他受杜威思想的影响不足为奇。1919—1920 年，姜琦任《新教育》暨南学校的编辑代表之一，并在刊物上发表过多篇涉及杜威的文章。但姜琦也非全然赞同杜威学说的虔诚信徒，他所偏重的是杜威关于个人与社会的论述，以及教育在其中发挥的作用。杜威主张，"德谟克拉西"（"平民主义"）指的是社会给予个体自由，同时个体在社会上互相扶助，以谋求社会的进化；由此，教育是培养"社会的个人"②，即"健全的个人造成进化的社会"③。落实为学生教育,具体表现在以学生为中心（或"生徒本位主义",生徒即 pupil④）、启发式的教学和对学生自治的支持。教育不以国家主义为前提，而以改良社会全体、多数国民为目的，这种想法，姜琦于 1918 年便有提及 ⑤。此时他更侧重"德谟克拉西"（"平民主义"）"世界主义"以及二者之间的有机想象。教育作为社会各层面个体之自觉、创新的原动力，平等不是"自上而下"的启蒙，教育不是"成熟者对未成熟者施以影响"，而是父子、师生之间，师范、农业、商业、工业、医学等各专业之间，所有人之间的"彼此互相交换，互相协助，共同操作，一致进行"，这就是教育的真意义，也就是"新文化运动"的真意义，最后造就全体人类社会的幸福⑥。

　　以教育为本源，姜琦重新定义了"新文化运动"，这也直接影响了其时《新学报》的文章主题与内容，即许多文章热衷于为各行业引入最新的西方知识与思想。胡适一般被认为是杜威思想在中国最有力的鼓吹者，不过，杜威的"实用主义"被胡适转化为"实验主义"和"国故整理"，他号召青年进入"研究室"。姜琦同样赞成学理化的深入研究，但是侧重的是不同领域的专门化，专门化也意味着当下性与应用

① 　姜琦:《发刊词——一名永嘉学术史略》,《新学报》1920 年第 1 号。

② 　姜琦:《教育上"德谟克拉西"之研究》,《新教育》1919 年第一卷第 4 期。

③ 　姜琦:《教育史上杜威氏的地位》,《时报》, 1919 年 11 月 2 日。

④ 　姜琦:《教育上"德谟克拉西"之研究》,《新教育》1919 年第一卷第 4 期。

⑤ 　姜琦:《社会教育诠释》,《学艺》1918 年第 3 期。

⑥ 　姜琦:《新文化运动和教育》,《解放与改造》1920 年第 2 卷第 5 期。

性。这是他试图调和永嘉学派之"体用"和杜威"实用主义"的原因，从而也将新学会与地方乡学区别开来。

姜琦有意将新学会放置于"永嘉学派"的地方学脉中论述，动机并非用叙事策略即可简单概括。其中有对自上而下的启蒙方式的警惕，亦有对地方的内在体认。故而。面对永嘉当地人，姜琦总是呈现出劝说与沟通的温和姿态。《新学报》第3号《地方父老和新青年》一文，仅从标题便可窥见一二。姜琦以人类社会有机体的新陈代谢为思想基础，号召"地方上一般父老"不要强迫青年遵从旧时代的经验，如"五行"、谶纬、运命和报应，而要基于青年心理、个性来教育；要学习西洋父老，以"启发后进，诱导青年，促进人类社会的进化"为天职[①]。文章语气类似晚辈对长辈的"演讲"，地方谚语、本事与"西洋父老"之间并无太多隔阂。

姜琦的发言，可视作新学会中地方新式教育人士对地方整体上的态度。他们积极承担了新学会的地方文教工作，包括面向民众的卫生讲演，面向教育界的学术讲演、创办"商业速成夜校"，还提议推进劝学所、中等学校创办平民学校，温属公立图书馆购置各类新书[②]。不过，注重卫生、商业等实用技术，采用演说、依托地方力量办学校、购新书等形式，更多延续了晚清以来地方重实用的兴学、办学风气[③]，较新处则在学术演讲。与此同时，新学会也得到了地方的支持，如永嘉商会业董李延镶（立三）、永嘉教育会会长及城区学务委员陈时坤（侠群）便名列新学会会员录。在人事和刊物定位上，地方教育人士有意弥合地方和青年的隔阂，再加上《新学报》学理化的风格，部分出言不逊、冒犯伦理价值的言论所具有的激进色彩就被稀释了。自称"永嘉末学"的张启宇，就称赞永嘉学界能在新文化运动革新"狂潮"中"不慌不忙，零（另）开途径，端端的成立一个学会起来，做根本改革的事业"[④]。

---

① 姜琦:《地方父老和新青年》，《新学报》第3号，出版时间不明。

② 《本会一年来的略史》，《新学报》第3号，出版时间不明。

③ 如孙诒让等人于1902年创办面向民众的瑞安演说会，移风易俗，破除迷信，还带动工商界补习社的成立；1905年温处学务处成立，推动师范学校、小学教育、劝学所的成立，劝学所发动社会各界赞助办学。见胡珠生:《温州近代史》，2000年，第201—209页。

④ 张启宇:《我对于永嘉新学会成立后的感想与希望》，《新学报》1920年第2号。

四、悬浮的"地方"："社会改造"如何可能

地方、籍贯，对求学外地的永嘉青年们来说，更为复杂与负面。《新学报》似乎凭空召唤出了一群超越地缘、血缘、学派的青年，他们分散于全国各个高校，其文章对话对象各有不同，却直接面对国民、妇女、社会主义等超地方性的议题。换句话说，在这种学术、社会议题中，来自地方的切身经验与情感被部分遮蔽。外地写作或许使得他们能抽离出地方的社会关系网和文化空间，在物理、心理上外在于永嘉；只有在具体的细节，或者中学教育这个颇为集中的话题上，地方的经验才多少显露。不同于姜琦所撰《发刊词》平和的语调，列于其后的吴孝乾的《说新》《革新家》等文则呈现出不安定和紧张感。吴孝乾借用生物学的进化论、细胞学的新陈代谢、线性进步的时间观，将"新"与"旧"相对化。同时，以"革新"并"牺牲"的耶稣、卢梭，号召"中国新青年"积极求新[1]。自居启蒙者、革新家意味着自我崇高化和居高临下的视角，同时也包含了将"旧"对象化并给予批判所带来的主体撕裂。某种程度上，地方便是"庸人""陈死人"所在地，是"黑暗"的[2]和未经启蒙革新的，却与青年的内在经验相互粘连。当说及中学国文教育改革时，杜威等西方教育学知识、学理化的研究方式与厌恶、抱怨的情绪在行文中互相混杂。国文教育中的旧体诗词唱和，被视作集团主义或宗派主义的文化资本，梅祖芬对此颇多嘲讽："啸月吟风""咬文嚼字""名士做派"，最无用却自以为高人一等、排挤他人[3]。而国文教育为主的中学教育与大学教育、社会脱节，导致青年不断碰壁，则是切身的痛苦经验[4]。

对青年来说，字面上的"学识""思想之革新"，更内在地指向"社会改造"。郑振铎在《新学报》上发表论女性解放、俄国文学、新文化者的长篇论文，同时期在其主编的《新社会》上也发表时评。而后者的自我定位便是"社会改造"，创造"德

---

① 吴孝乾：《革新家》《说新》，《新学报》1920 年第 1 号。

② 张启宇：《我对于永嘉新学会成立后的感想与希望》，《新学报》1920 年第 2 号。

③ 梅祖芬：《中国学校国文教授之研究》,，《新学报》1920 年第 1 号。

④ 高卓：《中学四年的回顾》，《新学报》，《新学报》1920 年第 2 号。

谟克拉西的新社会——自由平等，没有一切阶级一切战争的和平幸福的新社会"①。
"社会改造"的方法除去"哲学人生科学"上的专业化研究，还包括改造乡镇、地
方农工的社会实践。郑振铎将大城市之外的地方和人，称作"穷乡僻壤"和过着"上
古的生活"的"顽固、愚蠢"的"人民"，二者急需改造，且因为区域小、青年又
熟于习俗，故最容易被改造②。在郑振铎的论述中，"地方"成为一个需要被启蒙的
客体，在空间、时间上与大城市形成新旧的对立。

至于如何去做，郑振铎以为，北京高校学生返乡创办的广州的《民风》和永嘉
新学会便是好的例子，即创办地方通俗周刊，普及新文化、新思想。《新学报》的
例子并不恰当，而《民风》主要针对广州不良的社会风俗、报刊环境等，进行具体
的批评，就新文化影响地方风气的效果而言，无疑更合适。实际上，这也更接近创
办通俗报刊的最初主张者陈独秀的意思，他建议《新社会》改为"记载本会附近地
方的新闻，随事发挥议论，专卖给这一个地方的人看"的通俗性地方刊物③。

沿着改造地方社会的思路重新审视青年主导的《新学报》，"地方"在其中并无
位置。"地方"作为"新文化"内涵的"社会改造"，具体落实则依赖以同乡会为基
础的学生联合行动。1920年由周予同主编的《瓯海新潮》，由温州籍的学生在北京
出版，面向温州、处州两地发行，刊物宗旨就纳入了"改良地方"④。此外，郑振铎
生于永嘉，但祖籍是福建。他作为"旅京福建学生联合会"的活跃者，于1920年
参与创办的《闽潮半月刊》，相比《瓯海新潮》更为成熟，移风易俗也增加了学理
性。"联合会"还组织暑期回闽服务团，计划中不仅包括平民讲演、学术讲习，还
负责著作和刊物的出版，亦有入学招待组和新剧组⑤。就"新文化运动"返乡学生自
发的地方活动而言，"联合会"组织的团体提供了较为完整的方案。据程俊英回忆，
"闽案"是《闽潮半月刊》出版的直接动因，郑振铎在集会时激愤地发言："日本鬼
子在温州开枪逞凶……激起中国人民无比愤慨，尤其是我们福建学生"，"我们福建

---

① 郑振铎：《〈新社会〉发刊词》，《新社会》1919年第1期。

② 郑振铎：《再论我们今后的社会改造运动》，《新社会》1920年第9期。

③ 郑振铎：《我们今后的社会改造》，《新社会》1919年第3期。

④ 转引自叶建：《温州老期刊》，黄山书社，2013年，第22页。

⑤ 记者：《旅京福州学生暑假回闽服务团之组织》，《闽潮半月刊》1920年第1期。

同学要按照五四的办法，再接再厉地干预国政"，"办个刊物，作为福建同学的宣传喉舌"①。而由国家至地方的启蒙思路，也代表永嘉籍在外求学青年的普遍思考。同乡仅仅是同一个"乡"的地理位置，并不意味认同地方文化、地方人物。或许，"新青年"与地方之间原初的紧张感，推动他们更快地进入了"国""国民""世界"这一系列话语，而"地方""乡土"作为中介，却需要被改造或被抹去。从"青年"的逻辑出发，似乎《新学报》是与地方/居乡人错位的合作，却达成了引入新学的共识。这大概也预示着精英网络的核心从血缘、地缘到现代学统的转换②。

结语

概言之，新学会及《新学报》并非如时人所认识的，是"五四新文化运动"中返乡学生主导的地方实践，而是由永嘉当地的新式教育人士与返乡永嘉籍高校青年，依托"十中""十师"，于"五四运动"后合作且分工的产物。通过学识实现个体的自我革新，最终实现改良社会的目的，这成为两群人的共识。通过新学会的前史"五四运动"，可以隐约看到两个群体如何与旧有群体分化、凸显并汇合，其中"学生自治"的理念成为汇合的黏合剂。

新学会在组织、人事上都依托地方。如何处理"新学""青年"与地方的关系成为重要的命题。地方教育人士在其中发挥了关键的承接作用，姜琦调和杜威主义与"永嘉学派"而成"新永嘉学派"，为"新学"张目。但就青年自身的逻辑而言，"新学"内在的目的是改造地方社会。"新学"的专业化和知识化，如降落伞保护了"新青年"，同时也隐含着悬浮于地方之上、无法着陆的危机。"学派"一定意义上消解了"社会改造"，尽管这背后的分歧并未完全显露。

---

① 程俊英：《回忆郑公二三事》，王莲芬、王锡荣主编：《郑振铎纪念集》，上海社会科学院出版社，2008年，第375—376页。

② 许纪霖认为："传统的精英网络是以宗法血缘和地域关系为核心的。到了现代社会……精英的关系网络认同转而以共同的教育为背景，特别是以学校出身为中心。比较起同乡、同宗，校友更有一种内在的凝聚力，共同的师长关系、共享的校园文化和人格教育，使得校友之间有着更多的共同语言和感情认同。虽然传统的血缘和地缘关系内在地镶嵌在现代学统关系之中，然而到1920—1930年，一个以现代学统为中心的等级性精英网络基本形成。"见许纪霖：《导言：重建社会重心：现代中国知识分子与公共空间》，《公共空间中的知识分子》，江苏人民出版社，2007年，第11页。

而"学派"与社会之间的有机想象如何落实,也是新学会面临的困境。以《新学报》上最集中的议题为例。永嘉青年多挪用"杜威主义"等西方教育学理念,他们忧虑传统国文(古文)教育无法提供非科举时代的新式知识和经验,教学方法是诵读记忆而非启发式,内容是古文选读而非系统的知识传授。《新学报》的批评,恰好对应着同时期"十中"国文教师张棡摸索出的国文教育法。1920 年 9 月开始,张棡开始教授《文章学史》课,挑选古文,点读、示范文法并范读节奏①。同时,张棡要求学生写日记,"以收温故知新之效"②,类似日课。事实上,张棡的教学资源有另一脉络,取用资源包括桐城古文、《国粹学报》、刘师培的"文学史"等等。换句话说,《新学报》并没有与地方的国文教育实践产生真正的对话,在教学方法上亦无法互相说服,反而加深了误解③。直到朱自清等新文化人来到"十中"教学,新旧教员大换血,加上白话文教育的体制化,"十中"的国文教育才发生质变。只是"新"的推进,并非如新学会同人所预想的,基于"新旧学术融(熔)化于一炉"④。

对于新学会的两个核心群体来说,"新学""学派"要求学理化和专门化,本身不构成根本分歧。这或许与"学派"并非完全外在于中国学术的传统脉络,同时又承接了西方专业分工的理念有关。换句话说,并非因为"五四新文化运动"面临浮

---

① 张棡:《杜隐园日记》1919 年 10 月 5 日,《温州市图书馆藏日记稿钞本丛刊(13—32)》22 卷,第 11242 页。

② 张棡:《杜隐园日记》1919 年 5 月 22 日,《温州市图书馆藏日记稿钞本丛刊(13—32)》22 卷,第 11123 页。

③ 张棡浏览《新青年》后,批评陈独秀等人"抹杀国粹,专向白话",不过是"依旁洋文,鄙薄前哲"(《张棡日记》1920 年 5 月 1 日,第 277 页)。此外,张棡还向周围人多次陈述白话文章之弊(如《杜隐园日记》1920 年 5 月 20 日,《温州市图书馆藏日记稿钞本丛刊(13—32)》22 卷,第 11122 页),对周予同主张国文教育改革极其不满,认为:"此等少年略拾胡适之、陈独秀唾余,便自矜贯通教科,而语章总不免蹈轻薄之病,且崇奉胡、陈二人学说如金科玉律。噫!学风之坏,出此厄言,亦吾国文教之一厄也。"(《杜隐园日记》1922 年 3 月 14 日,《温州市图书馆藏日记稿钞本丛刊(13—32)》23 卷,第 11694 页。《张棡日记》误为 13 日,第 302 页。)张棡对"新文化"的反感,除去对国文的不同理解,面对越来越强势的新文化,也有饭碗不保的压力"自恨少年株守旧学",如今在"东、西洋留学"归来、或"北大、南大"毕业的教员面前没有竞争力,又教授不了英文、算术等新课程,"惟老于国文者能言之"(《杜隐园日记》1923 年 9 月 23 日,《温州市图书馆藏日记稿钞本丛刊(13—32)》24 卷,第 12114 页)。而此时白话文在"十中"的国文教育中已受到重视并推行,挤占了张棡的古文课时和薪水。

④ 姜琦:《发刊词——一名永嘉学术史略》,《新学报》1920 年第 1 号。

432

泛化、空洞化的危机，新学会同人才转入专门的学术研究，实际上，专门的学术研究最开始就是新学会的着力点。或许问题是，新学会宗旨"培养德性，交换学识，促进思想之革新"之"促进思想之革新"，流于西学知识的"东抹西涂"①。而新学会的处理方式是归结为"新文化"者的道德问题，此即《新学报》从第 1 号到第 2 号，从提出相对化的"新"，转而反思新文化者自身，由"思想之革新"退回到"培养德性"。于是，《新学报》第 3 号只剩下"交换学识"，即以翻译、介绍教育改良知识为主，也就毫不意外了。

原载《汉语言文学研究》2019 年第 3 期

---

① 郑振铎后将这一时期文章写法称作"东抹西涂"，即挪用、翻译、剪裁、拼贴材料而写成的论文。"东抹西涂"的修辞说法，很能概括《新学报》论文风格呈现出的蓬勃生机，但也可视作知识危机的隐喻。见郑振铎：《中国文学论集序》，《中国文学论集》，开明书店，1934 年。

抗日战争时期温州米荒问题
—— 以 1940 年为例

简 婷

[摘 要] 在抗日战争"缝隙"中,温州经济空前繁荣。然而,自然灾害、军米供应、常平仓谷采办、接济宁绍、人口增加、囤积居奇以及走私偷漏等原因导致温州出现了粮食供应的紧张状况。在战时"统制"经济背景下,以平抑粮食价格为中心的粮食管制政策加剧了粮食供应紧张,造成较为严重的米荒。

[关键词] 抗日战争时期 温州米荒 平价政策 粮食管制

1940 年,温州出现较为严重的米荒。11 月 18 日民众结队请愿,与政府当局发生激烈冲突,最终导致流血事件。"县府办公厅以及寝室什物,悉被捣毁一光。未几枪声突然大作,一时秩序大乱,死伤者达二十余人之多。全城商店摊贩均罢市,车辆亦停止行驶,情势因之趋于严重。"①

对此次温州米荒,无论是事态发生的当时,还是数十年后的今天,多有提及,然而甚少论述,为数不多的论述也大都简单地将其归结为政府无能、奸商囤积或者战争影响。但是,这种简单的归因过于粗略,不仅可能强化了一些未必正确的"常识",甚至还可能阻碍对历史真相的探寻。诸如,战火纷飞的年代就一定发生米荒吗?米荒发生前后,地方政府施行的公共政策究竟是什么?这些政策和措施是否有效地解决了米荒问题?备受诟病的囤积居奇的深层原因究竟是什么?囤积下来的粮食又去往何方?这些问题确有详尽探讨的必要,也可以归结为本文力图解决的三个主要问题,即 1940 年温州米荒的时代背景、米荒发生的原因以及政府公共政策的评估问题。

---

① 佚名:《省临时参议会来电慰问伤亡家属》,《浙瓯日报》1940 年 1 月 20 日,第 1 版。

一、战时温州经济突现繁荣

在探讨米荒发生的原因之前，有必要先检视其发生的历史背景。在1937年七七事变以后，温州虽然未能逃脱日寇的侵扰，但是由于特殊的原因，呈现出了战时突现繁荣的景象。

（一）日寇侵扰有限

1938年2月26日，温州第一次遭敌军轰炸。之后，侵扰虽有，但日军登陆占领却迟至1941年4月19日，持续13天后退去。次年7月11日，日军第二次占领温州，为期35天，再次退去。

至于日军的第三次占领，则到了1944年9月9日，日军盘踞时间稍长，达281天，之后日军复次退去[①]。其间，不断有日军轰炸，据《温州日报》的统计，自1939年至1940年，温州各县敌机轰炸"总计死四十四人，伤六十六人，房屋及其他物品损失约值二十余万元"[②]。

8年时间里，温州孤处一隅，非兵家必争之地，一直没有成为正面战场，战争对温州的破坏性影响有限。正如报载："抗战迄今，敌人除在此地丢了几个炸弹外，还没有占领的企图。"[③]

（二）温州港地位凸显

抗日战争之前，温州虽为临海港口城市，但北有上海、宁波，南有福州、厦门，加上温州的陆路交通极其不便，温州港始终未能有所作为。但，抗战全面爆发后，尤其是上海港、宁波港陆续被日寇封锁之后，温州港的地位出现了明显的变化，"竟由次重要的华商埠一跃而成为华南中的（无论是商业上还是交通口上），一个唯一

[①] 胡珠生：《温州近代史》，辽宁人民出版社，2000年，第457—459、461页。

[②] 佚名：《一年来本区各县敌机轰炸的统计》，《温州日报》1940年1月1日，第4版。

[③] 高明：《一年来之温州金融经济》，《温州日报》1939年1月1日，第3版。

435

的进出口的咽喉"。[1]

据统计，1938 年温州进出港口的外轮计 698 929 吨，国轮 84 570 吨，木帆船 303 466 吨，共计 1 086 965 吨，是新中国成立之前温州进出口船舶吨数最多的一年；1938 年港口吞吐量约达 70 万吨，比战前历史上最高的 1930 年增加 1.33 倍[2]；1938 年温州港进出口货物吨数，"约在八十至九十万吨"[3]，其价值共达 56 203 643 元，比 1937 年增加了 3.56 倍；瓯海关税收达 301 万余元，比 1937 年增加了 2 倍左右[4]。温州港创下了前所未有的纪录。

瓯海关贸易报告详实地记录了抗战全面爆发后温州经济的实际情况：1937 年，"温州一带，战祸既未波及，农商各业复极繁荣，洵属甚幸"。1938 年，"温州地方秩序较为宁靖，商业乃见繁荣"。1939 年，"本埠进出口贸易货值，虽处此非常时期，环境极为不利，以视上年，犹增国币 1000 万元，为数之巨，实为从来所未有"。1940 年，"其蓬勃之象，与民国 27 年之情况颇为相似"[5]。

进出口贸易的激增，直接反映了温州港地位的提升。时任瓯海关税务司长的莫尔根（H. C. Morgan）也惊呼，温州港的繁荣是根本想不到的[6]。

（三）工商业繁盛

"平日为人所忽视的瓯港"，突然成为"一个进出口运转的轴心"[7]，一些重要物资可以从此辗转运往内地，或者经此复出口到其他地区。温州成为内地与沿海洋货和土产的集散中心。

进出口贸易带动商店显著增加，如绸布业由战前最高的 70 家增加到 100 多家，南北货业新增 20 多家，棉布业和百货业的批发商号达到 50 多家，赣、皖、闽、湘、

[1] 高明：《一年来之温州金融经济》，《温州日报》1939 年 1 月 1 日，第 3 版。

[2] 周厚才：《温州港史》，人民交通出版社，1990 年，第 126—127 页。

[3] 佚名：《一年来温州港之航业》，《温州日报》1939 年 1 月 1 日，第 1 版。

[4] 周厚才：《温州港史》，第 127 页。

[5] 中华人民共和国杭州海关：《近代浙江通商口岸经济社会概况·浙海关·瓯海关》，《杭州关贸易报告集成》，浙江人民出版社，2002 年，第 647—650 页。

[6] 周厚才：《温州港史》，第 127 页。

[7] 佚名：《一年来之瓯港贸易》，《温州日报》1939 年 1 月 1 日，第 1 版。

川等省客商纷至沓来。工商业的迅速发展,刺激了金融业的发展。抗战全面爆发后,大批客商涌至温州,银钱业的存、放、汇款业务大大发展,银行、钱庄也随之增加。温州银行有"八行一库",即中国、交通等八家银行和中央合作金库。钱庄有厚康、洪元等33家。在业务比重上,钱庄存款数额比银行高3倍多,放款比银行多4倍以上。汇兑业务以温沪间最大,温沪钱庄长期有挂钩。

服务行业的发展更为突出,大小旅馆100多家,且天天客满。餐馆、酒楼空前繁荣,华大利、新味雅、醒春居等餐馆,车水马龙,座无虚席①。

正因如此,温州被时人称为"小上海"②。也就是说,战时温州不但没有因为战事而衰败,反而在战争的狭缝中获得了意想不到的发展。在此背景下,米荒突然发生,实乃咄咄怪事。

二、战时温州米荒原因探析

在探讨米荒原因之前,仍有必要了解温州地区当时的粮食产销盈亏情况。迄今虽未发现当时确切的存米数据,但1940年10月浙江省第八区(按:即温州)的行政会议记录还是勾勒出了温州地区粮食供应的大致情况:

据报告显示,泰顺"山多地少","佐以薯丝洋芋等杂粮,调节得宜,差堪自给";玉环"每年产谷仅敷五个月之用,然山地甚多,薯丝产量颇大,一般平民赖此充食,可无饥馁";瑞安"谷米能自给,薯丝则过剩";乐清"为本区余粮县份之一","每年运销外县者,约米200 000担";平阳"亦为本区余粮之县","每年当近30 000担";永嘉"号称缺粮之县","以永嘉736 000亩田地,74 000人口,平均每年以每亩产量供给一人食用计算,则该县粮食缺少,实为甚微"③。

也就是说,温州地区粮食实可自足。那么,经济一度繁荣、粮食也可自足的温

---

① 参见吴杰:《抗战时期的温州工商业》,温州市政协文史资料委员会:《温州文史资料》第2辑,1985年,第137页。

② 参见吴杰:《抗战时期的温州工商业》,温州市政协文史资料委员会:《温州文史资料》第2辑,1985年,第133页。

③ 佚名:《浙江省八区四〇年度行政会议录(1940年)》,温州市档案馆藏,浙江省八区行政督察专员兼保安司令公署档案(198-4-102)。

州，为何在 1940 年突然出现粮荒呢？对此，笔者对相关史料进行了详细检视，发现主要有以下七个方面的原因：

（一）自然灾害

农业靠天，有无天灾在很大程度上决定了粮食的丰歉。因此，笔者首先检索了当时的灾荒情况，发现 1938—1940 年报载的灾害共有 7 次，包括雨灾、风灾、水灾、旱灾、虫灾等，涉及玉环、乐清、泰顺、平阳等地，且主要集中在 1938 年，1939 年没有灾荒报道，1940 年仅有 1 次[①]。从灾害的频率、范围和强度来看，1940 年前后的自然灾害虽然会对温州粮食供应造成影响，但这种影响相对有限。政工队队员娄桂芳在《民以食为天》一文中说："近年来，种田人照样地种田、耕耘、收割，老天爷也还开眼，并没有什么大旱大雨，或者是什么蝗虫吃了。"[②]当时温州落霞镇第六组联保主任刘听泉在给县政府的呈文中也说："吾邑频年以来，素称丰稔。"[③]

（二）军米供应

抗战时期，军粮的征收方式为就地采购。那么，是否为供应军米而征用大量民食呢？

自 1937 年抗战全面爆发至 1941 年以前，国民党驻防温州的兵力有：暂编卅三师、保安第四团、第八区保安大队以及永嘉县自卫队，人数为 6 千余人[④]。同时，从

---

① 参见佚名：《"玉环"》，《温州日报》1938 年 6 月 15 日，第 2 版；佚名：《乐清五六两区旱魃为虐》，《温州日报》1938 年 7 月 24 日，第 3 版；佚名：《楚门患旱》，《温州日报》1938 年 7 月 26 日，第 3 版；佚名：《"各地简讯"》，《温州日报》1938 年 10 月 2 日，第 3 版；佚名：《泰顺山洪暴发酿成水灾》，《温州日报》1938 年 10 月 14 日，第 3 版；佚名：《为粮食问题答复永嘉民众》，《温州日报》1939 年 1 月 9 日，第 3 版；佚名：《本县入夏久旱早稻受损》，《温州日报》1940 年 7 月 25 日，第 1 版。

② 娄桂芳：《民以食为天》，《温州日报》1940 年 11 月 15 日，第 2 版。

③ 佚名：《呈米价飞涨呈请谕令各米铺一例平粜并新出示禁止以杜透漏由（1938 年）》，温州市档案馆藏，民国各职业社会团体档案（205-1-1294）。

④ 参见柯逢春、孙孟桓：《温州三次沦陷有关军事情况记实》，温州市政协文史资料委员会：《温州文史资料》第 2 辑，1985 年，第 14 页。

温州采办军粮的还有驻扎在宁绍一带的 107 师和温台防守司令部[①]。也就是说,抗战初期,至少有六支部队需在温州采购军米。

至于军队在温州采购粮食的具体数额,可以参考 1938 年永嘉县政府供应两个部队 107 师和温台防守司令部的军米记录,其中有几个数据值得关注:

其一,根据永嘉县政府代办 107 师军米垫付价款清册,永嘉县政府购发 107 师四月份军米为 280 165 斤 12 两[②]。

其二,根据永嘉县政府代办温台防守司令部三、四两月军米垫付清单,永嘉县政府购发温台防守司令部三、四月份军米 5 610 斤[③]。

其三,根据温台防守司令部司令徐旨乾写给永嘉县县长的信函,自 1937 年 10 月温台防守司令部成立至 1938 年 4 月 7 个月向永嘉县府领军米,按每月官兵共 68 人,应领军米 196 350 斤(按:应为 19 635 斤)[④]。

也就是说,抗战初期,需在温州采购军米的六支部队,人数至少在 12 000 人,这也得到了官方的印证"驻军约一五〇〇〇"[⑤],其中温台防守司令部官兵人数为 68 人,107 师大致是 6792 人,军队人均每天消耗粮食的数量是 1.375 斤,六支部队每天军米消耗总量为 16 500 斤。

而当时温州全县人口 742 756 人[⑥],公粜供给军警团体机关及贫民"每日数量多时四万余斤少时二万余斤"[⑦]。看来,军米对民食的供应确有较大影响。

---

① 佚名:《永嘉县政府代办温台防守司令部三、四两月军米垫付清单(1938 年)》,温州市档案馆藏,民国各职业社会团体档案(205-1-811)。

② 佚名:《浙江省政府代电(1938 年)》,温州市档案馆藏,民国各职业社会团体档案(205-1-811)。

③ 佚名:《永嘉县政府代办温台防守司令部三、四两月军米垫付清单(1938 年)》,温州市档案馆藏,民国各职业社会团体档案(205-1-811)。

④ 佚名:《温台防守司令部徐旨乾致永嘉县县长函(1938 年)》,温州市档案馆藏,民国各职业社会团体档案(205-1-811)。

⑤ 佚名:《浙江省八区四〇年度行政会议录(1940 年)》,温州市档案馆藏,浙江省八区行政督察专员兼保安司令公署档案(198-4-102)。

⑥ 佚名:《永嘉全县人口调查》,《温州日报》1940 年 5 月 26 日,第 2 版。

⑦ 佚名:《对本县粮食问题庄县长发表讲话》,《温州日报》1940 年 11 月 18 日,第 1 版。

(三）采办常平仓谷

浙江省第八区行政督察专员张宝琛、副专员陶建芳在 1942 年的工作报告中提道："廿九卅两年（按：1940 年、1941 年）中，本区各县非但没有一粒外埠来源的粮食进口，反而有大批常平仓谷采运到区外去。"[①] 那么，有无进口姑且不论，运到区外的粮食究竟有多少呢？

对此，1941 年秋召开的全区粮食会议通过的决议说得很清楚：1940 年，平乐两县省派常平仓谷，平阳十万担，乐清八万五千担[②]。为什么会在温州采办如此多的常平仓谷呢？根据 1940 年永嘉县政府主管粮食评价事宜的何祖培回忆：国民党战时粮食管理机关，竭尽敲骨吸髓之能事，将温州列为余粮县分，照牌价采购余粮 20 万斤[③]。

数字虽有出入，但是大体可以看到，温州粮食虽基本自足，但在 1940 年出现粮食开始供应不足"征兆"的情况下，政府仍然"打肿脸充胖子"，置百姓生死不顾，以"余粮县分"之名，强行在温州地区采购常平仓谷，无疑让粮食供应"雪上加霜"。

（四）救济宁绍米荒

就在温州米荒爆发的当年，宁绍地区（按：包括宁波、绍兴以及杭州萧山）也发生严重米荒。对此，浙江省政府高度重视，黄绍竑主席立即召集有关各方商议，决定："由余粮县份节挤（按：原文如此）五十万石，并由省筹垫二百万元，并向四行借六百万元，派员分赴省外各地购米十万包，合二十万石。[④]" 鉴于该处米荒严重，"特分电各处粮区专员，转饬各余粮县迅将秋收献谷尽量提交粮管处运送救

---

① 佚名:《专员张宝琛、副专员陶建芳的工作报告（1942 年)》，温州市档案馆藏，浙江省八区行政督察专员兼保安司令公署档案（198-5-106）。

② 佚名:《专员张宝琛、副专员陶建芳的工作报告（1942 年)》，温州市档案馆藏，浙江省八区行政督察专员兼保安司令公署档案（198-5-106）。

③ 参见何祖培:《战时温州见闻》，温州市政协文史资料委员会:《温州文史资料》第 2 辑，1985 年，第 105 页。

④ 佚名:《省府救济宁绍粮荒派员购米十万包》，《温州日报》1940 年 7 月 2 日，第 2 版。

济外，并向殷富劝募谷米"①。据统计，至 8 月 4 日，浙江省献谷动员委员会交给粮管分处运往萧山、绍兴接济的谷物有 18 万石②。而永嘉县因献谷成绩优良，省会特颁给奖状，以资鼓励③。温州粮食已自顾不暇，还要接济宁绍米荒，无疑加重了自身负担。

（五）人口增多

既然温州战时偏安一隅，经济突显繁荣，人口也必然呈现出较大规模的流动和增长。

首先，从全国各地来温州采购的商人会增加粮食的消耗。当时，温州轮舶辐轴，商旅云集，"商旅约 20 000 人"④，无疑增加了粮食的消耗。

其次，上海、武汉沦陷后，大量难民特别是在外的温州人选择回到温州，躲避战乱。抗日战争爆发后，温州车站、码头到处充斥着回乡避难的温州人。1938 年的报刊记录下人潮涌动的景象，"车站上堆积着从汉口辗转运来的行李，码头上拥挤着从上海归来的男女，还有新近搬到上下乡而又回转的人和物"，"几月前是一船一车运出去，现在呢，却又一车一船的运回来，上海、汉口……以至上下乡不曾间断的打转，莫名其妙地来回，所为何来？自然说是'避难'与'逃生'"⑤。

可见，当时确实吸引了一些外来人口来温，给温州粮食供应带来一定压力。所以，当时机器碾米同业公会主席林永清就认为："城区人口因战事剧增，需米更非昔可比。"⑥

（六）粮商富户囤积

---

① 佚名：《救济萧绍米荒》，《温州日报》1940 年 7 月 3 日，第 1 版。

② 佚名：《上年农民献谷达十八万斤》，《温州日报》1940 年 8 月 4 日，第 2 版。

③ 佚名：《去年本县献谷成绩优良》，《温州日报》1940 年 8 月 8 日，第 2 版。

④ 佚名：《浙江省八区四〇年度行政会议录（1940 年）》，温州市档案馆藏，浙江省八区行政督察专员兼保安司令公署档案（198-4-102）。

⑤ 佚名：《车站码头充满着跑回来的温州人》，《温州日报》1938 年 6 月 17 日，第 2 版。

⑥ 佚名：《呈报米价系米铺业范围米价飞涨原因系邻县米源告绝由（1938 年 11 月）》，温州市档案馆藏，民国各职业社会团体档案（205-1-1294）。

米荒的出现，往往与囤积有关。根据永嘉县政府的规定，凡个人"存米一千斤以上或谷二千斤以上，自给有余，而不出售济众者"，均认为囤积居奇，米厂"存米二千斤或谷在三千斤以上者，米铺存米在一千斤或谷二千斤以上者，不得囤积至三日以上"①。

在米荒发生当年，永嘉县政府就曾三令五申严厉打击囤积粮食。为加大打击力度，永嘉县政府还出台举措，以提成方式鼓励检举揭发："凡告发囤积居奇者经本府查明属实后一律按照查获充公平粜价数量，提十分之一奖给之。"②可见囤积现象不但存在，而且相当严重。甚至，"有钱的富户，在乡村的储藏食粮，待价而沽，在城市的不怕食粮贵，成千成万地囤积起来，吃到明年陈谷接新谷，造成谷想人吃、人也想谷吃，和饱的饱死、饿的饿死这样一个严重的局势"③。

（七）漏海走私

如前，抗战时期的温州港，一跃而成为"进出口运转的轴心"。也正因为此，温州也成了货物漏海走私的"前沿阵地"。"本区六县，除泰顺外，余皆伴洋带海，最易与敌寇发生因缘，因是，敌货之登陆入境及物资之落海济敌，遂广泛难制。"④有事实为证：瑞安董田一带"本月一日（按：1939 年 9 月 1 日）有奸商等雇船四只，载米甚多，内有一船，竟载米约有五十余袋"⑤；乐清"日昨（按：1939 年 1 月23 日）有奸商无照运米一千余斤，散装于内河船两只，在乐清馆头乌牛地带为当地守兵瞥见"，当地守兵"迫令该船靠岸搜查，当场人赃俱获"⑥；永强区"昨日下午（按：1940 年 7 月 19 日）四时许派阮指导员率同警士多名，前往陡门地方，当即缉

① 佚名：《永嘉县政府为救济民食取缔囤积居奇暨奖励民众告发办法（1938—1939 年）》，温州市档案馆藏，民国各职业社会团体档案（205-1-807）。

② 佚名：《永嘉县政府为救济民食取缔囤积居奇暨奖励民众告发办法（1938—1939 年）》，温州市档案馆藏，民国各职业社会团体档案（205-1-807）。

③ 藩：《节约粮食消耗及增加生产（续昨）》，《温州日报》1940 年 12 月 17，第 2 版。

④ 佚名：《浙江省八区四〇年度行政会议录（1940 年）》，温州市档案馆藏，浙江省八区行政督察专员兼保安司令公署档案（198-4-102）。

⑤ 佚名：《奸商运米漏海资敌中途被匪洗劫》，《温州日报》1939 年 9 月 8，第 2 版。

⑥ 佚名：《乐清馆头破获奸商运米漏海》，《温州日报》1939 年 1 月 24，第 3 版。

获食米百五十余袋，嗣于当晚十一时许，又缉获食米十六袋"[1]；永嘉县抗日自卫队"上月十六日（按：1938 年 9 月 16 日）在圣安挪汽船查获白米大小五十八袋，计重四千百五十二市斤"[2]；1940 年春灵溪青年抗日团团员 50 人，于灵溪至萧江渡、灵溪至泸山航道，查获走私大米万余斤[3]。

总之，粮食供应体系原本脆弱的温州因战时民食军米供应压力甚大、政府采办常平仓谷、救济宁绍米荒，特别是粮商富户囤积居奇、漏海走私，多种因素碰头、交汇，导致了米荒的出现。

三、国民政府的粮价"平抑"政策

抗战全面爆发后，国民政府采取了以平抑粮价为中心目标的"价格管制"政策，并由各地方政府具体实施。那么，作为一项关系重大的公共政策，粮食平价究竟对米荒产生了什么影响？是在一定程度上有利于米荒问题的解决，还是加剧了粮食供应紧张状况？

（一）粮价评议

针对不断飞涨的物价，国民政府采取物价评议会的方式，评定日用品价格，并以此作为标准，强制商家按此销售。

遵照国民政府政令，温州粮食平价，主要来自三个渠道：一是粮食会议；二是粮食价格评议会；三是日用品价格评议会。抗战时期，《温州日报》公开报道的最早粮食会议是 1938 年 11 月 18 日永嘉政府召集有关机关，规定"白米每元定为十九斤，糙米定为十九斤半，已于昨日（十七日）起实行"[4]。从 1938—1939 年 7 份档案内容来看，温州粮食评议会基本上遵照国民政府对评价委员会的要求运作。温

[1] 佚名：《永强区署昨日查获食米》，《温州日报》1940 年 7 月 20，第 1 版。

[2] 佚名：《圣安挪汽船查获白米》，《温州日报》1938 年 10 月 15，第 3 版。

[3] 沈克成：《温州历史年表》，北京电子出版物中心，2005 年，第 385 页。

[4] 佚名：《县府定期开会讨论米价》，《温州日报》1938 年 11 月 18 日，第 3 版。

州日用品评议会议,自 1939 年 12 月 26 日开始见之于《温州日报》"商情"①一栏中,该栏详细刊登了粮食平价价格,同时标明:"本报刊登市价系根据永嘉县日用品平价委员会十二月廿三日评定,如商店不依照评定价格出售,人民可向县告发。"②

可见,最早从 1938 年 11 月开始,温州就实行粮食评议制度;并在 1939 年 12 月之后通过当地报纸公布粮食平价价格,以规范温州粮食市场。

(二) 粮食定价

定价作为平价政策的核心,直接决定了平价政策的成败。只有合理定价,才能维系买卖双方的利益平衡,推动市场秩序的形成。过高的定价,使民众无力购粮,失去了平价政策的意义;而明显低于市价,粮商不仅无利可图,甚至还要承受亏损,自然缺乏筹粮运销的动力,而导致市场上无粮可卖,再低的平价也只能是"看上去很美"。根据国民政府 1939 年 2 月 20 日颁布的《非常时期评定物价及取缔投机操纵办法》,平价委员会评定日用必需品之价格"应以生产者与消费者双方兼顾为原则","凡物品之生产及运销成本受战时影响者,以其在战后之成本再加相当之利润为标准"③。也就是说,价格管制并非一味打压价格,而是要"以生产者与消费者兼顾为原则";同时,价格管制也并非取消粮商利润,而应允许"相当之利润"。笔者根据相关档案与报刊资料,梳理出 1940 年 1—2 月粮食平价保持在每元 10 斤左右,从 2 月底至 10 月米价一路飙升,至米事风潮爆发时达到每元 4 斤左右④。具有讽刺

① 据检索,米价最早见于《温州日报》1938 年 11 月 15 日第 3 版"每日商情一览",此后几乎每天刊登。

② 佚名:《"商情"》,《温州日报》1939 年 12 月 26 日,第 2 版。

③ 重庆市档案馆:《抗日战争时期国民政府经济法规(上)》,档案出版社,1992 年,第 93—94 页。

④ 参见佚名:《"商情"》,《温州日报》1940 年 1 月 7 日,第 2 版—1940 年 2 月 25 日,第 2 版,几乎逐日在此栏目登载粮食价格;佚名:《本永嘉县府定今日召开食粮会议》,《温州日报》1940 年 4 月 2 日,第 2 版;佚名:《评价委员会评定米价每元七斤半》,《温州日报》1940 年 4 月 12 日,第 2 版;佚名:《评定本旬米价每元六斤八两》,《温州日报》1940 年 5 月 2 日,第 2 版;佚名:《永平价委员会评定日用品价》,《温州日报》1940 年 8 月 23 日,第 2 版;佚名:《永平价会评定日用品物价》,《温州日报》1940 年 9 月 16 日,第 2 版;佚名:《永嘉县评价会评定日用物价》,《温州日报》1940 年 10 月 4 日,第 2 版;佚名:《收购各区余粮协助粮商购谷》,《温州日报》1940 年 11 月 4 日,第 2 版。

意味的是黑市粮价的不断攀升。"城区粮商闭粜，黑市米价每元仅有三斤，尚不易购得。"[1]"闹米风潮尚未发生之前，米价一元可以买三斤或二斤半（黑市）"，"风潮闹过之后，不到二十天的时间，黑市米价已涨至一元一斤六两。"[2]

（三）政策的失误

违背市场规律的平价，遭到了粮商米铺的抵制。早在 1938 年就出现了粮商米铺拒绝遵守平价的事件："经议决评定售价计白米每元十九斤，次米十九斤半，当即通过施行各在案，而一般粜食平民闻讯之余莫不欣慰，讵料本埠各米商如温州食粮公司等唯利是图，不顾民食，今复操纵垄断，近日所粜米价仍为十六斤半，糙黑之米亦仅十七斤。"[3]类似的事件不绝如缕，如 1938—1940 年温州日报上充斥着"米铺抬高米价，未照法定价格"[4]，"本市各米行铺操纵粮价"[5]"商店不照评价售货专署令饬查办"[6]"新万丰米铺高抬米价店主送县罚办"[7]等标题。抬高米价不成，碾铺、米铺停碾的停碾、关门的关门。据警察局局长钟继善呈报："辖境各米铺对出售食米仍未遵平价标准实行，而各碾米厂以进谷来价昂贵，均已停碾，致各米铺无米应市。"[8]

首先，粮食管制简单等同于价格管制，将平抑粮价的压力推给了粮商，忽视了政府的社会担当。粮食平价政策是战时不得已的选择，但造成的亏损不应让粮商一方承担，政府亦负有责任。其次，过低的平价让粮商的经营难以为继，而对囤积的严厉打击又将部分合法粮商推向政府和民众对立面，可能加剧粮食流向黑市和漏

---

[1] 佚名:《对本县粮食问题庄县长发表谈话》,《温州日报》1940 年 11 月 18 日，第 1 版。

[2] 张宝琛:《大批食米快要到了城区粮食已有办法》,《温州日报》1940 年 12 月 12 日，第 2 版。

[3] 佚名:《为米价早经评定奸商仍复违抗祈传案从严训斥勒令照价平粜由（1938 年 12 月 6 日）》，温州市档案馆藏，民国各职业社会团体档案（205-1-1294）。

[4] 佚名:《米铺抬高米价未照法定价格》,《温州日报》1938 年 11 月 22 日，第 3 版。

[5] 佚名:《本市各米行铺操纵粮价》,《温州日报》1938 年 11 月 27 日，第 3 版。

[6] 佚名:《商店不照评价售货专署令饬查办》,《温州日报》1939 年 12 月 18 日，第 2 版。

[7] 佚名:《新万丰米铺高抬米价店主送县罚办》,《温州日报》1940 年 4 月 9 日，第 2 版。

[8] 佚名:《为呈报碾米厂以平价关系停碾米铺无米应市影响民食报请鉴核示遵由（1938 年 12 月 17 日）》，温州市档案馆藏，民国各职业社会团体档案（205-1-1294）。

海走私。尤其是在多方势力渗透和参与、海关松弛缉私不力的条件下，粮食漏海走私无异于在原本脆弱的温州粮食供应体系上撕开了一道口子。

再次，对于粮食政策的施行，政府没有进行广泛的动员和宣传，未能得到粮商米铺的理解和认同，最后造成了政府应对米荒的社会资源严重不足。

四、结论

总之，1940 年米荒是多重因素综合作用的产物。它既受到战时粮食短缺的大环境的影响，又具有自身的特点，是战时东南沿海粮食问题的一个缩影。战时经济一度繁荣，粮食尚可自给的温州地区，由于多重原因，出现了较为严重的粮食供应紧张情况。对此，政府一味压低市价、打击囤粮，没有进行政策的广泛宣传，未能与粮商米铺形成合作，而加剧了粮食供应的紧张，酿成了 1940 年米事风潮。政府公共政策非但未能解决米荒问题，反而加剧了米荒，这正是哈耶克所说"致命的自负"吧！看来，即使是在战时"统制经济"的条件下，尊重一定的客观市场规律，保持审慎和敬畏的态度，还是必要的。

原载《温州大学学报》（社会科学版）2017 年第 30 卷第 6 期

辑五

城市化进程中乡村社会结构变迁和文化转型
——转型期温州农村社会发展考察

朱康对

[摘　要] 本文用经济学和社会学相结合的方法，系统考察城市化进程中温州乡村社会结构变迁和文化转型，认为农村城市化的过程，既是一个原有的乡村社会结构的分化过程，也是用新的城市文化和社会规范，对社会个体进行重新整合的过程。然而在乡村城市化过程中，分化和整合的不连续，不可避免地会产生各种矛盾和冲突。

[关键词] 城市化　分化　整合

改革开放 20 多年来，温州初步实现了乡村工业化的目标。随着乡村工业化的进展，城市化成为经济发展和社会进步的必然趋势。在城市化的进程中，乡村社会结构也随之分化与整合，同时乡村文化也逐步向城市文化转型。因此，系统考察温州农村社会的结构变迁和文化转型，对于研究中国农村社会在经济转型期中的经济和社会发展规律具有十分重要的意义。

一、 经济转型期温州农村的工业化和城市化

改革开放以来，温州经济发展和社会转型的有利条件是只有较轻的旧体制的历史包袱，因而可以凭借较低的机会成本实现制度转换，并率先走上了工业化的道路。如果按照配第—克拉克定理对温州产业结构演变进行系统分析的话，温州的工业化发展阶段可以分为四个阶段：第一阶段，1983 年以前，属前工业化阶段。该阶段第一产业在国民经济中占主导地位，三次产业的排序依次是"一、二、三"。第二阶段，从 1983 年到 1990 年，属工业化中期第一阶段。该阶段第二产业超过了第一产业，开始占据主导地位。在这一阶段中，第一产业比重从 1983 年的 38.3%，下降到

1990 年的 27.4%，第二产业比重从 1983 年的 37.3% 上升到 1990 年的 44.7%。第三阶段，1990 年到 1996 年，属工业化中期的第二阶段。第二产业继续占据主导地位，第三产业比重稳步上升，并开始超过第一产业。第四阶段，1996 年至今，属工业化中期第三阶段。这一阶段的明显特征是第二产业比重开始从 1996 年的 59.2%，下降到 1999 年的 57.2%，不过，仍大大高于第三产业，说明离后工业化时期尚有很大的距离。

随着农村工业化的进展，温州农村城市化的步伐也开始加快。60 年代温州的城市化水平只有 6%—8%，1978 年为 12%；1982 年全市市镇人口为 97.39 万人，占总人口的 16.43%；1990 年市镇人口为 178.63 万人，占全市总人口 28.21%（《温州市志》，1998 年）。到 1998 年温州城市化水平已达 33%。[①] 与此同时，农村工业化的进展也使得温州城市化表现出专业市场发展带动小城镇发展的特点。八十年代温州闻名全国的有十大专业市场，[②] 到 1998 年集市贸易市场达到 533 个。从建制镇的情况看，其数量也大大增加。六十年代全市只有 14 个建制镇，1978 年是 18 个，1983 年是 25 个，到 1989 年就发展到 119 个，1998 年全市共有建制镇 146 个。因此，目前温州地区初步形成了以温州市区为中心，以乐清、瑞安两个县级市为副中心，以146 个建制镇为结点的城镇网络体系。然而，总体上看，由于改革开放以来，我国实行的是控制大城市发展，走农村工业化的战略，因而城市化的速度明显滞后于工业化的进展。

尽管由于制度因素的作用，城市化的速度受到了一定的影响，但是随着经济活动市场化的发展，人口的流动性也大大地加强，从而不可避免地出现了农村人口不断向城市梯度转移的潮流：一方面，平原地区部分先富起来的农民开始进入城市；同时一些山区的农民也逐渐地搬迁下山，前来填补这一空缺。温州各县市区下山移民情况见表 1。

[①] 该指标的城镇人口系按第二口径计算，即市人口，指地级市所辖区的人口和县级市所辖的街道人口；镇人口，指县级市所辖镇的居委会人口和县辖镇的居委会人口。（见《温州市志》，1998 年）另据省建设厅计算 1998 年温州的城市化水平为 42.06%。（见《经济研究参考》2000 年第 3 期。）

[②] 十大专业市场是指乐清市虹桥农贸市场、瑞安市城关工业品市场、平阳县树贤编织袋市场、苍南县宜山再生腈纶市场、苍南县钱库综合商品批发市场、苍南县金乡标牌市场、鹿城区干鲜果市场和乐清北白象建材市场（李丁富：《温州之谜》，改革出版社，1997 年）。

表 1   温州各县市区下山移民情况统计表（2001 年 2 月 8 日）

县市区	1994—2000 年底移民			2001 年计划移民		
	建移民点数	户数	人数	建移民点数	户数	人数
泰顺	199	6715	28298	30	2000	8000
文成	108	6200	25000	15	1900	8000
永嘉	126	4337	18215	16	923	3570
苍南	28	2068	8063	20	1500	6500
平阳	80	9000	35000	10	1100	4500
瑞安	113	11023	45610	40	1820	7278
乐清	39	2368	8892	25	1500	5120
瓯海	12	9169	34947	3	617	2588
洞头	2	137	578			
合计	707	51067	204603	159	11390	45556

如永嘉县上塘镇应山村的农民就整村搬迁下山，到县城近郊重建新村。类似的情况，在苍南、平阳、瑞安、乐清等地都有出现。农民自发零星搬迁下山的，更不可胜数。据苍南县扶贫办统计，至 1999 年底该县已有 4908 户，共 1.95 万人自发搬迁下山，其中搬迁到大自然村的占 18%，迁入本乡镇中心村的占 56%，迁往外乡镇的占 26%，到外乡镇进城落户的占 17%。目前要求下山的还有 1830 户，7320 人。随着经济的发展，农民进城的需求日趋强烈，但是现行的政策却严格限制了农民进城的速度，因而向小城镇集聚就成了农民人口流动的主要方向，兴建龙港农民城也反映了农民进城需求得不到满足后的替代选择。

二、 分化：城市化进程中农村社会的结构变迁

随着温州的农村工业化和城市化的进展，温州农村社会也潜移默化地发生了变化。这种变化首先是表现为乡村社会结构分化。

（一）经济过程的分化

与全国大多数农村社区类似，温州的传统农村经济是一种半自给自足的小农经济。改革开放之前，在当时的集体经济条件下，尽管当时整个社会的工业化程度有了一定程度的提高，农村社会的经济结构也有了一定的变化，但是这种带有强制性

的制度变迁不但没有表现出所设想的经济效率，而且也没有从根本上改变农村的自给自足的小农经济特征。从当时允许农民保有少量的自留地的态度看，就可略见一斑。甚至在一定程度上说，新中国成立以后的政策导向是让农民拥有小块土地，自给自足，以防止贫富分化。因此，集体经济时期的这一特殊阶段并没有使我国农村社会的经济演化过程中断，也没有使其发生大跨度地跳越，一定程度上我们可以把它看作是农村经济长期演进过程中的一个突变。改革开放以后，温州农村的优秀传统文化得到了普遍的恢复，家庭经济在农村经济中的主体地位也得以重新确立。在中国传统社会里，家庭不但是一个基本的生活单位和人口再生产单位，而且是一个基本的生产单位、教育单位和社会保障单位，有着极大的吸纳能力。20世纪80年代初期，温州农村不但恢复了农业的家庭经营，而且农民还把工业生产纳入了家庭生产的范畴，温州农村的许多小商品生产是以类似于西方国家早期外包工制度的形式进行的。首先，农民中部分活动能力较强、具有创新能力和冒险精神的人从农民中分化出来，成为职业的购销员。当时其数量达到10万人之多，到1986年更增至14.7万人。[①] 他们在接到订单以后，把生产任务分配到各个家庭，由各家庭完成商品的生产，生产户则单纯收取加工费。据笔者调查，黄田镇的一些商人利用这种方式进行生产，其产业扩散到永嘉县的上塘镇、下寮乡，甚至在距离40多千米的碧莲一带有些农村家庭妇女也在装搭黄田镇商人这些产品。这种外包工形式的生产经营方式使现代的商品生产与传统的家庭生产方式相结合，它使得农民的空余时间能够得到充分利用。这是温州工业化初期的生产方式。这一时期的商品生产是与农民家庭生产高度结合的。

随着乡村工业化的进展，从事工业生产与农业相比，能带来高得多的经济收入，加上工业化初期温州农村工业生产的技术含量不高，所需的必要资本量也很低。因此，周围农民也纷纷越过这些并不很高的市场壁垒，进入了工业领域。由于农民的信息渠道十分有限，他们大多只能模仿周围的农民。大量农民的相互模仿使得温州农村普遍形成了一个个区域分工明显、相对集中的产业群落。同时，区域内的生产类同化也使各个生产户产生了对集中交易场所的需要和依赖。因此在这一阶段也产生了大量的小商品市场。杨小凯曾证明了为什么所有交易集中在一个地方进行可以

[①] 参见李丁富：《温州之迷》。

改进交易效率，同时也分析了城市及其分层结构的产生。我国由于过时的户籍政策限制了城市化的进程，温州农村城市化走的是类似于龙港这种兴建农民城的道路。

20世纪80年代的温州农村工业生产尽管尚处于家庭作坊式阶段，但是与传统手工业相比较，分化程度就高得多。传统手工业使得生产过程与消费过程分开了，但其产品还是在本社区中消费。20世纪80年代的温州农村家庭工业则进一步把自己产品的消费从本社区中分化出去，其目的是满足市场上毫不相识的消费者的需要，生产者和消费者之间的关系是通过商人这一中介而发生的。到了八十年代中期，市场化的生产使得温州家庭企业雇工规模不断扩大，同时生产规模的扩大也要求兴建独立的厂房，家庭已经无法容纳进一步扩大了的工业生产的需要。

（二）家庭结构的分化

随着工业化的进展和专业化分工的发展，农村经济发展必然会突破家庭的藩篱。随着经营业务的扩大，20世纪80年代初期形成的家庭作坊式生产在许多地方已难以适应生产经营进一步发展的需要，因此到了20世纪80年代中期温州农村普遍出现了大量合伙制企业 。[1] 不过合伙制企业大多数是依靠亲戚、朋友相互之间人格信任关系建立起来的，随着企业的发展，合伙人之间经济利益冲突就不可避免，因此温州农村的这种合伙制企业往往不能维持很久。到20世纪90年代初期，这种合伙制企业大多出现了股权逐渐集中的趋势。有的则逐渐被相对规范化的有限责任公司所取代。

这种生产方式的转变，标志着温州农村家庭的功能开始逐步分化。首先，农村的商品生产活动开始逐渐脱离家庭生活环境，转移到独立的厂房中进行。其次，家庭的生产功能也开始分化出来。过去农民多保有小块土地，以便种些蔬菜满足家庭的消费需要。近年来由于专业化生产，使得家庭生产功能逐步分化，许多农民不再种植蔬菜，所需蔬菜也多由小贩从温州市区贩运过来，因而出现了许多温州郊区农村蔬菜价格还高于市区的现象。同时由于碍于面子关系，家族成员往往难以管理，对许多企业来讲，除财务等重要职位外，一般员工的职位也往往倾向于雇佣外来人

---

[1]　这种合伙制企业在温州曾一度被善意地包装为集体企业和带有社会主义性质的股份合作制企业。 至今，在温州市正式统计中这种合伙制企业和部分有限责任公司仍被统计在股份合作企业栏目。

员。此外，由于家庭妇女多进厂做工，无暇顾及年幼的子女，因此农村家庭的教育职能也逐步退化，进而转移到专业的教育机构。目前温州经济稍微发达的村庄几乎都办起了托儿所和幼儿园。近年来，由于大量的青壮年人口外出经商，许多原来由家庭承担的社会保障职能如养老等，也开始转向了专业的机构。

（三）社会阶层的分化

温州工业化和城市化进程是在经济体制转型中进行的。市场经济的一个重要特点就是承认个人的利益，并允许和保护私人的产权。邓小平允许一部分人先富起来的政策，实质上是建立了一种能激发个体积极性、促进经济发展的利益激励制度。这种制度安排必然会导致社会收入水平的差异和社会阶层的分化。由于温州地区的在市场化的过程中先走了一步，一批在闯荡市场中先富起来的能人，开始从其他社会个体中脱颖而出，成为类似于西方社会的中产阶级。他们不但在社会消费中有较强的示范效应，而且在社会政治生活中扮演重要的角色。由于温州国有企业近乎空白，现有的国有企业除个别属国家垄断性质的外，大多效益不好，所以一定程度上民营企业所上缴的税收就成为政府的主要经济来源。曾有学者提出，这种经济格局有点类似于西方国家的古典工业化过程，只不过温州是把人家几百年演化的过程浓缩为 20 多年时间。进而推断，这种状况如果延续下去的话，政治上有可能出现一种倒逼式的民主。尽管这种推断目前尚无充分的实践证明，但是在 1999 年落实《中华人民共和国村民委员会组织法》过程中，倒曾出现了这种苗头，温州许多农村出现了罢免"村官"的现象。同时有一批先富起来的农民也在这次村级选举中进入了村委会。现行政治制度尚未产生允许企业主进入政府的机会，因此新生的企业主阶层要提高政治地位的一个替代选择就是设法成为人大代表或政协委员。此外，进入村委会班子也是少数先富阶层的政治追求之一。借用斯梅尔瑟的一段话可以较为接近地反映温州农村的分化程度："工人在工厂做工，在自己原来的村庄生活，这种劳动力转移形式就是现代劳动工资制度和古老社区生活相融合、相协调的一种形式；有些家庭手工业式的工厂将产品在市场上出售，即进入了市场经济，但仍保留有家庭生产的特点；工厂通过散件加工等形式雇佣家庭成员，使家庭生产模式得以延续；工人将工资花费在置办嫁妆等传统消费项目上。这些现象均表明社会结构同更加分化的工业和都市结构相比还有一定距离，但正朝着这一方面转化。"

454

三、 整合：城市化进程中的农村社会文化转型

乡村城市化的进程其实也是分化和整合之间对位性相互作用的过程。中心城市是人口增长、移民和一体化的主要场所。在城市里，居住在一起的人们创造出一种新的生活方式，因为他们需要协调彼此的思想、需求和利益。城市好比社会发展的催化剂，它在居民中传播着新的文化和思想。随着乡村城市化的进程，温州农民原有的以血缘为纽带的人际关系、居住方式甚至语言习惯等都潜移默化地发生了变化，人们需要通过新的文化传播，进行重新整合。

（一）人际关系

在温州许多乡村社区中，同姓聚族而居，血缘关系和地缘关系在人际关系中占主导地位。历代的统治者对农村多实行由各宗族高度自治的管理方式，因此宗族组织是农村个体所依靠的较为重要的组织力量。加上同宗聚集的居住状况容易使村民产生过强的宗族荣誉感和向心力。因此，在乡村社会中一个小小的个体矛盾，往往会演变成一场宗族间大规模的冲突。苍南县历来宗族冲突较为激烈，尤其是钱库镇所在的江南片，更是宗族矛盾频仍的地区。据不完全统计，到 1979 年底前，江南一带累计发生大小宗族械斗七八百起。实行家庭承包以后，虽然宗族文化全面复兴，20 世纪 80 年代初苍南各地普遍重修了宗祠、族谱，但是由于商品经济的发展，宗族间的群体冲突曾一度有所减少。到 20 世纪 90 年代初，宗族械斗事件又开始上升。1990 年江南片共发生各类宗族械斗案件 22 起，伤 10 人。1991 年发生械斗苗头 50 多起，因及时制止，真正形成大规模宗族械斗的 2 起，死 1 人，伤 10 人。1992 年 8 月 16 日发生了 "8·16" 事件，冲突涉及新安乡、望里镇等乡镇的 23 个村庄，计 2000 多人，结果死 5 人，伤 18 人（其中重伤 6 人）。此后苍南县有关部门加强了对该地区的管理，加上经济发展，人们也忙于经商，近几年宗族矛盾大为缓和。宗族现象的产生和延续，与聚族而居的居住方式和对土地依赖的农耕生活方式有很大的关系。随着社会环境的变化和人们生活方式的转变，人们的思想观念也会慢慢地发生变化。近年来，随着乡村工业化和城市化的进展，农村各地农民出现了大量往城镇迁移的趋向。钱库镇周围各村落的农民也出现了人口向经济较为发达、生活较为方便的钱库镇区和龙港镇集聚的势头。如陈姓聚集的陈家堡，就有近一半的人口迁

往钱库和龙港等地。乡村工业化的发展，改变了农民的生活方式，使得人们的生活节奏大大加快；人口向城镇的集聚，改变了传统乡村社区聚族而居的分布格局，使得宗族观念大为减弱。陈家堡原来每年大年初二、初三是陈姓吃祠堂酒的时间，尽管祠堂一次性能摆下一百多桌酒，但由于陈姓宗族人口太多，只好分开，初二是大房，初三是其余各房。近年来，由于人们观念的转变，吃祠堂酒的规模也大大减小，现在除迁居外地的陈姓子弟外，本村的一般都不去吃祠堂酒了。因而吃祠堂酒的时间也由过去的两天改为初二一天。在龙港这样新建的农民城中，由于人口来源于周围各个乡镇，居住人口的多元化改变了传统乡村社区同宗聚族而居的格局，同时随着城市化的进展，人际关系也从过去主要以血缘关系和地缘关系为主，转为以业缘关系为主。从其他城镇的情况看也可以发现宗族冲突在城镇居民中较少发生，即使偶有发生在社会冲突中也不占主要地位。

（二）居住方式

不同的居住方式可以反映城乡两种不同社区中的文化差异，居住方式的演变一定程度上也反映了城市化进程中的文化转型。传统乡村社区中同姓宗族聚族而居，温州乡村民居的形式也多为各院落集群布局，大多每个院落都有一个公共的堂屋（温州人叫它为阳间）。它是台门中的住户遇到红白喜事时举行有关仪式的场所。这样布局，对内可以使各住户可以互相照顾，对外则在发生宗族间冲突时便于共同防御。因此在农村社区生活中，村落共同体内部各成员之间的私密感是不强的，村民之间可能连各种社会关系都了如指掌。但村落与村落之间则往往视相互之间关系而定，有的村庄之间如果祖上结了什么冤仇，两姓之间就很少往来，真可谓"鸡犬之声相闻，老死不相往来"。有的还会禁止两姓之间通婚。近几十年来，乡村的民居形式发生了较大的变化，集聚式的院落结构逐渐被"一字型"的平行布局所代替。这一方面反映了传统宗族之间的冲突日趋淡化，集聚式布局的防御职能已失去了作用；另一方面也反映了宗族间的凝聚力已有所减弱。从每户农民的民居来看，由于农民对土地不可分割的关系，为了土地的产权关系清晰，每间房子多是顶天立地式，也就是每间房屋从一楼到顶楼都是一家农户所有。[1] 这些顶天立地式民居在

---

① 参见朱成堡：《温州农村民居的区域文化特征》，《社会学研究》1996年第5期。

小城镇中多为商住两用，底层做店面，楼上住家。直到 20 世纪 90 年代中期，这种建筑式样不只是龙港农民城等建制镇民居的主要格式，在温州大多县政府所在的城镇中也占多数。这一定程度上正反映了城市化进程中"农民城"的乡村社区特点。到了九十年代中期以后，由于大量房地产开发公司的出现，各中小城镇的房地产业的随之发展起来。龙港镇和其它小城镇中，设计更为漂亮的套间式住房开始逐渐增加。在套间结构的房屋中，房主并不像顶天立地式房屋那样对土地有着直接的占有。实际上，房屋下的哪块土地属于自己占有，他已无法明确界定。它是由同幢楼房的所有住户共同间接占有。这一转变表明了农民进入城镇以后与土地天然联结已逐渐疏远，同时住房的生产场所职能也逐渐分化出来，住房成了非生产性的单纯的生活场所。

（三）语言变迁

温州地处浙闽文化的边缘地区，温州各地居民中有相当部分是历朝陆续从福建等地迁移过来的，因而温州苍南、平阳、洞头、泰顺等地有许多地方至今仍流行闽南话。由于历史上居民来源的多元化，长期以来较为隔绝的居住环境，同姓宗族聚族而居的生活方式，使得温州农村仍保持着多种方言，其中单苍南县较大的方言就有5 种。近年来，随着城市化的进展，不同文化背景的个体纷纷集中到城镇中居住和务工，新的人际关系模式迫使人们要通过新的可以共同接受的语言进行重新整合，因而普通话的普及率就大大提高。像龙港镇，由于当地居民来自周围各地，他们所使用温州话、闽南话、金乡话、蛮话等多种方言，有的语言学习能力较强者往往会其中多种语言，但对其他人而言毕竟产生了沟通上的不便，因此在许多场合普通话就成为共同使用的语言。

总之，城市化的进程其实也是对传统农民进行整合的过程。在城市化过程中城市的新居民必须经历从农民向市民的角色转变，也必须适应从乡村文化向城市文化的转变。

四、 分化与整合不连续：城市化进程中的社会治理结构调整

改革开放以来，温州农村社会结构的分化和整合是在体制转轨和社会转型过程中进行的。它既是原有社会结构的分化过程，同时也是用新的文化和制度规范，对

社会个体进行重新整合的过程。然而，由于传统文化较为顽固，农民个体素质也不能马上适应社会转型的环境，加上制度变迁较为滞后，因此在城市化过程中就出现了分化和整合的不连续，从而导致了一定的社会冲突和矛盾。尤其在城市近郊农村，由于近年来城市建设速度大大加快，城市郊区农村土地被大量征用，当地农民面临着较为突然的社会转型和角色转变，因而短期内其心理尚未完全调适，产生了一定的社会矛盾。这在我国《村民委员会组织法》实施后的村级民主选举中集中表现出来。

一是传统户籍制度所带来的超稳定性与城市化进程所要求的人口流动性的矛盾。传统户籍制度主要以社会稳定为目标的，该制度的直接后果是限制了人口的自由流动，从而便于政府对社会个体的控制。而现代社会是一个开放社会，只有人力资本要素和其他要素一样能够自由流通，才能实现资源的合理配置。农村人口向城市集聚正反映了这一要求。然而现行户籍制度所造成的城乡隔离状态，客观上阻碍了城市化的历史进程，同时也造成了大量进入城市的农村人口无法融入城市的主流社会。

二是农村捆绑式的集体产权制度与现代城市社会个体分散性的矛盾。随着城市化进程的加速，许多城市郊区的农村直接并入城市，但是过去实行的城乡分治的二元化制度结构却影响了城市化进程中的社会整合。比如，农村实行的土地产权的集体所有制，它在本质上是一种按照地域关系相联结的捆绑式的产权制度，而现代城市社会却是以业缘关系为基础的专业化分工社会，因此它要求社会个体有较大的自主性，以便能按照各自的比较优势进行社会分工和协作，从而在人际关系上表现出较大的离散性。农村集体产权制度客观上增加了产权界定的难度，增加了社会个体之间的交易成本，从而也限制了社会个体的自由流动。比如农村房产为个人所有，而房子下面的土地却是集体所有，其实两者之间很难分割。因此在人口流动过程中必然涉及房地产的买卖，尽管国家有关法律对有关事项有过规定，但与现实有很大的距离。此外，这种影响还体现在公共品的供给上。由集体产权制度决定，郊区农村集体公益性投资往往需要在现有村民中分摊。由于产权界定困难，当人口流动，出现新加入的村民时，村民在公共品供给费用的摊派上往往容易产生矛盾。温州市近郊的瓯海区梧田镇慈湖北村共有 500 多户居民，其中有 100 多户为外来户。该村在电费收取上采取了差别定价，他们向本村村民收取的电费是每度 0.68 元，而向外来户收取的价格是每度 1.05 元。今年该村还向每户外来户收取 3000 元的基础设

458

施建设费，几十户外来户因没有缴纳被拉掉电源。类似的矛盾在其他许多农村都普遍存在。

三是与土地相联结的农村自我保障制度和失去土地后的城市社会保障制度的衔接。上的矛盾。过去我国农村是通过给农民小块土地，作为其最后的保障措施，农民生活是依靠自我保障为主。但是随着城市化进程的加速，近郊农村土地基本被征用，当地农民与土地的天然联系已被完全切断，这就迫使农民面临从农民向市民的角色转换，同时也要求相应的社会保障制度也要转型。然而这些社区的管理仍实行原来的农村集体制度，因而不可避免地会带来一些社会矛盾，这些矛盾在最近的村民委员会选举中充分地体现出来。据对温州近郊的几个村的调查，容易引起村民对村委会产生不满的因素主要有以下几个方面：首先，土地征用费的分配问题。土地是农民的基本生产资料，城市近郊的土地则因区位的优势而价格飞涨，因而许多近郊农村中出售土地是其主要的经济收入，也是其矛盾的焦点。然而农村土地集体所有制决定出售土地的收入不可能全部分配给农民个人，因而留存集体的那部分资金就成为人们目光关注的焦点。一旦分配使用上稍有不当，便容易引起不满情绪。其次，担保问题。市场化经济中为企业银行贷款作担保是十分普遍的现象，然而在集体产权制下，如果凭借集体资金为私人作担保，且造成集体经济损失的话，就会引起农民的极度不满。温州市近郊的巨一村和洪殿村，均因村党支部书记为私人企业担保失误，造成集体经济损失，进而引起村民对整个村级领导班子的不满，因而导致村委会集体遭罢免。第三，村干部的薪金收入也是引起村民不满的重要原因。土地刚被征用后，村民普遍分到了一笔较为可观的土地补偿金，几乎平均每家都有几十万元，开始时村民拿这笔钱去做些小买卖，日子也很滋润。几年过去，一方面近年来经济不甚景气，小本买卖难做；另一方面也有些村民在前几年分到的土地补偿金也被吃喝嫖赌毒挥霍光了。而原有的土地已经被征用了，由于自身素质的限制，新的工作又很难找到。相反，当村干部则每年有着较为稳定的收入。温州近郊各村村干部的年薪收入多的七八万元，少的也有三四万元。所以容易引起村民的不满。水心村就发生了村民到村委会来要工作的情况。此外，城市化后村民建房也要实行城市化管理，所以在集资建房的指标分配上也是引起利益冲突的重要原因。上述各种因素在村民委员会选举中，就集中暴露出来。过去在官方主导型的干部选择机制中，村民不能自主地选择村级自治组织的领导。而《村民组织法》落实后，当他们拥有了选择的充分权力时，就急切地利用它来罢免掉原有的"村官"，推选新的自治组织领导。

上述城市近郊的部分社区的社会冲突实际上是城市化进程中分化和整合不连续的反映。一方面，乡村社会个体进入城市生活圈以后，既无法进入城市的主流社会，又无法回到农村社区，因而成了城市社区中的边缘化个体；另一方面，也说明原有的乡村社会治理结构已无法适应城市化后社会管理的需要，必须及时转型。从温州近郊几个社会冲突较不明显的社区看，它们往往是社会治理结构转型和社会个体的利益关系处理较为成功的地方。如温州市鹿城区城郊乡广化村采取了把集体企业资产按照人口股份化到个人的办法，平衡了村民们的利益关系，因而也取得了村民的拥戴。同样，乡村社区中社会个体的生活多依赖家庭实行自我保障，转变为城市社区以后，人们生活节奏的加快要求相应的社会保障制度必须及时建立起来。

在乡村城市化过程中，不但社会个体面临着从农民向市民的角色转变，而且社会治理结构也面临着从村落共同体组织向单纯提供公共品服务的松散的社区管理组织的转变。由于作为村级集体组织，城市郊区各村庄大都拥有相当数量的集体资产，在乡村社区向城市社区转变过程中，如何建立起一系列产权关系清晰、符合现代市场经济运行规律的经济制度和社区治理结构，是新时期亟待研究和解决的难题。

原载《当代世界社会主义问题》2002 年第 1 期

政府意志与经济民营化：
一种互惠式生产性政治关系
——对"温州模式"演进的再思考

任　晓

[摘　要] 改革以来温州经济的超常规发展得益于温州模式所代表的经济民营化运动。作为一种非主流的发展路径，它的形成和发展与地方政府意志有着密切的关系。文章认为在温州模式的生成及其长期演化过程中，地方政府意志极大地影响着温州的改革进程和经济发展的最终绩效。正是地方政府与温州民间改革力量之间存在的稳定的以"互惠"为基础的生产性政治关系以及在此基础上形成强大的经济社会制度演变能力对温州经济格局的生成、变迁起着关键的作用。

[关键词] 温州模式　地方政府　制度创新　民营化运动

一、引言

在中国市场经济制度生成及其合法化漫长的变革进程中，温州的改革和发展路径得到了人们较多的关注，被概括为"温州模式"，成了一种颇具代表意义的经济发展样式。越来越多的人将温州的发展道路作为发展经济学领域的一个经典案例来加以研究。近年来，就温州模式的生成及其变迁许多学者提出过许多理论假说。其中，有市场交易替代论（史晋川，1999），准需求诱致性变迁论（金祥荣，2000），自发秩序论（杜润生，2000），民间主导的诱致性制度变迁论（马津龙，2001），国家无为而治论（张建君，2002）等。这些观点和研究较多地强调温州民间力量先发萌动及快速成长是成就温州改革以来独特的经济表现的诱因和动力，认为肇始于20世纪80年代初的温州经济民营化运动较好地契合了整个中国经济的市场化改革，因此而带来经济快速且持续地增长。然而，是不是在一个地区只要有了迅速壮大的民间经济力量就必然地表现出经济快速成长呢？如果的确如此，那为什么唯独温州的民间经济力量能够主导一场民营化运动并取得良好的经济表现？一种较为集中的看法是，在浓郁的重商文化传统①的长期浸润下，温州民间早已有了与市场经济相契合的商业精神或是"默会知识（action knowledge）""思想解放"较早，充足的市场精神促成了市场力量的扩张。这一解释多少受了新制度主义学派"路径依赖"观点的影响，局限于对温州经济发展轨迹的现象观察。

事实上，在传统体制构筑的国家集权强势控制之下，民间力量的滋生，增强直至导演经济民营化运动始终要面对滞后、僵化但是又极其牢固的体制传统以及体制惯性。绕开或跨越这种不利的外部制度环境是民间经济力量成长的先决条件。而在中国自上而下的市场化改革框架下，对外部制度环境最初某种程度的改良显然离不开地方政府努力的意愿和智慧的策略。由于国家在很大程度上掌握着一些关键的社会资源和机会，在真正的市场体系尚未建立起来时，地方政府处在国家—政府委托代理链的末端，它的意志与行为取向对改革进展和经济发展绩效影响颇大。回溯改革历程，经济体制的快速市场化转换和微观市场主体先发性成长等温州模式的独特之处无不与地方政府的意志有关。正是地方政府在刚性体制空间中顽强地推行富有成效的边际突破与变革，谋求区域范围上的制度屏蔽效果，形成事实上的"制度特区"，才构筑起温州最初的所谓"体制落差"比较优势。这是认识温州模式演化进程的逻辑起点。因而，如果忽略了对地方政府的意志和行为考察，就难以完整的解释温州模式的缘起及其持续增长动力。

历史地看，温州模式的产生、演化，是在对抗主流意识形态的条件下展开的。对传统制度框架的突破有时甚至需要依靠一些非制度化的手段来实现，没有地方政府的直接支持是不可想象的。那么，究竟温州地方政府在扶助民间经济力量成长中起了什么样的作用？温州经济组织与政治组织之间关联方式是什么样的？也即温州改革绩效取得与政治与市场的耦合方式有着怎样的联系？在温州的体制变迁中这种关系又是如何得以发生的？从一个长期的发展过程来理解温州模式的变迁，就不能忽略对这些问题的回答。本文试图从地方政府的意志及其行为角度来寻找理解温州模式源起及变迁的新线索，来揭示内隐于温州模式强大的经济社会制度演变能力背后的政府意志。

---

① 温州是"浙东文明"的发祥地之一，瓯江流域 1600 多年前的永嘉学派，一向有着重经世致用，强调利义并重，开拓解放，狂飙突进的传统，温州人的"市场精神"是丰富的。

二、地方政府的功利

大量的经验研究表明，经济制度由计划向市场转换伴随着地方政府一定的既得利益失去，为维持既得利益地方政府往往会变相拒斥改革，何以温州地方政府能容忍变革在眼皮底下发生，能够预见温州经济民营化变革的价值并为之"保驾护航"。在传统计划体制的惯性和高度敏感的意识形态约束下，体制改革的发生必须有三个基本前提：一是变革的机会成本应该非常低；二是变革应不触动，至少不公开触动既有的制度安排[1]；三是主导变革力量必须有足够的谈判能力和筹码。温州地理区位偏远，人均耕地不足 0.5 亩，1980 年农村居民人均收入只有 65.2 元，来自体制内的投资不到国内平均水平的 1/8，存量资源的匮乏和对公有经济体制的失望，大大降低了变革的机会成本，放大了改革的预期红利。这就具备了诺斯声称的新的制度安排发生的两种情形之一，"创新成本的降低使安排的变迁变得合算了"[2]，也就是通常所谓"越穷越革命"。就第二个条件来说，一种变革行为出现是否威胁到了现有的制度安排，多大程度上构成对现有制度安排的直接威胁，完全取决于地方政府的理解和判断。而且，即便是构成了事实上的违反，是否惩戒，如何惩戒仍然取决于地方政府的态度。这就是说，在短期内实际上是由地方政府意志左右着变革发生与否，启动的时机，变革强度，以及影响程度等改革变量的容忍区间，地方政府也就有了通过"睁一只眼，闭一只眼"来灵活把握改革的尺度的能力。事实上，温州的改革从一开始就是"边际"意义上的，对于处在行政委托—代理链前端的中央政府来说温州区域性的改革成败无碍经济大局，并不在意改革的结果。上级政府的忽略让处于行政代理链末端的地方政府在本地区经济改革进程中拥有了真实而强大的支配能力。尽管所有的改革受益方都可能意识到新的获利机会无法在现存的制度安排结构内实现，必须通过制度创新来实现收益。但是，不是所有的改革受益人都有实施制度革新能力，最终有力量完成制度创新（或改变旧的制度安排）的只能是地方政府。

---

[1] 比如必须坚持四项基本原则。

[2] L. E. 戴维斯、D. C. 诺斯：《制度创新的理论：描述、类推与说明》，《财产权利与制度变迁》（中译本），生活·读书·新知三联书店，上海人民出版社，1994 年，第 296 页。

就地方政府倡导改革动机和意愿，已有学者从提出了所谓"中间扩散"制度变迁方式的假说，认为地方政府为了谋求潜在的制度净收益而在市场化进程中充当了"第一行动集团"的角色（杨瑞龙，1998）。那么会有一个什么样的激励来刺激地方政府努力推进创新制度呢？作为一种政治组织，地方政府同样也符合经济理性假设，是一个有自身利益需要的利益团体。行政性分权改革[①]使地方政府由上传下达的纯粹中转机构演化为国家经济管理的一个层次并拥有了组织地方经济活动的权利。有了独立的财政，也就有了自身的经济利益追求。由于财政状况与经济发展水平密切相关，经济利益只有通过推动地区经济增长才能得到满足，因而一个发达的地方经济符合地方政府的利益。这就使得处于变革中地方政府与民间涌动的经济改革力量之间一种以"互惠"为基础的生产性政治关系[②]的生成有了可能。随着民营经济的崛起、壮大，并逐步确立了在温州国民经济中主导地位后，这种生产性政治关系被固化为一种普遍的制度结构和社会整合机制。这种生产性政治关系是互惠式的，直接表现为地方政府与民营经济组织之间的合作博弈。一方面地方政府的政绩信号是通过当地经济实力表达的，经济的良好运行不仅可以优化地方政府政绩，同时还能实现地方政府对可支配财政收入最大化目标的追求[③]。而地方经济实力的提升有赖于民营经济的快速发展。另一方面民营经济需要通过地方政府来表达自己对于制度创新的意见，希望地方政府作为行政代理人能够站在自己的立场对于已不利的制度安排做出有弹性的解释。所谓"上有政策，下有对策"，能够在刚性的制度环境下谋求应对策略，寻求"变通"的机会。这种相互间的依赖性使地方政府在与企业自发的制度创新过程中合作多于冲突，地方政府甚至常常成为当地民营经济的代言人。

1978—1985 年，温州处于对传统计划体制"侵蚀改革"阶段。地方政府推动改革是通过"政策默许"或"政策追认"等相对被动的方式来操作的。改革之初温

[①]　王竹：《行政性分权的改革：一个经济学分析》，《北京大学研究生学刊》1997 年第 4 期。

[②]　生产性政治关系，是指通过类似交换的生产性转让活动推动政治发展并获得相互间的社会福利的增加。罗纳德·J. 奥克森：《互惠：一种颠倒的政治发展观点》，国际经济增长中心：《制度分析与发展的反思》，商务印书馆，1996 年，第 10 页。

[③]　地方政府利益集团的目标函数一般包括两个变量因素：升迁和规模。作为行政科层一级，辖区内经济发展是其职位升迁政绩考核的关键指标，同时，地方政府关心扩大自己管辖的权限和规模，即在既定的职位上能支配尽可能多的财力、物力、人力。从这两点出发，地方政府的本位目标就是最大限度地追求地区经济增长。

州大量的家庭工业尽管具有了公开经营的合法性，但是在政策上对个体、私营等纯粹私有性质的经济组织还是有着较明显的歧视和较多的限制。为了避开这些不利的约束，家庭或个人以及它们的联合体将其生产经营活动挂靠在具有法人资格的公有制企业（或政府）名义下，向被挂靠单位交纳一定的费用后，对外以被挂靠单位名义开展业务，取得公有制企业所特有的便利条件从事经济活动。这种被称为"挂户模式"的经营方式本质是购买身份，通过挂靠寻求"政治庇护"。这样的行为没有当地政府的支持是不可想象的。地方政府以默许的方式表明了态度，并根据后续发展的态势做了更为积极的举措。一是鼓励社队干部直接创设村办"皮包"公司以利农户挂靠；二是明确了"三借、四代"挂靠服务内容[①]。现在看来，当时如果没有挂户这层缓冲机制来化解各种来自方方面面的干预和管制，温州的农村家庭工业化进程可能早已因为难以适应多变的政策而被迫中断了。已有人认为同属浙江省的杭嘉湖和金衢丽一带家庭工业终究未成气候的一个重要的原因就是当年没有挂户经营这层缓冲制度（罗卫东，2001）。

1986年以后，地方政府有了前阶段改革经验的积累，出于稳定自己的政绩和获取更多租金的考虑，开始有意识地、主动地倡导制度创新。1987年1月，温州市人民政府以温政〔1987〕79号文件的形式颁布《关于农村股份合作企业若干问题的暂行规定》，这使温州成为中国最先采用"股份合作企业"名称并将这种企业组织形式成功推广的地区。这一次地方政府表现得更为积极，将业主在两人以上的所有事实上的合伙企业都称为"股份合作制"企业。温州政府的这一意见与"劳动者的劳动合作和劳动者的资本合作有机结合"的有关股份合作制企业标准定义相去甚远。然而，正是这个巧妙的概念转换凸显出地方政府融合改革政治目标和经济取向的艺术，也很明显地反映出政府与经济组织之间密切的生产性政治关系。随着改革的推进，温州公有制经济占国民经济比重逐年下降，温州国有工业总产值比重从1978年的35.7%，到1985年降至19.2%，缩水近一半，下降趋势已不可逆转。而日益壮大的民营经济已是地方政府利益所系。随之地方政府对民营经济的支持力度也不断加大。继温政〔1987〕79号文件之后，温州市委、市政府于1988—1997年几乎每年出台一个文件，先后出台共7个关于股份合作制企业的文件。所有这些

[①]　"三借、四代"挂靠服务内容包括：出借介绍信、合同书和银行账户，代开发票，代建账、记账，代征税款和代交集体提留。

高频率颁布的文件目的，一方面是为了给民营经济披上股份合作制外衣，视其为"社会主义集体经济的组成部分"；另一方面则尽可能地为民营经济发展提供公开的政策支持。比如在 1992 年颁布的《关于大力发展股份合作企业的决定》中提出了废除累进税，实行 15% 的比例税；对年产值 300 万元以上、上缴税收 30 万元以上的规模企业减免流转税；新企业首年免税，第二、三年半额征税；许诺贷款方面给予优惠；土地使用权的落实等[1]。这些措施的推出带动了股份合作制企业新一轮的扩张。1993 年，温州的股份合作企业数量就达 36887 家，其中工业企业 27771 家，工业总产值 192.84 亿元，占全市当年工业总产值的 56.2%。民营经济的发展也增加了地方的财政收入。温州市预算内财政收入增长十分迅猛，1978—1992 年财政总收入年均增长率达 16.8%，在财政分权之后温州市预算内地方财政收入连年超过上缴的中央财政收入，且两者差距逐年扩大[2]。

三、地方政府的作为

从理论上讲，有人认为中国政府决策者对改革目标设定采取了动态化的做法，所以对改革（选择）集并没有给出一个明确而不可改变的边界（周振华，1998）。因而只要竖起"三个有利于"大旗，在"解放思想"和"实事求是"的口号下，地方政府对中央政府政策可以大胆演绎，作进一步的创新，甚至能够对权威进行扩展性使用（孙早，2001）。然而，这些说法只是提供了操作的可能性，并没有排除这样做的风险。那么是什么力量驱使地方政府不畏风险，冒险尝试改革。

张维迎等人通过一个三阶动态博弈模型解释分权导致地方政府竞争，并最终促成经济民营化。不过，这里的民营化是经由国有企业转制完成的，也就是说模型是首先假设地方政府掌握资源，并有资源动员能力。对于温州而言，上级政府是"只

---

[1] 浙江省体改委编：《股份合作制实务手册》（内部印行），1993 年 1 月。

[2] 其实，地方政府并没有在税收上做到"应收尽收"，用当地官员的话说是"温州税收的最高原则是藏富于民"。

给政策，不给钱"，地方上只有少量公有制经济存在，所谓"只有政策，没有钱"①，政策成了地方政府启动改革唯一可利用的资源。然而，这种看似不利的条件却使温州市场化进程取得了加速先发的机会。首先，有了政策资源就有了"生产制度产品的能力"。这种能力的调整较其他资源（比如涉及人、财、物等生产能力的调整）的变动更为迅速，恰恰适应了改革中上级政府的机会主义行为导致的政策频繁变化。其次，改革从"开发"政策资源着手，不涉及也没有存量资产改革的问题，也没有强大的既得利益集团阻挠改革的进行②。再次，上级政府没有给温州提供启动改革的物质资源，因而有了温州所谓"自费改革"的说法③，温州在改革中表现出的"大胆"也正是因为地方政府有更多的底气和筹码与上级政府展开讨价还价，争取更大政策空间。

由于中央政府决策者对改革选择集只是给出了一个带有方向性的基本界定和大致的许可范围，其中还有不少选择的"模糊地带"，这就给地方政府提供了对改革选择集进行扩充、细化或修改、变动的机会与条件。温州地方政府几乎放大了所有可以放大的政策空间。其一，放松价格管制。温州在 1984 年打破价格管制，是当时国内除特区外在价格上随行就市实行议价议销的唯一地区。对价格实行宽幅度的浮动管理，允许计划外组织商品进入温州，许可企业自行定价。这一方面解开了购销价格长期倒挂的死结，彻底甩掉了财政上沉重的价格补贴包袱；另一方面形成价格多元化的格局，激活了市场，促进了商品经济的发展。其二，筹建专业市场。自中央政府允许完成计划后的农副产品和工业品上市出售规定出台后，地方政府迅速做出反应，对民间力量因势利导先后筹建了专业市场。如桥头纽扣市场、仙降塑革鞋市场、宜山再生腈纶市场、柳市电器市场、金乡徽章市场等。此后仅仅三四年时间，年成交额过千万元的市场就有 16 个。专业市场的大批出现及扩张为温州农村工业化提供了稳定的共享式供销网络。也成就了以商带工式的"小商品，大市场"的经

---

① 这就要求地方政府在改革开始之前便要从不稳定的政策中做出方向上的判断，直接运用政策资源引导民间力量推进经济民营化。这一改革思路较之中国其他地区依靠体制内资源进行改革更接近经济民营化的本质要求。事实证明也更为成功。

② 改革之初，当中国其他地区地方政府为修正自己扭曲的产业投资错误而焦头烂额之时，温州没有这样的包袱，改革可以轻装上阵。

③ 温州人自己总结是"四自"精神，即"自主改革，自担风险，自求发展，自强不息"。

济格局。其三，推进金融市场化。利率浮动一直是中国金融管制的禁区，由于体制内贷款的严格管制，随着农村经济的发展，温州民间资金出现全面短缺，民间借贷利率高达四分左右，金融秩序十分混乱。金乡镇信用社率先尝试通过浮动利率开展存贷业务以平抑利率。将存息由国家规定的四厘六上浮为一分，贷息为一分五。这一措施试行第一年就吸收存款 140 多万元，贷出 130 多万元，缓和了资金供求矛盾，扶持了家庭工商业的发展。当地政府抓住时机授命农业银行于 1982 年全面推行浮动利率，在理顺民间借贷无序混乱的局面的同时促进了金融与经济的良性互动。这在全国亦无先例，堪称金融"放管"结合的典范。其四，放宽市场准入条件。改革初期，中央决策者从搞活经济、增加就业角度出发，允许个体经济有条件地存在和发展。国务院分别在 1981 年和 1984 年先后发出《关于城镇非农业个体经济若干政策规定》和《关于农村个体工商业的若干规定》，对个体经济发展做了较为明确的规范。在 1987 年温州被国务院确定为试验区后不到一个月，温州市人民政府迅速发布《温州私人企业管理暂行办法》，这一文件成了新中国第一份关于私营企业市场主体资格确定及有着准入条件详尽说明的地方性管理规定，这份文件也成了后来制定《中华人民共和国私营企业暂行条例》重要的参考依据。其五，有偿转让土地使用权。尽管国务院 1983 年曾发出《关于制止买卖、租赁土地的通知》明令限制土地进入市场交易，但在 1984 年，温州市龙港镇建镇时就利用土地的级差，通过土地有偿使用办法成功解决了城市建设的资金瓶颈和土地稀缺问题。1989 年，温州市乐城镇云浦路的 2381 平方米土地向居民公开招标出让又创出全国首例。在土地租赁方面，地方政府不仅对土地的租种、转包加以保护，一些地方甚至还出台了"土政策"，由乡村干部出面来调配租种的土地。市场化土地流转制度的形成一方面使从事工商业的农民彻底摆脱土地的束缚，也为农业生产的规模化、经营的集约化准备了条件；另一方面也让农村小城镇建设的土地需求得到了满足。

四、地方政府的"试错权"

在十一届三中全会前很长的一段时间内，温州被视为"资本主义复辟的典型"，在温州还召开过"新生资产阶级分子"问题讨论会。1982 年 4 月，中共中央、国务院颁布《关于打击经济领域中严重犯罪活动的决定》。同年 5 月，浙江省委工作组进驻温州，把温州作为打击重点地区。由省公安厅负责人亲自带领 30 多人在温州打击 80 余天，将温州市乐清县经营低压电器的所谓"八大王"①以重大经济犯罪为由逮捕判刑。之后，温州大批工厂商店关门歇业，市场交易大幅萎缩，工商业一片萧条。在这阵风过去之后，1984 年初，温州地方政府决心为"八大王"翻案以消除广大农民发展商品经济的思想顾虑。温州市委、市政府重新又组织了一个联合复查组调查"八大王"案。很快时任温州市委书记袁方烈宣布"八大王"是发展商品经济和搞活流通的能人，"八大王"全部平反，被限罪释放。地方政府以此为契机，层层召开发展农村商品经济先进工作者代表大会，特地将过去一些因从事工商业生产经营而被当作"资本主义复辟典型"批斗的个体工商户和私营企业主，视为发展商品经济的能人，请上主席台戴上大红花，张贴光荣榜，各级领导干部主动与他们交朋友，商讨发展经济的办法。通过大张旗鼓地为这些人正名，消除民众心中的顾虑。温州此后几年内发展到超过 13 万家庭工商户和十多万购销大军，正是地方政府及时、坚决清"左"的成果②。

1987 年，国务院批准建立温州经济体制改革试验区。既然是"试验"就有许多不确定的因素，所以允许出错，可以容忍不成功的结果。对于地方政府来说这就意味着它的行为即便与主流意识形态不相符，也不至于招致严厉的惩罚。这就为所有可能属于"出格"的改革行动卸下了包袱。正是有了"试错权"，地方政府与上级政府才有可能在信息不对称、不充分的前提下就具体的制度安排展开博弈，地方政府也就可以比较放松地在相对公平的基础上与上级政府对话。这也让温州较其他地区更早地做到了"胆子大一点，步子快一点"。

可以说，温州经济发展过程中在很长一段时间里中央政府对温州的变革的态度一直是摇摆不定的。就是浙江省政府对温州的一些超前的做法也有颇多的非议③。"试错权"成了地方政府对抗上级政府机会主义行为及其他外部干扰有效的护身符，也让改革有了成本底线。可以肯定，当时地方政府并不清楚"未来"是什么样的，

---

① "八大王"是指"矿灯大王"程步青、"机电大王"郑元忠、"目录大王"叶建华、"线圈大王"郑祥青、"合同大王"李方平、"旧货大王"王迈仟、"螺丝大王"刘大源、"五金大王"胡金林。

② 刘振贵、陈坚发：《唯实的思路，创造性的实践——温州市发展家庭工商业的调查》，《人民日报》1986 年 7 月 8 日。

③ 浙江省的各届领导大多不赞同温州的做法，甚至不允许提"温州模式"，1987 年初的时候，省里还有人攻击温州模式是"自由化"的典型。

也没有有关改革的"彼岸"的蓝图。可以试错至少给温州地方政府留下了一个有关变革成果的想象机会。这个合法化的改革特许权很快显示其巨大的租值。

在温州模式演进过程中,温州一直没能摆脱"异端"的身份,外界对温州的各种质疑也从未间断。温州的民营化运动一度被上升到"反和平演变"的高度来加以否定。20世纪80年代至90年代初,国务院有关部门多次组织人员对温州进行调查,1989年一封递到中央政治局的信件中称"温州模式实为资本主义模式,某些方面比资本主义还无法无天",温州是"赌博到处有,妓女满街走,流氓打警察,共产党员信菩萨"。同年10月国务院派专人做专案调查,温州市政府授意温州市体制改革委员会向调查组提交了一份题为"关于温州模式的几个问题"的书面报告,对温州的改革做了有理有据的详尽说明,后来专案调查组在此份报告基础上形成的《关于温州问题调查的补充报告》中认定"'温州模式'不依靠国家投资,主要靠群众自己的资金,勤劳和智慧,生产不与国有大企业争原料、能源和市场的再生品和小商品,使大部分人民生活富裕起来或有明显改善。因此是积极的,方向是对,是符合当地实际的,应予肯定"。次年8月,国务院发展研究中心和国务院研究室就温州经济的"资""社"属性问题分两批专程派人来温州调查,温州地方政府以温州市政府研究中心名义向调查组递交了题为《温州个体、私营企业主的经济状况和政治态度》的汇报材料,为温州的个体私营经济做了全面辩解。调查组后来呈交政治局常委和国务院有关领导传阅的"决策参考"——《温州个体私营经济考察报告》,其中主要观点基本吸收了温州市政府汇报材料中的意见,肯定了温州的改革。现在看来,在温州模式演进的过程中体现出地方政府高明的变通演绎能力和灵活的博弈技巧。

其实,温州地方政府也不是被动应付各种不利的舆论,而是有意识通过各种渠道来"说"出温州改革的成绩,希望通过制造声势和既成事实来获得认同,争取正式、合法的确认。乃至邀名人来访请其写访问心得,借名人之口宣传成绩。由官方主流媒体传播成功经验,改变不利的舆论导向,千方百计地争取"大官"、重要人物在各种正式、非正式场合对温州改革发表认同意见,寻求政治上的合法化。由经济学家董辅、赵人伟等人来温考察后发表在1986年第6期《经济研究》杂志上的《温州农村商品经济考察与中国农村现代化道路探索》,文中称赞温州模式是"发展农村商品经济,治穷致富"的"一条可供选择的路子"。在1986年第20—22期《瞭望》杂志上刊载了全国政协主席、著名社会学家费孝通考察温州后撰写的系列文章《温州行》,文中认为"温州地区所走的道路乃是促进农村经济发展和农民劳动致富的有中国特色的社会主义农村经济发展道路之一"。"从某种意义上说'温州模式'较苏南地区、珠江地区农村经济发展更具典型意义。……取得的经验是具有中国特色的，值得其他地区结合当地实际予以借鉴。"1985 年 5 月 12 日《解放日报》发表题为"乡镇工业看苏南，家庭工业看浙南，温州 33 万人从事家庭工业"的长篇报道，并配发题为"温州的启示"评论员文章，将温州模式誉为"令人瞩目的经济奇迹"，也就是在这篇文章里最先提出了"温州模式"的概念。1986 年 4 月，国务院副总理万里同志视察过温州后指示浙江省领导要大胆支持温州改革试验。1991 年 5 月，中央政治局常委李瑞环同志在来温视察期间对温州的改革和发展模式也做了充分肯定。

五、结语

温州经济的民营化代表了一种模式化了的经济发展道路。改革以来温州的超常规发展正是得益于以经济民营化为特征的温州模式。而"自下而上"民营化运动的发生首先要求地方政府能够主动放松管制，至少是能够"渐近式"地提供保护性默许。地方政府的意志介入是温州模式能够在主流意识形态的排挤和歧视中顽强得以继续的重要条件。温州的改革起点脆弱，为了较快速置换出"改革红利"，在行政性分权压力下，地方政府很快与以民营经济为代表的改革力量达成稳定的互惠默契。地方政府积极地动员政策资源推进改革，开发政策资源生产"制度产品"创造有利于民营经济成长的市场化的制度环境，并由此构筑"体制落差"，为地区经济的发展确立了比较优势。另外，温州的边缘化地位和改革的"自费"性质为地方政府提供了一个扩大了的试错机会和低成本的改革路径。"试错权"的取得也让地方政府在并不清楚将"改成什么样"的情况下，大胆地对"改什么""怎么改"勇敢地做出探索。这一点让温州总是能够抢先一步，取得先发优势。

温州模式变迁中耐人寻味之处就在于较为成功通过对政治与市场的耦合方式的调适契合了制度变革的外部条件和环境变化。借助经济组织与政治组织之间的交互作用与相互关联（交易）所形成的良性循环，让二者在一个生产性政治关系框架中形成稳定的互惠关系，极大地推动了改革的进程，扩大了改革的收益。

原载《中国农村观察》2004 年第 1 期

温州发展的复归与超越

马津龙

[摘　要] 温州经济以往增长速度领先得益于改革的先发优势，先发优势的弱化以及深化改革上少有突破性进展，使近年来的经济增长速度相对减缓。在减速的表象下，温州正在酝酿着新的突破。

[关键词] 温州模式　经济增长

改革开放以来，温州的经济发展举世瞩目。从 1978—2002 年的 24 年间，国内生产总值由 13 亿元增长到 105 亿元，平均每年增长 15.4%；其中不少年份的增长速度在 20% 以上，1993 年甚至高达 42.2%。三次产业的结构从 1978 年的 42.2%:35.8%:2%，调整为 2002 年的 5.3%：56.7%：38%。城乡居民的收入更是从改革初期的比全国平均水平低得多，变为大大高于全国平均水平。其中城市居民人均可支配收入高于广州、上海而在全国名列前茅。无论是产值增长、结构升级还是人民生活水平提高的速度，都大大超过全国以及浙江省的平均水平，从而实现了温州发展的不断超越。

一、引人关注的相对低速态势

近年来，温州的增长速度开始表现出相对落后的态势。特别是 2003 年上半年，温州的 GDP 同比增长 13.1%，尽管远高于全国的增长速度，但在全面高增长的浙江省却落到了倒数第 2 的位置；下半年温州的增长速度有所加快，2003 年全年 GDP 的增长速度达到 14.8%，但与浙江省其他城市相比仍然相对落后。

诚然，温州的增长速度仍然远高于全国，对经济发展来说更重要的也不在于数量而在于质量，而温州经济发展的质的提高近年来尤其显著。但温州的增长速度在浙江省由领先向落后的转变，在省内外新闻界和经济学界还是引起了强烈反响，纷纷报道温州遭遇增长"瓶颈"的消息和探讨温州 GDP 的"触底之谜"，甚至发出"温州模式是不是过时了"的质疑。其实，温州经济增长速度相对放缓的态势多年前已经初露端倪。1998 年以来，温州 GDP 每年的增长速度均低于改革以来的平均速度；1998 年以来的平均速度比 1997 年以前（1979 年以来）的平均速度低 3 个百分点以上。2002 年 13.1% 的增长率已经是 1998 年以来的最高水平，但在浙江省却落到了中间偏后的第 7 位。从 90 年代之前温州经济增长的曲线可以看出，温州的增长速度与改革形势存在着强烈的相关性。1989 年和 1990 年分别低至 0.6% 和 2.3%，1992 年和 1993 年分别高达 30.8% 和 42.6%。然而，在 1997 年底中共"十五大"确认非公有制的民营经济是"社会主义市场经济的重要组成部分"，强调以公有制为主体"是就全国而言，有的地方、有的产业可以有所差别"之后，温州发展面临改革以来前所未有的宽松的政治意识形态环境，增长速度反而相对落后，不能不引起人们的关注。"温州怎么啦？"这是外界的疑问，也是温州各界正在深思的问题。

二、先发优势的弱化

在探寻温州增长速度相对落后的谜底之前，有必要先分析温州以往增长速度领先的原因。

温州几乎没有任何自然资源的优势，区位条件更为不利。温州地处东南一隅，并且是一个以山地为主的城市。在 11 784 平方千米的土地面积中，平原仅占 17%。除东面濒临东海，周边也都是以山地为主的城市。根据《中国城市竞争力报告》的分析，在中国最具竞争力的 47 个主要城市中，温州的区位竞争力排在第 45 位。改革开放前，由于种种原因，国家基本上没有在温州投资，20 世纪 90 年代之前，温州尚无机场、铁路和高速公路。温州境内江河交错，却没有桥梁，汽车过河都要轮渡。1978 年，温州的工业总产值只有 1 亿元，更谈不上任何在全国有影响力的制造业。2002 年，温州的工业总产值增加到 274 亿元，并且获得了"中国鞋都""中国合成革之都""中国包装城""中国眼镜城""中国金属外壳打火机生产基地""中国剃须刀生产基地"等 20 来个"国"字号产业的称号。在我国最具竞争力的 47 个城市中，温州的综合竞争力排名第 15 位。①虽然这项分析只是在近年才开始进行，但仅凭改革初期温州城乡居民的收入都低于全国平均水平、贫困县在浙江省占五分之三的比例就可以想象，24 年前温州的综合竞争力，在全国

---

① 据《南方周末》报道，2003 年 12 月 16 日，世界银行提供的最新报告《改善投资环境，提高城市竞争力：中国 23 个城市排名》，将温州排在仅次于 4 个 A+ 级城市之后的 4 个 A 级城市之中。

所有城市中不可能排在 100 名之内。

温州之所以能在短短的时间里摆脱资源、区位条件的严峻约束而后来居上，完全得益于率先创新，特别是市场主体民营化上的率先创新，以及民营企业在制度、技术上的率先创新。

中国在改革方式上遵循循序渐进的原则，这种方式在市场主体的改革上表现为渐进民营化的过程。而温州则由于当地一系列特殊的历史、文化条件，在市场主体的民营化上采取了较为激进的方式。按照市场经济的要求，凡是消费上竞争性、技术上排他性的私人物品的部门，基本上终将采取民营的企业组织形式。但在计划经济条件下，中国的私人物品部门在城市基本上采取国有企业的形式，在农村则采取集体企业的形式。城市的国有企业是在改革进行了近 20 年以后才逐步民营化的。在这方面，温州与全国没有太大的区别，国有企业的民营化也是在 20 世纪 90 年代后期才开始普遍推行，只不过温州的国有企业本来就很少并且规模很小，又处在民营经济的汪洋大海之中，国有企业的民营化比较容易推行，目前国有经济在温州工商业中的比重已经微乎其微。中国农村的集体企业，在改革以来的相当一段时期里，不仅没有削弱而且得到蓬勃发展，在 20 世纪 90 年代中期之后才逐步实行集体产权向个人产权转变的民营化改革。而在温州农村，由于长期存在自发的民营化现象，基础脆弱的集体企业在改革初期即自动消亡，从家庭作坊起步的民营企业一开始就成为普遍的市场主体形式，不少乡镇甚至在改革初期即形成家家户户参与市场经济的格局。尽管最初的民营企业只是个体、家庭的形式，但相对于其他地区的国有、集体企业，毕竟产权清晰、机制灵活，更具竞争力。

正是改革方式上与全国的反差，使得温州抓住了转型初期难得的发展机遇，从而有可能在很低的起点上神奇般崛起。如果温州也像全国一样采取渐进民营化的方式，充其量只能与全国同步发展而不可能不断地超越。如果全国有可能像温州这样普遍采取较为激进的民营化方式，温州的许多"奇迹"也不可能发生。在这里，温州不仅占有在民营化上先行一步的时间上的优势，还获得在唯独温州民营化的情况下才可能拥有的机会上的优势。在市场化、民营化同步进行的情况下，温州山区里的穷乡僻壤，是不可能冒出全国性的某些制造业基地的。例如号称"中国纽扣之都"和"中国拉链之乡"的桥头镇，地处温州 3 个贫困县之一的永嘉县的山沟，20 世纪 70 年代末起步时这里并没有生产纽扣，但各地生产的纽扣居然先要运到没有机场、铁路、桥梁的温州，运到连像样的公路都没有的桥头镇，然后再销往各地。据说当时外地不少产品积压的国有、集体纽扣企业还靠桥头纽扣市场摆脱了濒临倒闭的困境。至今桥头镇生产的纽扣占全国纽扣生产总量的 80% 以上，其拉链产量占全国拉链生产总量的 10% 以上。又如号称"中国电器城"的柳市镇，尽管不至于像桥头镇那样地处山沟，但毕竟国家已经在京、津、沪和沈阳、佛山、天水、遵义等城市建立了 7 个工业电器基地。柳市镇之所以能够成为中国最大的工业电器基地，在于所有其他基地在企业制度上都属于计划经济而唯独柳市的企业属于市场经济。

但这种唯我独优的局面毕竟不可能永远维持。随着各地民营化改革的推进，温州改革的先发优势明显弱化。如果说前期温州特别是温州农村与其他区域的"制度差"大到温州的某些乡镇没有哪一个家庭没有经营民营经济，其他区域的某些乡镇甚至没有哪一个家庭经营民营经济，那么，20 世纪 90 年代后期以来，即使在典型的苏南模式区域，民营经济也大都已经占到 50% 以上的比重。

温州改革的先发优势，是体制外改革的优势。这种体制外改革是可以由群众自发地发动、组织和实施的，政府（党委）只需要或者消极地默认，或者积极地保护就得了，尽管这种默认、保护在当时需要承受很大的压力甚至付出较大的代价。而在改革深入体制内阶段时，没有政府（党委）的强制推行，制度变迁是不可能自动完成的。由于种种原因，20 世纪 90 年代中期以来温州在涉及体制内的深化改革上甚至落到了其他区域的后头。例如，温州曾经有过 20 多年前利率改革的一马当先，但时至今日，温州仍然没有真正意义上的民间银行；温州曾经有过 10 多年前王均瑶在包机上的胆大包天，而均瑶集团的进一步参股航空公司，却发生在武汉；温州人的投资欲望和投资实力都很强，连本来作为消费品的住房，都成为温州人在全国范围里大肆投资的对象，但在温州市 80 多个行业中，温州民营企业被允许进入的仍然只有 41 个行业……

改革先发优势的弱化，以及在深化改革上少有突破性的进展，反映在发展上有一个"时间滞差"，在近年来特别明显地表现出来。

三、企业引进与走出的巨大"逆差"

改革方式上的反差造成了温州民营企业的超前发展。但民营企业的发展在市场准入上长期被局限在一般制造业上，并且主要发生在农村，从而使温州城市化的相对滞后和基础设施的落后显得更为突出，加上地处偏僻和以山区为主的地理条件，导致温州在企业的引进与走出上存在着进少出多乃至只出不进的巨大"逆差"。

在引进外资上，温州远远落后于其他沿海城市。直到 2002 年之前，温州的所谓外资或中外合资企业的外方，基本上只是温州华侨，有的还是改革开放以来在温州起家的民营企业家，没有真正的跨国公司，更谈不上 500 强。

而在引进"内资"上，温州异常激烈的市场竞争环境确实使其他地区的企业难以在温州插足，而温州民营企业本来就存在哪里更有利于发展就向哪里转移的倾向，各地对温州民营企业的竞相招商又人为地加剧了这种倾向。对于温州来说，民营企业是普遍现象，不可能享受特殊待遇；而对于不少外地来说，民营企业被作为特殊扶持的组织，作为引进的增量，更可以享受到种种优惠政策和特殊待遇，有减免税的，有地价远远低于温州甚至可用税收抵偿甚至免费赠送的，还有授予"名誉市长""名誉县长"的……如果说一般中小企业的去留对温州的发展无足轻重，那么，一批行业性龙头企业的跨地区发展乃至重心的外移，则不能说对温州无关宏旨。

在正常情况下，温州本来是难以涌现类似工业电器业的正泰公司、休闲服装业的美特斯邦威公司、西服业的报喜鸟公司这样的行业性龙头企业的。转型过程中的率先创新使得温州民营企业把握住了难得的历史性机遇，从而在服装、鞋革、工业电器等行业崛起了一批龙头企业。但温州毕竟不可能在短期内改变当地在科技、教育、人才等方面的落后面貌（区位等不利条件甚至长期都难以改变），从而使温州成为可供所有这些龙头企业赖以依托的城市。而恰恰是某些行业性的龙头企业，对城市地位和要素条件具有强烈的选择性。例如服装，世界名牌基本上都依托于巴黎、米兰、纽约、伦敦和东京等时尚中心（尽管这些名牌服装的加工未必都在这些中心），中国的上海正在努力成为"第六城市"。不管世界"第六城市"目标能否实现，中国"第一城市"非沪莫属则是不争的事实。因此，温州某些服装业龙头企业的核心功能向上海转移，已经成为难以避免的趋势。工业电器业的正泰公司已经在上海启动占地 100 余亩的园区，包括杭州、温州新上的项目总投资达 160 亿元。温州电器三巨头的另两家天正和德力西公司更是捷足先登，在正泰之前早已在上海建立基地。均瑶集团则在几年前就已将总部迁往上海。

四、复归还是超越

应该承认，自身的条件，温州本来不可能在中国经济发展中拥有目前这样的一席之地。在先发优势弱化以及长期制约温州发展的不利条件难以改善的情况下，如果不能在改革与创新上先行一步并且不断地有所突破，温州在一定程度上向原有地位的复归将在所难免。

当然，温州企业的创新活动始终没有停止。现任温州市委书记李强分析了温州民营经济发展的新态势，即发展由量的增长走向质的提高、规模由弱小走向强大、管理由粗放走向现代、拓展由温州走向全国进而走向世界。这既是对温州民营经济发展现状的分析，也是对今后发展方向的要求。

根据由量的增长走向质的提高的发展思路，温州经济发展既要在量的增长上继续努力，更要在质的提高上下功夫。但温州经济发展的质的提高，未必要走某些学者或记者所谓的发展重化工业的道路。温州的比较优势在轻型制造业而不在重化工业，从温州的实际出发，温州市委、市政府制定了"国际性轻工城"的目标定位和发展战略。较之以往的说法，这是一个准确、具体而又积极的定位和战略。在当今全球化、信息化的条件下，传统的所谓产业结构高度化的重化工业化理论已经不再普遍适用，更不见得适用于一个国家的任何地方。我们认为，温州经济的质的提高，不在于改变目前的以轻型制造业为主的结构，而在于能否占据轻型制造业价值链的高附加值环节，特别是要在创名牌上下功夫，努力打造"品牌温州"。

目前，温州已经拥有 7 个中国驰名商标、15 个中国名牌产品、52 个国家免检产品，是全国在这方面领先的城市之一。例如温州的鞋业，市场占有率将近全国的1/4，行业名牌则占全国的一半。在最近的中国鞋王评选中，除免评的两大中国真皮领先鞋王温州占有一席之外，新评出的 2004 年 10 个中国真皮鞋王，温州占有 5 个；14 个中国真皮名鞋中，温州占有 6 个。但在温州的 20 来个"国"字号产业中，除鞋业、服装业和电器业之外，大都没有真正的全国性品牌。例如，温州为中国锁都，在全国十大锁王中占有 5 名，但单家企业的名气都不大。温州为中国制笔之都，在十几个中国笔王中也拥有将近半数的席位，但即使是笔王企业，不仅名气不大，而且往往是笔尖为瑞士的、墨水为美国或德国的、笔杆上的薄膜为韩国的、笔插为日本的，自身制造的基本上只是塑料笔杆。温州为中国眼镜城、中国汽摩配之都、中国剃须刀生产基地，但这些行业不仅没有全国性的行业性品牌，连省级品牌也寥寥无几。如果不能形成全国性的龙头企业和全国性的知名品牌，某些"国"字号产业很可能会像曾经一度辉煌的温州灯具产业一样走向衰落。对此，制锁业包括 4 大锁王的 8 家企业组建了强强集团,决心打造真正的全国性制锁业龙头企业和知名品牌。

在对外合资、合作上，温州企业也开始有了突破性的进展。继 2002 年天正公司与世界电器巨头之一的 ABB 公司合作、奥康与意大利最大的鞋业企业 GEOX 公司合作、报喜鸟与意大利最大的面料商玛佐托公司合作以来，2003 年初，先后有嘉利特公司与世界最大的泵业制造商日本荏原公司合资、夏梦公司与世界最著名的西服企业之一的杰尼亚公司合资，后者合资后的 CEO 由外方职业经理人担任。2003 年下半年，国内最大的皮明胶生产厂家三帆明胶厂与法国罗塞洛公司合资，后者为世界 500 强之一的荷兰索贝尔集团公司的全资子公司。

在政府方面，为了拓宽民间投资的渠道，温州正在制定新的投资体制改革方案。在包括基础设施、公用事业领域的"百项千亿"工程中，40% 将由民间投入；未列入"百项千亿"的工程，5 年内也需 1000 多亿元的民间投入。

为突破区位制约，温州市委、市政府将温州经济与遍布全国的 160 万温州商人的经济，以及国外的 40 多万温州人的经济联系起来。2003 年 11 月中旬召开了世界温州人大会，国内外 1000 多位知名温州人齐聚温州共商温州发展大计。

温州不能孤立于全国的发展而发展，温州企业不能局限于温州求发展。在全球化的条件下，某些跨国公司甚至已经很难说是哪个国家的公司，"某公司制造"给人的感觉甚至取代了"某国制造"。因此，温州没必要也不可能阻止温州企业合理的跨地区甚至跨国发展。类似正泰这样的公司，将研发的重心设在上海，将加工组装的重心留在温州，只要有利于企业的发展，温州就给予大力支持，尽管在价值链的分工上，研发的附加值大大高于加工组装。

看来，在增长速度相对减缓的表象之下，温州正在酝酿着新的突破。我们相信，走在中国市场经济最前列的温州是能够再创辉煌，实现不断超越的。

原载《浙江社会科学》2004 年 3 月

由"温州模式"到"温州人模式"探析

包 松 陈湘舸

[摘 要] 本文论证了世人瞩目的温州经济实际上是"温州人经济",并对"温州人经济"超越"温州经济"的原因进行了全面、深刻的分析。在此基础上,指出当"温州人经济"超越"温州经济"时,"温州人模式"也必将随之超越"温州模式",并依此对"温州模式"的未来走向进行了新的探讨,也透视了我国区域经济的动态演化规律。

[关键词] 温州人经济 温州人模式 超越

一、温州经济实际是"温州人经济"

"温州人经济"是温州的政、学两界近年提出的一个崭新的概念。它同温州经济是"老百姓经济"这种提法虽有相同之处,但是更明确、准确,更有概括性。它的提出和倡导者们是把它作为新时期温州地区经济进一步发展的一种新的思路、战略性举措提出来旳。但是,它的作用与影响将不限于促进温州的经济发展。更为重要的是,它将对整个中国乃至整个世界的经济产生一定的促进作用和影响。

温州的政、学两界之所以提出并大力宣传"温州人经济"这个新的概念,是因为他们从温州近20多年经济迅猛发展的奇迹中深刻地认识到:温州经济最重要的资源是"温州人",最大的财富是"温州人精神"。"温州人"有"东方的犹太人"之称。这是形容温州人像犹太人一样善于经商。中国民间自古就有"越人善贾"之说,却又以温州、宁波人为甚。在西方,"犹太人走到哪里,哪里就有商店"是广为传播的一句名言。而在中国,也流传着有关温州人善于经商的名言:哪里有市场,哪里就有温州人;哪里有温州人,哪里就有市场。不仅如此,还应当说,哪里有温州人,哪里就有工厂。今日的温州人善于办厂,注重把商业资本转化为工业资本。温州模式的特点之一就是从办商业开始,很快转入办工业,开拓了一条具有温州特色的商业带动工业之路。这点与苏南模式相反。苏南人是先办工厂,再建市场,走工业带动商业之路。因此,温州一些大工业企业的老板,首先是一个成功的商人。以商人的头脑办工业，自然是非常重视和熟悉市场行情，精于销售。这是温州工业企业迅猛发展，并且长久不衰的重要原因之一。正是由于温州人具有这种杰出的经商禀赋，精于算计；并且有吃苦耐劳的品性，敢闯敢干的创业精神，从而使他们中的一大批人成为我们国家改革开放和市场经济的"弄潮儿"，形成中国也是世界上最成功的一个商人群体，从而在温州创造了经济迅猛发展的世界性奇迹。温州的政、学两界近年正是据此，或者说就是在这个意义上提出"温州人经济"这个崭新的概念。这不仅为进一步发展温州经济提出了一种新的发展思路与举措，还是对温州过去20多年经济发展经验的一个总的结论。温州以及整个浙江经济发展的奇迹表明，广大群众具有经济头脑、经商办厂的习性和能力，具有很强的创业精神，这比财力、物力和自然资源对一个地方经济发展的促进作用更大、更为重要。就是说，一个民族，一个地方有了良好的人力资源，就可以创造出经济奇迹。只有弄清了这一点，我们才可以洞察温州及浙江经济出现的奇迹之谜，正确认识和预测温州经济、温州模式在21世纪发展演变的方向与前途。这是因为，当我们深入认识、透彻了解温州人，也就是温州千千万万的创业者们对于过去20多年温州经济发展奇迹所起的决定性作用，就将使我们在温州经济是"老百姓经济"的认识基础之上，进一步认识温州经济实际是"温州人经济"，也就是由一大批具有温州人特有的经济禀赋、能力、习性与精神的企业家、经营者创造出来的经济。从经济学的角度来说，这种以个人的独创力为本源、综合各类资源要素为本质的创业型经济，同那些以各种自然资源为主要因素，并起决定作用的"物力型经济"相比，可称其为"人力型经济"。而在发达的市场经济体制下，人力、财力资本是可以跨越地区乃至国界流动的。这种"人力型经济"的流动性更大。这样一来，只要有必要的条件，"温州人经济"就完全有可能超越温州地区，也就是抱成团，结成伙的温州人将在异乡创建纷繁的新经济"王国"。而这些由温州企业家、经营者在异地所创建的经济，由于仍然浸透或者说体现了温州商人的品性与精神，取决于温州人特有的经商创业的禀赋与能力，因此，可以称其为"温州人经济"。但是，它们却不能被称为"温州经济"。因为温州经济是一种区域性经济，它以温州市这个行政区域内的经济为限。

二、"温州人经济"超越"温州经济"的原因分析

近些年，温州经济在进一步发展中，面临许多问题，处于众多的矛盾之中。因

此，作为"人力型经济"的"温州人经济"很有必要超越温州，走向外面的世界。

"温州人经济"之所以有必要取代温州经济，也就是超越温州，采取"走出去"的战略，开辟新天地以求得持续发展，主要是因为面临发展极限。目前，温州及浙江政、学两界不少有识之士已形成这一共识：温州和整个浙江的经济面临怎样突破增长极限这个紧迫的关键问题。而这个问题的产生，是由浙江作为"经济大省"与"资源小省"这个矛盾，随着经济的增长而日益尖锐引起的。近年，熟悉温州与浙江经济现状的人士都深为土地、水、电和人才等主要生产要素全面告急的现状所困顿。

1. 土地资源匮乏

有人根据威廉·配弟的财富生产三要素——土地、资本、劳动力做过一个分析，结论是中国劳动力资源非常丰富，资本也由于中国人喜欢储蓄和经济快速增长的原因而不缺乏。中国缺的就是土地。总的来说，虽说中国地大，但却人多。再大的数字用13亿人口来除，也就小了。我国经济学界和政府有关部门普遍认为，全国还有20年的高速增长期。如果继续保持现在这种高速增长率，每年以10%的速度增长下去，那么，到2010年，浙江省的总产值将达16 500亿元；到2020年再翻一番，将达35 000亿元。而浙江有关部门推算，如果按照现在的工业园区1平方千米的土地提供10亿元左右产值计算，届时所需土地根本不够用。一是由于浙江原来几乎没有什么重工业，靠轻工业起步；经过20多年的发展，浙江轻纺工业的比重仍然高居60%以上，而轻纺工业所占土地面积又比较大。二是由于温州及整个浙江土地数量的人均数只有全国的三分之一。而温州地区人多地少的矛盾比浙江其他地区更为突出，加之近20多年经济增长数量更是巨大，因此，土地匮乏问题愈加严重，成为制约该地区经济增长的"瓶颈"，使其经济发展面临极限。温州土地的增长已无法支撑高速的GDP增长。这方面的突出表现就是数以千计的企业在排队等地。

2. 水资源相对匮乏

浙江虽地处江南，堪称水乡，但近年已出现令人震惊的严重"水荒"。一是"水质性缺水"，由于工业污染及生活污染，致使浙江不少江河湖泊的水质显著变差，已不能饮用；二是"自然性缺水"，这是由于天旱和工业、生活用水急剧增加，致使自然界的水资源已不能满足需要。国家气象中心评选的2003年十大气候事件，浙江的大旱位列其中。这使得浙江正常库容量为300亿立方米，现在却下降到

56.75亿立方米。而浙江每年的用水量多达200亿立方米。如果2003年暑期开始至今的旱情还不能解除的话，不用说将来，就是当前供水都很可能会遇到全局性问题。因此，水问题成为浙江"十一五"时期发展的主要制约因素。而温州的"水荒"更加严重，由于大旱以及工业、生活用水急剧增加，加之工业、生活"三废"对当地水源的污染，自2003年暑期至今，温州乐清一些地方已靠汽车运输供应居民生活用水。因此，水也已成为温州经济进一步发展的制约因素之一。

3. 能源匮乏

如在2004年春节期间，尽管浙江不少城市的政府想方设法，但仍然不能保证节日期间居民的生活用电，不时发生拉闸限电现象。而温州的"能源匮乏"问题更为严重，可以说已出现了"能源危机"。这是由于温州地处华东电网末端，因此，供电更加困难。2003年，温州地区在用电高峰时期缺电100万千瓦，平时缺电也有70万—80万千瓦，接近浙江全省缺电量的三分之一。

4. 人力资源匮乏

浙商精神是一种典型的企业家精神。因此，浙江省在管理者、企业家这方面的人力资源不仅比较丰富，质量还很高。但是，在技术工人及科研技术人员这方面的人力资源，无疑已经出现日益短缺的现象。浙江人才严重短缺的状况，《钱江晚报》（2004年2月15日）做了这样具体详尽的报道：昨天是正月十四，本是外来务工人员来浙寻工的高峰期。但到昨天为止，来自杭州、宁波、温州、绍兴等7个城市劳动力市场的外来民工就业情况显示，今年来浙江打工的民工数量比去年同期减少了10%—20%。目前，全省各大城市不同程度地出现了民工"告急"的现象，这又以温州为最。昨天前往温州就业介绍服务中心的外来民工数，比去年同期减少了20%，而该市场是温州最大的外来人员找工场所。据介绍，到昨天为止，该市场需求岗位，已超过了3万个，但至今登记的外来务工人数只有2.4万人次，其中约有1.2万多人已找到了工作。这样，该市场还有1.8万个岗位缺口。实际上，温州民工"告急"现象早在2003年上半年就已出现了，温州就业介绍服务中心的负责人说，从2001年起，到温州打工的外来人员就开始逐年减少。3年来，到温州的民工数每年递减10%以上。由于到温州及浙江其他地区的务工人数急剧减少，致使有些工种的人才市场出现缺口，其中有的工种缺口达90%。为此，发生了人才争夺战，有的企业愿以 10 万元年薪聘一个熟练技工。至于工程技术人才，尤其是高级技术人才，也一般不愿意到位置较为偏僻的温州工作，尤其是不愿意去温州市区外的乡镇企业工作。这主要是因为这些地方科研条件比较差，生活不方便；而且教学质量一般不如大城市，他们担心会影响子女学习与升学。

更为严峻的是，温州地区所存在的上述 4 项生产要素匮乏现象，并不是暂时的。在今后一个较长时期内，如果温州及整个浙江的经济继续按照现在的速度增长的话，上述短缺现象是难以消除的。以土地来说，土地是一种非再生资源，用一点少一点。也许有人说，温州可以像绍兴一样在海涂上围垦造地。围海造地虽然可缓解"地荒"的燃眉之急，但并非良策。这是因为，一是数量不能很大，仍然不能满足工商业用地的需求。二是围海造地成本很大，从而使本来已是高价位的地价再度攀高。这样一来，将导致成本提高而降低产品的市场竞争力。显然，这对企业发展和利润的增加不利。但是，外地的土地价格相对便宜，还有优惠政策，因此，温州的企业思迁就是必然的了。三是如果温州也大量围海造地，就将进一步导致生态环境恶化。因为围海造地不仅破坏多种鸟类的栖息场所，还会使一些经济鱼、虾贝类等生物的生息场所消失；同时，还会减弱滩涂湿地调节气候、储蓄水分、抵抗风暴潮、净化地表及保岸护田的能力。近些年，由于围海造地等原因，"长三角"滨海地区湿地这个地球的"肺叶"，目前以每年 2 万公顷的速度减少，结果潮间带湿地已累计丧失了 57%，导致生态系统全面衰退，东海沿岸湿地生态服务功能已下降 50%。这样下去，就将严重违背可持续发展战略要求，不仅使该地区工商业有失去生存发展的基础之忧，还会严重影响人们的身体健康，最终失去赖以安身立命之所。因此，试图用围海造地来从根本上解决温州工业用地短缺问题，此路不通。但是，农田的主意也不能打。因为温州及整个浙江这些年用于工商业发展和城镇建设的耕地很多，如果继续占用耕地，马上就会触及基本农田保护这条"高压线"。而这条"高压线"可以说是温州人，也是中国人的"生命线"。温州及整个浙江的耕地是肥田沃土，高产之区，多占用一亩耕地，就无异于打破了几个人的饭碗。为了维护国家"粮食安全"，保护温州及整个浙江还有其他省市高产区域的耕地是关键。还有必要指出，温州及整个浙江土地短缺问题还表现在量少且质量不断恶化。一是土壤的污染，二是土壤的酸化，三是地面沉降。由于工业及生活污染，沿海平原地表水已经不能饮用，普遍取用地下水。地下水的过量开采，导致地面沉降。温州及浙江其他沿海地区，到 2002 年累计沉降在 100 毫米以上的面积已超过 2500 多平方千米。如，继续这样下去，后果不堪设想。

再以"水荒"为例，在今后一个较长的时期内，同样难以消除。水资源在理论上讲可以循环利用，但前提，一是不能发生持续的或严重的旱灾，二是被污染的水资源有自净或人为净化的能力。但是，这两条在温州及整个浙江都难以做到。近几年，温州及整个浙江气候日益恶劣，一是少雨少雪，一是长期存在不同程度的旱情，致使出现"水荒"，甚至可以说是全面性的"水危机"。而温州等地在近些年气候恶化，旱情不断，实际是由于工业增长使气候变暖，以及滩涂等湿地急剧减少而降低对气候的调节功能所致。因此，有关部门预言，干旱灾情在今后还将继续出现；至于对水污染的治理也难收大效。这是由于浙江人口密度本来很大，如果经济继续增长，外来打工人员随之增多，这就难免造成生活污染，其对水质的危害也不可忽视。更为严重的是，温州及整个浙江多为轻纺、印染和皮革制造企业，"三废"比较严重，而且又是量多面广，分散在农村与乡镇，这种布局就更难治理；同时，乡镇企业治理"三废"的能力、条件和观念都比较差。因此，温州及整个浙江的水质将会日益变差。至于地下水，其开采量已达到"极限"。20多年来，工业发展及人口增加致使过度取用地下水，已引起沿海平原地区大面积土地不断沉降。这样，地下水的取用就不能不受到限制。所以说，如果温州及整个浙江的经济继续照这样的速度发展下去，或迟或早难免发生水利专家所担忧的全面"水荒"。

能源短缺问题在今后一个长时期内也难以解决好，这主要是由于温州本地及周边地区没有煤、油、气这三种主要能源，从而均需从远处输入。这就提出一个运输条件问题。以现有的经济增长率推算，到2020年时的能源消耗水平，温州及浙江全省燃煤发电厂耗煤总量将达8000余万吨。到那时，煤炭资源如何保证，运力怎么平衡？不难预料，这些问题难以解决。同时，还要考虑环保问题，如果届时大量增加火力发电，二氧化碳排放量势必随之大量增加，那么就将使浙江本已遭受严重破坏的生态更加恶化，建设"绿色温州""绿色浙江"，打造"生态市""生态省"的目标如何实现？总之，从长远来看，即使能源短缺问题可以解决，但生态环境也承受不起因此而加重的污染。

人力资源短缺现象在今后也将继续存在，甚至日益严重。一方面，温州现有的人才队伍开始外流，这是由于大多数外来员工在温州的工龄已有10年以上，成长为熟练的技术工人和有经验的管理人员，并且已积累了一定数量的资金，从而自身具有创业能力与条件，他们中一部分人便返回家乡办厂创业去了；另一方面，目前

484

不再是 20 世纪 80 年代初期、中期那种经济发展形势了，浙江其他地区，尤其是全国各地的企业也逐渐增多了，而那些地区的吃住等生活费用一般明显低于温州，因而实际收入高于温州。这样，愿意来温州务工的新人也就不会太多。结果造成上面所说的情形：若干工种的人才供不应求。也许有人说，可以通过提高工资收入的方法解决这个问题。但这个方法也难奏效，因为如果企业普遍采取高薪方式来吸引人才的话，利润就会随之减少；并且由于成本上升，产品的市场竞争力也会由此减弱。有人给浙江企业算了"地账""水账"和"能源账"，产品的生产成本已经比较高了，如果工资再上涨，生产成本就更高了，企业难以消化。

由于上述诸种原因，近年，温州企业已出现比较明显的外迁势头。温州有关部门的一份调查材料显示，迄今为止，温州地区已经外迁的企业多达 1000 余家，其中整体搬迁的有 250 多家，由此使巨额资金及人才外流。据有关媒体报道，目前，温州在全国各地经营的人数已超过 110 万人，注册资本超过 1000 亿元。如 2002 年，温州资本集体下注四川巴中和自贡两地，35 个温州"老板"与四川两个地级市签下了 5 年的投资计划，总数达 15 亿元；又如，温州的各种经营者把总数多达 280 亿元的巨资投放到上海、成都、长沙、武汉、北京等地的房地产市场。按照目前业界普遍认可的说法，温州有 10 万人在"炒楼"，动用的民间资金高达 1000 亿元。但是，温州这些年引进外资却很少，总额不到 10 亿美元，远远少于宁波、嘉兴等地市。一个经济堪称发达的地区，却长期对外资缺乏吸引力，出多进少，这也表明这个地区的经济增长已经面临极限。因此，"温州人经济"必定要超越温州经济，在温州境外广阔的天地谋求新的发展空间，以突破现在面临的极限。

三、"温州人模式"超越"温州模式"的理论分析

上述分析表明，温州地区的经济发展要突破面临的极限，必须让"温州人经济"不再局限于温州经济，要超越温州经济。但是，温州经济发展进程中的这个根本性变化，将导致它的发展模式随之发生变化："温州人模式"超越"温州模式"，也就是不再局限于温州模式。

1. 路径依赖规律作用的必然结果

在我国农村经济研究领域，"农村经济发展模式这一理论范畴，是对农村经济

发展过程中所形成的具有某种鲜明特征和区域代表性及相对稳定性的经济关系和运行机制的理论概括"（陈吉元，夏德芳，1989）。其内容主要包括特定经济区域的所有制结构、分配机制、生产、交换、流通及消费诸环节的结构方式和运行机制诸因素。因此，从一定意义上说，经济发展模式，是一种特殊的制度安排、制度模式。而从经济制度形成的起源来看，则可分为内在制度与外在制度。"在我们日常生活中占有重要地位的规则多数是在社会中通过一种渐进式反馈和调整的演化过程而发展起来的。并且，多数制度的特有内容都将渐进地循着一条稳定的路径演变。我们称这样一种规则为'内在制度'（Intemal Institutions）"（柯武刚，史漫飞，2002）。至于外在制度（External Institutions），"它们被清晰地制定在法规和条例之中，并要由一个诸如政府那样的、高踞社会之上的权威机构来正式执行。这样的规则是由一批代理人设计出来并强加给社会的"（柯武刚，史漫飞，2002）。从这两种制度起源来看，内在制度是"在社会中通过一种渐进式反馈和调整的演化过程而发展起来的"，因此，较之"外在制度"，它更加稳定。内在制度的稳定性表现为"多数制度的特有内容都将渐进地循着一条稳定的路径演变"，也就是内在制度的演变遵循着路径依赖规律的要求。经济学意义上的路径依赖规律之所以得以形成及其发生作用，是因为一旦进入某种制度模式之后，沿着同一条路径深入下去的可能性会增大。而其原因则是由于这个制度模式提供了相对于其他制度之下更大的收益，呈现"报酬递增"趋势。因此，每当一种稳定的制度模式形成并确定之后，学习效应、协同效应，适应性预期及退出成本的增大，这一切使得制度模式的改变变得越来越难（何俊志，2002）。

从"温州人模式"起源的角度来看，它无疑属于典型的内在制度，或者说"内在模式"。很显然，它不是由"设计而产生的"，不是自上而下地强加和实行的，而是从温州广大的企业家、经营者长期的经济活动和成功经验中演化出来的。为此，它无疑具有比较强的稳定性，路径依赖规律对于它有着强有力的作用和显著的表现。而这又是由于"温州人模式"这种特有的制度模式具有明显的有效性，有着良好的经济效果，经得起市场竞争的严峻考验。

既然"温州人模式"有着较强的稳定性，显著地表现路径依赖规律的作用和要求，那么，这就意味着，当"温州人经济"超越温州经济时，温州人模式必定随之超越温州模式，通过其他的具体模式顽强地继续保存和表现自己。应当说，这是作为"内在制度""内在模式"的"温州人模式"的变迁不难预见的必然结果。

486

2."温州人模式"本质是温州人文化价值观念的制度化

人类社会制度演变史上的大量事实表明：文化因素对经济、社会制度生成及其变迁有着决定性的影响。一个民族、一个国家、一个地区的基本经济制度的性质及其运行方式的形成发展往往可以从他们的主流文化价值观念中找到根本性原因。对此，国内外学术界已形成共识，不少学者明确指出，社会成员普遍接受的文化价值观念，决定了社会制度的基本特征和演进方向。如，韦伯认为，资本主义革命是由资本主义精神造成的（韦伯，1987）。而新制度经济学派的代表人物之一的诺斯也强调：人的偏好的变化（包括价值观的变化）是导致制度变迁的重要原因（诺斯，1994）。我国也有学者指出，"把文化理解为特定群体共享的价值观及相应的思想理论"，"这两个文化因素是构成社会制度安排的基本要素"（曹正汉，2002）。

经济社会制度同文化价值观念的这种密切关系，从另一个方面使它们具有稳定性。这是因为，文化价值观念具有相对独立性，比较稳定。一般来说某种文化价值观念一旦形成，并且经过社会实践证明具有科学性和先进性，从而为广大人民群众所接受之后，就难以轻易发生变化，尤其是消亡。文化价值观念的这种稳定性，势必使由它决定和外化的社会制度也同样具有稳定。而这就意味着"温州人模式"这种特定的制度安排，或者说制度模式具有稳定性，由此而具有延续性和扩散性。正是由于这个原因，使"温州人模式"在"温州人经济"超越温州经济的条件下，随之超越温州模式，而不会在这个超越中消亡。因为不难理解，"温州人模式"作为温州人的文化价值观念决定、影响的制度性结果，或者说它外化的形式，必定随同温州人的文化价值观念继续存在下去。所以说，温州人的文化价值观念不仅在温州经济中形成了特定的温州模式，还将在由温州人创建的其他地区的经济中形成各种新的经济模式。

钱穆在论述唐代盛衰时曾精辟地指出："一项制度之创建，必先有创建此项制度之意识与精神。一项制度之推行，也同样需要推行该项制度之意识与精神。此项制度之意识与精神逐渐晦昧懈驰，其制度也即趋于腐化消失"（钱穆，1996）。这是说，文化价值观念不但决定了制度的形成发展，而且决定其衰败消亡。而温州企业家、经营者及其他人群所信奉的文化价值观念有利于市场经济的发展和社会、经济的现代化。这种具有先进性、合乎社会发展潮流的文化价值观念，无疑在今后一个较长的时期内是不会消亡的。因此，"温州人模式"在"温州人经济"超越温州经济后不会衰落消亡，而将会在其他地方的经济舞台上继续顽强地表现出来，形成其他的具体模式，从而超越温州模式。

3. "两个超越之间"有着内在的密切关联

所谓"温州人经济"，特指依靠温州人所具有的经商办厂的禀赋、胆识、能力、价值观和习性等良好素质创造和发展起来的经济。这个概念意在突出温州人的经商创业的素质对于经济发展的决定性作用。"哪里有温州人,哪里就有市场"这种说法，就是对"温州人经济"的明确诠释。所以说，温州经济实际是"温州人经济"。但是，"温州经济"只是经济素质良好的温州人在温州地区所创造的经济。不言而喻，一旦温州人离开温州地区，到其他地区经商建厂，发展经济，就将形成"非温州经济"。它们超越了温州经济，但仍属于"温州人经济"。这样，就出现了"温州人经济"新的具体存在形式。

而这些"非温州经济"的"温州人经济"在其发展过程中，势必形成具有温州人特色的发展模式。这是由于温州企业家虽然在温州境外的其他地区开店办厂，但是，他们所特有的"温州型"的禀赋、习性和创业精神等经济素质依然会在各地经济发展的宗旨、目标、思路及方式方法等方面表现出来，进而在制度安排、管理体制及方式方法上同样会形成独特的经济发展模式，也就是"温州人模式"的新的具体模式。但是，这些模式不再是"温州人经济"的"温州模式"，而是它的"新疆模式""山西模式"；或者"巴黎模式""纽约模式"。这样，"温州人模式"就表现为包括原来的温州模式在内的一系列发展模式。这是温州人模式在国内外经济舞台上地位提高、作用增大,并且具有很强的生命力的表现。在这里,还有必要强调指出,温州模式实质是"温州人模式"。这是由于当我们认定温州经济实际是"温州人经济"，不难理解，也就意味着温州模式实质上是"温州人模式"。因为当我们确认温州经济是"温州人经济"的一种具体形式，这就隐含着作为温州经济发展模式的温州模式也只是"温州人经济"的一种模式。既然如此，那么，当"温州人经济"超越温州，走出温州地区后，无疑就将会在异地经济生活中出现"温州人模式"的新的具体模式。它们虽然不是温州模式，但它们同前者一样，具有"温州人模式"的基本特征。

揭示和确认温州模式的实质是"温州人模式"，还有助于我们正确地认识和预测温州模式的命运。近年，政、学两界都比较关注温州模式的命运，不时论及，但或存或亡，意见不一。我们认为，温州模式作为"温州人模式"的具体形式之一，是不会消亡的。这是由于"温州人模式"不会消亡。主要凭借温州的经营者、企业家所特有的经商办厂的禀赋、习性、价值观念与精神所发展起来的"温州人经济"，必定会长期形成具有温州人特色的经济发展模式。这就是说，只要温州商人的有温州人特色的文化价值观念及经济素质不改变和丧失，"温州人经济"就将存在下去，"温州人模式"也就会随之存在下去。而温州模式则是温州人在温州地区所发展起来的"温州人经济"的一种具体模式，是最地道，最正宗的"温州人模式"，所以，它是不会消失的。也正是由于这个原因，尽管在我国改革开放初期，也就是在20世纪80年代初期、中期，全国各地先后出现的珠江三角洲模式、苏南模式、晋江模式、耿车模式等一系列著名的农村经济发展模式，但几经风雨，到今天，这些模式都已经或先或后退出了我们国家的经济生活舞台，自行消亡，也被世人淡忘了。而温州模式虽然由于时势、条件变化，使得它的"条条框框"也随之不断发生变化，但温州模式依然健在，并且将继续对国内其他地区的经济发展发挥着榜样作用。正因为温州经济是"温州人经济"，是以"温州人精神"为资本，动力发展起来的经济。它把"物力型经济"，或"外力型经济"转变为"人力型经济""内力型经济"，让创业精神等素质在经济发展中起决定性作用。这种产生、发展的基础与机制决定它具有长久且旺盛的生命力。近年，温州的经济发展尽管遇到土地、水、电、人才等资源短缺的不利条件，但发展势头仍然强劲，发展进度超过全国的平均速度。

总之，在"温州人经济"发展的过程中，因其发展宗旨、目标，思路与方法有着鲜明的特色，它们表现在经济制度、管理理念与方式上，就必然会形成有温州人特色的发展模式——"温州人模式"。而从温州模式到"温州人模式"，这是由从温州经济到"温州人经济"深入认识的逻辑结果。

原载《中国工业经济》2004年1月

从温州模式到浙江现象：过程与逻辑
——兼论温州模式的历史地位

徐明华

[摘　要] 关于温州模式与浙江现象的关系，多数学者认为，温州模式具有扩展性，浙江现象的形成可以说是温州模式在全省扩展的结果。然而，温州模式是如何扩展成浙江现象的，其内在逻辑是如何演绎的？这个问题并没有得到很好的解释。本文在揭示模式本质的基础上，构建了一个模式扩展的分析框架，并运用这一分析框架分析论证了温州模式扩展成浙江现象的过程与逻辑，指出了温州模式在我国市场经济发展过程中的重要历史地位及其启示。

[关键词] 温州模式　浙江现象　扩展逻辑

改革开放的伟大成就彰显了人民群众的伟大创造力。事实上，改革开放的伟大历程，是人民群众的创业创新不断积累和推动的过程。其间涌现出的无数奇迹和座座丰碑，无一不是人民群众的伟大创造。作为其中的杰出代表，温州模式的产生与发展对浙江乃至全国的发展都产生了巨大的影响，有着重要的历史地位。大量相关的研究，对温州模式的起源、成因、发展过程及其特点等都作了很好的描述，但对温州模式重要的历史作用及其作用机理的讨论却是相当不足的。本文从温州模式的扩展及其促成浙江现象的内在逻辑的角度就此做一探讨。

一、关于温州模式与浙江现象关系的讨论

自温州模式发生并被首次提出后，关于温州模式的研究就不断涌现，几成显学。而当浙江的经济发展在全国一路领跑，以至发展成为众人瞩目的浙江现象时，关于浙江现象的研究又成一时之盛。显然，研究浙江现象，温州模式的演进及其与浙江现象的关系是一个绕不开的话题，事实上也出现了不少论述。史晋川（1999）认为，20 世纪 90 年代中期以来，浙江就形成了比较具有共性的经济发展模式，"可以认为，温州模式是浙江经济发展模式的精髓，浙江发展模式在很大程度上是温州模式在省

域经济发展中的放大。不仅如此，中国的改革开放和经济发展的历程将会证明，温州模式是在中国特色社会主义初级阶段中建设有中国特色社会主义的一个最富生命力和最有前途的区域经济发展模式。"沈立江（2000）指出，浙江现象的形成，很大程度上是温州模式强化示范效应并且不断自发扩展的过程。"正是由于温州模式向周边地区的逐步扩展，对推动浙江经济特别是浙中西部经济的迅猛发展起到了不可估量的作用。浙江人民在20多年改革开放的伟大实践中，在温州模式的基础上，从各地的实际出发，勇于解放思想，敢为人先，埋头苦干，求实创新，逐步形成了全国关注的浙江现象。"冯兴元（2001）认为，浙江的整体发展可以总括为浙江模式，它是温州模式的更新和扩展模式，其本质上是一种市场解决模式、自发自生发展模式和自组织模式。由此他进一步指出浙江模式是可扩展的，可以扩展到苏南，也可以扩展到中国的其他地区，它很可能是"哈耶克扩展秩序模式"或"哈耶克自发秩序模式"。类似这样的论述还有很多，如叶航（1999）、金祥荣（2000）、金祥荣和朱希伟（2001）、史晋川和谢瑞平（2002）、罗卫东和许彬（2006）等。

当然，在此问题上，也有不同的观点，如陈建军（2002）认为，温州模式所体现的以个体私营经济为核心的经济发展不能完全解释浙江现象，浙江经济的成功得益于正确的发展战略和制度创新，因此不能简单地认为浙江模式是温州模式的扩张版。温州模式不能完全解释浙江现象、浙江模式不是温州模式的简单翻版，并不意味着温州模式的扩展对浙江现象的形成没有影响。因此，他其实并没有否定温州模式扩展对于浙江现象形成的作用。也就是说，不管浙江模式是不是温州模式的扩展版，温州模式对于浙江现象的作用都是公认的。

可以看出，在温州模式和浙江现象关系方面，多数学者基本上形成了一种共识，即温州模式不仅有力地促进了温州经济的快速发展，还具有扩展性，浙江现象的形成可以说是温州模式在全省扩展的结果，而作为描述整个浙江经济发展经验与成就的浙江模式，就是扩展、更新、修正、成熟后的温州模式。

我们注意到，以上这些共识更多的是一种直观的感受或整体的判断，并没有实证的基础，或者说缺乏有效的实证分析。也就是说，温州模式是如何扩展成浙江现象的，其内在逻辑是如何演绎的，这个问题并没有得到很好的解释，而这正是本文试图解决的问题。

二、模式的本质及其传播：一个分析框架

改革开放以后，随着各种区域经济发展模式的崛起，以及经济社会发展过程中各类典型做法的涌现，关于各种各样模式的研究非常之多。令人困惑的是，几乎所有这些研究都没有很好地探讨模式本身的概念内涵及其特征，而是将模式作为一个给定的概念加以应用，似乎模式的概念意义是不言自明的。自然，这是有问题的，事实并非如此。我们以"模式"为关键词，检索大量的中外文经济学文献，发现几乎没有对模式的概念内涵进行深入探讨并给出确切定义的，即使《新帕尔格雷夫经济学大词典》，也没有关于"模式"或"经济发展模式"的词条。显然，对模式本身的概念意义进行探讨是必要的。

相对而言，对"模式"或"经济发展模式"有比较多解释或界定的是各类中文辞书，如《辞海》《经济学大词典》之类。比较这类解释和界定发现，不同学科关于模式的含义不同，而且模式的概念最早可能来自心理学和社会学。在心理学上，模式通常被理解为一种心理图像或认知结构，如皮亚杰关于儿童认识发展过程中的认知结构和"基模"的概念。在社会学理论中，模式通常是指一种研究自然或社会现象的理论图式和解释方案，同时也是一种思想体系和思维方式，如进化模式、结构功能模式等。在经济学理论中，中文的"模式"有两种用法，一种是发展经济学和增长理论中常用的，如哈罗德—多马模式、刘易斯模式等，这里的模式实际上是模型的概念，即 Model。另一种是政治经济学和制度经济理论中常用到的，如中国市场经济模式、东欧的经济发展模式等，这里的模式实质上是指一种经济体制的结构以及运行的方式，即 Patern。通常所说的"温州模式""苏南模式""珠三角模式"，显然是指一种区域意义上的 Patern。本文所探讨的模式即是指 Patern。

我们认为，从理论研究的角度讲，模式是一种分析问题的框架，是从解决某类具体问题中抽象出来的一种方法论。将解决某类问题的方法总结归纳到理论高度，就是模式。因此，模式通常是一种得到很好研究的范例。相应地，从实践的角度讲，模式是解决某一类问题的具体操作方案，也就是说，对于重复出现的同类问题，模式的解决方案都应该是有效的。换句话说，对某一种重复出现的问题都采用相同的解决方案，而且这种方案被证明是成功的，这种方案就构成了解决这一类问题的一

种模式。[①] 因此，每个模式都描述了一个在我们的环境中不断出现的问题，以及解决该问题方案的核心，或者说，模式蕴含了在特定条件下解决某类问题的方案的本质结构和内在含义。例如，就经济发展模式而言，它应该包括三个方面的内容：特定的基础条件、给定的制度约束和解决问题的方案。

可以看出，本质上讲，模式隐含了一组概念化的知识和程式化的方法，是一种指导，有助于形成一个解决特定问题的最佳方案，达到事半功倍的效果，因而模式都具有典型的意义和学习的价值。就是说，模式具有两个鲜明的特征，即知识性和实践性。作为一种知识的模式是可传播和可传授的，因而是可扩散的。而作为实践性的模式应该具有可重复性和可验证性，即对于重复出现的同类问题，模式所包含的解决方案是可应用的因而也是可验证的。当然，在经济发展过程中，各地的基础条件与约束条件的不同，重复完全一致的模式是不可能的，也就是说，在运用同一种方案解决同一类问题时，会出现适当的调整或创新。一个区域的经济发展模式在其他地区得到应用并有所创新，就是模式的扩展性。另外，由于一个问题的解决方案通常是多解的，也就是存在不同的模式，因而模式是具有竞争性的，如苏南模式与温州模式的竞争。

具体到经济发展模式的传播与扩展，本质上表现为知识的扩散与扩展。而知识的传播，不外乎三种途径或方式：以信息方式的传播，如通过书本、媒体等；以物化形式的传播，如通过特定的市场方式、企业组织或盈利模式等；以语言方式的传播，如人与人之间的口口相传、经验交流等。在现实的经济发展模式的传播与扩展过程中，传播的路径或方式又主要表现为：学术界的研究和传播、政府的学习考察、经验交流与政策推动、企业家的示范和言传身教、市场的扩散与扩展。这就是本文的分析框架。

三、从温州模式到浙江现象的实证考察

利用上述分析框架，我们对温州模式在浙江的传播与扩展做一个简单的实证考察。

[①] 从这两个意义上讲，时下大量出现的那种将各地各种好的做法都称为模式是值得商榷的。

学术界的研究与传播。这几乎是不需要论证的事实。温州模式自诞生之日起就引起了学术界的广泛关注，掀起过几次声势浩大的研究热潮。1983 年 12 月 28 日，王小强、白南生发表在《人民日报》上的《农村商品生产发展的新动向——浙江省温州农村几个专业商品产销基地的情况调查》一文，是最早报道温州并且具有较大影响的文章。1985 年 5 月 12 日，《解放日报》发表的题为《乡镇工业看苏南，家庭工业看浙南，温州 3 万人从事家庭工业》的报道则是最先提出温州模式概念的文章，称赞温州模式为"令人瞩目的经济奇迹""广大农村走富裕之路的又一模式"，同时配发题为《温州的启示》的评论员文章，指出温州模式对于农村工业化和经济发展的意义。此后，关于温州模式的研究文献就大量涌现，特别是早期一些著名学者的论著更是起到了推波助澜的作用，重要的有：杜润生（1985）、费孝通（1986）、董辅礽和赵人伟等（1986）、吴象（1986）、袁恩桢（1987）等。与此同时，关于温州模式的专题研讨会也应运而生，最早于 1986 年由浙江省社会科学院经济研究所、温州市委政策研究室等联合召开、并持续多届的温州农村经济模式理论讨论会，吸引了包括中央机关在内的专家领导的参加，在全国有较大的影响。另一方面，一些研究基金也将温州模式作为重要的研究课题，如由浙江大学承担的温州模式研究是教育部"九五"重大研究课题，其成果专著也被列入国家"十五"重点图书。

在苏南、珠三角和温州三大区域发展模式中，关于温州模式的研究或许是最多的。以"温州模式"为关键词，无论是通过"百度""Google"搜索，还是通过期刊网检索，都会出现大量的报道和文献。而且，温州模式研究不仅来自全国各地，还引起了海外学者和媒体的关注。如 Nolan Peter（1990）、AlanP. L. Liu（1992）、K. Paris（1993）等学者都有过关于温州模式的论述。[①] 正是通过学术界的研究，温州模式得以在全省乃至全国更快更广泛地传播开来。

政府的学习考察与政策推动。我国地方政府在区域经济发展中的作用是独特而至关重要的。其中，政府之间通过学习考察与经验交流，从而形成新的政策思路与发展战略是发挥作用的重要形式。事实上，我国地方政府之间的经验交流是非常频繁的，实际上也是各级政府的一个惯常做法，其直接作用是促进了模式在不同区域之间的传播与扩展。在温州模式的传播与扩展过程中，政府之间学习交流的作用同

[①] 参见《制度变迁与经济发展：温州模式研究》，浙江大学出版社，2002 年，第 18—20 页。

样是显著的。我们选择台州、宁波和嘉兴地区，通过查阅 20 世纪 80 年代中后期至 90 年代初期的《台州日报》《宁波日报》《嘉兴日报》发现，在这些地区的改革开放过程中，温州模式都或多或少产生过影响，而这些地区的政府也都组织过政府官员或企业家赴温州学习取经之类的活动。如 1987 年 8 月 13 日《宁波日报》第 2 版上一篇题为"正确引导，积极扶持，我市乡镇工业将有更大的发展"的文章，就提到"由于受以个私经济为主的温州模式影响，预测我市乡镇个体及联户企业的比重将从 1986 年的 1% 上升到 1990 年的 14% 以上"。再如 1987 年 3 月 2 日《嘉兴日报》头版一篇题为《嘉善"客师"为何远在温州"开花"》的文章，提到了早在 1984 年，嘉善大舜乡的党政一班人就赴温州永嘉的桥头镇学习考察，分析嘉善人为什么会去温州发展，并由此学习温州的做法，改善当地的政策环境，试图召回在温州的嘉善人回乡发展的故事。1993 年 1 月 1 日《嘉兴日报》第 2 版发表了一篇题为"且看温州人如何办市场"的文章，介绍了温州人办市场的经验做法。

最积极主动地提出要学习温州经验的是与温州比邻的台州地区。1987 年 10 月，台州地委、行署组织各县市和有关部门主要负责同志赴宁波、温州考察学习，并召开县市委书记、县市长会议，提出"取宁温之长，走自己的路，大力发展股份合作企业"，实行"鼓励、支持、引导、管理"八字方针，并制定与之相匹配的税收、贷款、工商登记等一系列政策。[①] 同时，当年 1 月份的《台州日报》连载报道了"赴宁波、温州参观学习侧记"，为学习温州造势。此外，义乌也是较早提出学习温州的地区，在义乌小商品市场创办的初期，义乌县政府曾明确提出"一学温州、二学温州"的口号，借鉴温州办市场的经验。事实上，这对当时义乌小商品市场的发展起到了积极的作用。

据温州市政府接待处的统计，仅 1986 年去温州考察学习的就有 1132 批，共 21886 人，其中副部长、副省长以上的有 98 批，共 100 多人（马津龙，1996）。其实这样的盛况时断时续地持续了很多年，也许正是在这样的背景下，最早在温州出现了一种所谓的经济探秘游的商业活动。这些数据和事实表明，在温州与其他地区政府的学习考察与经验交流过程中，温州基本上处于"净输出"的状态，这其实正

[①] 本报评论员：《取宁温之长，走自己的路》，《台州日报》1987 年 10 月 2 日，第 1 版；《台州改革开放大事记》，《民营经济与制度创新：台州现象研究》，浙江大学出版社，2004 年，第 593 页。

是温州模式传播与扩展的表现。

企业家的示范和言传身教。学习和模仿是市场经济发展进步的重要方式，而那些成功的企业家则是学习和模仿的对象，无疑，温州的企业家就是这样的对象。显然，学习模仿的过程也是模式传播与扩展的过程。我们很难详细叙述温州企业家在创业过程中那些传奇的故事、曲折的经历，如赤手闯天下从小裁缝到大富豪的胡成中、从小修鞋匠到亿万富翁的南存辉、"胆大包天"的王均瑶，或者那些令人叹为观止的融资方式、拍案叫绝的奇思妙想，如饱受非议的挂户经营和戴红帽子、匪夷所思的楠溪江流域承包，以及百折不挠的创业精神、永不满足的进取心，如讲求实效不耻职业低下而最早从事补鞋蹬三轮的温州姑娘、白天做老板晚上睡地板的温州商人等。不过，我们有理由相信，最先去全国各地乃至全球各地开辟市场经商办企业的温州人、十万供销大军、几十万至今活跃在海内外创业创新的温州企业家，带给人们的不仅仅是成功的经验和商业的方法，还有温州人的精神和温州模式的精髓。事实上，从近年来温州人教会人们炒房、炒矿、炒油等事实也可以看出温州企业家所扮演的市场经济"教父"式的角色，而在这个过程中，温州模式也得以传播与扩展。

市场的扩散与扩展。市场的本质是交易，因而市场的扩散与扩展应当具体表现为市场交易方式和交易组织的扩散与扩展，实质上则表现为市场秩序的扩散与扩展。从维度上讲有两个方向：纵向上市场在不同经济社会领域间的扩散与扩展；横向上市场在不同区域之间的扩散与扩展。纵向上的扩展可以归纳为市场从商品市场到要素市场、从生产领域到流通领域、从经济领域到社会领域的扩展等。在这一方向上，从温州改革开放的历程看，从家庭工业的兴起到温州财团的出现，从日用商品市场的繁荣到要素专业市场的发展，从王均瑶卖饮料到承包飞机进入城市交通营运领域，从企业承包到楠溪江流域承包，从金温铁路到温州机场等，我们可以很清晰地看到市场演进与扩展的这一轨迹。横向上的扩展主要表现为企业制度和市场组织的扩展。从温州的家庭工业、戴红帽子企业和挂户经营在全省的不胫而走可以看到温州式企业制度在全省的传播与扩展。而市场组织的扩散与扩展则更多表现为温州人在全省各地摆摊办市场。温州是专业市场发展兴起最早的地区，但后来温州的市场都逐渐萎缩甚至消失了，其实更确切地说是转移了，通过温州人的传播与扩展转移到了全省乃至全国各地。

事实上，全省很多重要市场的兴起与繁荣都离不开温州人的贡献。以义乌小商品城和绍兴轻纺城这两个最大的市场为例。早在20世纪80年代初期，义乌兴建第一代小商品市场时，就吸引了数百名来自温州的商人，而且其经销的商品很大一部分来自温州。有人统计，大约有 10 万温州商人在金华地区，其中大部分在义乌，温商已经成为义乌名副其实的"第一外来军团"。义乌小商品市场每一个行业都可以找到温州商人的踪影:温州市区(含鹿城、瓯海、龙湾)的眼镜、打火机、饰品、不锈钢;文成、泰顺人的餐饮宾馆;苍南人的标牌、商标、印刷;平阳人的礼品;永嘉人的纽扣、玩具、皮具;乐清人的电器……[①] 而在绍兴的中国轻纺城，温州人尤其是温州乐清人的贡献更大，对轻纺城的建设和发展都起到了直接的推动作用。在中国轻纺城网站和《绍兴县报》，以及其他媒体上都可以看到很多乐清人参与轻纺城建设，促进轻纺城发展的报道。如时任绍兴中国轻纺城乐清商会会长、成都金华强实业投资有限公司总经理王美松、无锡东方国际轻纺城有限公司董事长黄永杰等人，都是早年参与轻纺城建设，而后又到全国各地发展的乐清人。[②]

其实，这样的例子在全省、全国乃至全球的市场上都能看到。本质上讲，它体现了温州人的一种逐利行为，但客观上促进了温州模式的市场秩序在其他地区的扩散和扩展，并因此推动了全省乃至全国的市场化进程。

四、扩展性评论

以上的考察比较清晰地显示了温州模式在全省扩散与扩展的路径、过程与逻辑，正是这样的扩散与扩展促成了浙江现象乃至浙江模式的形成。基于上述的考察，得出这样的结论基本上是可以成立的，但却是不完全的。因为区域之间的交流与模式之间的扩展可能是双向的，也就是说，其他地区的经济发展或模式也可能对温州产生重要的影响，如果互相之间的影响是相等的，那就无所谓扩展。因此，我们必须对这一反向的扩散与扩展过程做一个清晰的描述，然后才能对上述结论有一个更全面的认识和把握。本文不可能也不打算完成这一任务，但这里想指出的一个事实是:温州人在全国乃至全球各地创业成功的故事比比皆是，各类外地人在杭州等省内其

[①] 《义乌温商产业分布》，《温州商报》2007 年 7 月 20 日。

[②] 《记无锡东方国际轻纺城有限公司董事长黄永杰》，http : //www.efw.cn/news/n4481. html，2008 年 2 月 15 日;《中国轻纺城商会会长王美松》，http : //hi.baidu.com/ weinad/blog/item/ f514471e8a046f71ad576f0.html，2008 年 2 月 15 日。

它地区创业成功的故事也很多，但外地人在温州成功创业的报道却鲜见，同时在温州发展的外资也很少。这除与史晋川教授（2004）所指出的人格化交易而形成的"不可触摸的网"有关外，与地理交通、语言文化、产业特征等可能也有关系，本文在此无意深究，但由此可以做出的一个判断是：在温州与其他各地的制度交流与经验学习过程中，温州处于"净输出"和"顺差"状态。显见，这大致可以消除因缺乏对上述反向扩展过程的考察而对本文结论产生的不利影响，从而可以强化本文的结论。

当然，本文的目的还不仅仅在于此。通过本文的考察，还可以得出以下几点更有意义的结论：

首先，温州模式的历史地位不容低估。关于温州模式的理论价值和实践意义很多学者都有过论述，本文无意重复，这里只想指出的是，本文的分析框架用来分析温州模式在全国的扩散与扩展同样是合适的，这就是说，温州模式的意义不仅是地域性的，还是全国性的，温州模式对于全国市场经济的发展和市场化进程的示范、传播、推动作用都是不可低估的。就像近代科学的很多思想都能从古希腊那里找到起点一样，温州模式也像一个蓄水池，现在各地很多很好的做法也都可以从温州模式那里找到源流和精神支持，温州模式所体现出的这种市场精神和文化传承也许是决定温州模式历史地位最重要的方面。

其次，在利益的激励下，在市场的引导下，让人民群众自由地创造，是以人为本，科学发展的必然要求。温州模式是老百姓的模式，它的产生以及传播与扩展都是在利益的激励下，在市场的引导下，由老百姓自由创业、创新、创造的结果，集中体现了人民群众创造历史的伟大力量。在当前发展转型的新背景下，要实现我国经济社会的又好又快和科学发展，必须进一步充分发挥人民群众创造历史的伟大力量，就仍然需要让市场发挥作用，让利益产生激励，让人民群众自由地创造，这是以人为本的体现，也是市场经济的具体表现。

最后，促进知识和信息的公开和自由流动，促进区域之间的交流、学习与合作是实现又好又快发展的重要途径。在温州模式扩散与扩展的过程中，学术界的研究与传播，政府之间的学习与交流发挥了至关重要的作用，其实这也是现代市场经济发展的必然要求，是降低制度创新成本、促进创新快速扩散的重要方式，在新的发展背景下坚持这一点仍然是非常重要的。

原载《浙江社会科学》2009 年第 1 期

海外温商创业模式研究
——基于 32 个样本的观察

张一力

[摘　要] 本研究在相关文献综述的基础上，利用改进的威克姆（Wickham）和克里斯蒂安（Christian）创业模型，对 32 个海外温商创业样本进行了分析。提出了海外温商创业一般过程的四阶段模型，按创业动机、创业经历、创业资源与温州相关程度、创业组织形式和创业过程等标准，分为 10 种创业模式，并指出海外温商创业模式发展的四个趋势。最后认为从海外温商创业模式看，温州人的成功在于创业者与创业要素的互动，"温州模式"实际上更可以被称为"温州人模式"。

[关键词] 海外温商　创业模式　创业者　创业要素

　　温州商人是中国改革开放后形成的引人注目的群体，目前在全国各地大约有 170 万温州人从事工商业，也有将近 60 万温州人在世界的 131 国家和地区艰苦创业。温商之所以出名，是因为他们传奇的创业经历和非凡的创业成就。为了更好揭示和剖析他们的创业过程，我们选择了海外温州商人（以下简称"温商"）这个特殊群体，从创业学的角度，通过对 32 个海外温商创业的案例分析，运用改进的威克姆（Wickham）和克里斯蒂安（Christian）创业模型框架，总结了他们创业的一般历程，对海外温商创业模式进行了初步分类。本研究显示，不同的创业模式是由于创业者对创业要素的不同组合所形成，本文也展望了创业模式的发展趋势。

一、相关文献综述

　　关于创业和创业模式，国内外学术界已有不少研究。国外的研究，包括创业概念的界定和各类创业模型的建立，以及创业者、创业资源、创业过程、创业业绩分析和国际创业等诸多问题。随着创业实践的快速发展，近年国内创业研究出现逐渐增多的趋势，但对于海外温商群体的创业研究目前还比较缺乏。

（一）国外关于创业和创业模式的研究

Low（1988）认为，学术界至今尚未给出"创业"进行边界非常清晰的概念，Shane（2002）指出现在还没有发展出真正意义上的创业理论体系。但在创业研究中，目前已发展出多个创业模型。如 Timmons（1999）关于创业机会、团队、资源三者动态平衡的模型，Gartner（1985）的关于个人、组织、环境和过程的创业模型，Wickham（1998）基于学习过程的战略创业模型，Christian（2000）关于创业者与新事业互动的模型，Sahlman（1999）关于人和资源、机会、交易行为、环境四个创业要素相互协调、相互促进的过程模型，以及 Zahra 和 George（2002）关于国际创业的一个综合模型等。最近的创业研究更多出现了诸如先期经验对于创业的作用（Westhead and Wright，2009），创业团队的关联、承诺与创业绩效（Beckman，2007）等有关创业过程具体问题的实证分析。

目前，创业模式大多根据创业发生的多种属性来进行分类的（高建，2005）。Sharma 和 Chrisman（1999）认为组织内创业，公司创业系由一家已经相对成熟的公司创建一家附属的新企业，可分为三种类型：公司投资、战略变革、创新。根据是否盈利，Cannon（2000）将创业分成以下四种类型：社会目的的创业、共同财富的创业、慈善事业的创业、社会企业创业和公民创业。Spencer 和 Gomez（2004）根据创业复杂程度将其划分为三种类型，分别是自我雇佣、小企业、本地股票市场的新上市公司。Behide（1999）则将创业分为自我雇佣型创业、冒险型创业，以及大公司的内部创业三类。根据创意类型，Christian（2000）将创业模式分为：复制型创业、模仿型创业、演进型创业和创新型创业。2001 年的 GEM[①] 报告在总结推动型和拉动型两种创业类型的基础上，从创业动机的角度提出和深化了生存型和机会型的概念，报告主要撰写人 Reynolds（2002）进一步指出了生存型创业就是那些由于没有其他就业选择，或对其他就业选择不满意而从事的创业活动；机会创业则是为了追求一个现有或潜在商业机会而从事的创业活动。

---

① GEM 是 Globe Entrepreneurship Monitor（全球创业观察）的英文简称。GEM 是由国际上著名的英国伦敦商学院和在创业教育上全美排名第一的美国百森学院共同发起成立的国际创业研究项目。每年发布一个全球各地的创业报告。

（二）国内关于创业模式的研究

目前，国内理论界对于创业模式尚没有形成没有统一的观点与研究的边界。创业模式的研究，经历了简单分类、多种定义和完整论证等阶段。首先，高建（2005）认为创业模式是目前创业研究的重点之一，创业模式理论研究主要是从各不同维度对创业模式进行划分，从而表明创业模式不同角度的特点所在；其次，杨冰兰（2007）则把创业模式界定为一个更为广义的概念，是在特定区域、特地环境中形成的，在创业动机、创业方式、产业准入、创新力度、政府扶持等方面具有典型特征的创业行为[①]；再次，房路生等人（2009）则进一步深化了创业模式的概念，认为就是在既定的外部发展条件和行业基础上，通过企业家的能力将内部与外部的一系列资源重新整合，企业家依赖某一种特色资源为基础而创建企业，通过这种特有资源辐射和带动企业的新组织、新关系，并最终反映出一种特色资源的利用方式；最后，李时椿（2006）指出创业不是无系统的凭空设想，而是一个需要一种模式去引导的过程；也有学者指出创业模式理论还涉及创业者的动机、创业者对机会的识别和挖掘、创业形式的选择等（杨冰兰等，2007）。

关于创业模式的分类。房路生（2009）认为正如理论界对"创业"和"模式"本身的内涵认知不同一样，对创业模式的研究与看法也同样存在很大差异。如杨冰兰等人（2007）从创业推动力量角度，把发达国家创业模式划分为：政府推动模式、民间驱动模式、科技创业模式和普通创业模式；高建等人（2005）认为基于创业模式文献的学术梳理，可从创业赢利性质、组织类型、创业者角色、创意来源等角度的差异划分为6种不同的创业模式；胡怀敏和肖建忠（2007）通过对拉动型和推动型创业模式的比较，认为由于社会资本和人力资本相对较少，生存驱动型是中国女性创业的主导模式；肖功为和李四聪（2008）则通过对湖南省民营企业创业模式进行实证分析，把民营企业创业模式概括划分为"零资源""由商而工""伴生共荣""反哺"和"高地"等五种；刘健均（2003）通过对企业内在机制进行分析，归纳出基于制度创新的三种不同创业模式：产品创新模式，基于市场营销模式创新的创业和基于企业组织管理体系创新而创建企业。

[①] 郑海华：《2009年内外温州人互动大事记》，《温州日报》2010年2月22日。

（三）关于温商创业模式的研究

温商作为改革开放后的一个创业群体受到世人关注，但关于温商创业模式的学术研究却几乎没有[1]，更缺乏对海外温商专门研究。海外温商创业的具体过程和形式，则经常以创业故事的形式大量出现在报纸和各类杂志的报道中，并有不少的评论和总结。钟辛（2008）通过若干海外温商创业故事，总结出"能吃苦，当老板又能睡地板；喜抱团，团结一心占市场；存梦想，白手起家当老板"等海外温商创业风格。在2003年第一届世界温州人大会之后，《浙江日报》记者徐园苏靖（2003）就认为勤奋、团结和智慧是海外温州人创业的基本要素，20世纪30年代出去的温州人大多以皮鞋、服装和餐饮等为主业，但目前随着温州人进入各行各业，企业规模越来越大，一些年轻人只要短短几年时间就可以创出上一代需要十几年才能实现的事业。改革开放30年，中央政策研究室的中国特色发展之路课题组对每一个具有典型意义的城市进行了认真的分析，认为在闯荡天下间，温州人的创造力，使温州的发展拥有了最深厚的活力源泉。温州发展靠的是温州人和温州精神，温州商人群体是温州人和温州精神最完美的结合。另外，在一些关于温州企业家的传记中，也或多或少出现了对温商创业模式的描述，如《温州之子叶康松》就介绍了叶康松在美国的创业历程，但以上这些基本上属于创业故事的叙述，没有从创业学的角度对各种模式进行分析，更没有研究形成这些模式的机制。

二、海外温商创业的理论模型：改进的威克汉姆和克里斯蒂安的创业模型[2]

为了对海外温商创业模式进行理论研究，我们需要回顾几个经典的创业模型。首先是Wickham（1998）提出的基于学习过程的创业模型。该模型认为，创业活动包括创业者、机会、组织和资源四个要素，这四个要素互相联系；创业者任务的本

---

[1] 2010年4月10日，笔者以"温商创业模式"为查询内容进行全文查询的结果表明，在中国期刊网学术期刊数据库中，尚没有找到相应的论文。

[2] 本节中关于经典创业模型的论述，参考了葛宝山、王立志等人的《经典创业模型比较研究》一文，详见《管理现代化》2008年第10期。

质就是有效处理机会、资源和组织之间的关系，实现要素间的动态协调和匹配；创业过程是一个不断学习的过程，而创业型组织是一个学习型组织。通过学习，不断变换要素间的关系，实现动态性平衡，成功完成创业。威克姆创业模型的主要特点，是将创业者作为调节各个要素关系的重心，经过对机会的确认，他们管理资源并带领团队实施创业活动。在这个过程中组织不断加强学习，使创业者能够根据机会来集中所需资源，使组织适应机会的变化，进而实现创业成功。

但我们认为，创业模式成功除上述条件之外，更重要还是环境的变化。在不同的环境之下，机会、组织和资源等创业要素之间的关系是不一样的，不同创业者与这些创业资源的互动机制不同，所形成的创业模式也就不同。另外一个经典创业模型为克里斯蒂安创业模型。此模型注意了创业环境的影响，将如何创立新事业、随时间变化的创业流程管理和影响创业活动的外部环境网络等三个议题，视为创业管理的核心问题，强调创业者与新事业的互动关系。笔者认为应该将两个模型有机融合在一起，以创业者为中心，围绕着发现机会，协调资源，构建组织和团队，根据不同环境的具体情况，互动整合形成自己的创业模式，然后再动态调整创业模式适应环境新的变化。这样的创业机制能针对环境的变化，创业者根据自身条件和创业资源的优劣，最终确立个人的创业模式。

综上所述，笔者认为，所谓的创业模式，就是创业者在不同的创业环境下，对创业机会、资源、组织等创业要素所采取不同的组合方式。创业环境包含一般创业环境和创业支持环境。前者指一般的历史、文化、政治、经济和社会制度等宏观环境；后者主要指与创业活动相关的各种支持条件，如融资环境、专业技术环境、商业环境和基础设施等。创业一般环境是创业者不能改变且必须适应的，创业支持环境是创业者可以通过不同方式加以有效利用。海外创业由于创业大环境与国内显著不同，创业者面临的一般创业环境发生了变化，如不同国家的经济发展水平、创业文化、创业理念等均存在差异；同时，在创业支持环境方面，如各国的生活水平、金融政策、科技发展水平等也是千变万化的。所以，为了适应不同国家的创业环境，遍及世界各地的海外温商形成了各不相同的创业模式，成为海外温商的亮点。

创业模式形成机制在于创业者与创业要素的互动机制。不同的时间、地点，创业的一般环境和创业支持环境会相差很大，创业者应当主动把握创业要素的相对优势，最大可能利用创业环境。不同的创业者即使对于同样的创业环境，如果选择的创业模式不同很可能导致创业过程和结果的显著差异。不同创业者，对相同创业环境下的各种创业要素相对优势会有不同考虑，对创业者自身优势与创业环境的互动机制也会有不同的取舍和整合，自然形成不同的创业模式。创业模式的形成机制如图1所示。

图1　海外温商创业模式形成机制图

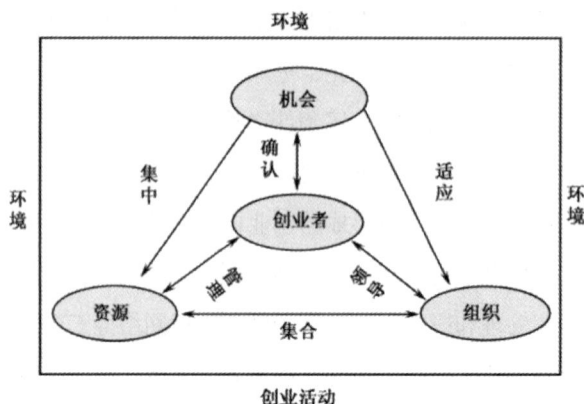

注：此图系参考葛宝山、王立志等《经典创业模型比较研究》(《管理现代化》2008年第10期）相关内容，并加以改变而成。

三、海外温州人创业模式案例分析

在上述文献综述和创业模式分析框架的基础上，笔者通过访谈等调查形式，收集了32个海外温商的创业案例，并对他们的创业模式进行了实证的分析。

（一）调查概况

从2008年底开始，我们在温州市政协、市侨办、市侨联等有关部门和机构的帮助和支持下，利用温州丰富的海外经商企业家资源，通过面谈和电话访问等形式，在温州调查了回温探亲、开会的海外温商代表，陆续收集了34个世界各地温商创业案例。除2个在香港地区创业的案例外，共获得了32个海外温州企业家创业的案例。在这32个案例中，创业者年龄最大的为1943年出生，最小的为1971年出生；其中男性29位，女性3位；最早出国时间为1974年，最迟出国时间为2001年；涉及美国、意大利、日本、巴西、贝宁、埃及等13个国家；创业者既有来自文成、丽岙、七都等温州传统侨乡的，也来自温州其他县市区的；大部分创业者为中学甚至小学毕业，只有三位是大学毕业；创业者出国前的身份有公务员、医生等，但更多的是农民、工人等普通市民阶层；部分创业者在出国前就有创业经验，也有出国后才开始创业的；创业行业不但涵盖了餐饮、服装、鞋类、箱包等海外温州人的传统行业，还涉及运输、房地产、商贸市场开发等新兴服务业，个别还进入了高频发射器、光伏太阳能等高新技术产业；创业年限最长为35年，最短也有9年的时间。综上所述，本次调查的海外温商创业人群，基本上符合所有温商群体创业来源多、创业分布面广等基本特点。

（二）海外温商创业模式的分类

1. 海外温商创业的一般历程

本次调查案例分析表明，温商海外创业企业规模一般要经过从小到大，企业组织上要经过从个体到合作，创业产业则会遵循从传统到新兴的模式，创业周期也长短不一，创业资源大部分与温州相关，小部分直接运用海外当地资源。反映出海外温商的创业模式是一种不断动态变化的模式。

结合本次调查结果，一个典型海外温商的创业历程可以描述如下：由于国内没有好的就业或创业渠道，他（她）通过合法或者不合法的手续到了欧洲或者美国等地开始创业。第一阶段，创业者会在一家熟悉的温州人餐馆或箱包厂做工，用有限的工资支付高额的出国费用，并积攒余钱。大概需要3至4年的时间，创业者才会有机会独立创业。大多数情况下，其第一个创业行业一般为其在海外最初的就业行业，很可能就是餐饮、鞋服、箱包等温州人的传统行业。第二阶段，创业者再经过2至4年努力，其企业规模逐渐扩大并可能会跨行业扩张和并购。第三个阶段，创业者会发掘机会并从事贸易、房地产等更高层次产业。第四个阶段，在积累了大量财富的基础上，创业者会积极利用国内各种优势资源，将大量低成本的国内商品销售到所在国及周边市场，并可能筹备建设中国产品批发市场，从而转型成为商业地产开发商（见图2）。最后，海外温商会可能将部分甚至大部分资本转移到国内，开始在国内投资实业和房地产等，以外商身份获取中国经济高速增长的巨大红利。

当然并不是所有的海外温州创业者都一定要按顺序经过创业的这四个阶段，个人情况不同，创业历程会有很大的差异。早在1978年及以前出国的温州人，群体数量少且多属于亲属团聚类型。投亲靠友，或者可能去继承已有家族事业，因此具备一些创业基础。但同期及稍后出国的绝大部分的温州人，由于没有海外的亲属的支持和原始资本，一般需要自己从头开始完成各个阶段的创业过程。他们需要逐渐积累经验和资本，然后等待创业机会。但20世纪90年代及以后出去的温州人，就

图 2　海外温商创业的一般模型

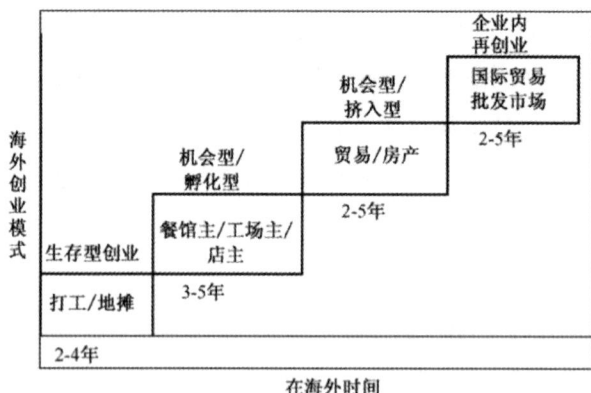

资料来源：根据本次调查 32 个案例情况绘制。

利用了他们在国内改革开放时期所积累的原始资本，直接从第二、三个阶段切入，开始他们的海外创业生涯。而对于已经具备更高创业基础的温商，很可能就直接进入更高端的海外创业产业，如直接投资建设中国商品销售市场或者直接收购海外企业等。据接受访谈的海外温商介绍，2000 年以后出国的温商，出国移民的大多只是为了自己和家人的海外身份，一般很少在海外创业。

2. 海外温商创业模式的分类

结合调查访问的情况，根据上述改进的威克姆和克里斯蒂安的创业模型，对这 32 个案例进行创业模式的分类。按创业动机、创业经历、创业资源与温州相关程度、创业组织形式和创业过程等标准，共分为 10 种创业模式。具体见表 1。

表 1　海外温商创业模式分类

分类标准	创业模式
创业动机	生存型创业、机会型创业
创业经历	一次创业、二次创业
创业资源关联度	内联式创业、海外独立创业
创业组织	个体创业、合作创业
创业过程	挤入型创业、开拓型创业

注：根据本次调查样本情况编制。

506

（1）按创业动机分为生存型和机会型创业

按创业者的创业动机，可以分为生存型和机会型创业。生存型创业是指海外温商为了生存又找不到就业机会时的创业，类似于国内自主决策和经营的个体户。生存型创业分三种典型形式：摆地摊、沿街叫卖和自办地下作坊。在 32 个案例中，有三个生存型创业案例。如 1980 年初，到意大利的一个温州文成农民，因缺乏技术没有找到工作，只好采用沿街叫卖的形式谋生。这是一种早期非常普遍的生存型创业。在 20 世纪的七八十年代海外温州人经常采用。如当时许多刚到巴黎的温州人为了能够在巴黎生活并偿付巨额出国费用，他们往往会身挎一个类似于公文包的皮包，装满诸如打火机、梳子、圆珠笔等小商品沿街叫卖。他们的销售方式类似于现在保险推销员的"扫街营销"，就是到沿街的各咖啡店销售。每到一家，就开包给顾客展示所带商品，问是否需要，然后就下一家，循环往复直至天黑才结束。很多温州老乡从事同样的工作，经常出现往往前脚刚走，后面又来一个温州人的尴尬局面。这种生存型创业比较艰苦，工作时间长，利润低，但能维持基本生活，也可为以后创业打基础。这样的原始积累，一般需要两到三年的时间，更长则要 5 年的时间。本次调查还有两个生存型创业案例，其中一个是在国内有过创业经验的小老板，因为人白白胖胖，长得不像工人而没被温州老乡老板雇用，携带的积蓄用完之后，为了继续留在巴黎，他只好自己开设非法的地下工场，为温州老乡加工服装。夫妻两人就这样开始了海外创业历程。另一个案例则是在巴西创业，一个温州人利用温州出产的电烤鸡设备，通过在集市摆摊卖电烤鸡谋生并创业。

机会型创业是指海外温商因偶然获得或特别发现的商业机会而进行创业。在 32 个案例中，就有这样的创业案例。如一个奥地利的温商，创业前在一家餐馆工作，偶然的原因，原业主要转让该餐馆，平常表现出来的敬业精神和聪明能干的品质，使该温州人成为转让的第一选择，原业主还给了很多的优惠帮助他创业。最后，他抓住机会并创业成功。发现特别的市场是机会型创业的一个典型表现。如 1990 年左右，较多温商就从欧洲辗转到巴西创业。其中一个重要原因就是巴西本身拥有广阔的市场和可以辐射的南美大片市场腹地。在本文调查的 32 个案例中，就有 4 个海外温商发现并开拓了巴西巨大的商品市场，从而将鞋帽、服装、汽车、摩托车配件和节能灯等温州优势产品引入并占领了巴西的巨大市场。甚至还有原本在意大利做餐饮的温州老板，因为看好巴西市场，而转行到巴西专门做节能灯销售的成功案例。

（2）按创业经历分为一次创业和二次创业

一次创业是指过去没有创业经历，到了海外以后才开始创业的。而在国内已拥有一份创业事业，到了海外后又开始再次创业的，称为二次创业；或者虽然海外已经有了一次创业，但从事的行业、经营地点或企业组织形式等发生了重大变化，也可称为二次或多次创业。一次创业，大多发生在改革开放初期或更早以前就出去的早期海外温商。如在1980年前后，由于当时国内尚没有形成主流的工商业主阶层，出去的人几乎均属于一次创业。但1995年开始又有大批温州人出去，这时就已经有多人在温州或中国其他地方拥有事业，他们的海外创业属于二次创业。从32个样本的情况来看，越迟出国的就越可能是二次创业。1985年前出去的6人，均属于一次创业；1995年后出去的有超过一半的人属于二次创业。另外，本次案例研究也表明，长时间在海外的温商，几乎均有多次再创业机会，同时企业规模会逐渐变大，其经营的行业也日趋多元化。

（3）按创业资源分为内联式创业和海外独立创业

内联式创业指温商所利用的创业资源与温州相关。有直接和间接两种形式，一种形式是直接利用了温州的经济资源，如销售温州的产品、利用温州的原材料和设备等。在创业初期就从事商品贸易的温商，往往从销售温州产品起步，或者以温州的产品为主，以后逐渐转到义乌或者广东等地。一些温州特色的饭店也直接与温州相关，因为要顾及温州人独特的口味，会特意从温州直接采购鱼干、咸菜等温州的土特产，甚至部分还包括新鲜的杨梅和海鲜。在32个样本中，有17个创业样本的创业资源与温州直接相关。

内联式创业的另一种形式是间接关系。实际上是与广义的温州人经济网络有关，即利用温州商人之间的亲缘、血缘、地缘等关系进行的创业。在调查样本中，有10个海外温商的创业活动就是利用了广义的温州人经济网络。其中出现最多的就是温商之间合伙经营，往往是一个温商与多家温商企业有关，关系较近的直接合伙，关系较远抑或会选择入股的形式，关系更远的可能就是通过第三者担保，进行简单的借贷。这样就会形成一个温商合作的经济网络。随着海外新温商数量的大量增加，更多地产生了专门为海外温商服务的创业企业，如房地产经纪、旅游服务、医疗法律咨询等机构。

海外独立创业，是指海外温商创业时基本上没有直接或间接利用与温州人和温州经济有关的资源。在本次调查中，只有5个样本创业时是与温州经济没有任何关系。分别从事当地的运输服务、房地产中介、贸易、服装设计和高技术开发生产，创业者利用的只是当地资源。海外独立创业，在世界各地大量海外温商的创业实践中并不多见。另据观察，在调查样本之外，也有一些温商从事国外品牌代理、买断国外矿产等直接利用所在国资源的海外独立创业活动。

（4）按创业的组织形式分为个体创业和合作创业

温州商人一般喜欢个体创业，但一旦需要资源整合，也很容易结成合作关系。在所调查样本中，13 个是属于个体创业，其中 9 个是餐饮企业；属于合作创业的有 19 个样本。而且通过访谈发现，早期的小餐馆、小作坊、小摊位一般属于独立创业，创业者既当工人又作老板，即所谓的"白天当老板，晚上睡地板"。但一旦涉及批量国际贸易等需要大量资金的投资行为，或者运作环节繁多的投资行为，温商往往会采取合作的方式。具体的合作方式是多样的，可能是股份制，也可能是合伙制，也有简单的借贷。笔者的调查还发现，随着海外温商创业事业的发展，在进行第二、三次创业时，温商更多地喜欢采取合作的方式。缘何大多喜欢合作创业，参与访谈的海外温商认为，因为合作可以得到多个合作企业家更多、更广的创业资源，同时多个合作者能分担创业风险，增加抗风险能力。很多温商更是表示，通过合作可以扩展更广的人际关系，涉及更多的新兴产业，发现更多的创业机会。

（5）按创业过程分为挤入型创业和开创型创业

挤入型创业指原有的市场比较成熟、竞争比较激烈的情况下，温商利用价格、营销手段等方面的优势，挤入既有市场并成功创业。在访谈案例中，1994 年在葡萄牙北部的 Proto 和 Vila do Conde 成立的葡萄牙第一家华人批发公司就是属于挤入型创业。当时，那里遍布印度人的批发公司，印度人有较长的经商历史和市场基础，要建立华人自己的批发市场，不但要打开市场，取得葡萄牙人商人的信任，而且要抵制印度商人的集体围攻。温商闯过一道道难关，终于成功替代了印度人，并占领了葡萄牙的小商品市场。又如，1998 年前后，温商就是打破了犹太商人的独占地位，在与巴黎环城线相邻、位于市区东北的 Aubervlliers，建立了中国商品交易的集聚地。还有在美国纽约法拉盛，温州商人也是挤走了先前的意大利和韩国商人，一举成为当地超市的主力。

开创型创业主要是指温州商人运用其独特商业眼光和冒险精神，开创性地发现并开发出一个具有潜力的新兴市场。如 1996 年前后，欧洲温商就发现了西班牙小城埃尔切重要的商业价值。当时很多温商就从意大利、法国、荷兰等国，陆续迁到埃尔切，在温商的努力之下，该市目前已经成为欧洲重要的鞋品和箱包集散地。在纽约，新来的温州移民大部分会选择在法拉盛或长岛等华人市场更为薄弱、更易创业的区域，而不是选择华人密集、创业机会很少的曼哈顿唐人街。近年来，温商频频出现在非洲国家，一方面是开创了木材、矿产、石油等国内急需资源的供应市场；另一方面也开辟了潜力巨大的非洲消费品市场。

四、海外温商创业模式发展趋势展望

随着经济全球化的进一步发展，更多的温商会到海外创业。如何利用所在国的创业要素，更好实现创业者与创业环境的有机结合，寻找和抓住创业机会，整合创业团队，设立创业组织，将成为温商海外成功创业的关键。海外温商创业模式将不断变化发展，我们需要特别关注以下变化趋势：

1. 生存型和内联式创业将会越来越少。随着中国经济的发展，为了生存到海外谋生的人群将会变少，越来越多的温商作为投资移民到海外发展，生存型的创业将会减少，机会型创业会大量增加。同时，由于信息技术和物流技术的进一步发达，创业资源将更加扁平化和全球化，与温州相关创业资源的独特价值会随之降低，内联式创业将日渐减少。

2. 海外独立创业将会大量增加。随着海外温商数量增加和素质的提升，特别是语言能力的改善，使他们对海外居住地的历史、文化、政治、经济和居民的生活方式等有了更深入的了解，加上海外温商本身所具有的强烈创业意识，更多服务侨居国本土居民的创业机会将会被发掘，海外独立创业将大量增加。

3. 海外创业行业的变化会导致创业模式的改变。与国内创业的发展趋势一样，目前从温州传统产业起步创业的将会变少，而诸如涉及物联网、互联网、文化创意、教育培训、咨询服务等新兴产业将成为海外温商的创业热门。随之可能会出现联合外籍专业人士利用温商资本，创办高新技术企业等新的创业模式。

4. 海外温商的第二代创业将逐渐成为主流。正如国内目前出现的大量富二代接班的现象，海外温商的第二代群体也在悄然形成。在32个案例中，就已经出现海外温商的第二代利用自身语言的优势，帮助上一代创业的例子。海外温商的第二代在教育程度、人脉网络、创业理念和思维模式等方面，与上一代相比已经发生了巨大变化。他们将逐渐成为海外温商创业的主流群体，而资本运营、跨国经营等会成为他们有别于上一代创业模式的特征。

五、结语

  海外温商创业模式的形成机制是比较复杂的，除温商个人本身因素之外，还需要考虑国际经济发展的宏观背景以及所在国经济发展水平等。对于创业要素的把握和利用机制，海外温商和国内的温商并没有什么差别。无论在国内还是海外，他们的成功都是因为创业者充分利用了创业环境，很好地与创业要素实行了互动。主要的差别只是竞争环境的不同，国内创业初期创业面临的环境是与国有企业的竞争，海外创业需要面对海外环境，是与国外企业的竞争。除此之外，最本质的还是创业者自身因素的影响。过去一直引人瞩目的"温州模式"是从地域的视角来把握的，但如果不考虑温州这个地理概念，而是考虑到在全国和海外各地创业的温州人，那么大量温州人的成功创业更应该被称为"温州人模式"。（这段是否考虑不要？）

  对于海外温商创业模式，本研究利用 32 个访谈案例，简单地描述了他们一般的创业历程，并对创业模式进行了分类。但鉴于数据收集的困难，笔者并没有进行定量分析。而诸如海外温商的二代创业、创业行业与当地经济的相关程度、与国内温商或海外其他群体华商的创业比较等许多重要的问题，均值得我们深入研究。为此需要积累更多的案例，掌握更多的数据，应用更好、更多的方法进行分析，才能更好地为海外温商乃至华商的海外创业服务。

原载《华侨华人历史研究》2010 年第 3 期

从温州模式到温州法治模式
——温州模式与区域法治文明论纲

方益权　项一丛

[摘　要] 作为"需求诱致的局部制度变革"典型的温州模式，从其内涵、特征和丰富的实践中都可以挖掘出深刻的法治论题。温州法治道路是以诱致型法治发展为动力，辅之以政府推进的法治道路模式；法律渊源具有多样性；现实主义法治观成主流理念。温州模式的未来发展也应该被看作是这样一个过程：从一个统制一切的经济发展观念转变为一种法治文明的发展观念。

[关键词] 温州模式　区域法治　法治本土资源　温州法治模式

当今中国，社会发生了深刻的变革，并继续处于微妙的转型之中。"依法治国"作为治国方略，正不断地影响着人民的生活。以"温州模式"作为基本的研究素材和分析框架，探究社会转型、制度变迁中的法治理论，并努力通过挖掘和分析温州模式中的法治道路、法治资源等基本要素，可以为区域法治理论建构初步的分析模型，从而勾勒从温州模式到温州法治模式的理想蓝图。

一、温州模式中法治论题的提出

在区域主义研究的视野中，"温州模式"已成为一个指称特定经济社会发展模式的固定语词，20世纪八九十年代以来，学者们分别从经济、人文、历史等不同视角观察温州模式，丰富了温州模式理论的内涵。然而，这些丰厚的理论成果却缺失了法学的研究视角和法学家们的研究旨趣，可谓一个理论缺憾！诚然，"温州模式"首先是对温州经济制度变迁的概括性表述，但是，马克思主义法学关于法与经济的一般理论已经揭示，经济制度变迁伴生着法制的变革，法制的变革反作用于经济制度的变迁。我们认为，作为制度变迁模式的温州模式，从其内涵、特征和丰富的实践中都可以挖掘出深刻的法治论题。

首先，"需求诱致型"体制改革模式与法治道路选择之关系。经济制度变迁有两种基本模式：诱致型制度变迁和强制型制度变迁。经过经济学家对温州经济体制改革模式的研究，其主流观点认为，温州模式是"需求诱致的局部制度变革"的典型。诱致型变迁，是指现行制度安排的变更或替代，或者是新制度安排的创造，它由个人或一群（个）人，在响应获利机会时自发倡导、组织和实行。基于这一理论前提，在此变迁模式下，其法律制度层面、法治建设层面又发生哪些变化、如何发生变化呢？依据法理学研究成果，在法治道路选择上有政府推进型法治模式和社会演进型法治模式，那么温州的法治道路选择何种模式呢？对于法治道路的一般性研究成果在温州模式下有多少说明作用和解释的可能性呢？这些问题都亟待我们经过深刻研究做出科学回答。

其次，温州社会转型中内生的"守法"与"违法"的悖论。当社会中某些领域的制度或规则先于法律制度变革时，就将陷入"守法"与"违法"之争。温州模式所面临和经历的"违法转型"的质疑即集中呈现了"转型期法治理论"所要完成的现实课题。如何分析和评价这种因制度变迁而引致的"违法"？"变法"与"守法"的悖论是法学理论中的经典理论。历来，自然法学、分析法学和现实主义法学对此聚讼纷争。对温州模式和温州区域法治文明的深入研究，可以为转型期区域法治理论提供丰富的实证经验和理论参照。

再次，温州模式下法治发展的地方资源之挖掘。随着法治理论研究和依法治国战略的深入，近年来区域法治理论逐渐兴起，其中已出现两种值得关注的研究进路：其一，以孙笑侠教授为代表的法理学者提出了"先发地区的先行法治化"理论；其二，在"国家综合配套改革实验区"政策下对地方法制"先行先试权"的反思性研究。正如孙笑侠教授在研究中提出"法律地理学"的命题，研究区域法治的优势资源和稀缺资源，有助于地方法治路径的选择。在区域法治理论研究中探索另一进路，即挖掘地方法治资源，对于温州乃至中国所有地区的区域法治化发展，都是极为重要的。

最后，温州法治进程中的阶段性法治类型分析。法治的发展被认为具有一种内在的逻辑：变化不仅是旧对新的适应，还是一种变化类型的一部分。这种变化受某种规律的支配，至少在今天可以认识到，这种变化和先行的实践过程反映了一种法治精神的内在需要。对温州法治进程中阶段性法治类型的分析，对于解读以温州为代表的中国先发地区的法治进程，进而科学定位其法治发展路径和前景，寻找区域法治的推动力，实现区域经济社会和法治发展的和谐发展，是非常有价值的。

二、温州模式下地方法治道路的特征分析

对温州法治道路特征的描述与分析，不得不在温州模式的语境下、在改革开放的全国性背景下展开。根据马克思主义关于经济与法律的基本观点，以及市场和法治的关系理论，温州法治道路的特征恰与温州模式的基本特征具有某些共通性。

学界对温州模式特征的研究著述颇丰，观点不一。笔者抽取其中可能影响温州法治道路特征形成的若干方面进行阐释。第一，自生自发的诱致型制度变迁，是温州体制改革模式的总体特征。第二，温州人民是温州模式的创造者。温州地方的"人力资源"是温州模式的生生不息的动力。第三，温州模式的运行中伴随着来自法律乃至意识形态的风险，为规避这些风险承受着持续的"摩擦成本"。在自生自发的诱致型变革中，相对于经济领域的变革，意识形态和政治、法律制度的滞后是各个社会中的共性。为规避这些风险做出的种种对策性制度和措施却是具有温州模式特色的，笔者将其称为"规避风险的技艺"。第四，市场经济是温州模式的推动力。市场引导机制是温州模式发展的内生力量，同时影响着其他社会体制的变迁。

经过对温州模式本身特征的提炼与梳理，本文认为与之相生的温州法治道路具有如下特征：

（一）以诱致型法治发展为动力，辅之以政府推进的法治道路模式

有关法治发展道路理论，学界有不同的研究模式。蒋立山教授较早提出了"政府推进型的法治道路与社会演进型的法治道路"二分理论。笔者认为，在温州模式的区域特点下，蒋教授的这一研究结论不具普适性。温州作为经济制度先发地区，在法治发展的路径上，更可能趋向诱致型、渐进型的，政府在这一法治过程中则是推动法治发展的辅助力量。理由有二：其一，诱致型、先发性的制度变迁，使其法治秩序的发生缺乏足够的可供参照、模仿的途径、方法等，理性建构的可能性不足；其二，由于经济的先发性，对法治（"规则之治"）产生了内在需求，法制往往通过渐进型方式回应这种需要。

当然，在自发的制度安排，尤其是正式的制度安排变迁中，往往也需要用政府的行动来促进变迁过程。政府推动主要有三种类型：第一种类型，也是最主要的类型，

社会自发的诱致性法制创新经过国家认可和接受，向国家的强制性法律制度转换与扩展。如温州农村民营经济的发生及其法律地位的确立即属这一类型。再如，温州金融改革即是由自发到自觉再到被承认和规范，以及最后被全国政策同化的全过程。第二种类型，在国家政策概括性授权下，进行社会自发的诱致性法制变革。如1986年国务院批示成立"温州试验区"，为温州经济体制变革提供政策性支撑。第三种类型，中央政府只是负责制定出制度和政策的大致框架，允许地方根据自己的实际情况制定实施细则和具体操作办法，从而实现制度创新。

（二）法律渊源的多样性，政策成为法律渊源的重要形式，法律运行模式的双轨制

在诱致型制度变迁和社会转型的背景下，国家主义的立法模式显得捉襟见肘，制度和规范为了回应社会变迁，必然出现多元化的法律秩序结构。法律渊源形式再度丰富，层级多，数量大。在1979—1997年，国家颁布大量的带有明显计划经济痕迹的法律，包括1982年修订的宪法。这些法律法规多是特定历史条件下的产物，随着温州经济体制改革进程的加深，许多已形同虚设，不得不仰赖政策治理或行政治理来维持生产和交易秩序。学者张建伟将这种法律运行特征称为"双轨制"的模式，并指出这一模式能降低制度变迁带来的风险和不稳定性，但也付出了"经济行政法规泛化"和"司法裁决困难""有法不依"等阶段性的代价。

（三）"变法"与"违法"的紧张关系凸显，现实主义法治观成主流理念

温州法治道路中充斥着"变法"与"违法"的紧张关系，经济制度的变革经常伴随着"违法改革"的质疑，这即构成一幅温州法治道路中的特殊风景。在法理学对"转型法治"的研究中即已注意到"变法"与"法治"间的紧张关系，并认为，"从短期看，这两者甚至是不可兼容的。即使变法对中国的现代化是必须的选择，从长远来看是唯一的选择，但是从制度建设的层面上看，至少在一段时间内，却是不利于秩序的形成，因此也就不利于法治的形成"。我国宪法学界曾出现的关于转型期社会"良性违宪"之争，与此则有相似的理论旨趣。作为诱致型制度变迁的温州模式，其"变法"自然难以找到直接的规范依据，而上述多元法律形式、"双轨制"法律运行模式等解说也难以为其提供充分的合法性证明。

20世纪80年代初，温州出现的"八大王事件"是这种紧张关系的典型演示。当时，乐清8名个体户率先从事商品经济，赚钱后盖起楼房，骑上摩托，安装电话，

被政法机关以"投机倒把罪"逮捕入狱。在温州商品经济发展过程中出现了一些私营企业，由于当时的法律仅承认非公经济中个体经济的合法地位，这些私营企业遭受了严峻的法律风险和政策障碍。在这种环境下出现了"挂户""红帽子"等现象。此外，温州民间金融制度的变迁最初同样面临合法性的质疑。

在温州，诸如此类的事件层出不穷。面对这些出现在制度变迁中的"合法"与"违法"之争，基于不同的法治观会做出完全相反的评价。形式主义法治观会主张："如果说，经济转轨的最终目标是法治的话，至少在中国，转轨的路径恰恰是以非法治的方式——甚至可以说以违法的形式进行的。"

在温州模式下，国家和政府秉持的现实主义法治观则为制度的顺利转型提供了重要的政策保障。1984年4月，乐清县人民法院遵循实事求是的原则，进行重新审理，宣告"八大王"无罪。关于私营企业的法律性质，"挂户"和"红帽子"本身即体现了政府默认其存在的现实主义姿态。

三、温州模式中地方法治资源的挖掘

自苏力教授著文提出"法治本土资源"理论以来，法治资源理论成为研究法治道路论题中的重要分析工具。然而，苏力教授所提出的"本土资源"是相对西方法治经验和传统而言的发生于中国大地的法制传统。实际上，中国各地的法制传统也未必完全相同，相反，显现出了丰富的多样性。因此，我们应当注重挖掘法治资源的"地方性"特点，即地方法治资源。如果要论证温州模式下的法治进程及其内在必然性和规律性，则要挖掘和考察温州区域内对法治发展有积极影响的地方法治资源。

（一）作为地方法治资源的商品经济和市场经济

市场经济是一种以市场对资源配置其基础性作用的经济体制，它是商品经济法治发展到一定程度的产物。商品经济与法律有着某些必然联系。马克思说："先有交易，后来才由交易发展为法治。"现代市场经济导致法律体系在结构与功能上发生巨大的变革。这些经济体系和要素在温州模式中先发滋生和成长，自然在区域范围内产生了法治发展的需求和动力。这些需求或通过地方试行改革的方式以较低层级的规范性文件的形式实现，或通过地方的集中需求促使国家立法活动启动。

（二）作为地方法治资源的人民主体

在商品经济和市场经济体制下，对规则、法治、秩序的最大需求者是作为市场主体个人或企业组织，本文概括称为"人民主体"。随着对温州模式研究的深入，学者开始探究作为温州模式主体的人民——温州人的特殊性，并已开始形成"温州人学"。在后者的研究中，学者发现"温州人"具有某些适应市场经济和法治社会的特殊气质。法治需要作为其主体的"人"具有强烈、清晰的主体意识，并在此基础上培养权利意识。学者周晓虹在比较苏南周庄人和温州虹桥人的现代素质状况时指出，温州人现代素质比苏南人强，他认为造成这一差别的一个重要因素是自然资源尤其是土地资源的差异。周晓虹说："远离现代城市文明的温州地区的农民之所以会普遍产生脱离土地、从事小手工业和小商业的动机，很大程度上是由于土地匮乏所促成的。"这增加了虹桥人离土和离乡倾向，也培养了他们的流动和风险意识，以及独立从事经营的能力，而在温州模式的发展中，获得了高度的个人自主性和效能感。

（三）作为地方法治资源的传统法治文化

因区域地理、区域文化、区域历史、区域宗教、区域民俗、区域经济结构等的差异，加上长期以来尊崇法律文化的传统，也就形成了具有不同于其他地方的区域法治文明传统。这一区域法治文明传统融入当地经济社会发展的脉络中，就可能形成具有独特性的区域经济发展模式。温州区域法治文明传统正是温州模式的法治文化渊源。蔡克骄教授认为，温州历史上是一个手工业发达的商贸城市，温州人素有重商观念，重功利，务实际；受永嘉事功学说的影响，温州市民有较为独立的主体意识，并形成市民阶层。学者所挖掘的这些功利主义、市民心态等恰与法治文化形成内在的精神契合。

（四）作为地方法治资源的行业组织自发成长

行业组织作为民间组织其兴起对市民社会的成长和法治建设的意义，学者多有研究和论述。然而，这些研究均主要以西方国家行业组织的发展模式为素材展开，与西方国家的行政组织多为"自下而上"的纯民间组织不同，我国自20世纪70年代开始出现的民间组织很大程度上是依赖国家"自上而下"地形成的半官方的组织。因此，对于西方国家理论研究中形成的行业组织与法治建设之关系理论，在我国并没有足够的解释空间。发生于温州的行业组织主要经由"自下而上"的方式产生，具有较强的民间性。学者研究发现，温州的行业组织，尤其是温州商会的产生和发展对于温州市民社会的建立和法治发展有重要的推动作用。

四、一个理论抱负：从温州模式到温州法治模式

经过前面的纲要性研究，本文试图挖掘温州模式中的法治论题并进行初步的论证，勾勒温州法治路径的基本面貌，并对温州模式中的法治资源进行探索。至此，本文尚未触及的一个理论抱负似乎得以提出，即是否存在作为一种法治模式的温州模式？

如前所述，"温州模式"的发生、被关注、被研究，总是首先作为一种经济体制模式被描述，其内涵、特征、价值等诸方面都已被学者深入研究。然而，在法治模式理论层面上，尚未有独立的"温州法治模式"之类型。我国法学界多引介西方法治理论中关于法治的类型或模式的研究成果，并对这些理论形成相当的共识。但是这些理论著述为研究我国法治道路和模式提供了丰富的理论资源，却缺乏将理论运用于实践的细致的经验分析，也没有用经验来检验理论。

我们很清醒地意识到，没有以法治政府建设为核心内容的区域法治文明的进一步发展，就没有温州模式的后续活力。展望温州模式的未来发展，首先是要摆脱温州传统家族式熟人社会的政务、经济事务、社会事务的治理模式对温州经济社会发展的严重制约，保证社会各项工作都依法进行，逐步实现社会管理基于民主前提的制度化和法律化。同时，温州模式要真正成为一种"扩展秩序"模式，就不能仅仅把温州模式看作是其自身演变的过程。温州模式的未来发展也应该被看作是这样一个过程：从一个统制一切的经济发展观念转变为一种法治文明的发展观念。这种法治文明下的温州模式的发展观念是寻求法治和社会经济全面和谐发展的新型科学的发展观念，符合科学发展观的基本精神。只有朝着法治文明的方向前进，才能摆脱温州模式发展所面临的困境和危机。

因此，本文希望能用相关理论论证作为中国法治模式之一的温州法治模式存在之可能性，并借此抛砖引玉，希望更多学者在先发地区的区域法治模式问题上展开深入研究，为先发地区的进一步发展输入法治动力，为后发地区的发展提供法治引领。

原载《探索与争鸣》2010 年第 12 期

解读另一种温州模式
——温州政治文化对温州模式的影响

戴海东　郑上忠

[摘　要] 自"温州模式"问世以来，引起许多专家学者的关注与研究，但是大多数学者都是从经济的角度出发来研究"温州模式"，本文试图从另一个角度即温州政治文化角度出发，结合温州的实际情况来解读温州模式。

[关键词] 政治文化　温州政治文化　温州模式　影响

"温州模式"就其本质来说，就是市场经济的模式，然而"温州模式"的内涵并非仅限于此，"温州模式"的核心在于充分尊重和发挥民众的首创精神，这一精神在很大程度上形成于温州的政治文化。因此，本文主要是通过阐述政治文化内涵及其特点，说明温州特殊的政治文化在"温州模式"形成中所起的作用及成功之处。

一、政治文化的内涵及在温州的表现

（一）政治文化与温州政治文化

现代政治科学关于"政治文化"的研究产生于20世纪50—60年代的美国，首倡者是美国著名政治学者加布里埃·阿尔蒙德。1956年，他在美国《政治杂志》上发表了《比较政治系统》一文，率先使用"政治文化"的概念。嗣后，各国学者开始使用这一概念，并试图通过政治学、心理学、文化人类学等跨学科的方法对政治文化进行研究，并取得了一定的成果。学者对政治文化的概念界定总括为两种解释，即心理视角和意识形态。心理视角：美国政治学者基本上是从心理视角来界定政治文化。阿尔蒙德认为："政治文化是一个民族在特定时期流行的一套政治态度、信仰和感情。"①之后，阿尔蒙德又补充说："政治文化是各种政治态度、价值、感觉、信息和技能的独特分布。"②意识形态：如苏联学者尼·米·凯泽罗夫把政治文化定义为意识形态的上层建筑的特殊的精神文化现象，它表现为一定政治观点、政治价值观和政治习惯的总和③。我国学者王沪宁也认为"政治文化是政治活动中的一种主观意识领域。"④

综上所述，我们可以这样界定政治文化，所谓政治文化是政治主体在政治活动中所表现的主观方面，这种主方观方面不仅包括政治心理因素，还包括政治意识形态即政治观念和政治思想。政治心理和政治意识形态二者是互为表里，互相作用的。政治心理是潜藏在人的内心世界，不表露在外的。但是它却促进人们政治观念，也就是人们对政治生活有系统的认识，而政治心理又受其政治思想的支配，即人们是在一定的政治观念影响下产生出一定的政治认识、情感和信仰的。因此，政治心理推动着政治思想的形成，而政治思想则引导着人们的政治心理，两者形成一种互动的作用，通过一定的政治客体如政治制度指导着人们的规范。

政治文化的研究无论是对一种行为，还是对一种模式来讲，都具有重大的意义。温州作为一个区域，具有政治文化的一般性，同时，由于自然的、经济的、政治的环境不同，也就构成了温州本区域政治文化的独特性，因而才使得温州人独创的区域模式不同于其他如苏南、阜阳、两江模式；因此要解读"温州模式"，就有必要全面了解温州的政治文化。

（二）温州政治文化产生的历史渊源

温州历史上真正形成思想流派并对温州发展产生积极影响的，理应从南宋"永嘉学派"叶适的政治思想开始，并从中去寻找温州政治文化产生的历史渊源。

1. "见之事功，经世致用"的功利思想

---

①　阿尔蒙德等:《比较政治学：体系、过程和政策》，上海译文出版社，1987年，第29页。

②　阿尔蒙德等:《当代比较政治学》，商务印书馆，1993年，第51页。

③　杨福禄等:《政治学新论》，武汉大学出版社，1996年，第273—274页。

④　王沪宁:《比较政治分析》，上海人民出版社，1987年，第158—159页。

重视实际事功，反对理学空谈道德性命，是叶适政治思想的理论基础和出发点。在叶适看来，凡是对社会产生效益的学问，都是有用的东西；否则，就是无用之学。他的态度是取有用之学，舍无用之学，一切按事功主义的原则加以评判和处理。据此，叶适主张农工学商不可偏废，工商者也可以进入仕的地位，有权从事文化、政治等活动。

2."任人以行法"的用人思想

叶适认为由纪钢过专派生而出的法度过密，其后果是各级官员随机处理置权过分减少。"任法不任人"，只见管理制度不见管理者，会使人的才能无法发挥，不能体现人的主体性，同时"任法不任人"妨碍了人才的选择，其结果是真正的人才难以发现，这对于用人极为不利。叶适主张改"任人不任法"为"任人以行法"，"使法不为虚文而人亦同以见其用，功当以赏罚，号令一于观听，简易而信，果敢而行"[1]。叶适这种"任人以行法"的政治思想充分发挥了人的主体性和自主性，为后世温州人"自主、自立"精神的形成产生了直接的影响。

3. 限君"得民"的重民思想

叶适认为："为国之要，在于得民，则多是田垦而税增，役众而兵强。"[2]他从国家利益着眼，看到了"得民"的重要性，因此他强调实现宽民之政，认为只有"能裕民力，而后可以议进取"[3]。同时，叶适反对用严刑酷罚治理人民，他说："欲治天下而必曰严刑后治，亦见其无术矣。"[4]他认为："平心克己，节俭爱人，务农重本，轻利薄赋"，是"治之常"[5]。这些思想对减轻人民的肉刑之苦，保护社会生产力，无疑都是有利的。

永嘉学派的重商、功利、自立、务实的思想，对后世温州人影响很大。在历史风雨中经历数百年的温州人在这种思想影响下，铸就了"其货纤靡，其人善贾"的品格，而这种独特的品格如同遗传因子一样一直延续至今。

（三）温州政治文化的特点

各民族、各区域的政治文化其产生都离不开本身的环境，甚至可以说不同的环

---

[1] 叶适：《水心别集》卷十四《新书》。

[2][3][4][5] 叶适：《水心别集》卷二。

境创造出不同的政治文化，形成不同政治文化的政治特点。温州作为一个区域也是如此，它的政治文化特点也带有环境的特色。

1. 温州人生存的自然环境决定了温州政治文化的开放性

自然环境正是人类赖以生存和获取生产、生活资料的基础。然而，大自然所赋予各民族的生存条件极不相同，在初民社会，由于人类征服自然能力的低下，只能"靠山吃山，靠水吃水"，所以在人类早期，自然环境对社会发展的作用是很大的。一些民族的地理、气候条件适宜从事农业，而有的民族所处的地理位置和气候条件则适宜从事航海或贸易；内陆一些民族具有封闭性，而沿海的民族则具有开放性，这样，就使得各民族在不同的环境下创造出各自不同的生活方式，同时也就形成了各自的文化体系。温州地处浙江省东南部，是一座历史悠久的沿海港口城市，历史上曾三次被开辟为对外开放口岸，北宋咸平二年（999），温州首先被宋朝廷列为对外贸易口岸；南宋绍兴元年（1131），温州设立"市舶务"管理并开展海外贸易；清光绪二年（1876）签订《中英烟台条约》，温州被迫辟为对外通商口岸[①]。温州气候属亚热带海洋季风气候，海岸线较长，沿海岛屿星罗棋布，适宜发展航海和对外贸易，形成了一种开放的环境。温州的政治文化由于这种自然环境形成了一种开放性的政治文化。

2. 温州的经济生产方式和经济形态使温州政治文化具有农商结合的两重性

不同的生产方式和经济形态对一个民族、一个区域文化的形成和发展有极大的影响。例如自然经济，无论是在中国还是在西方，原始社会、奴隶社会和封建社会，都是主要的经济生产方式。但是中国和西方的原始、奴隶和封建社会又有各自的特点，因而形成不同的经济环境。中国虽然存在商品交换，但由于传统的政治上的重农抑商，使商品经济在我国一直受到压抑。所以我国的古代文化基本上是自然经济下的农业文化。温州作为中国东南的一个沿海城市，在历史的演变过程中，自然经济也一直充当着主流经济，农业文化自然是其主流文化。然而温州又不同于其他地方，温州历史上曾以手工业著称于世，有"其货纤靡，其人善贾"之说，因此，温州的文化除主流的农业文化之外，还具有很强的商业文化[②]。这两种文化交汇形成了

---

① 章志诚：《温州市志》，中华书局，1998年，第187、1039页。

② 蔡克骄：《温州人文精神剖析》，《浙江师大学报》1999年第2期。

具有温州特色的农商结合的政治文化。表现在温州人身上是一种"实惠"和"虚荣"并存的个性精神，这种个性对"温州模式"的形成起到一种推动的作用。

3. 温州的社会政治生活结构形成了温州政治文化的保守性和宗族性

社会政治生活主要是指政治关系及与其相适应的政治制度，它是政治文化的直接基础。我国古代，在以小农为基础的自然经济中，政治上形成了中央集权的君主专制。同时，血缘关系长期影响我国社会，它是一种典型的"家国同构"制度。因此，在我国的政治文化中长期保留了专制思想和家族观念。温州作为一个区域同样深受这种传统文化的影响，温州的政治文化具有极浓的保守性和宗族性，温州人对君主的认同、清官思想的保留，以及家长作风的存在都是其表现。这一特点在"温州模式"的形成及发展过程中产生了一定的负面影响。

4. 温州的国际环境使温州政治文化具有适应性和变通性

国际环境对政治文化的形成与发展也起到一定的作用。如前所述，温州在历史上曾三次被开辟为对外开放口岸，对外开放政策使温州成为各民族文化的交汇地，温州人也开始走出去，走向全国乃至世界各地。据统计，大约有100多万温州人在国内各大城市，30多万温州人在世界各地，可以说，哪里有机会，哪里就有温州人。于是，温州人学会了在流动中生存和发展，在流动中适应新的环境。就这样，温州人形成了一种在流动和交汇中的适应和变通的能力，而温州的政治文化在这种国际大环境的影响下则深深地印上了具有适应性和变通性的烙印，并发挥着巨大的作用。

二、温州政治文化在"温州模式"发展中的独特作用

改革开放以来，温州的经济发展已为全国所瞩目，温州人创造了具有温州区域特色的经济发展模式，在国内外产生了重大的影响。在这一过程中，温州政治文化对"温州模式"的形成和发展起到了一定作用。

（一）温州独特的政治文化造就了温州人强烈的自主、自立意识

温州人都有一种强烈的自主、自立意识，这种意识使温州人在经济发展的过程中敢于标新立异，表现出一种敢为天下先的勇气。在农村，广大农民依靠自己的力量，发挥聪明才智，从土地中解脱出来，毅然投身于商品生产。100多万农村剩余劳动力走上自主、自立道路，为温州温州农村商品经济的发展带来了勃勃生机，彻

底改变了温州农村"人均四分地，生活靠救济"的贫困状况。同时，这种自主、自立意识还表现在温州人个个想当老板，"宁为鸡首，不为牛尾"成为温州人真实的写照。温州人强烈的自主、自立意识不仅使温州人在创业中创造了世人瞩目的"温州模式"，还为政府减轻了许多负担。温州现象的发生，在很大程度上都源于温州人的自主、自立意识，而这种自主、自立意识则是温州独特政治文化的产物。

（二）温州独特的政治文化使温州人对党的政策有一种天然的敏锐力

温州人"关心政治"源于温州人"怕政治"，中国的任何一个城市没有像温州这样经历过那么多的政治冲击、争论，甚至被封杀。温州人在政治夹缝中自强、自尊地向前走，在苦难中深刻地悟出了"商人要懂政治"的经营法则。正是在这种法则的指导下，温州人对党的政策形成了一种天然的敏锐力。这种敏锐力使温州人创造了一个又一个的奇迹，创造了一个又一个的全国第一，如中国第一家实行利率改革的农村信用社——苍南县金乡镇信用社；中国第一座农民城——龙港镇；中国第一个私人包机公司——天龙包机公司……这些多个"第一"奇迹的创造，都出于开拓创新的温州人对党的政策的敏锐力，这些奇迹使温州经济发展产生质的飞跃，促进"温州模式"的成型和发展。

（三）温州独特的政治文化使温州人特别讲究务实精神

"温州模式"的形成是与温州人的实践分不开的，其中一个最主要的原因是温州的领导人、企业家以及广大农民遵循解放思想、实事求是的思想路线，紧跟形势，锐意进取，使务实精神成为温州人可贵的品格。温州的成功，从某种程度上来说，是温州人务实精神的体现，是温州人从实际出发认真执行党中央政策的表现。回顾历史,温州在从传统的高度集中的计划经济向社会主义市场经济体制转型的过程中，不断地遇到姓"社"姓"资"问题的质疑和困扰。在多次诘难（如农村家庭联产承包责任制姓"社"还是姓"资"？"温州模式"姓"社"还是姓"资"）中，温州领导人始终坚持解放思想、实事求是的马克思主义和毛泽东思想的精髓，坚持不争论原则,从温州的实际出发紧紧把握住是否有利于社会生产力的发展这一根本标准，客观、全面地对待温州改革进程中出现的各种问题，不唯上、不唯书、只唯实。同样，温州企业家的务实精神对温州模式的形成发展也起着重要的作用。温州人的务实精神源于温州政治文化，尤其是温州这种流动性的政治文化养成了温州人善于观察时势，善于在实际中立足，而"温州模式"正是温州干部和广大群众的务实精神的结晶。

（四）温州独特的政治文化使温州人特别变通、通达

温州人在并不流长的温州政治文化传播过程中，形成了一种文化精髓即变通、通达的精神。这种精神在温州模式的发展过程中，使温州人成为市场经济最大的赢家。"温州模式"的发展到目前为止大致经历了 3 个阶段：1978—1985 年以家庭工业为主体的阶段；1986—1992 年以股份合作制为主体的阶段；1992 年邓小平南方谈话，温州相对前两个阶段进入了以公司制为主体的阶段。这三个阶段的发展历程充分显示了温州人的变通：第一阶段温州人最大的变通是挂户经营，即家庭工业在集体企业中挂户，性质上是集体性质的，明晰了产权，推动了这一时期温州商品经济的发展。第二阶段是温州人搞了个非驴非马的"股份合作制"，这种制度创新使温州人在政治边际上获得了最大的利益。第三阶段，温州转入了集资搞城市建设，使温州城真正体现了"人民城市人民建"。这种变通的思想使温州的经济不断发展。

三、温州模式中区域政治文化的几点思考

"温州模式"是温州人创造的模式，而温州区域政治文化在"温州模式"的形成、发展过程中起着决定性的作用。我们就"温州模式"中的区域政治文化提几点思考。

（一）培育温州政治文化，加大依法治市的力度

党的十四大以来，依法治市成为城市法制管理进入划时代发展的标志。从一定意义上讲，市场经济就是法制经济，温州发展模式作为市场经济的一部分，同样也离不开法制建设，温州自 1992 年颁布《关于大力推进依法治市的决议》以来，依法治市工作取得了很大的成绩。然而，一些阻碍性的负面因素始终存在，依法治市的力度还不够。诸如像"温州模式"近几年出现的"经济上的政治化倾向""政治上的钱权交易、男权主义""民主生活中的宗族化现象"等始终未断。究其根源，这些问题的出现离不开温州政治文化的影响，温州政治文化在温州民主政治建设及依法治市中的作用是不可忽视的。因此，温州政府及人民在处理这些问题时，要注重培育温州政治文化，引导其朝有利于温州民主政治的方向发展，同时，温州政府

及人民必须面对现状，采取有力的措施，加大依法治市的力度，为温州经济发展创造更好的政治环境。

（二）在西部大开发中推广"温州模式"的经验，必须考虑政治文化的因素

自西部大开发成为经济热点以来，"温州模式"的介绍宣传再度升温。许多学者认为，西部大开发可以借鉴甚至套用"温州模式"，社会学家费孝通在多次考察温州后，认为"温州模式"的经验可以推广到西部地区。在1998年的九届全国人大一次会议期间，全国人大常委会副委员长田纪云说："我觉得温州的经验对发展中的国家，对我国中西部地区，都具有十分重要的意义。我的观点，要重视温州，总结温州经验，在中西部推广。"[①]那么，在西部大开发中能否简单地套用"温州模式"呢？我们认为："温州模式"不能简单地套用于西部大开发。原因很简单，首先，从政治文化上看，温州政治文化具有开放性和两重性，而我国西部地区多山，且多沙漠，对外交流不便，因此形成了一种封闭性的政治文化。政治文化决定"温州模式"只能适用于开放性的环境。其次，温州政治文化决定温州的经济行为常常带有两个特点：一是感性化的思维方式，"哪里能赚钱就成群结队地去，干什么能赚钱就一窝蜂地上"；二是欲望化的人格特征，受短期利益驱动，为实现一个愿望千方百计以致不择手段。而西部大开发是一项长期而又艰巨的任务，需要几十年甚至一个世纪的艰苦努力，才能出现翻天覆地的变化；同时，这又是一项需要迅速启动，现实而紧迫的系统工程，是必须紧抓不放的重大机遇。所以，它根本不允许存在这两个特征，因此，在西部开发中推广"温州模式"的经验时，必须考虑不同政治文化因素的背景。

（三）"温州模式"不是一成不变的，而是随着政治文化的发展不断发展变化的模式

"温州模式"是温州人的模式，它的发展过程是"实践——认识——再实践——再认识"的过程。从不完善到完善，"温州模式"的内涵也发生了本质性的变化，而造成这种变化的根本原因则是温州人精神的变化，温州人精神从20世纪80年代的"自立自主、崇实务实、竞争开拓、奋勇创新"到目前的"敢为天下先，特别能

[①]　陈建东：《温州俏京城》，《温州人》杂志1998年第4期。

526

创业"，随着这种精神的变化，"温州模式"也在不断地发展与变化。在前面的论述中，我们已经阐述了政治文化与温州经济发展的关系，政治文化能影响经济发展，同样政治文化的变化、发展也能影响经济的发展、变化，而温州人精神是温州政治文化的产物，因此从温州人精神的内涵变化来看，"温州模式"并不是固定不变的死模式，而是要随着温州政治文化的变化不断地发展与完善。

"温州模式"的诞生是中国农村现代化的一个奇迹。"温州模式"是个永恒的话题。随着市场经济的不断发展，政治体制改革的不断深化，温州政治文化在其中必将起着越来越大的作用。当人们更多地从经济角度去研究"温州模式"时，我们不妨将目光转移到温州的政治文化上，用一种独特的眼光解读"温州模式"。

原载《浙江学刊》2001 年第 1 期

离散与凝聚：
"世界温州人"文化认同的独特性

蔡贻象　林亦修

[摘　要] "世界温州人"概念来源于温州文化软实力研究语境。其文化认同的独特性表现为：价值取向是回溯文化母体，从内外温州人互动中凝聚区域发展的民心；构成地域文化"离散"后认同的文化力是内驱力和危机感并存的；地域文化"凝聚"效应需要确立范畴化概念，利用温州地域文化的潜能，培育"案例温州"，增强认同效应；同时还必须保持"根文化对策"和"在地化"文化认同的统一，以维护世界温州人的国际形象。

[关键词] 离散　凝聚　世界温州人　文化认同

一、问题的提出

"世界温州人"的概念是在温州区域文化软实力研究的语境中产生的。"世界温州人"是温州文化软实力的动力构成之一。

文化软实力的动力构成主要指推动文化软实力生生不息运作的动力系统，它主要由人、经济、政治、思想、教育等因素构成，这些因素分别从社会的各个方面推动文化软实力不断向前发展。其中最重要的因素是人口素质。人是保持文化软实力系统正常运行的第一推动力，是区域所能掌握的心智能力。人类社会的一切，都是人所创造的。因而，要实现文化软实力的全面发展，首当其冲要加快对人的引导和激励人的内心。人的因素不仅是教育的问题，同时还包括了经济的因素，能够吸引区域外的生产与消费要素，协调本区域社会经济系统的运作，提升本区域社会、政治、经济和文化的发展品位，塑造良好的区域形象，提高区域竞争力。在温州文化软实力中，温州人的因素特别突出，温州的经济是温州人的经济。我们要充分认识温州人资源的特有价值。

温州人是一个集成概念。作为文化概念，饱含着文化脉络和文化传统的传承；

作为经济概念，是具有鲜明特色的温州民间资本的载体；作为社会学概念，温州人品牌作为区域和城市的发展品牌，不再停留在经济学范畴，而是关切到全体温州人的幸福指标体系；作为地理概念，狭义的"世界温州人"指的是"海外温州"，广义的是指"温州之外的温州"，总体上包括了离乡在国内外工作的温州人群体，构成了文化意义上的虚拟性的社群（族群），是相对于实体温州人社群（族群）而言的。

"世界温州人"的文化认同是个独特的族群问题。一般而言，文化认同是一种个体被群体文化影响的感觉，也指在全球化的语境下，面临文化危机的民族或群体追求的文化自我意识、自我定位和文化归属意识，有很强的民族化倾向。正如华人华侨学者们认为的，在现阶段"海外华人"已由移民变身为族群一样，[①]"世界温州人"也不是简单的移民群体，而是族群的概念，它从温州文化的母体中脱胎而出，虽然依旧秉承了温州文化的基本特质，但已有变化，并在与所在国文化的交流与磨合中，各具特色。其文化认同则是一个小群体被大群体影响的感觉，目的是建立"世界温州"反哺"现实温州"的文化性基础，其价值取向是从文化的延伸，回溯文化母体，从内外温州人互动，凝聚区域发展的民心。改革开放以来，海外温州华侨向温州捐赠总额达 30 370 万元。从"贫贱忧国"到"富贵援国"，背后的文化行为就是反哺性的回归。[②]

二、"世界温州人"文化认同中的内驱力和危机感

"世界温州人"的文化认同来自地域文化，也可以说是温州本土底层民间的"小文化"。地域文化认同的需求是和"离散"状态直接相关的。"离散"作为一个文化概念，原指空间位移带来的对宗主文化的认同感。在世界温州人身上，则表现为对母文化的生存方式和独特文化的信仰。

世界温州人与温州人的最大区别，在于乡土生活的消失。乡土生活是整体接收地域文化的前提，离乡人对地域文化的认同已经超越了生活上的空间依赖，故乡的空间概念成了历史记忆和情感领域。离乡人虽脱离了地域空间，但很难脱离地域物

---

①　李明欢等：《海外华人族群文化与海外华文教育》，《新华文摘》2010 年第 5 期。

②　王崇倩：《温州人海外创业三十年》，《世界温州人》2008 年第 1 期。

产。科学研究发现，味蕾是一个最念旧的老人，总是寻找儿时的感觉。在巴黎华人社区的超市里，到处可以看到温州的粉干和鱼鲞；在很多返航温州的班机里，我们经常会听到"我很久没有吃温州海鲜了"的感叹。当然更多的世界温州人与温州人之间依然存在着亲属关系和经济关系。这些都是群内认同的内驱力。

在物质文化的层面之外，我们可以进一步观察世界温州人在制度和行为层面上对乡土文化的认同表现。海外温州人的主体，与传统温州人习惯一样，是一种制度外的生存。正是温州地域区位的边缘效应，培育了温州人勇于流动的行为，培育了海外温州人制度外生存的心理承受力和价值认同感。海外温州人的社会组织，依然是在亲属移民群体、村落移民群体、县域移民群体、方言移民群体的基础上，借助内群成功者、外群学者及企业主等，建立合法商会和救助机构，提升群体地位。从历史上看，温州就是一个移民社会，其移民模式仍然为世界温州人所袭用。由此反观，在温州地域文化中，社会组织文化是一种最具活力、最具变通性的民俗文化，是把温州推向世界的草根文化。而从离乡人的角度看，制度和行为文化是可以打进背包带走的文化。在对外群体的需求中，世界温州人已经对自己的制度和行为做了不同方式的调整，但作为附属群体，他们面对支配群体时依然运用温州人的生存智慧和发展路径。

按照传统的习惯，物质文化、制度和行为文化的分析，总要进入精神文化或观念文化层面，认为前者是为后者服务的。的确，在世界温州人的社会调查中，我们发现，温州人在纽约盖起了他们地方神庙陈十四娘娘宫，在侨乡盖起了整排整排的空巢别墅或楼房。这些都可以在文化认同的范畴里加以精神或观念的解读。但离乡人的动机，无非两类：一是感觉家乡的处境难以实现抱负；二是对地域文化的不满。前者以迁徙实现文化回归，后者以迁徙实现文化脱离。从个体看，二者都是为了实现身份转换；从群体看，前者是为了更好地实现文化认同，后者是为了划清文化界线。这还是第一代世界温州人的状况。

即使有这些内驱力的存在，接受了更多异文化的世界温州人，也不会站在我群中心主义的立场上，全部认同乡土的地域文化。随着世界温州人队伍的壮大，温州人的足迹遍布世界各地，他们与不同文化群体之间的交往越来越密切，在与各种文化的碰撞与交锋中，温州人传统的文化认同开始受到巨大的冲击和影响，但同时，面对迥异于自我的"他文化"，对身份的自我确认，又使他们对"自文化"充满了向往和渴望，而这正为温州人的文化认同提供了可能性，也为强化"世界温州"的概念提供了条件。

在世界温州人的代际传递中，观念的转化是温州地域文化认同的危机。这种转化主要通过谋生方式对移民群体依赖的减弱、群外婚姻关系的建立、西方教育的影响、方言习得的终止、故居地亲属链的断裂而形成。社会认同理论认为，群体之间的边界是可以渗透的，个体通过社会流动很容易从一个群体穿透进入另一个群体，从而重新定义自己的身份。[①] 社会学家特纳构造了元对比原则。该原则指出了内群行为和群际行为的转化：在群体成员之间，当特定品质上的相似性小于差异性时，群体中沿着这个品质或维度就会出现分化。[②] 在世界温州人的第二代和第三代身上，以及更长远的代际，如何实现温州地域的文化认同，是首先要考虑的问题。

认同危机同时也来自边缘对中心的逐渐清晰的认识。随着群际交往的日益频繁，外界甚至温州人自身对温州社会群体的"刻板印象"日渐丰富起来：瓯越遗风；事功主义的后裔；淫祀泛滥的地方；制度外生存者；民营企业主；"白天当老板，晚上睡地板"的群体；蝗虫式抱团迁徙；炒房团和炒煤团；制造和出售低科技含量的轻工产品和日常用品者；素质较低、令人侧目的群体；世界葡萄酒贩卖者；满世界抢购奢侈品的群体……所谓"刻板印象"，是社会认同理论中的一个重要概念，指群内人和群外人对一个群体形成的相对稳固的认知。文化自觉和群际认知，形成"温州人"的族群概念。走出国门的温州人站在群际的边缘，"对刻板印象"的认识比普通温州人更加深刻，接受异文化的冲击更加直接。他们在以温州人为文化归属的路途上步履蹒跚：异域群体如何传承温州文化，新语境中如何实现文化整合？

三、"世界温州人"文化认同中"范畴化效应"和"案例温州"

"离散"之后，更须"凝聚"。如何让世界温州人在多种身份角色中维持和强化温州人身份，突出对温州地域的文化认同，需要在世界温州人和温州人的共同努力中实现。

---

① 迈克尔·A. 豪格、多米尼克·阿布拉姆斯：《社会认同过程》，高明华译，中国人民大学出版社，2011年，第28、120页。

② 方文：《"文化自觉"的阶梯——"当代西方社会心理学名著译丛"总序》，约翰·特纳等：《自我归类论》，杨宜音等译，中国人民大学出版社，2011年，第13页。

从世界温州人的向度看，要确立范畴化概念，增强认同效应。"世界温州人"概念的提出，本身是一个范畴化的界定，把一个模糊的世界明晰化了，在广大的温州籍外迁移民范畴内增强或夸大了他们之间的相似性，增强了文化认同效应。世界温州人大会的定期召开，世界温州人的研究，更在具体行动和理论认识上深化了这一认同。作为范畴化主体的温州人，在族群认同判断的边缘维度中，会在"世界温州人"的概念刺激下，投入更多的私人情感去感知范畴资格；作为海外温州人，在范畴化过程中会产生整体同质的刻板化感知，即使它是一种认知曲解，也会形成这种态度表达；而当范畴化对某些个体产生直接的、显著的经济、交往、声誉效果时，增强文化认同的效应会更加明显。

从温州人的向度看，要有意识地培育"案例温州"。温州人的知名，是因为在学术和行政上以"案例温州"引起国内外的高度关注。自古以来，更准确地说从汉武帝出兵救东瓯开始，温州就作为案例存在。"案例温州"就是"有争议的、值得讨论的温州"，有争议、值得讨论就是温州文化活力的体现，这一文化活力来自温州区位和温州族群的边际效应。西汉朝廷关于出兵救东瓯的争论，[①]确定的是汉武帝时代如何解决边疆少数民族的政策问题；30年来的温州经济模式研究，讨论的是中国的改革开放问题；现在，"案例温州"已经深入各个领域，政治、经济、文化、社会、宗教、语言等无所不及。平静的温州总处于文化冬眠的季节。地方政府要在上层建构中充分利用温州地域文化的潜能，培育"案例温州"，提高温州文化的持续关注度和传播力，维护世界温州人的文化认同感。这种文化认同模式有其特别的作用。在传统的增长模式中，人们强调的是劳动、资本、土地这样一些生产要素，并未深入将文化资源视作一种能对经济社会发展起战略性作用的资源。不同的温州人群体有不同的文化认同方式，但都能在文化经济一体化的大背景下，成为温州发展的文化资源，正成为区域竞争力的重要因素。

从温州人的内外互动角度看，文化认同的关键是如何处理好世界温州人对温州文化的传承问题。温州文化在区域文化和集群性的文化特质上，是一种融合了乡土文化、创业文化等温州人行为特征的文化事实，其核心价值表现为：温州独特的行为文化构造的成功的温州经济发展路径。"世界温州人"的背后是"文化温州"，是

---

① 司马迁：《史记》，《东越》篇。

温州族群文化血缘的基本特点在起作用。从区域文化学角度看，是多元文化影响了温州人的观念，影响了世界温州人的观念，包括了优秀的传统文化、民间文化、外来文化、当代文化等。如优秀的传统文化和独特的区域地理位置相结合，孕育了温州文化的精髓——"商行文化"；如温州优秀的民间文化孕育了温州人的柔性生存策略；如优秀的外来文化使当代温州人在移民迁徙中创造了新的温州文化。世界温州人的温州文化传承问题是研究世界温州人如何认同温州文化、有意识地理解和掌握温州文化、创新温州文化、充当温州文化使者的问题。它涉及文化习得的自觉和文化传播的促进。

文化与认同不是并存的。拥有一种文化和认同这种文化是两个概念。文化以相似性为基础，认同以"明显的相互依存"为条件。对于外迁、散居的世界温州人来说，文化认同需要动力。这种动力与需求的满足有关，可以产生凝聚力和群体表现。"需求的满足是依存的动机，越是全面的依存，需求越是能够得到满足，群体凝聚力也就越强。"①温州人与世界温州人明显存在着依存关系，温州文化与世界温州人文化更是"皮之不存，毛将焉附"。但是研究和健全这种依存关系，将是长远而系统的文化工程，需要不断提升温州的文化软实力。在认同动力的驱使下，世界温州人应该有意识地理解和掌握温州文化。当我们浸润在一种文化之中、享用着这种文化的时候，我们往往没有去理解这种文化，不知道这种文化的历史，不知道这种文化的特质，不知道这种文化的表现形式，就不可能去掌握这种文化的知识、技能，并进一步去发展和创造这种文化。

文化是一个动态的过程，世界温州人是一个动态的群体。中华优秀传统文化在现代化境遇中需要创新，世界温州人走在现代化的前沿阵地上，刚好应该成为创新的主角。每一位世界温州人都是温州文化的使者。使者的任务是传播温州文化。美国大使骆家辉在出使中国时强调："我和我的家人代表的是美国和美国的价值观。"在广东老家的修路筑桥公益事务中，他也是主要的捐助者。作为来中国的美国形象代表，他有责任传播美国文化；作为中国移民的后代，他同样也在传播中国优秀的传统文化。世界温州人要走向世界，就必须扩大文化宽容度，改变对外来文化的接纳态度和价值观念，有一个全球文化的概念，在文化外扩中自我更新，应和"商行

---

① 迈克尔·A. 豪格、多米尼克·阿布拉姆斯:《社会认同过程》，高明华译，中国人民大学出版社，2011 年，第 28、120 页。

天下"的世界温州人的柔性生存创造力优势相结合。这既是温州的巨大优势、独特的创造力和凝聚力，也是突破温州区域限制，塑造凤凰涅槃般的温州形象的良好途径。温州人通过温州话和家族文化，建立了庞大的海内外温州人网络，打通了国内市场，也开辟了世界舞台，他们在创造社会财富的同时，也应该把温州文化传遍世界各地。世界温州人大会是个很好的载体，第一届注重了交流和联谊，第二届注重了文化和学术，第三届的重点应该是大规模的文化输出。

四、"世界温州人"文化认同中的"根文化对策"和"在地化认同"

"根文化对策"就是强化地域文化认同。由于地理自然环境和社会人文因素，温州在历史上文化发展比较晚，在相对封闭、狭窄的区域地界里，形成了富有特色的瓯越文化，对温州人的思维习惯、行为方式和价值取向有极大的影响。温州有200万分散在海内外各地的温州商人，这是一支非常重要的力量，靠什么来团结他们，鼓励和引导他们为家乡的建设做贡献？根本上还是要靠文化的力量，靠温州特有的区域文化来增强他们的家乡归属感，形成文化的凝聚力，可以有很多具体的方法和手段。如传承区域优秀文化传统，充分积聚区域文化资源；如筹建世界温州人博物馆，使其成为世界温州人的祠堂、温州人精神的殿堂、温州人的"根"，发挥温州乡情纽带带来的资本源、营销网、人才库和信息港的优势。

"根文化对策"在文化认同上的优势，就是明确了虚拟的"世界温州"影响"现实温州"的路径，是温州文化在"世界温州人"的平台上得以延续的手段。世界温州人灵动且实际的性格也流露出封闭、难包容的缺陷。"在地化认同"的实质就是，反思以永嘉学派思想为核心的温州传统文化，突破温州传统文化的"小商业"意识，扬弃"小温州眼光"和"小富即安"的思想，培植开放的心胸、国际化的头脑和全球化的经营理念，把自己融入世界经济大潮中去竞争、合作、发展，争做世界公民。"到什么山上唱什么歌"其实就是在地化认同的一种表述。文化认同不是为了深化偏见、坚化壁垒，强化竞争，激化对抗，而是为了更好地对话、沟通、融合。从迁出地的角度看，世界温州人要加强乡土文化的认同；从迁入地看，世界温州人要处理好在地文化的认同。这符合世界温州人的双重身份。

在地化认同在华裔文化研究中，已有相当的成果。有研究指出，华裔在美欧俄境遇，既取决于所在国的社会开放程度，也和华裔在地化认同有关。美国是个自由流动的社会，华裔认同这种社会流动性（Social Mobility），在美的 363.9 万（2009 年统计）的华裔中，有近一半的人从事科研、高技术、管理等领域的高收入职业；欧洲是个固化的阶层社会，本国人想向上流动都很不容易，华裔只能从事中餐馆、小商业；俄罗斯是个转型社会，计划经济的后遗症严重，国企失业人员的民族主义严重排外，华裔的职业和他们有直接的冲突，不可能轻易获得国民待遇和国民保护。①

　　世界温州人的在地化认同研究还是一片空白，这是与世界温州人的活动现状很不相称的，可以说是一种危机。这种危机已经导致了一系列的事件，如在欧洲的温州人过度竞争，树敌过多，无意中的"市场霸权主义"害了自己。2004 年 9 月的西班牙埃尔切市"焚烧温州皮鞋"事件，该市近千名的鞋商和制鞋工人涌进温州鞋商聚集的"中国鞋城"游行示威，抗议温州鞋砸了他们的饭碗，一些不法分子借机焚烧了 16 个集装箱价值 800 万元的温州鞋。另外还有意大利限制华人入境和驱赶华工事件、俄罗斯取缔中国自由市场事件、罗马尼亚强制迁移中国商城事件、温州打火机和眼镜出口引发贸易冲突等。在国内，也是如此，温州"炒房团""炒油团""炒煤团""炒棉团"早已"声名远播"。只是群内成员很少将这些事件与文化认同联系起来，并孤立地、习惯地从外群因素中寻找原因。现在有那么多的温州人定居和活动于世界各地，甚至形成了强大的相对集中的华人区，如果不加强当地文化和融入当地文化的研究，文化冲突和群际敌意的强化在所难免。

　　社会认同理论告诉我们，"刻板印象"有褒义和贬义之分。在群内认知和我群中心主义的影响下，积极肯定的文化特质总是在内群被不断强调，褒义刻板印象增强；在群外认知和他群敌意的语境下，消极否定的文化特质总是在外群被不断渲染，贬义刻板印象凸显。即使是内群褒义的刻板因素，如勤奋、低廉，在外群的文化语境中，可能也会向"无序竞争""不公平竞争"等贬义刻板因素转化。在温州 24 小时营业的商店可能获得赞誉，在罗马营业 8 小时以上可能就引来侧目。阿 Q 式的"不准革命"，都是一厢情愿的恶果。在地化的准入证是消弭或弱化贬义刻板印象，取得支配群体的相似性认同。支配群体以我群相似性对他群进行文化认同，开展群际交往。在一个方言区的田野调查中，发现当地人把"推"自行车说成"牵"自行

---

①　陈斌：《社会越开放，吸引力越大》，《南方周末》2011 年 8 月 4 日，第 31 版。

车，引起我对自行车为当地人接受的探究。毫无疑问，当地人是从自行车与牛、马的功能相似性角度接受这一工业产品的，城里人如果一定要从工业和农业的区分上与当地人计较他们的认同偏差，问题很可能就不可收拾。世界温州人要善于在当地人"牵"的认同中，把自己的车"推"进所到的世界。掌握当地人的认同路径，是研究在地化问题的快车道。

"在地化"其实离不开乡土文化的支撑和对乡土文化的推介。温州地域文化是世界温州人在地化的活动平台。商行天下的温州人，不是以殖民化和强势文化的压力去实现他们的目标，也不是传统华侨的那种苦力型、行贩型的依附式生存，更不是非洲黑人奴隶式的贩卖。他们是和谐文化引领下平等的、合作的、双赢的跨文化使者或双文化者。比如"竞争有理"和"特别能抢占"，并不是我们温州人的实质，我们还有"有钱大家赚"的和谐竞争生意理念，应该兼顾别人的利益和文化习俗。据《联谊报》第238期报道，2006年初，西班牙埃尔切市鞋业协会会长安东尼奥先生来温州考察，和温州鞋业协会签署了《温州宣言》——主题就是合作共赢、互利互惠、优势互补。

这是商行天下的世界温州人文化认同的独有素质。这种认同是对祖承文化的认同，也是对在地文化的认同，是跨文化认同。这种认同首先要避免认同分隔，消弭文化冲突，在多元文化语境中调整"认同管理"，以发展的视角实现文化整合和转换。这种认同管理的目标，不会是洋泾浜式的浅层文化，也不会是克里奥尔式的混合文化，而是分得清魂魄和肌理的世界温州人新文化。

原载《浙江社会科学》2012年第1期

网络与集群：
温州企业家群体形成的机制分析

张一力　陈　翊　倪　婧

[摘　要] 同历史上地域性企业家集群（商帮）类似，温州呈现了一种独有的企业家集群的现象。本文首先给出了温州企业家集群的整体描述，然后列举了三种典型的温州企业家集群。通过企业家集群和社会网络研究的综述，以及对温州企业家集群形成的历程分析，提出了五个基于社会网络理论的基本假设，认为温州企业家集群出现的主要原因在于"瓯文化"，"瓯文化"是温州企业家精神和企业家"干中学"才能形成的渊源。

[关键词] 网络　集群　企业家　温州

一、历史上的企业家集群现象

虽然关于产业集群的研究已经汗牛充栋，但现有的产业集群研究和企业家研究并没有太多涉及企业家集群问题。一个地方出现大量的具有密切关系企业家群体的现象，就是企业家集群，如温州、苏州和东莞等地的企业家群体就是典型。从历史上的区域性企业家集群或者商帮研究来看，王世华（2005）认为明清时期的徽商与晋商群体兴衰轨迹极其相似，但经营机制各具特色，价值取向也迥然有别；吴慧（1994）则认为"徽晋两商以信、义、诚、仁经商，在商界赢得了佳誉，结果促进了商业的发展"；而陈文龙（2004）认为，目前中国存在着可以以地域识别的45个地域性商人圈，其中五个最为有名，分别是山东商帮、苏南商帮、浙江商帮、闽南商帮和珠三角商帮；张仁寿（2006）认为浙商是当代中国人数最多、分布最广、实力最强的一个投资者、经营者群体，是推动浙江经济发展和创造"浙江现象"的主力军。温州商人群体或者温州商帮则经常被业界和学界特别从浙江商人中单独列出，且排位靠前。这些所谓的商帮实际上就是地域性的企业家集群，他们的现状和发展历程各不相同。山东的企业家集群主要由青岛国有企业的经营者组成，以规模和品牌的影响力著名；苏南企业家集群依靠的是从乡镇企业的改制，企业家大多具有国有企业的背景；福建企业家集群则以打拼取实利为主；珠三角企业家集群具有港澳背景，更类似于海外华商。浙商人数众多，地域不同，企业家集群特征不尽相同。浙东北地区更靠近苏南商帮，宁波偏向于海外华商，温州商人群体主要以内生为主，几乎完全依靠市场。所以温州的企业家集群最具有典型性，也最值得研究。

温商作为浙商的主体甚至是中国新一代企业家的代表，更多的是被作为创业故事在报端被描述和报道，真正关于其形成机制的研究少见于学术杂志。其他地方的企业家集群研究更是少见。

二、温州企业家的集群现象

（一）企业家集群现象的总体描述

温州的产业集群已经成为全国的典型案例，无论是柳市的低压电器还是鹿城的鞋业与打火机等行业，其产业集群的现象十分明显。对于如何形成这样的产业集群，有许多不同的解释，但企业家集群是其中的一个重要原因。

所谓企业家集群就是在一定区域范围内，集中地出现了一大批从事同一或相关产业企业家的典型现象。从原有的一乡一品到现在的产业集群，企业家无疑从中发挥了重要的作用。现在，在产业集群集中的地方均伴有企业家集群现象。如以参加了各种协会和商会的企业家统计，温州鹿城区将近有 3000 多位与鞋业有关的企业家；乐清的柳市则集中了超过 2000 名的低压电器行业的企业家；龙湾的梅头镇，一个小小的地方也会集中上百个水龙头及相关产业的企业家。当然，企业家并不特指那些具有较高的产值和较大固定资产投资的企业主，而是那些能够从事具有风险的工商经营活动，同时又能自我决策的各类经济组织的负责人，包括私企业主、个体工商户和股份制企业的股东等。从这几类人员的形成历史可以发现，温州的企业家群是非常庞大的。

在 1978—1988 年这 10 年期间，温州的私有企业从无发展到 350 家，而个体户从 1980 年的 1984 家发展到 1988 年的 146 622 家，增加了近 74 倍，营业额达到了19 亿多。一个值得注意的地方是，在个体户中，商业行业的个体户份额比工业的份额更大。从商业的营业额来看，占据了将近 80%。工业产值在营业中所占的比例最高只有 47%，而且只有一年如此，其余年份这一比例基本都维持在 20% 左右。可以说温州个体户多数集中在商业，从一个侧面说明了温州企业家精神的充裕。很多的工业企业都是前店后厂，将商业资本转化为产业资本，也合乎古典工业化的演变历程。[1]

另外一个事实是工业企业的数量。1978 年温州的工业企业个数已经有 4085 个，到了 1988 年则达到了 65 405 个，增加了 16 倍；而在 1988 年与温州城市规模相当的苏州工业企业个数只有 31 046 个，是温州的一半。在温州的 65 405 个工业企业中，国有工业企业有 321 个，其他还有一些名义上的集体企业，但实际上这些企业基本上是属于个人控制之下的，是一些所谓戴"红帽子"的企业。因此，1988 年温州就有超出 6.5 万的企业负责人，如果我们大致认为一个企业有 3 个股东或合伙人，那么就有将近 20 万人，加上 14 万的工业个体户，以及经营商业企业人数，那么就有 40 多万的各类企业家。1988 年末，温州的总人口数为 657 万[2]，即当时每 16 个温州人中就有一个人拥有企业或者股份，而且这里还没有计算大量在外的温州人的情况。用全民皆商形容温州，可能会有点过头，但也确实能反映其存在的实际情况。所以，在区域经济发展初期以及之后的发展过程中，温州一直表现出其企业家群体数量持续比较多的独特现象。熊彼特（1934）也解释了为什么企业家的出现不是连续的。企业家不是在每一个适当的时间间隔内出现，而且是成群出现的。这完全因为一个或者少数几个企业家的出现可以促进其他企业家出现，于是又可促使更多的企业家以不断增加的数目出现。

所以发展到了 2010 年底，温州获得 38 个国家级生产基地称号，每个国家级的生产基地就是一个产业集群，这些基地分别分布在温州的乡乡镇镇。这些产业的形成，根本的原因就是温州各地均有相对比较著名的温州企业家集群现象。

（二）温州三个典型的企业家集群

1. 永嘉桥头的品牌代理商

据温州永嘉桥头商会 2007 年统计，桥头人以广州、东莞为基地开设的品牌代

---

[1]　史晋川:《温州模式研究》，浙江大学出版社，2002 年，第 110 页。

[2]　据《2003 年温州统计年鉴》显示，2002 年温州私营企业共有 28 430 家，投资人数为 86 078 人，大致一个企业平均有 3 个投资人（统计出版社，2003 年，第 386 页）。

理公司共有 200 多家，代理的国际知名品牌有 100 多个，主要集中在服装、皮鞋、皮具和化妆品等行业，如金利来、鳄鱼恤、老人头、卡丹路、啄木鸟、卡蒂乐鳄鱼等。据估计。按照知名度和销售额统计，桥头代理的皮鞋品牌有 67 个，服装品牌 46 个，总共 113 个国际品牌，销售额超过了 400 亿元。而 2007 年，"中国纽扣之都"桥头的所有工业产值才达到 50 亿元。桥头人似乎正在放弃自己的拳头产品纽扣和拉链，从而向品牌代理转变。据桥头镇统计，围绕国际品牌及其相关行业即产业链上运转的桥头人就有 5000 人之众，许多桥头企业家在广州或东莞建造总部基地。而在国内众多的二级、三级代理商中，也有不少是桥头人。昔日人流如织的桥头，平时并不十分热闹，只有春节和其他重要节日的时候，才会出现车水马龙、宾馆爆满的场面，这都是在外创业的桥头人回来过节的原因。[①]

2. 永嘉花坦的超市商人集群

花坦乡 26 000 人口，70% 的人都在外地开超市，加上老人去照顾小孩，小孩在外地读书，待在乡里的只有区区几千人。花坦农民与附近乡镇如枫林、渠口、古庙等一带的亲戚联合经营超市，从 1992 年开始，在全国开办的超市大大小小超过一万家。小的二三百平方米，大的近 2 万平方米。如果保守估计，平均一家超市以年销售额 300 万元计算，总计年销售额在 300 亿元以上。市场份额相对集中在江苏、浙江、上海、安徽一带，在这些区域的城乡接合部占有率在 85% 左右，最近几年向东北、西南等地渗透，在这些地方的城乡接合部目前市场占有率在 20%—30%，而且提升的速度正在加快。[②]

3. 泰顺的建材和建材市场商人集群

泰顺县位于温州西南部，自古以来就有"九山半水半分地"之称。由于可利用的资源缺少和贫困，迫使 20 世纪 80 年代末 90 年代初，大批泰顺农民走出大山闯荡天下。经过十几年的发展，泰顺人在兴建和经营装饰建材市场、房地产开发、建材贸易等领域取得了非凡的成就。从业人员达 9 万人之多，占泰顺县总人口的四分之一。在全国各地投资兴建的建材市场、装饰城、商贸城等专业市场多达 100 多个。总投资额 200 多亿元，年销售额在 150 亿元以上，为国家上税将近 20 亿元。这个

① 《纽扣之都：运作国际品牌年收 400 亿》，http：//www.zjsr.com，2011 年 8 月 1 日。

② 《花坦农民开出中国"沃尔玛"》，http：//www.yj-net.cn/system/2007/06/02/ 010085320. shtml，2011 年 8 月 1 日。

数字是泰顺当地年财政收入的十几倍。据统计在上海的泰顺从业人员已达 2 万多人，他们成立了上海泰顺商会。泰顺经营户遍布江苏各个建材市场。在江苏建材行业中，已经占据了 40% 以上的市场份额。[①]

三、温州企业家集群形成的机制分析

（一）温州企业家集群的形成历程描述

温州企业家集群最具区域特色。据第六次全国人口普查数据，有 127.3 万左右温州商人在全国各地经商、创业，近 50 万温州商人分布在全世界各地。本地商人、温州以外的全国各地商人，以及海外的温州商人，构成了温州企业家集群的三支主要力量。而三支企业家队伍的形成是由点及面，进而发展成为遍及全国乃至全世界的温州企业家群体网络。

最早的企业家，可能是一些在外的从事低端手工业的温州人。改革开放前固有的体制下的限制和没有足够的土地来支撑其庞大的人口群，尤其是农民没有办法都在温州本土生存和发展，其中一部分只能迁离温州。能够决定迁离温州的农民，其所具有的企业家人力资本其实就高于那些安于温州现状的人，已经决定了他们预期可以有更高的收益。而且一旦离开了温州，就会形成了一个新的温州企业家网络节点，并保持了与温州的联系。如永嘉桥头纽扣产业集群就是在外的永嘉人发现了外地国有纽扣企业的边角废料，并将其带回桥头而发展起来的产业。一旦确定某个产品具有较大的需求，而市场供给不足，这些早期外出的温州人还是会回到温州。因为这里有他们熟悉的人群、闲置的资金和足够的劳动力等。所以，一旦一个新的产业启动以后，企业家精神或企业家人力资本便不断地生长蔓延，最后造成了企业家集群，大量相关的企业家集中聚集在相近的行业，产业集群开始形成。有了产业集群，大量的企业家又集聚，形成了良性的循环。

由于温州本土竞争激烈，企业的盈利水平越来越低，所以部分企业家就转到异地从事贸易和生产。这些走出去的企业家，开始逐步遍及全国各地，基本上是由近

---

① 魏盛辉：《泰顺人闯天下拼市场》，《温州日报》2008 年 9 月 19 日。

及远，从高收益城市到低收益城市，又生成温州企业家群体网络上新的节点。

这些走出去的企业家在异地所获得相对较高的商业收益，反过来又对在温州本土的农民、工人等产生冲击，继而又带动生成更多具有血缘、亲缘和乡缘等关系新的企业家来到所在的城市。当一个地方的温州企业家数量增加到一定数量，所从事行业的利润率越来越低的时候，企业家们又开始分化。一部分的企业家开始新的迁徙，到具有更高收益的城市，另外一部分的企业家开始转型到相关行业，直至到市场建设、房地产开发，甚至国际贸易、娱乐餐饮、资本经营等。

当一个城市的温州企业家具有相当的经济实力，如形成了温州街、温州村的时候，他们对于当地经济的影响就越来越大。出于抱团可以获取更多的政治和经济资源等共同利益的需求，各地温州商会陆续成立。从1987年的昆明首个异地温州商会成立以来，到2010年末，全国共有183个地级市的温州商会。一旦有了温州商会以后，就意味着这个城市的温州企业家之间开始有了密切的联系。企业家网络上的节点所带来的集聚效应就得到了放大，节点的作用更为突出。

大量外出的温籍企业家，同时也给温州本土企业家带来了巨大市场，加上本地产业集群的完善、成本的降低、交易的方便等，也使得温州本地的企业得到了快速的发展。作为温州企业家群体网络的中心，温州就自然成为38个国家级生产基地、38个国家市场监督管理总局认定的驰名商标、30个中国名牌产品等的集聚地，也保持着与外面节点温州企业家的强联系。

在发展的过程中，由于与国外的联系逐渐增多，同时也由于国内竞争日趋激烈，加上国家对外的开放，到国外经商变得更加便利，早期的利润率也远高于温州和国内其他城市。所以，就开始出现海外的温州企业家集群。例如，在意大利人口只有18万左右的普拉托市，就有超过2.5万的温州人从事与纺织相关的生产与贸易。

温州企业家集群的形成实际上就是中国经济发展的一个缩影，同时也是企业家人力资本不断生成的过程。其路线图实际上就是一个从点到面再到网络的过程。从温州某个地方开始，然后围绕温州这个中心点，不断地增加节点，这些节点又与温州有着很多的联系。从地理上看，这些节点会越来越远，甚至可以跨越边境，但从联系上看，还是与温州这个中心点有着千丝万缕的联系。当然，这种联系也是动态变化的，各个节点也可以逐渐形成自己的局部网络，例如一些大中型城市的温州商会，就有联系周边众多温州商人的功能。

（二）温州企业家集群形成的网络生成模型

1. 企业家社会网络研究综述

研究表明企业家的社会网络与产业集群形成和演化有路径依赖现象。吴翰洋（2007）以嵊州领带集群为例，研究了产业集群与企业家的互动关系。认为在整个互动过程中企业家的成长和企业家队伍的发展壮大都积极影响集群经济的发展。同时，集群的发展又为企业家人力资本和社会资本的积累提供了条件，促进了企业家的成长。产业集群和企业家两者之间是相互促进相互影响。而魏江（2005）研究了处于生命周期不同阶段的中小企业的企业家网络的不同特征。认为创立期的中小企业家网络以嵌入式节点为主，是节点之间联系稠密的强联系型和高度路径依赖的网络。成长期则是以混合型节点为基础的、组织间关联得到加强的、倾向于有意识管理的计算型网络。王建（2006）指出经济学对产业集群现象解释的局限，通过构造环境、网络和行为三者之间的关系，在内生型产业集群环境下，利用社会网络的角度的"撒网"模型，得出两点结论:第一，强联系在企业家撒网过程中起主要作用;第二，个体行为的路径依赖现象影响了企业家撒网的过程和结果。从社会关系网络转型与家族企业成长的关系出发进行研究，刘洋（2008）认为家族企业的成长是与社会关系网络转型密切相关，家族企业治理、转型、传承等均需要考虑社会关系网络的变化。顾慧君（2007）从社会网络与集群之间的相互作用出发，分析了温州鞋业集群在集群形态从同质集群、分工集群向创新性集群变迁的过程中，社会网络随之而发生的由族群、企业家社会网络向非人格化社会网络变迁的这一集群与社会网络的协同演化过程。

Burt（1992）通过对企业家进行创新活动的网络结构相关分析，认为企业家具有相当数量的强联系;企业家处于网络的中心地位，并享有一定的内部声望;除直接联系之外，企业家还通过与之直接联系的主体间接控制着一定数量的次级簇，这样的结构被称作蔓—簇结构;企业家可能处于两个非冗余性联系之间的关键性位置，即拥有结构空洞，从而享有信息优势和控制优势。Anderson（2003）认为，某人社会资本与社会网络资源的特性与范围也影响了一个企业家识别与跟踪机会的能力。刘冰等人（2005）提出了撒网模型，即企业家的社会网络首先被控制在一个很小的局部区域，其网络撒开的过程中企业家的网络非常广泛但是很疏松;在撒网完毕，企业的网络资源在更广的范围内进行了定位。证明了单个企业家的社会网络演化具有路径依赖现象，即企业与企业家的最初成长决定了企业家社会网络演化的路径与最终状态。

上述研究，从不同的角度反映了企业家网络与产业集群的形成之间的关系，但没有指出企业家集群的网络如何由点及面生成网络及各个节点的关系如何，也没有说明企业家网络形成的机制。而温州企业家集群可以作为一个企业家社会网络形成的典型加以研究。

2. 温州企业家集群的社会网络模型的基本构想

温州企业家集群是一个非常明显和典型的现象，可以借助社会网络分析方法进行初步的分析。根据社会网络分析基本的理论和方法，通过对温州企业家集群的长期观察，我们提出了以下5个基本假设。当然，未来需要理论和实证的进一步深化和检验。

假设1：个体企业家是温州企业家集群网络的一个节点，并拥有各自的局部网络。

假设2：个体企业家总是寻求较高程度的中心性，可以从点入度、中间性和特征向量等指标进行测量。

假设3：温州企业家集群网络具有高网络密度。

假设4：温州企业家集群网络具有高连接强度。

假设5：温州企业家集群网络一直在扩大。上述几个基本假设只是对温州企业家集群形成的社会网络关系的推断，但为什么只有温州会出现了这么多的企业家群体，社会网络的形成机制如何，温州区域内独特的"瓯文化"是一个重要原因。

四、"瓯文化"与温州企业家集群

林毅夫（1996）认为，"在一个社会有效的制度安排在另一个社会未必有效"。[①]所以，文化作为一个制度元素对特色经济发展模式形成的影响也是不容质疑的。以苏南地区和温州为例，苏南地区一直受主流文化影响比较大，倾向于强制性社会控制，政策、法律、纪律是政府的主要管理手段，因此苏南人民的集体意识非常浓。

[①]　科斯：《财产权利与制度变迁》，上海三联书店，1996年，第374页。

余映丽（2002）就认为温州自古天高皇帝远，受主流文化的影响较弱，常常表现出根深蒂固的地域传统，倾向于温和型观念控制，习俗、道德、宗教在政府管理中起着很大作用，因此温州人会更多地利用传统技能和经验适应变化的新生活，人们对个人成就表现出极大的崇尚和重视，私营经济在温州地区突破体制的夹缝中繁荣起来，就不足为奇了。温州模式的文化渊源是"瓯文化"或"永嘉文化"（也叫浙东文化）。"瓯文化"开拓解放，豪迈大气，狂飙突进，重经世致用，强调个性、个体、能力等。温州模式的形成和发展实际上就是温州企业家集群的形成和发展，而温州企业家的形成与他们所处地域的"文化"背景有很强的关系。

熊彼特（1934）认为，成为企业家的三种动机。首先，存在有一种梦想和意志，要去找到一个私人王国，常常也是（虽然不一定是）一个王朝。其次，存在有征服的意志：战斗的冲动，证明自己比别人优越的冲动，求得成功不是为了成功的果实，而是为了成功本身。最后，存在有创造的欢乐，把事情办成的欢乐，或者只是施展一个人的能力和智谋的欢乐。实际上就是说，企业家的出现就是要有一种梦想成功的企业家精神，另外还需要实践的才能。而"瓯文化"正好成为这两个方面的渊源。

（一）"瓯文化"——温州企业家集群的精神之源

随着"温州模式"在20世纪90年代影响的迅速扩大和有关"温州模式"研究的深化，许多学者开始进一步认识到，温州经济的崛起，除经济学分析所揭示的种种因素之外，事实上还与温州人具有区域特征的人文精神有着很大的关联。

早在20世纪80年代中期，张仁寿（1990）等学者就已经论述了历史传统的影响在"温州模式"产生过程中的作用。他们指出，温州世世代代相传的工商业传统，使温州人具有经营工商业的独特优势。同时，温州还有提倡"功利""重商"的区域文化传统。深深地受"瓯越文化"熏陶的温州人，"重义轻利""崇本抑末"等因袭包袱较轻，形成了较强的讲究功利、经济进取、善于学习、敢于冒险、务实进取、敢于竞争的思想观念，注重发展工商业，具有吃苦耐劳、勤奋苦干的精神。这种文化传统，与发展商品经济所需要的观念和精神相吻合，成为推动温州农村商品经济蓬勃发展的重要的精神力量。

谢健（2000）也研究温州民营经济与"瓯文化"的关系。他认为，"瓯文化"的经济思想，具有鲜明的经济自由主义理想性质，在中国传统社会原有政治经济的制度框架内是难以实现的。但其追求务实事功的精神，阐发的这种经济自由主义思想对于后世一些局部地区如温州本地发展商品经济、实行本末并举对于明清时期的浙东学术有一定的影响，对于它的发祥地温州更有广泛而深远的影响。

上述温州人特有的冒险、务实与创新的意识就是企业家精神所在，史晋川（2002）将它们称为温州人精神，并认为这种精神是由于1876年温州被辟为商埠、西方商品经济意识与"瓯文化"中永嘉学派功利主义哲学观的冲撞与融合的结果。

温州人的企业家精神，从温州的无数个全国第一就可以看到。如第一个股份制企业、第一个私人承包民航的航线、第一条民营铁路、第一家实行利率浮动的信用社等。温州人具有推崇个人开拓、尊崇个人奋斗获得的成功、崇尚除弊革新的创业精神，因此，温州企业之间的竞争更加激烈而富于创新。勇于冒险、努力追求个人成功的企业家精神更容易在温州形成。而在一些地区，因为缺乏这种文化而未能形成这样的企业家精神。事实上，正是因为存在这样蓬勃的企业家精神，所以会造就温州人在观念上领先于全国，出现家家户户争当企业家的热潮，也因此取得了区域性企业家集群的先发优势。

（二）"瓯文化"造就"干中学"的企业家才能

"瓯文化"的理念在温州及浙南大地上已经根深叶茂。重物唯实、以利和义的哲学思想和经商理财、富人为本的经济思想，这些当年"事功"学说的核心，在今天已转化为一种以实利主义为特征的实践型文化。"永嘉文化"有本末并举的思想，一方面，对于温州历史进一步形成和强化重视工商的"永嘉"（瓯越）文化精神有着重要的意义。温州人自古能在人多地少情况下，因地制宜，发展多种多样的工商业，且勇于外出经营谋生，"能握微资以自营殖""人习机巧""民以力胜"形成了重工商、善工商、商品经济较发达的局面。另一方面，它又是当代温州经济社会发展的重要精神资源。在近20年来温州经济发展的演进轨迹的制度创新的模式中就深深地打上了重视工商的传统印记，如家庭工业、前店后厂、沿街成市、专业市场、以商促工、以工兴市、股份合作制、集资创办社会公益事业、发展小城镇等社会经济绩效和制度创新模式上的一系列巨大成就，无不是重视发展"百业并举"的商品生产、发挥各显其能、自由竞争的市场经济机制所带来的效应。

在这种文化的作用下，温州及浙南大地的人们世世代代，以从事工商业为"本"，以积累财富成为富人为荣。人们对于商业的热心远非其他地方所能够相提并论。民间普遍渴望"财富"，勇于创新，善于利用各种资源，耐于吃苦，希望以经济上的成功获得社会对个人的认可。所以，人们将许多时间和资金及各种资源投入企业家的活动中。温州人的商业精神和创新精神就是在"瓯文化"的熏陶下，一代接一代传承，文化的底蕴，深深地扎根于温州的草根阶层。全民皆商，在温州人的心中并没有什么不好和不光彩的。这种的企业家精神在南宋以后的温州及临近地区都是很显著的存在，加上温州的地理位置，成为中国东南的通商口岸，所以在条件合适的情况下，温州区域中所蕴藏的企业家精神和独立创业的精神，就会得到迸发。而在商业条件被限制的战争年代或计划经济时代，这些精神只能隐藏于民间，等待时机的到来。所以，在1978年政策环境变得宽松时，人们从事工商业所得的利益受到了基本的保护，那么被压抑的企业家精神一下子爆发，形成了对全国经济均有重要影响的温州经济的发展模式。

在温州民间的传统中，对于送子女去做学徒，学做生意是比较崇尚的，人们管这叫作"学生意"。而温州的一些企业家，如第一代的企业家——温州的"中国鞋王"之一的"吉尔达"的余阿寿，人称"皮鞋寿"就是从皮鞋学徒开始起步的；而另一家"中国鞋王"——"康奈"的老板郑秀康也是从学徒出生。温州鞋业界流传着一个佳话，几乎每个鞋厂的老板，自己都会手工做鞋，而且对于鞋的质量也是了如指掌。其他的行业，如打火机、剃须刀、服装也大抵如此。而学徒制度的存在，是企业家集群形成的一个重要途径。一方面，学徒通过学习师傅的生产技术，掌握了生产的工艺和流程；另一方面，更重要的是通过师傅对原料的采购、生产的安排、产品的销售、客户的联系等实践过程的学习中，可以学到创办企业和管理企业的一整套的方法。同时，通过几年的学徒生涯，对于产品的销售渠道也已经有一些掌握，为今后自己的独立创业打下了基础。学徒生涯，实际上就是企业家人力资本投资和形成的时期，在"干中学"所获得的知识就是他们所积累的企业家人力资本，通过这个过程也逐步形成了他们各自的企业家网络。他们的管理能力、协调组织能力和整合资源的能力等的人力资本均在这个阶段中获得。这种来源于基层的源源不断的动力，构成了温州企业家人力资本的重要来源。相比之下，许多地方家长是羞于让子女学习经商本领的，他们喜欢送子女去读书或学习其他本领。这些家长的子女宁可在家待着、种地或以后等待政府的招工计划等，也不会去学习经商。所以，聚集了众多企业家人力资本的温州地区，无疑就为企业家集群的生成提供了根本的条件，企业家网络节点不断诞生，又不断延伸，从而形成了越来越大的温州企业家网络。

可以说，"瓯文化"对温州企业家集群的形成影响很大，主要是通过培育勇于创新、敢于创新和善于创新的企业家精神，以及造就企业家才能而得以形成。这种精神并非只有个别的温州人才具有，而是成千上万的温州人都有。另外，"瓯文化"也造就了企业家在"干中学"的丰富的实践能力的。因此在文化的熏陶下，自然地形成了庞大温州企业家集群和网络的现象，并成为温州区别于其他地方的一个明显的特征。

五、结论

作为中国新时代企业家集群的典型，基于温州企业家30年的形成与发展的经验，可以为中国未来社会企业家群体的发展提供一些借鉴和启示。虽然，温州的企业家创造了昔日的温州模式的辉煌，也造就了目前遍及世界的温州企业家网络。但我们从其网络形成的过程来看，基本上是受"瓯文化"的影响的个人驱动所形成的区域企业家集群。但是，这些集群中企业家的素质以及网络中节点间的相互联系，网络的开放性，与其他企业家网络的互动等，还远远达不到能够适应经济转型发展的需求。如2001年以后，温州本土的经济增长速度一直处于浙江省末尾，新兴产业也没有实质的发展，甚至在2011年出现了温州企业信贷危机，严重影响了温州企业家群体形象。实际上也从一个方面反映了温州企业家集群和网络并没有相应创新和发展。从温州发展来看，我们需要汲取中国古代商帮衰亡的教训，努力增加企业家网络的密度，提升网络的强度，扩展网络的外向度，从整体上提高中国企业家个人和群体的素质，从而逐步打造出适应国际竞争、勇于创新、善于成功的中国企业家集群的形象。

原载《浙江社会科学》2012年第1期

海外华人商会与华人经济转型初探
——以海外温州商会为例

曹一宁

[摘 要] 海外华人中的大部分已经度过了资本积累阶段，目前面临的是如何实现经济转型的问题。华人企业大多数是粗放型的小企业，且以家族为核心居多，加以华人行业高度集中，资金高度分散，弊端显而易见。本文以海外温州商会为例，探讨在经济转型中华人商会的对策。

[关键词] 海外 华人商会 经济转型 温州 对策

从中国大陆移居海外的大多数华人属于经济移民，因此，华人族群经济与移居海外中国人的经济活动是相伴而生的。温州人移居海外已有 1000 余年的历史，历史上有过三波移民潮，21 世纪以来移民潮继续高涨，目前已形成温州籍侨胞 43 万人，分布全球 130 多个国家的格局。移民海外的温州人，主要经营餐饮业、皮革加工业、制衣业等投资少、技术含量低的行业，如法国巴黎的温州人，就生动地称自己拿的是"三把刀"。可见，此类移民不同于以技术资本和经济资本为后盾的精英移民，属于非精英移民。在异域文化占据主流的社会中，海外华人想得到经济状况的改善，社会地位的提高，单打独斗是不够的。为此，移居海外的温州人将团结和互助作为重要的手段，商会即是这种手段的一种重要表现形式。在温州移民人数较多的欧洲和美国均组建了商会组织，温州海外移民集中区的法国，商会组织更是遍地开花。

2011 年 8 月，马来西亚温州总商会的成立更进一步说明了华人经济融入对商会组织的依存度。马来西亚是非移民国家，工作签证办理十分困难，通过旅游、商务签证，只能短期内从事商务考察，无法从事投资活动，因此，必须考虑以商会为平台，通过此官方承认的社团组织，与政府部门进行沟通交流。所以，商会对于海外商人经济融入来说是一种不可或缺的存在，不依存商会组织，连起码的经济活动都无法开展，遑论经济融入。

一、经济融入现状

　　华人华侨融入当地主流社会是个复杂的问题,"融入"本身涵盖了多方的内容,仅就经济而言,华人融入之路也绝非坦途。作为海外华人商会,其促进融入的功能主要体现在:在经济领域发挥社团的集体力量,帮助华人华侨,站稳脚跟或立足。经济上之融入,可以看成是融入当地主流社会的关键一步。海外华人商会的缘起离不开经济的需求,为此,商会将积极为华人的经济融入创造条件作为宗旨。加拿大温州商会的章程及以温州侨胞为主的法国华商会的宗旨即是佐证。在章程中,加拿大温州商会明确表示要"集大家的智慧和力量,建立一个温州人自己的投资大平台",而法国华商会的宗旨表达了相同的意思。

　　除在宗旨上反映其促进融入的职能外,商会成立的过程本身就体现了这一旨意。经过多年积淀,意大利的华人鞋业贸易粗具规模,但由于各自为政,处于散、小、弱的现状,加上受国际金融危机以及欧盟对中国皮鞋反倾销等不利因素,意大利华商的鞋类贸易颇受影响。在全球"共克时艰"和意大利华人社团积极转型的两大历史背景下,意大利(中国)鞋业商会成立。温州市鞋革协会秘书长谢榕芳说,此举相当于在意大利建立了一个全新的温州鞋营销平台。

　　海外华人中的大部分已经度过了资本积累阶段,目前面临的是如何实现经济转型的问题。华人企业,如欧洲各国的华人皮革、服装等企业大多数是粗放型的小企业,且以家族为核心居多,再加以华人华侨在各国谋生,创业集中在皮革、餐饮等行业,行业高度集中,资金高度分散,弊端是显而易见的。尽管经济转型正在逐步进行,但依然有超过半数的华人在从事餐饮以及相关的行业,在英国、德国、荷兰等国,这个比例甚至高达80%以上,在意大利,仅罗马和米兰就有超过100家的中餐馆,在美国纽约有近6000家中餐馆。然而,与中餐馆遍地开花形成反差的是,鲜有创出品牌,做出影响的,相反,中餐馆的负面报道却频频见诸报端。海外的"中国(温州)商城"也面临生存之虞。这种经营模式以从业者家庭为基本单位,没有脱离简单粗放的经营窠臼,充其量不过是在量的方面发生了变化,资金规模和物质架构上有了超越,但实质上只是放大了的"家庭作坊",核心竞争力仅体现在价格和质量上。随着重复建设商城的不断出现,商品辐射市场趋小,市场容量变小,最终市场将进入以粗劣的质量和较低的价格在博弈中分得一杯羹的境况,"价廉物美"的核心竞争力消失殆尽。

俄罗斯当局关闭切尔基佐沃市场的事件也提示着经济转型的必要性。2009年夏季，位于莫斯科东区，形成于20世纪90年代初的莫斯科最大的服装鞋帽等日用品批发市场——切尔基佐沃市场被关闭。俄官方查抄了6000个集装箱的中国货物，总价值达数十亿美元。该市场的突然关闭使一些中国商人和生产厂家倾家荡产。据俄罗斯温州商会会长虞安林介绍，在市场中温州商会会员就有近万名，温州商人上报的损失就超过8亿美元。并且由于金融危机和灰色清关的双重影响，温州和俄罗斯的贸易量下降了大约35%，100多家温州小企业因此倒闭。

俄罗斯政府决意关闭集装箱市场，缘于俄贸易部长在政府主席团会议上所作的一份关于俄罗斯民族轻工业的报告。报告称，俄国轻工业已被非法进入当地市场的商品及其"价格歧视"所扼杀，因此，"发展文明的贸易"是当务之急。于是，切尔基佐沃大市场成为俄国政府"重振民族轻工业"的第一个牺牲品。

灰色清关缘于20世纪90年代初苏联解体后，俄罗斯急需进口大量便宜货品而形成的大批华商在中俄间的民间贸易行为。由于俄罗斯海关清关手续烦琐，关税混乱，为了鼓励进口、简化海关手续，俄罗斯海关委员会允许"清关"公司为货主代办进口业务。这些公司与海关官员联手，将整架飞机的货物以包裹托运的关税形式清关。据资料显示，此类清关比正规报关关税通常便宜一半以上。后来，这种清关方式被推广到海运、铁运和汽运，统称为"灰色清关"。为此，俄罗斯中国商会会长蔡桂茹呼吁，华商们应尽快改变经营方式，进行多元化经营，尽快走上对俄贸易的"白色清关"之路。

所以经济转型是海外华人经济不得不面对的问题，行业高度集中，资金高度分散的整体经济状况必须改变。

二、华人商会在经济转型中的对策

实现经济转型，商会需趁势而为。2008年，法国温州商会联合其他在法华人团体，共同推出首届巴黎"中法经济论坛"，为华商调整心态与经营模式，解决在海外水土不服问题上谋划策之举就是不错的做法。又彻底解决了华商商业经营中无序的"自发自为"，亦需商会出力的问题。尽管日本"知音"的破产，宣告了"自发自为"模式的失败，但前车之鉴没有引起人们的足够重视。

在经济转型中海外华人商会应该扮演怎样的角色呢？笔者认为：一是继续维护

好资源整合者的形象。相比从前，如今华人社会的规模已是原来的数倍，但总体上看华人商业仍处于各自为政的分散状态。不是通过打造共同市场，以培养和扩大市场的方式来获得共同成长，而是使用价格战来相互消耗资源和能量是注定没有出路的。商会必须进一步进行资源整合，通过聚拢效应，形成与社群规模相匹配的商业模式，创出一条道路。

金融危机使欧洲成为重灾区，也给中餐业、服装加工、贸易批发等华商经营的传统领域带来了前所未有的冲击。面对危机，在欧洲的浙江籍华商，充分利用遍布170多个国家的华商网络，与其他省份的华人资本结合，扩大规模，共同开拓市场。此举就在于熟稔资源整合之功效。此外，亦可创建侨贸平台实现商机共享。在温州市华侨贸易座谈会和境外商品城建设提升座谈会上，不少人提出建设共同平台，使在外侨商之间实现对接的建议，如此建设工作，商会的协调整合必不可少。

二是引导品牌树立。现代品牌不仅仅是外在的标识，更是质量的象征和企业精神的体现，蕴含着企业文化的品牌，给企业带来的是高附加值和高市场占有率。拿海外中国商城来讲，下一步转型升级一个重要的方面就是要提升商城的软实力，即产品品牌和中国商城本身品牌的影响力。这就需要商会进行提倡和引导，使商城的经营管理更规范。

又如作为经历过近百年传承发展的中餐业至今仍是海外华人的重要经济支柱，其声誉和口碑，关系着小到一个家庭的生计，大到中餐馆的未来发展，乃至中国文化在海外的传播。在世界经济发展的新形势下，中餐经营者必须进行理念升级，即世界中国烹饪联合会秘书长杨柳所强调的：既有中国美食，又有文化底蕴。此处，华人商会应在从传统美食文化中汲取创新精髓，是华人中餐业赢得竞争成功的"王牌"等理念上进行引导，使无可替代的文化感染力渗透于海外中餐厅的美味中。

三是引领海外华人走向规范化及附加值更高领域。海外华人已经在高新产业之路上浇灌出一朵朵奇葩，海外温州人吴晓斌在日本的公司业务涵盖视听、数码、通信、电子电器等领域;海外温州周青山在美国经营的公司成功申请了13项美国专利。但总体上看，海外华人"卖高科技"还只是星星之火，若要成燎原之势，需要商会的引领。

在引领走向规范化方面，法国华人进出口商会已抛砖引玉。2010年，法国华人进出口商会常务副会长黄学胜的欧华集团借力金融危机逆市发展，成功登陆泛欧交易所创业板，让欧交所之钟首次为华商敲响。这是一个在外人看来十分大胆的决定，因为此前华商一直背负着"收入见不得光"的指责。而这个大胆决定背后的寓意是：作为法国华人进出口商会常务副会长的黄学胜希冀通过自身企业的上市，打开一扇窗户，引领其他华商转型。

知识产权的问题是华人经济转型绕不开的问题。《人民日报·海外版》报道了西班牙当地商人暗地里申请专利，而后用举报侵权的方式，对华商进行打压之事。这种商业纠纷层出不穷的背后是华商自身知识产权意识的淡薄。华商在西班牙从事披肩和头巾的生意由来已久，但从未考虑色彩和品种多变的头巾可以申请专利。一些西班牙厂商眼看着市场越做越大，便对一些色彩和花色暗地里申请专利，之后反过来，用举报侵权的方式，对华商进行打压。诚如专家指出的那样，知识产权是一种无形资产，如果自己的产品被他人恶意抢注或侵犯，就意味着在激烈的国际市场竞争中不战而败。因此，在遭遇知识产权危机时，海外华人商会要积极与当地政府或组织沟通，运用好相关知识产权的法律制度，维护商业形象。

四是与国内市场相结合。席卷全球的金融危机之后，国际经济复苏需要时间，金融稳定能否持续还是未知数，相反，国内经济发展稳定。此时到国内投资不失为明智的选择。如近期在罗马尼亚的温州商人生意极为清淡，大批温商准备回乡投资。在不完全放弃海外市场的前提下，投资重心转向家乡成了海外旅罗华商应对罗马尼亚经济前景不明朗的不二法门。而较早回国的一批旅罗温商中，罗马尼亚华人联合会副会长戴沿胜已经在国内洽谈了多个投资项目。

实际上，回国投资并不是与国内市场结合的唯一方式，关于这一点，由美国华人华侨基金会、洛杉矶温州商会与洛杉矶中国商贸城等合作打造的洛杉矶中国商贸城"温州名品中心"提供了范例。作为温州品牌商品直销美国市场的大型平台，名品中心不仅实现了在美国建立体现温州企业和品牌形象的营销基地，同时还实现了华商与国内市场的对接。

华商经济的崛起与中国经济的发展是不可分割的，无论是转型升级，还是多元化经营，都不仅仅是华商们和商会的事情，"依托祖国，做大做强"亦不仅仅是口号。

五是经营本土化。经济危机中旅西华人逆势发展，然而就在众多旅西华人视危机为机遇时，西班牙各地传来了"华商的扩张对当地造成威胁"的声音。旅西华商所处的困境是海外华人目前普遍会遇到的困难。作为海外华人商会应加大与当地的沟通力度，并将加强对当地的回报作为当务之急。增加雇佣当地人，实现用工本土化，则是加强回报的最好方式。华人在用工以及社会关系上圈于自己的圈子固有可理解的一面，但只有实行雇佣本土化，才能跳出与当地社会缺乏沟通与交流的窠臼。如前所述，旅西华商如能加强对西班牙人的招工，在解决自身需要的同时，帮助西班牙政府和社会解决高失业问题，那么华商在当地的扩张和发展被愉悦地接纳势成必然。

实际上，通过雇佣本土员工，实行经营本土化，还可提高经营的针对性和"透明度"，提升华人企业形象。2010年5月，"西班牙烧鞋案"在时隔7年之后尘埃落定，这一结果再次引发了关于华人维权意识和华商经营方式的反思。"西班牙烧鞋案"中受损最严重的陈九松之所以能胜诉得益于他的企业在资金往来、经营场所、经营人员、法人身份证明方面均合法。这就是融入当地社会、实现企业本土化的表现。温商持续关注的"烧鞋案"之最终结果对经营本土化重要性做了一场现身说法。

此外，商会还须促进自身发展和革新。在海外华人社会，除当地政府和中国使领馆外，最能对侨胞们产生影响力的就是华人社团。仅就温籍海外华人社团来看，目前存在社团间不够和谐、社团内部不够团结等问题。为此，海外华人商会应努力促进自身发展和革新，加强商会内部协调合作机制，不断提高为华商做服务工作的本领。与海外温州商会遍地开花情形并存的是，许多商会专业性不强，组织架构单一，运作不够透明。关于这个问题，《华侨华人社团的"拟村落化"现象——荷兰华侨华人社团案例调查和研究》一文有一观点："从总体上看，荷兰华侨华人社团虽然多样，但是功能分工和专业化水平很低，它们具有综合性作用，凡是需要集体行动，都会以社团的名义出面，不管社团的名字是否适合组织这样的活动。"上文虽然是以荷兰的海外社团为观测点，但专业化水平低的状况在温籍海外商会中普遍存在。在资料中，我们能看到，有社团的会长一任就是好几届，大半副会长都是同一家族之人等现象。有人说，"华人经济全面转型，首先是侨团的功能和作用实现转型"。只有实现自身的发展与革新，引入现代管理意识，商会才能在华人经济转型中有所作为。

三、结语

海外华人面临的融入问题、经济转型问题是无法回避的。尽管金融危机的脚步渐去渐远，但说危机已经过去为时尚早，况且，无法保证的是，危机不会重演。因此，对海外华商来说，借助商会平台，立足中华优秀传统文化，融合西方价值观念，接轨现代经济文化，向高科技、集约型经济转型势在必行。

目前，世界各国有 4800 万华侨华人，已经形成独特的华商网络。海外华人商会首先应进一步冲破地域局限，集合华商力量，实现资金、信息、业务上的联合，互为犄角，相互支持，实现自身的提升；其次，要积极向国内拓展市场，事实证明，不少回国投资的温籍华商都屡有收获。在回国投资已渐成趋势的当下，海外华人商会要推动双边贸易，促进双向投资，让海外华商融入中国经济腾飞的互动圈，既为海外华商经济转型创造条件，也为国内经济发展，内外互动搭建网络平台。当然，促进自身发展和革新，提高专业化水平也是海外华人商会的当务之急，经济转型首先是侨团自身的转型和发展。

原载《决策参考》2012 年第 3 期

温州海外移民世家研究

徐华炳

[摘　要] 温州海外移民世家是温州家族的重要成员，是温州家族的海外拓展与建构。此群体的形成有世界经济发展不平衡和全球化的大因素，也有温州地域文化和移民意识等主观原因。温州海外移民世家数量众多，其祖籍地以文成、瑞安和瓯海等重点侨乡为主，侨居地则集中于西欧大中城市。他们既讲究家庭祖训，聚和、重教、务实，也注重发挥家族家庭力量，善贾、乐助、抱团，以贡献海内外而赢得声誉。

[关键词] 温州　海外移民　移民世家

北宋真宗景德二年（1005），永嘉人周伫随商舶赴高丽，由此开启温州人移居海外的历史。宋至晚清，都有温州人走向域外的足迹。但迟至近代，温州地区才产生连锁性、群体性的海外移民活动。进入 20 世纪，更是出现了三次移民潮，尤其是改革开放以来，温州人出国呈现规模化现象。以至当前，近有 50 万温州海外移民遍及世界五大洲的 130 多个国家和地区。悠久的海外移民历史和特定的区域文化造就了温州人善流动、爱抱团的习性[①]，这不仅促使温州人成批地奔赴全国闯荡世界，也促成了家族化移民现象和为数不少的海外移民世家。20 世纪 80 年代以来，以家庭化、家族化的组团移民方式出国的温州人越来越多，甚至"在有些地区成了华侨出国的最基本、最主要渠道"[②]。其中仅改革开放后的一二十年里，"浙南各市县移居海外的家族集团少说也有上千个"[③]。

但是，较之丰富的温州家庭化移民事实，对其研究却显得相当匮乏。有学者在综述当下温州家族史研究状况时，从研究时段、研究地域、研究对象和研究内容等几个方面得出"中心突出，边缘失语"的特征。依此思路，温州家族研究还应存在一个空间上的中心与边缘现象，即温州本土家族研究已开启，温州海外移民世家研

---

①　徐华炳：《区域文化与温州海外移民》，《华侨华人历史研究》2012 年第 2 期。

②　周望森：《浙江省华侨史》，中国华侨出版社，2010 年，第 104 页。

③　周望森：《浙江省华侨志》，浙江古籍出版社，2010 年，第 77 页。

究仍处空白。鉴于此，在系统梳理现有的相关研究成果的基础上，通过群体分析与典型个案研究相结合的方法，对温州海外移民世家的形成原因、迁徙分布、家族精神和社会影响等方面做剖析，有助于丰富温州家族和海外移民世家研究。

一、相关概念与学术史回顾

（一）"海外移民世家"的界定

学术界普遍认为，以婚姻和血缘为纽带的家庭是社会的最基本单位，再以同一血缘家庭为基础而建构起来的社会网络或社会组织即为家族或亲属。在中国传统社会里，亲属家族一般是以五服为界。那些拥有共同祖先的同姓家族的松散集合，便称为"宗族"。"家庭（同居共财的近亲血缘群体）与家族（五服以内不共财血缘群体）、宗族（五服以外同姓同祖血缘群体），是中国传统社会形态的基础"[①]。移居海外的中国人同样秉承中华优秀传统文化,甚至更强烈地注重血缘和地缘等亲缘关系。他们为了生存与发展，往往由一人或一个家庭（可称为"核心家庭""族首家庭"）率先移居海外，待稳定后再以"亲带亲，故带故"的方式，提携其他家庭成员或家庭移居海外，繁育数代，最终构成少则几十人，多则上百人，特大者达三四百人的海外移民家族。因此，海外移民家族是指聚集在一个核心海外移民家庭周围，由多个数代人构成的血缘姻亲家庭组织。当然,对海外移民家族的具体称谓是有差异的，学者们一般将其称为"华侨家族"或"华裔家族"，也有研究者称其为"侨族""华侨世家"或"华侨望族"等。

与此相适应，家庭化移民是指家庭中的某位"移民先锋"出国（大多在20世纪80年代前出国）后，经过艰苦拼搏、创业有成之后，以团聚名义将妻室子女等其他家庭成员分批分次接到侨居地，建立起海外家庭，从而结束单身出国定居、家眷留守故乡、分居两国的局面。这个海外家庭作为未来移民家族的核心，充分利用团聚后的优势，继续拼搏创业，以至具备一定实力，尔后便设法帮助家乡的近亲出国。依赖这种以血缘、亲情为纽带的宽厚移民链和丰富移民资源，第二、第三、第

[①]　史献浩:《中心突出，边缘失语: 温州家族史研究综述》,《温州职业技术学院学报》2014 年第 1 期。

N 层级的海外移民家庭相继建立起来，规模不等的温州籍血缘家族最终在世界各地出现。尽管家族化移民现象作为中国海外移民的一大"景观"，在温州、青田等浙南华侨中普遍存在，但被文献记载的温州海外移民家族毕竟有限。因为 1949 年前出国的温州人几乎都为谋生而闯荡海外，绝大多数移民的文化程度属于文盲、半文盲，而且温州人大规模移居海外的客观事实发生在新中国成立后尤其是改革开放以来，代际间隔不长，有影响力的家族也不多。所以，值得学术探讨的温州海外移民家族需具备一些共同特征：至少已经连续直系两代有海外移民，家族中有公认的侨界领袖或社会名流，在海内外具有一定的社会影响力或号召力。也就是说，在此考察的温州海外移民世家当为"温州华侨华人望族"。

(二) 温州海外移民世家研究现状

以"华侨家族""华侨望族""海外移民家族"等关键词检索中国知网，所得文章甚少，仅有的相关学术论文也几乎全部以闽粤籍华侨为研究对象。至于温州海外移民世家研究，至今为止，成系统的学理性成果鲜见。不过，社会和学界对包括温州在内的浙南地区的海外移民家族化现象，关注不少。

早在 20 世纪 90 年代初期，浙江师范大学华侨华人研究中心主任周望森先生就已经注意到浙南海外移民的这一新动向。他在一篇关于偷渡问题的文章中最早提及旅欧的浙籍移民家族现象。[①] 此后，在其专著《浙江华侨史》和主编的《浙江华侨志》中，都有专门段落阐述"家族化移民"。进入 20 世纪 90 年代中后期，一批温州本土侨务工作者和侨研爱好者也开始意识到温州海外移民的家族化问题。他们从搜集资料入手，开展了大量的、较长期的整理编撰工作，积累了较多的温州海外移民家族资料。如郑育友主编的温州首部乡镇侨志《桂峰华侨志》附录了 12 个老华侨家族，并认为"这种以'九族'血缘出国互带的情况，是桂峰华侨在国外绵延和发展的重要原因"[②]；在《温州华侨史》《文成华侨志》《乐清华侨志》和《瑞安华侨志》等一批温州地区的华侨史志中，也以"人物录""人物春秋""侨界之星"和"侨领"等篇目收录了当地的部分华侨家族事迹；特别值得一提的是，自 1995 年起，温州

[①]　周望森：《华侨华人研究论丛》第 1 辑，中国华侨出版社，1995 年，第 9 页。

[②]　郑育友：《桂峰华侨志》，香港天马图书有限公司，2000 年，第 16—24 页。

市华侨华人研究所历时十年，完成了《郑（岩银）氏家族侨谱》《胡允迪家族侨谱》《林松昌家族侨谱》《罗周美家族侨谱》《董云飞家族侨谱》和《周荆侯家族侨谱》等6部侨谱。这不仅拓展了传统"家谱"内容，丰富了谱牒学，还因详尽记录了几代移民的海外艰苦拼搏、创业发展的历程，成为"家族形成和发展的真实记录……为后人寻根问祖提供'路线图'"①。此外，《海外温州名人录》《海外温州人》《闯天下的温州人》《世上温州人》《鲁娃大视野：101温州人走世界》《文成华侨溯源录》《海外永嘉人》《天下瑞安人》《侨领韩天进》等各类人物传略，也都记录了不少华侨家族事例。而温州的一些地方报纸杂志，如《温州瞭望》《世界温州人》《温州日报》等开辟了"温州望族""侨领传奇""华侨世家"和"天下温州人"等栏目或专版，对温州华侨华人望族做专题报道。但所刊登的内容，"只能说还是一个传记报道，离望族研究尚有一步之遥"②。

尽管理论层面研究温州海外移民世家问题的专门性论著至今仍然未见，但还是有一些研究者对此领域进行了有益探索，形成了难得的几篇探究性文章。其中《温州望族》一书的序言"兼谈望族和望族学"③，虽不是针对温州华侨望族的学理性研究，但因温州华侨望族属于温州望族的重要成员，从而为温州海外移民世家研究起到了呼吁作用；而《华侨望族》一书，尽管内容仍属于人物传记，但其中的"温州华侨望族研究"一章可以说是较为完整的一篇学术论文。它从研究轨迹、界定分析、现状分析、区域分布、典型分析、作用、形成规律、政策建议等8个方面，对温州华侨华人望族研究的相关问题做了可喜的、较全面的梳理。此外，《在日温州人研究——唐氏家族史》一文，从个案实证研究切入，考察了在日温州人家族的移民途径、职业构成、婚姻状况、定居过程、生活现状等具体问题。④

毋庸置疑，上述有关温州海外移民家族的研究成果，无论是资料性的传略，还是探究性的论文，都将为未来的温州海外移民世家研究提供了有益的素材和多维度的研究思路。

---

① 苏虹：《华侨寻根问祖的践线图——侨谱》，《温州华侨研究》2007年第1期。

② 胡方松：《华侨望族》，中国对外翻译出版有限公司，2013年，第141页。

③ 金丹霞、施菲菲：《温州望族·序》，浙江摄影出版社，2008年。

④ 郑乐静：《在日温州人研究——唐氏家族史》，《日语学习与研究》2013年第3期。

二、温州海外移民世家的形成原因

温州海外移民世家的形成，是先家庭化，再发展为家族化的过程。家庭化、家族化作为温州人移居海外、壮大海外移民家族阵容的特有途径和渠道，其形成有着经济、文化和社会等多重因素。

（一）欲求脱贫致富是温州家族化移民的最大推手

温州地理资源匮乏，素有"七山二水一分田"之称，人地矛盾十分尖锐，70%的人口又分布在山区，靠经营山区农业维持生活，发展明显滞后于城镇，以至曾出现"平阳讨饭，文成人贩，永嘉逃难，洞头靠贷款吃饭"的落后局面。于是，为了摆脱这种恶劣环境，寻求更好的生活空间，恋乡不守土、"流动着不安，迁徙，远行，追逐"的海洋文化基因的温州人，以冒险精神、重商意识和开放意识闯荡海外。在20世纪二三十年代，原本就因"穷山恶水"而身处窘境的温州百姓又遭遇资本主义经济的挤压，致使陷入绝境的文成、瑞安、瓯海等山区的无地或失地农民只得闯出山林，远赴异国他乡，以出卖劳力，或开矿、做木器、种橡胶、种菜、养猪以及从事小贩、行商为生，由此出现了温州历史上的第一、二次移民高潮[①]。在现今能够构成海外移民世家的家族中，其第一代移民绝大多数便是在此阶段出国谋生的。这批先期出国者因自己有经历贫困境遇的深切感受，所以对国内亲人要求脱贫致富的强烈诉求有着深切体悟和责任感。正是在内外渴求发展的合力作用下，由第一代移民携带一批批亲人出国的移民潮就产生了，如此像滚雪球般一样，温州海外移民世家也就自然生成起来了。

（二）强劲移民意识是促成温州家族化移民的内在驱动

自古以来，温州境内人口流动频繁，不断发生迁徙活动，历史记载的大规模移

[①] 1919—1923年、1929—1939年和1978年改革开放以来至今，分别为温州历史上的三次移民高潮时段。

民就有三次 ①。这种"南来北往"的人口迁移,不但"奠定了温州现代居民的基础和村落分布的格局"②,而且伴随多样的移民文化的传播,温州人孕育了以冒险、拼搏、开拓、进取、开放和兼容为主要特征的移民细胞。而在继续的移民活动中,这种移民基因不断累积,终成一种移民习性,移民意识也由此萌发并确立起来。移民意识是指移民输出地民众由特定地域(如侨乡社会)向海外移民的客观行为及其主观反映。它具体表现为移民的精神现象、民族气质、性格感情、伦理习俗、知识思维、观念道德及其价值取向等多个方面。③ 改革开放以来,温州民众的移民意识空前增强,以至出国成为温州地区的常态,移民成为温州民众的日常行为。在文成、瑞安、青田的不少乡镇,村村有华侨,几乎不存在与"侨"无关的家庭,连山村儿童也知道华侨、能讲出不少国名,甚至把读书与将来的出国联系起来,把到海外发展作为毕业后的重要选择。"'海外关系'在那里成了香饽饽,华侨因素在人际中十分诱人,成为共享资源,不光直系血亲,就是'九族'远亲也都寄予厚望,都要圆出国梦。"④ 温州侨乡普遍而强烈的移民意识,再加上中国传统宗法文化遗风的影响,使得早先出了国的华侨,便有了携带他人出国的责任与使命。否则,他们就可能承受巨大压力,甚至被扣上"六亲不认""数典忘祖""无仁无义"等骂名和陷于被"共讨之""共诛之"的境地。正是在社会化的移民意识和根深蒂固的宗法意识的有效结合所产生的奇妙"软实力"的驱动下,温州海外移民的家族化得以维系与发展。

(三)产业发展转型提供了温州家族化移民的物质基础和条件

二战前谋生海外的温州移民所从事的主要经济活动是以拎卖、摆摊为特征的小商贩生意(也叫"摆卖"),其经济水平无疑是低下的,他们的生活也是可想而知的艰苦。老一代海外移民的经济收入和生活环境都极不稳定,难以携带妻室儿女出国,

---

① 徐人、越人和楚人相继在先秦至西汉的第一次移民潮中进入瓯地,不少的北方士族在魏晋南北朝时期的第二次移民潮中举家南渡瓯越,中原汉人和福建族群在唐末五代至两宋的第三次移民潮中大量迁徙温州。

② 林亦修:《温州族群与区域文化研究》,上海三联书店,2009年,第160页。

③ 夏凤珍:《论浙南侨乡移民意识的生成、作用及其提升》,《浙江工商大学学报》2011年第2期。

④ 周望森:《浙江省华侨史》,中国华侨出版社,2010年,第108、177—178页。

更不可能构建中华血缘的海外家庭，仅有极小部分移民与当地女子结婚成家，组建成混血家庭。1945 年以后，经过老一代移民的苦心经营和长期积累，尤其是伴随着 20 世纪 60 年代欧洲经济的复苏与发展，温州海外移民的产业经历了一次重大提升。一方面是"走出了独自打拼、孤立经营的滞后状态"；另一方面是"开始基本上摒弃了拎卖方式的小商经营，开始了中餐、皮革、服装等服务业"[①]。少数积累了资本的旅欧浙南移民，则率先与他人合股或独资创办了小商店、小餐馆、小公司或小工场等实业。这一转型不但使他们的经营活动彻底结束了个人作业，转向多人分工、流水作业的经营模式，而且因此需要增加劳动力。而面对侨居地劳动力的高成本，行业主自然将目光转移到国内市场。其中，来自家乡的劳动人口又成为劳工输出的主体。因他们具有无语言文化障碍、无须过多技术培训、工资待遇要求不高等优点，以及因血缘、地缘等属性而易于内部社会秩序的控制。这一劳动力大转移过程的实现，不仅满足了海外温籍企业主的人力需求，还圆了国内乡民的出国梦。更为关键的是，以"劳工"名义出国的后续移民者到国外便有了相对稳定的居所与工作，加之在上述过程中所编织起来的一张巨大的社会关系网，无疑为他们加速进行新的家庭化、家族化移民提供了可靠的物资保证。所以，温州海外移民世家的发展亦将势不可当。

（四）国际国内的移民大环境造成了温州家族化移民的大气候

温州人移民海外的最高潮阶段发生在中国改革开放以后，而此时期又恰巧全球化在世界范围兴起，这种内外时代背景使"能利用敢利用会利用的海外亲缘关系"的温州人获得天赐良机和广阔的发展空间[②]。中国政府和有关国家都各自采取明智的政策、相应的法律法规，因应这一时期的国际人口流动和国际移民潮流，从而有利推进了国际移民的正常进展，也极大地促进了大批的温州民众以团聚、探亲、继承家产等合法途径涌向海外。当然，仅依靠常规、合法途径是难以满足井喷而出的温州海外移民大潮的。况且中国的法律法规和欧美国家的移民法，对移民者的身份和出国理由都是有严格界定的，一般都只准许配偶和直系三代以团聚、探亲、继承

[①] 周望森：《浙江省华侨史》，中国华侨出版社，2010 年，第 108、177—178 页。

[②] 徐华炳：《温州海外移民形态及其演变》，《浙江社会科学》2010 年第 12 期。

财产等方式移民。但参与家族化移民的温州人远远超出此限定，连"九族"的远亲都被卷入"连环式"的移民大潮中。与此同时，欧美国家会不定期地实行"大赦"，推行非法移民合法化措施，也对温州人出国潮的涌现起到推波助澜作用。这样，林林总总的非法移民活动又从一个合情却不合理更不合法的方向加速了温州人移民的家族化进程。

总之，千年的移民脉络，传统的地缘、亲缘观念，以及近现代的两次大移民根基，不但使温州地区移居海外习俗旺盛，而且构筑起强大的侨乡网络与侨乡资本，从而推动温州移民家族高速运行，生生不息。

三、温州海外移民世家的迁徙分布

在上述多重力量的作用下，改革开放以来的温州海外移民呈现诸多新特征。这不仅体现在移民数量的急剧增长上，如在移民总量上从改革开放之初的约 5 万人发展到 1987 年的 20 万多人，再从 2005 年的 42.5 万人增加至 2014 年的 68.8 多万人。同时还表现在移民世家数量的规模化和分布的集聚化方面，即人口不等的各类温州移民家族越来越多地在欧美国家的各大城市定居。总体而言，二三十人的家庭、上百人的家族、二三百人的大家族，乃至四五百人的特大家族，留居在欧洲西班牙、法国、意大利、荷兰、德国、奥地利、比利时等国或跨国存在，他们或集居或散居在各大中城市。

尽管没有相应的政府部门或学术机构对世界各地的温州海外移民家族总数做过调查或统计，但依据海外温州人的总量和地域分布，保守估计也应该有近千个家族。当然，能够符合本文所考量标准的世家仅占约三分之一，即华侨望族有 300 个左右。

（一）从本源地上看，文成、瑞安、瓯海和鹿城是温州海外移民世家的核心输出地

改革开放以来，温州 11 个县（市、区）都有人走出国门，其中文成、瑞安、鹿城、瓯海和永嘉等为重点侨乡（见表 1）。从这些地区出国的民众不仅总数多，而且几乎都为同宗同族。如上述六部侨谱所涉及的海外移民世家，来自瑞安、鹿城的各有 2 家，文成和瓯海各 1 家。而统计《华侨望族》一书所收录的移民世家和《世界温

州人》杂志"华侨世家"所报道的海外移民世家的籍贯①，同样可以得出上述结论。

表1　2014年温州市各县（市、区）海外人口数量

单位：万人

县（市、区）	人数	县（市、区）	人数
鹿城区	12.076	苍南县	0.8336
龙湾区	1.1092	文成县	16.8598
瓯海区	11.9757	泰顺县	0.0576
洞头县	0.0903	瑞安市	15.9964
永嘉县	6.5808	乐清市	2.5890
平阳县	0.6767		
合计			68.8451

不仅如此，分析已刊印的各类温州海外名人录资料发现，文成的胡姓、周姓和余姓家族，瑞安的杨姓、郑姓家族，瓯海的潘姓、林姓家族，鹿城的程姓、黄姓家族，以及平阳的梅姓家族也是温州海外移民世家的典型代表。

（二）从流向地来看，欧美是温州海外移民家族的主要侨居地

宋至晚清，都有零星的温州人走向域外，限于文献残缺，我们无法证实这些华侨先驱是否有携带亲戚出国。但是，鉴于中国古代社会"'父母在，不远游'的传统思想以及当时妇女被排除在移民队伍之外以保证男子能够返回等因素的影响"，而且"移民在那时并非一种很自由的选择，只有官方派遣下的侨居和经商才是被允许的。任何形式的出国都会遭到家族的反对，人们害怕离乡背井、流离失所，大多数人还是不愿到别的地方去建造新的家园"②。因此，早期的温州海外移民基本上是孤立行为，像周伫、王德用③等人出国后并没有带动大批的温州人移民海外，这也就意味着温州海外移民世家在此时段出现的可能性几乎为零。1840—1919年的80年间，的确有不少的温州民众以"契约华工"或"战争华工"的形式被招募到南洋、

---

① 《世界温州人》杂志创刊于2004年，自2008年第1期开始设立"华侨世家"和"侨领传奇"两个栏目，至2014年12月已经报道了31个温籍海外移民世家。

② 徐华炳：《温州海外移民形态及其演变》，《浙江社会科学》2010年第12期。

③ 南宋理宗年间（1241—1252），永嘉人王德用兄弟二人赴交趾（今越南中部）经商，后因其才艺而敏，受当地国王留用。

南美的殖民地做苦力和欧洲战场做后勤。然而,"到了国外的温州华工在初入他国时,大多只想赚点钱,衣锦还乡购置田地,圆当地主的梦。因而,这些华工把赚钱作为出国唯一的目的,他们一心想着在仅有的那点留居时间里赚到尽可能多的钱,然后就回国团聚,几乎少有长期定居国外的兴趣或念头。"[1] 即便是清季留学东洋、美国的温籍留学生,也在晚清政府的申令下回国。直至 20 世纪 20 年代以后,随着人们思想观念的转变和温州第一波出国潮的出现,在前往日本、南洋的温州人中,才产生了温州移民世家的第一代。如瓯海的潘岩法、杨德法、林恒吉等就是在 20 世纪二三十年代赴日本谋生的第一代华侨,他们的家族现在已形成"四世同堂""五世其昌"的繁荣景象。而在 1929—1939 年的温州第二波出国潮中,温州人的出洋地转向欧洲为主,相应地也产生了旅居欧洲的温州海外移民世家的第一代。

如今,温州海外移民在世界五大洲都有分布,但具备"世家"条件的仍以旅居欧美者居多,少量留居亚洲,非洲仅有个别,澳洲几乎没有。温州海外移民世家的这种分布格局,是与海外温州人的整体分布现状相匹配的(见表 2)。

表 2 截至 2009 年,温州海外移民在世界各国和地区的分布情况表

单位:万人

国家或地区	人数	国家或地区	人数
意大利	14.1731	俄罗斯	0.5128
法国	9.1003	奥地利	0.3987
荷兰	4.1006	葡萄牙	0.288
美国	3.9151	巴西等南美国家	0.4289
西班牙	2.8886	比利时	0.2192
新加坡	1.3417	北欧	0.0694
德国	1.0043	其他地区	4.6012
合计			43.043

另外,若按照影响力来划分,全球性温州海外移民世家相当有限,仅有几个。分析现有的可查阅资料,"只有旅居加蓬的程让平家族,旅居美国的黄建南家族、徐修贤家族,旅居巴西的林训明家族等,可以说已得到世界华人社会的认可"[2];一国性的世家略多些,但也在 100 范围内;地区性的世家相对较多,估计有几百个,

[1] 徐华炳:《温州海外移民形态及其演变》,《浙江社会科学》2010 年第 12 期。

[2] 胡方松:《华侨望族》,中国对外翻译出版有限公司,2013 年,第 144 页。

但不会超过 1000 个。

四、温州海外移民世家的家族精神

温州海外移民世家的形成固然离不开各种社会因素的推动，但这些世家要支撑和维系长久、延续数代且有声望，与其独特的家训遗风不无关系。追本溯源，"同一门户中不同辈分的家庭成员运作的生命篇章，会有一条相同的红丝线贯穿始终，那就是'家族精神'"[①]。温州人常言"养子养女不能败门风"，名门大户自然更注重"门风""家风"的构建和传承。纵观温州海外移民世家的发展历程，可以概括出如下几点家族代代兴旺的内在机理：

（一）"家和万事兴"是温州海外移民世家发达的源动力

中华和合文化源远流长，《国语·郑语》曰："商契能和合五教，以保于百姓者也。""和"素来为中国社会、家庭所遵循与追求。而温州多样的地形地貌特征和典型的移民社会特质，更是塑造了温州人的协作抱团性。群体意识、和气生财观念在以家庭作坊为起步经济模式而走向世界的海外温商家族中，表现得尤为强烈。无论是上下辈之间，还是平辈之间，无论是事业上，还是生活中，"和为贵"都是温州海外移民为人处事的出发点、归宿点，是他们家族的处世原则、生活理念。如"人和万事兴"是享誉全球的黄豆大王、巴西石油巨子林训明家族的至宝，一直上承下传，成为林氏家族成员"个个事业有成"的秘诀。他曾说："孟子的'天时地利人和'中的'天时''地利'是客观存在，我们无法主宰，而'人和'却是我们可以创造的。"1989 年 12 月，林训明、朱孔惠两家和气平分了共同创办的巴西植物油集团，"当时巴西人非常佩服，我们分家和和气气，别人分家打官司。……有家银行还专门在当地电视台宣传报道我们两家的分家故事。"[②]又如知名归侨黄品松及其开创的海外移民家族的子孙始终不忘瑞安黄家祖屋门口的对联："和气一家乐，同心万事兴。"深谙"和"与"兴"的辩证统一关系，铭记黄家长辈留给后代的这一祖训。黄品松

---

① 金丹霞、施菲菲：《温州望族》，浙江摄影出版社，2008 年，第 256—257 页。

② 施菲菲：《代代相传的石化巨子》，《世界温州人》（世界温商领袖论坛特刊），2009 年 5 月，第 89 页。

常说自己最成功的人生杰作是与妻子共同经营了一个和谐、温馨的大家庭，让三代人同舟共济创业。潘金照家族、杨益盈家族、黄金光家族等，都是温州海外移民中家和业兴的美满望族。

（二）重视教育是温州海外移民世家发达的增长力

尽管科技文化领域的温州海外移民家族不多，但能成为文化世家的温州海外移民家族成员都是接受过优越的家庭和学校教育的。如徐贤修家族是进入美国主流社会的著名温州海外移民世家。他自己是留美数学博士、美国著名数学家，曾获美国普渡大学突出贡献奖。其儿子徐遐生为留美天文学博士、世界著名天体物理学家，是美国"三料院士"[①]。两代人都获得如此耀眼的学术成就，与其祖辈所遗留的家训是密不可分的。徐贤修的祖父徐定超（1845—1918）曾受聘浙江两级师范学堂监督，常谕子女"勤俭耕读四字为传家之本"；而可称为温州海外移民第一望族的程志平家族，十分注重学校教育。程志平不遗余力地支持其子程让平从加蓬远渡重洋到法国巴黎求学，直至获得经济学博士并在巴黎工作6年。这为程让平成为一位杰出的华裔政治家及担任非盟主席，打下了坚实的基础。不仅如此，其他领域的温州海外移民世家也同样注重家族成员的教育问题。如胡允迪之子胡立松本可在20世纪60年代出国继承父业，但作为人民教师的他，深知知识的重要。所以，为了子女的教育问题，他迟至自己的子女悉数出国后的1986年才移居意大利。梅旭华家族、夏俊杰家族、廖宗林家族和杨步庆家族等，其几代人或为高学历者，或为从事文化产业的儒商，称得上是名副其实的书香望族。

（三）执着创业是温州海外移民世家发达的持久力

出国，对近代温州农村许多人来说，实为生活所迫而寻找的一条求生之路。但即便如此，受三面环山一面临海的"艰山海阻"的地理条件影响和主张事功之学的永嘉学派思想熏陶的温州人，仍义无反顾地离乡背井、远涉重洋，在异国他乡开始艰难拓荒。第一代移民"没有祖辈留下丝毫家产或钱财让他们去继承；而是全靠自

[①] "三料院士"是指美国国家科学院院士、美国国家艺术院院士和美国哲学学会院士。

己灵活的头脑和勤劳的双手,在谋生的土地上越过艰难险阻,闯出一条创业之路"①。如赴欧洲各国谋生者,创业之初,无不从"苦力"或"叫卖"起步,风餐露宿、流离颠沛,最终在艰苦奋斗中创下基业。移民世家第一代的创业经历及其经验,不但为第一代赢得了家族荣耀和经济实力,而且为他们所珍惜、总结,进而传授给家族事业的接任者,历经升华、积淀,成为家族秉承的精神财富。由温州区域文化塑造而成的"敢于抗命、乐于吃苦、富于经商"的移民气质,在温州海外移民世家的创业历程中表现得淋漓尽致。无论是经商的家族、从政的家族,还是从事学术的家族,"意志坚定、执着强势,不达目的不罢休,敢冒敢闯又机敏灵活",是他们追求事业的共同态度。②创业巴西的林训明如此,服务美国的徐遐生如此,供职于美国政坛的黄建南亦如此。

五、温州海外移民世家的社会作用

一个家族要赢得口碑,不能停留在"修身齐家";一个世家要立于社会,当需追求"治国平天下"。温州海外移民世家是海外温州人的核心代表,是其中最有影响力的群体。他们用口袋、用脑袋,凭财力、凭智力,服务侨社、贡献侨居国,心系祖国、奉献祖籍地,在中外经济、公共外交、社会公益等诸多领域,发挥着不可替代的巨大作用。

(一) 商行天下的示范作用

温州人善贾是闻名海内外的。同样,无论是形成于 1949 年前的华侨世家,还是产生于改革开放后的移民新族,绝大多数的温州海外移民世家都是从经商起步的,几代人都是成功创业者,是国际商海和世界市场的明星。这些实业移民家族带家人、乡人、温州人乃至中国人,走向欧美老牌市场,开拓非洲新兴市场;他们满脑子的生意经,满世界的做生意;他们既将中国制造推向世界各地,又将海外商道引入国内行业;他们既坚守传统领域,也进军高新产业。他们商行天下的行为不仅引领温

---

① 温州市华侨华人研究所:《胡允迪家族侨谱》,内部刊印, 1995 年, 第 1 页。

② 徐华炳:《区域文化与温州海外移民》,《华侨华人历史研究》2012 年第 2 期。

州人走向世界，还引导中国与世界接轨。如旅意的蒋贵恩家族带领几百亲友坐贾意大利，旅丹的徐定元家族带出数百村民行商欧洲。又如林秋兰1991年放下国内企业，闯荡西非，占领贝宁、尼日利亚市场，成为"第一个在西非创立国际贸易公司的温州人，也是把温州产品全面打入西非市场的第一人，她被誉为温州货的国际推销员"①。不仅如此，在她的影响下，前往西非经商的中国人特别是温州人不断增多，使西非成为温州外贸出口的一个新增长点。温州海外移民实业家们不但搏击商海，而且投资国内外，为温州人经济拓展新阵地。如王伟胜收购中东阿拉伯电视台，王建平投资近8000万美元建设尼日利亚哈杉非洲自贸区，孙华凯投资2980万美元建设温州大西洋购物中心等。

（二）善行天下的带头作用

温州自古以来民风淳朴，好善成风，现代温州人更是"富而有义""富而好礼""达则兼善天下"。身居海外的温州移民世家不但传承行善美德，而且以自身较强的经济实力和较高的社会地位，在赈灾、助学、扶弱，以及各类社会公益活动中，模范带头，号召广大海外温州人情系桑梓，回馈社会。他们既是行商富人，也是行善贵人。如余心畴、任岩松、胡志潺、胡志光、韩天进、杨益盈、杨明、冯定献、叶康松等家族，都是热心慈善事业的大楷模。在1957年兴办华侨中学、1984年新建温州大学，1994年17号超强台风、1998年特大洪灾，2003年"非典"、2006年"桑美"台风、2008年汶川大地震等重大事件中，都留下了这些海外移民世家的善意之举。在他们的带领下，至2013年底，海外温州人累计向温州捐赠金额高达6.25亿元。他们不仅积德故里，还行善全国，以至善行天下。从为家乡修桥铺路，发展到为全国捐赠希望工程，再扩展到乐善于侨居地社会和以世界温州人微笑联盟模式彰显善举。2008年，温州市评选改革开放30年"十大慈善家"，其中有4位温州海外移民家族成员入选和入围，再次佐证了温州海外移民世家为慈善事业所做的贡献。2010年，又在这些家族的倡导、参与下，全国第一家华侨慈善团体——"温州市慈善总会侨爱分会"成立，从而让海外温州人有了更直接、有效和持续的行善平台。

---

① 温州市人民政府侨务办公室：《海外温州人》（下），世界华文出版社，2006年，第20页。

（三）团行天下的凝聚作用

从典型移民社会和艰山海阻环境中成长起来，又身处异域他乡的海外温州人，为了联络乡情、互帮互助，纷纷组建侨团以联手创业、维护侨益。海外温州人自1923年创立最早的社团——新加坡温州同乡会开始，90余年来，300多个温籍侨团遍及天下。可以说，到目前为止，但凡温州人聚居较多的城市都会有自发组织的温州商会、联谊会或同乡会。而在这些侨团的成立、发展和转型过程，无不见温州海外移民世家的身影。尤其是在侨团的筹备阶段和消除分歧时刻，以及组建跨行业、跨地区、跨国度的侨团过程中，移民世家以其成员数量、社会信誉、经济实力等优势而往往起到振臂一呼，群起拥之的效应。如胡允迪家族不但事业成功，而且热心侨团工作，多位成员担任侨领。在处理侨团矛盾时，胡允迪常对人说："侨居异域，搞个面包吃吃，何必分个你我高低。"[①] 又如旅荷的王寿松为了成立欧洲温州华人华侨联合会，更是不惜放下生意，用两年时间，自费100多万元人民币，跑遍欧洲21个国家；而为了团结各个侨团，实现用一个声音与侨居国对话，旅欧的林德华、胡志光和梅旭华等多个家族的侨领，历时数年，奔波全欧，协调华社、争取欧盟，最终成功组建欧洲最大的、全球唯一的一个跨国洲际华人社团组织——欧洲华侨华人社团联合会。

（四）义行天下的领军作用

"生猛海鲜式"的海洋饮食生活使得温州人具有豪放性和无畏性，受浓郁家族文化熏陶和良好家风训导的温州海外移民世家更是重情崇义。他们在世界各地，为同乡敢于仗义，为华人敢于豪情，为祖国敢于见义，在海外华人中起到了出色的领军作用。他们在侨胞、侨团和祖国需要之时，往往会毫无保留地以己身之社会地位和影响，挺身而出，拍案而起，主持正义，以法维权，为海外中国人争取合理诉求，保护祖国名誉。无论是为维护华侨个人利益，争取华社合法权益，还是声援祖国统一，一旦有旅居当地的温州海外移民世家及其参与的侨团的组织与领导，维权行动往往都会更加有序、有力和有效。如2008年"10·18"特大凶杀案发生后，西班牙温

---

①　温州市华侨华人研究所：《温州海外名人录》，内部刊印，2000年，第225页。

州同乡会负责人吴镇忠和刘亚平召集当地华人华侨社团，成立"保障生存权"集会委员会，制定了示威集会的行动纲领，通过合法途径向政府、向社会发出华人正义呼声。正是在他们的共同努力和得力措施下，16个侨团3800余人汇聚一起，参加哀悼集会并倡议维护生存权的示威活动。2010年6月，在陈胜武等人担任会长的5个温籍侨团的组织领导下，3万华侨华人上街游行反对暴力，成为法国和欧美华侨史上规模最大一次维权大游行；旅匈温籍侨领张曼新则是一位高举"反独促统"旗帜，令民族景仰和百姓歌颂的民族斗士。1999年，他发起创立海外第一个中国和平统一促进会——欧洲中国和平统一促进会，次年8月又以个人声望和力量在柏林召开"全球华侨华人推进中国和平统一大会"，打响了全球华侨华人反独促统第一枪。最为难能可贵的是，他还放弃自己的实业，专职担任欧洲中国和平统一促进会主席，并在北京设立办事处，费用全部由个人支付，成为当时全球唯一的一个专职反独促统斗士。

此外，温州海外移民世家积极融入侨居国主流社会，跻身当地上层社会，通过参政议政来提升海外中国人形象。同时，利用自身资源搭建民间外交平台，在中外交流和扩大中国在国际上的影响力等方面扮演了极为特殊和重要的角色。

原载《浙江学刊》2015年第4期

温州"两个健康"先行区的实践与思考

诸葛隽

[摘　要]温州获批新时代"两个健康"先行区，意味着开启了温州民营经济高质量发展新征程。探索如何以"两个健康"推进温州经济高质量发展，使得温州成为民营经济的标杆城市，是温州接下来的首要任务。

[关键词]"两个健康"　先行区

2018年8月18日，中央统战部、全国工商联正式批准同意温州市创建新时代"两个健康"发展先行区，由此开启温州民营经济高质量发展新征程。温州两个健康先行区的探索一方面有温州模式再发展的经济意义；另一方面也有国家治理体系现代化、中特理论深化的政治意义。

2019年，温州应该如何抓牢先行区发展契机，在遭遇成长的烦恼之后，再创温州民营经济高质量发展新辉煌，为中国民营经济谱写全新创业史，是我们很重要的一个课题。

一、"两个健康"先行区为什么放在温州

（一）温州始终是中国民营经济风向标之一

温州以及浙江，一直是中国特色社会理论与实践最丰厚的源泉与土壤之一。温州民营经济从无到有、从小到大、从弱到强实现了华丽蜕变，创造了许多中国第一，温州过去四十年积淀的改革经验，不仅是温州人的财富，还为中国的改革发展道路提供了借鉴。

最近几年，温州发展变得缓慢了，随着环境条件的变化、改革进程的深入，温州民营经济面临着模式创新、技术更新、企业升级、家族企业二代传承等现实的考验。如何更好地促进非公经济健康发展和非公有制经济人士健康成长，是温州的新使命、新担当，也是温州实现跨越的必由之路。

从前一直走在改革前头的温州，理应在新一轮改革中也走在前列。创建新时代

两个健康发展先行区，创建民营经济标杆城市，为我国民营经济高质量发展探索出一条值得推广的路子，是温州的责任，所以先行区落户温州是理所当然。

（二）温州历来有创新改革的优良传统，有能力成为"两个健康"最佳试验田

习近平总书记在浙江工作时，曾经这样评价温州："温州是一个敢于创新、善于创新的地方，也是能出经验，出好经验的地方。"目前，民营经济前进中碰到很多困难，都需要用改革创新去解决，而温州基层一直充满活力，温州人一向乐于以各种民间智慧挑战旧有格局，喜欢尝试推陈出新，我们把创建工作做好了，就有可能为全国提供示范和经验。

（三）温州人群体勇于冒险、勇于创新，胜不骄、败不馁

温州人身上有善于经商的血脉基因，具备原始的天生的市场敏感和捕捉信息的能力、野蛮生长的能力。承受得起失败，哪里跌倒哪里起来，不卑不亢。不屈不挠的温州人和不屈不挠的温州资本始终是中国特色社会主义市场经济的先锋。

二、未来温州高质量发展的方向是什么

温州经济高质量发展的路径可以有两种选择：一是外延式变革，就是引进大企业大项目（世界 500 强），引进大院名校。因为温州现有产业结构与发展模式已接近增长极限，温州传统优势产业最近几年增长缓慢，甚至有行业出现负增长的情况。2019 年，温州要继续实施谋大招强"一把手工程"，把主要精力花在谋大招上，狠抓招商引资，千方百计争取重大生产力布局。当然，这在短期内可能会见不到效益，考验领导者的智慧、判断能力及区域承受能力，很可能一段时间里不产生税收，但长期趋势看好。

二是内涵式调整，对现有产业、企业进行内涵式、渐进式调整。温州有良好的制造业基础，有良好的产业集群和配套，可以鼓励企业向"专、精、特、新"方向发展。相对外延式变革，内涵式调整更简单易行，但这种模式会有缺陷，不能从根本上改变产业格局，城市竞争力也不会有大的提升。所以，这条路从长远看潜力不足。

因此，温州应该走外延式变革和内涵式调整并重的道路，以传统产业为立身之本，以传统优势产业推进集群培育，抓"机器换人""无人车间""无人工厂"建设，

加快电器、服装、汽摩配、泵阀等传统产业改造提升，全力打造世界级智能电器集群和千亿级时尚智造产业集群，恢复提升传统动能。在此基础上，抓大平台、抓高新产业。要努力打造几个万亩千亿产业大平台，成为温州增量经济发展的重要增长极。还有就是创新的大平台，温州科技创新相对落后，很重要的一个原因就是创新平台缺乏，因此需要引育布局一批高能级创新平台，加快推进浙大、国科大、复旦、北航温州研究院的建设并发挥作用，依托国家高新区、高教园区等既有平台，放大聚合效应，打造具有竞争性和吸引力的科创生态联合体。三是开放大平台，以温州目前的基础，集聚高端科创要素还有一些难度，必须坚持"开门搞创新"，加强合作，借力发展。要积极探索"研发在当地、产业在温州、工作在当地、贡献给温州"的科研飞地模式。抓高新产业，温州目前把智能装备、生命健康、数字经济、新能源网联汽车、新材料等五大战略性新兴产业作为发展方向，接下来需要五个产业都拿出具体方案，朝着规模化智能化方向走。

三、如何以"两个健康"推进经济高质量发展

温州市委、市政府在 2018 年 9 月 12 日出台了《温州市创建新时代"两个健康"发展先行区总体方案》。紧接着在 2018 年 11 月出台《温州市创建新时代"两个健康"先行区加快民营经济高质量发展相关政策和具体措施》，一共有 80 条推进措施。温州市政府专门设立两个健康办公室，温州市经信局增挂民营经济健康促进局，温州市工商联设立企业家服务中心。"两个健康"先行区的创建工作已经成为温州最核心的一个工作载体。接下来应该做好以下几点：

（一）构建亲清新型政商关系，营造公平正义营商环境

根据 2018 年 2 月 26 日中国人民大学国家发展与战略研究院在北京发布的《中国城市政商关系排行榜（2017）》显示，温州的政商关系指数为 83.69，在 285 个地级市中名列第 8 位，在浙江省内排名第二，位列金华之后。其中的政商关系"清白"指标，温州高居全国第二。但根据我们的调查，企业反映的微腐败现象也有很多。温州是一个人情社会，办事找人、托人的"熟人社会"现象依然存在。

温州另一个"亲清"指标排名全国第 18 位，进步的空间还比较大。党的十八大以来，中央加大了反腐力度，查处了很多腐败分子和不法商人，官商相互勾结的

现象少了，但有时却走向了另一端，很多公务员为自证清白，经常回避和非公人士交往联系，怕担责任，为企业的服务少了，工作也缺乏创新型的推动。温州虽然有出台容错免责的办法，但真的实施落地的很少，落实起来也很难。

所以，我们要健全政商交往机制，探索制定推进政企沟通和政商交往的机制，制定官商交往的正面清单和负面清单，引导建立亲清新型政商关系，同时发挥商会行业协会的中间作用，扮演好政商黏合剂的角色。我们也可以做一些政商关系和营商环境的第三方评估，通过外力反推地方政府改善营商环境。

最多跑一次的改革还需继续深化。浙江"最多跑一次"改革，创造了一系列可复制可推广的经验，在 2018 年全国两会上被写入政府工作报告，向全国推广。但温州在浙江省的评估中排名还不理想，涉企类审批存在跑多次现象，问题很多，原因也有各种。我们还需要针对存在问题的清单，逐个去分析破解。

（二）保护各类市场主体合法权益，落实企业产权制度

一个是对知识产权的保护。在现代社会，任何一项投资资金需求量大的，风险也会很大，我们要用专利制度保护知识产权，从而为企业家对未来收益的稳定预期提供保障，这样才能鼓励企业创新，有胆量去搞研发。与此同时，保护知识产权必须与打击假冒伪劣同步，不然没有效果。由于我国知识产权方面的法律规章不够健全，一些地方政府对本土假冒伪劣产品睁只眼闭只眼，出于无奈，一些企业只好自己维权，企业做了本该政府去做的事，成本很大，难度也很大。正泰电器是温州低压电器的领军企业，屡屡被侵权的正泰电器专门设立了一个打假办，每年光花在打假上的资金就有 300 万元左右。

另一个是对企业家财产权的保护。反思 2012 年温州出现的民间借贷风波，为什么困扰了温州人那么久远，使得温州经济多年低迷。很重要的原因是温州人在借贷行为中将企业家私人财产权和公司财产权利混淆了，将企业主个人财产和企业主家属的财产混淆了，有限责任公司承担了无限责任，导致企业走不出债务困境，企业主无心事业。我们需要落实企业产权保护制度，依法保护企业和企业家合法财产，严格区分企业家个人财产和企业法人财产，在处理企业犯罪时注意不能牵连企业家个人合法财产和家庭成员合法财产。

（三）弘扬企业家精神，促进民营经济高质量发展

2017 年 9 月，中共中央、国务院《关于营造企业家健康成长环境　弘扬优秀企业家精神更好发挥企业家作用的意见》（中发〔2017〕25 号）正式公布。这是中央首次以专门文件明确企业家精神的地位和价值。2018 年 12 月 29 日召开的温州市人大常委会第 16 次会议，正式批准确定每年 11 月 1 日为"温州民营企业家节"。这都是对企业家的鼓励，是企业家的荣耀。早在 2000 年初，吴敬琏老先生就说，浙江是一个有炽热的企业家精神的地方。企业家精神是浙江也是温州最大的财富、最优的资源。

在取得了改革开放初期的成就之后，我们反思一下，温州企业家身上还缺少什么，要添加什么吗？温州的企业家需要从商人思维向企业家思维、从商业精神向工匠精神、从企业主到企业家的跨越。

在改革初期，商品匮乏的时代，温州老板可以凭借敏锐的市场嗅觉、灵活机智的营销才能、吃苦耐劳的精神取得先发优势。创业时代的企业家有勇气善于抱团，或者凭借个人魅力来管理企业就可以取得阶段性的成功。但社会已从创业时代走向创新时代，那么，企业家需要有更宽广的国际视野、更丰厚的知识储备、更科学的管理手段，以及守正创新的工匠精神。

温州市正在谋划创设亲清工商学堂，由组织部牵头与温州商学院、温州市委党校共建这样一个企业家培训交流平台。旨在通过探索融企业家和干部教育、培训、交流于一体的有效途径，创建设在温州家门口、符合新时代需求的未来企业家培训基地和未来专业型干部培养基地。

温州市健全了新生代企业家的培养机制。随着老一代企业家年龄的增长，富二代传承问题凸显出来，我们要深化完善非公有制经济人士"青蓝接力"培养举措，形成一支以"十名领军、百名骨干、千名创星"为标杆的优秀新生代企业家队伍。同时深化"红色接力"活动，积极引导新生代企业家听党话、跟党走。

还有一点也很重要，就是宽容失败的企业家。有的企业家创新失败了，企业倒闭了或者在勉强支撑，但这些企业家有想法有能力，政府应该给予支持，给出政策，帮助他们再创业再就业。

（四）温州需要文化的升级和人的转型与升级

早在 2008 年，改革开放 30 周年之际，温州籍国学大师南怀瑾曾对家乡人发出告诫："不要总是说温州是商业开发的开路先锋，这个标榜已经过去了。今后的时代不是开发的问题，也不是经济的问题，是如何建立新的文化的问题，这是个根本大问题。"

区域经济的发展、城市发展是要讲品格讲气质的，商业上的竞争到最后其实是文化上的较量。温州人勤劳、能干、肯动脑子，但是急功近利，这是长期以来地理区位的劣势、自然资源的匮乏等不利的生存环境导致的，温州人需要学习知识、技术，提升自己。温州在优秀传统文化中的实践理性，需要升级为科学理性。

温州这个城市需要包容度。温州人讲血缘、讲地缘，喜欢抱团。开放的胸襟不够，对外地人和外来文化的接受度不高。这样会放缓温州这个城市前进的步伐。温州需要以不变应万变的定力和海纳百川有容乃大的雅量。

只有温州人的文化提升了，温州的经济才能提升，温州才能真正打造成民营经济之都，真正发出"民营经济看温州"的强音。

原载《财会研究》2019 年第 5 期

海外学者纵论温州模式的起源

李春来

[摘　要] 海外学者从历史文化传统的渊源、制度机制创新的催生、不利自然地理环境的倒逼、地方党委政府的作用等多重视角，来剖析温州模式诞生的深层次动因。

[关键词] 海外学者　温州　温州模式

许多海外学者认为"温州以其独特的发展方式和独特的行为方式创造了中国改革开放以来区域经济发展的一个奇迹"。他们纷纷指出，温州模式的发展存在着固有的悖论：温州模式是在一个工业资源贫乏、能源行业薄弱、交通运输落后、国有企业弱小、通过外贸或者外资融入世界经济程度不高的地区出现的。因此，海外学者试图从历史文化传统的渊源、制度机制创新的催生、不利自然地理环境的倒逼、地方党委政府的作用等多重视角，来剖析温州模式诞生的深层次动因。

一、历史文化传统说

海外研究者在探讨温州模式的形成时，往往都会追溯温州商业文化的历史遗产。基思·福斯特认为，温州模式是一个共同体通过增加自己的资金，使用商业技术来开发被国有企业和市场系统忽视的潜在的日常消费品市场的例子。由此形成的资本被用来激活了家庭生产。在温州模式的形成过程中，诸如传统的商业文化环境这样的非正式因素所发挥的影响，要远远大于其他因素的影响。1978 年以来，温州经济的成功可以被看作是经济力量的复兴和释放。在历史上，温州依靠大海进行经济、贸易以及文化的交流往来。由于地形复杂，温州和浙江其他地区以及其他省份的陆上联系比较少。因此，在 1949 年以前，温州的经济集中在传统小规模的商业和手工业上。即使是在计划经济时代，传统经济活动和传统组织仍继续在温州发挥很大的影响。到 20 世纪 80 年代的末期，和全省其他地方相比较，温州的经济有了巨大的发展。随着经济改革期间温州模式获得全国广泛关注，它也开始为外国观察家所注意。事实上，早在外部的官员和媒体意识到或者准备承认温州的销售和生产的个体方法的存在之前，温州人民似乎已经安静地并且坚决地开始复兴地方经济，提高他们自己的生活水平。20世纪80年代温州经济发展十分迅速。1981—1985年，市区的工业总产值、农业总产值、收入以及农民的人均收入分别增加130%、156%、122%、150%。平均每年的农民收入从1977年的55元人民币增加到1985年的480元人民币，三分之一的农民的收入超过了1000元。60%的农业劳动力进入工业和服务业。在1988年，有954 000位该市居民从事非农业生产。

叶新月、丹尼斯·魏认为，温州模式植根于强调务实的地区文化传统之上。在历史上，建立在企业家精神与农村市场基础上的小企业就是温州经济的脊梁。在南宋年间，温州就是全国的商业中心之一，具体而言是全国的手工业生产和国际贸易的中心之一。在清末，随着海运与现代工业的发展，温州的港口地区开始兴盛起来。到20世纪30年代初，温州成为中国主要的沿海港口之一，还是全国手工业与轻工业中心之一。中华人民共和国成立后，温州国有企业不多这一事实，为温州在实施改革和发展私营经济提供了更为有利的环境。当许多城市还有国有企业下岗工人的包袱时，温州的民营企业已经轻装前进，没有受到大的干扰。温州模式以"小商品、大市场"著称，它的核心在于小规模的、制造业导向的、家庭所有的私营企业，其销售网络连接着全国乃至世界市场。但是，大多数企业规模很小，主要面向国内市场，地处农村。家庭是温州的主要生产单位，它依赖传统的社会网络来获取原料、信息以及组织生产和销售。历史悠久、分布广泛的温州生产和销售网络有助于当地经济融入更大的市场。

吴斌（音）、瓦尔特·扎明认为，数千年来，商人在温州受到高度重视，地位很高，这已经成为传统。温州是捍卫商业行为价值的"永嘉学派"的发源地。"永嘉学派"认为流动与生产同样重要。这与以儒家为基础的主流文化相当不同，在主流文化中，商人排在士、农、工、兵之后。永嘉学派对温州人的思想和行为产生了深远的影响，这些影响甚至一直延续至今。上述情况成为温州的独特优势，因为当中国在20世纪70年代末启动经济改革时，温州就立即建立和发展起非公有制经济。由于地理、资源和交通的局限，温州人历史上就盛行迁徙。改革之初，温州68%的土地面积是山地和丘陵，耕地约占总面积的10%。人均耕地面积不足0.04亩，平均每个农村劳动力所占耕地不足0.13亩，这只相当于当时全国平均水平的三分之一。耕地不足加上交通不便，这些成为推动温州历史上的迁徙活动的主要因素。随着温州在20世纪80年代初发展小商品生产，成千上万的温州人到全国各地推销温州的产品，从各地的零售商那里带回订单。这样大规模的劳动力流动以及他们与家乡地区的联系为建立和发展那些坐落于温州的全国性市场奠定了坚实的基础。因此，如果不是温州人的迁徙流动传统的话，温州的企业家根本不可能建立全国性的小商品市场。

傅士卓指出，地方历史是温州模式发展的重要组成部分。温州人对他们独特的语言和文化有着强烈的地方自豪感。温州被崇山峻岭所分隔，使得温州话成为一种截然不同的、晦涩难懂的方言，即使那些生活在温州周边的人们也难以听懂。温州话的独特性有助于温州人团结一致，这让那些出门在外的温州人得以形成一个圈子。最后，温州人拥有悠久的经商传统和对外贸易的天分，这些传统和天分从来没有完全消失。当代温州就建立在这些历史遗产之上。

二、制度机制创新说

部分海外学人将温州模式的诞生归结为制度创新的产物。张贵斌（音）、钟秦（音）指出，就制度安排而言，温州模式以三个创新而闻名于世。第一个创新是 20 世纪 70 年代末到 80 年代中期，个体家庭企业"戴红帽子"的实践。第二个创新是从 20 世纪 80 年代中期到 90 年代中期，股份合作制企业的形成。第三个创新是 20 世纪 90 年代末以来，从股份合作制企业向有限责任公司的转型。温州模式被公认为是"来自底层的变革"的典型案例，即这些创新及其演化的激进本质是个体、家庭以及政府官员在地方层面追求实际利益，而不是遵循"自上而下的"指示的产物。温州经济快速增长背后的重要推动力是家庭企业所代表的"原生态的企业家精神"。面对资本和劳动力市场的不发达的问题，家庭成员提供了低廉的和灵活的资源来填补这些市场所造成的空缺。家庭企业有两个主要的优势：第一，由于自我增强的内部契约，家庭关系能够降低市场交易成本；第二，彼此利益紧密联系在一起的家庭成员能极大地降低代理人成本。家庭企业的这些优势极大地适应了中国目前不完善的市场环境。

艾伦·刘认为，如果温州人没有灵活地利用中国经济、社会和政治方面的漏洞的话，温州传统的家庭工业、长途贩运和专业市场就不可能在 1980 年以后蓬勃复兴。在经济层面，温州的家庭工业擅长生产那些大型现代工业所忽视的小商品。温州的消费品行业的确是在"中国的工业结构的漏洞当中"发展起来的。在社会层面，温州人利用计划经济体制最薄弱的环节分配和流通。温州利用其庞大的销售队伍来填

580

补这一漏洞。在政治层面，温州的民营经济在"控制真空"时期迅速发展，当时全国政府仍然没有就转向市场经济而进行必要的调整，这使温州处于有利地位。

三、绝境求生说

一些海外学者强调，正是温州所面临的地理、交通、土地等诸多不利因素的"倒逼"，激发了温州人民埋头苦干的精神，进而催生了温州模式。

张晓波（音）等华人学者认为，尽管温州最初的不利环境限制了经济发展，但是它也创造了机会。温州缺乏自然资源、地域的不便和糟糕的交通阻碍了温州经济的发展。因此在某种意义上，"温州模式"的形成也是面对不利因素走投无路的产物。从系统和经济改革的视角来看，糟糕的交通状况在中国改革开放之初是一大优势。在信息沟通不便的时代，交通不便的偏远地区较少受到政府的影响和控制，由此有利于那些处于探索阶段的事物或者那些暂时被禁止的事物的发展。这是温州民营经济发展和市场导向改革存在和发展的重要因素。

蔡欣怡认为，温州与其他南方沿海城市一样，毗邻台湾使它在战略地理位置上成为一个高风险区域。因此，无论是中央政府还是浙江省政府都不想把有限的资源用于温州的基础设施建设和工业发展。尽管温州占浙江省土地面积的11%，人口的15%，但在整个计划经济年代，它得到的固定资产投资只占全省的1%。此外，温州的耕地也严重不足。温州人均耕地只有0.42亩，而全省人均耕地是0.65亩，全国人均耕地是1.4亩。温州人多地少的生态限制意味着，在改革初期，温州44%至49%的农村劳动力（180万劳动力中有79万人至88万人）处于失业或半失业状态。在这样的发展资源条件下，由小商品生产者、零售商和批发商所组成的民营经济在温州市的出现时间，不但要早于中国其他地区，而且比其他地区的民营经济更有活力。据估计，在1979年农村改革正式启动以前，温州地区就已经存在1844家个体户了。

四、地方党委政府推动说

绝大多数海外学者都承认，温州地方党委政府在温州模式的产生中，发挥了巨大的推动作用。

刘群（音）指出，在中国转型初期，尤其是在从中央控制的计划经济向市场经济转型阶段，温州地方政府扮演了"第一推动者"的角色。在起步阶段，如果没有温州地方政府放松管制，采取激励政策，民营企业根本不可能出现。因此，民营企业最初的外在推动力来自计划体制之外的地方政府，因为地方政府需要增加社会财富。在民营企业的发展和扩张阶段，温州政府在决定民营企业的发展上同样发挥着决定性作用，温州地方政府的卓越治理营造了一个有利的市场环境。

刘雅灵指出，只有在温州地方政府对某些当时属于半合法或非法的经济活动——虽然违反了当时的国家政策，但却是民营经济顺利运行所不可或缺的——采取默许态度的情况下，私有化和市场化才成为可能。像"挂户经营""民间金融""土地流转"等得到地方政府包容的半合法或完全非法的经济活动，在温州数不胜数。就"挂户经营"而言，早在20世纪60年代就在温州的宜山区出现了，当地家庭工厂生产的再生棉布出现大量积压，而当地集体所有制的供销社只许可那些政治可靠的农民作为供销员从事这些积压产品的长途贩运，这迫使当地干部另辟蹊径。1978年第一任宜山区委书记就向苍南县政府请示，要求允许农民从事家庭企业、商业和长途运输，但却没敢提当地经济中长期存在的挂户经营。1981年中央派干部到宜山来调研家庭工业兴起和市场经济繁荣的情况，他们的结论是，尽管挂户经营能复兴当地的商品生产，提高地方收入，但是它违背国家政策。因此，宜山区委书记受到批评，挂户经营遭到禁止。由于没有了挂户经营带来的便利，宜山的纺织业很快陷入停滞。在一个半月的时间里，宜山区党委不得不向市政府请示，请求恢复挂户经营试验。1987年10月，在温州被国家指定为沿海试点城市之后，市政府颁发了一系列规范挂户经营双方行为的暂行规定。这时，在当地各级政府的默许下，温州已经到处实行挂户经营了。我们有理由相信，如果不是当地干部在保护各类民营经济活动方面迈的步子足够大的话，民营经济要成为整个温州经济的主体将是异常困难的。

徐威、谭 K.C 等华人学者认为，温州农业的专业化和运营规模的不断增长，既反映了农民的首创精神和改革前基础设施投资的重要性，也表明了干部的积极推动以及地方政府采取适合政策的重要性。那种单方面强调农民主动打破公社体制，给改革进程提供了所有推动力的观点是站不住脚的。最初的步骤是党和政府启动的，农民主要是回应这些步骤，并且最初犹豫不决，稍后才开始活跃起来。在实施改革政策和决定的过程中，地方干部发挥了积极的推动作用，尽管去集体化可能给人这样一种印象，即政治最终与经济分离，政治只是消极的因素。事实上，放弃直接经营企业的角色，并不意味着地方政府不再参与农村工业的发展。温州地方政府主要通过制定税收政策、发行银行债券、提供宽松的政策环境来促进农村工业的发展。

原载《特区经济》2020 年第 12 期

编后

　　温州大学根植东瓯大地，一直以来重视服务地方，对温州区域人文研究尤为投入，于 2019 年 9 月设立了温州学研究所。近年来，在中共温州市委宣传部、温州市社科联等部门的指导下，温州学研究所积极组织地方人文研究，探索和推动温州学建设。

　　今年是温州学提出二十周年，温州大学提前谋划相关纪念活动，列入年度工作重点，并以此为契机，升格温州学研究所为温州学研究院，举办学术活动。

　　本书作为温州大学人文社科类高水平科研团队项目"温州学文献整理与研究"成果，旨在通过盘点和梳理有关温州研究的著作、论文，回顾二十年历程，从学科探索、永嘉学派、温州文化、温州历史、温州人、当代温州发展等方面的探讨，呈现温州学研究初步的收获。温州学二十年走过的路，得与失，本书的前言已做了很好的阐述，二十年的成果不可能在这不到一千页的书稿里完全亮相和表述清楚。编选在本书的著作提要、论文只是一个文献学角度的展陈，一方面是提示足迹，另一方面是挖掘亮点。因为视野、篇幅所限等种种原因，难免有遗珠之恨，希望给予谅解，并不吝指教。我们想，以后可以通过数据库、专题论文集的方式来较为全面地呈现研究成果。

　　这里需要说明的是，选入本书的论文发表时间跨度长，研究领域各不相同，然而为成书起见，我们对有关提法、注释方式等均按今天的出版要求作了调整，文后参考文献基本移入文内作为注解，有些则删除了，以当下学术检索的便捷性，如要查阅，应非难事。论文的作者，我们大多联系到了，征得同意论文收入本书出版的意见。但有个别作者，未能及时联系上，希望能原谅与理解。

　　对一直关心和支持温州研究的有关部门、领导、专家，表示由衷的感谢，向参与"温州学文献整理与研究"项目和本书工作的同仁致以真诚的谢意。

　　温州学研究任重道远，让我们一起努力。

编者

2022 年 9 月